Introduction

Dear Readers,

This devotional is about freedom, plain and simple. This freedom
discussed here is the freedom that God and only God can provide for
us. With His power we can be completely unchained! We are able to
walk in the light with The Lord.

If this sounds exciting to you, I want to invite you on this 30 day
journey with God and His word. Though it is designed for 30 days,
take the time you need to complete it, even if that is over 30 days.
Also feel free to jump around between subjects and pages. In this
devotional it is my hope that you can see yourself in a whole new
light. It is my hope that God grabs your heart and squeezes it in so
many different ways, just to tell you that YOU ARE FREE. If we don't
live freely in The Lord we are denying an important part of the gift
that God has given us through Jesus Christ.

Enjoy!

Table of Contents

NOTES:

PRAYER:

Day One
Freedom Given through Salvation

"Now the Lord is the Spirit, and where the Spirit of the Lord is, there is freedom. We all, with unveiled faces, are looking as in a mirror at the glory of the Lord and are being transformed into the same image from glory to glory, this is from the Lord who is the spirit." (2 Corinthians 3:17-18)

There is deep, loving and forgiving freedom inside of us already, we just have to use it! Verse 17 says that the Lord = The Spirit and The Spirit = Freedom. Now think about it, where is the Spirit of the Lord? If you have accepted Jesus as your savior the Spirit of the Lord is in YOU.

When you chose to be a follower of Jesus, when you proclaim Jesus as your savior you gain the Holy Spirit deep in your soul. Along with the Holy Spirit comes freedom. This is freedom that Jesus suffered, bled and died for! Now you might be thinking, "Okay, so I have freedom... what do I do with it? What is it useful for?"

This is where verse 18 gets really exciting... it says that when we accept this freedom from God we are completely able to unveil our minds and hearts to His nature. From there we are able to learn from Him. In turn, we can be more like Him and grow closer to Him! Just as salvation was a gift that we did not deserve, but we needed to accept fully, freedom is a precious gift that we must truly accept into our lives and into the way we react to all situations.

Walk freely in the Lord, let people see this freedom in you. Carry this undeserving gift around, then you will be able to learn from God's nature, His loving, merciful and forgiving nature.

Have you accepted freedom yet?

NOTES:

PRAYER:

Day Two

Freedom from Your Past Mistakes

"But Samuel answered the people, "Don't be afraid. Yes, you've done all this evil; just don't turn back from following the LORD. Serve the LORD with all your heart." (1 Samuel 12:20)

So I have some really good news to share... Your past choices don't define you!

It's so ironic how much we as humans hold on to the past, whether good or bad moments. We hang on to the past so tightly that we ignore the present moment. Proverbs 4:25 says, "Focus your eyes straight ahead; keep your gaze on what is in front of you." Do not look back or veer left or right. We stop enjoying the little things that are happening right before our eyes just because we can't let go of a stupid mistake we once made. If we miss too many of those present moments, we will be looking back on our lives wondering where the time went and regretting how much wasted time and energy went into that one mistake.

Make a choice... to forgive not only others but yourself because God already has. Make a choice to follow your dreams and not limit yourself from the gifts God has given you, make a choice to accept what you cannot change, make a choice to be joyful through rough circumstances and make a choice to pick up that cross and follow Jesus.

Are you holding onto a grudge against yourself today? If so, know that God has already forgiven you, so you must let it go.

NOTES:

PRAYER:

Day Three
Freedom from Slavery

"For freedom, Christ set us free. Stand firm then and don't submit again to a yoke of slavery." (Galatians 5:1)

I think we all have a tendency to act as if we are enslaved. Whether this enslavement is to work, to our relationships or friends, to our expectations of ourselves or even enslaved by the expectations we set for others. Sometimes we can be slaves to fear, anxiety, addiction or depression. God makes it very clear that we are unchained. He does not want us to walk around with chains tied to our ankles, he wants us to run, weightlessly and joyfully to Him. Unfortunately, the longer we are enslaved by the weight of our sin or anxieties the farther we feel from God.

In Galatians 5:1 Paul makes it very clear that the sole reason that Christ set us free was for freedom in and of itself. Not only does he say that Freedom is what Christ died for, he also warns us to not fall into enslavement again. Once we are enslaved we lose sight of God's great forgiveness and love which includes hope and joy, two very crucial elements needed in our walk through life. We end up being manipulated by Satan to think that we are the only ones in control of our situations and that we are the only ones that can do something about it. We tend to think that no one will understand. But guess what...God understands. God knows the situation a lot better then we do. God also knows the outcome to all of our situations big and small.

So today, make the decision to throw off those chains and know that the one holding the whole universe holds this moment and He will not let you down!

NOTES:

PRAYER:

Day Four
Freedom to Know No Limits

"Now to Him, who is able to do immeasurably more than all we could ask or imagine." (Ephesians 3:20)

How great is that? God can and will do immeasurably more than we could ever come up with, in our own heads. I know it seems like such a simple verse, but when you really think about the definition of immeasurably more, it changes shape! Immeasurably more means it cannot be measured; it is literally too large, too much or too great to measure. Think about it, the number of blood cells in your body can be measured, the height of mountains can be measured, the depths of the seas can be measured, even the size of the earth can be measured, but the amount of what God can and will do for us cannot be measured!

This allows us to have the freedom to think without limits. We are free to love, laugh, praise, pray and be joyful without limits. So why do we act like we only have a small amount of those things to pass around? We must remember that the fruits of the spirit, that we receive undeservingly through the Holy Spirit, cannot be measured and will continue to grow as long as we let them. The fruits of the spirit are love, joy, peace, forbearance, kindness, goodness, faithfulness, gentleness and self-control. When we are saved through accepting Jesus Christ into our lives, these are available in abundantly more than we could picture! It is not like we are given a certain amount to use every day. We can walk through the day spreading these fruits around the world without stopping and without slowing down.

So today share immeasurable joy, immeasurable peace and immeasurable love for the sole reason that we have a God who gives us immeasurably more freedom than we could imagine!

How can you live like someone with immeasurably more today?

NOTES:

PRAYER:

Day Five
Freedom from Worry

"Don't worry about anything, instead pray about everything."
(Philippians 4:6)

How much time per day do you think you spend worrying? Even just about the small things like what side dish you're going to pair with dinner tonight or if you're going to miss part of The Voice. We spend so much time worrying about both small and large life events, but God, again, says no to our worries. Worry traps us into a downward spiraling pit. It changes us, distracts us away from God, and takes the light away from us.

God says instead of worrying just pray. Want to worry less? Decide to pray more. But that seems so simple? I have to tell you guys the truth, it is that simple. When you start to worry, even the tiniest bit, drop everything and pray. Give it to God. He controls the outcome of the situation. Why not tell Him how you feel and how you would rather feel?

There is not only an instantaneous peace that rushes over us when we pray to God, but it also leaves us with a sense of whatever happens, it is going to be okay because we can hold on to God's great promises. Worrying won't make the situation go away but praying can.

What worry is taking over your life?

What can you pray to make sure that you don't continue to live in the darkness of worry?

Live today free from the chains of fear! Your loving father is holding you close.

NOTES:

PRAYER:

Day Six
Freedom to Live outside of Sin

"Gentleness, and self-control. The law is not against such things."
(Galatians 5:13)

Freedom in this sense may be deceiving. One may think of freedom as being able to do whatever you want in a negative way, but we must understand the difference between freedom to live and freedom to sin. We may think that full freedom is freedom to sin as we please, but sinning traps us under Satan's control. Sin is much like a weight attached to our ankle bringing us deeper into the dark, unforgiving, water. The more comfortable we get with sin, the heavier the weight gets. As Christians, daughters, and sons of God, we must have self-control, we should not be slaves to sin. We have the freedom to do right and glorify God.

The freedom to live, the freedom that God provides only lifts us higher. This freedom does not trap or limit us. It allows us to be bold, hopeful, loving and forgiving. This freedom lifts us high on the wings of eagles.

Today make sure you're able to rightly choose between the freedom to live and the freedom to sin.

For to live is Christ and to die is gain... What does this mean to you?

NOTES:

PRAYER:

Day Seven
Freedom to be Bold

"In Him we have boldness and confident access through faith in Him." (Ephesians 3:12)

In many other translations of this verse, the word access is substituted with the word freedom. I kept the translation with the word access in here because it explains the meaning of freedom in a very specific way. What this verse is saying is that through Jesus we not only have the access to God but bold and confident access to Him. Do you realize the intensity of that? Many times, I believe, we take for granted what we truly are allowed and able to do. We, as sinners, can go to the Creator of all of the universe. We can personally sit down and reach Him through prayer and His word. Because of Jesus' death on the cross, we have 100% access to God and all of His glory! Isn't that wonderful?

God wanted us to have this full access to Him so much that He sent His one and only son down to Earth to tell the world the Truth. He then proceeded to willingly die on the cross and be raised again. What we must understand here is that God watched Jesus, whom He loves, be brutally murdered by the very people he wanted to save. God could have stopped Jesus from enduring all of that pain at any moment, but instead had to sit back and let it happen in order for us to be able to have a personal relationship with Him. That is how much He truly loves us.

So today, when you are walking in the freedom of the Lord, remember that a big part of that freedom is access to Him, take advantage of it.

NOTES:

PRAYER:

Day Eight
Freedom to be You

"For we are His workmanship, created in Christ Jesus for good works, which God prepared beforehand, that we should walk with Him." (Ephesians 2:10)

Humans are His workmanship, not sunsets, not oceans, not mountains; He chose humans as his masterpiece. As you may know craftsmen make nothing in bulk. Each item, even if it is the same type of item, is unique in multiple different ways. This is how God feels about us. He chipped, carved and pressed to design who we are on the outside and inside. Just so you know, God doesn't make mistakes... you are who you are on purpose.

I want to encourage you to really remember who you are through Jesus and know that the God of the whole universe created you. The God who created, sunsets and snowflakes, the God who created mountains and oceans, created YOU to be exactly who you are! He also loves you immeasurably more than you could ask or imagine. If you are struggling to know who you are or what your gifts are simply pray and ask, He will answer because God specializes in you. So use this freedom to be you!

Who did God make you to be?

NOTES:

PRAYER:

Day Nine
Freedom to have a Purpose

"Perhaps you were born for such a time as this."
(Esther 4:19)

It is freeing to know that each one of us has a purpose and gifts or talents to help us live out that purpose! God doesn't just make a human for no reason, He doesn't handcraft and hand design someone for nothing. We are all made with intent, with purpose, for a purpose! I know some of you may be thinking, "That's not freeing! Now I have to figure out what my purpose is?" The good news is that God does that for you. He presents us with different opportunities throughout our lives that we can say yes or no to. We don't have to sit down and figure out our strengths and weaknesses to realize which opportunities to say yes or no to. All we must do is trust and obey.

I promise that you are not powerful enough to ruin God's plan for you. God's plan will always prevail. All we must do is put Him first and be still.

So if you think that you are just going through the motions each day and not making an impact, please embrace the fact that God has a plan for you! His plan is to use you to help make an impact for eternity! Ask God today what your purpose is, what His specific and perfect will is for your life. Pray that you will know it when it comes to you and that He gives you the strength and trust to obey. God chooses to work through those willing to act for him.

Has God presented you with your spiritual gift yet? With your will?

Pray today for God to direct your path toward Him!

NOTES:

PRAYER:

Day Ten
Freedom to Follow Jesus

"Submit as free people, not using your freedom as a cover-up for evil, but as God's slaves." (1 Peter 2:16)

It kind of sounds like an oxymoron saying, "Submit as free people" and it's also implying that as a free person you will be God's slave. The thing we must realize here is that the freedom mentioned in 1 Peter 2:16 is not the freedom that we have designed in our heads. This freedom is the freedom God provides for us to reach our highest potential. This freedom is considered the power of free will, God truly does allow us to make our own decisions. With this freedom comes the responsibility of being a follower of Christ and loving Him in a deep way to the point of letting that value guide your actions. The point is that God gave us the choice to submit, He gave us the full freedom to choose whether to be His follower or not. Submitting to God and choosing to pick up the cross and follow Him is the most important decision we will make in our lives.

The catch here is that the other option to that choice is submitting to the world and the evils inside of it. This means becoming a slave to sin, fear, darkness, and shame. Submitting to God and becoming a servant of God is true freedom. By doing so we have the freedom to walk through each day with unexplainable peace, we have the freedom to walk through each day with a joyful heart, even when circumstances aren't great. We have the freedom to depend on the creator of all of the universe.

So today, decide to submit and serve God because you are free, not because you are chained by sin.

NOTES:

PRAYER:

Day Eleven
Freedom from EVERY Sin

"Therefore, my friends, I want you to know that through Jesus the forgiveness of sins is proclaimed to you. Through him everyone who believes is set free from every sin, a justification you were not able to obtain under the law of Moses." (Acts 13:38-39)

This is THE good news of the gospel! This is the foundation of Christianity. When Jesus died on that cross we were all given the option of freedom. The freedom that allows God to see us without our sin. If we accept Jesus Christ as our personal and only savior and we accept God's forgiveness, we do not have to bear the weight of our sins anymore. We are free from guilt and from pain, we are free to run to our God. When we run to our God we will see Him running back to us with open arms.

All people have fallen short before God, all people have sinned. Before Jesus people's sin trapped them into a hopeless eternity. They were chained in a deep dark place where the weight of sin defined their future. God saw this pain and wanted it to stop, he wanted his greatest creations to be able to reach him not only on earth but also be able to live with Him in Heaven. After the death and resurrection of Jesus, light took over the darkness. Jesus provided every single person a chance to be saved. All people have this same chance! No one is ever too far gone.

Now, live today knowing that you are saved! Be joyful about this freedom undeservingly given. Shout God's glory to all people, and tell the world about the amazing things He has done for you!

Are you living free from the shame of sin?

NOTES:

PRAYER:

Day Twelve
Freedom from Disappointment

"The false teachers promise freedom, but they themselves are slaves of immorality; whatever overpowers you, enslaves you." (2 Peter 2:19)

There are going to be many people, products, and practices that proclaim freedom. They will proclaim that if you follow them, if you do what they do, if you practice this certain thing every day, if you use this product you will truly be happy and free from stress. We must realize that these words, people, and products do not provide happiness. Happiness and freedom come from a much deeper place inside of our souls. The only one that can provide true fulfilling happiness and freedom is God.

When you put your full hope in God you will be fulfilled and never disappointed. People and products will continue to let you down. It may seem to be working at first, but you will slowly and surely realize that you are still searching for that "thing that is missing."

Even the rules of religion can be a false sense of happiness and freedom. There is a complete difference between having a relationship with God and having a relationship with religion. Jesus tries to display this point many times in the bible. Specifically, in this verse, He is letting people know that the false teachers and the Pharisees are not above people. They themselves are slaves of sin. Whatever overpowers you, enslaves you; so be overpowered by Jesus Christ.

Today let go of any earthly things that you are clinging to, and that are overpowering you. Instead cling to what is good, cling to the words of God. Let go of any earthly habits and instead make your relationship with the Lord your habit.

What earthly things are you depending on for freedom that may be holding you back from God?

NOTES:

PRAYER:

Day Thirteen
Freedom to Be Still

"Be still and know that I am with you."
(Psalm 46:10)

Now, this freedom can be difficult for us, as humans, to fully accept. That is the freedom to be still, to let go of control. By nature we all feel like we need to be in complete control of our lives, we must have a plan and we must know our overarching goals for our future. God says no, that's wrong. We let the desire for control, control our own lives. Wanting control can enslave us into a world where we believe we are the gods of our lives.

In this verse I can almost hear God's voice, in a very calm and loving way, telling us, "Be still, relax, I have everything under control." Though many times we want to believe this, we just don't have the faith to. But why wouldn't we put our full trust in God? Why wouldn't we put our faith and our future in the hands that control the outcome?

Exactly...

So let go! You are set free! Earthly expectations can only hold you down if you let them! God gives us the freedom of handing over the reins and enjoying the ride.

If this is a struggle for you, I want you to pray today for yourself. I want you to pray to God to have Him help you let go, help you have faith, and help you to put Him first. Having the understanding that you don't really control what happens in your life anyway, gives you the freedom to live as God's beloved daughter or son!

What can you let go of and give to God today?

NOTES:

PRAYER:

Day Fourteen
Freedom from Fear

"Be strong and courageous, do not be afraid or discouraged. For The Lord your God will be with you wherever you go." (Joshua 1:9)

Wait, so what kind of freedom is this?

This is freedom from fear, freedom from that feeling when you want to give up or quit. Freedom from having to turn back because of the fear of the future. God provides us with this freedom so we can walk through life confidently. This confidence doesn't come from knowing exactly what your future looks like, but it is the confidence of knowing that God has already conquered the world, God has already won, and that same God determines your future. If you have received salvation, it is the confidence that no matter what happens in this life, it is temporary. A believer's true home is in Heaven. Though, we don't know exactly what is in Heaven... I know it's perfect.

It says that in Heaven, *"The wolf will live with the lamb, the leopard will lie down with the goat, the calf and the lion and the yearling together; and a little child will lead them." (Isaiah 11:6).*

There is no war, no murder, no pain of any kind. Pure and perfect. This life is simply a blip in eternity. It is our chance to learn about God and tell the world about all He offers...then we get to go home.

So live in the freedom of being fearless through God. He is always with you, He will not let you stumble and fall.

What kind of fearless act can you do today for the Kingdom of Heaven?

NOTES:

PRAYER:

Day Fifteen
Freedom from having to Earn Heaven

"For it is by grace you have been saved, through faith-and this is not from yourselves, it is a gift from God." (Ephesians 2:8)

God is so good that He gave us the gift of Heaven through accepting Christ, and that's it, it ends there. We don't have to do anything else to gain Heaven. We are free from having to earn our way to Heaven. No matter how many charities you give to, no matter how many times you attend church, if you do not accept Jesus as your savior you're not going to Heaven. Guys trust me this is GREAT news! It means there is no competition, there is no fighting, there is nothing that you can work for or do to get to Heaven. God simply offers it as a free gift, all we have to do is accept it.

How great is that? Not a single person on this earth deserves Heaven, so it would be useless, and impossible to have to earn Heaven. We are free from the burden of earning the most important thing we could ever look forward to. Because Jesus Christ freely died on the cross for our sins, we can be given the gift of salvation!

If you feel like you have been trying to earn your way to Heaven, slow down...stop. Remember that it is by grace that you have been saved. When you feel like you just can't do it anymore, let God's grace pour over you. Salvation is simple, let it be simple and let yourself be free.

What does being saved by grace, through faith, mean to you?

NOTES:

PRAYER:

Day Sixteen
Freedom from being Controlled

"I have the freedom to do anything, but not everything is helpful. I have the freedom to do anything, but I won't be controlled by anything."
(1 Corinthians 6:12)

Now, this is something to remind ourselves of every single day. We have complete freedom through Jesus Christ. We have complete freedom, as said in this verse, to do anything. Yet we must know what to choose to do with our freedom because we also have the freedom of choice. We can choose to use our freedom to sin and to hurt or we can use our freedom to its true potential, for good and for love. We can choose to walk freely in the light of the Lord, being the people that we were actually made to be. When we choose the freedom God meant for us to have we can walk the perfectly planned path that has already been laid out for us. We can choose to live a meaningful and fulfilling life rather than a life of just passing time.

We cannot let any earthly thing control us whether this is work, society, family expectations, anxiety etc. Because God has given us freedom. Picture this, when we give into what is mentioned above it is like we are in a jail cell but the door to the cell is wide open. We just sit there knowing the door is open but still enslaving ourselves inside the cell. Why? Well, the jail cell of sin seems comfortable and since the door is open it seems safe. Eventually, time passes, the door closes, and you're trapped.

Today, step out of the cell and shut the door so you can never get back in. Amazing things can happen when you know you are free.

NOTES:

PRAYER:

Day Seventeen
Freedom to Access God

"Ask, and it will be given to you; seek, and you will find; knock, and it will be opened to you. For everyone who asks receives, and he who seeks finds, and to him who knocks it will be opened." (Matthew 7:7-8)

As mentioned in day seven, God loves us so much he has given us full access to Him! He is constantly waiting for your call, your voice, your knock. He wants to answer your prayers; He wants to guide you and run to you. But first you must ask; you must seek Him. He promises us that whoever seeks will find and whoever asks will receive.

God has given us the freedom to access Him. We have access to the creator, the father, the Almighty. We have access to the one who controls our paths. He could have not given us the option of prayer, or seeking His presence but He cares for each of us so much! He even knows every word you are going to say before you say it, but He still wants to hear it. He does not need this access, but we need it. Prayer is powerful and setting out to seek God always ends in finding Him and finding what you need. Seek God above all else, give him the time He deserves. When you knock, He will answer.

So today, try to remember to use this freedom. Take time to pray, it doesn't take long, but it makes a world of a difference in our lives. Ask, seek, knock...He is waiting.

Have you knocked on God's door yet?

NOTES:

PRAYER:

Day Eighteen
Freedom from Feeling Weak

"and his incomparably great power for us who believe. That power is the same as the mighty strength he exerted when he raised Christ from the dead and seated him at his right hand in the heavenly realms,"
(Ephesians 1: 19-20)

When we accept Jesus as our savior and receive the Holy Spirit we gain strength, not just any strength though. The strength that is inside of us raised Jesus Christ from the dead. Can you believe that? We have the power that raised Christ from the dead at our very fingertips. So why is it so hard to access? Satan's specialty is weakness. He knows all of your weaknesses and he knows what buttons to press in order for us to feel as if we are nothing.

If you have ever felt like your weaknesses outweigh your strengths, know that Satan can only affect you as much as you let him. If you resist him he will literally flee from you. Even Jesus's name is so powerful it will make demons run and hide.

When you start to feel frustrated, limited or weak please remember this verse. Remember this promise that you can do all things with God, nothing is impossible with God because He has given you the same power He used to raise Jesus from the dead! Use your strength to its full potential!

What buttons are you letting Satan press? What weakness are you letting him get to? Once you have your answers, resist him with the strength given to you and watch him flee!

NOTES:

PRAYER:

Day Nineteen
Freedom from Pleasing People

"Am I trying to win over human beings or God? Or am I trying to please people? If I were still trying to please people, I wouldn't be Christ's servant." (Galatians 1:10)

This is one of my favorite verses in the whole bible! It reminds us of both our purpose here on earth and a very important freedom that God provides us with. Pleasing people is something that many may not recognize as the devil's work, but it can be. Pleasing people can become less about making others happy and more about addiction to the approval of people. This approval becomes vital to keeping your insecurities to a minimum. This is the devil holding us down, telling us that we're not good enough.

God tells us that our only job is to love others, he does not tell us that we have to always agree with others. He specifically tells us here, not to live our lives pleasing others. Whether this means not making idols and gods out of humans or not making approval and compliments from other people your God. Either way, it is a tiring and unfulfilling way to live. He tells us that if we live for Him, we will not be searching for something to fill that emptiness; the emptiness of disappointing people or not being approved of. God will never disappoint us the way people can.

Are you living to please people? Do you constantly look for other people's approval of your life? If so, I encourage you to put that energy into pleasing God, not other people. The reward and fulfillment will be so much greater!

NOTES:

PRAYER:

Day Twenty
Freedom to Let go

"Jesus replied, you don't understand what I am doing now but someday you will." (John 13:7)

No matter how hard we try to, we can never plan every second of our lives and we can never predict exactly what is going to come next. As humans, we try to find security in predictability, but by doing so we are not depending on the faith that God has provided. Depending on predictability may work for a while but at some point, it will let you down, it will blindside you, leaving you lost and scared.

God says to put our full faith in Him and His plan for us because He will never let us down. This is represented to us in John 13:7. Jesus tells us that we don't have to know what is coming next; we don't have to make sense of everything happening in our lives. We just have to be completely still and trust that God knows what He is doing. Someday we will understand because there is a reason for everything that happens in our lives. It truly is part of a greater plan. If you feel as if God is holding you down, understand that there is a purpose behind every sorrow, trial and struggle.

The reality is that sometimes we forget that we are not the god of our worlds, we forget that God knows us better than we know ourselves. Once we accept the fact that without God we can do nothing, but with Him all things are possible, the more freely we are able to live. Freedom from schedules, from being trapped by our fake sense of security and predictability is freedom to walk through life unafraid of what's next. We will be ready to take on the day because we have the creator of the universe by our sides.

Let go and let God control...Trust me he's a lot better at it than we are.

NOTES:

PRAYER:

Day Twenty-One
Freedom to Know Your Importance

"Are not two sparrows sold for a penny? Yet not one of them will fall to the ground outside your Father's care. And even the very hairs of your head are all numbered. So don't be afraid; you are worth more than many sparrows." (Matthew 10:29-31)

If you feel unimportant, if you feel like you are so small compared to this world, if you feel like there is no way you could ever have an impact, I have news for you. The creator of the universe, God, thinks you are so important!

He paints this picture very clearly when Matthew writes about a trap that we all fall into at times. We believe we are not important. We believe that we are just one person, what difference could we make? What impact could we possibly have? Well, God feeds the birds of the air, He feeds all of the wild animals and gives them guidance on what to do, and how to survive. Yet God says that we are his craftsmanship; we are His masterpiece. We are so much more important than the sparrows. We are so important that instead of watching us live hopeless, shameful, sinful lives, He sent Himself down to earth to be brutally murdered as a sacrifice for our sins. When you feel like you are not important, that you don't matter or you are unloved... remember who you belong to. Just look at the sparrows.

How can we be afraid when we are worth more than anything on this earth to the creator of everything?

NOTES:

PRAYER:

Day Twenty-Two
Freedom to be New

"Therefore if anyone is in Christ, the new creation has come: the old has gone, the new is here!" (2 Corinthians 5:17)

When we are saved we literally become new! It is even described as being born again, reborn into a new life. Whether you find that phrase exciting or disturbing it means that no matter what you have done, no matter what kind of mistakes you have made, no matter what kind of shame you are holding: you can let go of all of it and become new, forgiven and loved.

When we accept Jesus Christ as our savior, God sees us as new. Before forgiveness, before the sacrificial love of Jesus on the cross, God could only see us as sinners. Because of Jesus, because of God's plan to save us all, He now knows we're sinners, yet He sees us as forgiven. He sees Jesus when He sees us.

You're not just new one time, but you're new every day. As many times as you want to be new, go ahead because God's mercies are new every morning for us. His love for us is so great that He forgives and gives second chances infinitely. Embrace the new, re-created you!

Is there something holding you back from being new? If so, pray, ask God to forgive you, and start out today by being the new you!

NOTES:

PRAYER:

Day Twenty-Three
Freedom to Stop Playing the God of Your Own Life

"Many plans are in a person's mind, but the Lord's purpose will succeed." (Proverbs 19:21)

We may make a lot of plans, but God's ultimate plan will prevail. You may think that this doesn't sound like a freedom at all, but it is! We have the freedom of knowing we can't mess up our own lives. No matter what mistakes and paths we choose, God will call us back on His path. We are simply not powerful enough to screw up our purpose. Yes, we have free will and yes we have the option to obey or not to obey, but God's plan for you will follow through in the end.

This freedom does not come easy. It is difficult to let go and understand that it is all part of a bigger picture. It is extremely difficult to let go of control of our own lives, but it is something vital to ultimate joy and peace. Once we realize that God is in control of our lives, our careers and our relationships everything gets a lot easier. Though we think we are the best person to be the boss of our own lives, we are not. The one who created us, handcrafted us and loves us, with a love we are not even capable of understanding, is the one we should give our plans to. Doesn't it sound idiotic not to give your plans to the one who controls the outcome?

Listen to that still small voice and follow the perfect and wonderful plans God has laid out for you.

What has God been telling you to do lately? Could it be part of the greater plan, even if it is not part of your own?

NOTES:

PRAYER:

Day Twenty-Four
Freedom to Love

"There is no fear in love, but perfect love drives out fear, because fear involves punishment. The one who fears has not been perfected in love. We love because He first loved us." (1 John 4:18-19)

It says very clearly here in 1 John 4:19 that we love because He first loved us, meaning we only know what love is because of the love that He has for us. Take a second to think of a world without love. A world without the love of a mother or father, or the love of a friend. A world without true love. Even a world without the love of a pet. A world without Jesus' sacrificial love would be hopeless. Well, if it wasn't for God's unfailing, unending and undeserving love we wouldn't even be able to feel it, see it, or know it.

Now, I want you to think of the greatest love you have ever felt from someone else or for someone else. Now, how amazing is it that God's love for you is unimaginably greater than that love you are thinking of right now. Though God has introduced us to love, it is only a sample compared to what He is capable of, for you.

Today, hold on to that fact that God's love is covering you. If you have something heavy on your heart today, remember that the God of the whole universe loves you and forgives you.

Have you truly accepted God's love for you yet?

NOTES:

PRAYER:

Day Twenty-Five
Freedom to Seek Comfort

"He will cover you with His feathers and under His wings you will find refuge." (Psalm 91:4)

God is the only one who can provide true comfort. The ultimate comforter is telling us that we are free to seek that comfort whenever we want. He encourages it... He encourages being vulnerable and understanding that we need Him. In this world, seeking comfort and needing someone is just not very popular. We are all about this front of strength, independence, and power. Yet when we gain the most power is when we humble ourselves enough to acknowledge our need for Jesus and His sacrifice of Himself on the cross. When we do that, we gain the power that God used to raise Jesus from the dead.

So, do not be afraid to need him, because you DO need him. We need Him more than anything or anyone else. Our existence, purpose, and future depend on Him. Even just reading this verse provides comfort. Run to Him, seek Him and cover your sin/shame/fear/anxiety/insecurity with His feathers; that's the only place you will find refuge.

What kind of comfort do you need to seek from God today?

NOTES:

PRAYER:

Day Twenty-Six
Freedom from the Love of Money

"Keep your lives free from the love of money and be content with what you have, because God has said, "Never will I leave you; never will I forsake you." (Hebrews 13:5)

Money is good in moderation, but loving money is a trap. Loving money can lead to addictions of many kinds. Love of money itself is an addiction. It distracts us from God. Loving money and having money is not freedom. In reality, the perspective and the mindset that money is not everything is equal to freedom. We spend all of our lives either earning money or spending money. We depend so greatly upon it for everything. Yes, we do need money to provide food, shelter, etc. But loving money and dedicating all of our time to making more of it only leads to downfall, depression, materialism, workaholism, and broken relationships.

Money is almost an illusion. In an eternal perspective, it doesn't exist. When we die we do not take any of our money with us. The amount of money we have here on earth is not related at all to the treasures that are built up for us in Heaven. God provides freedom from the love of money, by teaching us that money will be meaningless in the end and that He will always provide. Working only for money and saving or spending all your money without giving is only hurting you. So throw away that idea that money provides happiness, those who seek wisdom and comfort from the Lord will be happy.

Is one of your main priorities to make more money? Are you someone who believes if you just had a little bit more money you would be happier?

Money will not bring you fulfillment, only God can do that. So, seek God first, seek wisdom first before seeking wealth.

NOTES:

PRAYER:

Day Twenty-Seven
Freedom to be Dependent on God

"My eyes are always on the Lord, He will pull my feet from out of the net." (Psalm 25:15)

All too often we forget that God is in control, and many times we forget to take God out of the tiny box we like to keep him in "until we need him." In reality, we ALWAYS need Him! He should not be the last resort, He should be the first.

He says that when we put Him first everything else will fall into place. When we don't put him first that means we are trying to control and navigate our own lives. We end up trying to control our own thoughts, actions, work, relationships and so on but we just cannot do it alone... we wind up like David in Psalm 25:15. The more control we take the more tangled up in this net we get. In our fight for control, we lose control. It is a vicious cycle; the more control we take the messier our lives get... but guess what is so exciting? When we put God first in our lives, He will untangle the net. With enough faith in His power, there won't even be a net to get tangled in.

We can walk freely because God is in control of the outcome. So today try to let go of anything you are holding onto that just isn't in your control. Trust God and talk to Him, let Him know that thing/thought/anxiety/fear you are so tightly holding to, is under His control now.

Lastly, be still and know that we don't have to be perfect because God already is.

NOTES:

PRAYER:

Day Twenty-Eight
Freedom to Have Eternal Hope

"Jesus said to them, I am the bread of life. He who comes to me shall never hunger, and he who believes in me shall never thirst." (John 6:35)

God provides the freedom to have eternal hope, especially when hope here on earth is scarce. One of the best things about accepting Jesus as our savior is knowing that our ultimate home is Heaven. Knowledge of Heaven can provide the freedom to hope when there seems to be none. Even in the worst circumstances, if you know that you have eternal life in Heaven you have the ultimate something to look forward to.

Jesus says that whoever comes to him will never hunger and whoever believes in him shall never thirst. What does this really mean? That we won't want to eat anymore? That we won't be thirsty after a long run? No... It means that you won't be searching anymore for that, "Something" missing in your life, you won't be searching for hope in earthly things anymore because your hope lies in Jesus Christ.

You will not desire to search because when we have Jesus, we have everything. We have hope, mercy, forgiveness, peace, love, joy, reason, and freedom. Dwell on the fact that there is never a situation that Jesus can't fix, and there is never an earthly situation that eternal hope isn't big enough to cover.

What can you do today to show people you live with the hope of Heaven?

NOTES:

PRAYER:

Day Twenty-Nine
Freedom to Enjoy Life

"I know that there is nothing better for them than to rejoice and enjoy the good life. It is also the gift of God whenever anyone eats, drinks, and enjoys all his efforts." (Ecclesiastes 3: 12-13)

The bible is not a book of rules, it is a love story between God and humans. The Christian life, the life of following Jesus, is one of joy and fulfillment, not limits and boundaries. God wants us to be happy, he wants to see us enjoy this life and use this life for His perfect glory. Enjoy all of the blessings from God and enjoy them with Him in mind. Through this joy and peace in your life, people will realize there is something different about you. They will realize that you have something that they don't. When they ask, you can gladly say Jesus.

So be thankful, grateful and rejoice in the great things of this world. Be the light, be unnecessarily happy and joyful and be annoyingly optimistic. Share your happiness and joy with others so they may see God's love working in your life.

Today, walk around holding God's glory of your joy high above your head. Wave it around, yell out and praise the only one who can provide that kind of fire in our hearts!

NOTES:

PRAYER:

Day Thirty
Freedom to Know How Your Story Ends

"He will wipe away every tear from their eyes. Death will be no more. There will be no mourning, crying, or pain anymore, for the former things have passed away." Then the one seated on the throne said, "Look! I'm making all things new." He also said, "Write this down, for these words are trustworthy and true." Then he said to me, "All is done. I am the Alpha and the Omega, the beginning and the end. To the thirsty, I will freely give water from the life-giving spring. Those who emerge victorious will inherit these things. I will be their God, and they will be my sons and daughters." (Revelation 21: 4-7)

We don't have to spend our lives guessing or searching how our story ends. If we are saved we know that we have an eternal home. We don't have to try to earn a way into a next life, we don't have to ask "what if?" God has already won. Jesus has already conquered the world. If we confess with our mouths Jesus is Lord, we understand we are sinners and know that Jesus' death on the cross saved us we will receive the ultimate gift of salvation. A salvation that can never be taken away, even if you make mistakes. We have the freedom to know that if we are saved we are going to Heaven, plain and simple. It truly is that black and white. It is a sure thing; salvation leads to Heaven.

When we get to Heaven there will be no more pain, no more fear, no murder, no lies, no hatred. Just peace, joy, love and laughter. So even if you feel like there is no hope in the life you live on earth, know that your true home is perfect. Salvation leads to Heaven forever. Seek comfort in knowing Heaven is your home and in knowing the end of the story.

Have you been able to accept salvation and the freedom that comes with it?

Are you confident that your story ends in Heaven?

89498519R00038

Made in the USA
Middletown, DE
16 September 2018

XĪNHUÁ　　ZÌDIǍN

新华字典

第 10 版

大字本

—附四角号码检字表—

商务印书馆

2010年·北京

此扉页用含有商务印书馆注册商标 [图] 的水印防伪纸印制，有这种扉页的《新华字典》第 10 版（大字本）是正版图书。请注意识别。

总 目 录

第 10 版修订说明

《新华字典》1953 年首次出版,此后经多次修订再版,深受广大读者欢迎。为了使《新华字典》在新世纪更好地服务于社会,我们在第 9 版的基础上,对字典进行了修订。

修订中我们认真研究了 1953 年原版的风格特点,对比参考了历次修订版本,在加强规范性和科学性的同时,特别注重保持原书的简明性和实用性。

本次修订的主要方面有:根据中华人民共和国教育部、国家语言文字工作委员会发布的《第一批异形词整理表》对本字典中所涉及的异形词作了相应处理;增补了部分新词、新义、新例和少量字头,删除了部分陈旧的词条和例证;订正了一些过时的内容和个别的错误以及表述不够准确的地方;统查整理了部分体例;调整了个别字头和部分复音词的顺序;增补了几幅插图和一个

附录《地质年代简表》；按照国家有关规定重新编制了
《部首检字表》。

　　本次修订吸收了一些读者意见，得到了有关专家和
商务印书馆的热情帮助和支持，在此谨表谢意。欢迎广
大读者继续提出宝贵意见。

中国社会科学院语言研究所

2003 年 10 月

　　为了满足不同层次读者的需要，我们编辑了《新华
字典》大字本，并附《四角号码检字表》。欢迎读者批评
指正。

2003 年 11 月

第 9 版修订说明

1. 本字典是一部小型语文工具书,主要供中小学教师和学生使用,中等文化程度以上的读者也可参考。

2. 本次修订是在 1992 年重排本的基础上进行的。保持字典原有规模和特点,同时,全面认真地贯彻执行国家颁布的语言文字法令、法规以及有关规范的国家标准,注意吸收了语言文字研究及相关学科的最新成果,对字形、字音、释义、例证、体例以及附录内容作了较为全面的修改和调整。

3. 本次修订根据《简化字总表》、《现代汉语通用字表》、《第一批异体字整理表》增删、调整了字头,明确区分了字头后的繁体字、异体字;根据《普通话异读词审音表》改动了少数字音;根据《现代汉语通用字笔顺规范》调整了部首的排列顺序、检字表和字头的字的排列顺序。

4. 本次修订还根据最新资料修改了附录,增加了

《我国各省、直辖市、自治区及省会(或首府)名称表》。

　　5. 修订后的字典计收单字(包括繁体字、异体字)10 000余个,带注解的复音词3 500余个,附录9种,综合插图9幅。

　　6.《新华字典》原由新华辞书社编写。1956年,新华辞书社并入当时的中国科学院语言研究所词典编辑室。中国社会科学院语言研究所负责本次修订。

　　　　　　　　　　　　　1998年5月

凡　例

一、本字典的字头用大字排印。繁体字、异体字附在字头后面，外加圆括弧。不带＊号的为繁体字，带一个＊号的为《第一批异体字整理表》中的异体字，带两个＊号的是《第一批异体字整理表》以外的异体字。有些繁体字、异体字的左上方附有义项数码，表示只适用于某义项；有些繁体字、异体字的左上方带个小三角(△)，表示另外也做字头。

二、一个字头有几个音的，就列为几个字头，各在注音前面分别用⊖⊜⊜等表明次第，注解之末附列有其余的音及其所见页码。

三、字头下所收的带注解的复音词或词组，外加[　]号，按音序排列。意义上有联系的，分别放在重点字的相关义项之下；意义上联系不明确的，放在本字注解最后，并另起行。对于《第一批异形词整理表》中的非推荐词形，在左上角加＊号，外加圆括号，附列于推荐词形之后。

四、本字典的字音依据普通话的语音系统，用汉语拼音字母及注音字母标音。

五、有些字头连注两个音，第二个音后面附注"(又)"字，表示"又音"。有时某义项内注"又某音"，表示"又音"用于某义。

六、有些字头注有"旧读"，表示旧来读法不同。有时某义项内注"旧读"，表示某义旧读不同。

七、对行文中一些生僻字、多音字或复音词中读轻声的字加注读音。

八、字头的意义不止一项的，分条注解，用❶❷❸等表示义项。一个义项下如再分条，用1、2、3等表示。[　]中的复音词或词组，如分条注解，也用1、2、3等表示。

九、注解中引、喻、转的用法如下：

引　表示由原义引申出来的意义。如209页"急 jí"字条❶义下，"引气恼，发怒"是由"焦躁"引申出来的。

喻　表示由比喻形成的意义。如240页"晶 jīng"字条[结晶]下注"喻成果"。

转　表示由原义、故事、成语等转化而成的意义。如221页"简 jiǎn"字条❶义下注"转书信"，490页"推 tuī"

字条❶义下[推敲]条注"⊛斟酌文章字句"。

　　十、注解中的(－子)、(－儿)、(－头)表示本字可以加上这类词尾,构成大致同义的词,不另加注解。

　　十一、注解中的(叠)表示本字可以重叠。放在注解前的表示必须叠用,如230页"喈"字;放在注解后的表示可叠也可不叠,如300页"凛"字❷。

　　十二、注解中的⊛表示本字可以跟一个意义相同或相近的字并列起来构成大致同义的词,不另加注解。

　　十三、注解中的〈方〉表示本字是方言地区用的字或者本义项所注的是方言地区的用法。〈古〉表示本字是古代用的字或者本义项所注的是古代的用法。

　　十四、从兄弟民族语言中来的词,加注民族简称。如173页"哈 hǎ"字条[哈达]是从藏语来的,注"(藏)"。

　　十五、有些词的后面注"(外)"字,表示是近代的外来语。历史上相沿已久的外来语,一般不注来源。

　　十六、在注解后举例中,用"～"号代替本字。一个"～"号只代替一个字。

　　十七、"－"和"-"(短横)的用法如下:

　　1. 在"－子、－儿、－头"中,在"⊛"字后,"－"代替本字。

2. 在拼音字母标音中,"—"代替省略的音节,"-"(短横)表示连接转行的音节。

十八、"·"(圆点)表示一个例词或一个例句完了,用在字的右下方。用于注音字母的标音时,表示后面的音节读轻声。

汉语拼音音节索引

1. 每一音节后举一字做例,可按例字读音去查同音的字。
2. 数字指本字典正文页码。

新旧字形对照表

（字形后圆圈内的数字表示字形的笔画数）

旧字形	新字形	新字举例	旧字形	新字形	新字举例
艹④	艹③	花草	直⑧	直⑧	值植
辶④	辶③	连速	黾⑧	黾⑧	绳鼋
开⑥	开④	型形	咼⑨	咼⑧	過蜗
丰④	丰④	艳沣	垂⑨	垂⑧	睡邮
巨⑤	巨④	苣渠	食⑨	食⑧	饮饱
屯④	屯④	纯顿	郎⑨	郎⑧	廊螂
瓦⑤	瓦④	瓶瓷	彔⑧	录⑧	渌箓
反④	反④	板饭	盈⑩	昷⑨	温瘟
丑④	丑④	纽杻	骨⑩	骨⑨	滑骼
犮⑤	犮⑤	拔茇	鬼⑩	鬼⑨	槐嵬
印⑥	印⑤	茚	俞⑨	俞⑨	偷渝
耒⑥	耒⑥	耕耘	既⑪	既⑨	溉厩
呂⑦	吕⑥	侣营	蚤⑩	蚤⑨	搔骚
攸⑦	攸⑥	修候	敖⑪	敖⑩	傲遨
争⑧	争⑥	净静	莽⑫	莽⑩	漭蟒
产⑥	产⑥	彦产	眞⑩	真⑩	慎填
𦍋⑦	𦍌⑥	差养	䍃⑩	䍃⑩	摇遥
幷⑧	并⑥	屏拼	殺⑪	殺⑩	搬鍛
吳⑦	吴⑦	蜈虞	黃⑫	黄⑪	廣横
角⑦	角⑦	解确	虛⑫	虚⑪	墟歔
兔⑨	兔⑦	换痪	異⑫	異⑪	冀戴
肖⑧	肖⑦	敝弊	象⑫	象⑪	像橡
耳⑧	耳⑦	敢严	奧⑬	奥⑫	澳襖
者⑨	者⑧	都著	普⑬	普⑫	谱氆

部首检字表

〔说明〕1.本表采用的部首依据《汉字统一部首表(草案)》，共 201 部；编排次序依据《GB13000.1 字符集汉字笔顺规范》和《GB13000.1 字符集汉字字序(笔画序)规范》，按笔画数由少到多顺序排列，同画数的，按起笔笔形横(一)、竖(丨)、撇(丿)、点(丶)、折(一)顺序排列，第一笔相同的，按第二笔，依次类推。2.在《部首目录》中，主部首的左边标有部首序号；附形部首大多加圆括号单立，其左边的部首序号加有方括号。3.在《检字表》中，繁体字和异体字加有圆括号；同部首的字按除去部首笔画以外的画数排列。4.检字时，需先在《部首目录》里查出待查字所属部首的页码，然后再查《检字表》。5.为方便读者查检，有些字分收在几个部首内。如"思"字在"田"部和"心"部都能查到。6.《检字表》后面另有《难检字笔画索引》备查。

(一) 部首目录

(部首左边的号码是部首序号；右边的号码指检字表的页码。)

1 画		5	ㄱ(乛乚		8	匚	24
1	一	20		乚乙)	22	[9]	(卜)	24
2	丨	21		**2 画**		[22]	(刂)	29
3	丿	21	6	十	23	9	卜	24
4	丶	22	7	厂	23	10	冂	24

（二）检字表

（字右边的号码指正文的页码；带圆括号的字是繁体字或异体字。）

1 一部		
	上	496
		429
		429
一	563	**3 画**
1 画	丰	130
二	118	王	497
丁	100		498
	620	亓	383
七	382	开	255
2 画	井	241
三	421	天	477
干	142	夫	133
	145		134
亍	65	元	590
于	584	无	508
亏	270	韦	499
才	40	云	595
下	518	专	638
丈	611	丏	142
兀	509	廿	354
与	584	五	509
	586	（币）	597
	587	丐	335
万	341	卅	420

不	39
不	111
夼	326
友	582
牙	547
屯	491
	641
互	190
丑	63
4 画	
未	502
末	341
击	205
戋	218
正	620
	621
甘	143
世	442
本	21
可	261
	261
丙	33
左	652
丕	369

右	583
布	39
平	377
东	102
且	245
	397
（册）	44
丘	402
丛	73
册	44
丝	453
5 画	
考	259
老	280
共	155
亚	549
亘	152
吏	289
再	598
（亙）	152
在	598
百	11
有	582
	583

而	117
死	454
夹	140
	214
	215
夷	564
尧	558
至	626
丞	57
6 画	
（听）	463
严	551
巫	507
求	403
甫	137
更	152
	153
束	449
两	294
丽	284
	289
（夾）	140
	214
	215

来	275
7 画	
奉	132
武	509
表	30
忝	478
（長）	50
	611
（亞）	549
其	384
（來）	275
（東）	102
画	193
事	443
（兩）	294
枣	601
（面）	335
（並）	34
哑	208
	387
8 画	
奏	649
毒	106
甚	434

兵 364	乖 163	够 157	丫 547	**5**	丑 63
（舟）310	秉 34	馗 270	义 567	乛（乛乀	巴 8
向 525	臾 585	甥 437	之 622	乚乙）部	孔 264
囟 533	卑 18	（喬）395	丹 83	乙 566	以 566
后 186	阜 139	（衆）631	卞 28	**1—3画**	予 584
禹 310	质 628	粤 594	为 499	九 244	586
杀 423	肴 558	弑 443	502	乛 98	书 446
兆 614	籴 92	舞 509	**4画**	了 282	**4画**
籴 74	周 632	毓 590	主 635	297	电 97
危 498	**8画**	睾 147	半 13	乃 347	司 453
各 150	拜 12	疑 565	头 486	也 337	民 337
151	（面）45	孵 133	必 24	355	弗 134
色 422	重 62	肅 348	永 578	乞 386	（疋）371
425	631	靠 259	**5画以上**	已 210	出 63
6画	复 139	（舉）248	州 632	巳 566	（氹）87
我 506	禹 587	黌 129	农 357	（巳）454	发 119
每 329	（帅）450	（鼅）168	良 293	巳 454	120
兵 33	盾 112	253	卷 250	子 231	丝 453
（兎）489	胥 132	403	250	孑 251	**5画**
囱 73	胤 574	（歸）167	（並）34	也 561	乱 206
（屉）624	**9画**	蠲 473	亲 398	飞 125	艮 152
希 512	乘 57	（譽）267	401	习 514	152
龟 168	438	（夔）185	叛 364	乡 523	丑 106
253	（乌）507	（爨）533	（為）499	幺 557	尽 236
403	510	爨 75	502	尹 573	237
卵 314	（师）438		举 248	尺 53	丞 57
系 212	虒 454	**丶部**	乧 52	59	买 322
516	胬 52		益 569	夬 164	**6—9画**
7画	（夠）64	**2—3画**	蠲 250	（弔）98	乱 314
垂 68	**10画以上**	丸 495			君 253

即 208	（嚮） 525	皁 18	**11画以上**	厉 288	（厭） 554
甬 579	**6**	阜 139	（幹） 145	压 547	愿 593
畅 52	**十部**	卒 74	献 523	549	厴 563
乳 417		650	（啬） 423	厌 554	魇 553
肃 458	十 439	**7—10画**	（準） 642	库 432	餍 554
隶 290	**1—5画**	贲 21	截 233	励 288	（鴈） 554
承 57	千 389	25	（榦） 145	（厓） 548	（歷） 288
丞 208	支 623	哉 598	斡 507	屋 627	（曆） 288
387	午 509	南 348	兢 241	厕 44	赝 555
函 175	卉 199	栽 598	嘏 159	**7—8画**	（壓） 547
虱 439	古 159	载 598	217	厘 285	549
胤 574	（甴） 442	599	寋 629	厚 187	靥 553
既 213	考 259	（裁） 597	睾 147	厝 77	（魘） 550
（叚） 216	协 529	真 618	（寋） 629	原 591	（麗） 365
昼 633	毕 25	（喪） 421	翰 176	**9—10画**	（厴） 553
咫 626	早 601	422	戴 82	厢 523	（饜） 252
（飛） 125	华 191	索 463	（韓） 175	厣 553	（贋） 555
癸 169	191	隼 462	鏊 371	厩 245	（黡） 563
（圅） 175	192	乾 391	鏊 376	（厰） 6	（魇） 553
10画以上	克 262	（乾） 142	蠹 66	厨 64	（餍） 554
乾 391	孛 19	啬 423	**7**	厦 424	（黶） 553
（乾） 142	半 333	章 610	**厂部**	518	**[7]**
登 90	（卓） 602	博 37	厂 4	（麻） 288	**厂部**
（發） 119	**6画**	韯 647	51	雁 554	斤 235
（亂） 314	直 624	裁 41	**2—6画**	厥 252	反 122
（蕭） 458	丧 421	韩 175	厅 481	**12画以上**	厄 624
（鼕） 518	422	（喪） 421	仄 603	（廚） 64	后 186
暨 213	（協） 529	422	历 288	斯 454	（厒） 624
（蠡） 439	卖 322	辜 158	厄 115	（厲） 288	质 628
豫 589	卓 642	戟 383		（廠） 51	

偓	553	（條）	472	僇	312	（儈）	267	氽	92	兀	509
（偪）	23	悦	471	**12画**		（儍）	424	（籮）	92	元	590
偕	530	（傜）	559	（僥）	228	儋	84			允	596
偿	51	偰	513		558	（億）	567	**13**		兄	536
偶	360	（傖）	42	僖	514	（儀）	564	**勹部**		尧	558
偈	213		55	（儘）	465	儴	420			光	166
	233	（傑）	232	僦	241	僻	372	勺	430	先	519
偎	498	（傷）	633	僡	201	**14画以上**		勿	510	兆	614
偲	40	（傚）	528	（儜）	519	（儔）	62	匀	595	（兒）	536
	454	傍	15	僳	459	儒	416	勾	156	充	61
傀	271	傢	215	僚	296	（儕）	47		157	克	262
偷	486	傧	32	僭	223	（儐）	32	句	156	兕	455
偬	648	储	65	（僕）	380	（儘）	236		248	（兇）	327
（偺）	599	催	252	（僑）	395	（優）	579	匆	72	兑	110
停	482	傩	359	焦	227	（償）	51	包	15	（兌）	117
偻	308	**11画**		（偽）	501	儡	283	旬	545	（兗）	497
	313	（僅）	236	僦	245	（儳）	446	匈	536	兖	552
（偽）	501		237	僮	485	（儱）	307	甸	97	党	86
偏	373	（傳）	67		640	（儺）	359	匍	380	竞	242
假	216		639	僧	423	（儷）	289	匐	132	兜	104
	217	（傴）	586	（催）	162	（儼）	552	匃	184	竟	242
偓	507	（傻）	308	儯	91	（儸）	319	（匊）	64	兢	241
（偉）	500		313	**13画**		（儹）	599	匏	366	（競）	242
10画		催	75	僵	224	（儻）	471	匑	136		
傣	81	（傷）	428	（價）	217		471	够	157	**15**	
傲	7	傻	424		235	（儾）	349	（夠）	157	**匕部**	
（備）	20	（傯）	648	（儂）	357	**[12]**		赠	129	匕	23
傅	140	像	525	儇	542	**入部**		**14**		北	19
傈	291	傺	61	（傲）	228	入	417	**儿部**		死	454
傜	527	（傭）	578	（儉）	220	氽	74	儿	117		

(雙) 451
歠 70
矍 253

25 厶部

厶 453
么 321
327
557
幺 557
云 595
允 596
去 406
弁 28
台 465
466
厾 106
牟 343
345
县 522
矣 566
叁 421
参 41
44
434
枲 515
怠 82
垒 283
畚 21
能 351
(參) 41
44
434
毵 421
叆 4
叇 82
(毿) 421
(靆) 82
(靉) 4

26 廴部

(廵) 546
廷 482
延 551
(廻) 198
(廹) 362
379
(廼) 347
建 222

27 干部

干 142
145
刊 256
邗 175
顸 174
鼾 174

28 工部

工 153
巧 396
邛 402
功 153
左 652
式 442
巩 155
贡 155
汞 155
攻 154
巫 507
项 525
差 45
47
47
70
巯 404
(巰) 404
曌 614

29 土部

土 488

2—3 画

去 406
圠 141
圣 437
圩 500
538
圬 507
圭 168
寺 455
考 259
圪 148
圳 619
老 280
圾 206
圹 269
圮 372
圯 564
地 90
94
场 50
51
在 598
至 626
尘 54

4 画

坛 468
坏 193
坜 288
址 625
坝 10
圻 384
坂 13
坎 257
坍 467
均 253
坞 510
坟 129
坑 263
坊 123
124
块 268
(坳) 7
坚 218
坐 653
坌 21
坠 641

5 画

坩 143
坷 259
261
坯 369
坲 39
垅 307
坪 377
坫 97
垆 309
坦 469
坤 272
坰 7
坰 243
(坵) 402
(坿) 138
坼 54
坻 59
93
垃 273
幸 535
坨 492
坭 352
坡 378
(刼) 231
坳 7
茔 575
垄 307

6 画

型 534
垚 558
垭 547
549
垣 591
垮 267
垯 80
城 56
垤 99
垱 86
垌 103
484
垲 256
埏 426
551
垍 212
垧 429
垢 157
垛 113

声	437	**30**		芸	595	芳	124	苘	401	茅	326
毒	3	**艹部**		苈	127	苎	636	苲	606	**6画**	
(壮)	640				135	芦	310	茌	59	荆	240
壶	189	**1—3画**		芰	212	芯	532	苻	136	荬	280
壶	272	艺	568	苤	135		533	(苍)	159	茸	415
悫	409	艾	3	苈	288	劳	279	茶	355	茜	392
(喆)	615		567	苊	115	芭	8	苓	301		511
喜	515	芄	226	苉	372	苊	265	茚	574	茬	46
壹	564	节	230	苣	248	苏	457	苟	157	荐	223
(壸)	189		231		406	苡	566	茆	326	荙	79
鼓	161	芳	347	芽	548	**5画**		茑	354	巷	177
(壼)	272	芋	587	芷	625	茉	342	苑	592		525
嘉	214	芏	107	芮	418	苷	143	苞	15	荚	215
(臺)	466	共	155	苋	522	苦	266	范	122	荑	475
(豪)	492	芊	389	芼	326	苯	21	苧	356		564
(壽)	445	芍	430	苌	50	苛	259	(苧)	636	荛	411
(賣)	322	芃	368	花	191	苤	375	茓	544	荜	25
(隸)	290	芨	495	芹	398	若	419	茔	575	茈	71
熹	514	芨	206	芥	142	茂	326	苾	24		646
(尠)	372	芒	324		234	茏	306	茕	402	草	44
(鼕)	102	芝	623	苁	72	茇	9	茛	338	茧	220
(燾)	88	芑	386	芩	398	苹	377	莆	134	茛	247
	472	芎	536	芬	129	苫	426	苗	642	茼	484
嚞	372	艻	523	苍	43		427	茇	430	茵	571
馨	533	**4画**		芪	384	苜	345		479	茴	199
鼙	371	芙	134	芴	510	苴	245	茄	214	荣	634
懿	571	芫	551	芡	392	苗	336		397	莲	482
(蠱)	108		591	芟	425	英	574	茎	238	苦	163
鼕	474	芜	508	苟	157	苣	567	苔	465	荞	395
		苇	500	芐	28	苒	410		466	茯	134

茌	413	莜	395	莪	114	莼	69		254	菰	159
苫	186	（莜）	395	莉	290	**8画**		（蒿）	506	菡	176
荇	536	茵	574	莠	582	菁	240	萎	501	萨	420
茎	408	茹	416	莓	328	菾	478	黄	585	菇	158
荟	200	（荔）	288	荷	181	（莀）	50	萑	194	菑	645
茶	46	荔	288		182	菝	9	（萆）	26	**9画**	
（荅）	78	荬	322	莜	581	著	637	茵	95	葵	388
	79	荭	185	莅	289		643	菜	41	葑	131
荀	545	荮	633	茶	488	菱	302	菜	129		132
茗	339	药	560	荾	520	（菢）	17	菔	136	葚	414
荞	212	（兹）	71	莝	77	萚	493	莵	488		435
	388		644	莘	135	萁	384		489	（葉）	562
荽	226	**7画**			375	萮	513	萄	473	葫	188
茨	71	（華）	191	萋	460	（萊）	275	菪	85	葳	498
荒	196		191	荻	204	菘	456	菊	247	惹	412
荄	141		192	莸	580	菫	236	萃	76	葳	49
莸	61	莰	257	荻	92	黄	197	菩	381	葬	601
茳	223	苣	47	茶	98	萘	347	（菻）	550	菅	256
茫	325	（荅）	536	莩	434	萯	385	葵	469	（韮）	244
荡	87	莛	23		532	（萻）	5	菏	181	募	345
荣	415	莆	381	莎	424	萋	382	萍	377	葺	388
荤	201	（荳）	105		462	菲	126	菹	649	（萬）	496
荥	535	（荚）	215	莞	165		127	菠	35	葛	150
	575	莽	325		496	萩	446	菪	87		151
荦	318	莱	275	劳	402	（菓）	171	菅	219	黄	271
荧	575	莲	291	莹	575	菖	50	菀	496	葸	516
荨	390	（莖）	238	莨	279	萌	330	萤	575	萼	116
	545	莳	444	莺	574	萜	481	营	575	菁	159
茛	152	莫	342	莙	253	萝	316	萦	576	萩	403
荭	237										
莛	237	莴	506	（莊）	639	菌	254	萧	527	董	103
荪	461										

葆 17	蓝 277	（蒞）289	497	蕬 418	蕲 376
（蒐）457	（蒔）444	蔪 279	茇 337	（蕓）595	蕗 312
（葰）434	（菙）25	（蔈）434	甍 331	（莚）418	薯 448
葩 361	墓 345	蓉 415	菀 104	蕞 651	薨 185
葎 313	幕 345	蒙 330	（蕙）72	蕺 209	薙 477
（葅）649	蓦 342	331	莚 515	（賈）322	（薙）477
葡 380	蒽 117	蕢 334	（蕤）72	菅 331	薛 543
葱 72	（夢）332	339	敩 293	（蕪）508	薇 499
蒋 225	（蒨）392	鋈 576	（蓎）38	（蕠）286	（薟）520
葶 482	（蓧）98	翡 419	蔡 41	（蕎）395	（薈）200
蒂 95	蒋 480	（蓀）461	蔗 616	蕉 227	薛 531
萎 308	蓓 20	（蔭）574	（蔴）320	蕃 120	（薦）223
渶 185	蒐 26	蒸 621	蔟 74	121	薪 532
蒎 363	蔴 317	蓣 589	蔺 300	（蕕）580	薏 570
落 274	（蒼）43	**11画**	蔽 26	蕲 384	薙 505
281	翁 505	薯 200	蕫 406	（蕩）87	薮 457
318	蒯 267	蔫 353	蔻 266	薀 503	薄 16
萱 541	蓟 213	蓺 570	蓿 541	蕊 418	37
葵 488	蓬 369	蔷 393	蔼 3	（蕁）390	37
萹 27	襄 462	（尃）69	蔚 503	545	（蕭）527
葭 215	蒿 177	蕨 459	589	蔬 447	薜 26
（葦）500	（蒂）515	（蔕）95	（蒋）225	蕴 596	（薩）420
葵 271	蔟 209	（蕡）401	蓼 297	**13画**	薅 177
10画	蔿 285	慕 345	（鄉）523	蕻 185	**14画**
蓁 618	蒟 248	暮 345	**12画**	186	藉 210
蒜 460	蒡 15	摹 340	（蕘）411	（薔）393	234
蓍 439	蓄 540	（蔓）308	（蓬）79	（薑）224	（藉）234
（蓋）142	蒹 219	蔓 323	蕙 201	黏 478	薹 466
151	蒴 453	323	蕈 547	薤 531	（藍）277
蓐 417	蒲 381		蕨 252	蕾 283	藏 43

奠	97	**[34]**	京	239	裳	51	叫	229	吊	98		
(盦)	291	**允部**	杂	141		430	叩	265	吒	605		
(奪)	113		省	437	耀	560	叨	87	(吒)	607		
(奬)	225	(尣)	497		535	(黨)	86		472	吃	58		
奭	444	**35**	雀	394			叻	281	(吆)	557		
樊	121	**弋部**		396	**37**	另	303	吸	512		
(奮)	130	弋	567		409	**口部**	叹	469	吗	319		
		(弍)	564	(剶)	521	口	265	句	156		320		
34	(弎)	118	(剹)	521	**2画**		248		321		
九部	(弐)	421	(縣)	522	古	159	司	453	吆	557		
(尢)	580	式	442			可	261	召	431	向	525		
尤	580	忒	474	**[36]**		261		613	后	186		
龙	306		490	**⺌部**	叵	379	加	214	合	150		
尥	297	貳	82	光	166	右	583	台	465		180		
尪	497	鸢	590	当	85	占	608		466	名	338		
尬	141	貳	118		86		609	**3画**		各	150		
就	245	弑	443	肖	526	叶	529	吉	208		151		
尴	144				528		562	吏	289	**4画**		
(尲)	144	**36**	尚	430	叮	100	吁	538	吞	491		
(尷)	144	**小部**	尝	51	号	177		587	杏	535		
		小	527	党	86		178	吐	489	吾	508		
[34]	少	431	堂	470	卟	38		489	否	132		
兀部		431	常	51	只	623	吓	181		372		
兀	509	尔	118	辉	198		625		518	呈	57		
元	590	尕	141	棠	471	叽	8	吋	77	吴	508		
尧	558	(尗)	446	觉	58	史	441	(呒)	346	吠	133		
光	166	尘	54	掌	611	叱	60		352	呋	319		
尰	199	尖	218	(當)	85	兄	536	吕	312	呓	568		
尲	198	劣	298		86	叻	205	同	483	呆	80		
				(嘗)	51	叼	98		485	(呔)	346		

嵘 355
嵩 456
嵝 210
11—12画
(嵚) 404
(嵝) 100
(嵝) 308
嶂 612
嵴 515
(峣) 558
(峤) 229
　　 395
嵑 514
嶓 35
嶙 299
嶒 45
(嵤) 280
嶝 91
(嶨) 7
13画以上
巘 553
(峦) 349
(嶂) 569
(屿) 586
(嵒) 544
豳 33
(岭) 303
巍 566
(狱) 594
(嵘) 415

巅 96
(嶔) 288
巇 514
巍 498
巉 48
(归) 270
巇 349
(岩) 551
(峦) 314
(巉) 553

40 巾部

巾 235
1—4画
(币) 597
币 24
布 39
帅 450
市 442
师 438
吊 98
帆 120
帏 499
帐 612
希 512
(峤) 626
5画
帖 480
　　 481

帜 628
帙 628
帕 361
帔 367
帛 35
帝 292
帚 632
帑 471
6—9画
帮 14
带 82
帧 617
帡 378
(帅) 450
帱 62
　　 88
帨 452
(师) 438
席 515
(帬) 410
(带) 82
常 51
帻 603
(帐) 612
帼 171
帷 500
帵 495
幅 136

帽 327
幄 507
幈 378
(帏) 499
(帗) 395
10画以上
幕 345
幌 197
幔 324
(帼) 171
幛 612
幞 137
幡 120
幢 68
　　 640
(帜) 628
(缣) 334
幪 331
(帮) 14
(帱) 62
　　 88
(归) 167

41 彳部

彳 60
3—5画
行 176
　　 534

彻 54
役 569
彷 125
　　 365
征 620
徂 74
往 498
(佛) 134
彼 24
径 241
6—7画
衍 257
待 80
　　 82
徊 193
徇 546
徉 556
衔 553
律 313
很 183
(后) 186
徒 488
徕 275
(径) 241
徐 540
8画
鸻 183
(徕) 275
(术) 448
徛 213

徘 362
徙 515
徜 51
得 89
　　 90
　　 90
衔 521
(从) 73
(衔) 543
9—10画
街 231
(衔) 307
(徆) 485
御 589
(复) 139
徨 196
循 546
(徧) 29
衙 548
微 499
徭 559
徯 513
(徬) 365
12画以上
(衢) 188
德 89
徵 626
(徵) 620
(衡) 61
　　 62

（彈）85
468
（疆）225
393
394
（彌）332
（彊）170
疆 224
（彎）494
鬻 590

54 子部

子 645
孑 231
孒 251

1—5画

孔 264
孕 596
存 76
孙 461
孖 319
644
孝 528
李 286
孛 19
孚 135
（孜）544
孜 644

享 524
学 544
孟 332
孤 158
孢 16
孥 358

6画以上

李 314
孩 174
（孙）461
孰 447
孳 645
孵 133
（學）544
孱 113
孺 417
（孽）355
（孿）113
（孿）314

55 屮部

屯 491
641
出 63
（屮）44
（屵）440
虫 58
巢 480
（糶）480

[55] 少部

（屮）44
（芻）64
（孽）355
（蘗）355
（糱）356

56 女部

女 359

2—3画

奶 347
奴 358
妆 639
妄 498
奸 218
如 416
妁 452
妇 139
妃 126
好 178
178
她 464
妈 319

4画

妥 492
（妆）639
妍 551

妩 509
妓 212
妪 588
妣 24
妙 337
妊 414
妖 558
妗 238
姊 646
妨 124
妫 168
妒 108
妞 357
姒 455
好 584

5画

妻 382
387
委 498
501
姜 397
妹 329
妹 342
姑 158
（妬）108
姐 79
姐 233
妯 632
姓 536
姁 540

姗 426
妮 352
始 441
姆 344

6画

契 232
要 558
560
威 498
耍 450
姿 314
姿 644
姜 224
娄 308
娃 493
姞 208
姥 280
344
娅 549
姮 183
姨 564
娆 412
412
（姪）625
姻 571
姝 446
娇 226
（姙）414
姚 558
姽 169

姣 226
姘 376
姹 47
娜 346
359
（姦）218

7画

孨 349
娑 462
姬 206
娠 434
娱 586
娌 287
娉 377
娞 70
娟 250
娲 493
娥 114
娩 335
娴 520
娣 94
娘 354
娓 501
婀 114
娭 2

8画

婆 406
婪 276
（婁）308
婴 574

婆	379		592	嬲	282	**57**		驷	455	骓	640
（斌）	509	婷	482	嬟	611	**飞部**		驸	138	骟	458
婧	242	（㛐）	168	嫡	93			驹	246	骖	42
娭	31	媚	329	嫪	281	飞	125	驺	649	骘	629
婞	536	婿	541	**12画以上**				驻	637	骛	511
（娸）	549	娑	511	（娆）	412	**[57]**		驼	492	骙	202
姒	246	**10画**			412	**飛部**		驿	569	騠	476
婼	419	媾	157	嬉	514	（飛）	125	驽	466	骗	374
姻	193	嫫	340	（嫺）	520	（飝）	121	**6—10画**		騤	271
婕	233	嫄	592	（嬋）	48	**58**		骂	321	骚	422
娟	50	媳	515	（嫵）	509	**马部**		骁	527	骜	7
（娟）	493	媲	372	（娇）	226			驵	571	腾	474
婢	25	媛	4	（嬀）	168	马	320	骄	227	骞	390
（婬）	572	嫉	209	（嬙）	193	**2—4画**		骅	192	骝	304
婚	201	嫌	521	嬴	576	冯	131	骆	318	骗	427
婵	48	嫁	217	嬖	27	驭	587	骇	174	**11画以上**	
姊	435	嫔	376	（嬌）	393	闯	68	骈	373	骠	30
婉	496	（嫋）	354	嬛	194	驮	113	骊	285		375
娘	278	娓	58	（嬈）	354		492	骒	325	骡	317
（婦）	139	**11画**		（嬡）	4	驯	546	骋	58	骢	73
翏	358	嫠	286	嬗	428	驰	59	骍	163	骣	49
9画		嫚	230	嬲	354	驱	404	验	554	骤	633
婴	539	嫣	550	（嫻）	347	驳	36	骅	534	骥	214
媒	328	嫱	393	嬷	341	驴	312	骎	398	骦	451
媪	7	嫩	351	（嬪）	376	驶	251	骐	3	骧	524
嫂	422	（嫗）	588	（嬬）	435	**5画**		骏	254	**[58]**	
（媧）	571	嫖	374	（嬾）	277	驽	358	骐	384	**馬部**	
（媿）	272	嫦	51	嬬	451	驾	217	骑	385	（馬）	320
（媮）	486	嫘	324	（嬢）	354	驵	600	骒	126	（罵）	321
媛	591			（變）	314	驶	441	骒	262		

（駮）36	兹 71	玖 244	（珎）617	琇 538	**9画**
（騧）163		玘 386	珊 426	琉 305	瑟 423
（騄）554	（幾）204	场 556	珉 338	琅 279	（璕）81
（騵）648		玛 320	珈 214	珺 254	瑚 189
（騞）44	（樂）281	玩 495	玻 35	望 498	瑊 219
（駿）648		玮 500	皇 196	**8画**	（瑒）556
（騸）120	畿 207	环 194	**6画**	瑃 22	瑁 327
（驊）192		玡 548	（珪）168	琵 371	瑞 418
（驍）649	**60**	玭 376	珥 118	琴 398	瑰 168
（驅）404	**巛部**	现 522	珙 155	琶 361	瑀 587
（驂）42	（災）597	玫 327	项 539	琪 384	瑜 586
（驕）527	甾 598	玠 234	（琊）548	瑛 574	瑗 592
（驕）227	邕 578	玦 73	珰 86	琳 299	瑄 541
（驚）239	巢 53	玢 32	珠 634	琦 385	瑕 517
（驛）569	（雛）578		珽 483	琢 643	（瑋）500
（驗）554			珩 183		瑙 350
（驌）458	**61**	玱 392	珧 558	652	（聖）437
（驢）312	**王部**	玥 593	（珮）367	琲 20	**10—12画**
（驤）194	王 497	玦 251	珣 545	琥 189	璈 6
（驪）285	498	（砥）497	珞 318	琨 272	瑾 576
59	**1—4画**	**5画**	珲 198	（琱）98	瑱 619
幺部	玉 587	珏 251	202	琼 402	瑶 559
幺 557	主 635	珐 120	**7画**	斑 13	瑷 4
幻 195	玎 100	珂 259	琤 56	琛 553	（瑢）392
幼 583	玑 205	珑 306	班 12	（琺）120	璃 291
（兹）71	全 407	玷 97	珲 198	琮 73	璐 470
644	玕 143	坤 433	球 404	琯 165	璇 415
幽 580	弄 307	玳 81	琏 292	琬 496	瑾 237
（纱）337	358	珀 379	琐 463	（瑯）279	璜 197
	玚 584	珍 617	理 287	琛 54	璀 75
		玲 301	琚 246		

瓔 575
(璀) 237
璁 73
(璁) 73
璋 611
璇 542
璆 404
甙 197
璞 381
璟 241
璠 121
璘 300
(璣) 205
璺 116

13画以上

璨 42
璱 406
(璿) 86
璐 312
璪 601
(環) 194
(璵) 584
(瑷) 4
(璴) 542
(瓊) 402
(璨) 291
(璗) 576
瓚 599
(瓔) 168
(瓏) 306

瓘 166
瓖 524

[61] 玉部

玉 587
珏 251
莹 575
玺 515
(瑩) 575
璧 27
(璽) 515
璺 505

62 无部

无 508

[62] 旡部

旡 387
既 213
暨 213
(蠶) 42

63 韦部

韦 499
韧 413
铼 52

詙 136
辈 501
韩 175
韫 596
韪 501
韝 156
韛 12
韬 472

[63] 韋部

(韋) 499
(韌) 413
(韍) 136
(韓) 175
(韎) 52
(韙) 501
(韞) 596
(韝) 156
(韛) 12
(韜) 472
(韠) 494

64 木部

木 344

1画

未 502
末 341

本 21
术 448
　 635
札 606

2画

朽 537
朴 374
　 378
　 379
　 381
机 8
机 205
权 407
朱 633
朵 113
(朵) 113

3画

杆 143
　 144
(杇) 507
杠 146
杜 107
材 40
村 76
杖 612
机 509
杙 567
杏 535
杉 424
　 425

杓 29
　 430
极 208
杧 324
杞 386
李 286
杨 556
权 45
　 46
束 449
床 68

4画

枉 498
林 299
枝 623
杯 18
枢 446
枥 288
柜 169
　 247
(枒) 547
枇 371
枢 190
杪 336
(柵) 348
杳 559
枫 146
柄 418
枧 220
杵 65

枚 327
枨 57
析 512
板 13
枞 73
　 647
松 456
枪 392
(枕) 519
枫 131
构 157
杭 177
枋 124
枓 105
杰 232
枕 619
杻 63
　 357
杷 361
杼 637
(東) 102
枣 601
枭 147
果 171
采 41
　 41
枭 527
(梺) 68

5画

某 344

荣	415	柞	607	柴	382	挺	483	臬	355	梳	447
标	29		653	染	411		483	桀	232	棁	642
奈	347	柏	11	架	217	栝	163	栾	314	梯	475
栈	610		36	臬	515	桥	395	桨	225	桫	462
柑	143		37	柔	416	楸	135	桊	250	棍	302
枯	266	柝	493	**6 画**		柏	244	案	5	椤	399
栉	629	栀	624	(梨)	387	(栿)	120	桑	421	桶	485
柯	260	柃	301	栽	598	桦	193	**7 画**		梭	462
柄	33	柢	94	框	270	桁	183	梼	473	(紮)	597
柘	616	栎	290	梆	14	栓	451	械	531		605
栊	306		593	桂	170	桧	169	梽	627	梨	285
枢	245	枸	156	桔	232		200	彬	32	(臬)	527
柸	377		157		247	桃	472	梵	123	渠	405
栋	103		247	栲	259	桅	500	梓	380	梁	294
栌	309	栅	426	栳	280	栒	545	梗	153	**8 画**	
相	523		607	栱	155	格	149	梧	508	(棊)	384
	525	柳	305	桝	54	桩	639	梾	275	棒	15
查	46	(柺)	135	桓	194	校	229	桯	25	(棖)	57
	605	柱	637	栖	382		528	梢	430	楮	65
(查)	605	柿	442		511	核	181	(桿)	144	棱	284
柙	517	栏	276	(栢)	11		189	桿	481		302
栂	527	样	14	桡	412	样	557	梧	162	(椏)	547
柚	581	柠	356	桎	627	栟	21	梅	328	棋	384
	583	柁	114	桢	617		33	(梣)	32	椰	560
枳	626		492	桃	167	桉	4		33	植	625
(相)	455	柚	113		167	根	151	(栀)	624	森	423
(枴)	163	枷	214	档	87	栩	540	检	220	(株)	275
(栁)	348	柽	55	桐	484	栗	290	桴	135	焚	129
(栅)	426	树	449	桤	382	柴	47	桷	251	(棟)	103
	607	柬	220	株	634	桌	642	梓	646	械	589

猢	189	獬	531	殉	546	轶	568	辉	198
猹	46	**14画以上**		毙	25	轷	159	**9—10画**	
猩	534	（獭）	521	**7画以上**		轸	187	毂	161
猥	501	獯	545	殒	596	轹	618	辌	74
猾	503	（獷）	167	殓	293	轺	290	辐	136
猬	192	（獰）	356	殍	375	轳	558	辑	209
猴	186	（獵）	298	殖	444	轻	400	辒	503
㺄	587	玃	194		625	**6画**		输	447
（猨）	591	（玁）	332	（殘）	42	载	598	辎	582
（猶）	580	（玀）	521	殚	83		599	鞣	416
猸	328	（玁）	317	殛	209	轼	442	辔	367
猱	349	**67**		殢	477	轾	627	辕	591
10—13画		**歹部**		殡	201	轿	229	辖	518
獉	618			（殞）	462	辀	632	辗	609
猿	591	歹	81	殡	33	轾	408	輿	586
（獅）	438	**2—4画**		殣	238	辂	311	**11画以上**	
（猻）	462	列	298	（殲）	477	较	229	辘	311
（獄）	588	死	454	（殤）	428	晕	595	辙	616
獐	610	夙	458	殪	571		596	辚	300
獍	242	歼	218	（殫）	83	**7—8画**		辔	196
獗	252	（殀）	558	（殭）	224	辄	615	**[68]**	
獠	296	殁	342	（殯）	293	辅	137	**車部**	
（獲）	204	**5—6画**		（斃）	25	辆	295		
獴	331	残	42	（殯）	33	辇	354	（車）	53
	332	殂	74	（殲）	218	辊	170		245
獭	464	殃	555	**[67]**		辋	497	（輕）	400
（獷）	250	殇	428	**歺部**		辌	294	（輓）	496
（獨）	106	殄	478			辍	70	（輒）	615
（獫）	521	殆	82	粲	42	辎	645	（輛）	295
（獧）	268	殊	446	餐	42	辈	20	（輪）	315

68

车（车）部

车　53
　　245
1—4画
轧　141
　　549
　　606
轨　169
军　253
轩　541
轪　81
轫　413
轰　184
转　639
　　639
轭　115
斩　609
轮　315
软　418
5画
轱　158
轲　260
轳　312
轴　632
　　633
轵　626

(輛) 418	划 191	戟 211	比 23	甏 22	**74**	
(轂) 161	193	惑 203	毕 25	甑 605	**夂部**	
(轉) 639	194	(戞) 216	昆 272	甕 505	战 95	
639	戏 187	(戠) 211	皆 230	甓 372	(敍) 540	
(轈) 599	516	戢 209	毖 24	(罋) 575	敌 487	
(轎) 229	**3—7画**	(幾) 204	毗 371	甗 554	敩 528	
(轟) 184	戒 234	210	(毘) 371		敠 112	
(轢) 290	我 506	戢 257	毙 25	**73**	(敽) 107	
(轡) 367	或 203	(盞) 609	琵 371	**止部**	敲 395	
(轤) 312	(戔) 218	戥 91		止 625	(敺) 404	
69	戗 392	戝 142	**72**	正 620	(敿) 528	
牙部	394	**10画以上**	**瓦部**	621		
牙 547	戒 393	截 233	瓦 494	此 72	**[74]**	
邪 529	哉 598	戳 221	494	步 39	**攵部**	
561	咸 520	臧 600	瓩 389	武 509	**2—5画**	
鴉 547	威 498	(戧) 392	瓯 360	歧 384	(攷) 259	
雅 549	战 609	394	瓮 505	肯 263	收 445	
70	盏 609	(戲) 187	瓴 301	齿 60	攻 154	
戈部	栽 598	516	瓷 71	些 528	攸 580	
戈 148	载 598	戮 312	瓶 378	歪 494	改 142	
1—2画	599	戱 207	瓻 58	耻 60	孜 644	
戋 218	(裁) 597	(戰) 609	(甌) 146	齮 647	败 12	
戊 510	戜 588	戴 82	瓿 40	(歲) 461	牧 345	
(戊) 594	戚 382	(戲) 187	甄 618	雌 71	攽 12	
戎 414	戛 216	516	甏 633	(齒) 60	放 125	
戍 539	盛 57	缄 171	甕 71	整 621	政 621	
戌 449	438	戳 70	甍 331	(歷) 288	故 161	
成 56	**8—9画**	**71**	(甒) 290	(歸) 167	败 478	
	戴 647	**比部**	(甄) 638	鞏 376	**6—7画**	
	栽 41		(甌) 360			

暖	359	曙	448	贡	155	贸	327	赔	367	(實)	440
暗	6	(暖)	4	员	591	费	127	赒	84	(贊)	599
暄	153	(趩)	501		595	贺	182	赓	152	(賣)	322
暄	542	(曇)	52		596	**6—7 画**		赛	73	(資)	275
暇	518	曚	383	财	41	贽	629	**9 画以上**		(賢)	520
暌	271	曛	545	朋	516	贾	160	赖	276	(賬)	612
(會)	199	(曠)	269	责	603		216	赗	132	(賤)	222
	267	曜	560	贤	520	贷	644	赘	641	(質)	628
10—12 画		曝	18	败	12	贼	604	赙	140	**9 画以上**	
暍	397		382	账	612	贿	200	赚	639	(賣)	207
暮	345	(疊)	100	贩	123	赂	311		651	(購)	157
(嘗)	51	(曬)	306	贬	28	赃	600	赛	420	(贅)	629
(瞁)	353	曦	514	购	157	赅	141	赜	603	(贓)	600
(曄)	563	曩	349	贮	636	赆	237	赜	555	(贐)	237
(暢)	52	(曬)	425	货	204	赁	300	赠	605	(贑)	145
暖	4			质	628	资	644	赞	599	(齎)	207
(暠)	179	**[75]**		贪	467	赉	275	赟	595	(贋)	555
暝	339	**曰部**		贫	376	赇	404	赡	428	(贖)	447
题	476	冒	326	贯	166	赈	619	赢	576	(臟)	600
暴	18		342	**5 画**		赊	431	赣	145		
	382	勖	541	贰	118	**8 画**				**77**	
(曩)	525	冕	335	贲	21	赍	207	**[76]**		**水部**	
(曆)	288	**76**			25	赏	429	**贝部**		水	451
(曉)	528	**贝部**		贳	442	赋	140	(贝)	19	(氺)	33
(曇)	468	贝	19	贵	169	赌	107	**5—8 画**		永	578
墅	614	**2—4 画**		贱	222	赎	447	(贮)	636	(冰)	87
暾	491	贞	617	贴	481	赐	72	(买)	322	凼	87
曈	485	则	602	贶	270	赑	26	(货)	644	氽	491
13 画以上		负	138	贻	565	赒	632		644	汆	74
矇	331			贷	81			(赒)	540	汞	155
								(宾)	32		

尿 354	**3画**	汰 466	沩 500	泗 455	沼 613
460	汗 175	沤 360	沪 190	洗 568	波 34
沓 79	176	361	沈 55	泡 114	泼 378
465	(汗) 507	沥 288	435	泊 35	泽 603
隶 290	污 507	沌 111	沉 55	378	泾 238
荥 535	(污) 507	沘 24	沁 399	(沂) 459	治 628
575	江 223	(沍) 190	(决) 251	泠 301	**6画**
泵 22	汕 427	沏 382	沕 281	泒 623	洭 269
泉 408	汔 387	泚 625	**5画**	泺 318	洼 493
浆 224	汐 511	沙 424	沫 342	378	洁 232
225	汋 495	424	浅 218	沿 552	洱 118
(淼) 336	(汛) 123	汩 160	391	泃 246	洪 185
颖 576	汲 208	汨 333	法 120	泖 326	洹 194
(荣) 535	汛 546	(冲) 61	泔 143	泡 365	洒 419
575	氾 454	汭 418	泄 530	366	洧 501
黎 59	池 59	汽 387	沽 158	注 637	洍 118
286	汝 417	沃 506	沭 449	泣 387	洷 465
(浆) 224	汤 428	沂 565	河 181	泫 543	洌 298
225	469	沧 315	泷 306	泮 364	浃 215
	汉 46	洇 536	451	泞 357	浇 226
[77]	**4画**	汾 129	沾 608	沱 492	泚 72
氵部	沣 130	泛 123	泸 309	泻 530	浈 617
2画	汪 497	沧 43	泪 283	泌 24	浉 438
汁 624	汧 389	沨 131	沮 247	333	洗 167
汀 481	沄 591	没 327	249	泳 579	(洩) 530
汇 199	沅 509	342	油 581	泥 352	浊 643
氿 169	沄 595	沟 156	泱 555	352	洞 104
244	沐 344	汴 28	(况) 269	泯 338	洇 571
汋 98	沛 367	汶 505	泂 243	沸 127	洄 199
汉 175	沔 335	沆 177	泗 403	泓 185	测 44
(氾) 123					

洙	634		540	涔	45	添	478		437	渌	311
洗	515	浓	358	浩	179	渚	636	(涡)	170	涮	451
	521	津	235	海	174	凌	302		506	涵	175
活	203	浔	546	浜	14	鸿	185	(淛)	616	渗	436
洣	135	洖	237	(涖)	289	淇	384	淮	193	淄	645
	139	洳	417	涂	488	淋	299	淦	145	**9画**	
涎	521	**7画**		浠	512		300	(渝)	315	(凑)	73
洎	212	涛	472	浴	588	淅	513	淯	527	颍	185
洢	563	浙	616	浮	135	(涞)	275	渊	590	溃	129
洫	540	涝	281	浍	175	淞	456	淫	572	湛	610
派	363	淳	36	涣	195	渎	106	汜	126	港	146
浍	268	浦	381	浼	329	淮	548	渔	585	渫	530
洽	388	涑	459	涤	93	淹	550	淘	473	滞	629
洮	472	浯	508	流	304	涿	642	(洎)	550	溶	464
洵	545	酒	244	润	419	(凄)	382	漁	188	渼	576
(洶)	536	(浹)	215	涧	222	渠	405	(凉)	293	湖	189
泽	225	涑	275	涕	477	渐	219		295	湘	523
洺	339	涟	292	浣	195		223	淳	70	渣	605
洛	318	(泾)	238	浪	279	(浅)	218	液	562	渤	36
(净)	242	涉	433	浸	238		391	淬	76	湮	551
浏	304	消	526	涨	611	淑	446	涪	137		572
济	210	涅	355		612	淖	350	淤	584	(减)	220
	212	浬	287	涩	423	淌	471	淯	588	湎	335
洨	527	润	499	涌	579	淏	178	淡	85	湝	230
浐	49	涏	643	涘	455	混	202	淙	73	溴	247
洋	556	涓	249	浚	254		202	淀	97	湜	441
洴	378	涢	595		546	润	171	涫	166	渺	336
洣	333	涡	170	**8画**		淠	372	涴	507	(汤)	428
洲	632		506	清	400	涸	181	(湡)	283		469
浑	201	浥	568	渍	647	淈	335	深	434	湿	439

温	503	(潙)	500	(滢)	439	溢	570	(灡)	310	澍	449
渴	261	湉	478	滤	314	溯	459	溥	187	澎	368
渭	503	渲	543	滥	278	滨	32	(溇)	308		369
溃	201	溉	142	滉	197	溶	415	漫	324	(澾)	465
	271	渥	507	漏	464	滓	646	漯	319	澌	454
湍	489	滑	338	涸	202	滇	339		465	澈	420
溅	218	湄	328	溦	499	溍	230	(涧)	171	潮	53
	222	渭	540	滗	26	溺	353	澨	196	(潜)	426
滑	192		541	(滁)	93		355	潋	293	潚	426
湃	363	滁	64	滫	538	溢	629	潴	634	潭	468
湫	228	(湧)	579	(准)	642	滩	467	漪	564	濒	252
	403	**10 画**		溟	538	滪	589	泷	311	潦	280
溲	457	滟	554	(㵎)	438	澔	578	漳	611		296
(渊)	590	溱	399	澉	572	**11 画**		(漤)	49	(澐)	595
湟	196		618	滏	137	漱	229	滴	92	(潜)	391
淑	540	(沟)	156	滔	472	(汉)	175	潋	542	(澂)	57
渝	585	溢	263	溪	513	潢	197	漾	557	(澜)	499
涫	553	溁	433	(沧)	43	(满)	323	演	553	(潕)	509
(淳)	550	满	323	滃	505	潆	576	(涡)	190	潲	431
湲	591	溁	325		505	潇	527	潋	144	(潭)	26
(浪)	42	漠	342	溜	303	溇	277	漏	309	潟	517
溢	368	滢	576		305	漆	383	(涨)	611	潓	73
湾	495	滇	95	溧	314	漕	43		612	澳	7
淳	482	溥	381	滴	179	漱	449	(渗)	436	潼	517
渡	108	溺	150	潲	203	(涡)	360	潍	500	潘	363
游	581	溧	291	漓	285		361	**12 画**		(潙)	500
溇	607	溽	417	滚	170	漂	374	(洁)	232	潼	485
溇	308	(减)	337	溏	470		375	潷	361	澈	54
湎	219	(滙)	199	滂	364		375	潜	391	澜	277
滋	645	源	592	滀	66	(滞)	629	(浇)	226	潜	380

（澇）281	濂 292	瀑 18	（灃）130	觅 333	401
（潯）546	（澱）97	382	灏 179	视 443	（覘）213
潺 48	澼 372	（濺）218	（灘）285	觇 48	（覬）407
（濱）546	**14画**	222	（灘）467	览 277	（覡）317
澄 57	（濤）472	（濼）318	（灑）419	觎 317	（覿）407
91	（濫）278	378	（灔）554	觉 229	（覺）229
（潑）378	濡 417	瀠 513	（灠）277	251	251
潏 589	（濬）254	（瀏）304	灏 10	觊 455	（覽）277
13画	546	瀍 49	（灣）495	觋 213	（覬）317
（濛）331	（溫）87	瀌 30	（灤）314	舰 221	（靚）93
（潲）195	（潤）273	（瀅）576	（灩）554	觍 515	（觀）164
（澮）423	（濕）439	（瀉）530	（灨）145	**8画以上**	166
瀨 276	（潕）509	瀋 435		靓 243	
潚 33	濮 381	**16—17画**	**[77]**	295	**79**
濠 249	濞 27	瀚 176	**氺部**	觏 93	**牛（牜）**
濉 460	濠 178	（瀟）527		觑 478	**部**
（潿）335	（濟）210	瀝 288	求 403	觌 335	
437	212	瀯 531	泰 467	479	牛 357
潞 312	濱 557	（瀘）309	黍 448	觎 586	**2—4画**
澧 287	（濼）576	（瀧）306	黎 286	觐 158	牝 376
（濃）358	（濱）32	451	滕 474	觐 238	牟 343
澡 601	（潯）357	瀛 576		觑 407	345
（澤）603	（盝）237	瀠 576	**78**	鬶 168	牡 344
澴 194	（澀）423	灌 166	**见部**		牦 324
（潤）643	濯 643	瀹 594	见 221	**[78]**	（牠）464
澉 207	**15画**	（激）293	522	**見部**	牣 413
（澮）268	（瀆）106	瀵 130	**2—7画**	（見）221	牦 325
澹 85	瀔 161	灄 221	观 164	522	牧 345
468	（潴）634	（瀾）332	166	（覎）333	物 510
澥 531	（濾）314	**18画以上**	觃 554	（覾）107	**5—6画**
澶 49		（灄）433	规 168	（親）398	

揭	231	**10 画**		搠	453	撇	375	播	35
摁	420	（搆）	157	搐	192		375	擒	399
揣	66	搕	261	摈	33	撖	176	（撝）	198
	66	摄	433	（搾）	607	摺	615	撸	309
	66	摸	340	（搞）	426	（摺）	615	（撚）	353
揪	399	搢	238	推	410	（掺）	48	撤	111
插	45	搏	37	（攧）	410	**12 画**		撞	640
揪	244	（搢）	238	搌	609	撵	354	撤	54
（揑）	355	摅	447	搦	359	（撓）	349	撙	652
搜	457	（搅）	197	（搨）	485	撷	530	（撈）	279
（掹）	69	（摃）	465	摊	467	（撻）	465	撙	75
揄	585	揾	117	操	421	撕	454	（撏）	520
（揝）	552	摆	11	**11 画**		撒	419	撰	639
援	591	携	530	（搏）	489		420	（撥）	34
搀	48	（搗）	88	（搵）	265	揭	255	**13 画**	
（搄）	184	（搨）	509	摽	31	（撢）	84	擀	144
揞	5	搋	66	（搽）	54	撅	251	撼	176
搁	148	搬	13	搌	605	撩	296	（攞）	267
	150	（搬）	420	（摟）	307		296	摇	282
搓	77	摇	559		308	（撲）	380		284
搂	307	（摺）	472	摺	297	（撐）	56	（據）	249
	308	（搶）	392	摞	319	撑	56	（撝）	310
揽	228		393	（摑）	163	撮	77	（擋）	86
揎	541	（搇）	399		171		652		86
搭	261	搞	147	摧	75	（撣）	84	操	43
握	507	搏	470	撄	574		427	（擇）	603
摒	34	搒	15	（搧）	506	（撫）	137		608
揆	271		369		638	撬	396	擐	196
搔	422	搐	65	摭	625	（撟）	228	（撝）	638
揉	416	（搤）	115	摘	608	（撝）	90	（撿）	220
掾	592	搛	219	摔	450	（攜）	530	（擔）	83
									84
擅	428
（擁）	578
撤	457
	457
（撞）	420
擗	372
14 画	
（撞）	466
（擣）	88
擩	417
擤	535
（擬）	352
（擴）	273
（擠）	210
（擲）	629
擤	608
擯	33
擦	40
（擰）	356
	356
	356
擢	643
15—17 画	
（擾）	412
（攄）	447
（攆）	457
	457
（攏）	11
撷	96
攉	202

攒	75
	599
（拢）	307
（拦）	276
（搀）	48
攘	411

18画以上

（摄）	433
（攜）	530
（搀）	456
（攧）	75
（摊）	467
（攥）	86
攫	253
攥	651
（揽）	228
（揽）	277
攮	349

[80]
𦍌部

拜	12
看	256
	257
掰	11

81
气部

气	387
氕	375
氘	87
氖	347
氙	519
氚	66
氡	129
氩	103
氟	134
氢	400
氤	549
氦	511
氮	571
氯	174
氧	557
（氣）	387
氨	4
氪	262
（氫）	400
氰	401
（氩）	549
氮	85
氯	314
氲	595

82
毛部

毛	325
尾	501
	566
毡	608
毪	326
（毵）	415
毯	344
（毯）	404
毫	177
酕	416
氄	76
毹	469
毽	222
毹	421
毹	447
（氂）	325
麾	198
（氄）	421
氅	52
氍	312
毶	381
（氀）	416
（毹）	608
（氀）	608
氈	406
氊	100

83
长部

长	50
	611

[83]
镸部

肆	455

[83]
長部

（長）	50
	611

84
片部

片	373
	374
版	13
牍	107
（牋）	218
牌	362
牒	100
牖	606
（牖）	606
（牐）	68
牖	582
（牍）	107

85
斤部

斤	235
斥	60
斩	609
欣	532
所	463
斧	137
斫	393
顾	384
断	109
斯	454
新	532
（斳）	642
（斷）	109

86
爪部

爪	613
	638
爬	361

[86]
爫部

孚	135
妥	492
采	41
	41
觅	333
受	445
乳	417
爱	591
舀	559
爰	3
奚	513
彩	41
（爲）	499
	502
舜	452
（愛）	3
（亂）	314
爰	4
孵	133
虢	171
爵	253
繇	559
	582
	633
（爨）	4

87
父部

父	137
	138
爷	561
斧	137
爸	10
釜	137
爹	99
（爺）	561

88
月部

月	593

1—3画

（肕）	570
刖	593
肌	205
肋	281

（忽）	72	悠	580	憨	338	慜	110	悭	361	怜	292
怨	592	您	356	愿	474	（憲）	522	忧	580	怕	633
急	209	（恩）	72	（愨）	409	（懃）	399	忡	61	怩	352
总	648	悉	513	愿	593	懋	327	忤	509	佛	127
怒	358	恿	579	罳	454	（懇）	263	忾	256		134
怼	110	（恶）	115	（慇）	572	（應）	574	怅	52	怊	52
怠	82		115	（愬）	458		577	忻	532	怿	569
6画			508	（慂）	579	懑	330	忪	455	怪	164
恝	216		510	（態）	467	**14画以上**			630	怡	565
恚	200	甚	213	**11画**		（懟）	110	怆	68	**6画**	
恐	264	惹	412	慧	201	（懣）	330	忱	519	㤘	485
（恥）	60	（悥）	89	（慤）	409	（懲）	57	忴	28	恃	443
恶	115	惠	201	蕊	418	（懸）	542	（忼）	258	恒	183
	115	惑	203	（慙）	42	懿	571	忧	55	栖	511
	508	悲	19	（感）	382	（聽）	481	快	268	（恆）	183
	510	崽	598	（憂）	580	（戀）	293	忸	357	恹	550
恧	359	惩	57	慭	574	戆	146	**5画**		（恠）	164
虑	313	惫	20	（慮）	313		640	怔	620	恢	198
恩	117	**9—10画**		（憇）	388			怯	397	恍	197
恁	351	（叠）	70	（慫）	456	**[98]**		怙	190	恫	104
息	513	（愳）	397	（慾）	588	**忄部**		怵	65	恺	256
恋	293	想	524	（慶）	401			怖	39	恻	44
恣	647	感	144	憋	31	**1—4画**		怦	368	恬	478
恙	557	愚	585	憨	175	忆	567	怗	480	恤	540
恳	263	愁	63	慰	503	忉	87	怛	79	恰	389
恕	449	愆	390	**12—13画**		忖	76	怏	557	（恠）	300
7—8画		愈	589	（憝）	574	忏	50	（悅）	197	恂	545
恚	409	（愛）	3	憩	388	忙	324	性	536	（悄）	626
悬	542	意	570	（懂）	20	忧	509	怍	653	恪	262
患	195	慈	71	（憑）	377	怃	628	怕	362	恼	349
						怀	193				

忼	596	悼	89	愦	271	慢	324	（懨）	550	纛	89
侬	349	悩	52	愕	116	（慟）	485	懦	359	**100**	
恨	183		471	惴	641	慷	258	懵	332	**示部**	
7画		惧	248	愣	284	慵	578	（懷）	193	示	442
悖	19	惕	477	愀	396	（憎）	433	（懺）	194	佘	432
悚	456	惛	478	愎	26	（慘）	42	（懺）	50	奈	347
悟	510	惆	497	惶	196	**12画**		（懾）	433	柰	347
悭	390	悸	212	愧	272	懂	103	（懼）	248	（祘）	460
悄	394	惟	500	愉	585	憓	201	（懺）	61	崇	461
	396	惘	63	（惇）	402	憬	241	**[98]**		票	375
悍	176	惜	201	憎	572	（憚）	85	**小部**		祭	213
（悮）	510	惚	188	慨	256	（憮）	509	忝	478	禁	236
悝	270	惊	239	（愲）	338	憔	395	恭	155		238
悃	272	惇	111	（惱）	349	懊	7	慕	345	禀	34
悒	568	惦	97	**10画**		憧	61	隳	198	（禦）	22
悔	199	悴	76	愫	459	（憐）	292	**99**		（禩）	589
悯	338	倦	408	愒	433	憎	604	**毋部**		**[100]**	
悦	594	惮	85	慎	436	**13画**		毋	508	**衤部**	
悌	477	悰	73	（慄）	290	（懞）	332	毒	3	**1—4画**	
悢	295	惋	496	（愷）	256	（懞）	331	**[99]**		礼	286
悛	407	惨	42	（愾）	256	憷	66	**母部**		祁	384
8画		慅	70	愴	602	懒	277	母	344	礽	414
情	401	惯	166	（愴）	68	憾	176	每	329	社	432
悾	397	**9画**		（惻）	633	（懁）	349	驰	233	祀	455
（悵）	52	（悭）	397	慊	392	（懌）	569	毐	106	祃	321
悻	535	愤	130		398	懈	531	（縠）	121	袄	519
惜	512	慌	196	**11画**		懔	300	毓	590	祎	564
（悽）	382	惰	114	（慪）	361	（懔）	300			祉	625
惭	42	愠	596	（慳）	390	（憶）	567				
悱	127	惺	534	（慓）	374	**14画以上**					

视	443	裸	166	**2—4画**		砢	260	砲	500	碎	461
祈	384	(祸)	204	(矴)	102	砸	597		502	碚	20
祇	384	禅	48	矶	205	砺	288	(硃)	633	碰	369
(祗)	625		427	矸	143	砰	368	硚	395	碑	92
祊	22	禄	311	矻	266	砧	618	硐	349	碇	102
5画		禊	517	矽	511	砷	433	硇	201	碗	496
祛	405	福	137	矾	121	砟	606	(硃)	176	碌	305
祜	190	裡	572	矿	269	(硐)	349	硌	151		311
祐	439	裞	95	砀	87	砼	483		318	碜	55
祐	583	(禅)	564	码	321	砥	94	(砦)	608	**9画**	
袚	136	禚	643	岩	551	砾	290	硬	577	碧	27
祖	650	(禩)	455	耂	191	(硇)	349	(硤)	517	碝	388
神	434	禤	542		539	(砲)	366	(硜)	264	碡	633
祝	637	禧	516	研	551	硅	637	硵	310	(碙)	618
祚	653	(禪)	48	砖	638	硭	274	硝	526	碟	100
祇	623		427	砗	53	砣	492	(硵)	55	碴	46
祢	332	(禮)	286	矵	549	础	65	硪	507	碱	220
(祕)	24	(禱)	88	砘	111	破	379	硷	220	磋	607
	334	(禰)	332	砒	370	硁	264	确	409	(碭)	87
祠	71	禳	411	砌	388	砮	306	硫	305	碣	233
6画以上		**101**		砂	424	砻	358	**8画**		碨	502
祯	617	**甘部**		泵	22	**6—7画**		(碁)	384	碳	469
桃	479	甘	143	砚	554	硎	534	碛	388	碲	95
祥	524	邯	175	斫	642	硅	168	(碕)	385	磋	77
祷	88	某	344	砭	27	硂	325	碍	4	磁	71
祸	204	**102**		砍	257	硒	511	碘	96	碹	543
祾	238	**石部**		砜	131	硕	453	碓	110	碥	28
祾	302	石	84	**5画**		硖	517	碑	19	**10画**	
祺	385		439	砝	120	硗	394	硼	368	磕	261
(禣)	607			砹	3	硐	104	碉	98	磊	283

（碴）500
502
磔 615
（碻）409
磙 170
磅 15
365
（確）409
碾 354
磉 422
磐 364

11画

磬 402
磡 257
磺 197
（磚）638
磠 43
（磴）264
（碙）310
磤 650
磧 543
磲 406
（碯）274
（磣）305
（磢）55
磨 341
343

12画以上

（磽）394
礃 611

（磾）92
（礄）395
礁 227
磻 364
礅 111
磷 300
礄 91
（礑）205
礌 331
（礎）65
礓 224
礑 283
礤 40
（礦）288
（礙）4
（礦）269
礫 40
（礬）121
（礫）290
（礆）366
礴 37
礳 343
（礱）306
礵 451

103 龙部

龙 306
垄 307
龚 552

峚 306
聋 306
龚 154
袭 515
龛 257
詟 615

[103] 龍部

（龍）306
（䶬）307
（龔）552
（龑）306
（龕）257
（龘）306
（襲）154
（襲）515
（龖）615

104 业部

业 562
亚 549
邺 562
凿 601
丵 626
（業）562
黻 136
（叢）73
黼 137

105 目部

目 344

2—4画

盯 100
盱 539
盲 324
相 523
525
省 437
535
眄 336
眍 265
盹 111
眇 336
眊 326
盼 516
盼 364
眨 606
眈 83
（眲）63
看 256
257
盾 112
眉 328

5—7画

（眹）443
眬 306
眩 543

眠 334
眙 565
眚 437
智 590
（眥）647
眶 270
眭 460
眦 647
（脈）342
眺 480
眵 58
睁 620
眯 332
332
眼 553
眸 343
着 613
613
616
643
眷 250
映 426
睐 275
（睏）272
睑 220
睭 452
睇 94
睆 195
鼎 101
睃 462

8画

督 106
睛 240
睹 107
睦 345
睖 284
瞄 336
（睞）275
睡 548
睫 233
晰 609
睡 452
睨 353
睢 460
睥 26
372
睬 41
（睠）250
（睑）426

9—10画

睿 418
瞅 63
瞍 457
（睞）332
332
睽 308
瞵 271
督 327
瞢 331
瞌 261

115 疒部

2—4 画

疔	101
疗	296
疖	230
疟	359
	559
疠	289
疝	427
疙	148
疚	245
疡	556
疬	288
疣	580
疥	234
疯	648
疮	68
(疡)	511
疯	131
疫	569
疢	55
疳	211
疤	8

5 画

症	620
	622
疳	143
疴	260

病	34
疰	426
疸	84
疽	245
疱	626
疾	209
痄	607
疹	618
痛	578
疼	474
疱	367
痊	637
痃	542
(疿)	128
痂	214
疲	371
痉	242

6—7 画

痔	629
痖	549
痏	501
痍	565
疵	71
痈	483
痊	408
痉	113
痍	231
痒	557
痕	183
痣	627

痨	280
痦	511
痘	105
痞	372
(痙)	242
痢	290
痤	77
痪	195
痫	520
痧	424
痛	485
痠	459

8 画

(痘)	549
麻	320
瘃	635
痱	128
痹	25
痼	162
痴	59
瘘	501
痪	587
(痹)	25
痊	76
瘀	584
瘅	85
痰	468
瘆	436

9—10 画

瘦	61

	629
瘩	79
	80
痢	274
瘗	570
(瘡)	359
	559
(瘍)	556
瘟	503
瘦	446
瘊	186
(瘉)	589
(瘖)	572
瘥	48
	77
瘘	308
痕	217
瘪	422
瘛	61
瘼	343
(瘞)	570
瘰	165
瘭	31
	32
癍	13
(瘡)	68
瘤	304
瘠	210
瘫	467

11—13 画

瘝	197

瘭	30
(瘦)	308
瘰	317
瘿	577
(瘢)	648
瘵	608
瘴	612
(瘤)	308
瘳	307
癃	573
瘾	409
瘳	62
(瘵)	436
癌	13
(癇)	289
(療)	296
(癎)	520
(癉)	85
癌	3
(癆)	280
癫	276
(癇)	230
(癒)	589
癔	570
癜	98
癖	372

14 画以上

(癟)	31
	32
癣	542

(癡)	59
(癢)	557
(癤)	620
癫	96
(癧)	288
(癮)	573
癯	406
(癩)	578
(癱)	467

116 立部

立	289

1 画

产	49

3—6 画

妾	397
竖	449
亲	398
	401
竑	185
彦	554
飒	420
站	610
竞	242
(竝)	34
(竚)	636
章	610
竟	242
(産)	49

蝼	308	蟥	197	蠼	204	（鼉）	42	（蟶）	652	笃	107
蜭	404	（蟎）	323	蠓	332	蠷	406	蠹	283	笋	206
	582	蟏	527	（蝇）	576	（蛮）	323	（鱸）	309	笕	220
蝙	28	蠐	43	（蠍）	529	（蠼）	406	（鑸）	468	笔	24
（蝦）	173	蟟	374	蠋	635			罐	166	笑	528
	517	蟶	471	蟾	49	**132**				笊	614
（螶）	330	（螻）	308	（蠏）	531	**肉部**		**134**		第	646
（螆）	439	螺	317	蠊	292			**舌部**		笏	190
蟄	326	（蠋）	171	（蟻）	567	肉	416			笋	462
10 画		蟋	514	蟹	531	胬	358	舌	431	笆	8
螯	6	螓	526	蠃	318	胾	647	乱	314		
（螽）	108	蟑	611	**14 画**		胔	647	刮	162	**5 画**	
融	415	蟀	450	蠢	179	脔	314	敌	93	笺	218
蟓	399	螽	630	蠖	337	（臠）	314	舐	442	笄	402
螨	323	蟗	616	（蠣）	288			甜	478	笨	22
蟒	325	螽	326	蠕	417	**133**		鸹	163	筶	379
蟆	321	（蟀）	524	（蠔）	177	**缶部**		辞	71	笼	307
螈	592	**12 画**		（蠐）	384	缶	132	舔	478		307
（蟖）	567	（蕈）	48	（蠑）	415	缸	146			笪	79
螅	513	（蟯）	349	**15 画以上**		缺	409	**135**		笛	92
（蝲）	454	蟢	516	蠢	70	（钵）	35	**竹（⺮）**		笙	437
螭	59	蟛	369	（蠟）	274	钘	608	**部**		笮	603
螗	470	蟪	201	蠡	286	（饼）	378				652
螃	365	蟬	573		287	罂	575	竹	635	符	136
蟥	570	（蛊）	61	（蠱）	108	罄	402	**2—4 画**		笭	301
螟	339	（蟬）	48	（蟎）	527	罅	519	竺	635	笱	157
（螢）	575	蟠	364	（邉）	131	（鑹）	166	笏	281	笠	289
11 画		蟮	428	（蠹）	161	籁	559	竿	143	笥	455
螫	444	（蟣）	210	蠲	250		582	笒	584	第	94
	615	**13 画**		蠧	108		633	笈	208	笤	479
（蟄）	615	（蟶）	56	蠢	108	（鐔）	468	（筢）	59	笳	214

舃	517	衈	359	艄	430	齏	207	褻	531		47

舅	244	衅	533	艅	585	**[141]**		装	640	袆	198
(舊)	244	(衆)	631	艋	331	**齊部**		衰	380	衲	347
[136]		(觚)	322	艘	457			裒	404	衽	414
臼部		(巇)	337	艎	197	(齊)	383	(裏)	286	袄	7
(與)	584			(盤)	363	(劑)	212	裔	568	衿	235
	586	**139**		(艙)	43	(齋)	607	裟	424	(衹)	625
	587	**舟部**		艚	43	(齏)	207	(裝)	640	袂	329
舆	586	舟	631	艟	61	(齏)	207	裴	367	袜	494
(舉)	248	(舡)	67	艨	331			裳	51	袪	405
(擧)	248	舢	425	(艢)	393	**142**			430	袒	469
137		舣	567	(艪)	310	**衣部**		(製)	628	袖	538
自部		舰	221	(艤)	567	衣	563	裹	172	衫	619
		舨	13	(艦)	221		568	褒	16	袍	366
自	646	(舩)	67	(艜)	310	哀	2	(裂)	243	袢	364
臬	355	舱	43	(艫)	310	衾	398	(褒)	16	被	20
臭	63	般	13			袤	354	褰	390	袯	36
	538	航	177	**140**		衮	75	(褻)	531	**6—8画**	
息	513	舫	125	**色部**			450	襄	524	袺	232
(臯)	146	舸	151	色	422	衷	630	襞	27	(袴)	266
(皐)	651	舻	310		425	袞	170	(襲)	515	裆	86
鼻	23	舳	635	艳	554	展	567			裀	571
138		盘	363	艴	134	袭	515	**[142]**		袱	135
血部		舴	603	(艶)	554	袋	81	**衤部**		(袛)	414
		舶	36	(艷)	554	(褒)	628	**2—5画**		袷	388
血	530	船	67	**141**		衰	327	补	38	(袷)	215
	544	鸼	632	**齐部**		袈	214	初	64	袼	148
(衄)	540	舷	520			裁	41	衬	55	裈	272
(衂)	359	舵	114	齐	383	裂	298	衫	426	裉	263
衃	367	艇	483	剂	212		298	衩	46	(補)	38

糟 601
（糞） 130
糠 258
（糡） 225
（糝） 421
434
（糧） 293
糨 225
颣 283
（糲） 288
糯 360
（糰） 489
糵 356
（糴） 92
鬻 590
（糱） 356
（糶） 480

145 聿部

聿 588
肆 455
肄 570
（肈） 614
肇 614

［145］ 肀部

肃 458
（肅） 458

［145］ ⺻部

（盡） 237

［145］ ⺻部

（書） 446
（晝） 633
（畫） 193

146 艮部

艮 152
152
良 293
艰 219
垦 263
恳 263
（艱） 219

［146］ 艮部

即 208
既 213
暨 213

147 羽部

羽 587

3—8 画

羿 569
翅 60
翁 505
扇 426
427
（翄） 60
翀 61
翎 301
翊 569
（習） 514
翌 569
翘 395
396
翙 201
翛 527
翕 514
翔 524
翚 198
翥 637
翡 127
翟 93
608
翠 76

9 画以上

翦 221
翩 373
（翫） 495
翰 176
翮 181
翱 7
翯 182
翳 569
翼 569
（翹） 395
396
（翺） 7
翻 121
（翽） 201
翾 542
耀 560
（糴） 92
（糶） 480

148 糸部

1 画

系 212
516

4—6 画

素 458
（紮） 597
605
索 463
紧 236
紊 505
萦 576
（紥） 597
605
累 282
283
283
絜 530
絷 624
紫 646
絮 541

8 画以上

綦 385
（緊） 236
（緐） 121
綮 402
（緜） 334
縠 189
（縣） 522
縢 474
（縈） 576
（縶） 624
繄 564
繁 121
379
繇 559
582
633
縻 333
纇 283
（繫） 212
516
纂 651
（辮） 29
（纍） 282
283
纛 89

［148］ 纟部

2—3 画

纠 243
纡 584
红 154
185
纣 633
纤 392
519
纥 148
180
𬘓 546
约 558
593
纨 495
级 208
纩 269
纪 210
211
纫 413

4 画

纬 500
纭 595
纮 185
纯 69
纰 370

(紙)	414	(繭)	220	**[149]**	(趑)	144	(豎)	449	酢	74

踟	59	蹋	465	（蹻）	251	**159**			351	郑	622
跷	506	（躚）	476		394	**邑部**		**5画**		郎	278
蹄	628	蹈	88	蹯	121			邯	175		279
踩	41	蹊	383	蹴	74	邑	568	邴	33	郓	596
踮	96		513	蹬	111	邕	578	邳	369	**7画**	
踏	37	（蹌）	394	蹲	76	扈	190	邶	19	郝	178
蹓	625	蹓	303		111	（雝）	578	邺	562	部	508
（跨）	408		306	蹭	45	**[159]**		邮	581	郿	289
踪	648	蹐	210	蹿	75	**阝（在**		邱	402	（郏）	215
蹀	223	蹑	354	蹬	91	**右）部**		邻	299	郭	576
踞	249	**11画**			91	**2—4画**		邸	93	郧	595
9—10画		（蹟）	212	**13画以上**		邓	91	邹	648	郜	148
蹉	67	蹰	64	躁	602	邗	175	邲	24	郗	512
蹀	100	（蹣）	364	躅	635	邛	402	邴	431	郤	516
踏	46	（蹚）	470	（蹯）	27	邝	269	邰	466	郛	135
（踖）	494	蹦	23	（躊）	63	邙	324	**6画**		郡	254
蹑	95	（蹤）	648	蹰	300	邦	14	邽	168	**8画**	
踹	66	（蹠）	625	（蹟）	207	邢	534	耶	560	都	104
踵	631	蹢	93	（躑）	625	邪	529		561		106
踽	248		625	躍	594		561	郁	588	（郰）	649
（踰）	585	（蹧）	450	（躚）	519	（邮）	76	郏	215	郴	54
	586	蹭	459	（躒）	290	（邦）	14	郅	627	鄩	382
蹙	113	（蹠）	394		318	邠	32	郐	634	（郵）	581
蹄	476	**12画**		（蹟）	628	邬	507	郇	186	鄆	371
蹉	77	（蹺）	394	（蹰）	64	邡	123	郄	267	郭	171
蹁	373	（蹮）	80	躝	49	祁	384	郈	180	部	39
（踴）	579	蹰	64	躚	298	那	346	郂	397	鄲	83
蹂	416	蹶	252	蹟	651		346	郇	194	鄒	468
蹰	355		253	躄	532				545	**9画**	
蹒	364	蹽	296	（躢）	355			郊	226	鄭	553
（踳）	25	蹼	382	（躦）	75						

谍 204	辜 158	戟 211	霆 482	(靆) 82	龄 302
谤 15	辞 71	朝 53	霁 212	(靂) 288	龅 16
谥 444	(辠) 651	613	震 619	(靈) 302	龆 480
谦 390	辟 26	(斡) 145	霄 526	(靉) 4	龇 644
谧 334	372	(榦) 145	霉 328	**171**	龈 263
11画	辣 274	翰 507	雪 607	**非部**	572
谨 236	(辥) 71	翰 176	霂 344	非 126	龉 587
谩 323	辨 29	(韓) 175	需 367	靠 244	龊 70
323	辩 29	**170**	**8—12画**	剕 128	龋 406
谪 615	(辦) 13	**雨(雩)**	霖 299	棐 127	龌 507
谰 221	辫 29	**部**	霏 126	辈 20	
谬 340	(辭) 71	雨 587	霓 352	斐 127	**[172]**
12画以上	瓣 14	588	霍 204	悲 19	**齒部**
谭 468	(辯) 29	**3—7画**	霎 425	蜚 126	(齒) 60
谮 604	**168**	雫 586	(霶) 608	127	(齣) 63
谯 395	**青部**	雪 544	霜 451	裴 367	(齧) 355
谰 276	青 399	(雲) 595	霡 322	翡 127	(齦) 559
谱 381	靓 243	雰 288	霞 518	靠 259	(齲) 116
谪 252	295	雰 129	(霤) 305	靡 333	(齷) 559
谳 555	鹊 240	(雰) 129	(霧) 510	333	**173**
谴 391	靖 243	雯 504	霪 573	**172**	**黾部**
谵 609	静 242	雱 364	霭 3	**齿部**	黾 338
谶 107	靛 97	(電) 97	霰 523	齿 60	鼋 591
雠 63	**169**	雷 282	**13画以上**	龀 55	鼍 492
谶 555	**卓部**	零 301	霸 10	龁 180	**[173]**
谶 55	乾 391	雾 510	露 309	龂 573	**黽部**
167	(乾) 142	雹 16	312	龅 10	(黽) 338
辛部	韩 175	需 539	霹 370	龃 247	(鼄) 591
辛 532			霾 322		
			(霽) 212		

（鉋）	17	（鎧）	256	（鑛）	269		297	钥	560
銎	402	（鶴）	507	（鐼）	32	**3画**			593
（銕）	481	（鍛）	424	（鑼）	17	钍	489	钦	398
銮	314	（鎗）	392	（鑠）	453	钎	389	钧	253
鏊	364	（鎌）	292	（鑌）	628	钏	67	钨	507
鋈	595	（鐯）	518	（鑪）	309	钐	425	钩	156
（銇）	155	（鋬）	576		310		427	钪	258
（鋏）	216	鎏	305	鑫	533	钓	98	钫	124
（銲）	176	（鏗）	264	（鑰）	166	钒	121	钬	203
（鋌）	643	（鏤）	308	（鑷）	560	钔	330	钭	105
鋬	511	（鏃）	49		593	钕	359		487
鍪	599	（鏇）	543	（鑻）	355	钖	556	钮	357
（錶）	30	（鏘）	393	（鑤）	75	钗	47	钯	9
（銇）	275	鏖	7	（鑼）	317	**4画**			361
（錢）	391	（鐃）	349	（鑽）	650	钘	534	**5画**	
（鋼）	146	（鐮）	250		651	钚	133	钰	587
	146	（鐘）	630	（鑿）	314	钙	142	钱	391
（鍋）	171	（鐒）	280	（鏊）	601	钛	39	钲	620
（録）	311	（鍚）	470	（鑱）	471	钚	467		622
（鍪）	395	（鐩）	378			钘	548	钳	391
（鍊）	293	（鐵）	481	**[176]**		钝	111	钴	159
（鍼）	617	（鐺）	56	**钅部**		钟	370	钵	35
（錫）	556		86	**1—2画**		钞	52	钶	449
（鍾）	630	（鐸）	113	钆	141	钟	630	钶	260
（鍤）	69	（鏽）	538	钇	566	钡	19	钜	379
鍪	343	鐾	20	针	617	钢	146	钹	36
10—13画		**14画以上**		钉	101		146	钺	594
鍪	7	（鑒）	223		101	钠	347	钻	650
（鏵）	192	（鑄）	637	钊	612	钣	13		651
（鎘）	358	（鑑）	223	钋	378	钤	390	铈	309
				钌	297	铲	309	铖	57

（钶 column continued）

钽	469
钼	345
钾	216
钿	97
	478
铀	581
铁	481
铂	36
铃	301
铄	453
铅	390
	552
铆	326
铈	442
铉	543
铊	464
	492
铋	24
铌	352
铍	370
铍	378
铎	113
6画	
铏	534
铐	259
铑	280
铒	118
铓	325
铕	582
铖	57

镬	204	鲊	606	鲵	335	鳂	503	鳜	170
镭	283	稣	458	鲦	479	鳃	499	鳝	428
镮	195	鲋	138	鲧	170	鳃	420	鳞	300
镯	643	鲌	10	鲩	195	鳄	116	鳟	652
镰	292		36	鲪	254	鳅	403	鳡	145
镱	570	鲖	574	鲫	213	鳆	139	鳢	287

14画以上

镲	46	鲍	18	鲬	579	鳇	197	鳣	609
镳	30	鲏	371	鲨	424	鳈	408	鳣	166

镴	274	鲐	466
镵	48	鲞	187
镶	524	鲑	168
镂	253	鲒	232

8—10画

鲭	400	鳉	224		
鲮	302	鳊	403		

**177
鱼部**

鱼	585

2—7画

鱽	87	鲔	501	鲯	385	鳊	28		
鱾	210	鲖	484	鲰	649	鳌	7	**[177]**	
鱿	580	鲗	604	鲱	126	鳍	474	**鱼部**	
鲀	491	鲙	268	鲲	272	鳍	385	(鱼)	585
鲁	310	鲚	212	鲳	50	鳎	465	(鲅)	170
鲂	125	鲛	226	鲴	162	鳏	165	(鲞)	525
鲃	8	鲜	520	鲵	352	鳐	559	(鲤)	195
鲅	10		521	鲶	353	鳒	365	(鲥)	440
鲆	377	鲝	4	鲷	98	鳓	219	(鲦)	479

11画以上

鲇	353	鲟	546	鲸	239	鳖	338	(鲣) 218
鲈	310	鲞	606	鲺	439	鳘	281	(鳞) 224
鲉	581	鲞	525	鲹	434	鳔	31	(鲹) 434

鲊	4	鲻	645	鳕	544	(鲟) 546
鲟	546	鲼	69	鳗	323	(鳢) 428
鲞	606	鲽	130	鳘	258	(鳕) 546
鲞	525	鲽	100	鳙	578	(鳢) 187
鲠	153	鲾	23	鳚	503	(鲙) 268
鲡	285	鳀	51	鳛	515	(鳢) 51
鲢	292	鳁	476	鳖	31	(鳟) 212
鲣	218					(鲤) 116
鲥	440					(鲈) 310
鲤	287					(鳢) 285

**178
隶部**

隶	290
(隸)	290
(隸)	290

**179
革部**

革	149
	209

2—4画

靬	101
勒	281
	282
靰	509
靸	420
(靭)	413
靴	543
靳	237
靶	10

5画

鞅	342
靼	79
鞅	555
	557
鞋	14
鞍	20
勒	560

6画

鼎	101	黡	553	黵	609	鼓	161	鼬	583	龂	174

鼎 101　黡 553　黵 609　鼓 161　鼬 583　龂 174
鼐 348　黜 518　（黶）553　瞽 161　鼩 405　（鈕）359
鼒 645　黟 564　（黷）107　（鼖）102　鼧 492　齣 186

196
黑部

黑 182
墨 343
默 343
黔 390
（點）96
黜 65
黝 582
黛 82

黶 553　黵 609
黜 518　（黶）553
黟 564　（黷）107
（黵）446
黢 405
（黨）86
黬 107
黥 401
黧 286
黯 469
黯 6
（顯）619
（黴）328

197
黍部

黍 448
黏 353
稻 473
（糜）329

198
鼓部

鼓 161
瞽 161
（鼖）102
鼗 473
鼙 371
鼛 474

199
鼠部

鼠 448
鼢 129
鼫 439
鼱 9

200
鼻部

鼻 23
齁 571

鼬 583　龂 174
鼩 405　（鈕）359
鼧 492　齣 186
鼯 508　齟 506
鼱 240　齬 605
（鼴）554　齴 349
齷 554
齾 513

201
龠部

龠 594
（龢）179

（三）　难检字笔画索引

（字右边的号码指正文的页码；
带圆括号的字是繁体字或异体字。）

一画		丈	611	卫	501	不	39	卞	28		635
〇	301	与	584	了	251	不	111	为	499	可	261
乙	566		586	也	561	右	326		502		261
二画			587	飞	125	牙	547	尹	573	丙	33
丁	100	万	341	习	514	屯	491	尺	53	左	652
	620		496	乡	523		641		59	丕	369
七	382	上	429	四画		互	190	夬	164	右	583
乂	567		429	丰	130	（丹）	410	（弔）	98	布	39
匕	23	千	389	亓	383	中	630	丑	63	戊	510
九	244	乞	386	开	255		631	巴	8	平	377
刁	98	川	66	井	241	内	351	以	566	东	102
了	282	久	244	天	477	午	509	予	584	（戉）	594
	297	么	321	夫	133	壬	413		586	卡	255
乃	347		327		134	升	436	书	446		388
乜	337		557	元	590	夭	558	五画		北	19
	355	丸	495	无	508	长	50	未	502	凸	487
三画		及	207	云	595		611	末	341	归	167
三	421	亡	497	专	638	反	122	击	205	且	245
干	142		508	丏	142	爻	558	戋	218		397
	145	丫	547	廿	354	乏	119	正	620	甲	216
亍	65	义	567	五	509	氏	441		621	申	433
于	584	之	622	（币）	597		623	甘	143	电	97
亏	270	已	566	支	623	丹	83	世	442	由	581
才	40	巳	454	丏	335	乌	507	本	21	史	441
下	518	子	231	卅	420		510	术	448	央	555

字	页	字	页	字	页	字	页	字	页	字	页
冉	410	(氹)	87	年	353	更	152	(亞)	549		250
(冊)	44	丝	453	朱	633		153	其	384	单	48
凹	6	**六画**		丢	102	束	449	直	624		83
乍	141	戎	414	乔	395	两	294	(來)	275		427
生	436	考	259	乒	376	丽	284	丧	421	肃	458
失	438	老	280	乓	364		289		422	隶	290
乍	606	亚	549	向	525	来	275	(東)	102	承	57
丘	402	亘	152	囟	533	芈	333	或	203	亟	208
斥	60	吏	289	后	186	串	67	事	443		387
卮	624	再	598	角	310	邑	568	(兩)	294	鬯	236
乎	187	(亘)	152	兆	614	我	506	枣	601	**九画**	
丛	73	戊	539	舛	67	(兔)	489	卖	322	奏	649
用	579	在	598	产	49	囱	73	(面)	335	哉	598
甩	450	百	11	关	164	(厄)	624	非	126	甚	434
氏	92	而	117	州	632	希	512	些	528		435
	93	戍	449	兴	533	坐	653	果	171	巷	177
乐	281	死	454		535	龟	168	畅	52		525
	593	成	56	农	357		253	(咼)	170	柬	220
匆	72	夹	140	丑	106		403	垂	68	咸	520
册	44		214	尽	236	卵	314	乘	163	威	498
包	15		215		237	岛	88	秉	34	歪	494
玄	542	夷	564	(艸)	44	兑	110	奥	585	面	335
兰	276	尧	558	丞	57	弟	94	卑	18	韭	244
半	13	至	626	买	322	君	253	阜	139	卤	530
头	486	乩	206	**七画**		**八画**		(延)	497	临	299
必	24	师	438	戒	234	奉	132	乳	417	禺	585
司	453	曳	562	(听)	463	武	509	周	632	幽	580
民	337	曲	404	严	551	表	30	枭	527	拜	12
弗	134		406	巫	507	(長)	50	艮	324	(函)	45
(疋)	371	网	497	求	403		611		330	重	62
出	63	肉	416	甫	137	者	616	卷	250		631

四角号码检字表

（一）四角号码查字法

甲　笔形和代号

本查字法分笔形为十种,用0到9十个号码代表如下:

笔名		号码	笔形	字　例	说　明
复笔	头	0	亠	主病广言	点和横相结合
单 笔 复 笔	横	1	一	天土	横
			㇀ ㇁ ㇂ ㇉	活塙织兄风	挑、横上钩和斜右钩
	垂	2	丨	旧山	竖
			一 丿 丿 亅	千顺力则	撇和竖左钩
	点	3	丶 丿 丶	宝社军外去亦	点
			㇏ ㇏	造瓜	捺
	叉	4	十	古草	两笔交叉
			扌 戈 乂 彳 丿	对式皮猪	
	插	5	丰	青本	一笔纵穿两笔
			扌 戈 史 丰 丰	打戈史奉申	或两笔以上
	方	6	口 囗	另扣国甲由曲	四角整齐的方形
			口 口	目四	
	角	7	㇆ ㇕ ㇄ ㇇	刀写亡表	一笔向下或向右转折的角形
			匚 匚 ㇕	阳兵雪	两笔笔头相接所形成的角形
	八	8	八 八	分共	八字形
			人 入 ハ ㇒	余籴央羊午	八字形的变形
	小	9	小	尖宗	小字形
			忄 个 小 ⺌ ⺍	快木录当兴组	小字形的变形

乙　查字方法

一、取角顺序　每字按①左上角、②右上角、③左下角、④右下角的次序取四个角的号码。

例：①左上角 0　　　　②右上角 2
　　③左下角 1　　端　　④右下角 2　＝ 0212

$\overset{0}{\underset{8}{颜}}\overset{1}{}$＝0128　　$\overset{4}{\underset{5}{截}}\overset{3}{}$＝4325　　$\overset{9}{\underset{6}{烙}}\overset{7}{}$＝9786

二、取角方法　1. 一笔可以分角取号。

例：$\overset{2}{\underset{7}{以}}\overset{8}{}$　$\overset{}{\underset{1}{乱}}$　$\overset{}{\underset{1}{七}}$　$\overset{}{\underset{2}{习}}$　$\overset{}{\underset{2}{乙}}$　$\overset{}{\underset{1}{几}}$

2. 一笔的上下两段和别笔构成两种笔形的，分两角取号。

例：$\overset{9}{\underset{5}{半}}\overset{0}{}$　$\overset{4}{\underset{8}{大}}\overset{0}{}$　$\overset{4}{\underset{}{木}}\overset{0}{}$　$\overset{5}{\underset{}{末}}\overset{0}{}$　$\overset{9}{\underset{}{火}}\overset{0}{}$　$\overset{9}{\underset{}{米}}\overset{0}{}$

3. 下角笔形偏在一角的，按实际位置取号，缺角作 0。

例：$\overset{0}{\underset{}{产}}$　$\overset{3}{\underset{}{户}}$　$\overset{1}{\underset{}{亏}}$　$\overset{2}{\underset{}{飞}}$　$\overset{1}{\underset{}{弓}}$　$\overset{}{\underset{4}{妒}}$

但"弓亏"等字用作偏旁时，取 2 作整个字的左下角号码。

例：$\overset{1}{\underset{2}{张}}\overset{2}{}$　$\overset{6}{\underset{2}{鄂}}\overset{7}{}$

4. 凡外围是"口门(門)門"的三类字，左右两下角改取里面的笔形。

例：园＝6021　田＝6040　闭＝3724　開＝7744　閲＝7721

但上、下、左、右有附加笔形的字，都不在此例。

例：苗＝4460　恩＝6033　泪＝3610　睦＝6401　简＝8822

5. 一个笔形，前角已经用过，后角作为 0。

例：$\overset{1}{\underset{2}{王}}\overset{0}{}$　$\overset{}{\underset{}{冬}}\overset{7}{}$　$\overset{}{\underset{3}{之}}$　$\overset{1}{\underset{}{直}}$　$\overset{5}{\underset{}{中}}$　$\overset{8}{\underset{}{全}}$

$\overset{}{\underset{}{卜}}$　$\overset{}{\underset{3}{心}}$　$\overset{}{\underset{}{斗}}$　$\overset{}{\underset{}{持}}$　$\overset{}{\underset{}{时}}$　$\overset{}{\underset{}{一}}$

$\overset{4}{\underset{0}{十}}\overset{0}{}$　$\overset{}{\underset{}{口}}$　$\overset{}{\underset{}{八}}$　$\overset{}{\underset{}{小}}$

三、附号

1. 为了区别四角同码字,再取靠近右下角(第四角)上方一个笔形作"附号",若这一笔形已被右上角用过(如:"决""连"),则作0。

例： 芒=4471　喜　目　工　元　石　百

出　欠　令　公　玉　疖　西

囿　宙　逢　难　单　子　都

豆　否　泰　决　连

2. 四角和"附号"相同的字,照各字所含横笔(一 、丶 、→)数目,顺序排列。

例： 市(二横笔)　　帝(三横笔)

丙　附则

一、笔形以《印刷通用汉字字形表》的规定为准。

正	住	言	路	比	反	禺	祚	户	卜
误	住	言	路	比	反	禺	祚	户	卜
正	斤	业	亦	灰	免	草	执	衣	么
误	斤	业	亦	灰	免	草	执	衣	么

二、取笔形应注意的几点：1. 角形尽量取复笔。

正	庄	寸	扎	厂	养	介	气	少
误	庄	寸	扎	厂	养	介	气	少

2. 点下带横折的,如"空户"等字的上角取点作3。

三、取角应注意的几点：

1. 角形有两单笔或一单笔一复笔的，不论高低，一律取最左或最右的笔形。

例：症　非　寻　白　物　句　州

梁　治　巾　掉　拍　鸣　郑

2. 有两复笔可取的，在上角取较高的复笔，在下角取较低的复笔。

例：功　九　力　内　皮　也

成　军

3. 当中起笔的撇，下角有他笔的，取他笔作下角。

例：衣　左　奎　友　右　寿

春　复

但左边起笔的撇，取撇笔作角。

例：辟　尉　仓

四角号码查字法口诀

横一垂二三点捺　　　　又四插五方框六

七角八八九是小　　　　点下有横变零头

(二) 新《四角号码查字法》和旧《四角号码检字法》比较，主要修改的项目

1. 原规定"每笔用过后，如再充他角，都作0"，现规定一笔的上下两段和别笔构成两种笔形的，分两角取号，如"大"字形下角号码原作03，现一律改作80。同样"泰""水"字下角笔形原作13、23，也一律改作90。

2. 原规定"由整个口门鬥行"笔形所成的字，它们的第3、4两角改取内部的笔形。现将外围是"行"的一类字，改照一般规则取号，如"行衔"二字下角号码原分别作22、70，现一律改作22。

3. 原规定"字的上部或下部，只有一笔或一复笔时，无论在何地位，都作左角，它的右角作0"。现改为"下角笔形偏在一角的，按实际位置取号，缺角作0"。如"气"字下角原作10，现改作01。

4. 原规定"撇为下面它笔所托时，取它笔作下角"，现改为"当中起笔的撇，下角有他笔的，取他笔作下角；但左边起笔的撇，取撇笔作角"。如"复辟"二字下角原作24、64，现改作40、24。

5. 原"附角号码"改称"附号"。取消"附号"的笔形须"露锋芒"的条件，一律取右下角之上一个笔形为附号。如"工"字的附号原作0，现改作2。

6. 字形依照《现代汉语通用字表》等现行的语文规范为准。

（三）新旧四角号码对照表

本表列举变更取号各字（附号变更的字除外）的新旧四角号码，以便读者对照参考。

字	旧号码	新号码	字	旧号码	新号码
疾	0013_4	0018_4	雩	1020_7	1002_7
瘊	0013_4	0018_4	汞	1023_2	1090_2
瘼	0013_4	0018_4	泵	1023_2	1090_2
瘦	0013_4	0018_4	霖	1023_2	1029_2
瘊	0013_4	0018_4	天	1043_0	1080_4
弯	0020_7	0002_7	籴	1043_0	1080_4
康	0023_2	0029_9	剥	1210_0	1290_0
縻	0023_2	0029_9	奂	1043_0	1080_4
庆	0023_4	0028_4	霙	1043_0	1080_4
庚	0023_7	0028_7	璞	1213_4	1218_5
庹	0023_7	0028_7	水	1223_0	1290_0
庾	0023_7	0028_7	淼	1223_2	1299_2
奕	0043_0	0080_4	殀	1223_4	1228_4
虁	0143_0	0180_4	癸	1243_0	1280_4
竢	0313_4	0318_4	醭	1263_4	1268_5
詠	0363_2	0369_2	球	1313_2	1319_9
誅	0363_4	0368_4	戮	1345_0	1385_0
讟	0363_4	0368_4	瑛	1413_4	1418_5
族	0823_4	0828_4	玦	1513_4	1518_5
亏	1020_7	1002_7	殃	1523_0	1528_0
丐	1020_7	1002_7	硖	1563_0	1568_0
丏	1020_7	1002_7	碘	1563_0	1568_0

字	旧号码	新号码	字	旧号码	新号码
录	1713_2	1790_9	衔	2173_2	2122_1
球	1713_2	1719_9	衖	2180_1	2122_1
璙	1713_2	1719_9	衡	2180_1	2122_1
弓	1720_7	1702_7	術	2190_4	2122_1
买	1743_0	1780_4	穄	2193_4	2198_4
碌	1763_2	1769_9	崇	2213_2	2290_9
醁	1763_2	1769_9	稻	2217_7	2297_7
联	1813_4	1848_4	彎	2220_7	2202_7
鰊	2013_2	2019_9	俣	2223_4	2228_4
黍	2013_2	2090_9	徯	2223_4	2228_4
雞	2041_4	2081_5	嶽	2223_4	2228_4
夭	2043_0	2080_4	僕	2223_4	2228_5
奥	2043_0	2080_4	幾	2245_3	2285_3
穄	2093_2	2099_9	嶷	2248_1	2288_1
衍	2110_3	2122_1	饫	2273_4	2278_4
街	2110_4	2122_1	獣	2313_4	2318_4
衝	2110_4	2122_1	俅	2323_2	2329_9
黏	2116_0	2196_0	伏	2323_4	2328_4
衕	2121_1	2122_1	俟	2323_4	2328_4
衢	2121_4	2122_1	狀	2323_4	2328_4
衒	2121_7	2122_1	獻	2323_4	2328_4
衕	2122_7	2122_1	矣	2343_0	2380_4
衛	2122_7	2122_1	牍	2403_4	2408_4
虞	2123_4	2128_4	续	2413_4	2418_4
颖	2128_2	2198_2	貘	2423_4	2428_4
衍	2140_1	2122_1	侠	2423_8	2428_8
衡	2143_6	2122_1	类	2443_0	2480_4
衞	2150_6	2122_1	犊	2453_4	2458_4
衕	2160_1	2122_1	馍	2473_4	2478_4
衕	2162_7	2122_1	峡	2473_8	2478_8
衔	2170_4	2122_1	失	2503_0	2580_0

字	旧号码	新号码	字	旧号码	新号码
绂	2513_0	2518_0	欤	2748_2	2788_2
伕	2523_0	2528_0	欷	2748_2	2788_2
佚	2523_0	2528_0	豵	2846_8	2886_8
侠	2523_0	2528_0	穹	3020_7	3002_7
觖	2523_0	2528_0	永	3023_2	3090_2
傣	2523_2	2529_9	戾	3023_4	3028_4
肆	2540_7	2580_7	实	3043_0	3080_4
峡	2573_0	2578_0	窦	3043_0	3080_4
秩	2593_0	2598_0	突	3043_0	3080_4
秧	2593_0	2598_0	寰	3043_0	3080_4
缘	2613_2	2619_2	窥	3051_2	3081_2
鲧	2613_2	2619_2	袄	3123_4	3128_4
鳇	2613_2	2619_9	冰	3213_0	3219_0
粤	2620_7	2602_7	沃	3213_4	3218_4
泉	2623_2	2690_2	溪	3213_4	3218_4
臭	2643_3	2680_4	濮	3213_4	3218_5
绿	2713_2	2719_9	氷	3223_0	3290_0
鵦	2713_2	2719_9	祆	3223_4	3228_4
黎	2713_2	2790_9	樸	3223_4	3228_5
猴	2713_4	2718_4	泳	3313_2	3319_2
浆	2723_2	2790_2	状	3313_4	3318_4
倏	2723_4	2728_4	泆	3313_4	3318_4
侯	2723_4	2728_4	涘	3313_4	3318_4
候	2723_4	2728_4	滨	3313_4	3318_4
瘊	2723_4	2728_4	袯	3323_4	3328_4
鸡	2742_7	2782_7	潚	3373_4	3378_4
奂	2743_0	2780_4	汏	3413_0	3418_0
奂	2743_0	2780_4	漆	3413_2	3419_9
奥	2743_0	2780_4	渼	3413_4	3418_4
奖	2743_0	2780_4	漠	3413_4	3418_4
疑	2748_1	2788_1	漢	3413_4	3418_5

字	旧号码	新号码	字	旧号码	新号码
浃	3413_8	3418_8	阕	3743_0	3780_4
袯	3423_8	3428_8	阒	3743_0	3780_4
读	3473_4	3478_4	谀	3773_7	3778_7
谟	3473_4	3478_4	渼	3813_4	3818_4
头	3403_0	3480_0	漾	3813_2	3819_2
决	3513_0	3518_0	大	4003_0	4080_0
决	3513_0	3518_0	爽	4003_4	4080_4
泱	3513_0	3518_0	柬	4003_6	4080_6
冼	3513_0	3518_0	夹	4003_8	4080_8
浃	3513_0	3518_0	夾	4003_8	4080_8
湙	3513_2	3518_2	杢	4013_2	4090_9
凑	3513_4	3518_4	夸	4020_7	4002_7
湊	3513_4	3518_4	卖	4043_0	4080_4
袂	3523_0	3528_0	嫉	4043_4	4048_4
诀	3573_0	3578_0	難	4051_4	4081_5
瀑	3613_2	3619_9	楝	4093_2	4099_9
淏	3613_4	3618_4	頰	4108_6	4188_6
溴	3613_4	3618_4	墺	4113_4	4118_4
漠	3613_4	3618_4	幞	4223_4	4228_5
昶	3623_0	3690_0	妖	4243_4	4248_4
襐	3623_2	3629_9	鞢	4253_4	4258_4
误	3673_4	3678_4	樸	4293_4	4298_5
渌	3713_2	3719_9	犬	4303_0	4380_0
涣	3713_4	3718_4	求	4313_2	4390_9
澳	3713_4	3718_4	埃	4313_4	4318_4
门	3722_0	3700_1	狱	4323_4	4328_4
禄	3723_2	3729_9	献	4323_4	4328_4
浆	3723_2	3790_2	羹	4343_0	4380_4
襖	3723_4	3728_4	娛	4343_4	4348_4
褉	3723_4	3728_4	猋	4343_4	4388_4
奖	3743_0	3780_4	楸	4393_4	4398_4

字	旧号码	新号码	字	旧号码	新号码
菉	4413_2	4490_9	薁	4453_2	4480_2
藜	4413_2	4490_9	枞	4493_0	4498_0
壂	4413_4	4418_4	樸	4493_4	4498_4
蒇	4413_4	4418_4	模	4493_4	4498_4
考	4420_7	4402_7	块	4513_0	4518_0
苇	4420_7	4402_7	埭	4513_2	4519_9
蕚	4420_7	4402_7	狭	4523_0	4528_0
藤	4423_2	4429_9	帙	4523_0	4528_0
荥	4423_2	4490_2	姨	4543_2	4548_2
茯	4423_4	4428_4	轶	4553_0	4558_0
获	4423_4	4428_4	鞅	4553_0	4558_0
蔟	4423_4	4428_4	轾	4553_4	4558_4
獏	4423_4	4428_4	棣	4593_2	4599_9
狭	4423_8	4428_8	隶	4593_2	4599_9
薙	4441_4	4481_5	隷	4593_2	4599_9
荚	4443_0	4480_4	娱	4643_4	4648_4
葵	4443_0	4480_4	郏	4702_7	4782_7
樊	4443_0	4480_4	鹅	4702_7	4782_7
葵	4443_0	4480_4	堍	4713_4	4718_4
奠	4443_0	4480_4	弩	4720_7	4702_7
莫	4443_0	4480_4	猴	4723_4	4728_4
蓂	4443_0	4480_4	猨	4723_4	4728_4
娸	4443_4	4448_5	觊	4741_2	4781_2
嫫	4443_4	4448_4	鄌	4742_7	4782_7
黄	4443_7	4480_7	艱	4753_2	4783_2
荑	4443_8	4480_8	歎	4758_2	4788_2
虁	4448_1	4488_1	楔	4793_4	4798_4
荑	4453_0	4480_5	救	4814_0	4894_0
轪	4453_0	4458_0	样	4893_2	4899_2
芙	4453_0	4480_5	夫	5003_0	5080_0
英	4453_0	4480_5	夬	5003_0	5080_0

字	旧号码	新号码	字	旧号码	新号码
央	5003_0	5080_0	摋	5703_4	5708_4
夹	5003_0	5080_0	契	5743_0	5780_4
夷	5003_2	5080_2	褺	5823_2	5829_2
隶	5013_2	5090_9	褜	5843_0	5880_4
泰	5013_2	5090_9	暴	6013_2	6090_9
奏	5043_0	5080_4	号	6020_7	6002_7
颥	5103_4	5108_4	吴	6043_0	6080_4
颊	5108_2	5188_2	吴	6043_0	6080_4
颟	5113_4	5118_4	昊	6043_0	6080_4
搎	5203_4	5208_4	奰	6043_0	6080_4
撲	5203_4	5208_5	噗	6203_4	6208_5
捄	5303_2	5309_9	睒	6203_4	6208_4
挨	5303_4	5308_4	脥	6203_4	6208_4
掖	5303_4	5308_4	跃	6213_4	6218_4
摸	5403_4	5408_4	蹊	6213_4	6218_4
挟	5403_8	5408_8	蹼	6213_4	6218_5
蟆	5413_4	5418_4	咏	6303_2	6309_2
蛱	5413_8	5418_8	吠	6303_4	6308_4
扶	5503_0	5508_0	眜	6303_4	6308_4
抉	5503_0	5508_0	唉	6303_4	6308_4
挟	5503_0	5508_0	喉	6303_4	6308_4
抶	5503_0	5508_0	默	6333_4	6338_4
捧	5503_4	5508_4	獣	6363_4	6368_4
蛱	5513_0	5518_0	暎	6403_4	6408_5
蛺	5513_0	5518_0	嘆	6403_4	6408_5
麸	5523_0	5548_0	曤	6403_4	6408_5
蜈	5613_4	5618_4	脥	6403_8	6408_8
规	5701_2	5781_2	黓	6433_4	6438_4
郑	5702_7	5782_7	吠	6503_0	6508_0
鸩	5702_7	5782_7	昳	6503_0	6508_0
换	5703_4	5708_4	映	6503_0	6508_0

字	旧号码	新号码	字	旧号码	新号码
咦	6503_2	6508_2	門	7722_0	7700_1
趺	6513_0	6518_0	尿	7723_2	7729_2
跌	6513_0	6518_0	脲	7723_2	7729_2
曝	6603_2	6609_9	陾	7723_4	7728_4
嗅	6603_4	6608_4	腴	7723_7	7728_7
哭	6643_0	6680_4	関	7743_0	7780_4
睺	6703_2	6709_9	臾	7743_7	7780_7
唤	6703_4	6708_4	闌	7751_6	7781_2
噢	6703_4	6708_4	朕	7823_4	7828_4
喉	6703_4	6708_4	滕	7923_2	7929_9
嚊	6703_4	6708_4	兮	8020_7	8002_7
呎	6703_7	6708_7	佘	8023_2	8090_2
鵙	6742_7	6782_7	余	8023_2	8090_2
咲	6803_4	6808_4	雉	8041_4	8081_5
嗾	6803_4	6808_4	矢	8043_0	8080_4
厌	7123_4	7128_4	关	8043_0	8080_4
厭	7123_4	7128_4	美	8043_0	8080_4
髻	7220_7	7202_7	羹	8043_0	8080_4
乒	7230_1	7203_1	奠	8043_0	8080_4
羺	7273_4	7278_4	矩	8141_7	8181_7
脉	7323_2	7329_2	短	8141_8	8181_8
赇	7383_2	7389_9	矧	8240_0	8280_0
膝	7423_2	7429_9	矫	8242_3	8282_8
膜	7423_4	7428_4	矫	8242_7	8282_7
陕	7423_8	7428_8	矮	8244_4	8284_4
赎	7483_4	7488_4	谿	8263_4	8268_4
陕	7523_0	7528_0	镁	8273_4	8278_5
肤	7523_0	7528_0	猷	8363_4	8368_4
胰	7523_2	7528_2	铼	8373_2	8379_9
腠	7523_4	7528_4	铗	8413_8	8418_8
腺	7623_2	7629_2	嬳	8444_7	8484_7

字	旧号码	新号码	字	旧号码	新号码
镆	8473_4	8478_5	镁	8873_4	8878_4
镆	8473_4	8478_4	镞	8873_4	8878_4
铱	8513_2	8518_2	筷	8893_4	8898_5
铁	8573_0	8578_0	慷	9003_2	9009_9
铁	8573_0	8578_0	恭	9020_7	9002_7
缺	8573_0	8578_0	尖	9043_0	9080_4
铗	8573_0	8578_0	类	9043_0	9080_4
镥	8613_2	8619_9	糠	9093_2	9099_9
知	8640_0	8680_0	恢	9103_4	9108_4
锦	8673_2	8679_2	儢	9103_4	9108_4
録	8713_2	8719_9	類	9148_6	9188_6
郑	8742_7	8782_7	煥	9183_4	9188_4
鄭	8742_7	8782_7	煤	9483_4	9488_5
馓	8773_4	8778_4	快	9503_0	9508_0
锲	8773_4	8778_4	快	9503_0	9508_0
镽	8813_2	8819_9	夬	9583_0	9588_0
篆	8813_2	8890_9	悮	9603_4	9608_4
筹	8820_7	8802_7	爆	9683_2	9689_9
籐	8823_2	8829_9	糪	9693_4	9698_4
簇	8823_4	8828_4	懊	9703_4	9708_4
筷	8823_4	8828_4	弯	9820_7	9802_7
矬	8841_4	8881_4	焕	9783_4	9788_4
笑	8843_0	8880_4	燠	9783_4	9788_4
筊	8843_8	8880_8	糇	9793_4	9798_4
缯	8846_6	8886_6	獒	9843_0	9880_4
筎	8853_0	8880_5	荥	9923_2	9990_2

(四) 检 字 表

（带圆括弧的字是繁体字或异体字）

0

0002₇
弯 494
0010₂
亹 330
0010₄
主 635
(坙)272
壅 578
0010₅
童 485
0010₆
亶 84
0010₈
立 289
0010₉
銮 314
0011₁
症 620
　 622
痄 607
痱 128
(癧)288

0011₂
疣 580
疮 68
疽 245
疱 367
痉 242
(痙)242
痖 549
(瘂)549
疵 71
瘥 48
　 77
瘟 503
瘘 31
　 32
0011₄
疟 359
　 559
(瘧)359
　 559
痒 637
痤 408
痤 77
瘥 570
(瘥)570

瘫 13
0011₅
瘫 467
(癱)467
癃 307
癯 406
(癱)578
0011₆
疸 84
0011₇
疙 148
疯 131
疤 8
0011₈
(竝)34
痘 105
0012₀
痢 290
痢 274
0012₁
疗 101
疴 260
痹 25
(瘖)589
0012₂

疹 618
瘆 436
(瘆)436
瘳 62
0012₇
瘩 113
疖 230
(癤)230
疗 296
疠 289
(癘)289
疡 556
(瘍)556
疠 288
(疡)511
病 34
痈 578
(癰)128
弯 314
肖 501
痐 483
痫 520
(癇)520
痨 280
(癆)280

痛 485
瘠 210
(瘺)308
瘸 409
(瘑)31
　 32
0012₈
疥 234
0012₉
痧 424
0013₁
痣 627
0013₂
疟 542
痕 183
瘃 635
瘜 61
(癮)589
(癠)557
0013₃
疼 474
瘀 584
0013₆
蛮 323
(蠱)330

瘟 422
癔 570
0013₇
癮 573
(癮)573
0014₀
疳 211
0014₁
痔 629
癖 372
0014₄
瘘 308
(瘦)308
瘘 501
瘿 577
0014₆
(瘅)25
瘴 612
0014₇
疫 569
疲 371
瘢 459
瘦 446
瘕 217
瘢 13

癥 98	疢 648	0019_6	（麤）74	577	脔 314
0014_8	0018_1	（疗）296	0021_3	塵 7	（高）401
瘁 76	（瘲）648	0019_9	魔 341	0022_0	（厩）589
（癥）620	（癡）59	瘵 165	0021_4	（廁）44	廓 273
0015_1	0018_2	0020_0	庄 639	0022_1	裔 568
瘁 557	痎 231	广 4	庞 365	（廝）454	膏 147
癣 542	瘆 565	167	座 653	0022_2	148
0015_6	癫 276	0020_1	麾 198	序 540	腐 138
瘅 85	癲 96	产 49	（塵）54	彦 554	（庙）337
（癉）85	0018_4	亭 482	壓 49	廖 297	膺 575
0016_0	疾 209	0020_7	塵 636	0022_3	鹰 575
痂 214	瘓 195	庐 310	0021_5	（齐）383	0023_0
痼 162	瘦 61	亭 183	（産）49	（斋）607	卞 28
痴 59	629	0021_1	（麈）236	（齑）207	亦 568
0016_1	瘊 186	靡 333	399	（齑）207	0023_1
瘩 79	瘼 343	333	（離）285	399	（庑）509
80	0018_6	（龐）365	0021_6	0022_4	（应）574
痁 426	疕 626	0021_2	（宦）562	齐 383	577
瘩 511	癀 197	庀 372	庵 5	齑 207	（厅）481
（瘩）572	0018_7	庇 25	0021_7	0022_7	0023_2
0016_2	疢 245	充 61	亢 258	方 123	（廒）574
瘤 304	瘐 587	庑 509	亮 295	市 442	豪 177
0016_7	0018_9	兖 552	麂 210	育 196	麽 340
（瘡）68	疢 55	庖 366	赢 576	育 588	（麽）327
0016_9	痰 468	竞 242	赢 576	帝 95	0023_6
痞 372	0019_1	（競）242	赢 283	旁 365	麈 616
0017_2	瘭 30	竟 242	赢 318	高 147	0023_7
疝 427	瘵 608	鹿 311	（赢）317	斋 607	庶 449
癌 3	0019_3	麀 580	（赢）317	离 285	廉 292
0017_4	瘆 317	（麃）366	0021_9	席 515	0024_0
疳 143	0019_4	（廬）310	应 574	商 428	府 137
0018_0	麻 320	麑 352		廊 278	（厨）64
				庸 578	

1717₇	1722₂	1723₂	1740₂	1743₂	(習)514
驷　649	矛　326	承　57	(廻)198	艰　219	1760₃
1718₀	1722₇	聚　249	1740₃	1744₀	(圅)175
玖　244	乃　347	豫　589	又　45	双　451	1760₇
1718₁	邪　529	1724₇	46	取　406	君　253
(璕)584	561	及　207	46	1744₂	1761₀
1719₂	邴　33	殳　342	1740₄	羿　569	矶　205
(珎)617	甫　579	(毅)106	娿　406	1744₇	矾　121
1719₄	帚　632	瑕　215	1740₇	孖　319	砜　131
琛　54	酈　289	1726₂	孓　251	644	1761₂
璨　42	鸫　438	弨　52	子　231	1745₀	砚　554
1719₉	鸦　547	1729₂	子　645	(册)83	觃　455
(瓓)291	胥　539	弥　332	孕　596	1748₂	(砲)366
1720₂	(務)510	1732₀	1740₈	欢　194	硁　264
予　584	(帮)410	刃　413	翠　76	1750₁	硇　201
586	鹀　118	1732₇	1741₂	(辇)410	觎　335
1720₇	鹏　285	鄸　550	观　164	1750₄	479
了　282	(鵬)285	1733₁	166	翚　198	1761₄
297	裔　589	忌　211	孢　16	1750₆	(硜)264
1721₂	粥　632	炁　620	1742₀	(鞏)155	1761₇
殂　74	粥　26	恐　264	聊　296	1750₇	配　367
1721₄	鄩　190	1733₂	1742₇	尹　573	1762₀
殛　209	鹐　571	忍　413	邓　91	1752₇	司　453
1721₅	萧　348	惠　579	邗　175	(弔)98	(卲)431
翟　93	鄹　649	1734₆	邢　534	那　346	矽　511
608	嚣　182	(尋)545	鸡　206	346	砌　388
1722₀	鹥　306	1734₇	耶　560	351	酌　642
刀　87	鹬　590	寻　545	561	1760₂	(砌)349
殉　546	(酈)289	1740₀	勇　579	召　431	(砌)349
翮　181	鸒　590	又　582	(耶)649	613	硐　104

酮 484	1768₁	1780₉	玢 32	398	1861₂
硼 368	(礙) 4	灵 302	129	1823₂	砼 483
碉 98	1768₂	1790₂	鸳 511	(殠) 462	碰 369
醄 473	砍 257	尕 141	鸷 511	1824₀	磋 77
醐 189	歌 149	1790₄	1813₂	(攷) 259	1861₇
1762₂	歔 70	(朵) 113	玲 301	1825₆	矿 266
(磜) 305	1768₄	柔 416	1813₆	殚 83	1861₉
醪 280	碟 388	桑 421	蛰 326	弹 85	硷 220
1762₇	1769₄	1790₉	1814₀	468	1862₇
邵 431	礤 422	录 311	攻 154	1828₆	酚 129
码 321	1769₉	1791₀	玫 327	(殨) 293	1863₂
郡 254	碌 305	飘 374	政 621	1833₄	磁 71
郶 508	311	(飘) 374	致 627	憨 175	1864₀
矼 87	酼 311	1792₇	墩 6	1840₄	敏 587
确 409	1771₀	鹖 451	1814₁	婺 511	磴 111
醋 540	乙 566	1810₀	骈 373	1843₂	1865₁
鄱 302	丑 106	玑 73	1816₇	聆 301	群 410
1763₂	1771₂	1810₉	(瑄) 392	1843₆	1865₆
碾 354	耊 236	鋬 343	1818₁	聪 73	碑 92
1764₇	1771₇	1811₂	璇 542	1844₀	1865₇
酸 641	己 210	玲 392	(璁) 73	孜 644	酶 328
1765₄	已 566	1811₉	1821₉	敢 144	1868₁
(碎) 176	1777₂	验 554	殓 293	1848₄	礴 543
1766₂	函 175	1812₀	1822₂	联 292	1868₄
酪 339	1780₁	玪 234	珍 478	1860₄	碳 650
(碯) 274	(疋) 371	1812₁	1822₇	瞀 327	1869₄
1766₄	跫 402	瑜 586	殇 428	1861₁	酹 488
硌 151	翼 569	1812₂	(殇) 428	砟 606	1873₂
318	1780₄	珍 617	矜 165	酢 74	饕 481
酩 281	买 322	1812₇	235	653	1874₀

拜 12
2156_1
牾 509
2156_4
牺 511
2160_0
占 608
609
卤 310
(鹵) 310
卣 582
2160_8
睿 418
2163_8
舔 478
2164_7
战 95
2168_6
(額) 115
2171_1
(㠣) 288
2171_4
岖 404
(崕) 548
2171_6
毡 608
(嶇) 404
2171_8
饾 105
2172_0
钉 101
2172_7
屿 586
岍 288
(師) 438
2174_0
岍 389
岈 548
饵 118
2174_7
嶁 349
2176_1
龉 587
2177_2
齿 60
(齒) 60
2178_2
顷 401
2180_2
贞 617
2190_1
(朩) 446
2190_4
桌 642
2191_2
(經) 239
2192_7
(緉) 295
(穤) 360
2194_0
秆 144
2194_6
(稉) 241
2194_9
秤 58
2195_3
(穢) 201
2196_0
黏 353
2196_1
(縉) 238
2198_2
颍 576
颖 576
2198_4
(稬) 360
2200_0
川 66
2201_0
儿 117
胤 574
2202_7
片 373
374
(彎) 494
2204_7
版 13
2207_7
牐 606
(牐) 606
2210_0
纠 243
𬘘 546
纼 619
(剴) 256
鲗 604
劙 286
2210_1
丝 453
些 528
2210_8
(豈) 386
(豐) 130
2210_9
崟 572
(鑾) 314
2211_0
此 72
纰 370
2211_4
纴 414
(鬥) 105
2211_5
维 461
2211_7
(鬮) 243
2212_1
(鬭) 105
2212_7
绣 538
鸶 453
(巋) 270
2213_2
([illegible]) 322
2213_6
蚩 58
(蠻) 323
2213_7
缱 573
2214_0
纤 392
519
纸 626
2214_4
绥 460
2214_7
绶 445
缓 195
2216_3
缁 645
鲻 645
2217_2
绌 65
鳐 559
2218_2
炭 257
2219_3
鲧 170
2219_4
稣 458
缫 422
2220_0
爿 363
刎 505
刿 169
(劌) 169
制 628
例 290
侧 44
604
607
俐 290
倒 88
88
(劇) 249
劓 571
2220_7
岁 461
岑 44
2221_0
仳 372
(亂) 314
2221_2
(兇) 536
毙 25
能 351
彪 30
(髟) 329
2221_3
佻 479

2261_8	2271_8	圙 33	2288_1	桃 472	(綹) 472
(鎧) 3	嶝 91	2277_2	嶷 566	(繼) 213	稻 473
2262_1	2272_1	出 63	2288_2	2291_4	2299_3
岂 261	断 109	钏 113	巅 96	(紙) 414	(絲) 453
2264_0	(斷) 109	(辔) 314	2290_0	2291_5	2299_4
舐 442	断 573	2278_2	利 289	(種) 630	(綵) 41
2264_7	2272_7	嵌 392	剩 438	631	2300_0
皈 168	崶 326	嵚 398	剿 52	2292_2	卜 38
2265_3	崤 210	2278_4	229	彩 41	38
畿 207	(嶠) 229	铁 588	2290_1	2292_7	2302_7
2266_9	395	2279_1	崇 461	秒 201	牖 582
旛 379	齬 406	嵊 438	崇 62	(綳) 22	2305_3
2270_0	2272_8	2279_3	2290_3	22	(牋) 218
刨 17	峤 229	豀 559	紫 646	2293_0	2310_1
366	395	582	2290_4	私 453	叁 421
剞 256	2273_2	633	紫 102	2293_2	2310_4
2271_0	崀 279	2280_0	柴 47	(崧) 456	塈 119
匕 23	(製) 628	剗 221	梨 285	2293_7	坴 283
比 23	2274_4	2280_2	巢 480	(穩) 505	2311_2
舭 644	馁 351	赀 644	巢 53	2294_7	纩 636
2271_2	2274_7	赁 300	(樂) 281	稈 133	鴕 492
刨 52	(岅) 13	2280_6	593	(稱) 55	魷 580
(崑) 272	饭 123	(赀) 644	(欒) 314	56	鲧 195
2271_4	2276_9	644	2290_6	58	2312_2
饦 491	旛 35	2280_9	(棗) 102	2296_2	鲹 434
钰 414	2277_0	炭 469	2290_9	(稽) 231	2312_7
2271_7	山 425	(灾) 597	崈 311	2297_0	编 27
岂 386	凶 536	2285_3	2291_0	(稐) 519	鳊 28
岜 8	凼 87	(幾) 204	秕 24	2297_7	2313_5
邕 578	幽 580	210	2291_3	稻 89	鳜 145

2380_9	2408_4	2413_5	2418_4	佳　215	2423_8
炱　466	牍　107	鲢　292	续　541	2421_5	㐻　465
2390_4	2408_6	2413_8	2419_4	催　252	2424_0
臬　515	（牍）107	迖　80	鲽　100	（僅）236	（妆）639
秘　24	2409_4	2414_7	2419_6	237	2424_1
334	牒　100	歧　384	缭　296	（貜）194	侍　443
2392_1	2410_0	皱　633	2420_0	2421_6	待　80
（紵）636	纼　633	绫　302	什　434	俺　5	82
2392_2	鲋　138	皱　371	439	2421_7	（倬）535
穇　42	鮒　440	鲮　302	付　138	仇　62	（儔）62
（穇）42	蝐　503	蠼　191	豺　47	403	2424_4
2393_2	2411_1	2415_3	射　432	2422_1	俦　22
粮　279	靠　259	（巇）337	斛　189	倚　567	2424_7
稼　218	2411_2	2415_6	2420_3	犄　213	伎　211
2395_0	（豔）554	缚　263	仪　564	2422_7	彼　24
（纖）623	2411_4	2416_0	2421_0	仞　281	（厰）605
（纖）519	鲑　168	绪　541	化　191	伪　501	2425_6
2395_3	2411_7	2416_1	192	（偽）501	（偉）500
（綫）522	继　530	结　230	仕　441	（佈）39	2426_0
2396_1	2412_1	232	（壮）640	侉　267	估　158
稽　207	绮　387	鲒　232	2421_2	侑　583	161
387	2412_7	鳍　385	他　464	（勑）235	佑　583
2397_2	纳　346	2417_0	先　519	235	储　65
稦　207	绔　267	绀　145	佐　652	（備）20	（貓）325
2398_6	绨　58	2418_1	佬　280	2423_1	326
（纘）32	（动）103	缜　619	值　624	德　89	2426_1
2399_4	鲔　501	鲯　385	（尢）83	2423_2	佶　208
秎　447	鱂　281	2418_2	（侥）228	侬　357	借　234
2402_7	2413_2	蟥　130	558	2423_5	傮　514
帅　450	纮　185	缵　651	2421_4	（僆）465	（牆）393

2426₄	2434₁	2456₀	(帅) 450	640	2510₀
倩 419	(鰐) 440	牯 159	崂 280	2490₀	生 436
2428₁	2440₀	2458₄	崤 527	科 260	2510₆
供 154	升 436	犊 107	嵂 100	2491₂	绅 433
155	2440₁	2458₆	(嶂) 100	稙 624	2511₂
徒 488	华 191	(犢) 107	2473₂	(绕) 412	绕 412
2428₂	191	2460₁	(装) 640	2492₇	2511₇
债 130	192	告 147	2474₁	稀 512	纨 495
2428₄	2440₃	2462₇	峙 443	(勬) 52	纯 69
獏 343	舣 567	甸 405	629	229	鲀 491
2428₆	2441₂	2466₁	2474₇	2493₂	2511₈
(赞) 599	勉 335	皓 179	岐 384	秋 358	鳢 287
2428₈	2443₂	2467₀	铮 35	2493₅	2512₇
(侠) 517	艨 331	甜 478	峻 284	(缝) 80	纬 500
2429₀	2444₇	2471₀	302	2494₇	绋 134
休 537	皱 76	龀 55	2476₀	(棱) 284	鲭 400
(㳄) 68	(皱) 633	2471₂	岵 190	302	2513₇
狄 537	2446₁	馣 563	2478₄	(穖) 204	缱 391
2429₆	(艆) 393	(峣) 558	馍 340	2495₆	2516₀
僚 296	2451₀	(巏) 559	2478₈	(纬) 500	绌 62
2429₈	牡 344	2471₅	(峡) 517	2496₁	62
(俫) 275	魁 271	馑 236	2479₄	秸 231	鲉 581
2432₇	2451₂	2471₆	嵘 415	稿 423	2516₈
(勜) 544	(牠) 464	崦 550	2479₈	(稿) 423	鳍 69
2433₁	2452₁	嵖 46	(嶍) 275	2498₁	2518₀
愢 467	犄 206	馇 45	2480₂	积 619	缺 251
2433₂	2454₁	2472₁	货 204	2498₆	2518₂
(憰) 20	特 474	崎 385	赞 599	(绩) 541	绩 213
2433₇	2454₈	2472₇	2480₄	2500₀	缋 201
(憝) 388	(犇) 324	幼 583	奘 600	牛 357	2519₄

3080₁	**3090₂**	（洰）190	沥　288	溥　417	灏　179
定　102	永　578	沅　591	沛　118	**3114₆**	**3118₆**
宾　32	**3090₄**	沋　509	浉　438	淖　350	（频）138
寴　441	宋　456	（泾）238	（溮）438	潭　468	**3119₁**
（寈）440	案　5	溉　142	涡　150	**3114₇**	漂　374
（寘）629	（宩）41	（瀘）309	濡　417	潀　433	375
蹇　221	窠　260	（灑）419	（瀰）332	**3114₉**	375
3080₂	寨　608	**3111₄**	灞　10	漙　187	**3119₄**
穴　543	**3090₆**	汪　497	**3113₁**	**3115₀**	溧　291
寊　73	寮　296	沤　360	滤　314	湃　363	**3119₆**
賽　420	**3092₇**	361	**3113₂**	**3116₀**	源　592
3080₄	（竊）397	涯　548	沄　595	沾　608	**3121₀**
实　440	**3094₇**	湮　551	涿　642	（滴）310	祉　625
突　487	寂　213	572	（涨）611	**3116₁**	**3121₄**
寬　343	**3098₂**	（淫）439	612	浯　508	裡　572
窾　105	窾　269	**3111₆**	（澐）595	（潜）391	**3121₇**
3080₆	**3110₇**	洇　194	濾　249	**3116₂**	（滮）377
寅　573	泸　309	（溫）360	**3113₆**	涵　335	**3121₈**
（實）440	**3111₀**	361	（瀘）314	**3116₄**	褆　449
（賓）32	汇　199	**3111₇**	**3113₈**	洒　419	**3122₇**
（寶）16	沚　625	湦　361	添　478	酒　244	（褙）263
（寶）16	**3111₁**	**3112₀**	**3114₀**	**3116₈**	（襧）332
（寶）105	洭　269	汀　481	汗　175	（溍）254	襦　417
3080₉	（潅）199	河　181	176	546	**3124₁**
灾　597	（瀧）306	**3112₁**	（汗）507	**3118₂**	（福）616
3081₂	451	涉　433	汧　389	浈　617	**3124₃**
窺　270	（灃）288	**3112₇**	洱　118	颍　185	褥　417
3090₁	**3111₂**	污　507	**3114₁**	預　589	**3126₂**
宗　647	江　223	（污）507	（潘）433	濒　252	祐　439
察　46	洹　190	沔　335	**3114₃**	濑　33	**3126₆**

福 137	3130_9	3174_0	沘 24	泓 185	泅 536
3128_2	还 173	计 231	泚 72	3213_2	3217_7
祯 617	194	讶 549	3211_3	泛 123	滔 472
3128_4	3133_2	3174_6	兆 614	派 363	3218_1
袄 519	(凭)377	谭 468	洮 472	3213_4	浜 14
3128_6	3148_2	3174_9	3211_4	涨 611	3218_4
(顾)162	颇 116	评 377	淫 572	612	沃 506
3130_1	额 115	3176_1	3211_7	3213_6	溪 513
远 592	3171_0	语 587	滒 578	潼 629	3218_5
逗 105	让 411	588	3211_8	3214_0	濮 381
(逕)241	3171_1	谮 604	澄 57	泒 623	3219_0
逛 167	证 621	3190_4	91	3214_1	冰 33
(遷)389	诓 269	巢 405	(澧)130	(沂)459	3219_4
(邐)287	诽 127	3200_0	3212_1	涎 521	泺 318
3130_2	3171_2	州 632	沂 565	3214_7	378
迈 322	讧 185	3210_0	浙 616	浮 135	(濼)318
逦 287	3171_4	业 562	淅 513	湲 591	378
(邇)118	讴 360	沠 298	渐 219	(潑)378	(灤)314
3130_3	诳 269	浏 304	223	夔 473	3220_0
运 596	谑 544	(瀏)304	澌 454	3216_2	剂 495
逐 635	3171_7	洲 632	澌 454	潜 230	3221_0
(遼)112	讵 248	洌 298	3212_2	3216_3	礼 286
遽 249	3171_8	测 44	澎 368	淄 645	3221_2
3130_4	诬 507	(測)616	369	3216_4	褫 348
迁 583	3172_0	渊 590	3212_7	活 203	3221_3
迓 549	订 101	(淵)590	涔 45	溏 478	桃 479
逭 70	诃 179	涮 451	湍 489	3216_9	3221_4
3130_6	3173_2	3210_9	(潙)500	潘 363	衽 414
(酒)347	诼 643	鎏 511	(灣)495	3217_0	(袵)414
逼 23		3211_0	3213_0	汕 427	3221_7

(淶)275	褚 65	(遾)21	谎 197	3478_9	清 400
3419_9	636	3430_5	3471_4	诶 198	3513_2
漆 383	3426_1	连 291	诙 198	3479_4	(濃)358
3420_0	祜 232	(達)78	诖 163	谍 99	浊 643
衬 55	(褉)607	(違)499	3471_5	谋 343	澶 196
3421_0	褡 78	3430_6	蓮 236	3480_0	3514_0
社 432	禧 516	造 602	3471_8	头 486	涛 472
3422_7	3428_1	3430_8	谌 55	3490_4	3514_4
衲 347	祺 385	达 78	3472_7	柴 382	凄 382
(袴)266	3428_6	3430_9	讷 350	染 411	(凄)382
3423_1	襈 444	(遼)296	3473_1	3510_0	(溇)308
祛 405	3428_8	3433_0	谶 555	沣 130	3514_7
袪 405	(袺)215	(爇)110	3473_2	3510_6	(溝)156
3423_5	3429_1	3433_2	装 640	冲 61	3516_0
裢 293	襟 236	蕆 330	3474_1	62	油 581
3424_1	3430_0	(蘐)330	诗 439	(冲)61	3516_6
(裯)88	过 170	3440_4	3474_7	(洩)530	漕 43
3424_7	172	婆 379	诐 25	3510_7	3516_8
被 20	3430_1	3454_7	3476_0	津 235	潜 391
祾 302	(池)565	鞁 253	诂 159	3511_2	3518_0
3425_2	567	3470_0	诸 634	浇 226	决 251
襻 364	选 542	计 211	3476_1	(瀍)237	(决)251
3425_3	逶 270	讨 473	诘 208	3511_7	洗 568
(襪)494	(遠)412	谢 531	232	汛 495	泱 555
3425_6	3430_2	3470_3	诰 148	沌 111	浃 215
(褝)564	边 27	议 568	3476_4	3511_8	3518_2
(褝)198	(邁)322	3471_0	诺 359	澧 287	溃 647
3426_0	3430_3	讹 114	3478_4	3512_7	溃 201
祜 190	(远)592	3471_2	读 105	沛 367	271
祐 583	3430_4	诜 434	106	沸 127	

裸 17	漫 323	洇 563	沉 55	汤 428	3714₀
3630₀	323	3710₉	淝 126	469	汉 175
迫 362	3678₀	(鑿) 601	(灘) 335	闯 68	淑 446
379	识 440	3711₀	437	邺 562	潚 540
迦 214	628	(汎) 123	滟 554	泻 530	3714₂
(迴) 198	3678₄	汛 546	(灩) 554	涌 579	将 224
3630₁	误 510	汎 131	(灎) 554	鸿 185	225
逞 58	3679₄	3711₁	3712₀	(涡) 170	3714₃
遑 196	课 262	涩 423	汈 98	506	汊 46
遲 520	3680₉	(澀) 423	汐 511	(湧) 579	3714₆
邈 337	(燙) 471	瀿 531	沏 382	渭 540	(浔) 546
(邏) 317	3690₀	3711₂	沟 156	541	3714₇
3630₂	昶 51	(氾) 123	洞 243	潲 203	汲 208
(逷) 477	3700₁	沮 247	洶 246	滑 192	没 327
逻 317	门 329	249	泖 326	瀚 538	342
遏 116	3702₇	泡 365	洞 104	溺 353	泯 338
遇 589	邠 24	366	洵 545	355	浔 546
遍 465	3710₁	泾 238	(淘) 536	阄 465	浸 238
(邊) 27	曰 450	泥 352	润 419	漏 309	溲 457
3630₃	曽 551	352	涧 222	潟 517	潋 572
(還) 173	3710₂	油 540	凋 98	潏 589	潺 48
194	盗 88	浼 329	淘 473	灟 513	(潋) 97
3630₉	圙 181	3711₄	湖 189	3713₂	灏 161
逯 465	3710₄	渥 507	溯 459	潊 188	3715₂
3672₇	闰 418	3711₅	澜 277	潫 73	瀣 531
谒 563	围 168	灈 643	潮 53	3713₃	3715₃
谓 502	囻 66	3711₆	(澗) 273	泛 237	阈 589
谔 115	闈 572	渔 585	3712₇	3713₆	3715₄
3674₇	(塱) 279	3711₇	冯 131	闽 338	泽 603
谡 459	3710₇	汜 454	写 530	(蠡) 131	浑 201

军 253	讯 546	阆 185	3780_1	泡 114	濬 557
3750_6	讽 132	阅 279	闪 426	溇 607	泠 284
闸 606	3771_2	279	阗 478	溢 368	泠 301
闺 49	诅 650	(瓷)71	3780_2	溢 570	浍 268
3750_7	诡 169	阗 194	资 644	滥 278	淞 456
闱 622	3771_6	3773_3	阅 181	(滥)278	淞 456
3752_7	阄 243	谗 48	阄 201	(澧)277	(沧)42
闻 499	阉 550	3774_0	3780_4	3811_4	滋 645
郓 596	3771_7	诹 649	奖 225	滗 26	(沧)42
(鹑)272	记 211	3774_7	阗 407	3811_7	3813_3
3760_1	阎 256	设 432	阕 409	汔 387	淤 584
问 505	瓷 71	3775_4	3780_9	汽 387	3814_0
间 218	3772_0	译 569	烫 471	3811_9	浒 190
221	调 537	诨 202	3790_2	淹 145	540
闾 149	词 71	3775_7	浆 224	滢 137	溦 499
闾 572	朗 279	净 622	225	3812_1	激 229
闻 272	询 545	3776_1	3790_4	湎 219	澈 144
3760_4	诩 540	谵 609	闲 520	渝 585	澈 54
酱 225	调 99	3776_2	桨 225	3812_7	澈 420
阁 149	480	诏 613	粱 644	汾 129	(澄)57
阁 106	谰 276	3776_8	巢 279	涕 477	激 207
432	3772_2	谐 644	3790_6	(渝)315	潋 293
闻 201	谬 340	3777_7	阑 276	瀚 505	(激)293
3760_6	3772_7	迨 632	3792_7	505	3814_1
间 312	郎 278	阎 552	(鄝)562	渝 517	洴 378
闿 50	279	诣 49	3810_4	瀚 176	(滞)195
3760_8	诵 456	3778_7	(垩)488	瀹 594	3814_6
咨 644	谐 539	谡 585	3811_2	3813_1	(漳)550
3771_0	谲 252	3780_0	沦 315	(潕)509	潲 553
讥 205	3773_2	冥 339	沧 43	3813_2	3814_7

游　581
3815_1
洋　556
（㳽）509
3815_7
海　174
（漳）26
3816_1
洽　388
潜　380
3816_2
洺　175
3816_6
（潧）268
3816_7
（滄）43
3816_8
浴　588
3818_1
漩　542
3819_2
漾　557
3819_4
（涂）488
涂　488
滁　64
3821_1
祚　653
3821_2
襤　277

（襤）277
3821_9
襝　293
3822_2
袗　619
3822_7
衿　235
脋　387
3823_1
襘　643
3823_3
襈　461
3824_0
（啟）386
3824_7
（複）139
3825_1
祥　524
3825_6
禅　48
　　427
3826_1
裕　388
（袷）215
3826_8
裕　588
3828_6
（襝）293
3830_1
迄　387

迕　603
迤　565
　　567
3830_2
递　94
逾　585
3830_3
遂　460
　　461
3830_4
迁　509
进　22
逆　353
（遊）581
邀　6
遵　652
邀　558
3830_6
道　89
遒　404
3830_8
送　456
3830_9
途　488
3834_3
（導）87
3850_7
肇　614
3860_4
（啓）386

3866_8
豁　202
　　204
3870_0
认　413
3871_1
诈　606
3871_2
论　315
　　316
说　452
　　452
　　594
谥　444
3871_4
诠　407
3871_7
讫　387
3872_1
谕　589
3872_2
诊　618
3872_7
谢　221
3873_2
讼　456
谂　435
3873_7
谦　390
3874_0

许　540
3875_1
详　524
3875_7
诲　200
3876_1
谱　381
3890_3
紫　402
3890_4
棨　387
3910_6
鲨　424
3911_2
洗　167
3911_3
（澄）576
3912_0
沙　424
　　424
渺　336
3912_7
消　526
淌　471
（涝）281
湎　431
3914_4
溇　308
3915_0
洋　364

3918_0
湫　228
　　403
3918_1
瀵　130
3918_9
淡　85
3919_3
（瀁）576
3919_4
沬　333
（瀁）576
3924_4
溇　313
3925_0
祥　364
3926_6
（禧）86
3927_7
裆　86
3930_0
逊　546
3930_2
道　526
3930_5
遴　299
3930_8
逃　477
3930_9
迷　332

(奪) 113	4044_4	毒 3	4071_4	25	杀 423
4034_8	奔 21	4059_6	衾 291	赍 207	杂 597
夺 113	21	辏 294	4071_5	4080_4	(橐) 492
4040_0	(姦) 218	4060_0	雄 536	卖 322	4090_8
女 359	4044_6	古 159	4071_6	爽 451	(來) 275
爻 558	嫜 611	右 583	奄 552	4080_6	4091_0
4040_1	4044_7	4060_1	(盒) 291	(賣) 322	杧 324
幸 535	轰 184	吉 208	4072_7	(賫) 275	4091_2
夆 78	4044_8	旮 140	奃 366	橐 444	梳 447
辛 158	姣 226	喬 423	4073_1	(賚) 207	4091_4
4040_7	4046_1	(喬) 423	去 406	4080_8	柱 637
支 623	嘉 214	喜 515	4073_2	(夹) 140	桩 639
友 582	4048_4	(奮) 130	农 357	214	4091_5
孛 19	嫉 209	4060_4	丧 421	215	椎 69
李 286	4050_0	奢 431	422	4080_9	641
(麥) 322	车 53	4060_8	(喪) 421	灰 198	橦 485
4041_6	245	奋 130	422	4081_5	4091_6
嬗 428	4050_2	4060_9	(丧) 421	(難) 348	檀 468
4042_1	牵 390	杏 535	422	348	4091_7
婷 482	4050_3	杳 559	袁 591	4084_7	杭 177
4042_7	(轃) 518	4062_1	套 473	孼 491	4092_7
夼 21	4050_6	奇 206	4080_0	4090_0	枋 124
176	(韋) 499	385	大 80	木 344	柿 442
妨 124	4051_2	4064_1	81	4090_1	榜 14
嫡 93	辖 311	(壽) 445	4080_1	奈 347	槁 147
4043_2	4051_8	4071_0	走 649	奈 347	橇 651
孁 341	鞠 274	七 382	真 618	4090_3	(橇) 651
(孃) 354	4054_8	4071_2	寔 629	索 463	4093_1
4044_0	较 229	乜 337	(寔) 629	4090_4	樵 395
卉 199	4055_7	355	4080_2	东 102	4093_2
			贲 21		

忒 474	**4348₄**	**4375₀**	（椀）496	**4396₈**	（坿）138
490	娱 2	裁 41	**4391₄**	榕 415	封 131
4332₇	**4348₆**	截 257	桅 306	**4397₇**	坿 440
（鹭）594	（嫔）376	**4380₀**	**4391₆**	棺 165	埘 531
4333₈	**4351₂**	犬 408	植 543	**4398₁**	**4410₁**
（憋）574	鞑 265	赴 138	**4392₁**	（椗）102	芷 625
4340₁	**4352₇**	贰 118	柠 356	槟 32	（韭）244
聋 306	辅 137	**4380₁**	（檸）356	33	**4410₂**
4340₇	**4354₀**	龚 154	**4393₂**	**4398₄**	苎 636
炉 108	轼 442	**4380₄**	（檻）450	枞 135	苴 245
4341₂	**4354₄**	龚 552	**4393₆**	**4398₅**	茎 238
婉 496	鞍 5	**4380₅**	橚 522	樾 594	（莖）238
4341₄	**4354₇**	越 594	**4394₀**	**4398₆**	（盖）142
姹 47	（鞁）136	**4385₀**	杕 567	（檳）32	151
4343₂	**4355₀**	（裁）597	弑 443	33	蓝 277
娘 354	载 598	戴 82	**4394₄**	**4399₁**	（藍）277
嫁 217	599	**4390₀**	桉 4	棕 648	（蠱）237
4344₀	**4356₅**	术 448	**4394₇**	檫 46	**4410₃**
（妭）509	辖 518	635	梭 462	**4399₄**	莹 575
4345₀	**4360₁**	朴 374	**4395₀**	（樑）294	**4410₄**
娥 114	耸 615	378	（椵）120	**4400₀**	芏 107
戴 211	**4360₂**	379	栈 610	卅 420	茎 575
4345₆	耷 306	381	裁 598	**4402₇**	茎 408
婶 435	**4365₀**	**4390₉**	械 531	考 259	堃 77
4346₀	哉 598	求 403	椷 589	芍 536	基 206
始 441	**4370₀**	**4391₁**	械 388	（協）529	（埜）561
4346₉	甙 82	榨 607	（概）209	鄂 116	鏊 99
（嫧）435	**4373₂**	**4391₂**	檽 220	**4403₀**	墓 345
4348₁	袭 515	柁 114	**4395₃**	协 529	薹 466
嫔 376	袤 404	492	（栈）610	**4410₀**	**4410₅**

菫	236	薀	503	勤	399	坡	378	塡	478	（夢）332
董	103	蘊	596	勘	257	菠	35	**4418₂**		
4410₆		**4411₆**		**4412₉**		埈	284	茨	71	**4421₀**
萱	541	庵	5	莎	424	（漫）434	茦	257	（尌）262
（薑）224		**4411₇**			462	鼓	161	**4418₄**			263
4410₈		莼	69	**4413₂**		**4414₈**		蕨	209	**4421₁**
（荳）105		蓺	570	蒗	363	攲	293	**4418₆**		芏	606
鼗	474	**4411₈**		蒗	279	**4414₉**		（塡）129		薤	531
4410₉		堪	257	**4413₅**		萍	377	**4418₉**		（龍）306
苤	375	（蒞）289		（壿） 80		**4415₁**		（蕶）390		（麈）288
荃	520	**4412₀**		**4413₆**		薛	521	**4419₁**		蘪	333
鋈	576	蓟	213	茧	220	**4416₀**		藻	374	**4421₂**
4411₀		**4412₁**		萤	575	堵	107		375	芫	551
茫	325	埼	385	（薑） 48		**4416₁**		**4419₄**			591
4411₁		菏	181	蠢	179	塔	464	堞	99	苊	115
菲	126	**4412₇**		**4413₈**		墙	393	藻	602	苋	522
	127	坼	39	埭	80	（墻）393	**4420₁**		苑	592
（薤）418		坳	7	塬	155	**4416₄**		芋	356	芜	61
4411₂		茑	354	**4414₀**		落	274	（萆）356		荒	196
地	90	垮	267	葤	633		281	（苧）636		荛	411
	94	荡	87	封	131		318	萨	420	（蕘）411
范	122	（蕩）87			132	蕗	312	葶	482	莞	165
茌	223	药	560	**4414₁**		**4416₉**		**4420₂**			496
玼	71	莺	574	（塙）440		藩	120	芗	523	莸	580
	646	纛	637	**4414₂**		**4417₀**		蓼	297	菀	496
荁	185	蒲	381	蒋	225	坩	143	**4420₇**		菟	104
埴	625	蕰	248	薄	16	**4417₇**		芦	310	兢	241
揁	649	蓦	342		37	薹	200	芩	398	蒉	185
墑	196	蓊	505		37	**4418₁**		萝	316	貌	337
疏	447	蒴	419	**4414₇**		蒗	185	梦	332	（蘆）310
										蘢	312

(競) 396	**4422₂**	(萬) 496	234	589	601
4421₄	茅 326	萧 527	荞 395	**4424₁**	**4425₆**
花 191	**4422₃**	(蕭) 527	**4423₀**	芽 548	(幃) 499
茌 59	(薺) 212	蒂 95	苄 28	薛 26	**4425₇**
茊 46	388	(蔕) 95	**4423₁**	(幬) 62	葎 313
茬 413	**4422₄**	棼 129	赫 182	88	**4426₀**
(莊) 639	荠 212	(菁) 207	蘷 418	**4424₂**	猪 634
蔲 266	388	(蒿) 506	蘸 30	(蔣) 225	赭 616
4421₅	**4422₇**	葡 380	**4423₂**	**4424₃**	猫 325
崔 194	芀 347	蒡 15	(芣) 159	蕁 417	326
薤 505	节 230	蒿 177	(蔑) 357	**4424₇**	**4426₁**
(薩) 420	231	蘮 285	蒙 330	芨 206	苣 186
藿 204	芳 124	(蓆) 515	331	岥 367	猎 298
玀 194	芾 127	幕 345	331	荐 223	碏 481
(蘿) 285	135	菁 159	蓏 317	菔 136	蓓 20
4421₆	苈 288	(蒨) 392	猿 591	(覆) 434	**4426₂**
猹 46	芮 418	蒨 480	(蔭) 574	葭 215	蕧 541
4421₇	芬 129	蔺 300	蠓 331	(獲) 204	蘑 341
犰 403	芀 510	(勳) 322	獴 331	**4424₈**	**4426₄**
芁 368	苘 401	(蘄) 523	332	苁 581	(猶) 580
梵 123	(荔) 288	(蕎) 395	**4423₃**	蔽 26	**4426₇**
4421₈	茼 484	(薦) 223	(蒸) 550	薇 499	(蒼) 43
茋 289	芮 574	薷 417	**4423₄**	**4425₂**	**4428₁**
4422₁	莆 381	(幫) 14	苯 21	薜 531	蓶 515
芹 398	芮 506	(蔾) 402	**4423₇**	**4425₃**	(蓗) 72
荇 536	莠 582	(繭) 220	蒹 219	茂 326	**4428₂**
荷 181	萹 27	(蘭) 276	蔗 616	葳 498	蒨 589
182	菁 240	(勸) 408	**4424₀**	蕿 49	蕨 252
猗 564	带 82	**4422₈**	苻 136	蔻 337	蘋 376
蘅 183	(帶) 82	芥 142	蔚 503	藏 43	**4428₄**

菇　158

4448_4

嬅　340

4449_0

荪　461

4449_3

(蒤)461

4449_4

媒　328

4450_0

犇　131

4450_2

荦　318

摹　340

攀　363

4450_4

犇　201

(華)191

191

192

(蕐)25

4450_6

革　149

209

(韐)500

4451_0

靴　543

4451_2

(菢)17

4451_3

(蒐)457

4451_4

鞋　530

4451_7

芄　495

轨　169

4452_1

蕲　384

(蘄)384

4452_7

苇　500

苐　134

勒　281

282

勒　560

鞴　20

(韝)12

(韝)219

4453_2

辕　591

4453_5

(韃)79

4453_8

軑　79

4454_1

(撢)493

4454_7

菝　9

鞁　20

鞞　219

4455_3

莪　114

(韅)494

4455_4

择　493

(韚)543

(韚)501

4456_0

轱　158

4458_0

軟　81

4460_0

者　616

苜　345

苗　336

茵　571

茴　199

菌　254

254

4460_1

昔　512

苦　426

427

(苔)78

79

耆　385

菩　381

薯　439

蔷　393

(薔)393

蕾　283

4460_2

苕　430

479

茗　339

峇　87

蕎　256

(碁)384

蕾　331

(攀)121

4460_3

苔　465

466

畜　645

蓄　540

4460_4

苦　266

若　419

茜　392

511

苦　163

著　637

643

薯　448

薯　161

4460_6

莒　247

营　575

菖　50

(薈)200

4460_7

菩　253

4460_8

蓉　415

暮　345

4460_9

(荅)536

替　468

蕃　120

121

4461_7

葩　361

4462_1

苛　259

蕎　385

4462_7

劫　232

苟　157

荀　545

萌　330

茵　95

葫　188

(萄)38

4463_1

蘸　610

4464_0

莳　444

4464_1

(蒔)444

4464_7

戟　383

(護)541

4466_1

(喆)615

4466_2

蘁　230

4466_4

(薔)448

4470_0

斟　618

4471_0

芒　324

4471_1

茈　372

4471_2

也　561

老　280

苍　43

苞　15

茗　280

茝　47

蒐　26

4471_4

芼　326

毛　326

4471_6

(菴)5

4471_7

艺　568

世　442

榿 261	椭 493	藉 210	4510₄	4533₁	妹 329
(橇)412	(橢)493	234	(塾)97	(热)412	妹 446
4491₄	藕 28	(藉)234	4510₆	**4541₀**	**4550₂**
桂 170	藕 361	**4497₀**	坤 272	姓 536	(挚)629
(檯)466	**4493₁**	柑 143	4513₆	4541₂	4553₂
4491₅	梣 627	**4498₁**	(塾)615	娆 412	转 639
权 410	**4493₂**	栱 155	4518₀	412	639
槿 237	菘 456	棋 384	块 268	4541₆	**4554₀**
(權)407	檬 331	**4498₂**	4519₉	(嬲)193	鞯 219
(蘿)316	**4494₁**	薇 459	埭 82	4541₇	**4554₇**
4491₆	桦 193	**4498₄**	4520₆	(执)624	鞲 157
楂 46	(樺)473	楧 107	猸 569	4542₇	(鞲)156
605	**4494₇**	模 340	4522₇	姊 646	**4556₀**
4491₈	枝 623	344	帏 499	娉 377	轴 632
椹 436	菽 446	**4498₆**	狒 127	婧 242	633
618	梓 380	横 183	猜 40	韩 175	**4558₀**
4492₀	棱 284	184	4523₆	(势)443	轶 568
莉 290	302	(檳)107	独 106	4543₂	鞥 555
4492₁	**4495₄**	(欑)75	4524₀	婊 31	557
薪 513	(樺)193	**4498₉**	帱 62	4544₇	**4558₄**
椅 564	**4496₀**	蕕 403	88	媾 157	辏 74
567	枯 266	**4499₀**	4528₀	4546₀	**4559₀**
薪 532	楮 65	林 299	帙 628	妯 632	鞁 342
4492₇	楮 634	**4499₁**	狭 517	(麹)404	**4580₆**
枘 418	**4496₁**	蒜 460	4528₂	4548₁	(赟)629
柑 629	桔 232	**4499₄**	帻 603	婕 233	**4590₀**
栲 259	247	栋 103	4529₄	4548₂	杖 612
(勑)60	桔 162	(楳)328	獉 618	姨 564	**4590₃**
菊 247	檣 393	**4499₈**	4532₇	4549₀	(絷)624
楠 348	(檣)393	(楳)275	(鷟)629	妹 342	**4591₂**

桡 412	楝 293	塄 284	猾 503	（媿）272	（韞）596
4594₀	**4599₉**	塌 464	（獨）106	**4641₅**	**4651₄**
梼 473	棣 95	**4613₂**	**4623₂**	娌 287	鞋 482
楗 222	（隸）290	（壈）468	猥 501	**4642₇**	**4652₇**
4594₄	（隸）290	**4614₀**	（獶）250	娟 250	鞠 181
（楼）382	**4600₀**	坤 371	**4624₁**	娲 493	**4653₂**
（樓）308	加 214	**4614₇**	（猈）176	**4643₀**	辕 196
4594₇	**4601₀**	墁 323	**4624₇**	媳 515	**4654₀**
（枏）348	旭 540	**4615₆**	幔 324	媲 530	鞞 34
（構）157	**4610₀**	（墠）427	**4624₈**	**4643₂**	**4654₁**
4595₈	埚 161	**4618₁**	（玃）521	嬡 194	辑 209
棒 15	**4610₂**	堤 92	**4625₀**	**4644₀**	**4658₀**
4596₀	坰 212	**4618₂**	狎 517	婢 25	织 626
柚 581	**4611₀**	埙 545	**4626₀**	**4644₇**	**4658₁**
583	坦 469	**4620₀**	猖 50	嫚 324	鞿 92
4596₆	**4611₁**	帽 171	帽 327	**4645₆**	**4661₂**
槽 43	瑆 146	（幅）171	**4628₀**	（嬋）48	（覩）107
4596₈	**4611₃**	**4620₂**	帜 628	**4646₀**	**4662₁**
椿 69	（塊）268	帕 361	**4633₀**	娼 50	咢 151
4597₇	**4611₄**	**4621₂**	恕 449	**4648₁**	**4672₇**
槽 200	埕 57	幌 197	想 524	娗 70	羯 397
（椿）639	**4611₅**	（幌）164	**4640₀**	**4648₄**	**4673₂**
4599₀	埋 321	166	如 416	娱 586	袈 214
株 634	322	**4621₅**	姻 571	**4649₃**	**4680₂**
楝 275	**4612₇**	狸 285	**4641₀**	嫘 282	贺 182
4599₄	驾 217	猩 534	妲 79	**4651₀**	**4680₄**
榛 618	埚 170	（玀）317	**4641₂**	靻 79	（趄）144
（檴）493	场 569	**4622₇**	媪 7	**4651₂**	**4681₂**
4599₆	（場）50	狷 250	媿 372	辊 170	（覲）93
（楝）103	51	罗 317	**4641₃**	辐 503	**4690₀**

栩 540	栅 426	4796₂	盩 632	散 421	嫌 521
(樝)146	607	榴 304	4811₇	421	4844₀
棚 368	(柵)426	4796₄	圪 148	赦 433	教 227
桐 312	607	格 149	4812₇	4824₁	229
(欄)276	椒 227	椐 246	(塲)50	胼 378	斡 507
4792₂	4794₃	4796₇	51	4826₄	嫩 351
杼 637	权 45	楣 328	4813₂	猰 431	4844₁
4792₇	46	4797₀	埝 354	(猶)580	姘 376
杨 556	4794₄	柏 244	4813₆	4826₆	(幹)145
梛 14	樱 575	4797₇	螯 444	(獝)268	4845₆
鸹 102	4794₇	(桕)455	615	4828₆	婵 48
桶 251	极 208	4798₂	4814₀	(獫)521	4849₄
桶 485	(殺)423	(枕)519	墩 111	4829₄	(斡)145
榔 278	椵 399	款 268	4815₁	徐 584	4850₂
梛 54	椴 109	(楸)519	垟 556	4832₇	擎 401
椰 560	榖 161	4798₄	4815₆	(驚)239	4851₂
楯 160	(榖)159	楔 529	埻 427	4840₀	轮 315
(榔)172	榖 189	棷 302	4816₁	姒 455	4851₄
樀 531	4795₀	4801₁	墙 427	4841₇	轱 408
橘 247	(柑)348	尴 144	4816₆	乾 391	4852₁
4793₂	4795₂	(尴)144	增 604	(乾)142	输 447
根 151	(樫)232	4801₂	4821₂	4842₂	4852₂
橡 67	橺 233	尬 141	悦 452	(嫄)486	轸 618
樋 483	4795₈	4801₃	4821₉	4842₇	4852₇
橡 525	(欅)248	(尵)144	㑒 521	妗 238	翰 505
橡 592	4795₉	4801₆	4822₁	娣 94	4854₀
4793₇	樫 514	尪 270	猶 587	翰 176	辙 616
槌 69	4796₁	4810₂	4823₂	4843₁	4854₆
4794₀	橹 310	盫 159	猞 268	(嫵)509	斡 117
权 407	橹 552		4824₀	4843₇	4856₄

辎 582	(槛)223	4895_1	4952_7	4995_0	5001_4
鞴 403	257	样 557	鞘 396	样 14	拄 636
4860_1	4891_4	4895_3	430	4995_8	5001_5
警 241	栓 451	(樣)567	(鞝)430	榉 248	推 490
4864_0	4891_9	4895_7	4955_0	4996_6	摊 467
故 161	检 220	梅 328	鞯 14	(櫏)87	(攤)467
敬 243	4892_1	4896_6	4955_9	4997_7	撞 640
4880_1	(榆)218	(桧)169	鳞 300	档 87	(摊)578
趄 462	榆 586	200	4958_0	4998_0	5001_6
4880_2	4892_7	4896_7	(鞍)403	楸 403	擅 428
趁 55	梯 475	(槍)392	403		5001_7
4890_0	檎 399	4898_1	4972_0	**5**	丸 495
朳 8	(橏)629	(樅) 73	(麨)521	———	抗 258
枞 73	4893_2	647	4980_2	5000_0	5001_8
647	松 456	4898_6	(趙)614	丈 611	拉 273
4890_4	柃 301	(檢)220	趟 470	丰 130	274
檠 401	桧 169	4899_2	471	扩 273	5002_3
4891_1	200	(樣)557	4991_2	5000_6	(擠)210
栏 276	4894_0	4916_6	桃 167	中 630	5002_4
柞 607	杵 65	(墙)86	167	631	挤 210
653	枚 327	4917_7	棬 407	史 441	5002_7
4891_2	救 245	圯 86	4991_4	申 433	韦 499
枪 392	橄 144	4920_0	樘 471	吏 289	搒 15
桅 642	(橄)401	狲 462	4992_0	曳 562	369
榍 565	橄 515	4928_0	杪 336	串 67	搞 147
槎 46	4894_1	狄 92	杪 462	(車)53	携 530
榄 277	栟 21	4942_0	4992_7	245	(携)530
(榄)277	33	妙 337	梢 430	5000_7	摘 608
槛 223	4894_6	4942_7	4994_4	聿 588	5003_0
257	槫 652	媏 51	楼 308	事 443	抃 28

5003_2
攘 411
5003_7
摭 625
5004_0
扠 505
5004_1
擗 372
5004_3
摔 450
5004_4
接 231
5004_7
掖 560
　　562
（搜）456
5004_8
挱 652
5006_1
掊 380
掂 95
揞 5
5006_3
搯 65
5006_5
搏 470
5008_6
（擴）273
5009_6
掠 315

5010_2
（盡）237
蛊 161
（蠱）161
盅 630
益 6
5010_6
（晝）633
（畫）193
5011_0
虹 330
5011_4
蛀 637
5012_3
（蠐）384
5012_4
蜻 384
5012_7
鸯 555
螃 365
螭 59
5013_2
（蠔）177
5013_6
虫 61
（蟲）61
蠡 70
蠧 108
5013_7
蠊 292

5014_0
蚊 504
5014_3
蜂 450
5014_6
蟑 611
5014_8
蛟 226
5016_5
蟆 470
5021_2
尧 558
5022_7
青 399
肃 458
（肅）458
胄 633
5023_0
本 21
5030_2
专 638
5030_3
枣 601
5033_3
惠 201
5033_4
焘 88
　　472
5033_6
忠 630

患 195
（豢）70
5034_0
寿 445
5034_3
（專）638
5040_4
妻 382
　　387
（婁）308
5040_7
麦 322
5044_7
冉 410
5050_8
奉 132
5055_6
（轟）184
5060_0
由 581
5060_1
（書）446
5060_2
君 191
　　539
5060_8
春 69
5071_6
电 97
5071_7

屯 491
　　641
5073_2
表 30
囊 348
　　349
5075_7
毒 106
5077_2
击 205
5077_7
春 61
5080_0
夫 133
　　134
夬 164
央 555
夹 140
　　214
　　215
5080_2
夷 564
责 603
贵 169
赍 275
5080_4
奏 649
5080_9
（獎）490
5090_0

末 341
未 502
耒 283
来 275
5090_2
（棗）601
5090_3
素 458
5090_4
秦 398
橐 492
5090_6
束 449
（東）102
柬 220
5090_9
隶 290
泰 467
5092_7
榜 365
5093_2
糠 193
5096_2
糖 343
5099_3
蠹 89
5101_0
扯 54
扛 267
5101_1

捋 313
316
5206₁
指 626
5206₂
揩 256
5206₄
括 162
273
5206₉
播 35
5207₂
抽 642
摇 559
5207₇
插 45
（揉）472
韬 472
5208₄
摸 271
5208₅
（撲）380
5209₄
（採）41
（鞣）290
5210₀
（蚪）404
蚓 573
蜊 291
（劃）191

193
194
5210₉
銎 364
5211₀
虬 404
虼 371
5211₂
蚯 402
（蠟）274
5211₄
蚝 177
5211₈
（螳）567
5212₁
蜥 513
5212₂
蟒 369
5213₆
蚕 614
615
5213₉
蟋 514
5214₁
蜓 482
蜒 551
5214₇
蜉 136
5215₃
（蟻）210

5216₄
蛣 273
5216₉
蟠 364
5233₂
（憨）42
5240₀
（劐）308
5250₀
（劖）49
50
5260₀
（割）202
5260₁
誓 444
5260₂
哲 615
晢 615
5280₁
尌 544
（尵）599
5290₀
刺 70
72
刺 274
274
5290₃
（紫）597
605
5291₄

耗 178
5300₀
戈 148
戈 218
扑 380
（掛）163
5300₇
护 190
5301₁
（搾）607
5301₂
扰 412
（扡）491
控 264
（攥）75
5301₄
拢 307
挖 605
（攙）420
5301₆
揎 541
5301₇
挖 493
5302₁
拧 356
356
356
（撋）356
356
356

5302₂
掺 48
（掺）48
5302₇
书 446
捕 38
捐 391
（搐）426
5303₅
撼 176
5303₈
（捼）353
5304₀
抌 364
376
拭 442
5304₂
搏 37
5304₄
按 5
5304₇
拔 8
拨 34
铍 136
5305₀
找 613
5305₆
揢 75
5306₀
抬 466

5306₄
搭 261
5306₅
搐 192
5308₁
摈 33
5308₄
挨 2
3
掭 298
5308₆
（擯）33
5309₁
擦 40
5309₄
攃 608
5309₉
（球）245
5310₀
或 203
彧 588
5310₂
盏 609
盛 57
438
（盏）609
5311₂
（蚘）199
蛇 432
565

蜿　495
5311_4
蛇　607
5312_7
蛹　137
蝙　28
5313_2
（蛝）278
5315_0
蜉　343
蛾　115
蜮　589
5320_0
戊　510
戌　449
戍　539
成　56
咸　520
威　498
戚　382
臧　600
5322_7
甫　137
膚　27
5328_1
觋　97
5333_0
惑　203
感　144
（感）382

5333_8
憨　574
5340_0
戎　414
戒　234
5350_3
（戔）218
5370_0
（戉）594
5380_1
魇　74
5400_0
抖　104
拊　137
5401_2
抛　365
（拋）365
搕　261
（撓）349
5401_4
挂　163
（擡）466
5401_5
推　410
（推）410
5401_6
掩　552
揸　605
5401_7
（扡）562

5402_1
掎　211
5402_7
扚　198
拗　7
　　7
　　357
拷　259
挎　267
捞　279
辅　12
揭　255
5403_0
挞　506
　　638
5403_5
（撻）465
5403_8
挞　465
5404_1
持　59
铧　501
（擣）88
5404_7
技　212
披　370
5406_0
描　336
5406_1
拮　232

措　78
搭　78
5406_4
（撋）54
5407_0
（拑）391
5408_1
拱　155
5408_2
攒　75
　　599
5408_4
摸　340
5408_8
（挟）529
5409_1
捺　347
5409_4
揉　420
搽　46
5409_6
撩　296
　　296
5410_0
蚪　105
蝌　260
5410_3
蚁　567
5411_2
（虵）432

（蟯）349
5411_4
蛙　493
蛭　270
5412_7
蚋　418
蚴　583
蛹　348
蟎　323
（蟎）323
蟓　527
（蠁）527
5413_2
蠓　332
5414_7
蠖　204
5414_8
蟒　325
5415_3
蠛　337
5416_0
蛄　158
5416_1
蜡　274
　　607
蟢　516
5417_0
蚶　174
5418_1
蜞　385

5418_4
蟆　321
5418_6
蟥　197
5418_8
（蛺）216
5419_4
蝶　415
蝶　100
5440_0
斢　230
5482_7
（勘）213
5492_7
耢　281
（耡）64
（勒）60
5500_0
井　241
5500_6
抻　54
拽　562
　　638
　　638
5501_2
挠　349
5501_7
执　624
拕　90
5502_7

弗 134	5509₀	蚰 405	5560₀	171	摁 420
拂 134	抹 319	5516₆	曲 404	(摑)163	撾 117
5503₂	341	蟧 43	406	171	5603₁
抟 489	342	5516₈	5560₆	5600₂	摆 11
攘 349	5509₄	蟒 69	曹 43	拍 362	5603₂
5504₃	拣 220	5517₇	5560₈	5601₀	擐 196
(搏)489	5509₆	彗 200	替 477	担 83	5604₀
(轉)639	(揀)220	5518₀	5580₁	84	捭 11
639	5510₀	蚨 134	典 96	84	5604₁
5504₄	蚌 15	蛱 216	5580₂	5601₁	捍 176
(搜)307	22	5518₁	费 127	(揮)638	揎 564
308	5510₄	(蜱)100	赘 629	5601₂	(擇)603
5504₇	垫 97	5519₀	5580₆	揾 505	608
(搆)157	5511₂	蛛 634	(贄)599	韫 596	5604₇
構 156	蛲 349	5519₄	5580₉	(捣)197	撮 77
5505₄	5512₇	蟓 399	燊 37	(擺)11	652
撵 354	鸶 629	5523₂	5590₀	5601₄	攫 253
5505₈	蜻 400	(農)357	耕 152	捏 355	5605₀
捧 369	5513₃	5533₁	5590₃	5601₇	押 547
5506₀	蠮 201	热 412	絷 624	把 568	5605₆
抽 62	5513₆	5533₇	5594₄	5602₁	(擇)84
5508₀	蛰 615	慧 201	(糯)308	撄 535	427
扶 134	5514₄	5542₇	5594₇	5602₇	5606₄
抉 251	(蝼)308	势 443	耩 225	拐 163	摺 297
挟 529	5514₇	5548₀	5599₂	捐 249	5608₁
5508₁	蚰 410	麸 133	棘 209	(揚)555	捉 642
捷 232	5515₈	5550₂	5600₀	揭 231	提 92
(捵)54	(蟀)15	挚 629	扣 265	(揭)465	475
5508₄	5516₀	5550₄	捆 272	(暢)52	5608₂
揍 649	蛐 581	辇 354	捆 163	5603₀	损 462
					5609₃

摞 319
5609₄
操 43
5610₀
蛔 199
蝈 171
(蜗) 171
蜘 624
5611₄
蝗 196
(蟶) 56
5611₅
蠷 406
5611₆
蝇 576
5612₇
蜎 590
蜗 506
蝎 569
蝎 529
(蝐) 503
蠋 635
5613₀
蟪 513
5614₀
蜱 371
5614₇
(蠼) 406
5615₀
蚰 216

5615₆
(蝉) 48
5618₄
蜈 508
5619₃
螺 317
5619₄
蝶 172
5690₀
蒴 214
5691₂
(糯) 10
5692₇
耦 361
5693₁
糇 10
5701₂
扭 357
挽 496
(輓) 496
(攬) 228
抱 17
(捏) 355
5701₃
(撽) 48
5701₄
握 507
5701₅
擢 643
5701₇

把 9
 10
艳 554
舥 134
5701₉
拯 621
5702₀
扪 330
韧 413
抑 568
拥 578
拘 245
抐 145
(捆) 145
(扐) 7
 7
 357
掬 246
掏 472
搁 148
 150
(掏) 184
捌 453
(攔) 276
5702₂
抒 446
5702₇
扔 414
扬 555
邦 14

畅 52
挪 359
捣 88
(搗) 88
捅 485
掷 629
(擲) 629
揶 561
(掃) 422
 422
(搯) 509
搦 359
5703₂
掾 592
振 609
(捅) 485
(搁) 506
 638
5703₃
换 48
5703₆
搔 422
5703₇
(揂) 69
5704₀
拟 456
(拗) 358
(軝) 615
5704₁
摒 34

5704₃
(扠) 45
5704₄
攥 574
5704₆
(搗) 520
5704₇
报 17
投 487
抵 338
持 520
掇 112
搜 457
(搬) 420
搬 13
5705₀
拇 344
5705₄
择 603
 608
5705₇
挣 620
 622
5706₁
撸 309
(擔) 83
 84
5706₂
招 612

(摺) 615
摺 615
5706₄
(搭) 149
据 246
 249
5706₇
捃 254
5707₀
扫 422
 422
5707₂
掘 252
5707₇
掐 388
5708₁
撰 639
(擬) 352
5708₂
揿 399
掀 519
掼 166
5708₄
换 195
搜 529
5709₄
探 469
揉 416
操 421
5710₄

蟞 207
5711_0
虮 210
5711_2
蚬 521
蛆 405
蜢 331
5711_4
蛏 56
5711_7
(艷) 554
(蠅) 576
5712_0
蜩 480
蝴 189
5712_7
蚂 319
321
321
蛹 579
螂 278
(蝸) 506
5713_2
蟓 526
5714_7
螋 457
(蝦) 173
517
5715_2
(蠏) 531
5715_4
蜂 131
5716_1
蟾 49
5718_0
螟 339
5718_2
(蠍) 529
5721_2
靓 243
295
翘 395
396
5722_7
帮 14
鹡 240
鹔 458
(鷫) 458
鬶 168
5725_7
静 242
5733_2
恝 216
5740_4
㛃 232
5741_2
觏 158
5742_0
麹 405
5742_7
郪 382
5750_2
挈 397
(擊) 205
5762_7
邮 581
5772_7
(邨) 76
5777_2
(齧) 355
5780_4
契 387
530
5781_2
规 168
覥 478
5782_7
郏 215
5790_3
絜 530
(繫) 212
516
5790_4
(栔) 387
5791_7
耙 10
361
5792_7
鹎 61
鹩 296
(鶇) 102
5794_7
耔 646
5797_7
耜 455
5798_2
赖 276
5800_0
扒 8
361
拟 352
5801_1
拦 276
拃 606
5801_2
抡 315
315
抢 392
393
拖 491
搓 77
(掽) 369
揽 277
(攬) 277
(搤) 115
5801_4
拴 450
挫 77
5801_9
捡 220
5802_1
揄 585
5802_7
扮 14
(掄) 315
315
擒 399
(輪) 315
5803_1
(撫) 137
5803_2
拎 299
捻 353
(捦) 399
5803_7
搛 219
5804_0
撇 375
375
撖 176
撴 111
撤 54
撒 419
420
擞 457
457
(擻) 457
457
5804_1
拼 376
(擣) 90
擀 144
5804_6
(擁) 552
撙 652
5805_6
掸 84
427
5806_1
拾 440
5806_4
(捨) 432
5806_7
(搶) 392
393
5808_6
(撿) 220
5809_3
攥 651
5810_1
整 621
5810_6
鼇 7
5810_9
鏊 7
5811_1
蚱 607
5811_2
蛲 393
蜕 490

蟖 570

5811_7
虼 151

5812_0
蚧 234

5812_1
蝓 586

5812_7
(蚡)129
鹜 7

5813_2
蚣 154
蛉 301

5813_6
螯 6

5814_7
蝣 582
蝮 139

5815_1
蜂 556

5815_3
(蟻)567

5815_6
蝉 48

5816_1
蛤 149
　　173
蟮 428

5816_4
蜟 404

　　582

5819_4
蜙 64

5821_4
(氂)325

5821_5
(釐)285

5824_0
敖 6
敷 133

5824_4
嫠 286

5825_1
(摩)325

5829_2
黎 59
　　286

5833_4
熬 6
　　6

5840_1
馨 6

5844_0
(數)448
　　449
　　453

5860_1
警 6

5871_7
(龘)7

5877_2
嗸 6

5880_2
赘 641

5880_4
葵 6

5894_0
敕 60

5896_1
袷 202

5901_2
(捲)250
搅 228

5902_0
抄 52
(抄)420
　　425
　　462

5902_7
捎 430
(捞)279

5903_1
(攙)86

5904_1
(撐)56

5904_4
搂 307
　　308

5905_0
拌 14

5905_2
撑 56

5906_2
(揹)535

5906_6
(擋)86
　　86

5907_7
挡 86
　　86

5908_0
揪 244

5908_9
掞 427

5911_2
蜷 408

5911_4
蝗 471

5912_7
蛸 430
　　526

5914_4
蝼 308

5919_4
(蠑)415

5992_0
秒 53

5992_7
稍 470
　　471

(橯)281

5994_4
耧 308

————

6

————

6000
○ 301

6000_0
口 265
旷 269

6001_0
(屯)330

6001_5
唯 500
睢 460
噇 68
瞳 485
曈 485
矋 489

6001_7
吭 177
　　263
晓 295

6001_8
啦 273
　　274

6002_7
号 177
　　178

防 125
哼 183
　　184
唷 577
啼 476
嘭 365
嘀 93

6003_1
噍 230
瞧 396

6003_2
眩 543
嘊 117
嚎 178
嚷 411
　　411

6003_6
噫 564

6003_7
嚅 616

6004_1
噼 370

6004_4
唛 424

6004_8
咬 559
啐 76
晬 651

6006_1
啽 554

暗 572	6010₅	(蹦)625	6022₀	晟 438	旻 338
暗 6	里 286	6014₀	(囬)198	6028₁	6040₁
6008₂	星 533	(躪)64	6022₁	炅 604	旱 176
咳 173	量 294	6014₁	畀 25	6030₂	圉 587
261	295	(蹸)27	勰 214	囹 301	6040₄
6008₆	6010₈	6014₃	6022₇	6030₃	囷 348
(曠)269	昱 588	(踔)450	吊 98	图 488	晏 554
6009₄	6011₁	6014₇	呙 170	6032₇	曼 230
嘛 321	罪 651	蹳 113	団 188	(罵)321	6040₆
6009₆	6011₃	6014₈	易 569	6033₀	罩 614
晾 295	晁 52	跤 226	胃 502	思 453	6040₇
6010₀	6011₄	6015₃	禺 585	恩 117	团 220
日 414	躔 49	(國)171	囿 583	6033₁	348
曰 593	6011₅	6016₁	圃 381	黑 182	曼 323
旦 84	(雖)460	踏 37	圍 400	(羆)371	罞 136
6010₁	6012₃	踮 96	(圖)315	6033₂	6041₂
目. 344	(臍)207	6020₇	圌 266	愚 585	冕 335
罡 146	6012₄	罗 316	胃 250	6033₃	6041₇
6010₂	跻 207	6021₂	(昌)179	罴 371	兕 274
显 521	6012₇	四 455	罱 277	6033₆	6042₇
置 629	(勗)541	兄 536	(羈)525	罳 454	另 303
(疊)100	蹄 476	(見)221	6022₈	6034₃	男 348
(疉)100	蹢 93	522	界 234	(團)489	6044₀
6010₃	625	园 591	6023₂	6036₁	(昇)436
国 171	蜀 448	晃 197	(圂)202	黯 6	6044₃
6010₄	6013₀	197	晨 54	6039₆	昇 28
呈 57	(跡)212	(罷)10	(園)591	黥 401	6044₇
(国)171	6013₆	10	6024₀	6040₀	最 651
墨 343	虽 460	6021₄	团 489	田 478	6050₀
(罎)283	6013₇	呬 114	6025₃	旱 601	甲 216

6050_4	6064_0	畏 502	6080_9	（曨）306	眶 542
暈 595	（嚼）120	圊 194	炅 169	（曨）306	晒 153
596	6066_0	592	243	（矓）306	（曭）353
（畢）25	品 376	（曇）468	6090_1	6101_2	（嘔）360
6050_6	晶 240	曩 349	罘 135	（叽）346	（膒）265
（圍）499	6071_2	6077_2	6090_3	352	6101_7
6052_7	昆 272	（喦）551	累 282	呒 319	唬 189
围 499	（毘）371	壘 283	283	（吽）346	519
羇 207	囵 315	6079_3	283	351	6101_9
6060_0	圈 250	國 582	（纍）282	呃 115	咊 367
呂 312	250	6080_0	283	啞 597	6102_0
回 198	407	只 623	6090_4	哑 547	叮 100
昌 50	6071_6	625	呆 80	548	盯 100
冒 326	黽 338	囚 403	困 272	（啞）547	町 101
342	罱 552	（貝）19	呆 147	548	482
6060_1	6071_7	6080_1	果 171	（嘅）256	呵 1
圕 587	囷 111	足 649	困 410	嘘 439	1
晋 291	491	是 443	6090_6	539	1
6060_2	邑 568	（異）568	景 241	（曬）425	1
圖 315	（鼀）52	6080_2	6090_9	6101_4	2
6060_4	6072_0	員 591	暴 18	呕 360	179
固 161	罚 120	595	382	旺 498	哷 78
（畧）315	6072_7	596	6091_5	哇 99	啊 1
罞 159	昂 6	圆 591	罹 286	516	1
暑 169	曷 181	6080_4	（羅）316	呕 265	1
暑 447	昴 326	因 571	6101_1	眶 548	2
署 447	6073_1	吴 508	哐 269	6101_5	2
（圗）488	罢 10	吴 178	啡 126	哩 285	6102_7
6060_6	曇 468	6080_6	眶 270	嚁 204	吶 288
晉 604	6073_2	（買）322	（曭）288	6101_6	盺 336

販　123
暖　359
曖　2
　　3
　　4
(曖)　2
　　3
　　4
暖　4
(曖)　4
6204_9
呼　187
6205_2
瞬　452
6205_3
(嚱)205
6206_2
喏　230
6207_2
咄　112
6208_4
暌　271
暌　271
6208_5
噗　380
6209_3
(㘙)453
6209_4
睬　41
6211_0

趾　71
　　72
6211_3
跳　480
6211_4
甗　100
6211_5
踵　631
6211_6
躙　298
6211_7
(躘)476
6211_8
蹬　91
　　91
6212_7
踹　66
踽　248
蹐　210
蹦　23
(蹻)251
　　394
6213_4
趼　519
6214_1
跡　493
踔　25
6214_4
蹉　506
6216_9

踏　464
　　465
躇　121
6217_7
蹈　88
6218_2
顒　628
6218_4
跃　594
蹊　383
　　513
6218_5
蹼　382
6218_6
(顒)628
6219_4
踩　290
　　318
(躒)290
　　318
踩　41
6220_0
剐　163
剔　475
6221_4
甗　406
6237_2
黜　65
6240_0
别　32

　　32
6280_1
匙　59
　　444
6292_2
影　576
6300_0
卟　38
吣　399
6301_2
吭　452
睆　195
睕　496
6301_4
咙　306
咤　607
昽　306
昽　306
嗻　420
6301_6
喧　541
暄　542
6302_1
咛　356
(嚀)356
6302_7
哺　38
晡　38
6304_7
唆　462

睃　254
睃　462
6305_0
哞　343
哦　114
　　360
　　360
眸　343
喊　175
喊　382
6306_0
眙　565
6306_4
喀　254
(嗒)599
6306_5
嘻　174
瞎　517
6307_2
嘧　334
6308_1
啶　102
6308_4
吷　127
畎　408
喉　290
唉　2
　　3
6309_1
嚓　40

　　46
6309_2
咏　579
6311_2
跎　492
蹴　74
(躞)75
6312_7
蹁　373
6313_2
跟　293
　　295
6314_7
跋　9
6315_0
践　222
戬　91
6315_3
(踐)222
6315_6
蹿　75
6316_0
跆　466
6316_2
蹐　459
6319_1
踪　648
6334_7
黢　405
6338_4

默 343	6401_4	嘞 284	6404_7	185	(瞭)297
6345_0	哇 493	噶 141	吱 623	186	6409_8
戡 209	494	嘻 177	644	啐 104	(睞)275
6355_0	眭 460	6403_0	哜 528	嗔 54	6410_0
(戰)609	畦 385	呔 80	啵 38	瞋 54	跰 133
6368_4	睦 345	6403_1	睃 284	(瞑)54	6411_2
(獸)446	喹 270	昧 58	(嘮)322	噎 477	跣 521
6382_1	6401_6	(嚇)181	嘠 202	6408_2	(曉)394
(貯)636	俺 5	518	360	喷 368	6411_4
6385_0	喳 45	(嚥)554	6405_4	368	眭 271
(臟)600	605	6403_2	(曄)191	6408_5	6411_6
6385_3	6401_7	哝 357	192	(嘆)469	蹈 46
(賤)222	吃 568	矇 331	(睅)563	6408_8	6412_1
6400_0	6401_8	(矇)330	6406_0	眹 426	踦 567
叶 529	噎 561	331	咕 158	6408_9	6412_7
562	6402_1	(嚷)568	喵 336	咳 198	跨 267
吋 77	畸 206	6403_5	瞄 336	6409_0	蹒 364
(叫)229	嗣 179	(噠)78	睹 107	啉 537	(蹒)364
时 440	6402_7	6403_8	6406_1	嗽 299	蹦 300
咐 140	叻 281	哒 78	咭 206	6409_1	6413_5
6401_0	呐 346	6404_0	嘈 234	噤 238	(蹿)80
叱 60	呦 580	哎 2	嗒 78	6409_3	6413_8
吐 489	(呀)267	6404_1	465	嗉 463	跶 80
489	唠 280	哗 191	嗜 444	6409_4	6414_1
6401_2	281	192	嘻 514	喋 99	(躊)63
眈 83	晞 512	(時)440	6406_4	606	6414_7
嗑 263	晰 512	眸 563	喏 359	(嗉)457	跂 384
瞌 261	喃 348	哔 183	412	6409_6	388
(嘵)527	瞒 323	晴 629	6408_1	嘹 296	跋 37
(嘵)528	(瞒)323	(疇)63	哄 184	瞭 297	6416_1

7290_0
剎　113
7290_1
綮　648
7290_4
乐　281
　　593
(綮)537
7292_2
(綟)290
(綟)274
7293_2
(綖)456
7298_9
綮　244
7299_3
(縣)522
7310_2
盛　57
　　438
7321_2
陀　492
(肬)580
院　592
脘　496
腔　393
腕　497
髋　268
7321_3
(髋)268

7321_4
陇　307
胧　306
腔　627
7321_6
(颱)466
7321_8
(飀)30
7322_7
脯　137
　　381
臀　27
7324_0
赋　90
　　474
腻　353
7324_2
膊　37
7324_4
胺　5
7324_7
胲　9
腋　250
7325_0
戊　510
戍　449
戌　539
成　56
咸　520
威　498

戚　382
7326_0
胎　465
7326_4
髂　389
7328_1
腔　102
膑　33
髌　33
7328_6
(膑)33
(髌)33
7329_1
腙　648
7329_2
脉　322
　　342
7332_2
(騐)42
7333_5
感　144
(感)382
7339_1
(騦)648
7370_0
卧　506
7371_2
䝹　492
7374_7
馘　9

7375_0
(戊)594
7380_1
蹙　74
7381_2
贮　636
7384_0
赋　140
7384_2
赙　140
7385_0
贱　222
贼　604
7386_0
贻　565
7389_9
赇　404
7410_4
堕　114
(墮)114
7412_7
助　636
7420_0
(卧)105
肘　632
附　138
7421_2
尉　503
　　589
7421_0
肚　107

　　107
7421_4
(陞)436
(陸)305
　　311
7421_6
腌　1
　　551
7422_7
肋　281
　　283
肭　347
励　288
(勵)288
胯　267
胸　359
(胁)529
脯　348
隋　460
7423_0
肽　467
胁　529
7423_1
肤　405
(臁)550
7423_2
肱　154
脓　358
随　460
(隨)460

朦　331
髓　461
7424_1
(髒)600
7424_7
陂　18
　　370
　　378
肢　623
陵　302
脖　36
臜　161
7424_8
膝　76
7425_0
阵　619
7425_3
(臟)600
7426_0
骷　266
7426_1
腊　274
　　512
7428_1
陡　105
7428_2
膹　597
7428_4
膜　340
7428_8

7714₇	胫 242	485	(聞)218	屎 106	7725₁
毁 199	(屍)438	网 497	221	7723₃	霹 50
7720₀	脆 75	周 632	520	腿 490	7725₄
尸 438	飕 297	阴 571	鄙 328	7723₇	降 225
7721₀	306	囵 243	(臀)435	隐 573	524
几 204	(覺)229	罔 497	(胴)317	腿 641	(夆)364
210	251	朋 368	属 448	7724₀	7725₉
凡 121	7721₄	胸 405	636	陶 649	犀 514
风 130	疕 554	胴 104	(隖)510	7724₁	7726₁
(風)130	尾 501	胸 536	鹏 369	屏 34	(膽)84
凤 132	566	陶 472	鹘 160	378	7726₂
(鳳)132	屋 508	558	189	(關)372	(脬)505
(肒)570	飗 457	脚 228	鹏 328	7724₄	7726₄
肌 205	7721₅	252	鹬 475	屡 313	居 246
夙 458	隆 307	(脚)228	臀 491	(厦)313	胳 148
凰 196	7721₆	252	鹚 373	屡 249	屠 488
7721₁	飑 304	7722₁	(属)251	(履)249	腒 246
飑 30	7721₇	屙 114	(鹏)98	7724₇	骼 150
7721₂	尻 259	7722₂	(鹇)520	服 136	7726₅
见 221	肥 126	(膠)226	(屬)448	139	届 234
522	屈 477	膠 297	636	股 160	7726₆
尼 352	(屜)477	7722₇	(釁)533	殷 550	(層)45
兕 455	7721₈	肠 51	7722₈	572	7726₇
甩 450	飗 249	局 246	屛 251	(叚)216	(后)106
屄 372	7722₀	(咼)170	7723₁	履 206	眉 328
阻 650	冈 145	郇 186	爬 361	屛 42	7727₂
陉 535	(岡)145	鸦 438	7723₂	48	(屆)234
(兒)117	月 593	骨 159	层 45	骰 487	屈 405
兜 104	用 579	160	限 522	殿 98	7727₇
胞 16	同 483	屑 531	展 609	履 313	陷 522

食 440	贫 376	8111₂	颔 149	镡 533	8211₅
455	8080₄	(鑪)309	180	(罈)468	(鍾)630
铉 543	矢 441	310	颌 176	8174₇	8211₈
籴 398	关 164	8111₇	8170₇	镊 355	(鎧)256
铱 564	美 329	(鉅)248	铲 309	8174₉	8214₇
铟 2	奠 97	8114₀	8171₁	鑮 519	(鑔)378
(養)557	羹 152	(釬)176	钲 620	8176₀	8218₆
镶 524	8080₇	8114₁	622	钴 650	(鑹)628
(饟)524	羑 582	(鑞)355	8171₂	651	8219₄
8073₆	8081₅	8114₃	缸 146	8176₁	(鑠)453
镱 570	雉 629	(鐯)358	(鑪)309	镭 283	8220₀
8073₇	8081₇	8119₂	8171₃	铻 508	剃 477
镰 292	氡 174	(錄)155	钰 587	8178₂	(創)67
8074₁	氮 85	8121₁	8171₄	颂 456	68
锌 532	8088₀	(涏)497	铚 627	镢 252	8221₄
8074₇	众 631	8128₂	8171₆	8179₀	鮎 447
镀 108	8088₆	颂 12	钜 379	钚 39	8229₄
8074₈	(佥)389	8131₇	8172₀	8179₁	(穌)179
铰 228	8090₁	瓴 301	钉 101	镖 30	8254₀
8075₇	佘 432	8138₂	101	8181₇	羝 92
每 329	8090₂	领 303	钶 260	矩 247	8258₉
8076₁	余 491	8141₇	铜 1	8181₈	羯 470
锗 367	佘 74	瓶 378	8172₇	短 108	8260₀
8076₂	兼 557	8151₂	钙 142	8190₄	(劄)605
(饢)340	8090₄	(羥)394	镉 150	(槩)247	606
8077₂	余 584	8159₆	8174₀	8194₇	(劍)169
缶 132	籴 92	瓶 592	钘 534	(鈒)540	8270₀
岔 47	8091₇	8161₇	钑 548	8210₀	钊 612
8080₂	(氣)387	甄 605	铒 118	剑 223	创 67
贪 467	氯 314	8168₂	8174₆	(到)77	68

铡 67	8274₁	(剑)223	(铺)382	8375₀	651
剑 169	铤 48	8282₇	8365₀	戗 392	8418₈
锎 534	铤 483	(矫)227	蔵 171	394	(铗)216
锎 606	8274₄	228	8367₇	钱 391	8419₈
8271₀	(餧)502	8282₈	(舘)165	钒 594	(铼)275
钆 141	8274₇	矫 227	8368₄	铖 57	8456₀
铋 370	钣 13	228	猷 582	铖 114	(钻)161
8271₃	锾 194	8284₄	8370₀	8375₃	8470₀
铫 99	8274₉	矮 3	卟 378	(饯)222	针 617
558	铎 315	8311₂	8370₄	8375₆	钭 105
8271₄	8275₃	(镶)75	铋 24	镨 75	487
(餂)414	(饑)205	8315₀	8371₂	8376₈	8471₀
8271₅	8276₂	(鍼)617	铊 464	镕 415	钍 489
锤 69	锴 256	(铁)481	492	8378₁	钏 108
8271₆	8276₃	8315₃	8372₇	锭 102	铔 325
镰 274	锱 645	(钱)391	镉 427	镔 32	8471₂
8271₇	8276₄	8316₅	铺 380	8379₁	铑 280
铠 256	铦 520	(鐕)518	382	镲 46	铣 515
8271₈	8277₇	8318₆	8373₂	8379₄	521
镫 91	锤 45	(镔)32	银 279	钬 449	(铙)411
8272₂	8278₂	8325₀	镓 215	8411₂	8471₅
钐 425	锁 628	(饿)392	8374₀	(饶)349	罐 166
427	8278₅	394	铽 474	8411₅	8472₁
8272₇	镤 381	8340₀	8374₂	(鑵)166	锜 385
锈 538	8279₃	(籵)68	镈 37	8414₁	8472₇
锎 22	(絛)121	8354₇	8374₄	(铸)637	钠 347
8273₁	8279₄	羧 462	铵 5	8415₄	铕 582
铑 102	铄 453	8355₀	8374₇	(鏵)192	铐 259
8274₀	8280₀	(羬)415	钹 36	8418₆	锗 280
钎 389	矧 435	8362₇	铵 378	(钻)650	锄 64

(餚) 558	8478₁	钝 111	蠲 250	8671₅	铝 313
8473₀	镇 619	8572₇	8614₁	锂 287	8678₀
钛 467	8478₄	锖 393	(锌) 176	8672₇	钚 608
8473₅	镆 343	8573₀	(镎) 113	锦 98	8679₂
链 293	8478₆	钵 35	8618₁	锅 171	镍 523
8474₀	镄 197	(钵) 35	(铤) 643	锡 514	8679₄
钕 359	8479₄	8574₀	8619₉	锦 237	锞 262
8474₁	铩 424	铸 637	(镥) 17	锣 317	镍 355
铧 192	8479₆	键 222	8652₇	(锡) 535	8680₀
8474₄	镣 298	8574₇	羯 233	锷 116	知 624
锜 21	8484₇	锓 322	8660₀	镯 643	8710₄
8474₇	䦆 593	8576₀	智 629	8673₀	塑 459
铍 370	8490₀	铀 581	8670₀	锶 454	8711₂
铍 35	斜 529	8578₀	钼 345	8673₁	(钜) 64
镬 204	8512₇	铁 133	铀 97	镖 182	(铇) 17
8476₀	(鏞) 538	缺 409	478	8673₂	8711₄
钴 159	8513₂	铁 481	铟 571	(馃) 502	(铿) 264
锗 616	(錶) 30	铗 216	铟 162	镶 195	8712₀
锚 326	8514₄	8578₂	铷 416	(鑳) 468	卸 531
8476₁	(镂) 308	镄 127	8670₂	8673₆	(钩) 156
锆 148	8518₂	8579₀	铂 36	锚 393	(钢) 146
锴 78	(铱) 481	铢 634	8671₀	394	146
镨 78	8519₆	铼 275	钽 469	8674₁	8712₇
镭 516	(铼) 293	8610₀	8671₂	锝 89	(锅) 171
8476₄	293	(钊) 265	锟 272	8674₇	鹬 570
锗 359	8570₆	8611₅	8671₃	馒 324	(鹜) 507
锗 642	钟 630	(䦆) 317	(馈) 271	镬 253	鹞 505
8477₀	8571₂	8612₇	8671₄	8675₀	8713₇
钳 391	铙 349	(锡) 556	铿 604	钾 216	(鏈) 69
	8571₇	(锡) 470	锽 196	8676₀	8714₂

(鏽) 393	羟 394	8771_3	郐 267	鲁 310	(羅) 92
8714_7	8752_0	镵 48	钖 556	8776_2	8794_0
(鏺) 424	翔 524	(饞) 48	钨 507	铭 339	叙 540
8718_2	8752_7	8771_4	鸽 43	镏 304	8800_0
歆 433	郸 83	铿 264	铴 470	305	从 73
514	8753_2	8771_7	铷 561	8776_4	8810_0
8719_9	幰 49	钯 9	铜 246	铬 151	从 73
(録) 311	8754_7	361	247	锯 246	8810_1
8721_2	羿 161	铯 423	锵 278	249	竺 635
覵 586	8762_0	8772_0	鹅 71	8776_7	8810_2
8722_7	(卻) 409	钉 330	镴 252	镅 328	箜 264
邠 32	8762_2	钓 98	8773_2	8778_2	篮 277
鶒 475	舒 446	钢 146	锪 202	钡 19	(籃) 277
鶒 219	8762_7	146	银 572	钦 398	篁 169
(鶲) 43	邰 180	钧 253	8774_2	锹 519	箎 137
8728_2	鸽 149	钥 560	锵 393	8778_4	8810_4
歉 392	邻 516	593	8774_3	锲 397	坐 653
8732_0	鹄 588	钩 156	钗 47	(鏾) 186	筌 408
翎 301	鄱 427	铆 326	8774_7	8778_6	篁 197
8732_7	(鄅) 267	铜 484	锃 399	(鐼) 166	8810_5
邻 299	8768_2	铜 256	镀 457	8781_2	笙 437
鸽 301	(欽) 179	铜 221	锻 109	俎 650	(筆) 69
8733_2	欲 588	222	8775_4	8782_0	8810_6
(愡) 458	8771_0	镧 277	铎 113	(劍) 223	笪 79
8733_8	钇 566	(鍸) 189	锋 131	8782_7	鳖 338
(慫) 588	钒 121	8772_2	8775_7	郑 622	8810_8
8742_0	8771_2	镠 305	铮 620	(鄭) 622	笠 289
(翔) 68	钮 357	8772_7	8776_1	8790_4	筮 444
朔 453	铌 352	钉 297	铅 390	椠 453	簦 91
8751_2	锰 331	297	552	8791_5	8810_9

签 389	笪 86	篪 59	笊 614	篠 64	簟 98
8811₂	(簪) 200	(篪) 59	篆 639	(篠) 528	8840₇
(筅) 521	8818₁	篶 576	(篆) 247	8829₉	簒 594
(鑑) 223	(鐬) 543	(籭) 576	8823₄	(籐) 474	(簒) 594
8811₇	8819₉	8822₀	笨 22	8830₂	8840₈
筑 637	(錄) 311	竹 635	8823₇	笒 301	笅 228
8812₇	8820₂	8822₁	(簾) 292	笓 27	8841₄
笃 107	篸 42	算 25	8824₀	(篸) 27	笼 307
筇 402	(篸) 42	箭 223	攽 12	8830₃	307
筘 253	8820₇	8822₇	8824₃	籩 406	8842₇
595	笋 317	笏 190	符 136	8830₅	笏 281
(筋) 637	8821₁	第 646	8824₆	篷 369	8844₁
(篍) 419	竿 603	筓 94	簰 362	8830₆	笄 206
(鑪) 560	652	筒 485	8824₇	箞 602	箐 460
593	(筰) 652	(箹) 485	笈 208	8833₀	8844₆
8813₇	(籠) 307	篩 425	篅 136	苁 456	算 460
(鐮) 292	307	筋 235	8824₈	8834₁	8844₇
8814₀	8821₂	简 221	筊 528	等 91	簛 156
敪 292	笕 220	筲 430	8825₃	8834₄	8846₃
8814₂	笓 521	箐 402	筏 120	筹 63	笝 214
簿 40	(筅) 165	(筭) 632	箴 618	8840₁	8850₃
8814₆	笓 590	箫 527	簛 337	竿 143	笺 218
(簿) 362	(篗) 565	(簫) 527	8826₁	竽 584	(籛) 218
8815₃	籠 312	篇 373	(簪) 552	耸 456	8850₄
(籭) 389	笝 104	篃 67	8828₄	笋 25	(筆) 25
8816₂	8821₄	篙 147	篌 186	筵 551	8850₆
箔 36	(箢) 266	篢 285	簇 74	8840₄	箪 83
8816₇	8821₅	(簵) 27	8828₆	篓 308	(箪) 83
(鎔) 392	(籬) 285	簹 594	(籲) 587	(籔) 308	箕 146
8817₇	8821₇	8823₂	8829₄	8840₆	8850₇

笋　462	箸　534	锉　77	111	簋　197	籧　565
筝　620	**8860₃**	**8871₆**	**8874₁**	**8880₈**	**8894₀**
(筆) 24	笪　59	筦　379	(鉼) 378	(筊) 44	(敍) 540
8851₂	(箇) 151	**8871₇**	**8874₆**	**8881₄**	**8896₁**
籀　159	**8860₄**	笆　8	(鐏) 652	锉　77	籍　210
(範) 122	筹　637	(籭) 516	**8875₂**	**8884₀**	**8896₃**
8851₇	箸　419	**8871₈**	锋　346	(敛) 292	箱　523
笓　361	**8860₅**	篋　398	**8876₁**	**8884₇**	**8898₂**
8852₁	笛　92	(篋) 398	铪　173	簌　37	簌　459
筶　615	**8860₆**	**8872₁**	镨　381	38	籁　276
8852₇	筜　247	输　486	镨　428	**8886₆**	**8898₅**
籐　281	(篔) 86	籪　109	(饍) 428	赠　604	筷　268
8853₂	**8862₇**	(籪) 109	**8877₇**	**8886₆**	**8912₇**
羚　301	筍　157	**8872₇**	管　165	(簽) 389	(鏼) 280
8854₁	笱　455	铃　390	**8878₄**	**8890₀**	**8913₁**
(簜) 493	(筒) 462	锑　475	镁　329	策　44	(钁) 471
8855₄	篰　40	(節) 230	镟　650	**8890₃**	**8916₆**
筓　493	**8864₁**	231	**8879₄**	繁　121	(鐺) 56
8856₂	(篝) 63	(篩) 425	(餘) 584	379	86
籚　633	**8871₁**	**8873₁**	584	篡　651	**8971₂**
8856₃	筐　269	(饎) 147	**8880₁**	**8890₄**	锩　250
笝　266	筐　127	**8873₂**	箕　207	(筞) 44	锐　471
8857₄	**8871₂**	铃　301	箻　425	(筞) 562	**8971₄**
(箱) 391	篦　26	镒　645	**8880₂**	(築) 637	镗　470
8860₁	(笣) 59	(簜) 462	筫　595	策　291	471
笿　78	筂　418	篡　75	簀　603	**8890₉**	**8972₀**
79	镒　570	**8874₀**	簀　271	篆　311	钞　52
簪　599	**8871₄**	敏　338	**8880₄**	**8891₅**	**8972₇**
8860₂	笔　24	镟　376	笑　528	(籭) 317	销　526
笤　479	铨　408	镀　110	**8880₆**	**8892₇**	**8974₄**

镂 308

8977_7

铛 56

86

8978_0

钬 203

锹 395

8978_2

锁 463

8978_9

锬 468

9

9000_0

小 527

9001_0

忙 324

9001_5

惟 500

憧 61

9001_7

（忼）258

9002_7

慵 578

9003_0

忭 28

9003_1

憔 395

9003_2

（懷）193

9003_6

（憶）567

9004_7

惇 111

9004_8

悴 76

9006_1

惦 97

愔 572

9007_2

恼 349

9009_1

懔 300

9009_4

（懍）300

9009_6

惊 239

9009_9

慷 258

9010_4

尘 54

堂 470

9010_6

鲎 187

鲞 525

9012_7

鸴 544

9017_7

当 85

86

9020_0

少 431

431

9021_2

光 166

觉 229

251

党 86

9021_5

雀 394

396

409

9022_7

尚 430

肖 526

528

券 408

543

常 51

9023_2

豢 196

9024_1

牚 58

9025_9

（粦）300

9033_1

（黨）86

9040_4

娄 308

9040_7

430

学 544

9042_7

劣 298

9050_0

半 13

9050_2

拳 408

掌 611

9050_8

举 248

9060_1

誊 474

营 267

誉 590

（嘗）51

9060_2

省 437

535

9060_6

（當）85

86

9060_8

眷 250

9071_2

卷 250

250

9073_2

尝 51

裳 51

9077_2

峃 544

9080_0

火 203

9080_1

兴 533

535

粪 130

（糞）130

9080_2

赏 429

9080_4

尖 218

类 283

9080_6

黉 185

9080_9

炎 552

9081_2

（熝）6

9081_4

炷 637

9081_7

炕 258

9082_7

熇 182

熵 429

9083_1

（爊）6

9083_2

炫 543

9084_0

炆 504

9084_8

（焠）76

9086_1

焙 20

9088_9

焱 555

9090_4

米 333

桊 250

棠 471

燊 434

9090_8

籴 141

9091_2

（粳）225

9091_4

（粧）639

9091_8

粒 289

9094_8

粹 76

9096_5

糖 470

9099_9

糠 258

9101_1

怔 620	9106_4	焐 511	惴 641	9284_6	憾 176
俳 127	恓 511	9186_2	9203_4	爔 230	9304_7
9101_2	9108_4	焀 439	怅 52	253	悛 407
忧 509	恹 550	9188_2	9204_0	9284_7	9305_0
(恆)183	(懨)550	烦 121	忏 50	(煖)359	(懺)50
慨 256	9109_0	9188_6	9204_7	9284_9	9306_0
9101_4	怀 193	(類)283	悖 212	烰 187	怡 565
恢 361	9109_1	9192_7	9206_1	9286_9	9309_1
9101_6	(慓)374	粝 288	(恉)626	燔 121	惊 73
恒 183	9109_4	(糲)288	9206_2	9287_0	9309_4
(愠)361	(慄)290	糯 360	(惱)349	灿 42	怵 65
9101_8	9144_7	9194_6	9206_4	9289_4	9380_7
悭 397	羧 528	粳 241	恬 478	(烁)403	炉 310
(慳)397	9181_2	9196_0	惜 201	烁 453	9381_2
9102_7	(熜)481	粘 353	9220_0	(爍)453	烷 496
懦 359	(爐)310	608	削 526	9291_0	9381_6
9103_2	9181_4	9196_4	543	(粃)24	煊 542
(怅)52	(煙)550	粞 512	9223_0	9294_7	9382_7
9104_1	9181_6	9198_2	鄰 299	(糭)648	煸 28
(懾)433	烜 542	额 283	9250_0	9297_0	煽 426
9104_6	9181_7	9200_0	判 364	籼 519	9383_2
悼 89	炬 248	侧 44	9254_7	9301_2	娘 279
9104_7	9182_0	9201_7	叛 364	忧 580	9383_8
慑 433	灯 90	恺 256	9280_0	惋 496	燃 410
9104_9	9182_7	9201_8	剡 427	9302_2	9384_7
怦 368	炳 34	(愷)256	553	惨 42	焌 254
9106_0	9184_6	9202_1	9281_8	(慘)42	405
怗 480	焯 52	忻 532	(燈)90	9303_2	9385_0
9106_1	642	惭 42	9283_1	恨 295	(熾)60
悟 510	9186_1	9202_7	(燻)545	9303_5	9386_8

熔　415	(怷)300	烤　259	9503₂	9589₄	愕　116
9392₂	恢　349	烯　512	(懭)349	炼　293	9604₁
糁　421	(懞)331	9484₁	9503₃	9589₆	悍　176
434	9403₆	烨　563	憶　201	(煉)293	(憚)569
(糝)421	愷　602	9485₄	9503₆	9592₇	9604₇
434	9404₁	(燁)563	(慂)61	精　240	慢　324
9393₂	恃　443	9485₆	9504₄	9596₆	9605₆
粮　293	悴　535	(煒)500	(棲)382	糟　601	(憚)　85
9396₄	9404₇	9488₁	9508₀	9600₀	9608₄
糟　599	忮　628	烘　184	快　268	悃　272	(悮)510
9399₁	悖　19	9489₄	快　557	9600₂	9609₆
粽　648	9406₀	煤　328	9508₁	怕　362	憬　241
9400₀	怙　190	(煠)606	慏　478	9601₀	9680₀
忖　76	9406₁	9489₆	9508₂	怛　79	畑　478
9401₂	惜　512	燎　296	愦　271	9601₂	烟　550
忱　55	9406₂	297	9509₃	(悦)197	9681₀
慌　196	懵　332	9490₀	愫　459	愠　596	炟　79
9401₄	9408₁	料　297	9509₆	9601₃	9681₂
(怔)164	慎　436	9492₇	悚　456	愧　272	焜　272
9401₅	憻　66	糈　20	9581₂	9601₄	9681₄
懂　103	9408₂	9493₆	烧　430	惶　196	煌　196
(懽)194	愤　130	糙　43	(爐)237	9601₅	9681₈
9402₇	9408₉	9500₆	9581₇	悝　270	煜　588
怖　39	恢　198	忡　61	炖　111	惺　534	9682₇
恸　485	9481₀	9501₀	9582₇	(懼)248	(煬)556
(慟)485	灶　602	性　536	炜　500	9601₇	(燭)635
惰　114	9481₂	9502₇	9583₆	悃　568	9683₀
(㦂)332	炮　530	怫　127	烛　635	9602₇	熜　73
9403₂	(燒)430	134	9588₀	惕　477	熄　513
怯　397	9482₇	情　401	快　409	愣　284	9683₂

煨 499	怪 164	怕 633	炀 556	533	怆 68
9684_1	悭 390	9708_1	焗 247	歁 66	悦 594
焊 176	(慳) 390	惧 248	郯 468	539	9801_7
9684_7	9702_0	9708_2	燏 590	9788_4	忾 256
熳 324	忉 87	忟 519	9783_2	焕 195	(愾) 256
9685_4	恫 104	惯 166	熥 474	燠 590	9802_1
(爆) 563	恂 545	懒 277	9783_3	9789_4	愉 585
9688_0	悯 338	9708_4	烬 237	煣 416	9802_7
炽 60	恫 497	懊 7	熄 490	(燦) 42	悌 477
9689_4	惆 63	9721_5	9783_7	9791_0	(弯) 32
燥 602	9702_7	耀 560	(焰) 490	(粝) 434	9803_1
9689_9	(憁) 633	9722_7	9784_7	9791_2	(憮) 509
爆 18	9703_2	(鄩) 299	煅 109	粗 74	9803_2
9690_0	恨 183	9725_4	(煅) 199	9791_7	松 455
(爛) 489	惚 188	辉 198	9785_4	粑 8	630
9690_2	9704_7	9781_2	烽 131	9792_0	怜 292
粕 379	懊 70	炮 16	9785_6	糊 188	9803_7
9691_5	(悖) 402	366	(煇) 198	189	慊 392
(糧) 293	9705_2	366	9786_2	190	398
9693_6	懈 531	烃 481	(焰) 613	9792_7	9804_0
糯 225	9705_4	9781_5	熠 571	糈 540	忤 509
9698_4	怿 569	(燿) 560	熘 303	9794_7	9804_7
糭 404	恽 596	9782_0	9786_4	籽 646	愎 26
9701_0	9706_2	灼 642	烙 281	9798_4	9805_6
忆 567	怊 52	炯 243	318	糇 186	惮 85
9701_2	(惛) 433	炯 484	9787_7	9799_4	9805_7
忸 357	9706_4	焖 330	焰 555	糅 416	悔 199
恧 352	恪 262	煳 189	9788_2	9801_1	9806_1
恤 540	(惛) 338	(爛) 278	炊 68	作 653	恰 389
9701_4	9707_7	9782_7	燃 533	9801_2	9806_6

憎 604	弊 26	燧 461	糍 71	9910₉	炒 53
9806₇	9860₄	9884₀	9894₀	(鎣) 576	9985₉
(憯) 68	瞥 375	(燉) 111	籹 333	9913₆	(燐) 300
9810₆	9871₄	9885₁	9901₂	(螢) 575	9988₉
鳖 31	氅 52	烊 556	恍 197	9932₇	燊 571
9821₂	9871₇	557	惓 408	(鶯) 574	9990₂
(鳖) 25	(鼈) 31	9885₃	9902₇	9940₇	(榮) 535
9822₇	9880₁	爔 514	悄 394	孌 532	575
(幣) 24	鳖 32	9886₂	396	9941₇	9990₃
9824₀	9881₁	焓 175	惝 52	(鵬) 402	(縈) 576
敝 26	烂 278	9886₆	471	9942₇	9990₄
敞 52	炸 606	(燴) 200	9905₉	(勞) 279	(蠑) 415
9833₄	607	9886₇	(憐) 292	9950₂	9999₄
憋 31	9881₂	(熗) 394	9908₀	(攣) 318	(鱳) 401
9844₀	炝 394	9892₇	愀 396	9960₆	
数 448	(炮) 530	粉 129	9910₃	(營) 575	
449	9883₂	9893₁	(鎣) 575	9980₉	
453	烩 200	糕 147	9910₄	(熒) 575	
9844₄	9883₃	9893₂	(鋆) 575	9982₀	

A Ÿ

A **Ÿ**

阿 ㊀ā Ÿ〈方〉词头。1. 加在排行、小名或姓的前面：～大．～根．～王．2. 加在某些亲属称谓的前面：～妹．～公．[阿姨] 1. 称跟父母同辈的女性。2. 对保育员或保姆等的称呼。3.〈方〉姨母。

[阿昌族] 我国少数民族，参看附表。
㊁ē 见114页。

呵 ㊀āŸ 同"啊㊀"。
㊁á 见1页。
㊂ǎ 见1页。
㊃à 见1页。
㊄a 见2页。
㊅hē 见179页。

啊 ㊀āŸ 叹词，表示赞叹或惊异：～，这花多好哇！～，下雪了！
㊁á 见1页。
㊂ǎ 见1页。
㊃à 见2页。
㊄a 见2页。

锕 āŸ 一种放射性元素，符号 Ac。

腌 ㊀āŸ [腌臜] (－za)〈方〉不干净。
㊁yān 见551页。

啊 ㊀áŸ 同"啊㊀"。
㊁ā 见1页。
㊂ǎ 见1页。
㊃à 见1页。
㊄a 见2页。
㊅hē 见179页。

啊 ㊁áŸ 叹词，表示追问：～，你说什么？～，你再说！
㊀ā 见1页。
㊂ǎ 见1页。
㊃à 见2页。
㊄a 见2页。

嘎 ㊀áŸ 同"啊㊁"。
㊁shà 见425页。

呵 ㊂ǎŸ 同"啊㊂"。
㊀ā 见1页。
㊁á 见1页。
㊃à 见1页。
㊄a 见2页。
㊅hē 见179页。

啊 ㊂ǎŸ 叹词，表示疑惑：～，这是怎么回事？
㊀ā 见1页。
㊁á 见1页。
㊃à 见2页。
㊄a 见2页。

呵 ㊃àŸ 同"啊㊃"。
㊀ā 见1页。

㈡ á 见1页。

㈢ ǎ 见1页。

㈤ a 见2页。

㈥ hē 见179页。

啊 ㈣ à ㄚˋ 叹词。1. 表示应诺或醒悟(音较短):～,好吧.～,原来是你呀! 2. 表示惊异或赞叹(音较长):～,伟大的祖国!

㈠ ā 见1页。

㈡ á 见1页。

㈢ ǎ 见1页。

㈤ a 见2页。

啊 ㈤ a・ㄚ 同"啊㈤"。

㈠ ā 见1页。

㈡ á 见1页。

㈢ ǎ 见1页。

㈣ à 见1页。

㈥ hē 见179页。

啊 ㈤ a・ㄚ 助词。1. 用在句末,表示赞叹、催促、嘱咐等语气(常因前面字音不同而发生变音,可用不同的字来表示):快些来～(呀)! 您好～(哇)! 同志们加油干～(哪)! 2. 用在列举的事项之后:纸～、笔～,摆满了一桌子.

㈠ ā 见1页。

㈡ á 见1页。

㈢ ǎ 见1页。

㈣ à 见2页。

哎 āi ㄞ 叹词,表示不满或提醒:～,你怎么能这么说呢! ～,你们看,谁来了! [哎呀]叹词,表示惊讶。[哎哟](—yō)叹词,表示惊讶、痛苦。

哀 āi ㄞ ❶悲痛(龜悲—):喜怒～乐。❷悼念:默～。❸怜悯,同情:～怜.～其不幸.

锿 āi ㄞ 一种人造的放射性元素,符号 Es。

埃 āi ㄞ 灰尘(龜尘—)。

挨 ㈠ āi ㄞ ❶靠近:居民区～着一条河.❷顺着(一定次序):～家查问.～着号叫.

㈡ ái 见3页。

唉 ㈠ āi ㄞ 叹词。1. 表示答应:～,听见了. 2. 表示叹息:～,一天的工夫又白费了. 3. 表示招呼:～,你来一下.

㈡ ài 见3页。

娭 āi ㄞ [娭毑](— jiě)〈方〉1. 称祖母. 2. 尊称年老的妇人。

嗳(噯) ㈠ āi ㄞ 同"哎"。

㈡ ǎi 见3页。

㈢ ài 见4页。

挨(**捱) ㊀ ái ㄞ ❶遭受,亲身受到:～饿.～打.～骂.❷困难地度过(岁月):～日子.❸拖延:别～磨了,快走吧.

㊁ āi 见 2 页.

骀 ái ㄞ 傻:痴～.

皑(皚) ái ㄞ 白(叠):～～白雪.

癌 ái ㄞ (旧读 yán)生物体细胞由于某些致癌因素的作用,变成恶性增生细胞所形成的恶性肿瘤:胃～.肝～.

毐 ǎi ㄞ 用于人名.嫪毐(lào—),战国时秦国人.

欸 ㊄ ǎi ㄞ [欸乃](—nǎi)拟声词,摇橹声:～～一声山水绿.

㊀ ē 见 116 页.
㊁ é 见 116 页.
㊂ ě 见 116 页.
㊃ è 见 117 页.

嗳(噯) ㊀ ǎi ㄞ 叹词,表示否定或不同意:～,别那么说.～,不是这样放.

㊀ ài 见 4 页.
㊁ āi 见 2 页.

矮 ǎi ㄞ 人的身材短:他比他哥哥～.㊄1.高度小的:几棵小～树.2.等级、地位低:我比他～一级.

蔼 ǎi ㄞ 和气,和善:对人很和～.～然可亲.

霭 ǎi ㄞ 云气:云～.暮～.

艾 ㊀ ài ㄞ ❶多年生草本植物,开黄色小花,叶制成艾绒,可供灸病用.❷止,绝:方兴未～.❸漂亮,美:少～(年轻漂亮的人).❹姓.

[艾滋病]获得性免疫缺陷综合征的通称.由人类免疫缺陷病毒引起,常并发多种感染及恶性肿瘤的疾病.主要通过性接触、血液和母婴等途径迅速传播,病死率高.

㊁ yì 见 567 页.

砹 ài ㄞ 一种放射性元素,符号 At.

嗳(噯) ㊀ ài ㄞ 叹词,表示伤感或惋惜:～,病了两个月,把工作都耽搁了.

㊁ āi 见 2 页.

爱(愛) ài ㄞ ❶喜爱,对人或事物有深挚的感情:拥军～民.～祖国.～人民.友～.❷喜好:～游泳.～干净.～劳动.❸爱惜,爱护:～集体荣誉.❹容易:铁～生锈.

A

嗳（嗳）㊁ ài ㄞ 叹词，表示懊恼、悔恨：～，早知道是这样，我就不来了.

㊀ ǎi 见 3 页。

㊂ āi 见 2 页。

嫒（嫒）ài ㄞ［令嫒］［令爱］对对方女儿的尊称。

瑷（瑷）ài ㄞ［瑷珲］（—huī）地名，在黑龙江省。今作"爱辉"。

叆（靉）ài ㄞ［叆叇］（—dài）云彩很厚的样子。

暧（暧）ài ㄞ 日光昏暗（叠）。［暧昧］1. 态度不明朗。2. 行为不光明。

餲 ㊀ ài ㄞ 食物经久而变味。

㊁ hé 见 181 页。

隘 ài ㄞ ❶险要的地方：要～. ❷狭小（㊥狭—）：气量狭～.

嗌 ㊀ ài ㄞ 噎，食物塞住嗓子。

㊁ yì 见 570 页。

碍（礙）ài ㄞ 妨害，阻挡：～口（不便说）. ～事不～事？～手～脚.

AN ㄢ

厂 ㊁ ān ㄢ 同"庵"（多用于人名）。

㊀ chǎng 见 51 页。

广 ㊁ ān ㄢ 同"庵"（多用于人名）。

㊀ guǎng 见 167 页。

安 ān ㄢ ❶平静，稳定：～定. ～心（心情安定）. ～居乐业. ❷使平静，使安定（多指心情）：～神. ～民告示. ❸安全，平安，跟"危"相对：～康. 治～. 转危为～. ❹安置，装设（㊥—装）：～排. ～营扎寨. ～电灯. ❺存着，怀着（多指不好的念头）：你～的什么心？❻代词，哪里：而今～在？～能如此？❼电流强度单位名安培的简称，符号 A。

桉 ān ㄢ 桉树，常绿乔木，树干高而直，木质坚韧，供建筑用，树皮和叶都可入药，叶又可提桉油，树皮又可提鞣料。也叫"有加利树"。

氨 ān ㄢ 一种无机化合物，分子式 NH_3，是无色而有剧臭的气体。在高压下能变成液体，除去压力后吸收周围的热又变成气体，人造冰就是利用氨的这种性质制成的。氨又可制硝酸、肥料和炸药。

鮟 ān ㄢ［鮟鱇］（—kāng）鱼名。生在深海里，体前半部平扁，圆盘形，尾部细小，头大，口宽，全身无鳞，能发出像老人咳嗽的声音。俗叫"老头儿鱼"。

鞍（*鞌）ān ㄢ（一子）放在骡马等背上承载重物或供人骑坐的器具。

庵（*菴）ān ㄢ ❶圆形草屋。❷小庙（多指尼姑居住的）：～堂.

鹌 ān ㄢ [鹌鹑]（—chun）鸟名。头小尾短，羽毛赤褐色，杂有暗黄色条纹，雄的好斗。肉、卵可以吃。

谙 ān ㄢ 熟悉：不～水性. [谙练]熟习，有经验。

盦 ān ㄢ ❶古代一种器皿。❷同"庵"（多用于人名）。

垵 ǎn ㄢ 同"埯"。

铵 ǎn ㄢ 铵根，化学中一种阳性复根，以NH_4^+表示，在化合物中的地位相当于金属离子，如化肥硫铵和碳酸铵的分子中，都含有它。

俺 ǎn ㄢ 〈方〉代词，我，我们：～村.～们.～那里出棉花.

埯 ǎn ㄢ ❶点播种子挖的小坑。❷挖小坑点种：～瓜.～豆.❸（一儿）量词，用于点种的植物：一～儿花生.

唵 ǎn ㄢ ❶把食物放在手里吞食：～了几口炒米。

❷佛教咒语的发声词。

揞 ǎn ㄢ 用手指把药粉等按在伤口上。

犴 ⊝ àn ㄢ 见25页"狴"字条"狴犴"（bì—）。
⊝ hān 见174页。

岸 àn ㄢ ❶江、河、湖、海等水边的陆地：河～.船靠～了.❷高大：伟～.

按 àn ㄢ ❶用手压或摁（èn）：～脉.～电铃.[按摩]一种医术，推、按、揉或抚摩人体的一定部位，帮助血液循环。也叫"推拿"。❷止住，压住：～兵不动.～下此事先不表.❸介词，依照：～理说你应该去.～人数算.～部就班（依照程序办事）.～图索骥（本喻拘泥，转为根据线索去寻求）.❹经过考核研究后下论断：～语.编者～.

案 àn ㄢ ❶长形的桌子。❷机关或团体中记事的案卷：备～.有～可查.❸提出计划、办法等的文件：提～.议～.❹事件：五卅惨～.特指涉及法律问题的事件：～情.犯～.破～.❺古时候端饭用的木盘：举～齐眉（形容夫妇互相敬重）.❻同"按❹"。

胺 àn ㄢ 有机化学中，氨（NH_3）的氢原子被烃（tīng）基代替所成的化合物，通式是 R—NH₂。

暗(❶❸*闇) àn ㄢ ❶不亮,没有光,跟"明"相对:～中摸索.这间屋子太～.[暗淡]昏暗,不光明:颜色～～.前途～～.❷不公开的,隐藏不露的,跟"明"相对:～号.～杀.心中～喜.❸愚昧,糊涂:明于知彼,～于知己.

黯 àn ㄢ 昏黑。[黯然]昏暗的样子。⑯心神沮丧:～～泪下.

ANG ㊀ ㄤ

肮(骯) āng ㄤ [肮脏](—zāng)不干净。

昂 áng ㄤ ❶仰,高抬:～首挺胸.❷高,贵:～贵.价～.❸情绪高(叠):斗志～扬.慷慨激～.气～～.

盎 àng ㄤ ❶古代的一种盆,腹大口小。❷盛(shèng):春意～然.

AO ㊀ ㄠ

凹 āo ㄠ 洼下,跟"凸"相对:～透镜.～凸不平.

熬(**燐、**熝) ㊀ āo ㄠ 煮:～菜.

㊀ áo 见 6 页。

敖 áo ㄠ ❶同"遨"。❷姓。

嶅 áo ㄠ 嶅山,山名,一在山东省新泰,一在广东省东北部。[嶅阳]地名,在山东省新泰。

遨 áo ㄠ 遨游,游逛。

嗷 áo ㄠ 拟声词,嘈杂声,喊叫声(叠):～～待哺.

廒(**厫) áo ㄠ 收藏粮食的仓房:仓～.

璈 áo ㄠ 古代的一种乐器。

獒 áo ㄠ 一种凶猛的狗,比平常的狗大,善斗,能帮助人打猎。

熬 ㊀ áo ㄠ ❶久煮:～粥.～药.❷忍受,耐苦支撑:～夜.～红了眼睛.
㊁ āo 见 6 页。

聱 áo ㄠ 话不顺耳。[聱牙]文句念着不顺口:诘屈～～.

螯 áo ㄠ 螃蟹等甲壳动物变形的第一对脚,形状像钳子,能开合,用来取食、自卫。

謷 áo ㄠ 诋毁:訾(zǐ)～.[謷謷]1.不考虑别人的

话。2.悲叹声。

鳌(*鼇) áo ㄠ 传说中海里的大鳌。

翱(*翱) áo ㄠ [翱翔](—xiáng)展开翅膀回旋地飞:雄鹰在天空～～.

鏖 áo ㄠ 鏖战,激烈地战斗:赤壁～兵.

拗(*抝) ⊖ ǎo ㄠ〈方〉弯曲使断,折:竹竿～断了.
⊜ ào 见7页。
⊜ niù 见357页。

袄(襖) ǎo ㄠ 有衬里的上衣:夹～.棉～.皮～.

媪 ǎo ㄠ 年老的妇人。

岙(**嶴) ào ㄠ 浙江、福建等沿海一带把山间平地叫"岙"。

坳 ào ㄠ 地名用字:黄～(在江西省井冈山市).

坳(*均) ào ㄠ 山间平地:山～.

拗(*抝) ⊖ ào ㄠ 不顺,不顺从。[拗口令]用声、韵、调相近的字编成的话,说快了容易错。也叫"绕口令"。
⊖ ǎo 见7页。

⊜ niù 见 357 页。

昂 ào ㄠ ❶同"傲"。❷矫健:排～(文章有力). ❸上古人名。

傲 ào ㄠ ❶自高自大(⑬骄—):～慢无礼.❷藐视,不屈:红梅～霜雪.

骜 ào ㄠ ❶快马。❷马不驯良。⑬傲慢,不驯顺:桀～不驯.

鏊 ào ㄠ 一种铁制的烙饼的炊具,平面圆形,中间稍凸。

奥 ào ㄠ 含义深,不容易懂:深～.～妙.

墺 ào ㄠ 可居住的地方。

澳 ào ㄠ ❶海边弯曲可以停船的地方。❷指澳门:港～(香港和澳门)同胞. ❸指澳洲(现称大洋洲),世界七大洲之一。

懊 ào ㄠ 烦恼,悔恨:～悔.[懊丧](—sàng)因失意而郁闷不乐。

B ㄅ

BA　ㄅㄚ

八 bā ㄅㄚ 数目字。

扒 ㊀ bā ㄅㄚ ❶抓住,把着:～着栏杆.～着树枝.❷刨开,挖:城墙～了个豁口.[扒拉](一la)拨动:～～算盘.～～开众人.❸剥,脱:～皮.～下衣裳.

㊁ pá 见361页。

叭 bā ㄅㄚ 拟声词:～的一声,弦断了.

朳 bā ㄅㄚ 无齿的耙子。

巴 bā ㄅㄚ ❶黏结着的东西:锅～.❷〈方〉粘住,依附在别的东西上:饭～锅了.爬山虎～在墙上.❸〈方〉贴近:前不～村,后不～店.[巴结](一jie)奉承,谄媚.❹巴望,盼,期望:～不得马上到家.❺古代国名,在今重庆市一带。❻(ba)词尾.1.在名词后:尾～.2.在动词后:眨～眼.试～试～.3.在形容词后:干～.皱～.❼压强的非法定计量单位,1巴等于10^5帕,符号bar。

芭 bā ㄅㄚ [芭蕉](一jiāo)多年生草本植物,叶宽大,叶和茎的纤维可编绳索.果实也叫芭蕉,跟香蕉相似,可以吃。

吧 ㊀ bā ㄅㄚ ❶拟声词,同"叭":～嗒(dā).～唧(jī).～的一声.❷(外)具备特定功能或设施的休闲场所:酒～.网～.氧～.～台.

㊁ ba 见10页。

岜 bā ㄅㄚ 〈壮〉石山。[岜关岭]地名,在广西壮族自治区扶绥.

疤 bā ㄅㄚ ❶疤瘌(la),伤口或疮平复以后留下的痕迹:疮～.好了伤～忘了疼(喻不重视经验教训).伤口结～了.❷器物上像疤的痕迹。

笆 bā ㄅㄚ 用竹子、柳条等编成的一种东西,用途和席箔差不多:～篓.荆～.

粑 bā ㄅㄚ 〈方〉饼类食物(叠):玉米～～.

鲃 bā ㄅㄚ 鱼名.体侧扁或略呈圆筒形,生活在淡水中,分布在我国华东、华南和西南地区。

捌 bā ㄅㄚ "八"字的大写。

拔 bá ㄅㄚˊ ❶抽,拉出,连根拽(zhuài)出:～草.～牙.一毛不～(喻吝啬).不能自～.㉆夺取军事上的据点:连～数城.～去敌人的据点.[拔河]一种集体游戏,人数相等的两队,对拽一条大绳,把对方拽过界线(代替河),就算胜利.❷吸出:～毒.～火罐.

❸挑选,提升:选～人才.[提拔]挑选人员使担任更重要的职务.❹超出:出类～萃(人才出众).[海拔]地面超出海平面的高度.

菝 bá ㄅㄚˊ 草根。

胈 bá ㄅㄚˊ 大腿上的毛。

菝 bá ㄅㄚˊ [菝葜](－qiā)落叶藤本植物,叶子多为卵圆形,茎有刺,花黄绿色,浆果红色。根茎可入药。

跋 bá ㄅㄚˊ ❶翻过山岭:～山涉水.[跋涉]爬山趟水,形容行路辛苦:长途～～.❷写在文章、书籍等后面的短文,多是评介内容的.
[跋扈](－hù)骄傲而专横。

魃 bá ㄅㄚˊ [旱魃]传说中造成旱灾的鬼怪。

鲅 bá ㄅㄚˊ 见492页"鼧"字条"鼧鲅"(tuó－)。

把 ⊖ bǎ ㄅㄚˇ ❶拿,抓住:～盏.两手～住门.❷控制,掌握:～舵.～犁.[把持]专权,一手独揽,不让他人参与:～～财权.[把握]1.掌握,控制,有效地处理:～～时机.2.事情成功的可靠性:这次试验,他很有～～.❸把守,看

守:～门.～风(守候,防有人来).❹手推车、自行车等的柄:车～.❺(－儿)可以用手拿的小捆:草～儿.❻介词,和"将"相当:～一生献给党.～更多的工业品供给农民.❼量词.1.用于有柄的:一～刀.一～扇子.2.用于可以一手抓的:一～粮食一～汗.3.用于某些抽象的事物:一～年纪.努～力.❽放在量词或"百、千、万"等数词的后面,表示约略估计:丈～高的树.个～月以前.有百～人.❾指拜把子(结为异姓兄弟)的关系:～兄.
[把势][把式](－shi)1.武术.2.专精一种技术的人:车～～(赶车的).
[把头]1.旧时香会(迷信组织)的头目.2.旧社会里把持某一种行(háng)业,从中剥削工人的人.
[把戏]1.魔术、杂要一类的技艺.2.⑳手段,诡计:你又想玩什么～～?
⊜ bà 见10页。

钯 ⊖ bǎ ㄅㄚˇ 一种金属元素,符号 Pd,银白色,富延展性,能吸收多量的氢,可用来提取纯粹的氢气。又可制催化剂。它的合金可制电

器仪表等。

㊁ pá 见 361 页。

靶 bǎ ㄅㄚˇ （一子）练习射击用的目标:打～.

坝（壩） bà ㄅㄚˋ ❶截住河流的建筑物:拦河～.❷河工险要处巩固堤防的建筑物。❸（一子）平地。常用于西南各省地名。

把（**欛） ㊀ bà ㄅㄚˋ（一儿）物体上便于手拿的部分,柄:刀～儿.茶壶～儿.［话把儿］被人作为谈笑资料的言论或行为。

㊁ bǎ 见 9 页。

爸 bà ㄅㄚˋ 称呼父亲(叠)。

耙 ㊀ bà ㄅㄚˋ ❶把土块弄碎的农具。❷用耙弄碎土块:地已经～过了.

㊁ pá 见 361 页。

龅 bà ㄅㄚˋ〈方〉牙齿外露:～牙.

罢（罷） ㊀ bà ㄅㄚˋ ❶停,歇(龜一休):～工.～手.欲～不能.❷免去(官职)(龜一免):～官.～职.❸完了,毕:吃～饭.

〈古〉又同"疲"(pí)。

㊁ ba 见 10 页。

鲊（鮺） bà ㄅㄚˋ 同"耙㊀"。

鲅 bà ㄅㄚˋ 鲅鱼,鱼名。背部黑蓝色,腹部两侧银灰色,生活在海洋中。

鲌 ㊀ bà ㄅㄚˋ 同"鲅"。

㊁ bó 见 36 页。

霸（*覇） bà ㄅㄚˋ ❶依靠权势横行无忌,迫害人民的人:他过去是码头上的一～.❷以武力或经济力量侵略、压迫别国,扩大自己势力的国家。［霸道］1. 蛮横:横行～～. 2. （—dao）猛烈的,厉害的:这药够～～的.❸强占:～住不让.❹我国古代诸侯联盟的首领:春秋五～.

灞 bà ㄅㄚˋ 灞河,水名,在陕西省西安。

吧 ㊀ ba・ㄅㄚ 助词,用在句末,也作"罢"。1. 表示可以,允许:好～,就这么办～. 2. 表示推测,估量:今天不会下雨～. 3. 表示命令,请求:快出去～! 还是你去～! 4. 用于停顿处:说～,不好意思;不说～,问题又不能解决.

㊁ bā 见 8 页。

罢（罷） ㊁ ba・ㄅㄚ 同"吧㊀"。

㊀ bà 见 10 页。

BAI ㄅㄞ

刐 bāi ㄅㄞ ［刐划］（－huai）〈方〉1. 处置,安排:这件事让他～～吧. 2. 修理,整治:这孩子把闹钟～～坏了.

掰 bāi ㄅㄞ 用手把东西分开或折断:～月饼. ～老玉米. 把这个蛤蜊～开.

擘 ㊀ bāi ㄅㄞ 同"掰".
㊁ bò 见 38 页.

白 bái ㄅㄞ ❶雪或乳汁那样的颜色:～面. 他头发～了.［白领］一般指从事脑力劳动的管理人员、技术人员、政府公务员等. ㊧1. 有关丧事的:办～事. 2. 反动的:～军. ～匪. ❷清楚(㊧明－):真相大～. 蒙受不～之冤. ❸亮:东方发～. ❹空空的,没有加上其他东西的:～卷(juàn). ～水. ～地(没有庄稼的地). ㊧副词. 1. 没有效果地:这话算～说. 烈士们的鲜血没有～流. 2. 不付代价地:～给. ～饶. ～吃. ❺陈述,说明:自～. 表～. 道～(戏曲中不用唱的语句).［白话］口头说的话,跟"文言"相对. ❻指字形或字音有错:写～了. 念～了.［白字］别字.
［白族］我国少数民族,参看附表.

百 bǎi ㄅㄞ ❶数目,十个十. ㊧众多,所有的:～花齐放,～家争鸣. ～战～胜.［百分率］(－－lǜ)百分之几,符号为"％",如百分之七十五写作 75％.［百姓］人民. ❷法定计量单位中十进倍数单位词头之一,表示 10^2,符号 h。

佰 bǎi ㄅㄞ "百"字的大写.

伯 ㊀ bǎi ㄅㄞ ［大伯子］(－－zi)丈夫的哥哥.
㊁ bó 见 35 页.

柏(＊栢) ㊀ bǎi ㄅㄞ ❶常绿乔木,有侧柏、圆柏、罗汉柏等多种. 木质坚硬,纹理致密,可供建筑及制造器物之用. ❷姓.
㊁ bó 见 36 页.
㊂ bò 见 37 页.

捭 bǎi ㄅㄞ 分开:～阖(hé)(开合).

摆(擺、❺襬) bǎi ㄅㄞ ❶陈列,安放:把东西～整齐. ㊧故意显示:～阔. ～架子.［摆布］任意支配:受人～～. ❷陈述,列举:～事实,讲道理. ❸来回地摇动:～手.摇头～尾.大摇大～.[摆渡]1.用船运载过河.2.过河用的船.[摆脱]挣脱,甩开:～～贫困.❹摇动的东西:钟～.❺衣裙的下边:下～.(图见563页"衣")

呗 ⊖ bài ㄅㄞˋ [梵呗](fàn—)佛教徒念经的声音.
⊜ bei 见20页.

败 bài ㄅㄞˋ ❶输,失利,跟"胜"相对:一～涂地.敌军～了.❷打败,使失败:人民军队大～侵略军.❸做事没有达到目的,不成功:功～垂成.❹败坏,毁坏:～血症.身～名裂.❺解除,消散:～火.～毒.❻衰落,使衰落:花开～了.～兴(xìng)(情绪低落).～家子儿.

拜 bài ㄅㄞˋ ❶过去表示敬意的礼节.㉠恭敬地:～托.～访.～望.～请.[礼拜]宗教徒对神敬礼或祷告.㉡周、星期的别称.❷行礼祝贺:～年.～寿.❸用一定的礼节授与某种名义或结成某种关系:～将(jiàng).～把子.

稗 bài ㄅㄞˋ (一子)一年生草本植物,长在稻田里或低湿的地方,形状像稻,但叶片毛涩,颜色较浅,主脉清楚,是稻田的害草.果实可以做饲料、酿酒.㊿微小的,琐碎的:～史(记载轶闻琐事的书).

鞴(韝) bài ㄅㄞˋ 〈方〉风箱:风～.～拐子(风箱的拉手).

唄 bai ·ㄅㄞ 助词,相当于"呗"(bei).

BAN ㄅㄢ

扳 bān ㄅㄢ ❶把一端固定的东西往下或往里拉,使改变方向:～枪栓.～着指头算.❷把输了的赢回来:～回一局.

攽 bān ㄅㄢ 分给,发给.

颁 bān ㄅㄢ 发下:～布命令.～发奖章.

班 bān ㄅㄢ ❶一群人按次序排成的行(háng)列:排～.❷工作或学习的组织:学习～.机修～.❸工作按时间分成的段落,也指工作或学习的场所:上～.下～.值～.❹定时开行的:～车.～机.❺军队编制中的基层单位,在排以下.❻量词.1.用于人群:这～年轻人真有力气.2.用于定时开行的交通运输工具:我搭下一～飞机走.❼调回或调动(军队):～师.～兵.

斑 bān ㄅㄢ 一种颜色中夹杂的别种颜色的点子或条纹(迻—驳):～马.～竹.～白(花白).脸上有雀～.[斑斓](—lán)灿烂多彩:色彩～～.

癍 bān ㄅㄢ 皮肤上生斑点的病。

般 bān ㄅㄢ ❶样,种类:如此这～.百～照顾.兄弟～的友谊.[一般]1.同样:我们两个人～～高. 2.普通的,普遍的:～～的读物.～～人的意见.❷古同"搬"。

搬 bān ㄅㄢ 移动,迁移:把这块石头～开.～家.

瘢 bān ㄅㄢ 疤瘌(bāla):～痕.

阪 bǎn ㄅㄢ 同"坂"。[大阪]地名,在日本。

坂(*岅) bǎn ㄅㄢ 山坡,斜坡:～上走丸(喻迅速).

板(❹闆) bǎn ㄅㄢ ❶(—子,—儿)成片的较硬的物体:～材.铁～.玻璃～.黑～.❷演奏民族音乐或戏曲时打节拍的乐器:檀～.㉾歌唱的节奏:一～三眼.离腔走～.[板眼]民族音乐或戏曲中的节拍。㉾做事的条理。[快板儿]曲艺的一种,词句合辙押韵,说时用竹板打拍子。❸不灵活,少变化:表情太～.～起面孔.❹[老板]1.私营工商业的业主.2.过去对著名戏曲演员的尊称。

版 bǎn ㄅㄢ ❶上面有文字或图形,用木板或金属等制成供印刷用的东西:木～.书.活字～.㉾底版,相片的底片:修～.❷印刷物排印的次数:第一～.再～.[出版]书刊杂志等编印发行。❸报纸的一面叫一版:头～头条新闻.❹打土墙用的夹板:～筑.❺户籍。[版图]户籍和地图.㉾国家的疆域。

钣 bǎn ㄅㄢ 金属板材:铅～.钢～.

舨 bǎn ㄅㄢ 见 425 页"舢"字条"舢舨"(shān—)。

办(辦) bàn ㄅㄢ ❶处理:～公.～事.好就这么～.㉾处分,惩治:重(zhòng)～.首恶者必～.❷创设:～工厂.❸置备:～货.～酒席.

半 bàn ㄅㄢ ❶二分之一:十个的一～是五个.～米布.一吨～.分给他一～.❷在中间:～夜.～路上.～途而废.❸不完全的:～透明.～脱产.

伴 bàn ㄅㄢ ❶(一儿)同在一起而能互助的人(⑱一侣):找个～儿学习.❷陪着,伴随:～游.～奏.

拌 bàn ㄅㄢ 搅和:搅～.～种子.～草喂牛.

绊 bàn ㄅㄢ 行走时被别的东西挡住或缠住:～马索.走路不留神被石头～倒了.[羁绊](jī一)束缚:不受～～.

桦 bàn ㄅㄢ (一子)大块的木柴。

鞣 bàn ㄅㄢ 驾车时套在牲口后部的皮带。

扮 bàn ㄅㄢ 化装成(某种人物)(⑱装一):～老头儿.～演(化装成某种人物出场表演).[打扮] 1. 化装,装饰。2.装束穿戴。

瓣 bàn ㄅㄢ ❶(一儿)花瓣,组成花冠的各片:梅花五～.❷(一儿)植物的种子、果实或球茎可以分开的片状物:豆～儿.蒜～儿.橘子～儿.

BANG ㄅㄤ

邦(**邦) bāng ㄅㄤ 国:友～.盟～.[邦交]国与国之间的正式外交关系:建立～～.

帮(幫) bāng ㄅㄤ ❶辅助(⑱一助):～你做.[帮忙]帮助别人做事:请大家来～～.[帮手]帮助工作的人。[帮凶]帮助坏人行凶作恶的人。❷集团,帮会:匪～.青红～.❸(一子、一儿)旁边的部分:船～.鞋～儿.白菜～子.❹ 量词,群,伙:大～人马.

哪 bāng ㄅㄤ 拟声词,敲打木头等的声音:～～的敲门声.

梆 bāng ㄅㄤ ❶梆子,打更用的响器,用竹或木制成。又指戏曲里打拍子用的两根短小的木棍,是梆子腔的主要乐器。[梆子腔]戏曲的一种,敲梆子加强节奏。简称"梆子"。有陕西梆子、河南梆子、河北梆子等。❷拟声词,同"哪"。

浜 bāng ㄅㄤ 〈方〉小河沟。

绑 bǎng ㄅㄤ 捆,缚:把两根棍子～在一起.

榜 bǎng ㄅㄤ 张贴出来的文告或名单:张～招贤.光荣～.[榜样]样子,行动的模范:雷锋是我们学习的～～.

膀 ㊀ bǎng ㄅㄤ ❶(一子)胳膊上部靠肩的部分:他

的两～真有劲．❷（—儿）鸟类等的翅膀。

○ pāng 见 364 页。

○ páng 见 365 页。

蚌（**蜯）　○ bàng ㄅㄤ 生活在淡水里的一类软体动物,贝壳长圆形,黑褐色,壳内有珍珠层,有的可以产出珍珠。

○ bèng 见 22 页。

棒　bàng ㄅㄤ ❶棍子:棍～．[棒子]（—zi）1.棍子。2.〈方〉玉蜀黍的俗称:～～面．❷体力强,能力高,成绩好等:这小伙子真～．画得～．

傍　bàng ㄅㄤ ❶靠:依山傍水．❷临近（多指时间）:～亮．～晚．

谤　bàng ㄅㄤ ❶恶意攻击（龜诽—、毁—）。❷公开指责:国人～王．

搒　○ bàng ㄅㄤ 摇橹使船前进,划船。

○ péng 见 369 页。

蒡　bàng ㄅㄤ [牛蒡]多年生草本植物,叶子是心脏形,很大,夏季开紫红色小花,密集成头状。果实瘦小,果、根、叶可入药。

磅　○ bàng ㄅㄤ〈外〉❶英美制重量单位。1 磅等于453.6 克。❷磅秤:过～．

○ páng 见 365 页。

镑　bàng ㄅㄤ〈外〉英国、埃及等国家的货币单位。

稖　bàng ㄅㄤ [稖头]〈方〉玉米。也作"棒头"。

BAO　ㄅㄠ

包　bāo ㄅㄠ ❶用纸、布等把东西裹起来:把书～起来．❷（—儿）包好了的东西:邮～．行李～．[包裹]1.缠裹:把伤口～～起来．2.指邮寄的包．❸装东西的袋:书～．皮～．❹量词,用于成包的东西:一～花生米．❺（—子、—儿）一种带馅蒸熟的食物:糖～儿．肉～子．❻肿起的疙瘩:腿上起个大～．❼容纳在内,总括在一起（龜—含、—括）:无所不～．这几条都～括在第一项里．[包涵]（—han）客套话,请人宽容,原谅。❽总揽,负全责:～销．～换．[包办]总负全责．❽专断独行,不让别人参与:❾保证:～你喜欢．～你玩得痛快．❿约定专用:～饭．～场．～了一辆车．

苞　bāo ㄅㄠ ❶花苞,苞片,植物学上称花或花序下面像叶的小片:含～未放．❷

茂盛:竹～松茂.

孢 bāo ㄅㄠ 孢子,某些低等生物在无性繁殖或有性生殖中所产生的生殖细胞。

胞 bāo ㄅㄠ ❶胞衣,包裹胎儿的膜和胎盘。[细胞]生物体的基本结构和功能单位。❷同一父母所生的:～兄.～叔(父亲的同父母的弟弟).[同胞]1.同父母的兄弟姊妹。2.同祖国的人。

炮 ㊀ bāo ㄅㄠ ❶把物品放在器物上烘烤或焙:把湿衣服搁在热炕上～干.❷烹调方法,在旺火上急炒:～羊肉.
㊁ páo 见366页。
㊂ pào 见366页。

龅 bāo ㄅㄠ 龅牙,突出唇外的牙齿。

剥 ㊀ bāo ㄅㄠ 去掉外面的皮、壳或其他东西(常用于口语):～花生.～皮.
㊀ bō 见35页。

煲 bāo ㄅㄠ 〈方〉❶壁较陡直的锅:沙～.瓦～.电饭～.❷用煲煮或熬:～粥.～饭.

褒 (*襃) bāo ㄅㄠ 赞扬,夸奖,跟"贬"相对(叠一奖):～扬.～义词.

雹 báo ㄅㄠ (一子)空中水蒸气遇冷结成的冰粒或冰块,常在夏季随暴雨下降。

薄 ㊀ báo ㄅㄠ ❶厚度小的:～片.～饼.～纸.这块布太～.❷(感情)冷淡.❸(味道)淡:酒味很～.❹不肥沃:土地～.
㊁ bó 见37页。
㊂ bò 见37页。

饱 bǎo ㄅㄠ ❶吃足了,跟"饿"相对.⑨足,充分:～学.～经风霜.[饱和]在一定的温度和压力下,溶液内所含被溶解物质的量已达到最大限度,不能再溶解.⑨事物发展到最高限度.[饱满]充实,充足:谷粒长得很～～.精神～～.❷满足:大～眼福.

宝(寶、*寳) bǎo ㄅㄠ ❶珍贵的:～刀.～石.敬辞:～地.～眷.❷珍贵的东西:珠～.国～.粮食是～中之～.[宝贝]1.珍贵的东西。2.(一儿)对小孩儿亲昵的称呼。[元宝]一种金、银锭,两头翘起,中间凹下。

保 bǎo ㄅㄠ ❶看守住,护着不让受损害或丧失(叠一卫、一护):～家卫国.～健.[保持]维持,使持久:～～艰苦奋斗的作风.[保守]1.保住,使不失去:～～机密. 2.守旧,不改进:这个想法太～

~了.[保育]对幼儿的抚养教育.[保障]1.维护:婚姻法~~了男女双方和下一代儿女的利益. 2.作为卫护的力量:强大的中国人民解放军是祖国安全的~~.❷负责,保证:~荐.我敢~他一定做得好.[保险]1.因自然灾害或意外事故等造成损失而给付保险金的一种经济补偿制度.参与保险的个人或企业按期向保险公司交保险费,发生灾害或遭受损失时,由保险公司按预定保险数额赔偿.2.靠得住:这样做~~不会错.[保证]担保(做到):~~完成任务.❸旧时户口的一种编制,若干户为一甲,若干甲为一保.
[保安族]我国少数民族,参看附表.

葆 bǎo ㄅㄠ ❶草木繁盛.❷保持:永~青春.

堡 ㊀ bǎo ㄅㄠ ❶堡垒:桥头~.[堡垒]军事上防守用的建筑物:打下敌人最坚固的~~.❷难于攻破的事物:攻克科学~~.❷小城.
㊁ bǔ 见38页.
㊂ pù 见382页.

褓(*緥) bǎo ㄅㄠ 见394页"襁"字条"襁褓"(qiǎng—).

鸨 bǎo ㄅㄠ ❶大鸨,一种鸟,比雁略大,背上有黄褐色和黑色斑纹,不善于飞而善于走.❷指鸨母:老~(开设妓院的女人).

报(報) bào ㄅㄠ ❶传达,告知:~喜.~信.[报告]向上级或群众陈述,也指向上级或群众所做的陈述:~~大家一个好消息.起草~~.❷传达消息和言论的文件或信号:电~.情~.警~.❸报纸,也指刊物:日~.晚~.画~.黑板~.❹回答:~恩.~仇.[报酬]1.由于使用别人的劳动或物件而付给的钱或实物.2.答谢.[报复]用敌对的行动回击对方.

刨(*鉋、*鐁) ㊀ bào ㄅㄠ ❶(一子)推刮木料等使平滑的工具.[刨床]推刮金属制品使平滑的机器.❷用刨子或刨床推刮:~得不光.~平.
㊁ páo 见366页.

抱(❸**菢) bào ㄅㄠ ❶用手臂围住(⊕拥一):~着孩子.~头鼠窜.⊜围绕:山环水~.[抱负]愿望,志向:做有志气有~~的青年.[合抱]两臂围拢(多指树木、柱子等的粗细).❷

心里存着：～不平．～歉．～着必胜的决心．❸孵(fū)：～窝．～小鸡．

鲍 bào ㄅㄠ ❶一种软体动物,肉味鲜美．俗叫"鲍鱼",古称"鳆"(fù)．❷鲍鱼,盐腌的干鱼．

趵 bào ㄅㄠ 跳：～突泉（在山东省济南）．

豹 bào ㄅㄠ 像虎而比虎小的一种野兽,毛黄褐或赤褐色,多有黑色斑点,善跳跃,能上树,常捕食鹿、羊、猿猴等．

暴 ⊖ bào ㄅㄠ ❶强大而突然来的,又猛又急的：～风雨．～病．[暴动]为推翻原有的国家政权,破坏当时的政治制度和社会秩序而采取的集体武装行动．❷过分急躁的,容易冲动的：这人脾气真～．❸凶恶残酷的(鱼—虐、凶—)：～行(xíng)．～徒．～虐的行为．❹糟蹋,损害：自～自弃．❺姓．
[暴露](—lù)显露：～～目标．
⊜ pù 见 382 页．

瀑 ⊖ bào ㄅㄠ ❶暴雨．❷瀑河,水名,一在河北省东北部,一在河北省中部．
⊖ pù 见 382 页．

曝 ⊖ bào ㄅㄠ [曝光]使感光纸或摄影胶片感光．⑩隐蔽的事情暴露出来,被众人知道．
⊖ pù 见 382 页．

爆 bào ㄅㄠ ❶猛然破裂(鱼—炸)：豆荚熟得都～了．[爆竹]用纸卷火药,点燃引线爆裂发声的东西．也叫"爆仗"、"炮仗"．❷ 突然发生：～冷门．[爆发]突然发生：火山～～．❸ 烹调方法,用滚水稍微一煮或用滚油稍微一炸：～肚(dǔ)儿．～炒．

BEI　ㄅㄟ

陂 ⊖ bēi ㄅㄟ ❶池塘：～塘．～池．❷池塘的岸．❸山坡．
⊖ pí 见 370 页．
⊜ pō 见 378 页．

杯(*盃) bēi ㄅㄟ (一子)盛酒、水、茶等的器皿：酒～．玻璃～．～水车薪(用一杯水救一车着火的柴．喻无济于事)．

卑 bēi ㄅㄟ 低下：地势～湿．自～感．⑩低劣(鱼—鄙)：～劣．～鄙无耻．

庳 bēi ㄅㄟ bì ㄅㄧ (又)❶低下：堕高堙～(削平高丘,

填塞洼地).❷矮。

椑 bēi ㄅㄟ ［椑柿］柿子的一种,果实小,色青黑,可制柿漆。

碑 bēi ㄅㄟ 刻上文字纪念事业、功勋或作为标记的石头:人民英雄纪念～.里程～.有口皆～(喻人人都说好).

鹎 bēi ㄅㄟ 鸟名。羽毛大部分为黑褐色,腿短而细,吃昆虫、果实等。

背(*揹) ㊀ bēi ㄅㄟ 人用背(bèi)驮(tuó)东西:把小孩儿～起来.～包袱.～枪.
㊁ bèi 见 19 页。

悲 bēi ㄅㄟ ❶伤心,哀痛(圈—哀):～喜交集.❷怜悯:慈～.

北 bēi ㄅㄟ ❶方向,早晨面对太阳左手的一边,跟"南"相对:～门.由南往～.❷败北,打了败仗往回跑:三战三～.追奔逐～(追击败走的敌人).

贝(貝) bèi ㄅㄟ ❶古代称水中有介壳的动物,现在称软体动物中蛤蜊、珠蚌、刀蚌、文蛤等为贝类。❷古代用贝壳做的货币。

狈 bèi ㄅㄟ 传说中的一种兽:狼～.

钡 bèi ㄅㄟ 一种金属元素,符号 Ba,颜色银白,燃烧时发黄绿色火焰。

孛 bèi ㄅㄟ 古书上指彗星。

悖 bèi ㄅㄟ 混乱,违反:并行不～.

邶 bèi ㄅㄟ 周代诸侯国名,在今河南省汤阴东南。

背 ㊀ bèi ㄅㄟ ❶背脊,脊梁,自肩至后腰的部分。(图见476页"体")［背地］不当人面:不要当面不说,～～乱说.［背景］1.舞台上的布景.2.图画上或摄影时衬托主体事物的景物。⑪对人物、事件起作用的环境或关系:政治～～.历史～～.［背心］没有袖子和领子的短上衣。❷物体的反面或后面:～面.手～.刀～.❸用背部对着,跟"向"相对:～水作战.～光.～灯.⑪1.向相反的方向:～道而驰.～地性(植物向上生长的性质).2.避:～着他说话.3.离开:离乡～井.❹凭记忆读出:～诵.～书.❺违背,违反:～约.～信弃义.［背叛］投向敌对方面,反对原来所在的方面。❻不顺:～时.❼偏僻,冷淡:这条胡同太～.～月(生意清淡的季节).❽听觉不灵:耳朵有点儿～.

　㊁ bēi 见 19 页.

褙 bèi ㄅㄟˋ 把布或纸一层一层地粘在一起:裱～.

备(備、*俻) bèi ㄅㄟˋ ❶ 具备,完备:德才兼～.求全责～.爱护～至.❷预备,防备:～耕.～荒.～课.准～.有～无患.[备案]向主管机关做书面报告,以备查考.[备份]备用的重(chóng)份文件、数据或资料等.❸设备:装～.军～.

惫(憊) bèi ㄅㄟˋ 极度疲乏:疲～.

糒 bèi ㄅㄟˋ 干饭。

鞴 bèi ㄅㄟˋ 把鞍辔(pèi)等套在马身上:～马.

倍 bèi ㄅㄟˋ ❶跟原数相同的数,某数的几倍就是用几乘某数:二的五～是十.精神百～(精神旺盛).❷加倍:事半功～.勇气～增.～加努力.

焙 bèi ㄅㄟˋ 把东西放在器皿里,用微火在下面烘烤:把花椒～干研成细末.

蓓 bèi ㄅㄟˋ [蓓蕾](－lěi)花骨朵儿,还没开的花.

碚 bèi ㄅㄟˋ [北碚]地名,在重庆市.

被 bèi ㄅㄟˋ ❶(－子)睡觉时覆盖身体的东西:棉～.夹～.❷盖,遮盖:～覆.❸介词,引进主动的人物并使动词含有受动的意义:他～大家评选为生产能手.❹放在动词前,表示受动:～压迫.～批评.

　〈古〉又同"披"(pī)。

鞁 bèi ㄅㄟˋ ❶古时套车用的器具。❷同"鞴"。

琲 bèi ㄅㄟˋ 珠子串儿。

辈 bèi ㄅㄟˋ ❶代,辈分:长～.晚～.革命前～.[辈子](－zi)人活着的时间:活了半～～了.❷类(指人):无能之～.㊂表示多数(指人):彼～.我～.

鐾 bèi ㄅㄟˋ 把刀在布、皮、石头等物上反复摩擦几下,使锋利:～刀.～刀布.

呗 ㊀ bei ˙ㄅㄟ 助词.1.表示"罢了"、"不过如此"的意思:这就行了～.2.表示勉强同意的语气,跟"吧"相近:你愿意去就去～.

　㊁ bài 见 12 页.

臂 ㊀ bei ˙ㄅㄟ 见 148 页"胳"字条"胳臂"(gē—).

　㊁ bì 见 27 页.

BEN ㄅㄣ

奔(*犇) ㊀ bēn ㄅㄣ 急走,跑(跑—跑):狂~.~驰.东~西跑.[奔波]劳苦奔走.
㊁ bèn 见 21 页。

锛 bēn ㄅㄣ ❶(—子)砍平木料的一种工具,用时向下向内用力。❷用锛子一类东西砍:~木头.用锛~地.

贲 ㊀ bēn ㄅㄣ ❶奔走,快跑。[虎贲]古时指勇士。❷姓。
[贲门]胃与食管相连的部分。
㊁ bì 见 25 页。

栟 ㊀ bēn ㄅㄣ [栟茶]地名,在江苏省如东。
㊁ bīng 见 33 页。

本 běn ㄅㄣ ❶草木的根,跟"末"相对:无~之木.木~水源.㊀事物的根源:翻身不忘~.[本末]头尾,始终,事情整个的过程:~~倒置.纪事~~(史书的一种体裁).[根本]1.事物的根源或主要的部分。㊀彻底:~~解决.2.本质上:~~不同.[基本]1.主要的部分:~~建设.2.大体上:大坝~~上已经建成.❷草的茎或树的干:草

~植物.木~植物.❸中心的,主要的:校~部.❹本来,原来:~意.这幅画~来是我的,后来送给他了.❺自己这方面的:~国.~厂.[本位]1.自己的责任范围:做好~~工作.2.计算货币用作标准的单位:~~货币.❻现今的:~年.~月.❼(—儿)本钱,用来做生意、生利息的资财:老~儿.够~儿.❽根据:有所~.~着负责的态度去做.❾(—子,—儿)册子:日记~.笔记~.❿(—儿)版本或底本:刻~.稿~.剧~儿.⓫量词:一~书.

苯 běn ㄅㄣ 一种有机化合物,分子式 C_6H_6,无色液体,有特殊的气味,工业上可用来制染料,是多种化学工业的原料和溶剂。

畚 běn ㄅㄣ 簸箕,用竹、木、铁片等做的撮土器具。

坌 ㊀ bèn ㄅㄣ 同"笨"(见于《西游记》、《红楼梦》等书)。
㊁ hāng 见 176 页。

坌 bèn ㄅㄣ ❶灰尘。❷聚集。

奔(*逩) ㊀ bèn ㄅㄣ ❶直往,投向:投~.直~工厂.党指向哪里,就

～向哪里.⑨接近(某年龄段):他是～七十的人了.❷为某种目的而尽力去做:～材料.～命.

㊀bēn 见21页。

俥 bèn ㄅㄣ [俥城]地名,在河北省滦南。

笨 bèn ㄅㄣ ❶不聪明(叠愚—)。❷不灵巧:嘴～.～手～脚.❸粗重,费力气的:箱子太～.～活.

BENG ㄅㄥ

伻 bēng ㄅㄥ 〈古〉使,使者。

祊(**彭) bēng ㄅㄥ ❶古代宗庙门内的祭祀,也指门内祭祀之处。❷祊河,水名,在山东省中部偏南,沂(yí)河支流。

崩 bēng ㄅㄥ ❶倒塌:山～地裂.[崩溃]垮台,彻底失败:敌军～～了.❷破裂:把气球吹～了.❸被弹(tán)射出来的东西突然打中:放爆竹～了手.❹崩症,一种妇女病.也叫"血崩".❺封建时代称帝王死。

嘣 bēng ㄅㄥ 拟声词,东西跳动或爆裂声:气球～的

一声破了.

绷(*繃) ㊀ bēng ㄅㄥ ❶张紧,拉紧:衣服紧～在身上.～紧绳子.[绷带]包扎伤口的纱布条。[绷子](—zi)刺绣用的架子,把绸布等材料张紧在上面,免得皱缩。❷粗粗地缝上或用针别上:～被头.

㊁běng 见22页。

甭 béng ㄅㄥ 〈方〉副词,不用:你～说.～惦记他.

绷(*繃) ㊁běng ㄅㄥ ❶板着:～着个脸.❷强忍住:他～不住笑了.

㊀bēng 见22页。

琫 běng ㄅㄥ 古代刀鞘近口处的装饰。

泵 bèng ㄅㄥ (外)把液体或气体抽出或压入用的一种机械装置:气～.油～.

迸 bèng ㄅㄥ 爆开,溅射:火星儿乱～.

蚌 ㊁bèng ㄅㄥ [蚌埠](—bù)地名,在安徽省。

㊀bàng 见15页。

瓮 bèng ㄅㄥ 〈方〉瓮、坛子一类的器皿。

镚 bèng ㄅㄥ (—子、—儿)原指清末发行的无孔的小铜币,今泛指小的硬币:金～子.钢～儿.

蹦 bèng ㄅㄥ 两脚并着跳：欢～乱跳. ～了半米高. [蹦跶](一da) 蹦跳. 喻挣扎：秋后的蚂蚱～～不了几天了.

BI ㄅㄧ

逼(*偪) bī ㄅㄧ ❶强迫，威胁(逾一迫)：～债. ～上梁山. 寒气～人. ❷切近，接近：～近. ～真. ❸狭窄。

鲾 bī ㄅㄧ 鲾鱼，鱼名。体小而侧扁，青褐色，鳞细，口小。生活在近海中。

荸 bí ㄅㄧ [荸荠](一qi)多年生草本植物，生在池沼或栽培在水田里。地下茎也叫荸荠，球状，皮赤褐色，肉白色，可以吃。

鼻 bí ㄅㄧ ❶(一子)嗅觉器官，也是呼吸的孔道。(图见486页"头")❷(一儿)器物上面突出带孔的部分或带孔的零件：门～儿. 针～儿. 扣～儿.
[鼻祖]始祖，创始人。

匕 bǐ ㄅㄧ 古代一种类似汤勺的餐具。[匕首]短剑。

比 bǐ ㄅㄧ ❶比较，较量：～干劲. ～大小. ～优劣.
[比赛]用一定的方式比较谁胜谁负. ❷表示比赛双方得分的对比：三～二. ❸两个数相比较，前项和后项的关系是被除数和除数的关系，如3∶5，3是前项，5是后项，比值是3/5. [比例]1.表示两个比相等的式子，如6∶3＝10∶5. 2.数量之间的关系。[比重]1.一定体积的物体的重量跟在4℃时同体积的纯水重量的比值，现常改用相对密度表示。2.某一事物在整体中所占的分量：青年工人在基本建设队伍中的～～迅速上升. 我国工业在整个国民经济中的～～逐年增长. ❹比方，模拟，做譬喻(逾一喻)：～拟不伦. 用手～了一个圆形.
[比画](一hua)用手做样子：他一边说一边～～. [比照]大致依照：你～～着这个做一个. ❺介词，用来比较程度或性状的差别：他～我强. 今天的雨～昨天还大. ❻(旧读bì)靠近，挨着：～邻. ～肩.
[比比]一个挨一个：～～皆是. [比及]等到：～～敌人发觉，我们已经冲过火线了. [比来]近来. [朋比]互相依附，互相勾结：～～为奸.

吡 bǐ ㄅㄧ [吡啶](一dìng)有机化合物，无色液体，有臭味,用作溶剂、化学试剂。

泌 bǐ ㄅㄧ 泌江,水名,在云南省西北部,澜沧江支流。

妣 bǐ ㄅㄧ 原指母亲,后称已经死去的母亲:先～.如丧考～(像死了父母一样).

秕(＊粃) bǐ ㄅㄧ 子实不饱满。[秕子](－zi)不饱满的子实。

彼 bǐ ㄅㄧ 代词。❶那,那个,跟"此"相对:～岸.～处.顾此失～.❷他,对方:知己知～.[彼此]那个和这个。特指对方和自己两方面:～～有深切的了解.～～互助.

笔(筆) bǐ ㄅㄧ ❶写字、画图的工具:毛～.画～.钢～.❷笔画,组成汉字的横竖撇点折,一画就是一笔。❸写:亲～.代～.～之于书.[笔名]著作人发表作品时用的别名。❹(写字、画画、作文的)笔法:败～.伏～.工～画.❺像笔一样(直):～直.～挺.❻量词:收到一～捐款.写一～好字.

俾 bǐ ㄅㄧ 使:～便考查.

鄙 bǐ ㄅㄧ ❶粗俗,低下:～陋.谦辞:～人.～意.～

见.❷低劣:卑～.❸轻蔑:可～.～视.～薄.～夷.❹边远的地方:边～.

币(幣) bì ㄅㄧ 钱币,交换各种商品的媒介:银～.纸～.硬～.人民～.

必 bì ㄅㄧ 副词。❶必定,一定:～能成功.骄兵～败.[必然]必定如此:种族歧视制度～～要灭亡.[必需]不可少的:～～品.❷必须,一定要:事～躬亲.不～着急.[必须]副词,一定要:个人利益～～服从整体利益.

邲 bì ㄅㄧ 古地名,在今河南省荥(xíng)阳东北。

苾 bì ㄅㄧ 芳香。

闭 bì ㄅㄧ ❶闭门,关闭。❷谨慎。

泌 ㊀ bì ㄅㄧ [泌阳]地名,在河南省。
㊀ mì 见 333 页。

毖 bì ㄅㄧ 谨慎:惩前～后.

铋 bì ㄅㄧ 一种金属元素,符号 Bi。银白色或粉红色。合金熔点很低,可做保险丝和汽锅上的安全塞等。

秘(＊祕) ㊀ bì ㄅㄧ 姓。[秘鲁]国名,在

南美洲。

㊀ mì 见 334 页。

毕(畢) bì ㄅㄧˋ ❶完,完结:话犹未～.[毕竟]副词,究竟,到底:他的话～～不错.[毕业]学生学习期满,达到一定的要求。❷全,完全:～生.真相～露。❸星宿名,二十八宿之一。

荜(蓽) bì ㄅㄧˋ ❶[荜拨](－bō)多年生藤本植物,叶卵状心形,雌雄异株,浆果卵形。果穗可入药。❷同"筚"。

哔(嗶) bì ㄅㄧˋ [哔叽](－jī)（外）一种斜纹的纺织品。

筚(篳) bì ㄅㄧˋ 用荆条、竹子等编成的篱笆或其他遮拦物:蓬门～户(喻穷苦人家).

跸(蹕) bì ㄅㄧˋ ❶帝王出行时清道,禁止行人来往:警～.❷帝王出行的车驾:驻～(帝王出行时沿途停留暂住).

庇 bì ㄅㄧˋ 遮蔽,掩护(④－护):包～.

陛 bì ㄅㄧˋ 宫殿的台阶。[陛下]对国王或皇帝的敬称。

毙(斃) bì ㄅㄧˋ 死:～命.击～.

狴 bì ㄅㄧˋ [狴犴](－àn)传说中的一种走兽。古代牢狱门上常画着它的形状,因此又用为牢狱的代称。

梐 bì ㄅㄧˋ [梐枑](－hù)古代官署前拦住行人的东西,用木条交叉制成。也叫"行马"。

闭 bì ㄅㄧˋ ❶关,合:～上嘴.～门造车(喻脱离实际).⑤结束,停止:～会.❷塞,不通:～气.[闭塞](－sè)堵住不通.⑤交通不便,消息不灵通:这个地方很～～.

诐 bì ㄅㄧˋ 偏颇,邪僻。

畀 bì ㄅㄧˋ 给与。

痹(*痺) bì ㄅㄧˋ 中医指由风、寒、湿等引起的肢体疼痛或麻木的病。

箅 bì ㄅㄧˋ （－子)有空隙而能起间隔作用的片状器物,如竹箅子、铁箅子、纱箅子、炉箅子。

贲 ㊀ bì ㄅㄧˋ 装饰得很好:～临(客人盛装光临).
㊁ bēn 见 21 页。

庳 bì ㄅㄧˋ （又）见 18 页 bēi.

婢 bì ㄅㄧˋ 旧时被有钱人家役使的女孩子:～女.奴～.

睥 bì ㄅㄧˋ（又）见 372 页 pì。

裨 ㊀ bì ㄅㄧˋ 补益，益处：无
～于事. 对工作大有～
益.

㊁ pí 见 371 页。

髀 bì ㄅㄧˋ 大腿，也指大腿
骨。

敝 bì ㄅㄧˋ 破旧：～衣. 谦辞，
称跟自己相关的事物：～
姓.～处.～公司.

蔽 bì ㄅㄧˋ ❶遮，挡(㊀遮—、
掩—)：旌旗～日. ❷概
括：一言以～之.

弊 bì ㄅㄧˋ ❶欺蒙人的行为：
作～. 营私舞～. ❷弊病，
害处，跟"利"相对：兴利除～.
流～.

佰 bì ㄅㄧˋ 二百。

弼 bì ㄅㄧˋ 辅助。

赑 bì ㄅㄧˋ [赑屃](—xì) 1.
用力的样子. 2. 传说中
的一种动物，像龟. 旧时大石
碑的石座多雕刻成赑屃形状。

愎 bì ㄅㄧˋ 乖戾，固执：刚～
自用(固执己见).

蓖 (＊＊萆) bì ㄅㄧˋ [蓖
麻](—má)
一年生或多年生草本植物.
种子可榨油，医药上用作轻泻

剂，工业上用作润滑油等。

篦 bì ㄅㄧˋ ❶(—子)齿很密
的梳头用具. ❷用篦子
梳：～头.

滗 (潷) bì ㄅㄧˋ 挡住渣滓
或泡着的东西，
把液体倒出：壶里的茶～干
了. 把汤～出去.

辟 ㊀ bì ㄅㄧˋ ❶君主。[复
辟]失位的君主恢复君
位。㋐被打垮的统治者恢复
原有的统治地位或被推翻的
制度复活。❷旧指君主召见
并授予官职。❸古同"避"。

㊁ pì 见 372 页。

薜 bì ㄅㄧˋ [薜荔](—lì)常绿
灌木，爬蔓，花小，叶卵
形，果实球形，可做凉粉，叶及
乳汁可入药。

壁 bì ㄅㄧˋ ❶墙(㊀墙—)：四
～.～报. 铜墙铁～. [壁
虎]爬行动物，身体扁平，尾巴
圆锥形，四肢短，趾上有吸盘，
捕食蚊、蝇等。❷陡峭的山石：
绝～. 峭～. ❸壁垒，军营的围
墙：坚～清野. 作～上观(坐观
双方胜败，不帮助任何一方).
❹星宿名，二十八宿之一。

避 bì ㄅㄧˋ ❶躲，设法躲开
(㊀躲—)：～暑.～雨. 不
～艰险. ❷防止：～孕.～雷
针.

B

嬖 bì ㄅㄧˋ ❶宠幸:～爱.❷被宠幸:～臣.～人.

臂 ㊀ bì ㄅㄧˋ 胳膊,从肩到腕的部分:振～高呼.[臂助]1.帮助。2.助手。

㊁ bei 见148页"胳"字条"胳臂"(gē—)。

璧 bì ㄅㄧˋ 古代玉器,平圆形,中间有孔。[璧还](—huán)⦿敬辞,用于归还原物或辞谢赠品:谨将原物～～.

襞 bì ㄅㄧˋ 古代指给衣裙打褶(zhě)子,也指衣裙上的褶子。

躄(＊＊躃) bì ㄅㄧˋ ❶腿瘸(qué),不能行走。❷仆倒.

碧 bì ㄅㄧˋ ❶青绿色的玉石.❷青绿色:～草.～波.金～辉煌。

觱(＊＊篳) bì ㄅㄧˋ [觱篥](—lì)古代的一种管乐器。

滭 bì ㄅㄧˋ [漾滭](yàng—)地名,在云南省。

边(邊) biān ㄅㄧㄢ ❶(—儿)物体周围的部分:纸～儿.桌子～儿.⟋旁边,近旁,侧面:身～.马路～.❷国家或地区之间的交界处:～防.～境.～疆.❸几何学上指夹成角的射线或围成多边形的线段.❹方面:双～会谈.两～都说定了.❺(一)边……(一)边……,用在动词前,表示动作同时进行:～干～学.～走～说.❻(bian)表示位置、方向,用在"上"、"下"、"前"、"后"、"左"、"右"等字后:东～.外～.左～.

笾(籩) biān ㄅㄧㄢ 古代祭祀或宴会时盛(chéng)果品等的竹器。

砭 biān ㄅㄧㄢ 古代用石针扎皮肉治病。[针砭]⦿指出过错,劝人改正。

萹 biān ㄅㄧㄢ [萹蓄](—xù)又叫"萹竹"。多年生草本植物,叶狭长,略似竹叶,夏季开小花。全草可入药。

编 biān ㄅㄧㄢ ❶用细条或带子形的东西交叉组织起来:～草帽.～筐子.❷按一定的次序或条理来组织或排列:～号.～队.～组.[编辑]把资料或现成的作品加以适当的整理、加工做成书报等,也指从事这一工作的人。[编制]军队或机关中按照工作需要规定的人员或职务的配置。

❸成本的书,书里因内容不同自成起讫的各部分:正～.下～.简～.❹创作:～歌.～剧本.❺捏造,把没有的事情说成有:～了一套瞎话.

煸 biān ㄅㄧㄢ 把蔬菜、肉等放在热油里炒.

蝙 biān ㄅㄧㄢ [蝙蝠](－fú)哺乳动物,头和身体的样子像老鼠。前后肢都有薄膜和身体连着,夜间在空中飞,捕食蚊、蛾等。

鳊 biān ㄅㄧㄢ 鳊鱼,鱼名。身体侧扁,头尖,尾巴小,鳞细,生活在淡水中,肉可以吃。

鞭 biān ㄅㄧㄢ ❶(－子)驱使牲畜的用具。❷用鞭子抽打。[鞭策]督促前进。❸一种旧式武器,用铁做成,没有锋刃,有节。❹编连成串的爆竹:～炮.

贬 biǎn ㄅㄧㄢ ❶给予不好的评价,跟"褒"相对:一字之～.[褒贬]1.评论好坏。2.(－bian)指出缺点。❷减低,降低:～价.～值.～职.

窆 biǎn ㄅㄧㄢ 埋葬。

扁 ⊖ biǎn ㄅㄧㄢ 物体平而薄:鸭子嘴～.

⊖ piān 见 373 页.

匾 biǎn ㄅㄧㄢ 匾额,题字的横牌,挂在门、墙的上部:金字红～.光荣～.

碥 biǎn ㄅㄧㄢ 在水旁斜着伸出来的山石。

褊 biǎn ㄅㄧㄢ 狭小,狭隘(ài)。

藊 biǎn ㄅㄧㄢ [藊豆]一年生草本植物,爬蔓,开白色或紫色的花,种子和嫩荚可以吃。现作"扁豆"。

卞 biàn ㄅㄧㄢ 急躁(叠—急)。

抃 biàn ㄅㄧㄢ 鼓掌。

苄 biàn ㄅㄧㄢ [苄基]也叫苯甲基。有机化合物的基。结构式为

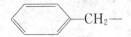

汴 biàn ㄅㄧㄢ 河南省开封的别称。

忭 biàn ㄅㄧㄢ 高兴,喜欢。

弁 biàn ㄅㄧㄢ ❶古代男子戴的一种帽子。[弁言]书籍或长篇文章的序文,引言。❷旧时称低级武官:马～.

昪 biàn ㄅㄧㄢ ❶日光明亮。❷欢乐。

变(變) biàn ㄅㄧㄢˋ 性质、状态或情形和以前不同,更改(億-更、-化):沙漠~良田.天气~了.他的思想~了.囮事变,突然发生的非常事件:政~.[变通]改动原定的办法,以适应新情况的需要。

便 ㊀ biàn ㄅㄧㄢˋ ❶方便,顺利,没有困难或阻碍(億-利):行人称~.~于携带.❷简单的,非正式的:家常~饭.~衣.~条.[便宜]根据实际需要而灵活、适当地:~~行事.(另 piányi,见"便"pián)[随便]不勉强,不拘束。❸便利的时候:~中请来信.得~就送去.❹屎尿或排泄屎尿:粪~.小~.❺副词,就:没有一个人民的军队,~没有人民的一切.

㊁ pián 见 373 页。

缠 biàn ㄅㄧㄢˋ [草帽缠]用麦秆等编成的扁平的带子,用来编草帽、提篮、扇子等。也作"草帽辫"。

遍(*徧) biàn ㄅㄧㄢˋ ❶普遍,全面:我们的朋友~天下.~布全国.满山~野.❷量词,次,回:念一~.问了两~.

辨 biàn ㄅㄧㄢˋ 分别,分析(億-别、分-):明~是非.不~真伪.~认笔迹.

辩 biàn ㄅㄧㄢˋ 说明是非或真假,争论(億-论):~驳.~护.[辩证法]事物矛盾的运动、发展、变化的一般规律,也指阐明这种规律的哲学。唯物辩证法认为,事物运动和发展的根本原因在于事物内部的矛盾性。对立统一规律是宇宙的根本规律,是唯物辩证法的实质和核心。

辫(辮) biàn ㄅㄧㄢˋ ❶(一子)把头发分股编成的带状物。❷(一子、一儿)像辫子的东西:草帽~儿.蒜~子.

BIAO ㄅㄧㄠ

杓 ㊀ biāo ㄅㄧㄠ 古代指北斗柄部的三颗星。

㊁ sháo 见 430 页。

标(標) biāo ㄅㄧㄠ ❶树木的末梢.囮表面的,非根本的:治~不如治本.❷记号:浮~(浮在水上的行船航线标志).商~.~点符号.[标榜]吹捧,夸耀:互相~~.~~民主.[标的](一dì)目标.[标语]用文字写出的有鼓动宣传作用的口号。[标准]衡量事物的准则:实践是检验真理的唯一~~.[锦标]授给竞赛优胜者的锦旗、奖杯等。[指标]计划中规定达到的目标:数量~~.质量~~.❸用文字或其他事物表明:~题.~价.~新立异.[标本]保持原样供学习研究参考的动物、植物、矿物.❹发承包工程或买卖大宗货物时公布的标准和条件:投~.招~.竞~.

[标致](-zhi)容貌美丽,多用于女子。

飚 biāo ㄅㄧㄠ 气象学上指风向突然改变,风速急剧增大且常伴有阵雨的天气现象。

彪 biāo ㄅㄧㄠ 小虎.⑯躯干魁梧:~形大汉.

骉 ㊀ biāo ㄅㄧㄠ [黄骉马]一种黄毛夹杂着白点子的马。

㊁ piào 见 375 页。

膘(*臕) biāo ㄅㄧㄠ 肥肉(多指牲畜):~满肉肥.上~(长肉).

镖 biāo ㄅㄧㄠ 旧时以投掷方式杀伤敌人的武器,形状像长矛的头。

瘭 biāo ㄅㄧㄠ [瘭疽](-jū)手指头肚儿或脚指头肚儿发炎化脓的病,症状是局部红肿,剧烈疼痛,发烧。

飙(**飈、**飇) biāo ㄅㄧㄠ 暴风:狂~.

藨 biāo ㄅㄧㄠ 藨草,多年生草本植物,茎可织席、编草鞋,又可用来造纸及人造纤维等。

瀌 biāo ㄅㄧㄠ [瀌瀌]形容雨雪大。

镳 biāo ㄅㄧㄠ ❶马嚼子两头露在嘴外的部分:分道扬~(喻趋向不同).❷同"镖"。

表(❺錶) biāo ㄅㄧㄠ ❶外部,跟"里"相对。1.在外的:~面.~皮.2.外面,外貌:外~.~里如一.虚有其~.❷表示,显示:略~心意.[表白]说明自己的心意对人进行解释,分清责任.[表决]会议上用举手、投票等方式取得多数意见而做出决定:这个议案已经~~通过了.[表现]1.显露:医疗队的行动充分~~了救死扶伤的人道主义精神.2.所显露出来的行为,作风:他在工作中的~~还不错.[表扬]对集体或个人,用语言文字公开表示赞美、夸奖:~~好人好事.❸中医指用药物把感受的

B

风寒发散出来。❹分类分项记录事物的东西:历史年～.时间～.统计～.❺计时间的器具,通常比钟小,可以带在身边:手～.怀～.❻计量某种量的器具:温度～.电～.水～.❼树立的标志.[表率](－shuài)榜样:他是新中国青年的～～.[华表]古代宫殿、陵墓等大建筑物前面做装饰用的巨大石柱,柱身多雕刻龙凤等图案,顶端有云板和蹲兽,是我国民族形式的艺术建筑物的一种。❽称呼父亲或祖父的姊妹、母亲或祖母的兄弟姊妹生的子女,用来表示亲属关系:～兄弟.～叔.～姑.❾封建时代称臣子给君主的奏章。

婊 biǎo ㄅㄧㄠ [婊子](－zi)对妓女的称呼。多用作骂人的话。

裱 biǎo ㄅㄧㄠ 用纸、布或丝织物把书、画等衬托装饰起来:双～纸.揭～字画.[裱糊]用纸或其他材料糊屋子的墙壁或顶棚:把这间屋子～～一下.

俵 biào ㄅㄧㄠ 〈方〉俵分,把东西分给人。

摽 biào ㄅㄧㄠ ❶紧紧地捆在器物上:把口袋～在车架子上.❷用手、胳膊钩住:他俩～着膀子走.❸由于利害相关而互相亲近、依附或纠结:他们老～在一块儿.

鳔 biào ㄅㄧㄠ ❶鱼体内可以胀缩的气囊,通称"鱼泡",膨胀时鱼上浮,收缩时鱼下沉。有的鱼类的鳔有辅助听觉或呼吸等作用。❷鳔胶,用鳔或猪皮等熬成的胶,很黏。❸用鳔胶粘上:把桌子腿儿～一～.

BIE ㄅㄧㄝ

瘪(癟) ㊀ biē ㄅㄧㄝ [瘪三]〈方〉旧时上海人对城市中无正当职业而以乞讨或偷窃为生的游民的称呼。

㊁ biě 见32页。

憋 biē ㄅㄧㄝ ❶气不通:门窗全关着,真～气.[憋闷](－men)心里不痛快:这事真叫人～～.❷勉强忍住:把嘴一闭,～足了气.心里～了许多话要说。

鳖(＊鼈) biē ㄅㄧㄝ 也叫"甲鱼"、"团鱼",俗叫"王八"。爬行动物,形状像龟,背甲无纹,边缘柔软。肉供食用,甲可入药。

别 ⊖ bié ㄅㄧㄝˊ ❶分离(⊕分一、离一):告～.临～赠言.❷分辨,区分(⊕辨一):分门～类.分～清楚.⊜差别,差异:天渊之～.[区别] 1.划分:正确～～和处理敌我矛盾和人民内部矛盾. 2.差异:～不大.❸类别,分类:性～.职～.❹另外的:～人.～名.～开生面.[别致]跟寻常不同的,新奇的:式样～～.[别字]写错了的或念错了的字.也叫"白字".❺副词,不要(表示禁止或劝阻):～动手!～开玩笑! ❻绷住或卡(qiǎ)住:用大头针把两张表格～在一起.～针.腰里～着旱烟袋.❼姓.

　　⊜ biè 见 32 页。

蹩 bié ㄅㄧㄝˊ 扭了脚腕子。[蹩脚]〈方〉质量不好,本领不强:～～货.

瘪(癟) ⊖ biě ㄅㄧㄝˊ 不饱满,凹下:～花生.干～.车带～了.

　　⊜ biē 见 31 页。

别(彆) ⊖ biè ㄅㄧㄝˋ [别扭](—niu) 1. 不顺,不相投:心里～～.闹～～. 2. 难对付:这人脾气很～～.

　　⊖ bié 见 32 页。

BIN ㄅㄧㄣ

邠 bīn ㄅㄧㄣ 邠县,在陕西省。今作"彬县"。

玢 ⊖ bīn ㄅㄧㄣ 玉名。

　　⊜ fēn 见 129 页。

宾(賓) bīn ㄅㄧㄣ 客人(⊕一客):来～.外～.～馆.喧～夺主(喻次要事物侵占主要事物的地位).

傧(儐) bīn ㄅㄧㄣ 引导:～者.[傧相](—xiàng)旧指为主人接引宾客的人,今指婚礼时陪伴新郎新娘的人。

滨(濱) bīn ㄅㄧㄣ ❶水边:湖～.海～.❷靠近:～海.

缤(繽) bīn ㄅㄧㄣ [缤纷](—fēn)繁盛而交杂的样子:五彩～～.

槟(檳、**梹) ⊖ bīn ㄅㄧㄣ 槟子,苹果树的一种,果实也叫槟子,比苹果小,熟的时候紫红色,味酸甜。

　　⊜ bīng 见 33 页。

镔(鑌) bīn ㄅㄧㄣ [镔铁]精炼的铁。

彬 bīn ㄅㄧㄣ [彬彬]形容文雅:文质～～.

B

斌 bīn ㄅㄧㄣ [斌斌]同"彬彬"。

濒 bīn ㄅㄧㄣ ❶紧靠(水边):～海.❷接近,将,临:～危.～死.

豳 bīn ㄅㄧㄣ 古地名,在今陕西省旬邑一带。

摈(擯) bìn ㄅㄧㄣ 排除,遗弃:～斥异己.

殡(殯) bìn ㄅㄧㄣ 停放灵柩或把灵柩送到墓地去:出～.～仪馆(代人办理丧事的场所).

膑(臏) bìn ㄅㄧㄣ 同"髌"。

髌(髕) bìn ㄅㄧㄣ ❶膝盖骨(图见 160 页"骨")。❷古代削去膝盖骨的酷刑。

鬓(鬢) bìn ㄅㄧㄣ 脸旁边靠近耳朵的头发:两～斑白.

BING ㄅㄧㄥ

冰(*氷) bīng ㄅㄧㄥ ❶水因冷凝结成的固体。[冰毒]一种毒品,像小冰块的白色结晶体。常用成瘾,会对人的生理平衡造成严重破坏,甚至可导致狂躁而死亡。❷使人感到寒冷:河里的水有点～手.❸用冰贴近东西使变凉:把汽水～上.

并 ㊀ bīng ㄅㄧㄥ 并州,山西省太原的别称。
㊁ bìng 见 34 页。

栟 ㊀ bīng ㄅㄧㄥ [栟榈](一lǘ)古书上指棕榈。
㊁ bēn 见 21 页。

兵 bīng ㄅㄧㄥ ❶武器:～器.短～相接.❷战士,军队:官～一致.步～.～民是胜利之本.❸与军事或战争有关的:～法.纸上谈～.

槟(檳、**梹) ㊀ bīng ㄅㄧㄥ [槟榔](一lang)常绿乔木,生长在热带、亚热带。果实也叫槟榔,可以吃,也可入药。
㊁ bīn 见 32 页。

丙 bǐng ㄅㄧㄥ ❶天干的第三位,用作顺序的第三:～等.❷指火:付～(烧掉).

邴 bǐng ㄅㄧㄥ 姓。

柄 bǐng ㄅㄧㄥ ❶器物的把(bà)儿:刀～.[把柄]可被人作为要挟或攻击的事情。[笑柄]被人当作取笑的资料:一时传为～～.❷植物的花、叶或果实跟枝或茎连着的部分:花～.叶～.果～.❸执掌:～国.～政.❹权:国～.

炳 bǐng ㄅㄧㄥ 光明,显著.

秉 bǐng ㄅㄧㄥ ❶拿着,持:～烛.～笔.❷掌握,主持:～公处理.❸古代容量单位,合十六斛(hú).

饼 bǐng ㄅㄧㄥ ❶扁圆形的面制食品:肉～.大～.❷像饼的东西:铁～.豆～.

屏 ⊖ bǐng ㄅㄧㄥ ❶除去,排除(⑱—除):～弃不用.～退左右.❷抑止(呼吸):～气.～息.
⊜ píng 见378页。

禀(＊稟) bǐng ㄅㄧㄥ ❶承受,生成的(⑱—受):～性.❷下对上报告:～明一切.

鞞 bǐng ㄅㄧㄥ 刀鞘.

并(❶＊併、❷-❹＊並、❷-❹＊竝) ⊖ bìng ㄅㄧㄥ ❶合在一起(⑱合—):～案办理.❷一齐,平排着:～驾齐驱.～肩作战.～排坐着.❸连词,表示进一层:讨论～通过了这项议案.[并且]连词,表示进一层,常跟"不但"相应:他不但赞成,～～愿意帮忙.❹副词。1.放在否定词前面,加强否定语气,表示不像预料的那样:～不太冷.～非不知道.2.同时,一起:齐头～进.相提～论.二者～重.
⊜ bīng 见33页。

摒 bìng ㄅㄧㄥ 排除(⑱—除).

病 bìng ㄅㄧㄥ ❶生物体发生不健康的现象(⑱疾—):害了一场～.他～了.[毛病](—bing)1.疾病。2.缺点。3.指器物损坏或发生故障:勤检修,机器就少出～～.❷弊端,错误:语～.通～.❸损害,祸害:祸国～民.

BO　ㄅㄛ

拨(撥) bō ㄅㄛ ❶用手指或棍棒等推动或挑动:把钟～一下.[拨冗](—rǒng)推开杂事,抽出时间:务希～～出席.❷分给:～款.～点儿粮食.❸(—儿)量词,用于成批的,分组的:一～儿人.分～儿进入会场.

波 bō ㄅㄛ ❶江、河、湖、海等因振荡而一起一伏的水面(⑱—浪、—涛、—澜).[波动]⑩事物起变化,不稳定.[波及]⑩牵涉到,影响到.❷物理学上指振动在物质中的传播,是能量传递的一

B

种形式:光～.声～.电～.[微波]一般指波长从1米到1毫米(频率300兆赫—300 000兆赫)的无线电波。包括分米波、厘米波和毫米波。广泛应用于导航、遥感技术、通信、气象、天文等方面。

玻 bō ㄅㄛ [玻璃](—li)1.一种质地硬而脆的透明物体,是用沙子、石灰石、碳酸钠等混合起来,加高热熔解,冷却后制成的。2.透明像玻璃的质料:有机～～.～～纸.

菠 bō ㄅㄛ [菠菜]一年生或二年生草本植物,根带红色,果实分无刺和有刺两种,茎叶可以吃。

铍 bō ㄅㄛ 一种人造的放射性元素,符号Bh。

钵(＊缽) bō ㄅㄛ ❶盛饭、菜、茶水等的陶制器具:饭～.[乳钵]研药使成细末的器具。❷梵语"钵多罗"的省称,和尚用的饭碗:～盂.[衣钵]原指佛教中师父传授给徒弟的袈裟和钵盂,后泛指传下来的思想、学术、技能等。

饽 bō ㄅㄛ [饽饽](—bo)〈方〉1.馒头或其他块状的面食。2.甜食,点心。

剥 ⊖ bō ㄅㄛ 义同"剥⊖",用于复合词。[剥夺]1.用强制的方法夺去。2.依照法律取消:～～政治权利.[剥削](—xuē)凭借生产资料的私人所有权、政治上的特权无偿地占有别人的劳动或产品。
⊜ bāo 见16页。

播 bō ㄅㄛ ❶撒种:条～.点～.❷传扬,传布:～音.[广播]利用电波播送新闻、文章、文艺节目等。

嶓 bō ㄅㄛ [嶓冢](—zhǒng)古山名。在今甘肃省成县东北。

伯 ⊖ bó ㄅㄛ ❶兄弟排行(háng)常用"伯"、"仲"、"叔"、"季"做次序,伯是老大。[伯仲]鈕不相上下,好坏差不多。❷伯父,父亲的哥哥,大爷(ye)。又对年龄大、辈分高的人的尊称:老～.❸我国古代五等爵位(公、侯、伯、子、男)的第三等。❹姓。
⊜ bǎi 见11页。

帛 bó ㄅㄛ 丝织品的总称。[玉帛]古代往来赠送的两种礼物,表示友好交往:化干戈为～～.

泊 ⊖ bó ㄅㄛ ❶停船靠岸(鈕停—):～船.❷恬静.

[淡泊]（*澹泊）不贪图功名利禄。

⊜ pō 见 378 页。

B

柏 ⊜ bó ㄅㄛ [柏林]德国的首都。

⊖ bǎi 见 11 页。

⊜ bò 见 37 页。

铂 bó ㄅㄛ 一种金属元素，符号 Pt，富延展性，导电传热性都很好，熔点很高。可制坩埚、蒸发皿。化学上用作催化剂。

舶 bó ㄅㄛ 大船：船～.～来品(旧称外国输入的货物).

鲌 ⊖ bó ㄅㄛ 鱼名。身体侧扁，嘴向上翘，生活在淡水中。

⊜ bà 见 10 页。

箔 bó ㄅㄛ ❶用苇子、秫秸等做成的帘子。❷养蚕的器具，多用竹制成，像筛子或席子。也叫"蚕帘"。❸金属薄片：金～.铜～.❹敷上金属薄片或粉末的纸：锡～.

魄 ⊜ bó ㄅㄛ "落魄"(luòpò)的"魄"的又音。

⊖ pò 见 379 页。

⊜ tuò 见 493 页。

驳（❶❸ *駮） bó ㄅㄛ ❶说出自己的理由来，否定别人的意见：

真理是～不倒的.反～.批～.❷大批货物用船分载转运：起～.把大船上的米～卸到堆栈里.[驳船]转运用的小船。也叫"拨船"。❸马的毛色不纯。泛指颜色不纯，夹杂着别的颜色(⑱斑一)。

勃 bó ㄅㄛ 旺盛（叠）：～起.蓬～.生气～～.英姿～～.[勃然]1.兴起旺盛的样子：～～而兴.2.变脸色的样子：～～大怒.

浡 bó ㄅㄛ 〈古〉兴起，涌出。

脖 bó ㄅㄛ ❶(一子)颈，头和躯干相连的部分。❷像脖子的：脚～子.

鹁 bó ㄅㄛ [鹁鸪](一gū)鸟名。羽毛黑褐色，天要下雨或天刚晴的时候，常在树上咕咕地叫。有的地方叫"水鹁鸪"。

渤 bó ㄅㄛ 渤海，由辽东半岛和山东半岛围抱着的海。

钹 bó ㄅㄛ 铜质圆片形的乐器，中心鼓起，两片相击作声。

亳 bó ㄅㄛ [亳州]地名，在安徽省。

襏（襏） bó ㄅㄛ [襏襫](一shì)1.古蓑

衣。2.粗糙结实的衣服。

博 bó ㄅㄛ ❶多,广(圈广—):地大物～.～学.～览.[博士]1.学位名,在硕士之上。2.古代掌管学术的官名。[博物]动物、植物、矿物、生理等学科的总称。❷知道得多:～古通今❸用自己的行动换取:～得同情。❹古代的一种棋戏,后泛指赌博。

搏 bó ㄅㄛ ❶对打:～斗.～击.肉～(打交手仗).❷跳动:脉～.

馎 bó ㄅㄛ [馎饦](—tuō)古代的一种面食。

膊 bó ㄅㄛ 胳膊(bo),肩膀以下手腕以上的部分。[赤膊]光膀子,赤裸上身:～～上阵.

镈 bó ㄅㄛ ❶大钟,古代乐器,形圆。❷古代锄一类的农具。

薄 ㊀ bó ㄅㄛ ❶同"薄㊀"。用于合成词或成语,如厚薄、单薄、淡薄、浅薄、薄田、薄弱、尖嘴薄舌、厚古薄今等。❷轻微,少:～技.～酬.❸不庄重:轻～.❹看不起,轻视,慢待:鄙～.厚此～彼.不可妄自菲～.❺迫近:～暮(天快黑).日～西山.❻姓。

㊀ báo 见 16 页。
㊂ bò 见 37 页。

礴 bó ㄅㄛ 见 365 页"磅"字条"磅礴"(páng—)。

僰 bó ㄅㄛ 我国古代西南地区的少数民族。

踣 bó ㄅㄛ 跌倒:屡～屡起.

跛 bǒ ㄅㄛ 瘸(qué),腿或脚有毛病,走路身体不平衡:一颠一～.～脚.

簸 ㊀ bǒ ㄅㄛ ❶用簸(bò)箕颠动米粮,扬去糠秕和灰尘。❷颠动得像米粮在簸箕里簸起来一样:船在海浪中颠～起伏.

㊁ bò 见 38 页。

柏 ㊂ bò ㄅㄛ [黄柏]即黄檗。

㊀ bǎi 见 11 页。
㊁ bó 见 36 页。

薄 ㊂ bò ㄅㄛ [薄荷](—he)多年生草本植物,叶和茎有清凉香味,可入药。

㊀ báo 见 16 页。
㊁ bó 见 37 页。

檗 bò ㄅㄛ 黄檗,落叶乔木,羽状复叶,开黄绿色小花,木材坚硬,茎可制黄色染料。树皮可入药。

擘　㊀ bò ㄅㄛ 大拇指。[巨擘]㊀杰出的人物。
㊁ bāi 见 11 页。

簸　㊀ bò ㄅㄛ [簸箕](－ji)扬糠除秽的用具。
㊁ bǒ 见 37 页。

卜（蔔）　㊁ bo·ㄅㄛ 见 316 页"萝"字条"萝卜"。
㊀ bǔ 见 38 页。

啵　bo·ㄅㄛ 助词，相当于"吧"。

BU　ㄅㄨ

逋　bū ㄅㄨ ❶逃亡(㊀－逃)。❷拖欠：～租.

晡　bū ㄅㄨ 〈古〉申时，指下午三点到五点。

醭　bú ㄅㄨ （旧读 pú）(－儿)醋、酱油等表面上长(zhǎng)的白色的霉。

卜　㊀ bǔ ㄅㄨ ❶占卜，古时用龟甲、兽骨等预测吉凶的一种迷信活动。后泛指用其他方法预测吉凶。㊀料定，先知道：预～.吉凶未～.[卜辞]商代刻在龟甲、兽骨上记录占卜事情的文字。❷姓。
㊁ bo 见 38 页。

卟　bǔ ㄅㄨ [卟吩]有机化合物,结构式为

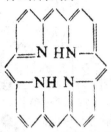

是叶绿素、血红蛋白等的重要组成部分。

补（補）　bǔ ㄅㄨ ❶把残破的东西加上材料修理完整：～衣服.～锅.❷把缺少的充实起来或添上(㊀－充、贴－)：～空(kòng)子.～习.候～委员.滋～.[补白]报刊上填补空白的短文。❸益处：不无小～.

捕　bǔ ㄅㄨ 捉,逮：～获.～风捉影(喻言行没有事实根据).

哺　bǔ ㄅㄨ ❶喂不会取食的幼儿：～养.～育.～乳.❷嘴里嚼着的食物：一饭三吐～.

堡　㊀ bǔ ㄅㄨ 堡子,有围墙的村镇。又多用于地名：吴～(在陕西省榆林).柴沟～(在河北省张家口).
㊁ bǎo 见 17 页。

㊂ pù 见 382 页。

不 bù ㄅㄨ 副词。1.表示否定的意义:他～来.～好.～错.～简单.2.表示否定对方的话:他刚来农村吧? ～,他到农村很久了.3.表示否定效果,跟"得"相对:拿～动.说～明白.跑～很远.4.跟"就"搭用,表示选择:他在休息的时候,～是看书,就是看报.5.〈方〉用在肯定句末,构成问句:他来～? 你知道～? [不过] 1.副词,仅仅,不超过:一共～～五六个人.2.连词,但是,可是:困难虽然很多,～～我们能克服它.

吥 bù ㄅㄨ 见 156 页"唝"字条"唝吥"(gòng－)。

钚 bù ㄅㄨ 一种放射性元素,符号 Pu,化学性质跟铀相似,是原子能工业的重要原料。

布(❷－❹＊佈) bù ㄅㄨ ❶用棉纱、麻纱等织成的、可以做衣服或其他物件的材料。[布匹]布的总称。❷宣布,宣告,对众陈述:发～.开诚～公.[布告]张贴出来通知群众的文件。❸散布,分布:阴云密～.星罗棋～.❹布置,安排:～防.～局.❺古代的一种钱币.

[布朗族]我国少数民族,参看附表。

[布依族]我国少数民族,参看附表。

垺 bù ㄅㄨ [茶垺]地名,在福建省建阳。

怖 bù ㄅㄨ 惧怕(圉恐－):情景可～.白色恐～(反动统治者迫害人民造成的情势).

步 bù ㄅㄨ ❶脚步,行走时两脚之间的距离:一～跟不上,～～跟不上.稳～前进.[步伐]队伍行进时的脚步:～～整齐.❷阶段:初～.[步骤]事情进行的程序。❸行,走:～其后尘(追随在人家后面).[步兵]陆军里步行或乘战车作战的兵种。❹用脚步量地面:～一～看这块地有多长.❺旧制长度单位,一步等于五尺。❻地步,境地,表示程度:没想到他竟会落到这一～.❼古同"埠"。

埔 ㊀ bù ㄅㄨ [大埔]地名,在广东省。

㊁ pǔ 见 381 页。

部 bù ㄅㄨ ❶部分,全体中的一份:内～.南～.局

～.[部位]位置。❷机关企业按业务范围分设的单位:农业～.编辑～.门市～.[部队]军队。[部首]按汉字形体偏旁所分的门类,如"山"部、"火"部等。❸统属:～领.所～三十人.[部署]布置安排。❹量词。1.用于书籍:一～小说.两～字典.2.用于车辆或机器:一～收割机.三～汽车.

瓿 bù ㄅㄨ 小瓮.

篰 bù ㄅㄨ 〈方〉竹篓.

埠 bù ㄅㄨ 埠头,停船的码头。多指有码头的城镇:本～.外～.[商埠]旧时与外国通商的城镇.

簿 bù ㄅㄨ (一子)本子:账～.发文～.[簿记]根据会(kuài)计学原理记账的技术.

C ㄘ

拆 ㊀ cā ㄘㄚ 〈方〉排泄(大小便):～烂污(喻不负责任,以致把事情弄糟).
㊁ chāi 见 47 页。

擦 cā ㄘㄚ ❶抹(mā),揩拭:～桌子.～脸.❷摩,搓:摩拳～掌.❸贴近:～黑儿(傍晚).～着屋檐飞过.

嚓 ㊀ cā ㄘㄚ 拟声词:摩托车～的一声停住了.
㊁ chā 见 46 页。

礤 cā ㄘㄚ [礓礤儿](jiāng-cǎr)台阶.

礤 cǎ ㄘㄚ 粗石。[礤床儿]把瓜、萝卜等擦成丝的器具.

偲 ㊀ cāi ㄘㄞ 有才能。
㊁ sī 见 454 页。

猜 cāi ㄘㄞ ❶推测,推想:～谜.你～他来不来?❷疑心(㊂—疑):～忌.～嫌.

才(❸纔) cái ㄘㄞ ❶能力(㊂—能):口～.这人很有～.干❷从才能方面指称某类人:干(gàn)～.奇～.庸～.❸副词.1.方,始(㊂刚—、方—):昨天～来.现在～懂得这个道理.2.仅仅:～用了两元.来了～十天.

材 cái ㄘㄞ ❶木料:美木良～.㊄材料,原料或器～.教～.❷资质,能力:因

C

~施教. ❸棺木:一口~.

财 cái ㄘㄞ 金钱或物资(④
一产、资一、钱一):理~.
~务.[财富]具有价值的东
西:物质~~.精神~~.[财
政]国家的收支及其他有关经
济的事务。

裁 cái ㄘㄞ ❶用剪子剪布
或用刀子割纸:~衣服.
对~(把整张纸平均裁为两
张).[裁缝](—feng)以做衣
服为职业的人.❷削减,去掉
一部分:~军.~员.❸决定,
判断:~夺.~判.❹安排取
舍:独出心~.《唐诗别~》.

采(❶❷*採) ㊀ cǎi ㄘㄞ
❶摘取:~
莲.~茶.❷选取:~用.~矿.
[采访]搜集寻访,多指记者为
搜集材料进行调查访问.[采
纳]接受(意见):~~群众的
意见.❸神采,神色,精神:兴
高~烈.❹同"彩".
㊁ cài 见 41 页.

彩(❷*綵) cǎi ㄘㄞ ❶各
种颜色:~色
影片.~排(化装排演).[挂
彩]⊜在战斗中受伤.❷彩色
的绸子:悬灯结~.❸指赌博
或某种竞赛中赢得的东西:得
~.~金.❹称赞、夸奖的欢呼
声:喝(hè)~.

睬(*倸) cǎi ㄘㄞ 理会,
答理:不理不
~.~也不~.

踩(*跴) cǎi ㄘㄞ 用脚登
在上面,踏:~
了一脚泥.

采(*寀、**埰) ㊀ cài
ㄘㄞ 采
地,采邑,古代卿大夫的封地。
㊁ cǎi 见 41 页。

菜 cài ㄘㄞ ❶蔬菜,供作副
食品的植物。❷主食以
外的食品,如经过烹调的鱼、
肉、蛋等。

蔡 cài ㄘㄞ ❶周代诸侯国
名,在今河南省上蔡、新
蔡一带。❷〈古〉大龟:蓍
(shī)~(占卜用的东西).

CAN ㄘㄢ

参(參) ㊀ cān ㄘㄢ ❶参
加,加入:~军.
~战.[参半]占半数:疑信~
~.[参观]实地观察(事业、设
施、名胜等).[参考]用有关
的材料帮助了解、研究某事
物.[参天]高入云霄:古木~
~.❷进见:~谒.~拜.❸封
建时代指弹劾(tánhé):~他
一本.
㊁ shēn 见 434 页。

㈢ cēn 见 44 页。

骖(驂)　cān ㄘㄢ 古代驾在车前两侧的马。

餐(**湌、**飱)　cān ㄘㄢ ❶吃：饱～一顿．聚～．❷饭食：一日三～．午～．西～．

残(殘)　cán ㄘㄢ ❶毁坏，毁害（圈—害）：摧～．自～．❷凶恶（圈—暴，—忍）。❸不完全的，有毛病的（圈—缺）：～疾．～品．破不全．㈣余下的（圈—余）：～局．～茶剩饭．

蚕(蠶)　cán ㄘㄢ 家蚕，又叫"桑蚕"。昆虫，吃桑叶长大，蜕(tuì)皮时不食不动，俗叫"眠"。蚕普通经过四眠就吐丝做茧，蚕在茧里变成蛹，蛹变成蚕蛾。蚕吐的丝可织绸缎。另有"柞(zuò)蚕"，也叫"野蚕"，吃柞树的叶子。柞蚕的丝可织茧绸。

惭(*慙)　cán ㄘㄢ 羞愧（圈—愧）：自～．大言不～．

惨(慘)　cǎn ㄘㄢ ❶凶恶，狠毒：～无人道．❷使人悲伤难受（圈凄—、悲—）：她的遭遇太～了．[惨淡]1.暗淡无色．2.指辛苦：～～

经营．❸程度严重：敌人～败．可累～了．

穇(穇)　cǎn ㄘㄢ 穇子，一种谷类植物，子实可以吃，也可以做饲料。

簒(籛)　cǎn ㄘㄢ 〈方〉一种簸箕。

灿(燦)　càn ㄘㄢ [灿烂]鲜明，耀眼：阳光～～．光辉～～．

屡　㈠ càn ㄘㄢ 同"孱㈠"，只用于"屡头"。[屡头](—tou)〈方〉软弱无能的人。
㈡ chán 见 48 页。

粲　càn ㄘㄢ 鲜明的样子。[粲然]笑的样子：～～一笑．

璨　càn ㄘㄢ ❶美玉。❷同"粲"。

仓(倉)　cāng ㄘㄤ 收藏谷物的建筑物：米～．谷～．[仓库]储藏东西的房子。[仓促][仓猝](—cù)匆忙。

伧(傖)　㈠ cāng ㄘㄤ 古代讥人粗俗，鄙贱：～俗．
㈡ chen 见 55 页。

苍(蒼) cāng ㄘㄤ ❶青色：～天. ❷草色,深绿色：～松. ❸灰白色：面色～白. 两鬓～～. [苍老] 1.容貌、声音老. 2.书画笔力雄健.

沧(滄) cāng ㄘㄤ ❶暗绿色(指水)：～海. [沧海桑田]大海变成农田,农田变成大海.⑩世事变化很大. ❷寒,冷：～～凉凉.

鸧(鶬) cāng ㄘㄤ [鸧鹒] (－gēng)黄鹂. 也作"仓庚".

舱(艙) cāng ㄘㄤ 船或飞机的内部,用于载人或物：货～. 客～. 底～.

藏 ㊀ cáng ㄘㄤ ❶隐避：埋～. 他～在树后头. ❷收存：～书处. 储～室. 把这些东西收～起来.

㊁ zàng 见 601 页.

㊁ zàng 见 601 页.

CAO ㄘㄠ

操 cāo ㄘㄠ ❶拿,抓在手里：～刀. ～戈.⑤掌握,控制：～舟. ～必胜之券. [操纵]随着自己的意向来把持支配. ❷拿出力量来做：～劳. ～持家务. [操作]按照一定的程序和技术要求进行活动,也泛指劳动：田间～～. ❸从事,做某种工作：重～旧业. ❹用某种语言或方音说话：～俄语. ～闽语. ❺操练,指体力上的锻炼,军事演习等：体～. 徒手～. 下～. ❻行为,品行：节～. ～行.

糙 cāo ㄘㄠ ❶糙米,脱壳未去皮的米. ❷不细致,粗(働粗－)：这活做得太～.

曹 cáo ㄘㄠ ❶等,辈：尔～. 吾～. ❷古代分科办事的官署：部～. 功～.

嘈 cáo ㄘㄠ 杂乱(多指声音)：人声～杂.

漕 cáo ㄘㄠ 利用水道转运食粮：～运. ～河(运粮的河道).

槽 cáo ㄘㄠ ❶一种长方形或正方形的较大的容器：石～. 水～. 特指喂牲畜食料的器具：猪食～. 马～. ❷(－儿)东西上凹下像槽的部分：挖个～儿. 河～.

嘈 cáo ㄘㄠ 地名用字. [硴嘈] (zhuó－)地名,在湖南省邵东.

螬 cáo ㄘㄠ 见 384 页"蛴"字条"蛴螬"(qí－).

艚 cáo ㄘㄠ (－子)载货的木船.

草(❶*艸、❺**騲)

cǎo ㄘㄠˇ ❶普通对高等植物中除了树木、庄稼、蔬菜以外茎干柔软的植物的统称。[草本植物]茎比较柔软的植物,如小麦、豌豆等。❷草率,不细致(叠):～～了(liǎo)事.～率从事.[草书]汉字形体的一种,汉代初期就已经流行,笔画牵连曲折。❸草稿,文稿:起～.㊵还没有确定的(文件等):～约.～案.～图.❹打稿:～拟.～檄.[草创]开始创办或创立.❺雌性的(指某些家禽、家畜):～鸡.～驴.

CE　ㄘㄜ

册(*冊) cè ㄘㄜˋ ❶古时称编串好的许多竹简,现在指装订好的纸本子:第三～.纪念～.❷量词,用于书籍。

厕(*廁) cè ㄘㄜˋ ❶厕所,大小便的地方:公～.❷参与(yù),混杂在里面:～身其间.

侧 ㊀ cè ㄘㄜˋ ❶旁:楼～.～面.❷斜着:～耳细听.～身而入.[侧目]斜着眼睛看,表示畏惧而又愤恨:世人为之

～～.[侧重](-zhòng)偏重.
㊁ zhāi 见 607 页。
㊂ zè 见 604 页。

测 cè ㄘㄜˋ ❶测量,利用仪器来度量:～角器.～绘.～一下高度.[测验]用一定的标准检定。❷推测,料想:预～.变幻莫～.

恻 cè ㄘㄜˋ 悲痛。[恻隐]指对遭难(nàn)的人表示同情。

策(*筞、*筴) cè ㄘㄜˋ ❶计谋,主意(㊵计-):决～.献～.下～.束手无～.[策动]设法鼓动或促成。[策略]根据形势发展而制定的行动方针和方法。❷古代的一种马鞭子,头上有尖刺。❸鞭打:～马.鞭～.❹古代称编连好的竹简:简～.❺古代考试的一种文体:对～.～论.

CEN　ㄘㄣ

参(參) ㊂ cēn ㄘㄣ [参差](-cī)长短不齐:～～不齐.
㊀ cān 见 41 页。
㊁ shēn 见 434 页。

岑 cén ㄘㄣˊ 小而高的山。

涔 cén ㄘㄣˊ 连续下雨,积水成涝。[涔涔]1.雨多的样子。2.流泪的样子。

噌 cēng ㄘㄥ 拟声词:～的一声,火柴划着了.

层(層) céng ㄘㄥ ❶重复,重叠:～出不穷.～峦叠翠.❷重叠的事物或其中的一部分:云～.大气～.基～.❸量词,重(chóng):二～楼.三～院子.絮两～棉花.还有一～意思.

曾 ㊀ céng ㄘㄥ 曾经,表示从前经历过:未～.何～.他～去北京两次.～几何时(表示时间过去没多久).
㊁ zēng 见 604 页。

嶒 céng ㄘㄥ 见 284 页"崚"字条"崚嶒"(léng－)。

蹭 cèng ㄘㄥ 摩擦:～了一身泥.～破了皮.⑨拖延:快点,别～了.走路老磨～(ceng).[蹭蹬](－dèng)遭遇挫折。

叉(❷**扠) ㊀ chā ㄔㄚ ❶(－子)一头有两个以上长齿便于扎取东西的器具:鱼～.三齿～.粪～子.❷用叉子扎取:～鱼.❸交错:～着手站着.
㊁ chá 见 46 页。
㊂ chǎ 见 46 页。

杈 ㊀ chā ㄔㄚ 一种用来挑(tiǎo)柴草等的农具。
㊁ chà 见 46 页。

差 ㊀ chā ㄔㄚ ❶不同,不同之点(⑱－别、－异、偏－)。❷大致还可以:～强人意.❸错误:～错.阴错阳～.❹差数,两数相减的余数。
㊁ chà 见 47 页。
㊂ chāi 见 47 页。
㊃ cī 见 70 页。

插 chā ㄔㄚ 扎进去,把细长或薄的东西扎进、放入:～秧.把花～在瓶子里.⑰加入,参与:～班.～嘴.

锸(**臿) chā ㄔㄚ 铁锹(qiāo),掘土的工具。

喳 ㊀ chā ㄔㄚ [喳喳](－cha)拟声词:打～～(低声说话).
㊁ zhā 见 605 页。

馇 chā ㄔㄚ ❶拌煮猪、狗的食料:～猪食.❷〈方〉熬(粥):～锅豆粥.

嚓 ㊀ chā ㄔㄚ 见254页"喀"字条"喀嚓"(kā—)。
㊁ cā 见40页。

叉 ㊀ chá ㄔㄚ 挡住,堵塞住,互相卡住:车把路口~住了.
㊁ chā 见45页。
㊂ chǎ 见46页。

垞 chá ㄔㄚ 小土山。多用于地名。

茬 chá ㄔㄚ ❶(一儿)庄稼收割后余留在地上的短根和茎:麦~儿.豆~儿.❷(一儿)在同一块土地上庄稼种植或收割的次数:换~.头~.二~.❸短而硬的头发、胡子。

茶 chá ㄔㄚ ❶茶树,常绿灌木,开白花。嫩叶采下经过加工,就是茶叶。❷用茶叶沏成的饮料。㊂某些饮料的名称:果~.杏仁~.

搽 chá ㄔㄚ 涂抹:~药.~粉.

查 ㊀ chá ㄔㄚ ❶检查:~账.❷翻检着看:~地图.~字典.
㊁ zhā 见605页。

嵖 chá ㄔㄚ [嵖岈山](一yá—)山名,在河南省遂平。

猹 chá ㄔㄚ 獾类野兽,喜欢吃瓜(见于鲁迅小说《故乡》)。

楂 ㊀ chá ㄔㄚ 同"茬"。
㊁ zhā 见605页。

碴 chá ㄔㄚ ❶(一儿)小碎块:冰~儿.玻璃~儿.❷(一儿)东西上的破口:碗上还有个破~儿.㊂争执的事由:找~儿打架.❸皮肉被碎片碰破:手让碎玻璃~破了.

槎 chá ㄔㄚ ❶木筏:乘~.浮~.❷同"茬"。

察(*詧) chá ㄔㄚ 仔细看,调查研究:考~.视~.

檫 chá ㄔㄚ 檫木,落叶乔木,木材坚韧,供建筑、造船等用。

叉 ㊀ chǎ ㄔㄚ 分开,张开:~腿.
㊁ chā 见45页。
㊂ chá 见46页。

衩 ㊀ chǎ ㄔㄚ [裤衩]短裤:三角~~.
㊁ chà 见47页。

蹅 chǎ ㄔㄚ 踩,在泥水里走:~雨.鞋都~湿了.

镲 chǎ ㄔㄚ 钹(bó),一种打击乐器。

汊 chà ㄔㄚ 河流的分支。

杈 ㊀ chà ㄔㄚ (一子、一儿)植物的分枝:树~儿.打棉花～.

㊀ chā 见 45 页。

衩 ㊁ chà ㄔㄚˋ 衣服旁边开口的地方。

㊂ chǎ 见 46 页。

岔 chà ㄔㄚˋ ❶分歧的，由主干分出的：～道.三～路. ❷转移主题：拿话～开.打～. ❸互相让开(多指时间)：把这两个会的时间～开. ❹(一子、一儿)乱子，事故：别出～子.

侘 chà ㄔㄚˋ [侘傺](－chì)形容失意。

诧 chà ㄔㄚˋ 惊讶，觉着奇怪：～异.惊～.

姹 chà ㄔㄚˋ 美丽：～紫嫣红(形容百花艳丽).

刹 ㊀ chà ㄔㄚˋ 梵语，原义是土或田，转为佛寺：宝～.古～.

[刹那]梵语，极短的时间。

㊁ shā 见 424 页。

差 ㊀ chà ㄔㄚˋ ❶错误：说～了. ❷不相当，不相合：～得远.～不多. ❸缺欠：～一道手续.还～一个人. ❹不好，不够标准：成绩～.

㊁ chā 见 45 页。

㊂ chāi 见 47 页。

㊃ cī 见 70 页。

CHAI ㄔㄞ

拆 ㊀ chāi ㄔㄞ 把合在一起的弄开，卸下来：～信.～卸机器.

㊁ cā 见 40 页。

钗 chāi ㄔㄞ 妇女发髻上的一种首饰：金～.荆～布裙(旧喻妇女装束朴素).

差 ㊂ chāi ㄔㄞ ❶派遣去做事(㊟一遣)。❷旧时称被派遣的人，差役。❸差事，被派遣去做的事：兼～.出～.

㊀ chà 见 47 页。

㊁ chā 见 45 页。

㊃ cī 见 70 页。

侪(儕) chái ㄔㄞˊ 同辈，同类的人们：吾～(我们).

柴 chái ㄔㄞˊ 烧火用的草木。[火柴]用细木条蘸上磷、硫等制成的能摩擦生火的东西。

豺 chái ㄔㄞˊ 一种像狼的野兽，嘴比狼的短，性贪暴，常成群侵袭家畜。[豺狼]㊓贪心残忍的恶人。

茝 chǎi ㄔㄞˇ 古书上说的一种香草，即白芷(zhǐ)。

䐤 chǎi ㄔㄞˇ (一儿)碾碎了的豆子、玉米等：豆～儿.

虿(蠆) chài 彳历 古书上说的蝎子一类的毒虫。

瘥 ○ chài 彳历 病愈:久病初～.

○ cuó 见 77 页。

CHAN 彳弓

觇(覘) chān 彳弓 看,窥视。[觇标]一种测量标志。标架用木料或金属制成,高几米到几十米,架在被观测点上作为观测目标。

掺(摻) chān 彳弓 混合(鋤—杂):里面～糖了.

搀(攙) chān 彳弓 ❶用手轻轻架住对方的手或胳膊(鋤—扶):你～着那位老人吧.❷同"掺".

襜 chān 彳弓 古代系在身前的围裙。

单(單) ○ chán 彳弓 [单于](－yú)古代匈奴的君主.

○ dān 见 83 页。

○ shàn 见 427 页。

婵(嬋) chán 彳弓 [婵娟](－juān)1.(姿态)美好.2.旧时指美人.3.古诗文中指明月.

禅(禪) ○ chán 彳弓 ❶梵语"禅那"的省称,佛教指静思:坐～.❷关于佛教的:～杖.～师.

○ shàn 见 427 页。

蝉(蟬) chán 彳弓 昆虫名,又叫"知了"。雄的腹面有发声器,叫的声音很大。

[蝉联]鋤 接续不断。

铤 chán 彳弓 古代一种铁把(bà)儿的短矛。

谗(讒) chán 彳弓 在别人面前说陷害某人的坏话:～言.

馋(饞) chán 彳弓 ❶贪吃,专爱吃好的:嘴～.～涎欲滴.❷贪,羡慕:眼～.

巉 chán 彳弓 山势险峻:～岩.

镵 chán 彳弓 ❶古代铁制的一种刨土工具。❷刺:以刃～腹.

孱 ○ chán 彳弓 懦弱,弱小(鋤—弱).

○ càn 见 42 页。

潺 chán 彳弓 [潺潺]拟声词,溪水、泉水等流动的声音:～～流水.[潺湲](－yuán)水慢慢流动的样子:溪水～～.

缠(纏) chán ㄔㄢˊ ❶绕，围绕（叠一绕）：头上～着一块布。[缠绵]纠缠住不能解脱（多指感情或疾病）。❷搅扰：胡搅蛮～。

廛 chán ㄔㄢˊ 古代指一户人家占用的房子和宅院，泛指城邑民居。[市廛]店铺集中的地方。

瀍 chán ㄔㄢˊ 瀍河，水名，在河南省洛阳。

躔 chán ㄔㄢˊ ❶兽的足迹。❷日月星辰的运行。

澶 chán ㄔㄢˊ [澶渊]古地名，在今河南省濮阳西南。

蟾 chán ㄔㄢˊ 指蟾蜍：～宫（指月亮）。[蟾蜍]（—chú）俗叫"癞蛤蟆"或"疥蛤蟆"。两栖动物，皮上有许多疙瘩，内有毒腺。吃昆虫等，对农业有益。[蟾酥]（—sū）蟾蜍表皮腺体和耳后腺的分泌物，可入药。

产(產) chǎn ㄔㄢˇ ❶人或动物生子：～子。母鸡～卵。[产生]生。⑤由团体中推出：每个小组～～一个代表。❷有关生孩子的：～科。妇～医院。❸制造、种植或自然生长：沿海盛～鱼虾。我国～稻、麦的地方很多。增～大量工业品和粮食。❹制造、种植或自然生长的东西：土特～。出口鱼虾等水～。❺财产：房～。地～。遗～。[产业]1. 家产。2. 生产事业，特指工业生产：～～革命。～～工人。

浐(滻) chǎn ㄔㄢˇ 浐河，水名，在陕西省西安。

铲(鏟、*剷) chǎn ㄔㄢˇ ❶（—子、—儿）削平东西或把东西取上来的器具：铁～。饭～儿。❷用锹（qiāo）或铲子削平或取上来：把地～平。～土。～菜。[铲除]去掉。

刬(剗) ㊀chǎn ㄔㄢˇ 同"铲❷"。
㊁chàn 见50页。

谄 chǎn ㄔㄢˇ 巴结，奉承：～媚。不骄不～。

啴(嘽) ㊀chǎn ㄔㄢˇ 宽舒，和缓：～缓。
㊁tān 见467页。

阐(闡) chǎn ㄔㄢˇ 说明，表明：～述。～明。[阐发]深入说明事理。

冁(囅) chǎn ㄔㄢˇ 笑的样子：～然而笑。

蒇 chǎn ㄔㄢˇ 完成，解决：～事（把事情办完）。

骣 chǎn ㄔㄢˇ 骑马不加鞍辔：～骑。

忏（懺） chàn ㄔㄢ 梵语"忏摩"的省称。佛教指请人宽恕。又指佛教、道教讽诵的一种经文。[忏悔]悔过。

划（劃） ㊀ chàn ㄔㄢ [一划]〈方〉全部，一律：～～新．～～都是平川．

㊁ chǎn 见 49 页。

颤 ㊀ chàn ㄔㄢ 物体振动：这条扁担（dan）担上五六十斤就～了．～动．

㊁ zhàn 见 610 页。

羼 chàn ㄔㄢ 掺杂：～入．

韂 chàn ㄔㄢ 马鞍子下面垫的东西：鞍～．

伥（倀） chāng ㄔㄤ 古代传说中被老虎咬死的人变成的鬼，它常助虎伤人：为（wèi）虎作～（喻帮恶人作恶）．

昌 chāng ㄔㄤ 兴盛：祖国繁荣～盛．科学～明．

菖 chāng ㄔㄤ [菖蒲]多年生草本植物，生在水边，地下有根茎，花穗像棍棒。根茎可作香料，也可入药。

猖 chāng ㄔㄤ 凶猛，狂妄。[猖狂]狂妄而放肆：打退了敌人的～～进攻.[猖獗]（－jué）放肆地横行，闹得很凶：～～一时．

阊 chāng ㄔㄤ [阊阖]（－hé）1. 传说中的天门。2. 宫门。[阊门]苏州城门名。

娼 chāng ㄔㄤ 妓女（龜－妓）。

鲳 chāng ㄔㄤ 鲳鱼，鱼名。身体短，没有腹鳍，背部青白色，鳞小，产在海中。肉细腻鲜美。也叫"镜鱼"、"平鱼"。

长（長） ㊀ cháng ㄔㄤ ❶长度，两端的距离：这块布 3 米～．那张桌子～1 米，宽 70 厘米．❷长度大，跟"短"相对。1. 指空间：这条路很～．～篇大论．2. 指时间：天～夜短．～远利益．[长短]1. 长度。2. 意外的变故：万一有什么～～．❸长处，专精的技能，优点：特～．一技之～．❹对某事做得特别好：他～于写作．

㊁ zhǎng 见 611 页。

苌（萇） cháng ㄔㄤ 姓。

场（場、＊塲） ㊀ cháng ㄔㄤ ❶平

坦的空地,多半用来打庄稼:打～.～院里堆满了粮食.❷量词,常用于一件事情的经过:经历了一～激烈搏斗.下了一～大雨.

㊁ chǎng 见 51 页。

肠(腸) cháng ㄔㄤˊ (一子)内脏之一,呈长管形,是消化和吸收的主要器官,分大肠、小肠两部分:断～(喻非常悲痛).牵～挂肚(喻挂念).(图见 600 页"脏")

尝(嘗、❶*嚐) cháng ㄔㄤˊ ❶辨别滋味:～～咸淡.⑪经历,体验:备～艰苦.[尝试]试:～～一下.❷曾经:未～.

偿(償) cháng ㄔㄤˊ ❶归还,补还(⑯赔一):～还.赔～损失.得不偿失.❷满足:如愿以～.

鳊(鱨) cháng ㄔㄤˊ 毛鳊鱼,鱼名。侧扁,体长 1 米多,头较大,眼小,产在海中。也叫"大鱼"。

倘 ㊀ cháng ㄔㄤˊ [倘佯](一yáng)旧同"徜徉"。
㊁ tǎng 见 471 页。

徜 cháng ㄔㄤˊ [徜徉](一yáng)自由自在地来回走:～～湖畔.

常 cháng ㄔㄤˊ ❶长久:～绿树.冬夏～青.❷经常,时时(叠):～～见面.～和工人一起劳动.❸平常,普通的,一般的:～识.～态.～事.反～.习以为～.

嫦 cháng ㄔㄤˊ [嫦娥]神话中月宫里的仙女。

裳 ㊀ cháng ㄔㄤˊ 遮蔽下体的衣裙。
㊁ shang 见 430 页。

厂(廠、**厰) ㊀ chǎng ㄔㄤˇ ❶工厂:机械～.造纸～.纱～.❷有空地可以存货或进行加工的场所:木～.煤～.❸跟棚子类似的房屋。
㊁ ān 见 4 页。

场(場、*塲) ㊀ chǎng ㄔㄤˇ ❶(一子、一儿)处所,能适应某种需要的较大地方:会～.市～.广～.飞机～.⑰特定的地点或范围:当～.现～.情～.生意～.[场合]某时某地或某种情况。❷戏剧的一节:三幕五～.❸量词,用于文体活动:一～电影.一～球赛.❹物质相互作用的范围:电～.磁～.引力～.
㊁ cháng 见 50 页。

昶 chǎng ㄔㄤˇ ❶白天时间长。❷舒畅,畅通。

惝 chǎng 彳ㄤ (又)见 471 页 tǎng。

敞 chǎng 彳ㄤ ❶没有遮蔽，宽绰：～亮. 这房子很宽～. ❷打开：～开大门.

氅 chǎng 彳ㄤ 大氅，大衣.

怅（悵） chàng 彳ㄤ 失意，不痛快（叠）：～～离去.～然.

韔（韔） chàng 彳ㄤ 古代盛（chéng）弓的袋子。

畅（暢） chàng 彳ㄤ ❶没有阻碍：～达.～行.～销. ❷痛快，尽情地：～谈.～饮.

倡 chàng 彳ㄤ 发动，首先提出：～议.～导.

唱 chàng 彳ㄤ ❶歌唱，依照音律发声：～歌.～戏.～曲.⁅高呼：～名.～票. ❷(一儿)歌曲：唱个～儿.

鬯 chàng 彳ㄤ ❶古代祭祀用的一种酒. ❷同"畅"：一夕～谈.

CHAO　彳ㄠ

抄 chāo 彳ㄠ ❶眷写，照原文写：～文件.～书. ❷把别人的文章或作品照着写下来当自己的：～袭. ❸搜查并没（mò）收：～家. ❹走近便的路：～小道走. ❺同"绰㊀❷"：～起镰刀就去割麦子.

吵 ㊀ chāo 彳ㄠ ［吵吵］(－chao)吵嚷。
㊁ chǎo 见 53 页。

钞 chāo 彳ㄠ ❶同"抄❶"。❷钞票，纸币：外～.

怊 chāo 彳ㄠ 悲伤失意。

弨 chāo 彳ㄠ ❶弓解弦后弓背反过来。❷弓。

超 chāo 彳ㄠ ❶越过，高出：～龄.～额.～声波. ❷在某种范围以外，不受限制：～现实.～自然.

绰 ㊀ chāo 彳ㄠ ❶同"焯㊀"。❷匆忙地抓起：～起一根棍子.
㊁ chuò 见 70 页。

焯 ㊀ chāo 彳ㄠ 把蔬菜放在开水里略微一煮就拿出来：～菠菜.
㊁ zhuō 见 642 页。

剿（*勦） ㊀ chāo 彳ㄠ 因袭套用别人的语言文句作为自己的：～说.
㊁ jiǎo 见 229 页。

晁（**鼂） cháo 彳ㄠ 姓。

巢 cháo ㄔㄠˊ 鸟搭的窝,也指蜂蚁等的窝。

朝 ⊖ cháo ㄔㄠˊ ❶面对:坐北~南.这个窗户~着大街.⑤介词,向着,对着:~前看.~着宏伟的目标奋勇前进.❷封建时代臣见君。⑤宗教徒参拜:~圣团.❸朝廷,皇帝接见官吏、发号施令的地方.[在朝]⑧当政.❹朝代,称一姓帝王世代连续统治的时代:唐~.改~换代.❺姓。[朝鲜族]1.我国少数民族,参看附表。2.朝鲜和韩国的主要民族。

⊜ zhāo 见 613 页。

嘲(**嘲) ⊖ cháo ㄔㄠˊ (旧读 zhāo)讥笑,取笑(⑧—笑、—讽):冷~热讽.

⊜ zhāo 见 613 页。

潮 cháo ㄔㄠˊ ❶海水因为受了日月的引力而定时涨落的现象:~水.~汐.❷像潮水那样汹涌起伏的事物:思~.风~.革命高~.❸湿(程度比较浅):~气.受了~.阴天返~.❹成色差,技术低:~金.手艺~.

吵 ⊖ chǎo ㄔㄠˇ ❶声音杂乱扰人:~得慌.把他~醒了.❷打嘴架,口角:~架.

争~.他俩~起来了.

⊜ chāo 见 52 页。

炒 chǎo ㄔㄠˇ 把东西放在锅里搅拌着弄熟:~鸡蛋.~菜.糖~栗子.

耖 chào ㄔㄠˋ ❶在耕、耙(bà)地以后用的一种把土弄得更细的农具.❷用耖弄细土块,使地平整.

CHE 彳

车(車) ⊖ chē 彳ㄜ ❶陆地上有轮子的交通工具:火~.汽~.马~.轿~.❷用轮轴来转动的器具:纺~.水~.滑~.⑤指机器:开~.试~.[车间]工厂里在生产过程中能独立完成一个工作阶段的单位:翻砂~~.加工~~.装配~~.❸用旋(xuàn)床旋东西:~圆.~光.❹用水车打水:~水.❺姓。

⊜ jū 见 245 页。

砗 chē 彳ㄜ [砗磲](—qú)一种软体动物,比蛤蜊大,生活在热带海中。壳略呈三角形,很厚,可做装饰品。

尺 ⊖ chě 彳ㄜˇ 旧时乐谱记音符号的一个,相当于简谱的"2"。

㊀ chǐ 见 59 页。

扯(*撦) chě ㄔㄜˇ ❶拉：～住他不放。❷不拘形式、不拘内容地谈：闲～．不要把问题～远了。❸撕，撕破：～几尺布．他把信～了。

彻(徹) chè ㄔㄜˋ 通，透：冷风～骨．～头～尾(自始至终，完完全全)．～夜(通宵)．[彻底]根本的，不是表面的：～～解决问题．

坼 chè ㄔㄜˋ 裂开：天寒地～．

掣 chè ㄔㄜˋ ❶拽(zhuài)，拉：～后腿．风驰电～(喻迅速)．[掣肘]拉住别人的胳膊。喻阻碍旁人做事。❷抽：～签．

撤 chè ㄔㄜˋ ❶除去，免除：～职．～销。❷向后转移，收回：～兵．～资．～回．

澈 chè ㄔㄜˋ ❶水清：清～可鉴。❷同"彻"。

CHEN ㄔㄣ

抻(**捵) chēn ㄔㄣ 扯，拉：～面(抻面条或抻的面条)．把衣服～～．把袖子～出来．

郴 chēn ㄔㄣ 郴州，地名，在湖南省。

琛 chēn ㄔㄣ 珍宝。

嗔(△*瞋) chēn ㄔㄣ 生气(働—怒)：～怪．～责．转～为喜．[嗔着](—zhe)对人不满，嫌：～～他多事．

瞋 chēn ㄔㄣ ❶睁大眼睛瞪人：～目而视。❷同"嗔"。

臣 chén ㄔㄣ ❶奴隶社会的奴隶。❷帮助皇帝进行统治的官僚。❸封建时代官吏对君主的自称。

辰 chén ㄔㄣ ❶地支的第五位。❷辰时，指上午七点到九点。❸指时日：生～．诞～．[辰光]〈方〉时候，时间。❹日、月、星的总称。

宸 chén ㄔㄣ ❶屋宇，深邃(suì)的房屋。❷旧指帝王住的地方。⑨王位、帝王的代称。

晨 chén ㄔㄣ 清早，太阳出来的时候：清～．～昏(早晚)．

尘(塵) chén ㄔㄣ ❶尘土，飞扬的灰土。❷尘世(佛家道家指人间，和他们所幻想的理想世界相对)：～俗．红～．

沈 ㊀ chén ㄔㄣˊ 同"沉"。
㊁ shěn 见 435 页。

忱 chén ㄔㄣˊ 真实的心情：热～.谢～.

沉 chén ㄔㄣˊ ❶没(mò)入水中，跟"浮"相对：船～了.㊅落下，陷入：地基下～.[沉淀]1.液体中不溶解的物质往下沉。2.沉在液体底层的物质。❷重，分量大：～重.铁比木头～.[沉着](—zhuó)镇静，不慌张：～～应(yìng)战。❸深入，程度深：～思.～醉.天阴得很～.

陈(陳) chén ㄔㄣˊ ❶排列，摆设(㊅—列，—设)：古物～列馆.❷述说(㊅—述)：详～.❸旧的，时间久的(㊅—旧)：～腐.～酒.新～代谢.❹周代诸侯国名，在今河南省淮阳一带。❺朝代名，南朝之一，陈霸先所建立(公元 557—589 年)。
〈古〉又同"阵"(zhèn)。

谌 chén ㄔㄣˊ ❶相信。❷的确，诚然。

碜(碜、碜)** chěn ㄔㄣˊ ❶东西里夹杂着沙子。[牙碜](—chen)食物中夹杂着沙子，嚼起来牙不舒服：面条有些～～.❷丑，难看。[寒碜](*寒伧)(—chen)1.丑，难看。2.使人没面子：说起来怪～～人的.

衬(襯) chèn ㄔㄣˊ ❶在里面再托上一层：～绒.～上一张纸.❷搭配上别的东西：红花～着绿叶.

疢 chèn ㄔㄣˊ 热病。也泛指病。

龀 chèn ㄔㄣˊ 小孩儿换牙(乳牙脱落长出恒牙)。

称(稱) ㊀ chèn ㄔㄣˊ 适合：～心.～职.相～.[对称]两边相等或相当。
㊁ chēng 见 56 页。
㊂ chèng 见 58 页。

趁 chèn ㄔㄣˊ ❶利用机会：～热打铁.～着晴天打场(cháng).❷〈方〉富有：～钱.

榇(櫬) chèn ㄔㄣˊ 棺材。

谶 chèn ㄔㄣˊ 迷信的人指将来要应验的预言、预兆。

伧(傖) ㊀ chen ·ㄔㄣ [寒伧]旧同"寒碜"。参看 55 页"碜"(chěn)。
㊁ cāng 见 42 页。

CHENG ㄔㄥ

柽(檉) chēng ㄔㄥ 柽柳，又叫"三春柳"或

"红柳"。落叶小乔木,老枝红色,花淡红色,性耐碱抗旱,适于盐碱地区造林防沙。枝叶可入药。

蛏(蟶) chēng ㄔㄥ (一子)一种软体动物,贝壳长方形,淡褐色,生活在沿海泥中,肉味鲜美。

琤 chēng ㄔㄥ 拟声词,玉石碰击声、琴声或流水声(叠)。

称(稱) ⊖ chēng ㄔㄥ ❶量轻重:把这包米～一～.❷叫,叫作:自～.～得起英雄.❸名称:简～.别～.❹说:～病.连声～好.拍手～快.❺赞扬:～许.～道.❻举事:～兵.
⊜ chèn 见55页。
⊜ chèng 见58页。

铛(鐺) ⊖ chēng ㄔㄥ 烙饼或做菜用的平底浅锅:电饼～.
⊖ dāng 见86页。

赪 chēng ㄔㄥ 红色。

撑(*撐) chēng ㄔㄥ ❶抵住,支撑:～竿跳高(田径运动项目之一).～腰.～门面.❷用篙使船前进:～船.❸充满到容不下的程度:少吃些,别～着.麻袋装得太满,都～圆了.❹使张开:～伞.把口袋～开.

瞠 chēng ㄔㄥ 直看,瞪着眼:～目结舌.～乎其后(喻赶不上).

成 chéng ㄔㄥ ❶做好了,办好了(叠完一):～事.大功告～.完～任务.❷事物生长发展到一定的形态或状况:～虫.～人.五谷～熟.❸成为,变为:他～了飞机驾驶员了.雪化～水.❹成果,成绩:坐享其～.到头来一事无～.❺可以,能行:这么办可不～.～,就那么办吧.❻称赞人能力强:你们小组真～,这个月又超额了.❼够,达到一定的数量:～千上万.～车的慰问品.[成年累月](一一lěi一)形容经历的时间长。❽已定的,定形的:～规.～见.❾(一儿)十分之一:八～.提出一～做公益金.

诚 chéng ㄔㄥ ❶真心(叠一实):～心～意.～恳.❷实在,的确:～然.～有此事.

城 chéng ㄔㄥ ❶城墙:万里长～.❷城市,都市:～乡互助.

宬 chéng ㄔㄥ 皇帝的藏书室:皇史～(明清两代保

藏皇室史料的处所,在北京).

盛 ㊀ chéng ㄔㄥ ❶把东西放进去:～饭. ❷容纳:这礼堂能～几千人.

㊁ shèng 见 438 页。

铖 chéng ㄔㄥ 用于人名。

丞 chéng ㄔㄥ ❶帮助,辅佐:～辅. [丞相](-xiàng)古代帮助皇帝处理政务的最高一级官吏。❷封建时代帮助主要官员做事的官吏:县～.府～.

呈 chéng ㄔㄥ ❶显出,露出:皮肤～红色.～现一片新气象. ❷恭敬地送上去:送～.谨～. ❸呈文,下级报告上级的书面文字:辞～.

埕 chéng ㄔㄥ ❶蛏埕,福建、广东沿海一带饲养蛏类的田。❷〈方〉酒瓮.

程 chéng ㄔㄥ ❶里程,道路的段落(龜路-):起～.登～.送他一～. [过程]事物变化、发展的经过。❷进度,限度:日～.～序. ❸法式(龜-式):操作规～. ❹计量,计算:计日～功.

裎 chéng ㄔㄥ 脱衣露体.

酲 chéng ㄔㄥ 喝醉了神志不清:忧心如～.

枨(棖) chéng ㄔㄥ ❶古时门两边竖的木柱,泛指支柱。❷触动:～触.

承 chéng ㄔㄥ ❶在下面接受,托着:～尘(天花板). ❷承担,担当:～应(yìng).这工程由建筑公司～包.责任由我～当. ㊂蒙,受到,接受(别人的好意):～情.～教(jiào).～大家热心招待. [承认]1.表示肯定,同意,认可:～～错误.他～～有这么回事. 2.国际上指肯定新国家、新政权的法律地位. ❸继续,接连:～上启下.继～.～接.

乘 ㊀ chéng ㄔㄥ ❶骑,坐:～马.～车.～飞机. ❷趁,就着:～便.～机.～势.～兴(xìng). ❸算术中指一个数使另一个数变成若干倍:五～二等于十. ❹姓。

㊁ shèng 见 438 页。

惩(懲) chéng ㄔㄥ 处罚,警戒:严～.～前毖(bì)后.

塍 chéng ㄔㄥ 田间的土埂子:田～.

澄(*澂) ㊀ chéng ㄔㄥ 水清. [澄清]清澈,清亮:溪水～～. ㊇搞清楚,搞明白:把问题～～一下.

㊁ dèng 见 91 页。

橙 chéng ㄔㄥˊ ❶常绿乔木,果实叫橙子,品种很多,可以吃,果皮可入药。❷红和黄合成的颜色。

逞 chěng ㄔㄥˇ ❶炫耀,卖弄:～能.～强.❷施展,实现:决不让敌人的阴谋得～.

骋 chěng ㄔㄥˇ 骑马奔驰,奔跑(龜驰—):汽车在公路上驰～.⑮放任,尽量展开:～目.～望.

秤 chèng ㄔㄥˋ 衡量轻重的器具。

称(稱) 〇 chèng ㄔㄥˋ 同"秤"。
〇 chēng 见 56 页。
〇 chèn 见 55 页。

牚 chèng ㄔㄥˋ ❶斜柱。❷(一儿)桌椅等腿中间的横木。

CHI ㄔ

吃(*喫) chī ㄔ ❶咀嚼(jǔjué)食物后咽下(包括喝、吸):～饭.～奶.～药.❷靠某种事物生活:～老本.靠山～山,靠水～水.❸吸:～墨纸.❹感受:～惊.～紧.[吃力]费力气.❺承受,支持:这个任务很～重.～不住太大的分量.❻消灭:～掉敌人一个团.❼介词,被(宋元小说戏曲里常用):～那厮骗了.
[吃水]船身入水的深度。根据吃水的深浅可以计算全船载货的重量。
[口吃]("吃"旧读 jī)结巴。

哧 chī ㄔ 拟声词:～～地笑.

蚩 chī ㄔ 无知,痴愚。

嗤 chī ㄔ 讥笑:～之以鼻.

媸 chī ㄔ 面貌丑。

鸱 chī ㄔ 鹞(yào)鹰。[鸱鸮](—xiāo) 1.猫头鹰一类的鸟。2.古代指"鹪鹩"(jiāoliáo)。[鸱鸺](—xiū)一种凶猛的鸟,俗称"猫头鹰"或"夜猫子"。眼大而圆,头上有像耳的毛角。昼伏夜出,捕食小鸟、兔、鼠等,是益鸟。

绨 chī ㄔ 细葛布。

甀 chī ㄔ 古代的一种酒器。

眵 chī ㄔ 眼眵,眼睛分泌出来的液体凝结成的淡黄色东西。也叫"眵目糊"或"眼屎"。

笞 chī ㄔ 用鞭、杖或竹板打。

痴(＊癡) chī ㄔ 傻:～人说梦(喻完全胡说).

螭 chī ㄔ 古代传说中一种没有角的龙。古代建筑或工艺品上常用它的形状作装饰。

魑 chī ㄔ [魑魅](－mèi)传说中山林里能害人的怪物。

池 chí ㄔ ❶(－子)水塘,多指人工挖的(④－沼):游泳～.养鱼～.❷像水池的东西:便～.花～.❸护城河:城～.金城汤～(喻极为坚固,不易攻破).

弛 chí ㄔ (旧读 shǐ)放松,松懈,解除:一张一～.废～.～禁.

驰 chí ㄔ ❶快跑(多指车马)(④－骋):背道而～.风～电掣.⑤向往:神～.情～.❷传播:～名.

迟(遲) chí ㄔ ❶慢,缓:说时～,那时快.行动～缓.～～不去.⑤不灵敏:心～眼钝.[迟疑]犹豫不决.❷晚:不～到.睡得太～.

坻 ㊀ chí ㄔ 水中的小块高地.

㊁ dǐ 见 93 页.

茌 chí ㄔ [茌平]地名,在山东省.

持 chí ㄔ ❶拿着,握住:～笔.～枪.❷遵守不变:坚～真理.[持久]保持长久:～～战.绿肥肥效能～～,还能松地抗旱.[持续]延续不间断.[相持]各不相让:～～不下.❸治理,主管:勤俭～家.这件事由你主～好了.

匙 ㊀ chí ㄔ 舀(yǎo)汤用的小勺子。也叫"调羹"(tiáogēng)。

㊁ shi 见 444 页。

漦 chí ㄔ lí ㄌㄧˊ (又)涎沫.

墀 chí ㄔ 台阶上面的空地。又指台阶。

踟 chí ㄔ [踟蹰](－chú)心里犹豫,要走不走的样子:～～不前.

篪(＊＊箎、＊＊竾) chí ㄔ 古代一种用竹管制成的乐器。

尺 ㊀ chǐ ㄔˇ ❶市制长度单位,10 寸是 1 尺,10 尺是 1 丈:1 米等于 3 市～.[尺寸](－cun)衣物的大小长短:开个～～好照着做.～～要量得准确.[尺牍]书信(因古代的书简长约 1 尺).❷尺子,一种量长短的器具。❸画图的器具：放大～．❹像尺的东西：计算～．

㊀chě 见53页。

呎 chǐ ㄔˇ 也读作 yīngchǐ。英美制长度单位，1呎是12吋，合0.3048米。现写作"英尺"。

齿（齒）chǐ ㄔˇ ❶牙齿，人和动物嘴里咀嚼食物的器官。[挂齿]谈及，提及（只用在否定的句子里）：不足～～．何足～～．❷（－儿）排列像牙齿形状的东西：锯～．梳子～儿．～轮．❸年龄：马～徒增（自谦年长无能）．[不齿]⑱不认为是同类的人，表示鄙弃。

侈 chǐ ㄔˇ ❶浪费，用财物过度（⑱奢－）：生活奢～．❷夸大：～谈．

耻（＊恥）chǐ ㄔˇ 羞愧，耻辱（⑱羞－）：雪～．浪费可～．

豉 chǐ ㄔˇ 豆豉，一种用豆子制成的食品。

褫 chǐ ㄔˇ 剥夺：～职．～夺．

彳 chì ㄔˋ [彳亍]（－chù）小步慢走或走走停停的样子。

叱 chì ㄔˋ 呼呵（hē），大声斥骂。[叱咤]（－zhà）发怒吆喝：～～风云．

斥 chì ㄔˋ ❶责备（⑱－责）：遭到～责．痛～这种荒谬的论调．❷使退去，使离开：排～．～退．❸多，广。[充斥]多得到处都是（含贬义）。
[斥候]旧时军队称侦察（敌情）。也指进行侦察的士兵。
[斥资]支付费用，出资：～～百万．

赤 chì ㄔˋ ❶比朱红稍暗的颜色，泛指红色：～小豆．～铜矿．[赤子]初生婴儿。[赤字]财政上亏空的数字。❷忠诚：～诚．～心．～胆忠心．❸空无所有：～手空拳．～贫．❹裸露：～脚．～背（bèi）．

饬 chì ㄔˋ ❶整顿，使整齐（⑱整－）：整～纪律．❷旧时指上级命令下级：～知．～令．

炽（熾）chì ㄔˋ 旺盛：～热．

翅（＊翄）chì ㄔˋ ❶翅膀，鸟和昆虫等用来飞行的器官。❷鱼翅，指鲨鱼的鳍，是珍贵的食品。❸古同"翄"。

敕（＊勅、＊勑）chì ㄔˋ 帝王的诏书、命令。

鶒 chì ㄔ 见 513 页"鸂"字条"鸂鶒"(xī－)。

啻 chì ㄔ 但,只.[不啻]1.不只,不止:～～如此.2.不异于,如同:～～兄弟.

傺 chì ㄔ 见 47 页"侘"字条"侘傺"(chà－)。

瘈 ⊖ chì ㄔ 同"瘛".
⊜ zhì 见 629 页。

瘛 chì ㄔ [瘛疭](－zòng)中医指手脚痉挛、口眼歪斜的症状。也叫"抽风"。

CHONG ㄔㄨㄥ

冲(❸❹衝、❶❷**沖) ⊖ chōng ㄔㄨㄥ ❶用开水等浇,水流撞击:～茶.用水～服.这道堤不怕水～.[冲淡]加多液体,降低浓度.⑪使某种效果、气氛等减弱.❷向上钻:～入云霄.❸通行的大道:要～.这是～要地方.❹快速向前闯:～锋.～入敌阵.横～直撞.[冲动]没经过仔细思考而突然产生的情绪或行动。[冲突]1.互相撞击或争斗.2.意见不同,互相抵触.❺互相抵消:～账.
⊜ chòng 见 62 页。

忡 (**憃) chōng ㄔㄨㄥ 忧虑不安(叠):忧心～～.

翀 chōng ㄔㄨㄥ 鸟向上直飞。

充 chōng ㄔㄨㄥ ❶满,足(⑯－足):～其量.理由～分.内容～实.❷填满,装满:～电.～耳不闻.～满愉快的心情.❸当,担任:～当.～任.❹假装:～行家.～能干.

茺 chōng ㄔㄨㄥ [茺蔚](－wèi)就是益母草,一年或二年生草本植物,茎方柱形,叶掌状分裂,花红色或白色.茎、叶、子实都入药.

舂 chōng ㄔㄨㄥ 捣去皮壳或捣碎:～米.～药.

憧 chōng ㄔㄨㄥ 心意不定。[憧憧]往来不定,摇曳不定:人影～～.[憧憬](－jǐng)向往。

艟 chōng ㄔㄨㄥ 见 331 页"艨"字条"艨艟"(méng－)。

虫(蟲) chóng ㄔㄨㄥ 虫子,昆虫。[大虫]老虎。

种 ⊖ chóng ㄔㄨㄥ 姓.
⊜ zhǒng 见 630 页。
⊜ zhòng 见 631 页。

重 ㊀ chóng ㄔㄨㄥˊ ❶重复,再:书买～了.旧地游.～整旗鼓.～来一次.[重阳][重九]夏历九月九日。是我国传统节日。❷层:双～领导.～～围住.

㊁ zhòng 见 631 页。

崇 chóng ㄔㄨㄥˊ ❶高:～山峻岭.～高的品质.❷尊重:推～.～拜.尊～.

宠(寵) chǒng ㄔㄨㄥˊ ❶偏爱,过分地爱:不能老～着孩子.❷光耀,荣耀:～辱不惊.

冲(衝) ㊀ chòng ㄔㄨㄥˋ ❶对着,向:～南的大门.别～着我说.❷猛烈:这小伙子有股～劲儿.水流得真～.大蒜气味～.❸介词,凭,根据:～他这股子钻劲儿,一定能完成这项技术革新任务.

㊁ chōng 见 61 页。

铳 chòng ㄔㄨㄥˋ ❶旧时指枪一类的火器。❷(一子)用金属做成的一种打眼器具。❸用铳子打眼或除去。

CHOU ㄔㄡ

抽 chōu ㄔㄡ ❶从事物中提出一部分:～签.～调干部.～空儿.[抽象]1.从事物中抽取本质并形成概念的思维活动。2.笼统,不具体:问题这样提太～～了,最好举一个实例.❷长出:谷子～穗.❸吸:～水.～气机.～烟.❹减缩,收缩:这布一洗～了一厘米.[抽风]手足痉挛,口眼歪斜的症状.❺用细长的、软的东西打:他不再用鞭子～牲口了.

绌 ㊀ chōu ㄔㄡ 引出,缀辑。[绌绎][抽绎](—yì)引出头绪。

㊁ chóu 见 62 页。

瘳 chōu ㄔㄡ ❶病愈。❷损害。

犨 chōu ㄔㄡ ❶牛喘息声。❷突出。

仇(＊讐) ㊀ chóu ㄔㄡ 深切的怨恨:～人.报～.恩将～报.～视侵略者.

㊁ qiú 见 403 页。

绸 ㊀ chóu ㄔㄡ 同"绸"。

㊁ chōu 见 62 页。

俦(儔) chóu ㄔㄡ 同伴,伴侣。

帱(幬) ㊀ chóu ㄔㄡ ❶帐子。❷车帷。

㊁ dào 见 88 页。

畴(疇) chóu ㄔㄡ ❶田地。❷类,同类。[畴昔]过去,以前。

筹(籌) chóu ㄔㄡ ❶计数的用具,多用竹子制成。❷谋划:～款.备.统～.一～莫展.

踌(躕) chóu ㄔㄡ [踌躇](—chú)1.犹豫,拿不定主意:他～～了半天才答应了.2.自得的样子:～～满志.

惆 chóu ㄔㄡ [惆怅](—chàng)失意,伤感。

绸 chóu ㄔㄡ (—子)一种薄而软的丝织品。

稠 chóu ㄔㄡ ❶密(逾—密):人烟～密.棉花棵很～.❷浓:这粥太～了.

酬(*醻、*醻) chóu ㄔㄡ ❶向客人敬酒。[酬酢](—zuò)主客互相敬酒。泛指交际往来。[应酬](yìngchou)1.交际往来。2.表面应付。❷用财物报答:～劳.❸报酬:同工同～.

愁 chóu ㄔㄡ 忧虑(逾忧—):发～.不～吃,不～穿.

雠(*讎) chóu ㄔㄡ ❶校(jiào)对文字(逾校—)。❷同"仇❶"。

丑(❹❺醜) chǒu ㄔㄡ ❶地支的第二位。❷丑时,指夜里一点到三点。❸(—儿)戏剧里的滑稽角色。❹相貌难看:长得～.❺可厌恶的,可耻的,不光彩的:～态.～名.出～.

杻 ⊖ chǒu ㄔㄡ 古代刑具,手铐之类。
⊜ niǔ 见 357 页。

瞅(*䁅) chǒu ㄔㄡ 〈方〉看:我没～见他.

臭 ⊖ chòu ㄔㄡ ❶气味难闻的,跟"香"相对:～气熏人.⑯1.惹人厌恶的:遗～万年.放下～架子.2.低劣:～棋.这球踢得真～.❷狠狠地:～骂.
⊜ xiù 见 538 页。

CHU ㄔㄨ

出(❿齣) chū ㄔㄨ ❶跟"入"、"进"相对。1.从里面到外面:～门.从屋里～来.～汗.2.支付,往外拿:～一把力.～主意.量入为～.❷来到:～席.～勤.❸离开:～轨.❹产,生长:～品.这里～米.❺发生:～事.～问题了.❻显得量多:这米很～

饭.❼显露:～名.～头.❽超过:～众.～人头地.[出色](-sè)特别好,超出一般的:～～地完成了任务.❾放在动词后,表示趋向或效果:提～问题.作～贡献.❿传(chuán)奇中的一回,戏曲的一个独立剧目。

初 chū ㄔㄨ 开始,表示时间、等级、次序等都在前的:～一.～伏.～稿.～学.等教育.红日～升.㊅原来的,原来的情况:～衷.和好如～.

樗 chū ㄔㄨ 樗树,即臭椿树。

刍(芻) chú ㄔㄨ ❶喂牲畜的草.❷割草。

鹐(鶵) chú ㄔㄨ ❶同"雏"。❷见590页"鹓"字条"鹓鹐"(yuān—)。

雏(雛) chú ㄔㄨ 幼小的鸟,生下不久的:～鸡.～莺乳燕.[雏形]㊅事物初具的规模:略具～～.

除 chú ㄔㄨ ❶去掉:～害.斩草～根.❷不计算在内:～此以外.～了这个人,我都认识.[除非]1.连词,表示唯一的条件,只有:若要人不知,～～己莫为.2.表示不计算在内,除了:那条山路,～～他,没人认识.[除夕]一年最后一天的夜晚,也指一年最后的一天.❸算术中用一个数去分另一个数:用二～四得二.❹台阶:庭～.

滁 chú ㄔㄨ 滁州,地名,在安徽省。

蜍 chú ㄔㄨ 见49页"蟾"字条"蟾蜍"(chán—)。

篨 chú ㄔㄨ 见406页"籧"字条"籧篨"(qú—)。

厨(*廚、*厨) chú ㄔㄨ 厨房,做饭做菜的地方。

橱(*櫥) chú ㄔㄨ (—子、—儿)一种放置东西的家具,前面有门:衣～.碗～儿.

蹰(*躕) chú ㄔㄨ 见59页"踟"字条"踟蹰"(chí—)。

锄(*鉏、*耡) chú ㄔㄨ ❶弄松土地及除草的器具:三齿耘～.❷耪(pǎng),弄松土地,除草:～田.～草.❸铲除:～奸.

蹰 chú ㄔㄨ 见63页"踌"字条"踌蹰"(chóu—)。

处(處、**虙、**処) ㊀chǔ ㄔㄨ ❶居住:穴居野～.

[处女]没有发生过性行为的女子。[处女地]未开垦的土地。[处女作]作者的最初的作品。❷存在,置身:设身～地.～在有利位置.❸跟别人一起生活,交往:他们相～得很好.❹决定,决断.[处分](—fèn)对犯错误或有罪过的人给予相当的惩戒。[处理]办理,解决:这事情难～～.

㊁ chù 见 65 页。

杵 chǔ ㄔㄨˇ ❶舂米或捶衣的木棒。❷用长形的东西戳或捅:用手指头～他一下.

础(礎) chǔ ㄔㄨˇ 础石,垫在房屋柱子底下的石头。[基础]1.柱脚石。2.事物的根本或起点:～～教育.

楮 chǔ ㄔㄨˇ 就是构树。参看 157 页"构❹"。㊆纸.

储 chǔ ㄔㄨˇ (旧读 chú) ❶储蓄,积蓄:～存.～藏.～备.❷已经确定为继承皇位等最高统治权的人:立～.王～.

褚 ㊀ chǔ ㄔㄨˇ 姓。
㊁ zhǔ 见 636 页。

楚 chǔ ㄔㄨˇ ❶牡荆,落叶灌木,开青色或紫色的穗状小花,鲜叶可入药。❷周代诸

侯国名,它的疆域在今湖北省,后来扩展到湖南省北部,河南省南部及江西、安徽、江苏、浙江等省。❸痛苦(⊕苦一、凄一)。

[楚楚]1.鲜明,整洁:衣冠～～.2.娇柔,秀美:～～动人.

亍 chù ㄔㄨˋ 见 60 页"彳"字条"彳亍"(chì—)。

处(處、**虍、**处)
㊀ chù ㄔㄨˋ ❶地方:住～.各～.㊆部分,点:长(cháng)～.好～.益～.❷机关,或机关、团体里的部门:办事～.总务～.

㊁ chǔ 见 64 页。

怵 chù ㄔㄨˋ 恐惧:～惕(恐惧警惕).

绌 chù ㄔㄨˋ 不足,不够:经费支～.相形见～.

黜 chù ㄔㄨˋ 降职或罢免:～退.～职.

俶 ㊀ chù ㄔㄨˋ 〈古〉开始。[俶尔]忽然:～～远逝.
㊁ tì 见 477 页。

畜 ㊀ chù ㄔㄨˋ 禽兽,有时专指家养的兽类:家～.牲～.幼～.～力.
㊁ xù 见 540 页。

搐 chù ㄔㄨˋ 牵动。[抽搐]肌肉不自主地、剧烈地收缩.

滀　chù ㄔㄨ 水聚积.

触(觸)　chù ㄔㄨ ❶抵,顶:羝羊～藩.❷碰,遇着:～礁.～电.～景生情.一～即发.[触觉](—jué)皮肤、毛发等与物体接触时所产生的感觉.

憷　chù ㄔㄨ 害怕,畏缩:他遇到任何难事,也不发～.

矗　chù ㄔㄨ 直立,高耸:～立.高～.

CHUA　ㄔㄨㄚ

欻　㊀ chuā ㄔㄨㄚ 拟声词.
㊁ xū 见 539 页.

CHUAI　ㄔㄨㄞ

揣　㊀ chuāi ㄔㄨㄞ 藏在衣服里:～手.～在怀里.
㊁ chuǎi 见 66 页.
㊂ chuài 见 66 页.

搋　chuāi ㄔㄨㄞ 用拳头揉,使掺入的东西和(huó)匀:～面.

膗　chuái ㄔㄨㄞ 〈方〉肥胖而肌肉松:看他那～样.

揣　㊀ chuǎi ㄔㄨㄞ 估量,忖度:我～测他不来.不～

浅陋.[揣摩]1.研究,仔细琢磨:仔细～～写作的方法.2.估量,推测:我～～你也能做.
㊁ chuāi 见 66 页.
㊂ chuài 见 66 页.

啜　chuài ㄔㄨㄞ 见622页"阐"字条"阐啜"(zhèng—).

嘬　㊀ chuài ㄔㄨㄞ 姓.
㊁ chuò 见 70 页.

揣　㊂ chuài ㄔㄨㄞ [挣揣](zhèng—)挣扎.
㊀ chuǎi 见 66 页.
㊁ chuāi 见 66 页.

踹　chuài ㄔㄨㄞ 践踏,用脚底踢:一脚把门～开.

嘬　㊀ chuài ㄔㄨㄞ 咬,吃.
㊁ zuō 见 652 页.

膪　chuài ㄔㄨㄞ [囊膪](nāng—)猪的胸腹部肥而松软的肉.

CHUAN　ㄔㄨㄢ

川　chuān ㄔㄨㄢ ❶河流:高山大～.～流不息.❷平地,平原:平～.米粮～.❸指四川:～马.～贝.
[川资]旅费.

氚　chuān ㄔㄨㄢ 氢的同位素之一,符号 T,质量数 3,有放射性,应用于热核反应

穿 chuān ㄔㄨㄢ ❶破,通透:屋漏瓦~.用锥子~一个洞.❷放在动词后,表示通透或揭开:说~.看~.❸通过孔洞:~针.把这些铁环用绳子~起来.⑨通过:从这个胡同~过去.横~马路.❹把衣服鞋袜等套在身上:~衣服.

传(傳) ㊀ chuán ㄔㄨㄢ ❶递,转授(龆一递):~球.~令.言~身教(jiào).[传统]世代相传,具有特点的风俗道德、思想作风等:发扬艰苦奋斗的优良~~.❷推广,散布:~单.宣~.胜利的消息~遍了全国.[传媒]传播的媒介,多指报纸、广播、电视等.[传染]因接触或由其他媒介而感染疾病.❸叫来:~人.~呼电话.❹传导:~电.~热.❺表达:~神.眉目~情.

㊁ zhuàn 见 639 页。

船(*舡、**舡) chuán ㄔㄨㄢ 水上的主要交通工具,种类很多:帆~.轮~.

遄 chuán ㄔㄨㄢ ❶往来频繁。❷快,迅速:~往.

篅 chuán ㄔㄨㄢ 一种盛粮食等的器物,类似囤

(dùn)。

椽 chuán ㄔㄨㄢ (一子)放在檩上架着屋顶的木条.(图见 124 页)

舛 chuǎn ㄔㄨㄢ ❶舛错,错误,错乱。❷违背。

喘 chuǎn ㄔㄨㄢ ❶急促地呼吸:~息.累得直~.苟延残~.[喘气]呼吸。❷气喘的简称。

踳 chuǎn ㄔㄨㄢ 同"舛"。[踳驳]舛谬杂乱。

串 chuàn ㄔㄨㄢ ❶许多个连贯成一行(háng):把珠子~起来.~联.⑨(一儿)连贯起来的东西:珠子~儿.羊肉~儿.❷(一儿)量词,用于成串儿的东西:一~儿项链.两~钥匙.❸互相勾结、勾通:~通.~骗.[串供](一gòng)互相串通,捏造口供.❹由这里到那里走动:~亲戚.~门儿.❺指演戏剧、杂要等:客~.反~.

钏 chuàn ㄔㄨㄢ (一子)用珠子或玉石等穿起来做成的镯子。

CHUANG ㄔㄨㄤ

创(創) ㊀ chuāng ㄔㄨㄤ 伤(龆一伤):刀

～.予以重(zhòng)～.

㊀ chuàng 见 68 页。

疮(瘡) chuāng ㄔㄨㄤ 皮肤上肿烂溃疡的病。

C

窗（*窓、*窻、*牕）chuāng ㄔㄨㄤ（一子、一儿）窗户,房屋通气透光的装置:～明儿(jī)净.(图见 124 页)

床（*牀）chuáng ㄔㄨㄤ ❶床铺。❷像床的东西:车～.河～(河身).琴～.

噇 chuáng ㄔㄨㄤ〈方〉大吃大喝。

幢 ㊀ chuáng ㄔㄨㄤ ❶古代指旗子一类的东西。❷佛教的经幢。在绸伞上写经的叫经幢,在石柱上刻经的叫石幢。

㊁ zhuàng 见 640 页。

闯 chuǎng ㄔㄨㄤ ❶猛冲:往里～.刀山火海也敢～.[闯祸]惹祸,招乱子。❷历练,经历:～练.[闯荡]旧时指离家在外谋生:～～江湖.

创（創、*剏、*剙）㊀ chuàng ㄔㄨㄤ 开始,开始做:～办.～造.首～.[创举]从未有过的举动或事业。[创

刊号]报刊开始刊行的一期。[创意]独创、新颖的构思:颇具～～.

㊁ chuāng 见 67 页。

怆(愴) chuàng ㄔㄨㄤ 悲伤:凄～.～然泪下.

吹 chuī ㄔㄨㄟ ❶合拢嘴唇用力出气:～灯.～笛.❷夸口:瞎～.[吹牛]说大话,自夸.[吹嘘]自夸或替人夸张。❸奉承:～捧. ❹类似吹的动作:～风机.氢氧～管.不怕风～日晒.❺(事情)失败,(感情)破裂:事情～了.他们俩～了.

炊 chuī ㄔㄨㄟ 烧火做饭:～烟.～事员.～帚(zhou)(刷洗锅碗等的用具).

垂 chuí ㄔㄨㄟ ❶东西一头挂下来:～杨柳.～钓.～涎(喻羡慕).敬辞:～询.～念.[垂直]几何学上指两根直线、两个平面或一根直线和一个平面相交成直角。❷传下去,传留后世:永～不朽.名～千古.❸接近,快要:～危.功败～成(快要成功的时候遭到失败).

陲 chuí ㄔㄨㄟˊ 边疆,国境,靠边界的地方:边～.

捶(*搥) chuí ㄔㄨㄟˊ 敲打:～衣裳.～腿.

棰(❸❹*箠) chuí ㄔㄨㄟˊ ❶短棍子。❷用棍子打。❸鞭子。❹鞭打。

锤(❷❸*鎚) chuí ㄔㄨㄟˊ ❶秤锤,配合秤杆称分(fèn)量的金属块。❷(一子、一儿)敲打东西的器具:铁～.木～.❸用锤敲打:千～百炼.

椎 ⊖ chuí ㄔㄨㄟˊ ❶敲打东西的器具:铁～.❷敲打:～鼓.❸愚钝:～鲁.
　⊖ zhuī 见641页。

槌 chuí ㄔㄨㄟˊ (一子、一儿)敲打用具:棒～(chui).鼓～儿.

CHUN ㄔㄨㄣ

春 chūn ㄔㄨㄣ ❶春季,四季的第一季。[春秋]1.春季和秋季,泛指岁月:不知过了多少～～. 2. 年龄,年岁:～～已高. 3. 我国古代最早的一部编年体史书。4.泛指历史。5.我国历史上的一个时代(公元前770－公元前476 年)。因鲁国编年体史书《春秋》而得名。[青春]青年时代。❷指男女情欲:～情.～心.❸生气,生机:大地回～.妙手回～.

椿 chūn ㄔㄨㄣ 植物名。1.香椿,落叶乔木,叶初生时,有香气,可作菜吃,木材坚实细致。2. 臭椿,又叫"樗"(chū)。落叶乔木,夏天开花,白色。叶子有臭味,木材不坚固。

蝽 chūn ㄔㄨㄣ 椿象,昆虫,圆形或椭圆形,头部有单眼。种类很多,有的能放出恶臭,多数是害虫。

鰆 chūn ㄔㄨㄣ 鱼名,即马鲛,有的长达 1 米多,生活在海中。

纯 chún ㄔㄨㄣˊ ❶专一不杂(龛一粹):～洁.～钢.～蓝.❷熟练:～熟(shú).工夫不～.

莼(*蒓) chún ㄔㄨㄣˊ 莼菜,多年生水草,叶子椭圆形,浮生在水面,开暗红色的小花。茎和叶表面都有黏液,可以做汤吃。

唇(*脣) chún ㄔㄨㄣˊ 嘴唇,嘴的边缘红色部分。[唇齿]龛关系密切:～～相依.

淳 chún ㄔㄨㄣˊ 朴实,厚道:～朴.～厚.

鹑 chún ㄔㄨㄣˊ 即鹌(ān)鹑.[鹑衣]⑳破烂的旧衣服.

醇 chún ㄔㄨㄣˊ ❶酒味浓厚,纯:～酒.大～小疵(优点多,缺点少).❷同"淳".❸有机化合物的一大类,主要的通式是$C_nH_{2n+1}OH$,医药上常用的酒精,就是醇类中的乙醇.[木糖醇]从玉米芯、甘蔗渣等物中提取的有机化合物,味甜,可作为糖尿病人使用的甜味剂,并可预防龋(qǔ)齿.

蠢(❶*惷) chǔn ㄔㄨㄣˇ ❶愚笨,笨拙(⑳愚—):～才.❷虫子爬动.[蠢动]⑳坏人的扰乱活动.

CHUO ㄔㄨㄛ

逴 chuō ㄔㄨㄛ 远.

踔 chuō ㄔㄨㄛ ❶跳:～腾.❷超越.

戳 chuō ㄔㄨㄛ ❶用尖端触击:用手指头～了一下.❷因猛触硬物而受伤:打球～伤了手.❸竖立:把秫秸～起来.❹(一子、一儿)图章:邮～.盖～子.

娖 chuò ㄔㄨㄛˋ 谨慎(叠).

龊 chuò ㄔㄨㄛˋ 见 507 页"龌"字条"龌龊"(wò—).

啜 ㊀ chuò ㄔㄨㄛˋ ❶饮,吃:～茗(喝茶).～粥.❷哭泣的时候抽噎的样子:～泣.
㊁ chuài 见 66 页.

惙 chuò ㄔㄨㄛˋ ❶忧愁(叠).❷疲乏.

辍 chuò ㄔㄨㄛˋ 中止,停止:～学.岂能中～.

绰 ㊀ chuò ㄔㄨㄛˋ 宽裕:～～有余.这间屋子很宽～(chuo).
[绰号]外号.
㊁ chāo 见 52 页.

歠 chuò ㄔㄨㄛˋ ❶吸,喝.❷指可以喝的汤、粥等.

CI ㄘ

刺 ㊀ cī ㄘ 拟声词:～棱(—lēng)(动作迅速的声音).～溜(—liū)(脚底下滑动的声音).～～地冒火星儿.
㊁ cì 见 72 页.

差 ㊃ cī ㄘ 见 44 页"参"字条"参差"(cēn—).
㊀ chà 见 47 页.
㊁ chā 见 45 页.
㊂ chāi 见 47 页.

疵 cī ㄘ 毛病:吹毛求～(故意挑剔).

趑 ⊖ cī ㄘ 脚下滑动:登～了(脚没有踏稳).
⊖ cǐ 见72页.

词 cí ㄘ ❶在句子里能自由运用的最小的语言单位,如"人"、"马"、"水"、"商品"、"竞争"等.[词组]两个或两个以上的词的组合,也叫短语.❷语言,特指有组织的语言、文字:歌～.演讲～.义正～严.❸一种长短句押韵的文体.

祠 cí ㄘ 旧时供奉祖宗、鬼神或有功德的人的庙宇或房屋:～堂.先贤～.

茈 ⊖ cí ㄘ [凫茈](fú—)古书上指荸荠.
⊖ zǐ 见646页.

雌 cí ㄘ (旧读 cī)母的,阴性的,跟"雄"相对:～花.～鸡.～蕊.[雌黄]矿物名,橙黄色,可做颜料,古时用来涂改文字:妄下～～(乱改文字,乱下议论).信口～～(随意讥评).[雌雄]⑳胜负:一决～～.

茨 cí ㄘ ❶用茅或苇盖房子.❷蒺藜.

瓷 cí ㄘ 用高岭土(景德镇高岭产的黏土,现泛指做瓷器的土)烧成的一种质料,所做器物比陶器细致而坚硬.

兹(****茲**) ⊖ cí ㄘ 见403页"龟"字条"龟兹"(qiū—).
⊖ zī 见644页.

甆 cí ㄘ 同"瓷".

慈 cí ㄘ ❶慈爱,和善:敬老～幼.心～面善.❷指母亲:家～.

磁 cí ㄘ ❶磁性,物质能吸引铁、镍等的性质.[磁卡]表面带有磁性物质、可存储信息的卡片.如银行磁卡.[磁盘]表面带有磁性物质、可存储信息的圆盘,分为硬磁盘和软磁盘.[磁石]一种带有磁性的矿物.磁铁矿的俗称.又叫"吸铁石".化学成分是四氧化三铁.❷同"瓷".

鹚(***鷀**) cí ㄘ 见309页"鸬"字条"鸬鹚"(lú—).

糍(***餈**) cí ㄘ 一种用江米(糯米)做成的食品:～粑(bā).～团.

辞(**辭**、***辤**) cí ㄘ ❶告别:～行.❷不接受,请求离去:～职.⑳躲避,推托:虽死不～.不～辛苦.❸解雇:他被老板

~了．❹同"词❷"：~藻．❺古典文学的一种体裁：~赋．

此 cǐ ㄘˇ 代词。❶这，这个，跟"彼"相对：彼~．~人．~时．特~布告．❷这儿，这里：由~往西．到~为止．

泚 cǐ ㄘˇ ❶清，鲜明。❷用笔蘸墨：~笔作书．

跐 ⊖ cǐ ㄘˇ 踩，踏：脚~两只船．
　　⊜ cī 见71页。

次 cì ㄘˋ ❶第二：~日．~子．❷质量或品质较差：~货．~品．这东西太~．❸等第，顺序(圉—序)：名~．车~．依~前进．❹量词，回：第一~来北京．❺临时驻扎，也指途中停留的处所：舟~．旅~．

佽 cì ㄘˋ 帮助：~助．

伺 ⊖ cì ㄘˋ 同"伺⊖"，用于"伺候"。[伺候](—hou)1.旧指侍奉或受役使。2.照料：~~病人．
　　⊜ sì 见455页。

刺 ⊖ cì ㄘˋ ❶用有尖的东西穿进或杀伤：~绣．~杀．[刺激]1.光、声、热等引起生物体活动或变化的作用。圉一切使事物起变化的作用。2.精神上受到挫折、打击：这件事对他~~很大．❷暗杀：~客．被~．❸打听，侦探：~探．❹用尖刻的话指摘、嘲笑讽~．❺尖锐像针的东西：鱼~．~猬．~槐．❻名片：名~．[刺刺]说话没完没了：~~不休．
　　⊜ cī 见70页。

赐 cì ㄘˋ ❶给，指上级给下级或长辈给晚辈(圉赏—)：恩~．敬辞：~教(jiào)．希~回音．❷赏给的东西，给与的好处：皆受其~．受~良多．

CONG　　ㄘㄨㄥ

匆(＊怱、＊悤) cōng ㄘㄨㄥ 急促(叠)：~忙．来去~~．

葱(＊蔥) cōng ㄘㄨㄥ ❶多年生草本植物，叶圆筒状，中空，开白色小花。茎叶有辣味，是常吃的蔬菜。❷青色：~翠．

苁(蓯) cōng ㄘㄨㄥ [苁蓉](—róng)植物名。1.草苁蓉，一种寄生植物，叶、茎黄褐色，花淡紫色。2.肉苁蓉，一种寄生植物，茎和叶黄褐色，花紫褐色，茎可入药。

玱（瑲） cōng ㄘㄨㄥ ［玱瑢]（—róng）拟声词，佩玉相碰的声音。

枞（樅） ㊀cōng ㄘㄨㄥ 又叫"冷杉"。常绿乔木，果实椭圆形，暗紫色。木材供制器具，又可用作建筑材料。

㊁zōng 见 647 页。

囱 cōng ㄘㄨㄥ 烟囱，炉灶、锅炉出烟的通路。

骢 cōng ㄘㄨㄥ 青白色的马。

璁 cōng ㄘㄨㄥ 像玉的石头。

熜 cōng ㄘㄨㄥ ❶微火。❷热气。

聪（聰） cōng ㄘㄨㄥ ❶听觉灵敏：耳～目明.❷聪明，智力强：～颖.～慧.

从（從） cóng ㄘㄨㄥ ❶跟随：愿～其后.❷依顺：服～.胁～.言听计～.❸参与：～政.～军.❹介词，自，由：～南到北.～古到今.［从而]连词，由此：坚持改革开放，～～改变了贫穷和落后的面貌.［从来]副词，向来，一向：他～～不为个人打算.❺采取某种态度或方式：～速解决.一切～简.～宽处理.❻跟随的人：仆～.随～.❼指堂房亲属：～兄弟.～伯叔.❽次要的：主～.分别首～.（❻❼❽三义旧读 zòng）

［从容]不慌不忙：举止～～.～不迫.⑪充裕：手头～～.时间～～.

〈古〉又同纵横的"纵".

丛（叢、**樷） cóng ㄘㄨㄥ ❶聚集，许多事物凑在一起：草木～生.百事～集.❷聚在一起的人或物：人～.草～.

淙 cóng ㄘㄨㄥ 拟声词，流水声（叠）.

悰 cóng ㄘㄨㄥ ❶快乐.❷心情.

琮 cóng ㄘㄨㄥ 古时的一种玉器，筒状，外边八角，中间圆形。

賨 cóng ㄘㄨㄥ 秦汉时期今湖南、重庆、四川一带少数民族所缴的一种赋税。后也指这部分少数民族。

潀 cóng ㄘㄨㄥ ❶小水汇入大水.❷水声.

COU ㄘㄨ

凑（*湊） còu ㄘㄡ ❶聚合：～在一起.～钱.［凑合]（—he）1.同"凑❶".2.将就：～～着用吧.❷

接近:～上去.往前～.[凑巧]
碰巧。

辏　còu ㄘㄡ 车轮的辐聚集
到中心:辐～.

腠　còu ㄘㄡ 肌肤上的纹理。

C

CU　ㄘㄨ

粗(*觕、*麤、**麁)
cū ㄘㄨ ❶跟"细"相对。1.颗
粒大的:～沙子.～面.2.长条
东西直径大的:～线.这棵树
长(zhǎng)得很～.～枝大叶
(喻疏忽).3.毛糙,不精致的:
板面很～.～瓷.～布.去～取
精.4.声音低而大:嗓音很～.
5.疏忽,不周密:～心.～～一
想.❷鲁莽(匬－鲁):～暴.～
人.这话太～.

徂　cú ㄘㄨ ❶往。❷过去。
❸开始。❹同"殂"。

殂　cú ㄘㄨ 死亡:崩～.

卒　㊀ cù ㄘㄨ 同"猝"。
㊁ zú 见 650 页。

猝　cù ㄘㄨ 忽然:～生变化.
～不及防.

促　cù ㄘㄨ ❶靠近:～膝谈
心.❷时间极短,急迫:急
～.短～.❸催,推动:督～.

进.～销.

酢　㊀ cù ㄘㄨ 同"醋"。[酢
浆草]多年生草本植物,
匍匐茎,掌状复叶,茎、叶有酸
味,开黄色小花,结蒴果,圆柱
形。全草可入药。
㊁ zuò 见 653 页。

醋　cù ㄘㄨ 一种调味用的液
体,味酸,用酒或酒糟发
酵制成,也可用米、麦、高粱等
直接酿制。

蔟　cù ㄘㄨ 蚕蔟,用麦秆等
做成,蚕在上面做茧。

簇　cù ㄘㄨ ❶丛聚,聚成一
团:～拥.花团锦～.❷量
词,用于聚成团的东西:一～
鲜花.

踧　cù ㄘㄨ ❶形容惊惧不
安。[踧踖](－jí)恭敬
而不安的样子。❷同"蹙"。

蹙　cù ㄘㄨ ❶急促:气～.❷
困窘:穷～.❸缩小,收
敛:～眉.颦～(皱眉头).

蹴(*蹵)　cù ㄘㄨ ❶踢:
～鞠(jū)(踢
球).❷踏:一～而就(一下子
就成功).

CUAN　ㄘㄨㄢ

汆　cuān ㄘㄨㄢ ❶把食物放
到开水里稍微一煮:～

汤.～丸子.❷(－子、－儿)烧水用的薄铁筒,能很快地把水煮开。❸用氽子把水烧开:～了一氽子水.

撺(攛)

cuān ㄘㄨㄢ〈方〉
❶抛掷。❷匆忙地做,乱抓:事先没准备,临时现～.❸(－儿)发怒,发脾气:他～儿了.

[撺掇](－duo)怂恿,劝诱别人做某种事情:你就是～～他,他也不去。你自己不干,为什么～～我呢?

镩(鑹)

cuān ㄘㄨㄢ 冰镩,一种铁制的凿冰器具。

蹿(躥)

cuān ㄘㄨㄢ 向上跳:猫～到房上去了.

攒(**儹)

㊀cuán ㄘㄨㄢ
聚,凑集,拼凑:～凑.～钱.～电视机.

㊁zǎn 见 599 页。

窜(竄)

cuàn ㄘㄨㄢ ❶逃走,乱跑:东跑西～.打得敌人抱头鼠～.❷放逐,驱逐。❸修改文字:～改.点～.

篡

cuàn ㄘㄨㄢ ❶封建时代指臣子夺取君位。❷用阴谋手段夺取地位或权力。

爨

cuàn ㄘㄨㄢ ❶烧火做饭:分～(旧时指分家).同居各～.❷灶。

CUI ㄘㄨㄟ

衰

㊀cuī ㄘㄨㄟ〈古〉❶等衰,等差,等次,等级。❷同"缞"。

㊁shuāi 见 450 页。

缞

cuī ㄘㄨㄟ 古时用粗麻布制成的丧服。也作"衰"。

榱

cuī ㄘㄨㄟ 古代指椽子。

崔

cuī ㄘㄨㄟ 姓。

[崔嵬](－wéi)山高大不平。

催

cuī ㄘㄨㄟ ❶催促,使赶快行动:～办.～他早点动身.❷使事物的产生、发展变化加快:～生.～化剂.

摧

cuī ㄘㄨㄟ 破坏,折断:～毁.～残.无坚不～.～枯拉朽(喻腐朽势力很容易打垮).

璀

cuǐ ㄘㄨㄟ [璀璨](－càn)形容玉石的光泽鲜明夺目。

脆

cuì ㄘㄨㄟ ❶容易折断,容易碎,跟"韧"相对:～枣.这纸太～.[脆弱]懦弱,不坚强。❷声音响亮、清爽:嗓音挺～.❸〈方〉干脆,说话做事爽利痛快:办事很～.

萃 cuì ㄘㄨㄟ 草丛生.㽉聚在一起的人或物:出类拔～(超出同类).

啐 cuì ㄘㄨㄟ 用力从嘴里吐出来:～一口痰.

淬(**焠) cuì ㄘㄨㄟ 淬火,金属和玻璃的一种热处理工艺,把合金制品或玻璃加热到一定温度,随即在水、油或空气中急速冷却,一般用以提高合金的硬度和强度。通称"蘸火"。[淬砺]㽉刻苦锻炼,努力提高。

悴(*顇) cuì ㄘㄨㄟ 见395页"憔"字条"憔悴"(qiáo－)。

瘁 cuì ㄘㄨㄟ 过度劳累:鞠躬尽～.心力交～.

粹 cuì ㄘㄨㄟ ❶不杂:纯～.❷精华(働精－):国～(指我国传统文化的精华,曾经含有盲目崇拜旧文化的保守意味).

翠 cuì ㄘㄨㄟ ❶翠鸟,鸟名,又叫"鱼狗"。羽毛青绿色,尾短,捕食小鱼。❷绿色的玉,翡翠:珠～.❸绿色:～绿.～竹.

膵(**脺) cuì ㄘㄨㄟ 膵脏(zàng),胰腺的旧称。

毳 cuì ㄘㄨㄟ 鸟兽的细毛。[毳毛]就是寒毛,人体表面生的细毛。

CUN　ㄘㄨㄣ

村(*邨) cūn ㄘㄨㄣ ❶(－子、－儿)乡村,村庄。❷粗俗:～话.

皴 cūn ㄘㄨㄣ ❶皮肤因受冻或受风吹而干裂:手都～了.❷皮肤上积存的泥垢和脱落的表皮:一脖子～.❸中国画的一种画法,涂出山石的纹理和阴阳向背。

存 cún ㄘㄨㄣ ❶在,活着:～在.～亡.❷保留,留下:～留.去伪～真.[存盘]把计算机中的信息存储到磁盘上。[存心]居心,怀着某种想法:～～不良.❸储蓄:～款.整～整取.❹寄放:～车.❺停聚:小孩儿～食了.下水道修好,街上就不～水了.❻慰问:～问.～恤.～恤.

蹲 ㊀ cún ㄘㄨㄣ 脚、腿猛然落地受伤:他跳下来～了腿了.
　　㊁ dūn 见111页。

忖 cǔn ㄘㄨㄣ 揣度(chuǎi duó),思量:～度(duó).

自～.

寸 cùn ㄘㄨㄣˋ 市制长度单位,一尺的十分之一,约合 3.33 厘米。⟨喻⟩短小:～阴.～步.手无～铁.鼠目～光.

时 cùn ㄘㄨㄣˋ 也读作 yīng-cùn. 英美制长度单位,一呎的十二分之一,合 2.54 厘米。现写作"英寸"。

CUO ㄘㄨㄛ

搓 cuō ㄘㄨㄛ 两个手掌相对或把手掌放在别的东西上反复揉擦:～手.～绳子.

磋 cuō ㄘㄨㄛ 把骨、角磨制成器物。[磋商]商量。

蹉 cuō ㄘㄨㄛ ❶跌,倒。❷失误,差错。[蹉跎](－tuó)把时光白耽误过去:岁月～～.

撮 ㊀ cuō ㄘㄨㄛ ❶聚起,现多指把聚拢的东西用簸箕等物铲起:～成一堆.把土～起来.[撮合]给双方拉关系。[撮口呼]ü韵母和拿ü开头的韵母叫作"撮口呼"。❷取,摘取:～要(摘取要点).❸市制容量单位,一升的千分之一。❹(－儿)量词:一～米.一～儿土.

㊁ zuǒ 见 652 页。

嵯 cuó ㄘㄨㄛ [嵯峨](－é)山势高峻。

瘥 ㊀ cuó ㄘㄨㄛ 病。

㊁ chài 见 48 页。

醝(醝) cuó ㄘㄨㄛ ❶盐。❷咸:～鱼.

矬 cuó ㄘㄨㄛ 〈方〉矮:他长得太～.

痤 cuó ㄘㄨㄛ 痤疮,一种皮肤病,多生在青年人的面部,通常是有黑头的小红疙瘩。俗称"粉刺"。

酇 cuó ㄘㄨㄛ [酇阳][酇城]地名,都在河南省永城西。

脞 cuǒ ㄘㄨㄛ 小而繁。[丛脞]细碎,烦琐。

挫 cuò ㄘㄨㄛ ❶挫折,事情进行不顺利,失败:经过了许多～折.事遭～阻.❷按下,使音调降低:语音抑扬顿～.

莝 cuò ㄘㄨㄛ 莝草,铡碎的草。

锉(＊剉) cuò ㄘㄨㄛ ❶用钢制成的磨铜、铁、竹、木等的工具。❷用锉磨东西:把锯～一～.❸折伤。

厝 cuò ㄘㄨㄛ ❶放置:～火积薪(把火放在柴堆下,喻隐患).❷停柩(jiù),把棺材停放待葬,或浅埋以待改葬。

措 cuò ㄘㄨㄛˋ ❶安放,安排:～辞.～手不及(来不及应付).❷筹划办理:～借,筹～款项.～施(对事情采取的办法).

错 cuò ㄘㄨㄛˋ ❶不正确,不对,与实际不符(鐽—误):你弄～了.没～儿.[错觉](—jué)跟事实不符的知觉,视、听、触各种感觉都有错觉。❷差,坏(用于否定式):今年的收成～不了.他的身体真不～.❸交叉着:～杂.～落.～综复杂.犬牙交～.❹岔开:～车.～过机会.❺磨玉的石:他山之石,可以为～.❻古同"措".

D ㄉ

DA　ㄉㄚ

哒 dā ㄉㄚ (发音短促)吆喝牲口前进的声音。

耷 dā ㄉㄚ 大耳朵。[耷拉](—la)向下垂:狗～～着尾巴跑了.饱满的谷穗～～着头.

哒(噠) dā ㄉㄚ 同"嗒㊀"。

搭 dā ㄉㄚ ❶支起,架起:～棚.～架子.～桥.[搭救]帮助人脱离危险或灾难。❷共同抬:把桌子～起来.❸相交接.1.连接,接触:两根电线～上了.2.凑在一起:～伙.3.搭配,配合:两种材料～着用.4.放在支撑物上:把衣服～在竹竿上.身上～着一条毛毯.❹乘坐车船、飞机等:～载(zài).～车.～船.～班机.

嗒 ㊀ dā ㄉㄚ 拟声词,马蹄声、机关枪声等(叠)。
㊁ tà 见465页。

镗 dā ㄉㄚ 铁镗,翻土的农具。

褡 dā ㄉㄚ [褡裢](—lian)一种口袋,中间开口,两头装东西。

答(**答**) ㊀ dā ㄉㄚ 同"答㊁",用于口语"答应"、"答理"等词。[答理](—li)打招呼,理睬。[答应](—ying)1.应声回答。2.允许:我们坚决不～～.
㊁ dá 见79页。

打 ㊀ dá ㄉㄚˊ (外)量词,12个为1打。
㊁ dǎ 见79页。

达(達) dá ㄉㄚˊ ❶通,到达:抵～.四通八～.火车从北京直～上海.❷

通达,对事理认识得透彻:通
～事理.通权～变(不拘常规,
采取变通办法).[达观]对不
如意的事情看得开.❸达到,
实现:目的已～.～成协议.❹
告知,表达:转～.传～命令.
词不～意.❺旧时称人得到有
权有势的地位(⑱显一):～
官.

[达斡尔族](－wò－－)我国
少数民族,参看附表.

荙(蓬) dá ㄉㄚˊ 见253
页"莙"字条"莙
荙菜"(jūn－－).

鞑(韃) dá ㄉㄚˊ [鞑靼]
(－dá)我国古代
对北方少数民族的统称.

沓 ㊀ dá ㄉㄚˊ (－子、－儿)
量词,用于叠起来的纸张
或其他薄的东西:一～子信
纸.

㊁ tà 见465页.

怛 dá ㄉㄚˊ 忧伤,悲苦.

妲 dá ㄉㄚˊ 用于人名.妲
己,商纣王的妃子.

炟 dá ㄉㄚˊ 用于人名.刘
炟,东汉章帝.

笡 dá ㄉㄚˊ ❶用粗竹篾编
的像席的东西,用来晾晒
粮食等.❷拉船的竹索.❸
姓.

靼 dá ㄉㄚˊ 见79页"鞑"字
条"鞑靼"(dá－).

答(＊＊荅) ㊀ dá ㄉㄚˊ ❶回答,回复
(⑱－复):问～.～话.❷还
报:报～.～谢.～礼.

㊁ dā 见78页.

瘩 ㊀ dá ㄉㄚˊ [瘩背]中医
称生在背部的痈.也叫
"搭手".

㊁ da 见80页.

打 ㊀ dǎ ㄉㄚˇ ❶击:～铁.
门.～鼓.～靶.～垮.⑤
放射:～枪.～闪.[打击]使
受到挫折:～～侵略者.❷表
示各种动作,代替许多有具体
意义的动词.1.除去:～虫.
～沫(把液体上面的沫去掉).
～食(服药帮助消化).2.毁
坏,损伤,破碎:衣服被虫～
了.碗～了.3.取,收,捕:～
鱼.～粮食.～柴.～水.4.
购买:～车票.～酒.5.举:～
伞.～灯笼.～旗子.6.揭
开,破开:～帐子.～西瓜.
～鸡蛋.7.建造:～井.～墙.
8.制作,编织:～镰刀.～桌
椅.～毛衣.9.捆扎:～铺盖
卷.～裹腿.10.涂抹:～蜡.
～桐油.11.玩耍,做某种文体
活动:～秋千.～球.12.通,
发:～一个电报去.～电话.

13.计算:精～细算.设备费～二百元.14.立,定:～下基础.～主意.～草稿.15.从事或担任某些工作:～杂儿.～前站.16.表示身体上的某些动作:～手势.～冷战.～哈欠.～前失(马前腿跌倒).～滚儿.❸与某些动词结合为一个动词:～扮.～扫.～搅.～扰.❹介词,从,自:～去年起.～哪里来?

㊀ dá 见78页.

大 ㊀ dà ㄉㄚˋ ❶跟"小"相对.1.占的空间较多,面积较广,容量较多:～山.～树.这间房比那间～.2.数量较多:～众.～量.3.程度深,范围广:～冷天.～干社会主义.～快人心.4.声音较响:～声说话.5.年长,排行第一:～哥.老～.6.敬辞:～作.尊姓～名.[大夫]古代官职名称.(另 dàifu,见"大"dài)[大王]1.古代尊称国王.2.指最长于某种事情的人:爆破～～.3.指垄断某种行业的人:钢铁～～.(另 dàiwang,见"大"dài)❷时间更远:～前年.～后天.❸不很详细,不很准确:～略.～概.～约.❹〈方〉称父亲或伯父.

[大黄](dà—)(dài—)(又)又叫

"川军".多年生草本植物,夏季多数开黄白色小花,根及根状茎粗壮,黄色,可入药.

〈古〉又同"太"、"泰"(tài),如"大子"、"大山"等.

㊁ dài 见81页.

跶(達) da ㄉㄚ 见148页"圪"字条"圪跶"(gē—).

绐(縋) da ㄉㄚ 见148页"纥"字条"纥绐"(gē—).

跶(躂) da ㄉㄚ 见23页"蹦"字条"蹦跶"(bèng—).

瘩 ㊀ da ㄉㄚ 见148页"疙"字条"疙瘩"(gē—).

㊁ dá 见79页.

DAI ㄉㄞ

呆(*獃) dāi ㄉㄞ ❶傻,愚蠢.❷死板,发愣:两眼发～.他～～地站在那里.～板.❸同"待㊀".

呔 dāi ㄉㄞ 叹词,突然大喝一声,使人注意.

待 ㊀ dāi ㄉㄞ 停留,逗留,迟延,也作"呆":你～一会儿再走.

㊁ dài 见82页.

万 dǎi ㄉㄞ 坏,恶:～人.～意.为非作～.[好歹]1.好和坏:不知～～.2.危险(多指生命危险):他要有个～～,就惨了.3.无论如何:～～你得(děi)去一趟.

逮 ㊀ dǎi ㄉㄞ 捉,捕,用于口语:～老鼠.～蝗虫.
㊁ dài 见 82 页。

傣 dǎi ㄉㄞ [傣族]我国少数民族,参看附表.

大 ㊀ dài ㄉㄞ [大城]地名,在河北省.[大夫](-fu)医生.(另 dàfū,见"大"dà)[大王](-wang)旧戏曲、小说中对国王、山寨头领或大帮强盗首领的称呼.(另 dàwáng,见"大"dà)
㊀ dà 见 80 页。

轪 dài ㄉㄞ 包在车毂端的铜皮、铁皮.

代 dài ㄉㄞ ❶替(㊫-替、替-):～理.～办.～耕.[代表]1.受委托或被选举出来替别人或大家办事:我～～他去.他～～一个单位.2.被选派的人:工会～～.全权～.[代词]代替名词、动词、形容词、数词或量词的词,如"我、你、他、谁、什么、这样、那么些"等.[代价]获得某种东西所付出的价钱.❷为达到某种目的所花费的精力和物质.❷历史上划分的时期,世(㊫世—、时—):古～.近～.现～.清～.[年代]1.泛指时间:～～久远.2.十年的时期(前面须有确定的世纪):20世纪 50～～(1950—1959).❸世系的辈分:第二～.下一～.[代沟]指两代人之间在思想观念、心理状态、生活方式等方面的巨大差异.❹地质年代分期的第二级,在"宙"之下、"纪"之上:古生～.中生～.新生～.

岱 dài ㄉㄞ 五岳中东岳泰山的别称,又叫"岱宗"、"岱岳",在山东省.

玳(＊瑇) dài ㄉㄞ [玳瑁](-mào)(旧读-mèi)一种爬行动物,跟龟相似.甲壳黄褐色,有黑斑,很光滑.生在海中.

贷 dài ㄉㄞ ❶借贷,借入或借出(簿记学上专指借出):～款.❷贷款:农～.❸推卸给旁人:责无旁～.❹宽恕,饶恕:严惩不～.

袋 dài ㄉㄞ (-子、-儿)衣兜或用布、皮等做成的盛(chéng)东西的器物:布～.衣～.面口～.[烟袋]抽旱烟或水烟的用具:水～～.～～锅儿.

黛 dài ㄉㄞˋ 青黑色的颜料，古代女子用来画眉：～眉．粉～．

甙 dài ㄉㄞˋ 有机化合物的一类，多存在于植物体中。中药车前、甘草、陈皮等都是含甙的药物。现叫"苷"（gān）。

迨 dài ㄉㄞˋ ❶等到，达到。❷趁。

绐 dài ㄉㄞˋ 欺哄。

殆 dài ㄉㄞˋ ❶几乎，差不多：敌人伤亡～尽。❷危险：危～．知彼知己，百战不～．

怠 dài ㄉㄞˋ 懒惰，松懈（逾—惰、懒—、懈—）。

带（帶） dài ㄉㄞˋ ❶（—子、—儿）用皮、布或纱线等物做成的长条：皮～．腰～．鞋～儿．囤轮胎：外～．里～．❷地带，区域：温～．寒～．沿海一～．❸携带：腰里～着盒子枪．～着行李．❹捎，顺便做，连着一起做：你给他～个口信去．把门～上．连送信～买菜．❺显出，有：面～笑容．～花纹的．❻领，率领（逾—领）：～路．～兵．起～头作用．❼白带，女子阴道流出的白色黏液，如量过多是阴道或子宫发炎的一种症状，白带有血的叫"赤带"。[带下]中医指女子赤、白带症。

待 ⊖ dài ㄉㄞˋ ❶等，等候（逾等—）：～业．～机出击．尚～研究．❷对待，招待：～人接物．大家～我太好了．～客．[待遇]在社会上享有的权利、地位等：政治～～．物质～～．特指工资、食宿等：调整～～．❸需要：自不～言．❹将，要（古典戏曲小说和现代某些方言的用法）：正～出门，有人来了．
⊜ dāi 见80页。

埭 dài ㄉㄞˋ 土坝。

逮 ⊖ dài ㄉㄞˋ ❶到，及：力有未～．～乎清季（到了清代末年）．❷逮捕，捉拿。
⊜ dǎi 见81页。

叇（靆） dài ㄉㄞˋ 见4页"叆"字条"叆叇"（ài—）。

戴 dài ㄉㄞˋ ❶加在头、面、颈、手等处：～帽子．～眼镜．～红领巾．～笼头．披星～月（喻夜里赶路或在外劳动）．❷尊奉，推崇：推～．拥～．爱～．

襶 dài ㄉㄞˋ 见348页"襶"字条"襶襶"（nài—）。

DAN ㄉㄢ

丹 dān ㄉㄢ ❶红色：～心.～砂(朱砂).❷一种依成方配制成的中药，通常是颗粒状或粉末状的：丸散(sǎn)膏～.灵～妙药.

担(擔) ㊀ dān ㄉㄢ ❶用肩膀挑：～水.～着两筐青菜.[担心]忧虑，顾虑：我～～他身体受不了.❷担负，承当：～风险.～责任.

㊁ dàn 见 84 页.

㊂ dǎn 见 84 页.

单(單) ㊀ dān ㄉㄢ ❶种类少，不复杂：简～.～纯.～式簿记.㊴副词，只，仅：做事～靠热情不够.不提别的，～说这件事.[单位] 1.计算物体轻重、长短及数量的标准. 2.指机关、团体或属于一个机关、团体的各个部门：那里有五个直属～～.❷独，一：～身.打一～.枪匹马.～数(跟"复数"相对).❸奇(jī)数的：～日.～号.～数(一、三、五、七等，跟"双数"相对).[单薄](－bó)1.薄，少：穿得很～～. 2.弱：他身子骨太～～.人力～～.❹(－子、－儿)记载事物用的纸片：～据.传～.账～儿.清～.药～.❺衣服被褥等只有一层的：～衣.～裤.❻(－子、－儿)覆盖用的布：被～.床～.褥～儿.

㊁ shàn 见 427 页.

㊂ chán 见 48 页.

郸(鄲) dān ㄉㄢ [郸城]地名，在河南省.

殚(殫) dān ㄉㄢ 尽，竭尽：～力.～心.～思极虑.

箪(簞) dān ㄉㄢ 古代盛(chéng)饭的圆竹器：～食壶浆(古代百姓用箪盛饭、用壶盛汤来慰劳所爱戴的军队).

眈 dān ㄉㄢ [眈眈]注视的样子：虎视～～(凶狠贪婪地看着).

耽(❶＊躭) dān ㄉㄢ ❶迟延.[耽搁](－ge)迟延，停止没进行：这件事～～了很久.[耽误](－wu)因耽搁或错过时机而误事：不能～～生产.❷沉溺，入迷：～乐(lè).～于幻想.

酖 ㊀ dān ㄉㄢ 同"耽❷".

㊁ zhèn 见 619 页"鸩".

聃(＊＊耼) dān ㄉㄢ 古代哲学家老子的名字.

儋 dān ㄉㄢ 儋州，地名，在海南省。

担 ⊖ dǎn ㄉㄢ 拂，拂拭。后作"掸"。
⊖ dān 见 83 页。
⊜ dàn 见 84 页。

胆（膽） dǎn ㄉㄢ ❶胆囊，俗叫"苦胆"，是一个梨状的袋子，在肝脏右叶的下部，内储黄绿色的汁液，叫胆汁，味很苦，有帮助消化、杀菌、防腐等作用。（图见 600 页"脏"）❷（一子、一儿）胆量：～怯.～子小.～大心细.❸某些器物的内层：球～.暖瓶～.

疸 dǎn ㄉㄢ 黄疸，病人的皮肤、黏膜和眼球的巩膜等都呈黄色，是由胆红素大量出现在血液中所引起的，是多种病（肝脏病、胆囊病、血液病等）的症状。

掸（撢、**撣） ⊖ dǎn ㄉㄢ 拂，打去尘土：～桌子.～衣服.
⊖ shàn 见 427 页。

赕 dǎn ㄉㄢ （傣）奉献：～佛.

亶 dǎn ㄉㄢ 实在，诚然。

石 ⊖ dàn ㄉㄢ 市制容量单位，1 石是 10 斗，合 100 升。（此义在古书中读 shí，如"二千石"）
⊖ shí 见 439 页。

旦 dàn ㄉㄢ ❶早晨：～暮.枕戈待～.⑪天，日：元～.一～发现问题，立刻想法解决.[旦夕]1.早晨和晚上。2.在很短的时间内：危在～～.❷传统戏曲里扮演妇女的角色。

但 dàn ㄉㄢ ❶只，仅：～愿能成功.我们不～保证完成任务，还要提高质量.[但凡]只要：～～我有工夫，我就去看他.❷连词，但是，不过：我们热爱和平，～也不怕战争.

担（擔） ⊖ dàn ㄉㄢ ❶扁担，挑东西的用具，多用竹、木做成.❷（一子）一挑儿东西：货郎～.⑪担负的责任：重～.不怕～子重.❸市制重量单位，1 担是 100 斤，合 50 千克.❹量词：一～水.
⊖ dān 见 83 页。
⊜ dǎn 见 84 页。

疍 dàn ㄉㄢ [疍民]过去广东、广西、福建内河和沿海一带的水上居民。多以船为家，从事渔业、运输业。

诞 dàn ㄉㄢ ❶诞生，人出生：～辰（生日）.❷生日：华～.❸荒唐的，不合情理的：

荒～不经.怪～.

苕 dàn ㄉㄢˋ 见 176 页"菡"字条"菡萏"(hàn—)。

啖(*啗、*噉) dàn ㄉㄢˋ ❶吃或给人吃。❷拿利益引诱人:～以私利.

淡 dàn ㄉㄢˋ ❶含的盐分少,跟"咸"相对:菜太～.～水湖.❷含某种成分少,稀薄,跟"浓"相对:～绿.～酒.云～风轻.❸不热心:态度冷～.他～～地说了一句话.❹营业不旺盛:～月.～季.

氮 dàn ㄉㄢˋ 一种化学元素,在通常条件下为气体,符号 N,无色、无臭、无味,化学性质不活泼。可制氮肥.

惮(憚) dàn ㄉㄢˋ 怕,畏惧:不～烦.肆无忌～.

弹(彈) ㊀ dàn ㄉㄢˋ ❶可以用弹(tán)力发射出去的小丸:～丸.❷装有爆炸物可以击毁人、物的东西:炮～.炸～.手榴～.

㊁ tán 见 468 页.

瘅(癉) dàn ㄉㄢˋ ❶因劳累造成的病。❷憎恨:彰善～恶.

蛋 dàn ㄉㄢˋ ❶鸟、龟、蛇等生的带有外壳的卵,受过精的可以孵出小动物:鸡～.鸭～.蛇～.❷(一子、一儿)形状像蛋的东西:山药～.驴粪～儿.

澹 ㊀ dàn ㄉㄢˋ ❶(叠)水波起伏的样子。❷安静:恬～.

㊁ tán 见 468 页.

DANG ㄉㄤ

当(當、⁷噹) ㊀ dāng ㄉㄤ ❶充,担任:开会～主席.人民～了主人.⑨承担:好汉做事好汉～.[当选]选举时被选上:他～～为人民代表.❷掌管,主持:～家.～权.～局.❸介词,正在那时候或那地方:～学习的时候,不要做别的事.～胸就是一拳.～面说清.～初.[当即]立刻:～～散会.[当年][当日]从前:想～～我离家的时候,这里还没有火车.(另 dàng 一,见"当"dàng)[当前]目前,眼下,现阶段:～～任务.[当下]马上,立刻:～～就去.❹相当,相称(chèn)相配:旗鼓相～.门～户对.❺应当,应该:～办就办.不～问的不问.❻顶端,头:瓜～(瓜蒂).瓦～(屋檐顶端的盖瓦头,俗叫"猫头"). ❼拟声词,撞击金属器物的声音:小锣敲得～～响.[当啷](-lāng)拟声词,摇铃或其他金属器物撞击的声音:～～～～,上课铃响了.

[当心]留心,小心。

　　　㊁ dàng 见86页。

珰(璫) dāng ㄉㄤ ❶妇女戴在耳垂上的装饰品。❷汉代武职宦官帽子上的装饰品。后来借指宦官。

铛(鐺) ㊀ dāng ㄉㄤ 同"当㊀❼".

　　　㊁ chēng 见56页。

裆(襠) dāng ㄉㄤ 裤裆,两裤腿相连的地方:横～.直～.开～裤.(图见563页"衣")㊅两腿相连的地方。

筜(簹) dāng ㄉㄤ 见595页"筼"字条"筼筜"(yún-)。

挡(擋、*攩) ㊀ dǎng ㄉㄤ ❶阻拦,遮蔽(⊕阻一、拦一):水来土～.把风～住.拿芭蕉扇～着太阳.❷(一子、一儿)用来遮蔽的东西:炉～.窗户～儿.

　　　㊁ dàng 见86页。

党(黨) dǎng ㄉㄤ ❶政党。在我国特指中国共产党。❷由私人利害关系结成的集团:死～.结～营私.[党羽]附从的人(指帮同作恶的)。❸偏袒:～同伐异。❹旧时指亲族:父～.母～.妻～.

谠(讜) dǎng ㄉㄤ 正直的(言论):～言.～论.

当(當) ㊀ dàng ㄉㄤ ❶恰当,合宜:处理得～.用词不～.妥～的办法.适～的休息.❷抵得上,等于:一个人～俩人用.❸当作,作为:安步～车.不要把他～外人.㊅认为:你～我不知道吗?❹表示在同一时间:他～天就走了.[当年]本年,在同一年:～～种,～～收.～～受益.(另 dāng-,见"当"dāng)[当日]本日,在同一天:～～的火车票.(另 dāng-,见"当"dāng)❺用实物作抵押向当铺借钱。❻押在当铺里的实物。

[上当]吃亏,受骗。

　　　㊀ dāng 见85页。

垱(壋) dàng ㄉㄤ 〈方〉为便于灌溉而筑的小土堤。

挡(擋) ㊁ dàng ㄉㄤ [摒挡](bìng-)收

拾,料理。

㊀ dǎng 见 86 页。

档(檔) dàng ㄉㄤˋ ❶存放案卷用的带格子的橱架:归~。❷档案,分类保存的文件、材料等:查~。❸等级:~次.高~商品.❹(一子、一儿)量词,件,桩:一~子事.

凼(****氹)** dàng ㄉㄤˋ〈方〉塘,水坑:水~.~肥.

砀(碭) dàng ㄉㄤˋ[砀山]地名,在安徽省。

荡(蕩、❶-❸***盪)** dàng ㄉㄤˋ ❶清除,弄光:倾家~产.❷洗涤:涤~.❸摇动(龜摇一):~舟.~秋千.[荡漾](一yàng)水波一起一伏地动.❹不受约束或行为不检点(龜浪一、放一).❺浅水湖:芦花~.黄天~.

宕 dàng ㄉㄤˋ 延迟,拖延:延~.

菪 dàng ㄉㄤˋ 见 279 页"莨"字条"莨菪"(làng一)。

DAO ㄉㄠ

刀 dāo ㄉㄠ ❶(一子、一儿)用来切、割、斩、削、刺的工具:镰~.菜~.刺~.旋~.铅笔~儿.❷量词,纸张单位,通常为 100 张.❸古代的一种钱币。

叨 ㊀ dāo ㄉㄠ[叨叨](一dao)话多.[叨唠](一lao)翻来覆去地说。

㊁ tāo 见 472 页。

忉 dāo ㄉㄠ[忉忉]忧愁,焦虑。

鱽 dāo ㄉㄠ 鱽鱼(现多写作"刀鱼")。1.我国北方也称带鱼为刀鱼,体长而侧扁,银白色,无鳞,牙齿发达,肉可吃。2.就是刀鲚(jì),平时生活在海里,产卵时进入长江下游。

氘 dāo ㄉㄠ 氢的同位素之一,符号 D,质量数 2,用于热核反应。

捯 dáo ㄉㄠˊ 两手不住倒换着拉回线、绳子等:把风筝~下来.㊀追溯,追究原因:这件事到今天还没~出头儿来呢.

[捯饬](一chi)〈方〉打扮,修饰。

导(導) dǎo ㄉㄠˇ ❶指引,带领:领~.~游.~航.㊀指教,教诲:开~.教~.劝~.[导言]绪论.[导演]指导排演戏剧或指导拍摄电影,也指担任这种工作的人。❷疏导:～管.～尿.～淮入海.❸传导:～热.～电.～体.

岛(島) dǎo ㄉㄠˇ 海洋或湖泊里四面被水围着的陆地叫岛。三面被水围着的陆地叫半岛。

捣(搗、*擣) dǎo ㄉㄠˇ ❶砸,春,捶打:～蒜.～米.～衣.⑤冲,攻打:直～敌巢.❷搅扰:～乱.～鬼.

倒 ㊀ dǎo ㄉㄠˇ ❶竖立的东西躺下来:墙～了.摔～.⑤指工商业因亏累而关门:～闭.[倒霉](*倒楣)事情不顺利,受挫折。❷转移,更换:～手.～车.～换.❸倒买倒卖,进行投机活动:～汇.～邮票.❹指食欲变得不好:老吃白菜,真～胃口.

㊁ dào 见88页。

祷(禱) dǎo ㄉㄠˇ 教徒或迷信的人向天、神求助:祈～.敬辞(书信用语):为～.盼～.

蹈 dǎo ㄉㄠˇ ❶踩,践踏:～白刃而不顾(喻不顾危险).赴汤～火.⑤实行,遵循:循规～矩.❷跳动:手舞足～.

到 dào ㄉㄠˋ ❶达到,到达:～北京.～十二点.不～两万人.坚持～底.[到处]处处,不论哪里。❷往:～祖国最需要的地方去.❸周到,全顾得着:有不～的地方请原谅.❹表示动作的效果:办得～.做不～.达～先进水平.

倒 ㊀ dào ㄉㄠˋ ❶上下或前后颠倒:这面镜子挂～了.把那几本书～过来.～数第一.[倒粪]把堆着的粪来回翻动弄碎。❷把容器反转或倾斜使里面的东西出来:～茶.～水.❸向后,往回退:～退.～车(车向后退).❹副词,反而,却,相反:这～好了.跑了一天,～不觉得累.

㊁ dǎo 见88页。

帱(幬) ㊀ dào ㄉㄠˋ 覆盖。

㊁ chóu 见62页。

焘(燾) dào ㄉㄠˋ tāo ㄊㄠ (又)覆盖。

盗 dào ㄉㄠˋ ❶偷(⑩一窃):～卖.～取.掩耳～铃.⑤用不正当的方法谋得:欺世～名.[盗版]未经版权所有者同意,大量偷录或偷印,非法牟利。[盗汗]因病在睡眠时出汗:患肺病的人常常夜间～～.❷偷窃或抢劫财物的人(⑩一贼):强～.海～.

悼 dào ㄉㄠˋ 悲伤,哀念(舊哀—):追~(追念死者).

道 dào ㄉㄠˋ ❶(—儿)路(舊—路):火车~.水~.❷方向,途径:志同~合.❸道理,正当的事理:无~.治世不一~.[道具]佛家修道用的物品.❀演剧等用的一切设备和用具.❹(—儿)方法,办法,技术:门~.医~.照他的~儿办.❺道家,我国古代的一个思想流派,以老聃和庄周为代表.❻道教,我国主要宗教之一,创立于东汉:~观(guàn)(道教的庙).❼指某些迷信组织:一贯~.会~门.❽说:说长~短.一语~破.常言~.❀用话表示情意:~贺.~谢.~歉.~喜.❾历史上的行政区域.1.唐太宗时分全国为十道.2.清代和民国初年每省分成几个道.❿(—子、—儿)线条:红~儿.铅笔~儿.⓫量词.1.用于长条状的:一~河.画一~红线.2.用于路上的关口,出入口:两~门.过一~关.3.则,条:三~题.一~命令.4.次:洗了三~.

稻 dào ㄉㄠˋ (—子)一种谷类植物,有水稻、旱稻之分,通常指水稻.子实椭圆形,有硬壳,去壳后就是大米.

纛 dào ㄉㄠˋ 古代军队里的大旗.

DE ㄉㄜ

嘚 dē ㄉㄜ 拟声词,马蹄踏地声.[嘚啵](—bo)〈方〉唠叨:别瞎~~了,赶紧干活儿吧.

得 ㊀ dé ㄉㄜˊ ❶得到(舊获—):大~人心.~奖.~胜.㊀遇到:~空(kòng).~便.❷适合:~当(dàng).~法.~手(顺利).~劲.❸得意,满意:扬扬自~.❹完成:衣服做~了.饭~了.❺用于某种语气.1.表示禁止:~了,别说了.2.表示同意:~,就这么办.3.表示无可奈何:~,今天又迟到了.❻可以,许可:不~随地吐痰.正式代表均~参加表决.
㊁ děi 见90页。
㊂ de 见90页。

锝 dé ㄉㄜˊ 一种放射性元素,符号Tc,是第一种人工制成的元素.

德(*悳) dé ㄉㄜˊ ❶好的品行:~才兼备.❷道德,人们共同生活及其行为的准则、规范:公~.❸

D

信念:同心同～.❹恩惠:感恩戴～.❺指德国。

[德昂族]原名"崩龙族",我国少数民族,参看附表。

地　㊀de·ㄉ˙ㄜ 助词,用在状语后,主要修饰动词、形容词:胜利～完成任务.天色渐渐～黑了.

㊁dì 见94页。

的　㊀de·ㄉ˙ㄜ 助词。❶用在定语后。1.主要修饰名词:美丽～风光.宏伟～建筑.光荣而艰巨～任务.2.表示所属的关系,旧时也写作"底":我～书.社会～性质.❷用在词或词组后,表示人或事物:吃～.穿～.红～.卖菜～.❸用在句末,表示肯定的语气,常跟"是"相应:他是刚从北京来～.

㊁dì 见95页。

㊂dí 见92页。

底　㊂de·ㄉ˙ㄜ 助词,同"的㊀❶2"。

㊀dǐ 见93页。

得　㊂de·ㄉ˙ㄜ 助词。❶在动词后表可能。1.再接别的词:冲～出去.拿～起来.2.不再接别的词:要～.要不～.说不～.❷用在动词或形容词后连接表结果或程度的补语:跑～快.急～满脸通红.香～

很.

㊀dé 见89页。

㊁děi 见90页。

腻　de·ㄉ˙ㄜ te·ㄊ˙ㄜ（又）见281页"肋"字条"肋腻"（lē—）。

得　㊁děi ㄉㄟ ❶必须,需要:你～用功.这活儿～三个人才能完成.那事～你去做.❷会,估计必然如此:时间不早了,要不快走,就～迟到.❸〈方〉满意,高兴,舒适:挺～.

㊀dé 见89页。

㊂de 见90页。

扽（＊＊撙）dèn ㄉㄣ 用力拉:把绳子～一～.～线.

灯（燈）dēng ㄉㄥ 照明或利用光线达到某种目的的器具:电～.路～.探照～.～箱广告.

登　dēng ㄉㄥ ❶上,升:～山.～高.～峰造极(喻达到顶峰). ❷踩,践踏,也作"蹬":～在凳子上.㊁脚向下用力:～三轮车.～水车.❸刊载,记载:～报.把这几项～在簿子上.[登记]为了特定的目的,向主管机关按表填写事项:～～买票.❹(谷物)成熟:五谷丰～.

[登时]即时,立刻。

噔 dēng ㄉㄥ 拟声词,重东西落地或撞击物体的响声。

簦 dēng ㄉㄥ 古代有柄的笠,类似现在的雨伞。

蹬 ㊀ dēng ㄉㄥ 同"登❷"。
㊁ dèng 见91页。

等 děng ㄉㄥ ❶数量一般大,地位或程度一般高:相～.一加二～于三.男女权利平～.[等闲]平常。㊀轻易地,不在乎地:莫作～～看! ❷级位,程度的分别(㊀—级):立了一～功.特～英雄.何～快乐! ❸类,群。1.表示多数:我～.你～.彼～.2.列举后煞尾:北京、天津、武汉、上海、广州～五大城市.3.表示列举未完(叠):张同志、王同志～五人.煤、铁～～都很丰富. ❹待,候(㊀—待、—候):～一下再说.～不得. ❺同"戥"。

戥 děng ㄉㄥ ❶(一子)一种小型的秤,用来称金、银、药品等分量小的东西。 ❷用戥子称:把这包药～一～.

邓(鄧) dèng ㄉㄥ 邓州,地名,在河南省。

僜 dèng ㄉㄥ 僜人,住在我国西藏自治区察隅一带。

凳(*櫈) dèng ㄉㄥ (一子、一儿)有腿没有靠背的坐具:板～.小～儿.

嶝 dèng ㄉㄥ 山上可攀登的小路。

澄 ㊀ dèng ㄉㄥ 让液体里的杂质沉下去:水～清了再喝。
㊁ chéng 见57页。

磴 dèng ㄉㄥ ❶石头台阶。 ❷量词,用于台阶或楼梯的层级。

瞪 dèng ㄉㄥ 睁大眼睛:把眼一～.你～着我做什么? ～眼.

镫 dèng ㄉㄥ 挂在马鞍子两旁的东西,是为骑马的人放脚用的。
〈古〉又同"灯"(dēng)。

蹬 ㊀ dèng ㄉㄥ 见45页"蹭"字条"蹭蹬"(cèng一)。
㊁ dēng 见91页。

DI　ㄉㄧ

氐　㊀ dī ㄉㄧ ❶我国古代西部的少数民族名。❷星宿名,二十八宿之一。
㊁ dǐ 见 93 页。

低 dī ㄉㄧ ❶跟"高"相对。1.矮:这房子太～.弟弟比哥哥～一头。2.地势洼下:～地.3.声音细小:～声讲话.4.程度差:～能.眼高手～.政治水平～.5.等级在下的:～年级学生.❷俯,头向下垂:～头.

羝 dī ㄉㄧ 公羊。

堤(*隄) dī ㄉㄧ 用土、石等材料修筑的挡水的高岸:河～.修～.[堤防]堤。

提 ㊀ dī ㄉㄧ [提防](－fang)小心防备。[提溜](－liu)手提(tí)。
㊁ tí 见 475 页。

鞮 dī ㄉㄧ 古代的一种皮鞋。

碮(磾) dī ㄉㄧ 用于人名。金日碮,汉代人。

滴 dī ㄉㄧ ❶落下的少量液体:汗～.水～.[点滴]零星,少。❷液体一点一点地落下,使液体一点一点地落下:汗水直往下～.～眼药.[滴沥](－lì)拟声词,雨水下滴的声音。
[滴溜](－liū)1.滚圆的样子:～～圆.2.形容很快地旋转:～～转.

镝 ㊀ dī ㄉㄧ 一种金属元素,符号 Dy,用于原子能工业等。
㊁ dí 见 93 页。

奀 ㊀ dí ㄉㄧˊ〈方〉小。
㊁ ēn 见 117 页。

狄 dí ㄉㄧˊ 我国古代对北部少数民族的统称。

荻 dí ㄉㄧˊ 多年生草本植物,生长在水边,叶子长形,跟芦苇相似,秋天开紫花。

迪 dí ㄉㄧˊ 开导(龜启—)。

笛 dí ㄉㄧˊ (－子、－儿)管乐器名,通常是竹制的,有八孔,横着吹。❷响声尖锐的发音器:汽～.警～.

的 ㊀ dí ㄉㄧˊ 真实,实在:～当(dàng).～确如此.
㊁ dì 见 95 页。
㊂ de 见 90 页。

籴(糴) dí ㄉㄧˊ 买粮食:～米.

敌(敵) dí ㄉㄧˊ ❶敌人:划清～我界限. ❷相当:势均力～. ❸抵挡:军民团结如一人,试看天下谁能～.

涤(滌) dí ㄉㄧˊ 洗(逾洗—):～除旧习.

靓(覿) dí ㄉㄧˊ 相见:～面.

髢 dí ㄉㄧˊ (旧读 dì)假头发(叠).

嘀(＊＊**啲)** dí ㄉㄧˊ [嘀咕](—gu) 1.小声说私话:他们俩～～什么呢? 2.心中不安,犹疑不定:拿定主意别犯～～.

嫡 dí ㄉㄧˊ ❶封建宗法制度中称正妻:⑪正妻所生的:～子.～嗣. ❷亲的,血统最近的:～亲哥哥.～堂兄弟. ⑪系统最近的:～系.

镝 ⊖ dí ㄉㄧˊ 箭头:锋～.鸣～(响箭).
⊜ dī 见92页.

蹢 ⊖ dí ㄉㄧˊ 〈古〉蹄子.
⊜ zhí 见625页.

翟 ⊖ dí ㄉㄧˊ ❶长尾山雉. ❷古代哲学家墨子名翟.
⊜ zhái 见608页.

氐 ⊖ dí ㄉㄧˊ 根本.
⊜ dī 见92页.

邸 dǐ ㄉㄧˇ 高级官员的住所,现多用于外交场合:官～.

诋 dǐ ㄉㄧˇ 毁谤(逾—毁):丑～(辱骂).

坻 ⊖ dǐ ㄉㄧˇ 山坡。
[宝坻]地名,在天津市.
⊜ chí 见59页.

抵(❷＊牴、❷＊觝) dǐ ㄉㄧˇ ❶挡,拒,用力支撑着(逾—挡):～挡一阵.～住门,别让风刮开.[抵制]抵抗,阻止,不让侵入。❷牛、羊等有角的兽用角顶、触.[抵触]发生冲突:他的话前后～～.❸顶,相当:～债.～押.一个～俩.[抵偿]用价值相等的事物作为赔偿或补偿.❹到达:～京.❺抵消:收支相～.
[大抵]大略,大概:～～是这样,详细情况我说不清.

底 ⊖ dǐ ㄉㄧˇ ❶(—子、—儿)最下面的部分:锅～.鞋～儿.海～.⑪末了:月～.年～.❷(—子、—儿)根基,基础,留作根据的:～稿.～账.刨(páo)根问～.那文件要留个～儿.[底细]内情,详情,事件的根底.❸(—儿)图案的底子:白～儿红花碗.❹达到:

终～于成.❺何,什么:～事.
～处.

㊁ de 见90页。

柢 dǐ 分ǐ 树木的根(㊀根
一):根深～固.

砥 dǐ 分ǐ (旧又读 zhǐ)细的
磨刀石.[砥砺]磨炼:～
～意志.

骶 dǐ 分ǐ 腰部下面尾骨上
面的部分.(图见160页
"骨")

地 ㊀ dì 分ì ❶地球,太阳
系九大行星之一,人类居
住的星球:天～.～心.～层.
㊂1.指土地、地面:～大物博.
草～.两亩～.2.指某一地区,
地点:此～.华东各～.目的
～.3.指路程,用在里数或站
数后:三十里～.两站～.[地
道]1.地下挖成的隧道:～～
战.2.(-dao)有名产地出产
的,也说"道地":～～药材.㊀
真正的,纯粹:一口～～北京
话.[地方]1.各省、市、县,对
全国和中央说:～～各级人民
代表大会.～～服从中央.2.
(-fang)区域:飞机在什么
～～飞? 那～～出高粱.3.
(-fang)点,部分:他这话有
的～～很对.[地位]人在社会
关系中所处的位置.[地下]
1.地面下,土里:～～铁道.㊀

秘密的,不公开的:～～工作.
2.(-xia)地面上:掉在～～
了.❷表示思想活动的领域:
见～.心～.❸底子(㊀质一):
蓝～白花布.

㊁ de 见90页。

弟 dì 分ì ❶同父母的比自
己年纪小的男子(叠).
[弟兄](-xiong) 1.包括所
有的兄和弟(口语里跟"兄弟
(di)"有分别,"兄弟(di)"专
指弟弟):我们～～三个.2.同
辈共事的朋友间亲热的称呼.
❷称同辈比自己年纪小的男
性:小～～.师～.[弟子]学生
对老师自称或别人指称.❸
古同"第❶❷❹".

〈古〉又同"悌"(tì).

递(遞) dì 分ì ❶传送,
传达(㊀传一):
投～.你把书～给我.～眼色
(以目示意).❷顺着次序:～
补.～加.～进.

娣 dì 分ì ❶古代称丈夫的
弟妇:～姒(sì)(妯娌).
❷古时姐姐称妹妹为娣.

睇 dì 分ì 斜着眼看.

第 dì 分ì ❶次序(㊀等一、
次一).㊂科举时代考中
(zhòng)叫及第,没考中叫落
第.❷表次序的词头:～一.

～二.❸封建社会官僚贵族的大宅子(旧宅一、一宅):府～.❹仅,只:此物世上多有,～人不识耳.

的 ⊖ dì ㄉㄧˋ 箭靶的中心:中(zhòng)～.有～放矢.[目的]要达到的目标、境地:我们的～～一定能够达到.

⊜ dí 见92页.

⊜ de 见90页.

菂 dì ㄉㄧˋ 〈古〉莲子.

帝 dì ㄉㄧˋ ❶古代指天神:上～.❷君主,皇帝:称～.三皇五～.❸帝国主义的简称.

谛 dì ㄉㄧˋ ❶仔细:～听.～视.❷意义,道理(原为佛教用语):妙～.真～.

蒂(*蔕) dì ㄉㄧˋ 花或瓜果跟枝茎相连的部分:瓜熟～落.[蒂芥][芥蒂]细小的梗塞,比喻嫌隙或不满:毫无～～.

缔 dì ㄉㄧˋ 结合(旧读一结):～交.～约.[缔造]创立,组织:毛泽东同志和他的战友们～～和培育了伟大、光荣、正确的中国共产党.

禘 dì ㄉㄧˋ 古代一种祭祀.

碲 dì ㄉㄧˋ 一种非金属元素,符号 Te,对热和电传导不良,是半导体材料.用于钢铁工业.碲的化合物有毒,可作杀虫剂.

棣 dì ㄉㄧˋ ❶植物名.1.唐棣,也作"棠棣",古书上说的一种植物.2.棣棠,落叶灌木,花黄色,果实黑色.❷同"弟",旧多用于书信:贤～.

蹄 dì ㄉㄧˋ 踢,踏.

嗲 diǎ ㄉㄧㄚˇ 〈方〉形容撒娇的声音或姿态:～声～气.～得很.

敁 diān ㄉㄧㄢ [敁敠](—duo)同"掂掇".

掂 diān ㄉㄧㄢ 用手托着东西估量轻重:～一～.～着不轻.[掂掇](—duo) 1.斟酌. 2.估量.

滇 diān ㄉㄧㄢ ❶滇池,湖名,在云南省昆明.也叫"昆明湖".❷云南省的别称.

颠 diān ㄉㄧㄢ ❶头顶:华～(头顶上黑发白发相杂).

D

㊂最高最上的部分:山～.塔～.❷始:～末.❸倒,跌(㊀一覆):～扑不破(指理论正确不能推翻).[颠倒](—dǎo)1.上下或前后的次序倒置:书放～～了.这两个字～～过来意思就不同了.2.错乱:神魂～～.[颠沛]1.倒下.2.穷困,受挫折:他以前过着～～流离的生活.❹颠簸,上下震动:山路不平,车～得厉害.❺同"癫".

攧 diān 分1ㄢ 跌.

巅 diān 分1ㄢ 山顶.也作"颠".

癫 diān 分1ㄢ 精神错乱、失常(㊀一狂、疯一).

典 diǎn 分1ㄢ ❶可以作为标准、典范的书籍:～籍.词～.字～.引经据～.㊂标准,法则:～范.～章.据为～要.[典礼]郑重举行的仪式:开学～～.开幕～～.[典型]1.有概括性或代表性的人或事物.2.文艺作品中,用典型化的方法创造出来的能够反映一定社会本质而又具有鲜明个性的艺术形象.❷典故,诗文里引用的古书中的故事或词句:用～.❸旧指主持,主管:～试.～狱.❹活买活卖,到期可以赎:～当(dàng).～押.

碘 diǎn 分1ㄢ 一种非金属元素,符号I,黑紫色鳞片状,有金属光泽,供制医药染料等用.人体中缺少碘能引起甲状腺肿.

点(點) diǎn 分1ㄢ ❶(一子、一儿)细小的痕迹或物体:墨～儿.雨～儿.斑～.㊂少量:一～小事.吃～儿东西.❷几何学中指只有位置而没有长、宽、厚的图形.❸一定的处所或限度:起～.终～.据～.焦～.沸～.❹项,部分:优～.重～.要～.补充三～.❺(一儿)汉字的一种笔形(丶):三～水.❻加上点子:～句.评～.画龙～睛.[点缀](—zhuì)在事物上略加装饰:～～风景.❼一落一起地动作:～头.蜻蜓～水.❽使一点一滴地落下:～眼药.～种牛痘.～播种子.❾引火,燃火:～灯.～火.❿查数(shǔ):～收.～数(shù).～验.⓫指示,指定(㊀指一):～破.～菜.～歌.⓬旧时夜间计时用更点,一夜分五更,一更分五点:三更三～.⓭钟点,规定的时间:保证火车不误～.⓮点心:糕～.早～.

跕(＊＊跕) diǎn 分1ㄢ 也作"点".❶

跛足人走路用脚尖点地：～脚．❷提起脚跟，用脚尖着地：～着脚向前看．

电（電） diàn ㄉㄧㄢˋ ❶物质中存在的一种能，人利用它来使电灯发光、机械转动等．[电脑]指电子计算机．[电子]物理学上称构成原子的一种带阴电的粒子．❷阴雨天空中云层放电时发出的光．也叫"闪电"、"闪"．❸电流打击，触电：电门有毛病，～了我一下．❹指电报：急～．通～．❺打电报：～汇．～告．

佃 ㊀ diàn ㄉㄧㄢˋ 一般指旧社会无地或少地的农民，被迫向地主、富农租地耕种：～户．～农．

㊁ tián 见 478 页。

甸 diàn ㄉㄧㄢˋ 古时称郊外的地方．[甸子]〈方〉放牧的草地．

钿 ㊀ diàn ㄉㄧㄢˋ ❶把金属、宝石等镶嵌(qiàn)在器物上作装饰：宝～．螺～(一种手工艺，把贝壳镶嵌在器物上)．❷古代一种嵌金花的首饰。

㊁ tián 见 478 页。

阽 diàn ㄉㄧㄢˋ yán ㄧㄢˊ (又)临近(危险)。

坫 diàn ㄉㄧㄢˋ ❶古时室内放东西的土台子．❷屏障．

玷 diàn ㄉㄧㄢˋ 白玉上面的污点．[玷污]使有污点．

店 diàn ㄉㄧㄢˋ ❶商店，铺子：书～．零售～．～员．[饭店]1.较大的卖饭食的铺子．2.都市中的大旅馆．❷旧式的旅馆：住～．大车～．

惦 diàn ㄉㄧㄢˋ 惦记，记挂，不放心：请勿～念．心里老～着工作．

垫（墊） diàn ㄉㄧㄢˋ ❶衬托，放在底下或铺在上面：～桌子．～上个褥子．路面～上点儿土．❷(一子、一儿)衬托的东西：草～子．鞋～儿．椅～子．❸替人暂付款项：～款．～钱．

淀（❷澱） diàn ㄉㄧㄢˋ ❶浅的湖泊：白洋～．❷渣滓，液体里沉下的东西．[淀粉]一种不溶于水、很微小的颗粒，米、麦、甘薯、马铃薯中含量很多。

靛 diàn ㄉㄧㄢˋ ❶靛青，蓝靛，用蓼蓝叶泡水调和石灰沉淀所得的蓝色染料．❷蓝色和紫色混合而成的一种颜色。

奠 diàn ㄉㄧㄢˋ ❶陈设祭品向死者致敬(鐱祭一)：～

酒.～仪.❷奠定,稳稳地安置:～基.～都(dū).

殿 diàn ㄉㄧㄢ ❶高大的房屋,特指封建帝王受朝听政的地方,或供奉神佛的地方。❷在最后:～后.[殿军]1.行军时走在最后的部队。2.体育、游艺竞赛中的最末一名,也指入选的最末一名。

癜 diàn ㄉㄧㄢ 皮肤病名,常见的是白癜,俗叫"白癜风",皮肤生斑点后变白色。

簟 diàn ㄉㄧㄢ 竹席。

DIAO　ㄉㄧㄠ

刁 diāo ㄉㄧㄠ 狡猾,无赖:～棍(恶人).这个人真～.[刁难](—nàn)故意难为人。

叼 diāo ㄉㄧㄠ 用嘴衔住:猫～着老鼠.

汈 diāo ㄉㄧㄠ [汈汊]湖名,在湖北省汉川。

凋 diāo ㄉㄧㄠ 草木零落,衰落(逾—谢、—零):松柏后～.百业～敝.

碉 diāo ㄉㄧㄠ 碉堡,防守用的建筑物。

雕(❶ *鵰、❷❸❹ *彫、❷❸ *琱) diāo ㄉㄧㄠ ❶老雕,一类很凶猛的鸟,羽毛褐色,上嘴钩曲,捕食野兔、鼠类等。❷刻竹、木、玉、石、金属等:木～泥塑.浮～.～版.❸用彩画装饰:～弓.～墙.❹同"凋"。

鲷 diāo ㄉㄧㄠ [真鲷]鱼名,通称"加吉鱼"。身体红色,有蓝色斑点,是黄海、渤海重要的海产鱼之一,肉味鲜美。

貂 diāo ㄉㄧㄠ 哺乳动物,嘴尖,尾巴长,毛皮黄黑色或带紫色,生活在我国东北。

吊(*弔) diào ㄉㄧㄠ ❶祭奠死者或对遭到丧事的人家、团体给予慰问:～丧(sāng).～唁.❷悬挂:房梁上～着四盏光彩夺目的大红灯.❸把毛皮缀在衣面上:～皮袄.❹提取,收回:～卷.～销执照.❺旧时货币单位,一般是一千个制钱叫一吊。

铞 diào ㄉㄧㄠ 见297页"钌"字条"钌铞儿"(liào-diàor)。

钓 diào ㄉㄧㄠ 用饵诱鱼上钩:～鱼.喻施用手段取得:沽名～誉.

莜(蓧) diào ㄉㄧㄠ 古代除草用的农具。

窎 diào ㄉㄧㄠ 深远(逾—远)。

调 ㊁ diào ㄉㄧㄠˋ ❶调动，安排：～职．～兵遣将．❷（一子）曲调，音乐上高、低、长、短配合和谐的一组音（㊈腔一）：这个～子很好听．❸多指调式类别和调式主音高度：C大～．❹语言中字音的声调：～号．～类。［声调］1.字音的高低升降。古汉语的声调是平、上、去、入四声。普通话的声调是阴平、阳平、上声、去声。2.读书、说话、朗诵的腔调。

㊀ tiáo 见480页。

掉 diào ㄉㄧㄠˋ ❶落：～眼泪．～在水里．❷落在后面：～队．❸〈方〉遗漏，遗失：文章～了几个字．钱包～了．❹减损，消失：～膘儿．～色．❺回转：～头．～过来．❻摇摆：尾大不～（喻指挥不灵）．❼对换：～一个个儿．❽在动词后表示动作的完成：丢～．卖～．改～坏习惯．

铫 ㊀ diào ㄉㄧㄠˋ（一子、一儿）煮开水熬东西用的器具：药～儿．沙～．

㊁ yáo 见558页。

DIE ㄉㄧㄝ

爹 diē ㄉㄧㄝ ❶父亲（叠）。❷对老人或长（zhǎng）者的尊称：老～．

跌 diē ㄉㄧㄝ 摔倒：～了一跤．～倒．㊋下降，低落：～价．［跌足］顿足，跺脚。

迭 dié ㄉㄧㄝˊ ❶交换，轮流：更～．～为宾主．❷屡，连着：～次会商．近年来，地下文物～有发现．❸及，赶上：忙不～．

昳 ㊀ dié ㄉㄧㄝˊ 〈古〉日过午偏西。

㊁ yì 见569页。

瓞 dié ㄉㄧㄝˊ 小瓜。

垤 dié ㄉㄧㄝˊ 小土堆（㊈丘一）：蚁～．

咥 ㊁ dié ㄉㄧㄝˊ 咬。

㊀ xì 见516页。

绖 dié ㄉㄧㄝˊ 古代丧服用的麻带儿：首～．腰～．

耋 dié ㄉㄧㄝˊ 年老，七八十岁的年纪。

谍 dié ㄉㄧㄝˊ 秘密探察军事、政治及经济等方面的消息：～报．［间谍］（jiàn—）为敌方或外国刺探国家秘密情报的特务分子。

堞 dié ㄉㄧㄝˊ 城墙上呈⊓⊓形的矮墙。

喋 ㊀ dié ㄉㄧㄝˊ ［喋喋］啰唆，语言烦琐：～～不休．［喋血］流血满地。

D

㊁ zhá 见 606 页。

牒 dié ㄉㄧㄝ 文书,证件;通～(两国交换意见用的文书).

碟 dié ㄉㄧㄝ (一子、一儿)盛(chéng)食物等的器具,扁而浅,比盘子小。

蝶(*蜨) dié ㄉㄧㄝ 蝴蝶,昆虫名。静止时四翅竖立在背部,喜在花间、草地飞行,吸食花蜜。幼虫多对作物有害。有粉蝶、蛱蝶、凤蝶等多种。

蹀 dié ㄉㄧㄝ 蹀,顿足。[蹀躞](—xiè)迈着小步走路的样子。

鲽 dié ㄉㄧㄝ 鱼名。比目鱼的一类,体形侧扁,两眼都在身体的右侧,有眼的一侧褐色,无眼的一侧大都为白色,常见的有星鲽、高眼鲽等。肉可以吃。

嵽(嵽) dié ㄉㄧㄝ [嵽嵲](—niè)形容山高。

叠(*疊、*疉) dié ㄉㄧㄝ ❶重复地堆,累积(叠重—):～床架屋(喻重复累赘).～假山.罗汉.❷重复:层见～出.❸折叠:～衣服.铺床～被.

氎 dié ㄉㄧㄝ 细棉布。

丁 ㊀ dīng ㄉㄧㄥ ❶天干的第四位,常用作顺序的第四。❷成年男子;壮～.㊂1.旧指人口:人～.～口.2.指从事某种劳动的人:园～.❸当,遭逢:～兹盛世.～忧(旧指遭父母丧).❹(一儿)小方块:肉～儿.咸菜～儿.[丁点儿]表示极少或极小:一～～～毛病都没有.❺姓。
[丁当](—dāng)拟声词,金属等撞击的声音。
　㊁ zhēng 见 620 页。

仃 dīng ㄉㄧㄥ 见 301 页“伶”字条“伶仃”(líng—)。

叮 dīng ㄉㄧㄥ ❶叮嘱,再三嘱咐。❷蚊子等用针形口器吸食:被蚊子～了一口.❸追问:～问。
[叮当]同“丁当”。
[叮咛](*丁宁)反复地嘱咐:～～再三.

玎 dīng ㄉㄧㄥ [玎玲](—líng)拟声词,玉石等撞击的声音。

盯 dīng ㄉㄧㄥ 注视,集中视力看:大家眼睛直～着他.

町 ㊀ dīng ㄉㄧㄥ 见 496 页"畹"字条"畹町"(wǎn—)。

㊁ tǐng 见 482 页。

钉 ㊀ dīng ㄉㄧㄥ ❶(—子、—儿)竹、木、金属制成的可以打入他物的细条形的东西:螺丝~儿. 碰~子(喻受打击或被拒绝). ❷紧跟着不放松:~住对方的前锋. ❸督促,催问:这事得~着他点儿.

㊁ dìng 见 101 页。

疔 dīng ㄉㄧㄥ 疔毒,疔疮,一种毒疮。

耵 dīng ㄉㄧㄥ [耵聍](—níng)耳垢,耳屎,皮脂腺分泌的蜡状物质。

酊 ㊀ dīng ㄉㄧㄥ (外)医药上用酒精和药配合成的液剂:碘~.

㊁ dǐng 见 101 页。

靪 dīng ㄉㄧㄥ 补鞋底。

顶 dǐng ㄉㄧㄥ ❶(—儿)人体或物体的最高最上的部分:头~. 山~. 房~. ❷用头支承:用头~东西. ~天立地(喻英雄气概). ㊄1.用东西支撑:用门杠把门~上. 2.冒:~着雨走了. ❸用头或角撞击:~球. 公牛~人. ❹自

下而上用力拱起:用千斤顶把汽车~起来. 麦芽~出土来了. ❺相逆,对面迎着:~风. ❻顶撞(多指下对上):他气冲冲地~了班长两句. ❼代替(㊄—替):~名. 冒名~替. ❽相当,等于:一个人~两个人工作. ㊈担当,抵得过:他一个人去不~事. ❾〈方〉直到:昨天~十二点才到家. ❿副词,最,极:~好. ~多. ~会想办法. ⓫量词:两~帽子.

酊 ㊀ dǐng ㄉㄧㄥ 见 339 页"酩"字条"酩酊"(mǐng—)。

㊁ dīng 见 101 页。

鼎 dǐng ㄉㄧㄥ ❶古代烹煮用的器物,一般是三足两耳。[鼎立]三方并立:三国~~. ❷大(叠):~力. ~~大名. ❸〈方〉锅:~间(厨房). ❹正当,正在:~盛.

订 dìng ㄉㄧㄥ ❶改正,修改:~正初稿. 考~. 校(jiào)~. ❷立(契约),约定:~报. ~货. ~婚. ~合同. ❸用线、铁丝等把书页等连在一起:装~. ~一个笔记本儿.

饤 dìng ㄉㄧㄥ 见 105 页"饾"字条"饾饤"(dòu—)。

钉 ㊀ dìng ㄉㄧㄥ ❶把钉子或楔(xiē)子打入他物:拿

个钉子～一～.墙上～着木橛.❷连接在一起:～扣子.
㊀ dīng 见 101 页。

定 dìng ㄉㄧㄥ ❶不可变更的,规定的,不动的:～理.～论.～量.～期.㊁副词,必然地:～能成功.[定义]对事物本质或范围的扼要说明.❷使确定,使不移动:～案.～胜负.否～.决～.～章程.～制度.❸安定,平靖(多指局势):大局已～.❹镇静,安稳(多指情绪):心神不～.～～神再说.❺预先约妥:～金.～做.

啶 dìng ㄉㄧㄥ 见 23 页"吡"字条"吡啶"(bǐ—)、334 页"嘧"字条"嘧啶"(mì—)。

腚 dìng ㄉㄧㄥ 〈方〉屁股:光～.

碇(*椗、*矴) dìng ㄉㄧㄥ 系船的石礅:下～(停船).起～(开船).

锭 dìng ㄉㄧㄥ ❶(一子)纺车或纺纱机上绕纱的机件:纱～.❷(一子、一儿)金属或药物等制成的块状物:钢～.金～儿.紫金～.

丢 diū ㄉㄧㄡ ❶失去,遗落:～了一枝钢笔.～脸(失

面子).～三落(là)四.❷放下,抛开:这件事可以～开不管.

铥 diū ㄉㄧㄡ 一种金属元素,符号 Tm,银白色,质软.可用来制 X 射线源等。

东(東) dōng ㄉㄨㄥ ❶方向,太阳出来的那一边,跟"西"相对:～方红,太阳升.面朝～.黄河以～.华～.[东西](—xi)物件,有时也指人或动物.❷主人:房～.❸东道(请人吃饭,出钱的叫"东道",也简称"东"):做～.
[东乡族]我国少数民族,参看附表.

崬(崠) dōng ㄉㄨㄥ [崬罗]地名,在广西壮族自治区扶绥.今作"东罗".

鸫(鶇) dōng ㄉㄨㄥ 鸟名.种类很多,羽毛多淡褐色或黑色,叫得很好听,食昆虫,是益鸟.

冬(❷蝳) dōng ㄉㄨㄥ ❶四季中的第四季,气候最冷:过～.隆～.❷拟声词,敲鼓、敲门的声音

（叠）。

[冬烘]思想迁腐，知识浅陋。

咚 dōng ㄉㄨㄥ 同"冬❷"。

氡 dōng ㄉㄨㄥ 一种放射性元素，在通常条件下为气体，符号 Rn，无色无臭，不易跟其他元素化合，在真空玻璃管中能发荧光。

董 dǒng ㄉㄨㄥ 监督管理。[董事]某些企业、学校等推举出来代表自己监督和主持业务的人，也省称"董"：～～会.

懂 dǒng ㄉㄨㄥ 了解，明白：一看就～.～得一点医学.

动（動） dòng ㄉㄨㄥ ❶从原来位置上离开，改变原来的位置或姿态，跟"静"相对：站住别～！风吹草～.㊀1.能动的：～物.2.可以变动的：～产.[动弹]（—tan）身体或物体动。❷行动，动作，行为：一举一～.[动词]表示动作、行为、变化的词，如走、来、去、打、吃、爱、拥护、变化等.[动静]（—jing）动作或情况：没有～～.侦察敌人的～～.❸使动，使有动作：～手.～脑筋.[动员]1.战争要发生时，把国家的武装力量由和平状态转入战时状态，把所有的经济部门转入供应战争需要的工作。2.号召大家或说服别人做某种工作。❹感动，情感起反应：～心.～人.❺开始做：～工.～身（起行）.❻往往：观众～以万计.[动不动]表示很容易发生，常跟"就"连用：～～～就引古书.～～～就争吵.❼放在动词后，表示效果：拿得～.搬不～.

冻（凍） dòng ㄉㄨㄥ ❶液体或含水分的东西遇冷凝结：河里～冰了.天寒地～.❷（—儿）凝结了的汤汁：肉～儿.鱼～儿.果子～儿.❸感到寒冷或受到寒冷：外面很冷，真～得慌.小心别～着.

栋（棟） dòng ㄉㄨㄥ ❶古代指房屋的脊檩。[栋梁]喻担负国家重任的人。❷量词：一～房子.

胨（腖） dòng ㄉㄨㄥ 蛋白胨，有机化合物，医学上用作细菌的培养基。

侗 ㊀ dòng ㄉㄨㄥ [侗族]我国少数民族，参看附表。㊁ tóng 见484页。㊂ tǒng 见485页。

垌 ㊀ dòng ㄉㄨㄥ ❶田地：田～.❷地名用字：麻～

（在广西壮族自治区桂平）.中～（在广东省化州）.

㊀ tóng 见 484 页。

峒 ㊀ dòng ㄉㄨㄥˋ 山洞,石洞。

㊀ tóng 见 484 页。

洞 dòng ㄉㄨㄥˋ ❶洞穴,窟窿:山～.老鼠～.衣服破了一个～.❷透彻,清楚:～察一切.～若观火.❸说数字时用来代替零。

恫 dòng ㄉㄨㄥˋ 恐惧,恐吓。[恫吓](－hè)吓(xià)唬。

胴 dòng ㄉㄨㄥˋ ❶躯干,整个身体除去头部、四肢和内脏余下的部分。❷大肠。

硐 dòng ㄉㄨㄥˋ 山洞、窑洞或矿坑。

DOU ㄉㄡ

都 ㊀ dōu ㄉㄡ 副词。❶全,完全:事情不论大小,～要做好.❷表示语气的加重:～十二点了还不睡.连小孩子～搬得动.

㊀ dū 见 106 页。

啫 dōu ㄉㄡ 斥责声,多见于旧小说或戏曲中。

兜 dōu ㄉㄡ ❶(－子、－儿)作用和口袋相同的东西:裤～.～儿布.❷做成兜形把东西拢住:用手巾～着.船帆～风.㊅兜揽,招揽:～售.❸承担:没关系,有问题我～着.❹环绕,围绕:～抄.～圈子.

蔸 dōu ㄉㄡ 〈方〉❶指某些植物的根和靠近根的茎:禾～.树～脑(树墩儿).[坐蔸]稻子的幼苗发黄,长不快.❷量词,相当于"丛"或"棵":一～草.两～白菜.

篼 dōu ㄉㄡ ❶(－子)走山路坐的竹轿。❷竹、藤、柳条等做成的盛东西的器物。

斗 ㊀ dǒu ㄉㄡ ❶市制容量单位,1 斗是 10 升。❷量(liáng)粮食的器具,容量是 1 斗,多为方形。㊅1.形容小东西的大:～胆.2.形容大东西的小:～室.～城.❸像斗的东西:漏～.熨～.[斗拱](*枓栱)(－gǒng)拱是建筑上弧形承重结构,斗是垫拱的方木块,合称斗拱。❹呈圆形的指纹。❺星宿名,二十八宿之一。

㊀ dòu 见 105 页。

抖 dǒu ㄉㄡ ❶使振动:～床单.～空竹.～～身上的雪.[抖搂](－lou)1.同"抖❶":～～衣服上的土.2.任意挥霍:别把钱～～光了.3.揭

露:～～老底儿.❷哆嗦,战栗;冷得发～.❸讽刺人突然得势或生活水平突然提高:他最近～起来了.

枓 dǒu ㄉㄡ [枓栱]旧同"斗拱".参看104页"斗㊀❸".

钭 dǒu ㄉㄡ (又)见 487 页 tǒu.

蚪 dǒu ㄉㄡ 见 260 页"蝌"字条"蝌蚪"(kē—).

陡(**阧**) dǒu ㄉㄡ ❶斜度很大,近于垂直:这个山坡太～.❷突然:气候～变.

斗(鬥、鬮、鬦) ㊀ dòu ㄉㄡ ❶对打(㊀战—):搏～.[斗争]1.矛盾的双方互相冲突,一方力求战胜另一方:思想～～.2.用说理、揭露、控诉等方式打击:开～～会.3.奋斗:为实现四个现代化而～～.[奋斗]为了达到一定的目的而努力干.❷比赛胜负:～智.～力.❸〈方〉拼合,凑近:那条桌子腿还没有～榫(sǔn).用碎布～成一个口袋.

㊁ dǒu 见 104 页.

豆(❶*荳) dòu ㄉㄡ ❶豆科,双子叶植物的一科,草本木本都有,如绿豆、黄豆、落花生、槐树、紫檀等都属这一科.通常统称豆类植物,有大豆、豌豆、蚕豆等.又指这些植物的种子.❷(一儿)形状像豆粒的东西:山药～儿.花生～儿.❸古代盛(chéng)肉或其他食品的器皿.

逗 dòu ㄉㄡ ❶停留(㊀一留).❷引,惹弄:～笑.～趣.❸同"读"(dòu).

饾 dòu ㄉㄡ [饾饤](—dìng)供陈设的食品.⑩文辞堆砌.

脰 dòu ㄉㄡ 脖子,颈.

痘 dòu ㄉㄡ ❶水痘,一种传染病,小儿容易感染.❷痘疮,即天花.参看 191 页"花"字条"天花".[牛痘]牛身上的痘疮,制成牛痘苗,接种在人身上,可以预防天花.也省称"痘".

读(讀) ㊀ dòu ㄉㄡ 旧指文章里一句话中间念起来要稍稍停顿的地方:句～.

㊁ dú 见 106 页.

窦(竇) dòu ㄉㄡ 孔,洞:鼻～.狗～.[疑窦]可疑的地方:顿生～～.

DU ㄉㄨ

厾（**㱔） dū ㄉㄨ 用指头、棍棒等轻击轻点：～一个点儿.［点厾］画家随意点染。

都 ㊀ dū ㄉㄨ ❶首都，全国最高领导机关所在的地方：建～. ❷大城市（㊥一市）：通～大邑. ❸姓。

㊁ dōu 见 104 页。

阇 ㊀ dū ㄉㄨ 城门上的台。

㊁ shé 见 432 页。

嘟 dū ㄉㄨ 拟声词：喇叭～～响.［嘟囔］（—nang）连续地自言自语，常带有抱怨的意思：别瞎～～啦！［嘟噜］（—lu）1. 向下垂着：～～着脸，显得很不高兴. 2. 量词，用于连成一簇的东西：一～～钥匙. 一～～葡萄. 3.（—儿）舌或小舌连续颤动发出的声音：打～～儿.

豚（**启） dū ㄉㄨ （—子、—儿）〈方〉❶屁股。❷蜂或蝎子等尾部的毒刺。

督 dū ㄉㄨ 监督，监管，察看：～师. ～战. ～促.

毒 dú ㄉㄨˊ ❶对生物体有危害的性质，或有这种性质的东西：～气. 中（zhòng）～. 消～. 砒霜有～. ㊂对思想品质有害的事物：肃清流～. ❷毒品：吸～. 贩～. 禁～. ❸用有毒的东西使人或物受到伤害：用药～老鼠. ～杀害虫. ❹毒辣，凶狠，厉害：心～. ～计. 下～手. 太阳真～.

独（獨） dú ㄉㄨˊ ❶单一（㊥单一）：～唱. ～幕剧. ～生子女. 无～有偶. ❷没有依靠或帮助（㊥孤一）。［独立］自立自主，不受人支配。❸没有子孙的老人：鳏寡孤～. ❹只，惟有：大家都到了，～有他没来.

［独龙族］我国少数民族，参看附表。

顿 ㊁ dú ㄉㄨˊ 见 342 页"冒"字条"冒顿"（mò—）。

㊀ dùn 见 112 页。

读（讀） ㊀ dú ㄉㄨˊ 依照文字念：宣～. 朗～. ～报. ㊂1. 阅读，看书，阅览：～书. ～者. 2. 求学：～大学.

㊁ dòu 见 105 页。

渎（瀆、❷**瀆） dú ㄉㄨˊ ❶水沟，小渠（㊥沟一）。❷亵渎，

轻慢,对人不恭敬。[渎职]不尽职,在执行任务时犯错误。

椟(櫝) dú ㄉㄨ ❶柜子。❷匣子。

犊(犢) dú ㄉㄨ （一子、一儿）牛犊,小牛:初生之～不怕虎。

牍(牘) dú ㄉㄨ 古代在上面写字的木简。⑤1.文牍,公文:文～.案～.2.尺牍,书信。

讟(讟) dú ㄉㄨ 诽谤,怨言。

黩(黷) dú ㄉㄨ ❶污辱。❷随随便便,不郑重。[黩武]好(hào)战:反对穷兵～～,扩军备战。

髑 dú ㄉㄨ [髑髅](一lóu)死人头骨。

肚 ㊀ dǔ ㄉㄨ （一子、一儿）动物的胃作食品时叫肚:猪～子.羊～儿.
㊀ dù 见107页。

笃 dǔ ㄉㄨ ❶忠实,全心全意:～学.～信.❷病沉重:病～.

堵 dǔ ㄉㄨ ❶阻塞(sè),挡:水沟～住了.～老鼠洞.别～着门站着!⑩心中不畅快:心里～得慌.❷墙:观者如～.[安堵]安定,不受骚扰。❸量词,用于墙:一～高墙.

赌 dǔ ㄉㄨ 赌博,用财物作注争输赢:～钱.⑤争输赢:打～.[赌气]因不服气而任性做事:他～～走了.

睹(*覩) dǔ ㄉㄨ 看见:耳闻目～.熟视无～.

芏 dù ㄉㄨ 见223页"茳"字条"茳芏"(jiāng—)。

杜(❷＊＊**敮)** dù ㄉㄨ ❶杜梨树,落叶乔木,果实圆而小,味涩可食。是嫁接梨的主要砧(zhēn)木。❷阻塞(sè),堵塞:以～流弊.[杜绝]堵死,彻底防止:～～漏洞.～～事故发生.

[杜鹃](—juān)1.鸟名。一般多指大杜鹃(又叫"布谷"、"杜宇"或"子规")。上体黑灰色,胸腹常有横斑点,吃害虫,是益鸟。2.植物名,又叫"映山红"。常绿或落叶灌木,春天开花,红色,供观赏。

[杜撰](—zhuàn)凭自己的意思捏造。

肚 ㊀ dù ㄉㄨ ❶（一子）腹部,胸下腿上的部分。⑤(一儿)器物中空的部分:大～儿坛子.❷（一子、一儿）圆而凸起像肚子的:腿～子.手指头～儿.

㊀ dǔ 见 107 页。

𬭯 dù ㄉㄨ 一种人造的放射性元素,符号 Db。

妒（*妬） dù ㄉㄨ 因为别人好而忌恨:嫉~.嫉贤~能.

度 ㊀ dù ㄉㄨ ❶计算长短的器具或单位:~量(liàng)衡。❷依照计算的标准划分的单位:温~.湿~.经~.用了 20~电。❸事物所达到的程度:知名~.高~的爱国热情.❹法则,应遵行的标准(逾制—、法—)。❺度量,能容受的量:气~.适~.过~.❻过,由此到彼:~日.❼所打算或考虑的:置之~外.❽量词,次:一~.再~.前~.
㊁ duó 见 113 页。

渡 dù ㄉㄨ ❶横过水面:~河.~江.逾过,由此到彼(逾过—):~过难关.过~时期.❷渡口,渡头,过河的地方。

镀 dù ㄉㄨ 用物理或化学方法使一种物质附着在别的物体的表面上:~金.电~.~膜镜头.

蠹（**蠧、**蠹） dù ㄉㄨ ❶蛀蚀器物的虫子:木~.书~.~鱼.❷蛀蚀,侵害:流水不腐,户枢不~.

DUAN　ㄉㄨㄢ

端（*耑） duān ㄉㄨㄢ ❶端正,不歪斜:五官~正.~坐.逾正派:品行不~.❷东西的一头:两~.末~.笔~.逾1.事情的开头:开~.2.项目,点:不只一~.举其大~.[端底][端的](—dì)1.事情的经过,底细:不知~~.2.的确,果然:~~是好!3.究竟:~~是谁? [端午][端阳]夏历五月初五日。民间在这一天包粽子、赛龙舟,纪念两千多年前的楚国诗人屈原。[端详]1.从头到尾的详细情形:听~~.说~~.2.仔细地看:她静静地~~着孩子的脸.❸用手很平正地拿着:~碗.~茶.
"耑"又 zhuān 见 638 页"专"。

短 duǎn ㄉㄨㄢ ❶长度小,跟"长"相对。1.空间:~距离.~裤.~视(目光短浅).2.时间:~期.天长夜~.~工(指短期雇用的工人、农民).❷缺少,欠(逾—少):别人都来了,就~他一个人了.❸短处,缺点:不应该护~.取长补~.

段 duàn ㄉㄨㄢ ❶量词,用于事物、时间的一节,截:一~话.一~时间.一~木头.[段落]文章、事情等根据内容划分成的部分:工作告一~~.这篇文章可以分两个~.[段位]根据围棋棋手的技能划分的等级,共分九段,棋艺越高,段位越高.❷工矿企业中的行政单位:工~.机务~.

塅 duàn ㄉㄨㄢ〈方〉指面积较大的平坦地形.多用于地名:李家~(在湖南省汨罗).

缎 duàn ㄉㄨㄢ(一子)质地厚密,一面光滑的丝织品,是我国的特产之一.

椴 duàn ㄉㄨㄢ 椴树,落叶乔木,像白杨,我国南北均产.木材细致,可以制家具等.

煅 duàn ㄉㄨㄢ ❶同"锻".❷放在火里烧,减少药石的烈性(中药的一种制法):~石膏.

锻 duàn ㄉㄨㄢ 把金属加热,然后锤打:~件.~工.~造.[锻炼]1.通过体育活动,增强体质:~~身体,保卫祖国.2.通过生产劳动、社会斗争和工作实践,使思想觉悟、工作能力提高:在工作中~~成长.

断(斷) duàn ㄉㄨㄢ ❶长形的东西截成两段或几段:棍子~了.风筝线~了.把绳子剪~了.❷断绝,不继续:~奶.~了关系.⑨戒除:~酒.~烟.[断送]丧失、毁弃、败坏原来所有而无可挽回:~~前程.❸判断,决定,判定:诊~.~案.当机立~.下~语.❹一定,绝对:~无此理.~然做不得.

簖(籪) duàn ㄉㄨㄢ 插在水里捕鱼、蟹用的竹栅栏.

DUI ㄉㄨㄟ

堆 duī ㄉㄨㄟ ❶(一子、一儿)累积在一起的东西:土~.草~.柴火~.❷累积,聚集在一块(⑥一积):粮食~满仓.[堆肥]聚集杂草、泥土等,腐烂发酵而成的肥料.[堆砌]⑯写文章用大量华丽而无用的词语.[堆栈]临时存放货物的地方.❸量词,用于成堆的事物:两~土.一~事.一~人.

队(隊) duì ㄉㄨㄟ ❶有组织的集体或排成

的行（háng）列：乐～. 工程～. 排～.［队伍］（—wu）1. 军队. 2. 有组织的群众行列或群体：游行～～过来了. 干部～～. ❷量词,用于排成队列的人或物：一～人马.

对（對）duì ㄉㄨㄟˋ ❶答话,回答：无词可～. ～答如流. ❷向着：面～太阳.［对象］1. 思考或行动（如研究、批评、攻击、帮助等等）所及的事物或人. 2. 特指恋爱的对方. ❸对面的：～门. ～岸. ❹互相：～调. ～流.［对比］不同的事物放在一块比较.［对照］不同的事物放在一块,互相比较参照. ❺介词. 1. 向,跟：可以～他说明白. ～人很和气. 2. 对于,说明事物的关系：我～这件事情还有意见. 他～祖国的历史很有研究. ❻对待,看待,对付：～事不～人. 刀刀,枪～枪.［对得起］［对得住］不亏负. ❼照着样检查：～笔迹. 校（jiào）～. ❽相合,适合：～劲. ～症下药.［对头］1. 相合,正确. 2.（—tou）互相对立,有仇恨的人,合不来的人. ❾正确：这话很～. ㊐用作答语,表示同意：～,你说得不错! ❿双,成双的：～

联. 配～. ㊐1.（—子、—儿）联语：喜～. 2. 平分,一半：～开. ～成. ⓫掺和（多指液体）：～水. ⓬（—儿）量词,双：一～鸳鸯. 两～夫妻.

怼（懟）duì ㄉㄨㄟˋ 怨恨.

兑duì ㄉㄨㄟˋ ❶交换（鿃—换）：～款. 汇～. ～现. ❷掺和,混合：勾～. ❸八卦之一,符号为☰,代表沼泽.

敦 ㊀ duì ㄉㄨㄟˋ 古时盛黍稷的器具.
㊁ dūn 见 111 页.

憝duì ㄉㄨㄟˋ ❶怨恨. ❷坏,恶：元凶大～.

镦 ㊀ duì ㄉㄨㄟˋ 古代矛戟柄末的金属箍.
㊁ dūn 见 111 页.

碓duì ㄉㄨㄟˋ 捣米的器具,用木、石制成.

DUN　ㄉㄨㄣ

吨（噸）dūn ㄉㄨㄣ（外）❶质量单位,法定计量单位中 1 吨等于 1 000 千克（公斤）. 英制 1 吨（长吨）等于 2 240 磅,合 1 016.05 千克（公斤）,美制 1 吨（短吨）等于 2 000 磅,合 907.18 千克（公斤）. ❷指登记吨,计算船只容积的单位,1 吨相当于 100 立方英尺,合 2.83 立方米。

惇 dūn ㄉㄨㄣ 敦厚。

敦 ㊀ dūn ㄉㄨㄣ ❶敦厚,厚道:~睦邦交。❷诚心诚意:~聘。~请。❸姓。
㊁ duì 见 110 页。

墩 dūn ㄉㄨㄣ ❶土堆。❷(一子、一儿)厚而粗的木头、石头等,座儿:门~儿。桥~.❸量词,用于丛生的或几棵合在一起的植物:栽稻秧两万~.每~五株.

撴 dūn ㄉㄨㄣ〈方〉揪住。

礅 dūn ㄉㄨㄣ 厚而粗的石头:石~.

镦 ㊀ dūn ㄉㄨㄣ 冲压金属板,使其变形。不加热叫冷镦,加热叫热镦。
㊁ duì 见 110 页。

蹾(**撉) dūn ㄉㄨㄣ 猛地往下放,着(zháo)地很重:篓子里是鸡蛋,别~.

蹲 ㊀ dūn ㄉㄨㄣ 两腿尽量弯曲,像坐的样子,但臀部不着地:大家都~下.㊧闲居:不能再~在家里了. [蹲班]留级:~~生. [蹲点]深入到基层单位,参加实际工作,进行调查研究等。
㊁ cún 见 76 页。

盹 dǔn ㄉㄨㄣ [盹子](一zi)〈方〉1.墩子。2.特指做成砖状的瓷土块,是制造瓷器的原料。

盹 dǔn ㄉㄨㄣ (一儿)很短时间的睡眠:打~儿(打瞌睡).

趸(躉) dǔn ㄉㄨㄣ ❶整,整数:~批.~卖。❷整批地买进:~货.~菜.现~现卖.

囤 ㊀ dùn ㄉㄨㄣ 用竹篾、荆条等编成的或用席箔等围成的盛粮食等的器物:大~满,小~流.
㊁ tún 见 491 页。

沌 dùn ㄉㄨㄣ 见 202 页"混"字条"混沌"(hùn一)。

炖(**燉) dùn ㄉㄨㄣ ❶煨煮食品使熟烂:清~鸡.~肉.❷〈方〉把汤药、酒等盛在碗里,再把碗放在水里加热。

砘 dùn ㄉㄨㄣ ❶(一子)耩(jiǎng)完地之后用来轧(yà)地的石磙子。❷用砘子轧地。

钝 dùn ㄉㄨㄣ ❶不锋利,不快:这把刀真~.镰刀了,磨一磨吧。❷笨,不灵活:

脑筋迟～.拙嘴～舌.

顿 ㊀ dùn ㄉㄨㄣ ❶很短时间的停止(圈停一):抑扬～挫.念到这个地方应该～一下.❷忽然,立刻,一下子:～悟.～时紧张起来.❸叩,碰:～首.㊇跺:～足.❹处理,放置:整～.安～.❺书法上指运笔用力向下而暂不移动.❻疲乏:劳～.困～.❼量词,次:一天三～饭.说了一～.打了他一～.❽姓。

㊁ dú 见 106 页。

盾 dùn ㄉㄨㄣ ❶古代打仗时防护身体,挡住敌人刀、箭等的牌。[后盾]指后方护卫、支援的力量。❷盾形的东西:金～.银～.❸越南等国的货币单位。

遁(＊遯) dùn ㄉㄨㄣ 逃走,逃避:～去.夜～.[遁词][遁辞]理屈词穷时所说的应付话。

楯 ㊀ dùn ㄉㄨㄣ 同"盾"。
㊀ shǔn 见 452 页。

多 duō ㄉㄨㄛ ❶跟"少"相对.1.数量大的:人很～.～生产.2.有余,比一定的数目大(圈一余):十～个.一年～.只预备五份,没有～的.3.过分,不必要的:～嘴.～心.[多亏]幸亏:～～你来帮忙.～～他加一把力量,推动了这工作.[多少]1.未定的数量:你要～～拿～～.2.问不知道的数量:这本书～～钱?这班有～～学生? 3.许多:没有～～.4.或多或少:～～有些困难.❷表示相差的程度大:好得～.厚～了.❸副词.1.多么,表示惊异、赞叹:～好!～大!～香! 2.表疑问:有～大?[多会儿](—huir)[多咱](—zan)什么时候,几时.

哆 duō ㄉㄨㄛ [哆嗦](—suo)发抖,战栗:冷得打～～.

咄 duō ㄉㄨㄛ 表示呵叱或惊异.[咄咄]表示惊怪:～～怪事.[咄嗟](—jiē)吆喝:～～立办(马上就办到).

剟 duō ㄉㄨㄛ ❶刺,击。❷削,删除。

掇 duō ㄉㄨㄛ ❶拾取(圈一拾)。❷〈方〉用双手拿(椅子、凳子等),用手端。

敠 duō ㄉㄨㄛ 见 95 页"战"字条"战敠"(diānduo)。

裰 duō ㄉㄨㄛ ❶缝补破衣补～.❷直裰,古代士子、官绅穿的长袍便服,也指僧道穿的袍子。

夺(奪) duó ㄉㄨㄛˊ ❶抢,强取(图抢—):把敌人的枪~过来.[夺目]耀眼:光彩~~.❷争取得到:~丰收.❸冲出:泪水~眶而出.❹做决定:定~.裁~.❺漏掉(文字):讹~.❻失去,使失去:勿~农时.

度 ㊀ duó ㄉㄨㄛˊ 忖度,揣度,计算,推测:~德量力.

㊁ dù 见108页.

踱 duó ㄉㄨㄛˊ 慢慢地走:~来~去.

铎(鐸) duó ㄉㄨㄛˊ 大铃,古代宣布政教法令时或有战事时用的.

朵(*朶) duǒ ㄉㄨㄛˇ ❶花朵,植物的花或苞.❷量词,用于花或成团的东西:三~花.两~云彩.

垛(*垜) ㊀ duǒ ㄉㄨㄛˇ (一子)用泥土、砖石等筑成的掩蔽物:箭~子.门~子.城墙~口.

㊁ duò 见113页.

哚(**𠺕) duǒ ㄉㄨㄛˇ 见573页"吲"字条"吲哚"(yǐn—).

躲(**躱) duǒ ㄉㄨㄛˇ 隐藏,避开(图—藏、—避):~雨.他~在哪里?明枪易~,暗箭难防.

埵 duǒ ㄉㄨㄛˇ 坚硬的土.

疼 duǒ ㄉㄨㄛˇ 马疲劳.

亸(嚲、**軃) duǒ ㄉㄨㄛˇ 下垂.

驮 ㊀ duò ㄉㄨㄛˋ (一子)骡马等负载的成捆的货物:把~子卸下来,让牲口休息一会儿.

㊁ tuó 见492页.

剁(**刴) duò ㄉㄨㄛˋ 用刀向下砍:~碎.~饺子馅.

垛(*垛、**稞) ㊀ duò ㄉㄨㄛˋ ❶整齐地堆成的堆:麦~.砖~.❷整齐地堆积:柴火~得比房还高.

㊁ duǒ 见113页.

跺(*跥) duò ㄉㄨㄛˋ 顿足,提起脚来用力踏:~脚.

饳 duò ㄉㄨㄛˋ 见160页"馉"字条"馉饳"(gǔ—).

柮 duò ㄉㄨㄛˋ 见160页"榾"字条"榾柮"(gǔ—).

㳠 duò ㄉㄨㄛˋ [㳠㳠]荡漾。

柁 ㊀ duò ㄉㄨㄛˋ 同"舵"。
㊁ tuó 见 492 页。

舵 duò ㄉㄨㄛˋ 控制行船方向的设备,多装在船尾:掌～.～手.⑤飞机等交通工具上控制方向的装置。

堕(墮) duò ㄉㄨㄛˋ 掉下来,坠落:～地.
[堕落]⑯思想行为向坏的方向变化:～～分子.腐化～～.

惰 duò ㄉㄨㄛˋ 懒,懈怠,跟"勤"相对(⑱懒一、怠一)。

E ㄜ

E ㄜ

阿 ㊀ ē ㄜ ❶迎合,偏袒:～附.～其所好.～谀逢迎.❷凹曲处:山～.
[阿胶]中药名,用驴皮加水熬成的胶,有滋补养血的作用,原产山东省东阿。
㊁ ā 见 1 页。

屙 ē ㄜ 排泄大小便:～屎.

婀 ē ㄜ [婀娜](－nuó)姿态柔美的样子。

讹(❶ *譌) é ㄜ ❶错误:以～传～.❷敲诈,假借某种理由向人强迫索取财物或其他权利:～人.～诈.

囮 é ㄜ (－子)捕鸟时用来引诱同类鸟的鸟。也叫"圙(yóu)子"。

俄 é ㄜ ❶俄顷,短时间:～而日出,光照海上.❷指俄罗斯。
[俄罗斯族]1. 我国少数民族,参看附表。2. 俄罗斯联邦的主要民族。

莪 é ㄜ 莪蒿,草名,生在水边。
[莪术](－zhú)多年生草本植物,产于我国南方,根状茎可入药。

哦 ㊁ é ㄜ 吟哦,低声地唱。
㊀ ó 见 360 页。
㊂ ò 见 360 页。

峨(*峩) é ㄜ 高:巍～.～冠.
[峨眉][峨嵋]山名,在四川省。

娥 é ㄜ ❶美好(指女性姿态)。❷指美女:宫～.
[娥眉]指美女的眉毛,也指美女。也作"蛾眉"。

锇 é ㄜ 一种金属元素,符号 Os,青白色,很坚硬。

可制催化剂,其合金可用来制耐腐蚀、耐磨部件。

鹅(*鵝) é さ 一种家禽,比鸭子大,颈长,脚有蹼,头部有黄色或黑褐色的肉质突起,雄的突起较大。

蛾 é さ (一子、一儿)像蝴蝶的昆虫,静止时,翅左右平放:灯~. 蚕~. 飞~投火.

〈古〉又同"蚁"(yǐ)。

额(*額) é さ ❶俗叫"脑门子",眉上发下的部分。(图见 486 页"头")❷规定的数量:定~. 名~. 超~完成任务. [额外]超出规定以外的:~~的要求. ❸牌匾:横~. 匾~.

恶(恶、噁) ⊜ ě さ [恶心](—xin)要呕吐。⑳厌恶(wù)。

⊖ è 见 115 页。
⊜ wù 见 510 页。
㊃ wū 见 508 页。

厄(*戹) è さ ❶困苦,灾难:~运. ❷阻塞,受困:~于海上. ❸险要的地方:险~.

扼(*搤) è さ 用力掐着,抓住:力能~虎. [扼守]把守要地,防止敌

人侵入。[扼要]抓住要点:文章简明~~.

苊 è さ 有机化合物,分子式 $C_{12}H_{10}$,无色针状结晶,溶于热酒精,有致癌作用,可作媒染剂。

呃 è さ 呃逆,因横膈膜痉挛引起的打嗝儿。

轭 è さ 驾车时搁在牛颈上的曲木。

垩(堊) è さ ❶粉刷墙壁用的白土。❷用白土涂饰。

恶(惡) ⊖ è さ ❶恶劣,不好:~感. ~习. ❷凶狠(⑳凶—):~狗. 战. ~霸. ❸犯罪的事,极坏的行为,跟"善"相对:罪~. 无~不作.

⊖ wù 见 510 页。
⊜ ě 见 115 页。
㊃ wū 见 508 页。

饿 è さ 肚子空,想吃东西:肚子~了.

鄂 è さ 湖北省的别称。

[鄂伦春族]我国少数民族,参看附表。

[鄂温克族]我国少数民族,参看附表。

谔 è さ 言语正直。[谔谔]直言争辩的样子。

萼　è さ 花萼,在花瓣下部的一圈绿色小片。

愕　è さ 惊讶:~然.惊~.

腭（*齶）　è さ 口腔的上腔,分为两部,前面叫硬腭,后面叫软腭。

鹗　è さ 鸟名,又叫"鱼鹰"。性凶猛,背暗褐色,腹白色,常在水面上飞翔,捕食鱼类。

锷　è さ 刀剑的刃。

颚　è さ ❶某些节肢动物摄取食物的器官。❷同"腭"。

鳄（*鱷）　è さ 俗叫"鳄鱼"。一类凶恶的爬行动物,皮和鳞很坚硬,生活在热带、亚热带的沿海和河流、池沼中,主要捕食小动物。

遏　è さ 阻止:怒不可~.[遏制]制止,控制:~~敌人的进攻.~~不住满腔的激情.

頞　è さ 鼻梁。

噩　è さ 可怕而惊人的:~梦.~耗(指亲近或敬爱的人死亡的消息).

Ê ㄝ

诶　⊖ ê ㄝ ēi ㄟ (又)同"欸⊖"。
　　⊜ é 见116页。
　　⊜ ě 见116页。
　　㋃ è 见117页。

欸　⊖ ê ㄝ ēi ㄟ (又)叹词,表示招呼:~,你快来!
　　⊜ é 见116页。
　　⊜ ě 见116页。
　　㋃ è 见117页。
　　㋄ ǎi 见3页。

诶　⊜ é ㄝ éi ㄟ (又)同"欸⊜"。
　　⊖ ê 见116页。
　　⊜ ě 见116页。
　　㋃ è 见117页。

欸　⊜ é ㄝ éi ㄟ (又)叹词,表示诧异:~,怎么回事!
　　⊖ ê 见116页。
　　⊜ ě 见116页。
　　㋃ è 见117页。
　　㋄ ǎi 见3页。

诶　⊜ ě ㄝ ěi ㄟ (又)同"欸⊜"。
　　⊖ ê 见116页。
　　⊜ é 见116页。
　　㋃ è 见117页。

欸　⊜ ě ㄝ ěi ㄟ (又)叹词,表示不以为然:~,你这话可不对呀!

㊀ ē 见 116 页。

㊁ é 见 116 页。

㊃ è 见 117 页。

㊄ ǎi 见 3 页。

诶 ㊃ è ㊔ ei ㊔（又）同"欸㊃"。

㊀ ē 见 116 页。

㊁ é 见 116 页。

㊂ ě 见 116 页。

欸 ㊃ è ㊔ ei ㊔（又）叹词，表示应声或同意:～,我这就来! ～,就这么办!

㊀ ē 见 116 页。

㊁ é 见 116 页。

㊂ ě 见 116 页。

㊄ ǎi 见 3 页。

唉 éi ㊔ 叹词，表示诧异或忽然想起:～,他怎么病了! ～,我三点钟还有一场电影呢!

奀 ㊀ ēn ㄣ〈方〉瘦小(多用于人名)。

㊁ dí 见 92 页。

恩 ēn ㄣ 好处，深厚的情谊（⤴—惠、—德）:共产党

的～情说不完.［恩爱］形容夫妻亲爱。

蒽 ēn ㄣ 一种有机化合物，分子式 $C_{14}H_{10}$,无色晶体,发紫色荧光,是染料工业的原料。

摁 èn ㄣ 用手按压:～电铃.

鞥 ēng ㄥ 马缰。

儿(兒) ér 儿 ❶小孩子（⤴—童):六一～童节.小～科.别把这件事当作～戏.❷年轻的人(多指青年男子):健～.❸儿子,男孩子:他有一～一女.㊀雄性的:～马.❹父母对儿女的统称,儿女对父母的自称。❺词尾,同前一字连成一个卷舌音。1.表示小:小孩～.乒乓球～.小狗～.2.使动词、形容词等名词化:没救～.拐弯～.挡着亮～.叫好～.

而 ér 儿 连词。❶连接同类的词或句子。1.顺接:聪明～勇敢.通过实践～发现

真理,又通过实践～证实真理和发展真理. 2.转接:有其名～无其实.[而且]连词。1.表示平列:文章写得长～～空,群众见了就摇头. 2.表示进一层,常跟"不但"相应:鲁迅不但是伟大的文学家,～～是伟大的思想家和革命家.[而已]助词,罢了:不过如此～～. ❷把表时间或情状的词连接到动词上:匆匆～来.侃侃～谈.挺身～出. ❸(从)……到……:自上～下.由小～大.

沭 ér ㄦ 见 292 页"涟"字条"涟沭"(lián-).

鸸 ér ㄦ [鸸鹋](-miáo)鸟的一种,形体像鸵鸟,嘴短而扁,有三个趾.善走,不能飞,生活在澳大利亚的草原和沙漠地区.

尔(爾) ěr ㄦ ❶代词。1.你,你的:～辈.～父.出～反～(喻无信用).[尔汝]你我相称,关系亲密:相为～～.～～交. 2.如此(叠):果～.偶～.不过～～. 3.那,其(指时间):～时.～日.～后. ❷同"耳❸". ❸词尾,相当于"然":卓～.率～(轻率).

迩(邇) ěr ㄦ 近:遐～闻名.～来(近来).

耳 ěr ㄦ ❶耳朵,听觉器官:～聋.～熟(听着熟悉).～生(听着生疏).～语(嘴贴近别人耳朵小声说话). ❷像耳朵的. 1.指形状:木～.银～. 2.指位置在两旁的:～房.～门. ❸〈古〉助词,表示"罢了"的意思,而已:前言戏之～.此无他,唯手熟～.

饵 ěr ㄦ ❶糕饼:香～.果～. ❷钓鱼用的鱼食:鱼～. ❸引诱:以此～敌.

洱 ěr ㄦ [洱海]湖名,在云南省大理.

珥 ěr ㄦ 用珠子或玉石做的耳环。

铒 ěr ㄦ 一种金属元素,符号 Er,银白色,质软。可用来制特种合金、激光器等.

二 èr ㄦ ❶数目字:十～个.两元～角.("二"与"两"用法不同,参看 294 页"两"字注.) ❷第二,次的:～等货.～把刀(指技术不高).[二手]1.旧的,用过的:～～车.～～货. 2.间接的:～～资料. ❸两样:心无～用.

贰(✻✻**弍)** èr ㄦ "二"字的大写。

佴 ㊀ èr ㄦ 置,停留.
㊁ nài 见 347 页。

F ㄈ

FA ㄈㄚ

发(發) ㊀ fā ㄈㄚ ❶交付,送出,跟"收"相对:～选民证.～货.信已经～了.[发落]处理,处分:从轻～～.[打发](-fa) 1.派遣:～～专人去办. 2.使离去:好不容易才把他～～走了. 3.消磨(时日):病人们靠聊天儿～～时光. ❷表达,说出:～言.～问.～誓.[发表]用文字或语言表达意见. ❸放射:～炮.～光.㉦量词,枪弹、炮弹一枚称一发:五十～子弹. ❹散开,分散:～汗.挥～.蒸～.[发挥]把意思尽量地说出,把力量尽量地用出:借题～～.～～题意.～～群众的智慧和力量. ❺开展,扩大,膨胀:～扬.～展.～海带.面～了.[发达]兴旺,旺盛:工业～～.交通～～.[发育]生物逐渐长成壮大:身体～～正常.[发展]事物内部的矛盾运动,通常指事物由小而大,由弱而强,由低级到高级,由简单到复杂的变化:形势迅速～～.～～生

产. ❻因得到大量资财而兴旺:暴～户.这几年他做买卖～了. ❼打开,揭露:～掘潜力.揭～阴谋.[发明]创造出以前没有的事物:印刷术是我国首先～～的.[发现]1.找出原先就存在而大家不知道的事物或道理:～～新油田.2.发觉:～～问题就及时解决. ❽显现,显出:脸上～黄. ❾产生,发生:～芽.～病. ❿觉得:～麻.～烧. ⓫开始动作,起程:～端.朝～夕至.～动机器.队伍出～.

㊁ fà 见 120 页。

乏 fá ㄈㄚ ❶缺少(⑱缺一):～味.不～其人. ❷疲倦(⑱疲一):人困马～.跑了一天,身上有点～.

伐 fá ㄈㄚ ❶砍:～树.采～木材. ❷征讨,攻打(⑱讨一):北～.

垡 fá ㄈㄚ ❶耕地,把土翻起来:秋～地(秋耕).也指翻起来的土块:晒～. ❷量词,相当于次、番. ❸地名用字:榆～(在北京市大兴).落～(在河北省廊坊).

阀 fá ㄈㄚ ❶封建时代指有权势的家庭、家族:门～.～阅之家. ❷凭借权势造成特殊地位的个人或集团:军～.

财～.❸（外）又叫"活门"、"阀门"或"凡尔"。管道、唧筒或其他机器中调节流体的流量、压力和流动方向的装置。

筏（＊栰）fá ㄈㄚˊ （—子）用竹、木等平摆着编扎成的水上交通工具。

罚（＊罸）fá ㄈㄚˊ 处分犯错误的人（翻惩一、责—）:他受～了.

法 fǎ ㄈㄚˇ ❶由国家制定或认可，以强制力保证其实施的行为规范的总称:婚姻～.犯～.合～.依～治国.[法院]独立行使审判权的国家机关。❷（—子、—儿）方法，处理事物的手段:写～.办～.用～.没～儿办.❸仿效:效～.师～.❹标准，模范，可仿效的:～书.绘.～帖.[法宝]翻特别有效的工具、方法或经验:统一战线、武装斗争、党的建设，是中国革命的三大～～.❺佛教徒称他们的教义，民间传说的所谓"超人力"的本领:佛～.～术.❻指法国。

砝 fǎ ㄈㄚˇ [砝码]（—mǎ）天平和磅秤上用作重量标准的东西，用金属制成。

发（髮） ㊀ fà ㄈㄚˋ 头发:理～.脱～.令人～指（喻使人非常气愤）.

㊁ fā 见 119 页。

珐（＊琺） fà ㄈㄚˋ [珐琅]（—láng）用硼砂、玻璃粉、石英等加铅、锡的氧化物烧制成像釉子的物质。涂在铜质或银质器物的表面作为装饰，又可防锈。一般的证章、奖章等多为珐琅制品。珐琅制品景泰蓝是我国特产的手工艺品之一。

FAN ㄈㄢ

帆（＊颿） fān ㄈㄢ 利用风力使船前进的布篷:一～风顺.

番 ㊀ fān ㄈㄢ ❶称外国的或外族的:～茄.～薯.～椒.❷代换:轮～.更～.❸量词.1.遍，次:三～五次.费了一～心思.解说一～.2.倍:产量翻了一～.

㊁ pān 见 363 页。

蕃 ㊀ fān ㄈㄢ 同"番（fān）❶".

㊁ fán 见 121 页。

幡（＊＊旛） fān ㄈㄢ 用竹竿等挑起来直着挂的长条形旗子。

藩 fān ㄈㄢ 藩篱，篱笆。翻作保卫的屏障，封建时代用来称属国、属地:～国.～属.

翻(＊飜) fān ㄈㄢ ❶歪倒(dǎo),或上下、内外移位:车～了.～修马路.把桌上的书都～乱了.[翻砂]把熔化的金属倒(dào)入用潮湿砂子制成的模型里,铸造成器具或机件。[翻身]1.翻转身体。2.比喻从被压迫的情况下解放出来:劳动人民～～当家做主人.❷改变:～改.～案.❸数量成倍增加:生产～一番.❹翻译,把一种语文译成另一种语文:把外国名著～成中文.❺(一儿)翻脸:闹～了.

凡(＊凢) fán ㄈㄢ ❶平常的,不出奇的:～人.在平～的工作中做出惊人的成绩.❷宗教、神话或迷信的人称人世间:神仙下～.❸凡是,所有的:～事要跟群众商量.❹概要,要略:发～起例.[凡例]书前面说明内容和体例的文字。❺总共:全书～十卷.❻旧时乐谱记音符号的一个,相当于简谱的"4"。

矾(礬) fán ㄈㄢ 含水复盐的一类,是某些金属硫酸盐的含水结晶。最常见的是明矾(硫酸钾铝,也叫"白矾"),还有胆矾(硫酸铜)、绿矾(硫酸亚铁)等。

钒 fán ㄈㄢ 一种金属元素,符号 V,银白色。熔合在钢中,能增加钢的强度、弹性和耐热耐蚀性,工业上用途很大。

烦 fán ㄈㄢ ❶苦闷,急躁:～恼.心～意乱.心里有点～.❷厌烦:不耐～.这些话都听～了.❸又多又乱:要言不～.话多真絮～.[烦琐]琐碎,不扼要。❹敬辞,表示请托:～你做点事.

墦 fán ㄈㄢ 坟墓。

蕃 ㊀ fán ㄈㄢ 茂盛:草木～盛.㊁繁多:～衍(逐渐增多或增广,现作"繁衍").
㊁ fān 见 120 页。

璠 fán ㄈㄢ 美玉。

膰 fán ㄈㄢ 古代祭祀时用的熟肉。

燔 fán ㄈㄢ ❶焚烧。❷烤。

蹯 fán ㄈㄢ 兽足:熊～(熊掌).

樊 fán ㄈㄢ 篱笆。[樊篱]㊁对事物的限制。

繁(＊緐) ㊀ fán ㄈㄢ ❶复杂,跟"简"相

对(❸—杂):删～就简.❷许多,不少:实～有徒(这种人实在很多).～殖(生长成许多).[繁华]市面热闹,工商业兴盛.[繁荣]兴旺发展或使兴旺发展:市场～～.～～经济.

㊀ pó 见 379 页。

蘩 fán ㄈㄢ 白蒿。草本植物,可入药。

反 fǎn ㄈㄢ ❶翻转,颠倒:～败为胜.～守为攻.易如～掌.㊉翻转的,颠倒的,跟"正"相对:这纸看不出～面正面.～穿皮袄.放～了.图章上刻的字是～的.[反复]1.翻来覆去:～～无常.2.重复:～～练习.[反间](—jiàn)利用敌人的间谍,使敌人内部自相矛盾。[反正]1.指平定混乱局面,恢复原来秩序:拨乱～～.2.敌方的军队或人员投到己方.3.副词,无论如何,不管怎么样:～～我要去,你不去也行了.[反刍](—chú)倒嚼(dǎojiào)。牛、羊、骆驼等动物把粗粗吃下去的食物再回到嘴里细嚼.❷和原来的不同,和预想的不同:～常.画虎不成～类犬.我一劝,他～而更生气了.[反倒](—dào)正相反,常指和预期相反:希望他走,他～～坐下了.❸反对,

反抗:～浪费.～腐败.～封建.～法西斯.[反动]1.指思想上或行动上维护旧制度,反对新制度,反对革命的:～～势力.～～行为.2.相反的作用:从历史来看,党八股是对于五四运动的一个～～.[反对]不赞成,抵制:坚决～～贪污、盗窃.❹类推:举一～三.❺回,还:～攻.～求诸己.[反省](—xǐng)对自己的思想行为加以检查.❻古同"返"。

返 fǎn ㄈㄢ 回,归:往～.一去不复～.[返工]工作没有做好再重做。

犯 fàn ㄈㄢ ❶抵触,违反:～法.～规.❷犯罪的人:战～.要～.贪污～.❸侵犯,进攻:人不～我,我不～人;人若～我,我必～人.❹发作,发生:～病.～脾气.～错误.[犯不着](——zháo)[犯不上]不值得:你～～～和他生气.

范(範) fàn ㄈㄢ ❶模(mú)子:钱～.[范畴]1.概括性最高的基本概念,如化合、分解是化学的范畴;矛盾、质和量等是哲学的范畴.2.类型,范围.[范围]一定的界限:责任的～～.活动～～.❷模范,榜样:示～.师～.～例.

饭 fàn ㄈㄢ ❶煮熟的谷类食品。多指大米饭。❷每日定时吃的食物:午～.开～.

贩 fàn ㄈㄢ ❶指买货出卖:～货.～了一群羊来。❷(－子)买货物出卖的行商或小商人:菜～子.摊～.

畈 fàn ㄈㄢ 〈方〉田地,多用于村镇名。

泛(❶-❸*汎、❸❹*氾) fàn ㄈㄢ ❶漂浮:～舟.⑨透出:脸上～红。❷浮浅,不深入(叠):～～之交(友谊不深).这文章做得浮～不切实。❸广泛,一般地:～览.～问.～论.～称。❹水向四处漫流:～滥.

梵 fàn ㄈㄢ 梵语"梵摩"的省称,意思是清静,常指关于佛教的:～宫.～刹.[梵语]印度古代的一种语言。

FANG ㄈㄤ

方 fāng ㄈㄤ ❶四个角全是直角的四边形或六个面全是方形的六面体:正～.长～.见～(长宽或长宽高相等).平～米.立～米.⑨乘方,求一个数目自乘若干次的积数:平～(自乘两次,即本数×本数).立～(自乘三次,即本数×本数×本数).[方寸]⑯心:～～已乱.[方圆]周围:这个城～～有四五十里.❷正直:品行～正.❸一边或一面:对～.前～.四～.四面八～.⑨一个区域的,一个地带的:～言.～志.[方向]1.东、西、南、北的区分:航行的～～.2.目标:做事情要认清～～.❹方法,法子:教导有～.千～百计.⑨(－子、－儿)药方,配药的单子:偏～.秘～.开～子.[方式]说话、做事所采取的方法和形式。❺副词,才:书到用时～恨少。❻副词,正,正当:来日～长。❼量词。1.旧制:a.指平方丈(用于地皮、草皮)。b.指一丈见方一尺高的体积,即十分之一立方丈(用于土、沙、石、碎砖)。c.指一尺见方一丈长的体积,即百分之一立方丈(用于木材)。2.指平方米(用于墙、地板等)或立方米(用于土、沙、石、木材等)。3.用于方形的东西:一～图章.三～砚台.

邡 fāng ㄈㄤ [什邡]地名,在四川省。

坊 ⊖ fāng ㄈㄤ ❶里巷,多用于街巷的名称.⑨街市,市中店铺:～间.❷牌坊,旧时为旌表"功德"、宣扬封建礼教而建造的建筑物:忠孝牌～.贞节～.

㈡ fáng 见 124 页。

芳 fāng ㄈㄤ 芳香,花草的香味。喻美好的德行或声名:流～百世.

枋 fāng ㄈㄤ 方柱形木材。

钫 fāng ㄈㄤ ❶一种放射性元素,符号 Fr。❷古代一种酒壶,方口大腹。

防 fáng ㄈㄤ ❶防备,戒备:～御.～守.预～.军民联～.冷不～.谨～假冒.[国防]为了保卫国家的领土、主权而部署的一切防务:～～军.～～要地.❷堤,挡水的建筑物。

坊 ㈠ fáng ㄈㄤ 作(zuō)坊,某些小手工业的工作场所:染～.油～.粉～.磨～.

㈡ fāng 见 123 页。

妨 fáng ㄈㄤ 妨害,阻碍(逾-碍):这样做倒无～.开会太多反而～害生产.[不妨]没有什么不可以:～～试试.[何妨]用反问语气表示"不妨":你～～去看看.

肪 fáng ㄈㄤ 厚的脂膏,特指动物腰部肥厚的油(逾脂-)。

房 fáng ㄈㄤ ❶(-子)住人或放东西的建筑物(逾-屋):楼～.瓦～.(见下图)库

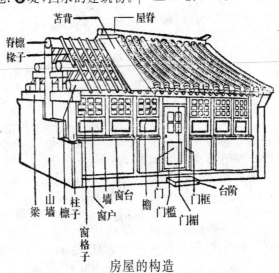

苫背　　屋脊
脊檩
椽子

山墙　柱檩子　墙　窗台　檐　门　门框　台阶
梁　　　　　窗户　　　门槛　门楣
　　窗格子

房屋的构造

～.❷形状、作用像房子的:蜂～.莲～.心～.❸称家族的一支:大～.长(zhǎng)～.❹星宿名,二十八宿之一。

鲂 fáng ㄈㄤ 鲂鱼,跟鳊(biān)鱼相似,银灰色,背部隆起,味鲜美。

仿(❶❷*做、❸*髣) fǎng ㄈㄤ ❶效法,照样做(龠一效):～造.～制.❷依照范本写的字:写了一张～.❸[仿佛](*彷彿、*髣髴)(—fú)1.好像:这个字我～～在哪里见过.2.类似:弟兄俩长得相～.

访 fǎng ㄈㄤ ❶向人询问调查:～查.～贫问苦.采～新闻.❷探问,看望:～友.～古(古迹).[访问]有目的地看望,探问:～～劳动模范.出国～～.

彷 ⊝ fǎng ㄈㄤ [彷彿]旧同"仿佛".参看125页"仿❸".
⊝ páng 见365页。

纺 fǎng ㄈㄤ ❶把丝、棉、麻、毛或人造纤维等做成纱:～纱.～棉花.❷纺绸,一种绸子:杭(杭州)～.富春～.

昉 fǎng ㄈㄤ ❶明亮。❷起始。

舫 fǎng ㄈㄤ 船:画～(装饰华美专供游览用的船).游～.

放 fàng ㄈㄤ ❶解除约束,得到自由:～行.释～.把笼子里的鸟～了.⑪1.赶牲畜、家禽到野外去觅食:～牛.～羊.～鸭子.2.散:～工.～学.[放晴]阴雨后转晴.❷任意,随便:～任.～纵.～肆.❸发出:～枪.～光.～电.⑬借钱给人,收取利息:～款.❹点燃:～火.～鞭炮.❺扩展:～大.～宽.把领子～出半寸.⑪花开:芦花～,稻谷香.心花怒～.❻搁,置:存～.～在箱子里.[放心]安心,解除忧虑和牵挂:～～吧,一切都准备好了!❼流放,旧时把人驱逐到边远的地方去:～逐.

FEI ㄈㄟ

飞(飛) fēi ㄈㄟ ❶鸟类或虫类等用翅膀在空中往来活动:～行.～鸟.～虫.⑪物体在空中飘荡或行动:～沙走石.飞机向东～.❷快,像飞似的:～奔.～跑.❸极,特别地:这把刀～快.❹指无根据的,无缘无故的:～语.～灾.❺(外)法定计量单位中十进分数单位词头之一,表示10^{-15},符号f.

妃 fēi ㄈㄟ ❶古代皇帝的妾,地位次于皇后。❷太子、王、侯的妻:王～.

非 fēi ㄈㄟ ❶跟"是"相对。1.不,不是:莫～.～卖品.～但要生产得多,而且要提高质量.2.不合理的,不对的:明辨是～.为～作歹.痛改前～.[非常]1.异乎寻常的:～～时期.2.副词,十分,极:～～光荣.～～高兴.❷副词,跟"不"搭用,表示必须,一定(有时后面没有"不"字):～组织起来不能发挥力量.他～去不可.不让他去,他～去.❸以为不对,不以为然:～笑(讥笑).～议.[非难](－nàn)责备.❹指非洲,世界七大洲之一.

菲 ㊀ fēi ㄈㄟ 花草茂盛:芳～.

㊁ fěi 见127页。

啡 fēi ㄈㄟ 见320页"吗"字条"吗啡"(mǎ－)、254页"咖"字条"咖啡"(kā－)。

骒 fēi ㄈㄟ 古时一车驾四马,中间两马叫服马,服马两旁的马叫骒马,也叫"骖马"。

绯 fēi ㄈㄟ 红色:两颊～红.

扉 fēi ㄈㄟ 门:柴～.～页(书刊封面之内印着书名、著者等项的一页).～画(书籍正文前的插图).

蜚 ㊀ fēi ㄈㄟ 古同"飞"。

㊁ fěi 见127页。

霏 fēi ㄈㄟ ❶(雨、雪、云气等)很盛的样子(叠):雨雪～～.❷云气:日出而林～开.❸飘扬:烟～云敛.

鲱 fēi ㄈㄟ 鲱鱼,鱼名。种类超过200种,其中包括沙丁鱼,大部分生活在海洋中,肉可吃。

肥 féi ㄈㄟ ❶含脂肪多的,跟"瘦"相对:～猪.～肉.牛～马壮.[肥差](－chāi)可以从中多得好处的差事。❷肥沃,土质含养分多的:地很～.❸肥料,能增加田地养分的东西,如粪、豆饼、化学配合剂等:上～.施～.追～.基～.化～.❹使田地增加养分:用草灰～田.❺宽大(指衣服鞋袜等):袖子太～了.

淝 féi ㄈㄟ 水名,南淝河、北淝河、东淝河、西淝河等,都在安徽。东淝河古称淝水:～水之战.

蜰 féi ㄈㄟ 臭虫。

腓 féi ㄈㄟˊ 腓肠肌,胫骨后的肉。俗叫"腿肚子"。[腓骨]小腿外侧的骨头,比胫骨细小。(图见160页"骨")

匪 fěi ㄈㄟˇ ❶强盗,抢劫财物的坏人:惯~.土~.❷不,不是:获益~浅.~夷所思(不是常人所能想到的).

诽 fěi ㄈㄟˇ 说别人的坏话(働—谤):腹~心谤.

菲 ⊖ fěi ㄈㄟˇ ❶微,薄(働—薄):~礼.~材.❷古书上说的一种像蔓菁的菜。
⊖ fēi 见126页。

悱 fěi ㄈㄟˇ 想说可是不能够恰当地说出来。

棐 fěi ㄈㄟˇ ❶辅助。❷古同"榧"、"篚"。

斐 fěi ㄈㄟˇ 有文采。[斐然]1.有文采的样子:~~成章.2.显著:成绩~~.

榧 fěi ㄈㄟˇ 常绿乔木,种子叫榧子,种仁可以吃,可以榨油,又可入药。木材供建筑用。

蜚 ⊖ fěi ㄈㄟˇ [蜚蠊](—lián)蟑螂(zhāngláng)的别称。
⊖ fēi 见126页。

翡 fěi ㄈㄟˇ [翡翠](—cuì)1.翡翠鸟,嘴长而直,有蓝色和绿色的羽毛,捕食鱼和昆虫。2.绿色的玉,半透明,有光泽,很珍贵。

篚 fěi ㄈㄟˇ 古代盛(chéng)东西的竹器。

芾 ⊖ fèi ㄈㄟˋ [蔽芾]形容树干及树叶小。
⊖ fú 见135页。

肺 fèi ㄈㄟˋ 肺脏,人和某些高等动物体内的呼吸器官。(图见600页"脏")[肺腑]働内心:~~之言.

吠 fèi ㄈㄟˋ 狗叫:狂~.蜀犬~日(喻少见多怪).

狒 fèi ㄈㄟˋ [狒狒]猿一类的动物,面形似狗,面部肉色,光滑无毛,体毛褐色,食果实及鸟卵等。多产在非洲。

沸 fèi ㄈㄟˋ 开,滚,液体受热到一定温度时,内部汽化形成气泡,冲出液体表面的现象:在标准大气压下,水的~点是100摄氏度.热血~腾.

佛 fèi ㄈㄟˋ (又)见134页(fú)。

费 fèi ㄈㄟˋ ❶花费,消耗:~力.~心.~神.~事.~工夫.反浪~.这孩子穿鞋太~.❷费用,为某种需要用的款项:学~.办公~.

镄 fèi ㄈㄟˋ 一种人造的放射性元素,符号Fm。

废（廢）fèi ㄈㄟ ❶停止，放弃：半途而～．～寝忘食．～除不平等条约．㊀失去效用的，没有用的：～纸．～物利用．修旧利～．❷荒芜，衰败：～园．～墟．❸残疾：～疾．

刖 fèi ㄈㄟ 古代把脚砍掉的酷刑。

痱（*疿）fèi ㄈㄟ 痱子，由于暑天出汗过多，引起汗腺发炎，皮肤表面生出来的小红疹，很刺痒。

FEN ㄈㄣ

分 ㊀ fēn ㄈㄣ ❶分开，区划开，跟"合"相对：～离．～类．～工合作．～别处理．㊀1.由整体中取一部分：他～到了一千斤粮食．2.由机构分出的部分：～会．～队．～局．～社．[分化]由一种事物演变成几种不同的事物："他"字～～成"他"、"她"、"它"．[分解]1.一种化合物分成两种以上的元素或化合物．2.调解，排解：～～纠纷．难以～～．3.细说：且听下回～～．[分析]把事物、现象、概念等划分成简单的部分，找出它的本质、属性或相互联系：～～问题．化学

～～．❷分配：～粮食．～工作．❸辨别（㊀—辨）：不～青红皂白．～清是非．❹表示分数：二～之一．百～之八．[分数]数学中表示除法的式子，画一道横线，把被除数写在线上面叫分子，把除数写在线下面叫分母．[分子]1.物体分成的最细小而不失原物性质的颗粒：水的一个～～，含有两个氢原子和一个氧原子．2.见本字条"分数"．（另 fènzǐ，见"分"fèn）❺法定计量单位中十进分数单位词头之一，表示 10^{-1}，符号 d。❻计量单位名．1.市制长度，10 分是 1 寸，1 分约合 3.33 毫米．2.市制地积，10 分是 1 亩，1 分约合 66.67 平方米．3.市制重量，10 分是 1 钱，1 分合 0.5 克．4.币制，10 分是 1 角。5.时间，60 分是 1 小时．6.圆周或角，60 分是 1 度．7.（—儿）表示成绩：赛篮球赢了三～．考试得了一百～．8.利率，月利一分按百分之一计算，年利一分按十分之一计算．[分寸]（—cun）㊀说话或办事的适当标准或限度：说话要有～～．

㊁ fèn 见 129 页。

芬 fēn ㄈㄣ 芬芳,花草的香气。

吩 fēn ㄈㄣ [吩咐](*分付)(—fu)口头指派或命令:母亲～～他早去早回.

纷 fēn ㄈㄣ 众多,杂乱(圈—乱、—杂)(叠):众说～纭.大雪～飞.议论～～.

玢 ㊀ fēn ㄈㄣ 见 420 页"赛"字条"赛璐玢"。
㊁ bīn 见 32 页。

氛(△*雰) fēn ㄈㄣ 气。㊁气象,情势:战～.会场充满团结的气～.

棻 fēn ㄈㄣ 有香味的木头。

酚 fēn ㄈㄣ 苯酚(也叫"石炭酸"),是医药上常用的防腐杀菌剂。

雰 fēn ㄈㄣ 雾气。
[雰雰]形容霜雪很盛的样子。

曾 fēn ㄈㄣ 〈方〉不曾,没。

坟(墳) fén ㄈㄣ 埋葬死人之后筑起的土堆(圈—墓)。

汾 fén ㄈㄣ 汾河,水名,在山西省。

棼 fén ㄈㄣ 纷乱:治丝益～(整理丝不找头绪,越理越乱。比喻做事没有条理,越搞越乱).

鼢(**蚡) fén ㄈㄣ 鼢鼠,哺乳动物,身体灰色,尾短,眼小。在地下打洞,损害农作物和树木的根,甚至危害河堤。也叫"盲鼠"、"地羊"。

焚 fén ㄈㄣ 烧:～毁.忧心如～.玩火自～.

濆 fén ㄈㄣ 水边。

豮 fén ㄈㄣ 〈方〉雄性的牲畜:～猪.

粉 fěn ㄈㄣ ❶细末儿:药～.藕～.漂白～.特指化妆用的粉末:香～.涂脂抹～.❷粉刷,用涂料抹刷墙壁:这墙是才～的.[粉饰]装饰表面,掩盖污点或缺点:门面～～一新.～～太平.❸使破碎,成为粉末:～碎.～身碎骨.❹浅红色:这朵花是～的.❺白色的或带粉末的:～蝶.～墙.❻用豆粉或别的粉做成的食品:条.凉～.米～.

分 ㊀ fèn ㄈㄣ ❶名位、职责、权利的限度:～所当然.本～.❷成分:水～.糖～.养～.❸同"份"。[分子](—zǐ)属于一定阶级、阶层、集团或具有某种特征的人:积极～.(另 fēnzǐ 见"分"fēn)

F

㊀ fēn 见 128 页。

份 fèn ㄈㄣˋ ❶整体分成几部分,每一部分叫一份:分成三～.每人一～.股～.❷量词,用于成组成件的:一～报.一～儿礼.❸用在"省、县、年、月"后面,表示划分的单位:省～.年～.

〈古〉又同"彬"(bīn)。

忿 fèn ㄈㄣˋ 生气,恨(叠-怒、-恨)(叠):～～不平.现多作"愤".[不忿]不服气,不平.[气不忿儿]看到不平的事,心中不服气.

奋(奮) fèn ㄈㄣˋ 振作,鼓劲:～翅.～斗.兴～.～不顾身.～发图强.

偾 fèn ㄈㄣˋ 败坏,破坏:～事.～军之将.

愤 fèn ㄈㄣˋ 因为不满意而感情激动,发怒(叠):气～.～～不平.[发愤]自己感觉不满足,努力地做:～～图强.

鲼 fèn ㄈㄣˋ 鱼名。身体扁平,呈菱形,尾部像鞭子,生活在热带及亚热带海洋中。

粪(糞) fèn ㄈㄣˋ ❶屎,粪便,可作肥料。❷施肥,往田地里加肥料:～地.～田.❸扫除(叠-除)。

濆 fèn ㄈㄣˋ 水从地面下喷出漫溢。

FENG ㄈㄥ

丰(❷❸豐) fēng ㄈㄥ ❶容貌、姿态美好。[丰采][丰姿]见 130 页"风"字条"风采"、"风姿"。❷盛,多(叠-盛):～年.～衣足食.❸大:～功伟绩.

沣(灃) fēng ㄈㄥ 沣河,水名,在陕西省西安。

风(風) fēng ㄈㄥ ❶跟地面大致平行的流动着的空气:北～.旋(xuàn)～.刮一阵～.㊀像风那样快、那样普遍地:～行.[风化]1.风俗教化:有伤～～.2.地质学上称岩石因在地表长期受风雨等侵蚀而分解崩溃。3.化学上称结晶体在空气中因失去结晶水而分解。[风头](-tou)1.指形势的发展方向或有关个人利害的情势:不要看～～办事.2.出头露面,当众表现自己:出～～.❷消息:闻～而至.❸没有确实根据的:～传.～闻.❹表现在外的景象或态度:～景.～光.作～.～度.[风采]风度神采。也作"丰采"。[风姿]风度姿态。也作"丰姿"。❺风气,习俗:世～.勤俭成～.移～易俗.～土人情❻病名:抽～.羊痫(xián)～.❼古代称民歌:国～.采～.

〈古〉又同"讽"(fěng).

沨 fēng ㄈㄥ 水声.

枫 fēng ㄈㄥ 又叫"枫香".落叶乔木,春季开花.叶子掌状三裂,秋季变红色.

砜 fēng ㄈㄥ 硫酰(xiān)基与烃(tīng)基或芳香基结合成的有机化合物,如二甲砜、二苯砜.

疯 fēng ㄈㄥ 一种精神病,患者精神错乱、失常(圈一癫、一狂).⑯1.指农作物生长旺盛不结果实:长～权.棉花长～了.2.言行狂妄:～言～语.

封 fēng ㄈㄥ ❶密闭:～瓶口.～河(河面冻住).[封锁]采取军事、政治、经济等措施使跟外界断绝联系:～～港口.～～消息.军事～～线.❷(一儿)封起来的或用来封东西的纸袋、纸包:信～.赏～.❸古代帝王把土地或爵位给予亲属、臣属:～侯.[封建社会]地主阶级依靠土地所有权和反动政权残酷剥削、统治农民的社会制度.❹指疆界,范

围:～疆.

葑 ㊀ fēng ㄈㄥ 即芜菁.也叫"蔓(mán)菁".
㊁ fèng 见 132 页.

犎 fēng ㄈㄥ 一种野牛.

峰(*峯) fēng ㄈㄥ 高而尖的山头:山～.顶～.～峦.

烽 fēng ㄈㄥ 烽火,古时边防报警的烟火,有敌人来侵犯的时候,守卫的人就点火相告.

锋 fēng ㄈㄥ 刃,刀剑等器械的锐利或尖端部分(圈一刃):交～(双方作战或比赛).刀～.⑰1.器物的尖锐部分:笔～.2.在前面带头的人:先～.前～.

蜂(*蠭) fēng ㄈㄥ 昆虫名.会飞,多有毒刺,能蜇(zhē)人.有蜜蜂、熊蜂、胡蜂、细腰蜂等多种,多成群住在一起.特指蜜蜂:～糖.～蜡.～蜜.⑯众多:～起.～拥.

酆 fēng ㄈㄥ [酆都]地名,在重庆市.今作"丰都".

冯 féng ㄈㄥ 姓.
〈古〉又同"凭"(píng).

逢 féng ㄈㄥ ❶遇到:～人便说.每～星期三开会.

❷迎合。[逢迎]迎合旁人的意图,巴结人。

缝 ⊖ féng ㄈㄥ　用针线连缀:把衣服的破口～上. [缝纫]裁制服装:学习～～.
⊜ fèng 见 132 页。

讽 fěng ㄈㄥ (旧读 fèng)❶不看着书本念,背书(⊛一诵)。❷用含蓄的话劝告或讥刺(⊛讥一):～刺.冷嘲热～.

唪 fěng ㄈㄥ 唪经,佛教徒、道教徒高声念经。

凤(鳳) fèng ㄈㄥ 凤凰(huáng),传说中的鸟王。又说雄的叫"凤",雌的叫"凰"(古作"皇"),通常单称作"凤":～毛麟角(喻罕见而珍贵的东西)。

奉 fèng ㄈㄥ ❶恭敬地用手捧着.⑤尊重,遵守:～行.～公守法.敬辞:～陪.～劝.～送.～还.[奉承]恭维,谄媚。❷献给(多指对上级或长辈):双手～上.❸接受(多指上级或长辈的):～命.昨手书.❹信奉,信仰:素～佛教.❺供养,伺候(⊛一养、供一、侍一)。

俸 fèng ㄈㄥ 旧时称官员等所得的薪金:～禄.薪～.

甮 fèng ㄈㄥ〈方〉不用。

葑 ⊖ fèng ㄈㄥ 古书上指茭的根。
⊜ fēng 见 131 页。

赗 fèng ㄈㄥ 古时指用财物帮助人办丧事:赗(fù)～.

缝 ⊖ fèng ㄈㄥ ❶(一子、一儿)缝隙,裂开或自然露出的窄长口子:裂～.墙～. ❷(一儿)接合处的痕迹:这道～儿不直.
⊜ féng 见 132 页。

FO　ㄈㄛ

佛 ⊖ fó ㄈㄛ　梵语"佛陀"的省称,是佛教徒对修行圆满的人的称呼。特指佛教的创始人释迦牟尼。[佛教]宗教名。相传公元前 6 世纪—公元前 5 世纪释迦牟尼所创。
⊜ fú 见 134 页。

FOU　ㄈㄡ

缶 fǒu ㄈㄡ 瓦器,大肚子小口。

否 ⊖ fǒu ㄈㄡ ❶不. 1.用在表示疑问的词句里:是

~? 可~? 能~? 2.用在答话里,表示不同意对方的意思:~,此非吾意.[否定]1.反面的。2.不承认,作出相反的判断。[否决]对问题作不承认、不同意的决定。[否认]不承认。❷不如此,不然:必须确定计划,~则无法施工.

㊁ pǐ 见 372 页。

夫 ㊀ fū ㄈㄨ ❶成年男子的通称:农~. 渔~. ㊐旧时称服劳役的人,也作"伕"(㊉-役)。❷丈夫(fu),跟"妻"、"妇"相对:~妻. ~妇. 姐~. 姑~.

[夫人]对别人妻子的敬称。

[夫子]1.旧时尊称老师或学者。2.旧时妻称丈夫。

㊁ fú 见 134 页。

伕 fū ㄈㄨ 同"夫㊀❶㊐".

呋 fū ㄈㄨ [呋喃](-nán)有机化合物,分子式 C_4H_4O,无色液体。供制药用,也是重要的化工原料。

[呋喃西林]有机化合物,分子式 $C_6H_6O_4N_4$,浅黄色粉末,对多种细菌有抑制和杀灭作用。外用药,可作皮肤、黏膜的消毒剂。

肤(膚) fū ㄈㄨ 皮肤,人体表面的皮:~色. 肌~. 切~之痛. ㊳表面的,浅薄的:内容~浅.

𬭚 fū ㄈㄨ 铡刀。

麸(*麬) fū ㄈㄨ (-子) 麸皮,小麦磨面过箩后剩下的皮儿和碎屑。

跗 fū ㄈㄨ 同"趺",脚背。

趺 fū ㄈㄨ 脚背:~骨. ~面. 也作"跗"。(图见 160 页"骨")

稃 fū ㄈㄨ 小麦等植物的花外面包着的硬壳:内~. 外~.

孵 fū ㄈㄨ 鸟类伏在卵上,使卵内的胚胎发育成雏鸟。也指用人工的方法使卵孵化。

鄜 fū ㄈㄨ 鄜县,地名,在陕西省。今作"富县"。

敷 fū ㄈㄨ ❶涂上,搽上:~粉. 外~药. ❷布置,铺开:~设路轨. ❸足够:~用. 入不~出.

[敷衍](-yǎn)做事不认真或待人不真诚,只是表面应酬:~~了(liǎo)事. 这人不诚恳,对人总是~~.

夫 ㊀fú ㄈㄨ ❶文言发语词:～天地者.❷文言助词:逝者如斯～.
㊁fū 见133页。

扶 fú ㄈㄨ ❶搀,用手支持人或物使不倒:～老携幼.～犁.❷用手按着或把持着:～墙.～栏杆.[扶手]手扶着可以当倚靠的东西,如楼梯旁的栏杆等.❸帮助,援助:～贫.救死～伤.～危济困.

芙 fú ㄈㄨ [芙蓉](－róng)1.落叶灌木,花有红、白等色,很美丽,为别于荷花,也叫"木芙蓉"。2.荷花的别名。

蚨 fú ㄈㄨ 青蚨,古代用作铜钱的别名。

弗 fú ㄈㄨ 副词,不:～去.～许.

佛(＊彿、＊髴) ㊀fú ㄈㄨ 见125页"仿"字条"仿佛"(fǎng－)。
㊁fó 见132页。

拂 fú ㄈㄨ ❶掸(dǎn)去,轻轻擦过:～尘.春风～面.[拂晓]天将明的时候。[拂袖]甩袖子,表示生气。❷违背,不顺:～意(不如意).
〈古〉又同"弼"(bì)。

莆 fú ㄈㄨ 道路上草太多,不便通行。

怫 fú ㄈㄨ fèi ㄈㄟ (又)忧郁或愤怒的样子:～郁.～然作色.

绋 fú ㄈㄨ 大绳,特指出殡时拉棺材用的大绳:执～(送殡).

氟 fú ㄈㄨ 一种化学元素,在通常条件下为气体,符号F,淡黄色,味臭,性毒。液态氟可作火箭燃料的氧化剂。含氟塑料和含氟橡胶有特别优良的性能。

艴 fú ㄈㄨ 艴然,生气的样子。

伏 fú ㄈㄨ ❶趴,脸向下,体前屈:～在地上.～案读书.❷低下去:此起彼～.时起时～.❸隐藏:～兵.～击.潜～期.❹屈服,承认错误或受到惩罚:～辜(承认自己的罪过).～法.❺伏日,夏至后第三个庚日叫初伏,第四个庚日叫中伏,立秋后第一个庚日叫末伏,统称三伏.初伏到中伏相隔十天,中伏到末伏相隔十天或二十天。通常也指夏至后第三个庚日起到立秋后第二个庚日前一天的一段时间。❻电压单位名伏特的简称,符号V.

茯 fú ㄈㄨ [茯苓](－líng)寄生在松树根上的一种

真菌,外形呈球状,皮黑色,有皱纹,内部白色或粉红色,包含松根的叫茯神,都可入药。

洑 ⊖ fú ㄈㄨ ❶旋涡。❷水在地下潜流。
⊜ fù 见139页。

楸 fú ㄈㄨ 古书上指房梁。

袱(**襆) fú ㄈㄨ 包裹、覆盖用的布单。[包袱](-fu)1.包裹衣物的布单。2.用布单包成的包裹:白布～～.❸思想上的负担或使行动受到牵制的障碍:放下～～,轻装前进.3.指相声、快书等曲艺中的笑料:抖～～.

凫(鳬) fú ㄈㄨ ❶水鸟,俗叫"野鸭",形状像鸭子,雄的头部绿色,背部黑褐色,雌的黑褐色。常群游湖泊中,能飞。❷在水里游:～水.

芾 ⊖ fú ㄈㄨ ❶草木茂盛。❷同"黻"。宋代书画家米芾,也作米黻。
⊜ fèi 见127页。

茀 fú ㄈㄨ [茯苢](-yǐ)古书上指车前,多年生草本植物,花淡绿色,叶和种子可入药。

罘 fú ㄈㄨ [罘罳][罦罳](-sī)1.一种屋檐下防鸟雀的网。2.古代一种屏风。[芝罘]山名,靠黄海,在山东省烟台。

孚 fú ㄈㄨ ❶信用。❷使人信服:深～众望.

俘 fú ㄈㄨ ❶打仗时捉住的敌人(@-虏):战～.遣～.❷打仗时捉住敌人(@-虏):被～.～获.

郛 fú ㄈㄨ 古代城圈外围的大城。

莩 ⊖ fú ㄈㄨ 芦苇秆子里面的薄膜。
⊜ piǎo 见375页。

浮 fú ㄈㄨ ❶漂,跟"沉"相对(@漂-):～萍.～桥.～在水面上.❷表面的:～面.～皮.～土.[浮雕]雕塑的一种,在平面上雕出凸起的形象。❸暂时的:～记.～支.❹不沉静,不沉着(zhuó):心粗气～.心～气躁.❺空虚,不切实:～名.～华.～泛.❻超过,多余:人～于事.～额.
[浮屠][浮图]1.佛教徒称释迦牟尼。2.古时称和尚。3.塔:七级～～.

桴(❷**枹) fú ㄈㄨ ❶小筏子。❷鼓槌。

罦 fú ㄈㄨ 古书上指捕鸟的网。[罦罳](－sī)同"罘罳"。参看135页"罘"(fú)。

蜉 fú ㄈㄨ [蜉蝣](－yóu)昆虫,幼虫生在水中,成虫褐绿色,有翅两对,在水面飞行。成虫生存期极短,交尾产卵后即死。

苻 fú ㄈㄨ ❶同"莩❺"。❷姓。

符 fú ㄈㄨ ❶朝廷传达命令或征调(diào)兵将用的凭证,用金、玉、铜、竹、木制成,刻上文字,分成两半,一半存朝廷,一半给外任官员或出征将帅:兵～.虎～.❷代表事物的标记,记号:音～.星～.[符号]1.同"符❷".2.佩带在身上表明职别、身份等的标志。❸相合(靌－合):言行相～.完全～合人民的利益.❹道士、巫婆等画的驱使鬼神的东西(迷信):护身～.

服 ㊀ fú ㄈㄨ ❶衣服,衣裳(靌－装):制～.～装整齐.旧时特指丧服。❷穿(衣裳)。❸承当,担任:～刑.～兵役.❹信服,顺从(靌－从):说～.心悦诚～.心里不～.软(认输,认错).～从党的领导.❺习惯,适应:水土不～.❻吃(药):～药.

㊁ fù 见139页。

菔 fú ㄈㄨ [莱菔](lái－)萝卜。

箙 fú ㄈㄨ 古代盛(chéng)箭的器具。

绂 fú ㄈㄨ 古代系(jì)印章或佩玉用的丝带。

韨(韍) fú ㄈㄨ ❶古代朝见或祭祀时遮在衣前的一种服饰,用熟皮制成。❷同"绂"。

祓 fú ㄈㄨ 古代迷信的习俗,用斋戒沐浴等方法除灾求福。㊋清除。

黻 fú ㄈㄨ ❶古代礼服上绣的半青半黑的花纹。❷同"韨"。❸同"绂"。

匐 fú ㄈㄨ 见380页"匍"字条"匍匐"(pú－)。

幅 fú ㄈㄨ ❶幅面,布匹、呢绒等的宽度:这块布的～面宽.这种布是双～的.[幅度]物体振动或摇摆所展开的宽度。㊊事物变动的大小:产品质量大～～提高.[幅员]宽窄叫幅,周围叫员。㊌疆域:我国～～广大.[振幅]振动的物体,从往复运动的中点到运动所能达到的最大距离。❷边缘。❸量词:一～画.

辐 fú ㄈㄨ 连接车辋和车毂的直条。(图见315页

"轮")〔辐辏〕〔辐凑〕(-còu)车辐聚于车毂。喻人、物聚集。〔辐射〕光、热、粒子等向四周放射的现象。

福 fú ㄈㄨ 幸福,跟"祸"相对:为人类造～.〔福利〕幸福和利益:职工的～～.～～事业.

蝠 fú ㄈㄨ 见 28 页"蝙"字条"蝙蝠"(biān-)。

涪 fú ㄈㄨ 涪江,发源于四川省,入嘉陵江。

幞(**襆) fú ㄈㄨ 同"袱"。〔幞头〕古代男子用的一种头巾。

父 ㊀ fǔ ㄈㄨ ❶老年人:田～.渔～.❷同"甫❶"。
㊀ fù 见 138 页。

斧 fǔ ㄈㄨ ❶(－子,－头)砍东西用的工具。❷一种旧式武器。

釜(**鬴) fǔ ㄈㄨ ❶古代的一种锅:～底抽薪(喻从根本上解决).破～沉舟(喻下决心去干,不留后路).❷古代量器名。

滏 fǔ ㄈㄨ〔滏阳河〕水名,在河北省西南部。

抚(撫) fǔ ㄈㄨ ❶慰问:～恤(xù).～慰.❷扶持,保护:～养成人.～育孤儿.❸轻轻地按着:～摩.❹

同"拊"。

甫 fǔ ㄈㄨ ❶古代在男子名字下加的美称。也作"父"。〔台甫〕旧时询问别人名号的用语。❷刚,才:～入门.年～十岁.

辅 fǔ ㄈㄨ ❶帮助,佐助(龜－助):～导.相～而行.〔辅音〕发音的时候,从肺里出来的气,经过口腔或鼻腔受到障碍所成的音,也叫"子音"。拼音字母 b、d、g 等都是辅音。❷人的颊骨:～车相依(车:牙床。喻二者关系密切,互相依存).

脯 ㊀ fǔ ㄈㄨ ❶肉干:鹿～.❷果脯,蜜饯果干:桃～.杏～.
㊁ pú 见 381 页。

蛴 fǔ ㄈㄨ〔蟫蛴鲞〕(míng－xiǎng)墨鱼干。

簠 fǔ ㄈㄨ 古代祭祀时盛稻、粱的器具。长方形,有盖和耳。

黼 fǔ ㄈㄨ 古代礼服上绣的半黑半白的花纹。

拊 fǔ ㄈㄨ 拍,也作"抚":～掌大笑.

府 fǔ ㄈㄨ ❶储藏文书或财物的地方(龜－库):～库充实.天～(喻物产富饶的地方).❷贵族或高级官员办公

或居住的地方:王～.总统～.相(xiàng)～.[府上](－shang)对对方的籍贯、家庭或住宅的敬称。❸旧时行政区域名,等级在县和省之间。

俯(＊頫、＊俛) fǔ ㄈㄨˇ 向下,低头,跟"仰"相对:～视山下.～仰之间(很短的时间).

腑 fǔ ㄈㄨˇ 脏腑,中医对人体胸、腹内部器官的总称。心、肝、脾、肺、肾叫"脏",胃、胆、大肠、小肠、膀胱等叫"腑"。

腐 fǔ ㄈㄨˇ ❶烂,变质(圈—败、—烂、—朽):流水不～.鱼～肉败.这块木头已经～朽不堪了.㊧思想陈旧或行为堕落:观点陈～.生活～化.[腐蚀]通过化学作用使物体逐渐消损或毁坏:～～剂.㊨使人腐化堕落.[豆腐](－fu)用豆子制成的一种食品,也省称"腐":～～皮.～～乳.

父 ㊀ fù ㄈㄨˋ ❶父亲,爸爸。❷对男性长辈的称呼:叔～.姨～.师～.～老。
㊁ fǔ 见137页。

讣 fù ㄈㄨˋ 报丧,也指报丧的通知:～闻.～告.

赴 fù ㄈㄨˋ 往,去:～北京.～宴.～汤蹈火(喻不避艰险).

付 fù ㄈㄨˋ ❶交,给:～款.～印.～表决.～诸实施.～出了辛勤的劳动.❷量词。1.同"副❹":一～手套.一～笑脸.2.同"服㊀".

附(＊坿) fù ㄈㄨˋ ❶另外加上,随带着:～录.～设.～注.信里面～着一张相片.[附和](－hè)盲目地同意别人的主张:不要随声～～.[附会](＊傅会)把不相关联的事拉到一起,把没有某种意义的事物说成有某种意义:牵强～～.[附议]对别人的提议或动议表示同意。[附庸]古代指附属在诸侯大国下面的小国。㊧从属的地位或依赖的关系。❷靠近:～近.～耳交谈.

驸 fù ㄈㄨˋ 几匹马共同拉车,在旁边的马叫"驸"。[驸马]驸马都尉,汉代官名。后来帝王的女婿常做这个官,因此驸马专指公主的丈夫。

鲋 fù ㄈㄨˋ 古书上指鲫鱼:涸(hé)辙之～(喻处在困难中急待援助的人).

负 fù ㄈㄨˋ ❶背:～重.～荆请罪.㊧担任:～责.[负担]1.担当.2.责任,所担当的事务:减轻～～.㊨感到痛苦的不容易解决的思想问题。
❷仗恃,倚靠:～险固守.～隅
(yú)顽抗.[负气]赌气.[自
负]自以为了不起.❸遭受:
～伤.～屈.❹具有:～有名
望.素～盛名.❺欠(钱):～
债.❻违背,背弃:～盟.忘恩
～义.不～人民的希望.❼败,
跟"胜"相对:不分胜～.❽小
于零的:～数.❾指相对的两
方面中反的一面,跟"正"相
对:～极.～电.

妇(婦) fù ㄈㄨ ❶已经结婚的女子.㊀女性的通称:～科.～女翻身.❷妻,跟"夫"相对:夫～.❸儿媳:长～.媳～.

阜 fù ㄈㄨ ❶土山。❷盛,多:物～民丰.

服 ㊁ fù ㄈㄨ 量词,用于中药,也作"付":吃～药就好了.

㊀ fú 见 136 页.

复(❶－❺復、❺❻複) fù ㄈㄨ ❶回去,返:反～.循环往～.❷回答,回报:～仇.～命.函～.❸还原,使如旧:光～.身体～原.～员军人.❹副词,又,再:死灰～燃.一去不～返.❺重复,重叠:～习.～印.山重水～.❻不是单一的,

许多的:～姓.～杂.～分数.～式簿记.

腹 fù ㄈㄨ 肚子,在胸部的下面:～部.～背(前后)受敌.[腹地]内地,中部地区.

蝮 fù ㄈㄨ 蝮蛇,蛇名.体色灰褐,头部略呈三角形,有毒牙.

鰒 fù ㄈㄨ 鰒鱼,鲍(bào)的古称.参看 18 页"鲍❶".

覆 fù ㄈㄨ ❶遮盖,蒙:天～地载.大地被一层白雪～盖着.❷翻,倒(dào)过来:～舟.天翻地～.[覆没](－mò)船翻沉.㊀军队被消灭.[覆辙]在那里翻过车的车辙.㊁失败的道路、方法.[颠覆]车翻倒.㊂用阴谋推翻合法政权,也指政权垮台.❸同"复❶❷".

馥 fù ㄈㄨ 香气.[馥郁]香气浓厚.

洑 ㊁ fù ㄈㄨ 在水里游:～水.

㊀ fú 见 135 页.

副 fù ㄈㄨ ❶居第二位的,辅助的(区别于"正"或"主"):～主席.～排长.❷附带的或次要的:～食.～业.～作用.～产品.[副本]1.书籍原稿以外的誊录本.2.重要文件正式的、标准的一份以外

的若干份。[副词]修饰动词或形容词的词,如都、也、很、太、再三等。❸相称(chèn),符合:名不~实.名实相~.❹量词.1.用于成组成套的东西:一~对联.一~担架.全~武装.2.用于面部表情、态度等:一~笑容.一~庄严而和蔼的面孔.

富 fù ㄈㄨ ❶富有,跟"贫"、"穷"相对:~人.~豪.新中国走向繁荣~强.[富丽]华丽:~~堂皇.❷资源、财产:~源.财~.❸充裕,多,足(圖-裕、-足、-饶、丰-):我国人民~于创造精神.西红柿的维生素C很丰~.

赋 fù ㄈㄨ ❶旧指田地税:田~.[赋税]旧时田赋和各种捐税的总称.❷我国古典文学中的一种文体,盛行于汉魏六朝.❸念诗或作诗:登高~诗.❹交给,给予:完成党~予的任务.

傅 fù ㄈㄨ ❶辅助,教导.❷师傅,教导人的人.❸附着,使附着:~粉.

缚 fù ㄈㄨ 捆绑:束~.

赙 fù ㄈㄨ 拿钱财帮人办理丧事:~金.~仪.

咐 fu·ㄈㄨ 见129页"吩"字条"吩咐"(fēn－)、636页"嘱"字条"嘱咐"(zhǔ－)。

G ㄍ

夹(夾) ㊂ gā ㄍㄚ [夹肢窝](－zhiwō)腋窝。

㊀ jiā 见 214 页。
㊁ jiá 见 215 页。

旮 gā ㄍㄚ [旮旯](－lá)(－子、－儿)角落:墙~~.门~~~.喻偏僻的地方:山~~.背~~儿.

伽 ㊂ gā ㄍㄚ [伽马射线]又叫"丙种射线"。波长极短,一些放射性元素的原子能放出这种射线,在工业和医学上用途很广。通常写作"γ射线"。

㊀ qié 见 396 页。
㊁ jiā 见 214 页。

咖 ㊀ gā ㄍㄚ [咖喱](－lí)(外)用胡椒、姜黄等做的调味品。

㊁ kā 见 254 页。

嘎 ㊀ gā ㄍㄚ 拟声词。[嘎吧][嘎叭](－bā)拟声

词。[嘎吱](—zhī)拟声词。
[嘎巴](—ba)1.黏东西凝结在器物上。2.(—儿)凝结在器物上的东西:衣裳上有好多~~.
[嘎渣](—zha)1.疮伤结的痂。2.(—儿)食物烤黄的焦皮:饭~~.饼子~~儿.
㊁ gá 见141页。
㊂ gǎ 见141页。

轧 ㊂ gá ㄍㄚˊ 〈方〉❶挤,拥挤。❷结交(朋友)。❸查对(账目)。
㊀ yà 见549页。
㊁ zhá 见606页。

钆 gá ㄍㄚˊ 一种金属元素,符号Gd,用于微波技术、原子能工业等。

尜 gá ㄍㄚˊ [尜尜](—ga)1.一种儿童玩具,两头尖中间大。也叫"尜儿"。2.像尜尜的:~~枣.~~汤(用玉米面等做的食品).

嘎 ㊁ gá ㄍㄚˊ [嘎嘎](—ga)同"尜尜"。
㊀ gā 见140页。
㊂ gǎ 见141页。

噶 gá ㄍㄚˊ 译音用字。

玍 gǎ ㄍㄚˇ〈方〉❶乖僻。❷调皮。

尕 gǎ ㄍㄚˇ〈方〉小:~娃.~李.

嘎 ㊂ gǎ ㄍㄚˇ 同"玍"(gǎ)。
㊀ gā 见140页。
㊁ gá 见141页。

尬 gà ㄍㄚˋ 见144页"尴"字条"尴尬"(gān—)。

GAI ㄍㄞ

该 gāi ㄍㄞ ❶应当,理应如此(㊌应—):~做的一定要做.❷表示根据情理或经验推测必然的或可能的结果:不学习,思想就~落后了.❸指前面说过的人或事物,多用于公文:~地.~员.~书.❹欠,欠账:~他几块钱.❺同"赅"。

陔 gāi ㄍㄞ ❶近台阶的地方。❷级,层,台阶。❸田埂。

垓 gāi ㄍㄞ ❶垓下,古地名,在今安徽省灵璧东南,是汉刘邦围困项羽的地方。❷古代数目,是京的十倍,指一万万。

荄 gāi ㄍㄞ 草根。

赅 gāi ㄍㄞ 完备:言简意~.

G

改 gǎi 《ㄞ ❶变更,更换(働
—革、—变、更—):～天
换地.❷修改:～文章.～衣
服.❸改正:知过必～.

丐 gài 《ㄞ ❶乞求.❷乞
丐,讨饭的人.❸给予.

钙 gài 《ㄞ 一种金属元素,
符号 Ca,银白色.动物
的骨骼、蛤壳、蛋壳都含有碳
酸钙和磷酸钙.它的化合物
在工业上、建筑工程上和医药
上用途很大.

芥 ㊀gài 《ㄞ 芥菜(也作
"盖菜"),是芥(jiè)菜的
变种.叶子大,表面多皱纹,
是普通蔬菜.[芥蓝菜]一种
不结球的甘蓝,叶柄长,叶片
短而宽,花白色或黄色.嫩叶
和菜薹是普通蔬菜.
㊁jiè 见234页.

盖(蓋) ㊀gài 《ㄞ ❶
(—子、—儿)器物
上部有遮蔽作用的东西:锅
～.瓶～.❷伞:华～(古代车
上像伞的篷子).❸由上向下
覆(働覆—):～上锅.～被.❸
1.压倒:～世无双.2.用印打
上:～章.～印.❹建造:～楼.
～房子.❺动物的甲壳:螃蟹
～.❻文言虚词.1.发语词:
～有年矣.2.表不能确信,大
概如此:～近之矣.3.连词,表

原因:有所不知,～未学也.❼
姓.
　〈古〉又同"盍"(hé).
㊁gě 见151页.

溉 gài 《ㄞ 浇灌(働灌—).

概 gài 《ㄞ ❶大略,总括:～
论.大～.不能一～而论.
[概念]人们在反复的实践和
认识过程中,将事物共同的本
质特点抽出来,加以概括,从
感性认识飞跃到理性认识,就
成为概念.❷情况,景象:胜
～.❸气度:气～.❹刮平斗
斛用的小木板.

戤 gài 《ㄞ 〈方〉冒牌图利.

GAN　《ㄢ

干(❼—⓭△乾) ㊀gān
《ㄢ ❶
关联,涉及:不相～.这事与你
何～? ❷冒犯,触犯:～犯.有
～禁例.[干涉]过问或制止,
常指不应管硬管:互不～～.内
政.❸追求,旧指追求职位俸
禄:～禄.❹盾:动～戈(喻战
乱).[干城]働捍卫者.❺天
干,历法中用的"甲、乙、丙、
丁、戊、己、庚、辛、壬、癸"十个
字,也作编排次序用.[干支]

天干和地支,历法上把这两组字结合起来,共配成六十组,表示日子或年份,周而复始,循环使用。❻水边:江～.河～.❼没有水分或水分少的,跟"湿"相对(⟨⟩—燥):～柴.～粮.[干脆]⟨⟩爽快,简捷:说话～～,做事也～～.❽(一儿)干的食品或其他东西:饼～.豆腐～儿.❾枯竭,净尽,空虚:大河没水小河～.～杯.外强中～.❿空,徒然:～着急.～等.～看着.⓫拜认的亲属关系:～娘.⓬说怨恨,气愤的话使对方难堪:今天,我又～了他一顿.⓭慢待,不理睬:没想到,他把咱们～起来了.⓮量词,伙:一～人.⓯姓.[干将](一jiāng)古宝剑名。

㈡ gàn 见145页。

"乾"又 qián 见391页。

玕杆 ㈠ gān ⟨ㄢ [琅玕](láng一)像珠子的美石。

杆 ㈠ gān ⟨ㄢ (一子、一儿)较长的木棍:旗～.电线～子.栏～儿.

㈡ gǎn 见144页。

肝 gān ⟨ㄢ 肝脏,人和高等动物主要内脏之一。是分泌胆汁的器官,可储藏糖原,进行蛋白质、脂肪和碳水化合物的代谢及解毒等。(图

见600页"脏")[肝胆]⟨⟩1.诚心,诚意:～～相照(喻真诚相见).2.勇气,血性。

矸 gān ⟨ㄢ 矸子,夹杂在煤里的石块。

竿 gān ⟨ㄢ (一子、一儿)竹竿,竹子的主干,竹棍。

酐 gān ⟨ㄢ 酸酐,是含氧的无机或有机酸缩水而成的氧化物,如二氧化硫、醋酸酐。

甘 gān ⟨ㄢ ❶甜,味道好,跟"苦"相对:～苦.～泉.苦尽～来.⟨⟩美好:～雨.❷甘心,自愿,乐意:～心情愿.不～失败.

坩 gān ⟨ㄢ 盛(chéng)东西的陶器。[坩埚](一guō)用来熔化金属或其他物质的器皿,多用陶土或铂制成,能耐高热。

苷 gān ⟨ㄢ 有机化合物的一类,旧叫甙(dài)。

泔 gān ⟨ㄢ 泔水,洗过米的水。⟨⟩洗碗洗菜用过的脏水。

柑 gān ⟨ㄢ 常绿灌木或小乔木,初夏开花,白色。果实圆形,比橘子大,赤黄色,味甜。种类很多。

疳 gān ⟨ㄢ 病名。1.疳积,中医称小儿的肠胃病。

2.马牙疳,又叫"走马疳"。牙床和颊部急性溃疡,流脓和血,小儿容易患这种病。3.下疳,性病的一种。

尴(尷、**尲) gān 《ㄢ [尴尬](-gà)1.处境窘困,不易处理。2.神态不自然。

杆(*桿) ⊖ gǎn 《ㄢ ❶(-子、-儿)较小的圆木条或像木条的东西(指作为器物的把儿的):笔～儿.枪～儿.烟袋～儿.❷量词,用于有杆的器物:一～枪.一～笔.

　　⊖ gān 见143页。

秆(*稈) gǎn 《ㄢ(-子、-儿)稻麦等植物的茎:高粱～儿.高～作物.

赶(趕) gǎn 《ㄢ ❶追,尽早或及时到达:再不走就～不上他了.～集.～火车.学先进,～先进.⑪从速,快做:～写文章.～任务.～活.❷驱使,驱逐:～羊.～马车.把侵略者～出国门.❸介词,等到(某个时候):～明儿再说.～年下再回家.❹遇到(某种情形):正～上他没在家.

擀 gǎn 《ㄢ 用棍棒碾轧(yà):～面条.～毡(制

毡).

敢 gǎn 《ㄢ ❶有勇气,有胆量:～于斗争.～负责任.谦辞:～问.～请.❷莫非:～是哥哥回来了?[敢情](-qing)[敢自](-zi)〈方〉副词。1.原来:～～是你! 2.自然,当然:那～～好了.～～你不冷了,穿上了新棉袄.

澉 gǎn 《ㄢ [澉浦]地名,在浙江省海盐。

橄 gǎn 《ㄢ [橄榄](-lǎn)1.橄榄树,常绿乔木,花白色。果实绿色,长圆形,也叫青果,可以吃。种子可榨油,树脂供药用。2.油橄榄,又叫"齐墩果",常绿小乔木,花白色,果实黑色。欧美用它的枝叶作为和平的象征。

感 gǎn 《ㄢ ❶感觉,觉到:～想.～到很温暖.[感觉]1.客观事物的个别性质作用于人的感官(眼、耳、鼻、舌、皮肤)所引起的直接反应。2.觉得:我～～事情还顺手.[感冒]一种传染病,病原体是一种滤过性病毒,症状是鼻塞、喉痛、发烧、头痛、咳嗽、打喷嚏等。[感性]指感觉和印象,是认识的初级阶段:～～认识.❷使在意识、情绪上起反应:解放军的英勇～动得他落了泪.用事实～化他.❸情感,感情,因受刺激而引起的心理上的变化:百～交集.自豪～.❹感谢,对人家的好意表示谢意:深～厚谊.请寄来为～.

鳡 gǎn ㄍㄢˇ 鱼名.体长,青黄色,嘴尖.性凶猛,捕食其他鱼类.生活在淡水中.也叫"黄钻"(zuàn).

干(幹、❶*榦) ㊁gàn ㄍㄢˋ ❶事物的主体,重要的部分:树～.躯～.～线.[干部]1.指机关团体的领导或管理人员.2.指一般公职人员.[干细胞]一类具有自我更新和分化潜能的细胞.按照生存阶段分为胚胎干细胞和成体干细胞.❷做,搞:这件事我可以～.你在～什么?㊂有才能的,善于办事的:～才.～员.[干练]办事能力强,很有经验.[干事](-shi)负责某些事务的人:宣传～～.❸〈方〉坏,糟:事情要～.～了.
㊀gān 见142页.

旰 gàn ㄍㄢˋ 晚上:～食.

骭 gàn ㄍㄢˋ ❶小腿骨.❷肋骨.

绀 gàn ㄍㄢˋ 微带红的黑色.

淦 gàn ㄍㄢˋ 淦水,水名,在江西省.

赣(*贛、*灨) gàn ㄍㄢˋ ❶赣江,水名,在江西省.❷江西省的别称.

冈(岡) gāng ㄍㄤ 山脊:山～.景阳～.井～山.

刚(剛) gāng ㄍㄤ ❶坚强,跟"柔"相对(働一强):性情～正.❷副词,正好,恰巧(叠):～～合适.～好一杯.❸副词,才,刚才:～来就走.～说了一句话.

掆(撊) gāng ㄍㄤ 同"扛"(gāng).

岗(崗) ㊀gāng ㄍㄤ 同"冈".
㊀gǎng 见146页.

纲(綱) gāng ㄍㄤ ❶提网的总绳.㊉事物的关键部分:大～.～目.～领.❷从唐朝起,转运大量货物时,把货物分批运行,每批的车辆、船只计数编号,叫作一纲:盐～.茶～.花石～.❸生物的分类单位之一,在"门"之下、"目"之上:鸟～.单子叶植物~.

枫(楓) gāng 《尢 青枫,又叫"槲栎"(húlì).落叶乔木,叶椭圆形,木质坚实,供建筑用。

钢(鋼) ⊝ gāng 《尢 经过精炼,不含磷、硫等杂质的铁,含碳量低于2%,比熟铁更坚硬、更富于弹性,是工业上极重要的原料。[钢精][钢种](—zhǒng)指制造日用器皿的铝。[钢铁]⑩坚强,坚定不移:~~的意志.

⊜ gàng 见146页。

扛 ⊝ gāng 《尢 ❶两手举东西:~鼎.❷〈方〉抬东西。

⊜ káng 见258页。

肛 gāng 《尢 肛门,直肠末端的出口。

缸(甌**)** gāng 《尢 盛东西的陶器,圆筒状,底小口大。

罡 gāng 《尢 [天罡星]即北斗星。

堽 gāng 《尢 [堽城屯]地名,在山东省宁阳。

岗(崗) ⊝ gǎng 《尢 ❶(—子、—儿)高起的土坡:黄土~儿.❷(—子、—儿)平面上凸起的一长道:肉~子.❸守卫的位置:站~.

门~.布~.[岗位]守卫、值勤的地方。也指职位:工作~~.

⊜ gāng 见145页。

港 gǎng 《尢 ❶江河的支流。❷可以停泊大船的江海口岸:军~.商~.不冻~.❸指香港:~澳(香港和澳门)同胞.~人治~.

杠(*槓) gàng 《尢 (—子)较粗的棍子:铁~.木~.双~(一种运动器具).[杠杆](—gǎn)一种简单助力器械,如剪刀、辘轳、秤,都是利用杠杆的原理制作的。

钢(鋼) ⊝ gàng 《尢 把刀在布、皮、石或缸沿上用力摩擦几下使它锋利:这把刀钝了,要~一~.

⊜ gāng 见146页。

筻 gàng 《尢 [筻口]地名,在湖南省岳阳。

戆 ⊝ gàng 《尢 〈方〉鲁莽:~头~脑.

⊜ zhuàng 见640页。

GAO 《ㄠ

皋(*皐) gāo 《ㄠ 水边的高地:汉~.江~.

槔(**槔) gāo 《幺 见232页"桔"字条"桔槔"(jié—)。

高 gāo 《幺 ❶跟"低"相对。1.由下到上距离远的:～山.～楼大厦.2.等级在上的:～年级学生.～等学校.3.在一般标准或平均程度之上:质量～.～速度.～价.4.声音响亮:～歌.～声.[高低]1.高低的程度。2.优劣。3.深浅轻重(指说话或做事):不知～～.4.到底,终究:～～做好了.5.无论如何:再三请求,他～～不答应.❷敬辞:～见(高明的见解).～寿(问老人的年纪).

[高山族]我国少数民族,参看附表。

膏 ⊖ gāo 《幺 ❶肥或肥肉:～粱(肥肉和细粮).[膏腴](—yú)土地肥沃。❷脂,油。❸很稠的、糊状的东西:梨～.牙～.～药.

⊜ gào 见148页。

篙 gāo 《幺 用竹竿或杉木等做成的撑船的器具。

羔 gāo 《幺 (一子、一儿)羊羔,小羊:～儿皮:泛指幼小的动物:狼～.

糕(*餻) gāo 《幺 用米粉或面粉等掺和其他材料做成的食品:鸡蛋～.年～.

睾 gāo 《幺 睾丸,雄性脊椎动物生殖器官的一部分,在体腔或阴囊内,能产生精子。也叫"精巢"或"外肾"。

杲 gǎo 《幺 明亮:～～出日.

搞 gǎo 《幺 做,弄,干,办:～工作.～通思想.～清问题.

缟 gǎo 《幺 一种白色的丝织品:～衣.[缟素]白衣服,指丧服。

槁(*稾) gǎo 《幺 枯干(龜枯—):～木.

镐 ⊖ gǎo 《幺 刨土的工具。
⊜ hào 见179页。

稿(*稾) gǎo 《幺 ❶谷类植物的茎秆:～荐(稻草编的垫子).❷(一子、一儿)文字、图画的草底:文～儿.打～儿.❸事先考虑的计划:做事没有准～子不成.

藁 gǎo 《幺 藁城,地名,在河北省。

告 gào 《幺 ❶把事情说给别人,通知(龜—诉):报～.奔走相～.[告白]对公众的通告。[忠告]规劝。❷提起诉讼(龜控—):～发.原～.被～.❸请求:～假.～饶.❹

表明：～辞．自～奋勇．❺宣布或表示某种情况的出现：大功～成．～急．

郜 gào ㄍㄠ 姓。

诰 gào ㄍㄠ 古代帝王对臣子的命令：～命．～封．

锆 gào ㄍㄠ 一种金属元素，符号 Zr，银灰色，耐蚀性好。应用于原子能工业，或用作气体吸收剂。

膏 ㊀ gào ㄍㄠ ❶把油加在车轴或机械上：～油．～车．❷把毛笔蘸上墨汁在砚台边上捋：～笔．～墨．
㊁ gāo 见147页。

G

戈 gē ㄍㄜ 古代的一种兵器，横刃长柄。
[戈壁](蒙)沙漠地区。

仡 ㊀ gē ㄍㄜ [仡佬族](—lǎo—)我国少数民族，参看附表。
㊁ yì 见568页。

圪 gē ㄍㄜ [圪垯](—da)
1.同"疙瘩2"。多用于土块等：土～～．冰～～．2.小土丘，多用于地名。

纥 ㊀ gē ㄍㄜ [纥绖](—da)同"疙瘩2"。多用于

纱线、织物等：线～～．解开头巾上的～～．
㊁ hé 见180页。

疙 gē ㄍㄜ [疙瘩](—da)
1.皮肤上突起或肌肉上结成的病块：头上起了个～～．2.小球形或块状的东西：面～～．芥菜～～．3.不易解决的问题：思想～～．这件事有点儿～～．4.不通畅、不爽利的话：文字上有些～～．5.〈方〉量词：一～～石头．一～糕．

咯 ㊀ gē ㄍㄜ [咯噔](—dēng)拟声词：～～～～的皮鞋声．[咯咯]拟声词：传来一阵～～的笑声．牙齿咬得～～响．[咯吱](—zhī)拟声词：～～～～地直响．
㊁ kǎ 见255页。
㊂ lo 见306页。

胳(＊肐) gē ㄍㄜ [胳膊](—bo)[胳臂](—bei)上肢，肩膀以下手腕以上的部分。（图见476页"体"）

袼 gē ㄍㄜ [袼褙](—bei)用纸或布裱糊成的厚片，多用来做纸盒、布鞋等。

搁 ㊀ gē ㄍㄜ 放，置：把书～下．盐～在水里就化了．❷耽搁，放在那里不做：这

事～了一个月.[搁浅]船停滞
在浅处,不能进退。⑩事情停
顿。

⊜ gé 见150页。

哥 gē ㄍㄜ ❶兄,同父母或
亲属中同辈而年龄比自
己大的男子(叠):大～.表～.
❷称呼年龄跟自己差不多的
男子:张大～.

歌 gē ㄍㄜ ❶(一儿)能唱的
文辞:山～.唱～.❷唱
(⑯一唱、一咏):高～.一咏
队.[歌颂]颂扬:～～伟大的
祖国。

鸽 gē ㄍㄜ (一子)鸟名。有
野鸽、家鸽等多种,常成
群飞翔。有的家鸽能够传递
书信。常用作和平的象征。

割 gē ㄍㄜ 切断,截下:～
麦.～草.～阑尾.⑪舍
去:～舍.～爱.[割据]一国之
内拥有武力的人占据部分地
区,形成分裂对抗的局面。
[割线]数学上称跟圆或曲线
在两点或多点相交的直线。
[交割]一方交付,一方接收,
双方结清手续。[收割]把成
熟的庄稼割下收起。

革 ⊖ gé ㄍㄜ ❶去了毛,经
过加工的兽皮(⑯皮一):
制～.❷改变(⑯改一):～新.
洗心～面.⑪革除,撤销(职

务)。[革命]1.被压迫阶级用
暴力夺取政权,摧毁旧的腐朽
的社会制度,建立新的进步的
社会制度。2.事物的根本变
革:思想～～.技术～～.

⊜ jí 见209页。

阁(閤) gé ㄍㄜ ❶小门,
旁门。❷见149
页"阁"。

"閤"又 hé 见180页"合"。

蛤 ⊖ gé ㄍㄜ 蛤蜊(li),软
体动物,生活在近海泥沙
中。体外有双壳,颜色美丽。
肉可吃。
[蛤蚧](一jiè)爬行动物,即大
壁虎,头大,尾部灰色,有红色
斑点。中医用作强壮剂。

⊖ há 见173页。

颌 ⊖ gé ㄍㄜ 口。

⊖ hé 见180页。

阁(*閣) gé ㄍㄜ ❶类
似楼房的建筑
物:亭台楼～.[阁下]对人的
敬称,今多用于外交场合。
[阁子]小木头房子。[内阁]
明清两代大臣在宫中处理政
务的机构。民国初年的国务
院和现在某些国家的最高行
政机关也叫内阁,省称"阁":
组～.入～.❷闺房:出～.

格(❹**挌) gé ㄍㄜ ❶
(一子、一儿)

G

划分成的空栏和框子:方～儿布.～子纸.打～子.架子上有四个～.❷规格,标准:～言.合～.❸人的品质(迻品—):人～.[格外]副词,特别地:～～小心.～～帮忙.❸阻碍,隔阂(叠):～～不入.❹击,打:～斗(dòu).～杀.❺推究:物致知(推究事物的道理取得知识).

搿 ㊀ gé ㄍㄜˊ 禁(jīn)受,承受:～不住这么沉.～不住揉搓.
㊀ gē 见148页。

骼 gé ㄍㄜˊ 骨头:骨～.

鬲 ㊀ gé ㄍㄜˊ [鬲津河]古水名,旧称四女寺减河,即今漳卫新河,是河北、山东两省的界河。
㊀ lì 见290页。

隔 gé ㄍㄜˊ ❶遮断,隔开:～着一条河.～靴搔痒(喻不中肯).[隔阂](—hé)义同"隔膜1"。[隔离]使互相不能接触,断绝来往.[隔膜]1.情意不相通,彼此有意见.2.不通晓,外行:我对于这种技术实在～～.3.同"膈膜".❷距,离:相～很远.

塥 gé ㄍㄜˊ 〈方〉水边的沙地,多用于地名:青草～(在安徽省桐城).

嗝 gé ㄍㄜˊ (—儿)胃里的气体从嘴里出来而发出的声音,或横膈膜痉挛,气体冲过关闭的声带而发出的声音:打～.

滆 gé ㄍㄜˊ 滆湖,湖名,在江苏省南部.

膈 gé ㄍㄜˊ 旧称"膈膜"或"横膈膜"。人或哺乳动物胸腔和腹腔之间的膜状肌肉。

镉 gé ㄍㄜˊ 一种金属元素,符号 Cd,银白色,在空气中表面生成一层保护膜。用于制合金、釉料、颜料,并用作原子反应堆中的中子吸收棒。

葛 ㊀ gé ㄍㄜˊ 多年生藤本植物,花紫红色。茎可编篮做绳,纤维可织葛布。根可提制淀粉,又供药用。
㊁ gě 见151页。

个(個) ㊀ gě ㄍㄜˊ [自个儿]自己。
㊁ gè 见151页。

合 ㊀ gě ㄍㄜˊ ❶市制容量单位,一升的十分之一。❷旧时量粮食的器具。
㊁ hé 见180页。

各 ㊀ gě ㄍㄜˊ 〈方〉特别,与众不同:那人挺～.

㗇 ㊀ gè 见151页。

㗇 gě ㄍㄜˇ 表示赞许,可,嘉。

舸 gě ㄍㄜˇ 大船。

盖(蓋) ㊀ gě ㄍㄜˇ 姓。
㊁ gài 见142页。

葛 ㊀ gě ㄍㄜˇ 姓。
㊁ gé 见150页。

个(個、*箇) ㊀ gè ㄍㄜˇ ❶量词:洗～澡.一～人.一～不留神.打他～落花流水.❷单独的:～人.～体.❸(一子、一儿)身材或物体的大小:高～子.小～儿.馒头～儿不小.
㊁ gě 见150页。

各 ㊀ gè ㄍㄜˋ 每个,彼此不同的:～种职业.～处都有.～不相同.
㊁ gě 见150页。

硌 ㊀ gè ㄍㄜˋ 凸起的硬东西跟身体接触使身体感到难受或受到损伤:～脚.～牙.
㊁ luò 见318页。

铬 gè ㄍㄜˋ 一种金属元素,符号Cr,银灰色,质硬而脆。主要用于制不锈钢和高强度耐腐蚀合金钢。又可用于电镀,坚固美观,胜于镀镍。

蛤 gè ㄍㄜˋ [蛤蚤](－zao)见601页"蚤"(zǎo)。

GEI ㄍㄟ

给 ㊀ gěi ㄍㄟˇ ❶交付,送与:～他一本书.是谁～你的? ⑪把动作或态度加到对方:～他一顿批评.❷介词。1.替,为:医生～他看病.大家帮忙.2.被,表示遭受:～火烧掉了.～拉走了.3.向,对:快～大伙儿说说.～人家赔不是.❸助词,跟前面"让"、"叫"、"把"相应,可有可无:窗户叫风(～)吹开了.羊让狼(～)吃了.狼把小羊(～)叼走了.
㊁ jǐ 见211页。

GEN ㄍㄣ

根 gēn ㄍㄣ ❶植物茎干下部长在土里的部分。有从土壤里吸收水分和溶解在水中的无机盐的作用,还能把植物固定在地上,有的植物的根还有储藏养料的作用(图－柢):树～.草～.直－(如向日葵、甜菜的根).须～(如小麦、稻的根).块～(如甘薯等可以吃的部分).⑪(一儿)1.比喻后辈儿孙:他是刘家一条～.2.物体的基部和其他东西连着的部分（働一基）：耳～.舌～.墙～儿.3.事物的本源：祸～.斩断穷～.4.彻底：～绝.～治.[根据]凭依,依据：～～什么? 有什么～～? ❷量词,用于长条的东西：一～木料.两～麻绳.❸代数方程式内未知数的值.[方根]数学上,任何次自乘幂(mì)的底数,也省称"根".❹化学上指带电的基：氢～.硫酸～.

跟 gēn 《ㄣ ❶（一儿）踵,脚的后部：脚后～.㊀鞋袜的后部：袜后～儿.❷随在后面,紧接着：一个～一个别掉队.开完会～着就参观.㊀赶,及：后续部队也～上来了.❸连词,和,同：我～他都是山东人.❹介词,对,向：已经～他说过了.

[跟头]（—tou）1.身体摔倒：摔～～.栽～～.2.身体向下翻转的动作：翻～～.

哏 gén 《ㄣ 〈方〉❶滑稽,可笑,有趣：这话真～.❷滑稽的话或表情：捧～.逗～.

艮 ㊀ gěn 《ㄣ 〈方〉食物韧而不脆：～萝卜不好吃.

㊀ gèn 见152页.

亘（*亙）gèn 《ㄣ 空间或时间上延续不断：绵～数十里.～古及今.

艮 ㊀ gèn 《ㄣ 八卦之一,符号为☶,代表山.

㊀ gěn 见152页.

茛 gèn 《ㄣ [毛茛]多年生草本植物,喜生在水边湿地,夏天开五瓣黄花,果实集合成球状.全草有毒,可作外用药.

GENG 《ㄥ

更 ㊀ gēng 《ㄥ ❶改变,改换（働一改、一换、变一）：～动.万象～新.～番（轮流调换）.～正错误.❷经历：少(shào)不～事.❸旧时一夜分五更：三～半夜.打～（打梆敲锣报时巡夜）.

㊀ gèng 见153页.

庚 gēng 《ㄥ ❶天干的第七位,用作顺序的第七.❷年龄：同～.

赓 gēng 《ㄥ 继续（働一续）.

鹒 gēng 《ㄥ 见43页"鸧"字条"鸧鹒"(cāng—).

耕 gēng 《ㄥ ❶用犁把土翻松：深～细作.❷指从事某种劳动：笔～.舌～.

羹 gēng 《ㄥ 煮或蒸成的汁状、糊状、冻状的食品：鸡蛋～.肉～.豆腐～.[调羹]

(tiáo—)喝汤用的小勺子。也叫"羹匙(chí)"。

埂 gěng ㄍㄥ ❶(一子、一儿)田间稍稍高起的小路:田~儿.地~子.❷地势高起的地方。

哽 gěng ㄍㄥ 声气阻塞:~咽(yè)。

绠 gěng ㄍㄥ 汲水用的绳子:~短汲深(喻才力不能胜任).

梗 gěng ㄍㄥ ❶(一子、一儿)植物的枝或茎:花~.荷~.[梗概]大略的情节。❷直,挺立:~着脖子.❸阻塞,妨碍(叠一塞):从中作~.

鲠(*鯁) gěng ㄍㄥ ❶鱼骨。❷骨头卡在嗓子里。[骨鲠]正直.

耿 gěng ㄍㄥ ❶光明。❷正直:~介.[耿直](*梗直,*鲠直)直爽,正直。[耿耿]1.形容忠诚:忠心~~.2.心里老想着不能忘怀:~~于怀.

颈(頸) ㊀ gěng ㄍㄥ 义同"颈㊁",用于"脖颈子"。
㊁ jǐng 见241页。

更 ㊀ gèng ㄍㄥ 副词。❶再,又:~上一层楼.❷越发,愈加:~好.~明显了.

㊀ gēng 见152页。

暅 gèng ㄍㄥ 晒。多用于人名。

工 gōng ㄍㄨㄥ ❶工人:矿~.技~.~农联盟.❷工业:化~.~商界.❸工作,工程:做~.~具.手~.兴~.[工程]关于制造、建筑、开矿等,有一定计划进行的工作:土木~~.水利~~.❹一个工人一个劳动日的工作:这件工程需要二十个~才能完成.❺精细:~笔画.❻善于,长于:~书善画.❼旧时乐谱的记音符号,相当于简谱的"3"。[工尺](一chě)我国旧有的音乐记谱符号,计有合、四、一、上、尺(chě)、工、凡、六、五、乙,相当于简谱的 5、6、7、1、2、3、4、5、6、7.
"工尺"是这些符号的总称。
[工夫][功夫](一fu)1.时间(多用"工夫"):有~~来一趟.2.长期努力实践的成果,本领(多用"功夫"):~~深.

功 gōng ㄍㄨㄥ ❶功劳,贡献较大的成绩:记大~一次.立~.[功臣]封建时代指为皇帝效劳有功的官吏,现在指对某项事业有特殊功劳的人。❷功夫:用～.下苦～.❸成就,成效:成～.徒劳无～.❹物理学上指度量能量转换的量。在外力作用下使物体顺力的方向移动,机械功的大小就等于这个力和物体移动距离的乘积。

红 ㊀ gōng ㄍㄨㄥ [女红]旧指女子所做的缝纫、刺绣等工作。也作"女工"。

㊀ hóng 见185页。

攻 gōng ㄍㄨㄥ ❶攻击,打击,进击,跟"守"相对:～守同盟.～势.～城.㊀指摘别人的错误:～人之短.❷致力研究:～读.专～化学.

弓 gōng ㄍㄨㄥ ❶射箭或发弹(dàn)丸的器具:弹～.～箭.❷(一子)像弓的用具:胡琴～子.❸旧时丈量地亩的器具,也是计量单位。1弓约等于5市尺。240平方弓为1亩。❹弯曲:～腰.

躬(*躳) gōng ㄍㄨㄥ ❶身体。㊀自身,亲自:～行.～耕.❷弯曲身体:～身.

公 gōng ㄍㄨㄥ ❶属于国家或集体的,跟"私"相对:～物.～务.大～无私.❷公平,公道:～允.～正.秉～办

事.❸让大家知道:～开.～告.～布.[公示]公开宣布示知,让公众了解并征求意见。❹共同的,大家承认的,大多数适用的:～海.爱国～约.几何～理.[公司]合股(或单股)经营的一种工商业组织,经营产品的生产、商品的流转或某些建设事业:百货～～.运输～～.煤气～～.❺公制的:～里.～尺.～斤.❻属于国家的或集体的事:～文.办～.因～出差.❼雄性的:～鸡.～羊.❽对祖辈和老年男子的称呼(叠):外～.老～～.❾丈夫的父亲(叠):～婆.❿我国古代五等爵位(公、侯、伯、子、男)的第一等。⓫对年长男子的尊称:诸～.丁～.

蚣 gōng ㄍㄨㄥ 见508页"蜈"字条"蜈蚣"(wúgong)。

供 ㊀ gōng ㄍㄨㄥ 供给(jǐ),准备着东西给需要的人应用:～养.提～.～销.～求相应.～参考.[供给制]对工作人员不给工资,只供生活必需品的一种制度。

㊁ gòng 见155页。

龚(龔) gōng ㄍㄨㄥ 姓。

肱 gōng ㄍㄨㄥ 胳膊由肘到肩的部分,泛指胳膊:曲

~.[股肱]喻旧指得力的助手。

宫 gōng ㄍㄨㄥ ❶房屋,封建时代专指帝王的住所:故~.❷神话中神仙居住的房屋或庙宇的名称.❸一些文化娱乐场所的名称;少年~.文化~.❹宫刑,古代阉割生殖器的残酷肉刑.❺古代五音"宫、商、角、徵(zhǐ)、羽"之一.

恭 gōng ㄍㄨㄥ 肃敬,谦逊有礼貌(圉—敬):~贺.[出恭]排泄大小便.

塨 gōng ㄍㄨㄥ 用于人名.李塨,清代人.

觥 gōng ㄍㄨㄥ 古代用兽角做的一种饮酒器皿.

巩(鞏) gǒng ㄍㄨㄥ 坚固,结实,使牢固:基础~固.~固学习成果.~固人民民主专政.

汞(**錄) gǒng ㄍㄨㄥ 通称"水银".一种金属元素,符号 Hg,银白色的液体,能溶解金、银、锡、钾、钠等.可用来制温度表、气压计、水银灯等.[汞溴(xiù)红]俗叫"二百二"或"红药水",是敷伤口的杀菌剂.

拱 gǒng ㄍㄨㄥ ❶拱手,两手向上相合表示敬意.❷

两手合围:~抱.~木.❸环绕:~卫.❸肩膀向上耸:~肩膀.❹建筑物上呈弧形的结构,大多中间高两侧低:~门.~桥.连~坝.❺顶动,向上或向前推:~芽.虫子~土.猪用嘴~地.

珙 gǒng ㄍㄨㄥ ❶大璧.❷珙县,地名,在四川省.

栱 gǒng ㄍㄨㄥ [枓栱](dǒu—)旧同"斗拱".参看104页"斗㊀❸".

共 gòng ㄍㄨㄥ ❶同,一齐(圉—同):和平~处五项原则.干部和战士同甘~苦.取得~识.❷副词,总,合计(圉—总):~二十人.~计.❸共产党的简称:中~.

〈古〉又同"恭"(gōng).

〈古〉又同"供"(gōng).

供 ㊁ gòng ㄍㄨㄥ ❶向神佛或死者奉献祭品:~佛.❷指奉献的祭品:上~.❸被审问时在法庭上述说事实:招~.口~.~状.~认.

㊀ gōng 见154页.

贡 gòng ㄍㄨㄥ ❶古代指属国或臣民向君主献东西.[贡献]1.拿出力量或财物来给国家和人民:~~出自己的一切.2.对人民、人类社会所做的有益的事:马克思、恩格斯创立的学说,是对人类的伟大～～.❷贡品:进～.❸封建时代指选拔人才,推荐给朝廷:～生.～举.

唝 gòng ㄍㄨㄥˋ ［唝吥］(－bù)柬埔寨地名。今作"贡布"。

勾 ⊖ gōu ㄍㄡ ❶用笔画出符号,表示删除或截取:～了这笔账.一笔～销.把精彩的文句～出来.❷描画,用线条画出形象的边缘:～图样.㊺用灰涂抹建筑物上砖、瓦或石块之间的缝:～墙缝.用灰～抹房顶.❸招引,引(㊻－引):～结.～通.～搭.这一问～起他的话来了.❹我国古代称不等腰直角三角形中构成直角的较短的边。

［勾留］停留:在那里～～几天.
⊜ gòu 见157页。

沟(溝) gōu ㄍㄡ ❶流水道:阴～.阳～.
［沟通］使两方通达:～～文化.❷像沟的东西:车～.

钩(*鈎) gōu ㄍㄡ ❶(－子、－儿)悬挂或探取东西用的器具,形状弯曲,头端尖锐:秤～儿.钓鱼～儿.挂～儿.火～子.❷(－子、－儿)形状像钩子的:蝎子的～子.❸(－儿)汉字的一种笔形(⼅乚等)。❹用钩状物探取:把床底下那本书～出来.㊺研究,探寻:～深致远.❺同"勾⊖❷"。❻一种缝纫法,多指缝合衣边:～贴边.

句 ⊖ gōu ㄍㄡ 古同"勾"。
［高句丽］［高句骊］(－－lí)古族名,古国名。
［句践］春秋时越王名.
⊜ jù 见248页。

佝 gōu ㄍㄡ ［佝偻］(－lóu)佝偻病,俗叫"小儿软骨病"。由于食物中缺少钙、磷和维生素D,并缺乏日光照射而引起的骨骼发育不良。症状有方头、鸡胸、两腿弯曲等。

枸 ⊖ gōu ㄍㄡ ［枸橘］(－jú)就是枳(zhǐ)。参看626页"枳"。
⊜ gǒu 见157页。
⊜ jǔ 见247页。

缑 gōu ㄍㄡ 刀剑等柄上所缠的绳。

韝(韝) gōu ㄍㄡ 古代的套袖。

篝 gōu ㄍㄡ 熏笼。［篝火］原指用笼子罩着的火,现指在野外或空旷的地方燃烧的火堆。

鞲 gōu 《又 [鞲鞴](—bèi) 活塞,唧筒里或蒸汽机、内燃机的汽缸里往复运动的机件。

芶 gǒu 《又 姓。

苟 gǒu 《又 ❶姑且,暂且:～安.～延残喘.❷马虎,随便:一丝不～.❸文言连词,假如:～可以利民,不循其礼.❹姓。

岣 gǒu 《又 [岣嵝](—lǒu)山峰名,衡山的主峰,也指衡山,在湖南省中南部。

狗 gǒu 《又 一种家畜,听觉、嗅觉都很灵敏,有的善于看守门户。[狗腿子]⑩走狗,为有权势的人奔走做坏事的人。

枸 ㊀ gǒu 《又 [枸杞](—qǐ)落叶灌木,夏天开淡紫色花。果实红色,叫枸杞子,可入药。
㊁ gōu 见156页。
㊂ jǔ 见247页。

笱 gǒu 《又 竹制的捕鱼器具。

勾 ㊀ gòu 《又 ❶勾当(dang),事情(多指坏事)。❷同"够"。❸姓。
㊀ gōu 见156页。

构(構、❶–❸*搆) gòu 《又 ❶构造,组合:～屋.～图.～词.[构造]各组成部分及其相互关系:人体～～.飞机的～～.句子的～～.❷结成(用于抽象事物):～怨.虚～.[构思]做文章或进行艺术创作时运用心思。❸作品:佳～.杰～.❹构树,落叶乔木,开淡绿色花。果实红色。树皮纤维可造纸。也叫"榖"(gǔ)或"楮"(chǔ)。

购(購) gòu 《又 买(逾—买):～物.～置.采～原料.

诟 gòu 《又 ❶耻辱。❷辱骂。

垢 gòu 《又 ❶污秽,脏东西:油～.牙～.藏污纳～.❷耻辱。也作"诟"。

够(*夠) gòu 《又 ❶足,满足一定的限度:～数.～用.～多.⑱腻,厌烦:这个话我真听～了.❷达到,及:～得着.～格.

遘 gòu 《又 相遇。

媾 gòu 《又 ❶结合,交合:婚～(亲上做亲).交～(雌雄配合).❷交好:～和(讲和).

觏 gòu ㄍㄡˋ 遇见:罕～(很少见).

彀 gòu ㄍㄡˋ ❶同"够"。❷使劲张弓。[彀中](－zhōng)箭能射及的范围。⑩牢笼,圈套。[入彀]⑩进牢笼,入圈套。

GU ㄍㄨ

估 ⊖ gū ㄍㄨ 揣测,大致地推算:～计.～量.不要低～了群众的力量.～一～价钱.
　⊜ gù 见161页。

咕 gū ㄍㄨ 拟声词:布谷鸟～～地叫.[咕咚](－dōng)拟声词,重东西落下声.[咕嘟]1.(－dū)拟声词,水的响声。2.(－du)煮,煮得滚滚的:东西～～烂了吃,容易消化. 3.(－du)鼓起:他气得把嘴～～起来.[咕唧](－ji)小声说话。[咕噜][－lū]拟声词,形容水流动或东西滚动的声音.[咕哝](－nong)小声说话。

沽 gū ㄍㄨ ❶买:～酒.～名钓誉(有意做做人赞扬的事,捞取个人声誉).❷卖:待价而～(喻等候有了较高的待遇再贡献自己的才智).

姑 gū ㄍㄨ ❶父亲的姊妹(叠)。❷丈夫的姊妹:～嫂.大～子.❸妻称夫的母亲:翁～(公婆)。❹姑且,暂且:～妄言之.～置勿论.[姑息]暂求苟安.⑯无原则地宽容:对错误的行为绝不～～.

轱 gū ㄍㄨ [轱辘](－lu)1.车轮.2.滚动,转(zhuàn):别让球～～了.

鸪 gū ㄍㄨ 见616页"鹧"字条"鹧鸪"(zhè－)、36页"鹁"字条"鹁鸪"(bó－)。

菇 gū ㄍㄨ 蕈(xùn):香～.金针～.

蛄 gū ㄍㄨ 见308页"蝼"字条"蝼蛄"(lóu－)、201页"蟪"字条"蟪蛄"(huì－)。

辜 gū ㄍㄨ ❶罪:无～.死有余～.❷亏负,违背:～负了他的一番好意.

酤 gū ㄍㄨ ❶买酒。❷卖酒。

呱 ⊖ gū ㄍㄨ [呱呱]古书上指小儿哭声。
　⊜ guā 见162页。
　⊜ guǎ 见163页。

孤 gū ㄍㄨ ❶幼年丧父或父母双亡。❷单独(⑯独):～雁.～掌难鸣(喻力量单薄,难以有所作为).～立.❸古代君主的自称:～家.～

王.❹同"辜❷":～恩负义.

骱 gū ㄍㄨ 大骨。

菰(❶＊＊苽) gū ㄍㄨ ❶多年生草本植物,生在浅水里,开淡紫红色小花。嫩茎经黑穗病菌寄生后膨大,叫茭白,果实叫菰米,都可以吃。❷同"菇"。

觚 gū ㄍㄨ ❶古代一种盛酒的器具。❷古代写字用的木板:操～(执笔写作).❸棱角。

骨 ⊝ gū ㄍㄨ [骨朵](—duo)(—儿)没有开放的花朵。[骨节](—jie)泛指长条形东西的一段。[骨碌](—lu)滚动。

⊜ gǔ 见160页。

菁 gū ㄍㄨ [菁葖](—tū)1.果实的一种,成熟时在一面开裂,如芍药、八角的果实。2.骨朵儿。

箍 gū ㄍㄨ ❶用竹篾或金属条束紧器物:～木盆.❷(—儿)紧束器物的圈:铁～.

古 gǔ ㄍㄨˇ ❶时代久远的,过去的,跟"今"相对(龜—老):～书.～迹.～为今用.[古板]守旧固执,呆板。[古怪]奇异,罕见,不合常情。❷古体诗:五～.七～.

[古董](＊骨董)古代留传下来的器物。⑯顽固守旧的人或过时的东西。

诂 gǔ ㄍㄨˇ 用通行的话解释古代语言文字或方言字义:训～.解～.字～.

牯 gǔ ㄍㄨˇ 牯牛,指公牛:黄～.黑～.

罟 gǔ ㄍㄨˇ 〈古〉捕鱼的网。

钴 gǔ ㄍㄨˇ 一种金属元素,符号 Co,银白色。有延展性,熔点高,可以磁化,是制造超硬耐热合金和磁性合金的重要原料。钴的放射性同位素钴-60 在机械、化工、冶金等方面都有广泛的应用,在医疗上可以代替镭治疗癌症。

嘏 gǔ ㄍㄨˇ jiǎ ㄐㄧㄚˇ (又) 福。

蛊 gǔ ㄍㄨˇ (—子)烹饪用具,周围陡直的深锅:瓷～子.沙～子.

谷(❷—❹ 穀) ⊝ gǔ ㄍㄨˇ ❶山谷,两山中间的水道。又指两山之间:万丈深～.❷庄稼和粮食的总称:五～.❸(—子)一种禾本科植物,子实碾去皮以后就成小米,供食用,茎可喂牲口。❹〈方〉稻,也指稻的子实:糯~.粳(jīng)~.轧(yà)~机.❺姓。

㊁ yù 见588页。

汩 gǔ ㄍㄨˇ 水流的声音或样子(叠)。

股 gǔ ㄍㄨˇ ❶大腿,自胯至膝盖的部分。(图见476页"体")❷事物的一部分。1.股份,指集合资金的一份:~东.~票.~市.2.机关团体中的一个部门:总务~.卫生~.3.合成绳线等的部分:合~线.三~绳.❸指不等腰直角三角形中构成直角的长边。❹量词.1.用于成条的东西:一~道(路).一~线.一~泉水.2.用于气味、力气:一~香味.一~劲.3.用于成批的人(多指匪徒或敌军):一~残匪.

骨 ㊀ gǔ ㄍㄨˇ ❶骨头,脊椎动物身体里面支持身体的坚硬组织:脊椎~.[骨骼]全身骨头的总称。[骨干](-gàn)⑩中坚有力的:~~分子.~~作用.[骨节]两骨(或更多)相连接的关节。[骨肉]⑩最亲近的有血统关系的人,指父母、子女、兄弟、姊妹。❷像骨的东西:钢~水泥.❸品格,气概:~气.媚~.

㊀ gū 见159页。

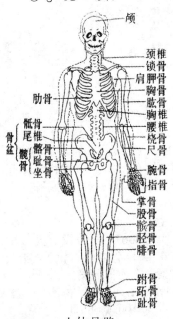

人体骨骼

馉 gǔ ㄍㄨˇ [馉饳](-duò)(-儿)一种面制食品。

榾 gǔ ㄍㄨˇ [榾柮](-duò)截成一段一段的短木头。

鹘 ㊁ gǔ ㄍㄨˇ [鹘鸼](-zhōu)古书上说的一种鸟,羽毛青黑色,尾巴短。

㊀ hú 见189页。

贾 ㊀ gǔ ㄍㄨˇ ❶商人(凾商-)。古时特指坐商。❷卖:余勇可~(喻还有多余的力量可以使出).

㋐ jiǎ 见216页。

羖(**羘) gǔ ㄍㄨˇ 公羊。

蛊(蠱) gǔ ㄍㄨˇ 旧时传说把许多毒虫放在器皿里,使互相吞食,最后剩下不死的毒虫叫蛊,可用来毒害人。[蛊惑]使人心意迷惑。

鹄 ㋐ gǔ ㄍㄨˇ 射箭的靶子。[鹄的](—dì)箭靶子的中心,练习射击的目标。

㋑ hú 见189页。

鼓 gǔ ㄍㄨˇ ❶打击乐器。多为圆柱形,中空,两头蒙皮,有军鼓、腰鼓、拨浪鼓等多种。[大鼓][大鼓书][鼓儿词]曲艺的一种,一人打着鼓说唱故事,另一人弹弦子伴奏。❷敲鼓:一~作气。⑪1.击,拍,弹:~掌.~琴.2.发动,使振作起来:~足干劲.~励.~动.~舞.[鼓吹]1.打击乐和管乐合奏。2.传播,宣扬(现多用于贬义)。❸凸出,高起(叠):口袋装得~~的.

臌 gǔ ㄍㄨˇ 膨胀,肚子胀起的病,通常有水臌、气臌两种。也作"鼓"。

瞽 gǔ ㄍㄨˇ 瞎:~者.

毂(轂) gǔ ㄍㄨˇ 车轮中心,有窟窿可以插轴的部分。(图见315页"轮")

榖 gǔ ㄍㄨˇ 就是构树。参看157页"构"。

濲 gǔ ㄍㄨˇ [濲水]地名,在湖南省湘乡。今作"谷水"。

估 ㋐ gù ㄍㄨˋ [估衣](—yi)旧指贩卖的旧衣服。贩卖旧衣的行业叫估衣业。

㋑ gū 见158页。

故 gù ㄍㄨˋ ❶意外的事情:变~.事~.[故障]机器等发生的毛病。❷缘故,原因:不知何~.无缘无~.❸故意,存心:明知~犯.~弄玄虚.❹老,旧,过去的:~书.~人(老朋友).~宫.❺本来,原来的:~乡(老家).❻死(指人):~去.病~.[物故]指人死。❼连词,所以:他有坚强的意志,~能克服困难.

固 gù ㄍㄨˋ ❶结实,牢靠(働坚—):稳~.❷坚定,不变动:~请.~守阵地.❸本,原来:~有.[固然]连词,表示先承认原来的意思,后面还要否定那个意思或者转到另一方面去:这项工作~~有困难,但是一定能完成.❹坚硬:~体.

堌 gù ㄍㄨˋ 堤。多用于地名:牛王~(在河南省夏邑).青～集(在山东省曹县).

崮 gù ㄍㄨ 四周陡峭而顶部较平的山。多用于地名:孟良～(在山东省临沂).抱犊～(在山东省枣庄和临沂交界的地方).

锢 gù ㄍㄨ ❶把金属熔化开浇灌堵塞空隙。❷禁锢,禁闭起来不许跟人接触。

痼 gù ㄍㄨ 痼疾,积久不易治的病。⑤长期养成不易克服的:～习.～癖.

鲴 gù ㄍㄨ 鱼名,又叫"黄鲴"。体长约0.3米,侧扁,口小无须,银白带黄色。以藻类等为食。生活在江河湖泊中。

顾(顧) gù ㄍㄨ ❶回头看,泛指看:回～.环～.～视左右.❷拜访:三～茅庐.❸照管,注意:～面子.～全大局.奋不～身.⑬商店称来买货物:惠～.～客.主～.[照顾]1.照管,特别关心:～～群众的生活.2.旧时商店称顾客来买货。❹文言连词,但,但是。

梏 gù ㄍㄨ 古代束缚罪人两手的木制刑具。

雇(*僱) gù ㄍㄨ ❶出钱让人给自己做事:～工.～保姆.❷租赁交通运输工具:～车.～牲口.

瓜 guā ㄍㄨㄚ 蔓生植物,叶掌状,花大半是黄色,果实可吃,种类很多,有西瓜、南瓜、冬瓜、黄瓜等。[瓜分]像切瓜一样地分割。[瓜葛](-gé)⑩亲友关系或相牵连的关系。

呱 ㊀ guā ㄍㄨㄚ [呱哒](-dā)拟声词。[呱哒板儿]1.唱莲花落(lào)等打拍子的器具。2.木拖鞋。[呱呱]拟声词,鸭子、青蛙等的响亮叫声。㊋形容好:～～叫.顶～～.

㊁ gū 见158页。

㊂ guǎ 见163页。

胍 guā ㄍㄨㄚ 有机化合物,分子式 CH_5N_3,无色结晶体,易潮解。是制药工业上的重要原料。

刮(❷颳) guā ㄍㄨㄚ ❶用刀子去掉物体表面的东西:～脸.～冬瓜皮.⑩搜刮民财:贪官污吏只会～地皮.❷风吹动:～倒了一棵树.

括 ㊀ guā ㄍㄨㄚ [挺括]〈方〉(衣服、纸张等)较硬而平整。[一塌括子]〈方〉一股脑儿,全部。

㊁ kuò 见273页。

苦栝 guā ㄍㄨㄚ [苦蒌](一lóu)同"栝楼"。

栝 guā ㄍㄨㄚ 就是圆柏。参看169页"桧"(guì)。[栝楼](一lóu)多年生草本植物,爬蔓(wàn),开白花,果实卵圆形。块根和果实都可入药。

鸹 guā ㄍㄨㄚ [老鸹]乌鸦的俗称。

骊(騧) guā ㄍㄨㄚ 黑嘴的黄马。

绹(綢) guā ㄍㄨㄚ ❶古代青紫色的绶带。❷比喻妇女盘结的发髻。

呱 ㊂ guǎ ㄍㄨㄚˇ [拉呱儿](lāguǎr)〈方〉聊天。

㊀ guā 见162页。

㊁ gū 见158页。

剐(剮) guǎ ㄍㄨㄚˇ ❶被尖锐的东西划破:把手~破了.裤子上~了个口子.❷封建时代一种残酷的死刑,把人的身体割成许多块。

寡 guǎ ㄍㄨㄚˇ ❶少,缺少:~言.优柔~断.多~不等.❷古代君主的自称:称孤道~.❸妇女死了丈夫:~妇.

卦 guà ㄍㄨㄚˋ 八卦,中国古代用来占卜的象征各种自然现象的八种符号,相传是伏羲氏所创。[变卦](变)已定的事情忽然改变(含贬义)。

诖 guà ㄍㄨㄚˋ 失误。[诖误]1.被牵连而受谴责或处分:为人~~.2.旧时也指撤职,失官。

挂(*掛、②*罣) guà ㄍㄨㄚˋ ❶悬(叠悬一):红灯高~.~图.❷惦记(叠牵一):~念.~虑.记~.❸登记:~号.~失.❹量词,多用于成串的东西:一~鞭.一~珠子.

褂 guà ㄍㄨㄚˋ (一子、一儿)上身的衣服:大~子(长衫).小~儿.

GUAI ㄍㄨㄞ

乖 guāi ㄍㄨㄞ ❶不顺,不和谐(叠一僻)。❷指小孩听话,懂事:宝宝很~,大人省事多了.❸机灵,伶俐(叠一巧):这孩子嘴~.

掴(摑) guāi ㄍㄨㄞ guó ㄍㄨㄛˊ (又)打耳光。

拐(④*枴) guǎi ㄍㄨㄞˇ ❶转折:~

过去就是大街.～弯抹角.～角.❷骗走人或财物:～骗.～卖.❸腿脚有毛病,失去平衡,走路不稳:走道一瘸(qué)一～.❹走路时帮助支持身体的棍子:～杖.～棍.架～.

夬 guài ㄍㄨㄞ 坚决,果断。

怪(＊恠) guài ㄍㄨㄞ ❶奇异,不平常(龠奇－):～事.～模～样.❺惊奇:大惊小～.❷怪物,神话传说中的妖魔之类(龠妖－)。❺性情乖僻或形状异样的人。❸副词,很,非常:～好的天气.这孩子～讨人喜欢的.❹怨,责备:责～.～罪.这不能～他.

GUAN　ㄍㄨㄢ

关(關、﹡﹡関) guān ㄍㄨㄢ ❶闭,合拢:～门.～上箱子.❺拘禁。❷古代在险要地方或国界设立的守卫处所:～口.山海～.❺征收出口、入口货税的机构:海～.～税.❸重要的转折点,不易度过的一段时间:渡过难～.紧要～头.❹起转折关联作用的部分:～节(两骨连接的地方).～键.❺牵连,连属:毫不相～.无～紧要.[关系]1.事物之间的关涉牵连:这个电门和那盏灯没有～～.2.人事的联系:同志～～.亲戚～～.3.影响:这件事～～太大.[关于]介词,表示事物之间的关联:～～这个问题.～～养蜂的书.❻旧指发给或支领(薪饷)。

观(觀) ㊀ guān ㄍㄨㄢ ❶看(龠－看):坐井～天.～摩.走马～花.[观察]仔细考察:细心～～一切客观现象.[观光]参观别国或别处的文物、建设等。❷看到的景象(龠－瞻):奇～.壮～.❸对事物的认识,看法:乐～.人生～.宇宙～.[观点]从某一角度或立场出发形成的对事物的看法.[观念]1.思想,理性认识.2.客观事物在意识中构成的形象。

㊁ guàn 见166页。

纶(綸) ㊀ guān ㄍㄨㄢ 青丝带。[纶巾]古代配有青丝带的头巾。传说三国时诸葛亮平常戴这种头巾。

㊁ lún 见315页。

官 guān ㄍㄨㄢ ❶政府机关或军队中经过任命的、一定级别以上的公职人员。❷

旧时称属于国家的:～办.～款.[官话]1.旧时指通行于广大区域的北方话,特指北京话。2.官腔。❸器官,生物体上有特定机能的部分:五～.感～.

倌 guān ㄍㄨㄢ ❶农村中专管饲养某些家畜的人:牛～儿.❷旧时称服杂役的人:堂～儿(茶、酒、饭馆的服务人员).

棺 guān ㄍㄨㄢ 棺材,装殓死人的器物。

冠 ⊖ guān ㄍㄨㄢ ❶帽子:衣～整齐.❷(一子)鸟类头上的肉瘤或高出的羽毛:鸡～子.
⊜ guàn 见166页。

矜 ⊖ guān ㄍㄨㄢ〈古〉❶同"鳏"。❷同"瘝"。
⊖ jīn 见235页。
⊜ qín 见398页。

瘝 guān ㄍㄨㄢ 病,痛苦。

鳏 guān ㄍㄨㄢ 鳏夫,无妻或丧妻的男人:～寡孤独.

莞 ⊖ guǎn ㄍㄨㄢ [东莞]地名,在广东省。
⊜ wǎn 见496页。

馆(*舘) guǎn ㄍㄨㄢ ❶招待宾客或旅客食宿的房舍:宾～.旅～.❷一个国家在另一个国家办理外交的人员常驻的处所:大使～.领事～.❸(一子、一儿)某些服务性商店的名称:照相～.理发～.饭～儿.❹开展文化等活动的场所:文化～.体育～.图书～.博物～.❺旧时指教学的地方:家～.蒙～.

琯 guǎn ㄍㄨㄢ 玉管,古代管乐器。

管(*筦) guǎn ㄍㄨㄢ ❶吹奏的乐器:丝竹～弦.～乐器.❷(一子、一儿)圆筒形的东西:～道.竹～儿.无缝钢～.～见(喻浅陋的见识).❸负责,经理:红～家.～账.～伙食.⑳1.干预,过问:工作要大家～.这事我们不能不～.2.负责供给:吃～住.生活用品都～.❹管教,约束:～孩子.～住自己的嘴,不说粗话.[管制]1.监督,管理:～～灯火.2.刑事处分的一种,对某些有罪行的人,由政府和群众监督教育,使能改过自新.[不管]⑳连词,跟"无论"义相近:～～多大困难,我们都能克服.❺保证:用.不好～换.～保有效.❻介词,把(与动词"叫"连用):有的地区～玉米叫苞谷.

鳤 guǎn ㄍㄨㄢ 鱼名。体长筒形，银白色，鳞小。生活在我国南方淡水中。

观(觀) ㊁ guàn ㄍㄨㄢ 道教的庙宇。

㊀ guān 见164页。

贯 guàn ㄍㄨㄢ ❶连贯，穿通：语气～注. 一直～串下去. 融会～通.［贯彻］使全部实现：～～执行. ～～党的政策和决议.［一贯］向来如此，始终一致：艰苦朴素是他的～～作风. ❷旧时把方孔钱穿在绳子上，每一千个叫一贯。❸原籍，出生地：籍～.

掼 guàn ㄍㄨㄢ〈方〉掷，扔：往地下一～.

惯 guàn ㄍㄨㄢ ❶习以为常的，积久成性的：～技. ～例. 穿～了短装.［惯性］物体没有受外力作用时保持原有的运动状态或静止状态，这种性质叫惯性。❷纵容，放任：～坏了脾气. 娇生～养.

冠 ㊀ guàn ㄍㄨㄢ ❶把帽子戴在头上。❷超出众人，居第一位：勇～三军.［冠军］㊟比赛的第一名。❸在前面加上某种名号：～以诗人的桂冠(guān).

㊀ guān 见165页。

涫 guàn ㄍㄨㄢ 沸：～汤.

祼 guàn ㄍㄨㄢ 古代祭祀时把酒浇在地上的礼节。

盥 guàn ㄍㄨㄢ 洗(手、脸)：～洗室.

灌 guàn ㄍㄨㄢ 浇，灌注：引水～田. ～一瓶水.［灌木］主茎不发达，丛生而矮小的树木，如茶树、酸枣树等。

瓘 guàn ㄍㄨㄢ 古玉器名。

鹳 guàn ㄍㄨㄢ 鸟名。羽毛灰色、白色或黑色，嘴长而直，形状像鹤。生活在江、湖、池、沼的近旁，捕食鱼、虾等。

罐(**鑵、*鏆) guàn ㄍㄨㄢ (－子、－儿)盛东西或汲水用的瓦器。泛指各种圆筒形的盛物器：铁～儿. 易拉～儿.［罐头］(－tou)指罐头食品，加工后装在密封罐子里的食品。

GUANG　ㄍㄨㄤ

光 guāng ㄍㄨㄤ ❶光线，照耀在物体上能使视觉看见物体的那种物质，如灯光、阳光等.［光明］亮. ㊟襟怀坦白，没有私心：心地～～.

[光盘]用激光束记录和读取信息的圆盘形存储载体,可分为只读光盘和可刻录光盘。[激光]一种由激光器产生的颜色很纯、能量高度集中并朝单一方向发射的光。广泛应用在工业、军事、医学、通讯、探测等方面。❷光彩,荣誉:为国增～.～荣之家.敬辞:～临.～顾.❸景物:春～.风～.观～.[光景]1.同"光❸"。2.生活的情况:～～一年好似一年.❹光滑,平滑:磨～.～溜(liu).❺完了,一点不剩:把敌人消灭～.❻露着:～头.～膀子.❼副词,单,只:大家都走了,～剩下他一个人了.

吼 guāng 《ㄨㄤ 拟声词,撞击或振动的声音:～的一声,门被关上了.

洸 guāng 《ㄨㄤ 见175页"洤"字条"洤洸"(hán—)。

桄 ㊀ guāng 《ㄨㄤ [桄榔](—láng)常绿乔木,大型羽状叶,生于茎顶。花序的汁可制糖,茎髓可制淀粉,叶柄的纤维可制绳。
㊁ guàng 见167页。

胱 guāng 《ㄨㄤ 见365页"膀"字条"膀胱"(páng—)。

广(廣) ㊀ guǎng 《ㄨㄤ ❶宽度:长五十米,～三十米.[广袤](—mào)东西叫广,南北叫袤,指土地的面积。❷宽,大:～场.我国地～人多.[广泛]范围大,普遍:～～宣传.意义～～.❸多:大庭～众.❹扩大,扩充:～播.推～先进经验.❺姓。
㊁ ān 见4页。

犷(獷) guǎng 《ㄨㄤ 粗野:粗～.～悍.

桄 ㊀ guàng 《ㄨㄤ ❶绕线的器具。❷量词,用于线:一～线.
㊁ guāng 见167页。

逛 guàng 《ㄨㄤ 闲游,游览:～公园.

GUI 《ㄨㄟ

归(歸) guī 《ㄨㄟ ❶返回,回到本处:～家.～国.㊐还给:物～原主.～本还原.❷趋向:殊途同～.众望所～.❸归并,合并:把书～在一起.这两个机构～成一个.～里包堆(总共).[归纳]由许多的事例概括出一般的原理。❹由,属于:这事～我办.❺珠算中称一位数的除法:九～.

圭（❶＊＊珪） guī 《ㄨㄟ ❶古代帝王、诸侯在举行典礼时拿的一种玉器,上圆(或剑头形)下方。❷古代测日影的器具。[圭臬](－niè)标准,法度。❸古代容量单位名,一升的十万分之一。

邽 guī 《ㄨㄟ [下邽]地名,在陕西省渭南。

闺 guī 《ㄨㄟ ❶上圆下方的小门。❷旧时指女子居住的内室:深～.[闺女]1.未出嫁的女子。2.女儿。

硅 guī 《ㄨㄟ 一种非金属元素,符号 Si,有褐色粉末、灰色晶体等形态。硅是一种极重要的半导体材料,能制成高效率的电子元件。硅酸盐在制造玻璃、水泥等工业上很重要。旧称"矽"(xī)。

鲑 guī 《ㄨㄟ 鱼名。身体大,略呈纺锤形,鳞细而圆,肉味美。

龟（龜） ㊀ guī 《ㄨㄟ 爬行动物,种类很多。腹背都有硬甲,头尾和脚能缩入甲中,能耐饥渴,寿命很长。龟甲也叫龟板,可以入药。古人用龟甲占卜(迷信):～卜.蓍(shī)～.[龟鉴][龟镜]用龟卜,用镜照,比喻可资借鉴的事例或道理。

㊁ jūn 见253页。

㊂ qiū 见403页。

妫（嬀、＊＊媯） guī 《ㄨㄟ 妫河,水名,在北京市延庆。

规 guī 《ㄨㄟ ❶圆规,画圆形的仪器:两脚～.❷法则,章程(働－则):成～.常～.[规格]产品质量的标准,如大小、轻重、精密度、性能等:合～～.[规矩](－ju)1.标准,法则:守～～.老～～.2.合标准,守法则:～～老实.[规模]1.格局(多指计划、设备):略具～～.这座工厂～～宏大.2.范围:大～～的经济建设。❸相劝:～劝.～勉.❹谋划:～定.～避(设法避开).[规划]较长期的大致计划:农业发展～～.

鬹 guī 《ㄨㄟ 古代陶制炊具,嘴像鸟喙,有把柄和三个空心的短足。

皈 guī 《ㄨㄟ [皈依]原指佛教的入教仪式,后泛指信仰佛教或参加其他宗教组织。也作"归依"。

瑰（＊瓌） guī 《ㄨㄟ ❶一种像玉的石头。❷奇特,珍奇:～丽.～异.～

宝.

沈 ⊖ guǐ 《ㄨㄟ 沈泉,从侧面喷出的泉。
⊜ jiǔ 见244页。

宄 guǐ 《ㄨㄟ 坏人:奸~.

轨 guǐ 《ㄨㄟ ❶车辙。❷轨道,一定的路线:火车~道.特指铺设轨道的钢条:钢~.铁~.铺~.❸应遵循的规则:步入正~.~外行动.

匦 guǐ 《ㄨㄟ 箱子,匣子:票~.

庋 guǐ 《ㄨㄟ ❶放东西的架子。❷搁置:~藏.

诡 guǐ 《ㄨㄟ ❶欺诈,奸滑:~辩(无理强辩).~计多端.❷怪异,出乎寻常:~秘.~异.

姽 guǐ 《ㄨㄟ [姽婳](一huà)形容女子娴静美好。

鬼 guǐ 《ㄨㄟ ❶迷信的人以为人死之后有灵魂,叫鬼:妖魔~怪.❷阴险,不光明:~话.~胎(喻不可告人之事).❸机灵(多指小孩子):这孩子真~.❹对小孩儿的爱称:小~.❺对人蔑称或憎称:酒~.吸血~.❻星宿名,二十八宿之一。

癸 guǐ 《ㄨㄟ 天干的第十位,用作顺序的第十。

晷 guǐ 《ㄨㄟ 日影。⑱时间:日无暇~.[日晷]按照日影测定时刻的仪器。也叫"日规"。

簋 guǐ 《ㄨㄟ 古代盛食物的器具,圆口,两耳。

柜(櫃) ⊖ guì 《ㄨㄟ(一子)一种收藏东西用的器具,通常作长方形,有盖或有门:衣~.保险~.
⊜ jǔ 见247页。

炅 ⊖ guì 《ㄨㄟ 姓。
⊜ jiǒng 见243页。

刿(劌) guì 《ㄨㄟ 刺伤。

刽(劊) guì 《ㄨㄟ 砍断。[刽子手]旧指执行斩刑的人。⑲杀害人民的人。

桧(檜) ⊖ guì 《ㄨㄟ 植物学上叫"圆柏"。常绿乔木,幼树的叶子针状,大树的叶子鳞片状,果实球形,木材桃红色,有香气,可供建筑及制造铅笔杆等。
⊜ huì 见200页。

贵 guì 《ㄨㄟ ❶价格高:这本书不~.钢比铁~.❷旧指社会地位高:~族.达官~人.敬辞:~姓.~处.~校.

宾.❸特别好,价值高(旧宝
一、一重):珍～的礼品.宝～
的意见.❹重视,崇尚:～精不
～多.这种见义勇为的精神是
可～的.

桂 guì ㄍㄨㄟ ❶植物名.1.
肉桂,常绿乔木,花白色,
树皮有香气,可入药,又可做
香料。2.月桂树,常绿乔木,
花黄色,叶可做香料。3.桂花
树,又叫"木犀"。常绿小乔木
或灌木,花白色或黄色,有特
殊香气,供观赏,又可做香料。
❷广西壮族自治区的别称。

跪 guì ㄍㄨㄟ 屈膝,使膝盖着
地:～下射击.

鳜 guì ㄍㄨㄟ 鳜鱼(也作"桂
鱼"),鱼名。体侧扁,尾
鳍呈扇形,口大鳞细,体青黄
色,有黑色斑点。肉味鲜美。
是淡水鱼类之一。

GUN　ㄍㄨㄣ

衮 gǔn ㄍㄨㄣ 古代君王的礼
服:～服.

滚 gǔn ㄍㄨㄣ ❶水流翻腾
(叠):白浪翻～.大江
～东去.喻水煮开:水～了.❷
旋转着移动:小球～来～去.
～铁环.打～.❸走,离开(含
斥责意):～出去! ❹极,特:

～烫.～圆.

磙 gǔn ㄍㄨㄣ (一子)用石头
做的圆柱形的压、轧用的
器具.

绲 gǔn ㄍㄨㄣ ❶织成的带
子.❷绳.❸沿衣服等
的边缘缝上布条、带子等:～
边儿.

辊 gǔn ㄍㄨㄣ 机器上圆筒状
能旋转的东西:皮～花.
～轴.

鲧(＊＊鯀) gǔn ㄍㄨㄣ ❶
古书上说的
一种大鱼.❷古人名,传说是
夏禹的父亲.

棍 gùn ㄍㄨㄣ ❶(一子、一儿)
棒.❷称坏人:赌～.恶
～.

GUO　ㄍㄨㄛ

过(過) ㊀ guō ㄍㄨㄛ 姓.
㊁ guò 见 172 页.

弤(彉) guō ㄍㄨㄛ 拉满
弩弓。

呙(咼) guō ㄍㄨㄛ 姓.

埚(堝) guō ㄍㄨㄛ 见143
页"坩"字条"坩
埚"(gān一)。

涡(渦) ㊀ guō ㄍㄨㄛ 涡
河,水名,发源于

河南省,流至安徽省注入淮河。

㊀ wō 见506页。

锅(鍋) guō ㄍㄨㄛ ❶烹煮食物的器具。[锅炉]1.一种烧开水的设备。2.使水变成蒸汽以供应工业或取暖需要的设备。也叫"汽锅"。❷(一儿)像锅的:烟袋～.

郭 guō ㄍㄨㄛ 城外围着城的墙(働城一)。

崞 guō ㄍㄨㄛ 崞县,地名,在山西省。现叫原平。

啯(嘓) guō ㄍㄨㄛ 拟声词(叠)。

蝈(蟈) guō ㄍㄨㄛ [蝈蝈儿](-guor)一种昆虫,身体绿色或褐色,翅短,腹大,雄的前翅根部有发声器,能振翅发声。对植物有害。

聒 guō ㄍㄨㄛ 声音嘈杂,使人厌烦:～耳.～噪.

国(國、**囯) guó ㄍㄨㄛ ❶国家:保家卫～.～内.祖～.[国家]1.阶级统治和管理的工具,是统治阶级对被统治阶级实行专政的暴力组织,主要由军队、警察、法庭、监狱等组成。国家是阶级矛盾不可调和的产物和表现,它随着阶级的产生而产生,也将随着阶级的消灭而自行消亡。2.一个独立的国家政权所领有的区域。[国际主义]各国无产阶级、劳动人民在民族解放的斗争中互相支持紧密团结在一起的思想。❷属于本国的:～货.～歌.

掴(摑) guó ㄍㄨㄛ (又)见163页(guāi)。

帼(幗) guó ㄍㄨㄛ 古代妇女包头的巾、帕:巾～英雄(女英雄).

洭(漍) guó ㄍㄨㄛ [北洭]地名,在江苏省江阴。

膕(膕) guó ㄍㄨㄛ 膝部的后面。

虢 guó ㄍㄨㄛ 周代诸侯国名。1.西虢,在今陕西省宝鸡东,后来迁到河南省陕县东南。2.东虢,在今河南省郑州西北。

馘(**聝) guó ㄍㄨㄛ 古代战争中割取敌人的左耳以计数献功。也指割下的左耳。

果(❶*菓) guǒ ㄍㄨㄛ ❶(一子)果实,某些植物花落后含有种子的部分:水～.干～(如花生、栗子等).❷结果,事情的结局或成效:成～.恶～.前因后～.❸果断,坚决(働—决):～敢.言必信,行必～.❹果然,确实,真的:～不出所料.他～来了吗?

馃 guǒ ㄍㄨㄛ (—子)一种油炸的面食。

蜾 guǒ ㄍㄨㄛ [蜾蠃](—luǒ)蜂类的一种,常用泥土在墙上或树枝上做窝,捕捉螟蛉等小虫存在窝里,留做将来幼虫的食物。旧时误认蜾蠃养螟蛉为己子,所以有把抱养的孩子称为"螟蛉子"的说法。

裹 guǒ ㄍㄨㄛ 包,缠:～伤口.用纸～上.～足不前(喻停止不进行).働卷在里头:洪水～着泥沙.

槨(*椁) guǒ ㄍㄨㄛ 棺材外面套的大棺材。

过(過) ⊖ guò ㄍㄨㄛ ❶从这儿到那儿,从甲方到乙方:～江.没有～不去的河.～户.～账.働1.传:～电.2.交往:～从.[过去]1.已经经历了的时间。2.(—qu)从这儿到那儿去。❷经过,度过:～冬.～节.日子越～越好.働使经过某种处理:～秤.～目.～一～数.把菜～

一～油.[过年]1.度过新年。2.(—nian)明年,指说话时候以后的一个年头。❸超出。1.数量:～半数.～了一百.2.程度:～分(fèn).～火.未免太～.❹超越.[过费](—fei)〈方〉1.花费过多。2.辜负。[过逾](—yu)过分:小心没～～.❺(—儿)量词,次,回,遍:衣服洗了好几～儿.❻错误(働—错):改～自新.知～必改.❼(guo)放在动词后.1.助词,表示曾经或已经:看～.听～.用～了.你见～他吗?2.跟"来"、"去"连用,表示趋向:拿～来.转～去.

　　⊖ guō 见170页。

H ㄏ

哈(❸**⁕⁕猳**) ⊖ hā ㄏㄚ ❶张口呼气。[哈哈]拟声词,笑声。❷叹词,表示得意或惊喜(叠):～,我赢啦! ❸哈腰,稍微弯腰,表示礼貌。
[哈喇](—la)1.含油的食物日子久了起了变化的味道。2.

杀死(元曲多用)。

[哈尼族]我国少数民族,参看附表。

[哈萨克族] 1. 我国少数民族,参看附表。 2. 哈萨克斯坦的主要民族。

　　㊁ hǎ 见173页。

　　㊂ hà 见173页。

铪 hā ㄏㄚ 一种金属元素,符号 Hf,银白色,熔点高,用于核反应堆控制棒等。

虾(蝦) ㊀ há ㄏㄚˊ [虾蟆](—ma)旧同"蛤蟆"。

　　㊁ xiā 见517页。

蛤 ㊀ há ㄏㄚˊ [蛤蟆](—ma)青蛙和癞蛤蟆的统称。

　　㊁ gé 见149页。

哈 ㊀ hǎ ㄏㄚˇ 姓。

[哈达](藏)一种长形薄绢,藏族和部分蒙古族人用以表示敬意或祝贺。

[哈巴狗](—bɑ—)一种个儿小腿短的狗。也叫"狮子狗"、"巴儿狗"。常用来比喻驯顺的奴才。

　　㊀ hā 见172页。

　　㊂ hà 见173页。

哈 ㊂ hà ㄏㄚˋ [哈什蚂](—shimǎ)蛙的一种,灰褐色,生活在阴湿的地方,主要产在我国东北各省。雌的腹内有脂肪状物质,叫哈什蚂油,中医用作补品。

　　㊀ hā 见172页。

　　㊁ hǎ 见173页。

咳 ㊀ hāi ㄏㄞ ❶叹息:～声叹气. ❷叹词. 1. 表示惋惜或后悔:～,我为什么这么糊涂! 2. 招呼人,提醒人注意:～,到这儿来.

　　㊁ ké 见261页。

嗨 ㊀ hāi ㄏㄞ 叹词,同"咳㊀❷"。

　　㊁ hēi 见183页。

还(還) ㊀ hái ㄏㄞˊ 副词. ❶仍旧,依然:你～是那样. 这件事～没有做完. ❷更:今天比昨天～热. ❸再,又:另外～有一件事要做. 提高产量,～要保证质量. ❹尚,勉强过得去:身体～好. 工作进展得～不算慢. ❺尚且:他那么大年纪～这么干,咱们更应该加油干了. [还是](—shi) 1. 副词,表示这么办比较好:咱们～～出去吧. 2. 连词,用在问句里表示选择:是你去呢,～～他来? ❻表示对某件事物,没想到如此,而居然如此:他～真有办法.

㊁ huán 见194页。

孩 hái ㄏㄞˊ （一子、一儿)幼童。㊁子女:他有两个～子.[孩提]指幼儿时期。

骸 hái ㄏㄞˊ ❶骨头(圈一骨):尸～.❷指身体:病～.残～.

胲 hǎi ㄏㄞˇ 有机化合物的一类,通式 R—NH—OH,是 NH_2OH 的烃基衍生物的统称。

海 hǎi ㄏㄞˇ ❶靠近大陆比洋小的水域:黄～.渤～.～岸.❷用于湖泊名称:青～.洱～.❸容量大的器皿:墨～.❹比喻数量多的人或事物:人～.文山会～.❺巨大的:～碗.～量.夸下～口.[海报]文艺、体育演出的招贴。

醢 hǎi ㄏㄞˇ ❶古代用肉、鱼等制成的酱。❷古代的一种酷刑,把人杀死后剁成肉酱。

亥 hài ㄏㄞˋ ❶地支的末一位。❷亥时,指晚上九点到十一点。

骇 hài ㄏㄞˋ 惊惧:惊涛～浪(可怕的大浪).～人听闻.

氦 hài ㄏㄞˋ 一种化学元素,在通常条件下为气体,符号 He,无色无臭,不易跟其他元素化合。很轻,可用来充入气球或电灯泡等。

害 hài ㄏㄞˋ ❶有损的:～虫.～鸟.❷祸害,坏处,跟"利"相对:为民除～.喝酒过多对身体有～.❸灾害,灾患:虫～.❹使受损伤:～人不浅.危～国家.❺发生疾病:～病.～眼.❻心理上发生不安的情绪:～羞.～臊.～怕.
〈古〉又同"曷"(hé)。

嗐 hài ㄏㄞˋ 叹词:～! 想不到他病得这样重。

HAN　　ㄏㄢ

犴 ㊀ hān ㄏㄢ　就是驼鹿。也叫"堪达罕"。
㊁ àn 见5页。

顸 hān ㄏㄢ 粗,圆柱形的东西直径大的:这线太～.拿根～杠子来抬.

鼾 hān ㄏㄢ　熟睡时的鼻息声:～声如雷.

蚶 hān ㄏㄢ （一子)俗叫"瓦垄子"。软体动物,贝壳厚,有突起的纵线像瓦垄,我国有几十种。生活在浅海泥沙中。肉味鲜美。

酣 hān ㄏㄢ 酒喝得很畅快:～饮.㊁尽兴,痛快:～

睡.～战（长时间紧张地战斗）.

憨 hān ㄏㄢ ❶傻，痴呆：～笑.❷朴实，天真：～直.～态.［憨厚］朴实，厚道。

邗 hán ㄏㄢ ［邗江］地名，在江苏省扬州。

汗 ⊜ hán ㄏㄢ 指可汗。参看261页"可⊜"。
⊝ hàn 见176页。

邯 hán ㄏㄢ ［邯郸］（—dān）地名，在河北省。

含 hán ㄏㄢ ❶嘴里放着东西，不吐出来也不吞下去：嘴里～着块糖.⑰藏在眼眶里：～着泪.❷带有某种意思、感情等，不完全表露出来：～怒.～羞.～笑.❸里面存在着：～水分.～养分.［含糊］（*含胡）（—hu）1.不明确，不清晰。2.怯懦，畏缩，常跟"不"连用：绝不～～. 3.不认真，马虎：这事可不能～～.

洺 hán ㄏㄢ ［洺洸］（—guāng）地名，在广东省英德。

晗 hán ㄏㄢ 天将明。

焓 hán ㄏㄢ 单位质量的物质所含的全部热能。

函（*圅） hán ㄏㄢ ❶匣，套子：石～.

镜～.全书共四～.⑱信件（古代寄信用木函）：～件.来～.公～.～授.❷包容，包含。

涵 hán ㄏㄢ 包容，包含：包～.海～.～义.～养.

韩（韓） hán ㄏㄢ 战国国名，在现在河南省中部、山西省东南一带。

寒 hán ㄏㄢ ❶冷（㊀—冷）：御～.天～.［寒噤］因受冷或受惊而发抖。［寒心］1.害怕，战栗。2.灰心，痛心失望。［胆寒］害怕。❷穷困：家里很贫～.谦辞：～门.～舍.

罕 hǎn ㄏㄢ 稀少（㊀稀—）：～见.～闻.～物.

喊 hǎn ㄏㄢ 大声叫，呼：～口号.～他一声.

阚 ⊜ hǎn ㄏㄢ 虎叫声。
⊝ kàn 见257页。

㘚 hǎn ㄏㄢ 同"阚⊜"。（柳宗元文《黔之驴》用此字。）

汉（漢） hàn ㄏㄢ ❶汉江，又称汉水，发源于陕西省南部，在湖北省武汉入长江。［银汉］天河。❷朝代名。1.汉高祖刘邦所建立（公元前206—公元220年）。2.五代之一，刘知远所建立（公元947—950年），史称后汉。❸（—子）男人，男子：老

～.好～.英雄～.❹汉族,我
国人数最多的民族。[汉奸]
出卖我们国家民族利益的败
类。

闬 hàn ㄏㄢ〈古〉❶里巷门。
❷墙。

汗 ㊀ hàn ㄏㄢ 由身体的毛
孔里排泄出来的液体。
㊁ hán 见175页。

旱 hàn ㄏㄢ ❶长时间不下
雨,缺雨,跟"涝"相对:防
～.天～.❷陆地,没有水的:
～路.～田.～稻.

捍(*扞) hàn ㄏㄢ 保卫,
抵御:～卫祖
国.～海堰(挡海潮的堤).[捍
格]相抵触:～～不入.

悍(*猂) hàn ㄏㄢ ❶勇
敢:强～.短小
精～.❷凶暴(⑱凶—):～然
不顾.

焊(*銲、*釬) hàn ㄏㄢ
用熔化
的金属或某些非金属把工件
连接起来,或用熔化的金属修
补金属器物:电～.铜～.

菡 hàn ㄏㄢ [菡萏](—dàn)
荷花的别称。

颔 hàn ㄏㄢ ❶下巴颏。❷
点头:～首.～之而已.

撖 hàn ㄏㄢ 姓。

撼 hàn ㄏㄢ 摇动:震～天
地.

憾 hàn ㄏㄢ 悔恨,心中感到
有所缺欠:～事.遗～.

翰 hàn ㄏㄢ 长而坚硬的羽
毛,古代用来写字。⑲1.
毛笔:～墨.染～.2.诗文,书
信:文～.华～.书～.

瀚 hàn ㄏㄢ 大:浩～(广大,
众多).

HANG　ㄏㄤ

夯(**碎) ㊀ hāng ㄏㄤ
❶砸地基的
工具。❷用夯砸:～地.
㊁ bèn 见21页。

行 ㊀ háng ㄏㄤ ❶行列,
排:单～.双～.❷职业:
咱们是同～.[行家]精通某种
事务的人。❸某些营业性机
构:银～.车～.电料～.[行
市](—shi)市场上商品的一
般价格。❹兄弟、姊妹长幼的
次第:排～.您～几? 我～三.
❺量词,用于成行的东西:几
～字.两～树.
㊁ xíng 见534页。

绗 háng ㄏㄤ 做棉衣、棉褥
等,粗粗缝,使布和棉花
连在一起。

吭 ㊀ háng ㄏㄤ 喉咙,嗓子:引~(拉长了嗓音)高歌.

㊁ kēng 见263页.

迒 háng ㄏㄤ ❶野兽、车辆经过的痕迹。❷道路。

杭 háng ㄏㄤ 杭州,地名,在浙江省。

航 háng ㄏㄤ 行船:~海.㊋飞机等在空中飞行:~空.

颃 háng ㄏㄤ 见530页"颉"字条"颉颃"(xié—).

沆 hàng ㄏㄤ 大水。[沆瀣](—xiè)夜间的水汽.[沆瀣一气]㊍气味相投的人勾结在一起。

巷 ㊀ hàng ㄏㄤ [巷道]采矿或探矿时挖的坑道.

㊁ xiàng 见525页.

HAO ㄏㄠ

蒿 hāo ㄏㄠ 一类植物,种类很多,草本和灌木均有,用手揉时常有香味。有的可入药,如青蒿、茵陈蒿、艾等。

嚆 hāo ㄏㄠ 呼叫。[嚆矢]带响声的箭。㊍发生在先的事物,事物的开端。

薅 hāo ㄏㄠ 拔,除去:~草.

号(號) ㊀ háo ㄏㄠ ❶大声呼喊(㊋呼—)。[号叫]大声叫。❷大声哭:悲~.[号啕][号咷](—táo)大声哭喊。

㊁ hào 见178页.

蚝(*蠔) háo ㄏㄠ 牡蛎(lì):~油(用牡蛎肉制成的浓汁,供调味用).

毫 háo ㄏㄠ ❶长而尖细的毛:狼~笔.❷秤或戥子上的提绳:头~.二~.❸法定计量单位中十进分数单位词头之一,表示 10^{-3},符号 m.❹计量单位名,10 丝是 1 毫,10 毫是 1 厘.❺〈方〉货币单位,角,毛.❻数量极少,一点:~无诚意.~不费力.

嗥(*嘷) háo ㄏㄠ 野兽吼(hǒu)叫:虎啸熊~.

貉 ㊀ háo ㄏㄠ 同"貉㊀",用于"貉子、貉绒"。

㊁ hé 见181页.

豪 háo ㄏㄠ ❶具有杰出才能的人(㊋—杰):文~.英~.[自豪]自己感到骄傲:我们以有这样的英勇战士而~~.❷气魄大,直爽痛快,没有拘束的:~放.性情~爽.~迈的事业.❸强横的,有特殊势力的:~门.土~劣绅.巧取~夺.

壕 háo ㄏㄠˊ 沟:战~.

嚎 háo ㄏㄠˊ 大声哭喊.[嚎啕][嚎咷]同"号啕".

濠 háo ㄏㄠˊ ❶护城河.❷濠水,水名,在安徽省.

好 ㊀ hǎo ㄏㄠˇ ❶优点多的或使人满意的,跟"坏"相对:~人.~汉.~马.~东西.~事.㊀指生活幸福、身体健康或疾病消失:您~哇!他的病完全~了.[好手]擅长某种技艺的人,能力强的人.❷友爱,和睦:相~.我跟他~.友~.❸易于,便于:这件事情~办.请你闪开点,我~过去.❹完,完成:我们的计划已经订~了.我穿~衣服就去.预备~了没有?❺副词,很,甚:~冷.~快.~大的风.[好不]副词,很:~~高兴.❻表示赞许、应允或结束等口气的词:~,你真不愧是劳动英雄!~,就照你的意见做吧!~,不要再讨论了!

㊁ hào 见178页.

好 hǎo ㄏㄠˇ 姓.

号(號) ㊀ hào ㄏㄠˋ ❶名称:国~.别~.

牌~.㊧商店:本~.分~.❷记号,标志:暗~.信~灯.做记~.❸表示次第或等级:挂~.第一~.大~.中~.[号码]代表事物次第的数目字.[号外]报社报道重要消息临时印发的报纸.❹指某种人:病~.伤~.❺量词,用于人数:全队有几十~人.❻标上记号:把这件东西~上.❼号令,命令:发~施令.[号召](—zhào)召唤(群众共同去做某一件事):坚决响应党的~~.[口号]号召群众或表示纪念等的语句.❽军队或乐队里所用的西式喇叭:吹~.~兵.❾用号吹出的表示一定意义的声音:熄灯~.冲锋~.

㊁ háo 见177页.

好 ㊀ hào ㄏㄠˋ 爱,喜欢(㊧爱—):~学.~劳动.这孩子不~哭.

㊁ hǎo 见178页.

昊 hào ㄏㄠˋ 广大的天.

淏 hào ㄏㄠˋ 水清.

耗 hào ㄏㄠˋ ❶减损,消费(㊧—费、消—):消~品.别~灯油了.❷拖延:~时间.别~着了,快去吧!❸音信,消息:噩(è)~(指亲近或敬爱的人死亡的消息).

浩 hào ㄏㄠˋ 广大(叠)(龜-大):声势~大.大队人马~~荡荡.

皓(*皜、*暠) hào ㄏㄠˋ 洁白,明亮:~齿.~首(白发,指老人).~月当空.

鄗 hào ㄏㄠˋ 古县名,在今河北省柏乡。

滈 hào ㄏㄠˋ 滈河,水名,在陕西省西安。

镐 ⊖ hào ㄏㄠˋ 西周的国都,在今陕西省长安西北。
⊖ gǎo 见147页。

暤 hào ㄏㄠˋ 明亮。

颢 hào ㄏㄠˋ 白的样子。

灏 hào ㄏㄠˋ 水势大。

HE ㄏㄜ

诃 hē ㄏㄜ 同"呵⊙❶"。
[诃子](—zǐ)常绿乔木,叶子、幼果(藏青果)、果实(诃子)、果核均可入药。

呵 ⊙ hē ㄏㄜ ❶怒责(龜-斥):~禁.❷呼气:~冻.~气.[呵呵]拟声词,笑声:笑~~.[呵护]爱护,保护。❸同"嗬"。
⊖ ā 见1页。
⊜ á 见1页。
⊜ ǎ 见1页。
㉞ à 见1页。
㈤ a 见2页。

喝(**欱) ⊙ hē ㄏㄜ 吸食液体饮料或流质食物,饮:~水.~酒.~粥.
⊖ hè 见182页。

嗬 hē ㄏㄜ 叹词,表示惊讶:~,真不得了!

蠚 hē ㄏㄜ 〈方〉蜇(zhē),刺。

禾 hé ㄏㄜ ❶谷类植物的统称。❷古代特指粟(谷子)。

和(❶❷❼*龢) ⊙ hé ㄏㄜ ❶相安,谐调:~睦.⑰平静,不猛烈:温~.心平气~.风~日暖.[和平]1.没有战争的状态:~~环境.2.温和,不猛烈:药性~~.[和气](—qi)态度温和:他说话真~~.❷平息争端:讲~.~解.❸数学上指两个或两个以上的数加起来的总数:2跟3的~是5.❹连带:~盘托出(完全说出来).~衣而卧.❺连词,跟,同:我~他都不同意.❻介词,对,向:你～孩子讲话要讲得通俗些.❼姓.

[和尚]佛教男性僧侣的通称。

　　㊁ hè 见181页。
　　㊂ huó 见203页。
　　㊃ huò 见203页。
　　㊄ hú 见188页。

盉 hé ㄏㄜ 古代用来调和酒的器皿。

合(❸閤) ㊀ hé ㄏㄜ ❶闭,对拢:～眼.～抱.～围(四面包围).[合龙]修筑堤坝或桥梁时从两端施工,最后在中间接合.[合口呼]u韵母和以u开头的韵母叫作"合口呼"。❷聚,集:～力.～办.～唱.[合同]两方或多方为经营事业或在特定的工作中规定彼此权利和义务所订的共同遵守的条文:产销～～.[合作]同心协力做某事.[合作社]根据互相合作的原则自愿建立起来的经济组织,按经营业务的不同,可以分为生产合作社、消费合作社、供销合作社、信用合作社等。❸总共,全:～计.～家.❹不违背,一事物与另一事物相应或相符:～格.～法.～理.㊄应该:理～声明.❺计,折算:这件衣服做成了～多少

钱?一米～多少市尺?❻旧时乐谱记音符号的一个,相当于简谱中的低音"5"。❼姓.

　　㊁ gě 见150页。
"閤"又 gé 见149页"阁"。

郃 hé ㄏㄜ [郃阳]地名,在陕西省。今作"合阳"。

饸 hé ㄏㄜ [饸饹](－le)一种条状食品,多用荞麦面轧(yà)成。有的地区叫"河漏"。

盒 hé ㄏㄜ (－子、－儿)底盖相合的盛(chéng)东西的器物:饭～儿.墨～儿.

颌 ㊀ hé ㄏㄜ 构成口腔上部和下部的骨头和肌肉等组织叫作颌,上部的叫上颌,下部的叫下颌。
　　㊁ gé 见149页。

纥 ㊀ hé ㄏㄜ 见198页"回"字条"回纥"。
　　㊁ gē 见148页。

龁 hé ㄏㄜ 咬。

何 hé ㄏㄜ 代词,表示疑问。1.什么:～人?～事?为～?有～困难?2.为什么:～不?～必如此.3.怎样:～如?如～?4.怎么:他学习了好久,～至于一点进步也没有?5.哪里:欲～往?
　　〈古〉又同"荷"(hè)。

河 hé ㄏㄜ ❶水道的通称：运～.淮～.[河汉]银河，又叫"天河"。天空密布如带的星群。❷专指黄河，我国的第二大河，发源于青海省，流入渤海：～西.～套.江淮～汉.

荷 ㊀ hé ㄏㄜ 莲。
㊁ hè 见182页。

菏 hé ㄏㄜ [菏泽]地名，在山东省。

劾 hé ㄏㄜ 揭发罪状(⊕弹—).

阂 hé ㄏㄜ 阻隔不通：隔～.

核(❹*覈) ㊀ hé ㄏㄜ ❶果实中坚硬并包含果仁的部分。❷像核的东西：菌～.细胞～.[核酸]存在于生物体中的有机化合物，是生命的基本物质之一，对生物的生长、遗传、变异等起决定作用。[核心]中心，主要部分：领导～～.～～作用.[结核]传染病名，病原体是结核杆菌。❸指原子核、核能、核武器等：～潜艇.～试验.～战争.❹仔细地对照、考察：～算.～实.
㊁ hú 见189页。

曷 hé ㄏㄜ 文言代词，表示疑问。1.怎么。2.何时。

餲 ㊀ hé ㄏㄜ 餲子，一种油炸的面食。
㊁ ài 见4页。

鹖 hé ㄏㄜ 古书上说的一种善斗的鸟。

鞨 hé ㄏㄜ 见342页"靺"字条"靺鞨"(mò—).

盍(*盇) hé ㄏㄜ 何不：～往观之.

阖 hé ㄏㄜ ❶全，总共：～家.～城.❷关闭：～户.～口.

涸 hé ㄏㄜ 水干：～辙(水干了的车辙).

貉 ㊀ hé ㄏㄜ 野兽名。毛棕灰色，耳小，嘴尖，昼伏夜出，捕食虫类，皮很珍贵。[一丘之貉]⊕彼此相似，没什么差别，指坏人。
〈古〉又同"貊"(mò).
㊁ háo 见177页。

翮 hé ㄏㄜ ❶鸟翎的茎，翎管。❷翅膀：奋～高飞.

吓(嚇) ㊀ hè ㄏㄜ ❶恫吓，恐吓。❷叹词，表示不满：～，怎么能这样呢！
㊁ xià 见518页。

和 ㊀ hè ㄏㄜ 声音相应。特指依照别人所做诗词的题材和体裁而写作：～诗.唱～.

㊀ hé 见179页。
㊂ huó 见203页。
㊃ huò 见203页。
㊄ hú 见188页。

贺 hè ㄏㄜ 庆祝,祝颂(龚庆一):～年.～喜.～功.～电.

荷 ㊀ hè ㄏㄜ ❶担,扛:～锄.[电荷]构成物质的许多基本粒子所带的电。有的带正电(如质子),有的带负电(如电子),习惯上也把物体所带的电叫电荷:正～.负～.❷承受恩惠(常用在书信里表示客气):感～.为～.
㊁ hé 见181页。

喝 ㊀ hè ㄏㄜ 大声喊叫:～令.呼～.大～一声.[喝彩]大声叫好。
㊁ hē 见179页。

褐 hè ㄏㄜ ❶粗布或粗布衣服。❷黑黄色。

赫 hè ㄏㄜ ❶显明,盛大(叠):显～.声势～～.❷频率单位名,符号 Hz。
[赫哲族]我国少数民族,参看附表。

熇 hè ㄏㄜ [熇熇]烈火燃烧的样子。

翯 hè ㄏㄜ [翯翯]羽毛洁白润泽的样子。

鹤 hè ㄏㄜ 鸟名。有许多种,如丹顶鹤、白鹤、灰鹤、黑颈鹤等。颈、腿细长,翼大善飞,叫的声音很高,很清脆。

壑 hè ㄏㄜ 山沟或大水坑:沟～.以邻为～.

HEI ㄏㄟ

黑 hēi ㄏㄟ ❶煤或墨那样的颜色,跟"白"相对:～布.～头发.❷暗,光线不充足:天～了.那间屋子太～.❸秘密的,隐蔽的:～话.～市.❹恶毒:～心.
[黑客](外)1.精通电子计算机技术,善于发现网络系统缺陷的人。2.通过互联网非法侵入他人电子计算机系统进行破坏活动的人。

嘿 ㊀ hēi ㄏㄟ 叹词。1.表示惊异或赞叹:～,这个真好!～,你倒有理啦! 2.表示招呼或提醒注意:～,老张,快走吧!～,你小心点,别滑倒!
[嘿嘿]拟声词,多指冷笑。
㊁ mò 见343页。

镖 hēi ㄏㄟ 一种人造的放射性元素,符号 Hs。

嗨 ㊀ hēi ㄏㄟ 同"嘿㊀"。
㊁ hāi 见173页。

痕 hén ㄏㄣ 痕迹,事物留下的印迹:水～.泪～.伤～.

很 hěn ㄏㄣ 副词,非常,表示程度高:～好.好得～.

狠 hěn ㄏㄣ ❶凶恶,残忍:心～.～毒.㊀勉强地抑制住难过的心情:～着心送走了孩子.❷严厉地(叠):～～地打击敌人.[狠命]拼命,用尽全力:～～地跑.❸全力:～抓科学研究.❹同"很"。

恨 hèn ㄏㄣ ❶怨,仇视(㊀怨一):～入骨髓.❷懊悔,令人懊悔或怨恨的事:悔～.遗～.

亨 hēng ㄏㄥ ❶通达,顺利(㊀一通):万事～通.❷电感单位名亨利的简称,符号H。
〈古〉又同"烹"(pēng)。

哼 ㊀ hēng ㄏㄥ ❶鼻子发出痛苦的声音:他病很重,却从不～一声.❷轻声随口地唱:他一面走一面～着歌.
㊁ hng 见184页。

脝 hēng ㄏㄥ 见369页"膨"字条"膨脝"(péng一)。

哼 hēng ㄏㄥ 叹词,表示禁止的意思。

恒(*恆) héng ㄏㄥ ❶持久:～心.❷经常的,普通的:～言.

姮 héng ㄏㄥ [姮娥]嫦娥。

珩 héng ㄏㄥ 佩玉上面的横玉。

桁 héng ㄏㄥ 就是檩。

鸻 héng ㄏㄥ 鸟名。种类很多,身体小,嘴短而直,只有前趾,没有后趾。多群居在海滨。

衡 héng ㄏㄥ ❶称东西轻重的器具。❷称量:～其轻重.[衡量]1.称轻重.2.评定高低好坏:测验只是～～学习成绩的一种办法.❸平,不倾斜:平～.均～.❹古同"横"。

蘅 héng ㄏㄥ [杜蘅]多年生草本植物,开暗紫色的花。全草可入药。现作"杜衡"。

横 ㊀ héng ㄏㄥ ❶跟地面平行的,跟"竖"、"直"相

H

对:~额.~梁.❷地理上指东西向的,跟"纵"相对:~渡太平洋.❸从左到右或从右到左的,跟"竖"、"直"、"纵"相对:~写.❹跟物体的长的一边垂直的,跟"竖"、"直"、"纵"相对:~剖面.人行~道.❺使物体成横向:把扁担~过来.❻纵横杂乱:蔓草~生.❼不合情理的:~加阻拦.❽汉字由左到右的笔形(一):"王"字是三~一竖.[横竖]副词,反正,无论如何:~~我也要去.

　　⊜ hèng 见184页.

横 ⊜ hèng ㄏㄥˋ ❶凶暴,不讲理(逾蛮一):这个人说话很~.❷意外的:~财.~事.~死.

　　⊖ héng 见183页.

噷 hm ㄏㄇ 〔h跟单纯的双唇鼻音拼合的音〕叹词,表示申斥或禁止:~,你还闹哇! ~,你骗得了我!

哼 ⊖ hng ㄏㄫ 〔h跟单纯的舌根鼻音拼合的音〕叹词,表示不满意或不信任:~,

你信他的!

　　⊖ hēng 见183页.

吽 hōng ㄏㄨㄥ 佛教咒语用字.

轰(轟、❸**揈) hōng ㄏㄨㄥ ❶拟声词,指雷鸣、炮击等发出的巨大声音.[轰动]同时引起许多人的注意:~~全国.[轰轰烈烈]形容气魄雄伟,声势浩大:职工们展开了~~~~的劳动竞赛.❷用大炮或炸弹破坏(逾一击):~炸.炮~.❸驱逐,赶走:把猫~出去.

哄 ⊖ hōng ㄏㄨㄥ 好多人同时发声:~传(chuán).~堂大笑.

　　⊜ hǒng 见185页.

　　⊜ hòng 见186页.

烘 hōng ㄏㄨㄥ 用火烤干或靠近火取暖:衣裳湿了,~一~.[烘托]用某种颜色衬托另外的颜色,或用某种事物衬托另外的事物,使在对比下,表现得更明显.

訇 hōng ㄏㄨㄥ 形容声响很大:~然.~的一声.

[阿訇]伊斯兰教主持教仪、讲授经典的人。

薨 hōng ㄏㄨㄥ 古代称诸侯或有爵位的大官的死。

弘 hóng ㄏㄨㄥ ❶大。❷扩充,光大:恢～.

泓 hóng ㄏㄨㄥ 水深而广。

红 ㊀ hóng ㄏㄨㄥ ❶像鲜血那样的颜色。㊀1.喜庆:办～事.2.革命的,觉悟高的:～军.～色政权.又～又专.3.象征顺利、成功:开门～.❷指人受宠信:～人.❸红利:分～.❹姓。
㊁ gōng 见154页。

荭 hóng ㄏㄨㄥ 荭草,一种供观赏的草本植物。

虹 ㊀ hóng ㄏㄨㄥ 雨后天空中出现的彩色圆弧,有红、橙、黄、绿、蓝、靛、紫七种颜色。是由大气中的小水珠经日光照射发生折射和反射作用而形成的。这种圆弧常出现两个,红色在外,紫色在内,颜色鲜艳的叫"虹",也叫"正虹";红色在内,紫色在外,颜色较淡的叫"霓",也叫"副虹"。
㊁ jiàng 见225页。

鸿 hóng ㄏㄨㄥ ❶鸿雁,就是大雁。[鸿毛]㊀轻微:轻于～～.❷大:～儒.[鸿沟]楚汉(项羽和刘邦)分界的一条水。㊀明显的界限。

闳 hóng ㄏㄨㄥ ❶里巷门。❷宏大。

宏 hóng ㄏㄨㄥ 广大:～伟.气量宽～.规模～大.

纮 hóng ㄏㄨㄥ 古代帽子(冠冕)上的系带。

竑 hóng ㄏㄨㄥ 广大。

洪 hóng ㄏㄨㄥ ❶大:～水.❷大水:山～.～峰.溢～道.

潂 hóng ㄏㄨㄥ 同"荭"(hóng)。

蕻 ㊀ hóng ㄏㄨㄥ [雪里蕻]一种像芥菜的菜,茎叶可以吃。也作"雪里红"。
㊁ hòng 见186页。

黉(黌) hóng ㄏㄨㄥ 古代称学校。

哄 ㊀ hǒng ㄏㄨㄥ ❶说假话骗人(㊀一骗):你不要～我.❷用语言或行动使人欢喜:他很会～小孩儿.
㊀ hōng 见184页。
㊂ hòng 见186页。

讧 hòng ㄏㄨㄥ 乱,溃败:内～.

澒 hòng ㄏㄨㄥ [澒洞]弥漫无际。

哄(*閧) 〓 hòng ㄏㄨㄥˋ 吵闹,搅扰:一～而散.起～(故意吵闹扰乱).
〓 hōng 见184页。
〓 hǒng 见185页。

蕻 〓 hòng ㄏㄨㄥˋ ❶茂盛。❷〈方〉某些蔬菜的长茎:菜～.
〓 hóng 见185页。

HOU ㄏㄡ

齁 hōu ㄏㄡ ❶鼻息声。❷很,非常(多表示不满意):～咸.～冷.～麻烦的.❸太甜或太咸的食物使喉咙不舒服:糖吃多了～人.

侯 〓 hóu ㄏㄡ ❶我国古代五等爵位(公、侯、伯、子、男)的第二等:封～.❷泛指达官贵人:～门.❸姓.
〓 hòu 见187页。

喉 hóu ㄏㄡ 喉头,颈的前部和气管相通的部分,通常把咽喉混称"嗓子"或"喉咙".(图见600页"脏")[白喉]一种急性传染病,病原体是白喉杆菌.症状是发热,喉痛,并生一层白色假膜.

猴 hóu ㄏㄡ (一子、一儿)哺乳动物,种类很多.毛灰色或褐色,颜面和耳朵无毛,有尾巴,两颊有储存食物的颊囊。

瘊 hóu ㄏㄡ (一子)皮肤上长的无痛痒的小疙瘩。

篌 hóu ㄏㄡ 见264页"箜"字条"箜篌"(kōng—)。

糇(*餱) hóu ㄏㄡ 〈古〉干粮:～粮.

骺 hóu ㄏㄡ 骨骺,长形骨的两端。

吼 hǒu ㄏㄡ 兽大声叫:牛～.狮子～.也指人因愤怒而呼喊:怒～.

后(❸❹後) hòu ㄏㄡ ❶上古称君王:商之先～(先王).❷皇后,帝王的妻子.❸跟"前"相对.1.指空间,在背面的,在反面的:～门.村～.2.指时间,晚,未到的:～天.日～.先来～到.3.指次序靠末尾的:～排.～十名.[后备]准备以后使用的:～～军.❹后代,子孙:～嗣.

郈 hòu ㄏㄡ 姓。

茩 hòu ㄏㄡ 见531页"薢"字条"薢茩"(xiè—)。

垕 hòu ㄏㄡ [神垕]地名,在河南省禹州。

逅 hòu ㄏㄡ 见531页"邂"字条"邂逅"(xiè—)。

厚 hòu ㄏㄡˋ ❶扁平物体上下两个面的距离:长宽～.五厘米～的木板.下了三厘米～的雪.❷扁平物体上下两个面的距离较大的,跟"薄"相对:～纸.～棉袄.❸深,重,浓,大:～望.～礼.～情.～味.深～的友谊.❹不刻薄(bó),待人好:～道.忠～.❺重视,注重:～今薄古.～此薄彼.

侯 ㊀ hòu ㄏㄡˋ [闽侯]地名,在福建省.
㊁ hóu 见186页.

候 hòu ㄏㄡˋ ❶等待(叠等—):～车室.你先在这儿～一～,他就来.❷看望.⑱问候,问好.❸观察,守候.[候人]古代称哨兵.也省称"候".❹时节:时～.气～.季～风.[候鸟]随气候变化而迁移的鸟,像大雁、家燕都是.❺事物在变化中间的情状:症～.火～.

堠 hòu ㄏㄡˋ 古代瞭望敌情的土堡.

鲎(鱟) hòu ㄏㄡˋ ❶俗叫"鲎鱼".节肢动物,生活在海中,全体黄褐色,剑状尾.肉可以吃.❷〈方〉虹.

乎 hū ㄏㄨ ❶文言助词,表示疑问、感叹等语气.1.同白话的"吗":天雨～? 2.同白话的"呢",表选择答复的疑问:然～? 否～? 3.同白话的"吧",表推测和疑问:日食饮得无衰～? 4.同白话的"啊":天～! ❷于(放在动词或形容词后):异～寻常.合～情理.不在～好看,在～实用.

呼(＊嘑) hū ㄏㄨ ❶喊:高～万岁! 欢～.❷唤,叫:～之即来.～应(yìng)(彼此声气相通,互相照应).[呼声]代表群众希望和要求的言论.[呼吁](—yù)大声疾呼地提出要求。❸往外出气,跟"吸"相对:～吸机.❹拟声词(叠):风～～地吹.

轷 hū ㄏㄨ 姓.

烀 hū ㄏㄨ 半蒸半煮,把食物弄熟:～白薯.

滹 hū ㄏㄨ [滹沱河]水名,从山西省流入河北省。

戏(戲、＊戲) ㊀ hū ㄏㄨ 见507页"於"字条"於戏"(wū—)。

㊀ xì 见516页。

吻 hū ㄏㄨ [吻昕](—xīn)[吻爽]天快亮的时候。

智 hū ㄏㄨ ❶疾速,转眼之间。❷古人名:～鼎(西周中期青铜器,作者名智).

忽 hū ㄏㄨ ❶粗心,不注意:～略.～视.疏～.❷副词,忽然,突然地:工作情绪不要～高～低.❸计量单位名,10 忽是 1 丝,10 丝是 1 毫。

嗈 hū ㄏㄨ [嗈哨]同"呼哨"。参看431页"哨"字条"呼哨"。

潌 hū ㄏㄨ [潌浴]〈方〉洗澡。

惚 hū ㄏㄨ 见197页"恍"字条"恍惚"(huǎng—)。

糊 ㊂ hū ㄏㄨ 涂抹或粘合使封闭起来:用泥把墙缝～上。
㊀ hú 见189页。
㊁ hù 见190页。

囫 hú ㄏㄨ [囫囵](—lún)整个的,完整:～～吞枣(喻不加分析地笼统接受)。

和 ㊄ hú ㄏㄨ 打麻将或斗纸牌用语,表示赢了。
㊀ hé 见179页。
㊁ hè 见181页。
㊂ huó 见203页。
㊃ huò 见203页。

狐 hú ㄏㄨ 狐狸,野兽名。性狡猾多疑,遇见敌人时肛门放出臭气,乘机逃跑。[狐媚]曲意逢迎,投人所好。[狐肷](—qiǎn)毛皮业上指狐狸腋下和腹部的毛皮。[狐疑]多疑。

弧 hú ㄏㄨ ❶木弓。❷圆周的一段:～形.～线.

胡(❹鬍、❻*衚) hú ㄏㄨ ❶我国古代称北方和西方的少数民族:～人.～服.泛指外国或外族的:～椒.[胡萝卜](—luóbo)草本植物。根也叫胡萝卜,长圆锥形,肉质,有紫红、橘红等多种,是一种蔬菜。[胡琴](—qin)弦乐器,在竹弓上系马尾毛,放在两弦之间拉动发声。❷乱,无道理:～来.～闹.～说.说～话.❸文言代词,表示疑问,为什么:～不归?❹(—子)胡须。❺古指兽类颔间下垂的肉。❻[胡同](—tòng)巷。

葫 hú ㄏㄨ [葫芦](—lu)一年生草本植物,爬蔓,夏天开白花。果实中间细,像大小两个球连在一起,可以做器皿或供观赏。还有一种瓢葫芦,也叫"匏"(páo),果实梨形,对半剖开,可做舀水的瓢。

猢 hú ㄏㄨˊ [猢狲](—sūn) 猴的俗称。参看186页 "猴".

湖 hú ㄏㄨˊ 陆地上聚积的大水:洞庭～. 太～. [湖色] 淡绿色.

瑚 hú ㄏㄨˊ 见426页"珊"字条"珊瑚"(shān—).

煳 hú ㄏㄨˊ 烧得焦黑:馒头烤～了.

鹕 hú ㄏㄨˊ 见475页"鹈"字条"鹈鹕"(tí—).

蝴 hú ㄏㄨˊ [蝴蝶]见100页"蝶"(dié).

糊(❷*餬) ㊀ hú ㄏㄨˊ ❶ 黏合,粘贴:拿纸～窗户. 裱(biǎo)～. [糊涂](—tu)不清楚,不明事理. ❷粥类. [糊口]旧指勉强维持生活. ❸同"煳".
㊁ hù 见190页.
㊂ hū 见188页.

醐 hú ㄏㄨˊ 见476页"醍"字条"醍醐"(tí—).

壶(壺) hú ㄏㄨˊ 一种有把儿有嘴的容器,通常用来盛茶、酒等液体:酒～. 茶～.

核 ㊀ hú ㄏㄨˊ (—儿)义同"核㊀ ❶❷",用于某些口语词,如杏核儿、煤核儿等.
㊀ hé 见181页.

斛 hú ㄏㄨˊ 量器名。古时以十斗为斛,后来又以五斗为斛.

槲 hú ㄏㄨˊ 落叶乔木或灌木,花黄褐色,果实球形。叶子可以喂柞蚕,树皮可做染料,果壳可入药。木材坚实,可供建筑或制器具用.

鹄 ㊀ hú ㄏㄨˊ 鸟名,也叫"天鹅",形状像鹅而较大,羽毛白色,飞得高而快,生活在海滨或湖边:～立(静静地站着等候).
㊁ gǔ 见161页.

鹘 ㊀ hú ㄏㄨˊ 隼(sǔn).
㊁ gǔ 见160页.

縠 hú ㄏㄨˊ 有皱纹的纱.

觳 hú ㄏㄨˊ [觳觫](—sù)恐惧得发抖.

虎 hǔ ㄏㄨˇ ❶老虎,野兽名。毛黄褐色,有条纹。性凶猛,能吃人和兽类。⑩威武,勇猛:一员～将. [虎口]1.⑩危险境地:～～余生. 2.手上拇指和食指相交的地方. ❷同"唬".

唬 ㊀ hǔ ㄏㄨˇ 威吓(hè)或蒙混:你别～人了.
㊁ xià 见519页.

琥 hǔ ㄏㄨˇ [琥珀](—pò)黄褐色透明体,是古代松柏树脂落入地下所成的化石。可做香料及装饰品。

浒　㊀ hǔ ㄏㄨ 水边。
　　㊁ xǔ 见540页。

互　hù ㄏㄨ 互相,彼此:~助.~致问候.~为因果.[互动]彼此影响,互相推动:~~教学.实现企业和消费者之间的良性~~.[互联网]由若干个计算机网络相互连接而成的网络。[互生]植物每节长出一个叶子,相间地各生在一边,叫"互生"。

冱(**沍)　hù ㄏㄨ 寒冷凝结。

枑　hù ㄏㄨ 见25页"梐"字条"梐枑"(bì—)。

户　hù ㄏㄨ ❶一扇门。㊉门:夜不闭~.❷人家:千家万~.[户口]住户和人口:报~~.~~簿.❸门第:门当~对.❹户头:开~.账~.

护(護)　hù ㄏㄨ 保卫(㊉保—):爱~.~路.㊉袒护,包庇:~短.不要一味地~着他.[护士]医院里担任护理工作的人员。[护照]1.外交主管机关发给本国公民进入另一国停留时用以证明身份的执照。2.旧时旅行或运货时所带的政府机关证明文件。

沪(滬)　hù ㄏㄨ ❶沪渎,松江的下流,在今上海。❷上海的别称:~剧.~杭铁路.

戽　hù ㄏㄨ ❶戽斗,灌田汲水用的旧式农具。❷用戽斗汲水。

扈　hù ㄏㄨ 随从(㊉—从)。

岵　hù ㄏㄨ 多草木的山。

怙　hù ㄏㄨ 依靠,仗恃:~恶不悛(quān)(坚持作恶,不肯悔改).

祜　hù ㄏㄨ 福。

糊　㊀ hù ㄏㄨ 像粥一样的食物:辣椒~.[糊弄](—nong)1.敷衍,不认真做:做事不应该~~.2.蒙混,欺骗:你不要~~人.
　　㊁ hú 见189页。
　　㊂ hū 见188页。

笏　hù ㄏㄨ 古代大臣上朝拿着的手板。

瓠　hù ㄏㄨ [瓠瓜]一年生草本植物,爬蔓,夏开白花,果实长圆形,嫩时可吃。俗称"瓠子"。

鄠　hù ㄏㄨ 鄠县,在陕西省。今作"户县"。

鸌 hù ㄏㄨ 鸟名。身体大，嘴的尖端略呈钩状，趾间有蹼，会游泳和潜水，生活在海边，吃鱼类和软体动物等。

HUA ㄏㄨㄚ

化 ⊖ huā ㄏㄨㄚ 同"花❼"。
⊖ huà 见192页。

华(華) ⊜ huā ㄏㄨㄚ 〈古〉同"花"。
⊖ huá 见191页。
⊜ huà 见192页。

哗(嘩) ⊖ huā ㄏㄨㄚ 拟声词(叠)：水～～地流.
⊖ huá 见192页。

花 huā ㄏㄨㄚ ❶(一儿)种子植物的有性生殖器官，有各种的形状和颜色，一般花谢后结成果实。⑨供观赏的植物。❷(一儿)样子或形状像花的：雪～儿.浪～.火～儿.葱～儿.印～.[天花]一种急性传染病，病原体是病毒，又叫"痘"或"痘疮"，也省称"花"。结痂后留下的疤痕就是麻子。[挂花]战士在战斗中受了伤。❸错杂的颜色或花样：～布.头发～白.～边.那只猫是～的.[花哨](－shao)颜色鲜艳，花样多，变化多：这块布真

～～.❹混杂的，不单纯的：粗粮细粮～搭着吃.[花甲]天干地支配合用来纪年，从甲子起，六十年成一周，因称六十岁为花甲。❺虚伪的、用来迷惑人的：要～招.～言巧语.❻模糊不清：～眼.眼～了.❼用掉：～钱.～一年工夫.[花消](－xiao)费用。也作"花销"。

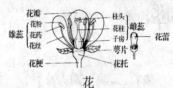

花瓣 花粉 花柱 柱头 雌蕊
雄蕊 花药 子房 花蕾
花丝 萼片
花梗 花托

花

嗐 ⊖ huā ㄏㄨㄚ 拟声词，迅速动作的声音：乌鸦～的一声飞了.
⊖ xū 见539页。

划(❶劃) ⊖ huá ㄏㄨㄚˊ ❶用刀或其他东西把别的东西分开或从上面擦过：把这个瓜用刀～开.～了一道口子.～火柴.❷用桨拨水使船行动：～船.[划子](－zi)用桨拨水行驶的小船。❸合算，按利益情况计较相宜不相宜：～不来.
⊖ huà 见193页。
⊜ huai 见194页。

华(華) ⊖ huá ㄏㄨㄚˊ ❶美丽有光彩的(⑱一丽)：～灯.光～.敬辞：

~诞(生日).~翰(书信).❷繁荣昌盛:繁~.❸事物最好的部分:精~.英~.❹指时光,岁月:韶~.似水年~.❺(头发)花白:~发(fà).❻指中华民族或中国:~夏.~侨.~北.
　　㈡huà 见192页。
　　㈢huā 见191页。

哗(嘩、*譁) ㈠huá ㄏㄨㄚˊ 人多声杂,乱吵(働喧—):全体大~.~众取宠(在别人面前夸耀自己,骗取别人称赞).
　　㈡huā 见191页。

骅(驊) huá ㄏㄨㄚˊ [骅骝](—liú)古代称赤色的骏马。

铧(鏵) huá ㄏㄨㄚˊ 犁铧,安装在犁上用来破土的铁片。

猾 huá ㄏㄨㄚˊ 狡猾,奸诈。

滑 huá ㄏㄨㄚˊ ❶滑溜,光溜,不粗涩:下雪以后地很~.桌面很光~.❷在光溜的物体表面上溜动:~了一跤.~雪.~冰.[滑翔]航空上指借着大气浮力飘行:~~机.❸狡诈,不诚实:~头.耍~.这人很~.
　　[滑稽](—ji)诙谐,使人发笑:

他说话很~~.

撶 huá ㄏㄨㄚˊ [撶拳]饮酒时两人同时伸出手指并各说一个数,谁说的数目跟双方所伸手指的总数相符,谁就算赢,输的人喝酒。现作"划拳"。

化 ㈠huà ㄏㄨㄚˋ ❶性质或形态改变:~整为零.变~.开~.冰都~了.[化合]两种或两种以上的物质互相结合变成一种性质跟原来物质都不相同的新物质。[化石]埋藏在地下的古代生物的遗骸变成的石块,或带着古代生物遗迹的石块。[化学]研究物质的结构、组成、性质、应用及其变化规律的科学。❷使思想、行为等有所转变:感~.教~.潜移默~.❸指化学:~工.~肥.❹佛教道教徒募集财物:~缘.~斋(乞食).❺词尾,放在名词或形容词后,表示转变成某种性质或状态:革命~.农业机械~.工业现代~.科学~.绿~.
　　㈡huā 见191页。

华(華) ㈠huà ㄏㄨㄚˋ ❶华山,五岳中的西岳,在陕西省华阴.❷姓.
　　㈠huá 见191页。

㈢ huā 见191页。

桦（樺） huà ㄏㄨㄚˋ 白桦树，落叶乔木，树皮白色，容易剥离，木材致密，可制器具。

划（劃） ㈠ huà ㄏㄨㄚˋ ❶分开：～分区域．～清界限．[划时代]由于出现了具有伟大意义的新事物，在历史上开辟一个新的时代。❷设计（叠计－、筹－）：工作计～．你去筹～筹～这件事．[划一]使一致：～～制度。

㈡ huá 见191页。

㈢ huai 见194页。

画（畫） huà ㄏㄨㄚˋ ❶描画或写：～画儿．～个圈．～十字．～押．❷（－儿）画成的作品（叠图－）：一张～儿．年～儿．油～．❸汉字的一笔叫一画："人"字是两～．"天"字是四～．❹同"划㈠"。

婳（嫿） huà ㄏㄨㄚˋ 见169页"姽"字条"姽婳"（guǐ－）。

话 huà ㄏㄨㄚˋ ❶语言：说～．谈了几句～．[话剧]用平常口语和动作表演的戏剧。❷说，谈：～别．茶～．～旧．[话本]宋元时期民间艺人说唱故事的底本。

怀（懷） huái ㄏㄨㄞˊ ❶思念（叠－念）：～友．～念伟大的祖国．❷包藏，心里存有：～胎．～疑．～恨．胸～壮志．❸胸前：把小孩抱在～里．❹心意：无介于～．正中（zhòng）下～．

徊 huái ㄏㄨㄞˊ 见362页"徘"字条"徘徊"（pái－）。

淮 huái ㄏㄨㄞˊ 淮河，源出河南省，流经安徽省，至江苏省注入洪泽湖。

槐 huái ㄏㄨㄞˊ 槐树，落叶乔木，花黄白色。果实长荚形。木材可供建筑和制家具之用。花蕾可做黄色染料。

踝 huái ㄏㄨㄞˊ 踝子骨，脚腕两旁凸起的部分。（图见476页"体"）

耲 huái ㄏㄨㄞˊ 用耲耙翻土。[耲耙]（－bà）翻土用的一种农具。

坏（壞） huài ㄏㄨㄞˋ ❶跟"好"相对：坚决向～人～事作斗争．❷东西受了损伤，被毁（叠破－）：自行车～了．❸坏主意：使～．❹放在动词或形容词后，表示程度深：真把我忙～了．气～了．

划(劃)　㊂ huai ·ㄏㄨㄞ 见11页"刮"字条"刮划"(bāi–).

㊀ huà 见193页.

㊁ huá 见191页.

HUAN　ㄏㄨㄢ

欢(歡、*懽、*讙、*驩) huān ㄏㄨㄢ ❶快乐,高兴(֍一喜):～庆胜利.～呼声经久不息.～天喜地.～迎贵宾.❷活跃,起劲:孩子们真～.机器转得很～.֍旺盛:炉子里的火很～.❸喜爱,也指所喜爱的人:～心.喜～.新～(新的相好).

獾(*貛) huān ㄏㄨㄢ 野兽名.毛灰色,头部有三条白色纵纹.毛可制笔,脂肪炼油可入药.

还(還) ㊀ huán ㄏㄨㄢ ❶回,归:～家.～原(恢复原状).❷回报:～礼.～手.以眼～眼,以牙～牙.❸归还(֍偿一):～钱.❹姓.

〈古〉又同"旋"(xuán).

㊁ hái 见173页.

环(環) huán ㄏㄨㄢ ❶(一儿)圆形的东西:连～.铁～.❷围绕:～城马路.～视.[环境]周围的一切事物:优美的～～.❸指射击、射箭比赛中射中环靶的环数.

郇 ㊀ huán ㄏㄨㄢ 姓.

㊁ xún 见545页.

洹 huán ㄏㄨㄢ 洹河,水名,在河南省安阳.也叫"安阳河".

桓 huán ㄏㄨㄢ ❶古代立在驿站、官署等建筑物旁作为标志的木柱,后称华表.❷姓.

貆 huán ㄏㄨㄢ ❶幼小的貉.❷豪猪.

萑 huán ㄏㄨㄢ 古书上指芦苇一类的植物.

锾 huán ㄏㄨㄢ 古代重量单位,也是货币单位.

圜 ㊀ huán ㄏㄨㄢ 围绕.

㊁ yuán 见592页.

阛 huán ㄏㄨㄢ [阛阓](一huì)街市.

澴 huán ㄏㄨㄢ 澴水,水名,在湖北省东北部.

寰 huán ㄏㄨㄢ 广大的地域.[寰球][寰宇]全世界.也作"环球"、"环宇".

嬛 huán ㄏㄨㄢ 见278页"嫏"字条"嫏嬛"(láng一).

缳 huán ㄏㄨㄢ ❶绳套:投～(自缢).❷绞杀:～首.

鹮 huán ㄏㄨㄢ 鸟名.有朱鹮、白鹮、彩鹮等多种.嘴细长而向下弯曲,腿长。生活在水边。

镮 huán ㄏㄨㄢˊ 圆形有孔可贯穿的东西。

鬟 huán ㄏㄨㄢˊ 古代妇女梳的环形的发结(fàjié)。[丫鬟](yāhuan)[小鬟]旧称年轻的女仆。

皖 huǎn ㄏㄨㄢˇ ❶明亮。❷美好。

缓 huǎn ㄏㄨㄢˇ ❶慢,跟"急"相对:轻重～急.步而行.～不济急.❷延迟:～兵之计.～刑.～两天再办.[缓冲]把冲突的两方隔离开,使紧张的局势缓和:～～地带.[缓和]使紧张的情势转向平和。❸苏醒,恢复:病人昏过去又～了过来.下过雨,花都～过来了.～～气再往前走.

幻 huàn ㄏㄨㄢˋ ❶空虚的,不真实的:～境.打消一切～想.[幻灯]一种娱乐和教育用的器具。利用凸透镜和灯光把图片放大,映射在白幕上。[幻灭]幻想或不真实的事受到现实的打击而消灭。❷奇异地变化(逾变—):～术(魔术).

奂 huàn ㄏㄨㄢˋ ❶盛,多。❷文采鲜明。

换 huàn ㄏㄨㄢˋ ❶给人东西同时从他那里取得别的东西:互～.交～条件.❷变换,更改:～衣服.～汤不～药.❸兑换(用证券换取现金或用一种货币换另一种货币)。

唤 huàn ㄏㄨㄢˋ 呼叫,喊(逾呼—):～鸡.～狗.

涣 huàn ㄏㄨㄢˋ 散开:士气～散.～然冰释.[涣涣]水势盛大。

焕 huàn ㄏㄨㄢˋ 光明:～然一新.[焕发]光彩外现的样子:精神～～.

痪 huàn ㄏㄨㄢˋ [瘫痪]见467页"瘫"。

宦 huàn ㄏㄨㄢˋ 官(逾官—、仕—)。[宦官]封建时代经过阉割在皇宫里伺候皇帝及其家族的男人。也叫"太监"。

浣(*澣) huàn ㄏㄨㄢˋ ❶洗:～衣.～纱.❷旧称每月的上、中、下旬为上、中、下浣。

鲩(**鯇) huàn ㄏㄨㄢˋ 鲩鱼,鱼名。身体微绿色,鳍微黑色,生活在淡水中,是我国特产的重要鱼类之一。也叫"草鱼"。

患 huàn ㄏㄨㄢˋ ❶灾祸(逾—难、灾—、祸—):有备无～.防～未然.免除水～.～难之交.❷忧虑:不要～得～失.❸害病:～病.～脚气.

漶 huàn ㄏㄨㄢˋ [漫漶]文字图像等磨灭、模糊。

逭 huàn ㄏㄨㄢˋ 逃,避。

豢 huàn ㄏㄨㄢˋ 喂养牲畜(龜—养)。

擐 huàn ㄏㄨㄢˋ 穿:～甲执兵.

轘 huàn ㄏㄨㄢˋ 古代用车分裂人体的一种酷刑。

HUANG　ㄏㄨㄤ

肓 huāng ㄏㄨㄤ [膏肓]我国古代医学把心尖脂肪叫膏,心脏和膈之间叫肓,认为膏肓之间是药力达不到的地方:病人～～(指病重到无法医治的地步).

荒 huāng ㄏㄨㄤ ❶庄稼没有收成或严重歉收:饥～.～年.备～.⑪严重缺乏:煤～.房～.❷长满野草或无人耕种(龜—芜):～地.垦～.开～.⑪1.废弃:～废.2.荒凉,偏僻:～村.～郊.[荒疏]久未练习而生疏:学业还没～～.❸不合情理的,不正确的:～谬.～诞.[荒唐]1.浮夸不实:这话真～～.2.行为放荡。

塃 huāng ㄏㄨㄤ 〈方〉开采出来的矿石。·

慌 huāng ㄏㄨㄤ ❶慌张,急忙,忙乱(龜—忙):他做事太～.～里～张.❷恐惧,不安:心里发～.惊～.❸表示难忍受:累得～.闷(mèn)得～.

皇 huáng ㄏㄨㄤˊ ❶君主(龜—帝)。❷大(叠):～～巨著.❸古同"遑"、"惶"。

凰 huáng ㄏㄨㄤˊ ❶凤凰。参看132页"凤"(fèng)。❷传说中指雌凤。

隍 huáng ㄏㄨㄤˊ 没有水的城壕。

喤 huáng ㄏㄨㄤˊ 拟声词(叠)。1.钟鼓声。2.小儿啼哭声。

遑 huáng ㄏㄨㄤˊ ❶闲暇:不～(没有功夫).❷匆忙(叠)。

徨 huáng ㄏㄨㄤˊ 见365页"彷"字条"彷徨"(páng—)。

湟 huáng ㄏㄨㄤˊ 湟水,水名,在青海省。

惶 huáng ㄏㄨㄤˊ 恐惧(龜—恐):人心～～.～恐不安.

煌 huáng ㄏㄨㄤˊ 明亮(叠):星火～～.灯火辉～.

锽 huáng ㄏㄨㄤˊ ❶古代的一种兵器。❷形容钟鼓声(叠)。

蝗 huáng ㄏㄨㄤˊ 蝗虫,一种吃庄稼的害虫,常常成群飞翔。也叫"蚂蚱"(màzha)。

篁 huáng ㄏㄨㄤ 竹林。泛指竹子。

艎 huáng ㄏㄨㄤ 见 585 页"艅"字条"艅艎"(yú—)。

鳇 huáng ㄏㄨㄤ 鳇鱼,鱼名。形状像鲟鱼,有五行硬鳞,嘴突出,半月形,两旁有扁平的须。

黄 huáng ㄏㄨㄤ ❶像金子或向日葵花的颜色。[黄色] 1.黄的颜色。2.指腐朽堕落的:~~小说.❷指黄河:引~工程.❸事情失败或计划不能实现:这件事~不了.❹指黄帝,传说中的中国上古帝王:炎~子孙.

潢 huáng ㄏㄨㄤ ❶积水池。❷染纸。[装潢]裱褙字画。⑪装饰货物的包装。

璜 huáng ㄏㄨㄤ 半璧形的玉。

磺 huáng ㄏㄨㄤ 硫磺:硝~.

镈 huáng ㄏㄨㄤ ❶大钟。❷钟声。❸同"簧"。

癀 huáng ㄏㄨㄤ 癀病,牛马等家畜的炭疽(jū)病。

蟥 huáng ㄏㄨㄤ 见 321 页"蚂"字条"蚂蟥"(mǎ—)。

簧 huáng ㄏㄨㄤ ❶乐器里用铜等制成的发声薄片:笙~.~乐器.❷器物里有弹力的机件:锁~.弹~.

恍(*怳) huǎng ㄏㄨㄤ ❶恍然,忽然:~然大悟.❷仿佛:~若置身其境.[恍惚](—hū) 1.神志不清,精神不集中:精神~~.2.(看得、听得、记得)不真切,不清楚:我~~看见他了.

晃 ㊀ huǎng ㄏㄨㄤ ❶明亮(叠):明~~的刺刀.❷照耀:~眼(光线强烈刺激眼睛).❸很快地闪过:窗户上有个人影,一~就不见了.
㊁ huàng 见197页。

幌 huǎng ㄏㄨㄤ 帐幔,帘帷。[幌子](—zi)商店、饭店等门外的招牌或标志物。⑪为了进行某种活动所假借的名义。

谎 huǎng ㄏㄨㄤ ❶谎话,不真实的话:撒~.⑪商贩要的虚价:要~.❷说谎话:~称.

晃(*捱) huàng ㄏㄨㄤ 摇动,摆动(龟摇—):树枝来回~.
㊀ huǎng 见197页。

潢 huàng ㄏㄨㄤ [潢漾](—yàng)形容水广大无边。

皝 huàng ㄏㄨㄤ 用于人名。慕容皝,东晋初年鲜卑族的首领。

HUI　ㄏㄨㄟ

灰 huī ㄏㄨㄟ ❶物体燃烧后剩下的粉末状的东西:炉～.烟～.～肥.[青灰]一种含有杂质的石墨,青黑色,是建筑上常用的材料,也可做染料.[石灰]一种建筑上常用的材料,俗叫"白灰",又叫"生石灰".是用石灰石烧成的,化学成分是氧化钙.生石灰遇水变成氢氧化钙,叫熟石灰.❷灰尘.❸灰色,黑白之间的颜色.❹消沉,失望:心～意懒.～心丧气.

诙 huī ㄏㄨㄟ 诙谐,说话有趣.

咴 huī ㄏㄨㄟ [咴儿咴儿]拟声词,马叫声.

恢 huī ㄏㄨㄟ 大,宽广(叠)(働—弘):～～有余.天网～～.[恢复]回到原来的状态:～～健康.

㧑(撝) huī ㄏㄨㄟ ❶指挥.❷谦逊:～谦.

挥 huī ㄏㄨㄟ ❶舞动,摇摆:～刀.～手.大笔一～.[指挥]1. 指导,调度. 2. 指导、调度的人:工程总～～.乐队～～.❷散出,甩出:～金如土.

汗如雨.[挥发]液体或某些固体在常温中变为气体而发散.[挥霍](—huò)用钱浪费.随便花钱.

珲 ⊖ huī ㄏㄨㄟ 见 4 页"瑷"字条"瑷珲"(ài—).
⊜ hún 见202页.

晖 huī ㄏㄨㄟ ❶阳光:春～.朝～.余～.❷同"辉".

辉(*煇) huī ㄏㄨㄟ 闪射的光彩(働光—):光～四射.[辉煌]光彩耀眼:金碧～～.働极其优良,出色:～～的成绩.[辉映]光彩照耀.働事物互相对照:前后～～.

翚 huī ㄏㄨㄟ ❶飞.❷古书上指具有五彩羽毛的雉.

祎(褘) huī ㄏㄨㄟ 古代王后穿的祭服.

隓 huī ㄏㄨㄟ 撞击.[喧隓]轰响声.

麾 huī ㄏㄨㄟ 古代指挥用的旗子.働指挥:～军.

徽 huī ㄏㄨㄟ ❶标志:国～.校～.❷美好的:～号.❸指安徽省徽州:～墨.

隳 huī ㄏㄨㄟ 毁坏.

回(❸迴、❸*廻、**囘) huí ㄏㄨㄟ ❶还,走向原来的

地方:～家.～国.～到原单位工作.❷掉转:～过身来.[回头]1.把头转向后方:～～观望.2.回归,返回:一去不～～.3.等一会:～～再说吧.4.改邪归正:现在～～还不晚.❸曲折,环绕,旋转:～形针.巡～.[回避]避免,躲开.❹答复,报答:～信.～话.～敬.❺量词,指事件的次数:两～.他来过一～.⑯我国长篇小说分的章节:《红楼梦》一共一百二十～.

[回纥](-hé)唐代西北的民族.也叫"回鹘"(hú).

[回族]我国少数民族,参看附表.

茴 huí ㄏㄨㄟˊ [茴香]1. 小茴香,多年生草本植物,叶分裂像毛,花黄色,茎叶嫩时可吃.子实大如麦粒,可作香料,又可入药. 2.大茴香,常绿小乔木,叶长椭圆形,初夏开花,果实呈八角形,也叫八角茴香或大料,可作调料或入药.

洄 huí ㄏㄨㄟˊ 水流回旋.

蛔(*蚘) huí ㄏㄨㄟˊ 蛔虫,寄生在人或其他动物肠子里的一种蠕形寄生虫,像蚯蚓而没有环节。能损害人畜的健康。

虺 huǐ ㄏㄨㄟˇ 古书上说的一种毒蛇。

[虺虺]〈古〉打雷的声音。

悔 huǐ ㄏㄨㄟˇ 后悔,懊恼:～过.～之已晚.

毁(❷*燬、❹*譭) huǐ ㄏㄨㄟˇ ❶破坏,损害:这把椅子是谁～的? 这样做就～了个人前途.[毁灭]彻底地消灭:给敌人以～～性的打击.❷烧掉:烧～.焚～.⑪使不存在:拆～.炸～.摧～.销～.捣～.撕～.❸〈方〉把成件的旧东西改造成别的东西:这两个小凳是一张旧桌子～的.❹诽谤,说别人的坏话(⑯诋一、一谤).

卉 huì ㄏㄨㄟˋ 草的总称:花～.

汇(匯、❷❸彙、*滙) huì ㄏㄨㄟˋ ❶河流会合在一起:～成巨流.❷会聚在一起的东西:总～.词～.❸聚合:～集.～印成书.[汇报]汇集情况向上级或群众报告.❹由甲地把款项寄到乙地:～款.～兑.❺指外汇:出口创～.～市.

会(會) ㊀ huì ㄏㄨㄟˋ ❶聚合,合拢,合在一起:在哪儿～合? 就在这里～齐吧.～审.～话(对面说话).

[会师]从不同地方前进的军队,在某一个地方聚合在一起。❷多数人的集合。1.有一定目的的集会:纪念～.群众大～.开个～.2.指某些团体:工～.学生～.❸城市(通常指行政中心):都(dū)～.省～.❹彼此见面:～客.－～面.你～过他没有?❺付钱:～账.饭钱我～过了.❻理解,领悟,懂:误～.～意.领～.❼能。1.表示懂得怎样做或有能力做:他～游泳.2.可能:我想他不～不懂.3.能够:我们的理想一定～实现.4.善于:能说～道.❽机会,时机,事情变化的一个时间:适逢其～.趁着这个机～.❾一定,应当(⑯一当):长风破浪～有时.❿恰好,正好:～天大雨,道不通.⓫(－儿)一小段时间:一～儿.这～儿.那～儿.多～儿.用不了多大～儿.

㊁ kuài 见267页。

荟(薈)(－cuì) huì ㄏㄨㄟˋ 草木繁多。[荟萃]聚集:人才～～.

绘(繪) huì ㄏㄨㄟˋ 画,描画:～图.～形～声.

桧(檜) ㊀ huì ㄏㄨㄟˋ 用于人名。秦桧,南宋奸臣。

㊁ guì 见169页。

烩(燴) huì ㄏㄨㄟˋ 加浓汁或多种食物混在一起烹煮:～豆腐.～饭.杂～.

讳(諱) huì ㄏㄨㄟˋ ❶避忌,有顾忌不敢说或不愿说:～疾忌医.直言不～.忌～.❷封建时代称死去的皇帝或尊长的名字。

诲 huì ㄏㄨㄟˋ 教导,劝说(⑯教－):～人不倦.

晦 huì ㄏㄨㄟˋ ❶昏暗不明。[晦气]1.不顺利,倒霉。2.指人不顺利或生病时难看的气色:一脸～～.❷夜晚:风雨如～.❸夏历每月的末一天。

恚 huì ㄏㄨㄟˋ 恨,怒。

贿 huì ㄏㄨㄟˋ ❶财物(现指用来买通别人的财物)。❷贿赂,用财物买通别人。

彗(彗彗**)** huì ㄏㄨㄟˋ (旧读 suì)扫帚(sào-zhou)。[彗星]俗叫"扫帚星"。拖有长光像扫帚的星体。

蕙 huì ㄏㄨㄟˋ (旧读 suì)王蕙,就是地肤,俗叫"扫帚菜"。一年生草本植物,夏天开花,黄绿色。嫩苗可以吃。老了可以做扫帚。

槥 huì ㄏㄨㄟˋ 〈古〉一种小棺材。

慧 huì ㄏㄨㄟ 聪明,有才智(圇智一):～眼.明～.发挥工人的智～.

硊 huì ㄏㄨㄟ [石硊]地名,在安徽省芜湖.

秽(穢) huì ㄏㄨㄟ 肮脏:～土.圇丑恶的:～行.

翙(翽) huì ㄏㄨㄟ [翙翙]鸟飞的声音.

惠 huì ㄏㄨㄟ 好处:恩～.实～.加～于人.囲给人好处:根据互～的原则,建立贸易关系.敬辞,用于对方对自己的行动:～赠.～临.

僡 huì ㄏㄨㄟ 同"惠".

蕙 huì ㄏㄨㄟ 蕙兰,多年生草本植物,开淡黄绿色花,气味很香.

憓 huì ㄏㄨㄟ 同"惠".

蟪 huì ㄏㄨㄟ [蟪蛄](—gū)一种蝉,比较小,青紫色.也叫"伏天儿".

喙 huì ㄏㄨㄟ 嘴,特指鸟兽的嘴:毋庸置～(不要插嘴).

阓 huì ㄏㄨㄟ 见194页"阛"字条"阛阓"(huán—).

溃 ㊀ huì ㄏㄨㄟ 疮溃(kuì)烂:～脓.
㊁ kuì 见271页.

缋 huì ㄏㄨㄟ 同"绘"(huì).

殨 huì ㄏㄨㄟ 疮溃(kuì)烂.

昏 hūn ㄏㄨㄣ ❶黄昏,天将黑的时候:晨～(早晚).❷黑暗(圇一暗):天～地暗.～暗不明.❸神志不清楚,认识糊涂:发～.病人整天～～沉沉的.囲失去知觉:～迷.他～过去了.❹古同"婚".

阍 hūn ㄏㄨㄣ ❶宫门.❷看(kān)门.

惛 hūn ㄏㄨㄣ 糊涂.

婚 hūn ㄏㄨㄣ 结婚,男女结为夫妇:已～.未～.结婚证.[婚姻]嫁娶,结婚的事:～～自主.

荤 hūn ㄏㄨㄣ ❶鸡鸭鱼肉等食物:～素.～菜.不吃～.❷葱蒜等有特殊气味的菜:五～.❸粗俗的,下流的:～话.

浑 hún ㄏㄨㄣ ❶水不清,污浊:～水坑.❷骂人糊涂,不明事理:～人.～话.❸全,满:～身是汗.❹天然的:～朴.～厚.

珲 ㊀ hún ㄏㄨㄣˊ [珲春]地名,在吉林省。
㊁ huī 见198页。

馄 hún ㄏㄨㄣˊ [馄饨](-tun)一种煮熟连汤吃的食品,用薄面片包上馅做成。

浑 ㊀ hún ㄏㄨㄣˊ 同"浑❶❷"。
㊁ hùn 见202页。

魂 hún ㄏㄨㄣˊ 迷信的人指能离开肉体而存在的精神(働-魄):～不附体.[灵魂]喻1.指人的精神、思想:教师是人类～～的工程师。2.事物的最精粹、最主要的部分。

诨 hùn ㄏㄨㄣˋ 开玩笑的话:打～.～名(外号).

混 ㊀ hùn ㄏㄨㄣˋ ❶掺杂在一起:～合物.～杂.～人.～充.～为一谈.❷苟且度过:～日子.鬼～.❸蒙混:～过去了.鱼目～珠.❹胡乱:～乱.～出主意.
[混沌](-dùn)1.传说中指世界开辟前的状态。2.糊涂,不清楚。
㊁ hún 见202页。

溷(**圂) hùn ㄏㄨㄣˋ ❶肮脏(働-浊).❷厕所。❸猪圈。

HUO　ㄏㄨㄛ

耠 huō ㄏㄨㄛ ❶(-子)翻松土壤的农具。❷用耠子翻土,代替耕、锄或耩的工作:～地.～个八九厘米深就够了.

騞(**劐) huō ㄏㄨㄛ 用刀解剖东西的声音。

锪 huō ㄏㄨㄛ 一种金属加工方法。用专门的刀具对金属工件已有的孔进行加工,刮平端面或切出锥形、圆柱形凹坑。

劐 huō ㄏㄨㄛ ❶用刀、剪的尖儿插入物体后顺势划开:用剪刀～开.❷同"耠❷"。

嚄 ㊀ huō ㄏㄨㄛ 叹词,表示惊讶:～,好大的水库!
㊁ ǒ 见360页。

豁 ㊀ huō ㄏㄨㄛ ❶残缺,裂开:～口.～了一个口子.～唇.[豁子](-zi)残缺的口子:碗上有个～～.城墙拆了一个～～.❷舍弃,狠心付出高代价:～出性命.～出几天时间.
㊁ huò 见204页。

攉 huō ㄏㄨㄛ 把堆在一起的东西铲起掀到另一处去:～土.～煤机.

和 ㊂ huó ㄏㄨㄛˊ 在粉状物中加水搅拌或揉弄使粘在一起:~面.~泥.
㊀ hé 见179页。
㊁ hè 见181页。
㊃ huò 见203页。
㊄ hú 见188页。

活 huó ㄏㄨㄛˊ ❶生存,能生长,跟"死"相对:鱼在水里才能~.新栽的这棵树~了.㊀逼真地:~像一只老虎.神气~现.❷不固定,可移动的:~期存款.~页本.~塞.~扣.[活泼]活跃自然,不呆板:孩子们很~~.❸(一儿)工作或生产品:做~.这~儿做得真好.[活该]表示就应该这样,一点也不委屈:~~如此.

火 huǒ ㄏㄨㄛˇ ❶东西燃烧时所发的光和焰.㊀紧急:~速.~急.❷指枪炮弹药:军~.~器.开~.[火药]炸药的一类,主要用作引燃药或发射药.是我国古代四大发明之一.[火线]1.两军交战枪炮子弹交接的地带:轻伤不下~~.2.从电源输送电的导线。❸红色的:~狐.~鸡.❹古代军队的组织,十个人为一"火".❺中医指引起发炎、红肿、烦躁等症状的病因:上~.败~.❻(一儿)怒气:好大的~儿!❼(一儿)发怒:他~儿了.❽兴隆,旺盛:生意很~.

伙(❶-❺△夥) huǒ ㄏㄨㄛˇ ❶(一儿)伙计,同伴,一同做事的人:同~儿.[伙伴](*火伴)同伴,伴侣.❷旧指店员:店~.❸合伙,结伴,联合起来:~办.~同.❹由同伴组成的集体:合~.人~.❺量词,用于人群:一~歹徒.十人一~.❻伙食:补~.起~.

钬 huǒ ㄏㄨㄛˇ 一种金属元素,符号 Ho,银白色,质软.可用于电化学研究。

漷 huǒ ㄏㄨㄛˇ [漷县]地名,在北京市通州。

夥 huǒ ㄏㄨㄛˇ ❶多:获益甚~.❷同"伙❶-❺"。

或 huò ㄏㄨㄛˋ ❶连词,表示选择:同意~反对.❷副词,也许:明晨~可抵达.❸文言代词,某人,有人:~告之曰.

惑 huò ㄏㄨㄛˋ ❶疑惑,不明白对与不对:大~不解.我很疑~.❷使迷乱(㊀迷-):~乱人心.谣言~众.

和 ㊃ huò ㄏㄨㄛˋ ❶粉状或粒状物掺和在一起,或加水搅拌:~药.❷量词,洗衣物换水的次数:衣裳已经洗了两~.❸量词,煎药加水的次数:头~

药.二~药.

　　㈠ hé 见179页。
　　㈡ hè 见181页。
　　㈢ huó 见203页。
　　㈤ hú 见188页。

货 huò ㄏㄨㄛˋ ❶货物,商品:进~.订~.[货郎]卖零星商品的流动小贩。❷钱币:通~.[货币]即钱币,是充当一切商品的一般等价物的特殊商品,可以购买任何别的商品。❸卖。❹骂人时指人:他不是个好~.笨~.蠢~.

获(獲、❷穫) huò ㄏㄨㄛˋ ❶得到,取得:俘~.不~全胜,决不收兵.㊀能得到机会或空闲:不~面辞.❷收割庄稼。[收获]割取成熟的农作物。㊀所得到的成果:这次学习有很大的~~.

祸(禍) huò ㄏㄨㄛˋ ❶灾殃,苦难(nàn),跟"福"相对:大~临头.闯~.❷损害,使受灾殃:~国殃民.

豁 huò ㄏㄨㄛˋ 迅速分裂的声音:动刀甚微,~然已解.

霍 huò ㄏㄨㄛˋ 迅速,快:~然病愈.[霍乱]一种急性传染病,病原体是霍乱弧菌,多由不洁的食物传染,患者上吐下泻,手脚冰凉,重的几小时就死。

[霍霍]拟声词:磨刀~~.

藿 huò ㄏㄨㄛˋ 藿香,多年生草本植物,茎叶香气很浓,可入药。

嚯 huò ㄏㄨㄛˋ ❶叹词,表示惊讶或赞叹:~,几年不见,孩子长这么高了! ❷拟声词:他~地站了起来.

豁 ㈠ huò ㄏㄨㄛˋ ❶开通,敞亮:~达.~然开朗.❷免除(㊀一免)。
　　㈠ huō 见202页。

镬 huò ㄏㄨㄛˋ ❶〈方〉(一子)锅:~盖.❷古代的大锅:鼎~(常用为残酷的刑具).

蠖 huò ㄏㄨㄛˋ 尺蠖,尺蠖蛾的幼虫,生长在树上,颜色像树皮,行动时身体一屈一伸地前进,是害虫。

J ㄐ

几(❷❸幾) ㈠ jī ㄐㄧ ❶(一儿)小或矮的桌子:茶~儿.条~.❷差一点,近乎:~乎.~为所害.迄今~四十年.❸苗头:知~其神乎.
　　㈠ jǐ 见210页。

讥(譏) jī ㄐㄧ 讽刺,挖苦（叠—讽）:冷～热嘲.～笑.

叽(嘰) jī ㄐㄧ 拟声词（叠）:小鸟～～地叫.[叽咕](—gu)小声说话。

饥(❷饑) jī ㄐㄧ ❶饿（叠—饿）:～不择食.～寒交迫.❷庄稼收成不好或没有收成:～馑.

玑(璣) jī ㄐㄧ ❶不圆的珍珠:珠～.❷古代测天文的仪器:璇～.

机(機) jī ㄐㄧ ❶事物发生、变化的枢纽:生～.危～.转～.㉠1.对事情成败有重要关系的中心环节,有保密性质的事件:军～.～密.～要.2.机会,合宜的时候:随～应变.勿失良～.好时～.[机能]生物体器官的作用:～～障碍.[机体][有机体]具有生活机能的物体,如动物和植物.[动机]引起行动的意识,行动前定下的愿望:～～好,方法也对头,才会有好效果.❷灵巧,能迅速适应事物的变化的:～巧.～智.～警.[机动]1.依照客观情况随时灵活行动:～～处理.～～作战.2.利用机器开动的:～～车.[机灵]聪明,头脑灵活。❸机器,由许多零件组成可以做功或有特殊作用的装置或设备:织布～.发电～.收音～.拖拉～.[机关]1.控制整个机器的关键部分.㉠办理事务的组织:行政～～.军事～～.～～工作.2.计谋:～～算尽.识破～～.[机械]1.利用力学原理组成的各种装置,各种机器、杠杆、滑轮以及枪炮等都是机械:～～化.～～工业.2.呆板,不灵活,按照一定的方式工作而没变化,不是辩证的:～～地工作.～～唯物论.[飞机]利用机器发动能在空中飞行的工具。[手机]手持式移动电话。

肌 jī ㄐㄧ 肌肉,人或动物体的组织之一,由许多肌纤维组成,具有收缩特性:心～.平滑～.

矶(磯) jī ㄐㄧ 水边突出的岩石。多用于地名:采石～(在安徽省马鞍山市).燕子～(在江苏省南京).

击(擊) jī ㄐㄧ ❶打,敲打:～鼓.～柝(tuò)(敲梆子).❷攻打:迎头痛～.游～.❸碰:撞～.肩摩毂(gǔ)～(喻来往人多拥挤).㉠接触:目～(亲眼看圾　jī ㄐㄧ 见273页"垃"字条"垃圾"(lā—)。

芨　jī ㄐㄧ [白芨]多年生草本植物,叶长形。块茎可入药。

乩　jī ㄐㄧ [扶乩]旧时迷信的人占卜问疑。

鸡(鷄、*雞)　jī ㄐㄧ 一种家禽,公鸡能报晓,母鸡能生蛋。

奇　⊖ jī ㄐㄧ ❶数目不成双的,跟"偶"相对:一、三、五、七、九是～数。❷零数,余数:长八分有～.
　　⊖ qí 见385页。

剞　jī ㄐㄧ [剞劂](—jué)1.雕刻用的弯刀。2.雕版,刻书。

犄　jī ㄐㄧ [犄角]1.(—儿)物体的两个边沿相接处,棱角:桌子～～儿.2.(—儿)角落:墙～～儿.3.(—jiao)兽角:牛～～.

畸　jī ㄐㄧ ❶不规则的,不正常的:～形.❷零余的数目:～零.❸偏:～轻～重.

咭　jī ㄐㄧ 同"叽"。

唧　jī ㄐㄧ ❶用水射击:～筒.～他一身水.❷拟声词,虫叫声(叠)。[唧咕](—gu)

同"叽咕"。

积(積)　jī ㄐㄧ ❶聚集:～少成多.～年累月.～习.～劳.[积淀]1.积累沉淀。2.积累沉淀下来的事物(多指文化、知识、经验等)。[积极]向上的,进取的,跟"消极"相对:工作～～.～～分子.❷乘积,乘法的得数。

笄　jī ㄐㄧ 古代盘头发用的簪子。

屐　jī ㄐㄧ 木头鞋。泛指鞋。

姬　jī ㄐㄧ ❶古代对妇女的美称。❷旧时称妾。❸旧时称以歌舞为业的女子:歌～.

基　jī ㄐㄧ ❶建筑物的根脚:地～.墙～.⑩根本的:～数.～层组织.[基础]建筑物的根脚和柱石。⑩事物的根基:钢铁是工业的～～.[基金]1.国民经济中有特定用途的资金:消费～～.生产～～.2.为兴办或发展某一事业而集聚、储备的资金或专门拨款:教育～～.福利～～.❷化学上,化合物的分子中所含的一部分原子被看作是一个单位时,叫作基:烃(tīng)～.氨～.❸根据:～于上述理由.
[基督](外)基督教徒称耶稣,

意为"救世主"。

[基督教]宗教名。公元 1 世纪犹太人耶稣所创。11 世纪分为罗马教会(天主教)和希腊教会(东正教)两派;16 世纪罗马教会又分为新教和旧教。现在一般称新教为基督教。

[基诺族]我国少数民族,参看附表。

[基因](外)生物体中携带遗传信息的最小功能单位。

期(＊朞) ㊀ jī 丩l 〈古〉一周年,一整月:～年.～月.

㊁ qī 见383页。

箕 jī 丩l ❶簸箕(bòji),用竹篾、柳条或铁皮等制成的扬去糠麸或清除垃圾的器具。❷不成圆形的指纹。❸星宿名,二十八宿之一。

赍(＊齎、＊賷) jī 丩l ❶怀抱着,带着:～志而殁(mò)(志未遂而死去).～恨.❷把东西送给别人。

嵇 jī 丩l 姓。

稽 ㊀ jī 丩l ❶停留:～留.～迟.不得～延时日。❷考核(遥－核):～查.无～之谈.❸计较,争论:反唇相～

(反过来责问对方). ❹姓。

㊁ qǐ 见387页。

缉 ㊀ jī 丩l 搜捕,捉拿:～私.通～.

㊁ qī 见383页。

跻(躋) jī 丩l 登,上升。

齑(齏) jī 丩l ❶捣碎的姜、蒜、韭菜等。❷细,碎:化为～粉.

畿 jī 丩l 古代称靠近国都的地方:京～.

墼 jī 丩l 土坯。[炭墼]用炭末做成的块状物。[土墼]未烧的砖坯。

激 jī 丩l ❶水冲击或急速浇淋:～起浪花.他被雨病了.㉒使发作,使人的感情冲动:刺～.用话～他.[激昂](情绪、语调等)激动昂扬:慷慨～～.❷急剧的,强烈的(⑯－烈):～变.～战.

羁(＊羇) jī 丩l ❶马笼头。❷束缚:～绊.～押.❸停留:～留.[羁旅]寄居作客。

及 jí 丩l ❶到。1.从后头跟上:来得～.赶不～.㉒比得上:我不～他.2.达到:由表～里.将～十载.～格.❷趁着,乘:～时.～早.❸连词,和,跟(通常主要成分在前):

J

烟、酒～其他有刺激性的东西对于儿童的身体都是有害的.[以及]连词,连接并列的词、词组,意义和"及❸"相同:花园里种着状元红、矢车菊、夹竹桃～～各色的花木.

伋 jí ㄐㄧ 用于人名。孔伋,字子思,孔子的孙子。

岌 jí ㄐㄧ ❶山高。❷危险。[岌岌]1.形容山高。2.形容危险:～～可危.

汲 jí ㄐㄧ ❶从井里打水:～水.[汲引]旧时喻提拔人才。❷(叠)急切的样子:不～～于富贵.

级 jí ㄐㄧ ❶层,层次:那台阶有十多～.七～浮屠(七层的塔).❷等次:高～.低～.初～.上～.下～.❸年级,学校编制的名称,学年的分段:同～不同班.三年～.高年～.

极(極) jí ㄐㄧ ❶顶端,最高点,尽头处:登峰造～.❷指地球的南北两端,磁体的两端或电路的正负两端:南～.北～.阳～.阴～.[南极洲]世界七大洲之一。❸副词,最,达到顶点:大～了.～好.穷凶～恶.❹竭尽:～力.～目.

笈 jí ㄐㄧ ❶书箱。❷书籍,典籍。

吉 jí ㄐㄧ ❶幸福的,吉利的(圇—祥、—庆):～日.～期.❷(外)法定计量单位中十进倍数单位词头之一,表示10^9,符号 G。

佶 jí ㄐㄧ 健壮。

[佶屈][诘屈]曲折:～～聱牙(文句拗口).

诘 ⊖ jí ㄐㄧ [诘屈]同"佶屈"。参看 208 页"佶"(jí)。
⊖ jié 见232页。

姞 jí ㄐㄧ 姓。

即 jí ㄐㄧ ❶就是:番茄～西红柿.❷当时或当地:～日.～刻.～席发表谈话.～景生情.❸副词,便,就:胜利～在眼前.用毕～行奉还.[即使]连词,常和"也"字连用表示假设性让步:～～我们的工作取得了很大的成绩,也不能骄傲自满.❹靠近:不～不离.[即位]指封建统治者登上帝王的位子,做君主或诸侯。

亟 ⊖ jí ㄐㄧ 副词,急切地:～待解决.缺点～应纠正.

㈡ qì 见387页。

殛 jí ㄐㄧˊ 杀死:雷~.

革 ㈠ jí ㄐㄧˊ 〈古〉(病)危急。
㈡ gé 见149页。

急 jí ㄐㄧˊ ❶焦躁(叠焦-):真~死人了.不要着~.㉑气恼,发怒:没想到他~了.❷匆促:~~忙忙.~就.~于完成任务.㉑迅速,又快又猛:水流得~.~病.❸迫切,要紧:~事.不~之务.~件.㉑严重:情况紧~.告~.病~乱投医(喻临事慌乱).❹对大家的事或别人的困难赶快帮助:~公好义.~难(nàn).

疾 jí ㄐㄧˊ ❶病,身体不舒适(叠-病):目~.积劳成~.㉑一般的痛苦:关心群众的~苦.❷恨:~恶如仇.❸快,迅速,猛烈:~走.风知劲草.~言厉色(指发怒的样子).❹疼痛:痛心~首.

蒺 jí ㄐㄧˊ [蒺藜](-li)1.一年生草本植物,茎横生在地面上,开小黄花。果实也叫蒺藜,有刺,可入药。2.像蒺藜的东西:铁~~.~~骨朵(旧时一种兵器).

嫉 jí ㄐㄧˊ 因别人比自己好而憎恨(叠-妒、妒-):

~才.他很羡慕你,但并不~妒你.

棘 jí ㄐㄧˊ ❶酸枣树,落叶灌木,开黄绿色小花,茎上多刺。果实小,味酸。❷针形的刺:~皮动物.[棘手]刺手,扎手.㉑事情难办。❸指有刺的草木:披荆斩~.

集 jí ㄐㄧˊ ❶聚,会合,总合(叠聚-):~思广益.~会.~中.[集体]许多人合起来的有组织的总体:~~利益.~~所有制.❷会合许多著作编成的书:诗~.文~.选~.❸某些篇幅较长的著作或作品中相对独立的部分:影片分上下~.十~电视纪录片.❹定期交易的市场:赶~.❺完成:大业未~.

楫(*檝) jí ㄐㄧˊ 划船用的桨。

辑 jí ㄐㄧˊ ❶聚集。特指聚集材料编书:~录.纂~.❷整套书籍、资料等按内容或发表次序分成的各个部分:丛书第一~.❸和睦:~睦.

戢 jí ㄐㄧˊ 收敛,收藏:~翼.载~干戈(把兵器收藏起来).㉑止,停止:~怒.

蕺 jí ㄐㄧˊ 蕺菜,也叫"鱼腥草"。多年生草本植物,茎上有节,花小而密。茎和叶有腥味,根可作蔬菜,全草可入药。

嵴 jí ㄐㄧˊ 山脊。

瘠 jí ㄐㄧˊ ❶瘦弱。❷土地不肥沃:~土.把贫~的土地变成良田.

鹡 jí ㄐㄧˊ [鹡鸰](—líng)鸟名。头黑额白,背部黑色,腹部白色,尾巴较长,生活在水边,捕食小虫。

蹐 jí ㄐㄧˊ 小步行走。

踖 jí ㄐㄧˊ 见74页"踧"字条"踧踖"(cù—)。

藉 ⊜ jí ㄐㄧˊ ❶践踏,凌辱。[狼藉](*狼籍)乱七八糟:杯盘~~.声名~~.❷姓。

⊝ jiè 见234页。

籍 jí ㄐㄧˊ ❶书,书册(㊀书—):六~(六经).古~.❷登记隶属关系的簿册,隶属关系:户~.国~.党~.学~.[籍贯]自身出生或祖居的地方。

几(幾) ⊝ jǐ ㄐㄧˇ ❶询问数量多少:~个人?来~天了?[几何]1.多少。2.几何学,研究点、线、面、体的性质、关系和计算方法的学科。❷表示不定的数目:他才十~岁.所剩无~.

⊜ jī 见204页。

虮(蟣) jǐ ㄐㄧˇ (—子)虱子的卵。

麂 jǐ ㄐㄧˇ (—子)兽名。像鹿,比鹿小,毛黄黑色,雄的有很短的角。

己 jǐ ㄐㄧˇ ❶代词,自己,对人称本身:舍~为人.身不由~.❷天干的第六位,用作顺序的第六。

纪 ⊜ jǐ ㄐㄧˇ 姓。

⊝ jì 见211页。

鲯 jǐ ㄐㄧˇ 鱼名。身体侧扁,略呈椭圆形,头小,口小,生活在海底岩石间。

挤(擠) jǐ ㄐㄧˇ ❶用压力使排出:~牛奶.~牙膏.❷互相推、拥:人多~不过去.~进会场.㉁排斥(㊀排—):互相排~.❸许多人、物很紧地挨着,不容易动转:一间屋子住十来个人,太~了.

济(濟) ⊜ jǐ ㄐㄧˇ 济水,古水名,发源于今河南省,流经山东省入渤海。[济南][济宁]地名,都在山东省。

[济济]众多:人才~~.

⊝ jì 见212页。

给 ⊖ jǐ ㄐㄧˇ ❶供应:自～自足.补～.～养(军队中主副食、燃料,以及牲畜饲料等物资供应的统称).❷富裕,充足:家～人足.

⊖ gěi 见151页。

脊 jǐ ㄐㄧˇ ❶人或动物背中间的骨头:～椎骨.～髓.～梁.❷物体中间高起、形状像脊柱的部分:屋～.山～.

掎 jǐ ㄐㄧˇ 拖住,牵制。

戟(**戟) jǐ ㄐㄧˇ 古兵器的一种,长杆头上附有月牙状的利刃。

计 jì ㄐㄧˋ ❶核算(叠—算):不～其数.❷测量或计算度数、时间等的仪器:时～.体温～.❸主意,策略(叠—策):妙～.百年大～.❹计划,打算:为工作方便～.[计较](—jiào)1.打算,商量:来,咱们～～一下.2.争论,较量:大家都没有和他～～.

疕 jì ㄐㄧˋ 皮肤上生来就有的深色斑。现多写作"记"。

记 jì ㄐㄧˋ ❶记忆,把印象保持在脑子里:～住这件事.～性.❷把事物写下来:～录.～账.把这些事情都～在笔记本上.[记者]报刊、电台、电视台、通讯社里做采访报道工作的人员。❸记载事物的书册或文字:游～.日～.大事～.❹记号,标志:以红色为～.戳～.❺同"疕"。

纪 ⊖ jì ㄐㄧˋ ❶记载:～事.[纪念]用事物或行动对人或事表示怀念。[纪元]纪年的开始,如公历以传说的耶稣出生那一年为元年。❷古时把十二年算作一纪。[世纪]一百年叫一世纪。❸制度,法度:军～.违法乱～.[纪律]集体生活里必须共同遵守的规则:遵守劳动～～.❹地质年代分级的第三级,在"代"之下:第四～.侏罗～.寒武～.

⊖ jǐ 见210页。

忌 jì ㄐㄧˋ ❶嫉妒,憎恨:猜～.～才.❷怕,畏惧:肆无～惮.[顾忌]有所顾虑,不敢大胆说话或行动:有话尽管说,不要有什么～.❸禁戒:～酒.～口.～食生冷.[忌讳]1.由于风俗、习惯的顾忌,言谈或动作有所隐避,日久成为禁戒。2.对某些能产生不利后果的事力求避免。

跽 jì ㄐㄧˋ 长跪,挺直上身两膝着地。

伎 jì ㄐㄧˋ ❶技巧,才能。[伎俩](—liǎng)手段,花

招。❷古代称以歌舞为业的女子。

技 jì ㄐㄧˋ 才能，手艺（遥—艺、一能）：～巧．口～．～师．一～之长（cháng）．[技术]1.进行物质资料生产所凭借的方法、能力或设备等：～～革新．2.专门的技能：他打球的～～很高明．

芰 jì ㄐㄧˋ 古书上指菱。

妓 jì ㄐㄧˋ 妓女，以卖淫为生的女人。

系（繫） ㊀ jì ㄐㄧˋ 结，扣：把鞋带～上．
㊁ xì 见516页。

际（際） jì ㄐㄧˋ ❶交界或靠边的地方：林～．水～．天～．春夏之～．❷彼此之间：国～．厂～竞赛．❸时候：当祖国进行社会主义建设之～．❹当，适逢其时：～此盛会．

季 jì ㄐㄧˋ ❶兄弟排行，有时用伯、仲、叔、季做次序，季是最小的：～弟．～父（小叔叔）．㊀末了：～世．～春（春季末一月）．❷三个月为一季：一年分春、夏、秋、冬四～．㊀（一儿）一段时间：瓜～儿．淡～．雨～．

悸 jì ㄐㄧˋ 因害怕而心跳：～栗（心惊肉跳）．惊～．心有余～．

剂（劑） jì ㄐㄧˋ ❶配合而成的药：药～．清凉～．[调剂]（tiáo—）1.配制药物．2.适当调整．❷量词，用于水煎服的中药：一～药．

荠（薺） ㊀ jì ㄐㄧˋ 荠菜，二年生草本植物，花白色。茎叶嫩时可以吃。
㊁ qi 见388页。

济（濟） ㊀ jì ㄐㄧˋ ❶对困苦的人加以帮助：救～金．～困扶危．❷补益：无～于事．❸渡，过河：同舟共～．
㊁ jǐ 见210页。

霁（霽） jì ㄐㄧˋ ❶雨、雪停止，天放晴：雪初～．❷怒气消除：色～．

鲚（鱭） jì ㄐㄧˋ 鱼名。有刀鲚、凤鲚等多种。身体侧扁，无侧线，头小而尖，尾尖而细。生活在海洋中。

塈 jì ㄐㄧˋ 坚土。

洎 jì ㄐㄧˋ 到，及：自古～今．

迹（＊跡、＊蹟） jì ㄐㄧˋ 脚印（遥踪—）：足～．兽蹄鸟～．㊀1.

物体遗留下的印痕（迭痕—）：～象. 2.前人遗留下的事物（多指建筑、器物等）：古～. 陈～.

既 jì ①终了，尽：言未～. [食既]指日食、月食的食尽. ②副词，已经：霜露～降.～往不咎. 保持～有的荣誉. [既而]副词，后来，经过一段时间以后：起初以为困难很多，～～看出这些困难都是可以克服的. ③连词 1.既然，后面常与"就"、"则"相应：～要做，就要做好. 2.常跟"且"、"又"连用，表示两者并列：～高且大.～快又好.

塈 jì ①用泥涂屋顶. ②休息. ③取.

暨 jì 与，及，和.

覬（覬） jì 希望，希图. [覬觎]（—yú）非分的希望或企图.

继（繼） jì 连续，接着（迭—续）：～任.～往开来. 前仆后～. [继承] 1.接受遗产. 2.继续前人的事业.

偈 ⊖ jì 和尚唱的词句.
⊜ jié 见233页.

徛 jì 〈方〉站立.

寄 jì ①托付，寄托：～放.～希望于未来. ②依靠，依附：～居.～生.～宿. ③托人传送. 特指由邮局传递：～信.～钱.～包裹.

祭 jì ①对死者表示追悼、敬意（迭—奠）：公～烈士. ②供奉鬼神等：～神.～天.

穄 jì （—子）又叫"穈（méi）子". 一种谷物，跟黍子相似，但不黏.

寂 jì 静，没有声音（迭—静）：～然无声. [寂寞]（—mò）清静，孤独.

绩（❷*勣） jì ①把麻搓（cuō）捻成线或绳. ②功业，成果：成～. 战～. 伟大的功～.

惎 jì ①毒害. ②忌恨.

蓟 jì 多年生草本植物，茎叶多刺，春天出芽，花紫色，可入药.

稷 jì ①古代一种粮食作物，有的书说是黍属，有的书说是粟（谷子）. ②古代以稷为百谷之长，因此帝王奉祀为谷神. [社稷]迭古代指国家：执干戈以卫～～.

鲫 jì 鲫鱼，鱼名. 形似鲤鱼，没有须，背脊隆起生活在淡水中,肉可吃。

髻 jì ㄐㄧˋ 梳在头顶或脑后的发结:高～.

冀 jì ㄐㄧˋ ❶希望。❷河北省的别称。

骥 jì ㄐㄧˋ 好马:按图索～.

罽 jì ㄐㄧˋ 用毛做成的毡子一类的东西。

檵 jì ㄐㄧˋ 檵木,常绿灌木或小乔木,叶子椭圆形或卵圆形,花淡黄色,结蒴果,褐色。枝条和叶子可以提制栲胶,种子可以榨油。叶可入药。

JIA　ㄐㄧㄚ

加 jiā ㄐㄧㄚ ❶增多,几种事物合起来(鐽增—):～价.三个数相～.增～工资.[加法]几个数求和的算法。[加工]把原料制成成品或使粗制物品精良。[加油儿]鐽努力,加劲儿。❷施以某种动作:希～注意.～以保护.❸把本来没有的添上去:～引号(" "或' ').

伽 ⊖ jiā ㄐㄧㄚ [伽倻](—yē)伽倻琴,朝鲜族弦乐器。[伽利略]意大利天文学家、物理学家。

⊖ qié 见396页。
⊜ gā 见140页。

茄 ⊖ jiā ㄐㄧㄚ 〈古〉荷茎。
[雪茄](外)一种较粗较长用烟叶卷成的卷烟。
⊖ qié 见397页。

迦 jiā ㄐㄧㄚ 译音用字。

珈 jiā ㄐㄧㄚ 古代妇女的一种首饰。

枷 jiā ㄐㄧㄚ 旧时一种套在脖子上的刑具。[枷锁]鐽束缚:砸碎封建～～.

痂 jiā ㄐㄧㄚ 伤口或疮口血液、淋巴液等凝结成的东西。

耞 jiā ㄐㄧㄚ 见291页"连"字条"连耞"(lián—)。

笳 jiā ㄐㄧㄚ 胡笳,我国古代北方民族的一种乐器,类似笛子。

袈 jiā ㄐㄧㄚ [袈裟](—shā)和尚披在外面的一种法衣。

跏 jiā ㄐㄧㄚ [跏趺](—fū)佛教徒的一种坐姿。

嘉 jiā ㄐㄧㄚ ❶美好:～宾.❷赞美:～许.精神可～.

夹(夾) ⊖ jiā ㄐㄧㄚ ❶从东西的两旁钳住:书里～着一张纸.鐽1.两

旁有东西限制住:～道.两山～一水.2.从两面来的:～攻.❷胳膊向胁部用力,使腋下放着的东西不掉下:～着书包.❸掺杂(叠－杂):～七杂八.～生.❹(－子、－儿)夹东西的器具:文件～.皮～儿.

㊁ jiá 见215页。

㊂ gā 见140页。

浃(浹) jiā ㄐㄧㄚ 湿透,遍及:汗流～背.

佳 jiā ㄐㄧㄚ 美,好的:～音(好消息).～句.～作.

家 ㊀ jiā ㄐㄧㄚ ❶家庭,人家:勤俭持～.张～有五口人.谦辞,用于对别人称自己亲属中比自己年纪大或辈分高的:～兄.～父.[家常]家庭日常生活:～～便饭.叙～～.[家畜](－chù)由人喂养的禽兽,如马、牛、羊、鸡、猪等.[家伙](－huo)1.一般的用具、工具.2.指武器.3.指牲畜或人(轻视或玩笑).[家具]家庭用具,主要指床、柜、桌、椅等.[家什](－shi)用具,器物:厨房里的～～擦洗得干干净净.❷家庭的住所:回～.这儿就是我的～.❸指经营某种行业或有某种身份的人家:农～.酒～.❹掌握某种专门学识或有丰富实践

经验以及从事某种专门活动的人:科学～.水稻专～.政治～.❺学术流派:儒～.道～.百～争鸣.❻指相对各方中的一方:上～.下～.❼(jia)词尾,指一类的人(多按年龄或性别分):姑娘～.孩子～.❽量词:一～人家.两～饭馆.❾姓。

㊁ jie 见235页。

傢 jiā ㄐㄧㄚ "家"的繁体字.用于"傢伙"、"傢具"、"傢什".参看215页"家㊀❶".

镓 jiā ㄐㄧㄚ 一种金属元素,符号 Ga,银白色,质软.可制合金。

葭 jiā ㄐㄧㄚ 初生的芦苇.[葭莩](－fú)苇子里的薄膜.喻关系疏远的亲戚.

猳 jiā ㄐㄧㄚ 公猪.

夹(夾、*袷、△*袷) ㊀ jiá ㄐㄧㄚ 两层的衣物:～裤.～被.

㊀ jiā 见214页。

㊂ gā 见140页。

"袷"又 qiā 见388页.

郏(郟) jiá ㄐㄧㄚ 郏县,在河南省.

荚(莢) jiá ㄐㄧㄚ 豆类植物的长形的果

实:豆~(豆角).皂~.槐树
~.

铗(鋏) jiá ㄐㄧㄚˊ ❶冶铸
用的钳。❷剑。
❸剑柄。

颊(頰) jiá ㄐㄧㄚˊ 脸的两
侧:两~绯红.
（图见486页"头"）

蛱(蛺) jiá ㄐㄧㄚˊ [蛱蝶]
（－dié）蝴蝶的
一类,翅有各种鲜艳的色斑。
前足退化或短小,触角锤状。

恝 jiá ㄐㄧㄚˊ 无忧愁,淡然。
[恝置]不在意,置之不
理。

戛(*戞) jiá ㄐㄧㄚˊ ❶打
击。❷拟声词:
~然而止.
[戛戛] 形容困难:~~乎难
哉.

甲 jiǎ ㄐㄧㄚˇ ❶天干的第一
位,用作顺序的第一。引
居首位,超过所有其他的:桂
林山水~天下.[甲子]我国纪
日、纪年或计算岁数的一种方
法,以十干和十二支顺序配
合,六十组干支字轮一周叫一
个甲子。❷古代军人打仗穿
的护身衣服,用皮革或金属做
成:盔~.❸动物身上有保护
功能的硬壳:龟~.~虫.[甲
骨文]我国商周时代刻在龟甲

兽骨上的文字。[甲鱼]鳖。
❹手指或脚趾上的角质硬壳:
指~.❺现代用金属做成有保
护功用的装备:装~汽车.[甲
板]轮船上分隔上下各层的板
(多指最上面即船面的一层)。
❻旧时户口的一种编制。参
看16页"保❸"。

岬 jiǎ ㄐㄧㄚˇ ❶岬角,突入海
中的尖形陆地。多用于
地名:野柳~(在台湾省台
北).❷两山之间。

胛 jiǎ ㄐㄧㄚˇ 肩胛,肩膀后方
的部位。[肩胛骨]肩胛
上部左右两块三角形的扁平
骨头。(图见160页"骨")

钾 jiǎ ㄐㄧㄚˇ 一种金属元素,
符号 K,银白色,蜡状。
钾的化合物用途很广,有的是
重要的肥料。

蚱 jiǎ ㄐㄧㄚˇ 蚱虫,即甲虫,体
壁比较坚硬的昆虫的通
称,如金龟子、菜叶蚱等。

贾 ⊖ jiǎ ㄐㄧㄚˇ ❶姓。❷古
多用于人名。
〈古〉又同"价(價)"(jià).
⊜ gǔ 见160页。

檟 jiǎ ㄐㄧㄚˇ ❶楸树的别名。
❷茶树的古名。

假(*叚) ⊖ jiǎ ㄐㄧㄚˇ ❶
不真实的,不是
本来的,跟"真"相对:~头发.

~话.[假如][假使]连词,如果。❷借用,利用(⊛—借):~手于人.~公济私.❸据理推断,有待验证的:~设.~说.

㊀ jià 见217页。

嘏 jiǎ ㄐㄧㄚˇ (又) 见159页 gǔ。

瘕 jiǎ ㄐㄧㄚˇ 肚子里结块的病。

斝 jiǎ ㄐㄧㄚˇ 古代一种盛(chéng)酒的器皿。

价(價) ㊀ jià ㄐㄧㄚˋ 价钱,商品所值的钱数:~目.物~稳定.减~.[价格]用货币表现出来的商品的价值.[价值]1.政治经济学上指凝结在商品中的生产者的社会必要劳动.2.通常指用途或重要性:有~~.[原子价]化学上称能跟某元素一个原子直接或间接相化合或替代的氢原子数为这个元素的原子价。也省称"价"。

㊁ jiè 见234页。

㊂ jie 见235页。

驾 jià ㄐㄧㄚˋ ❶把车套在牲口身上:~辕.~轻就熟(喻担任熟悉的事).❷古代车乘的总称。敬辞:劳~.大~光临.❸特指帝王的车,借指帝王:~崩(帝王死去).❹操纵,

使开动:~飞机.~驶员.[驾驭](-yù)驱使车马行进或停止。⊛1.旧指对人员的管理和使用。2.控制,支配。

架 jià ㄐㄧㄚˋ ❶(一子、一儿)用作支承的东西:书~儿.葡萄~.笔~儿.房~子.车~子.[担架]医院或军队中抬送病人、伤员的用具。❷支承.1.支,搭起:把枪~住.搭桥.2.搀扶:他受伤了,~着他走.3.抵挡,禁(jīn)受:招~.这么重的负担,他~得住吗?❸用强力把人劫走:绑~.被几个人~走了.❹互相殴打或争吵的事:打了一~.劝~.❺量词,多用于有机械或有支柱的东西:五~飞机.一~机器.一~葡萄.[架次]量词,一架飞机出动或出现一次叫一架次。如飞机出现三次,第一次五架,第二次十架,第三次十五架,共三十架次。

假 ㊀ jià ㄐㄧㄚˋ 照规定或经过批准暂时离开工作、学习场所的时间:放~.寒~.期.请~.

㊀ jiǎ 见216页。

嫁 jià ㄐㄧㄚˋ ❶女子结婚:出~.~娶.[嫁接]把要繁殖的植物的芽或枝接在另一种植物上,以达到提早结果、

J

增强抗性、提高品种质量等目的。所用的枝或芽叫接穗,被接的干叫砧(zhēn)木.❷把祸害、怨恨推到别人身上:～怨.～祸于人.

稼 jià ㄐㄧㄚˋ 种田。[稼穑](—sè)种谷和收谷,农事的总称。[庄稼]五谷,农作物:种～～.

JIAN ㄐㄧㄢ

戋(戔) jiān ㄐㄧㄢ 小,少(叠):所得～～.

浅(淺) ⊖ jiān ㄐㄧㄢ [浅浅]拟声词,形容流水声.
⊜ qiǎn 见391页。

笺(箋、❷*牋、❷*椾) jiān ㄐㄧㄢ ❶注释。❷小幅的纸:便～.信～.⑱书信:华～.

溅(濺) ⊖ jiān ㄐㄧㄢ [溅溅]同"浅浅"(jiān—).
⊜ jiàn 见222页。

尖 jiān ㄐㄧㄢ ❶(一儿)物体锐利的末端或细小的部分:笔～儿.刀～儿.针～儿.塔～儿.[尖锐]1.刺耳的:～～的声音.2.锋利的,深刻的:～～的批评.3.激烈的:～～的思想斗争.矛盾～～化.[打尖]1.掐去棉花等植物的尖.2.旅途中休息饮食.❷末端极细小:把铅笔削～了.❸感觉锐敏:眼～.耳朵～.❹声音高而细:～声～气.❺出类拔萃的人或物品:～儿货.～子生.

奸(❸*姦) jiān ㄐㄧㄢ ❶虚伪,狡诈:～雄.～笑.不藏～,不耍滑.❷叛国的人:汉～.锄～.[奸细]替敌人刺探消息的人.❸男女发生不正当的性行为:通～.～污.

歼(殲) jiān ㄐㄧㄢ 消灭(⑱—灭):围～.全～入侵之敌.

坚(堅) jiān ㄐㄧㄢ ❶结实,硬,不容易破坏(⑱—固):～不可破.～壁清野.⑰不动摇:～强.～决.～持.～守.[中坚]骨干:～～分子.❷坚固的东西或阵地:攻～战.无～不摧.

鲣(鰹) jiān ㄐㄧㄢ 鲣鱼鱼名。身体呈纺锤形,大部分无鳞,腹白,背蓝黑。

间(*閒) ⊖ jiān ㄐㄧㄢ ❶中间,两段时间或两种事物相接的地方:课～操.彼此～有差别.❷在一定的地方、时间或人群的范围之内：田～．晚～．人～． ❸ 房间，屋子：车～．衣帽～．卫生～． ❹ 量词，用于房屋：一～房．广厦千～．

㊁ jiàn 见221页。

"間"又 xián 见520页"闲"。

肩 jiān ㄐㄧㄢ ❶肩膀，脖子旁边胳膊上边的部分。（图见476页"体"）❷担负：身～重任．

艰（艱） jiān ㄐㄧㄢ 困难（㊟一难）：～辛．～苦．文字～深．

监（監） ㊀ jiān ㄐㄧㄢ ❶督察：～察．～工．～考．❷牢，狱（㊟一牢、一狱）：收～．坐～．[监禁]把犯罪的人收监，限制他的自由。

㊁ jiàn 见223页。

兼 jiān ㄐㄧㄢ ❶加倍，把两份并在一起：～旬（二十天）．～程（用加倍的速度赶路）．[兼并]并吞。❷所涉及的或所具有的不只一方面：～任．德才～备．

搛 jiān ㄐㄧㄢ 用筷子夹：～菜．

蒹 jiān ㄐㄧㄢ 没长穗的芦苇。

缣 jiān ㄐㄧㄢ 细绢。

鹣 jiān ㄐㄧㄢ 鹣鹣，比翼鸟，古代传说中的一种鸟。

鳒 jiān ㄐㄧㄢ 鳒鱼，鱼名。一般两只眼都在身体的左侧或右侧，有眼的一面黄褐色，无眼的一面白色。主要产在我国南海地区，肉供食用。

菅 jiān ㄐㄧㄢ 多年生草本植物，叶子细长，根很坚韧，可做炊帚、刷子等。[草菅]㊰轻视：～～人命．

渐 ㊀ jiān ㄐㄧㄢ ❶浸：～染．❷流入：东～于海．

㊁ jiàn 见223页。

犍 ㊀ jiān ㄐㄧㄢ 阉割过的公牛。

㊁ qián 见391页。

鞬 jiān ㄐㄧㄢ 马上盛弓箭的器具。

湔 jiān ㄐㄧㄢ 洗。

煎 jiān ㄐㄧㄢ ❶熬（áo）：～药．❷把食物放在少量的热油里弄熟：～鱼．～豆腐．❸量词，熬中药的次数：头～药．二～．

缄 jiān ㄐㄧㄢ 封，闭：～口．[缄默]闭口不言。

瑊 jiān ㄐㄧㄢ [瑊石]一种像玉的美石。

鞯（韉） jiān ㄐㄧㄢ 垫马鞍的东西：鞍～．

J

櫼 jiān ㄐㄧㄢ 木楔子(xiē-zi)。

囝 ㊀ jiǎn ㄐㄧㄢˇ〈方〉儿子。㊁ nān 见348页。

拣(揀) jiǎn ㄐㄧㄢˇ ❶挑选(㊀挑一):～好的交纳公粮.挑肥～瘦.❷同"捡"。

枧 jiǎn ㄐㄧㄢˇ〈方〉肥皂:香～.

笕 jiǎn ㄐㄧㄢˇ 横安在屋檐或田间引水的长竹管。

茧(繭、❶絸)** jiǎn ㄐㄧㄢˇ ❶(一子、一儿)某些昆虫的幼虫在变成蛹之前吐丝做成的壳。家蚕的茧是抽丝的原料。❷同"趼"。

柬 jiǎn ㄐㄧㄢˇ 信件、名片、帖子等的泛称:请～(请客的帖子).

俭(儉) jiǎn ㄐㄧㄢˇ 节省,不浪费:～朴.省吃～用.勤～办学.

捡(撿) jiǎn ㄐㄧㄢˇ 拾取:～柴.把笔～起来.～了一张画片.

检(檢) jiǎn ㄐㄧㄢˇ 查(㊀一查):～字.～验.～阅.[检察]审查检举犯罪事实。[检点]1.仔细检查。2.注意约束(言行):失于～.[检举]告发坏人、坏事。[检讨]对自己的思想、工作、生活等方面的缺点、错误进行检查。

硷(鹼、*鹻) jiǎn ㄐㄧㄢˇ 同"碱"。

睑(瞼) jiǎn ㄐㄧㄢˇ 眼睑,眼皮。(图见553页"眼")

趼 jiǎn ㄐㄧㄢˇ 手、脚上因摩擦而生的硬皮,也作"茧":老～.

减(*減) jiǎn ㄐㄧㄢˇ ❶由全体中去掉一部分:三～二是一.～价.[减法]从一数去掉另一数的算法。❷降低程度,衰退:～肥.～灾.～色.热情不～.

碱(*堿) jiǎn ㄐㄧㄢˇ ❶含有10个分子结晶水的碳酸钠,性滑,味涩。❷化学上称能在水溶液中电离而生成氢氧离子(OH^-)的物质。❸被碱质侵蚀:好好的罐子,怎么～了?那堵墙全～了.

剪 jiǎn ㄐㄧㄢˇ ❶(一子)剪刀,一种铰东西的用具。❷像剪子的器具:火～.夹～.❸用剪子铰:～断.～开.[剪影]按人影或物体的轮廓剪成的图形。⑩事物的一部分或概况。❹除掉:～灭.～除.

谫(**謭) jiǎn ㄐㄧㄢˇ 浅薄:学识～陋.

锏 jiǎn ㄐㄧㄢˇ ❶同"剪"。❷姓。

㈠ jiǎn ㄐㄧㄢˇ 古代的一种兵器,像鞭,四棱

㈡ jiàn 见222页。

裥 jiǎn ㄐㄧㄢˇ 衣服上打的褶子。

简 jiǎn ㄐㄧㄢˇ ❶古时用来写字的竹板。⑯书信。❷简单,简化,跟"繁"相对:～写.删繁就～.精兵～政.[简直]副词,实在是,完全是:你若不提这件事,我～～想不起来了。❸简选,选择人才:～拔.

戬 jiǎn ㄐㄧㄢˇ ❶剪除,剪灭。❷尽:～谷(尽善)。❸福。

蹇 jiǎn ㄐㄧㄢˇ ❶跛,行走困难。❷迟钝,不顺利:～涩.～滞.命运多～。❸指驽马,也指驴。

謇 jiǎn ㄐㄧㄢˇ ❶口吃,言辞不顺畅。❷正直。

灜 jiǎn ㄐㄧㄢˇ 泼(水),倾倒(液体)。

劗 jiǎn ㄐㄧㄢˇ 割断。

见(見) ㈠ jiàn ㄐㄧㄢˋ ❶看到:眼～是实.⑤

接触,遇到:这种病怕～风.胶卷不能～光.[见习]学得专业知识的人初到工作岗位在现场中实习:～～技术员.❷看得出,显现出:病已～好.～分晓.～效.❸(文字等)出现在某处,可参考:～上.～下.《史记·陈涉世家》.❹会见,会面:接～.看望多年未～的老战友.❺见解,对于事物的看法(⑯一识):～地.远～.不能固执己～.❻助词.1.用在动词前面表示被动:～笑.～疑.2.用在动词前面表示对说话人怎么样:～谅.～告.～教.❼用在动词"听"、"看"、"闻"等字后,表示结果:看～.听不～.❽姓。

㈡ xiàn 见522页。

舰(艦) jiàn ㄐㄧㄢˋ 军舰,战船:～队.巡洋～.

件 jiàn ㄐㄧㄢˋ ❶量词:一～事.两～衣服.❷(一儿)指可以一一计算的事物:零～儿.❸指文书等:文～.来～.

犍 jiàn ㄐㄧㄢˋ ❶斜着支撑:打～拨正(房屋倾斜,用柱子支起弄正).❷用土石挡水。

间(*閒) ㈠ jiàn ㄐㄧㄢˋ ❶(一儿)空隙:当～儿.⑤嫌隙,隔阂:亲

密无～.❷不连接,隔开:～断.～隔.黑白相～.晴～多云.[间或]副词,偶尔:他～～也来一两次.[间接]通过第三者发生关系的(跟"直接"相对):～～经验.❸挑拨使人不和:离～.反～计.

㊀ jiān 见218页。

"閒"又 xián 见520页"闲"。

涧 jiàn ㄐㄧㄢˋ 夹在两山间的水沟。

锏 ㊀ jiàn ㄐㄧㄢˋ 嵌在车轴上的铁,可以保护车轴并减少摩擦力。

㊁ jiǎn 见221页。

饯(餞) jiàn ㄐㄧㄢˋ ❶饯行,饯别,设酒食送行。❷用蜜或糖浸渍(果品):蜜～.

贱(賤) jiàn ㄐㄧㄢˋ ❶价钱低:这布真～.❷指地位卑下(叠卑一):贫～.谦辞:～姓.～恙.❸卑鄙:下～.

践(踐) jiàn ㄐㄧㄢˋ ❶踩,踏(叠一踏).[作践](zuòjian)糟蹋毁坏,浪费:～～东西.❷履行,实行:～约.～言.实～.

溅(濺) ㊀ jiàn ㄐㄧㄢˋ 液体受冲激向四外飞射:～了一脸水.水花四～.

㊀ jiān 见218页。

建 jiàn ㄐㄧㄢˋ 立,设立,成立(叠一立):八一～军节.～都.～筑铁路.[建设]创立新事业或增加新的设施:经济～～.文化～～.[建议]向有关方面提出建设性的意见。

健 jiàn ㄐㄧㄢˋ ❶强壮,身体好(叠一康、强一):～儿.保～.身体～康.[健全]1.既无疾病又不残废.2.完备无缺欠或使完备:制度很～～.～～组织.❷善于,对于某种事情精力旺盛:～步.～谈.～饭.[健忘]容易忘,记忆力不强。

楗 jiàn ㄐㄧㄢˋ 竖插在门闩上使门拨不开的木棍。

毽 jiàn ㄐㄧㄢˋ (一子、一儿)一种用脚踢的玩具。

腱 jiàn ㄐㄧㄢˋ 肌腱,连接肌肉和骨骼的一种组织,白色,质地坚韧.[腱子]人身上或牛、羊等小腿上特别发达的肌肉。

键 jiàn ㄐㄧㄢˋ ❶安在车轴头上管住车轮不脱离轴的铁棍.也叫"辖".[关键]事物的紧要部分,对于情势有决定作用的部分.❷插在门上关锁门户的金属棍子.❸某些乐器或机器上使用时按动的部分:～盘.

蹍 jiàn ㄐㄧㄢˋ 蹍子(一zi),体操运动等的一种翻身动作。

荐(薦) jiàn ㄐㄧㄢˋ ❶推举,介绍(⊕举一、推一):～人.❷草。又指草席。

剑(劍、*劒) jiàn ㄐㄧㄢˋ 古代的一种兵器,长条形,两面有刃,安有短柄。

监(監) ㊀jiàn ㄐㄧㄢˋ ❶帝王时代的官名或官府名:太～.国子～.钦天～(掌管天文历法的官府).❷姓。
　㊁jiān 见219页。

槛(檻) ㊀jiàn ㄐㄧㄢˋ ❶栏杆,栏板。❷圈(juān)兽类的栅栏。[槛车]1.运兽用的有栏杆的车。2.古代押运囚犯的车。
　㊁kǎn 见257页。

鉴(鑒、*鑑) jiàn ㄐㄧㄢˋ ❶镜子。㋑可以作为警戒或引为教训的事:前车之覆,后车之～.引以为～.[鉴戒]可以使人警惕的事情。❷照:光可～人。❸观看,审察:～定.～赏.～别真伪.某某先生台～(书信用

语).[鉴于]看到,觉察到:～～旧的工作方法不能适应需要,于是创造了新的工作方法.

渐 ㊀jiàn ㄐㄧㄢˋ 副词,慢慢地,一点一点地(叠):循序～进.～入佳境.他的病～好了.
　㊁jiān 见219页。

谏 jiàn ㄐㄧㄢˋ 旧时称规劝君主、尊长,使改正错误。

僭 jiàn ㄐㄧㄢˋ 超越本分,古时指地位在下的冒用在上的名义或器物等等:～越.

箭 jiàn ㄐㄧㄢˋ 用弓发射到远处的兵器,用金属做头。

JIANG ㄐㄧㄤ

江 jiāng ㄐㄧㄤ ❶大河的通称:黑龙～.松花～.❷专指长江,我国最大的河流,发源于青海省,流入东海。

茳 jiāng ㄐㄧㄤ [茳芏](一dù)多年生草本植物,茎三棱形,开绿褐色小花。茎可编席。

豇 jiāng ㄐㄧㄤ [豇豆]一年生草本植物,花淡青或紫色,果实为长荚,嫩荚和种子都可吃。

J

将(將) 〇 jiāng ㄐㄧㄤ ❶副词,将要,快要:天～明.后日～返京.[将来]未来:我们的劳动是为了更美好的～～.❷介词,把:～革命进行到底.❸下象棋时攻击对方的"将"或"帅":～军(也比喻使人为难).❹用言语刺激:别把他～急了.❺带,领,扶助:～雏.扶～.[将军]对高级军官的称呼.❻保养:～养.～息.❼〈方〉兽类生子:～驹.～小猪.❽助词,用在动词和"出来"、"起来"、"上去"等的中间:走～出来.叫～起来.赶～上去.❾姓.
[将就](-jiu)勉强适应,凑合:～～着用.
〇 jiàng 见225页。

浆(漿) 〇 jiāng ㄐㄧㄤ ❶比较浓的液体:纸～.豆～.泥～.❷用米汤或粉浆等浸润纱、布、衣服等物:～衣裳.
〇 jiàng 见225页。

鳉(鱂) jiāng ㄐㄧㄤ 鱼名。头扁平,腹部突出,口小。生活在淡水中。

姜(❶薑) jiāng ㄐㄧㄤ ❶多年生草本植物,地下茎黄色,味辣,可供调味用,也可入药.❷姓。

僵(❶*殭) jiāng ㄐㄧㄤ ❶直挺挺,不灵活:～尸.～蚕.手冻～了.❷双方相持不下,两种意见不能调和:闹～了.～局.～持不下.

缰(*韁) jiāng ㄐㄧㄤ 缰绳,拴牲口的绳子:信马由～.

礓 jiāng ㄐㄧㄤ 砂礓,沙土中的不规则钙质硬块,可用作建筑材料。
[礓磋儿](-cār)台阶。

疆 jiāng ㄐㄧㄤ 边界,境界:～土.～域.边～.⑨界限:万寿无～.[疆场](-chǎng)战场.[疆埸](-yì)边界。

讲(講) jiǎng ㄐㄧㄤ ❶说,谈:～话.他对你～了没有?❷解释(❀-解):～书.这个字有三个～法.[讲演][演讲]把观点或主张对听众说明。[讲义]教师为讲课编写的教材。❸谋求,顾到:～卫生.[讲究](-jiu)1.讲求,注重:～～质量.2.精美:这房子盖得真～～.3.(一儿)一定的方法或道理,惯例:写春联有写春联的～～儿.❹商量:～价儿.

奖(獎) jiǎng ㄐㄧㄤ ❶ 劝勉,勉励:～励. ❷ 称赞,表扬(働夸一、褒一):～状. ❸ 为了鼓励或表扬而给予的荣誉或财物等:得～. 发～. ❹ 指彩金:～券. 中～.

桨(槳) jiǎng ㄐㄧㄤ 划船的用具. 常装置在船的两旁.

蒋(蔣) jiǎng ㄐㄧㄤ 姓.

耩 jiǎng ㄐㄧㄤ 用耧播种:～地.～棉花.

膙 jiǎng ㄐㄧㄤ (一子)手、脚上因摩擦而生的硬皮,即趼(jiǎn).

匠 jiàng ㄐㄧㄤ ❶ 有专门手艺的人:木～. 瓦～. 能工巧～. ❷ 灵巧,巧妙:～心. ❸ 指在某方面有很深造诣的人:文学巨～.

降 ㊀ jiàng ㄐㄧㄤ ❶ 下落,落下(働一落):～雨. 温度下～.～落伞. ❷ 使下落:～级.～格.～低物价. ❸ 姓.
㊁ xiáng 见524页.

洚 jiàng ㄐㄧㄤ 大水泛滥:～水(洪水).

绛 jiàng ㄐㄧㄤ 赤色,深红.

虹 ㊁ jiàng ㄐㄧㄤ 义同"虹"(hóng),限于单用.

㊀ hóng 见185页.

将(將) ㊀ jiàng ㄐㄧㄤ ❶ 军衔名. 在校级之上. [将领]较高级的军官. ❷ 统率指挥:～兵.
㊁ jiāng 见224页.

浆(漿) ㊁ jiàng ㄐㄧㄤ [浆糊](一hu)[浆子](一zi)同"糨糊"、"糨子".
㊀ jiāng 见224页.

酱(醬) jiàng ㄐㄧㄤ ❶ 用发酵后的豆、麦等做成的一种调味品,有黄酱、甜面酱、豆瓣酱等. ❷ 用酱或酱油腌制:把萝卜～一～. ❸ 像酱的糊状食品:芝麻～. 果子～. 虾～.

弶 jiàng ㄐㄧㄤ ❶ 捕捉老鼠、鸟雀等的工具. ❷ 用弶捕捉.

强(*強、*彊) ㊂ jiàng ㄐㄧㄤ ❶ 强(qiáng)硬不屈:倔～. ❷ 固执己见,不服劝导:你别～嘴.
㊀ qiáng 见393页.
㊁ qiǎng 见394页.

犟(**勥) jiàng ㄐㄧㄤ 同"强㊂".

糨(**糡) jiàng ㄐㄧㄤ 稠,浓:粥太～了. [糨糊](一hu)[糨子](一zi)用面等做成的可以粘贴东西的物品。

JIAO 川幺

芁 jiāo 川幺 [秦芁]草本植物,叶阔而长,花紫色,根可入药。

交 jiāo 川幺 ❶付托,付给:这事～给我办.货已经～齐了.[交代]1.把经手的事务移交给接替的人:～～工作.2.把事情或意见向有关的人说明:把事情～～清楚.❷相连,接合:～界.目不～睫(jié).～叉.⑪相交处:春夏之～.❸互相来往联系:结～.～朋友.～流经验.～换意见.公平易.打～道.[交际]人事往来接触.[交涉]互相商量解决彼此间相关的问题:我去跟他～～一下儿.那件事还没有～好.[交通]1.各种运输和邮电事业的总称:～～方便.2.抗日战争和解放战争时期指通信联络工作,也指通信员。❹交情,友谊:我和他没有深～.一面之～.❺一齐,同时:风雨～加.饥寒～迫.❻同"跤"(jiāo)。

郊 jiāo 川幺 城外:西～.～游.

茭 jiāo 川幺 [茭白]经黑粉菌寄生后膨大的菰的嫩茎,可作蔬菜。

峧 jiāo 川幺 地名用字:～头(在浙江省舟山).

姣 jiāo 川幺 形容相貌美。

胶(膠) jiāo 川幺 ❶黏性物质,有用动物的皮、角等熬制成的,也有植物分泌的或人工合成的:鹿角～.鳔(biào)～.桃～.万能～.❷指橡胶:～鞋.～皮.❸有黏性像胶的:～泥.❹黏着,黏合:～着状态.～柱鼓瑟(喻拘泥不知变通)。

鹪 jiāo 川幺 [鹪鹩](一jīng)古书上说的一种水鸟,腿长,头上有红毛冠。

蛟 jiāo 川幺 蛟龙,古代传说中能发洪水的一种龙。

跤 jiāo 川幺 跟头(tou):跌了一～.摔～。

鲛 jiāo 川幺 鲨鱼。参看424页"鲨"(shā)。

浇(澆) jiāo 川幺 ❶灌溉:～地.❷淋:～了一身水.❸把液汁倒入模型:～版.～铅字.❹刻薄(圈一薄)。

娇(嬌) jiāo 川幺 ❶美好可爱:～娆.❷爱

怜过甚:～生惯养.小孩子别太～了.❸娇气。

骄(驕) jiāo ㄐㄧㄠ ❶自满,自高自大:戒～戒躁.～兵必败.[骄傲]1.自高自大,看不起别人:～～自满是一定要失败的.2.自豪:这些伟大的成就是我们中国人民的光荣和～～.光荣的历史传统是值得我们～～的.❷猛烈:～阳似火。

教 ㊀ jiāo ㄐㄧㄠ 传授:～书.我～历史.我～给你做.
㊁ jiào 见229页。

椒 jiāo ㄐㄧㄠ 植物名.1.花椒,落叶灌木,果实红色,种子黑色,可供药用或调味.2.胡椒,常绿灌木,茎蔓生.种子味辛香,可供药用或调味.3.番椒,辣椒,秦椒,一年生草本植物,开白花.有的果实味辣,可做菜吃或供调味用。

焦 jiāo ㄐㄧㄠ ❶火候过大或火力过猛,使东西烧成炭样:饭烧～了.衣服烧～了.～头烂额(喻十分狼狈).❷焦炭:煤～.炼～.❸酥,脆:麻花炸得真～.❹着急,烦躁:心～.～急.万分～灼.❺能量、功、热等单位名焦耳的简称,符号J。

僬 jiāo ㄐㄧㄠ [僬侥](－yáo)古代传说中的矮人。

蕉 jiāo ㄐㄧㄠ 植物名.1.香蕉,又叫"甘蕉".形状像芭蕉.果实长形,稍弯,果肉软而甜.2.见8页"芭"字条"芭蕉"(bā－)。

礁 jiāo ㄐㄧㄠ 在海里或江里的岩石:暗～.

鹪 jiāo ㄐㄧㄠ [鹪鹩](－liáo)鸟名.身体很小,头部浅棕色,有黄色眉纹,尾短,捕食小虫.也叫"巧妇鸟"。

矫(矯) ㊀ jiáo ㄐㄧㄠ [矫情](－qing)〈方〉指强词夺理:瞎～～.
㊁ jiǎo 见228页。

嚼 ㊀ jiáo ㄐㄧㄠ 用牙齿磨碎食物.[嚼舌]信口胡说,搬弄是非。
㊁ jué 见253页。
㊂ jiào 见230页。

角 ㊀ jiǎo ㄐㄧㄠ ❶牛、羊、鹿等头上长出的坚硬的东西.[画角]古代军中吹的乐器.❷形状像角的:菱～.皂～.❸几何学上称自一点引两条射线所成的形状:直～.锐～.❹(－儿)物体边沿相接的地方:桌子～儿.墙～儿.❺突入海中的尖形的陆地.多用于地名:成山～(在山东省荣成).❻星宿名,二十八宿之一。❼货币单位,一圆钱的十分之一。❽量词。1.从整块划分成角形的:一～饼.2.旧时指公文的件数:一～公文.

㊀ jué 见251页。

侥(僥、＊傲)

㊀ jiǎo ㄐㄧㄠˇ [侥幸](＊徼倖)由于偶然的原因获得利益或免去不幸:怀着～～心理.

㊁ yáo 见558页。

佼

jiǎo ㄐㄧㄠˇ 美好.

狡

jiǎo ㄐㄧㄠˇ 狡猾,诡诈.

饺

jiǎo ㄐㄧㄠˇ (一子、一儿)包成半圆形的有馅的面食。

绞

jiǎo ㄐㄧㄠˇ ❶拧,扭紧。❷用绳子把人勒死的一种酷刑。❸量词,用于纱、毛线等:一～毛线.

铰

jiǎo ㄐㄧㄠˇ ❶用剪刀剪:把绳子～开.❷机械工业上的一种切削法:～孔.～刀.

皎

jiǎo ㄐㄧㄠˇ 洁白明亮(叠):～～白驹.～洁的月亮.

筊

jiǎo ㄐㄧㄠˇ 竹索。

挢(撟)

jiǎo ㄐㄧㄠˇ ❶举,翘:舌～不下(形容惊讶得说不出话来).❷纠正:～邪防非.

矫(矯)

㊀ jiǎo ㄐㄧㄠˇ ❶纠正,把弯曲的弄直:～正.～枉过正.～揉造作(喻故意做作).[矫情]故意违反常情,表示与众不同。❷假托:～命.❸强健,勇武(龜一健):～捷.❹古同"挢"。

㊁ jiáo 见227页。

脚(＊腳)

㊀ jiǎo ㄐㄧㄠˇ ❶人和某些动物身体最下部接触地面的肢体。(图见476页"体")❷最下部:山～.墙～.

[脚本]剧本,表演戏剧或拍电影等所根据的底本。

㊁ jué 见252页。

搅(攪)

jiǎo ㄐㄧㄠˇ ❶扰乱(龜一扰):～乱.不要胡～.❷拌:把锅～一～.～匀了.

湫

㊀ jiǎo ㄐㄧㄠˇ 低洼。[湫隘]低湿狭小。

㊁ qiū 见403页。

敫

jiǎo ㄐㄧㄠˇ 姓。

徼

㊀ jiǎo ㄐㄧㄠˇ [徼倖]旧同"侥幸"。

㊁ jiào 见230页。

缴

㊀ jiǎo ㄐㄧㄠˇ ❶交纳,交出(多指履行义务或被

迫):~公粮.~纳税款.❷迫使交出:~了敌人的械.

⊜ zhuó 见643页.

剿(*勦) ⊖ jiǎo ㄐㄧㄠˇ 讨伐,消灭:~匪.围~.

⊜ chāo 见52页.

叫(*呌) jiào ㄐㄧㄠˋ ❶呼喊:大~一声.❷动物发出声音:鸡~.❸称呼,称为:他~什么名字? 这~机关枪.❹召唤:他明天来.请你把他~来.❺使,令:这件事应该~他知道.~人不容易懂.❻介词,被(后面必须说出主动者):敌人~我们打得落花流水.

峤(嶠) ⊖ jiào ㄐㄧㄠˋ 山道。

⊜ qiáo 见395页.

轿(轎) jiào ㄐㄧㄠˋ(一子)旧式交通工具,由人抬着走.

觉(覺) ⊜ jiào ㄐㄧㄠˋ 睡眠。

⊖ jué 见251页.

校 ⊖ jiào ㄐㄧㄠˋ ❶比较:~场(旧日演习武术的地方).❷订正:~订.~稿子.

⊜ xiào 见528页.

较 jiào ㄐㄧㄠˋ ❶比(龟比一):~量.两者相~,截然不同.斤斤计~.❸副词,对比着显得更进一层的:中国应当对于人类有~大的贡献.成绩~好.❷明显:彰明~著.两者~然不同.

教 ⊖ jiào ㄐㄧㄠˋ ❶指导,教诲(龟一导):施~.受~.指~.[教育]1.教导和培养:~~干部.2.教育事业.按一定要求培养人的事业,主要指各级学校的工作.❷使,令:风能~船走.❸宗教:佛~.道~.~会.[宗教]一种社会意识形态,是对客观世界的虚幻的反映,它提倡对超自然神灵的信仰和崇拜.[教条主义]主观主义的一种,不分析事物的变化、发展,不研究事物矛盾的特殊性,只是生搬硬套现成的原则、概念来处理问题.❹姓.

⊜ jiāo 见227页.

滘 jiào ㄐㄧㄠˋ 同"滘".东滘,在广东省广州.

酵 jiào ㄐㄧㄠˋ 发酵,有机物由于某些真菌或酶而分解.能使有机物发酵的真菌叫酵母菌.有的地区把含酵母菌的面团叫"酵子".

窖 jiào ㄐㄧㄠˋ ❶收藏东西的地洞:地~.白菜~.❷把东西藏在窖里:~萝卜.

J

滘 jiào ㄐㄧㄠ〈方〉分支的河道。多用于地名:双~(在广东省阳春).沙~(在广东省顺德).

斠 jiào ㄐㄧㄠ ❶古时平斗斛的器具。❷校订。

曼 jiào ㄐㄧㄠ〈方〉只要。

噍 jiào ㄐㄧㄠ 嚼,吃东西。[噍类]尚生存的人。[倒噍]同"倒嚼"。

醮 jiào ㄐㄧㄠ ❶古代婚娶时用酒祭神的礼:再~(再嫁).❷道士设坛祭神:打~.

徼 ㊀ jiào ㄐㄧㄠ ❶边界。❷巡察。
㊁ jiǎo 见228页。

藠 jiào ㄐㄧㄠ(一子、一头)就是薤(xiè)。

嚼 ㊁ jiào ㄐㄧㄠ[倒嚼](dǎo—)反刍。
㊀ jiáo 见227页。
㊂ jué 见253页。

爝 jiào ㄐㄧㄠ(又)见253页jué。

JIE ㄐㄧㄝ

节(節) ㊀ jiē ㄐㄧㄝ[节骨眼儿](—gu—)〈方〉⑩紧要的、能起决定作用的环节或时机。

㊁ jié 见231页。

疖(癤) jiē ㄐㄧㄝ(一子)小疮。

阶(階、*堦) jiē ㄐㄧㄝ 台阶,建筑物中为了便于上下,用砖、石砌成的、分层的东西。(图见124页)[阶层]指在同一个阶级中因社会经济地位不同而分成的层次。[阶段]事物发展的段落:球赛已经进入最后~~.[阶级]指人们在一定的社会生产体系中,由于所处的地位不同和对生产资料关系的不同而分成的集团。[阶梯]台阶和梯子。⑩升高的凭借或途径。

皆 jiē ㄐㄧㄝ 副词,全,都:~大欢喜.人人~知.

喈 jiē ㄐㄧㄝ(叠)❶形容声音和谐:鼓钟~~.❷鸟鸣声:鸡鸣~~.

湝 jiē ㄐㄧㄝ(叠)形容水流动的样子:淮水~~.

楷 ㊀ jiē ㄐㄧㄝ 楷树,落叶乔木,果实长圆形,红色。木材可制器具。也叫"黄连木"。
㊁ kǎi 见256页。

结 ㊀ jiē ㄐㄧㄝ 植物长果实:树上~了许多苹果.[结实]1.植物长(zhǎng)果实:

开花～～.2.(—shi)坚固耐用:这双鞋很～～.3.(—shi)健壮:他的身体很～～.

[结巴](—ba)1.口吃。2.口吃的人。

⊜ jié 见232页。

秸(*稭) jiē ㄐㄧㄝ 某些农作物收割以后的茎:麦～.秫～.豆～.

接 jiē ㄐㄧㄝ ❶连接(⨝一连):～电线.～纱头.❷继续,连续:～着往下讲.❸接替:～好革命班.❹接触,挨近:～洽.交头～耳.❺收,取:～到一封信.～受群众的意见.❻迎:～待宾客.～家眷.到车站～朋友.❼托住,承受:～球.把包～住.

痎 jiē ㄐㄧㄝ 古书上说的一种疟疾。

揭 jiē ㄐㄧㄝ ❶把盖在上面的东西拿起或把粘合着的东西分开:～锅盖.把这张膏药～下来.❷使隐瞒的事物显露:～短.～发.～露.～穿敌人的阴谋.❸高举:～竿而起(指人民起义).

嗟 jiē ㄐㄧㄝ 文言叹词:～乎.

街 jiē ㄐㄧㄝ 两边有房屋的,比较宽阔的道路。通常指开设商店的地方。[街坊](—fang)邻居。

孑 jié ㄐㄧㄝ 单独,孤单:～立.～然一身.

节(節) ⊖ jié ㄐㄧㄝ ❶(一儿)植物学上称茎上长叶的部位。❷(一儿)物体的分段或两段之间连接的地方:骨～.两～火车.❸段落:季～.时～.章～.[节气]我国历法把一年分为二十四段,每段的开始叫作一个节气,如立春、雨水等,共有二十四个节气。也省称"节"。❹节日,纪念日或庆祝的日子:五一国际劳动～.春～.❺礼度:礼～.❻音调高低缓急的限度:～奏.～拍.❼省减,限制(⨝一省、一约):～制.开源～流.～衣缩食.⑨扼要摘取:～录.～译.❽操守(⨝一操):保持晚～.守～(封建礼教称夫死不再嫁人).❾事项:情～.细～.❿古代出使外国所持的凭证。[使节]派到外国的外交官员。⓫航海速度单位名,每小时航行1海里的速度为1节。符号kn。

⊖ jiē 见230页。

讦 jié ㄐㄧㄝ 揭发别人的阴私:攻～.

劫(*刧、*刼) jié ㄐㄧㄝ ❶强取,

掠夺(働抢一):趁火打～.❷威逼,胁迫:～持.❸灾难:浩～.～数.

杰(*傑) jié ㄐㄧㄝˊ ❶才能出众的人(働俊一):英雄豪～.❷特异的,超过一般的:～作.～出的人才.

桀 jié ㄐㄧㄝˊ ❶凶暴.❷古人名,夏朝末代的君主,相传是暴君.❸古代指鸡栖的小木桩.❹古同"杰(傑)".

劫 jié ㄐㄧㄝˊ ❶坚固.❷谨慎.❸勤勉.

诘 ㊀jié ㄐㄧㄝˊ 追问:反～.盘～.
㊁ jí 见208页.

拮 jié ㄐㄧㄝˊ [拮据](－jū)经济境况不好,困窘.

洁(潔) jié ㄐㄧㄝˊ 干净(働一净):街道清～.～白.働清白,不贪污:贞～.～廉～.

结 ㊀jié ㄐㄧㄝˊ ❶系(jì),绾(wǎn):～网.～绳.张灯～彩.[结构]1.各组成部分的搭配和排列:文章的～～.2.建筑上指承重的部分:钢筋混凝土～～.[结舌]因害怕或理屈说不出话来:问得他张口～～.❷(－子)用绳、线或布条等绾成的扣:打～.活～.❸

聚,合。1.凝聚:～冰.～晶.2.联合,发生关系:～婚.～交.集会～社.❹收束,完了(liǎo):～账.～局.[结论]对人或事物所下的总结性的论断.❺一种保证负责的字据:具～.
㊁ jiē 见230页.

桔(❷**檊) ㊀jié ㄐㄧㄝˊ ❶[桔梗](－gěng)多年生草本植物,花紫色,根可以入药。❷[桔槔](－gāo)一种汲水的设备。
㊀ jú 见247页.

袺 jié ㄐㄧㄝˊ 用衣襟兜东西。

颉 ㊀jié ㄐㄧㄝˊ [仓颉]上古人名,传说是黄帝的史官,汉字的创造者。
㊀ xié 见530页.

鲒 jié ㄐㄧㄝˊ 古书上说的一种蚌。[鲒埼](－qí)地名,在浙江省奉化。

絜 jié ㄐㄧㄝˊ 同"洁"。多用于人名。

捷(*捿) jié ㄐㄧㄝˊ ❶战胜:我军大～.～报.❷快,速(働敏一):动作敏～.～径(近路).～足先登(比喻行动敏捷,先达到目的).

婕　jié ㄐㄧㄝ [婕妤](-yú) 汉代宫中女官名。

睫　jié ㄐㄧㄝ 睫毛,眼睑边缘上生的细毛。它的功用是防止尘埃等东西侵入眼内,又能遮蔽强烈的光线:目不交~.(图见553页"眼")

偈　㊀ jié ㄐㄧㄝ ❶勇武。❷跑得快。
㊁ jì 见213页。

楬　jié ㄐㄧㄝ 用作标志的小木桩。[楬橥](-zhū)标明,揭示。

碣　jié ㄐㄧㄝ 圆顶的石碑:残碑断~.

竭　jié ㄐㄧㄝ 尽,用尽:~力.~诚.声嘶力~.取之不尽,用之不~.

羯　jié ㄐㄧㄝ ❶公羊,特指骟过的。❷我国古代北方的民族。

截　jié ㄐㄧㄝ ❶割断,弄断:~开这根木料.~长补短.[截然]分明地,显然地:~~不同.❷(-子、-儿)量词,段:上半~儿.一~儿木头.一~路.❸阻拦:~住他.[截止]到期停止:~~报名.到月底~~.

姐　jiě ㄐㄧㄝ ❶称同父母比自己年纪大的女子(叠)。❷对比自己年纪大的同辈女性的称呼:表~.

媎　jiě ㄐㄧㄝ 见2页"娭"字条"娭媎"(āi-)。

解　(**解) ㊀ jiě ㄐㄧㄝ ❶剖开,分开(㊟分-):尸体~剖.难~难分.瓦~.❷把束缚着、系(jì)着的东西打开:~扣.~衣服.[解放]1.推翻反动政权,使广大人民群众脱离压迫,获得自由。2.解除束缚,得到自由或发展:~~生产力.❸除去。1.消除:~恨.~渴.2.废除,停止:~职.~约.❹讲明白,分析说明(㊟-释、注-):~答.~劝.❺懂,明白:令人不~.通俗易~.❻代数方程中未知数的值。❼演算:~方程.❽解手儿,大小便:大~.小~.
㊁ jiè 见235页。
㊂ xiè 见531页。

檞　jiě ㄐㄧㄝ 檞树,一种木质像松的树。

介　jiè ㄐㄧㄝ ❶在两者中间:~乎两者之间.[介词]表示地点、时间、方向、方式等等关系的词,如"从、向、在、以、对于"等。[介绍]使两方发生关系:~~人.~~工作.[介音]字音中在主要元音前的元音,普通话有 i、u 和 ü 三个介音。❷放在心里:不必~意. ❸正直:耿~.❹甲.1.古代军人穿的护身衣服:~胄在身.2.动物身上的甲壳:~虫. ❺量词,个(用于人):一~书生.❻旧戏曲脚本里表示情态动作的词:打~.饮酒~.

价 ⊖ jiè ㄐㄧㄝ 旧时称派遣传送东西或传达事情的人。

⊖ jià 见217页。
⊜ jie 见235页。

芥 ⊖ jiè ㄐㄧㄝ 芥菜,一年或二年生草本植物,开黄花,茎叶及块根可吃。种子味辛辣,研成细末,可调味。

⊖ gài 见142页。

玠 jiè ㄐㄧㄝ 古代的一种礼器,即大圭。

界 jiè ㄐㄧㄝ ❶相交的地方:边~.~碑.国~.省~. ❷范围:眼~.管~.特指按职业或性别等所划的范围:教育~.科学~.妇女~. ❸生物分类中的最高一级单位,其下为"门":动物~.植物~. ❹地层系统分类的第二级,在"宇"之下、"系"(xì)之上,是在地质年代"代"的时间内形成的地层:古生~.中生~.新生~.

疥 jiè ㄐㄧㄝ 疥疮,因疥虫寄生而引起的一种皮肤病,非常刺痒。

蚧 jiè ㄐㄧㄝ 见149页"蛤"字条"蛤蚧"(gé—)。

戒 jiè ㄐㄧㄝ ❶防备:~心.~备森严.[戒严]非常时期在全国或一地所采取的增设警戒、限制交通等措施。❷警惕着不要做或不要犯:~骄~躁.❸革除嗜好:~酒.~烟. ❹佛教约束教徒的条规:五~.清规~律.

诫 jiè ㄐㄧㄝ 警告,劝人警惕:告~.

届(*屆) jiè ㄐㄧㄝ ❶到:~时.~期.❷量词,次,期:第一~.上~. [应届](yīng—)指本期的,用于毕业生。

借(❸❹△藉) jiè ㄐㄧㄝ ❶暂时使用别人的财物等:~钱.~车.~用.[借光]请人让路或问事的客气话。❷暂时把财物等给别人使用:~给他几块钱. ❸假托:~端.~故.~口.~题发挥.❹凭借,依靠:~助.

喈 jiè ㄐㄧㄝ 赞叹。

藉 ⊖ jiè ㄐㄧㄝ ❶垫在下面的东西。❷垫衬:枕~. ❸同"借❸❹"。

⊖ jí 见210页。

解(**解) ㈠ jiè ㄐㄧㄝˋ 指押送财物或犯人：～款.起～.[解元]明、清两代称乡试考取第一名的人。

㈡ jiě 见233页。

㈢ xiè 见531页。

犗 jiè ㄐㄧㄝˋ 阉割过的牛。

襤 jiè ㄐㄧㄝˋ （一子）婴儿的尿布。

价(價) ㈢ jie ·ㄐㄧㄝ 词尾：震天～响.成天～闹.

㈠ jià 见217页。

㈡ jiè 见234页。

家 ㈢ jie ·ㄐㄧㄝ 词尾：整天～.成年～.

㈠ jiā 见215页。

JIN ㄐㄧㄣ

巾 jīn ㄐㄧㄣ 擦东西或包裹、覆盖东西用的纺织品：手～.头～.

斤(❶*觔) jīn ㄐㄧㄣ ❶市制重量单位，1斤是10两(旧制16两)，合0.5千克(公斤)。❷古代砍伐树木的工具。

[斤斤]过分看重微小的利害：～～计较.

今 jīn ㄐㄧㄣ 现在，跟"古"相对：～天.～年.～昔.从～以后.

衿 jīn ㄐㄧㄣ ❶襟：青～(旧时念书人穿的衣服).❷系(jì)衣裳的带子。

矜 ㈠ jīn ㄐㄧㄣ ❶怜悯，怜惜.❷自尊自大，自夸：自～其功.❸慎重，拘谨：～持.

㈡ guān 见165页。

㈢ qín 见398页。

金 jīn ㄐㄧㄣ ❶一种金属元素，符号 Au，通称"金子"。黄赤色，质软，是一种贵重的金属。⑱尊贵，珍贵：～榜.～玉良言.～科玉律.❷金属，指金、银、铜、铁等，具有光泽、延展性、容易传热和导电：五～.合～.❸钱：现～.奖～.基～.

津 jīn ㄐㄧㄣ ❶渡口，过江河的地方：问～(打听渡口，比喻探问).[津梁]桥.⑱作引导用的事物。❷口液，唾液：～液.[津津]形容有滋味，有趣味：～～有味.～～乐道.❸滋润。[津贴]1.用财物补助。2.正式工资以外的补助费，也指供给制人员的生活零用钱。❹指天津。

筋(*觔) jīn ㄐㄧㄣ ❶肌肉的旧称。❷

俗称皮下可以看见的静脉管。❸俗称肌腱或骨头上的韧带：～骨．牛蹄～．❹像筋的东西：钢～．铁～．

禁　㊀ jīn ㄐㄣ ❶禁受，受得住，耐（用）：～得起考验．这种布～穿．❷忍耐：他不～（忍不住）笑起来．

㊁ jìn 见238页。

襟　jīn ㄐㄣ 衣服胸前的部分：大～．小～．底～．对～.（图见563页"衣"）[襟怀]胸怀。[连襟]姐妹的丈夫间的关系，也省作"襟"：～兄．～弟.

仅（僅、**厪）　㊀ jǐn ㄐㄣ 副词，只（叠）：～～三个月就建成了．～写过两篇短文．这些意见～供参考.

㊁ jìn 见237页。

尽（儘）　㊀ jǐn ㄐㄣ ❶极，最：～底下．～里头．～先录用．❷有多少用多少：～量．～着力气做．[尽管]1.连词，纵然，即使：～～他不接受这个意见，我还是要向他提．2.只管，不必顾虑：有话～说吧！❸放在最先：座位先～着请来的客人坐．先～着旧衣服穿.

㊁ jìn 见237页。

卺　jǐn ㄐㄣ 瓢，古代结婚时用作酒器。[合卺]旧时夫妇成婚的一种仪式。

紧（緊）　jǐn ㄐㄣ ❶密切合拢，跟"松"相对：捆～．㊀靠得极近：～邻．～靠着．❷物体受到几方面的拉力以后所呈现的紧张状态：鼓面绷得非常～．[紧张]不松弛，不缓和：精神～～．工作～～．❸使紧：把弦～一～．～一～腰带．❹事情密切接连着，时间急促没有空隙：功课很～．抓～时间．㊀因时间短促而加快：～走．手～点就能多出活．❺形势严重或关系重要：～要关头．事情～急．❻生活不宽裕：以前他家日子很～.

堇　jǐn ㄐㄣ ❶堇菜，今多指紫花地丁，犁头草。多年生草本植物，春夏开紫花，果实椭圆形，全草可入药。❷紫堇，草本植物，夏天开淡紫红色花。全草味苦，可入药。

谨（謹）　jǐn ㄐㄣ ❶慎重，小心（㊀—慎）：～守规程．❷郑重，恭敬：～启．～向您表示祝贺.

馑（饉）　jǐn ㄐㄣ 荒年（㊀饥—）。

瑾 jǐn ㄐㄧㄣ 美玉.

槿 jǐn ㄐㄧㄣ 木槿,落叶灌木,花有红、白、紫等颜色,茎的纤维可造纸,树皮和花可入药.

锦 jǐn ㄐㄧㄣ ❶有彩色花纹的丝织品:~缎.蜀~.~上添花.❷鲜明美丽:~霞.~鸡.

仅(僅) ㊀ jǐn ㄐㄧㄣ 将近,几乎(多见于唐人诗文):山城~百层.士卒~万人.
㊁ jìn 见236页.

尽(盡) ㊀ jǐn ㄐㄧㄣ ❶完毕:用~力气.说不~的好处.㋑达到极端:~善~美.~头.[自尽]自杀.❷全部用出:~心.~力.仁至义~.㋑竭力做到:~职.❸都,全:到会的~是战斗英雄.
㊁ jìn 见236页.

荩(藎) jìn ㄐㄧㄣ ❶荩草,一年生草本植物,茎很细,花灰绿色或带紫色,茎和叶可做黄色染料,纤维可做造纸原料.❷忠诚:~臣.

浕(濜) jìn ㄐㄧㄣ 浕水,古水名,在湖北省枣阳.今称沙河.

赆(贐) jìn ㄐㄧㄣ 临别时赠的礼物:~仪.

烬(燼) jìn ㄐㄧㄣ 物体燃烧后剩下的东西(働灰一):化为灰~.烛~.

进(進) jìn ㄐㄧㄣ ❶向前、向上移动,跟"退"相对:前~.~军.更~一层.~一步提高产品质量.[进步]1.向前发展,比原来好:时代又~~了.2.适合时代要求,对社会发展起促进作用的:思想很~~.[进化]事物由简单到复杂、由低级到高级的发展过程.❷入,往里面去:~工厂.~学校.❸收入或买入:~款.~项.~货.❹旧式建筑房院前后的层次:这房子是两院子.❺奉呈:~献.

琎(璡) jìn ㄐㄧㄣ 一种像玉的石头.

近 jìn ㄐㄧㄣ ❶跟"远"相对.1.距离短:路很~.天津离北京很~.2.现在以前不久的时间:~几天.~来.❷亲密,关系密切:亲~.他们是~亲.❸接近,差别小,差不多:相~.~似.年~五十.❹浅近:言~旨远.

靳 jìn ㄐㄧㄣ 〈古〉吝惜,不肯给予.

妗 jìn ㄐㄧㄣˋ ❶舅母。 ❷(一子)妻兄、妻弟的妻子:大~子.小~子.

劲(勁) ㊀ jìn ㄐㄧㄣˋ(一儿)力气,力量:有多大~使多大~.㊁1.效力,作用:酒~儿上来了.药~不够.2.精神、情绪、兴趣等:干活儿起~.一股子~头儿.一个~儿地做.老玩儿这个真没~.3.指属性的程度:你瞧这块布这个白~儿.咸~儿.香~儿.
㊁ jìng 见241页。

晋(*晉) jìn ㄐㄧㄣˋ ❶进,向前:~见.~级.❷周代诸侯国名,在今山西省和河北省南部,河南省北部,陕西省东部。❸山西省的别称。❹朝代名.1.晋武帝司马炎所建立(公元265—420年).2.五代之一,石敬瑭所建立(公元936—947年),史称后晋。

搢(**搢) jìn ㄐㄧㄣˋ 插。[搢绅]同"缙绅"。

缙(**縉) jìn ㄐㄧㄣˋ 赤色的帛。[缙绅]古代称官僚或做过官的人。也作"搢绅"。

浸 jìn ㄐㄧㄣˋ ❶泡,使渗透:~透.~入.把种子放在水

里~一~.❷逐渐:~渐.交往~密.

禓 jìn ㄐㄧㄣˋ 迷信的人称不祥之气。

禁 ㊀ jìn ㄐㄧㄣˋ ❶不许,制止:~止攀折花木.~赛.❷法律或习惯上制止的事:入国问~.犯~.❸拘押:~闭.监~.❹旧时称皇帝居住的地方:~中.紫~城.㊁不能随便通行的地方:~地.❺避忌:~忌.
㊁ jīn 见236页。

噤 jìn ㄐㄧㄣˋ 闭口,不作声:~若寒蝉.

觐 jìn ㄐㄧㄣˋ 朝见君主或朝拜圣地:~见.

殣 jìn ㄐㄧㄣˋ ❶掩埋。 ❷饿死。

茎(莖) jīng ㄐㄧㄥ ❶常指植物的主干。它起支撑作用,又是养料和水分运输的通道。有些植物有地下茎,并且发生各种变态,作用是储藏养料和进行无性繁殖。❷量词,用于长条形的东西:数~小草.数~白发.

泾(涇) jīng ㄐㄧㄥ 泾河,发源于宁夏回族

自治区,流至陕西省入渭河。[泾渭分明]泾河水清,渭河水浊,两河汇流处清浊不混。⑩两件事显然不同。

经(經) jīng ㄐㄧㄥ ❶经线,织布时拴在机上的竖纱,编织物的纵线。❷地理学上假定的沿地球表面连接南北两极并与赤道垂直的线,从通过英国格林尼治天文台原址的经线起,以东称"东经",以西称"西经",各为180°。❸持久不变的,正常:~常.不~之谈.⑦指义理,法则:离~叛道.天~地义。❹尊为典范的著作或宗教的典籍:~典.佛~.圣~.古兰~。❺治理,管理:~商.[经济]1.通常指一个国家的国民经济或国民经济的某一部门,例如工业、农业、商业、财政、金融等。2.指经济基础,即一定历史时期的社会生产关系。它是政治和意识形态等上层建筑的基础。3.指国家或个人的收支状况:~~富裕.4.节约:这样做不~~.[经纪]1.经营管理:善于~~.2.经纪人,为买卖双方撮(cuō)合并从中取得佣金的人。[经理]1.经营:他很会~~事业。2.企业的主管人。[经营]计划,调度,管

理。❻经受,禁(jīn)受:~风雨,见世面。❼经过,通过:他一说我才明白.久~考验.途~上海。[经验]由实践得来的知识或技能。❽在动词前,跟"曾"、"已"连用,表示动作的时间过去而且完成了:曾~说过.他已~是个很得力的干部。❾中医称人体内的脉络:~络。⑩月经,妇女每月由阴部排出血液:~期.停~.⓫缢死:自~.

京 jīng ㄐㄧㄥ ❶京城,国家的首都。特指我国首都北京:~广铁路.~剧。❷古代数目,指一千万。
[京族]1.我国少数民族,参看附表。2.越南的主要民族。

獍 jīng ㄐㄧㄥ [黄獍]鹿的一种。

惊(驚) jīng ㄐㄧㄥ ❶骡、马等因为害怕狂奔起来不受控制:马~了.~了车。❷害怕,精神受了刺激突然不安:受~.吃~.~心动魄.十分~慌。❸出人意料的感觉:~喜。❹惊动:打草~蛇。[惊风]有痉挛症状的小儿病,通常分急性、慢性两种。也省称"惊"。

鲸 jīng ㄐㄧㄥ 生长(zhǎng)在海里的哺乳类动物,形

状像鱼,胎生,用肺呼吸,最大的种类可长达 30 米,小的只 1 米左右。俗叫"鲸鱼"。[鲸吞]吞并,常指强国对弱国的侵略行为。

荆 jīng ㄐㄧㄥ ❶落叶灌木,叶子有长柄,掌状分裂,花小,蓝紫色,枝条可用来编筐、篮等。古时用荆条做刑具:负～请罪(向人认错).[荆棘](-jí)泛指丛生多刺的灌木。⮑障碍和困难。❷春秋时楚国也称"荆"。

菁 jīng ㄐㄧㄥ (叠)草木茂盛。[菁华]最精美的部分。

睛 jīng ㄐㄧㄥ 眼球,眼珠:目不转～.画龙点～.

腈 jīng ㄐㄧㄥ 有机化合物的一类,通式 R—CN,无色的液体或固体,有特殊的气味,遇酸或碱就分解。

鹊 jīng ㄐㄧㄥ 见226页"鸡"字条"鸡鹊"(jiāo—)。

精 jīng ㄐㄧㄥ ❶细密的:～制.～选.～打细算.❷聪明,思想周密:这孩子真～.他是个～明强干的人。❸精华,物质中最纯粹的部分,提炼出来的东西:麦～.酒～.炭～.[精神]1.即主观世界,包括思想、作风等,是客观世界的反映:物质可以变成～～,～～

可以变成物质.2.内容实质:文件～～.3.(-shen)指人表现出来的活力:他的～～很好.做事有～～.❹完美,最好:～美.～装.～益求～.[精彩]最出色的。❺精液,男子和雄性动物体内的生殖物质。❻专一,深入:博而不～.～通.他～于针灸.❼很,极:～湿.～瘦.～光.❽迷信的人以为多年老物变成的妖怪:妖～.狐狸～.

鼱 jīng ㄐㄧㄥ 小鼠。

旌 jīng ㄐㄧㄥ ❶古代用羽毛装饰的旗子。又指普通的旗子。❷表扬。[旌表]指封建统治阶级对遵守封建礼教的人的表扬。

晶 jīng ㄐㄧㄥ 形容光亮(叠):～莹.亮～～的.[晶体]原子、离子、分子按一定的空间位置排列而成,且具有规则外形的固体。[结晶]1.由液体或气体变成许多有一定形状的小颗粒的现象。2.由结晶现象生成的小颗粒。⮑成果:这本著作是他多年研究的～～.[水晶]矿物名。坚硬透明,种类很多,可制光学仪器等。

粳（*秔、*稉）jīng ㄐㄧㄥ 粳稻，稻的一种，米粒短而粗。

兢 jīng ㄐㄧㄥ [兢兢]小心，谨慎:战战～～.～～业业.

井 jīng ㄐㄧㄥ ❶从地面向下挖成的能取出水的深洞，洞壁多砌上砖石。❷形状跟井相像的:天～.盐～.矿～. ❸整齐，有秩序(叠):～～有条.秩序～然. ❹星宿名，二十八宿之一。

阱（*穽）jīng ㄐㄧㄥ 陷阱，捕野兽用的陷坑。

肼 jīng ㄐㄧㄥ 有机化合物的一类，是联氨(通式 H_2N—NH_2)及其烃基衍生物(通式 R—NH—NH_2)的统称。

刭（剄）jīng ㄐㄧㄥ 用刀割脖子:自～.

颈（頸）⊖ jīng ㄐㄧㄥ 脖子，头和躯干相连接的部分。(图见476页"体")
⊜ gěng 见153页。

景 jīng ㄐㄧㄥ ❶风景，风光:良辰美～.～致真好.～色秀丽.❷景象，情况:盛～.晚～.幸福生活的远～.❸戏剧、电影等中的场面和景物:布～.内～.外～.❹景仰，佩服，敬慕:～慕.❺指日光:春和～明.

[景颇族]我国少数民族，参看附表。

〈古〉又同"影"(yǐng)。

憬 jīng ㄐㄧㄥ 觉悟。

璟 jīng ㄐㄧㄥ 玉的光彩。

儆 jīng ㄐㄧㄥ 使人警醒，不犯过错:～戒.惩(chéng)一～百.

警 jīng ㄐㄧㄥ ❶注意可能发生的危险:～戒.～备.告(提醒人注意).[警察]国家维持社会治安和秩序的武装力量，也指参加这种武装力量的成员。也省称"警":人民～.民～.❷需要戒备的危险事件或消息:火～.告～.报.❸感觉敏锐:～觉.～醒.

劲（勁）⊖ jìng ㄐㄧㄥ 坚强有力:～旅.～敌.刚～.疾风知～草.
⊜ jìn 见238页。

径（徑、❶❸*逕）jìng ㄐㄧㄥ ❶小路:山～.⓱达到目的的方法:捷～.门～.[径赛]各种长短距离的赛跑和竞走项目比赛的总称.[径庭]圈相差太远:大相～～.❷直径,两端以圆周为界,通过圆心的线段或指它的长度:半～.口～.❸直截了当:～启者.～向有关单位联系.

胫(脛、*踁) jìng ㄐㄧㄥˋ 小腿,从膝盖到脚跟的一段.[胫骨]小腿内侧的骨头.(图见160页"骨")

痉(痙) jìng ㄐㄧㄥˋ 痉挛(luán),俗叫"抽筋".肌肉收缩,手脚抽搐(chù)的现象,小孩子发高烧时常有这种症状.

净(*淨) jìng ㄐㄧㄥˋ ❶干净,清洁:～水.脸要洗～.❷洗,使干净:～面.～手.❸什么也没有,空,光:钱用～了.❹单纯,纯粹的:～利.～重.❺副词.1.单只,仅只:～剩下棉花了.2.全(没有别的):满地～是树叶.❻传统戏曲里称花脸.

静 jìng ㄐㄧㄥˋ ❶停止的,跟"动"相对:～止.风平浪～.❷没有声音:这个地方很清～.更(gēng)深夜～.～悄悄的.

倞 ㊀ jìng ㄐㄧㄥˋ 强,强劲.
㊁ liàng 见295页.

竞(競) jìng ㄐㄧㄥˋ 比赛,互相争胜:～走.～渡.[竞赛]互相比赛,争取优胜:劳动～～.[竞争]为了自己或本集团的利益而跟人争胜.

竟 jìng ㄐㄧㄥˋ ❶终了(liǎo),完毕:读～.继承先烈未～的事业.㊀1.到底,终于:有志者事～成.他的话毕～不错.2.整,从头到尾:～日.❷副词,居然,表示出乎意料:这样巨大的工程,～在短短半年中就完成了.

境 jìng ㄐㄧㄥˋ ❶疆界(圈边—):国～.入～.❷地方,处所:如入无人之～.㊀1.品行学业的程度:学有进～.2.环境,遭遇到的情况:处～不同.事过～迁.

獍 jìng ㄐㄧㄥˋ 古书上说的一种像虎豹的兽,生下来就吃生它的母兽.

镜 jìng ㄐㄧㄥˋ ❶(一子)用来反映形象的器具,古代用铜磨制,现代用玻璃制成.❷利用光学原理特制的各种器具:显微～.望远～.眼～.凸透～.三棱～.

婧 jìng ㄐㄧㄥˋ 女子有才能.

靓 ㊀ jìng ㄐㄧㄥˋ 妆饰,打扮。
㊁ liàng 见295页。

靖 jìng ㄐㄧㄥˋ ❶安静,平安。
❷旧指平定,使秩序安定。参看460页"绥❶"。

敬 jìng ㄐㄧㄥˋ ❶尊重,有礼貌地对待(⑬尊—):～客.～之以礼.～赠.～献.❷表示敬意的礼物:喜～.❸有礼貌地送上去:～酒.～茶.

JIONG ㄐㄩㄥ

坰 jiōng ㄐㄩㄥ 离城市很远的郊野。

扃 jiōng ㄐㄩㄥ 从外面关门的闩(shuān)、钩等。⑬1.门。2.上闩,关门。

冏 jiǒng ㄐㄩㄥˇ ❶光。❷明亮。

迥 jiǒng ㄐㄩㄥˇ 远:～异(相差很远).[迥然]显然,清清楚楚地:～～不同。

泂 jiǒng ㄐㄩㄥˇ 远。

绚(**褧) jiǒng ㄐㄩㄥˇ 古代称罩在外面的单衣。

炯 jiǒng ㄐㄩㄥˇ 光明,明亮(叠):目光～～.

炅 ㊀ jiǒng ㄐㄩㄥˇ 火光。
㊁ guì 见169页。

煚 jiǒng ㄐㄩㄥˇ ❶火。❷日光。

窘 jiǒng ㄐㄩㄥˇ ❶穷困:生活很～.❷为难:这种场面让人觉得很～.❸使为难:你一言,我一语,～得他满脸通红.

JIU ㄐㄧㄡ

纠 jiū ㄐㄧㄡ ❶缠绕(⑬—缠):～缠不清.[纠纷]牵连不清的争执。❷矫正:～偏救弊.[纠察]在群众活动中维持秩序。[纠正]把有偏向的事情改正:～～工作中的偏向.❸集合:～合众人(含贬义).

赳 jiū ㄐㄧㄡ [赳赳]健壮威武的样子:雄～～.

鸠 jiū ㄐㄧㄡ ❶鸽子一类的鸟,常见的有斑鸠、山鸠等。❷聚集:～聚.

究 jiū ㄐㄧㄡ (旧读 jiù)推求,追查:～办.追～.推～.必须深～.[究竟]1.副词,到底:～～是怎么回事? 2.结果:大家都想知道个～～.[终究]副词,到底:问题～～会弄清楚的.

阄(鬮) jiū ㄐㄧㄡ (—儿)抓阄时用的纸团

等。[抓阄儿]为了赌胜负或决定事情而各自抓取做好记号的纸团等。

揪 jiū ㄐㄧㄡ　用手抓住或拉住:赶快～住他.～断了绳子.～下一块面.[揪心]心里紧张,担忧。

啾 jiū ㄐㄧㄡ　[啾啾]拟声词,常指动物的细小的叫声。

鬏 jiū ㄐㄧㄡ　(一儿)头发盘成的结。

九 jiǔ ㄐㄧㄡ　❶数目字。[数九](shǔ一)从冬至日起始的八十一天,每九天作一单位,从"一九"数到"九九"。❷表示多次或多数:～死一生.～霄.

氿 ㊀jiǔ ㄐㄧㄡ　湖名,在江苏省宜兴,分东氿、西氿。
㊁ guǐ 见169页。

久 jiǔ ㄐㄧㄡ　❶时间长:年深日～.很～没有见面了.❷时间的长短:你来了多～了?

玖 jiǔ ㄐㄧㄡ　❶一种像玉的浅黑色石头。❷"九"字的大写。

灸 jiǔ ㄐㄧㄡ　烧,多指用艾叶等烧灼或熏烤身体某一部分的治疗方法:针～.

韭(＊韮) jiǔ ㄐㄧㄡ　韭菜,多年生草本植物,丛生,叶细长而扁,开小白花。叶和花嫩时可以吃。

酒 jiǔ ㄐㄧㄡ　用高粱、米、麦或葡萄等发酵制成的含乙醇的饮料,有刺激性,多喝对身体害处很大。[酒精]用酒蒸馏制成的无色液体,化学上叫乙醇,工业和医药上用途很大。

旧(舊) jiù ㄐㄧㄡ　❶跟"新"相对。1.过去的,过时的:～脑筋.～社会.2.因经过长时间而变了样子:衣服～了.❷指交情,有交情的人:有～.故～.

臼 jiù ㄐㄧㄡ　❶舂米的器具,一般用石头制成,样子像盆。❷像臼的:～齿。

柏 jiù ㄐㄧㄡ　乌桕树,落叶乔木,夏日开花,黄色。种子外面包着一层白色脂肪叫桕脂,可以制造蜡烛和肥皂。种子可以榨油。是我国特产植物的一种。

舅 jiù ㄐㄧㄡ　❶母亲的弟兄(叠)。❷(一子)妻子的弟兄:妻～.小～子。❸古代称丈夫的父亲:～姑(公婆).

咎 jiù ㄐㄧㄡ　❶过失,罪:～由自取。❷怪罪,处分:既往不～.❸凶:休～(吉凶).

疾 jiù ㄐㄧㄡˋ 长期生病。喻忧苦,心内痛苦:负~.内~.

柩 jiù ㄐㄧㄡˋ 装着尸体的棺材:灵~.

救(*捄) jiù ㄐㄧㄡˋ 帮助,使脱离困难或危险:~济.~援.~命.~火(帮助灭火).~生圈.求~.[救星]指帮助人脱离苦难的集体或个人。

厩(*廐) jiù ㄐㄧㄡˋ 马棚,泛指牲口棚:~肥.

就 jiù ㄐㄧㄡˋ ❶凑近,靠近:~着灯光看书.❷从事,开始进入:~学.~业.❸依照现有情况,趁着:~近上学.~地解决.❹随同着吃下去:炒鸡子~饭.❺完成:造~人才.❻副词,表示肯定语气.1.加强:这么一来~好办了.2.在选择句中跟否定词相应:不是你去,~是我去.❼副词,立刻,不用经过很多时间:他一来,我~走.他~要参军了.❽连词,就是,即使,表示假定:天~再冷我们也不怕.你~送来,我也不要.❾副词,单,只,偏偏:他~爱看书.怎么~我不能去?

僦 jiù ㄐㄧㄡˋ 租赁:~屋.

鹫 jiù ㄐㄧㄡˋ 一种猛禽。有的颈部无毛,食动物尸体,也捕食小动物。如秃鹫、兀鹫。

JU ㄐㄩ

车(車) ㊀ jū ㄐㄩ 象棋棋子的一种。
㊀ chē 见53页。

且 ㊀ jū ㄐㄩ〈古〉❶文言助词,相当于"啊":狂童之狂也~.❷用于人名。
㊀ qiě 见397页。

苴 jū ㄐㄩ 大麻的雌株,开花后能结果实。

岨 jū ㄐㄩ 带土的石山。

狙 jū ㄐㄩ 古书里指一种猴子。
[狙击]乘人不备,突然出击。

疽 jū ㄐㄩ 中医指一种毒疮。

趄 ㊀ jū ㄐㄩ 见644页"趑"字条"趑趄"(zī—).
㊀ qiè 见398页。

雎 jū ㄐㄩ 雎鸠,古书上说的一种鸟。也叫"王雎"。

拘 jū ㄐㄩ ❶逮捕或扣押:~票.~留.~禁.❷限,限制:~管.不~多少.❸拘束,不变通:~谨.~泥成法.

[拘挛]1.（—luán）痉挛。2.（——儿，—luanr）蜷曲：手冻～～了.

泃 jū ㄐㄩ 泃河，水名，发源于河北省东北部，流经北京市东部和天津市北部。

驹 jū ㄐㄩ ❶少壮的马：千里～.❷（—子）小马：马～子.又指小驴、骡等：驴～子.

居 jū ㄐㄩ ❶住：分～.久～乡间.❷住处：新～.鲁迅故～.❸站在，处于：～中.～间.❹当，任：以前辈自～.❺安放：是何～心？❻积蓄，储存：奇货可～.囤积～奇.❼停留：岁月不～.

[居然]副词，竟，出乎意外地：他～～来了.

据 〇 jū ㄐㄩ 见232页"拮"字条"拮据"（jié—）。
〇 jù 见249页。

崛 jū ㄐㄩ 见288页"岖"字条"岖崛山"（lì——）。

琚 jū ㄐㄩ 古人佩带的一种玉。

椐 jū ㄐㄩ 古书上说的一种树，枝节肿大，可以做拐杖。

腒 jū ㄐㄩ 干腌的鸟类肉。

锯 〇 jū ㄐㄩ 同"锔"（jū）。
〇 jù 见249页。

裾 jū ㄐㄩ 衣服的大襟。引衣服的前后部分。

掬 jū ㄐㄩ 用两手捧：以手～水.笑容可～（形容笑得明显）.

鞠 jū ㄐㄩ ❶养育，抚养。❷古代的一种皮球：蹴（cù）～（踢球）.

[鞠躬]弯腰表示恭敬谨慎。现指弯身行礼。

媾 jū ㄐㄩ [媾隅]（—yú）古代南方少数民族称鱼为媾隅。

锔 〇 jū ㄐㄩ 用锔子连合破裂的器物：～盆.～缸.～锅.～碗儿的.[锔子]（—zi）用铜、铁等制成的扁平有钩的两脚钉，用来连合陶瓷等器物的裂缝。
〇 jú 见247页。

鞫 jū ㄐㄩ ❶审问：～讯.～审.❷穷困。

局（❼❽＊跼、❽＊侷） jú ㄐㄩ ❶部分：～部麻醉.❷机关及团体组织分工办事的单位：教育～.公安～.❸某些商店或办理某些业务的机构的名称：书～.邮电～.❹棋盘。❺着棋的形势。❻事情的形势、情况：结～.大～.时～.[局面]1.一个时期内事情的状态：稳定的～～.2.〈方〉规模。❻量词,下棋或其他比赛一次叫一局。❼弯曲。❽拘束,拘谨。[局促]1.狭小。2.拘谨不自然:他初到这里,感到有些～～.[局蹐](－jí)拘束不敢放纵。

焗 jú ㄐㄩ 〈方〉一种烹饪方法,利用蒸气使密封容器中的食物变熟:盐～鸡.[焗油]一种染发、养发、护发方法。在头发上抹油后,用特制机具蒸气加热,待冷却后用清水冲洗干净。

锔 ㊀ jú ㄐㄩ 一种人造的放射性元素,符号 Cm。
㊁ jū 见246页。

桔 ㊀ jú ㄐㄩ "橘"俗作"桔"。
㊁ jié 见232页。

菊 jú ㄐㄩ 菊花,多年生草本植物,秋天开花,种类很多。有的花可入药,也可做饮料。

溴 jú ㄐㄩ 溴河,水名,在河南省济源。

鶪 jú ㄐㄩ 古书上说的一种鸟,就是伯劳,背灰褐色,尾长,上嘴钩曲,捕食鱼、虫、小鸟等,是一种益鸟。

橘 jú ㄐㄩ 橘树,常绿乔木,初夏开花,白色。果实叫橘子,味甜酸,可以吃,果皮可入药。

柜 ㊀ jǔ ㄐㄩ 柜柳,即枫杨,落叶乔木,羽状复叶,小叶长椭圆形,性耐湿、耐碱,可固沙,枝韧,可以编筐。
㊁ guì 见169页。

矩(﹡榘) jǔ ㄐㄩ ❶画方形的工具:～尺(曲尺).不以规～不能成方圆.❷法则,规则:循规蹈～.

咀 ㊀ jǔ ㄐㄩ 含在嘴里细细玩味:含英～华(喻读书吸取精华).[咀嚼](－jué)嚼(jiáo)。㊀体味。
㊁ zuǐ 见651页。

沮 ㊀ jǔ ㄐㄩ ❶阻止。❷坏,败坏。[沮丧](－sàng)失意,懊丧。
㊁ jù 见249页。

龃 jǔ ㄐㄩ [龃龉](－yǔ)牙齿上下对不上。㊀意见不合。

莒 jǔ ㄐㄩ 周代诸侯国名,在今山东省莒南一带。

筥(﹡﹡簴) jǔ ㄐㄩ 圆形的竹筐。

枸 ㊂ jǔ ㄐㄩ [枸橼](－yuán)也叫"香橼",常绿乔木,初夏开花,白色。果实有香气,味很酸。
㊁ gōu 见156页。

㊀ gōu 见157页。

蒟 jǔ ㄐㄩˇ 植物名。1.蒟蒻（ruò），多年生草本植物，开淡黄色花，外有紫色苞片。地下茎像球，有毒，可入药。2.蒟酱，蔓生木本植物，夏天开花，绿色。果实像桑葚，可以吃。

举（舉、＊擧）jǔ ㄐㄩˇ ❶向上抬，向上托：～手．高～红旗．㉑1.动作行为：～止．一～一动．2.发起，兴起：～义．～事．～办科普讲座．❷提出：～证．～例说明．～出一件事实来．❸推选，推荐：大家～他做代表．❹全：～国．～世闻名．❺举人的简称：中（zhòng）～．武～．

榉（櫸）jǔ ㄐㄩˇ ❶榉，落叶乔木，和榆相近，木材耐水，可造船．❷山毛榉，落叶乔木，春天开花，淡黄绿色。树皮有粗纹，像鳞片，木材很坚硬，可做枕木、家具等。

踽 jǔ ㄐㄩˇ ［踽踽］形容独自走路孤零零的样子：～～独行．

巨（＊鉅）jù ㄐㄩˋ 大：～浪．～型飞机．～款．

讵 jù ㄐㄩˋ 岂，怎：～料．～知．

拒 jù ㄐㄩˋ 抵挡，抵抗（㊀抗—）：～敌．～捕．～腐蚀永不沾．［拒绝］不接受．

苣 ㊀ jù ㄐㄩˋ 见506页"莴"字条"莴苣"（wōjù）。
㊁ qǔ 见406页。

炬 jù ㄐㄩˋ 火把：火～．

距 jù ㄐㄩˋ ❶距离，离开：相～数里．～今已数年．㉑两者相离的长度：株～．❷雄鸡爪后面突出像脚趾的部分．❸古同"拒"．

句 ㊀ jù ㄐㄩˋ （－子）由词和词组组成的能表示一个完整意思的话。
㊁ gōu 见156页。

具 jù ㄐㄩˋ ❶器具，器物：工～．家～．文～．农～．❷备，备有：～备．～有．略～规模．［具体］1.明确，不抽象，不笼统：这个计划订得很～～．2.特定的：～～的人．～～的工作．

俱 jù ㄐㄩˋ （旧读 jū）❶全，都：父母～存．面面～到．❷偕同．［俱乐部］进行社会、政治、文艺、娱乐等活动的团体或场所。

惧（懼）jù ㄐㄩˋ 害怕（㊀恐—）：临危不～．

犋 jù ㄐㄩˋ 畜力单位名,能拉动一辆车、一张犁、一张耙等的一头或几头牲口叫一犋,多指两头。

飓 jù ㄐㄩˋ 飓风,发生在大西洋西部和西印度群岛一带热带海洋上的风暴,风力常达12级以上,同时有暴雨。

沮 ㊀ jù ㄐㄩˋ [沮洳](-rù)低湿的地带。
㊁ jǔ 见247页。

倨 jù ㄐㄩˋ 傲慢:前～后恭.～傲.

剧(劇) jù ㄐㄩˋ ❶厉害,猛烈:～痛.病～.争论得很～烈.❷戏剧,文艺的一种形式,作家把剧本编写出来,利用舞台由演员化装演出。

据(據) ㊀ jù ㄐㄩˋ ❶凭依,倚仗。[据点]军队据以作战的地点。❷介词,依据:～理力争.～我看问题不大.❸占(圉占—):～守.～为己有.❹可以用作证明的事物,凭证(圉凭—证—):收～.字～.票～.真凭实～.无凭无～.
㊁ jū 见246页。

锯 ㊀ jù ㄐㄩˋ ❶用薄钢片制成有尖齿可以拉(lá)开木、石等的器具:拉～.手～.电～.❷用锯拉(lá):～木头.～树.
㊁ jū 见246页。

踞 jù ㄐㄩˋ ❶蹲或坐:龙蟠(pán)虎～(形容地势险要).箕～(古人席地坐着把两腿像八字形分开).❷占据:盘～.

聚 jù ㄐㄩˋ 会合,集合(圉—集):大家～在一起谈话.～少成多.欢～.

窭(窶) jù ㄐㄩˋ 贫穷。

屦(屨) jù ㄐㄩˋ 古代的一种鞋,用麻、葛等制成。

遽 jù ㄐㄩˋ ❶急,仓猝:不敢～下断语.❷遂,就。

濂 jù ㄐㄩˋ 濂水,水名,在陕西省。

醵 jù ㄐㄩˋ ❶凑钱喝酒。❷聚集,凑(指钱):～资。

JUAN ㄐㄩㄢ

捐 juān ㄐㄩㄢ ❶捐助或献出:～钱.～棉衣.～献.❷赋税的一种:房～.车～.❸舍弃:为国～躯。

涓 juān ㄐㄩㄢ 细小的流水。[涓滴]极小量的水。圉极少的,极微的:～～归公。

娟 juān ㄐㄩㄢ 秀丽，美好：～秀.

鹃 juān ㄐㄩㄢ 见107页"杜"字条"杜鹃"。

圈 ㊀ juān ㄐㄩㄢ 关闭起来，用栅栏等围起来：把小鸡～起来.
㊁ quān 见407页。
㊂ juàn 见250页。

juān ㄐㄩㄢ 缩，减.

脧

镌（**鑴**） juān ㄐㄩㄢ 雕刻：～刻图章.～碑.

蠲 juān ㄐㄩㄢ 免除：～免.

卷（捲） ㊀ juǎn ㄐㄩㄢˇ ❶把东西弯转裹成圆筒形：～行李.～帘子.❷一种大的力量把东西撮（cuō）起或裹住：风～着雨点劈面打来.～入旋涡（喻被牵连到不利的事件中）.❸（一儿）弯转裹成的筒形的东西：烟～.行李～儿.纸～儿.❹（一儿）量词，用于成卷儿的东西：一～胶布.两～纸.
㊁ juàn 见250页。

锩 juǎn ㄐㄩㄢˇ 刀剑卷刃.

卷 ㊀ juàn ㄐㄩㄢˋ ❶可以舒卷（juǎn）的书画：手～.

长～.❷书籍的册本或篇章：第一～.上～.～二.❸（一子、一儿）考试写答案的纸：试～.交～.历史～子.❹案卷，机关里分类汇存的档案、文件：～宗.查一查底～.
㊁ juǎn 见250页。

倦 juàn ㄐㄩㄢˋ 疲乏，懈怠（⤳疲—）：诲人不～.厌～.

圈 ㊀ juàn ㄐㄩㄢˋ 养家畜等的栅栏：猪～.羊～.
㊁ quān 见407页。
㊂ juān 见250页。

桊 juàn ㄐㄩㄢˋ 穿在牛鼻上的小铁环或小木棍儿：牛鼻～儿.

眷（❶*睠） juàn ㄐㄩㄢˋ ❶顾念，爱恋：～恋过去。❷亲属：～属.家～.亲～.

隽（*雋） ㊀ juàn ㄐㄩㄢˋ 肥肉.
[隽永]（言论、文章）意味深长.
㊁ jùn 见254页。

狷（*獧） juàn ㄐㄩㄢˋ ❶胸襟狭窄，急躁：～急.❷耿直。

绢 juàn ㄐㄩㄢˋ 一种薄的丝织物。[手绢]手帕。

罥 juàn ㄐㄩㄢˋ 挂。

鄄 juàn ㄐㄩㄢˋ 鄄城,地名,在山东省。

屩（屩、*蹻） juē ㄐㄩㄝ 草鞋。

"蹻"又 qiāo 见394页"跷"。

撅（❶*噘） juē ㄐㄩㄝ ❶翘起:～嘴.～着尾巴.小辫儿～着.❷折:把竿子～断了.

注:"噘"只用于"噘嘴"。

孑 jué ㄐㄩㄝ [孑孓](jié—)蚊子的幼虫。

决（*決） jué ㄐㄩㄝ ❶原意为疏导水流,后转为堤岸被水冲开口子:堵塞～口.[决裂]破裂(指感情、关系、商谈等):谈判～～.❷决定,拿定主意:～心.迟疑不～.[决议]经过会议讨论决定的事项.㉠副词,一定,必定:他～不会失败.❸决定最后胜负:～赛.～战.❹执行死刑:枪～.

诀 jué ㄐㄩㄝ ❶诀窍,高明的方法:秘～.妙～.❷用事物的主要内容编成的顺口的便于记忆的词句:口～.歌～.❸辞别,多指不再相见的分别:永～.

抉 jué ㄐㄩㄝ 剔出。[抉择]挑选。

駃 jué ㄐㄩㄝ [駃騠](—tí)1.驴骡,由公马和母驴交配所生。2.古书上说的一种骏马。

玦 jué ㄐㄩㄝ 环形有缺口的佩玉。

鴃 jué ㄐㄩㄝ 鸟名。即伯劳。

觖 jué ㄐㄩㄝ 不满。[觖望]因不满而怨恨。

角 ㊀ jué ㄐㄩㄝ ❶竞争,争胜:～斗.～逐.口～(吵嘴).❷(—儿)演员,角色:主～.他演什么～儿?[角色](*脚色)1.戏曲演员按所扮演人物的性别和性格等分的类型。如京剧的"生、旦、净、丑"。也叫"行当"。2.戏剧或电影里演员所扮演的剧中人物。❸古代五音"宫、商、角、徵(zhǐ)、羽"之一。❹古代形状像爵的酒器。❺姓。

㊁ jiǎo 见227页。

桷 jué ㄐㄩㄝ 方形的椽(chuán)子。

珏 jué ㄐㄩㄝ 合在一起的两块玉。

觉（覺） ㊀ jué ㄐㄩㄝ ❶(人或动物的器官)对刺激的感受和辨别:视

~.听~.他~得这本书很好.不知不~.❷睡醒,醒悟:如梦初~.~醒.~悟.

㊁ jiào 见229页。

绝 jué ㄐㄩㄝ ❶断:~望.络绎不~.[绝句]我国旧体诗的一种,每首四句,每句五字或七字,有一定的平仄和押韵的限制.❷尽,穷尽:气~.法子都想~了.[绝境]没有希望、没有出路的情况。❸极,极端的:~妙.~密.㊃精湛的,少有的:~技.这幅画真叫~了.[绝顶]1.山的最高峰:泰山~~.2.副词,极端,非常:~~巧妙.[绝对]1.副词,一定,肯定:~~可以胜利.~~能够办到.2.无条件,无限制,不依存于任何事物的,跟"相对"相对:物质世界的存在是~~的.❹副词,一定,无论如何:~不允许这样的事再次发生.

倔 ㊀ jué ㄐㄩㄝ 义同"倔㊁",只用于"倔强".[倔强](-jiàng)(性情)刚强不屈,固执:性格~~.

㊁ juè 见253页。

掘 jué ㄐㄩㄝ 挖,刨:~地.临渴~井.

崛 jué ㄐㄩㄝ 高起,突起:~起.

脚(*腳) ㊀ jué ㄐㄩㄝ (一儿)同"角㊀❷"。

㊀ jiǎo 见228页。

厥 jué ㄐㄩㄝ ❶气闭,昏倒:晕~.痰~.❷其,他的,那个的:~父.~后.

劂 jué ㄐㄩㄝ 见206页"剞"字条"剞劂"(jī一)。

蕨 jué ㄐㄩㄝ 多年生草本植物,野生,用孢(bāo)子繁殖.嫩叶可吃,地下茎可制淀粉.

獗 jué ㄐㄩㄝ 见50页"猖"字条"猖獗"(chāng一)。

溯 jué ㄐㄩㄝ 㴶水,水名,在湖北省随州,㵐水支流.

橛 jué ㄐㄩㄝ (一子、一儿)小木桩.

镢 jué ㄐㄩㄝ 〈方〉(~头)刨地用的农具.

蹶(**蹷**) ㊀ jué ㄐㄩㄝ 跌倒.㊈挫折,失败:一~不振.

㊁ juě 见253页。

傕 jué ㄐㄩㄝ 用于人名.李傕,东汉末人.

谲 jué ㄐㄩㄝ 欺诈,玩弄手段:诡~.

镱 jué ㄐㄩㄝ 箱子上安锁的环状物.

噱 ⊖ jué ㄐㄩㄝˊ 大笑。
⊜ xué 见544页。

爵 jué ㄐㄩㄝˊ ❶古代的酒器。❷爵位，君主国家贵族封号的等级：侯～．封～．

嚼 ⊖ jué ㄐㄩㄝˊ 义同"嚼⊖"，用于书面语复合词：咀(jǔ)～．
⊜ jiáo 见227页。
⊜ jiào 见230页。

爝 jué ㄐㄩㄝˊ jiào ㄐㄧㄠˋ (又)火把。

矍 jué ㄐㄩㄝˊ [矍铄](—shuò)形容老年人精神好。

攫 jué ㄐㄩㄝˊ 用爪抓取。⑤夺取(圖—夺)。

镢 jué ㄐㄩㄝˊ ❶(—头)刨土的工具。❷用锄掘地。

蹶 ⊖ juě ㄐㄩㄝˇ [尥蹶子](liào—zi)骡马等跳起来用后腿向后踢。
⊖ jué 见252页。

倔 ⊖ juè ㄐㄩㄝˋ 言语直，态度生硬：那老头子真～．
⊖ jué 见252页。

军 jūn ㄐㄩㄣ ❶武装部队：～队．解放～．海～．❷军队的编制单位，是师的上一级。❸泛指有组织的集体：劳动大～．

皲 jūn ㄐㄩㄣ 皮肤因寒冷或干燥而破裂。也作"龟"(jūn)。

均 jūn ㄐㄩㄣ ❶平，匀(yún)(圖—匀，平—)：～分．平～数．势～力敌．❷副词，都(dōu)，皆：老小～安．～已布置就绪．
〈古〉又同"韵"(yùn)。

钧 jūn ㄐㄩㄣ ❶古代的重量单位，合三十斤：千～一发(喻极其危险)．❷制陶器所用的转轮：陶～(喻造就人才)．❸敬辞(对尊长或上级)：～命．～安．～鉴．

筠 ⊖ jūn ㄐㄩㄣ [筠连]地名，在四川省。
⊖ yún 见595页。

龟(龜) ⊖ jūn ㄐㄩㄣ 同"皲"。
⊖ guī 见168页。
⊜ qiū 见403页。

君 jūn ㄐㄩㄣ 封建时代指帝王、诸侯等。敬辞：张～．[君子]古指有地位的人，后又指品行好的人。

莙 jūn ㄐㄩㄣ [莙荙菜](—dá—)甜菜的变种，也叫

"厚皮菜"、"牛皮菜"。叶大,是常见的蔬菜。

鲪 jūn ㄐㄩㄣ 鱼名。体长,侧扁,口大而斜,尾鳍圆形。生活在海里。

菌 ㊀ jūn ㄐㄩㄣ 低等生物名。1.真菌,不开花,没有茎和叶子,不含叶绿素,不能自己制造养料,营寄生生活,种类很多。2.细菌,一大类单细胞的微生物,特指能使人生病的病原细菌。
㊁ jùn 见254页。

麕 ㊀ jūn ㄐㄩㄣ 古书里指獐子。
㊁ qún 见410页。

俊 jùn ㄐㄩㄣ ❶才智过人的:~杰.~士.❷容貌美丽:那个小姑娘真~.

峻 jùn ㄐㄩㄣ 山高而陡:高山~岭.㊀严厉苛刻:严刑~法.

馂 jùn ㄐㄩㄣ 吃剩下的食物。

浚(*濬) ㊀ jùn ㄐㄩㄣ 疏通,挖深:~井.~河.
㊁ xùn 见546页。

骏 jùn ㄐㄩㄣ 好马。

焌 ㊀ jùn ㄐㄩㄣ 用火烧。
㊁ qū 见405页。

畯 jùn ㄐㄩㄣ 指西周管奴隶耕种的官。

竣 jùn ㄐㄩㄣ 事情完毕:~事.大工告~.

郡 jùn ㄐㄩㄣ 古代行政区域,秦以前比县小,从秦朝起比县大。

捃 jùn ㄐㄩㄣ 拾取:~摭(zhí)(搜集).

珺 jùn ㄐㄩㄣ 一种美玉。

隽(*雋) ㊀ jùn ㄐㄩㄣ 同"俊❶"。
㊁ juàn 见250页。

蕈 ㊀ jùn ㄐㄩㄣ 就是蕈(xùn)。
㊁ jūn 见254页。

K ㄎ

KA　ㄎㄚ

咖 ㊀ kā ㄎㄚ [咖啡](—fēi)(外)常绿灌木或小乔木,产在热带,花白色,果实红色,种子可制饮料。也指这种饮料。
㊁ gā 见140页。

喀 kā ㄎㄚ 拟声词:~的一声,快门儿响了。[喀嚓](—chā)拟声词,树枝等折断的声音。

[喀斯特](外)可溶性岩石(石灰石、石膏等)受水侵蚀而形成的地貌,形状奇特,有洞穴,也有峭壁。

揩 kā ㄎㄚ 用刀子刮。

卡 ㊀ kǎ ㄎㄚ (外) ❶卡车,载重的大汽车:十轮～. ❷卡片,小的纸片(一般是比较硬的纸):资料～.贺年～. [绿卡]某些国家发给外国侨民的长期居留证的俗称。❸卡路里,热量的非法定计量单位,1克纯水的温度升高1摄氏度所需的热量为1卡,合4.1868焦。

[卡通](外)1.动画片。2.漫画。

㊁ qiǎ 见388页。

佧 kǎ ㄎㄚ [佧佤族](－wǎ－)佤族的旧称。

咔 kǎ ㄎㄚ [咔叽](－jī)(外)一种很厚的斜纹布。

胩 kǎ ㄎㄚ 即异腈(jīng),有机化合物的一类,通式R—NC,无色液体,有恶臭,剧毒,容易被酸分解。

咯 ㊀ kǎ ㄎㄚ 用力使东西从食道或气管里出来:把鱼刺～出来.～血.～痰.

㊁ lo 见306页。

㊂ gē 见148页。

开(開) kāi ㄎㄞ ❶把关闭的东西打开:～门.～抽屉.～口说话.㊀1.收拢的东西放散:～花.～颜(笑).2.把整体的东西划分成部分的:三十二～本.3.凝结的东西融化:～冻.～河(河水化冻).[开刀]用刀割治:这病得～～.[开关]有控制作用的机关。通常指电门、电键。[开交]分解,脱离:忙得不可～～.闹得不可～～.[开口呼]不用i、u、ü开头的韵母。❷通,使通:想不～.～路先锋.[开通](－tong)思想不守旧,容易接受新事物。❸使显露出来:～矿.～采石油.[开发]使埋藏着的显露出来。❹扩大,发展:～拓(tuò).～源节流.～展工作.❺发动,操纵:～车.～炮.～船.～动脑筋.[开火]指发生军事冲突.㊀两方面冲突。❻起始:～端.～春.～学.～工.戏～演了.❼设置,建立:～医院.[开国]建立新的国家。❽支付:～支.～销.❾沸,滚:～水.水～了.❿举行:～会.⓫写:～发票.～药方.⓬放在动词后面,表示趋向或结果。1.表示分开或扩展:睁～眼.张～嘴.打～窗户.消息传～了.2.表示开始并继续下去:雨下～了.唱～了.3.表示容下:屋子小,坐不～.⑬(外)黄金的纯度单位(以二十四开为纯金):十四～金.⑭热力学温度单位名开尔文的简称,符号K。

锎 kāi ㄎㄞ 一种人造的放射性元素,符号Cf。

揩 kāi ㄎㄞ 擦,抹:～鼻涕.～背.～油(占便宜 piányi).

剴(剴) kǎi ㄎㄞ [剴切](－qiè)1.符合事理:～～中理.2.切实:～～教导.

凯(凱) kǎi ㄎㄞ 军队得胜回来奏的乐曲:～歌.奏～.～旋(得胜回还).

垲(塏) kǎi ㄎㄞ 地势高而干燥。

闿(闓) kǎi ㄎㄞ 开。

恺(愷) kǎi ㄎㄞ 快乐,和乐。

铠(鎧) kǎi ㄎㄞ 铠甲,古代的战衣,上面缀有金属薄片,可以保护身体。

萏 kǎi ㄎㄞ 萏烷,有机化合物,分子式 $C_{10}H_{18}$,天然的尚未发现。它的重要衍生物萏酮,气味像樟脑。

楷 ㊀ kǎi ㄎㄞ ❶法式,模范(遥一模).❷楷书,现在通行的一种汉字字体,是由隶书演变而来的:小～.正～.

㊁ jiē 见230页。

锴 kǎi ㄎㄞ 好铁。多用于人名。

慨(❷*嘅) kǎi ㄎㄞ ❶愤激:愤～.❷感慨:～叹.❸慷慨,不吝啬:～允.～然相赠.

忾(愾) kài ㄎㄞ 愤怒,恨:同仇敌～(大家一致痛恨敌人).

欬 kài ㄎㄞ 咳嗽。

KAN　ㄎㄢ

刊 kān ㄎㄢ ❶刻:～石.～印.㊉排版印刷:～行.停～.[刊物]报纸、杂志等出版物,也省称"刊":周～.月～.❷削除,修改:不～之论(喻至理名言).～误表.

看 ㊀ kān ㄎㄢ 守护:～门.～家.～守.㊉监视:把他～起来.[看护]1.护理.2.旧

时称护士。

㊀ **kàn** 见257页。

勘 kān ㄎㄢ ❶校对,复看核定(働校—):～误.～正.❷细查,审查:～探.～验.～测.实地～查.

堪 kān ㄎㄢ ❶可以,能,足以:～以告慰.不～设想.❷忍受,能支持:难～.狼狈不～.

戡 kān ㄎㄢ 平定(叛乱):～乱.

龛(龕) kān ㄎㄢ 供奉佛像、神位等的小阁子

坎 kǎn ㄎㄢ ❶低陷不平的地方,坑穴.❷八卦之一,符号是"☵",代表水.❸同"槛㊀".❹发光强度单位名坎德拉的简称,符号cd.
[坎坷](—kě)1.道路不平的样子.2.比喻不得志.

砍 kǎn ㄎㄢ 用刀、斧等猛剁,用力劈:～柴.把树枝～下来.

莰 kǎn ㄎㄢ 莰烷,有机化合物,分子式$C_{10}H_{18}$,白色晶体,有樟脑的香味。

侃 kǎn ㄎㄢ 闲谈,聊天:他真能～.～大山.
[侃侃]理直气壮,从容不迫的样子:～～而谈.

槛(檻) ㊀ **kǎn** ㄎㄢ 门槛,门限.(图见124页)

㊁ **jiàn** 见223页。

顑 kǎn ㄎㄢ [顑颔](—hàn)面黄肌瘦。

看 ㊀ **kàn** ㄎㄢ ❶瞧,瞅:～书.～电影.❷观察(働察—):～脉.～透.働诊治:病.大夫把我的病～好了.❸访问,拜望(働—望):到医院里去～病人.❹看待,照应,对待:另眼相～.～重.照～.❺想,以为:我～应该这么办.❻先试试以观察它的结果:问一声～.做做～.❼提防,小心:别跑,～摔着.

㊁ **kān** 见256页。

衎 kàn ㄎㄢ ❶快乐.❷刚直。

崁 kàn ㄎㄢ [赤崁]地名,在台湾省。

墈 kàn ㄎㄢ 〈方〉高的堤岸,多用于地名:～上(在江西省乐平)。

磡 kàn ㄎㄢ 山崖。

阚 ㊀ **kàn** ㄎㄢ 姓。

㊁ **hǎn** 见175页。

瞰(*矙) kàn ㄎㄢ 望,俯视,向下看.[鸟瞰]1.从高处向下看.2.事

物的概括描写:世界大势～
～.

KANG　丂尢

阆　㊀kāng 丂尢 [阆阆](－
láng)〈方〉建筑物中空旷的部分。也叫"阆阆子"。
㊁ kàng 见258页。

康　kāng 丂尢 ❶安宁:身体健～.～乐.❷富裕,丰盛:～年.小～.❸同"糠❷"。
[康庄]平坦通达的:～～大道.

慷(**忼)　kāng 丂尢 [慷慨](－kǎi)1.情绪激昂:～～陈词.2.待人热诚,肯用财物帮助人:他待人很～～.

樃　kāng 丂尢 见278页"榔"字条"榔樃"(lángkang)。

糠(*穅)　kāng 丂尢 ❶从稻、麦等子实上脱下来的皮或壳。❷空,空虚:萝卜～了.

鱇　kāng 丂尢 见4页"鮟"字条"鮟鱇"(ān－)。

扛　㊀káng 丂尢 用肩膀承担:～粮食.～着一杆枪.～活(旧时指做长工).
㊁ gāng 见146页。

亢　kàng 丂尢 ❶高。㊉高傲:不卑不～.❷过甚,

极:～奋.～旱.❸星宿名,二十八宿之一。

伉　kàng 丂尢 ❶对等,相称。[伉俪](－lì)配偶,夫妇。❷正直:～直.

抗　kàng 丂尢 ❶抵御(㊉抵－):～战.～旱.～涝.㊉1.不妥协:～辩.2.拒绝,不接受(㊉－拒):～命.～粮.～税.[抗生素]动物、植物及微生物(细菌、霉菌等)所产生的对细菌等微生物具有抑制生长或杀灭作用的化学物质,如青霉素、链霉素等。旧称抗菌素。[抗议]声明不同意,同时谴责对方的行动。❷匹敌,相当:～衡(不相上下,抵得过).分庭～礼(行平等的礼节,比喻势均力敌,也比喻相互对立).

闶　㊁ kàng 丂尢 高大。
㊀ kāng 见258页。

炕　kàng 丂尢 ❶北方用砖、坯等砌成的睡觉的台,下面有洞,连通烟囱,可以烧火取暖。❷〈方〉烤:把湿衣服放在火边～一～.

钪　kàng 丂尢 一种金属元素,符号 Sc,银白色,常跟钇、铒等混合存在,产量很少。

KAO ㄎㄠ

尻 kāo ㄎㄠ 屁股.

考(❶-❸＊攷) kǎo ㄎㄠ ❶试验,测验(圈—试):期～.～语文.❷检查(圈—察、查—):～勤.～绩.[考验]通过具体行动、困难环境等来检验(是否坚定、正确).[考语]旧指考察成绩的评语.❸推求,研究:～古.～证.[考虑]斟酌,思索:～～一下再决定.～～问题.[考究](—jiu)1.考查,研究:～～问题.2.讲究:衣着～～.❹老,年纪大(圈寿—).❺原指父亲,后称已死的父亲:如丧～妣.先～.

拷 kǎo ㄎㄠ 打(圈—打):～问.
[拷贝](外)1.复制.2.复制本,电影方面指用拍摄成的电影底片洗印出来的胶片.

栲 kǎo ㄎㄠ 栲树,常绿乔木,木材坚硬,可做枕木及用于建筑等.树皮含鞣酸,可制栲胶,又可制染料.
[栲栳](—lǎo)一种用竹子或柳条编的盛东西的器具.也叫"笆斗".

烤 kǎo ㄎㄠ ❶把东西放在火的周围使干或使熟:～烟叶子.～白薯.～箱.❷向着火取暖:～手.围炉～火.

铐 kào ㄎㄠ ❶(—子)手铐子,束缚犯人手的刑具.❷用手铐束缚:把犯人～起来.

犒 kào ㄎㄠ 指用酒食或财物慰劳:～劳.～赏.

靠 kào ㄎㄠ ❶倚着,挨近(圈倚—):～墙站着.船～岸了.❷依靠,依赖:要创造人类的幸福,全～我们自己.～劳动致富.[靠山]圈所依赖的人或集体.❸信赖:可～.～得住.[牢靠](—kao)1.稳固.2.稳妥可信赖:这人做事最～～.

KE ㄎㄜ

坷 ㊀ kē ㄎㄜ [坷垃](—la)土块.
㊁ kě 见261页.

苛 kē ㄎㄜ ❶苛刻,过分:～求.～责.❷苛细,繁重,使人难于忍受:～政.～捐杂税.

珂 kē ㄎㄜ ❶玉名.❷马笼头上的装饰:玉～.
[珂罗版](外)印刷上用的一种

照相版,把要复制的字、画的底片晒制在涂过感光胶层的玻璃片上而成。

柯 kē ㄎㄜ ❶斧子的柄。❷草木的枝茎。
[柯尔克孜族]我国少数民族,参看附表。

轲 kē ㄎㄜ 用于人名。孟子,名轲,战国时人。

牁 kē ㄎㄜ [牂牁](zāng−)1.古水名。2.古地名。

砢 kē ㄎㄜ 〈方〉[砢碜](−chen)寒碜,难看。

钶 kē ㄎㄜ 化学元素,铌(ní)的旧称。

疴 kē ㄎㄜ (旧读 ē)病:沉～(重病).染～.

匼 kē ㄎㄜ 古代的一种头巾。
[匼河]地名,在山西省芮城。

科 kē ㄎㄜ ❶分门别类用的名称。1.生物的分类单位之一,在“目”之下、“属”之上:狮子属于食肉类的猫～.槐树是豆～植物.2.机关内部组织划分的部门:财务～.总务～.3.学术或业务的类别:文～.理～.内～.外～.[科举]从隋唐到清代国家设立的分科考选文武官吏后备人员的制度。[科学]1.反映自然、社会、思维的客观规律的分科

的知识体系。2.合乎科学的:这种做法不～～.❷法律条文:～文.犯～.金～玉律.❸判定:～以徒刑.～以罚金.❹古典戏剧里称演员的动作表情:叹～.饮酒～.

蝌 kē ㄎㄜ [蝌蚪](−dǒu)蛙或蟾蜍等的幼体,生活在水中,黑色,身体椭圆,有长尾。逐渐发育生出后脚、前脚,尾巴消失,最后变成蛙或蟾蜍。

棵 kē ㄎㄜ 量词,用于植物:一～树.[棵儿]植物的大小:这棵树～～很大.[青棵子]绿色庄稼、野草等。

稞 kē ㄎㄜ 青稞,麦的一种,产在西藏、青海等地,是藏族人民的主要食品糌粑(zānba)的原料。

窠 kē ㄎㄜ 鸟兽的巢穴。[窠臼]⑯文章或其他艺术品所依据的老套子。

颗 kē ㄎㄜ 量词,用于圆形或粒状的东西:一～珠子.一～心.

髁 kē ㄎㄜ 骨头上的突起,多长在骨头的两端。

颏 kē ㄎㄜ 下巴颏儿,脸的最下部分,在两腮和嘴的下面。

搕 kē ㄎㄜ 敲,碰:～烟袋锅子.

榼 kē ㄎㄜ 古时盛酒的器皿。

磕 kē ㄎㄜ 碰撞在硬东西上:～破了头.碗～掉一块.～头(旧时的跪拜礼).

瞌 kē ㄎㄜ [瞌睡]困倦想睡或进入半睡眠状态:打～.

壳(殼) ⊖ ké ㄎㄜ (一儿)坚硬的外皮:核桃～儿.鸡蛋～儿.贝～儿.

⊜ qiào 见396页。

咳 ⊖ ké ㄎㄜ 咳嗽,呼吸器官受刺激而起一种反射作用,把吸入的气急急呼出,声带振动发声。

⊜ hāi 见173页。

揢 ké ㄎㄜ 〈方〉❶卡(qiǎ)住:抽屉～住了,拉不开.鞋小了～脚.❷刁难:～人.你别拿这事来～我.

可 ⊖ kě ㄎㄜ ❶是,对,表示准许:许～.认～.不加～否.[可以]1.表示允许:～～,你去吧! 2.适宜,能:现在～穿棉衣了.马铃薯～～当饭吃.3.过甚,程度深:这几天冷得真～～.4.还好,差不多:这篇文章还～～.[小可]1.寻常:非同～～.2.旧时谦称自己为小可。❷能够:牢不～破的友谊.～大～小.[可能]能够,有实现的条件:这个计划～～提前实现.❸值得,够得上(用在动词前):～怜.～爱.～恶(wù).❹适合:～心.饭菜～口.⑤尽(jǐn),就某种范围不加增减:～着钱花.～着脑袋做帽子.⑤连词,可是,但,却:大家很累(lèi),～都很愉快.❻副词.1.加强语气:这工具使着～得劲了.他写字～快了.这篇文章～写完了.2.表示疑问:你～知道? 这话～是真的? 3.和"岂"字义近:～不是吗!～不就糟了吗!4.大约:年～三十许.长～六米.❼义同"可以2":根～食.❽义同"可以4":尚～.

⊜ kè 见261页。

坷 ⊖ kě ㄎㄜ 见257页"坎"字条"坎坷"(kǎn—)。

⊜ kē 见259页。

岢 kě ㄎㄜ [岢岚](—lán)地名,在山西省.

渴 kě ㄎㄜ 口干想喝水:我～了.⑩迫切地:～望.

可 ⊖ kè ㄎㄜ [可汗](—hán)古代鲜卑、突厥、回纥、蒙古等族君主的称号.

⊜ kě 见261页。

克(④⑤△剋、④⑤*尅)

kè ㄎㄜ ❶能:不～分身.～勤
～俭.❷胜:我军～敌.⓰战胜
而取得据点:攻无不～.连
数城.[克复]战胜而收回失
地。❸克服,制伏:～己奉公.
以柔～刚.❹严格限定:～期.
～日完成.❺消化:～食.
❻(藏)容量单位,1克青稞约
25市斤。也是地积单位,播
种1克种子的土地称为1克
地,1克约合1市亩.❼(外)
质量的法定计量单位,一克等
于一千克(公斤)的千分之一,
旧称公分。
[克隆](外)1.生物体通过体细
胞进行无性繁殖,复制出遗传
性状完全相同的生命物质或
生命体。2.借指复制。
　　"剋(尅)"又 kēi 见263页。

氪

kè ㄎㄜ 一种化学元素,
在通常条件下为气体,符
号 Kr,无色、无味、无臭,不易
跟其他元素化合。

刻

kè ㄎㄜ ❶雕,用刀子挖
(⓰雕-):～图章.[深
刻]深入,对事理能进一层分
析:～～地领会.描写得很～
～.❷十五分钟为一刻.❸时
间:即～.顷～(时间极短).❹
不厚道(⓰-薄):苛～.[刻

苦]不怕难,肯吃苦:～～用
功.生活很～～.❺同"克❹"。

恪

kè ㄎㄜ 恭敬,谨慎:～
遵.～守.

客

kè ㄎㄜ ❶客人,跟"主"
相对(⓰宾-):来～了.
招待～人.[客观]1.离开意识
独立存在的,跟"主观"相对:
人类意识属于主观,物质世界
属于～～.2.依据外界事物而
作观察的,没有成见的:他看
问题很～～.[客家]古代移住
闽、粤等地的中原人的后裔.
[客气]⓰谦让,有礼貌.❷出
门在外的:～居.～籍.～商.
❸指奔走他方,从事某种活动
的人:说～.侠～.❹旅客,顾
客:～车.～满.乘～.
[客岁]去年。

课

kè ㄎㄜ ❶功课,有计
划的分段教学:上～.今天
没～.[课题]研究、讨论或急
需解决的主要问题.❷旧指
教书:～徒.～读.❸古赋税的
一种.❹使交纳捐税:～以重
税.❺旧指某些机关学校等行
政上的单位:会计～.教务～.
❻占卜的一种:起～.

骒

kè ㄎㄜ 雌,专指骡、马。

锞

kè ㄎㄜ (-子)小块的金
锭或银锭。

缂 kè ㄎㄜ 缂丝（也作"刻丝"），我国特有的一种丝织的手工艺品。织纬线时，留下要补织图画的地方，然后用各种颜色的丝线补上，织出后好像是刻出的图画。

嗑 kè ㄎㄜ 上下门牙对咬有壳的或硬的东西：～瓜子.

溘 kè ㄎㄜ 忽然：～逝（称人死亡）.

KEI ㄎㄟ

剋（*尅） ⊖ kēi ㄎㄟ〈方〉❶打（人）。[剋架]打架。❷申斥：狠狠地～了他一顿.

⊜ kè 见262页"克"。

KEN ㄎㄣ

肯 kěn ㄎㄣ ❶许可，愿意：他不～来.只要你～做就能成功.首～（点头答应）.[肯定]1.正面承认：～～成绩，指出缺点. 2.确定不移：我们的计划～～能超额完成.❷骨头上附着的肉。[肯綮]（—qìng）筋骨结合的地方。[中肯]（zhòng—）⍟抓住重点，切中要害：说话～～.

啃 kěn ㄎㄣ 用力从较硬的东西上一点一点地咬下来：～老玉米.老鼠把抽屉～坏了.

垦（墾） kěn ㄎㄣ ❶用力翻土：～地.❷开垦，开辟荒地：～荒.～殖.

恳（懇） kěn ㄎㄣ 诚恳，真诚：～求.～托.～谈.

龈 ⊖ kěn ㄎㄣ 同"啃"。
⊜ yín 见572页。

掯 kèn ㄎㄣ 压迫，强迫，刁难：勒（lēi）～.

裉（**褃） kèn ㄎㄣ 衣服腋下前后相连的部分：杀～（把裉缝上）.抬～（称衣服从肩到腋下的宽度）.（图见563页"衣"）

KENG ㄎㄥ

坑（*阬） kēng ㄎㄥ ❶（—子、—儿）洼下去的地方：水～.泥～.❷把人活埋：～杀.❸坑害，设计使人受到损失：～人.❹地洞，地道：～道.矿～.

吭 ⊖ kēng ㄎㄥ 出声，发言：不～声.一声也不～.
⊜ háng 见177页。

硁(硜、**礚) kēng ㄎㄥ 拟声词,敲打石头的声音。

铿(鏗) kēng ㄎㄥ 拟声词。[铿锵](—qiāng)声音响亮而有节奏:～～悦耳.

KONG ㄎㄨㄥ

空 ⊖ kōng ㄎㄨㄥ ❶里面没有东西或没有内容,不合实际的:～房子.～碗.～话.～想.～谈.[空洞]没有内容的:他说的话很～～.[空头]不发生作用的,有名无实的:～～支票.[凭空]无根据:～～捏造.[真空]没有空气的空间:～～管.～～地带(战争时双方没有军队的地带).❷无着落,无成效,无结果:～跑了一趟.～忙一阵.落～.扑了个～.❸天空:～军.航～.[空间]一切物质存在和运动所占的地方.[空气]包围在地球表面,充满空间的气体。是氮、氧和少量惰性气体及其他气体的混合物。⑯情势:～～紧张.❹姓。
⊜ kòng 见264页。

崆 kōng ㄎㄨㄥ [崆峒](—tóng)1.山名,在甘肃省平凉。2.岛名,在山东省烟台。

箜 kōng ㄎㄨㄥ [箜篌](—hóu)古代弦乐器,像瑟而比较小。

孔 kǒng ㄎㄨㄥ ❶小洞,窟窿:鼻～.针～.❷很:需款～急.❸通达:交通～道.

恐 kǒng ㄎㄨㄥ ❶害怕,心里慌张不安(⑯—惧、—怖):唯～完成不了任务.[恐吓](—hè)吓唬,威吓(hè).[恐慌]1.慌张害怕.2.危机,使人感觉不安的现象:经济～～.❷恐怕,表示疑虑不定或推测,有"或者"、"大概"的意思:～不可信.～事出有因.

倥 kǒng ㄎㄨㄥ [倥偬](—zǒng)1.事情紧迫匆促.2.穷困。

空 ⊖ kòng ㄎㄨㄥ ❶使空,腾出来:～一个格.～出一间房子.想法～出一些时间来.❷闲着,没被利用的:～房.～地.❸(—儿)没被占用的时间或地方:有～儿再来.屋子里满得连一点儿～儿都没有.[空子](—zi)1.同"空⊖❸".2.可乘的机会:钻～～.❹亏空,亏欠。
⊖ kōng 见264页。

控 kòng ㄎㄨㄥ ❶告状,告发罪恶(⑯—告):指～.被

~.[控诉]1.向法院起诉。2.当众诉说(坏人罪恶)。❷节制,驾驭:遥~.[控制]支配,掌握,节制,调节。❸倒悬瓶、罐等,使其中的液体流净。

鞚 kòng ㄎㄨㄥ 带嚼子的马笼头。

KOU ㄎㄡ

抠(摳) kōu ㄎㄡ ❶用手指或细小的东西挖:~了个小洞.把掉在砖缝里的豆粒~出来.⑤向狭窄的方面深求:~字眼.死~书本.❷雕刻(花纹)。❸〈方〉吝啬,小气:~门儿.这人真~.

眍(瞘) kōu ㄎㄡ [眍䁖](—lou)眼睛深陷:~~眼.他病了一场,眼睛都~~了.

芤 kōu ㄎㄡ ❶古时葱的别名。❷芤脉,中医称按起来中空无力的脉象,好像按葱管的感觉。

口 kǒu ㄎㄡ ❶嘴,人和动物吃东西的器官。有的也是发声器官的一部分。(图见486页"头")[口舌]1.因说话引起的误会或纠纷。2.劝说、交涉或搬弄是非时说的话:费尽~~.[口吻]从语气间表现

出来的意思。❷容器通外面的部分:缸~.碗~.瓶~.❸(一儿)出入通过的地方:门~.胡同~儿.河~.海~.关~.特指长城的某些关口:~北.蘑~.~马.❹(一子、一儿)破裂的地方:衣服撕了个~儿.伤~.决~.❺锋刃:刀还没有开~.❻骡马等的年龄(骡马等的年龄可以由牙齿的多少和磨损的程度看出来):这匹马~还轻.六岁~.❼量词。1.用于人:一家五~.2.用于牲畜:一~猪.3.用于器物:一~锅.一~钟.

叩 kòu ㄎㄡ ❶敲打:~门.❷叩头(首),磕头,一种旧时代的礼节。❸询问,打听:~问.

扣(❷*釦) kòu ㄎㄡ ❶用圈、环等东西套住或拢住:把门~上.把纽子~好.❷(一子、一儿)衣纽:衣~.❸(一子、一儿)绳结:活~儿.❹把器物口朝下放或覆盖东西:把碗~在桌上.用盆把鱼~上.⑤使相合:这句话~在题上了.❺扣留,关押:驾驶证被~了.他被~了起来.❻从中减除:九~(减到原数的百分之九十).七折八~(喻一再减除).[克扣]私行扣减,

暗中剥削:～～工资.❼螺纹:螺丝～.套～.㋬螺纹的一圈叫一扣:拧上两～就行.

筘(**篊) kòu ㄎㄡ 织布机上的一种机件,经线从筘齿间通过,它的作用是把纬线推到织口。

寇 kòu ㄎㄡ ❶盗匪,侵略者:敌～.❷敌人来侵略:～边.

蔻 kòu ㄎㄡ [豆蔻]多年生草本植物,形似姜。种子暗棕色,有香味,可入药。
[豆蔻年华]指女子十三四岁的年龄。

鷇 kòu ㄎㄡ 初生的小鸟。

KU ㄎㄨ

矻 kū ㄎㄨ [矻矻]努力、勤劳的样子。

刳 kū ㄎㄨ 从中间破开再挖空:～木为舟.

枯 kū ㄎㄨ 水分全没有了,干(㉆—干、干—):～树.～草.～井.㚄肌肉干瘪:～瘦的手.[枯燥]没趣味:～～乏味.这种游戏太～～.

骷 kū ㄎㄨ [骷髅](—lóu)没有皮肉毛发的尸骨或头骨。

哭 kū ㄎㄨ 因痛苦悲哀等而流泪发声:痛～流涕.～～啼啼.

圐(**唠) kū ㄎㄨ [圐圙](—lüè)(蒙)围起来的草场。多用于地名:薛～～(在山西省山阴).

窟 kū ㄎㄨ ❶洞穴:石～.狡兔三～.[窟窿](—long)孔,洞。㚄亏空,债务:拉～～(借债).❷某种人聚集的地方:贫民～.魔～.

苦 kǔ ㄎㄨ ❶像胆汁或黄连的滋味,跟"甜"、"甘"相对:～胆.良药～口利于病.[苦水]味道不好的水,含硫酸钠、硫酸镁的水:～～井.㚄藏在心里的苦楚:吐～～.❷感觉难受的,困苦的:～境.～日子过去了.吃～耐劳.[苦主]被害人的家属。❸为某种事物所苦:～夏.从前他～于不识字.❹有耐心地,尽力地:～劝.～学.～战.～求.❺使受苦:这件事～了他.

库 kù ㄎㄨ ❶贮存东西的房屋或地方(㉆仓—):入～.水～.❷电荷量单位名库仑的简称,符号 C。

裤(*袴) kù ㄎㄨ 裤子.(图见563页"衣")

绔（裤）kù ㄎㄨ ❶同"裤"。古指套裤。❷见495页"纨"字条"纨绔"（wán—）。

嚳（嚳）kù ㄎㄨ 传说中上古帝王名。

酷 kù ㄎㄨ ❶残酷，暴虐、残忍到极点的：～刑.❷极，程度深：～暑.～似.～爱.

夸（誇）kuā ㄎㄨㄚ ❶说大话：～口.不要～大成就.～～其谈.[夸张]1.说得不切实际，说得过火。2.一种修辞手法，用夸大的词句来形容事物。❷夸奖，用话奖励，赞扬：人人都～他进步快.

侉（**咵）kuǎ ㄎㄨㄚˇ 口音与本地语音不同：他说话有点～.

垮 kuǎ ㄎㄨㄚˇ 倒塌，坍塌：房子被大水冲～了.㉄完全破坏：这件事让他搞～了.[垮台]崩溃瓦解。

挎 kuà ㄎㄨㄚˋ ❶胳膊弯起来挂着东西：他胳膊上～着篮子.❷把东西挂在肩头上或挂在腰里：肩上～着文件包.

胯 kuà ㄎㄨㄚˋ 腰和大腿之间的部分。

跨 kuà ㄎㄨㄚˋ ❶抬起一条腿向前或旁边移动：一步～过.～着大步.❷骑，两脚分在器物的两边坐着或立着：～在马上.小孩～着门槛.❸超越时间或地区之间的界限：～年度.～两省.❹附在旁边：～院.旁边～着一行（háng）小字.

㧟（㩟）kuǎi ㄎㄨㄞˇ ❶搔，轻抓：～痒痒.❷用胳膊㧟着：～着篮子.

蒯 kuǎi ㄎㄨㄞˇ 蒯草，多年生草本植物，丛生在水边，可织席。

会（會）㊀ kuài ㄎㄨㄞˋ 总计。[会计]1.管理和计算财务的工作。2.管理和计算财务的人。
㊁ huì 见199页。

侩（儈）kuài ㄎㄨㄞˋ 旧指以拉拢买卖、从中取利为职业的人。[市侩]唯利是图、庸俗可厌的人。

郐（鄶）kuài ㄎㄨㄞˋ 周代诸侯国名，在今河南省新密：～风.自～以下（喻其余比较差的部分）。

哈(噲) kuài ㄎㄨㄞ 咽下去。

狯(獪) kuài ㄎㄨㄞ 狡狯：狡~.

浍(澮) kuài ㄎㄨㄞ 田间水沟。

脍(膾) kuài ㄎㄨㄞ 细切的肉：~炙人口（喻诗文等被人传诵）.

鲙(鱠) kuài ㄎㄨㄞ 鲙鱼，就是鳓(lè)鱼。

块(塊) kuài ㄎㄨㄞ ❶（一儿）成疙瘩或成团的东西：糖~儿.土~.根.~茎.❷量词：一~地.一~钱.一~布.一~肥皂.

快 kuài ㄎㄨㄞ ❶速度大，跟“慢”相对：~车.进步很~.❷赶紧，从速：~上学吧！~回去吧！❸副词，将，就要，接近：天~亮了.他~五十岁了.我~毕业了.❹敏捷：脑子~.手疾眼~.❺锐利：刀不~了，该磨一磨.~刀斩乱麻(喻办事爽利有决断).❻爽快，直截了当：~人~语.心直口~.❼高兴，舒服：乐~.~活.~事.大~人心.身子不~.

筷 kuài ㄎㄨㄞ （一子）用竹、木、金属等制的夹饭菜或其他东西用的细棍儿。

宽(寬) kuān ㄎㄨㄢ ❶阔大，跟“窄”相对(叠-广，-阔)：马路很~.[宽绰](-chuo)1.宽阔.2.富裕.❷放宽，使松缓：~心.引1.解除，脱：请~了大衣吧！2.延展：~限几天.3.宽大，不严：~容.从~处理.❸物体横的方面的距离，长方形多指短的一边：长方形的面积是长乘以~.❹宽裕，富裕：手头不~.

髋(髖) kuān ㄎㄨㄢ 髋骨，组成骨盆的大骨，左右各一，是由髂骨、坐骨、耻骨合成的。通称“胯骨”。

款(*欵) kuǎn ㄎㄨㄢ ❶法令、规定、条文里分下的项目：第几条第几~.❷（一子）经费，钱财(叠-项)：存~.拨~.❸器物上刻的字：钟鼎~识(zhì).引（一儿）书画、信件头尾上的名字：上~.下~.落~（题写名字).[款式]格式，样子.❹诚恳：~待.~留.❺敲打，叩：~门.~关而入.❻缓，慢：~步.点水蜻蜓~~飞.

窾 kuǎn ㄎㄨㄢˇ 空。

匡 kuāng ㄎㄨㄤ ❶纠正：～谬(miù).～正.❷救,帮助：～救.～助.❸〈方〉粗略计算,估算：～算～算.

劻 kuāng ㄎㄨㄤ [劻勷](—ráng)急促不安。

诓 kuāng ㄎㄨㄤ 骗,欺骗(⊛—骗)：别～人.

哐 kuāng ㄎㄨㄤ 拟声词,撞击声：～啷(lāng).～的一声脸盆掉在地上了.

洭 kuāng ㄎㄨㄤ 洭水,古水名,在今广东省。

筐 kuāng ㄎㄨㄤ （—子、—儿)竹子或柳条等编的盛东西的器具。

狂 kuáng ㄎㄨㄤ ❶疯癫,精神失常(⊛疯—、癫—)：～人.发～.❷任情地做,不用理智约束感情：～放不拘.～喜.～欢.[狂妄]极端自高自大。❸猛烈的,声势大的：～风暴雨.～澜(大浪头).～飙(急骤的大风).

诳 kuáng ㄎㄨㄤ 欺骗,瞒哄：～语.

夼 kuǎng ㄎㄨㄤˇ 〈方〉两山间的大沟。多用于地名：刘家～(在山东省烟台).马草～(在山东省荣成).

邝(鄺) kuàng ㄎㄨㄤˋ 姓。

圹(壙) kuàng ㄎㄨㄤˋ ❶墓穴。❷旷野。[圹埌](—làng)形容原野一望无际的样子。

纩(纊) kuàng ㄎㄨㄤˋ 丝绵絮。

旷(曠) kuàng ㄎㄨㄤˋ ❶空阔(⊛空—)：～野.地～人稀.[旷世]当代没有能够相比的：～～功勋.❷心境阔大：心～神怡.～达.❸荒废,耽搁：～工.～课.～日持久.

矿(礦、*鑛) kuàng ㄎㄨㄤˋ (旧读 gǒng)❶矿物,蕴藏在地层中的自然物质：铁～.煤～.油～.❷开采矿物的场所：～井.～坑.下～.

况(*況) kuàng ㄎㄨㄤˋ ❶情形：近～.❷比,譬：以古～今.❸文言连词,表示更进一层：～仓卒吐言,安能皆是? 此事成人尚不能为,～幼童乎?[况且]连词,表示更进一层：这本书内容很好,～～也很便宜,买一本吧.[何况]连词,表示反问:小孩都能办到,～～我呢?

贶 kuàng ㄎㄨㄤ 赐,赠。

框 kuàng ㄎㄨㄤ ❶门框,安门的架子。(图见124页)❷(一子、一儿)镶在器物外围有撑架作用或保护作用的东西:镜～儿.眼镜～子.❸(一儿)周围的圈儿.㊀原有的范围,固有的格式:不要有～～儿.❹加框:把这几个字～起来.❺限制,约束:不要～得太严,要有灵活性.

眶 kuàng ㄎㄨㄤ (一子、一儿)眼的四周:眼～子发青.眼泪夺～而出.

KUI ㄎㄨㄟ

亏(虧) kuī ㄎㄨㄟ ❶缺损,折(shé)耗:月有盈～(圆和缺).气衰血～.营业～本.㊀1.缺少,缺,欠:功～一篑.～秤.理～.2.损失:吃～(受损失).[亏空](—kong)所欠的钱物:弥补～～.❷亏负,对不起:～心.人不～地,地不～人.❸多亏,幸而:～了你提醒我,我才想

起来.❹表示讥讽:～你还学过算术,连这么简单的账都不会算.

刲 kuī ㄎㄨㄟ 割。

岿(巋) kuī ㄎㄨㄟ 高大:～然不动.

悝 kuī ㄎㄨㄟ 用于人名。李悝,战国时政治家。

盔 kuī ㄎㄨㄟ ❶作战时用来保护头的帽子,多用金属制成:～甲.钢～.❷盆子一类的器皿:瓦～.

窥(*闚) kuī ㄎㄨㄟ 从小孔、缝隙或隐蔽处偷看:～探.～伺.～见真相.管～蠡测(喻见识浅陋,看不清高深的道理).

奎 kuí ㄎㄨㄟ 星宿名,二十八宿之一。

喹 kuí ㄎㄨㄟ [喹啉](—lín)有机化合物,分子式 $C_6H_4(CH)_3N$,无色油状液体,有特殊臭味.工业上供制药和制染料。

蝰 kuí ㄎㄨㄟ 蝰蛇,一种毒蛇,生活在森林或草地里。

逵 kuí ㄎㄨㄟ 通各方的道路。

馗 kuí ㄎㄨㄟ 同"逵"。

隗 ㊁ kuí ㄎㄨㄟˊ 姓。
㊀ wěi 见501页。

魁 kuí ㄎㄨㄟˊ ❶为首的(㊔—首):罪~祸首.❷大:身~力壮.[魁梧][魁伟]高大(指身体)。❸魁星,北斗七星中第一星。又第一星至第四星的总称。

揆 kuí ㄎㄨㄟˊ ❶揆度(duó),揣测:~情度理.❷道理,准则。❸掌管:以~百事.㊓旧称总揽政务的人,如宰相、内阁总理等:阁~.

葵 kuí ㄎㄨㄟˊ 植物名。1.向日葵,一年生草本植物,花序盘状,花常向日。种子可吃,又可榨油。2.蒲葵,常绿乔木。叶可做蒲扇。

骙 kuí ㄎㄨㄟˊ [骙骙]形容马强壮。

睽 kuí ㄎㄨㄟˊ 隔离(㊔—违、—离)。

暌 kuí ㄎㄨㄟˊ ❶违背不合。❷同"睽"。
[暌暌]张大眼睛注视:众目~~.

夔 kuí ㄎㄨㄟˊ ❶古代传说中一种奇异的动物,似龙,一足。❷夔州,古地名,今重庆市奉节。

傀 kuǐ ㄎㄨㄟˇ [傀儡](—lěi)木偶戏里的木头人。㊕徒有虚名,无自主权,受人操纵的人或组织:~~政府.

跬 kuǐ ㄎㄨㄟˇ 古代称半步,一只脚迈出的距离,相当于今天的一步:~步不离.

匮 kuì ㄎㄨㄟˋ 缺乏(㊔—乏)。〈古〉又同"柜"(guì)。

蒉 kuì ㄎㄨㄟˋ 古时用草编的筐子。

馈(*餽) kuì ㄎㄨㄟˋ 馈赠,赠送。

溃 ㊀ kuì ㄎㄨㄟˋ ❶溃决,大水冲开堤岸。❷散乱,垮台:~散.敌军~败.~不成军.经济崩~.[溃围]突破包围。❸肌肉组织腐烂:~烂.[溃疡](—yáng)黏膜或表皮坏死而形成的缺损。
㊁ huì 见201页。

愦 kuì ㄎㄨㄟˋ 昏乱,糊涂(㊔昏—)。

䙡 kuì ㄎㄨㄟˋ〈方〉❶(—儿)用绳子、带子等拴成的结:活~儿.死~儿.❷拴,系(jì):~个䙡儿.把牲口~上.

聩 kuì ㄎㄨㄟˋ 耳聋:昏~(比喻不明事理).发聋振~(比喻用语言文字等方式唤醒愚昧麻木的人).

篑 kuì ㄎㄨㄟˋ 古时盛土的筐子:功亏一~.

K

喟 kuì ㄎㄨㄟ 叹气:感～.～叹.

愧(＊媿) kuì ㄎㄨㄟ 羞惭(連惭—):问心无～.他真不～是劳动模范.

KUN ㄎㄨㄣ

坤(＊堃) kūn ㄎㄨㄣ ❶八卦之一,符号是"☷",代表地。❷称女性的:～鞋.～车.
注:"堃"多用于人名。

昆(❹＊崑) kūn ㄎㄨㄣ ❶众多.[昆虫]节肢动物的一类,身体分头、胸、腹三部分,有三对足.蜂、蝶、蚤、蝗等都属昆虫类.❷子孙,后嗣:后～.❸哥哥:～弟.～仲.❹[昆仑]山脉名,西起帕米尔高原,分三支向东分布。

琨 kūn ㄎㄨㄣ 一种玉。

焜 kūn ㄎㄨㄣ 明亮。

鹍(＊＊鵾) kūn ㄎㄨㄣ [鹍鸡]古书上说的一种像鹤的鸟。

锟 kūn ㄎㄨㄣ [锟铻](—wú)宝刀和宝剑名。

醌 kūn ㄎㄨㄣ 一类有机化合物。含有两个双键的六元环状二酮(含两个羰基)结构。在维生素K和许多染料中有醌和它的衍生物。

鲲 kūn ㄎㄨㄣ 传说中的一种大鱼。

裈 kūn ㄎㄨㄣ 古代称裤子为裈。

髡(＊＊髨) kūn ㄎㄨㄣ 古代剃去头发的刑罚。

捆(＊綑) kǔn ㄎㄨㄣ ❶用绳等缠紧、打结:把行李～上.❷(—子、—儿)量词,用于捆在一起的东西:一～儿柴火.一～儿竹竿.一～报纸.

阃 kǔn ㄎㄨㄣ ❶门槛,门限。❷妇女居住的内室。

悃 kǔn ㄎㄨㄣ 诚实,诚心。

壸(壺) kǔn ㄎㄨㄣ 宫里面的路。

困(❸❹睏) kùn ㄎㄨㄣ ❶陷在艰难痛苦里面:为病所～.㉖包围住:把敌人～在城里.❷穷苦,艰难:～难.～境.❸疲乏,困倦:孩子～了,该睡觉了.❹〈方〉睡:～觉.

KUO ㄎㄨㄛ

扩（擴） kuò ㄎㄨㄛ 放大，张大：～音器．～充机构．～大范围．

括 ⊖ kuò ㄎㄨㄛ ❶扎，束：～发(fà)．～约肌(在肛门、尿道等靠近开口的地方，能收缩、扩张的肌肉)．❷包容(⊛包—)：总～．

⊜ guā 见162页。

适 ⊖ kuò ㄎㄨㄛ 古同"𨓈"。

⊜ shì 见444页。

蛞 kuò ㄎㄨㄛ [蛞蝼](—lóu)蝼蛄。[蛞蝓](—yú)一种软体动物，身体像蜗牛，但没有壳，吃蔬菜或瓜果的叶子，对农作物有害。

𨓈 kuò ㄎㄨㄛ 疾速。多用于人名。

阔（＊濶） kuò ㄎㄨㄛ ❶面积或范围宽广(⊛广—)：广～天地．高谈论．⊝时间或距离长远：～别．❷富裕的，称财产多生活奢侈的：～气．～人。

廓 kuò ㄎㄨㄛ ❶物体的外缘：轮～．耳～．❷空阔：寥～．❸扩大。

[廓清]肃清，清除：～～道路上的障碍．残匪已经～～．

L ㄌ

LA ㄌㄚ

垃 lā ㄌㄚ [垃圾](—jī)脏土或扔掉的破烂东西。

拉 ⊖ lā ㄌㄚ ❶牵，扯，拽：～车．把渔网～上来．⊝1.使延长：～长声儿．2.拉拢，联络：～关系．[拉倒](—dǎo)算了，作罢：他不来～～．[拉杂]杂乱，没条理。❷排泄粪便：～屎．❸用车运：～货．～肥料．❹帮助：他有困难，应该～他一把．❺牵累，牵扯：一人做事一人当，不要～上别人．❻使某些乐器发出声音：～小提琴．～二胡．❼闲谈：～话．～家常．❽(la)放在某些动词后面，构成复合词。如：扒拉、趿拉、拨拉等。

[拉祜族](—hù—)我国少数民族，参看附表。

[拉美]指拉丁美洲，美国以南的美洲地区。

⊜ lá 见274页。

啦 ⊖ lā ㄌㄚ 拟声词：呼～～．哇～乱叫．叽哩呱～．

⊜ la 见274页。

邋　lā ㄌㄚ　[邋遢](-ta)不利落,不整洁:他收拾得很整齐,不像过去那样～～了.

旯　lá ㄌㄚ　见140页"旮"字条"旮旯"(gā-)。

拉　㊂lá ㄌㄚ　割,用刀把东西切开一道缝或切断:～了一个口子.～下一块肉.
㊀lā 见273页。

砬(**礸)　lá ㄌㄚ 〈方〉砬子,大石块.多用于地名.

剌　㊀lá ㄌㄚ　划破,割开,同"拉"(lá)。
㊁là 见274页。

喇　lǎ ㄌㄚ　[喇叭](-ba)1.一种管乐器. 2.像喇叭的东西:汽车～～.扩音～～.[喇嘛](-ma)〈藏〉蒙、藏佛教的僧侣,原义为"上人"。

剌　㊁là ㄌㄚ 〈古〉违背常情、事理,乖张:乖～.～谬.
㊀lá 见274页。

癞(**鬎)　là ㄌㄚ [癞痢](-lì)〈方〉秃疮,生在人头上的皮肤病.

辣　là ㄌㄚ ❶姜、蒜、辣椒等的味道.㊷凶狠,刻毒:毒～.心狠手～.❷辣味刺激:～眼睛.

落　㊂là ㄌㄚ　丢下,遗漏:丢三～四.～了一个字.大家走得快,把他～下了.
㊀luò 见318页。
㊁lào 见281页。

腊(臘)　㊀là ㄌㄚ ❶古代在夏历十二月举行的一种祭祀.㊷夏历十二月:～八(夏历十二月初八).～肉(腊月或冬天腌制后风干或熏干的肉).❷姓.
㊁xī 见512页。

蜡(蠟)　㊀là ㄌㄚ ❶动物、植物或矿物所产生的某些油质,具有可塑性,易熔化,不溶于水,如蜂蜡、白蜡、石蜡等.❷蜡烛,用蜡或其他油脂制成的照明的东西,多为圆柱形,中心有捻,可以燃点.
㊁zhà 见607页。

镴　là ㄌㄚ 锡和铅的合金,可以焊接金属器物.也叫"白镴"或"锡镴"。

啦　㊀la·ㄌㄚ 助词,"了"(le)"啊"(a)合音,作用大致和"了"(le)❷接近,但感情较为强烈:他已经来～.他早就走～.
㊀lā 见273页。

鞡　la·ㄌㄚ 见509页"靰"字条"靰鞡"(wù-)。

LAI　ㄌㄞ

来(來) lái ㄌㄞ ❶由另一方面到这一方面,跟"去"、"往"相对:我～北京三年了. ～信. ～源. [来往]交际. ❷表示时间的经过. 1.某一个时间以后:自古以～. 从～. 向～. 这一年～他的进步很大. 2.现在以后:未～. ～年(明年). ❸表示约略估计的数目,将近或略超过某一数目:十～个. 三米～长. 五十～岁. ❹做某一动作(代替前面的动词):再～一个! 这样可～不得! 我办不了,你～吧! 我们打球,你～不～? ❺在动词前,表示要做某事:我～问你. 大家～想想办法. 我～念一遍吧! ❻在动词后,表示曾经做过:昨天开会你跟谁辩论～? 这话我哪儿说～? [来着](-zhe)助词,用于句尾,表示曾经发生过什么事情:刚才我们在这儿开会～～. 我昨天上天津去～～. ❼在动词后,表示动作的趋向:一只燕子飞过～. 大哥托人捎～了一封信. 拿～. 进～. 上～. ❽表示发生,出现:房屋失修,夏天一下暴雨,麻烦就～了. 问题～了. 困难～了. ❾助词,在数词"一"、"二"、"三"后,表示列举:一～领导正确,二～自己努力,所以能胜利地完成任务. ❿助词,诗歌中间用作衬字,或为了声音规律配合的音节:正月里～是新春.

莱(萊) lái ㄌㄞ 藜. [莱菔](-fú)萝卜.

崃(崍) lái ㄌㄞ 见402页"邛"字条"邛崃"(qióng-).

徕(徠) lái ㄌㄞ [招徕]把人招来:～～顾客.

涞(淶) lái ㄌㄞ [涞水][涞源]地名,都在河北省.

梾(棶) lái ㄌㄞ [梾木]落叶乔木,花黄白色,核果椭圆形. 种子可榨油. 木材坚硬、细致.

铼(錸) lái ㄌㄞ 一种金属元素,符号Re,可用来制电灯灯丝,化学上用作催化剂.

赉(賚) lài ㄌㄞ 赐,给.

睐(睞) lài ㄌㄞ ❶瞳人不正. ❷看,向旁

边看:青～(指对人的喜欢或重视).

赖 lài ㄌㄞˋ ❶依赖,仗恃,倚靠:倚～.任务的提前完成有～于大家的共同努力.❷抵赖,不承认以前的事:事实俱在,～是～不掉的.❸诬赖,硬说别人有过错:自己做错了,不能～别人.❹怪罪,责备:学习不进步只能～自己不努力.❺不好,劣,坏:今年庄稼长得真不～.❻留在某处不肯离开:～着不走.每天～在家里,什么也不干.

濑 lài ㄌㄞˋ 流得很急的水。

癞 lài ㄌㄞˋ ❶癞病,即麻风。❷像生了癞的。1.因生癣疥等皮肤病而毛发脱落的:～狗.2.表皮凹凸不平或有斑点的:～蛤蟆.～瓜.

籁 lài ㄌㄞˋ 古代的一种箫。⟨喻⟩孔穴里发出的声音,泛指声音:万～俱寂.

LAN　ㄌㄢ

兰(蘭) lán ㄌㄢˊ 植物名。1.兰花,常绿多年生草本植物,丛生,叶子细长,花味清香.有草兰、建兰等多种.2.兰草,多年生草本植物,叶子卵形,边缘有锯齿.有香气,秋末开花,可供观赏.

拦(攔) lán ㄌㄢˊ 遮拦,阻挡,阻止(叠一挡、阻一):～住他,不要让他进来.

栏(欄) lán ㄌㄢˊ ❶遮拦的东西:木～.花～.[栏杆]用竹、木、金属或石头等制成的遮拦物,也作"阑干":桥～～.❷养家畜的圈(juàn):牛～.❸书刊报章在每版或每页上用线条或空白分成的各个部分:新闻～.广告～.每页分两～.❹表格中分项的格子:前三～.备注～.❺专门用来张贴布告、报纸等的地方:报～.宣传～.

岚 lán ㄌㄢˊ 山中的雾气。

婪 lán ㄌㄢˊ 贪爱财物(叠贪一):贪～成性.

阑 lán ㄌㄢˊ ❶同"栏❶"。[阑干]1.纵横交错,参差错落:星斗～～.2.同"栏杆".❷同"拦".❸尽,晚:夜～人静.[阑珊]衰落,衰残.[阑入]进入不应进去的地方,混进。

谰 lán ㄌㄢˊ 抵赖,诬陷:驳斥侵略者的无耻～言.

澜 lán ㄌㄢˊ 大波浪,波浪
(鿌波—):力挽狂～.推
波助～.

澜 lán ㄌㄢˊ 见13页"斑"字
条"斑斓"(bān—)。

镧 lán ㄌㄢˊ 一种金属元素,
符号 La,银白色,有延展
性,在空气中燃烧发光。可制
合金,又可做催化剂。

襕 lán ㄌㄢˊ 古代一种上下
衣相连的服装。

蓝(藍) lán ㄌㄢˊ ❶蓼
(liǎo)蓝,一年生
草本植物,秋季开花,花落后
结三棱形小果。从叶子提制
的靛青可做染料,叶可入药。
❷用靛青染成的颜色,像晴天
天空那样的颜色。[蓝本]著
作所根据的原本。[蓝领]一
般指从事生产、维修等体力劳
动的工人。

褴(襤) lán ㄌㄢˊ [褴褛]
(*蓝缕)(—lǚ)
衣服破烂。

篮(籃) lán ㄌㄢˊ (—子、
—儿)用藤、竹、柳
条等编的盛(chéng)东西的
器具,上面有提梁:菜～子.网
～.

览(覽) lǎn ㄌㄢˇ 看,阅
(鿌阅—):游～.
博～群书.一～表.

揽(攬、**擥) lǎn ㄌㄢˇ
❶把持:
大权独～.❷拉到自己这方面
或自己身上来:包～.～生意.
推功～过.❸搂,捆:母亲把孩
子～在怀里.用绳子把柴火～
上点儿.

缆(纜) lǎn ㄌㄢˇ ❶系船
用的粗绳子或铁
索(鿌—绳):解～(开船).⑤
许多股绞成的粗绳:钢～.[电
缆]用于电信或电力输送的导
线,通常由一束相互绝缘的金
属导线构成。❷用绳子拴
(船):～舟.

榄(欖) lǎn ㄌㄢˇ 见144页
"橄"字条"橄榄"
(gǎn—)。

罱 lǎn ㄌㄢˇ ❶捕鱼或捞水
草、河泥的工具。❷用罱
捞:～河泥肥田.

漤(**灠) lǎn ㄌㄢˇ ❶把
柿子放在热
水或石灰水里泡几天,去掉涩
味。❷用盐腌(菜),除去生
味。

壈 lǎn ㄌㄢˇ [坎壈]困顿,不
得志。

懒(*嬾) lǎn ㄌㄢˇ ❶怠
惰,不喜欢工作
(鿌—惰):～汉.好吃～做要
不得.[懒得](—de)不愿意,

厌烦:我都～～说了.❷疲惫,困乏:浑身发～.

烂(爛) làn ㄌㄢ ❶因过熟而变得松软:稀粥～饭.蚕豆煮得真～.㉠程度极深的:台词背得～熟.❷东西腐坏(叠腐—):桃和葡萄容易～.㉡崩溃,败坏:敌人一天天～下去,我们一天天好起来.❸破碎(叠破—):破铜～铁.～纸.衣服穿～了.❹头绪乱:～摊子.

[烂漫](*烂熳、烂缦)1.色彩鲜明美丽:山花～～.2.坦率自然,毫不做作:天真～～.

滥(濫) làn ㄌㄢ ❶流水漫溢:解放前黄河时常泛～.[滥觞](—shāng)㊀事物的起源。❷不加选择,不加节制:～交朋友.～用.宁缺毋～.㉠浮泛不合实际:陈词～调.

LANG ㄌㄤ

唥 lāng ㄌㄤ 见85页"当"字条"当唥"(dāng—)。

郎 ㊀ láng ㄌㄤ ❶对年轻男子的称呼:～才女貌.㉠对某种人的称呼:货～.放牛～.❷女子称情人或丈夫:情～.～君.❸古代官名:侍～.[郎中]1.〈方〉医生。2.古官名。❹姓。

㊁ làng 见279页。

廊 láng ㄌㄤ ❶(—子)走廊,有顶的过道:游～.长～.❷(—子)廊檐,房屋前檐伸出的部分,可避风雨,遮太阳。

嫏 láng ㄌㄤ [嫏嬛](—huán)即琅嬛,神话中天帝藏书的地方。

榔 láng ㄌㄤ [榔头](—tou)锤子。

[榔槺](—kang)器物长(cháng)、大、笨重,用起来不方便。

锒 láng ㄌㄤ [锒头]旧同"榔头"。

螂(*蜋) láng ㄌㄤ 见471页"螳"字条"螳螂"(táng—)、393页"蜣"字条"蜣螂"(qiāng—)、611页"蟑"字条"蟑螂"(zhāng—)、319页"蚂"字条"蚂螂"(mālang)。

狼 láng ㄌㄤ 一种野兽,很像狗,嘴尖,耳直立,尾下垂,毛黄灰或黄褐色。性狡猾凶狠,昼伏夜出,能伤害人畜。[狼狈]1.倒霉或受窘的样子:～～不堪.2.勾结起来(共同做坏事):～～为奸.[狼烟]古代报警的烽火,据说用狼粪燃烧。❷战火：～～四起.

阆 ㊀láng ㄌㄤ 见258页"阆"字条"阆阆"(kāng—).

㊁ làng 见279页。

琅(*瑯) láng ㄌㄤ ❶一种玉。[琅玕](—gān)像珠子的美石。[琅琅]拟声词，金石相击的声音或响亮的读书声：书声～～. ❷洁白。

锒 láng ㄌㄤ [锒铛](—dāng)1.铁锁链。2.形容金属撞击的声音。

稂 láng ㄌㄤ 古书上指狼尾草。

朗 lǎng ㄌㄤ ❶明朗，明亮，光线充足：晴～. 豁(huò)然开～. 天～气清. ❷声音清楚、响亮：～诵. ～读.

塱(**塱) lǎng ㄌㄤ [元塱]地名，在香港。今作"元朗"。

㮾 lǎng ㄌㄤ [㮾梨]地名，在湖南省长沙县。

㮾 lǎng ㄌㄤ 明朗。

郎 ㊀làng ㄌㄤ [屎壳郎](—ke—)见393页"蜣"字条"蜣螂"(qiānglán).

㊁ láng 见278页。

埌 làng ㄌㄤ 见269页"圹"字条"圹埌"(kuàng—).

莨 làng ㄌㄤ [莨菪](—dàng)多年生草本植物，开黄褐色微紫的花，全株有黏性腺毛，并有特殊臭味。有毒。根、茎、叶可入药。

崀 làng ㄌㄤ [崀山]地名，在湖南省新宁。

阆 ㊀làng ㄌㄤ [阆中]地名，在四川省。

㊁ láng 见279页。

浪 làng ㄌㄤ ❶大波(魯波—)：海～打在岩石上. ❷像波浪起伏的东西：声～. 麦～. ❸放纵：～游. ～费.

蒗 làng ㄌㄤ [宁蒗](níng—)彝族自治县，在云南省。

LAO ㄌㄠ

捞(撈) lāo ㄌㄠ ❶从液体里面取东西：～鱼. ～面. 打～. ❷用不正当的手段取得：～一把.

劳(勞) láo ㄌㄠ ❶劳动，人类创造物质或精神财富的活动：按～分配. 不～而获. ❷疲劳，辛苦：任～任怨. ❸烦劳。[劳驾]请人帮助的客气话：～～开门. ❹慰劳，用言语或实物慰问：～军. ❺功勋：汗马之～.

唠(嘮) ⊖ láo ㄌㄠˊ [唠叨](—dao)没完没了地说,絮叨:人老了就爱～～.

⊖ lào 见281页。

崂(嶗) láo ㄌㄠˊ 崂山,山名,在山东省青岛。也作"劳山"。

锘(鐒) láo ㄌㄠˊ 一种人造的放射性元素,符号 Lr。

痨(癆) láo ㄌㄠˊ 痨病,中医指结核病,通常多指肺结核。

牢 láo ㄌㄠˊ ❶养牲畜的圈(juàn):亡羊补～(喻事后补救).㊀古代称做祭品的牲畜:太～(牛).少～(羊).❷监禁犯人的地方(㊀监—):坐～.❸结实,坚固:～不可破.～记党的教导.

[牢骚](—sao)烦闷不满的情绪:发～～.

醪 láo ㄌㄠˊ ❶浊酒。[醪糟]江米酒。❷醇(chún)酒。

老 lǎo ㄌㄠˇ ❶年岁大,时间长。1. 跟"少"、"幼"相对:～人. 敬辞:吴～.范～. 2. 陈旧的:～房子. 3. 经历长,有经验:～手.～干部. 4. 跟"嫩"相对:～笋.菠菜～了.～绿. 5.

副词,长久:～没见面了. 6. 副词,经常,总是:人家怎么～能提前完成任务呢? 7. 原来的:～家.～脾气.～地方.❷副词,极,很:～早.～远.❸排行(háng)在末了的:～儿子.～妹子.❹词头. 1. 加在称呼上:～弟.～师.～张. 2. 加在兄弟姊妹次序上:～大.～二. 3. 加在某些动植物名词上:～虎.～鼠.～玉米.

佬 lǎo ㄌㄠˇ 成年男子(含轻视意):阔～.乡巴～.

荖 lǎo ㄌㄠˇ [荖浓溪]水名,在台湾省。

姥 ⊖ lǎo ㄌㄠˇ [姥姥][老老](—lao)1. 外祖母. 2.旧时接生的女人。

⊖ mǔ 见344页。

栳 lǎo ㄌㄠˇ 见259页"栲"字条"栲栳"(kǎo—)。

铑 lǎo ㄌㄠˇ 一种金属元素,符号 Rh,银白色,质地很坚硬,不受酸的侵蚀,用于制催化剂。铂铑合金可制热电偶。

潦 ⊖ lǎo ㄌㄠˇ ❶雨水大。❷路上的流水,积水。

⊖ liáo 见296页。

络 ⊖ lào ㄌㄠˋ 同"络⊖❶",用于一些口语词。[络子](—zi)1.用线绳结成的网状袋子。2.绕线等的器具。

㊀ luò 见318页。

烙 ㊀ lào ㄌㄠˋ ❶用器物烫、熨:～铁(tiě).～衣服.[烙印]在器物上烧成的做标记的印文.㊅不易磨灭的痕迹:时代～～.❷放在器物上烤熟:～饼.

㊁ luò 见318页。

落 ㊀ lào ㄌㄠˋ 同"落㊀",用于一些口语词,如"落炕"、"落枕"等。

㊁ luò 见318页。
㊂ là 见274页。

酪 lào ㄌㄠˋ ❶用动物的乳汁做成的半凝固食品:奶～.❷用果实做成的糊状食品:杏仁～.核桃～.

唠(嘮) ㊀ lào ㄌㄠˋ〈方〉说话,闲谈:来,咱们～一～.

㊁ láo 见280页。

涝(澇) lào ㄌㄠˋ 雨水过多,被水淹,跟"旱"相对:防旱防～.

耢(耮) lào ㄌㄠˋ ❶用荆条等编成的一种农具,功用和耙(bà)相似.也叫"耱"(mò)、"盖"或"盖擦".❷用耢平整土地。

嫪 lào ㄌㄠˋ 姓。

肋 ㊀ lē ㄌㄜ [肋脦](—de)(—te)(又)衣裳肥大,不整洁:瞧你穿得这个～～!

㊁ lèi 见283页。

仂 lè ㄌㄜ〈古〉余数。

叻 lè ㄌㄜ [石叻]我国侨民称新加坡.也叫"叻埠"。

泐 lè ㄌㄜ ❶石头被水冲击而成的纹理.❷同"勒㊀❹":手～(亲手写,旧时书信用语).

笒 lè ㄌㄜ ❶竹根儿.❷一种竹子。

勒 ㊀ lè ㄌㄜ ❶套在牲畜头上带嚼子的笼头.❷收住缰绳不使前进:悬崖～马.❸强制:～令.～索.❹刻:～石.～碑.

㊁ lēi 见282页。

簕 lè ㄌㄜ [簕竹]一种竹子。

鳓 lè ㄌㄜ 鳓鱼,又叫"鲞鱼"或"曹白鱼".背青灰色,腹银白色。

乐(樂) ㊀ lè ㄌㄜ ❶快乐,欢喜,快活:～趣.～事.～而忘返.❷乐于:～此不疲.[乐得]正好,正合心愿：～～这样做.❸（一子、一儿）使人快乐的事情：取～.逗～儿.❹笑：可～.把一屋子人都逗～了.你～什么?❺姓。

　㊀yuè 见 593 页。

了 ㊀le·ㄌㄜ 助词.❶放在动词或形容词后,表示动作或变化已经完成：买～一本书.水位低～两尺.❷用在句子末尾或句中停顿的地方,表示变化或出现新的情况。1.指明已经出现或将要出现某种情况：下雨～.明天就是星期日～.2.认识、想法、主张、行动等有变化：我现在明白他的意思～.他今年暑假不回家～.我本来没打算去,后来还是去～.3.随假设的条件转移：你早来一天就见着他～.4.催促或劝止：走～,走～,不能再等～! 算～,不要老说这些事～!

　㊀liǎo 见297页。

饹 le·ㄌㄜ 见180页"饸"字条"饸饹"(hé—)。

　　　　LEI　　ㄌㄟ

勒 ㊀lēi ㄌㄟ 用绳子等捆住或套住,再用力拉紧：～紧点,免得散(sǎn)了.

　㊀lè 见281页。

累（纍） ㊁léi ㄌㄟ ❶连缀或捆。[累累]连续成串：果实～～.[累赘](—zhui)多余的负担,麻烦：这事多～～.❷绳索。❸缠绕。

　㊀lěi 见283页。
　㊂lèi 见283页。

嫘 léi ㄌㄟ [嫘祖]人名,传说是黄帝的妃,发明了养蚕。

缧 léi ㄌㄟ [缧绁](—xiè)捆绑犯人的绳索。借指牢狱。

雷 léi ㄌㄟ ❶云层放电时发出的强大声音：打～.春～.[雷霆]震耳的雷声.㊀怒气或威力：大发～～.～万钧.[雷同]打雷时,许多东西同时响应.㊁随声附和,不该相同而相同。❷军事上用的爆炸武器：地～.鱼～.[雷达](外)利用无线电波的反射原理制成的探测装置。广泛应用在军事、航空、航海、气象等方面。

擂 ㊀léi ㄌㄟ ❶研磨：～钵(研东西的钵).❷打：～鼓.自吹自～(喻自我吹嘘).

　㊁lèi 见284页。

檑 léi ㄌㄟ 滚木,古代守城用的圆柱形的大木头,从城上推下打击攻城的人。

礌 léi ㄌㄟ 礌石,古代守城用的石头,从城上推下打击攻城的人。

镭 léi ㄌㄟ 一种放射性元素,符号 Ra,银白色,有光泽,质软,能慢慢地蜕变成氡和氦,最后变成铅。医学上用镭来治癌症和皮肤病。

羸 léi ㄌㄟ 瘦:身体~弱.

罍 léi ㄌㄟ 古代一种形状像壶的盛(chéng)酒的器具。

耒 lěi ㄌㄟ 古代称犁上的木把(bà)。[耒耜](-sì)古代指耕地用的农具。

诔 lěi ㄌㄟ ❶古时叙述死者生平,表示哀悼的文章。❷做诔。

垒(壘) lěi ㄌㄟ ❶古代军中作防守用的墙壁:两军对~.深沟高~.❷把砖、石等重叠砌起来:~墙.把井口~高一些.

累(❶纍) ㊀ lěi ㄌㄟ ❶重叠,堆积:危如~卵.积年~月.[累累]1.屡屡。2.形容累积得多:罪行~~.[累进]照原数目多少而递增,如 2、4、8、16 等,原数越大,增加的数也越大:~~率.~~税.❷连累:~及.受~.牵~.~你操心.

㊁ lèi 见283页。

㊂ léi 见282页。

磊 lěi ㄌㄟ 石头多。[磊落]心地光明坦白。

蕾 lěi ㄌㄟ 花骨朵,含苞未放的花:蓓~.花~.

傀 lěi ㄌㄟ 见271页"傀"字条"傀儡"(kuǐ-)。

肋 ㊀ lèi ㄌㄟ 胸部的两旁:两~.~骨.

㊁ lē 见281页。

泪(*淚) lèi ㄌㄟ 眼泪。

类(類) lèi ㄌㄟ ❶种,好多相似事物的综合(旧读-):分~.~型.以此~推.❷类似,好像:画虎~犬.❸大率:~多如此.

颣 lèi ㄌㄟ 缺点,毛病。

累 ㊀ lèi ㄌㄟ ❶疲乏,过劳:我今天~了!❷使疲劳:别~着他.

㊁ lěi 见283页。

㊂ léi 见282页。

酹 lèi ㄌㄟ 把酒洒在地上表示祭奠。

擂　㊀ lèi ㄌㄟˋ 擂台,古时候比武的台子:摆～.打～.
㊁ léi 见282页。

嘞　lei·ㄌㄟ 助词,跟"喽"(lou)相似:雨不下了,走～!

LENG　ㄌㄥ

塄　léng ㄌㄥˊ 田地边上的坡子。也叫"地塄"。

楞　léng ㄌㄥˊ 同"棱"。

嶒　léng ㄌㄥˊ líng ㄌㄧㄥˊ （又）[嶒嶒](－céng)形容山高。

棱(*稜)　㊀ léng ㄌㄥˊ (－子、－儿)❶物体上不同方向的两个平面接连的部分:见～见角.❷物体表面上的条状突起部分:瓦～.搓板的～儿。
㊁ líng 见302页。

冷　lěng ㄌㄥˇ ❶温度低,跟"热"相对(圈寒－):昨天下了雪,今天真～.❷寂静,不热闹:～清清.～落.❸生僻,少见的(圈－僻):～字.～货(不流行或不畅销的货物).❹不热情,不温和:～脸子.～言～语.～酷无情.[冷静]不感情用事:头脑应该～～.[冷笑]含有轻蔑、讥讽的笑。❺突然,意料以外的:～不防.～枪.

塄　lèng ㄌㄥˋ [长塄]地名,在江西省新建。

睖　lèng ㄌㄥˋ [睖睁](－zheng)眼睛发直,发愣。

愣　lèng ㄌㄥˋ ❶呆,失神:两眼发～.吓得他一～.❷鲁莽,说话做事不考虑对不对:～头～脑.他说话做事太～.㊂蛮,硬,不管行得通行不通:～干.明知不对,他～那么说。

LI　ㄌㄧ

哩　㊀ lī ㄌㄧ [哩哩啦啦]形容零零散散或断断续续的样子:瓶子漏了,～～～～地洒了一地.雨～～～～下了一天.
㊁ li 见291页。
㊂ lǐ 见286页。

丽(麗)　㊀ lí ㄌㄧˊ [高丽]1.我国古族名,古国名。又称"高句(gōu)丽"。2.朝鲜半岛历史上的王朝,即王氏高丽。[丽水]地名,在浙江省。
㊁ lì 见289页。

骊（驪） lí ㄌㄧˊ 纯黑色的马。

鹂（鸝） lí ㄌㄧˊ [黄鹂]鸟名。羽毛黄色，从眼边到头后部有黑色斑纹。叫的声音很好听。也叫"黄莺"。

鲡（鱺） lí ㄌㄧˊ 见 323 页"鳗"字条"鳗鲡"（mán—）。

厘（*釐） lí ㄌㄧˊ ❶法定计量单位中十进分数单位词头之一，表示 10^{-2}，符号 c。❷计量单位名，10 厘是 1 分。1.市制长度，1 厘约合 0.333 毫米。2.市制地积，1 厘约合 6.667 平方米。3.市制重量，1 厘合 50 毫克。4.币制，10 厘是 1 分。❸利率，年利率（lǜ）一厘按百分之一计，月利率一厘按千分之一计。❹治理，整理：～正。～定。

喱 lí ㄌㄧˊ 见140页"咖"字条"咖喱"（gā—）。

狸 lí ㄌㄧˊ （一子）哺乳动物，又叫"山猫"，毛棕黄色，有黑色斑纹。毛皮可制衣物。

离（離） lí ㄌㄧˊ ❶相距，隔开（逾距－）：北京～天津一百多公里。～国庆节很近了。❷离开，分开，分别：～家。～婚。～散。[离间]（－jiàn）从中挑拨，使人不团结。[离子]原子或原子团失去或得到电子后叫作离子。失去电子的带正电，叫作正离子或阳离子；得到电子的带负电，叫作负离子或阴离子。❸缺少：发展工业～不了钢铁。❹八卦之一，符号是"☲"，代表火。
[离奇]奇怪的，出乎意料的。

蓠（蘺） lí ㄌㄧˊ [江蓠]红藻的一种，暗红色，分枝不规则。生在浅海湾中。可用来制造琼脂。

漓（②灕） lí ㄌㄧˊ ❶见299页"淋"字条"淋漓"（lín—）。❷漓江，水名，在广西壮族自治区桂林。

缡（**褵） lí ㄌㄧˊ 古时妇女的佩巾：结～（古时指女子出嫁）。

篱（籬） lí ㄌㄧˊ 篱笆，用竹、苇、树枝等编成的障蔽物：竹～茅舍。

醨 lí ㄌㄧˊ 味淡的酒。

梨（*棃） lí ㄌㄧˊ 梨树，落叶乔木，花五瓣，白色。果实叫梨。

犁(*犛) lí ❶耕地的农具。❷用
犁耕:用新式犁～地.

嫠 lí 寡妇:～妇.

釐 lí (又)见59页chí。

黎 lí 众:～民.～庶.
[黎明]天刚亮的时候。
[黎族]我国少数民族,参看附表。

藜(❷*藜) lí ❶一年生草本植物,开黄绿色花,嫩叶可吃。茎长(zhǎng)老了可以做拐杖。[藜藿]藜和藿都是野菜,泛指粗劣的食物。❷见209页"蒺"字条"蒺藜"(jíli)。

黧 lí 黑里带黄的颜色。

罹 lí ❶遭受灾难或不幸:～难(nàn)。❷忧患,苦难。

蠡 ㊀lí 贝壳做的瓢:以～测海(喻见识浅薄).
㊁lǐ 见287页。

劙 lí 割开。

礼(禮) lǐ ❶由一定社会的道德观念和风俗习惯形成的为大家共同遵行的仪节:典～.婚～.❷表示尊敬的态度或动作:敬～.有～貌.㊂以礼相待:～贤下士.❸礼物,用来表示庆贺或敬意:五一献～.一份～.大～包.

李 lǐ 李(子)树,落叶乔木,春天开花,花白色。果实叫李子,熟时黄色或紫红色,可吃。

里(❹❺裏、❹❺*裡) lǐ ❶市制长度单位,1里为150丈,合500米。❷居住的地方:故～.返～.同～(现在指乡).❸街坊(古代五家为邻,五邻为里):邻～.～弄.❹(一子、一儿)衣物的内层,跟"表"、"面"相对:衣裳～儿.被～.鞋～子.箱子～儿.❺里面,内部,跟"外"相对:屋子～.手～.碗～.箱子～面.㊅一定范围以内:夜～.这～.哪～.[里手]1.(一儿)靠里的一边,靠左边。2.〈方〉内行。

俚 lǐ 民间的,通俗的:～歌.～语.

哩 ㊀lǐ 也读作yīnglǐ。英美制长度单位名,1哩等于5 280呎,合1 609米。

现写作"英里"。

㊀ lī 见291页。

㊂ lǐ 见284页。

浬 lǐ ㄌㄧ 也读作 hǎilǐ。计量海洋上距离的长度单位,1浬合1852米。现写作"海里"。符号 n mile,只用于航程。

娌 lǐ ㄌㄧ 见632页"妯"字条"妯娌"(zhóulǐ)。

理 lǐ ㄌㄧ ❶物质组织的条纹:肌～.木～.❷道理,事物的规律:讲～.合～.特指自然科学:～科.～学院.[理论]1.人们从实践中概括出来又在实践中证明了的关于自然界和人类社会的规律性的系统的认识:基础～～.2.据理争论:跟他～～一番.[理念]思想,观念.强调对目标、原则、方法等的认定和追求:投资～～.营销～～.[理性]把握了事物内在联系的认识阶段,也指判断和推理的能力.❸管理,办:～家.管～工厂.㊃整理,使整齐:～发.把书～一～.❹对别人的言语行动表示态度:答～.～睬.置之不～.[理会](－huì)1.注意:这两天只顾开会,也没～～这件事.2.领会:这个意思大家都能～～.

锂 lǐ ㄌㄧ 一种金属元素,符号 Li,银白色,质软,是金属中比重最轻的,可制合金。

鲤 lǐ ㄌㄧ 鲤鱼,生活在淡水中,体侧扁,嘴边有长短须各一对,肉可吃。

逦(邐) lǐ ㄌㄧ 见567页"迤"字条"迤逦"(yǐ—)。

澧 lǐ ㄌㄧ 澧水,水名,在湖南省北部,流入洞庭湖。

醴 lǐ ㄌㄧ 甜酒。

鳢 lǐ ㄌㄧ 鱼名,又叫"黑鱼"。身体圆筒形,头扁,背鳍和臀鳍很长。生活在淡水底层,可以养殖,但性凶猛,对其他鱼类有危害。

蠡 ㊀ lǐ ㄌㄧ 蠡县,地名,在河北省。

㊁ lí 见286页。

力 lì ㄌㄧ ❶力量,力气,动物筋肉的效能:身强～壮.㊀1.身体器官的效能:目～.脑～.2.一切事物的效能:电～.药～.浮～.说服～.生产～.❷用极大的力量,尽力:～战.据理～争.❸改变物体运动状态的作用叫力.力有三个要素,即力的大小、方向和作用点.

荔（＊茘）　lì ㄌㄧˋ ［荔枝］常绿乔木，果实也叫荔枝，外壳有疙瘩，果肉色白多汁，味甜美。

历（歷、❹曆、❹＊厤）　lì ㄌㄧˋ ❶经历，经过：～尽甘苦．～时十年．❷经过了的：～年．～代．～史．［历来］副词，从来，一向：中国人民～～就是勤劳勇敢的．［历历］一个一个很清楚的：～～在目．❸遍，逐一：～览．～访名家．❹历法，推算年、月、日和节气的方法：阴～．阳～．❺记录年、月、日、节气的书、表、册页：日～．～书．

坜（壢）　lì ㄌㄧˋ 坑。多用于地名：中～（在台湾省）．

苈（藶）　lì ㄌㄧˋ 见 482 页"葶"字条"葶苈"（tíng—）。

呖（嚦）　lì ㄌㄧˋ ［呖呖］拟声词：～～莺声．

岦（嶨）　lì ㄌㄧˋ ［岦崌山］（—jū—）山名，在江西省乐平。

沥（瀝）　lì ㄌㄧˋ ❶液体一滴一滴地落下：滴～．［沥青］蒸馏煤焦油剩下的黑色物质，可用来铺路。

［呕心沥血］形容费尽心思：为培养下一代～～～～．❷液体渗出来的点滴：余～．

枥（櫪）　lì ㄌㄧˋ 马槽：老骥伏～，志在千里．

疬（癧）　lì ㄌㄧˋ 见 317 页"瘰"字条"瘰疬"（luǒ—）。

雳（靂）　lì ㄌㄧˋ 见 370 页"霹"字条"霹雳"（pī—）。

厉（厲）　lì ㄌㄧˋ ❶严格，切实：～行节约．～禁．❷严厉，严肃：正言～色．❸凶猛．［厉害］［利害］（—hai）1.凶猛：老虎很～～．2.过甚，很：疼得～～．闹得～～．❹古同"砺"：秣马～兵．

励（勵）　lì ㄌㄧˋ 劝勉，奋勉：～志．奖～．

砺（礪）　lì ㄌㄧˋ ❶粗磨刀石。❷磨（mó）：砥～．

蛎（蠣）　lì ㄌㄧˋ 牡（mǔ）蛎，一种软体动物，身体长卵圆形，有两面壳，生活在浅海泥沙中，肉味鲜美。壳烧成灰，可入药。也叫"蚝"（háo）。

粝（糲）　lì ㄌㄧˋ 粗糙的米

疬(癧) lì ㄌㄧˋ ❶瘰疬。❷恶疮。

立 lì ㄌㄧˋ ❶站:～正.⑤竖着,竖起来:～柜.把伞～在门后头.[立场]1.认识和处理问题时所处的地位和所抱的态度.2.特指阶级立场:～～坚定.[立方]1.六面都是正方形的形体.2.数学上称一数自乘三次.[立体]几何学上称有长、宽、厚的形体.❷做出,定出.1.建立,设立:～碑.建～工厂.2.建树:～功.3.制定:～合同.4.决定:～志.❸存在,生存:自～.独～.❹立刻,立时,马上,即刻:～奏奇效.当机～断.

莅(*涖、*蒞) lì ㄌㄧˋ 到(⊛一临):～会.

粒 lì ㄌㄧˋ ❶(一儿)成颗的东西,细小的固体:米～儿.豆～儿.盐～儿.[粒子]构成物体的比原子核更简单的物质,包括电子、质子、中子、光子、介子、超子和各种反粒子等.❷量词,多用于小的东西:一～米.两～丸药.三～子弹.

笠 lì ㄌㄧˋ 斗笠,用竹篾等编制的遮阳挡雨的帽子.

吏 lì ㄌㄧˋ 旧时代的官员:贪官污～.

丽(麗) ㊀lì ㄌㄧˋ ❶好看,漂亮:美～.秀～.壮～.富～.风和日～.❷附着(⊛附一)。
㊁lí 见284页.

郦(酈) lì ㄌㄧˋ 姓

俪(儷) lì ㄌㄧˋ 相并的,对偶的:～词.～句(对偶的文辞).⑤指属于夫妇的:～影(夫妇的合影).

利 lì ㄌㄧˋ ❶好处,跟"害"、"弊"相对(⊛一益):这件事对人民有～.个人～益服从集体～益.❷使得到好处:毫不～己,专门～人.[利用]发挥人或事物的作用,使其对自己方面有利:废物～～.～～他的长处.～～这个机会.❸顺利,与主观的愿望相合:吉～.敌军屡战不～.❹利息,贷款或储蓄所得的子金:本～两清.放高～贷是违法的行为.❺利润:暴～.薄～多销.❻刀口快,针尖锐:～刃.～剑.～口(喻善辩).[利害]1.(一hài)利益和损害:不计～～.2.(一hai)同"厉害".[利落](一luo)[利索](一suo)1.爽快,敏捷:他做事很～～.2.整齐:东西收拾～～了.

俐 lì ㄌㄧˋ 见301页"伶"字条"伶俐"(líng—)。

莉 lì ㄌㄧˋ 见342页"茉"字条"茉莉"(mòli)。

猁 lì ㄌㄧˋ 见431页"猞"字条"猞猁"(shē—)。

痢(❷**瘌) lì ㄌㄧˋ ❶痢疾,传染病名,按病原体的不同,主要分成杆菌痢疾和阿米巴痢疾。症状是发烧、腹痛、粪便中有血液、脓或黏液。通常把粪便带血的叫赤痢,带脓或黏液的叫白痢。❷见274页"瘌"字条"瘌痢"(là—)。

例 lì ㄌㄧˋ ❶(一子)可以做依据的事物:举一个～子.史无前～.❷规定,体例:条～.发凡起～.[例外]不按规定的,和一般情况不同的:全体参加,没有一个～～.遇到～～的事就得灵活处理.❸合于某种条件的事例:病～.案～.❹按条例规定的,照成规进行的:～会.～行公事.

戾 lì ㄌㄧˋ ❶罪过。❷乖张,不顺从:乖～.暴～.❸〈古〉至:鸢(yuān)飞～天,鱼跃于渊.

唳 lì ㄌㄧˋ 鸟鸣:鹤～.

隶(隸、*隷) lì ㄌㄧˋ ❶附属,属于(⍟一属):直～中央.❷封建时代的衙役:～卒.❸隶书,汉字的一种字体,相传是秦朝程邈所创。❹旧时地位低下而被奴役的人:奴～.仆～.

栎(櫟) ㊀ lì ㄌㄧˋ 俗叫"柞(zuò)树"或"麻栎"。落叶乔木,花黄褐色,果实叫橡子或橡斗。木材坚硬,可制家具,供建筑用。树皮可鞣皮或做染料。叶子可喂柞蚕。另有一种栓皮栎,树皮质地轻软,富有弹性,是制造软木器物的主要原料。
㊁ yuè 见593页。

轹(轢) lì ㄌㄧˋ 车轮碾轧。⑯欺压。

砾(礫) lì ㄌㄧˋ 小石,碎石:砂～.瓦～.

跞(躒) ㊀ lì ㄌㄧˋ 走,跨越:骐骥一～,不能千里.
㊁ luò 见318页。

鬲(**䰞) ㊀ lì ㄌㄧˋ 古代炊具,形状像鼎而足部中空。
㊁ gé 见150页。

栗(❷*慄) lì ㄌㄧˋ ❶栗(子)树,落叶乔木,果实叫栗子,果仁味甜,可以吃。木材坚实,供建筑和制器具用,树皮可供鞣皮及染色用,叶子可喂柞蚕。❷发抖,因害怕或寒冷而肢体颤动:不寒而～.

傈 lì 为ì [傈僳族](—sù—)我国少数民族,参看附表。

溧 lì 为ì [溧水][溧阳]地名,都在江苏省。

篥 lì 为ì 见27页"觱"字条"觱篥"(bì—)。

詈 lì 为ì 骂:～骂.

哩 ⊖ li ·为ì 助词,同"呢⊖"。
⊖ lǐ 见286页。
⊜ lǐ 见284页。

蜊 li ·为ì 蛤蜊。参看149页"蛤"(gé)。

璃(*瓈) li ·为ì 见35页"玻"字条"玻璃"(bō—)、305页"琉"字条"琉璃"(liú—)。

俩(倆) ⊖ liǎ 为丫 两个(本字后面不能再用"个"字或其他量词):夫妇～.买～馒头.
⊜ liǎng 见295页。

奁(匳、*匲、*匲) lián 为弓 女子梳妆用的镜匣。[妆奁]嫁妆。

连 lián 为弓 ❶相接,连续(鱼—接):天～水,水～天.骨肉相～.～成一片.接～不断.～年.[连词]连接词、词组或句子的词,如"和"、"或者"、"但是"等。[连枷][连耞](—jiā)打谷用的农具。[连忙]副词,急忙:～～让坐.[连绵](*联绵)接续不断.[连夜]当天夜里赶着(做某事):～～赶造.❷带,加上(鱼—带):～说带笑.～根拔.～我一共三个人.❸介词,就是,即使(后边常用"都"、"也"跟它相应):他从前～字都不认得,现在会写信了.精耕细作,～荒地也能变成良田.❹军队的编制单位,是排的上一级。

莲 lián 为弓 多年生草本植物,生浅水中。叶子大而圆,叫荷叶。花有粉红、白色两种。种子叫莲子,包在倒圆锥形的花托内,合称莲蓬。地下茎叫藕。种子和地下茎都可以吃。也叫"荷"、"芙蕖"（fúqú）或"菡萏"（hàndàn）。

荷叶　莲花（荷花）

莲蓬

藕

莲

涟　lián ㄌㄧㄢˊ　❶水面被风吹起的波纹：～漪（yī）。❷泪流不止（叠）：泪～～.［涟洏］（—ér）形容涕泪交流。

鲢　lián ㄌㄧㄢˊ　鲢鱼，又叫"白鲢"。鳞细，腹部色白，体侧扁，肉可以吃。

怜（憐）　lián ㄌㄧㄢˊ　❶可怜，同情：同病相～.我们决不～惜坏人.❷爱：爱～.

帘（❷簾）　lián ㄌㄧㄢˊ　（—子、—儿）❶旧时店铺做标志的旗帜。❷用布、竹、苇等做的遮蔽门窗的东西。

联（聯）　lián ㄌㄧㄢˊ　❶联结，结合：工农～盟.～席会议.［联络］接洽，彼此交接。［联合国］1945年10月24日成立的国际组织。中国是创始国之一。总部设在美国纽约。联合国宪章规定，其主要宗旨为维护国际和平与安全，发展国际友好关系，促进经济文化等方面的国际合作。❷（—儿）对联，对子：上～.下～.挽～.春～.

廉　lián ㄌㄧㄢˊ　❶品行正，不贪污：～洁.清～.❷便宜，价钱低（④低—）：～价.❸察考，访查：～得其情.

濂　lián ㄌㄧㄢˊ　濂江，水名，在江西省南部。

臁　lián ㄌㄧㄢˊ　小腿的两侧：～骨.～疮.

镰（＊鎌）　lián ㄌㄧㄢˊ　镰刀，收割谷物和割草的农具。

蠊　lián ㄌㄧㄢˊ　见127页"蜚"字条"蜚蠊"（fěi—）。

琏　liǎn ㄌㄧㄢˇ　古代宗庙盛黍稷的器皿。

敛（斂）　liǎn ㄌㄧㄢˇ　❶收拢，聚集（④收—）：～足（收住脚步，不往前进）.～钱.❷约束，检束：～迹.

脸(臉) liǎn ㄌㄧㄢˇ（—儿）面孔，头的前部，从额到下巴。⑨1. 物体的前部：鞋～儿. 门～儿. 2. 体面，面子，颜面（⭕—面）：有错就承认，别怕丢～.

裣(襝) liǎn ㄌㄧㄢˇ ［裣衽］（—rèn）旧时指妇女行礼。

蔹(蘞) liǎn ㄌㄧㄢˇ 多年生蔓生草本植物，叶子多而细，有白蔹、赤蔹等。

练(練) liàn ㄌㄧㄢˇ ❶白绢：江平如～. ❷把生丝煮熟，使柔软洁白。❸练习，反复学习，多次地操作：～兵. ～本领. ❹经验多，精熟：～达. 老～. 熟～.

炼(煉, *鍊) liàn ㄌㄧㄢˇ ❶用火烧制：～钢. ～焦. ❷用心琢磨使精练：～字. ～句. ❸烹熬炮制：～乳.

恋(戀) liàn ㄌㄧㄢˇ 想念不忘，不忍舍弃，不想分开：留～. ～～不舍. ［恋爱］男女相爱。［恋栈］马舍不得离开马棚，喻贪恋禄位。

殓(殮) liàn ㄌㄧㄢˇ 装殓，把死人装入棺材里：入～. 大～.

潋(瀲) liàn ㄌㄧㄢˇ ［潋滟］（—yàn）水波相连的样子。

链(鏈, *鍊) liàn ㄌㄧㄢˇ ❶（—子、—儿）多指用金属环连套而成的索子：表～. 铁～. ❷英美制长度单位，1 链合 20.1168 米。

楝 liàn ㄌㄧㄢˇ 落叶乔木，花淡紫色，果实椭圆形，种子、树皮都可入药。

褴 lian ·ㄌㄧㄢˇ 见78页“褡”字条“褡褴”（dā—）。

LIANG ㄌㄧㄤ

良 liáng ㄌㄧㄤ ❶好（⭕——好、优—、善—）：～药. ～田. 品质优～. 消化不～. ❷很：～久. 获益～多.

粮(糧) liáng ㄌㄧㄤ ❶可吃的谷类、豆类等：食～. 杂～. ❷作为农业税的粮食：交公～.

踉 ㊀ liáng ㄌㄧㄤ ［跳踉］跳跃。
㊁ liàng 见295页。

凉(*涼) ㊀ liáng ㄌㄧㄤ 温度低（若指天气，比“冷”的程度浅）：饭～了. 立秋之后天气～了. ❷灰心或失望：听到这消息，我心里就～了.[凉快](—kuai)1.清凉爽快.2.乘凉:到外头～～～～去.

㊁ liàng 见295页.

椋 liáng ㄌ一ㄤ 椋子木,乔木,叶似柿叶,果实细圆形,生时青色,熟时黑色. 木质坚硬.

辌 liáng ㄌ一ㄤ 见503页"辒"字条"辒辌"(wēn—).

梁(❶—❹ *樑) liáng ㄌ一ㄤ ❶房梁,架在墙上或柱子上支撑房顶的横木:上～.(图见124页)❷桥(⊕桥—):石～. 开山挑土架桥～. ❸(—子、—儿)器物上面便于提携的弓形物:茶壶～儿. 篮子的提～儿坏了. ❹(—子、—儿)中间高起的部分:山～. 鼻～. ❺朝代名.1.南朝之一,萧衍所建立(公元502—557年).2.五代之一,朱温所建立(公元907—923年),史称后梁.

粱 liáng ㄌ一ㄤ 粟的优良品种的统称.[高粱]一年生草本植物,茎高,子实可供食用,又可以酿酒.

量 ㊀ liáng ㄌ一ㄤ ❶用器物计算东西的多少或长短:用斗～米.用尺～布. ❷估量:思～(liang).打～(liang).

㊁ liàng 见295页.

两(兩) liǎng ㄌ一ㄤ ❶数目,一般用于量词和"半、千、万、亿"前:～本书. ～匹马. ～个月. ～半. ～万.["两"和"二"用法不全同.读数目字只用"二"不用"两",如"一、二、三、四;二、四、六、八". 小数和分数只用"二"不用"两",如"零点二(0.2),三分之二,二分之一". 序数也只用"二",如"第二,二哥". 在一般量词前,用"两"不用"二". 如:"两个人用两种方法.""两条路通两个地方."在传统的度量衡单位前,"两"和"二"一般都可用,用"二"为多("二两"不能说"两两"). 新的度量衡单位前一般用"两",如"两吨、两公里". 在多位数中,百、十、个位用"二"不用"两",如"二百二十二"."千、万、亿"的前面,"两"和"二"一般都可用,但如"三万二千"、"两亿二千万","千"在"万、亿"后,以用"二"为常.] ❷双方:～便. ～可. ～全. ～相情愿. ❸表示不定的数目(十以内的):过～天再说吧.他真有～下子. ❹市制重量单位,1斤是10两(旧制1斤是16两),1两合50克.

俩(倆) ⊜ liǎng ㄌㄧㄤˇ [伎俩](jì一)手段,花招.

⊖ liǎ 见291页.

唡(啢) liǎng ㄌㄧㄤˇ 也读作 yīngliǎng. 英美制重量单位,常衡 1 唡是 1 磅的1/16,约合 28.35 克. 也写作"英两". 现用"盎司".

緉(緉) liǎng ㄌㄧㄤˇ 一双,古时计算鞋、袜的单位.

魎(魎) liǎng ㄌㄧㄤˇ 见497页"魍"字条"魍魎"(wǎng一).

亮 liàng ㄌㄧㄤˋ ❶明,有光:天~了.敞~.刀磨得真~. ❷(一儿)光线:屋里一点~儿也没有.㉟灯烛等照明物:拿个~儿来. ❸明摆出来:~相.把牌一~.有本事~几手. ❹明朗,清楚:你这一说,我心里头就~了.打开窗子说~话. ❺声音响:洪~.

嘹 liàng ㄌㄧㄤˋ [嘹喨]旧同"嘹亮".参看296页"嘹"(liáo).

悢 ⊜ liàng ㄌㄧㄤˋ 求索.

⊖ jìng 见242页.

凉(*涼) ⊜ liàng ㄌㄧㄤˋ 放一会儿,使温度降低.

⊖ liáng 见293页.

谅 liàng ㄌㄧㄤˋ ❶原谅:体~(体察其情而加以原谅).敬希见~.[谅解]由了解而消除意见. ❷信实:~哉斯言. ❸推想:~他不能来.

晾 liàng ㄌㄧㄤˋ ❶把衣物放在太阳下面晒或放在通风透气的地方使干:~衣服. ❷冷落,不理睬:把他~在一边. ❸同"凉⊜".

悢 liàng ㄌㄧㄤˋ 悲伤,惆怅:~然.

踉 ⊖liàng ㄌㄧㄤˋ [踉跄](一qiàng)走路不稳.

⊖liáng 见293页.

辆(輛) liàng ㄌㄧㄤˋ 量词,用于车:一~汽车.

靓 ⊖ liàng ㄌㄧㄤˋ 〈方〉漂亮,好看:~女.

⊖ jìng 见243页.

量 ⊖ liàng ㄌㄧㄤˋ ❶计算东西体积多少的器具的总称.[量词]表示事物或行动单位的词,如张、条、个、只、遍等. ❷限度:酒~.气~.饭~.胆~. ❸数量,数的多少:质~并重.大~生产新式农具.[分量](fènliang)重量不够~~.称称~~. ❹估计,审度(duó):~力而行.~入为出.

㊁liáng 见294页。

LIAO　ㄌㄧㄠ

撩 ㊀liāo ㄌㄧㄠ ❶提,掀起:～起长衫.把帘子～起来.❷用手洒水:先～上点水再扫.
㊁liáo 见296页。

蹽 liāo ㄌㄧㄠ〈方〉跑,走:他一气～了二里地.

辽(遼) liáo ㄌㄧㄠ ❶远(圈—远):～阔.❷朝代名.耶律阿保机建立(公元916—1125年)。

疗(療) liáo ㄌㄧㄠ 医治(圈医—、治—):～病.诊～.㊁解除痛苦或困难:～饥.～贫.

窌 liáo ㄌㄧㄠ 针灸穴位名.

聊 liáo ㄌㄧㄠ ❶姑且,略:～以自慰.～胜一筹.～胜于无.❷依赖:百无～赖.民不～生(无法生活).[无聊]1.没有兴趣.2.没有意义.❸〈方〉聊天,闲谈:别～啦,赶快干吧!

僚 liáo ㄌㄧㄠ ❶官.[官僚]指旧时各级政府里的官吏。现在把脱离人民群众,不深入实际工作的领导作风和工作作风叫官僚主义.❷旧时指在一块做官的人:同～.[僚机]空军编队中受长(zhǎng)机指挥作战的飞机。

撩 ㊀liáo ㄌㄧㄠ 挑弄,引逗:～拨.景色～人.
㊁liāo 见296页。

嘹 liáo ㄌㄧㄠ [嘹亮](*嘹喨)声音响亮。

獠 liáo ㄌㄧㄠ 面貌凶恶:～面.[獠牙]露在嘴外面的长牙。

潦 ㊀liáo ㄌㄧㄠ [潦倒](—dǎo)颓丧,不得意:穷困～～.[潦草]草率,不精细:工作不能～～.字写得太～～.
㊁lǎo 见280页。

寮 liáo ㄌㄧㄠ 小屋:竹～.茶～.

缭 liáo ㄌㄧㄠ ❶缠绕:～乱.炊烟～绕.❷用针线缝缀:～缝(fèng).～贴边.

燎 ㊀liáo ㄌㄧㄠ 延烧:星星之火,可以～原.
㊁liǎo 见297页。

鹩 liáo ㄌㄧㄠ 见227页"鹪"字条"鹪鹩"(jiāo—)。

寥 liáo ㄌㄧㄠ ❶稀疏(叠):～若晨星.～～无几.❷空旷,静寂:～廓.寂～.

飂 ㊀ liáo ㄌㄧㄠˊ [飂戾](—lì) 1. 风声。2. 很快的样子。

㊁ liù 见306页。

膠 liáo ㄌㄧㄠˊ 同"窌"(liáo)。

了(❶△瞭) ㊀ liǎo ㄌㄧㄠˇ ❶ 明白：明~.一目~然.不甚~~.[了解]弄明白，懂得很清楚：~~情况.❷完了，结束：事情已经~了(le).话犹未~.不~~之.没完没~.不能敷衍~事.[了当]爽快：直截~~.❸在动词后，跟"不"、"得"连用，表示不可能或可能：这本书我看不~.这事你办得~.[了不得](—bude)表示不平常，严重：他的本事真~~~.~了，着了火了! 疼得~~.[了得](—de)1. 有"能办、可以"的意思，多用于反诘语句中，表示不平常，严重：这还~~! 2. 能干，厉害：真~~.

㊁ le 见282页。

"瞭"又 liào 见297页。

钌 ㊀ liǎo ㄌㄧㄠˇ 一种金属元素，符号 Ru，银灰色，质坚而脆。纯钌可以做装饰品，三氯化钌可以做防腐剂、催化剂。

㊁ liào 见297页。

蓼 liǎo ㄌㄧㄠˇ 一年生或多年生草本植物，花白色或浅红色，生长在水边。

燎 ㊀ liǎo ㄌㄧㄠˇ 挨近了火而烧焦：把头发~了.

㊁ liáo 见296页。

尥 liào ㄌㄧㄠˋ [尥蹶子](—juězi)骡马等跳起来用后腿向后踢。

钌 ㊀ liào ㄌㄧㄠˋ [钌铞儿](—diàor)钌在门窗上可以把门窗扣住的东西：门~~~.

㊁ liǎo 见297页。

料 liào ㄌㄧㄠˋ ❶料想，估计，猜想：预~.不出所~.他~事~得很准.❷处理，照管：~理.照~.❸(—子、—儿)材料，可供制造其他东西的物质：原~.木~.衣裳~子.肥~.燃~.❹喂牲口用的谷物：~豆儿.草~.牲口得喂~才能肥.❺烧料，一种熔点较低的玻璃，用来制造器皿或手工艺品：~器.❻量词，中药配方全份叫一料(多用于配制丸药)。

撂 liào ㄌㄧㄠˋ 放下，搁置：把碗~在桌子上.~下工作不管.

廖 liào ㄌㄧㄠˋ 姓。

瞭 ㊀ liào ㄌㄧㄠˋ 瞭望，远远地望：你在远处~着点儿. ~

望台.

（二）liǎo 见297页"了".

镣 liào ㄌㄧㄠˋ 脚镣,套在脚腕上使不能快走的刑具.

咧 （二）liē ㄌㄧㄝ ［咧咧］(－lie)〈方〉1.乱说,乱讲:瞎～～.2.小孩儿哭:这孩子一～～起来就没完.

（一）liě 见298页.

（三）lie 见299页.

咧 （一）liě ㄌㄧㄝˇ 嘴向旁边斜着张开:～嘴.～着嘴笑.

（二）liē 见298页.

（三）lie 见299页.

裂 （二）liě ㄌㄧㄝˇ〈方〉东西的两部分向两旁分开:衣服没扣好,～着怀.

（一）liè 见298页.

列 liè ㄌㄧㄝˋ ❶行(háng)列,排成的行:站在前～.❷陈列,排列,摆出:姓名～后.～队.开～账目.⑪1.归类:～入甲等.2.类:不在讨论之～.［列席］参加会议,而没有表决权.❸众多,各:～国.～位.❹量词,用于成行列的事物:一～火车.

冽 liè ㄌㄧㄝˋ 寒冷(働凛－):北风凛～.

洌 liè ㄌㄧㄝˋ ❶水清.❷酒清.

烈 liè ㄌㄧㄝˋ ❶猛烈,厉害:～火.～日.❷气势盛大(叠):轰轰～～.❸刚直,有高贵品格的,为正义、人民、国家而死难的:刚～.先～.～士.

䴕 liè ㄌㄧㄝˋ 就是啄木鸟,嘴坚硬,舌细长,能啄食树中的虫,是一种益鸟.

裂 （一）liè ㄌㄧㄝˋ 破开,开了缝(fèng):～痕.～缝.手冻～了.感情破～.四分五～.

（二）liě 见298页.

趔 liè ㄌㄧㄝˋ ［趔趄］(－qie)身体歪斜,脚步不稳要摔倒的样子.

劣 liè ㄌㄧㄝˋ ❶恶,不好,跟"优"相对(働恶－):不分优～.土豪～绅.品质恶～.❷仅仅.

埒 liè ㄌㄧㄝˋ ❶矮墙.❷同等:财力相～.

捩 liè ㄌㄧㄝˋ 扭转:转～点(转折点).

猎(獵) liè ㄌㄧㄝˋ ❶打猎,捕捉禽兽:狩～.渔～.～人.～狗.❷搜寻:～奇.

躐 liè ㄌㄧㄝˋ ❶超越:～等(越级).～进(不依照次序前进).❷踩,践踏.

鬣 liè ㄌㄝˋ 兽类颈上的长毛：马~.

咧 ⊜ lie ·ㄌㄝ〈方〉助词，意思相当于"了"、"啦"：好~.他来~.

⊖ liě 见298页。

⊜ liē 见298页。

LIN ㄌㄣ

拎 līn ㄌㄣ〈方〉提：~着一篮子菜.

邻（鄰、*隣）❶住处接近的人家：东~.四~.❷邻近，接近，附近：~国.~居.~舍.❸古代五家为邻。

林 lín ㄌㄣ ❶长在土地上的许多树木或竹子：树~.竹~.防护~.~立（像树林一样密集排列）.❷聚集在一起的同类的人或事物：民族之~.著作之~.❸林业：农~牧副渔.

啉 lín ㄌㄣ 见270页"喹"字条"喹啉"（kuí-）.

淋 ⊖ lín ㄌㄣ 浇：花蔫了，~上点水吧.

[淋巴]（外）即淋巴液，人身体里的一种无色透明液体，起血液和细胞之间的物质交换作用。

[淋漓]（-lí）湿淋淋往下滴落：

墨迹~~.大汗~~.⑱畅达：~~尽致.痛快~~.

⊜ lìn 见300页。

琳 lín ㄌㄣ 美玉。[琳琅]（-láng）1.珠玉一类的东西：~~满目（喻优美的东西很多）.2.玉撞击的声音。

霖 lín ㄌㄣ 久下不停的雨。[甘霖]对农作物有益的雨。⑱恩泽。

临（臨）lín ㄌㄣ ❶到，来：喜事~门.身~其境.⑪遭遇，碰到：~渴掘井.[临时]1.到时候，当时：事先有准备，~~就不会忙乱.2.暂时，非经常的：你先~~代理一下.~~会议.❷挨着，靠近。1.指地点，多指较高的靠近较低的：~河.~街.2.指时间。将要，快要：~走.~别.[临床]医学上称医生给人诊治疾病。[临盆]孕妇快要生小孩儿。❸照着字、画模仿：~帖.~画.

粼 lín ㄌㄣ [粼粼]形容水清澈：~~碧波.

嶙 lín ㄌㄣ [嶙峋]（-xún）山石一层层的重叠不平。

遴 lín ㄌㄣ 谨慎选择（⑱-选）：~选人才。

〈古〉又同"吝"（lìn）。

璘 lín ㄌㄧㄣˊ 玉的光彩。

辚 lín ㄌㄧㄣˊ [辚辚]拟声词，形容车行走时的声音：车～～，马萧萧。

磷(*燐、*粦) lín ㄌㄧㄣˊ 一种非金属元素，符号 P，常见的有两种：黄磷（也叫"白磷"）和红磷。黄磷有毒，燃烧时生浓烟，可做军事上用的烟幕弹和燃烧弹。红磷无毒，可制安全火柴。磷是植物营养的重要成分之一。[磷火]夜间在野地里常见的青色火光，是磷化氢遇到空气燃烧而发的光。俗叫"鬼火"。

瞵 lín ㄌㄧㄣˊ 注视，瞪着眼睛看：鹰～鹗视。

鳞 lín ㄌㄧㄣˊ ❶鱼类、爬行动物等身体表面长的角质或骨质的小薄片。[鳞爪](—zhǎo)⓿1. 琐碎细小的事。2. 事情的一小部分。❷像鱼鳞的：～茎。芽～。遍体～伤（伤痕密得像鱼鳞似的）。

麟(*麐) lín ㄌㄧㄣˊ 麒麟古代传说中的一种动物，像鹿，比鹿大，有角：凤毛～角（喻罕见而珍贵的东西）。

凛(**澟) lǐn ㄌㄧㄣˇ ❶寒冷(⊕—冽)：北风～冽。❷严肃，严厉(叠)：威风～～。大义～然。❸同"懔"。

廪(**廩) lǐn ㄌㄧㄣˇ ❶粮仓(⊕仓—)。❷指粮食。

懔(**懍) lǐn ㄌㄧㄣˇ 畏惧。

檩(**檁) lǐn ㄌㄧㄣˇ 屋上托住椽子的横木。（图见124页）

吝(*恡) lìn ㄌㄧㄣˋ 当用的财物舍不得用，过分爱惜(⊕—啬)：～惜。他一点也不～啬。

赁 lìn ㄌㄧㄣˋ 租(⊕租—)：～房。～车。出～。

淋 ⊖ lìn ㄌㄧㄣˋ ❶过滤：～盐。～硝。❷淋病，一种性病，病原体是淋病球菌，病人尿道红肿溃烂，重的尿里夹带脓血。也叫"白浊"。
⊖ lín 见299页。

蔺 lìn ㄌㄧㄣˋ [马蔺]多年生草本植物，根茎粗，叶线形，花蓝紫色。叶坚韧，可系物，又可造纸。根可制刷子。有的地区叫"马兰"。

躏 lìn ㄌㄧㄣˋ 见416页"蹂"字条"蹂躏"(róu—)。

膦 lìn ㄌㄧㄣˋ 磷化氢(PH₃)分子中的氢原子部分或全部被烃基取代而形成的有机化合物的总称。

LING ㄌㄧㄥ

〇 líng ㄌㄧㄥ 数的空位,用于数字中:三〜六号. 一九七〜年.

伶 líng ㄌㄧㄥ 伶人,旧称以唱戏为职业的人(龙优一):坤(女的)〜. 名〜.
[伶仃](＊零丁)(—dīng)孤独:孤苦〜〜.
[伶俐](—lì)聪明,灵活:很〜〜的孩子. 〜牙〜齿(能说会道).
[伶俜](—pīng)形容孤独。

苓 líng ㄌㄧㄥ ❶指茯(fú)苓。❷苓耳,古书上说的一种植物。

囹 líng ㄌㄧㄥ [囹圄](＊囹圉)(—yǔ)古代称监狱:身陷〜〜.

泠 líng ㄌㄧㄥ 清凉:〜风.
[泠泠]1.形容清凉。2.声音清越。

玲 líng ㄌㄧㄥ 形容玉碰击的声音(叠):〜〜盈耳.[玲珑](—lóng)1.金玉声。2.器物细致精巧:小巧〜〜. 3.灵活敏捷:〜〜活泼.

柃 líng ㄌㄧㄥ 柃木,常绿灌木或小乔木,花小,白色,叶椭圆形或披针形,浆果球形,枝叶可入药。

瓴 líng ㄌㄧㄥ 古代一种盛(chéng)水的瓶子:高屋建〜(从房顶上往下泻水,喻居高临下的形势).

铃 líng ㄌㄧㄥ ❶(—儿)铃铛,用金属做成的响器:摇〜. 车〜儿. 电〜儿. ❷形状像铃的东西:杠〜. 哑〜.

鸰 líng ㄌㄧㄥ 见210页"鹡"字条"鹡鸰"(jí—)。

聆 líng ㄌㄧㄥ 听:〜教.

蛉 líng ㄌㄧㄥ [白蛉]昆虫,比蚊子小,吸人、畜的血,能传染黑热病等. 俗叫"白蛉子"。

笭 líng ㄌㄧㄥ [笭箵](—xīng)打鱼时盛(chéng)鱼的竹器。

翎 líng ㄌㄧㄥ 鸟翅和尾上的长羽毛:雁〜. 野鸡〜.

羚 líng ㄌㄧㄥ 羚羊,种类繁多,体形一般轻捷,四肢细长,蹄小而尖。

零 líng ㄌㄧㄥ ❶落. 1.植物凋谢(龙—落、凋—). 2.液体滴落:感激涕〜. ❷零头,放在整数后表示附有零数：一千挂～儿.一年～三天.❸部分的,细碎的,跟"整"相对(逾一碎)：～件.～钱.～用.～活(零碎工作).❹数学上把数字符号"0"读作零.❺没有,无：一减一得～.他的计划等于～.～距离.～污染.❺温度表上的零度：～下五度.

龄 líng ㄌㄧㄥ ❶岁数(逾年一)：高～.❷年数：工～.党～.❸某些生物体发育过程中的不同阶段.如昆虫的幼虫第一次蜕皮前叫一龄虫.

灵(靈) líng ㄌㄧㄥ ❶有效验(逾一验)：这种药吃下去很～.❷聪明,机敏(逾一敏)：心～手巧.耳朵很～.❸活动迅速,灵巧：这架机器最～.❹旧时称神或关于神仙的：神～.❺灵魂,精神：在天之～.英～.～感.性.❻属于死人的：～柩.～床.❼装着死人的棺材：移～.

棂(欞、櫺)** líng ㄌㄧㄥ 窗棂(子),窗户上构成窗格子的木条或铁条。

凌 líng ㄌㄧㄥ ❶冰：冰～.黄河～汛.滴水成～.❷欺凌,侵犯,欺压：～辱.盛气凌人.❸升,高出：～云.～空而

过.❹迫近：～晨.

陵 líng ㄌㄧㄥ ❶大土山(逾丘一).[陵谷]高低地势的变动.喻世事变迁.❷高大的坟墓：黄帝～.中山～.

菱 líng ㄌㄧㄥ 一年生草本植物,生在池沼中,叶略呈三角形,叶柄有气囊,花白色.果实有硬壳,大都有角,叫菱或菱角,可吃.[菱形]邻边相等的平行四边形.

崚 líng ㄌㄧㄥ (又)见284页léng.

凌 líng ㄌㄧㄥ 同"凌❷❸❹".

绫 líng ㄌㄧㄥ (一子)一种很薄的丝织品,一面光,像缎子：～罗绸缎.

棱(*稜) ⊖ líng ㄌㄧㄥ [穆棱]地名,在黑龙江省.
　　⊖ léng 见284页.

祾 líng ㄌㄧㄥ 〈古〉福.

鲮 líng ㄌㄧㄥ 鲮鱼,又叫"土鲮鱼".属鲤科鱼类,是我国华南淡水主要养殖对象之一,性怕冷.[鲮鲤]哺乳动物的一种,就是穿山甲,全身有角质的鳞片,吃蚂蚁。

酃 líng ㄌㄧㄥ 旧县名,在今湖南省衡阳东.现叫炎

陵县。

醽 líng ㄌㄧㄥˊ ［醽醁］(一lù)古代的一种美酒。

令 ⊖ lǐng ㄌㄧㄥˇ (外) 量词,原张的纸 500 张为 1 令。
⊜ lìng 见303页。

岭(嶺) líng ㄌㄧㄥˇ 山脉:五～.秦～.翻山越～.

领 lǐng ㄌㄧㄥˇ ❶颈,脖子:引～而望.❷(一子、一儿)衣服围绕脖子的部分。(图见563页"衣")❸事物的纲要:不得要～.［领袖］㊧国家、政治团体、群众组织等的高级领导人。❸带,引,率(㊨带一、率一):～队.～头.❹领有的,管辖的:～海.～空.［领土］一个国家所领有的陆地、领水(包括领海、河流湖泊等)和领空.❺接受,取得:～教.～款.❻了解,明白:～会(对别人的意思有所理解).～悟.❼量词。1.用于衣服:一～青衫.2.用于席、箔等:一～席.一～箔.

另 lìng ㄌㄧㄥˋ 代词,另外,别的,此外:～买一个.那是～一件事.

令 ⊖ lìng ㄌㄧㄥˋ ❶上级对下级的指示:明～规定.遵守法～.❷上级指示下级:～全体官兵遵照执行.❸古代官名:县～.❹使,使得:～人起敬.～人兴奋.❺时令,时节:月～.夏～.❻美好,善:～名.敬辞:～兄.～尊(称对方的父亲).❼词之短小者叫令:调笑～.十六字～.
⊜ lǐng 见303页。

吟 lìng ㄌㄧㄥˋ 见375页"嘌"字条"嘌吟"(piào—)。

LIU ㄌㄧㄡ

溜 ⊖ liū ㄌㄧㄡ ❶滑行:～冰.从滑梯上～下来.㊨滑溜,平滑,无阻碍:这块石头很滑～.❷溜走,趁人不见走开:一眼不见他就～了.❸沿着,顺着:～边儿.～着墙根儿走.❹同"熘"。
［溜达］(*蹓跶)散步,随便走走。
⊜ liù 见305页。

熘 liū ㄌㄧㄡ 一种烹调法,跟炒相似,作料里掺淀粉,也作"溜":～肉片.

蹓 ⊖ liū ㄌㄧㄡ ❶滑行:～冰.❷悄悄走开.
⊜ liù 见306页。

刘(劉) liú ㄌㄧㄡˊ ❶古代斧钺一类的兵器。❷杀,戮。❸姓。

浏（瀏）liú ㄌㄧㄨˊ 清亮。

[浏览]泛泛地看。

留 liú ㄌㄧㄨˊ ❶停止在某一个地方（働停—）:他～在天津了.～学（留居外国求学）.⑪注意力放在上面:～心.～神.❷不让别人离开:挽～.他一定要走,我～不住他.～难(nàn)（故意和人为难）.❸接受,收容（働收—）:把礼物～下.❹保留:～余地.～胡子.今天请给我～饭.❺遗留:祖先给我们～下了丰富的文化遗产.

馏 ⊖liú ㄌㄧㄨˊ 蒸馏,加热使液体变成蒸气后再凝成纯净的液体。

⊖liù 见305页。

骝 liú ㄌㄧㄨˊ 古书上指黑鬃黑尾巴的红马。

榴 liú ㄌㄧㄨˊ 石榴,又叫"安石榴"。落叶灌木,一般开红花,果实球状,内有很多种子,种子上的肉可吃。根、皮可入药。

飗 liú ㄌㄧㄨˊ [飗飗]微风吹动的样子。

镏 ⊖liú ㄌㄧㄨˊ 我国特有的镀金法,把溶解在水银里的金子用刷子涂在器物表面作装饰,所镏的金层经久不退。

⊖liù 见305页。

鹠 liú ㄌㄧㄨˊ [鸺鹠](xiū—)鸟名。羽毛棕褐色,尾巴黑褐色,有横斑,外形跟猫头鹰相似。捕食鼠、兔等,对农业有益。

瘤 liú ㄌㄧㄨˊ （—子）生物体的组织增殖生成的疙瘩,多由刺激或微生物寄生而引起。

流 liú ㄌㄧㄨˊ ❶液体移动:水往低处～.～水不腐.～汗.～血.[流浪]生活无着,漂泊不定。[流利]说话、书写等灵活顺畅:他的钢笔字写得很～～.他说一口～～的普通话.[流线型]前端圆,后端尖,略似水滴的形状。因空气或水等对流线型的物体阻力小,所以常用作汽车、汽艇等交通工具的外形。❷像水那样流动:货币～通.空气的对～现象.⑪1.移动不定:～星.2.运转不停:～光.～年.3.不知来路,意外地射来的:～矢.～弹.4.传播或相沿下来:～行.～传.[流产]孕妇怀孕未满28周就产出胎儿。❸流动的东西:河～.电～.寒～.气～.❹趋向坏的方面:开会不要～于形式.放任自～.❺品类。

1.派别:九～.2.等级:第一～产品.❻旧时刑法的一种,把人送到荒远的地方去,充军:～放.

琉 liú ㄌㄧㄡˊ [琉璃](-li)一种用铝和钠的硅酸化合物烧制成的釉料:～～瓦.

硫 liú ㄌㄧㄡˊ 一种非金属元素,符号S,通常叫"硫磺".淡黄色,质硬而脆,不易传热和电.可用来制造硫酸、药物、杀虫剂等.

旒 liú ㄌㄧㄡˊ ❶旗子上面的飘带.❷古代皇帝礼帽前后的玉串.

鎏 liú ㄌㄧㄡˊ ❶成色好的金子.❷同"镏"(liú).

镠 liú ㄌㄧㄡˊ 成色好的黄金.

柳 liǔ ㄌㄧㄡˇ ❶柳树,落叶乔木,枝细长下垂,叶狭长,春天开花,黄绿色.种子上有白色毛状物,成熟后随风飞散,叫柳絮.另有一种河柳,枝不下垂.❷星宿名,二十八宿之一.

绺 liǔ ㄌㄧㄡˇ (一儿)量词,用于成束的理顺了的丝、线、须、发等:两～儿线.五～儿须.一～儿头发.

锍 liǔ ㄌㄧㄡˇ 有色金属冶炼过程中生产出的各种金属硫化物的互熔体.

六 ㊀ liù ㄌㄧㄡˋ ❶数目字.❷旧时乐谱记音符号的一个,相当于简谱的"5".
㊁ lù 见310页.

陆(陸) ㊀ liù ㄌㄧㄡˋ "六"的大写.
㊁ lù 见311页.

碌(*磟) ㊀ liù ㄌㄧㄡˋ [碌碡](-zhou)农具名.圆柱形,用石头做成,用来轧脱谷粒或轧平场院.
㊁ lù 见311页.

遛 liù ㄌㄧㄡˋ ❶散步,慢慢走,随便走走.❷牵着牲畜或带着鸟慢慢走:～马.～鸟.

馏 ㊀ liù ㄌㄧㄡˋ 把凉了的熟食品再蒸热:把馒头～一～.
㊁ liú 见304页.

溜(❷❸雷)** ㊀ liù ㄌㄧㄡˋ ❶急流:大～.今天河水～很大.❷顺房檐滴下来的水:檐～.❸屋檐上安的接雨水用的长水槽:水～.❹(一儿)量词,用于成行(háng)列的事物:一～三间房.
㊁ liū 见303页.

镏 ㊀ liù ㄌㄧㄡˋ [镏子]〈方〉戒指:金～～.
㊀ liú 见304页.

蹓　㊀ liù ㄌㄧㄡˋ 同"遛❶"。

蹓　㊁ liū 见303页。

飂　㊀ liù ㄌㄧㄡˋ 西风。

飂　㊁ liáo 见297页。

鹨　liù ㄌㄧㄡˋ 鸟名。身体小，嘴细长，吃害虫，是益鸟。

LO　ㄌㄛ

咯　㊀ lo·ㄌㄛ 助词：那倒好～！

咯　㊁ kǎ 见255页。

咯　㊂ gē 见148页。

LONG　ㄌㄨㄥ

龙（龍）lóng ㄌㄨㄥ ❶我国古代传说中的一种身体长（cháng）的、有鳞有角的动物。能走，能飞，能游泳。近代古生物学上指一些大小不等的有脚有尾的爬行动物：恐～.翼手～.［龙头］自来水管放水的出口。❷古代指帝王：真～天子.～体.颜.～袍.～床.❸形状像龙的或有龙的图案的：～灯.～舟.［龙钟］年老衰弱行动不灵便的样子。

〈古〉又同"垄"（lǒng）。

茏（蘢）lóng ㄌㄨㄥ ［茏葱］［葱茏］草木茂盛的样子。

咙（嚨）lóng ㄌㄨㄥ 喉咙，咽喉。参看186页"喉"（hóu）。

泷（瀧）㊀ lóng ㄌㄨㄥ 急流的水。［七里泷］地名，在浙江省桐庐。

泷　㊁ shuāng 见451页。

珑（瓏）lóng ㄌㄨㄥ 见301页"玲"字条"玲珑"（líng—）。

栊（櫳）lóng ㄌㄨㄥ ❶窗户。❷养兽的栅栏。

昽（曨）lóng ㄌㄨㄥ 见331页"曚"字条"曚昽"（méng—）、485页"曈"字条"曈昽"（tóng—）。

胧（朧）lóng ㄌㄨㄥ 见331页"朦"字条"朦胧"（méng—）。

砻（礱）lóng ㄌㄨㄥ ❶去掉稻壳的器具。❷用砻去掉稻壳：～谷舂米.

眬（矓）lóng ㄌㄨㄥ 见331页"蒙"字条"蒙眬"（méng—）。

聋（聾）lóng ㄌㄨㄥ 耳朵听不见声音，通常把听觉迟钝也叫聋：他耳朵～了.

笼(籠) ㊀ lóng ㄌㄨㄥ ❶（－子、－儿）养鸟、虫的器具，用竹、木条或金属丝等编插而成：鸟～子．鸡～．蝈蝈～．㊂旧时囚禁犯人的东西：囚～．牢～．❷用竹、木等材料制成的有盖的蒸东西的器具：蒸～．～屉．

㊁ lǒng 见307页。

隆 lóng ㄌㄨㄥ ❶盛大，厚，程度深：～冬．～寒．～重的典礼．❷兴盛（龂－盛、兴－）。❸高：～起．

癃 lóng ㄌㄨㄥ ❶古书上指年老衰弱多病。❷癃闭，中医指小便不通的病。

窿 lóng ㄌㄨㄥ 〈方〉煤矿坑道。

优(儱) lǒng ㄌㄨㄥ ［优侗］（－tǒng）同"笼统"。

陇(隴) lǒng ㄌㄨㄥ ❶陇山，山名，位于陕西、甘肃两省交界的地方。❷甘肃省的别称：～海铁路．

垅(壠) lǒng ㄌㄨㄥ 同"垄"。

拢(攏) lǒng ㄌㄨㄥ ❶凑起，总合：～共．～总．❷靠近，船只靠岸（龂靠－）：～岸．拉～．他们俩总谈不～．❸收束使不松散：～紧．

用绳子把柴火～住．❹梳，用梳子整理头发：～一～头发．❺合上，聚拢：笑得嘴都合不～了．

垄(壠) lǒng ㄌㄨㄥ ❶田地分界的埂子。❷农作物的行（háng）或行与行间的空地：宽～密植．❸像田埂的东西：瓦～．［垄断］操纵市场，把持权柄，独占利益。

笼(籠) ㊀ lǒng ㄌㄨㄥ ❶遮盖，罩住：黑云～罩着天空．［笼络］用手段拉拢人：～～人心．❷比较大的箱子：箱～．

［笼统］（－tǒng）概括而不分明，不具体：话太～～了，不能表明确切的意思．

㊁ lóng 见307页。

弄(＊衖) ㊀ lòng ㄌㄨㄥ 〈方〉弄堂，小巷，小胡同．

㊁ nòng 见358页。

崀 lòng ㄌㄨㄥ （壮）石山间的平地。

LOU ㄌㄡ

搂(摟) ㊀ lōu ㄌㄡ ❶用手或工具把东西聚集起来：～柴火．㊂搜刮：～

钱.❷向着自己的方向拨:～枪机.

　　㊀ lǒu 见308页。

䁖（瞜） lōu ㄌㄡ〈方〉看:让我～一～.

刬（＊＊**剅）** lóu ㄌㄡ〈方〉堤坝下面的水口,水道:～口.～嘴.

娄（婁） lóu ㄌㄡ❶星宿名,二十八宿之一.❷〈方〉(某些瓜类)过熟而变质:瓜～了.❸姓.

偻（僂） ㊀ lóu ㄌㄡ［偻儸］(—luo)旧同"喽啰"。

　　㊀ lǚ 见313页。

蒌（蔞） lóu ㄌㄡ［蒌蒿］(—hāo)多年生草本植物,花淡黄色,可入药。

喽（嘍） ㊀ lóu ㄌㄡ［喽啰］(＊偻儸)(—luo)旧时称盗贼的部下,现在多比喻追随恶人的人。

　　㊀ lou 见309页。

溇（漊） lóu ㄌㄡ 溇水,水名,在湖南省。

楼（樓） lóu ㄌㄡ❶两层以上的房屋:～房.大～.❷楼房的一层:一～.三～.

耧（耬） lóu ㄌㄡ 播种用的农具。

蝼（螻） lóu ㄌㄡ 蝼蛄(gū),又叫"喇喇蛄"、"土狗子"。一种对农作物有害的昆虫,褐色,有翅,前脚很强,能掘地,咬农作物的根。

髅（髏） lóu ㄌㄡ 见266页"骷"字条"骷髅"(kū—)、107页"髑"字条"髑髅"(dú—)。

搂（摟） ㊀ lǒu ㄌㄡ❶两臂合抱,用手臂拢着(圈—抱):把孩子～在怀里.❷量词:一～粗的大树.

　　㊀ lōu 见307页。

嵝（嶁） lǒu ㄌㄡ 见157页"岣"字条"岣嵝"(gǒu—)。

篓（簍） lǒu ㄌㄡ (—子、—儿)盛(chéng)东西的器具,用竹、荆条等编成:字纸～儿.油～.

陋 lòu ㄌㄡ❶丑的,坏的,不文明的:丑～.～规.～习.❷狭小:～室.～巷.❸少,简略:学识浅～.因～就简.孤～寡闻(见闻少).

镂（鏤） lòu ㄌㄡ 雕刻:～花.～骨铭心(喻永远不忘).

瘘（瘻、＊＊**瘺）** lòu ㄌㄡ 瘘管,身

体里面因发生病变而向外溃破所形成的管道,病灶里的分泌物可以由瘘管里流出来。

漏 lòu ㄌㄡˋ ❶物体由孔缝透过或滴下:水壶～了.油箱～了.[漏洞]做事的破绽,不周密的地方:堵塞～～.[漏斗]灌注液体等到小口的器具里的用具。❷泄漏,泄露:～了风声.走～消息.❸遗落:这一项可千万不能～掉.❹漏壶,古代计时的器具,用铜制成。壶上下分好几层,上层底有小孔,可以滴水,层层下注,以底层蓄水多少计算时间。

露 ㊀ lòu ㄌㄡˋ 义同"露㊀❸",用于一些口语词语,如"露怯"、"露马脚"等。
㊁ lù 见312页。

喽(嘍) ㊀ lou ˙ㄌㄡ 助词,意思相当于"啦":够～,别说～!
㊁ lóu 见308页。

LU ㄌㄨ

撸 lū ㄌㄨ 〈方〉❶捋(luō):～袖子.～树叶.❷撤职:他的职务被～了.❸责备,训斥:他被～了一顿.

噜 lū ㄌㄨ [噜苏](－su)〈方〉啰唆。

卢(盧) lú ㄌㄨˊ 姓。
[卢比](外)印度、巴基斯坦、尼泊尔、斯里兰卡等国的货币单位。
[卢布](外)俄罗斯等国的货币单位。

垆(壚、❷＊＊罏) lú ㄌㄨˊ ❶黑色坚硬的土。❷旧时酒店里安放酒瓮的土台子。也指酒店。

泸(瀘) lú ㄌㄨˊ [泸州]地名,在四川省。

栌(櫨) lú ㄌㄨˊ [黄栌]落叶小乔木,花黄绿色,叶子秋天变成红色。木材黄色,可制器具,也可做染料。

胪(臚) lú ㄌㄨˊ 陈列,陈述:～列.～情(陈述心情).

鸬(鸕) lú ㄌㄨˊ [鸬鹚](－cí)水鸟名,俗叫"鱼鹰"。羽毛黑色,闪绿光,能游泳,善于捕食鱼类,用树叶、海藻等筑巢。渔人常用来捕鱼。

铲(鑪) lú ㄌㄨˊ 一种人造的放射性元素,符号 Rf。

颅(顱) lú ㄌㄨˊ 头的上部,包括头骨和脑,也指头:～骨.

舻(艫) lú ㄌㄨˊ 见635页"舳"字条"舳舻"(zhú–)。

鲈(鱸) lú ㄌㄨˊ 鲈鱼,鱼名。体侧扁,嘴大,鳞细,银灰色,背部和背鳍上有小黑斑。肉味鲜美。

芦(蘆) lú ㄌㄨˊ 芦苇,苇子,多年生草本植物,生在浅水里。茎中空,可造纸、编席等。根茎可入药。

庐(廬) lú ㄌㄨˊ 房舍:茅～.

炉(爐、*鑪) lú ㄌㄨˊ (–子)取暖、做饭或冶炼用的设备:电～.煤气～.煤球～子.炼钢～.

卤(鹵、滷) lǔ ㄌㄨˇ ❶制盐时剩下的黑色汁液,是氯化镁、硫酸镁、溴化镁及氯化钠等的混合物,味苦有毒。也叫"苦汁"或"盐卤"。[卤砂]矿物名。化学成分为 NH_4Cl,常为皮壳状或粉块状结晶,无色或白色,间带红褐色,有玻璃光泽。在工业、农业和医药上都有广泛的用途。也作"硇砂",也叫"硇(náo)砂"。[卤素]化学中统

称氟、氯、溴、碘、砹等五种元素。❷浓汁:茶～.打～面.❸用盐水、酱油等浓汁制作食品:～鸡.～煮豆腐.

硵(磠) lǔ ㄌㄨˇ [硵砂]同卤砂。参看310页"卤"。

虏(虜) lǔ ㄌㄨˇ ❶俘获(逾俘–):～获甚众.俘～敌军数万人.❷打仗时捉住的敌人(逾俘–):优待俘～.

掳(擄) lǔ ㄌㄨˇ 抢取(逾–掠):烧杀～掠.

鲁 lǔ ㄌㄨˇ ❶愚钝,莽撞:粗～.愚～.[鲁莽](*卤莽)不仔细考虑事理,冒失。❷周代诸侯国名,在今山东省南部一带。❸山东省的别称。

橹(*櫓、*艪、*艣) lǔ ㄌㄨˇ 拨水使船前进的器具:摇～.

镥 lǔ ㄌㄨˇ 一种金属元素,符号 Lu,银白色,质软。可用作催化剂等。

六 ㊀ lù ㄌㄨˋ [六安]地名,在安徽省。[六合]地名,在江苏省南京。

㊁ liù 见305页。

甪(舟**)** lù ㄌㄨˋ [甪直]地名,在

江苏省苏州。[甪里堰]地名，在浙江省海盐。

陆(陸) ㊀ lù ㄌㄨ ❶陆地，高出水面的土地：登～．～路．～军．❷姓．

[陆离]形容色彩繁杂：光怪～～．

[陆续]副词，接连不断：开会的人～～地到了．

㊁ liù 见305页。

录(錄) lù ㄌㄨ ❶录制，记录，抄写，记载：～像．～音．把这份公文～下来．❷记载言行或事物的书刊：语～．备忘～．回忆～．❸采取，任用：收～．～用．取～．

崶 lù ㄌㄨ (壮)土山间的平地．

渌 lù ㄌㄨ 渌水，水名，在湖南省株洲。

逯 lù ㄌㄨ 姓。

绿 ㊀ lù ㄌㄨ 义同"绿㊀"．

[绿林]1.原指西汉末年聚集在湖北绿林山的农民起义军，后来泛指聚集山林、反抗封建统治者的人们。2.旧指上山为匪、抢劫财物的集团。[鸭绿江]水名。是中国和朝鲜两国的界河。源出吉林省东南中朝边境的白头山，西南流到辽宁省丹东入黄海。

㊁ lù 见314页。

禄 lù ㄌㄨ 古代官吏的俸给：高官厚～．

碌 ㊀ lù ㄌㄨ ❶平凡：庸～．

[碌碌]平庸，无所作为：庸庸～～．❷繁忙：忙～．

㊁ liù 见305页。

盝 lù ㄌㄨ ❶古代的一种盒子。❷漉，过滤。

箓(籙) lù ㄌㄨ ❶簿子，册子。❷符箓，道士画的驱使鬼神的符号，是一种迷信骗人的东西。

醁 lù ㄌㄨ 见303页"醽"字条"醽醁"(líng—)。

辂 lù ㄌㄨ ❶古代车辕上用来牵引车子的横木。❷古代的大车。

赂 lù ㄌㄨ ❶贿赂，用财物买通别人。❷财物，特指赠送的财物。

鹿 lù ㄌㄨ 哺乳动物，反刍类，尾短，腿细长，毛黄褐色，有的有花斑，性情温驯，有的雄鹿有树枝状的角。

漉 lù ㄌㄨ 液体往下渗，过滤：～网．～酒．[漉漉]潮湿的样子：湿～～．

辘 lù ㄌㄨ [辘轳](—lu)1.安在井上绞起汲水斗的器具。2.机械上的绞盘。

簏 lù ㄌㄨˋ 竹箱。

麓 lù ㄌㄨˋ 山脚下：泰山之～.

路 lù ㄌㄨˋ ❶道，往来通行的地方（連－途、－径、道－）：公～.水～.高架～.㊀思想或行动的方向、途径：走社会主义道～.思～.生～.❷方面，地区：南～货.外～货.❸种类：两～货.他俩是一～人.

蕗 lù ㄌㄨˋ 甘草的别名。

潞 lù ㄌㄨˋ ❶潞水，水名，即今山西省的浊漳河。❷潞江，水名，即云南省的怒江。[潞西]地名，在云南省。

璐 lù ㄌㄨˋ 美玉。

鹭 lù ㄌㄨˋ 水鸟名。翼大尾短，颈和腿很长，常见的有白鹭、苍鹭、绿鹭等。[鹭鸶]（－sī）就是白鹭，羽毛纯白色，顶有细长的白羽，捕食小鱼。

露 ㊀ lù ㄌㄨˋ ❶露水，靠近地面的水蒸气因夜间遇冷凝结成的小水珠。㊀露天，没有遮蔽，在屋外的：风餐～宿.～营.❷用药料、果汁等制成的饮料：枇杷～.果子～.玫瑰～.❸显出来，现出来（連显－）：～骨.暴～.思想.揭～.不～面.

㊁ lòu 见309页。

僇 lù ㄌㄨˋ ❶侮辱。❷同"戮"。

戮（❶＊剹、❷＊勠） lù ㄌㄨˋ ❶杀（連杀－）。❷并，合。[戮力]合力，并力：～～同心.

轳（轤） lu·ㄌㄨ 见311页"辘"字条"辘轳"（lù－）。

氇（氌） lu·ㄌㄨ 见381页"氆"字条"氆氇"（pǔ－）。

驴（驢） lǘ ㄌㄩˊ 一种家畜，像马，比马小，耳朵和脸都较长，能驮东西、拉车、供人骑乘。

闾（閭） lǘ ㄌㄩˊ ❶里门，巷口的门。❷古代二十五家为一闾。

榈 lǘ ㄌㄩˊ 见33页"栟"字条"栟榈"（bīng－）、648页"棕"字条"棕榈"（zōng－）。

吕 lǚ ㄌㄩˇ 我国音乐十二律中的阴律，有六种，总称六吕。

侣 lǚ ㄌㄩˇ 同伴（連伴－）：情～.

铝 lǚ ㄌㄩ 一种金属元素,符号 Al,银白色,有光泽,质地坚韧而轻,有延展性。做日用器皿的铝通常叫钢精或钢种。

稆(**穭) lǚ ㄌㄩ 谷物等不种自生的,也作"旅":~生.

捋 ㊀ lǚ ㄌㄩ 用手指顺着抹过去,整理:~胡子.~头发.
㊁ luō 见316页。

旅 lǚ ㄌㄩ ❶出行,在外作客:~行.~馆.~途.~居.~客.~美华侨.❷军队的一种编制单位.❸指军队:军~.强兵劲~.❹共同:~进~退.❺同"稆":~生.~葵.

膂 lǚ ㄌㄩ 脊梁骨.[膂力]体力:~~过人.

偻(僂) ㊀ lǚ ㄌㄩ ❶脊背弯曲:伛(yǔ)~.❷迅速:不能~指(不能迅速指出来).
㊁ lóu 见308页。

屡(屢) lǚ ㄌㄩ 副词,屡次,接连着,不止一次:~见不鲜.~战~胜.

缕(縷) lǚ ㄌㄩ ❶线:一丝一~.❷一条一条地:~述.~析.❸量词,股:一~炊烟.两~线.

褛(褸) lǚ ㄌㄩ 见277页"褴"字条"褴褛"(lán—)。

履 lǚ ㄌㄩ ❶鞋:革~.削足适~(喻不合理地迁就现有条件).❷踩在上面,走过:如~薄冰.㉔履行,实行:~约.~行合同.[履历]1.个人的经历.2.记载履历的文件.❸脚步:步~轻盈.

律 lǜ ㄌㄩ ❶法则,规章。[律诗]一种诗体,有一定的格律和字数,分五言、七言两种。[规律]事物之间的内在的必然的联系,也叫"法则"。它具有十分明显的重复性。它决定事物发展的必然趋向,是不以人的主观意志为转移的。[一律]同样,没有例外。❷约束:严于~已。❸我国古代审定乐音高低的标准,把乐音分为六律(阳律)和六吕(阴律),合称十二律。

葎 lǜ ㄌㄩ 葎草,一年生草本植物,茎有倒钩刺,能缠绕他物,开黄绿色小花,全草和果实可入药。

虑(慮) lǜ ㄌㄩ ❶思考,寻思:深思远~.❷担忧:忧~.过~.[顾虑]有所顾忌,担心,不肯或不敢行动。

滤（濾） lǜ ㄌㄩ 使液体、气体经过纱布、木炭、沙子等物，除去其中所含的杂质、毒气而变纯净。

率 ⊖ lǜ ㄌㄩ 指两个相关的数在一定条件下的比值：速～.增长～.出勤～.

⊝ shuài 见450页。

绿 ⊖ lǜ ㄌㄩ 一般草和树叶的颜色，蓝和黄混合成的颜色：红花～叶.～地.[绿色]㊧无公害、无污染的：～～食品.

⊜ lù 见311页。

氯 lǜ ㄌㄩ 一种化学元素，在通常条件下为气体，符号Cl，黄绿色，味臭，有毒，能损伤呼吸器官。可用来漂白、消毒。

LUAN　ㄌㄨㄢ

峦（巒） luán ㄌㄨㄢ ❶小而尖的山。❷连着的山：山～起伏.

孪（孿） luán ㄌㄨㄢ 双生，一胎两个：～生子.

娈（孌） luán ㄌㄨㄢ 美好。

栾（欒） luán ㄌㄨㄢ 栾树，落叶乔木，夏天开花，黄色。叶可作青色染料。花可入药，又可作黄色染料。木材可制器具，种子可榨油。

挛（攣） luán ㄌㄨㄢ 手脚蜷曲不能伸开：痉～.

鸾（鸞） luán ㄌㄨㄢ 传说中凤凰一类的鸟：～凤和鸣（喻夫妻和美）.

脔（臠） luán ㄌㄨㄢ 切成小块的肉：～割（分割）.

滦（灤） luán ㄌㄨㄢ 滦河，水名，在河北省东北部。

銮（鑾） luán ㄌㄨㄢ 一种铃铛。

卵 luǎn ㄌㄨㄢ 动植物的雌性生殖细胞，特指动物的蛋：鸟～.鸡～.～生.

乱（亂） luàn ㄌㄨㄢ ❶没有秩序（㊧纷—）：杂～.这篇稿子写得太～.❷战争，武装骚扰：叛～.兵～.避～.❸混淆（xiáo）：以假～真.❹任意；随便：～吃.～跑.❺男女关系不正当：淫～.

LÜE ㄌㄩㄝ

掠 lüè ㄌㄩㄝ ❶夺取(逾一夺):～取.～人之美(把别人的好处说成是自己的).❷轻轻擦过:燕子～檐而过.

略(*畧) lüè ㄌㄩㄝ ❶大致,简单,不详细:～图.～表.～知一二.～述大意.叙述过～.粗～地计算一下.❷省去,简化:～去.从～.❸简要的叙述:史～.要～.❹计谋:方～.策～.战～.雄才大～.❺抢,掠夺:攻城～地.

锊 lüè ㄌㄩㄝ 古代重量单位,约合旧制六两。

圙(**嘞) lüè ㄌㄩㄝ 见266页"圐"字条"圐圙"(kū—).

LUN ㄌㄨㄣ

抡(掄) ⊖ lūn ㄌㄨㄣ 手臂用力挥动:～刀.～拳.
⊜ lún 见315页。

仑(侖、❷*崘) lún ㄌㄨㄣ ❶条理,伦次。❷见272页"昆"字条"昆仑"。

伦(倫) lún ㄌㄨㄣ ❶辈,类:无与～比.❷条理,次序:语无～次.❸人伦,指人与人之间的关系,特指长幼尊卑之间的关系:天～之乐.～常.

论(論) ⊖ lún ㄌㄨㄣ 论语,古书名,主要记载孔子及其门人的言行。
⊜ lùn 见316页。

抡(掄) ⊜ lún ㄌㄨㄣ 选择,选拔:～材.
⊖ lūn 见315页。

囵(圇) lún ㄌㄨㄣ 见188页"囫"字条"囫囵"(hú—).

沦(淪) lún ㄌㄨㄣ ❶水上的波纹.❷沉没(mò),陷落(逾一陷、沉一):～亡.

纶(綸) ⊖ lún ㄌㄨㄣ ❶钓鱼用的线:垂～.❷指某些合成纤维:锦～.涤～.
⊜ guān 见164页。

轮(輪) lún ㄌㄨㄣ ❶(一子、一儿)车轮,车轱辘:三～车.⑤安在机器上能旋转并促使机器动作的东西:齿～儿.飞～儿.偏心～儿.❷像车轮的东西:日～.年～.[轮廓](—kuò)1.物体的外围.2.事情的大概情形.❸轮船:海~.油~.❹轮流,依照次第转:~班.~值.这回到我了.❺量词,用于圆形物或循环的事物、动作:一~红日.他比我大两~.

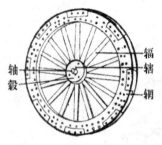

轴　毂　辐　辋　辖

旧式车轮

论(論)　⊖ lùn ㄌㄨㄣ ❶分析、判断事物的道理(⊛评—、议—):不能一概而~.大家讨~一下吧!❷分析、阐明事物道理的文章、理论和言论:实践~.唯物~.社~.舆~.❸按照某种单位或类别说:~件.~天.买西瓜~斤还是~个儿?❹衡量,评定:按质~价.~功行赏.
⊜ lún 见315页.

LUO　ㄌㄨㄛ

捋　⊖ luō ㄌㄨㄛ 用手握着东西,顺着东西移动:~榆钱儿.~虎须(喻冒险).
⊜ lǔ 见313页.

啰(囉)　⊖ luō ㄌㄨㄛ [啰唆][啰嗦](—suo)1.说话絮絮叨叨.2.办事使人感觉麻烦.
⊜ luó 见317页.
⊜ luo 见319页.

罗(羅)　luó ㄌㄨㄛ ❶捕鸟的网(⊛—网):天~地网.❷张网捕捉:门可~雀.[罗致]招请(人才).❸散布,陈列:星~棋布.~列事实.❹过滤流质或筛细粉末用的器具,用木或铁片做成圆框,蒙上粗绢或马尾网、铁丝网制成.❺用罗筛东西:~面.❻轻软有稀孔的丝织品:~衣.~扇.❼(外)量词,十二打叫一罗.❽同"脶"(luó).
[罗汉]梵语"阿罗汉"的省称,佛教对某种"得道者"的称呼.
[罗盘]测定方向的仪器.把磁针装置在圆盘中央,盘上刻着度数和方位.是我国古代四大发明之一.也叫"罗盘针".

萝(蘿)　luó ㄌㄨㄛ 莪蒿.通常指某些能爬蔓的植物:茑~.女~.
[萝卜](—bo)二年生草本植物,种类很多,块根也叫萝卜,

可吃,种子可入药。

啰(囉) ㊀ luó ㄌㄨㄛˊ [啰唣](‐ zào)吵闹。

㊁ luo 见319页。

㊂ luō 见316页。

逻(邏) luó ㄌㄨㄛˊ 巡逻,巡察。

[逻辑](外)1.思维的规律:这几句话不合～～.2.研究思维的形式和规律的科学。也叫"论理学"。3.有时也用作"规律"的同义语。

猡(玀) luó ㄌㄨㄛˊ 〈方〉猪猡,猪。

椤(欏) luó ㄌㄨㄛˊ 见462页"桫"字条"桫椤"(suō‐)。

锣(鑼) luó ㄌㄨㄛˊ 一种打击乐器,形状像铜盘,用槌子敲打,发出声音:～鼓喧天.

箩(籮) luó ㄌㄨㄛˊ 用竹子编的底方上圆的器具。

觇(覼、＊＊覶) luó ㄌㄨㄛˊ [觇缕](‐lǚ)逐条详尽地陈述。

胹(腡) luó ㄌㄨㄛˊ 手指纹。

骡(＊驘) luó ㄌㄨㄛˊ (‐子)一种家畜,是由驴、马交配而生的。鬃短,尾巴略扁,生命力强,一般没有生育能力。可以驮(tuó)东西或拉车。

螺 luó ㄌㄨㄛˊ ❶一大类软体动物,有硬壳,壳上有旋纹:～蛳.田～.海～.钉～.[螺丝]应用螺旋原理做成的使物体固定或把两个物体连接起来的东西,有螺钉和螺母。[螺旋]1.一种简单机械,圆柱体表面或物体孔眼里有像螺蛳壳纹理的螺纹。2.螺旋形的:～～桨.❷同"胹"(luó)。

倮 luǒ ㄌㄨㄛˇ 同"裸"。

裸(＊臝) luǒ ㄌㄨㄛˇ 光着身子:～体.赤～～.㊁没有东西包着的:～线(没有外皮的电线).～子植物.[裸机]1.没有加入通信网的手机、寻呼机。2.没有安装操作系统和其他软件的计算机。

蓏 luǒ ㄌㄨㄛˇ 古书上指瓜类植物的果实。

瘰 luǒ ㄌㄨㄛˇ [瘰疬](‐lì)结核菌侵入淋巴结,发生核块的病,多在颈部。有些地区也叫"老鼠疮"。

蠃 luǒ ㄌㄨㄛˇ 见172页"蜾"字条"蜾蠃"(guǒ—)。

泺(濼) ㊀ luò ㄌㄨㄛˇ 泺水,古水名,在今山东省济南。[泺口]地名,在山东省济南。
㊁ pō 见378页。

跞(躒) ㊀ luò ㄌㄨㄛˇ [卓跞][卓荦]卓绝:才华~~.
㊁ lì 见290页。

荦(犖) luò ㄌㄨㄛˇ [荦荦]明显,分明:~~大端。

洛 luò ㄌㄨㄛˇ 洛河,水名。1.在陕西省北部。也叫北洛河。2.发源于陕西省南部,流至河南省西部入黄河。古作"雒"。

骆 luò ㄌㄨㄛˇ ❶古书上指黑鬃的白马。❷姓。
[骆驼](—tuo)哺乳动物,反刍类,身体高大,背上有肉峰。能耐饥渴,适于负重物在沙漠中远行。也叫"橐驼"(tuó-tuó),省称"驼"。

络 ㊀ luò ㄌㄨㄛˇ ❶像网子那样的东西:脉~.橘~.丝瓜~.❷用网状物兜住,笼罩:用络(lào)子~住.❸缠绕:~纱.~线.
[络绎](—yì)连续不断:参观的人~~不绝.
㊁ lào 见280页。

珞 luò ㄌㄨㄛˇ 见575页"璎"字条"璎珞"(yīng—)。
[珞巴族]我国少数民族,参看附表。

烙 ㊀ luò ㄌㄨㄛˇ 见366页"炮"字条"炮烙"(páo—)。
㊁ lào 见281页。

硌 ㊀ luò ㄌㄨㄛˇ 山上的大石。
㊁ gè 见151页。

落 ㊀ luò ㄌㄨㄛˇ ❶掉下来,往下降:~泪.飞机降~.太阳~山了.❷衰败:没(mò)~.破~户.❸遗留在后面:~后.~伍.~选.❹停留:安家~户.~脚.小鸟在树上~着.㋅留下:不~痕迹.❺停留或聚居的地方:村~.下~.着~.[部落]1.由若干血缘相近的氏族结合成的集体.2.我国史书上多指少数民族.❻归属:今天政权~在人民手里了.㋈得到:~不是.~埋怨.~了个好名誉.❼古代指庆祝建筑物完工:新屋~成.❽写下:~款.~账.
[落泊](—bó)[落魄](—pò)
[落拓](—tuò)1.潦倒失意.2.豪迈,不拘束.

㊁ lào 见281页。

㊂ là 见274页。

摞 luò ㄌㄨㄛˋ ❶把东西重叠地往上放:把书~起来. ❷量词,用于重叠着放起来的东西:一~砖. 一~碗.

漯 ㊀ luò ㄌㄨㄛˋ[漯河]地名,在河南省。

㊁ tà 见465页。

雒 luò ㄌㄨㄛˋ 伊洛(伊河和洛河,水名,都在河南省)的"洛"字古作"雒"。[雒南]地名,在陕西省。今作"洛南"。

偻(儸) luo·ㄌㄨㄛ 见308页"偻"字条"偻儸"(lóu—)。

啰(囉) ㊀ luo·ㄌㄨㄛ ❶助词,作用大致和"了(le)❷"一样:你去就成~. ❷见308页"喽"字条"喽啰"(lóu—)。

㊁ luó 见317页。

㊂ luō 见316页。

M ㄇ

M ㄇ

呒(嘸) m ㄇ〈方〉没有。

姆 ㊀ m ㄇ〔单纯的双唇鼻音〕叹词,表示疑问:~,你说什么?

姆 ㊁ m̀ ㄇ 叹词,表示答应:~,我知道了.

MA ㄇㄚ

孖 ㊀ mā ㄇㄚ〈方〉相连成对。

㊁ zī 见644页。

妈 mā ㄇㄚ ❶称呼母亲(叠)。❷对女性长辈的称呼:大~. 姑~.

蚂 ㊀ mā ㄇㄚ[蚂螂](—lang)〈方〉蜻蜓。

㊁ mǎ 见321页。

㊂ mà 见321页。

抹 ㊀ mā ㄇㄚ ❶擦:~桌子. ❷用手按着并向下移动:把帽子~下来. ~不下脸来(碍于脸面或情面).

㊁ mǒ 见341页。

㊂ mò 见342页。

摩 ㊀ mā ㄇㄚ[摩挲](—sa)用手轻轻按着一下一下地移动。

㊁ mó 见341页。

吗 ㊀ má ㄇㄚˊ〈方〉什么。

㊁ ma 见321页。

（三）mǎ 见320页。

麻（❶*蔴）má ㄇㄚˊ ❶草本植物，种类很多，有大麻、苎麻、苘（qǐng）麻、亚麻等等。茎皮纤维通常也叫麻，可以制绳索、织布。[麻烦]（—fan）由于事物杂乱，感到费手续、难办：这事真～～.[芝麻]（*脂麻）（—ma）一种草本植物，茎秆略成方形。种子有白的和黑的两种，所榨的油就是平常吃的香油。❷像腿、臂被压后的那种不舒服的感觉：腿～了.手发～.❸感觉不灵或全部丧失（叠—木）。[麻痹]（*痲痺）1.身体的一部分因为神经系统的病变而发生知觉或运动的障碍。2.失去警惕性：～～大意.[麻风]（*痲疯）俗叫"癞病"，是一种慢性传染病。病原体是麻风杆菌。患者皮肤发生斑纹或结节，知觉丧失，毛发脱落，指节烂掉。[麻醉]1.用药物或针刺使全身或局部暂时失去知觉。2.使人思想认识模糊，不能明辨是非。❹表面粗糙：这张纸一面光一面～.[麻疹]（*痲疹）一种急性传染病，由滤过性病毒引起，儿童容易感染。[麻子]（—zi）1.出天花留下的瘢痕。2.脸上有麻子的人。

痲 má ㄇㄚˊ [痲痹]、[痲风]、[痲疹]旧同"麻痹"、"麻风"、"麻疹"。参看320页"麻"。

马（馬）mǎ ㄇㄚˇ 一种家畜，颈上有鬃，尾有长毛。供人骑或拉东西等。[马脚]破绽（zhàn），漏洞：露出～～来了.[马力]功率（lǜ）的非法定计量单位，1马力等于每秒钟把75公斤重的物体提高到1米所做的功，约合735.499瓦。[马上]副词，立刻：我～～就到.[马达]（外）用电力或汽油发动的机器，特指电动机。[马虎]（—hu）不认真：这事可不能～～.

吗 （三）mǎ ㄇㄚˇ [吗啡]（—fēi）（外）用鸦片制成的有机化合物，白色粉末，味很苦。医药上用作镇痛剂。
　　（一）ma 见321页。
　　（二）má 见319页。

犸 mǎ ㄇㄚˇ [猛犸]一种古脊椎动物，像现代的象，全身有长毛，已绝种。也叫"毛象"。

玛 mǎ ㄇㄚˇ [玛瑙]（—nǎo）矿物名，主要成分是氧化硅，颜色美丽，质硬耐磨，可做轴承、研钵、装饰品等。

码 mǎ ㄇㄚˇ ❶（一子、一儿）代表数目的符号：苏州～子（〡、〢、〣、乂、〤等）．明～儿售货（在商品上标明价码出售）．[乱码]计算机或通信系统中因某种原因而造成的混乱的、不能识别的字符。❷（一子）计算数目的用具，如砝码、筹码等。❸量词，用于一件事或一类的事：这是两～事．❹〈外〉英美长度单位，1码等于3英尺，合0.9144米。❺〈方〉摞（luò）起，垒起：～砖头．小孩儿～积木．
[码头]水边专供停船的地方。⑨临海、临河的城市。

蚂 ㊀ mǎ ㄇㄚˇ [蚂蟥]（—huáng）"蛭"的俗称。参看627页"蛭"（zhì）．[蚂蚁]（—yǐ）蚁。参看567页"蚁"．
㊁ mā 见319页。
㊂ mà 见321页。

祃 mà ㄇㄚˋ 古代行军时，在军队驻扎的地方举行的祭礼。

蚂 ㊂ mà ㄇㄚˋ [蚂蚱]（—zha）蝗虫的俗称。参看196页"蝗"（huáng）．
㊀ mǎ 见321页。
㊁ mā 见319页。

骂（*罵） mà ㄇㄚˋ ❶用粗野的话侮辱人：不要～人．❷〈方〉斥责。

么 ㊀ ma·ㄇㄚ 同"吗㊀"．
㊁ me 见327页。
㊂ yāo 见557页。

吗 ㊀ ma·ㄇㄚ 助词。1.表疑问，用在一般直陈句子末了：你听明白了～？2.表有含蓄的语气，用在前半句末了：天要下雨～，我就坐车去．
㊁ má 见319页。
㊂ mǎ 见320页。

嘛 ma·ㄇㄚ 助词，表示很明显，事理就是如此（有时有提示意）：有意见就提～．不会不要紧，边干边学～．

蟆 ma·ㄇㄚ 见173页"蛤"字条"蛤蟆"（há—）。

MAI ㄇㄞ

埋 ㊀ mái ㄇㄞˊ 把东西放在坑里用土盖上：掩～．～地雷．⑨隐藏，使不显露：隐姓～名．[埋伏]在敌人将要经过的地方布置下军队，准备袭击。[埋没]（—mò）使人才、功绩、作用等显露不出来：不要～～人才．[埋头]⑩专心，下功夫：～～苦干．
㊁ mán 见322页。

M

霾 mái ㄇㄞ 阴霾，空气中因悬浮着大量的烟、尘等微粒而形成的混浊现象。

买（買）mǎi ㄇㄞ 拿钱换东西，跟"卖"相对（龤购一）：～戏票.～了一头牛.龤贿赂：～通.[买办]1.采购货物的人。2.殖民地、半殖民地国家里替外国资本家在本国市场上经管商业、银行业、工矿业、运输业等等的中间人和经纪人。[买卖]（－mai）生意，商业：做～～.龤铺子.

荬（蕒）mǎi ㄇㄞ 见406页"苣"字条"苣荬菜"（qǔ－－）。

劢（勱）mài ㄇㄞ 努力。

迈（邁）mài ㄇㄞ ❶抬起腿来跨步：～过去.～了一大步.向前～进.❷老（龤老一）：年～.❸（外）英里，用于机动车行驶速度：一小时走六十～.

麦（麥）mài ㄇㄞ （－子）一年生或二年生草本植物，分大麦、小麦、燕麦等多种，子实磨面供食用。通常专指小麦。

唛（嘜）mài ㄇㄞ 译音用字。商标，进出口货物的包装上所做的标记。

镀 mài ㄇㄞ 一种人造的放射性元素，符号 Mt。

卖（賣）mài ㄇㄞ ❶拿东西换钱，跟"买"相对：～菜.龤出卖：～国贼.❷尽量使出（力气）：～力.～劲儿.❸卖弄，显示自己，表现自己：～功.～乖.～弄才能.

脉（*脈、*衇）㊀ mài ㄇㄞ ❶分布在人和动物周身内的血管：动～.静～.❷脉搏，动脉的跳动：诊～.❸像血管那样分布的东西：山～.矿～.叶～.

㊁ mò 见342页。

霡 mài ㄇㄞ [霡霂]（－mù）小雨。

颟（顢）mān ㄇㄢ [颟顸]（－han）1.不明事理：糊涂～～.2.漫不经心：那人太～～，做什么事都靠不住.

埋 ㊀ mán ㄇㄢ [埋怨]（－yuan）因为事情不如意而对人或事物表示不满，责怪：他自己不小心，还～～别人.

⊖ mái 见321页。

蛮(蠻) mán ㄇㄢˊ ❶粗野,不通情理(圈野一):～横(hèng).～不讲理.胡搅～缠.囫愣,强悍:～劲不小,只是～干.❷我国古代称南方的民族。❸〈方〉副词,很:～好.～快.

谩 ⊖ mán ㄇㄢˊ 欺骗,蒙蔽。
⊖ màn 见323页。

蔓 ⊖ mán ㄇㄢˊ [蔓菁](一jing)芜菁,二年生草本植物,春天开花,黄色。叶大,块根扁圆形。块根也叫蔓菁,可以吃。
⊖ wàn 见497页。
⊖ màn 见323页。

馒 mán ㄇㄢˊ [馒头](一tou)一种用发面蒸成的食品,无馅。

鳗 mán ㄇㄢˊ [鳗鲡](一lí)鱼名。身体前圆后扁,背部灰黑色,腹部白色带淡黄色。生活在淡水中,到海洋中产卵。也省称"鳗"。

鬘 mán ㄇㄢˊ 形容头发美。

瞒(瞞) mán ㄇㄢˊ 隐瞒;隐藏实情,不让别人知道:这事不必～他.

满(滿) mǎn ㄇㄢˇ ❶全部充实,没有余地:会场里人都～了.～地都是绿油油的庄稼.～口答应.[满意]愿望满足或符合自己的意见:这样办,他很～～.[满足]1.觉得够了:他并不～～于现有的成绩.2.使人觉得不缺什么了:～～人民的需要.[自满]不虚心,骄傲。❷到了一定的限度:假期已～.～了一年.❸(斟酒)使满:～上一杯.❹副词,十分,完全:积极性～高.～以为不错.～不在乎.[满族]我国少数民族,参看附表。

螨(蟎) mǎn ㄇㄢˇ 蛛形动物的一类,体形微小,多数为圆形或卵形,头胸腹无明显分界,有足四对,下唇隐藏,无齿。有的危害人畜,传染疾病,并危害农作物。

曼 màn ㄇㄢˋ ❶延长:～声而歌.❷柔美:轻歌～舞.

谩 ⊖ màn ㄇㄢˋ 轻慢,没有礼貌:～骂.
⊖ mán 见323页。

墁 màn ㄇㄢˋ 用砖或石块铺地面:花砖～地.

蔓 ⊖ màn ㄇㄢˋ 同"蔓⊖",多用于合成词,如蔓草、蔓延等。[蔓延]形容像蔓草一样地不断扩展滋生。
⊖ wàn 见497页。

㈢ mán 见323页。

慢 màn ㄇㄢ（一子）悬挂起来作遮挡用的布、绸子等：布～．窗～．

漫 màn ㄇㄢ ❶水过满，漾出来：河水～出来了．⑱淹没：水不深，只～到脚面．大水～过房子了．❷满，遍：～山遍野．大雾～天．❸没有限制，没有约束：～谈．～不经心．～无边际．[漫长]时间长或路程远：～～的岁月．～～的道路．[漫画]简单而夸大事物特征的绘画，多含有讽刺的意义。

慢 màn ㄇㄢ ❶迟缓，速度低，跟"快"相对：～车．～～地走．我的表～五分钟．[慢条斯理]迟缓，不慌忙．❷态度冷淡，不热情：怠～．傲～．

嫚 màn ㄇㄢ 侮辱，怠慢。

缦 màn ㄇㄢ 没有彩色花纹的丝织品。

熳 màn ㄇㄢ [烂熳]旧同"烂漫"。

镘 màn ㄇㄢ 抹（mò）墙用的工具。

牤（***犘） māng ㄇㄤ 〈方〉牤牛，公牛。

邙 máng ㄇㄤ [邙山]山名，在河南省西北部。

芒 máng ㄇㄤ ❶禾本科植物子实壳上的细刺．❷像芒的东西：光～．❸多年生草本植物，秋天开花，黄褐色．叶细长有尖，可以造纸、编鞋。

忙 máng ㄇㄤ ❶事情多，没空闲：工作～．～～碌碌．❷急（⑯急一）：不慌不～．先别～着下结论．❸急速地做：大家都～生产．

杧 máng ㄇㄤ [杧果]常绿乔木，果实也叫杧果，形状像腰子，果肉可吃．也作"芒果"。

盲 máng ㄇㄤ 瞎，看不见东西：～人．[盲打]⑯打字或录入用手敲键时，眼睛不看键盘．[盲道]在人行道或其他公共场所，为方便盲人行走用特制砖铺设的道路．⑯对某种事物不能辨认的：文～．色～．扫～．[盲从]⑯自己没有原则，没有见地，随着别人．[盲目]⑯对事情认识不清楚：～～的行动是不会有好结果的．

氓 ㈠ máng ㄇㄤ [流氓]原指无业游民，后来指品质恶劣,不务正业,为非作歹的坏人。

⊜ méng 见330页。

茫 máng ㄇㄤ ❶对事理全无所知,找不到头绪:~然无知.~无头绪.❷形容水势浩渺.[茫茫]面积大,看不清边沿:大海~~.雾气~~.

硭 máng ㄇㄤ [硭硝]现作"芒硝".一种矿物,成分是硫酸钠,无色或白色晶体.医药上用作泻剂,工业上供制玻璃、造纸等。

铓 máng ㄇㄤ ❶刀、剑等的尖端.❷一种民间打击乐器,流行于云南省傣族和景颇族地区。

駹 máng ㄇㄤ 毛色黑白相间的马。

牻 máng ㄇㄤ 毛色黑白相间的牛。

莽 mǎng ㄇㄤ ❶密生的草:草~.❷粗鲁,冒失:~汉.这人太鲁~.

漭 mǎng ㄇㄤ [漭漭]形容水广阔无边。

蟒 mǎng ㄇㄤ 一种无毒的大蛇,背有黄褐色斑纹,腹白色,常生活在近水的森林里,捕食小禽兽。

MAO ㄇㄠ

猫(*貓) ⊜ māo ㄇㄠ 一种家畜,面呈圆形,脚有利爪,善跳跃,会捉老鼠。

⊜ máo 见326页。

毛 máo ㄇㄠ ❶动植物的皮上所生的丝状物.❷像毛的东西.1.指谷物等:不~(未开垦不长庄稼)之地.2.衣物等上长的霉菌:老没见太阳都长~了.❸粗糙,没有加工的:~坯.❹不是纯净的:~重10吨.~利.❺小:~孩子.~雨.❻行动慌忙:~~腾腾(—maotēngtēng).~手脚.❼惊慌失措:把他吓~了.❽货币贬值:钱~了.❾角,一圆钱的十分之一。
[毛南族](—nán—)我国少数民族,参看附表。

牦(*犛、氂) máo ㄇㄠ
[牦牛]一种牛,身体两旁和四肢外侧有长毛,尾毛很长.我国西藏出产,当地人民用来拉犁和驮运货物.肉和乳都可供食用。

旄 máo ㄇㄠ 古代用牦(máo)牛尾装饰的旗子。

M

〈古〉又同"耄"(mào)。

酕 máo ㄇㄠ ［酕醄］(一táo)大醉的样子。

髦 máo ㄇㄠ 古代称幼儿垂在前额的短头发。［时髦］时兴的。

矛 máo ㄇㄠ 古代兵器,在长柄的一端装有金属枪头。［矛盾］⑯1.言语或行为前后抵触,对立的事物互相排斥。2.指事物内部各个对立面之间的互相依赖又互相排斥的关系。

茅 máo ㄇㄠ 茅草,多年生草本植物,有白茅、青茅等。可以覆盖屋顶或做绳。

蝥 máo ㄇㄠ ［斑蝥］一种昆虫,腿细长,鞘翅上有黄黑色斑纹。可入药。

蟊 máo ㄇㄠ 吃苗根的害虫。［蟊贼］⑯对人民有害的人。

茆 máo ㄇㄠ 同"茅"。

猫(*貓) ㊀ máo ㄇㄠ ［猫腰］弯腰。
㊁ māo 见325页。

锚 máo ㄇㄠ 铁制的停船器具,用铁链连在船上,抛到水底,可以使船停稳。

冇 mǎo ㄇㄠ 〈方〉没有。

卯 mǎo ㄇㄠ ❶地支的第四位。❷卯时,指早晨五点到七点。❸(一子、一儿)器物接榫(sǔn)的地方凹入的部分:对~眼.凿个~儿.

峁 mǎo ㄇㄠ 〈方〉小山包:下了一道坡,又上一道~.

泖 mǎo ㄇㄠ 水面平静的小湖。［泖湖］古湖名,在今上海市松江西部。［泖桥］地名,在上海市。

昴 mǎo ㄇㄠ 星宿名,二十八宿之一。

铆 mǎo ㄇㄠ 用钉子把金属物连在一起:~钉.~眼.~接.~工.

芼 mào ㄇㄠ 拔取(菜、草)。

眊 mào ㄇㄠ 眼睛看不清楚。

耄 mào ㄇㄠ 年老,八九十岁的年纪:~耋(dié)之年.

茂 mào ㄇㄠ 茂盛(shèng),草木旺盛:根深叶~.⑯丰富而美好:图文并~.声情并~.

冒 ㊀ mào ㄇㄠ ❶向外透,往上升:~泡.~烟.~火.❷不顾(恶劣的环境或危险等):~雨.~险.❸不加小心,鲁莽,冲撞:~昧.~犯.［冒进］不顾具体条件,急于进行。[冒失]鲁莽,轻率。❹用假的充当真的,假托:～牌.～名.❺〈古〉贪婪。❻姓。

（二）mò 见342页。

帽 mào ㄇㄠˋ ❶帽子。❷(一儿)作用或形状像帽子的东西:螺丝～儿.～钉.笔～儿.

瑁 mào ㄇㄠˋ 见81页"玳"字条"玳瑁"(dài—)。

贸 mào ㄇㄠˋ ❶交换财物:抱布～丝.[贸易]商业活动:国际～～.❷冒冒失失或轻率的样子(叠):～然参加.～～然来.

袤 mào ㄇㄠˋ 南北距离的长度:广～数千里.

瞀 mào ㄇㄠˋ ❶目眩,看不清楚。❷精神昏乱(遥—乱)。

懋 mào ㄇㄠˋ ❶努力,勉励。❷盛大。

鄚 mào ㄇㄠˋ (旧读mò)[鄚州]地名,在河北省任丘。

貌 mào ㄇㄠˋ (＊＊儿) ❶相貌,长(zhǎng)相(遥容—):不能以～取人.❷外表,表面:～合神离.～似强大.⑧样子:工厂的全～.恢复原～.❸古书注解里表示状态用的字,如"飘飘,飞貌"等。

么(△麼) （一）me・ㄇㄜ ❶词尾:怎～.那～.多～.这～.什～.❷助词,表有含蓄的语气,用在前半句末了:不让你去～,你又要去.

（二）ma 见321页。

（三）yāo 见557页。

"麼"又 mó 见340页。

嚜 me・ㄇㄜ 助词,跟"嘛"的用法相同。

没 （一）méi ㄇㄟˊ ❶1.没有,无:他～哥哥.我～那本书.2.表示估量或比较,不够,不如:他～(不够)一米八高.汽车～(不如)飞机快.❷副词,没有,不曾,未:他们～做完.衣服～干.

（二）mò 见342页。

玫 méi ㄇㄟˊ [玫瑰](—gui)落叶灌木,枝上有刺。花有紫红色、白色等多种,香味很浓,可以做香料,花和根可入药。

枚 méi ㄇㄟˊ ❶树干:伐其条～.❷古代士兵衔于口

M

中以禁喧声的用具:衔～疾走.❸量词,相当于"个":三～勋章.[枚举]一件一件地举出来:不胜～～.

眉 méi ㄇㄟ ❶眉毛,眼上额下的毛:～飞色舞.～开眼笑.(图见486页"头")[眉目]⓰事情的头绪或事物的条理:有点～～了.～～不清楚.❷书眉,书页上端的空白:～批.

郿 méi ㄇㄟ 郿县,在陕西省.今作"眉县".

嵋 méi ㄇㄟ 见114页"峨"字条"峨嵋"(é—).

猸 méi ㄇㄟ (—子)又叫"蟹獴".哺乳动物,毛灰黄色,生活在水边,毛皮珍贵.

湄 méi ㄇㄟ 河岸,水滨.

楣 méi ㄇㄟ 门框上边的横木.(图见124页)

镅 méi ㄇㄟ 一种人造的放射性元素,符号 Am.

鹛 méi ㄇㄟ 鸟名.通常指画眉,羽毛多为棕褐色,翅短,嘴尖,尾巴长,叫的声音好听.

莓 méi ㄇㄟ 植物名.种类很多,常见的是草莓,开白花,结红色的果实,味酸甜.

梅(*楳、*槑) méi ㄇㄟ ❶落叶乔木,初春开花,有白、红等颜色,分五瓣,香味很浓.果实味酸.❷梅花.❸梅的果实.

脢 méi ㄇㄟ (—子)〈方〉猪、牛等脊椎两旁的条状瘦肉,即里脊.

酶 méi ㄇㄟ 一大类有机化合物,对于生物化学变化起催化作用,发酵就是靠酶的作用.

霉(❷黴) méi ㄇㄟ ❶衣物、食品等受了潮热长霉菌:～烂.发～.❷霉菌,一类真菌,常寄生或腐生在食物或衣物的表面,呈细丝状,有分枝,没有叶绿素;有白霉、青霉等多种.

媒 méi ㄇㄟ 撮合男女婚事的人(⓰—妁 shuò).[媒介]使双方发生关系的人或物:蚊子是传染疟疾的～～.

煤 méi ㄇㄟ ❶古代的植物压埋在地底下,在缺氧高压的条件下,年久变化成的黑色或黑褐色固体,成分以碳为主,是很重要的燃料和化工原料.也叫"煤炭"或"石炭".[煤油]从石油中分馏出来的一种产品.❷〈方〉(—子)烟气凝结的黑灰:锅～子.

糜(**醾) ⊖ méi ㄇㄟ（－子）就是
穄。参看213页"穄"(jì)。

⊖ mí 见333页。

每 měi ㄇㄟ 代词。❶指全
体中的任何一个或一组:
～人.～回.～次.～三天.～
一分钱.❷指反复的动作中的
任何一次或一组:～战必胜.
～逢十五日出版.［每每］副
词,常常。

美 měi ㄇㄟ ❶好,善:～德.
～意.～貌.～景.尽善尽
～.物～价廉.❷赞美,称赞,
以为好。❸使美、好看:～容.
～发.❹〈方〉得意,高兴:～滋
滋的.❺指美洲,包括北美洲
和南美洲,世界七大洲中的两
个洲。❻指美国。

镁 měi ㄇㄟ 一种金属元素,
符号 Mg,银白色,略有
延展性,在湿空气中表面易生
碱式碳酸镁薄膜而渐失金属
光泽,燃烧时能发强光。镁与
铝的合金可制飞机、飞船。硫
酸镁可做泻药,俗叫泻盐。

浼 měi ㄇㄟ ❶污染。❷恳
托。

妹 mèi ㄇㄟ ❶（－子）称同父
母比自己年纪小的女子

（叠）。❷对比自己年纪小的
同辈女性的称呼:表～.

昧 mèi ㄇㄟ ❶昏,糊涂,不明
白:愚～.蒙～.冒～.❷
隐藏,隐瞒:拾金不～.

寐 mèi ㄇㄟ 睡,睡着(zháo):
假～.夜不能～.梦～以
求.

魅(**鬽) mèi ㄇㄟ 传说
中的鬼怪:鬼
～.［魅力］很能吸引人的力
量。

袂 mèi ㄇㄟ 衣袖:联～(结
伴)赴津.［分袂］离别。

媚 mèi ㄇㄟ ❶巴结,逢迎:献
～.❷美好,可爱:妩～.
春光明～.

MEN ㄇㄣ

闷 ⊖ mēn ㄇㄣ ❶因气压低
或空气不流通而引起的
不舒服的感觉:天气～热.这
屋子矮,又没有窗子,太～了.
❷呆在屋里不出门:一个人总
～在家里,心胸就不开阔了.
❸密闭:茶刚泡上,～一会儿
再喝.❹〈方〉声音不响亮:这
人说话～声～气.

⊖ mèn 见330页。

门(門) mén ㄇㄣ ❶（－儿）
建筑物、车船等的

出入口. 又指安在出入口上能开关的装置:防盗~. ~镜. ❹门径,诀窍:摸不着~儿. 找窍~儿.❷(一儿)形状或作用像门的东西:电~. 水~. 球~.❸家族或家族的一支:一~老小. 长(zhǎng)~长子.❹一般事物的分类:分~别类.❺生物的分类单位之一,在"界"之下、"纲"之上:被子植物~. 脊索动物~.❻学术思想或宗教的派别:佛~. 儒~.❼量词:一~炮. 一~功课.

[门巴族]我国少数民族,参看附表.

扪 mén ㄇㄣ 按,摸:~心自问(反省).

钔 mén ㄇㄣ 一种人造的放射性元素,符号 Md。

亹 mén ㄇㄣ [亹源]回族自治县,在青海省. 今作"门源".

闷 ㊀ mèn ㄇㄣ ❶心烦,不痛快:~得慌. ~~不乐.❷密闭,不透气:~子车.
㊁ mēn 见329页.

焖 mèn ㄇㄣ 盖紧锅盖,用微火把饭菜煮熟:~饭.

懑(懣) mèn ㄇㄣ ❶烦闷.❷愤慨,生气:愤~.

们 men·ㄇㄣ 词尾,表人的复数:你~. 咱~. 他~. 学生~. 师徒~.

蒙(❶❷矇) ㊀ mēng ㄇㄥ ❶欺骗(叠一骗):别~人. 谁也~不住他.❷胡乱猜测:这回叫你~对了.❸昏迷:他被球打~了.
㊁ méng 见331页。
㊂ měng 见331页。

氓(**甿) ㊀ méng ㄇㄥ 〈古〉民(特指外来的). 也作"萌".
㊁ máng 见324页。

虻(*蝱) méng ㄇㄥ 昆虫名. 种类很多,身体灰黑色,翅透明. 生活在野草丛里,雄的吸植物的汁液,雌的吸人、畜的血.

萌 méng ㄇㄥ ❶植物的芽.❷萌芽,植物生芽.㊼开始发生:知者(有见识的人)见于未~. 故态复~(多用于贬义).
〈古〉又同"氓"(méng)。

盟 méng ㄇㄥ ❶旧时指宣誓缔约,现多指团体和团体、阶级和阶级或国和国的联合:工农联~. 缔结友好同~

互助条约.❷发(誓):～个誓.
❸内蒙古自治区的行政区划
单位。包括若干旗、县、市。

蒙(❹濛、❺矇、❻懞)

㊀ méng ㄇㄥˊ ❶没有知识,
愚昧:启～.发～.～昧。❷覆
盖:～头盖脑.～上一张纸。
[蒙蔽]隐瞒事实,欺骗。❸
受:～难(nàn).承～招待,感
谢之至.❹形容雨点细小
(叠):～～细雨.[空蒙]形容
景色迷茫:山色～～.❺眼睛
失明。[蒙眬]目不明:睡眼～
～.❻朴实敦厚。❼姓
㊁ mēng 见330页。
㊂ měng 见331页。

懞 méng ㄇㄥˊ 见378页"帡"
字条"帡幪"(píng—)。

獴 méng ㄇㄥˊ (又)见332页
měng。

檬 méng ㄇㄥˊ 见356页"柠"
字条"柠檬"(níng—)。

曚 méng ㄇㄥˊ [曚昽](—
lóng)日光不明。

朦 méng ㄇㄥˊ [朦胧](—
lóng)1.月光不明。2.不
清楚,模糊。

鹲 méng ㄇㄥˊ 鸟名。体大,
嘴大而直,灰色或白色,
尾部有长羽毛,生活在热带海
洋上,以鱼类为食。

礞 méng ㄇㄥˊ [礞石]岩石
名,有青礞石和金礞石两
种.可入药。

艨 méng ㄇㄥˊ [艨艟](—
chōng)古代的一种战船。

甍 méng ㄇㄥˊ 屋脊:碧瓦飞
～.

瞢 méng ㄇㄥˊ ❶日月昏暗
无光。❷目不明。

勐 měng ㄇㄥˇ ❶勇敢。❷云
南省西双版纳傣族地区
称小块的平地。多用于地名。

猛 měng ㄇㄥˇ ❶气势壮,力
量大:～虎.勇～.用力过
～.药力～.火力～.❷忽然,
突然:～然惊醒.～地跑了进
来.

锰 měng ㄇㄥˇ 一种金属元
素,符号 Mn,银白色,有
光泽,质硬而脆,在湿空气中
氧化。锰与铁的合金叫锰钢,
可做火车的车轮。二氧化锰
可供瓷器和玻璃着色用。高
锰酸钾可作杀菌剂。

蜢 měng ㄇㄥˇ 见607页"蚱"
字条"蚱蜢"(zhà—)。

艋 měng ㄇㄥˇ [舴艋](zé—)
小船。

蒙 ㊂ měng ㄇㄥˇ [蒙古族]
1.我国少数民族,参看附
表。2.蒙古国的主要民族。
[内蒙古]我国少数民族自治

M

区,1947年5月建立。

　　㊀ méng 见331页。

　　㊁ mēng 见330页。

獴 měng ㄇㄥˇ méng ㄇㄥˊ（又）哺乳动物的一类,身体长,脚短,嘴尖,耳朵小。捕食蛇、蟹等,如蛇獴、蟹獴。

蠓 měng ㄇㄥˇ 蠓虫,昆虫名。比蚊子小,褐色或黑色,雌的吸人、畜的血,能传染疾病。

懵（**懜） měng ㄇㄥˇ [懵懂]（－dǒng）糊涂,不明白事理。

孟 mèng ㄇㄥˋ ❶旧时兄弟姊妹排行（háng）有时用孟、仲、叔、季做次序,孟是老大:～兄.～孙.❷指夏历一季中月份在开头的:～春（春季第一月）.～冬（冬季第一月）.[孟浪]鲁莽,考虑不周到:此事不可～～.

梦（夢） mèng ㄇㄥˋ ❶睡眠时体内体外各种刺激或残留在大脑里的外界刺激引起的影像活动。❷做梦:～游.～见.❸比喻虚幻:～想.

MI　ㄇㄧ

咪 mī ㄇㄧ 拟声词,猫叫声（叠）。

眯（*瞇） ㊀ mī ㄇㄧ ❶眼皮微微合拢:在床上～（合眼养神）一会儿.❷眯缝:～着眼笑.他～起眼睛看了半天.

　　㊁ mí 见332页。

弥（彌、❹瀰） mí ㄇㄧˊ ❶满,遍:～月（小孩儿满月）.～天大罪.❷补,合（㊴－补）。❸更加:～坚.欲盖～彰.❹[弥漫]（－màn）1. 水满。2. 到处都是,充满:硝烟～～.

祢（禰） mí ㄇㄧˊ （旧读nǐ）姓。

猕（獼） mí ㄇㄧˊ [猕猴]哺乳动物,面部红色无毛,有颊囊,尾短,臀疣显著。产于亚洲南部和我国西南等地。

迷 mí ㄇㄧˊ ❶分辨不清,失去了辨别、判断的能力:～了路.[迷彩]使人迷惑不易分辨的色彩:～～服.[迷信]盲目地信仰和崇拜。特指信仰神仙鬼怪等。❷醉心于某种事物,发生特殊的爱好（hào）:入～.～恋.❸沉醉于某种事物的人:棋～.球～.戏～.❹使人陶醉:景色～人.

眯（*瞇） ㊀ mí ㄇㄧˊ 尘土入眼,不能睁开看东西。

㊁ mī 见332页。

谜(**謎) mí ㄇㄧˊ 谜语,影射事物或文字的隐语:灯～.～底.㊀还没有弄明白的或难以理解的事物。

醚 mí ㄇㄧˊ 有机化合物的一类,通式是 R—O—R′.乙醚是医药上常用的麻醉剂。

糜 ㊀ mí ㄇㄧˊ ❶粥。❷糜烂,烂到难以收拾:～烂不堪.❸浪费:～财妨农.❹姓。

㊁ méi 见329页。

縻 mí ㄇㄧˊ ❶牛缰绳。❷系(jì),捆,拴.[羁縻]㊋牵制,笼络。

靡 ㊀ mí ㄇㄧˊ 浪费(㊋奢—):不要～费钱财.

㊁ mǐ 见333页。

蘼 mí ㄇㄧˊ [蘼芜](—wú)古书上指芎䓖(xiōng-qióng)的苗。

醾 mí ㄇㄧˊ [酴醾](tú—)重(chóng)酿的酒。

麋 mí ㄇㄧˊ 麋鹿,又叫"四不像".头似马,身似驴,蹄似牛,角似鹿,全身灰褐色。是一种珍贵动物。

米 mǐ ㄇㄧˇ ❶谷类或其他植物子实去了壳的名称:小～.花生～.特指去了壳的稻的子实:买一袋～.[虾米]去了壳的干虾肉,也指虾。❷(外)长度的法定计量单位(旧名公尺),符号 m。

洣 mǐ ㄇㄧˇ 洣水,水名,在湖南省东南部。

脒 mǐ ㄇㄧˇ 有机化合物的一类,是含有
$$HC\diagup\begin{matrix}NH\\\\NH_2\end{matrix}$$
的化合物。

敉 mǐ ㄇㄧˇ 安抚,安定。

芈 mǐ ㄇㄧˇ ❶羊叫。❷姓。

弭 mǐ ㄇㄧˇ 止,息:水患消～.

靡 ㊀ mǐ ㄇㄧˇ ❶无,没有:～日不思.❷倒下:望风披～.

㊁ mí 见333页。

汨 mì ㄇㄧˋ [汨罗江]水名,在湖南省岳阳。

觅(*覓) mì ㄇㄧˋ 找,寻求(㊋寻—):～食.～路.

泌 ㊀ mì ㄇㄧˋ 分泌,从生物体里产生出某种物质:～尿.

M

㊀ bì 见24页。

宓 mì ㄇㄧˋ 安,静。

秘(*祕) ㊀ mì ㄇㄧˋ(旧读 bì)不公开的,不让大家知道的(龜一密):～方.～诀.[秘书]掌管文书并协助负责人处理日常工作的人员。[便秘]大便干燥、困难、次数少的症状。

㊁ bì 见24页。

密 mì ㄇㄧˋ ❶事物和事物之间距离短,空隙小,跟"稀"、"疏"相对(龜稠一):小株～植.我国沿海人口稠～.枪声越来越～.㉠精致、细致:精～.细～.❷关系近,感情好(龜亲一):～友.他们两个人很亲～.[密切]紧密,亲切:关系～～.～～地配合。❸不公开:～谋.～谈.～码电报.㊂秘密的事物:保～。

谧 mì ㄇㄧˋ 安静(龜安一)。

嘧 mì ㄇㄧˋ [嘧啶](一dìng)有机化合物,分子式 $C_4H_4N_2$,无色结晶,有刺激性气味,溶于水、乙醇和乙醚,供制化学药品。

蜜 mì ㄇㄧˋ ❶蜂蜜,蜜蜂采取花的甜汁酿成的东西。[蜜饯]用蜜、糖浸渍果品。又指用蜜、糖浸渍的果品。❷甜美:甜言～语.

幂(*冪) mì ㄇㄧˋ ❶覆盖东西的巾。❷覆盖,遮盖。❸表示一个数自乘若干次的形式叫幂。如 t 自乘 n 次的幂为 t^n。[乘幂]一个数自乘若干次的积数。也叫"乘方"。如 5 的 4 乘方又叫 5 的 4 乘幂或 5 的 4 次幂。

蓂 ㊀ mì ㄇㄧˋ 见513页"薢"字条"薢蓂"(xī一)。

㊁ míng 见339页。

MIAN ㄇㄧㄢ

眠 mián ㄇㄧㄢ ❶睡觉(龜睡一):安～.失～.长～(指人死).❷蚕在蜕皮时像睡眠那样不食不动:初～.蚕三～了.[冬眠]蜗牛、蛇、蛙、蝙蝠等动物到冬季不食不动。也叫"入蛰"(zhé)。

绵(*緜) mián ㄇㄧㄢ ❶(一子)蚕丝结成的片或团,供絮衣被、装墨盒等用。也叫"丝绵"。❷性质像丝绵的。1.软弱,单薄:～薄.2.延续不断:～延.

棉 mián ㄇㄧㄢ ❶草棉,一年生草本植物,叶掌状分裂,果实像桃。种子外有白色的絮,就是供纺织及絮衣被用的棉花。种子可以榨油。[木棉]落叶乔木,生在热带、亚热带,叶是掌状复叶。种子上有白色软毛,可以装枕褥等。木材可造船。❷棉花,草棉的棉絮:~衣.~线.

丏 miǎn ㄇㄧㄢˇ 遮蔽,看不见。

沔 miǎn ㄇㄧㄢˇ 沔水,水名,汉江的上游河段,在陕西省南部。

免 miǎn ㄇㄧㄢˇ ❶去掉,除掉:~冠.~职.~费.❷避免:~疫.做好准备,以~临时抓瞎.❸勿,不可:闲人~进.

勉 miǎn ㄇㄧㄢˇ ❶勉力,力量不够还尽力做:~为其难(nán).[勉强](—qiǎng)1.尽力:~~支持下去.2.刚刚地够,不充足:这种说法很~~(理由不充足).勉勉强强及格.3.不是心甘情愿的:~~答应.4.让人去做不愿做的事:不要~~他.❷勉励,使人努力:互~.有则改之,无则加~.

娩 miǎn ㄇㄧㄢˇ 分娩,妇女生孩子。

冕 miǎn ㄇㄧㄢˇ 古代大(dà)夫以上的官戴的礼帽。后代专指帝王的礼帽:加~.

鮸 miǎn ㄇㄧㄢˇ 鮸鱼,鱼名,又叫"鰵(mǐn)鱼"。身体长形而侧扁,棕褐色,生活在海中,肉可以吃。

勔 miǎn ㄇㄧㄢˇ 勉力,勤勉。

湎 miǎn ㄇㄧㄢˇ 沉迷(多指喝酒)。

缅 miǎn ㄇㄧㄢˇ 遥远:~怀.~想.

靦 ⊖ miǎn ㄇㄧㄢˇ [靦觍](—tiǎn)旧同"腼腆"。
⊜ tiǎn 见479页。

腼 miǎn ㄇㄧㄢˇ [腼腆](—tiǎn)害羞,不敢见生人:这孩子太~~.

渑(澠) ⊖ miǎn ㄇㄧㄢˇ [渑池]地名,在河南省。
⊜ shéng 见437页。

面(❽—⓫麵、❽—⓫*麪、❶—❼**靣) miàn ㄇㄧㄢˋ ❶面孔,脸,头的前部(龜脸—、颜—):~前.~带笑容.[面子](—zi)1.体面:爱~~.丢~~.2.情面:大公无私,不讲~~.❷用脸对着,向着:背山~水.❸当面,直接接头的:~谈.~议.❹(—子、—儿)事物的外表,跟"里"相对:地~.水

~.被~儿. ❺几何学上称线移动所生成的图形,有长有宽没有厚:平~.~积. ❻方面,边,部:正~.反~.上~.下~.~~俱到. ❼量词:一~旗.一~镜子.一~锣. ❽粮食磨成的粉:麦子~.小米~.玉米~.特指小麦磨成的粉. ❾(一子、一儿)粉末:药~儿.粉笔~儿. ❿面条:挂~.炸酱~.方便~.一碗~. ⓫食物含纤维少而柔软:这种瓜很~.

眄 miàn ㄇㄧㄢˋ 斜着眼睛看:顾~.

MIAO　ㄇㄧㄠ

喵 miāo ㄇㄧㄠ 拟声词,猫叫的声音。

苗 miáo ㄇㄧㄠˊ ❶(一儿)一般指幼小的植株:麦~.树~.[苗条]人的身材细长、好看。❷(一儿)形状像苗的:笤帚~儿.火~儿.[矿苗]矿藏露出地面的部分。也叫"露(lù)头"。❸某些初生的饲养的动物:鱼~. ❹子孙后代(鱼一裔)。❺疫苗,能使机体产生免疫力的微生物制剂:牛痘~.

[苗族]我国少数民族,参看附表。

描 miáo ㄇㄧㄠˊ 依照原样摹画或重复地画(鱼一摹):~花.[描写]依照事物的情状,用语言或线条、颜色表现出来:他很会~~景物.

鹋 miáo ㄇㄧㄠˊ 见118页"鸸"字条"鸸鹋"(ér一)。

瞄 miáo ㄇㄧㄠˊ 把视力集中在一点上,注意看:枪~得准.眼光~向未来.[瞄准]对准目标,使射出或扔出的东西能够命中。

杪 miǎo ㄇㄧㄠˇ 树枝的细梢。鱼末尾:岁~.月~.

眇 miǎo ㄇㄧㄠˇ ❶瞎了一只眼睛。后也泛指瞎了眼睛。❷细小。

秒 miǎo ㄇㄧㄠˇ ❶谷物种子壳上的芒。❷单位:1.圆周的一分的六十分之一。2.经纬度的一分的六十分之一。3.时间的一分钟的六十分之一。

渺(❷*淼) miǎo ㄇㄧㄠˇ ❶微小:~小. ❷水势辽远:浩~.[渺茫]离得太远看不清楚。喻看不见前途的或没有把握的:这件事~~得很.

注:"淼"多用于人名。

缈 miǎo ㄇㄧㄠˇ 见374页"缥"字条"缥缈"(piāo一)。

藐 miǎo ㄇㄧㄠˇ 小(叠-小)：～视.

邈 miǎo ㄇㄧㄠˇ 远.

妙（*玅） miào ㄇㄧㄠˋ ❶美,好：～品.～不可言.❷奇巧,神奇(叠巧-)：～计.～诀.～用.

庙（廟） miào ㄇㄧㄠˋ ❶旧时供祖宗神位的地方：家～.❷供神佛或历史上有名人物的地方：龙王～.孔～.❸庙会,设在寺庙里或附近的集市：赶～.

缪 ㊀ miào ㄇㄧㄠˋ 姓.
㊁ móu 见343页.
㊂ miù 见340页.

móu 见343页.
miù 见340页.

MIE ㄇㄧㄝ

乜 ㊀ miē ㄇㄧㄝ [乜斜](-xie)1.眼睛因困倦而眯成一条缝：～～的睡眼.2.眼睛略眯而斜着看,多指不满意或看不起的神情。
㊁ niè 见355页.

niè 见355页.

咩（*哶） miē ㄇㄧㄝ 拟声词,羊叫的声音。

灭（滅） miè ㄇㄧㄝˋ ❶火熄(叠熄-)：～火器.～灯.火～了.❷完,尽,使不存在(叠消-)：消～敌人.功绩不会磨～.长自己的志气,～敌人的威风.❸被水漫过：～顶.

蔑（❸衊） miè ㄇㄧㄝˋ ❶无,没有：～以复加.❷小：～视(看不起,轻视).❸涂染。[诬蔑][污蔑]造谣毁坏别人的名誉。

篾 miè ㄇㄧㄝˋ (-子,-儿)劈成条的竹片：竹～子.泛指劈成条的芦苇、高粱等茎皮：苇～儿.

蠛 miè ㄇㄧㄝˋ [蠛蠓](-měng)古书上指蠓.参看332页"蠓"。

MIN ㄇㄧㄣ

民 mín ㄇㄧㄣˊ ❶人民：为国为～.[民主]1.指人民有管理国家和自由发表意见的权利.2.根据大多数群众意见处理问题的工作方式：作风～～.既要有～～,又要有集中.[公民]在一国内有国籍,享受法律上规定的公民权利并履行公民的义务的人.[国民]指具有某国国籍的人.❷指人或人群.[民族]历史上形成的稳定的人群共同体,其特征是有共同语言、共同地域、

M

共同经济生活和表现于共同文化上的共同心理素质。[居民]在一个地区内较长时期固定居住,并且取得正式户籍的人或人群。❸民间的:～俗.～歌。❹指从事不同职业的人:农～.牧～.渔～。❺非军事的:～用.～航。❻同"苠"。

苠 mín ㄇㄧㄣ 庄稼生长期较长,成熟期较晚,也作"民":～穄子(cǎnzi).～高粱.黄谷子比白谷子～.

岷 mín ㄇㄧㄣ 岷山,山名,在四川省北部,绵延于川、甘两省边境。

珉 mín ㄇㄧㄣ 像玉的石头。

缗 mín ㄇㄧㄣ ❶古代穿铜钱用的绳。❷钓鱼用的绳。

旻 mín ㄇㄧㄣ ❶天,天空:～天.苍～。❷秋天。

皿 mín ㄇㄧㄣ 器皿,盘、盂一类的东西。

闵 mín ㄇㄧㄣ 忧患(多指疾病死丧)。

悯 mín ㄇㄧㄣ ❶哀怜(⑯怜—):其情可～。❷忧愁。也作"愍"。

闽 mín ㄇㄧㄣ 福建省的别称。

抿 mín ㄇㄧㄣ ❶刷,抹:～了～头发。❷收敛:～着嘴笑.水鸟一～翅,往水里一扎.㈢收敛嘴唇,少量沾取:他真不喝酒,连～都不～.

泯 mín ㄇㄧㄣ 消灭(⑯—灭)。

湣 mín ㄇㄧㄣ 古谥号用字。

愍(＊＊惽) mín ㄇㄧㄣ 同"悯"。

黾(黽) mín ㄇㄧㄣ [黾勉](—miǎn)努力,勉力。

敏 mín ㄇㄧㄣ ❶有智慧,反应迅速,灵活(⑯—捷、灵—):～感.～锐.机～.敬谢不～(婉转表示不愿意做)。❷努力:～行不怠.

鳘 mín ㄇㄧㄣ 鳘鱼,就是鮸鱼。

MING　　ㄇㄧㄥ

名 míng ㄇㄧㄥ ❶(一儿)名字,人或事物的称谓:您给他起个～儿吧.[名词]表示人、地、事、物的名称的词,如学生、北京、戏剧、桌子等。❷叫出,说出:无以～之.莫～其妙。❸名誉,声誉:有～.出～.不为～,不为利.㈢有声誉的,大家都知道的:～医.～将.～胜.～言.～产。❹量词,用于人:学生四～.

茗 míng ㄇㄧㄥˊ ❶茶树的嫩芽。❷茶:香～.品～.

洺 míng ㄇㄧㄥˊ 洺河,水名,在河北省南部。

铭 míng ㄇㄧㄥˊ ❶刻在器物上记述生平、事业或警惕自己的文字:墓志～.座右～.❷在器物上刻字:～诸肺腑(喻永记).

明 míng ㄇㄧㄥˊ ❶亮,跟"暗"相对:～亮.天～了.～晃晃的刺刀.❷明白,清楚:说～.～表.黑白分～.情况不～.～～是他搞的.⤵懂得,了解:深～大义.❸公开,不秘密,不隐蔽,跟"暗"相对:～讲.有话～说.～码售货.～枪易躲,暗箭难防.❹视觉,眼力:失～.❺能够看清事物:英～.精～.眼～手快.❻神明,迷信称神灵.[明器][冥器]殉葬用的器物.❼次(指日或年):～日.～年.❽朝代名,明太祖朱元璋所建立(公元1368—1644年).

鸣 míng ㄇㄧㄥˊ ❶鸟兽或昆虫叫:鸟～.驴～.蝉～.❷发出声音,使发出声音:自～钟.孤掌难～.～炮.❸表达,发表(情感、意见、主张):～谢.～不平.

冥 míng ㄇㄧㄥˊ ❶昏暗。⤵愚昧:～顽不灵.❷深奥,深沉:～思苦想.❸迷信的人称人死以后进入的世界。[冥蒙][溟濛](—méng)形容烟雾弥漫。

蓂 ⊖ míng ㄇㄧㄥˊ [蓂荚](—jiá)传说中尧时的一种瑞草。
⊜ mì 见334页。

溟 míng ㄇㄧㄥˊ 海:北～有鱼.

暝 míng ㄇㄧㄥˊ ❶日落,天黑。❷黄昏.

瞑 míng ㄇㄧㄥˊ 闭眼:～目(多指人死时心中无牵挂).

螟 míng ㄇㄧㄥˊ 螟虫,螟蛾的幼虫,有许多种,如三化螟、二化螟、大螟、玉米螟等.危害农作物。[螟蛉](—líng)一种绿色小虫。⤵义子,抱养的孩子。也叫"螟蛉子"。参看172页"蜾"字条"蜾蠃"(guǒluǒ)。

酩 mǐng ㄇㄧㄥˇ [酩酊](—dǐng)醉得迷迷糊糊的:～～大醉.

命 mìng ㄇㄧㄥˋ ❶生命,动物、植物的生活能力,也就是跟矿物、水等所以有区别的地方:性～.救～.拼～.❷迷信

M

的人认为生来就注定的贫富、寿数等:算～.～该如此.❸上级指示下级(圈—令):～你前往.～大军火速前进.❹上级对下级的指示:奉～.遵～.恭敬不如从～.❺给予(名称等):～名.～题.[命中](—zhòng)射中或击中目标.❻指派,使用:～驾.～笔.

MIU ㄇㄧㄡ

谬 miù ㄇㄧㄡ ❶错误的,不合情理的:～论.荒～.❷差错:失之毫厘,～以千里.

缪 ⊖ miù ㄇㄧㄡ 见370页"纰"字条"纰缪"(pī—).
⊝ miào 见337页。
⊜ móu 见343页。

MO ㄇㄛ

摸 mō ㄇㄛ ❶用手接触或轻轻抚摩:～小孩儿的头.～～多光滑.❷用手探取:～鱼.从口袋里～出一张钞票来.⟮引⟯1. 揣测,试探:～底.我～准了他的脾气了.～不清他是什么意思. 2. 在黑暗中行动,在认不清的道路上行走:～营.～黑.～了半夜才到家.
[摸索]多方面探求,寻找:工作经验靠大家～～.

谟 mó ㄇㄛ 计谋,计划:宏～.

馍(*饝) mó ㄇㄛ 〈方〉面制食品,通常指馒头(叠)。

嫫 mó ㄇㄛ [嫫母]传说中的丑妇。

摹 mó ㄇㄛ 仿效,照着样子做:临～.把这个字～下来.

模 ⊖ mó ㄇㄛ ❶法式,规范:楷～.[模型]依照原物或计划中的事物(如建筑)的形式做成的物品.❷仿效(圈—仿):儿童常～仿成人的举止动作.❸模范:劳～.英～.
[模糊](—hu)不分明,不清楚.
[模棱](—léng)意见或语言含糊,不肯定:～～两可.
[模特儿](外)写生、雕塑时的描摹对象或参考对象,有时也指某些示范表演者:时装～～～.
⊝ mú 见344页。

膜 mó ㄇㄛ ❶(—儿)动植物体内像薄皮的组织:肋～.耳～.苇～.❷(—儿)像膜的薄皮:面～.塑料薄～儿.

麽 ⊖ mó ㄇㄛ [幺麽](yāo—)微小:～～小丑.

M

㊀ me 见327页"么"。

嬷 mó ㄇㄛˊ [嬷嬷](-mo)
1. 旧时称奶妈为嬷嬷.
2. 〈方〉称呼老年妇女.

摩 ㊀ mó ㄇㄛˊ ❶摩擦,蹭
(cèng):~拳擦掌.❷抚
摩,摸:~弄.按~.[摩挲](-
suō)用手抚摩.❸研究切磋.
[观摩]观察之后,加以研究,
吸收别人的优点:~~教学.
❹物质的量的单位摩尔的简
称,符号 mol.
[摩托]（外）用汽油、柴油等发动
的机器:~~车.~~艇.~~
化部队.

㊁ mā 见319页。

磨 ㊀ mó ㄇㄛˊ ❶摩擦:~
刀.~墨.[磨合]新组装
的机器经过一定时期的使用,
把摩擦面上的加工痕迹磨光
而变得更加密合.[磨炼][磨
练]锻炼,下工夫.❷阻碍,困
难(叠-难、折-):好(hǎo)事
多~.㊒纠缠:小孩子~人.❸
拖延,耗时间:~工夫.❹逐渐
消失,消灭:百世不~.这是永
不~灭的真理.[消磨]1.使精
力等逐渐消失:~~志气.2.
消耗:大好光阴不能白白~~
掉.

㊁ mò 见343页。

蘑 mó ㄇㄛˊ 蘑菇,食用蕈
(xùn)类,如口蘑、松蘑。

魔 mó ㄇㄛˊ ❶迷信传说指
害人性命、迷惑人的恶
鬼:妖~鬼怪.恶~.[入魔]嗜
好成癖,入迷:他搞无线电搞
得~~了.❷不平常,奇异的:
~力.~术.

劘 mó ㄇㄛˊ 切削。

抹 ㊀ mǒ ㄇㄛˇ ❶涂(叠涂
-):伤口上~上点药.❷
揩,擦:~眼泪.一~一手黑.
❸除去:~零儿(不计算尾
数).~掉几个字.[抹杀][抹
煞]一概不计,勾销:一笔~
~.

㊁ mò 见342页。
㊂ mā 见319页。

万 ㊀ mò ㄇㄛˋ [万俟](-qí)
复姓。

㊁ wàn 见496页。

末 mò ㄇㄛˋ ❶梢,梢,尖端,
跟"本"相对:~梢.本~
倒置.秋毫之~.细枝~节(比
喻事情不重要的部分).❷最
后,终了(liǎo),跟"始"相对
(叠-尾):十二月三十一日是
一年的最~一天.❸(-子、
-儿)碎屑(叠粉-):粉笔
~儿.茶叶~儿.把药材研成
~儿.❹传统戏曲里扮演中年

M

男子的角色。

抹 ㊀ mò ㄇㄛˋ 涂抹,泥(nì):他正在往墙上～石灰.
㊁ mǒ 见341页。
㊂ mā 见319页。

茉 mò ㄇㄛˋ [茉莉](-li)1.常绿灌木,花白色,很香,常用来熏制茶叶。2.紫茉莉,又叫"草茉莉"。一年生或多年生草本植物,花有红、白、黄、紫各色。胚乳粉质,可作化妆粉用。

沫 mò ㄇㄛˋ (-子、-儿)液体形成的许多细泡(圉泡-):肥皂～儿.唾～(tuò-mo).

妺 mò ㄇㄛˋ 古人名用字。

秣 mò ㄇㄛˋ ❶牲口的饲料:粮～.❷喂牲口:～马厉兵(喂马、磨兵器).

靺 mò ㄇㄛˋ [靺鞨](-hé)我国古代东北方的民族。

没 ㊀ mò ㄇㄛˋ ❶隐在水中:～入水中.㊁隐藏:深山有猛虎出～.[没落]衰落,趋向灭亡:～～阶级.❷漫过,高过:水～了头顶.庄稼都长得～人了.❸把财物扣下:～收赃款.❹终,尽:～世(指终身,一辈子).❺同"殁".
㊁ méi 见327页。

殁 mò ㄇㄛˋ 死。也作"没"。

陌 mò ㄇㄛˋ 田间的小路(圉阡-):～头杨柳.[陌生]生疏,不熟悉。

貊 mò ㄇㄛˋ 我国古代称东北方的民族。

冒 ㊀ mò ㄇㄛˋ [冒顿](-dú)汉初匈奴的一个首领名。
㊁ mào 见326页。

脉(＊脈、＊＊眽) ㊀ mò ㄇㄛˋ [脉脉]形容用眼神表达爱慕的情意:～～含情.
㊁ mài 见322页。

莫 mò ㄇㄛˋ ❶不要:闲人～入.❷没有,无:～不欣喜.～大的光荣.[莫非]副词,难道:～～是他回来了吗?[莫逆]朋友之间感情非常好:～～之交.[莫须有]也许有吧。后用来表示凭空捏造。❸不:变化～测.
[莫邪](-yé)古宝剑名。
〈古〉又同"暮"(mù)。

蓦 mò ㄇㄛˋ 突然,忽然:他～地站起来.

漠 mò ㄇㄛˋ ❶地面为沙石覆盖,缺乏流水,气候干燥,植物稀少的地区:沙～.[广漠]广大看不到边际。❷冷淡

地,不经心地:～视.～不关
心.

寞 mò ㄇㄛ 寂静,清静(圈寂
—):～～.～然.

镆 mò ㄇㄛ [镆铘](—yé)
同"莫邪".

瘼 mò ㄇㄛ 病:民～(人民的
痛苦).

貘 mò ㄇㄛ 哺乳类动物.像
猪而略大,鼻子圆而长,
能伸缩.产于热带,善游泳.

嘿 ⊖ mò ㄇㄛ 闭口不说话.
同"默".
⊖ hēi 见182页.

墨 mò ㄇㄛ ❶写字绘画用的
黑色颜料:一锭～.～汁.
❷写字,绘画或印刷用的各色
颜料:红～.蓝～.❸名家写的
字或画的画:～宝.❹黑色或
近于黑色的:～晶(黑色的水
晶).～菊.❺贪墨,贪污:～
吏.❻古代的一种刑罚,在脸
上刺刻涂墨.

默 mò ㄇㄛ 不说话,不出声
(叠):沉～.～～不语.～
读.～写(凭记忆写出).～认
(心里承认).

磨 ⊖ mò ㄇㄛ ❶把粮食弄
碎的工具:石～.电～.❷
用磨把粮食弄碎:～豆腐.～
面.❸掉转:小胡同不能～车.
⊖ mó 见341页.

礳 磨 mò ㄇㄛ [礳石渠]地名,
在山西省阳城.

糖 mò ㄇㄛ 耢(lào).

哞 mōu ㄇㄡ 拟声词,牛叫的
声音.

牟 ⊖ móu ㄇㄡ 贪取:投机
商哄抬物价,借机～利.
⊖ mù 见345页.

侔 móu ㄇㄡ 相等,齐:超五
帝,～三王.

眸 móu ㄇㄡ (—子)眼中瞳
人,泛指眼睛:凝～远望.

蛑 móu ㄇㄡ 见582页"蝤"
字条"蝤蛑"(yóu—).

谋 móu ㄇㄡ ❶计划,计策,
主意(圈—略、计—):有
勇无～.❷设法寻求:～职.为
人民～幸福.❸商议:不～而
合.

缪 ⊖ móu ㄇㄡ [绸缪]
(chóu—)1.修缮:未雨～
～(喻事先做好准备).2.缠
绵:情意～～.
⊖ miào 见337页.
⊜ miù 见340页.

鍪 móu ㄇㄡ 古代的一种
锅.[兜鍪]古代打仗时
戴的盔.

某 mǒu ㄇㄡˇ 代词,代替不明确指出的人、地、事、物等:～人.～国.～天.张～.～～学校.

氆 mú ㄇㄨˊ 氆子,西藏产的一种氆氇(pǔlu)。

模 ㊀ mú ㄇㄨˊ (一儿)模子:字～儿.铜～儿.[模子](-zi)用压制或浇灌的方法制造物品的工具。[模样]形状,容貌.
㊁ mó 见340页.

母 mǔ ㄇㄨˇ ❶母亲,妈妈,娘:～系.～性.❷对女性长辈的称呼:姑～.舅～.姨～.❸雌性的:～鸡.这口猪是～的.❹事物所从产生出来的:～校.～株.工作～机.失败为成功之～.❺一套东西中间可以包含其他部分的:子～环.子～扣.螺丝～.[母音]见590页"元"字条"元音".

拇 mǔ ㄇㄨˇ 拇指,手脚的大指.

姆 mǔ ㄇㄨˇ 保姆,负责照管儿童或料理家务的女工.

牳 mǔ ㄇㄨˇ 牛名.

牡 mǔ ㄇㄨˇ 雄性的鸟、兽,跟"牝"相对。又指植物的雄株:～麻.

亩(畝) mǔ ㄇㄨˇ 市制地积单位,1亩是10分,约合666.7平方米。

姥 ㊀ mǔ ㄇㄨˇ 年老的妇人。
㊁ lǎo 见280页。

木 mù ㄇㄨˋ ❶树木,树类植物的通称:乔～.灌～.[木本植物]具有木质茎的植物,如松柏等。❷木头,供制造器物或建筑用的木料:～材.枣～.杉～.❸用木料制成的:～器.～犁.❹棺材:棺～.行将就～.❺感觉不灵敏,失去知觉(⑧麻-):手脚麻～.舌头发～.

沐 mù ㄇㄨˋ 洗头:栉(zhì)风～雨(喻奔波辛苦).[沐浴]洗澡.

霂 mù ㄇㄨˋ 见322页"霢"字条"霢霂"(mài-)。

目 mù ㄇㄨˋ ❶眼睛:～瞪口呆.～空一切(自高自大).[目标]1.射击、攻击或寻求的对象:对准～～射击.不要暴露～～.2.想达到的境地:实现四个现代化是我们奋斗的～～.[目前][目下]眼前,现在.❷看:一～了然.❸大项中再分的小项:大纲细

~.❹目录:剧~.书~.❺生物的分类单位之一,在"纲"之下、"科"之上:鸽形~.银耳~.❻计算围棋比赛输赢的单位。

苜 mù ㄇㄨ [苜蓿](-xu)多年生草本植物,叶子长圆形,花紫色,果实为荚果。可以喂牲口、做肥料。

钼 mù ㄇㄨ 一种金属元素,符号 Mo,银白色,在空气中不易变化。可与铝、铜、铁等制成合金。为电子工业重要材料。

仫 mù ㄇㄨ [仫佬族](-lǎo-)我国少数民族,参看附表。

牟 ⊖ mù ㄇㄨ [牟平]地名,在山东省烟台。
⊖ móu 见343页。

牧 mù ㄇㄨ 放养牲口:~羊.~童.~场.畜~业.游~.[牧师]基督教的教士,管理教堂及礼拜等事务。

募 mù ㄇㄨ 广泛征求:~捐.~了一笔款.

墓 mù ㄇㄨ ❶埋死人的地方(⍟坟-):公~.烈士~.❷与墓相关的:~碑.~地.~道.

幕 mù ㄇㄨ ❶帐。1.覆盖在上面的(⍟帐-)。2.垂挂着的:银~.开~.[黑幕]暗中作弊捣鬼的事情。[内幕]内部的实际情形(多指隐秘的事)。❷古代将帅办公的地方:~府.❸话剧或歌剧的较完整的段落:独~剧.

〈古〉又同沙漠的"漠"(mò)。

暮 mù ㄇㄨ ❶傍晚,太阳落的时候:朝(zhāo)~.[暮气]⍟精神衰颓,不振作。❷晚,将尽:~春.~年.天寒岁~.

慕 mù ㄇㄨ ❶羡慕,仰慕:~名.❷思念:思~.

睦 mù ㄇㄨ 和好,亲近(⍟和-):~邻(同邻家或邻国和好相处).

穆 mù ㄇㄨ ❶温和。❷恭敬(⍟肃-)(叠)。

N ㄋ

唔 ⊖ ń ㄋ (又)同"嗯⊖"。
⊖ wú 见508页。
⊜ ńg 见351页。

嗯 ⊖ ń ㄋ (又)见351页 ńg。

嗯(**呣) ㊀ ň ㄋˇ (又)见351页 ňg。

嗯(**呃) ㊁ ǹ ㄋˋ (又)见352页 ǹg。

NA ㄋㄚ

那 ㊂ nā ㄋㄚ 姓。
㊀ nà 见346页。
㊁ nèi 见351页。

拿(*拏) ná ㄋㄚ ❶用手取,握在手里:～笔.～枪.～张纸来.～着镰刀割麦子.❷掌握,把握:～主意.做好做不好,我可不稳.[拿手]擅长:～～好戏.做这样的事,他很～～.❸拿捏,挟(xié)制:这样的事～不住人.❹侵蚀,侵害:这块木头让药水～白了.❺逮捕,捉(旧捉一):～获.猫～老鼠.❻介词,把:我～你当朋友看待.❼用:～这笔钱做身制服.

镎 ná ㄋㄚ 一种放射性元素,符号Np。

哪 ㊀ nǎ ㄋㄚ 代词。1.表示疑问,后面跟量词或数量词,要求在所问范围中有所确定:你喜欢读～种书?[哪儿][哪里]什么地方:你在～～住? ～～有困难,就到～～去.㊄用于反问句:我～～

知道?(我不知道)他～～笨啊?(他不笨)这项工作一个人～～能做好?(一个人做不好)2.表示反问:没有耕耘,～有收获.
㊁ něi 见350页。
㊂ na 见347页。
㊃ né 见350页。

那 ㊀ nà ㄋㄚ 代词,指较远的时间、地方或事物,跟"这"相对:～时.～里.～个.～样.～些.[那么](*那末)(-me)1.代词,那样:就～～办吧.要不了～～多.～～个人.～～个脾气.2.连词,跟前面"如果"、"若是"等相应:如果敌人不投降,～～就消灭他.
㊁ nèi 见351页。
㊂ nā 见346页。

娜 ㊀ nà ㄋㄚ 用于人名。
㊁ nuó 见359页。

呐 nà ㄋㄚ [呐喊]大声叫喊:摇旗～～.

纳 nà ㄋㄚ ❶收入,放进:出～.吐故～新.㊆1.接受:采～建议.2.享受:～凉.❷缴付:～税.缴～公粮.❸补缀,缝补,现在多指密密地缝:～鞋底.❹(外)法定计量单位中十进分数单位词头之一,表示10^{-9},符号n。

[纳西族]我国少数民族,参看附表。

朒 nà ㄋㄚˋ 见494页"腽"字条"腽肭兽"(wà——)。

钠 nà ㄋㄚˋ 一种金属元素,符号 Na,银白色,质地软,能使水分解放出氢,平时要贮藏在煤油里。钠的化合物很多,如食盐(氯化钠)、烧碱(氢氧化钠)、纯碱(碳酸钠)等。

衲 nà ㄋㄚˋ ❶僧衣。⑨僧人:老～.❷同"纳❸":百～衣.

捺 nà ㄋㄚˋ ❶用手按。❷(一儿)汉字从上向右斜下的笔画(乀):"人"字是一撇一～.

哪 㖔 na ㄋㄚ 助词,"啊"受到前一字韵母 n 收音的影响而发生的变音:同志们,加油干～!
㊀ nǎ 见346页。
㊁ něi 见350页。
㊃ né 见350页。

NAI　ㄋㄞ

乃(*迺、*廼) nǎi ㄋㄞˇ ❶文言代词,你,你的:～父.～兄.❷副词,才,就:吾求之久矣,今～得之.知己知彼,胜～不殆.❸是,就是:失败～成功之母.
[乃至]1.甚至:全班～～全校都行动起来了.2.以至于:平日疏于管理,～～如此.

芀 nǎi ㄋㄞˇ [芀奶]就是芋头。也作"芋奶"。

奶(*嬭) nǎi ㄋㄞˇ ❶乳房,哺乳的器官。❷乳汁:牛～.～油.～粉.❸用自己的乳汁喂孩子:～孩子.
[奶奶]1.祖母。2.对老年妇人的尊称:老～～.

氖 nǎi ㄋㄞˇ 一种化学元素,在通常条件下为气体,符号 Ne,无色无臭,不易与其他元素化合。真空管中放入少量的氖气,通过电流,能发出红色的光,可做霓虹灯。

奈 nài ㄋㄞˋ 奈何,怎样,如何:无～.怎～.无～何(无可如何,没有办法可想).

柰 nài ㄋㄞˋ (一子)落叶小乔木,花白色,果小。可做苹果砧木。

萘 nài ㄋㄞˋ 一种有机化合物,分子式 $C_{10}H_8$,无色晶体,有特殊气味,容易挥发。过去用的卫生球就是萘制成的,现已禁用。

佴 ㊀ nài ㄋㄞˋ 姓。
㊀ èr 见118页。

耐 nài ㄋㄞˋ 受得住,禁(jīn)得起:～劳.～用.～火砖.[耐心]不急躁,不厌烦:～～说服.

鼐 nài ㄋㄞˋ 大鼎。

褦 nài ㄋㄞˋ [褦襶](—dài)不晓事,不懂事。

NAN ㄋㄢ

囝 ⊖ nān ㄋㄢ〈方〉同"囡"。
⊜ jiǎn 见220页。

囡 nān ㄋㄢ〈方〉小孩儿。

男 nán ㄋㄢˊ ❶男子,男人:～女平等.～学生.❷儿子:长(zhǎng)～.❸我国古代五等爵位(公、侯、伯、子、男)的第五等:～爵.

南 nán ㄋㄢˊ 方向,早晨面对太阳右手的一边,跟"北"相对:～方.指～针.

喃 nán ㄋㄢˊ [喃喃]小声叨唠:～～自语.

楠(*枏、*柟) nán ㄋㄢˊ 楠木,常绿乔木,木材坚固,是贵重的建筑材料。又可做船只、器物等。

难(難) ⊖ nán ㄋㄢˊ ❶不容易(龜艰—):～事.～题.～写.～产.～得.❷不大可能:～免.～保.[难道]副词,加强反问语气:河水～～会倒流吗? 他们能完成任务,～～我们就不能吗? ❸使人不好办:这可真～住他了.[难为](—wei)1. 令人为难:他不会跳舞,就别～～他了.2.亏得,表示感谢:这么冷天～～你还来看我.～～你把机器修好了.❹不好:～听.～看.
〈古〉又同"傩"(nuó)。
⊜ nàn 见348页。

赧 nǎn ㄋㄢˇ 因羞惭而脸红:～然.～颜.

腩 nǎn ㄋㄢˇ〈方〉牛胸腹部的松软肌肉。

蝻 nǎn ㄋㄢˇ(—子、—儿)仅有翅芽还没生成翅膀的蝗虫。

难(難) ⊖ nàn ㄋㄢˋ ❶灾患,困苦(龜灾—、患—):～民.遭～.逃～.❷诘责:非～.责～.
⊜ nán 见348页。

NANG ㄋㄤ

囊 ⊖ nāng ㄋㄤ [囊膪](—chuài)见66页"膪"字条。
⊜ náng 见349页。

囔 nāng ㄋㄤ ［囔囔］（－nang）小声说话。

囊 ㊀ náng ㄋㄤ 口袋:探～取物(喻极容易).［囊括]全部包罗:～～四海.～～本次比赛全部金牌.
㊁ nāng 见348页。

馕 ㊀ náng ㄋㄤ （维）一种烤制成的面饼
㊁ nǎng 见349页。

曩 nǎng ㄋㄤ 从前的,过去的:～日.～者(从前).

攮 nǎng ㄋㄤ 用刀刺:用刺刀～死了敌人.［攮子］（－zi)短而尖的刀。

馕 ㊀ nǎng ㄋㄤ 拼命地往嘴里塞食物。
㊁ náng 见349页。

齉 (＊＊儾) nàng ㄋㄤ 鼻子堵住,发音不清:～鼻儿.

NAO ㄋㄠ

孬 nāo ㄋㄠ〈方〉❶不好,坏:人品～.❷怯懦,没有勇气:这人太～.～种.

呶 náo ㄋㄠ 喧哗(叠):～～不休.

挠 (撓) náo ㄋㄠ ❶扰乱,搅:阻～.❷弯屈:不屈不～(喻不屈服).百折不～(喻有毅力).❸搔,抓:～痒痒.

铙 (鐃) náo ㄋㄠ ❶铜质圆形的打击乐器,比钹大.❷古代军中乐器,像铃铛,但没有中间的锤

蛲 (蟯) náo ㄋㄠ 蛲虫,大肠里的一种寄生虫,长约1厘米,白色线状,雌虫在夜里爬到肛门处产卵,多由手、水或食物传染。

恼 (憹) náo ㄋㄠ 懊恼,痛悔。

猺 (＊＊巎) náo ㄋㄠ 古山名,在今山东省临淄附近。

硇 (＊＊硇、＊＊硇) náo ㄋㄠ ［硇砂]即卤砂。参看310页"卤(lǔ)"。［硇洲]岛名,在广东省湛江东南海中。

猱 náo ㄋㄠ 古书上说的一种猴。

巎 náo ㄋㄠ 同"猺"。用于人名。

垴 nǎo ㄋㄠ〈方〉山岗、丘陵较平的顶部。多用于地名。

恼 (惱) nǎo ㄋㄠ ❶发怒,愤恨:～羞成怒.你别～我.❷烦闷,苦闷(逾烦—、苦—)。

脑(腦) nǎo ㄋㄠ ❶(一子)人和高等动物神经系统的主要部分,在颅腔里,分大脑、小脑、中脑、间脑、延髓等部分,主管感觉和运动.人的脑子又是主管思想、记忆等心理活动的器官.[脑筋][脑子]⑱指思考、记忆等能力:开动～～.❷(一儿)形状或颜色像脑子的东西:豆腐～儿.

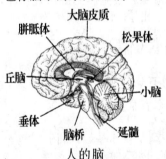

大脑皮质　松果体　胼胝体　丘脑　小脑　垂体　脑桥　延髓

人的脑

瑙 nǎo ㄋㄠ 见320页"玛"字条"玛瑙"(mǎ一).

闹(鬧) nào ㄋㄠ ❶不安静.1.人多声音杂:～市.2.喧哗,搅扰:不要～了! ⑨戏耍,耍笑:～着玩儿.❷发生(疾病或灾害):～病.～嗓子.～水灾.～蝗虫.❸发泄,发作:～情绪.～脾气.❹搞,弄:～生产.～革命.把问题～清楚.

淖 nào ㄋㄠ 烂泥.

[淖尔](蒙)湖泊:达里～～(就是达里泊,在内蒙古自治区).库库～～(就是青海湖).罗布～～(就是罗布泊,在新疆维吾尔自治区).

臑 nào ㄋㄠ 牲畜前肢的下半截.

哪 ㊃ né ㄋㄜ [哪吒](一zhā)神话里的神名.
㊀ nǎ 见346页.
㊁ něi 见350页.
㊂ na 见347页.

讷 nè ㄋㄜ 语言迟钝,不善讲话.

呢 ㊀ ne·ㄋㄜ 助词.1.表示疑问(句中含有疑问词):你到哪儿去～? 怎么办～? 2.表示确定的语气:早着～.还没有来～.3.表示动作正在进行:他睡觉～.4.用在句中表示略停一下:喜欢～,就买下;不喜欢～,就不买.
㊀ ní 见352页.

哪 ㊀ něi ㄋㄟ "哪"(nǎ)和"一"的合音,但指数量时不限于一:～个.～些.～年.

N

～几年.

　　㊀ nǎ 见346页。

　　㊂ na 见347页。

　　㊃ né 见350页。

馁 něi ㄋㄟˊ ❶饥饿:冻～. 喻没有勇气:气～.胜不骄,败不～. ❷古称鱼腐烂为馁。

内 nèi ㄋㄟˋ ❶里面,跟"外"相对:～室.～衣.～科.～情.国～.党～.[内行](—háng)对于某种事情有经验.[内务]1.集体生活中室内的日常事务:整理～～. 2.指国内事务(多指民政):～～部. ❷指妻子或妻子的亲属:～人.～兄.～侄.

　　〈古〉又同"纳"(nà)。

那 ㊀ nèi ㄋㄟˋ "那"(nà)和"一"的合音,但指数量时不限于一:～个.～些.～年.～三年.

　　㊀ nà 见346页。

　　㊂ nā 见346页。

恁 nèn ㄋㄣˋ〈方〉代词。❶那么:～大.～高.要不了～些. ❷那:～时.～时节.

嫩 nèn ㄋㄣˋ ❶初生而柔弱,娇嫩,跟"老"相对:～芽.

肉皮～. 引1.经火力烧制的时间短:鸡蛋煮得～. 2.阅历浅,不老练:他担任主编还～了点儿. ❷淡,浅:～黄.～绿.

能 néng ㄋㄥˊ ❶能力,才干,本事:各尽其～.他很有才～.[能耐](—nai)技能,能力。 ❷有才干的:～人.～者多劳.～手. ❸能够,胜任:他～耕地.～完成任务.[能动]自觉努力,积极活动的:主观～～性.～～地争取胜利. ❹会(表示可能性):他还～不去吗? ❺应,该:你不～这样不负责任. ❻能量,度量物质运动的一种物理量:电～.原子～.核～.

唔 ㊀ ńg ㄫˊ ń ㄣˊ (又)同"嗯㊀"。

　　㊀ wú 见508页。

　　㊂ ń 见345页。

嗯 ㊀ ńg ㄫˊ ń ㄣˊ (又)叹词,表示疑问:～? 你说什么?

嗯(**呓) ㊀ ňg ㄫˇ ň ㄣˇ (又)叹词,表示

不以为然或出乎意外：～！我看不一定是那么回事．～！你怎么还没去？

嗯(＊＊吥) ㊂ ǹg ㄥˋ ǹ ㄋˋ（又）叹词，表示答应：～，就这么办吧．

NI ㄋㄧ

妮 nī ㄋㄧ （—子、—儿）女孩子。

尼 ní ㄋㄧ 梵语"比丘尼"的省称。佛教指出家修行的女子。通常叫"尼姑"。

坭 ní ㄋㄧ ❶同"泥"。[红毛坭]〈方〉水泥。❷地名用字：白～（在广东省佛山）．

呢 ㊀ ní ㄋㄧ （—子）一种毛织物。
[呢喃](—nán)形容燕子的叫声。
㊁ ne 见350页。

泥 ㊀ ní ㄋㄧ ❶土和水合成的东西。❷像泥的东西：印～（印色）．枣～．山药～．
㊁ nì 见352页。

怩 ní ㄋㄧ 见357页"忸"字条"忸怩"(niǔ—)。

铌 ní ㄋㄧ 一种金属元素，符号 Nb，钢灰色，主要用于制造耐高温的合金钢和电子

管。旧称"钶"(kē)。

倪 ní ㄋㄧ 端，边际。[端倪]头绪：已略有～～．

猊 ní ㄋㄧ 见459页"狻"字条"狻猊"(suān—)。

霓 ní ㄋㄧ 副虹。参看185页"虹"。[霓虹灯]在长形真空管里装氖、汞蒸气等气体，通电时产生各种颜色的光，这种灯叫霓虹灯。多用作广告或信号。

鲵 ní ㄋㄧ 两栖动物，有大鲵和小鲵两种。大鲵俗叫"娃娃鱼"，眼小，口大，四肢短，尾巴扁。生活在淡水中。

麑 ní ㄋㄧ 小鹿。

拟(擬) nǐ ㄋㄧ ❶打算：～往上海．❷初步设计编制，起草：～稿．～议．～定计划．❸仿照：～作．[拟声词]模拟事物声音的词，如"咚、砰、丁当、哐啷"等。

你 nǐ ㄋㄧ 代词，指称对方。

旎 nǐ ㄋㄧ 见567页"旖"字条"旖旎"(yǐ—)。

泥 ㊀ nì ㄋㄧ ❶涂抹：～墙．～炉子．❷固执，死板(⑱拘—)．
㊁ ní 见352页。

昵(＊暱) nì 3ì 亲近(逾亲—)。

逆 nì 3ì ❶方向相反,跟"顺"相对:～风.～境.～水行舟.倒行～施.❷抵触,不顺从:忠言～耳.❸背叛者或背叛者的:～产.❹迎接:～战.逾预先:～料.

匿 nì 3ì 隐藏,躲避(逾隐—、藏—):～名信.

睨 nì 3ì 斜着眼睛看:～视.

腻 nì 3ì ❶食物油脂过多:油～.肥～.[细腻]1.光滑。2.细致。❷腻烦,因过多而厌烦:玩～了.听～了.❸积污,污垢:尘～.

溺 ㊀nì 3ì ❶淹没:～死.❷沉迷不悟,过分:～信.～爱.

㊁niào 见355页。

拈 niān 3ㄢ 用手指搓捏或拿东西:～须.～花.～阄(抓阄儿).

蔫 niān 3ㄢ 植物因失去水分而萎缩:花～了.菜～了.㊁精神不振,不活泼。

年(＊秊) nián 3ㄢ ❶地球绕太阳一周的时间。现行历法规定平年365日,闰年366日.㊇1.年节,一年的开始:过～.～画.2.时期:光绪～间.民国初～.[年头儿]1.全年的时间:看看已是三个～～～.2.时代:那～～～穷人可真苦哇.3.庄稼的收成:今年～～～真好,比去年多收一倍.❷每年的:～会.～产量.❸年纪,岁数(逾—龄、—岁):～老.～轻.㊇人一生所经年岁的分期:青～.壮～.❹年景,年成,收成:丰～.

粘 ㊀nián 3ㄢ ❶同"黏"。❷姓。

㊁zhān 见608页。

鲇 nián 3ㄢ 鲇鱼,鱼名.头大,口宽,尾侧扁,皮有黏质,无鳞,可吃。

黏 nián 3ㄢ 像胶水或糨糊所具有的能使物体粘(zhān)合的性质:～液.这江米很～.

鲶 nián 3ㄢ 同"鲇"。

捻(＊撚) niǎn 3ㄢ ❶用手指搓转(zhuàn):～线.～麻绳.❷(—子、—儿)用纸、布条等搓成的像线绳样的东西:纸～儿.药～儿.灯～儿.

辇 niǎn ㄋㄧㄢˇ（旧读 liǎn）古时用人拉着走的车,后来多指皇帝、皇后坐的车。

撵 niǎn ㄋㄧㄢˇ ❶驱逐,赶走:～走.～出去.❷追赶:他～不上我.

碾 niǎn ㄋㄧㄢˇ ❶（－子）把东西轧碎或压平的器具:石～.汽～.❷轧(yà),滚压:～米.～药.

蹍 niǎn ㄋㄧㄢˇ〈方〉踩。

廿 niàn ㄋㄧㄢˋ 二十:～四史.

念（❷*唸） niàn ㄋㄧㄢˋ ❶惦记,常常地想(働惦－):思～.想～.不忘旧恶.怀～革命先烈.[念头]（－tou）思想,想法:不该有这种～～.❷诵读:～书.～诗.❸"廿"的大写。

埝 niàn ㄋㄧㄢˋ 用土筑成的小堤或副堤。

娘（*孃） niáng ㄋㄧㄤˊ ❶对年轻女子的称呼:渔～.新～.[娘子]1.尊称青年或中年妇女(多见于早期白话)。2.旧称妻。[姑娘]（－niang）1.未婚女子的通

称。2.女儿。❷母亲。❸称长(zhǎng)一辈或年长的已婚妇女:大～.婶～.

酿（釀） niàng ㄋㄧㄤˋ ❶利用发酵作用制造:～酒.～造.働1.蜜蜂做蜜:～蜜.2.逐渐形成:～成水灾.❷指酒:佳～.

鸟（鳥） niǎo ㄋㄧㄠˇ 脊椎动物的一类,温血卵生,用肺呼吸,全身有羽毛,后肢能行走,一般前肢变为翅能飞。

茑 niǎo ㄋㄧㄠˇ 一种小灌木,茎能攀缘其他树木。[茑萝]一年生蔓草,开红色小花。

袅（*嫋、*嬝）[袅袅] niǎo ㄋㄧㄠˇ 1.烟气缭绕上腾的样子:炊烟～～.2.细长柔软的东西随风摆动的样子:垂杨～～.3.声音绵延不绝:余音～～.[袅娜]（－nuó）1.形容草木柔软细长。2.形容女子姿态美。

嬲 niǎo ㄋㄧㄠˇ 戏弄,纠缠。

尿 ㊀ niào ㄋㄧㄠˋ ❶小便,从肾脏滤出由尿道排泄出来的液体。❷排泄小便。

⊖ suī 见460页。

脲 niào ㄋ丨ㄠˋ 尿素,有机化合物,分子式CO(NH₂)₂,无色晶体。广泛用在塑料、药剂和农业等生产中。

溺 ⊖ niào ㄋ丨ㄠˋ 同"尿"。
⊖ nì 见353页。

| NIE | ㄋ丨ㄝ |

捏(*捏) niē ㄋ丨ㄝ ❶用拇指和其他手指夹住:～着一粒豆.❷用手指把软的东西做成一定的形状:～饺子.～泥人儿.❸假造,虚构:～造.～报.

苶 nié ㄋ丨ㄝˊ〈方〉疲倦,精神不振:发～.～呆呆的.

乜 ⊖ niè ㄋ丨ㄝ 姓。
⊖ miē 见337页。

陧 niè ㄋ丨ㄝ 见509页"杌"字条"杌陧"(wù–)。

涅 niè ㄋ丨ㄝ ❶可做黑色染料的矾石。❷染黑:～齿.[涅白]不透明的白色。

聂(聶) niè ㄋ丨ㄝ 姓。

嗫(囁) niè ㄋ丨ㄝ [嗫嚅](–rú)口动,吞吞吐吐,想说又停止。

镊(鑷) niè ㄋ丨ㄝ 镊子,夹取毛发、细刺及其他细小东西的器具。

颞(顳) niè ㄋ丨ㄝ [颞颥](–rú)头颅两侧靠近耳朵上方的部分。也省称"颞"。

蹑(躡) niè ㄋ丨ㄝ ❶踩:～足其间(指参加到里面去).[蹑手蹑脚]行动很轻的样子。❷追随:～踪.

臬 niè ㄋ丨ㄝ ❶箭靶子。❷古代测日影的标杆。❸标准,法式:圭～.

嵲 niè ㄋ丨ㄝ 见100页"嵽"字条"嵽嵲"(dié–)。

镍(鎳) niè ㄋ丨ㄝ 一种金属元素,符号 Ni,银白色,有光泽,有延展性。可用来制造器具、货币等,镀在其他金属上可以防止生锈,是制造不锈钢的重要原料。

啮(*齧、囓) niè ㄋ丨ㄝ 咬:虫咬鼠～.

孽(*孼) niè ㄋ丨ㄝ 恶因,恶事:造～.罪～.

蘖(**蘗) niè ㄋ丨ㄝ 树木砍去后又长出来的芽子:萌～.[分蘖]稻、麦等农作物的种子生出幼苗后在接近地面主茎的地方分枝。

N

蘖(**糵)　niè ㄋㄧㄝ 酒曲。

您　nín ㄋㄧㄣ 代词,"你"的敬称。

宁(寧、*甯)　⊖ níng ㄋㄧㄥ ❶安宁。[归宁]旧时女子出嫁后回娘家看望父母。❷使安宁:息事～人.❸江苏省南京的别称。
⊜ nìng 见356页。

拧(擰)　⊖ níng ㄋㄧㄥ 握住物体的两端向相反的方向用力:～手巾.～绳子.
⊜ nǐng 见356页。
⊜ nìng 见356页。

苧(薴)　⊖ níng ㄋㄧㄥ 有机化合物,分子式 $C_{10}H_{16}$,是一种有香味的液体。存在于柑橘类的果皮中,供制香料。
⊜ zhù 见636页"苎"。

咛(嚀)　níng ㄋㄧㄥ 见100页"叮"字条"叮咛"。

狞(獰)　níng ㄋㄧㄥ 凶恶。参看620页"狰"字条"狰狞"(zhēng—)。

柠(檸)　níng ㄋㄧㄥ [柠檬](—méng)常绿小乔木,产在热带、亚热带。果实也叫柠檬,椭圆形,两端尖,淡黄色,味酸,可制饮料。

聍(聹)　níng ㄋㄧㄥ [耵聍](dīng—)耳垢,耳屎。

凝　níng ㄋㄧㄥ ❶凝结,液体遇冷变成固体,气体因温度降低或压力增加变成液体:油～住了.❷聚集,集中:～神.～视.独坐～思.

拧(擰)　⊜ nǐng ㄋㄧㄥ ❶扭转,控制住东西的一部分而绞转(zhuàn):～螺丝钉.～墨水瓶盖.❷〈方〉相反,不顺:我弄～了.别让他俩闹～了。
⊖ níng 见356页。
⊜ nìng 见356页。

宁(寧、*甯)　⊜ nìng ㄋㄧㄥ ❶宁可,表示比较后做出的选择,情愿:～死不屈.～缺毋滥.❷姓。
⊖ níng 见356页。

拧(擰)　⊜ nìng ㄋㄧㄥ 倔强,别扭,不驯服:～脾气.

㊀ nǐng 见356页。

㊁ níng 见356页。

泞(濘) nìng ㄋㄧㄥˋ 烂泥。[泥泞]1.有烂泥难走:道路～～. 2.淤积的烂泥:陷入～～.

佞 nìng ㄋㄧㄥˋ ❶有才智:不～(旧时的谦称). ❷善辩,巧言谄媚:～口. ～人(有口才而不正派的人).

妞 niū ㄋㄧㄡ (一儿)女孩子。

牛 niú ㄋㄧㄡˊ ❶哺乳动物,常见的有黄牛、水牛等家畜。力量大,能耕田、拉车。肉和奶可吃。角、皮、骨可做器物。野牛、野牦牛等为国家保护动物。❷星宿名,二十八宿之一。

扭 niǔ ㄋㄧㄡˇ 转动一部分:～过脸来.～转身子.㊀1.走路时身体摇摆转动:～秧歌.一～一～地走. 2.拧伤筋骨:～了筋.～了腰. 3.扳转,转变情势:～转局面.

狃 niǔ ㄋㄧㄡˇ 因袭,拘泥:～于习俗.～于成见.

忸 niǔ ㄋㄧㄡˇ [忸怩](一ní)不好意思、不大方的样子.

纽 niǔ ㄋㄧㄡˇ ❶器物上可以提起或系挂的部分:秤～.印～. ❷(一子)纽扣,可以扣合衣物的球状物或片状物。❸枢纽:～带.

杻 ㊀ niǔ ㄋㄧㄡˇ 古书上说的一种树。

㊁ chǒu 见63页。

钮 niǔ ㄋㄧㄡˇ ❶器物上用手开关或调节的部件:按～.旋～. ❷同"纽❷"。

拗(*抝) ㊂ niù ㄋㄧㄡˋ 固执,不驯顺:执～.脾气很～.

㊀ ǎo 见7页。

㊁ ào 见7页。

农(農、*辳) nóng ㄋㄨㄥˊ ❶种庄稼,属于种庄稼的:务～.～业. ❷农民:菜～.老～.工～联盟.

侬(儂) nóng ㄋㄨㄥˊ 代词。❶〈方〉你。❷我(多见于旧诗文)。

哝(噥) nóng ㄋㄨㄥˊ [哝哝](一nong)小

N

声说话。

浓(濃) nóng ㄋㄨㄥ ❶含某种成分多,跟"淡"相对:～茶.～烟.❷深厚,不淡薄:兴趣正～.感情～厚.

脓(膿) nóng ㄋㄨㄥ 化脓性炎症病变所形成的黄白色汁液,是死亡的白细胞、细菌及脂肪等的混合物。

秾(穠) nóng ㄋㄨㄥ 花木繁盛。

弄 ㊀ nòng ㄋㄨㄥ (旧读 lòng)❶拿着玩,戏耍(叠玩一、戏一):不要～火.❷搞,做:～好.～点水喝.～饭.❸搅扰:这消息～得人心不安.❹耍,炫耀:～手段.舞文～墨.
㊁ lòng 见307页。

NOU ㄋㄡ

耨(**鎒) nòu ㄋㄡ ❶古代锄草的器具。❷锄草:深耕易～.

NU ㄋㄨ

奴 nú ㄋㄨ 旧社会中受剥削阶级压迫、剥削、役使的没有自由的人:农～.家～.[奴隶]受奴隶主奴役而没有人身自由的人。[奴役]把人当作奴隶使用。[奴才]1.旧时婢仆对主人的自称。2.指甘心供人驱使、帮助作恶的坏人。

孥 nú ㄋㄨ 儿子,或指妻和子:妻～.

驽 nú ㄋㄨ 驽马,劣马,走不快的马。喻愚钝无能:～钝.

努(❷**㧐) nǔ ㄋㄨ ❶尽量地使出(力量):～力.❷突出:～嘴.❸〈方〉因用力太过,身体内部受伤:箱子太重,你别扛,看～着.

弩 nǔ ㄋㄨ 一种利用机械力量射箭的弓。

砮 nǔ ㄋㄨ ❶可做箭镞的石头。❷石制箭头。

胬 nǔ ㄋㄨ [胬肉]一种眼病,即翼状胬肉。

怒 nù ㄋㄨ ❶生气,气愤:发～.～发(fà)冲冠(形容盛怒).～容满面.❷气势盛:～涛.～潮.草木～生.
[怒族]我国少数民族,参看附表。

女 nǚ ㄋㄩ ❶女子,女人,妇女:～士.～工.男～平等.❷女儿:一儿一～.❸星宿名,二十八宿之一。

〈古〉又同"汝"(rǔ)。

钕 nǚ ㄋㄩ 一种金属元素,符号 Nd,银白色。用来制激光材料、催化剂等。

恧 nǜ ㄋㄩ 惭愧。

衄(＊衂、＊聏) nǜ ㄋㄩ 鼻衄,鼻子流血。

朒 nǜ ㄋㄩ 亏缺,不足。

暖(＊煖) nuǎn ㄋㄨㄢ 暖和(huo),不冷(旸温—):风和日～.⑤使温和(huo):～一～手.

疟(瘧) ㊀ nüè ㄋㄩㄝ 疟疾(ji),又叫"疟子"(yàozi)。一种周期性发冷发烧的传染病。病原体是疟原虫,由疟蚊传染到人体血液中。发疟子,有的地区叫"打摆子"。

㊁ yào 见559页。

虐 nüè ㄋㄩㄝ 残暴(旸暴—):～待.

挪 nuó ㄋㄨㄛ 移动:把桌子～一～.～用款项.

娜 ㊀ nuó ㄋㄨㄛ 见354页"袅"字条"袅娜"(niǎo—)。

㊁ nà 见346页。

傩(儺) nuó ㄋㄨㄛ 旧指驱逐瘟疫的迎神赛会。

诺 nuò ㄋㄨㄛ ❶答应的声音,表示同意(叠):～～连声.❷应允:～言.慨～.

喏 ㊀ nuò ㄋㄨㄛ ❶〈方〉叹词,表示让人注意自己所指示的事物:～,这不就是你的那把伞? ❷同"诺"。

㊁ rě 见412页。

锘 nuò ㄋㄨㄛ 一种人造的放射性元素,符号 No。

搦 nuò ㄋㄨㄛ 握,持,拿着:～管(执笔).

懦 nuò ㄋㄨㄛ 怯懦,软弱无能(旸—弱):～夫.

N

糯(*穤,*稬) nuò ㄋㄨㄛˋ 糯稻,稻的一种,米富于黏性:~米.

ㄛ O

O	ㄛ

噢 ō ㄛ 叹词,表示了解:~,就是他! ~,我懂了.[噢唷][噢哟](-yō)叹词,表示惊异、痛苦:~~,这么大的西瓜! ~~,好痛!

哦 ㊀ ó ㄛ 叹词,表示疑问、惊奇等:~,是这样的吗? ~,是那么一回事.

㊁ ò 见360页。

㊂ é 见114页。

嚄 ㊀ ǒ ㄛ 叹词,表示惊讶:~,这是怎么搞的?

㊁ huō 见202页。

哦 ㊀ ò ㄛ 叹词,表示领会、醒悟:~,我明白了.

㊁ ó 见360页。

㊂ é 见114页。

OU	ㄡ

区(區) ㊀ ōu ㄡ 姓。

㊁ qū 见404页。

讴(謳) ōu ㄡ 歌唱。[讴歌]歌颂,赞美。

沤(漚) ㊀ ōu ㄡ 水泡:浮~.

㊁ òu 见361页。

瓯(甌) ōu ㄡ ❶小盆。❷杯:茶~.❸瓯江,水名,在浙江省南部。❹浙江省温州的别称。

欧(歐) ōu ㄡ ❶姓。❷指欧洲,世界七大洲之一。

殴(毆) ōu ㄡ 打人(働-打):~伤.

鸥(鷗) ōu ㄡ 水鸟名。羽毛多为白色,生活在湖海上,捕食鱼、螺等。

呕(嘔) ǒu ㄡ 吐(tù)(働-吐):~血(xuè).[作呕](zuò-)恶心,比喻非常厌恶(wù)。

偶 ǒu ㄡ ❶偶像,用木头或泥土等制成的人形。❷双,对,成双或成对,跟"奇"(jī)相对:~数.无独有~.[对偶]文字作品中音调谐和、意义相对,字数相等的语句,骈体文的基本形式。❸偶然:~发事件.[偶然]不经常,不是必然的:~~去一次.这些成就的取得绝不是~~的.

耦 ǒu ㄡ ❶两个人在一起耕地。❷同"偶❷"。

藕 ǒu ㄡ 莲的地下茎,肥大有节,中间有许多管状小孔,可以吃。(图见291页"莲")[藕荷][藕合]淡紫色。

沤(漚) ㊀ òu ㄡ 长时间地浸泡:~麻.

㊁ ōu 见360页。

怄(慪) òu ㄡ 故意惹人恼怒,或使人发笑,逗弄:你别~人了.~得他直冒火.[怄气]闹别扭,生闷气:不要~~.

P ㄆ

趴 pā ㄆㄚ ❶肚子向下卧倒:~下放枪.❷身体向前靠在东西上:~在桌子上写字.

啪 pā ㄆㄚ 拟声词,放枪、拍掌或东西撞击等的声音。

葩 pā ㄆㄚ花:奇~.

扒 ㊀ pá ㄆㄚ ❶用耙(pá)搂(lōu),聚拢:~草.~土.❷扒窃:~手(小偷).❸炖烂,煨烂:~猪头.

㊁ bā 见8页。

杷 pá ㄆㄚ 见371页"枇"字条"枇杷"(pípá)。

爬 pá ㄆㄚ ❶手和脚一齐着地前行,虫类向前移动:~行.小孩子会~了.不要吃苍蝇~过的东西.[爬虫]爬行动物的旧称,行走时多用腹面贴地,如龟、鳖、蛇等。❷攀登:~山.~树.猴子~竿.

钯 ㊀pá ㄆㄚ 同"耙"(pá)。

㊁ bǎ 见9页。

耙 ㊀ pá ㄆㄚ ❶(一子)聚拢谷物或平土地的用具。❷用耙子聚拢谷物或平土地:~地.

㊁ bà 见10页。

筢 pá ㄆㄚ (一子)搂(lōu)柴草的竹制器具。

琶 pá ㄆㄚ 见371页"琵"字条"琵琶"(pípá)。

滗 pá ㄆㄚ [滗江口]地名,在广东省清远。

掱 pá ㄆㄚ [掱手]从别人身上窃取财物的小偷儿。现作"扒手"。

帕 pà ㄆㄚ ❶(一子)包头或擦手脸用的布或绸:首~.手~.❷压强单位名帕斯卡的简称,符号 Pa。天气预报中常用"百帕"。

怕 pà ㄆㄚˋ ❶害怕:老鼠～猫.❷恐怕,或许,表示疑虑或猜想:他～不来了.～他别有用意.

PAI ㄆㄞ

拍 pāi ㄆㄞ ❶用手掌轻轻地打:～球.～手.㊀(一子)乐曲的节奏(❀节一):这首歌每节有四～.❷(一子、一儿)拍打东西的用具:蝇～儿.球～子.❸拍马屁:吹吹～～.❹摄影:～照片.❺发:～电报.❻(外)法定计量单位中十进倍数单位词头之一,表示 10^{15},符号 P。

俳 pái ㄆㄞ 古代指杂戏、滑稽戏,也指演这种戏的人。㊀诙谐,玩笑。

排 ㊀ pái ㄆㄞ ❶摆成行(háng)列(❀一列):～队.[排场](—chang)铺张的场面:不讲～～.[排行](—háng)兄弟姊妹的长幼次序。❷排成的行列:我坐在前～.❸同"箄"。❹军队的编制单位,是班的上一级。❺量词,用于成行列的:一～椅子.❻除去,推开:～水.～山倒海(喻力量大).～难(nàn).[排

泄]生物把体内的废物如汗、尿、屎等排出体外.❼排演,练习演戏:～戏.彩～.

㊁ pǎi 见363页。

徘 pái ㄆㄞ [徘徊](—huái)来回地走:他在那里～～了很久.㊀犹疑不决:左右～～.

排 pái ㄆㄞ 同"箄"。

牌 pái ㄆㄞ ❶(一子、一儿)用木板或其他材料做的标志或凭信物:招～.指路～.存车～儿.㊀商标:解放～汽车.[牌价]市场上用牌告方式公布的标准价格。[牌楼](—lou)用以装点或庆贺的建筑物。❷古代兵士战争时用来遮护身体的东西:挡箭～.藤～.❸娱乐或赌博用的东西:扑克～.❹词或曲的曲调的名称:词～.曲～.

箄(**簰) pái ㄆㄞ 筏子,竹子或木材平摆着编扎成的交通工具,多用于江河上游水浅处.也指成捆的在水上漂浮、运送的木材或竹材.也作"排"、"簰"。

迫(*廹) ㊀ pǎi ㄆㄞ [迫击炮]从炮口装

弹,以曲射为主的火炮。

㊀ pò 见379页。

排 ㊀ pǎi ㄆㄞˇ [排子车]〈方〉用人拉的搬运东西的一种车。

㊀ pái 见362页。

哌 pài ㄆㄞˋ [哌嗪](-qín)有机化合物,分子式 $NHCH_2CH_2NHCH_2CH_2$,白色结晶,易溶于水。有溶解尿盐酸、驱除蛔虫等药理作用。

派 pài ㄆㄞˋ ❶水的支流。❷一个系统的分支(圈-系):流~.~生.❸派别。政党和学术、宗教团体等内部因主张不同而形成的分支。❹作风,风度:正~.气~.❺分配,指定:分~.~人去办。

蒎 pài ㄆㄞˋ 有机化合物,分子式 $C_{10}H_{18}$,化学性质稳定,不易被无机酸和氧化剂分解。

湃 pài ㄆㄞˋ 见369页"澎"字条"澎湃"(péng-)。

PAN ㄆㄢ

番 ㊀ pān ㄆㄢ [番禺](-yú)地名,在广东省广州。

㊀ fān 见120页。

潘 pān ㄆㄢ ❶淘米汁。❷姓。

攀 pān ㄆㄢ ❶抓住别的东西向上爬:~登.~树.~岩.❷拉拢,拉扯(圈-扯):~谈.~亲道故。

爿 pán ㄆㄢˊ 〈方〉❶劈开的成片的木柴。❷量词,用于商店等:一~水果店。

胖 ㊀ pán ㄆㄢˊ 安泰舒适:心广体~.

㊀ pàng 见365页。

盘(盤) pán ㄆㄢˊ ❶(一子、一儿)盛放物品的扁而浅的用具,多为圆形:托~.茶~儿.和~托出(喻全部说出).[通盘]全面:~~打算.❷(一儿)形状像盘或有盘的功用的物品:脸~儿.磨(mò)~.棋~.算~.❸回旋地绕:~香.~杠子(在杠子上旋转运动).把绳子~起来.~山公路.~根错节.[盘剥]利上加利地剥削.[盘旋]绕着圈地走或飞.❹垒,砌(炕、灶):~炕.~灶.❺盘查,仔细查究:~账.~货.~问.~算(细心打算).❻(一儿)指市场上成交的价格:开~儿.收~儿.平~儿.❼量词:一~机器.一~磨(mò).一~棋.

[盘费](—fei)[盘缠](—chan)旅途上的费用。

[盘桓](—huán)留恋在一个地方,逗留。

槃 pán ㄆㄢˊ 同"盘❶❸"。

磐 pán ㄆㄢˊ 大石头:安如~石.

磻 pán ㄆㄢˊ [磻溪]古水名,在今陕西省宝鸡东南。

蟠 pán ㄆㄢˊ 屈曲,环绕:虎踞龙~.

蹒(蹣) pán ㄆㄢˊ [蹒跚](*盘跚)(—shān)1.走路一瘸(qué)一拐.2.走路缓慢、摇摆。

判 pàn ㄆㄢˋ ❶分辨,断定(逦—断):~别是非.[批判]分析、批驳错误的思想、观点和行为:~~腐朽的剥削阶级思想.❷分开.逦截然不同:~若两人.❸判决,司法机关对案件的决定:~案.~处徒刑.

泮 pàn ㄆㄢˋ ❶融解,分散.❷泮池,旧时学宫前的水池。

叛 pàn ㄆㄢˋ 背叛,叛离:~国分子.

畔 pàn ㄆㄢˋ ❶田地的界限.㊷边:河~.篱~.❷古同"叛".

袢 pàn ㄆㄢˋ 同"襻"。

拚 ㊀ pàn ㄆㄢˋ 舍弃,豁出去:~命.
㊁ pīn 见376页.

盼 pàn ㄆㄢˋ ❶盼望,想望.❷看(逦顾—):左顾右~.

鋬 pàn ㄆㄢˋ 〈古〉器物上的提梁。

襻 pàn ㄆㄢˋ ❶(—儿)扣襻,扣住纽扣的套.❷(—儿)功用或形状像襻的东西:鞋~儿.❸扣住,使分开的东西连在一起:~上几针(缝住).

PANG　ㄆㄤ

乓 pāng ㄆㄤ 拟声词:~的一声.

雱 pāng ㄆㄤ 雪下得很大.

滂 pāng ㄆㄤ 水涌出的样子.[滂湃](—pài)水势盛大.[滂沱](—tuó)雨下得很大:大雨~~.㊷泪流得很多:涕泗~~.

膀 (**胮**) ㊀ pāng ㄆㄤ 浮肿:他肾脏有病,脸有点~.
㊁ bǎng 见14页.

㊁ páng 见365页。

彷(**徬) ㊀ páng ㄆㄤˊ [彷徨](*彷徨)(—huáng) 游移不定,不知道往哪里走好。

㊁ fǎng 见125页。

庞(龐、**龎) páng ㄆㄤˊ ❶大(指形体或数量):数字～大.～然大物.❷杂乱(㊥—杂).❸面庞,脸盘。

逄 páng ㄆㄤˊ 姓。

旁 páng ㄆㄤˊ ❶旁边,左右两侧:～观.～若无人.两～都是大楼.❷其他,另外:～人.～的话.

〈古〉又同"傍"(bàng)。

膀 ㊁ páng ㄆㄤˊ [膀胱](—guāng) 俗叫"尿脬"(suīpāo)。暂存尿液的囊状体,在骨盆腔的前方。(图见600页"脏")

㊀ bǎng 见14页。
㊁ pāng 见364页。

磅 ㊁ páng ㄆㄤˊ [磅礴](—bó)1.广大无边际:大气～～.2.扩展,充满:正义之气,～～宇内.

㊀ bàng 见15页。

螃 páng ㄆㄤˊ [螃蟹](—xiè)见531页"蟹"。

鳑 páng ㄆㄤˊ [鳑鲏](—pí) 鱼名。形状像鲫鱼,体长不足 10 厘米,生活在淡水中,卵产在蚌壳里。

嗙 pǎng ㄆㄤˇ 〈方〉夸大,吹牛,信口开河:你别听他瞎～.他一向是好(hào)胡吹乱～的.

耪 pǎng ㄆㄤˇ 用锄翻松地,锄:～地.

胖(**胖) ㊀ pàng ㄆㄤˋ 人体内含脂肪多,跟"瘦"相对:他长得很～.

㊁ pán 见363页。

抛(**抛) pāo ㄆㄠ ❶扔,投:～球. [抛锚]把锚投入水底,使船停稳。㊧1.汽车等因发生故障,中途停止。2.进行中的事情因故停止。[抛售]为争夺市场牟取利润,压价出卖大批商品。❷舍弃(㊥—弃)。

泡 ㊀ pāo ㄆㄠ ❶(—儿)鼓起而松软的东西:豆腐～儿.❷虚而松软,不坚硬:这块木料发～.❸同"脬❷"。

㊁ pào 见366页。

P

脬　pāo　ㄆㄠ　❶尿（suī）脬，膀胱（pángguāng）。❷量词，用于屎尿：一～屎．

刨　㈠páo　ㄆㄠ　❶挖掘：～花生．～坑．❷减，除去：～去他还有俩人．十五天～去五天,只剩下十天了．
　　㈡bào　见17页。

咆　páo　ㄆㄠ　[咆哮]（—xiào）猛兽怒吼。⑩江河奔腾轰鸣或人暴怒叫喊：黄河在～～．～～如雷．

狍（**麅）　páo　ㄆㄠ　（—子）鹿一类的动物,毛夏季栗红色,冬季棕褐色,雄的有分枝状的角。

庖　páo　ㄆㄠ　庖厨,厨房：～人（古代称厨师）．[庖代][代庖]⑯替人处理事情或代做别人的工作。

炮　㈠páo　ㄆㄠ　烧。[炮烙]（—luò,旧读—gé）[炮格]古代的一种酷刑。[炮制]用烘、炒等方法把原料加工制成中药：如法～～（喻照样做）．
　　㈡bāo　见16页。
　　㈢pào　见366页。

袍　páo　ㄆㄠ　（—子、—儿）长衣：棉～儿．～笏登场（登台演戏,比喻上台做官）．

匏　páo　ㄆㄠ　匏瓜,俗叫"瓢葫芦"。葫芦的一种,果实比葫芦大,对半剖开可以做水瓢。

跑　㈠páo　ㄆㄠ　走兽用脚刨地：～槽（牲口刨槽根）．虎～泉（在杭州）．
　　㈡pǎo　见366页。

跑　㈠pǎo　ㄆㄠ　❶奔,两只脚或四条腿交互向前跃进：赛～．～步．⑪很快地移动：汽车在公路上飞～．❷逃跑,逃走：鸟儿关在笼里～不了．⑩漏出：～电．～油．❸为某种事务而奔走：～外的．～买卖．～材料．
　　㈡páo　见366页。

奅　pào　ㄆㄠ　虚大。

泡　㈠pào　ㄆㄠ　❶（—儿）气体在液体内使液体鼓起来形成的球状或半球状体（⑭—沫）：冒～儿．❷（—儿）像泡一样的东西：脚上起了一个～．电灯～儿．❸用液体浸物品：～茶．～饭．
　　㈡pāo　见365页。

炮（*砲、*礮）㈢pào　ㄆㄠ　❶武器的一类,有迫击炮、高射炮、火箭炮等。❷爆竹：鞭～．～仗（zhang）．

○ páo 见366页。

○ bāo 见16页。

疱(*皰) pào ㄆㄠ 皮肤上长的像水泡的小疙瘩。也作"泡"。

PEI ㄆㄟ

呸 pēi ㄆㄟ 叹词,表示斥责或唾弃:~!胡说八道.

胚 pēi ㄆㄟ 初期发育的生物体。[胚胎]初期发育的动物体。⑨事情的开始。

衃 pēi ㄆㄟ 凝聚的血。

醅 pēi ㄆㄟ 没过滤的酒。

陪 péi ㄆㄟ 随同,在旁边做伴(遥—伴):~同. 我~你去.~客人.[陪衬]从旁衬托。

培 péi ㄆㄟ 为保护植物或墙堤等,在根基部分加土.[培养]1.训练教育:~~干部. 2.使繁殖:~~真菌.[培育]培养幼小的生物,使它发育成长:~~树苗.

赔 péi ㄆㄟ ❶补还损失(遥—偿):~款.~礼(道歉).照价~偿.❷亏损:~钱.~本.

锫 péi ㄆㄟ 一种人造的放射性元素,符号Bk.

裴 péi ㄆㄟ 姓。

沛 pèi ㄆㄟ 盛(shèng),大:精力充~.

旆 pèi ㄆㄟ 旗子上镶的边。泛指旌旗。

霈 pèi ㄆㄟ ❶大雨。❷雨多的样子。

帔 pèi ㄆㄟ 古代披在肩背上的服饰:凤冠霞~.

佩(❸**珮) pèi ㄆㄟ ❶佩带,挂:~带勋章.腰间~着一支手枪.❷佩服,心悦诚服:可敬可~.劳动模范人人~服.❸古代衣带上佩带的玉饰:环~.

配 pèi ㄆㄟ ❶两性结合。1.男女结婚:婚~. 2.使牲畜交合:~种.~猪.[配偶]指夫或妻。❷用适当的标准加以调和:~颜色.~药.❸有计划地分派,安排:分~.~备人力.❹流放:发~.❺把缺少的补足:~零件.~把钥匙.~一块玻璃.[配套]把若干相关的事物组合成一整套.❻衬托,陪衬:红花~绿叶.~角(jué).❼够得上:他~称为先进工作者.

辔(轡) pèi ㄆㄟ 驾驭牲口的嚼子和缰绳:鞍~.[辔头]辔。

PEN ㄆㄣ

喷 ㊀ pēn ㄆㄣ 散着射出：～壶.～泉.～气式飞机.火山～火.[喷嚏](-tì)嚏喷(tìpen)。参看477页"嚏".

㊁ pèn 见368页。

盆 pén ㄆㄣ (-子、-儿)盛放或洗涤东西的用具,通常是圆形,口大,底小,不太深：花～.脸～.[盆地]被山或高地围绕着的平地：四川～～.塔里木～～.

溢 pén ㄆㄣ 溢水,水名,在江西省西北部。

喷 ㊀ pèn ㄆㄣ ❶香气扑鼻：～鼻儿香.香～～.❷(-儿)蔬菜、鱼虾、瓜果等上市正盛的时期：西瓜～儿.对虾正在～儿上.❸(-儿)开花结实的次数或成熟收割的次数：头～棉花.二～棉花.麦子开头～花儿了.绿豆结二～角了.

㊀ pēn 见368页。

PENG ㄆㄥ

抨 pēng ㄆㄥ 抨击,攻击对方的短处。

怦 pēng ㄆㄥ 形容心跳(叠)。

砰 pēng ㄆㄥ 拟声词：～的一声,枪响了.

烹 pēng ㄆㄥ ❶煮：～调(tiáo).❷一种做菜的方法,用热油略炒之后,再加入液体调味品,迅速搅拌：～对虾.

嘭 pēng ㄆㄥ 拟声词(叠)：～～的敲门声.

澎 ㊀ pēng ㄆㄥ 〈方〉溅：～了一身水.

㊀ péng 见369页。

芃 péng ㄆㄥ [芃芃]形容草木茂盛。

朋 péng ㄆㄥ 彼此友好的人(⑱-友)：亲～好友.宾～满座.

期 péng ㄆㄥ 我国战国时代科学家李冰在修建都江堰时所创造的一种分水堤。

棚 péng ㄆㄥ (-子、-儿) ❶把席、布等搭架支张起来遮蔽风雨或日光的东西：天～.凉～.❷简易的或临时性的建筑物：牲口～.工～.防震～.

硼 péng ㄆㄥ 一种非金属元素,符号 B,有结晶与非结晶两种形态。结晶硼是有光泽的灰色晶体,很坚硬;非结晶硼是暗棕色的粉末.用于制合金钢,也可用作原子反应堆的材料。硼酸可以做消毒防腐剂；硼砂是制造珐琅、玻璃等的原料。

鹏 péng ㄆㄥ 传说中最大的鸟。[鹏程]⑩远大的前途。

鬅 péng ㄆㄥ 头发松散。

彭 péng ㄆㄥ 姓。

澎 ㊀péng ㄆㄥ [澎湃](－pài)大浪相激。
[澎湖](－hú)我国岛屿，在台湾海峡东南部，与其附近岛屿共有64个，总称"澎湖群岛"。
㊁pēng 见368页。

膨 péng ㄆㄥ 胀大。[膨脝](－hēng)肚子胀的样子。[膨胀](－zhàng)物体的体积或长度增加：空气遇热～～。⑨数量增加：通货～～。

蟛 péng ㄆㄥ [蟛蜞](－qí)螃蟹的一种，身体小，生长在水边，对农作物有害。

搒 ㊀péng ㄆㄥ 用棍子或竹板子打。
㊁bàng 见15页。

蓬 péng ㄆㄥ ❶飞蓬，多年生草本植物，开白花，叶子像柳叶，子实有毛。❷散乱(叠)：～头散发。乱～～的茅草。[蓬松]松散(指毛发或茅草)。

[蓬勃](－bó)旺盛：～～发展。朝气～～。

篷 péng ㄆㄥ ❶张盖在上面，遮蔽日光、风、雨的东西，用竹篾、苇席、布等做成：船～。❷船帆：扯起～来。

捧 pěng ㄆㄥ ❶两手托着：～着一个坛子。[捧腹]捧着肚子，形容大笑：令人～～。❷奉承或代人吹嘘：用好话～他。～场(chǎng)。❸量词，用于两手能捧起的东西：一～花生。

碰(*掽) pèng ㄆㄥ ❶撞击：～杯(表示祝贺)。～破了皮。～钉子。～壁(喻事情做不通)。❷相遇：我在半路上～见他。❸没有把握地试探：～一～机会。

PI ㄆㄧ

丕 pī ㄆㄧ 大：～业。～变。

伾 pī ㄆㄧ [伾伾]有力的样子。

邳 pī ㄆㄧ [邳州]地名，在江苏省。

坯 pī ㄆㄧ ❶没有烧过的砖瓦、陶器等。特指砌墙用的土坯：打～。脱～。土～墙。

❷(一子、一儿)半制成品:酱～子.面～儿.

狉 pī 夊ㄆ [狉狉]野兽蠢动的样子:鹿豕～～.

批 pī 夊ㄆ ❶用手掌打。❷写上字句,判定是非、优劣、可否:～示.～准.～驳.～改作文.❸(一儿)附注的意见或注意之点:眉～(写在书头上的批).在文后加了一条小～儿.❹批评,批判:挨了一通～.❺量词:一～货.一～人.[批发]大宗发售货物.

纰 pī 夊ㄆ 布帛、丝缕等破坏散开。[纰漏]因疏忽而引起的错误。[纰缪](一miù)错误。

砒 pī 夊ㄆ ❶"砷"(shēn)的旧称。❷砒霜,砷的氧化物,剧毒,可做杀虫剂。

铍 pī 夊ㄆ 铍箭,古代箭的一种。

披 pī 夊ㄆ ❶覆盖在肩背上:～红.～着大衣.～星戴月(喻晚上赶路或劳动).❷打开:～襟.～卷(juàn).～肝沥胆(喻竭诚效忠).[披露](一lù)发表.[披靡](一mǐ)草木随风散倒.❸敌军溃散:所向～～.❹裂开:竹竿～了.指甲～了.❹劈开,劈去:～荆斩棘(喻开创事业的艰难).

劈 ㊀ pī 夊ㄆ ❶用刀斧等破开:～木头.❷冲着,正对着:～脸.大雨～头浇下来.❸雷电毁坏或击毙:大树让雷～了.❹尖劈,物理学上两斜面合成的助力器械,刀、斧等都属于这一类.
[劈啪]拟声词。
㊁ pǐ 见372页。

噼 pī 夊ㄆ [噼啪]同"劈啪"。

霹 pī 夊ㄆ [霹雳](一lì)响声很大的雷,是云和地面之间强烈的雷电现象。

皮 pí 夊一' ❶人和动植物体表面的一层组织:牛～.树～.荞麦～.碰破了点儿～.❷皮革:～包.～箱.～鞋.❸表面:地～.水～儿.❹包在外面的东西:书～.封～.❺薄片状的东西:铅～.粉～.海蜇～.❻韧性大,不松脆:～糖.饼～了.❼顽皮,不老实,淘气:这孩子真～.❽(外)法定计量单位中十进分数单位词头之一,表示 10^{-12},符号 p。

陂 ㊀ pí 夊一' [黄陂]地名,在湖北省武汉.
㊁ bēi 见18页。
㊂ pō 见378页。

铍 pí 夊一' 一种金属元素,符号 Be,钢灰色。合金质坚而轻,可用来制飞机机件。在原子能研究及制造 X 射线管中,都有重要用途。

疲 pí ㄆㄧ 身体感觉劳累(働—乏,—倦):精~力尽.~于奔命.[疲癃](—lóng)衰老多病。[疲沓](＊疲塌)(—ta)懈怠,不起劲:消除工作中的~~现象.

鲏 pí ㄆㄧ 见365页"鳑"字条"鳑鲏"(páng—)。

枇 pí ㄆㄧ [枇杷](—pa)常绿乔木,叶大,长椭圆形,有锯齿,开白花。果实也叫枇杷,圆球形,黄色,味甜。叶可入药

毗(＊毘) pí ㄆㄧ ❶辅佐。❷接连:~连.~邻.

蚍 pí ㄆㄧ [蚍蜉](—fú)大蚂蚁。

琵 pí ㄆㄧ [琵琶](—pa)弦乐器,用木做成,下部长圆形,上有长柄,有四根弦。是民间流行的乐器。

貔 pí ㄆㄧ 传说中的一种野兽,似熊。[貔貅](—xiū)传说中的一种猛兽。働勇猛的军队。

郫 pí ㄆㄧ 郫县,地名,在四川省。

陴 pí ㄆㄧ 城墙上呈 ⊓⊓ 形的矮墙。

埤 pí ㄆㄧ 增加:~益.

啤 pí ㄆㄧ [啤酒]用大麦作主要原料制成的酒。

脾 pí ㄆㄧ 脾脏,人和高等动物的内脏之一,人的脾在胃的左下侧,椭圆形,赤褐色,是个淋巴器官,也是血库。(图见600页"脏")[脾气](—qi)1.性情:~~好.2.容易激动的感情:有~~.发~~.[脾胃]働对事物的喜好:不合他的~~.两人~~相投.

裨 ㊀ pí ㄆㄧ 副,辅佐的(働偏—):~将.
㊁ bì 见26页。

蜱 pí ㄆㄧ 蜘蛛一类的动物,体形扁平,种类很多,大部分以吸血为生,对人、畜及农作物有害。

鼙 pí ㄆㄧ 古代军中用的一种鼓:~鼓(古代军队中用的小鼓).

罴(羆) pí ㄆㄧ 熊的一种,毛棕褐色,能爬树、游水。也叫"马熊"或"人熊"。

匹(❶＊疋) pí ㄆㄧ ❶量词。1.用于

骡、马等：三～马.2.用于整卷的布或绸缎等：一～红布.❷相当，相敌，比得上.[匹敌]彼此相等.[匹配]1.婚配。2.(元器件等)配合。

苉 pǐ 夂丨 一种有机化合物，分子式 $C_{22}H_{14}$，存在于煤焦油中。

庀 pǐ 夂丨 ❶具备。❷治理。

圮 pǐ 夂丨 坍塌，倒塌。

仳 pǐ 夂丨 [仳离]夫妻离散。

否 ⊖ pǐ 夂丨 ❶恶，坏：～极泰来(坏的到了尽头，好的就来了。否和泰都是《周易》六十四卦中的卦名，分别代表坏和好的事情).❷贬斥：臧～人物(评论人物的优劣).

　　⊖ fǒu 见132页。

痞 pǐ 夂丨 ❶痞块，痞积，中医指肚子里可以摸得到的硬块。❷流氓，无赖：地～.～棍.

嚭(**噽) pǐ 夂丨 大。

劈 ⊖ pǐ 夂丨 分开：～柴.～成两份儿.～一半给你.

　　⊖ pī 见370页。

擗 pǐ 夂丨 分裂，使从原物体上分开：～棒子(玉米).

癖 pǐ 夂丨 对事物的偏爱成为习惯：烟～.酒～.洁～.怪～.

屁 pì 夂丨 从肛门排出的臭气。

媲 pì 夂丨 并，比：～美.

淠 pì 夂丨 淠河，水名，在安徽省西部。

睥 pì 夂丨 bì 丨ì (又)[睥睨](—nì)眼睛斜着看。⑨看不起：～～一切.

辟(❶❷❸闢) ⊖ pì 夂丨 ❶开辟，从无到有地开发建设：开天～地.在那里开～一片新园地.❷驳斥，排除：～谣.～邪说.❸透彻：精～.❹法，法律。[大辟]古代指死刑。

　　⊖ bì 见26页。

僻 pì 夂丨 ❶偏僻，距离中心地区远的：～静.穷乡～壤.❷不常见的：冷～.生字.❸性情古怪，不合群(⑱乖—)：孤～.怪～.

澼 pì 夂丨 见378页"洴"字条"洴澼"(píng—).

甓 pì 夂丨 砖。

鹏 pì 夂ì [鹏鹏](-tī)水鸟名。形状略像鸭而小,羽毛黄褐色.

譬 pì 夂ì 打比方(⊛-喻):~如游泳,不是光看看讲游泳术的书就会的.

PIAN 夂13

片 ㊀ piān 夂13 (-子、-儿)同"片㊀❶",用于"相片儿、画片儿、唱片儿、电影片儿"等.
㊁ piàn 见374页.

扁 ㊀ piān 夂13 [扁舟]小船:一叶~~.
㊁ biǎn 见28页.

偏 piān 夂13 ❶歪,不在中间:镜子挂~了.太阳~西了.㊺不全面,不正确:~于一端.~听~信.[偏差](-chā)工作上产生的过分或不及的差错:掌握政策不出~~.[偏向]1.不公正,袒护.2.执行政策不正确,不全面:纠正~~.❷副词,表示跟愿望、预料或一般情况不相同(叠):不让他干,他~干.~~不凑巧.

犏 piān 夂13 犏牛,牦牛和黄牛杂交生的牛.

篇 piān 夂13 ❶首尾完整的文章,一部书可以分开的大段落:《孙子》十三~.❷(一儿)量词.1.用于文章:一~论文.2.用于纸张、书页(一篇是两页).[篇幅]文章的长短,书籍报刊篇页的数量.

翩 piān 夂13 很快地飞.[翩翩]轻快地飞舞的样子.㊺风流潇洒:风度~~.[翩跹](-xiān)形容轻快地跳舞.

便 ㊀ pián 夂13 [便便]肚子肥大的样子:大腹~~.[便宜](-yi)物价较低:这些花布都很~~.㊺小利,私利:不要占~~.(另 biànyí 见29页"便"biàn)
㊁ biàn 见29页.

骈 pián 夂13 两物并列成双的,对偶的(⊛-俪):~句.[骈文]旧时的一种文体,文中用对偶的句子,讲究声韵和谐,词藻华丽.

胼 pián 夂13 [胼胝](-zhī)俗叫"膙(jiǎng)子".手上、脚上因为劳动或运动被摩擦变硬了的皮肤.

蹁 pián 夂13 [蹁跹](-xiān)形容旋转舞动.

谝 piǎn ㄆㄧㄢˇ 显示,夸耀:～能.

片 ㊀ piàn ㄆㄧㄢˋ ❶(－子、－儿)平而薄的物体:明信～.铁～子.❷切削成薄片:～肉片.把豆腐干～一～.❸少,零星:～言(几句话).～纸只字.～刻(短时间).[片面]不全面,偏于一面的:观点～～.不要～～看问题.❹指较大地区内划分的较小地区:分～儿开会.❺量词,用于地面、水面、景色或成片的东西等:一大～绿油油的庄稼.一～汪洋.两～儿药.一～好心.

㊁ piān 见373页.

骗 piàn ㄆㄧㄢˋ ❶欺蒙(叠欺－):～人.❷用欺蒙的手段谋得(叠诓－):～钱.～取信任.[骗子](－zi)骗取财物的人.❸侧身抬腿跨上:一～腿上了车.

PIAO ㄆㄧㄠ

剽(❷＊＊慓) piāo ㄆㄧㄠ ❶抢劫,掠夺(叠－掠).[剽窃]抄袭他人著作.❷轻快而敏捷:～悍.

漂 ㊀ piāo ㄆㄧㄠ 浮在液体上面不沉下去:树叶在水上～着.[漂泊](－bó)㊃为了生活、职业而流浪奔走:～～在外.

㊁ piǎo 见375页.

㊂ piào 见375页.

缥 ㊀ piāo ㄆㄧㄠ [缥缈][飘渺](－miǎo)形容隐隐约约,若有若无:山在虚无～～间.

㊁ piǎo 见375页.

飘(飄、＊飃) piāo ㄆㄧㄠ 随风飞动:～雪花.～起了炊烟.五星红旗迎风～扬.[飘零]花、树叶等坠落.㊃无依无靠.[飘摇](＊飄飄)(－yáo)随风摆动:烟云～～上升.

漂 piāo ㄆㄧㄠ (又)见375页piáo.

螵 piāo ㄆㄧㄠ [螵蛸](－xiāo)螳螂的卵块.

朴 ㊃ piáo ㄆㄧㄠˊ 姓.

㊀ pò 见379页.

㊁ pǔ 见381页.

㊂ pō 见378页.

嫖(＊闝) piáo ㄆㄧㄠˊ 指玩弄妓女的堕落行为.

瓢 piáo ㄆㄧㄠˊ (－儿)舀(yǎo)水或取东西的用具,多用瓢葫芦或木头制成.

藻 piáo ㄆㄧㄠˊ piāo ㄆㄧㄠ (又) [大藻] 多年生水草,叶子可以做猪饲料。也叫"水浮莲"。

莩 ㊀ piǎo ㄆㄧㄠˇ 同"殍"。
㊁ fú 见135页。

殍 piǎo ㄆㄧㄠˇ 饿死的人。也作"莩"。

漂 ㊀ piǎo ㄆㄧㄠˇ ❶用水加药品使东西退去颜色或变白:~白。❷用水淘去杂质:用水~一~。~朱砂。
㊀ piāo 见374页。
㊂ piào 见375页。

缥 ㊀ piǎo ㄆㄧㄠˇ ❶青白色。❷青白色丝织品。
㊁ piāo 见374页。

瞟 piǎo ㄆㄧㄠˇ 斜着眼看一下:~了他一眼。

票 piào ㄆㄧㄠˋ ❶(一子、一儿)钞票,纸币。❷印的或写的凭证:车~。股~。选~。❸称非职业的演戏:~友。玩儿~。❹强盗抢来作抵押的人:绑~儿。

嘌 piào ㄆㄧㄠˋ [嘌呤] (一lìng)有机化合物,分子式 $C_5H_4N_4$,无色结晶,易溶于水,在人体内嘌呤氧化而变成尿酸。

漂 ㊂ piào ㄆㄧㄠˋ [漂亮] (一liang)1.美,好看。2.出色:活儿干得很~~。
㊀ piāo 见374页。
㊁ piǎo 见375页。

骠 ㊀ piào ㄆㄧㄠˋ ❶勇猛:~勇。❷马快跑的样子。[骠骑] 古代将军的名号:~~将军。
㊁ biāo 见30页。

PIE ㄆㄧㄝ

氕 piē ㄆㄧㄝ 氢的同位素之一,符号 ^{1}H,质量数1,是氢的主要成分。

撇 ㊀ piē ㄆㄧㄝ ❶丢开,抛弃:~开。~弃。[撇脱] 〈方〉1.简便。2.爽快,洒脱。❷由液体表面舀取:~油。
㊀ piě 见375页。

瞥 piē ㄆㄧㄝ 很快地大略看一下:只是~了一眼。

苤 piě ㄆㄧㄝˇ [苤蓝] (一lan)二年生草本植物,叶有长柄,茎扁球形,可吃。

撇 ㊀ piě ㄆㄧㄝˇ ❶平着向前扔:~砖头。~球。❷(一儿)汉字向左写的一种笔形(丿):八字先写一~儿。❸(一儿)像汉字的撇形的:两~儿胡子。
㊀ piē 见375页。

镢 piě ㄆㄧㄝˇ [曹镢]地名,在江苏省东台。

PIN ㄆㄧㄣ

拼 ⊖ pīn ㄆㄧㄣ 同"拼"。
⊖ pàn 见364页。

拼 pīn ㄆㄧㄣ ❶连合,凑合(旧一凑):～音.东～西凑.把两块板子～起来.❷不顾一切地干,豁(huō)出去:～命.～到底.

姘 pīn ㄆㄧㄣ 非夫妻而同居:～夫.

毗 pín ㄆㄧㄣ 珍珠。

贫 pín ㄆㄧㄣ ❶穷,收入少,生活困难,跟"富"相对(旧一穷):～困.清～.❷缺乏,不足:～血.[贫乏]少,不丰富:经验～～.❸絮烦可厌:他的嘴太～.

频 pín ㄆㄧㄣ 屡次,连次(旧一繁、一数 shuò)(叠):～～招手.捷报～传.[频率](－lǜ)在一定的时间或范围内事物重复出现的次数。

蘋(蘋) pín ㄆㄧㄣ 多年生水生蕨类植物,茎横卧在浅水的泥中,四片小叶,像"田"字。也叫"田字草"。
"蘋"又 píng 见377页

"苹"。

颦 pín ㄆㄧㄣ 皱眉头。[效颦]⑱模仿他人而不得当。

嫔(嬪) pín ㄆㄧㄣ 封建时代皇宫里的女官。

品 pǐn ㄆㄧㄣ ❶物品,物件:～名.商～.赠～.非卖～.[品牌]产品的牌子。特指被社会认同的体现标准化和品质优良的产品的牌子。❷等级,种类:上～.下～.精～.❸性质:人～.～质.❹体察出来好坏、优劣等:～茶.我～出他的为人来了.

榀 pǐn ㄆㄧㄣ 量词,房架一个叫一榀。

牝 pìn ㄆㄧㄣ 雌性的鸟兽,跟"牡"相对:～马.～鸡.

聘 pìn ㄆㄧㄣ ❶请人担任工作:～书.～请.❷指女子出嫁:行～.出～.

PING ㄆㄧㄥ

乒 pīng ㄆㄧㄥ ❶拟声词。❷指乒乓球:～队.～坛.[乒乓](－pāng)1.拟声词。2.指乒乓球。

俜 pīng ㄆㄧㄥ [伶俜](líng－)形容孤独。

娉 pīng ㄆㄧㄥ [娉婷](一tíng)形容女子姿态美好的样子。

平 píng ㄆㄧㄥ ❶不倾斜,无凹凸,像静止的水面那样:～地.像水面一样～.把纸铺～了.⑨均等:～分.公～合理.[平行]1.两个平面或在一个平面内的两条直线永远不相交:～～线.～～面.2.地位相等,互不隶属:～～机关.[天平]一种精确度高的称重量的器具。横杆两头各悬一小盘,称物时,一头放物品,一头放砝码。❷使平:把地～一～.❸安定,安静:～心静气.风～浪静.❹经常的,一般的:～日.～淡无奇.❺平声,汉语四声之一。普通话的平声分阴平和阳平两类:阴平调子高而平,符号作"－";阳平调子向高扬起,符号作"ˊ"。

评 píng ㄆㄧㄥ 议论或评判(⑨一论、一议):书～.～语.～理.～比.[评价]对事物估定价值:客观～～.予以新的～～.[评介]评论介绍。[评判]判定胜负或优劣。[评阅]阅览并评定(试卷、作品)。[批评]1.指出工作、思想、作风上的错误或缺点:～～与自我～～.～～了保守思想.2.

评论:文学～～.[评剧]戏曲的一种,流行于华北、东北等地区。也叫"评戏"。

坪 píng ㄆㄧㄥ 平坦的场地:草～.～坝.

苹(蘋) píng ㄆㄧㄥ [苹果]落叶乔木,叶椭圆形,有锯齿,开白花。果实也叫苹果,球形,红色、青色或黄色,味甜。
"蘋"又 pín 见376页"蘋"。

枰 píng ㄆㄧㄥ 棋盘:棋～.

萍 píng ㄆㄧㄥ 浮萍,在水面浮生的草,茎扁平像叶子,根垂在水里,有青萍、紫萍等:～踪(喻行踪不定).～水相逢(喻偶然遇见).

鲆 píng ㄆㄧㄥ 鱼的一类。体形侧扁,两眼都在身体的左侧,有眼的一侧灰褐色或深褐色,无眼的一侧白色,常见的有牙鲆、斑鲆等。

凭(憑、*凴) píng ㄆㄧㄥ ❶靠着:～栏.～几(jī).❷依靠,仗恃:劳动人民～着双手创造世界.光～武器不能打胜仗.❸证据(⑨一证、一据):真～实据.❹介词,根据:～票入场.～大家的意见作出决定.❺连词,任凭,无论:～你怎么说,我也不信.

帡 píng ㄆㄧㄥˊ [帡幪](-méng)古代称覆盖用的东西,指帐幕等。

洴 píng ㄆㄧㄥˊ [洴澼](-pì)漂洗(丝绵)。

屏 ㊀ píng ㄆㄧㄥˊ ❶遮挡,遮挡物:～藩.～蔽.～风(挡风或阻隔视线用的家具).围～.[屏障]像屏风那样遮挡着的东西(多指山岭、岛屿):天然～～.❷字画的条幅,通常以四幅或八幅为一组:四扇～.

㊁ bǐng 见34页。

瓶(*缾) píng ㄆㄧㄥˊ (一子、一儿)口小腹大的器皿,多为瓷或玻璃做成,通常用来盛液体:酒～子.花～儿.一～子油.

幈 píng ㄆㄧㄥˊ 同"屏"(píng)。

PO ㄆㄛ

朴 ㊀ pō ㄆㄛ [朴刀]旧式武器,一种窄长有短把的刀。

㊁ pò 见379页。

㊂ pǔ 见381页。

㊃ piáo 见374页。

钋 pō ㄆㄛ 一种放射性元素,符号 Po。

陂 ㊂ pō ㄆㄛ [陂陀](-tuó)不平坦。

㊀ bēi 见18页。

㊁ pí 见370页。

坡 pō ㄆㄛ (一子、一儿)倾斜的地方:山～.高～.上～.下～.[坡度]斜面与地平面所成的角度。

颇 pō ㄆㄛ ❶偏,不正:偏～.❷副词,很,相当地:～久.～不易.

泊 ㊀ pō ㄆㄛ 湖:湖～.血～(一大摊血).[梁山泊]古湖泊名,在今山东省西南部。

㊁ bó 见35页。

泺(濼) ㊀ pō ㄆㄛ 同"泊"(pō),湖泊。

㊁ luò 见318页。

泼(潑) pō ㄆㄛ ❶猛力倒水使散开:～水.～街.❷野蛮,不讲理:撒(sā)～.[泼辣]凶悍.⑨有魄力,不怕困难:他做事很～.

钹(鏺) pō ㄆㄛ 〈方〉❶用镰刀、钐(shàn)刀等抡开来割(草、谷物等)。❷一种镰刀。

酸(醱) pō ㄆㄛ 再酿(酒).

婆 pó ㄆㄛ 年老的妇人(叠):老太~. 苦口~心. ㊀1. 丈夫的母亲(叠). 2. 祖母(叠). [老婆]1.(-子,-儿)年老的妇人. 2.(-po)妻子. [婆娑](-suō)盘旋舞蹈的样子:~~起舞.

鄱 pó ㄆㄛ [鄱阳]1. 湖名,在江西省北部. 2. 地名,在江西省。

皤 pó ㄆㄛ 形容白色:白发~然.

繁 ㊀ pó ㄆㄛ 姓.
㊁ fán 见121页。

叵 pǒ ㄆㄛ 不可:~信. 居心~测.

钷 pǒ ㄆㄛ 一种人造的放射性元素,符号Pm。

笸 pǒ ㄆㄛ [笸箩](-luo)盛(chéng)谷物等的一种器具,用柳条或篾条编成。

朴 ㊀ pò ㄆㄛ 朴树,落叶乔木,花淡黄色,果实黑色. 木材供制家具. [厚朴]落叶乔木,花大,白色,树皮可入药.
㊁ pǔ 见381页。
㊂ pō 见378页。
㊃ piáo 见374页。

迫(*廹) ㊀ pò ㄆㄛ ❶用强力压制,硬逼(㪤逼-):~害. 饥寒交~. 使对方同意. ❷急促(㪤急-):~切需要. 从容不~. 不及待. ❸接近:~近.
㊁ pǎi 见362页。

珀 pò ㄆㄛ 见189页"琥"字条"琥珀"(hǔ-)。

粕 pò ㄆㄛ 米渣滓. 参看601页"糟(zāo)❶[糟粕]"。

魄 ㊀ pò ㄆㄛ ❶迷信指依附形体而存在的精神(㪤魂-):失魂落~. ❷精神,精力:气~. 体~健全. 做工作要有~力.
㊁ tuò 见493页。
㊂ bó 见36页。

破 pò ㄆㄛ ❶碎,不完整:碗打~了. 衣服~了. 手~了. 牢不可~. [破绽](-zhàn)衣服裂开. ㊋事情或说话的漏洞,矛盾:他话里有~~. ❷分裂(㪤-裂):势如~竹. 一~两半. ㊋化整为零:一元的票子~成两张五角的. ❸使损坏(㪤-坏):~釜沉舟. ㊋破除,批判:~旧立新. 不~不立. ❹超出:~例. ~格. 打~纪录. 突~定额. ❺冲开,打败:~阵. 大~敌军. ❻揭穿:

P

～案.说～.～除迷信.❼花费,耗费:～费.～工夫.[破产]企业或个人处于资不抵债的状态.㊷丧失全部财产.㊷失败,破灭:敌人的阴谋～～了.❽表鄙视的形容词:～戏.～货.这样的～差事谁也不愿意干.

栿 po·ㄆㄛ 见503页"榲"字条"榲栿"(wēn—).

POU ㄆㄡ

剖 pōu ㄆㄡ ❶破开(㊷解—):把瓜～开.[剖面]东西切开后现出的平面:横～～.纵～～.❷分析,分辨:～析.～明事理.

抔 póu ㄆㄡ ❶用手捧东西:～饮(两手捧起而饮).❷量词:一～土(即一捧土).

裒 póu ㄆㄡ ❶聚。❷减少:～多益寡(减有余补不足).

捊 pǒu ㄆㄡ 捊击,抨击.

PU ㄆㄨ

仆 ⊖ pū ㄆㄨ 向前跌倒:前～后继.

⊖ pú 见380页。

扑(撲) pū ㄆㄨ ❶轻打,拍:～粉.～打～打衣服上的土.❷冲:向敌人猛～.香气～鼻.

铺 ⊖ pū ㄆㄨ 把东西散开放置,平摆:～轨.平～直叙(说话作文没有精彩处).为实现共产主义社会～平道路.[铺张]为了在形式上好看而多用人力物力:反对～～浪费.

⊖ pù 见382页。

噗 pū ㄆㄨ 拟声词.[噗嗤](—chī)拟声词,笑声或水、气挤出来的声音.也作"扑哧".

潽 pū ㄆㄨ 液体沸腾溢出:牛奶～了.

仆(僕) ⊖ pú ㄆㄨ ❶被雇到家里做杂事、供役使的人:～人.女～.[仆从]旧时指跟随在身边的仆人.㊷受人控制并追随别人的:～～国.❷旧时男子谦称自己.

⊖ pū 见380页。

匍 pú ㄆㄨ [匍匐](—fú)爬,手足并行,也作"匍伏":～～前进.

葡 pú ㄆㄨ [葡萄](—tao)藤本植物,茎有卷须能缠绕他物,叶子像手掌。花小,黄绿色。果实也叫葡萄,圆形或椭圆形,可以吃,也可以酿酒。

莆 pú ㄆㄨ [莆田]地名,在福建省。

脯 ㊀ pú ㄆㄨ (一子、一儿)胸脯,胸部:挺着胸～子. ㊁ fǔ 见137页。

蒲 pú ㄆㄨ 香蒲,多年生草本植物,生于浅水或池沼中,叶长而尖,可以编席、蒲包和扇子。根茎、花粉、果穗可入药。

醋 pú ㄆㄨ 〈古〉聚会饮酒。

菩 pú ㄆㄨ [菩萨](一sà)梵语"菩提萨埵(duǒ)"的省称。佛教中指地位仅次于佛的人。泛指佛和某些神。

璞 pú ㄆㄨ 含玉的石头或没有雕琢过的玉石:～玉浑金(喻品质好).

镤 pú ㄆㄨ 一种放射性元素,符号 Pa。

濮 pú ㄆㄨ [濮阳]地名,在河南省。

朴(樸) ㊀ pǔ ㄆㄨ 没有细加工的木料. ⑳朴实,朴素。
㊁ pò 见379页。
㊂ pō 见378页。
㊃ piáo 见374页。

埔 ㊀ pǔ ㄆㄨ [黄埔]地名,在广东省广州。
㊁ bù 见39页。

圃 pǔ ㄆㄨ 种植菜蔬、花草、瓜果的园子:花～.

浦 pǔ ㄆㄨ 水边或河流入海的地区。

溥 pǔ ㄆㄨ ❶广大。❷普遍。

普 pǔ ㄆㄨ 普遍,全,全面:～天同庆.～查.[普及]传布和推广到各方面:～～教育.[普通]通常,一般:～～人.～～读物.
[普米族]我国少数民族,参看附表。

谱 pǔ ㄆㄨ ❶依照事物的类别、系统编制的表册:年～.家～(记载家族世系的表册).食～. ❷记录音乐、棋局等的符号或图形:歌～.乐(yuè)～.棋～. ❸编写歌谱:～曲. ❹(一儿)大致的准则,把握:他做事有～儿.

氆 pǔ ㄆㄨ [氆氇](一lu)(藏)藏族地区出产的一种毛织品。

镨 pǔ ㄆㄨ 一种金属元素,符号 Pr,淡黄色。它的化合物多呈绿色,可作陶器的颜料。

蹼 pǔ ㄆㄨˇ 青蛙、乌龟、鸭子、水獭等动物脚趾中间的膜。

铺（*舖）㊀ pù ㄆㄨˋ ❶（一子、一儿）商店：饭～.杂货～.❷床（龟床一）：上下～.临时搭～.❸旧时的驿站，现在用于地名：三十里～.
㊁ pū 见380页。

堡 ㊀ pù ㄆㄨˋ 地名用字：十里～.
㊁ bǎo 见17页。
㊂ bǔ 见38页。

暴 ㊀ pù ㄆㄨˋ 晒，晒干。后作"曝"（pù）。
㊁ bào 见18页。

瀑 ㊀ pù ㄆㄨˋ 瀑布，水从高山上陡直地流下来，远看好像垂挂着的白布。
㊁ bào 见18页。

曝 ㊀ pù ㄆㄨˋ 晒：一～十寒（喻没有恒心）.
㊁ bào 见18页。

Q ㄑ

七 qī ㄑㄧ 数目字。

柒 qī ㄑㄧ "七"字的大写。

沏 qī ㄑㄧ 用开水冲茶叶或其他东西：～茶.

妻 ㊀ qī ㄑㄧ （一子）男子的配偶，跟"夫"相对。
㊁ qì 见387页。

凄（❶❸*淒、❷*悽）qī ㄑㄧ ❶寒凉：～风苦雨.❷悲伤（龟一惨）。❸冷落寂静：～清.～凉.

郪 qī ㄑㄧ 郪江，水名，在四川省东部，涪（fú）江支流。

萋 qī ㄑㄧ [萋萋]形容草生长得茂盛：芳草～～.

栖（*棲）㊀ qī ㄑㄧ 鸟停留在树上。引居住，停留：两～.～身之处.[栖霞]地名，在山东省。
㊁ xī 见511页。

桤（榿）qī ㄑㄧ 桤木，落叶乔木。木材轻软，可制器具。嫩枝叶可入药。

戚（❷*慼）qī ㄑㄧ ❶亲戚，因婚姻联成的关系。❷忧愁，悲哀：休～相关.[戚戚]忧愁的样子：君子坦荡荡，小人常～～.

嘁 qī ㄑㄧ [嘁嘁]拟声词：～～喳喳（chāchā）地说

话.

期 ⊖ qī ㄑㄧ ❶规定的时间或一段时间:定～举行.分～付款.过～作废.如～完成任务.⑦刊物出版的号数。❷约定时日:不～而遇.[期货交易]一种非现金、非现货的买卖。双方按约定的条件、时间交割货物、外汇或有价证券等。❸盼望,希望(窿—望):决不辜负大家的～望.～待.～盼.以～得到良好的效果.

⊖ jī 见207页。

欺 qī ㄑㄧ ❶欺骗,蒙混:自～～人.[欺世盗名]欺骗世人,窃取名誉。❷欺负,压迫,侮辱(窿—侮):仗势～人.

魌 qī ㄑㄧ [魌头]古时打鬼驱疫时用的假面具.

攲 qī ㄑㄧ 倾斜,歪向一边:～侧.～倾.

缉 ⊖ qī ㄑㄧ 一针对一针地缝:～鞋口.

⊖ jī 见207页。

蹊 ⊖ qī ㄑㄧ [蹊跷](-qiāo)奇怪,跷蹊.

⊖ xī 见513页。

漆 qī ㄑㄧ ❶各种黏液状涂料的统称。可分为天然漆和人造漆两大类。[漆树]落叶乔木,用树皮里的黏汁制成的涂料就是漆。❷用漆涂

曝 qī ㄑㄧ 〈方〉❶东西湿了之后要干未干:雨过了,太阳出来一晒,路上就渐渐～了.❷用沙土等吸收水分:地上有水,铺上点儿沙子～一～.

亓 qí ㄑㄧ 姓.

齐(齊) qí ㄑㄧ ❶整齐,东西一头平或排成一条直线:庄稼长得很～.队形整～.纸叠得很～.[齐截](-jie)〈方〉1.整齐:字写得～～.2.全备:东西都预备～～了.[齐齿呼]i韵母和以i开头的韵母。[看齐]站队的时候,以排头为准把队形排齐.⑳争取与模范人物一样:大家向劳动模范～～.❷达到,跟什么一般平:河水～腰深.❸同时,同样,一起:～心.～声高唱.百花～放,推陈出新.一～用力.❹全,完全(窿—全):材料都预备～了.代表都到～了.❺周代诸侯国名,在今山东省北部、东部和河北省东南角.❻朝代名。1.南朝之一,萧道成所建立(公元479—502年)。2.北朝之一,高洋所建立(公元550—577年),史称北齐.

〈古〉又同斋戒的"斋"

(zhāi)。

脐(臍) qí ㄑㄧˊ ❶肚脐，胎儿肚子中间有一条管子，跟母体的胎盘连着，这个管子叫脐带，出生以后，脐带脱落的地方叫"脐"。❷螃蟹腹部下面的甲壳：尖～。团～.

蛴(蠐) qí ㄑㄧˊ [蛴螬](－cáo)金龟子的幼虫，约3厘米长，圆筒形，白色，身上有褐色毛，生活在土里，吃农作物的根和茎。

祁 qí ㄑㄧˊ 盛大：～寒(严寒，极冷).

圻 qí ㄑㄧˊ 地的边界。〈古〉又同"垠"(yín)。

祈 qí ㄑㄧˊ 向神求福(叠－祷)。➋请求：敬～照准.

颀 qí ㄑㄧˊ 身子高(叠)。

蕲(蘄) qí ㄑㄧˊ ❶求。❷地名用字。[蕲春]地名，在湖北省。

芪 qí ㄑㄧˊ 黄芪，多年生草本植物，茎横卧在地面上，开淡黄色的花，根入药。

祇 ⊖ qí ㄑㄧˊ 古代称地神。⊜ zhǐ 见625页"只"。

岐 qí ㄑㄧˊ ❶岐山，山名，在陕西省宝鸡。❷同"歧".

歧 qí ㄑㄧˊ ❶岔道，大路分出的小路：～路亡羊.[歧途]错误的道路：误入～～.❷不相同，不一致：～视.～义.

跂 ⊖ qí ㄑㄧˊ 多生出的脚趾。⊜ qì 见388页。

其 qí ㄑㄧˊ ❶代词。1.他，他们：不能任～自流.劝～努力学习.2.他的，他们的：各得～所.人尽～才.物尽～用.❷那，那个，那些：～他.～次.本无～事.～中有个原因.[其实]实在的，事实上：他故意说不懂，～～他懂得.❸文言助词。1.表示揣测、反诘：岂～然乎? ～奈我何? 2.表示命令、劝勉：子～勉之! ❹词尾：极～快乐.尤～伟大.

萁 qí ㄑㄧˊ 〈方〉豆茎。

淇 qí ㄑㄧˊ 淇河，源出河南省林州，流入卫河。

骐 qí ㄑㄧˊ 有青黑色纹理的马。

琪 qí ㄑㄧˊ ❶一种玉。❷珍异：～花瑶草.

棋(＊碁、＊棊) qí ㄑㄧˊ 文娱用品名，有象棋、围棋等。

祺 qí ㄑㄧˊ 吉祥,福气。

綦 qí ㄑㄧˊ ❶青黑色:～巾. ❷极:～难.

蜞 qí ㄑㄧˊ 见369页"蟛"字条"蟛蜞"(péng—)。

旗(❶△＊旂) qí ㄑㄧˊ ❶ (—子,—儿) 用布、纸、绸子或其他材料做成的标志,多半是长方形或方形:国～.校～.❷清代满族的军队编制和户口编制,共分八旗。后又建立蒙古八旗、汉军八旗。㉿属于八旗的,特指属于满族的:～人.～袍.～装. ❸内蒙古自治区的行政区划单位,相当于县。

鳍 qí ㄑㄧˊ [鳍鳅]鱼名。黑褐色,体长而侧扁,头大眼小,生活在海洋中。

麒 qí ㄑㄧˊ [麒麟]见300页"麟"。

奇 ㊀ qí ㄑㄧˊ ❶特殊的,稀罕,不常见的:～事.～闻.～冷.～丑.㉿出人意料的,令人不测的:～兵.～计.～袭.出～制胜.❷惊异,引以为奇:世人～之.❸姓。
㊁ jī 见206页。

埼(＊＊碕) qí ㄑㄧˊ 弯曲的岸。

菥 qí ㄑㄧˊ [菥莱主山]山名,在台湾省。

崎 qí ㄑㄧˊ [崎岖](—qū)形容山路不平。

骑 qí ㄑㄧˊ ❶跨坐在牲畜或其他东西上:～马.～自行车.㉿兼跨两边:～缝盖章. ❷(旧读 jì)骑兵,也泛指骑马的人:车～.轻～.铁～.❸骑的马:坐～.

琦 qí ㄑㄧˊ 美玉。㉿珍奇。

锜 qí ㄑㄧˊ ❶古代一种带三足的锅。❷古代的一种凿子。

俟 ㊀ qí ㄑㄧˊ [万俟](mò —)复姓。
㊁ sì 见455页。

耆 qí ㄑㄧˊ 年老,六十岁以上的人:～年。

鳍 qí ㄑㄧˊ 鱼类和其他水生脊椎动物的运动器官,由薄膜、柔软分节的鳍条和坚硬不分节的鳍棘组成。

鬐 qí ㄑㄧˊ 马脖子上部的长毛。也叫"马鬃"、"马鬣"。

旗 qí ㄑㄧˊ ❶古代指有铃铛的旗子。❷同"旗❶"。

畦 qí ㄑㄧˊ 田园中分成的小区:种一～菜.

乞 qǐ ㄑㄧˇ 乞求,向人讨、要、求:～怜.～恕.～食.行～.

芑 qǐ ㄑㄧˇ 古书上说的一种植物。

屺 qǐ ㄑㄧˇ 没有草木的山。

岂(豈) qǐ ㄑㄧˇ 副词,表示反诘。1.哪里,怎么:～敢!～有此理? 2.难道:～非怪事?

〈古〉又同"恺"、"凯"(kǎi)。

玘 qǐ ㄑㄧˇ 古代佩带的玉。

杞 qǐ ㄑㄧˇ ❶植物名。1.就是枸(gǒu)杞。2.杞柳,落叶灌木,生在水边,枝条可以编箱、笼、筐、篮等物。❷周代诸侯国名,在今河南省杞县:～人忧天(喻不必要的忧虑).

起 qǐ ㄑㄧˇ ❶由躺而坐或由坐而立等:～床.～立致敬.⑤离开原来的位置。1.移开,搬开:～身.～运.2.拔出,取出:～钉子.～货.[起居]日常生活:～～有恒.❷由下向上升,由小往大里涨:一～一落.～劲.面～了.[起色]好转的形势,转机:病有～～.❸长出:～燎泡.～痱子.❹开始:

～笔.～点.从今天～.[起码]最低限度,最低的:～～要十天才能完工.❺发生:～疑.～意.～火.～风.[起义]发动武装革命,也指脱离反革命集团投入革命阵营.❻拟定:～草.❼建造,建立:～房子.白手～家.❽介词,从:～南到北.～这里剪开.❾量词。1.批,群:一～人走了,又来一～.2.件,宗:三～案件.两～事故.❿在动词后,表示动作的趋向、关涉等:抱～.拿～.扛～大旗.提～精神.引～大家注意.想不～什么地方见过他.⓫在动词后,跟"来"连用,表示动作开始:大声念～来.唱～歌来.⓬在动词后,常跟"不"、"得"连用。1.表示胜任,能担得住:买不～.经得～考验.2.表示够格,达到某一种标准:看不～.瞧得～.

企 qǐ ㄑㄧˇ 踮着脚看,希望,盼望:～望.～待.～盼.[企图]图谋.
[企业]从事生产、运输、贸易等经济活动的部门,如工厂、矿山、铁路、贸易公司等。

启(啓、*啟) qǐ ㄑㄧˇ ❶打开:～封.～门.⑤开导:～蒙(méng).[启发]阐明事例,使对方因联想而领悟:～～教育.～～他的政治觉悟.[启示]启发指点,使有所认识.❷开始:～用.❸陈述:敬～者.[启事]向群众说明事情的文字,现在多登在报纸上.❹书信:书～.小～.

棨 qǐ ㄑㄧˇ 古时用木头做的一种通行证,略如戟形.[棨戟]古时官吏出行的一种仪仗,用木头做成,状如戟.

腈 qǐ ㄑㄧˇ 〈古〉腓肠肌(小腿肚子).

绮 qǐ ㄑㄧˇ ❶有文彩的丝织品:～罗.❷美丽:～丽.～思.

稽 ⊖ qǐ ㄑㄧˇ 稽首,古时跪下叩头的礼节.
⊖ jī 见207页.

气(氣) qì ㄑㄧˋ ❶没有一定的形状、体积,能自由流动的物体:煤～.蒸～.特指空气:～压.给自行车打～.❷(一儿)气息,呼吸:没～了.上～不接下～.❸自然界寒、暖、阴、晴等等现象:天～.节～.❹(一儿)鼻子闻到的味:香～.臭～.烟～.❺人的精神状态:勇～.朝～蓬勃.[气势]力量和形势.❻作风,习气:官～.俗～.骄娇二～.❼怒或使人发怒:他生～了.

别～我了.❽欺压:受～.❾中医指能使人体器官正常发挥机能的原动力:～血.～虚.元～.❿中医指某种症象:湿～.脚～.痰～.

汽 qì ㄑㄧˋ 蒸气,液体或固体变成的气体.特指水蒸气:～船.

讫 qì ㄑㄧˋ ❶完结,终了:收～.付～.验～.❷截止:起～.

迄 qì ㄑㄧˋ ❶到:～今未至.❷始终:～未成功.

汔 qì ㄑㄧˋ 庶几,差不多.

弃(*棄) qì ㄑㄧˋ 舍(shě)去,扔掉:抛～.遗～.～权.～置不顾.

妻 ⊖ qì ㄑㄧˋ 〈古〉以女嫁人.
⊖ qī 见382页.

炁 qì ㄑㄧˋ 同"气".

泣 qì ㄑㄧˋ ❶无声或小声哭:～不成声.❷眼泪:～下如雨.

亟 ⊖ qì ㄑㄧˋ 屡次:～来问讯.
⊖ jí 见208页.

契(**栔) ⊖ qì ㄑㄧˋ ❶用刀雕刻.❷刻的文字:书～.❸契约,证明买卖、抵押、租赁等关系的

Q

合同、文书、字据:地～.房～.
卖身～.❹相合,情意相投:默
～.相～.～友.
[契丹]我国古代东北地区的一
个民族,曾建立辽国。
　　㊀ xiè 见530页。

碶 qì 〈Ì〉 用石头砌的水闸。

砌 qì 〈Ì〉 建筑时垒(lěi)砖
石,用泥灰黏合:～墙.～
炕.

跂 ㊀ qì 〈Ì〉 踮着脚站着:～
望.
㊀ qí 见384页。

葺 qì 〈Ì〉 用茅草覆盖房子:
修～(修补)房屋.

碛 qì 〈Ì〉 水中沙石。[沙
碛]沙漠。

槭 qì 〈Ì〉 落叶小乔木,花黄
绿色,叶子掌状分裂,秋
季变成红色或黄色。

器(**噐) qì 〈Ì〉 ❶用
具的总称:武
～.容～.[器官]生物体中具
有某种独立生理机能的部分,
如耳、眼、花、叶等,也省称
"器":消化～.生殖～.❷人的
度量、才干:～量.成～.❸器
重,看重,看得起。

憩(*憇) qì 〈Ì〉 休息:小
～.

荠(薺) ㊀ qí •〈Ì 见23页
"荸"字条"荸荠"
(bí—)。
　　㊀ jì 见212页。

掐 qiā 〈ㅣㄚ ❶用手指用力
夹,用指甲按或截断。㊐
割断,截去:～电线.❷用手的
虎口及手指紧紧握住:一把～
住.❸(—子、—儿)量词,拇指
和食指或中指相对握着的数
量:一小～儿韭菜.一大～子
青菜.

袷 ㊀ qiā 〈ㅣㄚ [袷袢](—
pàn)(维)维吾尔、塔吉克
等民族所穿的对襟长袍。
　　㊀ jiá 见215页"夹"。

葜 qiā 〈ㅣㄚ 见9页"菝"字条
"菝葜"(bá—)。

拤 qiá 〈ㅣㄚˊ 用两手掐住。

卡 ㊀ qiǎ 〈ㅣㄚˇ ❶(—子)在
交通要道设置的检查或
收税的地方:关～.❷(—子)
夹东西的器具:头发～子.❸
夹在中间,堵塞:鱼刺～在嗓
子里.～在里边拿不出来了.
　　㊀ kǎ 见255页。

洽 qià 〈ㅣㄚˋ ❶跟人联系,商
量(事情):接～事情.和

他商～.❷谐和:感情融～.

恰 qià ㄑㄧㄚˋ ❶正巧,刚刚:
～巧.～到好处.～如其
分(fèn).～好他来了.❷合
适,适当:这里有几个字不～
当.

髂 qià ㄑㄧㄚˋ 髂骨,腰部下面
腹部两侧的骨,下缘与耻
骨、坐骨联成髋(kuān)骨.
(图见160页"骨")

千(❸韆) qiān ㄑㄧㄢ ❶
数目,十个一
百。❷表示极多,常跟"万"、
"百"连用:～言万语.～军万
马.～锤百炼.[千万]副词,
务必:～～不要铺张浪费.❸
见403页"秋"字条"秋千".❹
法定计量单位中十进倍数单
位词头之一,表示 10^3,符号
k.

仟 qiān ㄑㄧㄢ "千"字的大
写。

阡 qiān ㄑㄧㄢ ❶田间的小路
(❀-陌 mò).❷通往坟
墓的道路.

扦 qiān ㄑㄧㄢ ❶(-子、-儿)
用金属或竹、木制成的像
针的东西.❷插,插进去:～
花.用针～住.

芊 qiān ㄑㄧㄢ 草木茂盛
(叠):郁郁～～.[芊绵]
[芊眠]草木茂密繁盛.

迁(遷) qiān ㄑㄧㄢ ❶机
关、住所等另换
地点(❀-移):～都(dū).～
居.[迁就]不坚持自己的意
见,凑合别人:不能～～.～～
应该是有原则的.[迁延]拖
延:已经～～了一个多月了.
❷变动,改变(❀变-):事过
境～.

瓩 qiānwǎ ㄑㄧㄢㄨㄚˇ 功率单
位,1瓩等于1000瓦.现
写作"千瓦".

钎 qiān ㄑㄧㄢ (-子)一头尖
的长钢棍,多用来在矿石
上打洞.

岍 qiān ㄑㄧㄢ 岍山,山名,在
陕西省宝鸡.今作"千
山"。

汧 qiān ㄑㄧㄢ [汧阳]地名,
在陕西省.今作"千阳".

佥(僉) qiān ㄑㄧㄢ 〈古〉
全,都.

签(簽、❸-❻籤) qiān ㄑㄧㄢ
❶亲自写上姓名或画上符号:
～名.请你～个字.❷简要地
写出(意见):～注.❸(-子、
-儿)用竹木等物做成的细棍
或片状物:牙～儿.竹～儿.❹

（一ㄦ）书册里作标志的纸片或其他物件上作标志的东西：书～．标～．浮～．❺粗粗地缝合起来．❻旧时用于占卜或赌博的细长竹片或细棍．

牵（牽） qiān ㄑㄧㄢ ❶拉，引领向前：～着一条牛．～牲口．手～着手．❷连带，带累：不要～扯别的问题．受～累．互相～制．[牵强]（-qiǎng）硬拉硬扯，勉强，理由不足：这话太～～．～～附会．❸缠连：意惹情～．

铅 ⊖ qiān ㄑㄧㄢ ❶一种金属元素，符号 Pb，银灰色，质地软，熔点低．[铅铁]指镀锌铁．[铅字]印刷用的铅、锡、锑合金铸成的活字．❷石墨：～笔．
⊜ yán 见552页．

悭（慳） qiān ㄑㄧㄢ 吝啬（逾-吝）．

谦 qiān ㄑㄧㄢ 虚心，不自高自大：～虚．～让．满招损，～受益．

愆 qiān ㄑㄧㄢ ❶罪过，过失：～尤．罪～．❷错过，耽误过去：～期．

鹐 qiān ㄑㄧㄢ 尖嘴的家禽或鸟啄东西：乌鸦把瓜～了．

搴 qiān ㄑㄧㄢ 高举．多用于人名，如西汉有张搴．

搴 qiān ㄑㄧㄢ ❶拔取：斩将～旗．❷同"褰"．

褰 qiān ㄑㄧㄢ 把衣服提起来：～裳．

荨（蕁、**藗） ⊖ qián ㄑㄧㄢ [荨麻]多年生草本植物，茎叶生细毛，皮肤接触时会引起刺痛．茎皮纤维可以做纺织原料．
⊜ xún 见545页．

钤 qián ㄑㄧㄢ ❶印章．[钤记]旧时印的一种．❷盖印章：～印．～章．

黔 qián ㄑㄧㄢ ❶黑色：～首（古代称老百姓）．❷贵州省的别称．

前 qián ㄑㄧㄢ ❶跟"后"相对．1.指空间，人脸所向的一面，房屋等正门所向的一面，家具等靠外的一面：在～面．向～走．天安门～．楼～．床～．2.指时间，往日的，过去的：～天．史无～例．3.指次序，靠头里的：～五名．❷向前行进：勇往直～．畏缩不～．❸未来的（用于展望）：～景．向～看．

虔 qián ㄑㄧㄢ 恭敬：～诚．～心．

钱(錢) qián ㄑㄧㄢˊ ❶货币:铜~.〔钱〕费用:车~.饭~.❷圆形像钱的东西:纸~.榆~儿.❸财物:有~有势.❹市制重量单位,一两的十分之一,合5克.

钳(**箝、**拑) qián ㄑㄧㄢˊ ❶用东西夹住.〔钳制〕用强力限制.❷(一子)夹东西的用具:老虎~.

掮 qián ㄑㄧㄢˊ 用肩扛(káng)东西.〔掮客〕〈方〉指替买卖货物的双方介绍交易,从中取得佣钱的人.

乾 ⊖ qián ㄑㄧㄢˊ ❶八卦之一,符号是☰,代表天.❷乾县,在陕西省.
⊜ gān 见142页"干".

犍 ⊖ qián ㄑㄧㄢˊ 〔犍为〕(—wéi)地名,在四川省.
⊖ jiān 见219页.

潜(*潛) qián ㄑㄧㄢˊ ❶隐在水面下活动:~水艇.鱼~鸟飞.❷隐藏,隐蔽:~伏.~藏.~力.〔潜心〕十分专心而深入:~~研究.❸秘密地,不声张:~行.~逃.

肷(**膁) qiǎn ㄑㄧㄢˊ 身体两旁肋骨和胯骨之间的部分(多指兽类的):~窝.

浅(淺) ⊖ qiǎn ㄑㄧㄢˊ ❶从表面到底或从外面到里面距离小,跟"深"相对:这条河很~.这个院子太~.❷不久,时间短:年代~.相处的日子还~.❸程度不深的:~见.阅历~.交情~.这篇文章很~.~近的理论.❹颜色淡薄:~红.~绿.
⊖ jiān 见218页。

遣 qiǎn ㄑㄧㄢˊ ❶派,差(chāi)打发(億派—、差—):特~.~送.❷排解,发泄:~闷(mèn).消~.

谴 qiǎn ㄑㄧㄢˊ 责备(億—责)。

缱 qiǎn ㄑㄧㄢˊ 〔缱绻〕(—quǎn)情意缠绵,感情好得离不开。

嗛 qiǎn ㄑㄧㄢˊ 就是颊囊。猴等嘴里两腮上暂时贮存食物的地方。
〈古〉又同"谦"(qiān)、"歉"(qiàn)。

欠 qiàn ㄑㄧㄢˊ ❶借别人的财物还(hái)没归还(huán):我~他十块钱.❷缺乏,不够:文章~通.身体~安.❸身体稍稍向上移动:~身.~脚.❹哈欠(qian),疲倦时张口出气:~伸.打哈~.

Q

芡 qiàn ㄑㄧㄢˋ ❶一年生水草,茎叶都有刺,开紫花。果实叫芡实,外皮有刺。种子的仁可以吃,可以制淀粉。也叫"鸡头"。❷烹饪时用淀粉调成的浓汁:勾～.汤里加点～.

嵌 qiàn ㄑㄧㄢˋ 把东西卡在空隙里:镶～.～人.匣子上～着象牙雕的花.

纤(纖) ㊀ qiàn ㄑㄧㄢˋ 拉船的绳。[纤手]给人介绍买卖产业的人。[拉纤]1.拉着纤绳使船前进。2.给人介绍买卖产业从中取利。㊁ xiān 见519页。

茜(＊＊蒨) ㊀ qiàn ㄑㄧㄢˋ ❶茜草,多年生蔓草,茎有刺毛,初秋开花,黄色。根红色,可做染料,也可入药。❷红色。㊁ xī 见511页。

倩 qiàn ㄑㄧㄢˋ ❶美好。❷请人代做:～人代笔.

堑 qiàn ㄑㄧㄢˋ 做防御用的壕沟:长江天～(喻险要).挫折:吃一～,长一智.

椠 qiàn ㄑㄧㄢˋ ❶古代记事用的木板。❷古书的雕版,版本:古～.宋～.

慊 ㊀ qiàn ㄑㄧㄢˋ 不满,怨恨。㊁ qiè 见398页。

歉 qiàn ㄑㄧㄢˋ ❶觉得对不住人:抱～.道～.深致～意.❷收成不好:～收.～年.

抢(搶) ㊀ qiāng ㄑㄧㄤ 同"戗(qiāng)❶"。㊁ qiǎng 见393页。

呛(嗆) ㊀ qiāng ㄑㄧㄤ ❶水或食物进入气管而引起不适或咳嗽:喝水～着了.吃饭吃～了.❷〈方〉咳嗽。㊁ qiàng 见394页。

玱(瑲) qiāng ㄑㄧㄤ 玉相击声。

枪(槍、＊鎗) qiāng ㄑㄧㄤ ❶刺击用的长矛:长～.红缨～.❷发射子弹的武器:手～.机关～.❸形状或性能像枪的器具:焊～.水～.

戗(戧) ㊀ qiāng ㄑㄧㄤ ❶逆,反方向:～风.～水.❷(言语)冲突:说～了.㊁ qiàng 见394页。

羌 qiāng ㄑㄧㄤ 我国古代西部的民族。[羌族]我国少数民族,参看附表。

蜣 qiāng ㄑ一ㄤ [蜣螂](-láng) 俗叫"屎壳郎"(shǐkelàng)。昆虫,全身黑色,有光泽,会飞,吃粪、尿或动物的尸体。

戕 qiāng ㄑ一ㄤ 杀害:自~. [戕贼]伤害,损害。

斨 qiāng ㄑ一ㄤ 古代一种斧子。

腔 qiāng ㄑ一ㄤ ❶(-子)动物身体中空的部分:胸~. 口~. ⑨器物中空的部分:炉~. 锅台~子. ❷(-儿)说话的语调,乐曲的调子:开~(说话). 南~北调. 离~走板. 梆子~. [京腔]北京语音:一口~~.

锖 qiāng ㄑ一ㄤ [锖色]某些矿物表面因氧化作用而形成的薄膜所呈现的色彩,常常不同于矿物固有的颜色。

锵(鏘) qiāng ㄑ一ㄤ 拟声词(叠):锣声~~.

镪 ⊖ qiāng ㄑ一ㄤ [镪水]就是强酸:硝~~.
⊜ qiǎng 见394页。

强(*强、*彊) ⊖ qiáng ㄑ一ㄤ ❶健壮,有力,跟"弱"相对(⑧一壮、一健):~大. 身~力壮. ⑨有余:四分之一~. [强调]特别重视,用坚决的口气提出。[强梁]强横不讲理。❷程度高:责任心很~. ❸好:要~. 庄稼很~. 他写的字比你的~. ❹使用强力:~制. ~占. ~索财物. ❺使强大或强壮:~身之道. 富国~兵. ❻姓。
⊜ qiǎng 见394页。
⊜ jiàng 见225页。

墙(墙、*牆) qiáng ㄑ一ㄤ 用砖石等砌成承架房顶或隔开内外的建筑物(⑧一壁):砖~. 城~. 院~.

蔷(薔) qiáng ㄑ一ㄤ [蔷薇](-wēi)落叶灌木,茎上多刺,夏初开花,有红、黄、白等色,可制香料,也可入药。

嫱(嬙) qiáng ㄑ一ㄤ 古时宫廷里的女官名:妃~.

樯(檣、*艢) qiáng ㄑ一ㄤ 帆船上挂风帆的桅杆。

抢(搶) ⊖ qiǎng ㄑ一ㄤ ❶夺,硬拿(⑧一夺):~球. ~劫:他把我的信~去了. ❷赶快,赶紧,争先:~着把活做了. ~修河堤. ❸刮,擦(去掉表面的一层):磨剪子~菜刀. 摔了一跤,把肉皮～去一大块.

（三）qiāng 见392页。

羟（羥） qiǎng ㄑㄧㄤˇ 羟基,就是氢氧基（—OH）。

强（*強、彊） （一）qiǎng ㄑㄧㄤˇ 硬要,迫使:～迫.牵～.～词夺理.不能～人所难.

（二）qiáng 见393页。

（三）jiàng 见225页。

镪 （一）qiǎng ㄑㄧㄤˇ 〈古〉指成串的钱.[白镪]银子.

（二）qiāng 见393页。

襁（*繈） qiǎng ㄑㄧㄤˇ [襁褓]（—bǎo）包婴儿的被、毯等:在～～中.

呛（嗆） （一）qiàng ㄑㄧㄤˋ 有刺激性的气体使鼻子、嗓子等器官感到不舒服:烟～嗓子.辣椒味～得难受.

（二）qiāng 见392页。

戗（戧） （一）qiàng ㄑㄧㄤˋ 支持,支撑:墙要倒,拿杠子～住.[够戗]形容十分厉害,很难支持:他忙得真～～.他病得～～.

（二）qiāng 见392页。

炝（熗） qiàng ㄑㄧㄤˋ 烹饪法.1.油锅热后,放主菜前先放入葱等急炒一下,使有香味:～锅.2.把原料放在沸水中焯（chāo）一下,取出后再用香油等调料拌:～豆芽.

跄（蹌、**蹡） qiàng ㄑㄧㄤˋ 见295页"跟"字条"跟跄"（liàng—）。

QIAO ㄑㄧㄠ

悄 （一）qiāo ㄑㄧㄠ [悄悄]没有声音或声音很低:静～～.部队～～地出动.

（二）qiǎo 见396页。

硗（磽） qiāo ㄑㄧㄠ 地坚硬不肥沃（叠—薄、—瘠、—确）:肥～.

跷（蹺、*蹻） qiāo ㄑㄧㄠ ❶脚向上抬:～脚.～腿.[高跷]踩着有踏脚装置的木棍表演的一种游艺.❷竖起大拇指:～起大拇指称赞.

[跷蹊]（—qi）奇怪,违反常理,让人怀疑:这事有点～～.也说"蹊跷"（qī—）。

"蹻"又 juē 见251页"屦"。

雀 （一）qiāo ㄑㄧㄠ 雀子,雀（què）斑。

（二）què 见409页。

（三）qiǎo 见396页。

锹(＊鍫) qiāo ㄑㄧㄠ 挖土或铲其他东西的器具。

劁 qiāo ㄑㄧㄠ 骟(shàn)，割去牲畜的睾丸或卵巢：～猪.～羊.

敲 qiāo ㄑㄧㄠ ❶打，击：～锣.～边鼓(比喻从旁帮人说话).❷敲竹杠，讹诈财物或抬高价格。

橇 qiāo ㄑㄧㄠ ❶古代在泥路上行走所乘的东西。❷在冰雪上滑行的工具。

缲(＊＊縤) ⊖ qiāo ㄑㄧㄠ 做衣服边儿或带子时藏着针脚的缝法：～一根带子.～边.

⊜ sāo 见422页。

乔(喬) qiáo ㄑㄧㄠ ❶高。[乔木]树干和树枝有明显区别的大树，如松、柏、杨、柳等。[乔迁]称人迁居的客气话。❷做假，装.[乔装][乔妆]改变服装面貌，掩蔽身份：～～打扮.

侨(僑) qiáo ㄑㄧㄠ ❶寄居在国外(从前也指寄居在外乡)：～居.❷寄居在祖国以外的人：华～.

荞(蕎、△＊荍) qiáo ㄑㄧㄠ 荞麦，一年生草本植物，茎紫红色，叶

子三角形，开小白花。子实黑色，磨成面粉供食用。

峤(嶠) ⊖ qiáo ㄑㄧㄠ 山尖而高。

⊖ jiào 见229页。

桥(橋) qiáo ㄑㄧㄠ 架在水上(或空中)便于通行的建筑物：拱～.天～.独木～.立交～.长江大～.

硚(礄) qiáo ㄑㄧㄠ [硚口]地名，在湖北省武汉。

鞒(鞽) qiáo ㄑㄧㄠ 马鞍拱起的地方。

苘 qiáo ㄑㄧㄠ ❶即锦葵，二年或多年生草本植物，夏季开花，花紫色或白色，可供观赏。❷同"荞".

翘(翹) ⊖ qiáo ㄑㄧㄠ ❶举起，抬起，向上：～首.～望.❷翘棱(leng)，板状物体因由湿变干而弯曲不平：桌面～棱了.

⊖ qiào 见396页。

谯 qiáo ㄑㄧㄠ 谯楼，古代城门上建筑的楼，可以瞭望。

憔(＊顦) qiáo ㄑㄧㄠ [憔悴](－cuì)黄瘦，脸色不好：面容～～.

樵 qiáo ㄑㄧㄠ ❶〈方〉柴.❷打柴：～夫.

瞧 qiáo ㄑㄧㄠˊ 看:～见.～得起.～不起.

巧 qiǎo ㄑㄧㄠˇ ❶技巧,技能。❷灵巧,灵敏,手的技能好:心灵手～.他很～.❸虚浮不实(指话):花言～语.❹恰好,正遇在某种机会上:凑～.碰～.赶～.

悄 ⊖ qiǎo ㄑㄧㄠˇ ❶忧愁(叠):忧心～～.❷寂静无声或声音很低:～然无声.低声～语.
⊜ qiāo 见394页。

雀 ⊖ qiǎo ㄑㄧㄠˇ 义同"雀⊖",用于"家雀儿"等口语词。
⊖ què 见409页。
⊜ qiāo 见394页。

愀 qiǎo ㄑㄧㄠˇ 脸色改变:～然作色.

壳(殼) ⊖ qiào ㄑㄧㄠˋ 坚硬的外皮:甲～.地～.
⊜ ké 见261页。

俏 qiào ㄑㄧㄠˋ ❶漂亮,相貌美好:俊～.❷货物的销路好:～货.❸〈方〉烹调时为增加滋味、色泽,加上少量的青蒜、香菜、木耳之类.

诮 qiào ㄑㄧㄠˋ 责备,讥讽:～责.讥～.

峭(*陗) qiào ㄑㄧㄠˋ 山又高又陡:～壁.⑩严峻:～直.

鞘 ⊖ qiào ㄑㄧㄠˋ 装刀、剑的套子:刀～.
⊜ shāo 见430页。

窍(竅) qiào ㄑㄧㄠˋ ❶窟窿,孔洞:七～(耳、目、口、鼻).一～不通(喻一点也不懂).❷(一儿)事情的关键:诀～儿.～门儿.

翘(翹、**蹺) ⊖ qiào ㄑㄧㄠˋ 一头向上仰起:板凳～起来了.[翘尾巴]⑩傲慢或自鸣得意.
⊖ qiáo 见395页。

撬 qiào ㄑㄧㄠˋ 用棍、棒等拨、挑东西:把门～开.

切 ⊖ qiē ㄑㄧㄝ ❶用刀从上往下割:～成片.把瓜～开.[切磋](－cuō)⑩在业务、思想等方面互相研究讨论,取长补短.❷几何学上直线与弧线或两个弧线相接于一点:～线.～点.两圆相～.
⊖ qiè 见397页。

伽 ⊖ qié ㄑㄧㄝˊ [伽蓝]梵语"僧伽蓝摩"的省称,指僧众所住的园林,后指佛寺.

[伽南香]沉香,一种常绿乔木,木材重而坚硬,有香味,可入药。

㊁ jiā 见214页。

㊂ gā 见140页。

茄 ㊀ qié ㄑㄧㄝˊ (一子)一年生草本植物,花紫色。果实也叫茄子,紫色,也有白色或绿色的,可以吃。[番茄]一年生草本植物,花黄色。果实也叫番茄,圆形,熟时红色或黄色,可以吃。也叫"西红柿"。

㊀ jiā 见214页。

且 ㊀ qiě ㄑㄧㄝˇ ❶连词,表示并列或进一层:既高～大。❷连词,尚且,表示让步:死～不怕,还怕困难吗? ❸副词,表示暂时:～慢.～住.❹文言副词,将要:年～九十.❺且……且……,表示两个动作同时进行:～走～说.～行～想.❻副词,且……呢,表示经久:这双鞋～穿呢.❼姓。

㊁ jū 见245页。

切 ㊀ qiè ㄑㄧㄝˋ ❶密合,贴近:～身利害.不～实际.[切齿]咬牙表示痛恨。❷紧急:急～.迫～需要.回国心～.❸切实,实在,着实:～记.～忌.言辞恳～.❹旧时汉语标音的一种方法,取上一字的声母与下一字的韵母和声调,拼成一个音,也叫"反切"。如"同"字是徒红切。

[一切]所有的,全部。

㊀ qiē 见396页。

窃(竊) qiè ㄑㄧㄝˋ ❶偷盗:～案.⓿用不合法不合理的手段取得:～位.～国.❷私自,暗中:～笑.旧谦辞:～谓.～以为.

郄 qiè ㄑㄧㄝˋ 姓。〈古〉又同"郤"(xì)。

妾 qiè ㄑㄧㄝˋ ❶旧时男子在妻子以外娶的女子。❷谦辞,旧时女人自称。

怯 qiè ㄑㄧㄝˋ ❶胆小,没勇气(⓿一懦):胆～.～场.❷〈方〉俗气,见识不广,不合时宜:露～.衣服的颜色有点～.

挈 qiè ㄑㄧㄝˋ ❶离去。❷勇武。

挈 qiè ㄑㄧㄝˋ ❶用手提着:提纲～领(喻简明扼要地把问题提示出来).❷带,领:～眷.

锲 qiè ㄑㄧㄝˋ 用刀子刻:～金玉.～而不舍(喻有恒心,有毅力).

惬(愜、＊慊) qiè ㄑㄧㄝˋ 满足,畅快:～意.～心.[惬当](一dàng)恰当。

箧(篋) qiè ㄑㄧㄝ 箱子一类的东西。

趄 ㊀ qiè ㄑㄧㄝ 倾斜:~着身子.

㊁ jū 见245页。

慊 ㊀ qiè ㄑㄧㄝ 满足,满意:不~(不满).

㊁ qiàn 见392页。

QIN ㄑㄧㄣ

钦 qīn ㄑㄧㄣ ❶恭敬:~佩.~仰.❷封建时代指有关皇帝的:~定.~赐.~差(chāi)大臣.

嵚 qīn ㄑㄧㄣ [嵚崟](—yín)山高的样子。

侵 qīn ㄑㄧㄣ ❶侵犯,夺取别人的权利:~害.~吞.[侵略]侵犯别国领土、主权,掠夺别国财富,奴役别国人民,以及干涉别国内政等行动:我们热爱和平,反对~~.❷渐近:~晨.

骎 qīn ㄑㄧㄣ [骎骎]马跑得很快的样子。⑨急速,快速:~~日上.

亲(親) ㊀ qīn ㄑㄧㄣ ❶亲属,有血统或夫妻关系的:~人.兄弟.特指父母:双~.养~.❷婚姻:定~.~事.❸特指新妇:娶~.❹亲戚,因婚姻联成的亲属关系:姑表~.❺本身,自己的:~笔信.~眼见的.~手做的.❻感情好,关系密切:他们很~密.兄弟相~.❼用嘴唇接触,表示喜爱:他~了~孩子的小脸蛋.

㊁ qìng 见401页。

衾 qīn ㄑㄧㄣ 被子:~枕.

芹 qín ㄑㄧㄣ 芹菜,一年或二年生草本植物,夏天开花,白色,茎、叶可以吃。

芩 qín ㄑㄧㄣ 植物名。1.古书上指芦苇一类的植物。2.黄芩,多年生草本植物,开淡紫色花,根可入药。

矜(**𥎊) ㊂ qín ㄑㄧㄣ〈古〉矛柄

㊀ jīn 见235页。

㊁ guān 见165页。

琴 qín ㄑㄧㄣ ❶古琴,一种弦乐器,用梧桐等木料做成,有五根弦,后来增加为七根。❷某些乐器的统称,如风琴、钢琴、胡琴等。

秦 qín ㄑㄧㄣ ❶周代诸侯国名,在今陕西省和甘肃省一带。❷朝代名。秦始皇嬴政所建立(公元前221—公元前206年),建都咸阳(在今陕西省咸阳东)。秦是我国历史上第一个统一的中央集权的封建王朝。❸陕西省的别称。

嗪 qín ㄑㄧㄣ 见363页"哌"字条"哌嗪"(pài-)。

溱 ⊖ qín ㄑㄧㄣ [溱潼](-tóng)地名,在江苏省泰州。

⊝ zhēn 见618页。

蟫 qín ㄑㄧㄣ 古书上说的一种昆虫,像蝉而较小。

覃 ⊖ qín ㄑㄧㄣ 姓。

⊝ tán 见468页。

禽 qín ㄑㄧㄣ ❶鸟类的总称:家～.飞～.❷鸟兽的总称。❸古同"擒"。

擒 qín ㄑㄧㄣ 捕捉:～贼先～王.

噙 qín ㄑㄧㄣ 含在里面:嘴里～了一口水.眼里～着眼泪.

檎 qín ㄑㄧㄣ [林檎]即花红。落叶小乔木,花粉红色,果实像苹果而小,可以吃。

勤(❶**❸菫**、❹**懃**) qín ㄑㄧㄣ ❶做事尽力,不偷懒:～快.～劳.～学苦练.㊑经常,次数多:～洗澡.夏天雨～.房子要～打扫.❷按规定时间上班的工作:出～.缺～.考～.[后勤]1.军事组织在后方担任兵工、军需供给、运输等的

任务。2.泛指总务工作。❸勤务:内～.外～.❹见572页"殷"字条"殷勤"。

"菫"又 jǐn 见236页"仅"。

椫 qǐn ㄑㄧㄣ 古书上指肉桂。参看170页"桂"。

锓 qǐn ㄑㄧㄣ 雕刻:～版.

寝(寢) qǐn ㄑㄧㄣ ❶睡觉:废～忘食.❷睡觉的地方:就～.寿终正～.❸停止进行:事～.❹面貌难看:貌～.

吣(****唚**、****嗪**) qìn ㄑㄧㄣ 猫狗呕吐。

沁 qìn ㄑㄧㄣ ❶渗入,浸润:香气～人心脾.❷〈方〉纳入水中。❸〈方〉头向下垂:～着头.❹沁河,源出山西省沁源,东南流至河南省注入黄河。

揿(***搇**) qìn ㄑㄧㄣ 〈方〉用手按:～电铃.

QING ㄑㄧㄥ

青 qīng ㄑㄧㄥ ❶颜色。1.绿色:～草.2.蓝色:～天.3.黑色:～布.～线.❷绿色的东西(多指绿苗、叶的庄稼、花草等):看(kān)～.～黄不接

（陈粮已经吃完,新庄稼还没有成熟）.❸青年:共～团.老中～相结合.

[青史]原指竹简上的记事,后指史书:～～留名.

圊 qīng ㄑㄧㄥ 厕所:～土.～肥.

清 qīng ㄑㄧㄥ ❶纯净透明,没有混杂的东西,跟"浊"相对:～水.天朗气～.⑨1.单纯地:～唱.2.安静(⑯－静):～夜.❷明白,不混乱:分～.～楚.说不～.❸一点不留,净尽:～除.❹清除不纯成分以纯洁组织:～党.❺查点(清楚):～仓.❻公正廉明:～官.❼朝代名(公元1644—1911年)。公元1616年,女真族首领爱新觉罗·努尔哈赤建立后金.1636年国号改为清. 1644年建都北京.

蜻 qīng ㄑㄧㄥ [蜻蜓](－tíng)昆虫名,俗叫"蚂螂"(mālang)。胸部有翅两对,腹部细长,常在水边捕食蚊子等小飞虫,是益虫。

鲭 qīng ㄑㄧㄥ 鱼类的一科,身体呈梭形,头尖口大。如鲐(tái)鱼就属于鲭科。

轻(輕) qīng ㄑㄧㄥ ❶分量小,跟"重"相对:这块木头很～.[轻工业]制造生活资料的工业,如纺织工业、食品工业等。❷程度浅:口～(味淡).～伤不下火线.❸数量少:年纪～.他的工作很～.❹用力小:注意～放.手～一点儿.❺认为没价值,不以为重要:～视.～敌.人皆～之.❻随便,不庄重:～薄(bó).～率(shuài).～举妄动.[轻易](－yì)随便:他不～～下结论.

[轻音乐]指轻松活泼、以抒情为主的乐曲,包括器乐曲、舞曲等。

氢(氫) qīng ㄑㄧㄥ 一种化学元素,在通常条件下为气体,符号H,是现在所知道的元素中最轻的,无色、无味、无臭,跟氧化合成水。工业上用途很广。

倾(傾) qīng ㄑㄧㄥ ❶歪,斜(⑯－斜):身体稍向前～.❷倾向,趋向:～心(一心向往,爱慕).❸倒塌:～颓.[倾轧](－yà)互相排挤。❹使器物反转或歪斜,倒(dào)出里面的东西:～盆大雨.～箱倒箧.⑨尽数拿出,毫无保留:～吐(tǔ).[倾销]一种以低于成本的价格大量抛售商品的不正当竞争手段。

卿 qīng ㄑㄥ ❶古时高级官名:上~.三公九~.❷古代用作称呼,君称臣,夫称妻或夫妻对称。

劝 qīng ㄑㄥ 强:~敌.

黥(****剠**) qīng ㄑㄥ 古代在犯人脸上刺刻涂墨的刑罚。也叫"墨刑"。

情 qíng ㄑㄥ ❶感情,情绪,外界事物所引起的爱、憎、愉快、不愉快、惧怕等的心理状态。❷爱情:谈~说爱.❸情面,情分:说~.求~.❹状况:实~.真~.军~.[情报]关于各种情况的报告(多带机密性质)。[情况]事情在进行中的状况:报告大会~~.[情形]事物的情况和形势:根据实际~~逐步解决.

晴 qíng ㄑㄥ 天空中没有云或云量很少,跟"阴"相对:~天.天~了.

赌 qíng ㄑㄥ 承受财产等(叠-受)。

氰 qíng ㄑㄥ 一种碳与氮的化合物,分子式(CN)₂,无色气体,有杏仁味。剧毒,燃烧时发红紫色火焰。

檠(****橄**) qíng ㄑㄥ ❶灯架.也指灯.❷矫正弓弩的器具。

擎 qíng ㄑㄥ 向上托,举:~天柱.众~易举.

苘(****檾**、****蕷**) qǐng ㄑㄥ 苘麻,一年生草本植物,茎直立,开黄花,茎皮的纤维可以做绳子。

顷 qǐng ㄑㄥ ❶市制地积单位,1顷为100亩,相当于6.6667公顷,约合66 666.7平方米。❷短时间:有~.俄~即去.~刻之间大雨倾盆.❸刚才,不久以前:~闻.~接来信.

〈古〉又同"倾"(qīng)。

庼(****庼**) qǐng ㄑㄥ 小厅堂。

请 qǐng ㄑㄥ ❶求(叠一求):~假.~示.敬辞(放在动词前面):~坐.~教.~问.~进来.❷延聘,邀,约人来:~医生.~专家作报告.

謦 qǐng ㄑㄥ 咳嗽。[謦欬](-kài)指谈笑:亲聆~~.

庆(**慶**) qìng ㄑㄥ ❶祝贺(叠一贺):~功大会.~祝五一劳动节.❷可祝贺的事:国~.大~.

亲(**親**) ⊖ qìng ㄑㄥ [亲家]夫妻双方的

父母彼此的关系或称呼。

○ qīn 见398页。

箐 qìng ㄑㄧㄥ〈方〉山间的大竹林,泛指树木丛生的山谷。

綮 qìng ㄑㄧㄥ 相结合的地方。参看263页"肯❷[肯綮]"。

磬 qìng ㄑㄧㄥ ❶古代打击乐器,用玉或石做成,悬在架上,形略如曲尺。❷和尚敲的铜铁铸的钵状物。

罄 qìng ㄑㄧㄥ 器皿已空,尽,用尽:告～.售～.～竹难书(诉说不完,多指罪恶).

QIONG ㄑㄩㄥ

邛 qióng ㄑㄩㄥ [邛崃](—lái)山名,在四川省。也叫"崃山"。

筇 qióng ㄑㄩㄥ 古书上说的一种竹子,可以做手杖。

穷(窮) qióng ㄑㄩㄥ ❶缺乏财物(龜贫—):～人.他过去很～.❷环境恶劣,没有出路:～愁.～困.❸达到极点:～凶极恶.❹尽,完:理屈辞～.无～无尽.日暮途～.❺推究到极限:～物之理.

藭(藭) qióng ㄑㄩㄥ 见536页"芎"字条"芎藭"(xiōng—).

茕(煢、✶✶惸) qióng ㄑㄩㄥ ❶没有弟兄,孤独。❷忧愁。

穹 qióng ㄑㄩㄥ 高起成拱形的,隆起:～苍(苍天).

琼(瓊) qióng ㄑㄩㄥ ❶美玉。龜美好,精美:～浆(美酒).❷海南省的别称。

蛩 qióng ㄑㄩㄥ〈古〉❶蟋蟀。❷蝗虫。

跫 qióng ㄑㄩㄥ 形容脚踏地的声音:足音～然.

銎 qióng ㄑㄩㄥ 斧子上安柄的孔。

QIU ㄑㄧㄡ

丘(❸✶坵) qiū ㄑㄧㄡ ❶土山:土～.～陵地带.❷坟墓(龜—墓).❸〈方〉量词,用于水田分隔开的块:一～五亩大的稻田.❹用砖石封闭有尸体的棺材,浮厝(cuò).

邱 qiū ㄑㄧㄡ ❶同"丘❶"。❷姓。古也作"丘"。

蚯 qiū ㄑㄧㄡ [蚯蚓](—yǐn)一种生长在土里的环节

动物。它能翻松土壤,对农作物有益。也省称"蚓"。

龟（龜） ㊂ qiū ㄑㄧㄡ [龟兹](-cí) 汉代西域国名,在今新疆维吾尔自治区库车一带。

㊀ guī 见168页。

㊁ jūn 见253页。

秋（❺鞦、❶-❹*秌） qiū ㄑㄧㄡ

❶四季中的第三季。[三秋]1.指秋收、秋耕、秋播。2.指三年。❷庄稼成熟的时期:麦～. ❸年:千～万岁. ❹指某个时期(多指不好的):多事之～. ❺[秋千](-qiān)运动和游戏用具,架子上系(jì)两根长绳,绳端拴一块板,人在板上前后摆动。

萩 qiū ㄑㄧㄡ 古书上说的一种蒿类植物。

湫 ㊀ qiū ㄑㄧㄡ 水池。[大龙湫]瀑布名,在浙江省北雁荡山。

㊁ jiǎo 见228页。

楸 qiū ㄑㄧㄡ 楸树,落叶乔木,干高叶大,夏天开花,木材质地致密,耐湿,可造船,也可做器具。

鹙 qiū ㄑㄧㄡ 秃鹙,古书上说的一种水鸟,头颈上没有毛,性贪暴,好吃蛇。

鳅 qiū ㄑㄧㄡ 泥鳅,一种鱼,口小,有须,体圆,尾侧扁,背青黑色,皮上有黏液,常钻在泥里,肉可吃。

鰌 qiū ㄑㄧㄡ 同"鳅"。

鞧（鞧）** qiū ㄑㄧㄡ ❶后鞧,套车时拴在驾辕牲口屁股上的皮带子。❷〈方〉收缩:大辕马～着屁股向后退.

仇 ㊀ qiú ㄑㄧㄡ 姓。

㊁ chóu 见62页。

犰 qiú ㄑㄧㄡ [犰狳](-yú)一类哺乳动物,头尾、躯干及四肢都有鳞片,腹部无鳞片,有毛,穴居土中,吃杂食,产于南美洲等地。

逑 qiú ㄑㄧㄡ 逼迫。

囚 qiú ㄑㄧㄡ ❶拘禁。❷被拘禁的人。

泅 qiú ㄑㄧㄡ 游泳。

求 qiú ㄑㄧㄡ ❶设法得到:不～名,不～利.供～相应.～学.～出百分比.❷恳请,乞助:～教(jiào).～人.

俅 qiú ㄑㄧㄡ ❶恭顺的样子(叠)。❷俅人,我国少数民族"独龙族"的旧称。

逑 qiú ㄑㄧㄡ 匹配,配偶。

球(②*毬) qiú ㄑㄧㄡ (一儿)❶圆形的立体物:~体.❷指某些球形的体育用品:足~.乒乓~儿.❸指地球,也泛指星体:全~.北半~.星~.月~.

赇 qiú ㄑㄧㄡ 贿赂。

裘 qiú ㄑㄧㄡ 皮衣:集腋成~(比喻积少成多).

虬(*虯) qiú ㄑㄧㄡ ❶虬龙,传说中的一种龙。❷蜷曲的:~须.~髯.

酋 qiú ㄑㄧㄡ ❶酋长,部落的首领。❷(盗匪、侵略者的)头子:匪~.敌~.

遒 qiú ㄑㄧㄡ 强健,有力(鬯一劲、一健)。

蝤 ㊀ qiú ㄑㄧㄡ [蝤蛴](一qí)天牛的幼虫,身长足短,白色。
㊁ yóu 见582页。

巯(巰) qiú ㄑㄧㄡ 有机化合物中含硫和氢的基,通式为—SH。

球 qiú ㄑㄧㄡ 美玉。

糗 qiǔ ㄑㄧㄡ ❶干粮,炒米粉或炒面。❷〈方〉饭或面食粘(zhān)连成块状或糊状:

面条儿~了.

区(區) ㊀ qū ㄑㄩ ❶分别(鬯一别、一分)。❷地域:工业~.开发~.自然保护~.❸行政区划单位,有跟省平行的自治区和比市低一级的市辖区等。[区区]小,细微。
㊁ ōu 见360页。

岖(嶇) qū ㄑㄩ 见385页"崎"字条"崎岖"(qí—)。

驱(驅、*敺) qū ㄑㄩ ❶赶牲口:~马前进.⑤赶走(鬯一逐):~逐出境.[驱使]差遣,支使别人为自己奔走。❷快跑(鬯驰一):并驾齐~.

躯(軀) qū ㄑㄩ 身体(鬯身一):七尺之~.为国捐~.

曲(④麯、④△*麴) ㊀ qū ㄑㄩ ❶弯,跟"直"相对(鬯弯一):~线.~径通幽.山间小路~~弯弯.⑩不公正,不合理:~解.是非~直.❷弯曲的地方:河~.❸偏僻的地方:乡~.❹酿酒或制酱时引起发酵的块状物,用某种霉菌和大麦、大豆、麸皮等制成:酒～.中～发酵饲料.❺姓。

㊁ qǔ 见406页。

"麴"又见405页"麴"。

蛐 qū ㄑㄩ ❶[蛐蛐儿](—qur)蟋蟀。❷[蛐蟮](—shan)蚯蚓。

诎 qū ㄑㄩ ❶短缩。❷嘴笨。❸屈服,折服。

屈 qū ㄑㄩ ❶使弯曲,跟"伸"相对:～指可数.[屈戌](—xū)[屈戌儿](—qur)门窗箱柜等上面两个脚的小环儿,多用来挂锁、钉锔等。❷低头,使屈服:宁死不～.威武不能～.❸委屈:受～.㊉冤枉(㊉冤—):叫～.

胠 qū ㄑㄩ ❶从旁边撬开:～箧(偷东西).❷腋下。

祛 qū ㄑㄩ 除去,驱逐:～疑.～暑.～痰剂.

袪 qū ㄑㄩ ❶袖口。❷同"祛"。

蛆 qū ㄑㄩ 苍蝇的幼虫,白色,身体柔软,有环节,多生在不洁净的地方。

焌 ㊀ qū ㄑㄩ ❶把燃烧着的东西弄灭。❷用不带火苗的火烧烫。❸烹饪法,在热锅里加油,油热后先放作料,然后放菜:～锅儿.

㊁ jùn 见254页。

黢 qū ㄑㄩ 形容黑:～黑的头发.屋子里黑～～的什么也看不见.

趋(趨) qū ㄑㄩ ❶快走:～而迎之.❷情势向着某方面发展、进行:～势.大势所～.意见～于一致.❸鹅或蛇伸头咬人。〈古〉又同"促"(cù)。

麴(麹) qū ㄑㄩ ❶同"曲㊀❹"。❷姓。

劬 qú ㄑㄩ 劳累(㊉—劳)。

朐 qú ㄑㄩ [临朐]地名,在山东省。

鸲 qú ㄑㄩ 鸟名。身体小,尾巴长,嘴短而尖,羽毛美丽。[鸲鹆](—yù)鸟名,又叫"八哥儿"。全身黑色,头及背部微呈绿色光泽,能模仿人说话。

鼩 qú ㄑㄩ [鼩鼱]食虫动物,常被误认为鼠类。雄的有分泌芳香物质的腺体,生活在近水的地方,多数对农业有害。皮毛珍贵。

渠(❸⁂**佢)** qú ㄑㄩ ❶水道。特指人工开的河道,水沟:沟～.水到～成.红旗～.❷大:～帅.

～魁．❸〈方〉他：不知～为何人．

蕖 qú ㄑㄩ ［芙蕖］(fú－)荷花的别名。

磲 qú ㄑㄩ 见53页"砗"字条"砗磲"(chē－)。

璩 qú ㄑㄩ 〈古〉耳环。

蘧 qú ㄑㄩ ❶［蘧麦］多年生草本植物，叶子对生，狭披针形，夏季开淡红或白花，可供观赏。全草入药。现作"瞿麦"。❷［蘧然］惊喜的样子。❸姓。

籧 qú ㄑㄩ ［籧篨］(－chú)古代指用竹子或苇子编的粗席。

瞿 qú ㄑㄩ 姓。

氍 qú ㄑㄩ ［氍毹］(－shū)毛织的地毯。古代演剧多在地毯上，因此又用氍毹代指舞台。

癯 qú ㄑㄩ 同"癯"。

癯 qú ㄑㄩ 瘦：清～．

衢 qú ㄑㄩ 大路，四通八达的道路：通～．

蠼(＊＊蠷) qú ㄑㄩ ［蠼螋］(－sōu)昆虫名。黑褐色，体扁平狭长，腹端有铗状尾须一对，生活在潮湿地方，危害家蚕等。

曲 ⊖ qǔ ㄑㄩ (－子、－儿)❶歌，能唱的文辞(逾歌－)：戏～．小～儿．唱～儿．❷歌的乐调(yuèdiào)：这支歌是他作的～．❸元代盛行的一种韵文体裁，可以入乐。

　⊖ qū 见404页。

苣 ⊖ qǔ ㄑㄩ ［苣荬菜］(－mǎi－)多年生草本植物，花黄色。茎叶嫩时可以吃。

　⊖ jù 见248页。

取 qǔ ㄑㄩ ❶拿：～书．到银行～款．［取消］废除，撤销。❷从中拿出合乎需要的。1.挑选：录～．～个小名儿．道天津．2.寻求：～暖．～笑(开玩笑)．3.接受，采用：听～群众的意见．吸～经验．❸依照一定的根据或条件做：～决．～齐．

娶 qǔ ㄑㄩ 把女子接过来成亲：～妻．

龋 qǔ ㄑㄩ ［龋齿］因口腔不清洁，食物渣滓发酵，产生酸类，侵蚀牙齿的釉质而形成空洞。这样的牙齿叫作龋齿。俗叫"虫牙"或"虫吃牙"。

去 qù ㄑㄩ ❶离开所在的地方到别处，由自己一方到另一方,跟"来"相对:我要～工厂,马上就～.给他～封信.已经～了一个电报. ❷距离,差别:相～不远. ❸已过的。特指刚过去的一年:～年. ❹除掉,减掉:～皮.～病.太长了,～一段. ❺扮演(戏曲里的角色). ❻在动词后,表示趋向:上～.进～. ❼在动词后,表示持续:信步走～.让他说～. ❽去声,汉语四声之一。普通话去声的调子是下降的,符号作"丶"。

阒 qù ㄑㄩ 形容寂静:～无一人.

趣 qù ㄑㄩ ❶意向:旨～.志～. ❷兴味,使人感到愉快:有～.～味.～事.讨没～(自寻不愉快、没意思).
〈古〉又同"促"(cù)。

觑(**覷、**覰) qù ㄑㄩ 看,窥探:偷～.面面相～.[小觑]小看,轻视。

QUAN ㄑㄩㄢ

悛 quān ㄑㄩㄢ 悔改:怙(hù)恶不～(坚持作恶,不肯悔改).

圈 ㈠ quān ㄑㄩㄢ ❶(－子、－儿)环形,环形的东西:画一个～儿.铁～. ㈡1.周,周遭:跑了一～儿.兜了个大～子. 2.范围:这话说得出～了. ❷画环形:～个红圈作记号. ❸包围:打一道墙把这块地～起来.
㈡ juàn 见250页。
㈢ juān 见250页。

桊 quān ㄑㄩㄢ 曲木制成的饮器.

权(權) quán ㄑㄩㄢ ❶权力,权柄,职责范围内支配和指挥的力量:政～.有～处理这件事. ❷权利:选举～.人～.版～. ❸势力,有利形势:主动～.制海～. ❹变通,不依常规:～且如此. ❺衡量,估计:～其轻重. ❻〈古〉秤锤.

全 quán ㄑㄩㄢ ❶完备,齐备,完整,不缺少(逾齐－):百货公司的货很～.这部书不～了. ❷整个,遍:～国.～校.～力以赴.[全面]顾到各方面的,不片面:～～规划.看问题要～～. ❸保全,成全,使不受损伤:两～其美. ❹副词,都:代表们～来了.

佺 quán ㄑㄩㄢ 用于人名.

诠 quán ㄑㄩㄢ ❶解释(逾－释). ❷事物的理:真

~.

荃 quán ㄑㄩㄢ 古书上说的一种香草。

轮 quán ㄑㄩㄢ ❶古代指没有辐的小车轮。❷小,浅薄:~才.

牷 quán ㄑㄩㄢ 古指供祭祀用的纯色毛的牛。

铨 quán ㄑㄩㄢ ❶衡量轻重。❷旧时称量才授官,选拔官吏:~选. [铨叙]旧时称议定官吏的等级。

痊 quán ㄑㄩㄢ 病好了,恢复健康(鱼-愈)。

筌 quán ㄑㄩㄢ 捕鱼的竹器:得鱼忘~(喻达到目的后就忘了原来的凭借).

醛 quán ㄑㄩㄢ 有机化合物的一类,通式 R－CHO。醛类中的乙醛(CH_3－CHO),省称"醛"。

泉 quán ㄑㄩㄢ ❶泉水:清~. 甘~. ❷水源(鱼-源)。[黄泉][九泉]称人死后所在的地方。❸钱币的古称。

鳈 quán ㄑㄩㄢ 鱼名。体长十几厘米,深棕色,有斑纹,口小,生活在淡水中,肉可吃。

拳 quán ㄑㄩㄢ ❶(一头)屈指卷握起来的手:双手握~.❷拳术,一种徒手的武术:打~. 太极~.❸肢体弯曲:~起腿来.
[拳拳]形容恳切:情意~~.

惓 quán ㄑㄩㄢ [惓惓]旧同"拳拳"。

蜷(**踡) quán ㄑㄩㄢ 身体弯曲。
[蜷局]蜷曲不伸展。

鬈 quán ㄑㄩㄢ ❶头发美好。❷头发卷曲。

颧 quán ㄑㄩㄢ 颧骨,眼睛下面、两腮上面突出的部分。(图见486页"头")

犬 quǎn ㄑㄩㄢ 狗。[犬齿]门齿两旁的牙,上下各有两枚。

畎 quǎn ㄑㄩㄢ 田地中间的小沟。[畎亩]田间。

绻 quǎn ㄑㄩㄢ 见391页"缱"字条"缱绻"(qiǎn—)。

劝(勸) quàn ㄑㄩㄢ ❶劝说,讲明事理使人听从:规~. ~他不要喝酒.❷勉励(鱼-勉):~勉一番。

券 ⊖quàn ㄑㄩㄢ ❶票据或作凭证的纸片:公债~. 入场~. ❷"拱券"的"券"(xuàn)的又音。
⊜ xuàn 见543页。

Q

QUE ㄑㄩㄝ

炔 quē ㄑㄩㄝ 炔烃(tīng),一类有机化合物,通式是 C_nH_{2n-2}。乙炔是烧焊及制作有机玻璃、聚氯乙烯、合成橡胶、合成纤维的重要原料。

缺 quē ㄑㄩㄝ ❶短少,不够(⊕—乏):东西准备齐全,什么也不~了.❷残破(⊕残—):~口.完整无~.[缺点]工作或行为中不完美、不完备的地方.[缺陷]残损或不圆满的地方.❸该到未到:~席.~勤.~考.❹空额(指职位):补~.

阙 ㊀ quē ㄑㄩㄝ ❶古代用作"缺"字.[阙如]空缺:尚付~~.[阙疑]有怀疑的事情暂时不下断语,留待查考.❷过错:~失.❸姓.
㊁ què 见409页.

瘸 qué ㄑㄩㄝ 腿脚有毛病,走路时身体不平衡:一~一拐.他是摔~的.

却(*卻) què ㄑㄩㄝ ❶退(⊕退—):望而~步.打得敌人连夜退~.❷退还,不受:盛情难~.❸和"去"、"掉"用法相近:失~力量.了~一件心事.❹副词,表示转折:这个道理大家都明白,他~不知道.

埆 què ㄑㄩㄝ 土地不肥沃.

确(❶❷確、❶❷**塙、❶❷**碻) què ㄑㄩㄝ ❶真实,实在(⊕—实):千真万~.正~.他~是进步很快.[确切]1.准确,恰当.2.真实可靠.❷坚固,固定:~定不移.~保丰收.❸同"埆".

悫(愨、**愨) què ㄑㄩㄝ 诚实,谨慎。

雀 ㊀ què ㄑㄩㄝ 鸟的一类,身体小,翅膀长,雌雄羽毛颜色多不相同,吃粮食粒和昆虫.特指麻雀,泛指小鸟.[雀斑]脸上密集的褐色斑点.[雀盲]夜盲.也说"雀盲眼"(qiǎomangyǎn).[雀跃]⑩高兴得像麻雀那样跳跃。
㊁ qiāo 见394页.
㊂ qiǎo 见396页.

阕 què ㄑㄩㄝ ❶停止,终了:乐~(奏乐终了).❷量词,用于词或歌曲.

阙 ㊀ què ㄑㄩㄝ〈古〉❶皇宫门前面两边的楼:宫~.❷墓道外所立的石牌坊.
㊁ quē 见409页.

摧 què ㄑㄩㄝ ❶敲击。❷同"榷❷"。

榷(❷△＊摧) què ㄑㄩㄝ ❶专利,专卖。❷商讨(働商—)。

鹊 què ㄑㄩㄝ 喜鹊,鸟名。背黑褐色,肩、颈、腹等部白色,翅有大白斑,尾较长。常栖息于园林树木间。

QUN ㄑㄩㄣ

囷 qūn ㄑㄩㄣ 古代一种圆形的谷仓。

逡 qūn ㄑㄩㄣ 退。[逡巡]有所顾虑而徘徊或退却。

裙(＊帬) qún ㄑㄩㄣ (—子、—儿)一种围在下身的服装:连衣~.

群(＊羣) qún ㄑㄩㄣ ❶聚集在一起的人或物:人~.羊~.楼~.成~结队.働众多的:~岛.~山.~居.~集.博览~书.❷众人:~策~力.~起而攻之.❸量词,用于成群的人或物:一~娃娃.一~牛.

麇(＊＊麏) ㊀ qún ㄑㄩㄣ 成群。[麇集]许多人或物聚集在一起。
㊁ jūn 见254页。

R ㄖ

RAN ㄖㄢ

蚺 rán ㄖㄢ [蚺蛇]就是蟒蛇。

髯 rán ㄖㄢ 两颊上的胡子。泛指胡子。

然 rán ㄖㄢ ❶是,对:不以为~.❷代词,这样,如此:知其~,不知其所以~.[然后]连词,以后,这样以后(表示承接):先通知他,~~再去请他.[然则]连词,既然这样,那么……:~~如之何而后可?[然而]连词,但是,可是(表示转折):他虽然失败了多次,~~并不灰心.❸词尾,表示状态:突~.忽~.显~.欣~.❹古同"燃"。

燃 rán ㄖㄢ ❶烧起火焰(働—烧):~料.自~.❷引火点着(zháo):~灯.~放花炮.

冉(＊冄) rǎn ㄖㄢ 姓。[冉冉]慢慢地:红旗~~上升。

苒 rǎn ㄖㄢ [荏苒](rěn—)时间不知不觉地过去:光

阴～～.

染 rǎn ㄖㄢˇ ❶把东西放在颜料里使着色：～布. ❷感受疾病或沾上坏习惯：传～.～病.一尘不～.[染指]喻从中分取非分的利益。

嚷 ㊀ rāng ㄖㄤ [嚷嚷](－rang) 1.吵闹：大家别乱～～. 2.声张：这事先别～～出去.
㊁ rǎng 见411页。

勷 ráng ㄖㄤ 见269页"劻"字条"劻勷"(kuāng—)。

蘘 ráng ㄖㄤ [蘘荷]多年生草本植物，花白色或淡黄色，结蒴果。根茎可入药。

禳 ráng ㄖㄤ 迷信的人祈祷消除灾殃。

穰 ráng ㄖㄤ ❶禾茎，庄稼秆。❷丰盛(叠)：五谷蕃熟，～～满家. ❸同"瓤"。

瓤 ráng ㄖㄤ ❶(－子、－儿)瓜、橘等内部包着种子的肉、瓣：西瓜～儿.橘子～儿.喻东西的内部：秫秸～儿.信～儿. ❷〈方〉身体软弱，技术差：病了一场，身子骨～了.你锄地的技术真不～.

儴 ráng ㄖㄤ 衣服脏。

壤 rǎng ㄖㄤ ❶松软的土. [土壤]农学上或地质学上指泥土. ❷地：天～之别.

攘 rǎng ㄖㄤ ❶侵夺(叠)、夺). ❷排斥：～除. ❸窃取。
[攘攘]纷乱的样子。

嚷 ㊀ rǎng ㄖㄤ 大声喊叫：大～大叫.你别～了，大家都睡觉了.
㊁ rāng 见411页。

让(讓) ràng ㄖㄤ ❶不争，尽(jǐn)着旁人：～步.谦～.㊀1.请：把他～进屋里来. 2.避开：～开.～路. ❷索取一定代价，把东西给人：出～.转～. ❸许，使：不～他来.～他去取.㊀任凭：～他闹去. ❹介词，被：那个碗～他摔了.笔～他给弄坏了.

荛(蕘) ráo ㄖㄠ 柴草。

饶(饒) ráo ㄖㄠ ❶富足，多：物产丰～.～舌(多话). ❷添：～上一个. ❸宽恕，免除处罚(叠)—

恕)：～了他吧.不能轻～. ❹〈方〉尽管：～这么检查还有漏洞呢.

娆(嬈)　㊀ráo ㄖㄠˊ[妖娆][娇娆]娇艳，美好。

㊁răo 见412页。

桡(橈)　ráo ㄖㄠˊ〈方〉船桨。[桡骨]前臂大指一侧的骨头。(图见160页"骨")

扰(擾)　răo ㄖㄠˊ扰乱，打搅(ㄐ-ㄠ搅一)。

娆(嬈)　㊀răo ㄖㄠˊ烦扰，扰乱。

㊁ráo 见412页。

绕(繞、❷❸*遶)　rào ㄖㄠˋ
❶缠：～线. ㊁纠缠，弄迷糊：这句话一下子把他～住了. ❷走弯曲、迂回的路：～远.～过暗礁.～了一个大圈子. ❸围着转：鸟～着树飞.运动员～场一周.

喏　㊀rě ㄖㄜˇ古代表示敬意的呼喊：唱～(旧小说中常用，对人作揖，同时出声致敬).

㊁nuò 见359页。

惹　rě ㄖㄜˇ招引，挑逗：～事.～人注意.

热(熱)　rè ㄖㄜˋ❶物理学上称能使物体的温度升高的那种能叫"热"。❷温度高，跟"冷"相对：炎～.天～.～水. ❸使热，使温度升高：把菜～一～. ❹情意深：亲～.～情.～心. ❺衷心羡慕：眼～. ❻受人欢迎：～门儿.～货. ❼指某种事物风行，形成热潮：旅游～.集邮～.

人　rén ㄖㄣˊ❶能制造工具并能使用工具进行劳动的高等动物。人是由古类人猿进化而成的。[人次]若干次人数的总和。[人口]1.人的数目：～～普查. 2.泛指人：拐卖～～. [人类]人的总称：造福～～. [人事]1.事理人情：不懂～～. 2.关于工作人员的录用、培养、调配、奖惩等工作：～～变动. [人手]指参加某项工作的人：缺～～.～～齐全. ❷指某种人：工～.客～.商～. [当事人]1.诉讼中的原告、被告等. 2.与法律事实有直接关系的人，如合同中的双方。❸别人:助～为乐.❹指人的品质、性情:这位同志～不错.⑤人格或面子:丢～.❺指人的身体:我今天～不大舒服.

壬 rén ㄖㄣ 天干的第九位,用作顺序的第九。

任 ㊀rén ㄖㄣ 姓。

[任县][任丘]地名,都在河北省。

㊁rèn 见413页。

仁 rén ㄖㄣ ❶同情、友爱:～心.～至义尽.❷敬辞,用于对对方的尊称:～兄.～弟.❸果核的最内部分:杏～儿.

[不仁]1.不仁慈,无仁德:～～不义.2.手足痿痹,不能运动:麻木～～.四体～～.

忍 rěn ㄖㄣˇ ❶耐,把感觉或感情压住不表现出来(逾－耐):～痛.～受.实在不能容～.[忍俊不禁](－－－jīn)忍不住笑。❷狠心,残酷(逾残－):～心.

荏 rěn ㄖㄣˇ ❶就是白苏,一年生草本植物,叶有锯齿,开白色小花。种子可入药。❷软弱:色厉内～(外貌刚强,内心懦弱).

稔 rěn ㄖㄣˇ ❶庄稼成熟。⑨年:凡五～.❷熟悉:～知.素～.

刃 rèn ㄖㄣˋ ❶(－儿)刀剑等锋利的部分:这刀～儿有缺口了.❷刀:手持利～.白～战.❸用刀杀:若遇此贼,必手～之.

仞 rèn ㄖㄣˋ 古时以八尺或七尺为一仞。

纫 rèn ㄖㄣˋ ❶引线穿针:～针.❷缝缀:缝～.

韧(靭、＊靱) rèn ㄖㄣˋ 又柔软又结实,不易折断,跟"脆"相对:～性.坚～.

轫 rèn ㄖㄣˋ 支住车轮不让它转动的木头。[发轫]⑨事业开始:根治黄河的伟大事业已经～～.

牣 rèn ㄖㄣˋ 充满(逾充－)。

认(認) rèn ㄖㄣˋ ❶分辨,识别(逾－识):～字.～明.～不出.[认真]仔细,不马虎.❷承认,表示同意:～可.～错.公～.否～.❸和没有关系的人建立某种关系:～师.～干亲.

任 ㊀rèn ㄖㄣˋ ❶相信,依赖(逾信－)。❷任命,使用,给予职务:～用.❸负担或担当(逾担－):～课.连选连～.～劳～怨.❹职务:到～.

接受重～.一身而二～.❺由着,听凭:～意.～性.放～.不能～其自然发展.❻连词,不论:～谁说也不听.～什么都不懂.㊲任何,无论什么:～人皆知.

㊁ rén 见413页。

饪(＊餁)　rèn ㄖㄣˋ 烹饪,做饭做菜。

妊(＊姙)　rèn ㄖㄣˋ 妊娠(shēn),怀孕:～妇.

纴(＊＊紝)　rèn ㄖㄣˋ〈古〉❶织布帛的丝缕.❷纺织。

衽(＊袵)　rèn ㄖㄣˋ〈古〉❶衣襟.❷衽席,睡觉用的席子。

葚　㊀ rèn ㄖㄣˋ [桑葚儿]桑树结的果实,用于口语。

㊀ shèn 见435页。

扔　rēng ㄖㄥ ❶抛,投掷:～球.～砖.❷丢弃,舍(shě)弃:把这些破烂东西～了吧.

仍　réng ㄖㄥ 副词,仍然,依然,还,照旧:～须努力.他虽然有病,～不肯放下工作.

礽　réng ㄖㄥ 福。

日　rì ㄖˋ ❶太阳。[日食](＊日蚀)月亮运行到太阳和地球中间成直线的时候,遮住射到地球上的太阳光,这种现象叫作日食。❷白天,跟"夜"相对:～班.～场.❸天,一昼夜:阳历平年一年三百六十五～.㊃某一天:纪念～.生～.[日子](－zi)1.天:这些～～工作很忙.2.指某一天:今天是过节的～～.3.生活:美好的～～万年长.[工作日]计算工作时间的单位。通常以八小时为一个工作日。❹一天天,每天:～益强大.～积月累.～新月异.～理万机.❺时候:春～.往～.来～方长.❻指日本国。

戎　róng ㄖㄨㄥ ❶武器。❷军队,军事:从～.～装.❸我国古代称西部的民族。

狨　róng ㄖㄨㄥ 古书上指金丝猴。

绒（＊羢、＊毧）róng ㄖㄨㄥˊ
❶柔软细小的毛:～毛.驼～.鸭～被.❷带绒毛的纺织品:丝～.天鹅～.

茸 róng ㄖㄨㄥˊ ❶草初生纤细柔嫩的样子:绿～～的草地.❷鹿茸,带细毛的才生出来的鹿角,可以入药。

荣（榮） róng ㄖㄨㄥˊ ❶草木茂盛:欣欣向～.⑤兴盛:繁～.❷光荣:～誉.～军.

嵘（嶸） róng ㄖㄨㄥˊ 见620页"峥"字条"峥嵘"(zhēng—)。

蝾（蠑） róng ㄖㄨㄥˊ [蝾螈](－yuán)一种两栖动物,形状像蜥蜴。

容 róng ㄖㄨㄥˊ ❶容纳,包含,盛(chéng):～器.～量.屋子小,～不下.❷对人度量大,不计较:～忍.大度容人.❸让,允许:～许.不～人说话.决不能～他这样做.❹相貌,仪表(逪－貌):笑～满面.⑤样子:军～.市～.❺或许,也许(逪－或):～或有之.

蓉 róng ㄖㄨㄥˊ ❶用瓜果豆类等制成的粉状物,常用来做糕点馅儿:椰～.莲～.豆～.❷四川省成都的别称。

溶 róng ㄖㄨㄥˊ 在水或其他液体中化开(逪－化):樟脑～于酒精而不～于水.

瑢 róng ㄖㄨㄥˊ 见73页"玒"字条"玒瑢"(cōng－)。

榕 róng ㄖㄨㄥˊ ❶榕树,常绿乔木,树枝有气根,生长在热带和亚热带,木材可制器具.❷福建省福州的别称.

熔 róng ㄖㄨㄥˊ 固体受热到一定温度时变成液体(逪－化):～炼.

镕 róng ㄖㄨㄥˊ ❶铸造用的模型.⑩陶冶(思想品质).❷同"熔".

融 róng ㄖㄨㄥˊ ❶固体受热变软或变为流体(逪－化):太阳一晒,雪就～了.蜡烛遇热就要～化.❷融合,调和:～洽.水乳交～.[融会贯通]参合多方面的道理而得到全面透彻的领悟.❸流通.[金融]货币的流通,即汇兑、借贷、储蓄等经济活动的总称.

冗（＊宂） rǒng ㄖㄨㄥˇ ❶闲散的,多余无用的:～员.文辞～长.❷繁忙,繁忙的事:～务缠身.拨～.❸繁琐:～杂.

R

毧(**毧) rǒng ㄖㄨㄥˇ 鸟兽细软的毛。

ROU ㄖㄡ

柔 róu ㄖㄡ ❶软,不硬(叠一软):～枝.～嫩.❷柔和,跟"刚"相对:性情温～.刚～相济.

揉 róu ㄖㄡ ❶回旋地按、抚摩:～一～腿.砂子到眼里可别～.❷团弄:～面.～馒头.❸使东西弯曲:～以为轮.

輮 róu ㄖㄡ ❶车轮的外周。❷使弯曲。

煣 róu ㄖㄡ 用火烤木材使弯曲。

糅 róu ㄖㄡ 混杂:～合.真伪杂～.

蹂 róu ㄖㄡ [蹂躏](—lìn)践踏,踩。⤳用暴力欺压、侮辱、侵害:惨遭～～.

鞣 róu ㄖㄡ 制造皮革时,用栲胶、鱼油等使兽皮柔软:～皮子.这皮子～得不够熟.

肉 ròu ㄖㄡ ❶人或动物体内红色、柔软的物质。某些动物的肉可以吃。[肉搏]徒手或用短兵器搏斗:跟敌人～～.❷果肉,果实中可以吃的部分:桂圆～.❸〈方〉果实不脆,不酥:～瓤西瓜.❹〈方〉行动迟缓,性子慢:做事真～.～脾气.

RU ㄖㄨ

如 rú ㄖㄨ ❶依照:～法炮(páo)制.～期完成.❷像,相似,同什么一样:～此.坚强～钢.整旧～新.[如今]现在,现代.❸及,比得上:我不～他.自以为不～.与其这样,不～那样.❹到,往:纵(听任)舟之所～.❺连词,如果,假使:～不同意,可提意见.❻词尾,表示状态:空空～也.突～其来.❼表示举例:在生产斗争中涌现了许多模范人物,～焦裕禄、王进喜等.

茹 rú ㄖㄨ 吃:～素.～毛饮血.⤳忍:～痛.含辛～苦.

铷 rú ㄖㄨ 一种金属元素,符号 Rb,银白色,质软而轻。是制造光电管的材料,铷的碘化物可供药用。

儒 rú ㄖㄨ ❶旧时指读书的人:～生.腐～.❷儒家,春秋战国时代以孔子、孟子为代表的一个学派。提倡以仁为中心的道德观念,主张德治。

薷 rú ㄖㄨˊ [香薷] 一年生草本植物,茎呈方形,紫色,叶子卵形,花粉红色,果实棕色。茎和叶可以提取芳香油。

嚅 rú ㄖㄨˊ 见355页"嗫"字条"嗫嚅"(niè—).

濡 rú ㄖㄨˊ ❶沾湿,润泽:~笔.耳~目染(喻听得多、看得多,无形中受到影响).❷停留,迟滞。❸容忍:~忍.

孺 rú ㄖㄨˊ 小孩子,幼儿:~子.妇~.

襦 rú ㄖㄨˊ 短衣,短袄。

颥 rú ㄖㄨˊ 见355页"颞"字条"颞颥"(niè—).

蠕(*蝡) rú ㄖㄨˊ(旧读ruǎn)像蚯蚓那样慢慢地行动:~动.[蠕形动物]旧时动物分类中的一大类。体长而柔软,如蛔虫、绦虫等。

汝 rǔ ㄖㄨˇ 文言代词,你:~等.~将何往?

乳 rǔ ㄖㄨˇ ❶乳房,分泌奶汁的器官。❷乳房中分泌出来的白色奶汁。❸像乳的东西。1.像乳汁的:豆~.2.像乳头的:钟~(钟上可敲打的突出物).❹生,繁殖:孳(zī)~.❺初生的,幼小的:~燕.~鸭.

辱 rǔ ㄖㄨˇ ❶羞耻:奇耻大~.❷使受到羞耻:中国人民不可~.❸玷辱:~命.❹谦辞:~承.~蒙.

擩 rǔ ㄖㄨˇ〈方〉插,塞:把棍子~在草堆里.

入 rù ㄖㄨˋ ❶跟"出"相对。1.从外面进到里面:~场.~夜.纳~轨道.2.收进,进款:量~为出.~不敷出.❷参加:~学.~会.❸合乎,合于:~时.~情~理.❹入声,古汉语四声之一。普通话没有入声。有的方言有入声,发音一般比较短促。

洳 rù ㄖㄨˋ 见249页"沮"字条"沮洳"(jù—).

蓐 rù ㄖㄨˋ 草席,草垫子。[坐蓐] 临产。

溽 rù ㄖㄨˋ 湿:~暑.

缛 rù ㄖㄨˋ 繁多,繁琐:~礼.繁文~节.

褥 rù ㄖㄨˋ(一子)装着棉絮铺在床上的东西:被~.

RUAN ㄖㄨㄢ

阮 ruǎn ㄖㄨㄢˇ ❶一种弦乐器,四根弦。西晋阮咸善弹此乐器,故名阮咸,简称

"阮". ❷姓.

朊 ruǎn ㄖㄨㄢˇ 蛋白质的旧称.

软(＊輭) ruǎn ㄖㄨㄢˇ ❶柔,跟"硬"相对(㊣柔－):绸子比布～.[软件]1.与计算机系统的运行有关的程序、文件、数据等的统称,是计算机系统的组成部分.2.借指生产、科研、经营等过程中的人员素质、管理水平、服务质量等.❷柔和:～风.～语.❸懦弱(㊣－弱):～弱无能.不要欺～怕硬.㊣1.容易被感动或动摇:心～.耳朵～.2.不用强硬的手段进行:～磨(mó).～求.❹没有气力:两腿发～.❺质量差的,不高明的:工夫～.

蕤 ruí ㄖㄨㄟˊ 见498页"葳"字条"葳蕤"(wēi－).

蕊(＊蘂、＊蘃) ruǐ ㄖㄨㄟˇ 花蕊,种子植物有性生殖器官的一部分.分雄蕊和雌蕊两种.

芮 ruì ㄖㄨㄟˋ 周代诸侯国名,在今陕西省大荔东南.

汭 ruì ㄖㄨㄟˋ 河流会合的地方,河流弯曲的地方.

枘 ruì ㄖㄨㄟˋ 〈古〉榫(sǔn).[枘凿](－záo)方枘圆凿,比喻意见不合.

蚋 ruì ㄖㄨㄟˋ 昆虫,略像蝇而较小,色黑,胸背隆起,吸人畜的血液,能传播疾病.

锐 ruì ㄖㄨㄟˋ ❶快或尖(指刀枪的锋刃),跟"钝"相对(㊣－利、尖－):其锋甚～.❷感觉灵敏:感觉敏～.眼光～利.❸锐气,勇往直前的气势:养精蓄～.❹骤,急剧:～减.～增.

瑞 ruì ㄖㄨㄟˋ 吉祥,好预兆:～雪兆丰年.

睿(＊叡) ruì ㄖㄨㄟˋ 通达,看得深远:聪明～智.

闰 rùn ㄖㄨㄣˋ 地球公转一周的时间为365天5时48分46秒.阳历把一年定为365天,所余的时间约每四年积累成一天,加在二月里.夏历把一年定为354天或355天,所余的时间约每三年积累成一个月,加在某一年里.这样的办法在历法上叫作闰:～年.～月.

润 rùn ㄖㄨㄣˋ ❶不干枯,湿燥适中:湿～.～泽.❷加油或水,使不干枯:～肠.～～嗓子.❸细腻光滑:珠圆玉～.他脸上很光～.❹使有光彩,修饰(ⓐ－饰):～色.❺利益:分～.利～.

挼 ruó ㄖㄨㄛˊ ❶揉搓:把纸条～成团.❷皱缩:那张纸～了.

若 ruò ㄖㄨㄛˋ ❶连词。若是,如果,假如:～不努力学习,就要落后.❷如,像:年相～.～有～无.❸文言代词,你:～辈.
[若干](－gān)代词,多少(问数量或指不定量)。

偌 ruò ㄖㄨㄛˋ 这么,那么:～大年纪.

婼 ruò ㄖㄨㄛˋ [婼羌](－qiāng)地名,在新疆维吾尔自治区。今作"若羌"。

箬(*篛) ruò ㄖㄨㄛˋ ❶箬竹,竹子的一种,叶大而宽,可编竹笠,又用来包粽子.❷箬竹的叶子。

弱 ruò ㄖㄨㄛˋ ❶力气小,势力差,跟"强"相对:身体～.～小.～势群体.ⓓ不够,差一点:三分之二～.❷年纪小:老～病残.❸丧失(指人死):又～一个.

蒻 ruò ㄖㄨㄛˋ 古书上指嫩的香蒲.

爇 ruò ㄖㄨㄛˋ 点燃,焚烧.

S ㄙ

仨 sā ㄙㄚ 三个(本字后面不能再用"个"字或其他量词):他们哥儿～.

撒 ⊖ sā ㄙㄚ ❶放,放开:～网.～手.～腿跑.❷尽量施展或表现出来:～娇.
[撒拉族]我国少数民族,参看附表。
⊖ sǎ 见 420 页。

洒(灑) sǎ ㄙㄚˇ ❶把水散布在地上:扫地先～些水.❷东西散落:～了一地粮食.
[洒家]指说话者自己(宋元时方言,用于男性)。
[洒脱](－tuo)言谈、举止自然,不拘束:这个人很～～.

靸 să ㄙㄚˇ〈方〉把布鞋后帮踩在脚后跟下,穿(拖鞋)。[靸鞋]1.一种草制的拖鞋。2.一种鞋帮纳得很密,前面有皮脸的布鞋。

撒 ㊀ să ㄙㄚˇ ❶散播,散布:~种。❷散落,洒:小心点,别把汤~了。
㊁ sā 见419页。

潵 să ㄙㄚˇ 潵河,水名,在河北省迁西、兴隆一带。

卅 sà ㄙㄚˇ 三十。

挱(挱) sà ㄙㄚˇ 侧手击。

脎 sà ㄙㄚˇ 有机化合物的一类,通式是

$$R-C=N-NHC_6H_5$$
$$|$$
$$R-C=N-NHC_6H_5$$

由同一个分子内的两个羰基和两个分子的苯肼缩合而成。

飒 sà ㄙㄚˇ 形容风声(叠):秋风~~.[飒爽]豪迈而矫健:~~英姿.

萨(薩) sà ㄙㄚˇ 姓。

挲(挲) ㊀ sa ·ㄙㄚ 见319页"摩"字条"摩挲"(mā－)。
㊁ suō 见462页。
㊂ sha 见425页。

SAI　ㄙㄞ

揌(＊＊攃) sāi ㄙㄞ 同"塞㊀❶"。

腮(＊顋) sāi ㄙㄞ 面颊的下半部。也叫"腮帮子"。

鳃 sāi ㄙㄞ 鱼的呼吸器官,在头部两边。

塞 ㊀ sāi ㄙㄞ ❶堵,填入:把窟窿~住.往书包里~了一本书.❷(－子、－儿)堵住器物口的东西:瓶子~儿.软木~儿.
㊁ sè 见423页。
㊂ sài 见420页。

噻 sāi ㄙㄞ [噻唑](－zuò)一种有机化合物,无色液体,容易挥发。供制药物和染料用。

塞 ㊂ sài ㄙㄞ 边界上的险要地方:要~.~外.
㊀ sāi 见420页。
㊁ sè 见423页。

僿 sài ㄙㄞ 不诚恳。

赛 sài ㄙㄞ ❶比较好坏、强弱:~跑.~歌会.田径~.❷胜似:一个~一个.㊣比得上:~真的.❸旧时举行祭典酬报神灵:~神.~会.

[赛璐玢]（—lùfēn）（外）玻璃纸的一种，可染成各种颜色，多用于包装。

[赛璐珞]（—lùluò）（外）一种化学工业制品，无色透明的固体，质轻，易燃，可制胶卷、玩具、日用品等。

SAN ㄙㄢ

三 sān ㄙㄢ ❶数目字。❷再三，多次：～令五申．～番五次．

叁（**＊＊弎**） sān ㄙㄢ "三"字的大写。

毿（毿） sān ㄙㄢ ［毿毿］毛发、枝条等细长的样子。

伞（傘、❶＊繖） sǎn ㄙㄢ ❶挡雨或遮太阳的用具，可张可收：雨～．❷像伞的东西：灯～．降落～．滑翔～．

散 ⊖ sǎn ㄙㄢ ❶没有约束，松开：披～着头发．绳子～了．⑪分散（sàn）：～居．把队伍～开．［散漫］随随便便，不守纪律：自由～～．生活～．［散文］文体的名称，对"韵文"而言，不用韵，字句不求整齐。现多指杂文、随笔、特写等文学作品。❷零碎的：～

装．零零～～．❸药末（多用于中药名）：丸～膏丹．健胃～．
⊖ sàn 见 421 页。

馓 sǎn ㄙㄢ 馓子，一种油炸（zhá）食品。

糁（糁） ⊖ sǎn ㄙㄢ 〈方〉米粒（指煮熟的）。
⊖ shēn 见 434 页。

散 ⊖ sàn ㄙㄢ ❶分开，由聚集而分离：～会．云彩～了．❷分布，分给：～传单．撒种（zhǒng）～粪．❸排遣：～心．～闷．❹〈方〉解雇：过去资本家随便～工人．
⊖ sǎn 见 421 页。

SANG ㄙㄤ

丧（喪、＊＊丧） ⊖ sāng ㄙㄤ 跟死了人有关的事：～事．治～委员会．
⊖ sàng 见 422 页。

桑 sāng ㄙㄤ 落叶乔木，开黄绿色小花，叶子可以喂蚕．果实叫桑葚，味甜可吃．木材可以制器具，皮可以造纸．

搡 sǎng ㄙㄤ 猛推：用力一～，把他～一个跟头．

嗓 sǎng ㄙㄤ ❶（一子）喉咙。❷（一儿）发音器官

的声带及发出的声音:哑
~儿.

磉 sǎng ㄙㄤ 柱子底下的石
礅。

颡 sǎng ㄙㄤ 额,脑门子。

丧(喪、**丧) ㊀ sàng
ㄙㄤ 丢
掉,失去(働一失):~命.~失
立场.[丧气]1. 情绪低落:灰
心~~. 2.(—qi)不吉利(迷
信),倒霉。

㊁ sāng 见 421 页。

SAO ㄙㄠ

搔 sāo ㄙㄠ 挠,用手指甲轻
刮:~痒.

骚 sāo ㄙㄠ ❶扰乱,不安定
(働一扰):~动.❷同"臊
㊀".❸指屈原著的《离骚》.
[骚人]诗人。[骚体]文体名,
因模仿屈原所作《离骚》的形
式而得名。[风骚]1. 泛指文
学。2. 妇女举止轻佻。

缫 sāo ㄙㄠ 把蚕茧浸在滚
水里抽丝:~丝.~车(缫
丝用的器具).

繅 ㊀ sāo ㄙㄠ 同"缫"。
㊁ qiāo 见 395 页。

臊 ㊀ sāo ㄙㄠ 像尿那样难
闻的气味:尿~气.狐~.

㊁ sào 见 422 页。

扫(掃) ㊀ sǎo ㄙㄠ ❶拿
笤帚等除去尘
土:~地.❷像扫一样的动作
或作用。1. 消除:~兴(xìng).
~除文盲. 2. 动作达到各方
面:~射.眼睛四下里一~. 3.
全,所有的:~数归还.

㊁ sào 见 422 页。

嫂 sǎo ㄙㄠ (—子)哥哥的
妻子(叠)。

扫(掃) ㊁ sào ㄙㄠ [扫
帚](—zhou)一
种用竹枝等做的扫地用具。

㊀ sǎo 见 422 页。

埽 sào ㄙㄠ ❶河工上用的
材料,以竹木为框架,用
树枝、石子、土填实其中。做
成柱形,用以堵水。❷用埽修
成的堤坝或护堤。

瘙 sào ㄙㄠ 皮肤发痒的病。

臊 ㊁ sào ㄙㄠ 害羞:~得脸
通红.不知羞~.

㊀ sāo 见 422 页。

SE ㄙㄜ

色 ㊀ sè ㄙㄜ ❶颜色,由物
体发射、反射的光通过视
觉而产生的印象:日光有七
~.红~.❷脸色,脸上表现出

的神气、样子:和颜悦~.喜形于~.❸情景,景象:行~匆匆.❹种类:各~用品.货~齐全.❺成色,品质,质量:足~纹银.这货成~很好.❻妇女容貌:姿~.❼情欲:~情.

㋁ shǎi 见 425 页。

铯 sè ㄙㄜ 一种金属元素,符号 Cs,银白色,质软,在空气中很容易氧化。铯可做真空管中的去氧剂,化学上可做催化剂。

涩(澀、*濇) sè ㄙㄜ ❶不光滑,不滑溜:轮轴发~,该上点油了.❷一种使舌头感到不滑润不好受的滋味:这柿子很~.❸文章难读难懂:文字艰~.

啬(嗇) sè ㄙㄜ 小气,当用的财物舍不得用(龠吝-):不浪费也不吝~.

穑(穡) sè ㄙㄜ 收割庄稼。

瑟 sè ㄙㄜ 一种弦乐器.[瑟瑟] 1. 形容轻微的声音:秋风~~. 2. 形容颤抖:~~发抖.

塞 ㊀ sè ㄙㄜ 同"塞㊀❶",用于某些合成词或成语中,如"闭塞、堵塞、阻塞、塞责、闭目塞听"等。

㊁ sāi 见 420 页。
㊂ sài 见 420 页。

森 sēn ㄙㄣ 树木众多:~林(大片生长的树木).[森森]众多,深密:林木~~.喻气氛寂静可怕:阴~~的.[森严]整齐严肃,防备严密:戒备~~.

僧 sēng ㄙㄥ 梵语"僧伽"的省称。佛教指出家修行的男人。

杀(殺) shā ㄕㄚ ❶使人或动物失去生命:~敌立功.~虫药.~鸡焉用牛刀. ❷战斗:~出重围(chóng). ❸消减:~价.~暑气.拿别人~气. ❹〈方〉药物等刺激身体感觉疼痛:这药上在疮口上~得慌. ❺收束:~尾.~账. ❻勒紧,扣紧:~车(把车上装载的东西用绳勒紧).~一~腰带. ❼在动词后,表示程度深:气~人.笑~

人.

刹 ㊀ shā ㄕㄚ 止住（车、机器等）：～车.

㊁ chà 见 47 页.

铩（鎩） shā ㄕㄚ ❶古代一种长矛。❷摧残，伤害：～羽之鸟（伤了翅膀的鸟，喻失意的人）.

杉 ㊀ shā ㄕㄚ 义同"杉㊁"，用于"杉木、杉篙"等。

㊁ shān 见 425 页.

沙 ㊀ shā ㄕㄚ ❶（－子）非常细碎的石粒：～土.～滩.❷像沙子的：蚕～（桑蚕的粪）.豆～.～瓤西瓜.❸声音不清脆不响亮：～哑.❹姓。

㊁ shà 见 424 页.

莎 ㊀ shā ㄕㄚ 多用于人名、地名。[莎车]地名，在新疆维吾尔自治区。

㊁ suō 见 462 页.

痧 shā ㄕㄚ 中医病名，指霍乱、中暑、肠炎等急性病：发～.绞肠～.

裟 shā ㄕㄚ 见 214 页"袈"字条"袈裟"（jiā-）。

鲨 shā ㄕㄚ 鲨鱼，又叫"鲛"。生活在海洋中，种类很多，性凶猛，捕食其他鱼类。鳍可制成鱼翅，是珍贵的食品。肝可制鱼肝油。皮可以制革。

纱 shā ㄕㄚ ❶用棉花、麻等纺成的细缕，用它可以捻成线或织成布。❷经纬线稀疏或有小孔的织品：羽～.～布.❸像纱布的：铁～.塑料窗～.

砂 shā ㄕㄚ 同"沙㊀❶❷".

煞 ㊀ shā ㄕㄚ ❶同"杀❸❺❻❼".❷同"刹㊀".

㊁ shà 见 425 页.

啥 shá ㄕㄚˊ 〈方〉代词，什么：你姓～？他是～地方人？

傻（＊＊儍） shǎ ㄕㄚˇ ❶愚蠢，糊涂：说～话.吓～了.❷死心眼：这样好的事你都不干，真有点犯～.

沙 ㊀ shà ㄕㄚˋ 经过摇动把东西里的杂物集中，以便清除：把小米里的沙子～一～.

㊁ shā 见 424 页.

唼 shà ㄕㄚˋ [唼喋]（－zhá）形容鱼、鸟等吃东西的声音。

厦（＊廈） ㊀ shà ㄕㄚˋ ❶大屋子：广～千万间.高楼大～.❷房子后面突出的部分：前廊后～.

嗄 ⊖ xià 见 518 页。
⊜ shà ㄕㄚ 嗓音嘶哑。
⊜ á 见 1 页。

歃 shà ㄕㄚ 用嘴吸取。[歃血] 古人盟会时，嘴唇涂上牲畜的血，表示诚意。

煞 ⊖ shà ㄕㄚ ❶极，很：～费苦心．脸色～白．❷迷信的人指凶神：～气．凶～．
⊜ shā 见 424 页。

箑 shà ㄕㄚ 扇子。

霎 shà ㄕㄚ 小雨。也指轻微的风雨声。
[霎时] 极短的时间，一会儿。

挲（*挱） ⊜ sha ·ㄕㄚ 见 605 页"挓"字条"挓挲"（zhā—）。
⊖ suō 见 462 页。
⊜ sa 见 420 页。

筛（篩） shāi ㄕㄞ ❶（一子）用竹子等做成的一种有孔的器具，可以把细东西漏下去，粗的留下。❷用筛子过东西：～米．～煤．❸敲（锣）：～了三下锣．
[筛酒] 1. 斟酒。2. 把酒弄热。

醯（醨） shāi ㄕㄞ （又）见 439 页 shī。

色 ⊖ shǎi ㄕㄞ （一儿）同"色 ⊖"，用于一些口语词：落（lào）～儿．掉～．不变～儿．
⊜ sè 见 422 页。

晒（曬） shài ㄕㄞ 把东西放在太阳光下使它干燥，人或物在阳光下吸收光和热：～衣服．～太阳．

山 shān ㄕㄢ ❶地面上由土石构成的高起的部分：深～．～高水深．人～人海（喻人多）．❷蚕蔟：蚕上～了．❸山墙，房屋两头的墙：房～．

舢 shān ㄕㄢ [舢板]（*舢舨）一种小船。也叫"三板"。

苫 shān ㄕㄢ 割草。⊕除去。

杉 ⊖ shān ㄕㄢ 常绿乔木，树干高而直，叶子细小，呈针状，果实球形。木材供建筑和制器具用。[水杉] 落叶乔木，叶披针形。我国特产，是世界现存的稀有植物之一。
⊜ shā 见 424 页。

钐 ⊖ shān ㄕㄢ 一种金属元素，符号 Sm，银白色，有放射性。钐的氧化物是原子反应堆上陶瓷保护层的重要成分。

㊁ shàn 见 427 页。

衫 shān ㄕㄢ 上衣,单褂:长～．衬～．

删(＊刪) shān ㄕㄢ 除去,去掉文字中不妥当的部分:～改．～除.这个字应～去．

姗 shān ㄕㄢ [姗姗]形容走路缓慢从容:～～来迟．

珊 shān ㄕㄢ [珊瑚]一种腔肠动物所分泌的石灰质的东西,形状像树枝,有红、白各色,可以做装饰品．这种腔肠动物叫"珊瑚虫"．

栅(＊柵) ㊀ shān ㄕㄢ [栅极]电子管靠阴极的一个电极。

㊁ zhà 见 607 页。

跚 shān ㄕㄢ 见364页"蹒"字条"蹒跚"(pán一)。

苫 ㊀ shān ㄕㄢ 草帘子,草垫子:草～子．

㊁ shàn 见 427 页。

疝 shān ㄕㄢ〈古〉疟疾。

埏 ㊀ shān ㄕㄢ 用水和(huó)泥。

㊁ yán 见 551 页。

扇(❶❷＊搧) ㊀ shān ㄕㄢ ❶ 摇动扇子或其他东西,使空气加速流动生风:用扇子～．❷用手掌打:～了他一耳光．❸同"煽❷"．

㊁ shàn 见 427 页。

煽 shān ㄕㄢ ❶ 同"扇㊀❶"．❷ 鼓动(别人做不应该做的事):～动．～惑．

潸(＊＊澘) shān ㄕㄢ 流泪的样子:不禁(jīn)～～．～然泪下．

膻(＊羶) shān ㄕㄢ 像羊肉的气味:～气．～味儿．

闪 shǎn ㄕㄢ ❶天空的电光:打～．❷突然显现或忽明忽暗:灯光一～．～念．山后出一条小路来．～得眼发花．❸光辉闪耀:～金光．电～雷鸣．❹侧转身体躲避:～开．❺因动作过猛,筋肉疼痛:～了腰．

陕(陝) shǎn ㄕㄢ 陕西省,我国的一省。

睒(＊＊晱) shǎn ㄕㄢ 眨巴眼,眼睛很快地开闭:那飞机飞得很快,一～眼就不见了．

讪(❷＊＊赸) shàn ㄕㄢ ❶讥笑:～笑．❷难为情的样子:脸上发～．他～～地走了．[搭讪]为了想跟人接近或把尴尬的局面敷衍过去而找话说。

汕 shàn ㄕㄢ [汕头]地名，在广东省。

疝 shàn ㄕㄢ 疝气,病名,种类很多,通常指阴囊胀大的病。也叫"小肠串气"。

苫 ㊀ shàn ㄕㄢ 用席、布等遮盖:拿席～上点.
㊁ shān 见 426 页。

钐 ㊀ shàn ㄕㄢ 抡开镰刀或钐镰割:～草.～麦.[钐镰][钐刀]一种把儿很长的大镰刀。
㊁ shān 见 425 页。

单(單) ㊁ shàn ㄕㄢ ❶姓。❷单县,在山东省。
㊀ dān 见 83 页。
㊂ chán 见 48 页。

埠(墠) shàn ㄕㄢ 古代祭祀用的平地。

掸(撣) ㊀ shàn ㄕㄢ ❶我国史书上对傣族的一种称呼。❷掸族,缅甸民族之一,大部分居住在掸邦.[掸邦]缅甸自治邦之一。
㊁ dǎn 见 84 页。

禅(禪) ㊀ shàn ㄕㄢ 禅让,指古代帝王让位给别人,如尧让位给舜,舜让位给禹。
㊁ chán 见 48 页。

剡 ㊀ shàn ㄕㄢ 剡溪,水名,在浙江省东北部。
㊁ yǎn 见 553 页。

掞 shàn ㄕㄢ 发抒,铺张。

扇 ㊀ shàn ㄕㄢ ❶(一子)摇动生风取凉的用具:折～.蒲～.电～.❷量词:一～门.两～窗户.一～磨(mò).
㊁ shān 见 426 页。

骟 shàn ㄕㄢ 割掉牲畜的睾丸或卵巢:～马.～猪.

镐 shàn ㄕㄢ 同"钐㊀"。

善 shàn ㄕㄢ ❶善良,品质或言行好:心～.～举.～事.❷好的行为、品质,跟"恶"相对:行～.劝～规过.❸交好,和好:友～.相～.㊣熟习:面～.❹高明的,良好的:～策.[善后]妥善地料理和解决事故、事件发生以后的问题。❺长(cháng)于,能做好:勇敢～战.～辞令(长于讲话).㊣好好地:～为说辞.❻爱,容易:～变.～疑.

鄯 shàn ㄕㄢ [鄯善]1.古代西域国名。2.地名,在新疆维吾尔自治区。

墡 shàn ㄕㄢ 白色黏土。

缮 shàn ㄕㄢ ❶修缮,修补,整治。❷抄写:～写.

膳(*饍) shàn ㄕㄢ 饭食:晚～.～费.

缮 shàn ㄕㄢ 同"钐 ㊀"。

鳝(*鱓) shàn ㄕㄢ 鳝鱼,鱼名。通常指黄鳝,形状像蛇,身体黄色有黑斑,肉可以吃。

擅 shàn ㄕㄢ ❶超越职权,独断独行:专～.～自处理.❷专于某种学术或技能:～长数学.

嬗 shàn ㄕㄢ 更替,变迁:～变.

赡 shàn ㄕㄢ ❶供给人财物:～养亲属.❷富足,足够。

蟮 shan ·ㄕㄢ [曲蟮](qū—)蚯蚓。

伤(傷) shāng ㄕㄤ ❶身体受损坏的地方:腿上有块～.轻～不下火线.❷损害:～了筋骨.～脑筋(费思索).❸因某种致病因素而得病:～风.～寒.❹因过度而感到厌烦:吃糖吃～了.❺妨碍:无～大雅.❻悲哀(④悲一):～感.～心.❼得罪:～众.开口～人.

汤(湯) ㊀ shāng ㄕㄤ [汤汤]水流大而急:浩浩～～,横无际涯.
　　㊁ tāng 见469页。

殇(殤) shāng ㄕㄤ ❶还没到成年就死了。❷指战死者:国～.

觞(觴) shāng ㄕㄤ 古代喝酒用的器物:举～称贺.

商 shāng ㄕㄤ ❶商量,两个以上的人在一起计划,讨论:面～.有要事相～.❷生意,买卖:～业.通～.经～.[商标]企业用来使自己的产品或服务与其他企业的产品或服务相区别的具有明显特征的标志。包括工业、商业或服务业商标等。商标经注册后受法律保护。[商品]为出卖而生产的产品。❸商人,做买卖的人:布～.富～.❹除法中的得数:八被二除～数是四.❺用某数做商:二除八～四.❻商朝,成汤所建立(公元前1600—公元前1046年),盘庚迁殷后,又称殷朝(公元前1300—公元前1046年)。❼古代五音"宫、商、角(jué)、徵(zhǐ)、羽"之一。

❽星宿名,二十八宿之一,就是心宿。

墒(**暘) shāng ㄕㄤ 田地里土壤的湿度:够~.验~.抢~.保~.~情.

熵 shāng ㄕㄤ 为了衡量热力体系中不能利用的热能,用温度除热能所得的商。

上 shǎng ㄕㄤ "上声"(shàng—)的"上"的又音。见429页"上(shàng)❶"。

垧 shǎng ㄕㄤ 量词,计算地亩的单位,各地不同。在东北一般合15亩。

晌 shǎng ㄕㄤ ❶一天内的一段时间,一会儿:工作了半~.停了一~.❷晌午(wu),正午:睡~觉.歇~.

赏 shǎng ㄕㄤ ❶指地位高的人或长辈给地位低的人或晚辈财物(❀—赐):~给他一匹马.❷敬辞:~光(请对方接受自己的邀请).❸奖励:~罚分明.❹奖赏的东西:领~.悬~.❺玩赏,因爱好(hào)某种东西而观看:欣~.鉴~.[赏识]认识到别人的才能或作品的价值而予以重视或赞扬。

上 shàng ㄕㄤ ❶位置在高处的,跟"下"相对:山~.

~面.⑤1.次序在前的:~篇.~卷.~星期.2.等级高的:~等.~级.3.质量高的,好的:~策.~等货.❷由低处到高处:~山.~楼.⑤1.去,到:你~哪儿? ~北京.~街去.2.向前进:同志们快~啊!3.进呈:~书.谨~.❸增加。1.添补:~水.~货.2.安装:~刺刀.~螺丝.3.涂上:~颜色.~药.4.登载,记上:~报.光荣榜.~账.❹按规定时间进行某种活动:~课.~班.❺拧紧发条:~弦.表该~了.❻放在名词后。1.表示在中间:半路~.心~.2.表示方面:领导~.理论~.3.表示在某一物体的表面:车~.墙~.桌子~.4.表示在某一事物的范围内:会~.书~.❼在动词后,表示完成:选~代表.排~队.❽在动词后。1.跟"来"、"去"连用,表示趋向:骑~去.爬~来.2.表示要求达到的目标或已达到目标:锁~锁.沏~茶.考~大学.❾达到一定程度或数量:成千~万.❿旧时乐谱记音符号的一个,相当于简谱的"1"。⓫(又shǎng)上声,汉语四声之一。普通话上声的调子是拐弯的,先降低再升高,符号作"∨"。

S

尚 shàng ㄕㄤ ❶还(hái):年纪～小.～不可知.[尚且]连词,跟"何况"连用,表示进一层的意思:你～～不行,何况是我.细心～～难免出错,何况粗枝大叶.❷尊崇,注重:崇～.[高尚]崇高.

绱(**鞝) shàng ㄕㄤ 把鞋帮、鞋底缝合成鞋:～鞋.

裳 ㊀ shang ·ㄕㄤ [衣裳]衣服。
㊁ cháng 见 51 页。

SHAO ㄕㄠ

捎 shāo ㄕㄠ 捎带,顺便给别人带东西:～封信去.

梢 shāo ㄕㄠ (一儿)树枝的末端:树～.㊒末尾:眉～.

稍 ㊀ shāo ㄕㄠ 副词,略微(㊒—微):～有不同.请～等一下.
㊁ shào 见 431 页。

蛸 ㊀ shāo ㄕㄠ 见 527 页"蟏"字条"蟏蛸"(xiāo—)。
㊁ xiāo 见 526 页。

筲 shāo ㄕㄠ ❶一种竹器.[筲箕](—jī)淘米用的竹器.❷桶:水～.一～水.

艄 shāo ㄕㄠ ❶船尾。❷舵:掌～.[艄公]掌舵的人,泛指船夫.

鞘 ㊀ shāo ㄕㄠ 鞭鞘,拴在鞭子头上的细皮条。
[乌鞘岭]岭名,在甘肃省天祝。
㊁ qiào 见 396 页。

烧(燒) shāo ㄕㄠ ❶使东西着火(㊒燃—)。❷用火或发热的东西使物品受热起变化:～水.～砖～炭.❸烹饪法的一种:～茄子.❹发烧,体温增高:不～了.❺比正常体温高的体温:～退了.❻施肥过多,使植物枯萎、死亡。

勺 sháo ㄕㄠ ❶(一子、一儿)一种有柄的可以舀(yǎo)取东西的器具:饭～.铁～.❷市制容量单位,一升的百分之一。

芍 sháo ㄕㄠ [芍药](—yao)多年生草本植物,根可入药,花像牡丹,供观赏。
㊀ sháo ㄕㄠ 同"勺❶"。
㊁ biāo 见 29 页。

杓 ㊀ sháo ㄕㄠ 〈方〉红苕,就是甘薯。
㊁ tiáo 见 479 页。

韶 sháo ㄕㄠ ❶古代的乐曲名。❷美:～光.～华(指青年时代).

少 ⊖ shǎo ㄕㄠ ❶跟"多"相对.1.数量小的:～数服从多数.2.缺(鐛缺一):文娱活动～不了他.3.不经常的:～有.～见.❷短暂:～等.～待.❸丢,遗失:屋里～了东西.

⊜ shào 见431页。

少 ⊜ shào ㄕㄠ 年纪轻,跟"老"相对:～年人.～女.男女老～.

⊖ shǎo 见431页。

召 ⊜ shào ㄕㄠ ❶周朝国名,在陕西省凤翔一带.❷姓.

⊖ zhào 见613页。

邵 shào ㄕㄠ 姓。

劭(❷**邵) shào ㄕㄠ ❶劝勉.❷美好:年高德～.

绍 shào ㄕㄠ 接续,继续。

哨 shào ㄕㄠ ❶巡逻,侦察:～探.❷警戒防守的岗位:放～.～兵.观察～.❸(一子,一儿)一种小笛:吹～集合.[呼哨][唿哨]把手指放在嘴里吹出的高尖音:打～～.❹鸟叫。

稍 ⊜ shào ㄕㄠ [稍息]军事或体操的口令,命令队伍从立正姿势变为休息的姿势。

⊖ shāo 见430页。

潲 shào ㄕㄠ ❶雨点被风吹得斜洒:雨往南～.⑨洒水:马路上～些水.❷〈方〉泔水:～水.猪～。

峷 shē ㄕㄜ 同"畲".多用于地名。

奢 shē ㄕㄜ ❶挥霍财物,过分享受(鐛一侈):～华.～侈品.❷过分的:～望。

赊 shē ㄕㄜ ❶买卖货物时延期付款或延期收款:～账.～购.❷远:江山蜀道～.❸古同"奢❶"。

畲 shē ㄕㄜ [畲族]我国少数民族,参看附表。

畬 ⊖ shē ㄕㄜ 焚烧田地里的草木,用草木灰做肥料耕种。

⊖ yú 见585页。

猞 shē ㄕㄜ [猞猁](一lì)哺乳动物,像狸猫,毛多淡黄色,有黑斑,四肢粗长。

舌 shé ㄕㄜ ❶舌头,人和动物嘴里辨别滋味、帮助咀嚼和发音的器官.[舌锋]⑨尖锐流利的话.❷像舌头的东西:帽～.火～.❸铃或铎中的锤。

折 ⊖ shé ㄕㄜˊ ❶断：绳子～了．棍子～了．❷亏损：～本．[折耗]亏耗，损失：青菜～～太大．❸姓．

⊜ zhé 见 615 页．

⊜ zhē 见 614 页．

佘 shé ㄕㄜˊ 姓．

蛇(*蚮) ⊖ shé ㄕㄜˊ 爬行动物，俗叫"长虫"．身体细长，有鳞，没有四肢，种类很多，有的有毒，捕食蛙等小动物．

⊜ yí 见 565 页．

阇 ⊖ shé ㄕㄜˊ [阇梨]梵语"阿阇梨"的省称．佛教指高僧，泛指僧．

⊜ dū 见 106 页．

舍(捨) ⊖ shě ㄕㄜˇ ❶放弃，不要了：～己为人．～近求远．四～五入．❷施舍：～粥．～药．

⊜ shè 见 432 页．

厍 shè ㄕㄜˋ 〈方〉村庄（多用于村庄名）．

设 shè ㄕㄜˋ ❶布置，安置：办事处～在北京．[设备]为某一目的而配置的建筑与器物等：这个工厂～～很完善．[设计]根据一定的目的要求预先制定方法、程序、图样等．❷假定：～x＝a．❸假使

（～—若）．

社 shè ㄕㄜˋ ❶古代指祭祀土地神的地方．[社火]民间在节日扮演的各种杂戏．❷指某些团体或机构：合作～．通讯～．集会结～．[社会] 1.指由一定的经济基础和上层建筑构成的整体：封建～～．社会主义～～．2.指由于共同的物质条件和生活方式而联系起来的人群：上层～～．[社交]指社会上人与人的交际往来．[社区]社会上有一定区域、人群、组织形式、生活服务设施等的居住区．

舍 ⊖ shè ㄕㄜˋ ❶居住的房子：旅～．宿～．❷养家畜的圈：猪～．牛～．❸古代行军三十里叫一舍：退避三～（喻对人让步）．❹谦辞，用于对别人称自己的亲戚或年纪小辈分低的亲属：～亲．～弟．～侄．❺姓．

⊜ shě 见 432 页．

射 shè ㄕㄜˋ ❶放箭，用推力或弹(tán)力送出子弹等：～箭．扫～．高～炮．❷液体受到压力迅速挤出：喷～．注～．❸放出光、热等：反～．光芒四～．❹有所指：暗～．影～．

麝 shè ㄕㄜ 哺乳动物，又叫"香獐子"。有獠牙，没有角，雄的脐部有香腺，能分泌麝香。

涉 shè ㄕㄜ ❶趟（tāng）着水走，泛指渡水：跋山～水．远～重洋．❷经历：～险．～世．❸牵连，关联：这件事牵～到很多方面.不要～及其他问题.

赦 shè ㄕㄜ 免除刑罚：大～.～罪.

摄（攝） shè ㄕㄜ ❶拿取：～影（照相）.～像．～取养分.❷保养：珍～.❸代理（多指统治权）：～政.～位.

滠（灄） shè ㄕㄜ 滠水，水名，在湖北省.

慑（慴、*懾） shè ㄕㄜ 恐惧，害怕：～服.［威慑］用武力或威势使对方感到恐惧.

歙 ㊀ shè ㄕㄜ 歙县，在安徽省.
㊁ xī 见514页.

谁 shéi ㄕㄟ shuí ㄕㄨㄟ（又）代词。❶表示疑问：～来啦？❷任指，表示任何人，无论什么人：～都可以做.

申 shēn ㄕㄣ ❶地支的第九位.❷申时，指下午三点到五点.❸陈述，说明：～请.～明理由.～辩.～冤.［申斥］斥责.❹上海的别称.

伸 shēn ㄕㄣ ❶舒展开：～手.～缩.❷表白：～冤.

呻 shēn ㄕㄣ 吟诵.［呻吟］（－yín）哼哼，病痛时发出声音：无病～～.

绅 shēn ㄕㄣ ❶古代士大夫束在腰间的大带子.❷绅士，旧称地方上有势力、有地位的人，一般是地主或退职官僚：乡～.土豪劣～.开明士～.

珅 shēn ㄕㄣ 一种玉.

砷 shēn ㄕㄣ 一种非金属元素，符号 As，旧称"砒"（pī）.有黄、灰、黑褐三种颜色，有金属光泽，质脆有毒.化合物可做杀菌剂和杀虫剂.

身 shēn ㄕㄣ ❶人、动物的躯体（圈－体、－躯）：全～.上～.～体健康.人～自由.㊁物体的主要部分：船～.河～.树～.［身子］1. 身体：

S

～～不舒服. 2. 身孕：有了～～.❷指生命：以～殉职. 舍～炸碉堡.❸亲身,亲自,本人：～临其境.～体力行(亲身努力去做). 以～作则.❹指人的地位：～败名裂. [身份][身分](-fen)在社会上及法律上的地位.❺(-儿)量词,用于衣服：我做了一～儿新衣服.

诜 shēn ㄕㄣ [诜诜]形容众多的样子。

参(參、❷*葠、❷*蔘)

㊀ shēn ㄕㄣ ❶星宿名,二十八宿之一. [参商]参和商都是二十八宿之一,两者不同时在天空出现.⑯ 1. 分离不得相见. 2. 不和睦.❷人参,多年生草本植物. 根肥大,略像人形,可入药。

㊁ cān 见 41 页。

㊂ cēn 见 44 页。

糁(糝、**糂) ㊀ shēn ㄕㄣ(-儿) 谷类制成的小渣：玉米～儿.

㊁ sǎn 见 421 页。

鰺(鰺) shēn ㄕㄣ 鱼名. 身体侧扁,侧面呈卵圆形,鳞细,生活在海中。

莘 ㊀ shēn ㄕㄣ ❶莘县,在山东省.❷姓。

[莘莘]众多。

㊁ xīn 见 532 页。

娠 shēn ㄕㄣ 胎儿在母体中微动. 泛指怀孕。

深 shēn ㄕㄣ ❶从表面到底或从外面到里面距离大的,跟"浅"相对：～水. 这条河很～.～山. 这个院子很～. [深浅]1. 深度. 2. 说话的分寸：他说话不知道～～.❷从表面到底的距离：这口井两丈～.❸久,时间长：～秋.～更半夜. 年～日久.❹程度高的：～信.～知.～谋远虑. 情谊很～. 这本书内容太～. 讲理论应该～入浅出.❺颜色重：～红. 颜色太～.

燊 shēn ㄕㄣ 旺盛。

什 ㊀ shén ㄕㄣ [什么](-me)代词. 1. 表示疑问：想～～? ～～人? 2. 指不确定的或任何事物：我想吃点儿～～. ～～事都难不住他. 3. 表示惊讶或不满：～～! 明天就走? 这是～～破东西!

㊀ shí 见 439 页。

甚 ㊀ shén ㄕㄣ 同"什"(shén)。

㊀ shèn 见 435 页。

神 shén ㄕㄣ ❶迷信的人称天地万物的"创造者"和

被他们崇拜的人死后的所谓精灵:无～论.不信鬼～.㊤1.不平凡的,特别高超的:～力.～医.2.不可思议的,特别稀奇的(㊤-秘):这事真是越说越～了.[神话]远古人们集体创作的神异故事.㊧荒诞,夸张,不能实现的话.[神通]特殊的手段或本领:大显～～.～～广大.❷心力,心思,注意力:劳～.留～.看得出了～.聚精会～.[神经]人和动物体内传达知觉和运动的组织.❸(一儿)神气,表情:你瞧他这个～儿.～色.

沈(❷❸瀋) ㊀shěn ㄕㄣ ❶姓.❷汁:墨～未干.❸[沈阳]地名,在辽宁省.
㊁chén 见55页.

审(審) shěn ㄕㄣ ❶详细,周密:～慎.精～.㊤仔细思考,反复分析、推究:～查.～核.这份稿子～完了.[审定]对文字著作、艺术创造、学术发明等详细考究、评定.[审计]专设机关对国家各级政府、金融机构、企业事业组织的财务收支情况进行监督、审查并提出意见.❷审问,讯问案件:～案.～判.公～.❸知道,也作"谂"、

"谂":不～近况何如?❹的确,果然:～如其言.

谉(讅) shěn ㄕㄣ 同"审❸".

婶(嬸) shěn ㄕㄣ ❶(一子、一儿)叔叔的妻子(叠).❷称呼与母亲辈分相同而年轻的已婚妇女:张大～儿.

哂 shěn ㄕㄣ 微笑:～存.～纳.聊博一～.

矧 shěn ㄕㄣ 况,况且.

谂 shěn ㄕㄣ ❶同"审❸".❷劝告.

肾(腎) shèn ㄕㄣ 肾脏,俗叫"腰子".人和动物的内脏之一,是滤出尿液的主要器官.

甚 ㊀shèn ㄕㄣ ❶很,极:进步～快.他说得未免过～.[甚至][甚至于]连词,表示更进一层:不学习就会落后,～～会犯错误.这件事扰乱了他的生活,～～～影响了他的工作.❷超过,胜过:更有～者.日～一日.❸〈方〉代词,什么:要它做～? 姓～名谁?
㊁shén 见434页.

葚 ㊀shèn ㄕㄣ [桑葚]桑树结的果实.
㊁rèn 见414页.

椹 ㈠ shèn ㄕㄣ 同"葚"。
㈠ zhēn ㄓㄣ 见 618 页。

胂 shèn ㄕㄣ 有机化合物的一类,通式 RAsH$_2$,是砷化氢分子中的氢被烃基替换后生成的化合物。胂类化合物大多有剧毒。

渗(滲) shèn ㄕㄣ 液体慢慢地透入或漏出:水～到土里去了.天很热,汗～透了衣服.

瘆(瘆) shèn ㄕㄣ 使人害怕:～人.～得慌.

蜃 shèn ㄕㄣ 蛤蜊。[蜃景] 由于不同密度的大气层对于光线的折射作用,把远处景物反映在天空或地面而形成的幻景,在沿海或沙漠地带有时能看到。古人误认为是大蜃吐气而成。也叫"海市蜃楼"。

慎 shèn ㄕㄣ 小心,加小心(働谨-):不～.办事要～重.谦虚谨～.

SHENG ㄕㄥ

升(❸❹*昇、❹*陞) shēng ㄕㄥ ❶容积的法定计量单位(市升与之相同),1升等于 1 000 毫升.❷量粮食的器具,容量为斗的十分之一.❸向上,高起:～旗.东方红,太阳～.❹提高:～级.

生 shēng ㄕㄥ ❶出生,诞生:～辰.孙中山～于公元 1866 年.❷可以发育的物体在一定的条件下发展长大:种子～芽.～根.⑤发生,产生:～病.～疮.～事.[生产] 1.人们使用工具来创造各种生产资料和生活资料.2.生小孩儿.❸活,跟"死"相对:～老病死.贪～怕死.苟且偷～.⑤1.生计:谋～.营～.2.生命:杀～.丧～.众～.3.有生命力的:～物.～龙活虎.4.整个生活阶段:平～.一～.❹使柴、煤等燃烧起来:～火.～炉子.❺没有经过烧煮的或烧煮没有熟的:夹～饭.～肉.不喝～水.❻植物果实没有成长到熟的程度:～瓜.❼不常见的,不熟悉的(働-疏):陌～.～人.～字.❽不熟练:～手.❾没有经过炼制的:～皮子.～药.❿生硬,硬,强(qiǎng):～拉硬拽.～不承认.⓫表示程度深:～疼.～怕.⓬指正在学习的人:学～.师～.实习～.旧时又指读书的人:书～.⓭传统戏曲里扮演男子的一种角色:老～.小～. ⓮ 词尾:好～.怎～是好?

牲 shēng ㄕㄥ 牲口,普通指牛、马、驴、骡等家畜。古代特指供宴飨祭祀用的牛、羊、猪。

胜 ㊀ shēng ㄕㄥ "肽"的旧称。

㊀ shèng 见 437 页。

笙 shēng ㄕㄥ 管乐器,用若干根长短不同的簧管制成,用口吹奏。

甥 shēng ㄕㄥ ❶外甥,姊妹的儿子。❷〈方〉外甥,称女儿的儿子。

声(聲) shēng ㄕㄥ ❶声音,物体振动时所产生的能引起听觉的波:～如洪钟.大～说话.[声气]消息:不通～～.❷声母,字音开头的辅音,如"报(bào)告(gào)"、"丰(fēng)收(shōu)"里的 b、g、f、sh 都是声母。❸声调(diào),字音的高低升降。参看 99 页"调㊀❹"。❹说出来使人知道,扬言:～明.～讨.～张.～东击西.❺名誉:～望.

渑(澠) ㊀ shéng ㄕㄥ 古水名,在今山东省淄博一带。

㊀ miǎn 见 335 页。

绳(繩) shéng ㄕㄥ ❶(一子)用两股以上的棉、麻纤维或棕、草等拧成的条状物。[绳墨]木工取直用的器具。⓰规矩,法度。❷约束,制裁:～之以法.

省 ㊀ shěng ㄕㄥ ❶行政区划单位,直属中央。❷节约,不费:～钱.～时间.～事.❸简略(⓰—略):～称.～写.

㊀ xǐng 见 535 页。

眚 shěng ㄕㄥ ❶眼睛生翳(yì)。❷灾祸。❸过错。

圣(聖) shèng ㄕㄥ ❶最崇高的:革命～地.[圣人]旧时称具有最高智慧和道德的人。❷称学问、技术有特殊成就的:～手.诗～.棋～.❸封建时代尊称帝王:～上.～旨.

胜(勝) ㊀ shèng ㄕㄥ ❶赢,胜利,跟"败"相对:打～仗.得～.❷打败(对方):以少～多.❸超过:今～于昔.一个～似一个.❹优美的:～地.～景.⓰优美的地方或境界:名～.引人入～.❺(旧读 shēng)能担任,能承受:～任.不～其烦.❻(旧读 shēng)尽:不～感激.不～枚举.

㊀ shēng 见 437 页。

晟　shèng ㄕㄥ ❶光明。❷旺盛,兴盛。

盛　㊀ shèng ㄕㄥ ❶兴旺:旺～.茂～.繁荣昌～.梅花～开.❷炽烈:年轻气～.火势很～.❸丰富,华美:～宴.～装.❹热烈,大规模的:～会.～况.❺深厚:～意.～情.❻姓。
㊁ chéng 见 57 页。

乘　㊀ shèng ㄕㄥ ❶春秋时晋国的史书叫乘,后因称一般的史书为乘:史～.❷量词,古代用于四匹马拉的兵车:千～之国.
㊁ chéng 见 57 页。

剩(*賸)　shèng ㄕㄥ 多余,余留下来(圗—余):～饭.～货.

嵊　shèng ㄕㄥ [嵊州]地名,在浙江省。

SHI 　ㄕ

尸(❶*屍)　shī ㄕ ❶尸首,死人的身体。❷古代祭祀时代表死者受祭的人。❸不做事情,空占职位:～位.

鸤　shī ㄕ [鸤鸠](—jiū)古书上指布谷鸟。

失　shī ㄕ ❶丢(圗遗—):～物招领.机不可～.㊅1.违背:～信.～约.2.找不着:～群之雁.迷～.❷没有掌握住:～足.～言.～火.❸没有达到目的:～意.～望.～策.[失败]计划或希望没能达到。❹错误,疏忽:千虑一～.❺改变常态:～色.～声痛哭.

师(師)　shī ㄕ ❶老师,传授知识技能的人。㊅榜样:前事不忘,后事之～.[师傅]传授技艺的老师和对有实践经验的工人的尊称。[律师]依法取得执业证书,为社会提供法律服务的专业人员。❷由师徒关系而产生的:～兄.❸对擅长某种技术的人的称呼:工程～.医～.理发～.❹仿效:～法.❺军队:誓～.百万雄～.❻军队的编制单位,是团的上一级。

狮(獅)　shī ㄕ 狮子(古书中也作"师子"),一种凶猛的野兽,毛黄褐色,雄的脖子上有长鬣,生活在有稀疏树林的热带草原地带,捕食其他动物。多产于非洲及印度西北部。

浉(溮)　shī ㄕ 浉河,在河南省信阳,入淮河。

鸭　shī ㄕ 鸟名。背青灰色,腹淡褐色,嘴长而尖,脚短爪强,捕食树林中的害虫。

诗 shī ㄕ 一种文体,形式很多,多用韵,可以歌咏朗诵。

虱(＊蝨) shī ㄕ (一子) 寄生在人、畜身上的一种昆虫,吸食血液,能传染疾病。

鲺 shī ㄕ 节肢动物,身体扁圆形,跟臭虫相似,头上有一对吸盘。寄生在鱼类身体的表面。

绤 shī ㄕ 古时一种粗绸子。

施 shī ㄕ ❶实行:~工. 无计可~. 倒行逆~. [施展]发挥能力。❷用上,加上:~肥. ~粉. ❸给予:~礼. ~恩. ❹施舍,把财物送给穷人或出家人。

湿(濕、＊溼) shī ㄕ 沾了水或是含的水分多,跟"干"相对:地很~. 手~了。

蓍 shī ㄕ 蓍草,俗叫"蚰蜒草"或"锯齿草"。多年生草本植物,茎直立,花白色。可以入药,又供制香料。

酾(釃) shī ㄕ shāi ㄕㄞ (又) ❶滤酒。❷斟酒。❸疏导河渠。

嘘 ⊖ shī ㄕ 叹词,表示反对、制止、驱逐等。
⊜ xū 见 539 页。

十 shí ㄕ ❶数目。❷表示达到顶点:~足. ~分. ~全~美. ❸法定计量单位中十进倍数单位词头之一,表示 10^1,符号 da。

什 ⊖ shí ㄕ ❶同"十❶"(多用于分数或倍数):~一(十分之一). ~百(十倍或百倍). ❷各种的,杂样的:~物. 家~(家用杂物). [什锦]各种各样东西凑成的(多指食品):~~糖. 素~~.
⊜ shén 见 434 页。

石 ⊖ shí ㄕ ❶ (一头)(tou)构成地壳的坚硬物质,是由矿物集合而成的。❷用石制成的:~砚. ~磨。❸指石刻:金~. ❹古代容量单位,一石合十斗。❺古代重量单位,一石合一百二十斤。❻姓。
⊜ dàn 见 84 页。

炻 shí ㄕ [炻器]介于陶器和瓷器之间陶瓷制品,如水缸、沙锅。

祐 shí ㄕ 古时宗庙中藏神主的石室。

鼫 shí ㄕ 古书上指鼫(wú)鼠一类的动物。

时（時、*旹）shí ㄕ ❶ 时间，一切物质不断变化或发展所经历的过程。❷ 时间的一段。1.比较长期的（龆－代）：古～.唐～.盛极一～.2.一年中的一季：四～.3.时辰，一昼夜的十二分之一：子～.4.小时，一昼夜的二十四分之一。5.时候：平～.到～叫我一声.6.钟点：八～上班.[不时]1.不定时：～～之需.2.常常：～～照顾.❸时机：待～而动.❹规定的时间：准～起飞.❺现在的，当时的：～髦.～事.[时装]式样最新的服装，当代流行的服装。❻时常，常常（叠）：学而～习之.～～发生困难.❼有时候：天气～阴～晴.身体～好～坏.

埘（塒）shí ㄕ 古代称在墙壁上挖洞做成的鸡窝。

鲥（鰣）shí ㄕ 鲥鱼，鱼名。背黑绿色，腹银白色，鳞下多脂肪。肉味鲜美。

识（識） ㊀ shí ㄕ ❶ 知道，认得，能辨别：～货.～字.～别真假.❷ 知识，所知道的道理：常～.知～（shi）丰富.❸ 见识，辨别是非的能力：卓～.

㊁ zhì 见 628 页。

实（實、△*寔）shí ㄕ ❶ 充满：虚～.～心的铁球.～足年龄.❷ 真，真诚，跟"虚"相对：～心～意.～话～说.～事求是.[实词]能够单独用来回答问题，有比较实在意义的词，如名词、动词等。[实际]真实情况，也指实践：联系～～.～～调查.[实践]1.实行（自己的主张），履行（自己的诺言）。2.人们改造自然和改造社会的有意识的活动。[实在]1.真，的确：～～好.2.（－zai）不虚：他的学问很～～.话说得挺～～.[老实]（－shi）诚实，不狡猾：～～人说～～话.❸种子，果子：开花结～.

拾shí ㄕ ❶ 捡，从地下拿起来：～麦子.～了一枝笔.❷ "十"字的大写。[拾掇]（－duo）1.整理：把屋子～～一下.把书架～～～.2.修理：～～钟表.～～机器.～～房子.

食 ㊀ shí ㄕ ❶ 吃：～肉.[食言]指失信：决不～～.[食指]即示指，手的第二指.喻家庭人口：～～众多.❷ 吃的东西：素～.零～.面

~.丰衣足~.❸日月亏缺或完全不见的现象:日~.月~.全~.

㊀ sì 见 455 页。

蚀 shí ㄕ ❶损伤,亏缺:侵~.腐~.❷同"食❸"。

湜 shí ㄕ 形容水清见底(叠)。

寔 shí ㄕ ❶放置。❷同"实"。

史 shǐ ㄕ ❶历史,自然或社会以往发展的过程。也指记载历史的文字和研究历史的学科。❷古代掌管记载史事的官。

驶 shǐ ㄕ ❶车马快跑。❷驾驶,开动交通工具(多指有发动机的),使行动:驾~拖拉机.轮船~入港口.

矢 shǐ ㄕ ❶箭:有的(dì)放~.❷发誓:~口抵赖.❸古同"屎":遗~.

豕 shǐ ㄕ 猪。

使 shǐ ㄕ ❶用:~劲.~拖拉机耕种.这支笔很好~.❷派,差(chāi)遣:支~.~人前往.❸让,令,叫:~人高兴.迫~敌人放下武器.❹假若,假使。❺驻外国的外交长官:大~.公~.[使命]奉命去完成的某种任务。泛指重大的任务:历史~~.肩负着建设祖国的~~.

始 shǐ ㄕ ❶开始,起头,最初,跟"末"相对:~祖.开~报告.自~至终.原~社会.[未始]未尝,本来没有:~~不可.❷才:参观至下午五时~毕.

屎 shǐ ㄕ 大便,粪。㊅眼、耳所分泌的东西:眼~.耳~.

士 shì ㄕ ❶古代介于卿大夫和庶民之间的一个阶层。❷古代指未婚的男子,泛指男子:~女.❸指读书人:学~.~农工商.❹对人的美称:志~.壮~.烈~.❺军人的一级,在尉以下,也泛指军人:上~.中~.~气.❻称某些专业人员:护~.助产~.

仕 shì ㄕ 旧称做官:出~.~途.[仕女]1.宫女。2.传统绘画中的美女。

氏 ㊀ shì ㄕ ❶姓。古代姓和氏有区别,氏从姓分出,后来姓和氏不分了,姓、氏可以混用。[氏族]原始社会中由血统关系联系起来的人的集体,集体占有生产资料,集体生产,集体消费。❷旧习惯对已婚的妇女,通常在夫姓后再加父姓,父姓后加"氏",作为称呼:张王～(夫姓张,父姓王).❸后世对有影响的人的称呼:神农～.太史～.摄～表.

㊀zhī 见 623 页。

舐 shì ㄕ 舓:老牛～犊(比喻人疼爱儿女).

示 shì ㄕ 表明,把事物拿出来或指出来使别人知道:～众.～威.表～意见.～范作用.以目～意.[暗示]不正面说出自己的意见,用神气、手势等提示,或用不直接相关的语言表示。

脈 shì ㄕ 有机化合物,溶于水,遇热不凝固,是食物蛋白和蛋白胨的中间产物。

世(丗) shì ㄕ ❶一个时代:近～.❷一辈一辈相传的:～袭.～医.❸人的一生:一～为人.❹指从先辈起就有交往、友谊的:～伯.～兄.❺世界,宇宙,全球:～上.～人.

贳 shì ㄕ ❶出赁,出借.❷赊欠.❸宽纵,赦免.

市 shì ㄕ ❶做买卖或做卖卖的地方:开～.菜～.牲口～.[超市]超级市场的简称。一种任顾客自选商品的综合性零售商店.❷买:～恩.沽酒～脯(fǔ).❸卖:转～人.❹人口密集的行政中心或工商业、文化发达的地方:城～.都～.❺行政区划单位,有直辖市和省(或自治区)辖市等:北京～.唐山～.❻属于我国度量衡市用制的:～尺.～升.～斤.

柿 shì ㄕ 柿树,落叶乔木,开黄白色花。果实叫柿子,可以吃。木材可以制器具。

铈 shì ㄕ 一种金属元素,符号 Ce,铁灰色,质地软,有延展性,能导热,不易导电,可用来制造合金。

式 shì ㄕ ❶物体外形的样子:新～.[形式]事物的外表.❷特定的规格:格～.程～.❸仪式,典礼:开幕～.阅兵～.❹自然科学中表明某些规律的一组符号:方程～.分子～.[公式]依照科学上已经发现的法则定出来的可以通用于同类关系的基本格式:代数～～.经济学上的～～.

试 shì ㄕ ❶按照预定想法非正式地做:～用.～一～看.❷考,测验(璺考一):～题.口～.

拭 shì ㄕ 擦:～泪.～目以待(形容殷切期待).

轼 shì ㄕ 古代车厢前面用作扶手的横木。

弑 shì ㄕ 古时候指臣杀君、子杀父母等行为:～君.～父.

似 ⊖ shì ㄕ [似的][是的](-de)助词,跟某种事物或情况相似:雪～～那么白.瓢泼～～大雨.
⊖ sì 见 455 页.

势(勢) shì ㄕ ❶势力,权力,威力:倚～欺人.❷表现出来的情况,样子.1.属于自然界的:地～.山～险峻.2.属于动作的:姿～.手～.3.属于政治、军事或其他方面的:时～.大～所趋.乘～追击.❸雄性生殖器:去～.

事 shì ㄕ ❶(一儿)事情,自然界和社会中的一切现象和活动。[事变]突然发生的重大政治、军事性事件:七七～～.[事态]形势或局面:～～严重.❷职业:谋～.他现在做什么～?❸关系或责任:你回去吧,没有你的～了.这件案子里还有他的～呢.❹变故,事故:出～.平安无～.[事故]出于某种原因而发生的不幸事情,如工作中的死伤等。❺做,治:大～宣扬.不～生产.❻旧指侍奉.

侍 shì ㄕ 服侍,伺候,在旁边陪着:～立.服～病人.

崻 ⊖ shì ㄕ [繁崻]地名,在山西省.
⊖ zhì 见 629 页.

恃 shì ㄕ 依赖,仗着:有～无恐.

饰 shì ㄕ ❶修饰,装饰,装点得好看:油～门窗. 假托,遮掩:～辞.文过～非.❷装饰用的东西:首～.窗～.❸装扮,扮演角色.

视(*眎) shì ㄕ ❶看:近～眼.～而不见.❷视察,观察:巡～一周.监～.❸看待:重～.～死如归.一～同仁.❹活,生存:莫不欲长生久～.

是 shì ㄕ ❶表示判断:他～工人.这朵花～红的.❷表示存在:满身～汗.山上全～树.❸表示让步,先承认所说的,再转入正意:东西旧～旧,可是还能用.话～说得很对,可是得(děi)认真去做.❹表示适合:来的～时候.放的～地方.❺表示凡是,任何:～重活儿他都抢着干.❻用于选择问句:你～坐轮船～坐火车?❼加重语气:～谁告诉你的?天气～冷.❽对,合理,跟"非"相对:懂得～非.他说的～.㊈认为对:～其所是.[是非]口舌,争执:挑拨～～.

惹～～.**❾**这,此:如～.～日天气晴朗.[国是]国家大计:共商～～.

适(適) **(一)** shì ㄕ **❶**切合,相合(働一合):～宜.～意.～用.**❷**舒服,稍觉不～.**❸**刚巧:～逢其会.**❹**刚才,方才:～从何处来?**❺**往,到:无所～从.**働**旧指女子出嫁。

(二) kuò 见273页。

室 shì ㄕ **❶**屋子:～内.教～.**働**1.妻子:妻～.继～.2.家,家族:皇～.十～九空.**❷**机关团体内的工作单位:会计～.**❸**星宿名,二十八宿之一。

逝 shì ㄕ **❶**过去:光阴易～.**❷**死,多用于表示对死者的敬意:～世.不幸病～.

誓 shì ㄕ **❶**当众表示,决心依照说的话实行:～为共产主义奋斗终身.**❷**表示决心的话:宣～.

莳(蒔) shì ㄕ 移栽植物:～秧.

释(釋) shì ㄕ **❶**说明,解说(働解一、注一):解～字句.古诗浅～.**❷**消散:冰～(喻怀疑、误会等完全消除).～疑.**❸**放开,放下:～放.手不～卷.如～重负.

❹把坐监服刑的人释放:保～.开～.**❺**佛教创始人"释迦牟尼"的省称,泛指关于佛教的:～氏(佛家).～子(和尚).～教.

谥(*諡) shì ㄕ 我国古代,在最高统治者或其他有地位的人死后,依其生前事迹给予的称号,如"武"帝、"哀"公等。也叫"谥号"。

嗜 shì ㄕ 喜爱,爱好:～学.～睡.[嗜好](－hào)对于某种东西特别爱好,爱好成癖。

筮 shì ㄕ 古代用蓍草占卦(迷信)。

噬 shì ㄕ 咬:吞～.～脐莫及(喻后悔无及).

奭 shì ㄕ 盛大。

襫 shì ㄕ 见36页"袯"字条"袯襫"(bó－)。

螫 **(一)** shì ㄕ 有毒腺的虫子刺人或牲畜。

(二) zhē 见615页。

匙 **(一)** shi ·ㄕ 见560页"钥"字条"钥匙"(yào－)。

(二) chí 见59页。

殖 **(一)** shi ·ㄕ [骨殖](gǔ－)尸骨。

(二) zhí 见625页。

SHOU ㄕㄡ

收(****收**) shōu ㄕㄡ ❶接到,接受,跟"发"相对:～发.～信.～到.～条.接～物资.招～新生.～账(受款记账).❷藏或放置妥当:这是重要东西,要～好了.❸割取成熟的农作物:秋～.～麦子.❹获得(经济利益):～益.～支相抵.❺招回:～兵.❻聚,合拢:疮口了.❼结束:～尾.～工.～场.❽收心,收敛:心似平原走马易放难～.❾逮捕拘禁:～监.

熟 ㊀ shóu ㄕㄡˊ 义同"熟"(shú),用于口语.
㊀ shú 见 447 页.

手 shǒu ㄕㄡˇ ❶人体上肢前端拿东西的部分.(图见476页"体")[手足]⑩兄弟.❷拿着:人～一册.❸(一儿)技能、本领:有两～儿.❹亲手:～书.～植.❺做某种事情或擅长某种技能的人:选～.生产能～.水～.神枪～.❻小巧易拿的:～册.
[手段]处理事情所用的方法.

守 shǒu ㄕㄡˇ ❶保持,卫护:～城.坚～阵地.[墨守]⑩依照老法子不肯改进:～～成规.❷看守,看护:～门.～着病人.❸遵守,依照:反对因循～旧.～时间.～纪律.爱国～法.❹靠近,依傍:～着水的地方,要多种稻子.

首 shǒu ㄕㄡˇ ❶头,脑袋:昂～.～饰.[首领]⑩某些团体的领导人.❷领导人,带头的:～长.❸第一,最高的:～要任务.～席代表.❹最先,最早:～次.～创.～播.❺出头告发:自～.出～.❻量词,用于诗歌:一～诗.

寿(**壽**) shòu ㄕㄡˋ ❶活得岁数大:人～年丰.❷年岁,生命:长～.～命.❸寿辰,生日:祝～.～礼.❹装殓死人的:～材.～衣.

受 shòu ㄕㄡˋ ❶接纳,接受:～贿.接～别人的意见.❷忍耐某种遭遇(⑩忍一):～不了.～罪.忍～痛苦.❸遭到:～批评.～害.～风.～暑.❹适合:他这话倒是很～听.

授 shòu ㄕㄡˋ ❶给,与:～旗.～奖.～意(把自己的意思告诉别人让别人照着办).❷传授:～课.

绶 shòu ㄕㄡˋ 一种丝质带子,古代常用来拴在印组上:～带.印～.

狩　shòu ㄕㄡˋ 打猎,古代指冬天打猎:～猎.

售　shòu ㄕㄡˋ 卖:～票.零～.销～.㉒施展:以～其奸.

兽(獸)　shòu ㄕㄡˋ ❶哺乳动物的通称。一般指有四条腿、全身生毛的哺乳动物,也指长鳞甲的穿山甲及在水中生活的鲸、海豚等。❷比喻野蛮,下流:～欲.～行.

瘦　shòu ㄕㄡˋ ❶含脂肪少,跟"胖"、"肥"相对:～肉.身体很～.❷衣服鞋袜等窄小:这件衣裳穿着～了.❸土地瘠薄:～田.❹笔画细:～硬.钟书体～.～金体.

SHU　ㄕㄨ

殳　shū ㄕㄨ 古代的一种兵器,用竹子做成,有棱无刃.

书(書)　shū ㄕㄨ ❶成本的著作。❷信(㊟一信):家～.～札.来～已悉.❸文件:证明～.申请～.❹写字(㊟一写):～法.㊟字体:楷～.隶～.

抒　shū ㄕㄨ 抒发,尽量表达:～情诗.各～己见.

纾　shū ㄕㄨ 缓和,解除:～难(nàn).

舒　shū ㄕㄨ ❶展开,伸展:～眉展眼.[舒服][舒坦]身心愉快.❷从容,缓慢。

枢(樞)　shū ㄕㄨ 门上的转轴:户～不蠹.[枢纽]重要的部分,事物相互联系的中心环节:运输的～.[中枢]中心,中央:神经～.

叔　shū ㄕㄨ ❶兄弟排行,常用伯、仲、叔、季为次序,叔是老三。❷叔父,父亲的弟弟。又称跟父亲同辈而年纪较小的男子(叠):大～.❸(一子)丈夫的弟弟:小～子.

菽(**尗)　shū ㄕㄨ 豆类的总称。

淑　shū ㄕㄨ 善,美:贤～.～女.

姝　shū ㄕㄨ 美丽,美好。

殊　shū ㄕㄨ ❶不同:特～情况.～途同归.❷特别突出:～荣.～勋.❸极,很:～佳.～可钦佩.❹断,绝。[殊死]1. 古代指斩首的死刑. 2. 拼着性命:～～战斗.

倏(*儵、*倐)　shū ㄕㄨ 极快地,忽然:～忽.～尔而逝.

梳 shū ㄕㄨ ❶(一子)整理头发的用具。也叫"拢子"。❷用梳子整理头发：～头.

疏(❶-❹*疎) shū ㄕㄨ ❶去掉阻塞使畅通(龙一通)：～导.❷分散：～散.❸事物间距离大，空隙大，跟"密"相对(龙稀一)：～林.～密不均.稀～的枪声.⑨1.不亲密，关系远的：亲～远近.他们一向很远.2.不细密，粗心：～神.这人太～忽了.❹空虚：志大才～.❺粗：～食.❻不熟悉：生～.人生地～.❼分条说明的文字：上～.奏～(封建时代臣下向皇帝陈述事情的文章).❽对古书旧有注文做的阐释：注～.

蔬 shū ㄕㄨ 蔬菜，可以做菜的植物(多属草本)：～食.

摅(攄) shū ㄕㄨ 发表或表示出来：各～己见.

输 shū ㄕㄨ ❶从一个地方运送到另一个地方(龙运一)：～出.～血.❷送给，捐献：捐～.～财助战.❸败，负：～了两个球.

鮛 shū ㄕㄨ 见 406 页"魼"字条"魼鮛"(qú一).

秫 shú ㄕㄨ 黏高粱，可以做烧酒。有的地区就指高粱：～米.～秸(高粱秆).

孰 shú ㄕㄨ 代词。❶谁：～谓不可？❷什么：是(这个)可忍，～不可忍？❸哪个：～胜～负.

塾 shú ㄕㄨ 旧时私人设立的教学的地方：私～.村～.

熟 ㊀ shú ㄕㄨ ❶食物烧煮到可吃的程度：饭～了.～菜.❷成熟，植物的果实或种子长成：麦子～了.❸程度深：深思～虑.～睡.❹习惯，常见，知道清楚：～悉.～人.这条路我～.❺熟练，做某种工作时间久了，精通而有经验：～手.～能生巧.❻经过加工或炼制的：～铁.～皮子.

㊁ shóu 见 445 页.

赎(贖) shú ㄕㄨ ❶用财物换回抵押品：～当(dàng).把东西～回来.❷用行动抵消、弥补罪过(旧时特指用财物减免刑罚)：立功～罪.

暑 shǔ ㄕㄨ 热：中(zhòng)～.～天.

署 shǔ ㄕㄨ ❶办公的处所：海关总～.❷布置：部

～.❸签名,题字:签～.～名.❹暂代:～理.

薯(＊藷) shǔ ㄕㄨ 植物名。1.甘薯,又叫"白薯"、"红薯"或"番薯"。草本植物,茎细长,块根可以吃。2.马铃薯,又叫"土豆"或"山药蛋"。草本植物,块茎可以吃。[薯蓣](—yù)又叫"山药"。草本植物,开白花,块茎可以吃,也可入药。

曙 shǔ ㄕㄨ 天刚亮:～色.～光.

黍 shǔ ㄕㄨ 一年生草本植物,子实叫黍子,碾成米叫黄米,性黏,可酿酒。[蜀黍]高粱。[玉蜀黍]一年生草本植物,也叫"玉米"、"棒子"或"包谷"。叶长而大,子实可做食粮。

属(屬) ㊀ shǔ ㄕㄨ ❶同一家族的:家～.❷类别:金～.❸生物的分类单位之一,在"科"之下、"种"之上:梨～.狐～.❹有管辖关系的(⟨叠⟩隶—):直～.～局.～员.❺归类:～于自然科学.❻为某人或某方所有:这本书～你.❼是:查明～实.❽用属相记生年(用干支纪年,十二支配合十二种动物,人生在哪年,就属哪种动物叫"属相"):

甲子、丙子等子年生的都～鼠.

㊁ zhǔ 见 636 页。

蜀 shǔ ㄕㄨ ❶古国名。1.周代诸侯国名,在今四川省成都一带。2.蜀汉,三国之一,刘备所建立(公元 221—263 年),在今四川省,后来扩展到贵州省、云南省和陕西省汉中一带。❷四川省的别称。

鼠 shǔ ㄕㄨ 老鼠,哺乳动物,俗叫"耗子"。体小尾长,门齿发达,常咬衣物,又能传染疾病。[鼠疫]一种急性传染病,又叫"黑死病"。病原体是鼠疫杆菌。消灭老鼠和预防注射是主要的预防方法。

数(數) ㊀ shǔ ㄕㄨ ❶一个一个地计算:～一～.⟨转⟩比较起来最突出:就～他有本领.❷责备,列举过错:～落(luo).～说.

㊁ shù 见 449 页。

㊂ shuò 见 453 页。

术(術) ㊀ shù ㄕㄨ ❶技艺:武～.技～.美～.[术语]学术和各种工艺上的专门用语。❷方法:战～.防御之～.

㊁ zhú 见 635 页。

述 shù ㄕㄨ 讲说,陈说(⟨叠⟩叙—、陈—):口～.

沭河。 shù ㄕㄨ 沭河,发源于山东省,流至江苏省入新沂河。

铢 shù ㄕㄨ ❶长针。❷刺。❸引导。

戍 shù ㄕㄨ 军队防守:卫~.~边.

束 shù ㄕㄨ ❶捆住:~发(fà).~手~脚.[束缚](-fù)捆绑。⤷使受到限制:不要~~群众的创造性。❷成捆儿或成条的东西:花~.光~.❸量词,捆儿:一~鲜花.❹控制(⤷约-):拘~.~身自爱.

树(樹) shù ㄕㄨ ❶木本植物的总称。❷种植,栽培。❸立,建立(⤷立):~雄心,立壮志.

竖(竪、*豎) shù ㄕㄨ ❶直立:把棍子~起来.❷上下的或前后的方向:~着写.~着挖道沟.❸直,汉字自上往下写的笔形(丨):十字是一横一~.❹竖子,古时指年轻仆人,也用于对人的一种蔑称。

俞腧 ㊀ shù ㄕㄨ 同"腧"。㊀ yú 见 585 页。
shù ㄕㄨ 腧穴,人体上的穴道:肺~.胃~.

恕 shù ㄕㄨ 宽恕,原谅:饶~.

庶 shù ㄕㄨ ❶众多:~民(旧指老百姓).富~.❷庶几(jī),将近,差不多:~乎可行.❸宗法制度下指家庭的旁支:~出.

裋 shù ㄕㄨ 古代仆役穿的一种衣服。

数(數) ㊀ shù ㄕㄨ ❶数目,划分或计算出来的量:基~.序~.岁~.次~.人~太多,坐不下.[数词]表示数目的词,如一、九、千、万等。❷几,几个:~次.~日.~人.❸(迷信)劫数:~难逃.
㊀ shǔ 见 448 页。
㊂ shuò 见 453 页。

墅 shù ㄕㄨ 别墅,住宅以外供游玩休养的园林房屋。

漱 shù ㄕㄨ ❶含水荡洗口腔:~口.❷洗涤,冲刷:悬泉瀑布,飞~其间.

澍 shù ㄕㄨ 及时的雨。

刷 ㊀ shuā ㄕㄨㄚ ❶(-子、-儿)用成束的毛、棕等制成的清除东西或涂抹东西的用具。❷用刷子或类似刷子的用具来清除或涂抹:～牙.～鞋.～锅.用石灰～墙.㊂淘汰:第一轮比赛就被～掉了.❸同"唰"。

㊁ shuà 见 450 页。

唰 shuā ㄕㄨㄚ 拟声词,形容迅速擦过去的声音:小雨～～地下起来了.

耍 shuǎ ㄕㄨㄚˇ ❶〈方〉玩(㊂玩—):孩子们在院子里～.❷玩弄,表演:～猴.～大刀.❸戏弄:别～人.❹弄,施展:～手艺.～威风.～手腕(喻使用不正当的方法).

刷 ㊀ shuà ㄕㄨㄚˋ[刷白]色白而略微发青。

㊀ shuā 见 449 页。

SHUAI　ㄕㄨㄞ

衰 ㊀ shuāi ㄕㄨㄞ 事物发展转向微弱(㊂—微):～败.～老.神经～弱.[衰变]化学上指放射性元素放射出粒子后变成另一种元素。

㊁ cuī 见 75 页。

摔(❹****踤**) shuāi ㄕㄨㄞ ❶用力往下扔:把帽子往床上一～.❷很快地掉下:上树要小心,别～下来.❸因掉下而毁坏:把碗～了.❹跌跤:他～倒了.～了一跤.

甩 shuǎi ㄕㄨㄞˇ ❶抡,扔:～袖子.～手榴弹.❷抛开,抛弃:～车.被～在后面.

帅(帥) shuài ㄕㄨㄞˋ ❶军队中最高级的指挥官:元～.统～.❷英俊,潇洒,漂亮:这个小伙儿很～.他的动作～极了.字写得～.

率 ㊀ shuài ㄕㄨㄞˋ ❶带领,统领(㊂—领):～队.～师.❷轻易地,不细想,不慎重(㊂轻—、草—):不要轻～地处理问题.❸爽直坦白(㊂直—)。❹大率,大概,大略:皆如此.❺遵循:～由旧章.❻模范:一方表～.❼同"帅❷"。

㊁ lǜ 见 314 页。

蟀 shuài ㄕㄨㄞˋ 见 514 页"蟋"字条"蟋蟀"(xī—)。

SHUAN　ㄕㄨㄢ

闩(****栓**) shuān ㄕㄨㄢ ❶门闩,横插在门后使门推不开的棍子。❷用闩插上门:把门～上.

拴 shuān ㄕㄨㄢ 用绳子系(jì)上:～马.～车.喻被事物缠住而不能自由行动:被

琐事～住了.一项紧急任务又把几个老搭档～在一起了.

栓 shuān ㄕㄨㄢ ❶器物上可以开关的机件:枪～.消火～.❷塞子或作用跟塞子相仿的东西:～塞.～剂.血～.

涮 shuàn ㄕㄨㄢ ❶放在水中摆动,略微洗洗:～～手.把衣服～一～.❷把水放在器物中摇动,冲洗:～瓶子.❸把肉片等在滚水里放一下就取出来(蘸作料吃):～锅子.～羊肉.

SHUANG ㄕㄨㄤ

双(雙、**隻) shuāng ㄕㄨㄤ ❶两个,一对:～管齐下.取得～方同意.[双簧]曲艺的一种,一人蹲在后面说话,另一人在前面配合着做手势和表情.[双生儿]孪生子,一胎生的两个小孩.❷量词,用于成对的东西:一～鞋.两～筷子.❸偶数的:～数(二、四、六、八等,跟单数相对).❹加倍的:～份.～料.

泷(瀧) ㊀ shuāng ㄕㄨㄤ 泷水,水名,在广东省.

㊀ lóng 见 306 页.

霜 shuāng ㄕㄨㄤ ❶附着在地面或靠近地面的物体上的微细冰粒,是接近地面的水蒸气冷至零摄氏度以下凝结而成的.㊉白色:～鬓.❷像霜的东西:柿～.盐～.

孀 shuāng ㄕㄨㄤ 寡妇,死了丈夫的妇人:遗～.～居.

骦 shuāng ㄕㄨㄤ 见 458 页"骕"字条"骕骦"(sù—).

礵 shuāng ㄕㄨㄤ [北礵]岛名,在福建省霞浦.

鹴 shuāng ㄕㄨㄤ 见 458 页"鹔"字条"鹔鹴"(sù—).

爽 shuǎng ㄕㄨㄤ ❶明朗,清亮:秋高气～.～目.❷清凉,清洁:凉～.清～.❸痛快,率直:豪～.直～.这人很～快.[爽性]索性,干脆:既然晚了,～～不去吧.❹舒适,畅快:身体不～.人逢喜事精神～.❺不合,违背:～约.毫厘不～.

SHUI ㄕㄨㄟ

谁 shuí ㄕㄨㄟ (又)见 433 页 shéi.

水 shuǐ ㄕㄨㄟ ❶一种无色无味无臭透明的液体,化学成分是 H_2O.❷河流:湘～.

汉～.❸江、河、湖、海的通称：
～陆交通.～旱码头.［水平］
1.静水的平面.2.达到的程
度：文化～～.❹汁液：药～.
橘子～.❺额外附加的费用：
贴～.❻衣服洗的次数：这衣
服不禁(jīn)穿,洗了两～就
破了.

［水族］我国少数民族,参看附
表.

说 ㊀ shuì ㄕㄨㄟ 用话劝说
别人,使他听从自己的意
见：游～.
　　㊁ shuō 见 452 页.
　　㊂ yuè 见 594 页.

帨 shuì ㄕㄨㄟ 古代的佩巾,
像现在的毛巾.

税 shuì ㄕㄨㄟ 国家向企业、
集体或个人征收的作为
财政收入的货币或实物：纳
～.营业～.个人所得～.

睡 shuì ㄕㄨㄟ 闭目安息,大
脑皮质处于休息状态(働
一眠)：～着(zháo)了.～午
觉.

吮 shǔn ㄕㄨㄣ 聚拢嘴唇来
吸(働一吸)：～乳.

楯 ㊀ shǔn ㄕㄨㄣ 阑干.
　　㊁ dùn 见 112 页.

顺 shùn ㄕㄨㄣ ❶趋向同一
个方向,跟"逆"相对：～
风.～水.通～.❷沿,循：～河
边走.㊂依次往上往下或依
次往后：～着楼梯.～着台阶.
～着坡.遇雨～延.❸随,趁
便：～手关门.～口说出来.❹
整理,理顺：～一～头发.文章
太乱,得～一～.❺服从,不违
背：～从.归～.❻适合,不别
扭：～心.～眼.

瞚 shùn ㄕㄨㄣ 眼跳.

舜 shùn ㄕㄨㄣ 传说中上古
帝王名.

瞬 shùn ㄕㄨㄣ 一眨(zhǎ)
眼,转眼：～息万变(喻极
短时间内变化极多).转～即
逝.

说 ㊀ shuō ㄕㄨㄛ ❶用话来
表达自己的意思.❷说
合,介绍：～亲.❸言论,主
张：学～.著书立～.❹责备：
他挨～了.～了他一顿.
　　㊁ shuì 见 452 页.
　　㊂ yuè 见 594 页.

妁 shuò ㄕㄨㄛ 旧指媒人.

烁（爍）shuò ㄕㄨㄛˋ 光亮的样子:闪～.

铄（鑠）shuò ㄕㄨㄛˋ ❶熔化金属:～金.～石流金(喻天气极热).❷销毁,消损.❸同"烁".

朔 shuò ㄕㄨㄛˋ ❶夏历每月初一日。❷北:～风.～方.

搠 shuò ㄕㄨㄛˋ 扎,刺。

蒴 shuò ㄕㄨㄛˋ 蒴果,果实的一种,由两个以上的心皮构成,成熟后自己裂开,内含许多种子,如芝麻、棉花、百合等的果实。

槊 shuò ㄕㄨㄛˋ 长矛,古代的一种兵器。

硕 shuò ㄕㄨㄛˋ 大:～果.～大无朋(喻无比的大).[硕士]学位名,在学士之上,博士之下。

数（數）㊀ shuò ㄕㄨㄛˋ 屡次(㊈频-):～见不鲜(xiān).
㊁ shù 见 449 页。
㊂ shǔ 见 448 页。

SI ㄙ

厶 sī ㄙ "私"的古字。

私 sī ㄙ ❶个人的,跟"公"相对:～事.～信.㊄为自己的:～心.自～.假公济～.大公无～.❷秘密而不公开,不合法:～货.～自拿走了.❸暗地里,偷偷地:～语.

司 sī ㄙ ❶主管,主持,经办:各～其职.～令.～法.❷中央各部中所设立的分工办事的单位:外交部礼宾～.～长.

丝（絲）sī ㄙ ❶蚕吐出的像线的东西,是织绸缎等的原料.㊀细微,极少:纹～不动.脸上没有一～笑容.❷(-儿)像丝的东西:铁～.萝卜～儿.❸计量单位名,10 忽是 1 丝,10 丝是 1 毫。[丝毫]㊀极少,极小,一点(多和否定词连用):～～不错.

咝（噝）sī ㄙ 拟声词,形容枪弹等很快地在空中飞过的声音(叠):子弹～～地从身旁飞过.

鸶（鷥）sī ㄙ 见 312 页"鹭"字条"鹭鸶"(lù-)。

思 sī ㄙ ❶想,考虑,动脑筋:事要三～.不假～索.～前想后.[思维]在表象、概念的基础上进行分析、综合、判断、推理等认识活动的过程.[思想]1.即理性认识。正确的思想来自社会实践,是经过由实践到认识,由认识到实践多次的反复而形成的。2.某一阶级或某一政党所持的一定的观点、概念、观念的体系:工人阶级的～～.3.思考。4.想法,念头。❷想念,挂念:相～.～家心切.～念战友.❸思路,想法:文～.构～.

偲 ㊀ sī ㄙ [偲偲]互相切磋,互相督促。
㊁ cāi 见 40 页。

缌 sī ㄙ 细的麻布。

飔 sī ㄙ 凉风。

罳 sī ㄙ 见 135 页"罘"字条"罘罳"(fú—)。

锶 sī ㄙ 一种金属元素,符号 Sr,银白色晶体。硝酸锶可制红色烟火。溴化锶是健胃剂。乳酸锶可治抽风。

虒 sī ㄙ [虒亭]地名,在山西省襄垣。

斯 sī ㄙ ❶文言代词,这,这个,这里:～人.～时.生于～,长于～.❷乃,就:有备～可以无患矣.

厮(*廝) sī ㄙ ❶旧时对服杂役的男子的蔑称:小～.❷对人轻慢的称呼(宋以来的小说中常用):这～.那～.❷互相:～守.～打.～混(hùn).

澌 sī ㄙ 随水流动的冰。

撕 sī ㄙ 扯开,用手使分开:把布～成两块.

嘶 sī ㄙ ❶马叫:人喊马～.❷声音哑:～哑.声～力竭.

斯 sī ㄙ 尽:～灭.

螄(蛳) sī ㄙ [螺螄](luó—)螺的通称。

死 sǐ ㄙ ❶生物失去生命,跟"活"相对(㊀—亡)。㊀1.不顾性命,拼死:～守.～战.2.至死,表示坚决:～不认账.3.表示达到极点:乐～了.笑～人.❷不可调和的:～敌.❸不活动,不灵活:～水.～心眼.把门钉～了.[死机]使用计算机时因程序错误等原因,显示屏上图像静止不动,无法继续操作。❹不通的:～胡同.把洞堵～了.

巳(**已) sì ㄙ ❶地支的第六位。❷巳时,指上午九点到十一点。

汜 sì ㄙ 汜河,水名,在河南省郑州。

祀(＊禩) sì ㄙ ❶祭祀。❷〈古〉殷代人指年：十有三～.

四 sì ㄙ ❶数目字。❷旧时乐谱记音符号的一个,相当于简谱中的低音"6"。

泗 sì ㄙ ❶鼻涕：涕～(眼泪和鼻涕).❷泗河,水名,在山东省济宁。

驷 sì ㄙ 古代同驾一辆车的四匹马,或者套着四匹马的车：一言既出,～马难追(喻话说出后无法再收回).

寺 sì ㄙ ❶古代官署名：太常～.❷寺院,佛教出家人居住的地方。[清真寺]伊斯兰教徒礼拜的地方。

似 ⊖ sì ㄙ ❶像,相类(④类—)：相～.～是而非。❷副词,似乎,好像,表示不确定：～应再行研究.这个建议～欠妥当.❸表示比较,有超过的意思：一个高～一个.人民生活一天好～一天。
⊜ shì 见 443 页。

姒 sì ㄙ 古代称丈夫的嫂子：娣～(妯娌).

兕 sì ㄙ 古书上指雌的犀牛。

伺 ⊖ sì ㄙ 守候,观察：～敌.～隙进击敌人。
⊜ cì 见 72 页。

饲 sì ㄙ 喂养：～鸡.～蚕.[饲料]喂家畜或家禽的食物。

觇 sì ㄙ 窥视。

笥 sì ㄙ 盛饭或盛衣物的方形竹器。

嗣 sì ㄙ ❶接续,继承：～位.❷子孙：后～.

俟(＊竢) ⊖ sì ㄙ 等待：～机.～该书出版后即寄去.
⊜ qí 见 385 页。

涘 sì ㄙ 水边。

食 ⊖ sì ㄙ 拿东西给人吃。
⊜ shí 见 440 页。

耜(＊＊梠) sì ㄙ ❶古代的一种农具。❷古代跟犁上的铧相似的东西。

肆 sì ㄙ ❶不顾一切,任意去做：～无忌惮.～意妄为.❷旧时指铺子,商店：茶坊酒～.❸"四"字的大写。

SONG ㄙㄨㄥ

松 ⊖ sōng ㄙㄨㄥ 见 534 页"惺"字条"惺忪"(xīng—).
⊜ zhōng 见 630 页。

松(❷-❺鬆) sōng ㄙㄨㄥ ❶常绿乔木,种类很多,叶子针形,木材用途很广。❷松散,不紧密,不靠拢,跟"紧"相对:捆得太～.土质～.❸宽,不紧张,不严格:规矩太～.决不～懈.❹放开,使松散:～手.绑.～一～马肚带.❺用瘦肉做成的茸毛或碎末形的食品:肉～.

淞 sōng ㄙㄨㄥ [雾凇]寒冷天水汽在树枝上结成的冰花。通称树挂。

菘 sōng ㄙㄨㄥ 〈方〉菘菜,即白菜,二年生草本植物,开黄花,叶可以吃。

淞 sōng ㄙㄨㄥ 吴淞江,发源于太湖,到上海市与黄浦江汇合流入长江。

嵩(**崧) sōng ㄙㄨㄥ ❶嵩山,又叫"嵩高"。五岳中的中岳,在河南省登封北。❷高。

扨(摋) sǒng ㄙㄨㄥ ❶挺立。❷〈方〉推。

怂(慫) sǒng ㄙㄨㄥ 惊惧。
[怂恿](－yǒng)鼓动别人去做。

耸(聳) sǒng ㄙㄨㄥ ❶高起,直立:高～.～立.❷耸动,惊人听闻(故意说夸大或吓人的话使人震惊).

悚 sǒng ㄙㄨㄥ 害怕,恐惧:毛骨～然.

竦 sǒng ㄙㄨㄥ ❶恭敬,肃敬。❷同"悚"。

讼 sòng ㄙㄨㄥ ❶在法庭争辩是非曲直,打官司:诉～.～事.❷争辩是非:聚～纷纭.

颂 sòng ㄙㄨㄥ ❶颂扬,赞扬别人的好处:歌～.❷祝颂,祝愿:敬～时绥.❸古代祭祀时用的舞曲:周～.鲁～.❹以颂扬为内容的文章或诗歌。

宋 sòng ㄙㄨㄥ ❶周代诸侯国名,在今河南省商丘一带。❷朝代名。1.南朝之一,刘裕所建立(公元 420—479 年)。2.宋太祖赵匡胤所建立(公元 960—1279 年)。❸指宋刊本或宋体字:影～.老～.仿～.

送 sòng ㄙㄨㄥ ❶把东西从甲地运到乙地:～信.～公粮。❷赠给:他～了我一支钢笔。❸送行,陪伴人到某一地点:～孩子上学去.把客人～到门口.开欢～会。❹丢掉,丧失:～命.断～.葬～.

诵 sòng ㄙㄨㄥ ❶用有高低抑扬的腔调念:朗～.

诗。❷背诵,凭记忆读出:熟读成～。❸称述,述说:传～。

郰 sōu ㄙㄡ [郰瞒]春秋时小国,也称"长狄"。在今山东省济南北。一说在今山东省高青。

搜(❶*蒐) sōu ㄙㄡ ❶寻求,寻找:～集。～罗。～救。❷搜索检查:～身。

嗖 sōu ㄙㄡ 拟声词,形容迅速通过的声音:汽车～的一声过去了。子弹～～地飞过。

馊 sōu ㄙㄡ 食物等因受潮热引起质变而发出酸臭味:饭～了。

廀 sōu ㄙㄡ 隐藏,藏匿。

溲 sōu ㄙㄡ ❶排泄大小便。特指排泄小便。❷浸泡。

颼 sōu ㄙㄡ ❶风吹(使变干或变冷):洗的衣服被风～干了。❷同"嗖"。

锼 sōu ㄙㄡ 镂刻,用钢丝锯挖刻木头:椅背的花是～出来的。

螋 sōu ㄙㄡ 见406页"蠷"字条"蠷螋"(qú—)。

艘 sōu ㄙㄡ 量词,用于船只:大船五～。军舰十～。

叟 sǒu ㄙㄡˇ 老头儿:童～无欺。

瞍 sǒu ㄙㄡˇ ❶眼睛没有瞳人。❷瞎子。

嗾 sǒu ㄙㄡˇ ❶指使狗时发出的声音。❷教唆指使:～使。

擞(擻) ㊀ sǒu ㄙㄡˇ [抖擞](dǒu—)振作,振奋:～～精神。精神～～。
㊁ sòu 见457页。

薮(藪) sǒu ㄙㄡˇ ❶生长着很多草的湖泽。❷人或物聚集的地方:渊～。

嗽 sòu ㄙㄡˋ 咳嗽。参看261页"咳㊀"。

擞(擻) ㊀ sòu ㄙㄡˋ 用通条插到火炉里,把灰抖掉:把炉子～一～。
㊁ sǒu 见457页。

苏(蘇、❺嚕、❷*甦) sū ㄙㄨ ❶植物名。1.紫苏,一年生草本植物,叶紫黑色,花紫色,叶和种子可入药。2.白苏,一年生草本植物,茎方形,花白色,种子可以入药。❷假死后再活过来:～醒.死而复～.❸指江苏或江苏苏州:～剧.～绣.❹(外)苏维埃,前苏联国家权力机关。我国第二次国内革命战争时期曾把工农民主政权也叫苏维埃:～区.❺见 309 页"噜"字条"噜苏"(lū—)。

酥 sū ㄙㄨ ❶酪,用牛羊奶凝成的薄皮制成的食物。❷松脆,多指食物:～糖.❸含油多而松脆的点心:桃～.❹软弱无力:～软.

稣 sū ㄙㄨ 同"苏❷"。

窣 sū ㄙㄨ 见 513 页"窸"字条"窸窣"(xī—)。

俗 sú ㄙㄨ ❶风俗,社会上长期形成的风气、习惯等:移风易～.❷大众化的,最通行的,习见的:～语.通～读物.❸趣味低,不高雅:～不可耐.这张画儿画得太～.[庸俗]肤浅的,鄙俗的。❹指没出家的人,区别于出家的佛教徒等:僧～.

夙 sù ㄙㄨ ❶早:～兴夜寐(早起晚睡).❷一向有的,旧有的:～愿.～志.

诉(＊愬) sù ㄙㄨ ❶叙说:告～.～苦.❷控告:～讼.起～.上～.控～.[公诉]追诉犯罪的一种方式。检察机关代表国家为追究被告人的刑事责任而向法院提起的诉讼。[投诉]公民或单位认为其合法权益遭受侵犯,向有关部门请求依法处理。

肃(肅) sù ㄙㄨ ❶恭敬:～立.～然起敬.❷严正,认真:严～.～穆.[肃清]清除:～～流毒.～～土匪.

骕(驌) sù ㄙㄨ [骕骦](—shuāng)古书上说的一种良马。

鹔(鷫) sù ㄙㄨ [鹔鹴](—shuāng)古书上说的一种水鸟。

素 sù ㄙㄨ ❶本色,白色:～服.～丝.⑨颜色单纯,不艳丽:这块布很～净.❷本来的:～质.～性.⑨事物的基本成分:色～.毒～.因～.❸蔬菜类的食品(对荤菜说):～食.吃～.❹平素,向来:～日.～不相识.❺古代指洁白的生绢:尺～(用绸子写的信).

嗉(❶＊＊膆) sù ㄙㄨ ❶(—子)嗉囊,鸟类食管下储存食物的地方:鸡~子.❷(一子)装酒的小壶。

愫 sù ㄙㄨ 情愫,真实的心情。

速 sù ㄙㄨ ❶快(逾迅一):~成.~冻.火~.[速度]运动的物体在单位时间内所通过的距离.[速记]用便于速写的符号记录口语.❷邀请:不~之客.

涑 sù ㄙㄨ 涑水河,水名,在山西省西南部。

觫 sù ㄙㄨ 见189页"觳"字条"觳觫"(hú一)。

宿 ㊀ sù ㄙㄨ ❶住,过夜,夜里睡觉:住~.~舍.❷年老的,长久从事某种工作的:~将(经历多,老练的指挥官).❸平素,素有的:~愿得偿.❹姓。
㊁ xiǔ 见538页。
㊂ xiù 见538页。

缩 ㊀ sù ㄙㄨ [缩砂密]多年生草本植物,种子可入药,叫砂仁。
㊀ suō 见462页。

蹜 sù ㄙㄨ [蹜蹜]小步快走。

粟 sù ㄙㄨ 谷子,一年生草本植物,花小而密集,子实去皮后就是小米。旧时泛称谷类。

僳 sù ㄙㄨ 见291页"傈"字条"傈僳族"(lì——)。

谡 sù ㄙㄨ 起,起来。

塑 sù ㄙㄨ 用泥土等做成人物的形象:~像.泥~木雕.[塑料]具有可塑性的高分子化合物的统称,种类很多,用途很广。

溯(*泝、*遡) sù ㄙㄨ 逆着水流的方向走:~河而上.㊁追求根源或回想:推本~源.回~.追~.

蔌 sù ㄙㄨ 菜肴,野菜:山肴野~。

簌 sù ㄙㄨ [簌簌]1.拟声词:忽然听见芦苇里~~地响.2.纷纷落下的样子:泪珠~~地往下落.

S

SUAN ㄙㄨㄢ

狻 suān ㄙㄨㄢ [狻猊](一ní)传说中的一种猛兽。

痠 suān ㄙㄨㄢ 同"酸❸"。

酸 suān ㄙㄨㄢ ❶化学上称能在水溶液中产生氢离子(H^+)的物质,分无机酸、有机酸两大类:盐~.硝~.醋~.[酸雨]含酸性物质超过一定数量的雨、雪、雾、雹等。能腐蚀建筑物外部,损害植物,污染水源。❷像醋的气味或味道:～菜.这个梨真～.❸微痛无力:腰～腿痛.腰有点儿发～.❹悲痛,伤心:心～.十分悲～.❺旧时讥讽人的迂腐:～秀才.[寒酸]指文人的贫苦或不大方的样子。

蒜 suàn ㄙㄨㄢ 大蒜,多年生草本植物,开白花。地下茎通常分瓣,味辣,可供调味用。

筭 suàn ㄙㄨㄢ ❶计算用的筹码。❷同"算"。

算(＊＊祘) suàn ㄙㄨㄢ ❶核计,计数:～一～多少钱.～账.❷打算,计划:失～.㉠推测:我～着他今天该来.❸作为,当作:这个～我的.㉠算数,承认:不能说了不～.❹作罢,不再提起:～了,不要再啰唆了.❺总算:今天～把问题弄清楚了.

SUI　ㄙㄨㄟ

尿 ㊀ suī ㄙㄨㄟ 小便,从尿道排泄出来的液体。[尿脬](-pāo)膀胱。
㊁ niào 见354页。

虽(雖) suī ㄙㄨㄟ 连词,虽然,用在上半句,表示"即使"、"纵然"的意思,下半句多有"可是"、"但是"相应:为人民而死,～死犹生.工作～忙,可是学习决不能放松.

荽 suī ㄙㄨㄟ [胡荽]芫荽(yánsui),俗叫"香菜"。

眭 suī ㄙㄨㄟ ❶〈古〉目光深注。❷姓。

睢 suī ㄙㄨㄟ 睢县,在河南省。

濉 suī ㄙㄨㄟ 濉河,水名,在安徽省北部。

绥 suí ㄙㄨㄟ ❶安抚:～靖.❷平安:顺颂台～(书信用语).

隋 suí ㄙㄨㄟ 朝代名,隋文帝杨坚所建立(公元581—618年)。

随(隨) suí ㄙㄨㄟ ❶跟着:～说～记.我～着大家一起走.[随即]副词,立刻。❷顺从,任凭,由:～意.～他的便.[随和](-he)和气而不固执己见。❸顺便,就着:～手关门.❹〈方〉像:他长(zhǎng)得～他父亲.

遂 ㊀ suí ㄙㄨㄟ 义同"遂㊁❶",用于"半身不遂"(身

体一侧发生瘫痪)。

㊀ suǐ 见 461 页。

髓 suǐ ㄙㄨㄟˇ ❶骨髓,骨头里的像脂肪样的东西:敲骨吸～(喻残酷地剥削).[精髓]事物精要的部分。❷像髓的东西:脑～.

岁(歲、*崴、**嵗) suì ㄙㄨㄟˋ ❶计算年龄的单位,一年为一岁:三～的孩子.❷年:去～.～月.❸年成:歉～.富～.

谇 suì ㄙㄨㄟˋ ❶责骂。❷问。❸直言规劝。

碎 suì ㄙㄨㄟˋ ❶完整的东西破坏成零片零块:粉～.碗打～了.❷零星,不完整:～布.事情琐～.❸说话唠叨:嘴～.

祟 suì ㄙㄨㄟˋ 迷信说法指鬼神带给人的灾祸.[鬼祟]行为不光明,常说"鬼鬼祟祟";行动～～.[作祟]暗中捣鬼:从中～～.

遂 ㊀ suì ㄙㄨㄟˋ ❶顺,如意:～心.～愿.❷成功,实现:未～.所谋不～.❸于是,就:服药后腹痛～止.

㊁ suì 见 460 页。

隧 suì ㄙㄨㄟˋ 隧道,凿通山石或在地下挖沟所成的通路。

燧 suì ㄙㄨㄟˋ ❶上古取火的器具。❷古代告警的烽火.

邃 suì ㄙㄨㄟˋ 深远.1.指空间(硬深－).2.指时间:～古.3.指程度:精～.

襚 suì ㄙㄨㄟˋ 古代指赠送死者的衣被,也指赠生者的衣物。

缢 suì ㄙㄨㄟˋ 收丝,即缫丝。

穗(❷**繐) suì ㄙㄨㄟˋ ❶(－儿)谷类植物聚生在一起的花或果实:高粱～儿.麦～儿.❷(－子、－儿)用丝线、布条或纸条等结扎成的装饰品:大红旗上挂着金黄的～子.❸广东省广州的别称。

SUN ㄙㄨㄣ

孙(孫) sūn ㄙㄨㄣ ❶(－子)儿子的儿子.[子孙]后代。❷孙子以后的各代:玄～.❸跟孙子同辈的亲属:外～.侄～.❹植物再生的:稻～.～竹.

〈古〉又同"逊"(xùn)。

荪(蓀) sūn ㄙㄨㄣ 古书上说的一种香草。

狲（猻）sūn ㄙㄨㄣ 见189页"猢"字条"猢狲"（hú—）。

飧（*飱）sūn ㄙㄨㄣ 晚饭。

损 sǔn ㄙㄨㄣ ❶减少：～益.增～.［损失］丧失财物、名誉等：避免意外～～.❷损坏，伤害：破～.完好无～.～伤.～人利己.❸用刻薄话挖苦人：别～人啦! ❹刻薄，毒辣：说话不要太～.这法子真～.

笋（*筍）sǔn ㄙㄨㄣ 竹子初从土里长出的嫩芽，可以做菜吃.⑨幼嫩：～鸡.

隼 sǔn ㄙㄨㄣ 一类凶猛的鸟，又叫"鹘"（hú）。一般为灰褐色，捕食鼠、兔及鸟。

榫 sǔn ㄙㄨㄣ（－子、－儿、－头）器物两部分利用凹凸相接的凸出的部分。

SUO ㄙㄨㄛ

莎 ㊀ suō ㄙㄨㄛ 莎草，多年生草本植物，茎三棱形，开黄褐色小花。地下的块茎叫香附子，可入药。
㊁ shā 见424页。

娑 suō ㄙㄨㄛ 见379页"婆"字条"婆娑"（pó—）。

桫 suō ㄙㄨㄛ ［桫椤］（－luó）蕨类植物，木本，茎高而直，叶片大，羽状分裂。

挲（*挱）㊀ suō ㄙㄨㄛ 见341页"摩"字条"摩挲"（mó—）。
㊁ sa 见420页。
㊂ sha 见425页。

唆 suō ㄙㄨㄛ 调唆，挑动别人去做坏事：～使.～讼.受人调～.

梭 suō ㄙㄨㄛ（－子）织布时牵引纬线（横线）的工具，两头尖，中间粗，像枣核形。

睃 suō ㄙㄨㄛ 斜着眼睛看。

羧 suō ㄙㄨㄛ 羧基，有机化合物中含碳、氧、氢（—COOH）的基。

蓑（*簑）suō ㄙㄨㄛ 蓑衣，用草或棕毛制成的雨衣。

嗍 suō ㄙㄨㄛ 用唇舌裹食，吮吸。

趖 suō ㄙㄨㄛ〈方〉移动：日头～西.

缩 ㊀ suō ㄙㄨㄛ ❶向后退：不要畏～.遇到困难决不退～.❷由大变小，由长变短，由多变少:热胀冷～.～了半尺.～短战线.节衣～食.紧～开支.[缩影]比喻可以代表同一类型的具体而微的人或事物。

㈢ sù 见459页。

所(**㡰**) suǒ ㄙㄨㄛˇ ❶处所,地方:住～.各得其～.❷机关或其他办事的地方:研究～.派出～.诊疗～.❸明代驻兵防边的地点,因大小不同有千户所、百户所.现在多用于地名:海阳～(在山东省乳山).❹量词,用于房屋:两～房子.❺助词,放在动词前,代表接受动作的事物.1.动词后不再用表事物的词:耳～闻,目～见.我们对人民要有～贡献.各尽～能,按劳分配.2.动词后再用"者"或"的"字代表事物:吾家～寡有者.这是我们～反对的.3.动词后再用表事物的词:他～提的意见.❻助词,放在动词前,跟前面"为"字相应,表示被动的意思:为人～笑.[所以]1.连词,表因果关系,常跟"因为"相应:他有要紧的事,～～不能等你了.他～～进步得这样快,是因为他能刻苦努力学习.2.用来:～～自责者严,～

～责人者宽.

索 suǒ ㄙㄨㄛˇ ❶(-子)大绳子:麻～.船～.铁～桥.❷搜寻,寻求(㊀搜-):按图～骥.遍～不得.[索引]把书籍或报刊里边的要项摘出来,分类或按字形、字音依次排列,标明页数,以便查检的资料.❸讨取,要:～钱.～价.～赔.❹尽,空:～然无味.❺单独:离群～居.
[索性]副词,直截了当,干脆:～～走了.

唢 suǒ ㄙㄨㄛˇ [唢呐](-nà)管乐器,形状像喇叭。

琐 suǒ ㄙㄨㄛˇ ❶形容玉声.❷细小,零碎(㊀-碎):～事.繁～.这些事很～碎.❸卑微:猥～.

锁 suǒ ㄙㄨㄛˇ ❶加在门、箱等上面使人不能随便打开的器具:门上上～.❷用锁关住:把门～上.拿锁～上箱子.❸链子:枷～.镣～.❹一种缝纫法,多用在衣物边沿上,针脚很密,线斜交或钩连:～扣眼.～边.

嗦 suo ·ㄙㄨㄛ 见112页"哆"字条"哆嗦"(duō-)、316页"啰"字条"啰唆"(luō-)。

T ㄊ

TA　ㄊㄚ

他 tā ㄊㄚ 代词。❶称你、我以外的第三人,一般指男性,有时泛指,不分性别。❷别的:～人.～乡.[其他][其它]别的。❸虚指:睡～一觉.干～一场.❹指另外的地方:久已～往.

她 tā ㄊㄚ 代词,称你、我以外的女性第三人。出于敬慕,也用以代称祖国、国旗、党旗等事物。

它(＊牠) tā ㄊㄚ 代词,他,专指事物。[其它]同"其他"。

铊 ⊖ tā ㄊㄚ 一种金属元素,符号 Tl,银白色,质柔软。铊的化合物有毒。
⊜ tuó 见 492 页。

趿 tā ㄊㄚ 趿拉(la),穿鞋只套上脚的前半部:～拉着一双旧布鞋.～拉着木板鞋.[趿拉儿](－lar)拖鞋,只能套着脚的前半部没有后帮的鞋。

塌 tā ㄊㄚ ❶倒(dǎo),下陷:墙～了.房顶子～了.人瘦得两腮都～下去了.❷下垂:这棵花晒得～秧了.❸安定,镇定:～下心来.

溻 tā ㄊㄚ 出汗把衣服、被褥等弄湿:天太热,我的衣服都～了.

褟 tā ㄊㄚ 〈方〉在衣物上缝缀花边:～一道绦(tāo)子.[汗褟儿]贴身衬衣。

踏 ⊖ tā ㄊㄚ [踏实](－shi)1.切实,不浮躁:他工作很～～.2.(情绪)安定,安稳:事情办完就～～了.
⊖ tà 见 465 页。

塔 tǎ ㄊㄚˇ ❶佛教特有的建筑物。❷像塔形的建筑物:水～.灯～.纪念～.
[塔吉克族]1.我国少数民族,参看附表。2.塔吉克斯坦的主要民族。
[塔塔尔族]我国少数民族,参看附表。

溚 tǎ ㄊㄚˇ (外)"焦油"的旧称。用煤或木材制得的一种黏稠液体,颜色黑褐,是化学工业上的重要原料,通常用作涂料,有煤焦油和木焦油两种。

獭 tǎ ㄊㄚˇ 水獭,一种生活在水边的兽,能游泳,捕鱼为食。皮毛棕色。另有旱獭,生活在陆地上。

鳎 tǎ ㄊㄚˇ 鱼名,又叫"鳎目鱼"。种类很多,体形似舌头,两眼都在身体的一侧,有眼的一侧褐色。侧卧在海底泥沙中。

拓(*搨) ㊀ tà ㄊㄚˋ 在刻铸文字、图像的器物上,蒙一层纸,捶打后使凹凸分明,涂上墨,显出文字、图像来。

㊁ tuò 见493页。

沓 ㊀ tà ㄊㄚˋ 多,重复:杂～.纷至～来.

㊁ dá 见79页.

踏 ㊀ tà ㄊㄚˋ 用脚踩:大～步地前进.㊋亲自到现场去:～看.～勘.

㊁ tā 见464页。

佽(儾) tà ㄊㄚˋ 见479页"佻"字条"佻佽"(tiāo—)。

挞(撻) tà ㄊㄚˋ 打,用鞭、棍等打人:鞭～.

闼(闥) tà ㄊㄚˋ 门,小门:排～直入(推开门就进去).

汰(澾) tà ㄊㄚˋ 滑。

嗒 ㊀ tà ㄊㄚˋ 失意的样子:～丧.～然若失.

㊁ dā 见78页.

遝 tà ㄊㄚˋ 相及.[杂遝]行人很多,拥挤纷乱。现作"杂沓"。

阘 tà ㄊㄚˋ [阘茸](—róng)无能,卑贱。

榻 tà ㄊㄚˋ 狭长而低的床。[下榻]寄居,住宿。

蹋 tà ㄊㄚˋ ❶踏,踩。❷踢。

漯 ㊀ tà ㄊㄚˋ 漯河,古水名,在今山东省。

㊁ luò 见319页。

遢 ta·ㄊㄚ 见274页"邋"字条"邋遢"(lā—)。

T

台 ㊀ tāi ㄊㄞ [天台]山名,在浙江省东部。

㊁ tái 见466页。

苔 ㊀ tāi ㄊㄞ [舌苔]舌头上面的垢腻,是由衰死的上皮细胞和黏液等形成的,观察它的颜色可以帮助诊断病症。

㊁ tái 见466页。

胎 tāi ㄊㄞ ❶人或其他哺乳动物母体内的幼体:怀～.～儿.～生.㊋事的开始,根源:祸～.❷器物的粗坯或衬在内部的东西:这个帽子是软～儿的.泥～.铜～(塑像、做漆器等用).❸轮胎:内～.外～.

台(❶❸❻臺、❹檯、❺颱)

㊀ tái ㄊㄞ ❶高平的建筑物:戏～.讲～.主席～.楼阁亭～.㊐1.(—儿)像台的东西:井～.窗～儿.2.器物的座子:灯～.蜡～.❷敬辞:～鉴.～启.兄～.❸量词:唱一～戏.一～机器.❹桌子,案子:写字～.柜～.❺台风,发生在太平洋西部热带海洋上的一种极猛烈的风暴,中心附近风力达12级以上,同时有暴雨.❻台湾省的简称.

㊁ tāi 见465页.

邰 tái ㄊㄞ 姓.

抬(＊＊擡) tái ㄊㄞ ❶举,提高:～手.～脚.～起头来.㊐使上升:～价.[抬头]1.(—儿)信函上另起一行或空格书写,表示尊敬.2.发票、收据上写的户头.❷共同用手或肩搬运东西:一个人搬不动两个人～.把桌子～过来.[抬杠]⑲争辩.

苔 ㊀ tái ㄊㄞ 隐花植物的一类,根、茎、叶的区别不明显,绿色,常贴在阴湿的地方生长.

㊁ tāi 见465页.

骀 tái ㄊㄞ 劣马.[驽骀](nú—)劣马.⑲庸才.

炱 tái ㄊㄞ 烟气凝积而成的黑灰,俗叫"烟子"或"煤子":煤～.松～(松烟).

跆 tái ㄊㄞ 用脚踩踏.[跆拳道]一种拳脚并用的搏击运动.

鲐 tái ㄊㄞ 鲐鱼,鱼名,俗叫"鲐巴鱼".生活在海水中,身体呈纺锤形,背青蓝色,腹淡黄色,肉可以吃.

薹 tái ㄊㄞ ❶多年生草本植物,生在水田里,茎扁三棱形,叶扁平而长,可制蓑衣等.❷韭菜、油菜、蒜等蔬菜长出的花茎.

太 tài ㄊㄞ ❶副词,过于:～长.～热.❷副词,极端,最:～好.人民的事业～伟大了.[太古]最古的时代.[太平]平安无事.❸对大两辈的尊长的称呼所加的字:～老伯.❹高,大:～空.～学.[太阳]1.银河系的恒星之一,是太阳系的中心天体.2.人头上眉梢后低凹的部分.也叫"太阳穴".❺(外)法定计量单位中十进倍数单位词头之一,表示10^{12},符号 T.

汰 tài ㄊㄞ 淘汰,除去没有用的成分:优胜劣～.

态(態) tài ㄊㄞˋ 形状,样子(⟨叠⟩形-、状-、姿-):丑~.变~.⟨引⟩情况:事~扩大.[态度]1.指人的举止动作:~~大方.2.对于事情采取的立场或看法:~~鲜明.表明~~.

肽 tài ㄊㄞˋ 一种有机化合物,由氨基酸脱水而成,含有羧基和氨基,是一种两性化合物.旧称"胜"(shēng).

钛 tài ㄊㄞˋ 一种金属元素,符号 Ti,银灰色,质硬而轻,熔点高.钛合金强度高且耐腐蚀,可用于飞机工业和航海工业.

酞 tài ㄊㄞˋ 有机化合物的一类,是由一个分子的邻苯二酸酐与两个分子的酚经缩合作用而生成的产物.酚酞就属于酞类.

泰 tài ㄊㄞˋ ❶平安,安定:国~民丰.~然处之.❷极:~西(旧指欧洲).
[泰山]五岳中的东岳,在山东省中部.⟨转⟩称岳父.

坍 tān ㄊㄢ 崖岸、建筑物或堆起的东西倒塌,从基部崩坏(⟨叠⟩-塌):墙~了.

贪 tān ㄊㄢ ❶贪图,求多,不知足:~玩.~便(pián)宜.~得无厌.❷爱财:~财.~墨.[贪污]利用职权非法地取得财物.

怹 tān ㄊㄢ 〈方〉"他"的敬称.

啴(嘽) ㊀ tān ㄊㄢ [啴啴]形容牲畜喘息的样子.
㊁ chǎn 见 49 页.

摊(攤) tān ㄊㄢ ❶摆开,展开:~场(cháng)(把庄稼晾在场上).把问题~到桌上来.⟨引⟩烹饪法,把糊状物放在锅上使成薄片:~鸡蛋.~煎饼.❷(-子、-儿)摆在地上或用席、板摆设的售货处:水果~儿.❸量词,用于摊开的糊状物:一~泥.❹分担财物:~派.每人五元.❺遇到,碰上:他一向爱躲清静,这件事偏偏让他~上了.

滩(灘) tān ㄊㄢ ❶河海边淤积成的平地或水中的沙洲:~地.❷水浅多石而水流很急的地方:险~.
[滩簧]流行于江苏省南部、浙江省北部的一种说唱艺术.

瘫(癱) tān ㄊㄢ 瘫痪(huàn),神经机

能发生障碍，肢体不能活动。

坛（❶❷壇、❸罈、❸*墰、❸*罎）tán ㄊㄢˊ ❶古代举行祭祀、誓师等大典用的土、石等筑的高台：天～．先农～．㊀指文艺界、体育界或舆论阵地：文～．乒～．论～．❷用土堆成的平台，多在上面种花：花～．❸（－子）一种口小肚大的陶器。

T

昙（曇）tán ㄊㄢˊ 云彩密布，多云。

［昙花］灌木状常绿植物，小枝扁平，花大，白色，开的时间很短。后常用"昙花一现"比喻事物一出现很快就消失。

倓 tán ㄊㄢˊ 安然不疑。多用于人名。

郯 tán ㄊㄢˊ ［郯城］地名，在山东省。

谈 tán ㄊㄢˊ ❶说，对话：面～．请你来～一～．～天（闲谈）．❷言论：无稽之～．

锬 tán ㄊㄢˊ 长矛。

痰 tán ㄊㄢˊ 气管或支气管黏膜分泌的黏液。

弹（彈）㊁ tán ㄊㄢˊ ❶被其他手指压住的手指用力伸开：用手指～他一下．把帽子上的土～下去．❷使弦振动：～弦子．～琵琶．～棉花．［弹词］曲艺的一种，流行于南方各省，有说有唱，用三弦、琵琶等伴奏。❸利用一个物体的弹性把另一个物体放射出去：～射．［弹性］物体因受外力暂变形状，外力一去即恢复原状的性质。㊀事物的伸缩性。❹指检举违法失职的官吏（㊥一劾）。

㊀ dàn 见 85 页。

覃 ㊀ tán ㄊㄢˊ ❶深：～思．❷延伸：葛之～兮．❸姓。

㊁ qín 见 399 页。

谭 tán ㄊㄢˊ ❶同"谈"。❷姓。

潭 tán ㄊㄢˊ 深水池，深水坑：清～．泥～．㊀深：～渊．

壇 tán ㄊㄢˊ 〈方〉坑，水塘。多用于地名。

澹 ㊁ tán ㄊㄢˊ ［澹台］（－tái）复姓。

㊀ dàn 见 85 页。

檀 tán ㄊㄢˊ 植物名。1．檀香，常绿乔木，产在热带及亚热带。木材坚硬，有香气，可制器物及香料，又可入药。2．紫檀，常绿乔木，产在热带及亚热带。木质坚硬，可做器具。3.黄檀,落叶乔木,果实豆荚状,木质坚硬。4.青檀,落叶乔木,果实有翅,木质坚硬。

忐 tǎn ㄊㄢˇ [忐忑](－tè)心神不定:～～不安.

坦 tǎn ㄊㄢˇ ❶平坦,宽而平:～途.❷心地平静:～然.[坦白]1.直爽,没有私隐:襟怀～～.2.如实地说出(自己的错误或罪行)。

钽 tǎn ㄊㄢˇ 一种金属元素,符号 Ta,钢灰色,可用于航天工业及核工业,还可以做电解电容。碳化钽熔点高,极坚硬,可制切削刀具。

袒 tǎn ㄊㄢˇ ❶脱去上衣,露出身体的一部分:～胸露臂.❷袒护,不公正地维护一方面:左～.偏～.

菼 tǎn ㄊㄢˇ 古书上指荻。

毯 tǎn ㄊㄢˇ (－子)厚实有毛绒的织品:地～.毛～.

黪 tǎn ㄊㄢˇ 深黑色。

叹(嘆、*歎) tàn ㄊㄢˋ ❶吟咏:一唱三～.❷因忧闷悲痛而呼出长气:～了一口气.仰天长～.❸因高兴而发出长声:欢喜赞～.为观止.[叹词]表示喜、怒、哀、乐各种情感以及应答、招呼的词,如"嗯、喂、哎呀"等。

炭 tàn ㄊㄢˋ ❶木炭,把木材和空气隔绝,加高热烧成的一种黑色燃料。燃烧时无烟。❷像炭的东西:山楂～.❸煤炭,石炭,煤:阳泉大～.

碳 tàn ㄊㄢˋ 一种非金属元素,符号 C,无臭无味的固体。无定形碳有焦炭、木炭等,晶体碳有金刚石和石墨。碳是构成有机物的主要成分。炼铁需要焦炭。在工业上和医药上,碳和它的化合物用途极广。[碳水化合物]有机化学中,分子式可以用 $C_m(H_2O)_n$ 表示的一类化合物,像糖类和淀粉等都是。旧称"醣"。

探 tàn ㄊㄢˋ ❶寻求,探索:～源.❷探测:～矿.❸侦察,暗中考察:～案子.～听消息.❹试探:先～一～口气.❺做侦察工作的人:密～.❻探望,访问:～亲.～视病人.❼(头或上体)伸出:～出头来.车行时不要～身车外.

汤(湯) ⊖ tāng ㄊㄤ ❶热水:赴～蹈火.

❷煮东西的汁液:米~.~药.❸烹调后汁特别多的副食:白菜~.❹姓.

㊁ shāng 见 428 页.

锡（鍚） tāng ㄊㄤ 锡锣,小铜锣.

耥 tāng ㄊㄤ tǎng ㄊㄤ (又) 用耥耙弄平田地,清除杂草.[耥耙](－bà)清除杂草、弄平田地的农具.

趟（*蹚、*踹） ㊀ tāng ㄊㄤ ❶从有水、草的地方走过去:他~着水过去了.❷用犁、锄等把土翻开,把草锄去:~地.

㊁ tàng 见 471 页.

嘡 tāng ㄊㄤ 拟声词:~的一声,锣响了.

镗 ㊀ tāng ㄊㄤ 拟声词,钟鼓或敲锣的声音.

㊁ táng 见 471 页.

羰 tāng ㄊㄤ 羰基,有机化合物中含碳和氧的基(＝CO).旧称"碳氧基".

唐 táng ㄊㄤ ❶夸大,虚夸:荒~之言.~大无验.❷空,徒然:~捐(白费).❸朝代名.1.唐高祖李渊所建立(公元 618—907 年).2.五代之一,李存勖所建立(公元 923—936 年),史称后唐.[唐突]冲撞,冒犯.

鄌 táng ㄊㄤ [鄌郚](－wú)地名,在山东省昌乐.

塘 táng ㄊㄤ ❶堤岸,堤防:河~.海~.❷水池(⤷池—):荷~.苇~.❸浴池:洗澡~.

搪 táng ㄊㄤ ❶挡,抵拒:~饥.❷支吾:~差事(敷衍了事).[搪塞](－sè)敷衍塞(sè)责:做事情要认真,不要~~.❸用泥土或涂料抹上或涂上:~炉子.[搪瓷]用石英、长石等制成的一种像釉子的物质涂在金属器物上,经过烧制形成的薄层,可防锈又可作装饰.❹加工切削机器零件的钻孔:~床.

溏 táng ㄊㄤ 泥浆.㊉不凝结半流动的:~心鸡蛋.

瑭 táng ㄊㄤ 古书上指一种玉.

螗 táng ㄊㄤ 古书上指蝉.

糖（❷**醣） táng ㄊㄤ ❶从甘蔗、甜菜、米、麦等提制出来的甜的东西.❷碳水化合物.

醣 táng ㄊㄤ 赤色(指人的脸):紫~脸.

堂 táng ㄊㄤ ❶正房,高大的屋子:~屋.礼~.[令堂]对对方母亲的尊称。❷专供某种用途的房屋:课～.❸过去官吏审案办事的地方:大～.过～.❹表示同祖父的亲属关系:～兄弟.～姐妹.

[堂皇]盛大,大方:冠冕～～.富丽～～.

[堂堂]仪容端正,有威严:相貌～～.

棠 táng ㄊㄤ 植物名。1.棠梨树,就是"杜树"。2.海棠树,落叶小乔木,春天开花。果实叫海棠,可以吃。

樘 táng ㄊㄤ ❶门框或窗框:门～.窗～.❷量词,用于一套门(窗)框和门(窗)扇:一～玻璃门.

膛 táng ㄊㄤ ❶体腔:胸～开～.❷(一儿)器物中空的部分:炉～.枪～.

镗 ⊖ táng ㄊㄤ 同"搪❹"。
⊖ tāng 见 470 页。

螳 táng ㄊㄤ 螳螂:～臂当(dāng)车(喻做事不自量力必然失败)。[螳螂]俗叫"刀螂"。一种食虫性昆虫,前脚很发达,好像镰刀,头为三角形,触角呈丝状。

帑 tǎng ㄊㄤ 古时指收藏钱财的府库和府库里的钱财。
〈古〉又同"孥"(nú)。

倘 (**儻) ⊖ tǎng ㄊㄤ 连词,假使,如果:～若.～能努力,定可成功.
⊖ cháng 见 51 页。

淌 tǎng ㄊㄤ 流:～眼泪.汗珠直往下～.

惝 tǎng ㄊㄤ chǎng ㄔㄤ(又)失意。

耥 tǎng ㄊㄤ(又)见 470 页tāng。

躺 tǎng ㄊㄤ 身体横倒,也指车辆、器具等倒在地上:～在床上.一棵大树～在路上.

傥 (儻) tǎng ㄊㄤ ❶同"倘⊖"。❷见477页"倜"字条"倜傥"(tì—)。

镋 (钂) tǎng ㄊㄤ 古代一种兵器,跟叉相似。

烫 (燙) tàng ㄊㄤ ❶温度高,皮肤接触温度高的物体感觉疼痛:开水很～.～手.小心～着!❷用热的物体使另外的物体起变化:～酒(使热).～衣服(使平).❸烫头发:电～.

趟 ⊖ tàng ㄊㄤ 量词。1.来往的次数:他来了一～.这～火车去上海.2.(一儿)用于成行的东西:屋里摆着两～桌子.用线把这件衣服缝上一～.

㊁ tāng 见 470 页。

TAO　ㄊㄠ

叨　㊀ tāo ㄊㄠ 承受:～光. ～教(jiào).[叨扰]谢人款待的话。

㊁ dāo 见 87 页。

涛(濤)　tāo ㄊㄠ 大波浪(圈波－)。

焘(燾)　tāo ㄊㄠ （又)见 88 页 dào,多用于人名。

绦(縧、*條、*絛)　tāo ㄊㄠ (－子)用丝线编织成的花边或扁平的带子,可以装饰衣物。[绦虫]寄生在人或家畜、家禽、鱼等动物体内的虫子,身体长而扁,像绦子,由节片组成。

掏(*搯)　tāo ㄊㄠ ❶挖:在墙上～一个洞.❷伸进去取:把口袋里的钱～出来.～麻雀.

滔　tāo ㄊㄠ 漫,充满:波浪～天.罪恶～天.[滔滔] 1.大水漫流:海水～～.2.连续不断:～～不绝.议论～～.

韬(韜、**弢)　tāo ㄊㄠ ❶弓或剑的套子。[韬略]指六韬、三略,古代的兵书。㊀战斗用兵的计谋。❷隐藏,隐蔽(多指才能):～晦.

饕　tāo ㄊㄠ [饕餮](－tiè)古代传说中的一种凶恶的兽,古代铜器上多刻它的头部形状作装饰。㊀1.凶恶的人。2.贪吃的人。

逃(**迯)　táo ㄊㄠ ❶逃跑,逃走:追奸～敌.❷逃避,避开:～荒.～难.

洮　táo ㄊㄠ 洮河,水名,在甘肃省南部。

桃　táo ㄊㄠ ❶桃树,落叶乔木,春天开花,白色或红色,果实叫桃子或桃儿,可以吃。❷(－儿)形状像桃子的东西:棉～儿.❸核桃:～仁. ～酥.

桃　táo ㄊㄠ [桃黍]〈方〉高粱。

陶　㊀ táo ㄊㄠ ❶用黏土烧制的器物。[陶土]烧制陶器的黏土。❷制造陶器:～铸.～冶(制陶器和炼金属,喻造就良好的品格、情操等)。❸陶然,快乐的样子:～醉。❹姓。

㊁ yáo 见 558 页。

萄 táo ㄊㄠ 指葡萄:～糖.

啕(**咷) táo ㄊㄠ 见 177 页"号"字条"号啕"(háo—)。

淘 táo ㄊㄠ ❶洗去杂质:～米.～金.[淘汰]去坏的留好的,去不合适的留合适的:自然～～.❷消除泥沙、渣滓等,挖浚:～井.～缸.❸淘气,顽皮:这孩子真～.

绹 táo ㄊㄠ ❶绳索。❷〈方〉用绳索捆。

醄 táo ㄊㄠ 见 326 页"酕"字条"酕醄"(máo—)。

梼(檮) táo ㄊㄠ [梼杌](—wù) 1. 古代传说中的恶兽,恶人。2. 春秋时楚史名。

鼗 táo ㄊㄠ 长柄的摇鼓,俗叫"拨浪鼓"。

讨 tǎo ㄊㄠ ❶查究,处治.⑱征伐,发动攻击:南征北～.[声讨]宣布罪行而加以抨击.❷研究,推求:仔细研～.[讨论]就某一问题交换意见或进行辩论.❸索取:～债.❹求,请求:～饶.～教(jiào).❺招惹:～厌.～人欢喜.

䅫 tǎo ㄊㄠ [䅫黍]〈方〉高粱。

套 tào ㄊㄠ ❶(—子、—儿)罩在外面的东西:褥～.外～儿.手～儿.书～.[河套]地域名,被黄河三面环绕,在内蒙古自治区和宁夏回族自治区境内.❷加罩:～鞋.上一件毛背心.❸(—子、—儿)装在衣物里的棉絮:被～.袄～.棉花～子.❹量词,同类事物合成的一组:一～制服.一～茶具.❺模拟,照做:这是从那篇文章上～下来的.[套语]1. 客套话,如"劳驾、借光、慢走、留步"等.2. 行文、说话中的一些不解决实际问题的俗套子.❻(—儿)用绳子等做成的环:双～结.用绳子做个活～儿.牲口～.大车～.[圈套]陷害人的诡计:他不小心,上了～～.那是敌人的～～.❼用套拴系:～车(把车上的套拴在牲口身上).⑱用计骗取:用话～他.～出他的话来.❽互相衔接或重叠:～耕.～种.❾拉拢,表示亲近:～交情.～近乎.

忑 tè ㄊㄜ 见469页"忐"字条"忐忑"(tǎn—)。

忒 ㊀ tè ㄊㄜ 差错:差～.
㊁ tuī 见 490 页。

铽 tè ㄊㄜ 一种金属元素,符号 Tb,银灰色。可用于制荧光物质及元件。

特 tè ㄊㄜ ❶特殊,不平常的,超出一般的:～色.～效.～产.[特别]1.特殊,与众不同:样式很～～.2.副词,尤其:～～聪明.～～是数学学得好.[特务]1.军队中指担任警卫、通讯、运输等特殊任务的:～～连.2.(－wu)经过特殊训练,从事刺探情报、颠覆、破坏等活动的人。❷专,单一:～为.～设.我～意来看你.❸只,但:不～此也.

慝 tè ㄊㄜ 奸邪,罪恶:隐～(别人不知道的罪恶).

肽 te ·ㄊㄜ (又) 见 281 页“肋”字条“肋肽”(lēde)。

熥 tēng ㄊㄥ 把熟的食物蒸热:～馒头.

鼟 tēng ㄊㄥ 拟声词,敲鼓声。

疼 téng ㄊㄥ ❶人、动物因病、刺激或创伤而引起的难受的感觉(叠－痛):肚子～.腿摔～了.❷喜爱,爱惜:他奶奶最～他.

腾 téng ㄊㄥ ❶奔跑,跳跃(叠奔－):万马奔～.万众欢～.❷上升:～空.～云驾雾.[腾腾]形容气势旺盛:雾气～～.热气～～.❸空出来,挪移:～出两间房来.～不出空来.❹(teng)词尾(在动词后,表示动作的反复连续):倒～.翻～.折(zhē)～.闹～.

誊(謄) téng ㄊㄥ 照原稿抄写:～清.这稿子太乱,要～一遍.

滕 téng ㄊㄥ 周代诸侯国名,在今山东省滕州。

螣 téng ㄊㄥ 螣蛇,古书上说的一种能飞的蛇。

縢 téng ㄊㄥ ❶封闭,约束。❷绳子。

藤(*籐) téng ㄊㄥ ❶植物名.1.紫藤,藤本植物,花紫色。俗叫“藤萝”。2.白藤,常绿木本植物。茎细长,柔软而坚韧,可以编篮、椅、箱等用具。俗叫“藤子”。3.藤黄,常绿乔木,果实圆形。树脂可做黄色颜料,但有毒,不能染食品。❷蔓:葡萄～.顺～摸瓜.

鰧 téng ㄊㄥ 鰧鱼,鱼名。身体青灰色,有褐色网状斑纹,头大眼小,下颌突出,有一个或两个背鳍。常栖息在海底。可食。

TI 太l

体(體) ㊀ tī 太l [体己][梯己](—ji) 1.家庭成员个人积蓄的财物。2.亲近的:~~话.

㊀ tǐ 见 476 页。

剔 tī 太l ❶把肉从骨头上刮下来:~骨肉.把肉~得干干净净.㊁从缝隙或孔洞里往外挑(tiāo)拨东西:~牙.~指甲.❷把不好的挑(tiāo)出来(㊧—除):把有伤的果子~出去.~庄(旧指挑出有缺点的货品廉价出卖).

踢 tī 太l 用脚触击:~球.~毽子.一脚~开.

梯 tī 太l ❶(—子)登高用的器具或设备:楼~.软~.❷像梯子的:~形.[梯田]在山坡上开辟的一层一层的田地。❸作用跟梯子相似的设备:电~.

䏲 tī 太l 有机化合物,锑化氢的特称。有剧毒。

锑 tī 太l 一种金属元素,符号 Sb,银白色,有光泽,质硬而脆。锑、铅和锡的合金可制印刷用的铅字。锑化铟是一种重要的半导体材料。

鷉 tī 太l 见 373 页"鷉"字条"鸊鷉"(pì—)。

荑 ㊀ tí 太l ❶草木初生的叶芽。❷稗子一类的草。

㊀ yí 见 564 页。

绨 ㊀ tí 太l 光滑厚实的丝织品。

㊀ tì 见 477 页。

鹈 tí 太l [鹈鹕](—hú)水鸟名,俗叫"淘河"或"塘鹅"。体大嘴长,嘴下有皮囊可以伸缩,捕食鱼类。

提 ㊀ tí 太l ❶垂手拿着(有环、柄或绳套的东西):~着一壶水.~着一个篮子.~心吊胆(喻害怕).~纲挈(qiè)领(喻扼要).❷使事物由低往高、由后往前移动:~升.~高.~前.~早.❸舀取油、酒等液体的工具:油~.醋~.❹说起,举出:经他一~,大家都想起来了.~意见.~供材料.[提倡]说明某种事物的优点,鼓励大家使用或实行:要~~顾全大局.[提醒]从旁促使别人注意或指点别人:幸亏你~~,不然我就忘了.[提议]说出意见,供人讨论或采纳.❺取出(㊧—取):把款~出来.~单(提取货物的凭单).❻汉字的一种笔形(╱),即"挑"(tiāo).❼姓.
㊂dī见92页.

骎 tí 去ㄧ 见251页"駃"字条"駃骎"(jué—).

缇 tí 去ㄧ 橘红色.

题 tí 去ㄧ ❶古指额头:雕~.❷题目,写作或讲演内容的总名目:命~.出~.难~(喻不容易做的事情).离~太远.㊂练习或考试时要求解答的问题:试~.算~.几何~.问答~.[题材]写作内容的主要材料.❸写上,签署:~名.~字.~词.

醍 tí 去ㄧ [醍醐](—hú)精制的奶酪.

鳀 tí 去ㄧ 鱼名.体长10厘米—13厘米,银灰色,侧扁,腹部呈圆柱形,眼和口都大.生活在海中.

啼(*嗁) tí 去ㄧ ❶哭,出声地哭(㊈—哭):悲~.用不着哭哭~~.❷某些鸟兽叫:鸡~.猿~.

蹄(*蹏) tí 去ㄧ (—子、—儿)马、牛、羊等生在趾端的角质保护物.又指有角质保护物的脚:马不停~.

体(體) ㊀ tǐ 去ㄧˇ ❶人、动物的全身(㊈身—):~重.~温(身体的温度).㊁身体的一部分:四~.上~.肢~.[体面](—mian) 1.身份. 2.光彩,光荣. 3.好看.[体育]指锻炼身体增强体质的教育:~~课.发展~~运动,增强人民体质.❷事物的本身或全部:物~.全~.个~.~积.❸形式,规格:字~.得~(合宜).❹作品的体裁:文~.骚~.骈~.古~.

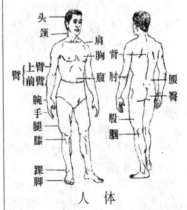

人　体

❺亲身,设身处地:~验.~味.~谅.[体会]领会,个人的理解:我~~到你的意思.对这个文件,我的~~还很肤浅.[体贴]揣度别人的处境和心情,给予关心、照顾:~~入微.

㊀ tī 见 475 页。

屉（**屜）tì ㄊㄧˋ 器物中可以随意拿出的盛放东西的部分，常常是匣形或是分层的格架：抽～.笼～.

剃（*鬀、△*薙）tì ㄊㄧˋ 用刀刮去毛发：～头.～光.

涕 tì ㄊㄧˋ ❶眼泪.❷鼻涕，鼻子里分泌的液体。

悌 tì ㄊㄧˋ 指弟弟敬爱哥哥：孝～.

绨 tì ㄊㄧˋ 比绸子厚实、粗糙的纺织品，用丝做经，棉线做纬。

㊀ tí 见 475 页。

俶 ㊁ tì ㄊㄧˋ [俶傥]（－tǎng）同"倜傥"。
㊀ chù 见 65 页。

倜 tì ㄊㄧˋ [倜傥]（－tǎng）洒脱，不拘束：风流～～.
tì ㄊㄧˋ 远。

逖（**逷）

惕 tì ㄊㄧˋ 小心谨慎。[警惕]对可能发生的危险情况或错误倾向保持警觉：提高～～，保卫祖国.～～贪图享乐思想的侵蚀。

褓 ㊀ tì ㄊㄧˋ 婴儿的包被。
㊁ xī 见 514 页。

替 tì ㄊㄧˋ ❶代，代理（鍧－代、代－）：～班.我～你洗衣服.❷介词，为（wèi），给：大家都～他高兴.❸衰废：兴～.隆～.

殢（殢）tì ㄊㄧˋ ❶困倦。❷滞留。❸困扰，纠缠。

薙 tì ㄊㄧˋ ❶除去野草。❷同"剃"。

嚏 tì ㄊㄧˋ [嚏喷]（－pen）因鼻黏膜受刺激而引起的一种猛烈带声的喷气现象。也叫"喷嚏"（pēn－）。

趯 tì ㄊㄧˋ ❶跳跃。❷汉字一种笔形（亅），今称"钩"。

天 tiān ㄊㄧㄢ ❶在地面以上的高空。鍧 1.在上的：～头（书页上部空白部分）.～桥（架在空中的高桥，桥下可以通行）.2.最，极：～好，也只能是这样.[天文]日月星辰等天体在宇宙间分布、运行等现象。❷自然的，天生的：～生.～性.～险.～然.❸日，一昼夜，或专指昼间：今～.一整～.白～黑夜工作忙.㊋一日之内的某一段时间：～不早了.❹气候：～冷.阴～.[天气] 1. 冷、热、阴、晴等现象：~~好. ~~要变. 2. 时间：~~不早了. ❺季节，时节：春~. 热~. ❻迷信的人指神佛仙人或他们所住的地方：~堂. 老~爷. [天子]古代指统治天下的帝王。

添 tiān ㄊㄧㄢ 增加（働增—）：再~几台机器. 锦上~花.

黇 tiān ㄊㄧㄢ [黇鹿]鹿的一种，角的上部扁平或呈掌状，尾略长，性温顺。

田 tián ㄊㄧㄢ ❶种植农作物的土地：水~. 稻~. 种~. 働和农业有关的：~家. [田地] 1. 同"田"。 2. 地步，境遇（多指坏的）：怎么弄到这步~~了？[田赛]田径运动中各种跳跃、投掷项目比赛的总称。❷指可供开采的蕴藏矿物的地带：煤~. 油~. 气~. ❸同"畋"。

佃 ㊀ tián ㄊㄧㄢ 佃作，耕种田地。
　㊁ diàn 见97页。

畋 tián ㄊㄧㄢ 打猎。

畑 tián ㄊㄧㄢ （外）日本人姓名用字。

钿 ㊀ tián ㄊㄧㄢ 〈方〉钱，硬币：铜~. 洋~.

　㊁ diàn 见97页。

恬 tián ㄊㄧㄢ 安静（働—静）。働安然，坦然，不在乎：~不知耻. ~不为怪.

甜 tián ㄊㄧㄢ 像糖或蜜的滋味，跟"苦"相对。働使人感觉舒服的：~言蜜语. 睡得真~.

湉 tián ㄊㄧㄢ [湉湉]形容水面平静。

菾 tián ㄊㄧㄢ [菾菜]二年生草本植物，开黄绿色花，叶可吃，根可制糖。现作"甜菜"。

填 tián ㄊㄧㄢ ❶把空缺的地方塞满或补满：~平洼地. ❷填写，在空白表格上按照项目写：~志愿书. ~表.

阗 tián ㄊㄧㄢ 充满：喧~. [和阗]地名，在新疆维吾尔自治区. 今作"和田"。

忝 tiǎn ㄊㄧㄢ 辱没。谦辞：~属知己. ~列门墙.

舔 tiǎn ㄊㄧㄢ 用舌头接触东西或取东西。

殄 tiǎn ㄊㄧㄢ 尽，绝：暴~天物（任意糟蹋东西）.

惉 tiǎn ㄊㄧㄢ 惭愧。

觍 tiǎn ㄊㄧㄢ ❶形容惭愧：~颜. ❷厚着脸皮：~着脸（不知羞）. ❸见335页"靦"字

条"靦觍"(miǎn—)。

腆 tiǎn ㄊㄧㄢˇ ❶丰厚。❷胸部或腹部挺起：～胸脯. ～着个大肚子. ❸见 335 页"膃"字条"膃腆"(miǎn—)。

觍 ㊀ tiǎn ㄊㄧㄢˇ ❶同"觍"。❷〈古〉形容人脸的样子：～然人面.

㊁ miǎn 见 335 页。

掭 tiàn ㄊㄧㄢˋ 用毛笔蘸墨汁在砚台上弄均匀：～笔.

TIAO ㄊㄧㄠ

佻 tiāo ㄊㄧㄠ 轻薄，不庄重。[佻达](—tà)轻佻。

挑 ㊀ tiāo ㄊㄧㄠ ❶用肩担着：～水. 别人～一担，他～两担. ❷(—子、—儿)挑、担的东西：挑着空～子. ❸(—儿)量词：一～儿水. 两～儿粪. ❹选，拣(⯑—选、—拣)：～好的送给他. ～错. ～毛病. [挑剔]严格地拣选，把不合规格的除去。⯑故意找错。

㊁ tiǎo 见 480 页。

祧 tiāo ㄊㄧㄠ 古代称远祖的庙。在封建宗法制度中指承继先代：承～.

条(條) tiáo ㄊㄧㄠ ❶(—子、—儿)植物的细长枝：柳～儿. 荆～. ❷(—

子、—儿)狭长的东西：面～儿. 布～儿. 纸～儿. ❸细长的形状：～纹. 花～儿布. ～绒. ❹项目，分项目的：宪法第一～. ～例. [条件]1. 双方规定应遵守的事项。2. 事物产生或存在的因素：自然～～. 有利～～. 一切事物都依着～～、地点和时间起变化. [条约]国与国之间关于权利义务等约定的条文. ❺条理，秩序，层次：井井有～. 有～不紊. ❻量词. 1. 用于长形的东西：一～河. 两～大街. 三～绳. 四～鱼. 两～腿. 2. 用于分项目的事物：这一版上有五～新闻.

鲦(鰷) tiáo ㄊㄧㄠ 鱼名。身体小，侧线紧贴腹部，银白色，生活在淡水中。

苕 ㊀ tiáo ㄊㄧㄠ ❶古书上指凌霄花，也叫"紫葳"。落叶藤本植物，开红花。❷苕子，一年生草本植物，花紫色。可以做绿肥。❸苇子的花。

㊁ sháo 见 430 页。

岧 tiáo ㄊㄧㄠ [岧峣](—yáo)山高。

迢 tiáo ㄊㄧㄠ 远(叠)：千里～～.

笤 tiáo ㄊㄧㄠ [笤帚](—zhou)扫除尘土的用具，

用脱去子粒的高粱穗、黍子穗或棕等做成。

龆 tiáo ㄊㄧㄠˊ 儿童换牙：～年(童年).

髫 tiáo ㄊㄧㄠˊ 古时小孩子头上扎起来的下垂的短发：垂～.～年(指幼年).

调 ㈠ tiáo ㄊㄧㄠˊ ❶配合均匀：～色.～味.风～雨顺.㉑使和谐：～解.～整.[调剂]1.配药.2.(－ji)调(diào)配,使均匀：组与组之间人力可以互相～～.[调停]使争端平息. ❷挑拨；挑逗(㉑—唆)：～嘴弄舌.～笑.～戏.[调皮]好开玩笑,顽皮。
㈡ diào 见 99 页。

蜩 tiáo ㄊㄧㄠˊ 古书上指蝉。

蓨 tiáo ㄊㄧㄠˊ 即羊蹄草,多年生草本植物,叶子椭圆形,初夏开花。根茎叶浸出的汁液,可防治棉蚜、红蜘蛛、菜青虫等。

挑 ㈠ tiǎo ㄊㄧㄠˇ ❶用竿子等把东西举起或支起：～起帘子来.把旗子～起来. ❷用条状物或有尖的东西拨开或弄出：把火～开.～了～灯心.～刺. ❸一种刺绣方法：～花. ❹拨弄,引动(㉑—拨)：～衅.～拨是非.[挑战]1.激怒敌

人出来打仗. 2.鼓动对方和自己竞赛：两个作业队互相～～. ❺汉字由下斜着向上写的笔形(╱).
㈠ tiāo 见 479 页。

朓 tiǎo ㄊㄧㄠˇ 古代称夏历月底月亮在西方出现。多用于人名。

窕 tiǎo ㄊㄧㄠˇ 见 559 页"窈"字条"窈窕"(yǎo—)。

眺 tiào ㄊㄧㄠˋ 眺望,往远处看：登高远～。

跳 tiào ㄊㄧㄠˋ ❶蹦,跃,两脚离地全身向上或向前(㉑—跃)：～高.～远.～绳.㉑越过：这一课书～过去不学.[跳板]1.一头搭在车、船上的长板,便于上下.㉑通路.2.供游泳跳水的长板. ❷一起一伏地动：心～.眼～。

粜(糶) tiào ㄊㄧㄠˋ 卖粮食。

TIE　ㄊㄧㄝ

帖 ㈡ tiē ㄊㄧㄝ ❶妥适：妥～.安～. ❷顺从,驯服：～伏.俯首～耳(含贬义).
㈠ tiè 见 481 页。
㈢ tiě 见 481 页。

萜 tiē ㄊㄧㄝ 平定；安宁。

怗

贴 tiē ㄊㄧㄝ ❶粘(zhān),把一种薄片状的东西粘在另一种东西上(働粘一):～布告.～邮票.❷靠近,紧挨:～身衣服.～着墙走.[贴切]密合,恰当,确切.❸添补,补助(働一补):煤～.每月～给他一些钱.❹适合,妥当,同"帖㊂❶".❺量词,用于膏药.

萜 tiē ㄊㄧㄝ 有机化合物的一类,通式为$(C_5H_8)_n$,多为有香味的液体.

帖 ㊀ tiě ㄊㄧㄝ ❶(一儿)便条:字～儿.❷(一子)邀请客人的纸片:请～.喜～.❸旧时写着生辰八字等内容的纸片:庚～.换～.
㊁ tiē 见481页.
㊂ tiē 见480页.

铁(鐵、**銕) tiě ㄊㄧㄝ 一种金属元素,符号 Fe,纯铁灰白色,有金属光泽,富延展性,在潮湿空气中易生锈.工业上的用途极大,可以炼钢,可以制造各种器械、用具.働1.坚硬:～蚕豆.～拳.2.意志坚定:～人.～姑娘队.3.确定不移:～的纪律.～案如山.4.残暴或精锐:～蹄.～骑.5.借指兵器:手无寸～.

帖 ㊀ tiè ㄊㄧㄝ 学习写字时模仿的样本:碑～.字～.
㊁ tiě 见481页.
㊂ tiē 见480页.

餮 tiè ㄊㄧㄝ 见472页"饕"字条"饕餮"(tāo一).

TING ㄊㄧㄥ

厅(廳) tīng ㄊㄧㄥ ❶聚会或招待客人用的大房间:客～.餐～.❷政府机关的办事单位:办公～.

汀 tīng ㄊㄧㄥ 水边平地,小洲。[汀线]海岸被海水侵蚀而成的线状的痕迹.

听(聽) tīng ㄊㄧㄥ ❶用耳朵接受声音:～广播.你～～外面有什么响声.❷顺从,接受意见:行动～指挥.我告诉他了,他不～.❸(旧读 tìng)任凭,随:～其自然.～便.～凭你怎么办.❹治理,判断:～政(指封建帝王临朝处理政事).❺(外)马口铁筒:一～烟.一～煤油.一～饼干.

烃(烴) tīng ㄊㄧㄥ 碳氢化合物的总称.

桯 tīng ㄊㄧㄥ ❶锥子等中间的杆子:锥～子.❷古代放在床前的小桌子.

鞓 tīng ㄊㄧㄥ 皮革制的腰带。

廷 tíng ㄊㄧㄥ 朝廷,封建时代君主受朝问政的地方。[宫廷]1.帝王的住所。2.由帝王及其大臣构成的统治集团。

莛 tíng ㄊㄧㄥ (一儿)草本植物的茎:麦～儿.油菜～儿.

庭 tíng ㄊㄧㄥ ❶正房前的院子:前～.[家庭]以婚姻和血统关系为基础的社会单位,包括父母、子女和其他共同生活的亲属。❷厅堂:大～广众.❸法庭,审判案件的处所或机构:开～.～长.

蜓 tíng ㄊㄧㄥ 见400页"蜻"字条"蜻蜓"(qīng一)、553页"蝘"字条"蝘蜓"(yǎn一)。

霆 tíng ㄊㄧㄥ 劈雷,霹雳。

亭 tíng ㄊㄧㄥ ❶(一子)有顶无墙,供休息用的建筑物,多建筑在路旁或花园里。㉆建筑得比较简单的小房子:书～.邮～.❷适中,均匀:调配得很～匀.
[亭亭]1.形容高耸。2.美好:～～玉立.也作"婷婷"。
[亭午]正午,中午。

停 tíng ㄊㄧㄥ ❶止住,中止不动(㊷一顿、一止):一辆汽车～在门口.钟～了.❷停留:我去天津,在北京～了两天.❸妥当.[停当](一dang)齐备,完毕.❹(一儿)总数分成几份,其中一份叫一停儿:三～儿中的两～儿.十～儿有九～儿是好的.

葶 tíng ㄊㄧㄥ [葶苈](一lì)一年生草本植物,开黄色小花,种子黑褐色,可入药。

渟 tíng ㄊㄧㄥ 水停止不动:渊～.

婷 tíng ㄊㄧㄥ (叠)美好.

町 ㊀ tǐng ㄊㄧㄥ 〈古〉❶田界.❷田地。
㊁ dīng 见101页。

侹 tǐng ㄊㄧㄥ 平直。

挺 tǐng ㄊㄧㄥ ❶笔直:笔～.～进(勇往直前).直～～地躺着不动.[挺拔]1.直立而高耸。2.坚强有力:笔力～～.❷撑直或凸出:～起腰来.～胸抬头.～身而出.㉆勉强支撑:他虽然受了伤,硬～着不下火线.❸副词,很:～好.～和气.～爱学习.这花～香.❹量词,用于机枪:一～机关枪.

斑 tǐng ㄊㄧㄥˇ 玉笏(hù).

梃 ⊖ tǐng ㄊㄧㄥˇ 棍棒.
⊜ tìng 见483页.

铤 tǐng ㄊㄧㄥˇ 快走的样子:~而走险(指走投无路而采取冒险行动).

颋 tǐng ㄊㄧㄥˇ 正直,直.

艇 tǐng ㄊㄧㄥˇ 轻便的小船:游~.汽~.[潜艇]可以在水下潜行的舰艇.也称"潜水艇".

梃 ⊖ tìng ㄊㄧㄥˋ ❶梃猪,杀猪后,在猪腿上割一个口子,用铁棍贴着腿皮往里捅.❷梃猪用的铁棍.
⊜ tǐng 见483页.

TONG ㄊㄨㄥ

通 ⊖ tōng ㄊㄨㄥ ❶没有阻碍,可以穿过,能够达到:~行.条条大路~北京.四~八达.~车.~风.⑨1.顺,指文章合语法,合事理.2.彻底明了(liǎo),懂得:精~业务.他~三国文字.3.四通八达的,不闭塞的:~都大邑.[通过]1.穿过去,走过去:火车~~南京长江大桥.2.介词,经过:~~学习提高了认识.3.(提案)经过讨论大家同意:~~一项议案.[通货]在社会经济活动中作为流通手段的货币:~~膨胀.[通融]破例迁就.⑨适当互助,以有易无:新式农具不够,大家~~着用.❷传达:~报.~告.~信.[通知]1.传达使知道:~他一声.2.传达事项的文件:发~~.开会~~.❸往来交接:~商.互~情报.❹普遍,全:~病.~共.~盘计划.~力合作.[通俗]浅显的,适合于一般文化程度的:~~读物.❺姓.
⊜ tòng 见485页.

嗵 tōng ㄊㄨㄥ 拟声词:心~~地跳.

樋 tōng ㄊㄨㄥ 树名.

痌 tōng ㄊㄨㄥ 病痛:~瘝(guān)在抱(把人民的疾苦放在心里).

仝 tóng ㄊㄨㄥ ❶同"同".❷姓.

砼 tóng ㄊㄨㄥ 混凝土.

同(△*仝) ⊖ tóng ㄊㄨㄥ ❶一样,没有差异:~等.~岁.~感.大~小异.[同化]1.生物体将从食物中摄取的养料转化成自身细胞的成分并储存能量。2.使不同的事物变成相同或相近的事物。[同情]对于别人的遭遇在感情上发生共鸣：我们～～并支持一切反殖民主义的斗争。[同时]1.在同一个时候。2.表示进一层，并且：修好淮河可以防止水灾，～～还可以防止旱灾。[同志]一般指志同道合的人，为共同的理想、事业而奋斗的人。特指同一个政党的成员。❷跟……相同：～上。～前."全"～"同".❸副词，共同，一起：～居.～吃～住～劳动.一路行.❹介词，跟：他～哥哥一样勤奋.～坏人作斗争.❺连词，和：我～你都去.

㊁ tòng 见 485 页。

侗 ㊀ tóng ㄊㄨㄥˊ 旧指童蒙无知。

㊁ dòng 见 103 页。

㊂ tǒng 见 485 页。

垌 ㊀ tóng ㄊㄨㄥˊ [垌冢]（－zhǒng）地名，在湖北省汉川。

㊁ dòng 见 103 页。

茼 tóng ㄊㄨㄥˊ [茼蒿]（－hāo）一年生或二年生草本植物，花黄色或白色，茎叶嫩时可吃。

峒 ㊀ tóng ㄊㄨㄥˊ 见 264 页"崆"字条"崆峒"（kōng－）。

㊁ dòng 见 104 页。

桐 tóng ㄊㄨㄥˊ 植物名。1.泡（pāo）桐，落叶乔木，开白色或紫色花，生长快，是较好的固沙防风树木。木材可做琴、船、箱等物。2.油桐，又叫"桐油树"，落叶乔木，花白色，有红色斑点，果实近球形，顶端尖。种子榨的油叫桐油，可做涂料。3.梧桐。

烔 tóng ㄊㄨㄥˊ [烔炀镇]（－yáng－）地名，在安徽省巢湖。

铜 tóng ㄊㄨㄥˊ 一种金属元素，符号 Cu，淡紫红色，有金属光泽，富延展性，是热和电的良导体。在湿空气中易生铜绿，遇醋起化学作用生乙酸铜，有毒。铜可制各种合金、电业器材、器皿、机械等。

酮 tóng ㄊㄨㄥˊ 有机化合物的一类，通式R－CO－R′。酮类中的丙酮是工业上常用的溶剂。

鲖 tóng ㄊㄨㄥˊ [鲖城]地名，在安徽省临泉。

佟 tóng ㄊㄨㄥˊ 姓。

峒 tóng ㄊㄨㄥˊ [峒峪]地名,在北京市海淀。

彤 tóng ㄊㄨㄥˊ 红色。

童 tóng ㄊㄨㄥˊ ❶儿童,小孩子:～谣.⑨1.未长成的,幼:～牛(没有生角的小牛).2.未结婚的:～男.～女.3.秃的:～山(没有草木的山).[童话]专给儿童编写的故事.❷旧时指未成年的男仆:家～.

僮 ⊖ tóng ㄊㄨㄥˊ ❶封建时代受役使的未成年的人:书～.❷古同"童❶"。
⊜ zhuàng 见640页。

潼 tóng ㄊㄨㄥˊ [潼关]地名,在陕西省。

橦 tóng ㄊㄨㄥˊ 古书上指木棉树。

曈 tóng ㄊㄨㄥˊ [曈昽](—lóng)天将亮的样子。

瞳 tóng ㄊㄨㄥˊ 瞳孔,眼球中央的小孔,可以随着光线的强弱缩小或扩大。俗叫"瞳人"。(图见553页"眼")

侗 ⊜ tǒng ㄊㄨㄥˇ [侗侗](lǒng—)同"笼统"。
⊖ dòng 见103页。
⊜ tóng 见484页。

筒(*筩) tǒng ㄊㄨㄥˇ 粗大的竹管。⑨1.较粗的中空而高的器物:烟～(tong).邮～.笔～.2.(一儿)衣服等的筒状部分:袖～.袜～.靴～.

统 tǒng ㄊㄨㄥˇ ❶总括,总起来:～率.～一.～筹.❷事物的连续关系(働系—):血～.传～.

捅(**挏) tǒng ㄊㄨㄥˇ 戳、刺、碰:把窗户～破了.～马蜂窝(喻惹祸).働揭露:把问题全～出来了。

桶 tǒng ㄊㄨㄥˇ 盛水或其他东西的器具,深度较大:水～.煤油～.[皮桶子]做皮衣用的成件的毛皮。

同(*衕) ⊖ tòng ㄊㄨㄥˋ [胡同]巷,较窄的街道。
⊖ tóng 见483页。

恸(慟) tòng ㄊㄨㄥˋ ❶极悲哀.❷指痛哭。

通 ⊖ tòng ㄊㄨㄥˋ 量词:打了三～鼓.说了一～.
⊖ tōng 见483页。

痛 tòng ㄊㄨㄥˋ ❶疼(働疼—):头～.不～不痒.～定思～.[痛苦]身体或精神感到非常难受.❷悲伤(働悲—、哀—):～心.❸极,尽情

T

地,深切地,彻底地:～恨.～饮.～惜.～改前非.[痛快](－kuai)1.爽快,爽利:他是个～～人.2.尽情,舒畅,高兴:这活干得真～～.看他的样子好像有点不～～.

TOU　ㄊㄡ

偷(❸ *㣿)　tōu ㄊㄡ ❶窃取,趁人不知道拿人东西据为己有。[小偷(儿)]偷东西的人。❷行动瞒着人(叠):～看.～拍.～～地走了.～懒(趁人不知道少做事).❸苟且:～安.～生.❹抽出(时间):～空(kòng).～闲.

鍮　tōu ㄊㄡ　黄铜。

头(頭)　tóu ㄊㄡ ❶脑袋,人身体的最上部分或动物身体的最前的部分(⿰图－颅)。⿰转头发:他不想留～了.[头脑]1.脑筋,思想:他～～清楚.不要被胜利冲昏～～.2.要领,门路:这事我摸不着～～.❷(一儿)事情的起点或终点:开～儿.从～儿说起.什么时候才是个～儿呀!❸物体的顶端:山～.笔～.⿰转(一儿)物品的残余部

分:烟卷～儿.蜡～儿.布～儿.[头绪]条理,处理事物的门径:我找不出～～来.❹以前,在前面的:～两年.我在～里走.❺次序在最前,第一:～等.～号.～班.❻接近,临:～睡觉最好洗洗脚.❼(一子、一儿)首领(多指坏的):特务～子.流氓～子.❽(一儿)方面:他们两个是一～儿的.❾量词.1.用于牛驴等牲畜:一～牛.两～驴.2.用于像头的物体:两～蒜.❿表示约计、不定数量的词:三～五百.十～八块.⓫(tou)名词词尾.1.

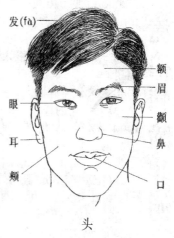

头

放在名词性语素后:木～.石～.拳～.2.放在形容词性语素后:甜～儿.苦～儿.3.放在

动词性语素后:有听～儿.没个看～儿. ⑫(tou)方位词词尾:前～.上～.外～.

投 tóu ㄊㄡ ❶抛,掷,扔(多指有目标的):～石.～入江中.⑪跳进去:～河.～井.～火.[投票]选举或表决的一种方法.把自己的意见写在票上,投进票箱.[投资]把资金应用在生产等事业上。❷投射:影子～在窗户上.❸走向,进入:～宿.弃暗～明.～入新战斗.[投奔](-bèn)归向,前去依靠:～～亲友.～～祖国.❹寄,递送(⑬-递):～书寄信.～稿.❺合.1.相合:情～意合.2.迎合:～其所好(hào).[投机]1.意见相合:他俩一见就很～～.2.利用时机,谋取私利:～～取巧.～～分子.❻临近,在……以前:～明.～暮.

骰 tóu ㄊㄡ 骰子,一般叫"色(shǎi)子",游戏用具或赌具。

钭 tǒu ㄊㄡ dǒu ㄉㄡ(又)姓。

敨 tǒu ㄊㄡ〈方〉❶把包着或卷着的东西打开。❷抖搂(尘土等)。

透 tòu ㄊㄡ ❶穿,通过:钉～了.这块厚纸扎不～.～光.～气.～过现象看本质.⑨1.很通达,极明白:话说得十分～彻.理讲～了.2.泄漏:～露(lù)风声.3.暗地里告诉:～个信儿.[透支]支款超过存款的数目。❷极度:恨～了.❸显露:他～着很老实.这朵花白里～红.❹达到饱满的、充分的程度:雨下～了.

凸 tū ㄊㄨ 高出,跟"凹"(āo)相对:～出.～透镜.

秃 tū ㄊㄨ ❶没有头发:～顶.❷(树木)没有枝叶,(山)没有树木:～树.山是～的.❸羽毛等脱落,物体失去尖端:～尾巴鸡.～针.❹表示不圆满,不周全:这篇文章写得有点～.

突 tū ㄊㄨ ❶忽然:～变.～发.[突击]战斗中出其不意地攻击敌人的要害.⑯集中力量在较短的时间内完成某种紧急的任务:～～队.～～工作.[突然]急速而出乎意外:～～事件.来得很～～.～停止.❷超出,冲破:这是个～出的例子.～破过去的纪录.～围.❸古时灶旁的出烟口，相当于今天的烟筒：灶～．曲～徙薪(喻防患未然)．

葖 tū ㄊㄨ 见159页“蓇”字条“蓇葖”(gū—)。

图(圖) tú ㄊㄨˊ ❶用绘画表现出来的形象：～画．地～．蓝～．插～．[图解]画图或列表解释事物。❷画：画影～形．❸计谋，计划：良～．宏～．❹谋取，希望得到(㊀—谋)：唯利是～．

[图腾](外)原始社会的人用动物、植物或其他自然物作为其氏族血统的标志，并把它当作祖先来崇拜，这种被崇拜的对象叫图腾。

荼 tú ㄊㄨˊ ❶古书上说的一种苦菜。[荼毒]㊉毒害。❷古书上指茅草的白花：如火如～．

途 tú ㄊㄨˊ 道路(㊀—径、道—、路—、—程)：坦～．道听～说．半～而废．[前途]㊉未来的境地，发展的前景。[用途]用处。

涂(塗、❺**涂) tú ㄊㄨˊ ❶使颜色、油漆等附着(zhuó)在物体上：～上一层油．❷用笔等抹上或抹去：～写．不要在书上乱～乱画．写错了可以～掉．～改．[涂鸦]比喻书法拙劣或胡乱写作。❸泥泞。[涂炭]㊉1.极为困苦。2.肮脏污浊。❹同“途”。❺姓。

酴 tú ㄊㄨˊ ❶酒曲。❷酴酒，重(chóng)酿的酒。

徒 tú ㄊㄨˊ ❶步行(不用车、马)：～行．❷空：～手．㊂徒然，白白地：～劳往返．～劳无益．❸只，仅仅：～托空言．不～无益，反而有害．❹徒弟：学～．❺同一派系或信仰同一宗教的人：教～．❻人(今多指坏人)：匪～．不法之～．❼徒刑，剥夺犯人自由的刑罚，分有期徒刑和无期徒刑两种。

菟 ㊁ tú ㄊㄨˊ [於菟](wū—)〈古〉老虎的别称。

㊀ tù 见489页。

屠 tú ㄊㄨˊ ❶宰杀牲畜(㊀—宰)：～狗．～户．❷残杀人：～杀．～城．

腯 tú ㄊㄨˊ 肥(指猪)。

土 tǔ ㄊㄨˇ ❶地面上的沙、泥等混合物(㊀—壤)：沙～．黏～．～山．❷土地：国～．领～．❸本地的：～产．～话．❹指民间生产的，出自民间的：～布．～专家．❺不开通，不时兴：～里～气．～头～脑．[土家族]我国少数民族，参看附表。

[土族] 我国少数民族,参看附表。

吐 ⊖ tǔ ㄊㄨ 使东西从嘴里出来:不要随地～痰. ㉑1.说出:～露(lù)实情.坚不～实.2.露出,放出:高粱～穗了.蚕～丝.

⊜ tù 见489页。

钍 tǔ ㄊㄨ 一种放射性元素,符号 Th,银灰色,质地柔软,可作为原子能工业的核燃料。

吐 ⊖ tù ㄊㄨ 消化道或呼吸道里的东西从嘴里涌出(働呕—):上～下泻.～血.働退还(侵吞的财物):～出赃款.

⊖ tǔ 见489页。

兔(＊兎) tù ㄊㄨ (—子、—儿)哺乳动物,耳长,尾短,上唇中间裂开,后腿较长,跑得快。

堍 tù ㄊㄨ 桥两头靠近平地的地方:桥～.

菟 ⊖ tù ㄊㄨ 植物名。1.菟丝子,寄生的蔓草,茎细长,常缠绕在别的植物上,对农作物有害。秋初开小花,子实可入药。2.菟葵,多年生草本植物,花淡紫红色,多生在山地树丛里。

⊜ tú 见488页。

湍 tuān ㄊㄨㄢ 急流的水。

团(團、➋糰) tuán ㄊㄨㄢ ❶圆形(叠):～扇.雌蟹是～脐的.❷(—子、—儿)成球形的东西:饭～儿.菜～子. ㉑量词,用于成团的东西或抽象的事物:一～线.两～废纸.一～和气.一～糟.❸会合在一起:～聚.～圆.[团结]为了实现共同理想或完成共同任务而联合或结合:～～起来,争取胜利.❹工作或活动的集体组织:文工～.代表～.[团体]有共同目的、志趣的人结合在一起的集体:工会、妇女联合会都是人民～～. ❺在我国特指共产主义青年团。❻军队的编制单位,是营的上一级。

抟(摶) tuán ㄊㄨㄢ 把东西揉弄成球形:～饭团子.～泥球.～纸团.

疃 tuǎn ㄊㄨㄢ ❶禽兽践踏的地方。❷村庄,屯。多用于地名。

彖 tuàn ㄊㄨㄢ 论断,推断:～凶吉.[彖辞]《易经》中总括一卦含义的言辞。

忒 ㊀ tuī ㄊㄨㄟ〈方〉副词,太:风~大.路~滑.
㊁ tè 见 474 页.

推 tuī ㄊㄨㄟ ❶用力使物体顺着用力的方向移动:~车.~了他一把.~磨.㊀使工具向前移动进行工作:用刨子~光.~头(理发).[推敲]㊻斟酌文章字句:仔细~~.一字费~~.❷使事情开展:~广.~销.~动.❸进一步想,由已知推断其余:~求.~测.~理.~算.类~.❹辞让,脱卸。1.辞退,让给:~辞.~让.2.脱卸责任,托辞:~诿.~三阻四.~病不来.❺往后挪动(时间):再往后~几天.❻举荐,选举:公~一个人做代表.❼指出某人某物的优点:~许(称赞).~重(重视,钦佩).~崇.

颓(*穨) tuí ㄊㄨㄟ ❶崩坏,倒塌:~垣断壁.[颓废]1.建筑物倒坏。2.精神委靡不振。❷败坏:~风败俗.[颓唐]精神不振,情绪低落.

魋 tuí ㄊㄨㄟ 古书上说的一种兽,像小熊.

腿 tuǐ ㄊㄨㄟ ❶人和动物用来支持身体和行走的部分:大~.前~.后~.(图见476页"体")[火腿]用盐腌制的猪腿.❷(一儿)器物上像腿的部分:桌子~儿.凳子~儿.

退 tuì ㄊㄨㄟ ❶向后移动或使之向后移动,跟"进"相对:~兵.败~.敌人已经~了.[退步]1.逐渐向下,落后:工作积极,学习努力,才能不~~.2.后退的余地:话没有说死,留了~~.[退化]生物体的某一或某些器官在进化过程中,全然消失或部分残留而成为痕迹器官的现象。例如人的阑尾是退化器官.❷离开,辞去:~席.~职.❸送还,不接受,撤销:~货.~票.~钱.~婚.❹减退,下降:~色.~烧.

煺(**煺、**㨠) tuì ㄊㄨㄟ 已宰杀的猪、鸡等用滚水烫后去掉毛.

褪 ㊀ tuì ㄊㄨㄟ 脱落,脱去:兔子正~毛.[褪色]退色,颜色变淡或消失.
㊁ tùn 见 491 页.

蜕 tuì ㄊㄨㄟ ❶蛇、蝉等脱下来的皮.❷蛇、蝉等动物脱皮.[蜕化]㊻变质,腐化堕落.

TUN ㄊㄨㄣ

吞 tūn ㄊㄨㄣ 不经咀嚼,整个咽到肚子里:囫囵~枣.狼~虎咽.㉟ 1.忍受不发作出来:忍气~声(不敢作声).2.兼并,侵占:~没.~并.

暾 tūn ㄊㄨㄣ 刚出来的太阳:朝~.

黗 tūn ㄊㄨㄣ 黄色.

屯 ㊀ tún ㄊㄨㄣ ❶聚集,储存:~粮.㉟(军队)驻扎:~兵.❷(一子、一儿)村庄:皇姑~.
㊁ zhūn 见 641 页。

囤 ㊀ tún ㄊㄨㄣ 囤积,积存,存储货物、粮食:~货.
㊁ dùn 见 111 页。

饨 tún ㄊㄨㄣ 见 202 页"馄"字条"馄饨"(húntun)。

鲀 tún ㄊㄨㄣ 河豚,鱼名.种类很多,头圆形,口小,一般血液和内脏有剧毒。

豚 tún ㄊㄨㄣ 小猪,也泛指猪。

臀 tún ㄊㄨㄣ 屁股:~部.(图见 476 页"体")

氽 tǔn ㄊㄨㄣ 〈方〉❶漂浮:木头在水上~.❷用油

炸:油~花生米.

褪 ㊀ tùn ㄊㄨㄣ 使穿着、套着的东西脱离:把袖子~下来.狗~了套跑了.㉟向内移动而藏起来:把手~在袖子里.袖子里~着一封信.
㊁ tuì 见 490 页。

TUO ㄊㄨㄛ

托(④-⑥*託) tuō ㄊㄨㄛ ❶用手掌向上承受着东西:~着枪.❷衬,垫,烘云~月.❸(一儿)承托器物的东西:茶~儿.花~儿.❹寄,暂放:~儿所.❺请别人代办(圈委一):~你买本书.❻推托,借故推诿或躲闪:~病.~故.❼压强的非法定计量单位,1 托合 133.322 帕。

饦 tuō ㄊㄨㄛ 见 37 页"馎"字条"馎饦"(bó一)。

拖(*拕) tuō ㄊㄨㄛ ❶牵引,拉,拽:~车.~泥带水(喻做事不爽利).~拉机.❷拖延,拉长时间:这件事应赶快结束,不能再~.

脱(③**悦) tuō ㄊㄨㄛ ❶离开,落掉:~节.~逃.走~.~皮.

❹遗漏(文字):～误.这中间～去了几个字.[脱离]断绝关系,离开:一刻也不～～群众.❷取下,去掉:～衣裳.～帽.❸[通脱]放达,不拘小节。

驮 ㊀ tuó ㄊㄨㄛˊ 用背(多指牲口)负载人或物:那匹马～着两袋粮食.

㊁ duò 见113页。

佗 tuó ㄊㄨㄛˊ 负荷。[华佗]三国时名医。

陀 tuó ㄊㄨㄛˊ 山冈。[陀螺](—luó)1.一种儿童玩具,呈圆锥形,用绳绕上后抽拉或用鞭子抽打,可以在地上旋转.2.陀螺仪的简称,测量运动物体角速度和角位移的装置.用于飞机、舰船等的控制。

坨 tuó ㄊㄨㄛˊ ❶(—子、—儿)成块或成堆的东西:泥～子.❷面食煮熟后黏结在一起:饺子～了.❸露天盐堆。

沱 tuó ㄊㄨㄛˊ ❶〈方〉可以停放船的水湾.多用于地名.❷沱江,长江的支流,在四川省东部。

驼 tuó ㄊㄨㄛˊ ❶骆驼.❷身体向前曲,背脊突起:～背.背都～了.

柁 ㊀ tuó ㄊㄨㄛˊ 房柁,房架前后两个柱子之间的大横梁。

㊁ duò 见114页。

砣 tuó ㄊㄨㄛˊ ❶秤锤.❷碾砣,碾子上的碌子。

铊 ㊀ tuó ㄊㄨㄛˊ 同"砣❶".

㊁ tā 见464页。

鸵 tuó ㄊㄨㄛˊ 鸵鸟,现在鸟类中最大的鸟,颈长,翅膀小,不能飞,走得很快,生活在沙漠中.毛可做装饰品。

酡 tuó ㄊㄨㄛˊ 喝了酒,脸上发红:～颜.

跎 tuó ㄊㄨㄛˊ 见77页"蹉"字条"蹉跎"(cuō—)。

鼧 tuó ㄊㄨㄛˊ [鼧鼥](—bá)就是旱獭,俗叫"土拨鼠".毛灰黄色,耳短,爪能掘地,毛皮可以做皮衣。

橐(**槖) tuó ㄊㄨㄛˊ 一种口袋.
[橐驼]骆驼。

鼍(鼉) tuó ㄊㄨㄛˊ 鼍龙,即扬子鳄,俗叫"猪婆龙".爬行动物,是鳄的一种。

妥 tuó ㄊㄨㄛˊ ❶适当,合适(⊕—当):已经商量～了.～为保存.这样做不～当.
[妥协]在发生争执或斗争时,

一方让步或双方让步:在原则性问题上决不能～～.❷齐备,完毕:事已办～.

庹 tuǒ ㄊㄨㄛˇ 成人两臂左右伸直的长度(约5尺)。

楕(橢) tuǒ ㄊㄨㄛˇ 椭圆,长圆形。把一个圆柱体或正圆锥体斜着用一个平面截开,所成的截口就是椭圆形。

拓 ㊀ tuò ㄊㄨㄛˇ ❶开辟,扩充。❷姓。❸见318页"落"字条"落拓"(luò—)。
㊁ tà 见465页。

栎(＊＊檴) tuò ㄊㄨㄛˇ 〈古〉打更用的梆子。

跅 tuò ㄊㄨㄛˇ [跅弛](—chí)放荡。

萚(蘀) tuò ㄊㄨㄛˇ 草木脱落的皮或叶。

箨(籜) tuò ㄊㄨㄛˇ 竹笋上一片一片的皮。

唾 tuò ㄊㄨㄛˇ ❶唾沫,唾液,口腔里分泌的液体,有帮助消化和杀菌等作用。❷啐,从嘴里吐(tǔ)出来:～手可得(喻容易得到).～弃(轻视、鄙弃).

魄 ㊀ tuò ㄊㄨㄛˇ "落魄"(luòpò)的"魄"的又音。
㊀ pò 见379页。

㊁ bó 见36页。

W ㄨ

WA ㄨㄚ

挖(＊＊窊) wā ㄨㄚ 掘,掏:～个坑.～战壕.
[挖苦](—ku)用尖刻的话讥笑人:你别～～人.

哇 ㊀ wā ㄨㄚ 拟声词:哭得～～的.～的一声吐了一地.
㊁ wa 见494页。

洼(窪) wā ㄨㄚ ❶(—儿)凹陷的地方:水～儿.这里有个～儿.❷低凹,深陷:～地.这地太～.眼眶～进去.

蛙 wā ㄨㄚ 两栖动物,种类很多,卵孵化后为蝌蚪,逐渐变化成蛙。青蛙是常见的一种,捕食害虫,对农作物有益。

娲(媧) wā ㄨㄚ [女娲]神话中的女神,传说她曾经炼五色石补天。

娃 wá ㄨㄚˊ ❶(—子、—儿)小孩子:女～儿.胖～～.
❷旧称美女:娇～.❸〈方〉某些幼小的动物:猪～.鸡～.

瓦 ⊖ wǎ ㄨㄚˇ ❶用陶土烧成的：～盆.～器.❷用陶土烧成的覆盖房顶的东西：～房.[瓦解] ⃝ 溃散：土崩～～.❸(外)功率单位名瓦特的简称，符号 W。

⊜ wà 见 494 页.

佤 wǎ ㄨㄚˇ [佤族]我国少数民族，参看附表。

瓦 ⊖ wà ㄨㄚˋ 盖(瓦)：～瓦(wǎ).[瓦刀]瓦工用来砍断砖瓦并涂抹泥灰的工具。

⊖ wǎ 见 494 页.

袜(襪、*韤) wà ㄨㄚˋ (一子)穿在脚上、不直接着(zháo)地的东西，一般用布、纱线等制成。

膃 wà ㄨㄚˋ [膃肭兽](－nàshòu)就是海狗。海里的一种哺乳动物，毛皮很美。阴茎和睾丸叫膃肭脐，可入药。

哇 ⊖ wa ·ㄨㄚ 助词(前面紧挨着的音一定是 u、ao、ou 等结尾的)：你别哭～.多好～.快走～.

⊖ wā 见 493 页.

WAI ㄨㄞ

歪 wāi ㄨㄞ ❶不正，偏斜：～着头.这张画挂～了.[歪曲]故意颠倒是非：～～事实.❷不正当的，不正派的：～门邪道.～风.

喎(喎) wāi ㄨㄞ 嘴歪：口眼～斜.

崴(❷** 踓) ⊖ wǎi ㄨㄞ ❶〈方〉(一子)山、水弯曲处。多用于地名：三道～子(在吉林省靖宇).❷(脚)扭伤.❸山路不平.

⊜ wēi 见 498 页.

外 wài ㄨㄞˋ ❶跟"内"、"里"相对：国～.～伤.[外行](－háng)对某种业务不通晓，缺乏经验.❷不是自己这方面的：～国.～乡.～人.❸指外国：对～贸易.古今中～.～宾.❹关系疏远的：这里没～人.不要见～.❺称母亲、姐妹或女儿方面的亲戚：～祖母.～甥.～孙.❻(除此)另外，以外：～加.此～.❼非正式的：～号.～史.❽旧时戏曲角色名，多演老年男子。

WAN ㄨㄢ

弯(彎) wān ㄨㄢ ❶屈曲不直，使屈曲(⃝一曲)：～路.～腰.❷(一子、一儿)曲折的部分：转～抹角.

这根竹竿有个～儿. ❸拉(弓):～弓.

塆(壪) wān ㄨㄢ 山沟里的小块平地. 多用于地名.

湾(灣) wān ㄨㄢ ❶水流弯曲的地方:汾河～. ❷海湾,海洋伸入陆地的部分:胶州～.港～. ❸使船停住:把船～在那边.

剜 wān ㄨㄢ 用刀挖,挖去:～肉补疮(喻只顾眼前,不惜用有害的方法来救急).

帵 wān ㄨㄢ 〈方〉(-子)裁衣服剩下的大片材料.

蜿 wān ㄨㄢ [蜿蜒](-yán)蛇爬行的样子. ⑨弯弯曲曲:一条～～的小路.

豌 wān ㄨㄢ [豌豆]一年或二年生草本植物,开白花,种子和嫩茎、叶都可吃.

丸 wán ㄨㄢ ❶(-子、-儿)小而圆的东西:弹～.药～儿.肉～子. ❷专指丸药:～散膏丹. ❸量词,用于丸药.

芄 wán ㄨㄢ 芄兰,多年生蔓(màn)草. 叶对生,心脏形. 花白色,有紫红色斑点. 茎、叶和种子可入药.

汍 wán ㄨㄢ [汍澜](-lán)流泪的样子.

纨 wán ㄨㄢ 细绢,很细的丝织品. [纨绔](-kù)古代贵族子弟的华美衣着(zhuó):～～子弟(指专讲吃喝玩乐的子弟).

完 wán ㄨㄢ ❶齐全(叠-整):～美无缺. 准备得很～善. ❷尽,没有了:用～了. 卖～了. 事情做～了. ❸做成了结:～成任务.～工.～婚. ❹交纳:～粮.～税.

玩(❸-❺*翫) wán ㄨㄢ ❶(-儿)游戏,做某种游戏(叠-耍):出去～.～皮球. [玩弄]1.摆弄着玩:不要～～火柴. 2.要弄:～～手段. [玩笑]玩耍嬉笑,也指这样的行动或言语:开～～. [玩意儿]1.玩具. 2.〈方〉指杂技、曲艺,如魔术、大鼓等. 3.指东西、事物. ❷(-儿)要弄,使用:～花招儿. ❸观赏:游～.～物丧志. ❹可供观赏、把玩的东西:古～. ❺轻视,用不严肃的态度来对待(叠-忽):～世不恭.～视. (❸-❺旧读 wàn)

顽 wán ㄨㄢ ❶愚蠢无知:～钝. 愚～. ❷固执,不容易变化:～梗.～癣. [顽固]1.思想保守,不愿意接受新鲜事物. 2.坚持自己的错误观点或做法,不加改变.[顽强]坚强,不屈服:～～地工作着.他很～～,并没被困难吓倒.❸顽皮,小孩淘气:～童.❹同"玩❶❷".

烷 wán ㄨㄢˊ 烷烃(tīng),一类有机化合物,通式是 C_nH_{2n+2}. 烷系化合物是构成石油的主要成分.

宛 wǎn ㄨㄢˇ ❶曲折.[宛转]1.辗转.2.同"婉转".❷宛然,仿佛:音容～在.

菀 wǎn ㄨㄢˇ ❶紫菀,多年生草本植物,叶子椭圆状披针形,花蓝紫色.根和根茎可入药.❷茂盛的样子.

惋 wǎn ㄨㄢˇ 叹惜:～惜.

婉 wǎn ㄨㄢˇ ❶和顺,温和:～言.委～.[婉转][宛转]说话温和而曲折,但不失本意:措词～～.❷美好.

琬 wǎn ㄨㄢˇ 美玉.[琬圭]上端浑圆、没有棱角的圭.

碗(＊盌、＊椀) wǎn ㄨㄢˇ ❶盛(chéng)饮食的器皿.❷(－子、－儿)像碗的东西:橡～子.轴～儿.

畹 wǎn ㄨㄢˇ 古代称三十亩为一畹.

[畹町](－dīng)地名,在云南省瑞丽.

莞 ⊖ wǎn ㄨㄢˇ [莞尔]微笑的样子.

⊖ guǎn 见165页.

脘 wǎn ㄨㄢˇ 胃脘,中医指胃的内部.

皖 wǎn ㄨㄢˇ 安徽省的别称.

挽(❸＊輓) wǎn ㄨㄢˇ ❶拉:～弓.手～着手.❷设法使局势好转或恢复原状:～救.力～狂澜.❸追悼死人:～歌.～联.❹同"绾".

晚 wǎn ㄨㄢˇ ❶太阳落了的时候:从早到～.吃～饭.开～会.㉄夜间:昨天～上没睡好.❷时间靠后的,比合适的时间居后:～年(老年).～秋.来～了.赶快努力还不～.❸后来的:～辈.❹晚辈对长辈的自称.

绾 wǎn ㄨㄢˇ ❶把长条形的东西盘绕起来打成结:～结.～个扣.把头发～起来.❷卷:～起袖子.

万(萬) ⊖ wàn ㄨㄢˋ ❶数目,十个一千.㉄多:～物.气象～千.～能胶.[万岁]千秋万代永远存在(祝颂语):人民～～.祖国～

~.[万一]❀意外,意外地:以防～～.～～失败.❷极,很,绝对:～难.～全.～不得已.❸姓.

　　㊁ mò 见 341 页.

腕 wàn ㄨㄢ 胳膊下端跟手掌相连的部分.(图见 476 页"体")

蔓 ㊀ wàn ㄨㄢ (一儿)细长能缠绕的茎:瓜～儿.扁豆爬～儿了.

　　㊁ màn 见 323 页.

　　㊂ mán 见 323 页.

WANG　ㄨㄤ

尪(**尩) wāng ㄨㄤ ❶胫、脊或胸部弯曲的病.❷瘦弱.

汪 wāng ㄨㄤ ❶深广:～洋大海.❷液体聚集在一个地方:地上～着水.[汪汪]1.充满水或眼泪的样子:水～～.泪～～.2. 拟声词,狗叫声.❸量词:一～水.

亡 ㊀ wáng ㄨㄤ ❶逃(⑱逃一):～命.流～.㊀失去:～羊补牢(喻事后补救).唇～齿寒(喻利害相关).❷死(⑱死一):伤～很少.㊀死去的:～弟.❸灭(⑱灭一):～国.

　　㊁ wú 见 508 页.

王 ㊀ wáng ㄨㄤ ❶古代指帝王或最高的爵位.❷一族或一类中的首领:兽～.蜂～.花中之～.❸大,辈分高:～父(祖父).～母(祖母).❹姓.

　　㊁ wàng 见 498 页.

网(網) wǎng ㄨㄤ ❶用绳线等结成的捕鱼捉鸟的器具:渔～.[网罗]搜求,设法招致:～～人才.❷用网捕捉:～鱼.～鸟.❸像网的东西:～兜儿.铁丝～.❹像网样的组织或系统:通信～.宣传～.[网站]单位或个人在互联网上的虚拟站点,一般由一个主页和许多网页构成.[上网]操作计算机进入互联网,在网上进行信息浏览、检索查询等.[因特网]全球最大的互联网,由美国的阿帕网发展演变而成.

罔 wǎng ㄨㄤ ❶蒙蔽,诬:欺～.❷无,没有:置若～闻(放在一边不管,好像没听见一样).

惘 wǎng ㄨㄤ 不得意(⑱怅一):～然.

辋 wǎng ㄨㄤ 车轮外周的框子.(图见 315 页"轮")

魍 wǎng ㄨㄤ [魍魉](一liǎng)传说山林中的一

种怪物。

枉 wǎng ㄨㄤ ❶曲,不直:矫~过正.❷使歪曲:~法.❸受屈,冤屈(働冤一、屈一)。❹徒然,白白地:~然.~费心机.

往 wǎng ㄨㄤ ❶去,到:~返.此车开~上海.❷过去(働一昔):~年.~事.❸介词,朝,向:~东走.~前看.[往往]副词,常常:这些小事情~~被人忽略.

王 ㊀ wàng ㄨㄤ ❶统一天下:以德行仁者~.❷统治:~此大邦.

㊁ wáng 见497页。

旺 wàng ㄨㄤ 盛,兴盛(働一盛、兴一):火很~.~季.

望 wàng ㄨㄤ ❶看,往远处看:登高远~.~尘莫及.❷探访问候(働看一):拜~.❸希图,盼(働盼一、希一):~子成龙.喜出~外.丰收有~.❹怨恨,责怪.❺名望,声誉:德高~重.威~.❻夏历每月十五日.❼介词,向:~东走.~上瞧.

妄 wàng ㄨㄤ 乱,荒诞不合理:~动.~想.勿~言.

忘 wàng ㄨㄤ 忘记,不记得,遗漏:别~了拿书.喝水

不~掘井人.

危 wēi ㄨㄟ ❶不安全,跟"安"相对(働一险):转~为安.[危言]使人惊奇的话:~~耸听.[临危]将死,面临生命危险。❷损害(働一害):~及家国.❸高的,陡的:~楼.❹端正:正襟~坐.❺星宿名,二十八宿之一.

委 ㊀ wēi ㄨㄟ [委蛇](一yí) 1.敷衍,应付:虚与~~. 2.同"逶迤".

㊁ wěi 见501页。

逶 wēi ㄨㄟ [逶迤](一yí)道路、河道等弯曲而长:山路~~.

巍 wēi ㄨㄟ 高大(叠):~峨.~~高山.

威 wēi ㄨㄟ ❶使人敬畏的气魄:示~游行.~力.~望.权~.❷凭借力量或势力:~胁.~逼.

葳 wēi ㄨㄟ [葳蕤](一ruí)草木茂盛的样子。

崴 ㊀ wēi ㄨㄟ [崴嵬](一wéi)山高的样子。

㊁ wǎi 见494页。

偎 wēi ㄨㄟ 紧挨着,亲密地靠着:小孩儿~在母亲的

怀里.

隈 wēi ㄨㄟ 山、水等弯曲的地方。

煨 wēi ㄨㄟ ❶在带火的灰里把东西烧熟:～白薯.❷用微火慢慢地煮:～鸡.～肉.

鰃 wēi ㄨㄟ 鱼名。身体多为红色,眼大,口大而斜。生活在热带海洋。

微 wēi ㄨㄟ ❶小,细小(龚细—):防～杜渐.❷轻微,稍(龚稍—)(叠):～感不适.～～一笑.❸衰落,低下:衰～.❹精深,精妙:～妙.❺法定计量单位中十进分数单位词头之一,表示 10^{-6},符号μ。

溦 wēi ㄨㄟ 小雨。

薇 wēi ㄨㄟ 一年生或二年生草本植物。花紫红色,是优良饲料,可入药。也叫"巢菜"或"野豌豆"。

韦(韋) wéi ㄨㄟ 熟皮子,去毛加工鞣制的兽皮。

违(違) wéi ㄨㄟ ❶背,反,不遵守(龚—背、—反):～法.～章.阳奉阴～.❷不见面,离别:久～.

围(圍) wéi ㄨㄟ ❶环绕,四周拦挡起来:～巾.～墙.包～敌人.❷四周:四～都是山.这块地方周～有多大? ❸(一子)圈起来作拦阻或遮挡的东西:土～子.床～子.❹量词,两只手的拇指和食指拢起来的长度:腰大十～.又指两只胳膊合拢起来的长度:树大十～.

帏(幃) wéi ㄨㄟ ❶帐子,幔幕。❷古代佩带的香囊。

闱(闈) wéi ㄨㄟ ❶古代宫室的旁门:宫～(宫殿里边).❷科举时代称考场:秋～.人～.

涠(潿) wéi ㄨㄟ [涠洲]岛名,在广西壮族自治区北海市南部海域。

为(爲、**為) ㄨㄟ (一) wéi ❶做,行:事在人～.所作所～.⑤作为,作事的能力:年轻有～.❷做,当:他被选～人大代表.拜他～师.❸成为,变成:一分～二.高岸～谷,深谷～陵.❹是:十二个～一打.❺介词,被:～人所笑.❻助词,常跟"何"相应,表疑问:何以家～? ❼附于单音形容词后,表程度、范围:大～增色.广～传播.❽附于表程度的单音副词后,加强语气:极～重要.尤～出色.

㊁ wèi 见 502 页。

沩(潙、**潙) wéi ㄨㄟˊ 沩水,水名,在湖南省长沙。

圩 ㊀ wéi ㄨㄟˊ ❶低洼地区周围防水的堤。❷有圩围住的地区:～田.盐～.❸(一子)围绕村落四周的障碍物,也作"围子":土～子.树～子.

㊁ xū 见 538 页。

桅 wéi ㄨㄟˊ 桅杆,船上挂帆的杆子。

硙(磑) ㊀wéi ㄨㄟˊ [硙硙]形容很高的样子。

㊁ wèi 见 502 页。

唯 wéi ㄨㄟˊ ❶同"惟❶"。❷文言叹词,表示答应。[唯唯诺诺]形容一味顺从别人的意见。

帷 wéi ㄨㄟˊ (一子)围在四周的帐幕:车～子.运筹～幄.

惟 wéi ㄨㄟˊ ❶单单,只:～有他因病不能去.～恐落后.❷但是:雨虽止,～路途仍甚泥泞.❸文言助词,用在年、月、日之前:～二月既望.❹

思,想。"思惟"通常写作"思维"。

维 wéi ㄨㄟˊ ❶连接(⹂—系)。[维护]保全,保护。[维持]设法使继续存在。❷文言助词:～妙～肖.[维吾尔族]我国少数民族,参看附表。

潍 wéi ㄨㄟˊ 潍河,水名,在山东省潍坊。

嵬 wéi ㄨㄟˊ 高大耸立。

伟(偉) wěi ㄨㄟˇ 大(⹂—大):身体魁～.～大的祖国.～人(对人民有大功绩的人).

苇(葦) wěi ㄨㄟˇ (一子)芦苇。参看 310 页"芦"。

纬(緯) wěi ㄨㄟˇ ❶纬线,织布时用梭穿织的横纱,编织物的横线。❷地理学上假定的沿地球表面跟赤道平行的线,从赤道起,向北称"北纬",向南称"南纬",到南北极各 90°.❸指纬书(东汉神学迷信附会儒家经义的一类书)。

玮(瑋) wěi ㄨㄟˇ 玉名。

炜(煒) wěi ㄨㄟˇ 光明。

辇(韡) wěi ㄨㄟˇ（叠）盛，光明。

韪(韙) wěi ㄨㄟˇ 是，对（常和否定词连用）：冒天下之大不～.

伪(偽、**偽) wěi ㄨㄟˇ ❶假，不真实：去～存真. ～造. ～装. ❷不合法的：～政府.

尾 ⊝ wěi ㄨㄟˇ ❶（—巴）鸟、兽、虫、鱼等身体末端突出的部分：猪～巴.［交尾］动物交配. ❷末端：排～. ❸尾随，在后面跟：～其后. ❹量词，用于鱼. ❺星宿名，二十八宿之一.
⊜ yǐ 见 566 页。

娓 wěi ㄨㄟˇ［娓娓］形容谈论不倦或说话动听：～～动听.

委 ⊝ wěi ㄨㄟˇ ❶任，派，把事交给人办（⊛—任）：～以重任. ❷抛弃，舍弃（⊛—弃）：～之于地. ❸推诿. ❹曲折，婉转：话说得很～婉.［委屈］（—qu）含冤受屈或心里苦闷：心里有～～，又不肯说. ❺末，尾：原～. ❻确实：～系实情. ～实不错. ❼委员或委员会的简称：编～. 体～. 市～.
［委靡］［萎靡］（—mǐ）颓丧，不

振作：精神～～.
⊜ wēi 见 498 页。

诿 wěi ㄨㄟˇ 推托，推卸：互相推～.

萎 wěi ㄨㄟˇ 干枯衰落：枯～. ～谢. 气～.［萎缩］1.体积缩小，表面变皱. 2.衰退：经济～～.

痿 wěi ㄨㄟˇ 身体某部分萎缩或丧失机能的病。

洧 wěi ㄨㄟˇ［洧川］地名，在河南省尉氏。

疻 wěi ㄨㄟˇ ❶瘢痕. ❷伤口。

鲔 wěi ㄨㄟˇ ❶古书上指鲟（xún）鱼. ❷鱼的一类，纺锤形，背蓝黑色，生活在大洋中。

隗 ⊝ wěi ㄨㄟˇ 姓。
⊜ kuí 见 271 页。

颇 wěi ㄨㄟˇ 安静。

猥 wěi ㄨㄟˇ ❶鄙陋，下流：～辞.［猥亵］（—xiè）1.淫秽，下流：言辞～～. 2.做下流的动作：～～妇女. ❷杂，多：～杂.

卫(衛、**衞) wèi ㄨㄟˋ ❶保护，防护（⊛保—）：保家～国. 自～.［卫生］保护身体的健康，预防疾病：个人～～. 环境～

~.❷防护人员:警~.后~.❸文言指驴:策双~来迎.❹明代驻兵的地点:~所.❺周代诸侯国名,在今河南省北部和河北省南部一带。

为(爲、**為) ㄨㄟˊ（一） wèi ❶介词,替,给:~人民服务.❷介词,表目的(可以和"了"连用):~早日实现四化而斗争.~了美好的明天而努力.❸介词,对,向:且~诸君言之.❹帮助,卫护。

（一）wéi 见499页。

未 wèi ㄨㄟˋ ❶地支的第八位。❷未时,指下午一点到三点。❸副词,表示否定。1.不:~知可否.2.没有,不曾:~成年.此人~来.❹放在句末,表示疑问:君知其意~?

味 wèi ㄨㄟˋ ❶(一儿)味道,滋味,舌头尝东西所得到的感觉:五~.带甜~儿.[口味]⑳对事物的喜好:这件事正合他的~~.❷(一儿)气味,鼻子闻东西所得到的感觉:香~儿.臭~儿.❸(一儿)意味,情趣:趣~.意~深长.❹体会,研究:细~其言.必须细细体~,才能懂得其中的道理.❺量词,用于中药的种类:这个方子一共七~药.

位 wèi ㄨㄟˋ ❶位置,所在的地方:座~.❷职位,地位.❸特指皇位:即~.在~.篡~.❹一个数中,每个数码所占的位置:个~.十~.❺量词,用于人(含敬意):诸~同志.三~客人.

畏 wèi ㄨㄟˋ ❶怕(逾一惧):大无~的精神.~首~尾.❷敬佩:后生可~.

喂(❷❸*餵、❷❸*餧) wèi ㄨㄟˋ ❶叹词,打招呼时用:~,是谁? ~,快来呀! ❷把食物送进人嘴里:~小孩儿.❸给动物东西吃:~牲口.⑱畜(xù)养:~鸡.~猪.

碨 wèi ㄨㄟˋ 〈方〉石磨(mò)。

硙(磑)（一） wèi ㄨㄟˋ 同"碨"。

（一）wéi 见500页。

胃 wèi ㄨㄟˋ ❶胃脏,人和某些动物消化器官的一部分,能分泌胃液、消化食物。(图见600页"脏")❷星宿名,二十八宿之一。

谓 wèi ㄨㄟˋ ❶告诉:人~予曰.❷称,叫作:称~.何~人工呼吸法? [所谓]所说的:~~分析,就是分析事物的矛盾.[无谓]没意义,说不出道理:这种争论太～～了.

猬(*蝟) wèi ㄨㄟ 刺猬,哺乳动物,身上长着硬刺,嘴很尖,昼伏夜出,捕食昆虫和小动物等。

渭 wèi ㄨㄟ 渭河,发源于甘肃省,横贯陕西省入黄河。

尉 ⊖ wèi ㄨㄟ ❶古官名:太～.❷军衔名:上～.
[尉氏]地名,在河南省。
⊜ yù 见589页。

蔚 ⊖ wèi ㄨㄟ ❶草木茂盛.
⊛ 盛大:～为大观.[蔚蓝]晴天天空的颜色:～～的天空.❷文采华美:云蒸霞～.
⊜ yù 见589页。

慰 wèi ㄨㄟ ❶使人心里安适:安～.～问伤员.～劳前方战士.[慰藉](—jiè)安慰,抚慰.❷心安:欣～.甚～.

鳚 wèi ㄨㄟ 鱼名。体小,侧扁,无鳞,身体前端有侧线。生活在近海。

遗 ⊖ wèi ㄨㄟ 赠与:～之千金.
⊜ yí 见565页。

魏 wèi ㄨㄟ ❶古国名。1.战国国名,在今河南省北部,山西省西南部一带。2.三国之一,曹丕所建立(公元220—265 年),在今黄河流域甘肃省以下各省和湖北、安徽、江苏三省北部和辽宁省南部。❷北魏,北朝之一,拓跋珪所建立(公元 386—534年)。

WEN ㄨㄣ

温 wēn ㄨㄣ ❶不冷不热(働—暖):～水.[温饱]衣食充足。❷温度,冷热的程度:气～.低～.体～.❸性情柔和(働—柔、—和)。❹使东西热:～酒.❺复习:～课.～故知新.❻中医指温热病:春～.冬～.❼同"瘟"。

榅 wēn ㄨㄣ [榅桲](—po)落叶灌木或小乔木,叶椭圆形,背面密生绒毛,花淡红色或白色。果实也叫榅桲,有香气,味酸,可制蜜饯。

辒 wēn ㄨㄣ [辒辌](—liáng)古代可以卧的车,也用作丧车。

瘟 wēn ㄨㄣ 瘟疫,流行性急性传染病:～病.猪～.

蕰 wēn ㄨㄣ [蕰草]〈方〉指水中生长的杂草,可作肥料。

鳁 wēn ㄨㄣ [鳁鲸]哺乳动物,外形像鱼,生活在海洋中,体长 15 米—16 米,背黑色,腹部白色,头上有喷水孔,无牙齿,有鲸须,背鳍小。

 文 wén ㄨㄣˊ ❶事物错综所成的纹理或形象:天～.地～.❷刺画花纹:断发～身.❸文字,记录语言的符号:甲骨～.外～.扫除～盲.[文献]有历史价值或参考价值的图书资料.[文学]用语言、文字表现出来的艺术作品,如诗歌、小说、散文、戏曲等.[文言]以古汉语为基础的书面语,跟"白话"相对,也省称"文".[文章]用文字写成的有条理的篇章,也省称"文":作～.古～.❹旧时指礼节仪式:虚～.繁～缛节.[文化]1.人类在社会历史发展过程中所创造的物质财富和精神财富的总和,特指精神财富,如哲学、科学、教育、文学、艺术等.2.考古学用语,指同一个历史时期的不依分布地点为转移的遗迹、遗物的综合体.同样的工具、用具,同样的制作技术等,是同一种文化的特征,如仰韶文化等.3.语文、科学等知识:～～水平高.学～～.[文明]社会发展到较高阶段表现出来的状态:中国是世界～～发达最早的国家

之一.[文物]过去遗留下来的在文化发展史上有价值的建筑、碑刻、器物等.❺外表,容态:～质彬彬.❻指关于知识分子的,非军事的:～人.～臣武将.⑱柔和:～雅.～绉绉.[文火]不猛烈的火.❼量词,用于旧时的铜钱:一一钱.一～不值.❽(旧读 wèn)文饰,掩饰:～过饰非.

纹 ㊀ wén ㄨㄣˊ 条纹(⑱一理):水～.指～.这木头～理很好看.
　㊁ wèn 见 505 页。

炆 wén ㄨㄣˊ 〈方〉用微火焖食物。

蚊 wén ㄨㄣˊ (一子)昆虫名。种类很多,幼虫叫孑孓,生活在水里。雌的吸人畜的血液,雄的吸植物汁液。蚊能传染疟疾、流行性乙型脑炎等。

雯 wén ㄨㄣˊ 成花纹的云彩。

闻 wén ㄨㄣˊ ❶听见:耳～不如目见.❷听见的事情,消息:新～.奇～.❸(旧读 wèn)出名,有名望:～人.❹名声:令～.丑～.❺用鼻子嗅气味:你～～这是什么味? 我～见香味了.

阌 wén ㄨㄣˊ [阌乡]地名，在河南省灵宝。

刎 wěn ㄨㄣˇ 割脖子：自～．

吻(＊脗) wěn ㄨㄣˇ ❶嘴唇：接～．[吻合]相合。❷用嘴唇接触表示喜爱。❸动物的嘴。

抆 wěn ㄨㄣˇ 擦：～泪．

紊 wěn ㄨㄣˇ（旧读 wèn）乱（叠－乱）：有条不～．

稳(穩) wěn ㄨㄣˇ ❶稳当，安定，固定：站～．～步前进．叠沉着，不轻浮：～重．❷使稳定：～住局势．❸准确，可靠：十拿九～．

问 wèn ㄨㄣˋ ❶有不知道或不明白的请人解答：到～事处去～一～．[问题] 1.要求回答或解释的题目。2.尚待解决或弄不明白的事。❷慰问：～候．❸审讯，追究：口供．叠问罪，惩办：胁从不～．❹管，干预：概不过～．

汶 wèn ㄨㄣˋ 汶河，水名，在山东省。

纹 wèn ㄨㄣˋ ㊀同"璺"。㊁wén 见 504 页。

揾 wèn ㄨㄣˋ ❶用手指按住。❷擦。

璺 wèn ㄨㄣˋ 器物上的裂痕：这个碗有一道～．打破沙锅～（谐"问"）到底．

WENG ㄨㄥ

翁 wēng ㄨㄥ ❶老头儿：渔～．老～．❷父亲。❸丈夫的父亲或妻子的父亲：～姑（公婆）．～婿．

嗡 wēng ㄨㄥ 拟声词（叠）飞机～～响．蜜蜂～～地飞．

滃 ㊀wēng ㄨㄥ 滃江，水名，在广东省北部。㊁wěng 见 505 页。

鹟 wēng ㄨㄥ 鸟名。身体小，嘴稍扁平，吃害虫，是益鸟。

鞰 wēng ㄨㄥ 〈方〉靴勒（yào）。

蓊 wěng ㄨㄥˇ 形容草木茂盛：～郁．～茸．

滃 ㊀wěng ㄨㄥˇ ❶形容水盛。❷形容云起。㊁wēng 见 505 页。

瓮(＊甕) wèng ㄨㄥˋ 一种盛水、酒等的陶器。[瓮城]围绕在城门外的小城。

蕹 wèng ㄨㄥˋ 蕹菜，俗叫"空心菜"。一年生草本植物,茎中空,叶心脏形,叶柄长,花白色,漏斗状。嫩茎叶可做菜吃。

齆 wèng ㄨㄥˋ 鼻子堵塞不通气。

WO ㄨㄛ

挝(撾) ㊀ wō ㄨㄛ [老挝]国名,在中南半岛。

㊁ zhuā 见638页。

莴(萵) wō ㄨㄛ [莴苣](-ju)一年或二年生草本植物,叶多长形,花黄色,分叶用和茎用两种。叶用的叫莴苣菜或生菜,茎用的叫莴笋。

涡(渦) ㊀ wō ㄨㄛ 旋涡,水流旋转形成中间低洼的地方:卷入旋～(喻被牵入纠纷里)。

㊁ guō 见170页。

窝(窩) wō ㄨㄛ ❶(一儿)禽兽或其他动物的巢穴:鸡～.马蜂～.狼～.㊨人的安身处,人或物所占的位置:安乐～.挪个～儿.❷藏匿犯法的人或东西:～贼.～赃.～藏.❸坏人聚集之处:贼～.❹(一儿)洼陷的地方:酒～儿.❺弄弯:把铁丝～个圆圈.❻郁积不得发作或发挥:～火.～心.[窝工]因调配不好,工作人员没有充分发挥作用.❼量词:一～小猪.

蜗(蝸) wō ㄨㄛ 蜗牛,一类软体动物,有螺旋形扁圆的硬壳,头部有两对触角。吃嫩叶,对农作物有害。[蜗居]㊨窄小的住所。

倭 wō ㄨㄛ 古代称日本。

踒 wō ㄨㄛ (手、脚等)猛折而筋骨受伤:手～了.

喔 wō ㄨㄛ 拟声词,形容鸡叫声。

我 wǒ ㄨㄛˇ 代词,自称,自己:～国.自～批评.忘～精神.

肟 wò ㄨㄛˋ 有机化合物的一类,通式是

$$\begin{matrix} R \\ R' \end{matrix} > C = NOH。$$ 是羟胺(NH_2OH)与醛或酮缩合而成的化合物。

沃 wò ㄨㄛˋ ❶土地肥(㊨肥一):～土.～野.❷灌溉,浇。

卧(**臥) wò ㄨㄛˋ ❶睡倒,躺或趴:仰～.～倒.～病.❷有关睡觉的:～室.～铺.❸趴伏(指动物):鸡～在窝里.猫～在炉子

旁边.

偓 wò ㄨㄜˋ 用于人名。偓佺（quán），古代传说中的仙人。

握 wò ㄨㄜˋ 攥（zuàn），手指弯曲合拢来拿：～手.

幄 wò ㄨㄜˋ 帐幕：帷～.

渥 wò ㄨㄜˋ ❶沾湿，沾润。❷厚，重：优～（优厚）.

龌 wò ㄨㄜˋ ［龌龊］（—chuò）肮脏，不干净。⊕人的品质恶劣。

涴 wò ㄨㄜˋ 〈方〉弄脏，泥、油等沾在衣服、器物上。

硪 wò ㄨㄜˋ （一子）一种砸地基的工具。

斡 wò ㄨㄜˋ 转，旋。［斡旋］⊕居中调停，把弄僵了的局面扭转过来：从中～～.

WU ㄨ

乌（烏） ㈠ wū ㄨ ❶乌鸦，鸟名，俗叫"老鸹"（guā）或"老鸦"。［乌合］⊕无组织地聚集：～～之众。❷黑色：～云．～木. ❸〈古〉表示疑问，哪，何：～足道哉？ ❹姓。

［乌呼］同"呜呼"。

［乌孜别克族］我国少数民族，参看附表。

　　㈡ wù 见 510 页。

邬（鄔） wū ㄨ 姓。

呜（嗚） wū ㄨ 拟声词（叠）：工厂汽笛～～地叫。

［呜呼］文言叹词，旧时祭文常用"呜呼"表示叹息，后借指死亡：一命～～.

钨（鎢） wū ㄨ 一种金属元素，符号 W，灰黑色，质硬而脆，熔点很高，可以拉成很细的丝。钨丝可以做电灯泡中的细丝。钢里面加入少量的钨合成钨钢，可以制造机器、钢甲等。

圬（＊＊杇） wū ㄨ ❶泥瓦工人用的抹（mǒ）子。❷抹（mò）墙。

污（＊汚、＊汙） wū ㄨ ❶肮脏（⊕一秽）：～泥．⊕不廉洁：贪～. ❷弄脏：玷～．～染。［污辱］用无理的言行给人以难堪。

巫 wū ㄨ 专以祈祷求神骗取财物的人。

诬 wū ㄨ 硬说别人做了某种坏事（⊕一赖）：～告．～蔑．～陷.

於 ㈢ wū ㄨ 文言叹词。［於乎］［於戏］（—hū）同

"呜呼"。

[於菟](-tú)〈古〉老虎的别称。

㊀ yú 见 585 页。

㊁ yū 见 584 页。

屋 wū ㄨ ❶房（叠房-）。㊨〈方〉家。❷房间:他住在东房的北～.

恶（惡）㊃ wū ㄨ〈古〉❶同"乌❸"。❷叹词,表示惊讶:～,是何言也!

㊀ è 见 115 页。

㊁ wù 见 510 页。

㊂ ě 见 115 页。

亡 ㊁ wú ㄨ 古同"无"。

㊀ wáng 见 497 页。

无（無）wú ㄨ ❶没有,跟"有"相对:～产阶级.从～到有.❷不:～须乎这样.～妨试试.[无非]不过是,不外如此:他批评你,～～是想帮助你进步.[无论]连词,不拘,不管,常跟"都"连用:～～是谁都要遵守纪律.

芜（蕪）wú ㄨ 长满乱草（叠荒-）:～城.㊨杂乱:～杂.～词.

毋 wú ㄨ 副词,不要,不可以:宁缺～滥.

吾 wú ㄨ 文言代词,我,我的。

郚 wú ㄨ 见 470 页"鄌"字条"鄌郚"(táng-)。

唔 ㊀ wú ㄨ 见 563 页"咿"字条"咿唔"(yī-)。

㊁ ńg 见 351 页。

㊂ ń 见 345 页。

浯 wú ㄨ 浯河,水名,在山东省东部。

梧 wú ㄨ 梧桐,落叶乔木,树干很直,木质坚韧。

锠 wú ㄨ 见 272 页"锟"字条"锟锠"(kūn-)。

鼯 wú ㄨ 鼯鼠,哺乳动物,尾巴很长,前后肢之间有薄膜,能从树上滑翔下来,住在树洞中,昼伏夜出。

吴 wú ㄨ ❶古国名。1.周代诸侯国名,在今江苏省南部和浙江省北部,后来扩展到淮河下游一带。2.三国之一,孙权所建立（公元 222—280 年）,在今长江中下游和东南沿海一带。❷指江苏省南部和浙江省北部一带。

蜈 wú ㄨ [蜈蚣](-gong)节肢动物,由许多环节构成,每节有脚一对,头部的脚像钩子,能分泌毒液,捕食小虫,可入药。

鹀 wú ㄨ 鸟名。大小和形状似麻雀。雄鸟羽毛颜色较鲜艳。吃种子和昆虫。

五 wǔ ㄨˇ ❶数目字。❷旧时乐谱记音符号的一个，相当于简谱的"6"。

伍 wǔ ㄨˇ ❶古代军队的编制，五个人为一伍。⑨军队：入～。❷一伙：相与为～。❸"五"字的大写。

午 wǔ ㄨˇ ❶地支的第七位。❷午时，指白天十一点到一点：～饭。特指白天十二点：～前。下～一点开会。[午夜]半夜。

仵 wǔ ㄨˇ ❶仵作，旧时官署检验死伤的人员。❷姓。

迕 wǔ ㄨˇ ❶相遇。❷逆，违背：违～。

忤 wǔ ㄨˇ 逆，不顺从：～逆。

庑(廡) wǔ ㄨˇ 古代堂下周围的屋子。

沅(潕、**潕) wǔ ㄨˇ 沅水，水名，在湖南省。

怃(憮) wǔ ㄨˇ 怃然，失意的样子。

妩(嫵、**娬) wǔ ㄨˇ [妩媚]（女子）姿态美好。

武 wǔ ㄨˇ ❶关于军事或技击的：～装。～器。～术。❷勇猛：英～。[武断]只凭主观判断：你这种看法太～～。❸半步：行不数～。

鹉 wǔ ㄨˇ 见575页"鹦"字条"鹦鹉"（yīng—）。

侮 wǔ ㄨˇ 欺负，轻慢（⑯—辱、欺—）：中国人民是不可～的。抵御外～。

捂(**搞) wǔ ㄨˇ 严密地遮盖住或封闭起来：用手～着嘴。放在罐子里～起来免得走味儿。

牾 wǔ ㄨˇ 抵触，冲突，不顺从：抵～。

舞 wǔ ㄨˇ ❶按一定的节奏转动身体表演各种姿势：手～足蹈。～剑。秧歌～。[鼓舞]激励，使人奋发振作：～～群众的热情。❷耍弄：～弊。～文弄墨。

兀 wù ㄨˋ ❶高而上平。❷高耸特出：突～。❸元曲中用为发语词。

阢 wù ㄨˋ [阢陧]（—niè）同"杌陧"。

杌 wù ㄨˋ 杌凳，较矮的凳子。[杌陧]（—niè）（局势、心情等）不安。

靰 wù ㄨˋ [靰鞡]（—la）东北地区冬天穿的一种用皮革做的鞋，里面垫着靰鞡草。也作"乌拉"。

勿 wù ㄨ 副词,别,不要:请～动手! 闻声～惊.

芴 wù ㄨ ❶ 诸葛菜,一年生草本植物,产于我国北部和中部,可供观赏,也可当作蔬菜食用. ❷ 有机化合物,化学式 $C_{13}H_{10}$. 白色片状晶体,存在于煤焦油中.用来制染料、杀虫剂和药物等.

物 wù ㄨ ❶ 东西:～价. 万～. 新事～. [物流]产品从供应地到接受地的流动转移.一般经过包装、运输、存储、养护、流通加工、信息处理等环节. ❷ 具体内容:言之有～. [物色]寻求(合适的人选或东西). [物质]1.独立于人们意识之外,能为人们的意识所反映的客观存在:～～不灭.～～是可以被认识的. 2.指金钱,供吃、穿、用的东西等. ❸ "我"以外的人或环境,多指众人:～望所归.待人接～.

乌(烏) ㊀ wù ㄨ [乌拉] (-la) 同"靰鞡".
㊁ wū 见 507 页.

坞(塢、*隖) wù ㄨ ❶ 小障蔽物,防卫用的小堡. ❷ 四面高中间凹下的地方:山～. 花～. [船坞]在水边建筑的停船或修造船只的地方.

戊 wù ㄨ 天干的第五位,用作顺序的第五.

务(務) wù ㄨ ❶ 事情(㊀事-):任～. 公～. 医～工作者. ❷ 从事,致力:～农. ❸ 追求:不要好(hào)高～远. ❹ 务必,必须,一定:～请准时出席.你～必去一趟.

雾(霧) wù ㄨ ❶ 接近地面的水蒸气,遇冷凝结后飘浮在空气中的小水点. ❷ 像雾的东西:喷～器.

误(** 悞)** wù ㄨ ❶ 错(㊀错-):～解. 讹～. ❷ 耽误,耽搁:～事.火车～点.生产学习两不～. ❸ 因自己做错而使人受害:～人子弟. ❹ 不是故意而做错事:～伤.～入歧途.

恶(惡) ㊀ wù ㄨ 讨厌,憎恨:可～. 深～痛绝.
㊁ è 见 115 页.
㊂ ě 见 115 页.
㊃ wū 见 508 页.

悟 wù ㄨ 理解,明白,觉醒(㊀醒-):～出这个道理来.恍然大～. [觉悟]1.由迷惑而明白. 2.指政治认识: 提高～～.

晤 wù ㄨˋ 遇,见面:～面.～谈.会～.

焐 wù ㄨˋ 用热的东西接触凉的东西,使它变暖:用热水袋～一～手.

痦(**疨) wù ㄨˋ [痦子] 突起的痣.

寤 wù ㄨˋ 睡醒.

婺 wù ㄨˋ 婺水,古水名,在江西省东北部.

骛 wù ㄨˋ ❶乱跑. ❷同 "务❸".

鹜 wù ㄨˋ 鸭子:趋之若～(像鸭子一样成群地跑过去,比喻很多人争着去,含贬义).

鋈 wù ㄨˋ ❶白色金属. ❷镀.

Ｘ Ｔ

夕 xī ㄒㄧ ❶日落的时候:朝(zhāo)～.～照. ❷夜前～.风雨之～.

汐 xī ㄒㄧ 夜间的海潮.

矽 xī ㄒㄧ 硅(guī)的旧称.

穸 xī ㄒㄧ [窀穸](zhūn—) 墓穴.

兮 xī ㄒㄧ 文言助词,相当于现代的"啊"或"呀":大风起～云飞扬.

西 xī ㄒㄧ ❶方向,太阳落的一边,跟"东"相对:由～往东.～房.～南角上. ❷事物的样式或方法属于西方(多指欧、美两洲)的:～餐.～服.

茜 ⊖ xī ㄒㄧ 多用于人名(人名中也有读 qiàn 的).
⊖ qiàn 见 392 页.

恓 xī ㄒㄧ [恓惶](—huáng) 惊慌烦恼的样子.

栖 ⊖ xī ㄒㄧ [栖栖] 忙碌不安定的样子.
⊖ qī 见 382 页.

氙 xī ㄒㄧ "氙"(xiān)的旧称.

牺(犧) xī ㄒㄧ 古代指用作祭品的毛色纯一的牲畜:～牛. [牺牲] 古代为祭祀宰杀的牲畜. 1. 为人民、为正义事业而献出自己的生命. 2. 泛指为某种目的舍弃权利或利益等.

硒 xī ㄒㄧ 一种非金属元素,符号 Se,灰色晶体或红色粉末,导电能力随光的照射强度的增减而改变。硒可用来制半导体晶体管和光电管等,又供玻璃等着色用。

舾 xī ㄒㄧ 船舶装备品。[舾装] 1. 船舶装置和舱室设备如锚、舵、缆、桅樯、救生设备、航行仪器、管路、电路等的总称。2. 船体下水后,装备上述设备和刷油漆等项工作的总称。

粞 xī ㄒㄧ 碎米:糠～.

吸 xī ㄒㄧ ❶从口或鼻把气体引入体内,跟"呼"相对:～气.～烟. ❷引取:棉花能～水.～墨纸.～铁石.～尘器.[吸收]摄取,采纳:植物由根～～养分.～～先进经验.

希 xī ㄒㄧ ❶少:物以～为贵. ❷盼望(叠—望):～准时出席.～早日归来.

郗 xī ㄒㄧ (旧读 chī)姓。

唏 xī ㄒㄧ 叹息。[唏嘘]同"歔欷"。

浠 xī ㄒㄧ 浠河,水名,在湖北省黄冈。

晞 xī ㄒㄧ ❶干,干燥:晨露未～. ❷破晓,天亮:东方未～.

欷 xī ㄒㄧ [欷歔](－xū)抽搭,哭泣后不自主地急促呼吸。

烯 xī ㄒㄧ 烯烃(tīng),一类有机化合物,通式是 C_nH_{2n},如乙烯。

稀 xī ㄒㄧ ❶事物中间距离远、空隙大,跟"密"相对(叠—疏):棉花种得太～了不好.～客.[稀松] 1. 懒散,松懈. 2. 差劲. 3. 平常,不关紧要. ❷浓度小,含水分多的(叠—薄):～饭.～硫酸.～泥.～释. ❸少(叠—少,—罕):～有金属.

豨 xī ㄒㄧ 古书上指猪。[豨莶](－xiān)豨莶草,一年生草本植物,茎上有灰白毛,花黄色。全草入药。

昔 xī ㄒㄧ 从前:～日.今～.

惜 xī ㄒㄧ ❶爱惜,重视,不随便丢弃:～阴(爱惜时间).～墨如金.[怜惜]爱惜,同情. ❷舍不得(叠吝—):～别.不～牺牲.～指失掌(喻因小失大). ❸可惜,感到遗憾:～未成功.

腊 ⊖ xī ㄒㄧ 干肉。
⊖ là 见 274 页。

析 xī ㄒㄧ 分开:条分缕～.分崩离～.㊂解释:～疑.

分～.

蓏 xī ㄒㄧ [蓏蓂] (—mì) 又名"遏蓝菜"。一年生草本植物,叶匙形,花白色,果实扁圆形。叶可作蔬菜,种子可榨油。全草可入药。

淅 xī ㄒㄧ 淘米。

[淅沥] (—lì) 拟声词,轻微的风雨声或落叶声等。

晰(*晳) xī ㄒㄧ 明白,清楚:看得清～.十分明～.

皙 xī ㄒㄧ 人的皮肤白:白～.

蜥 xī ㄒㄧ [蜥蜴] (—yì) 一类爬行动物,俗叫"四脚蛇"。身上有细鳞,尾巴很长,脚上有钩爪,生活在草丛里。

胕 xī ㄒㄧ 用于人名。羊舌胕,春秋时晋国大夫。

饻 xī ㄒㄧ 老解放区一种计算工资的单位,一饻等于几种实物价格的总和。

息 xī ㄒㄧ ❶呼吸时进出的气:鼻～.喘～.❷停止,歇:～怒.经久不～.按时作～.❸消息:信～.❹利钱:年～.❺儿女:子～.❻繁殖,滋生:生～.蕃～.

熄 xī ㄒㄧ 火灭,使灭:炉火已～.～灯.

螅 xī ㄒㄧ [水螅]一种腔肠动物,身体圆筒形,上端有小触手,附着(zhuó)在池沼、水沟中的水草上。

奚 xī ㄒㄧ ❶古代指奴隶。❷文言代词,表示疑问。1.为什么:～不去也? 2.什么:子将～先? 3.何处:水～自至?

[奚落]讥诮,嘲笑。

傒 xī ㄒㄧ [傒倖] (—xìng) 烦恼,焦躁。

徯 xī ㄒㄧ ❶等待。❷同"蹊"。

溪(*谿) xī ㄒㄧ 山里的小河沟。

[溪卡] (—kǎ) 西藏民主改革以前官府、寺院和贵族的庄园。

蹊 ㊀ xī ㄒㄧ 小路(圖—径)。

㊁ qī 见383页。

鸂 xī ㄒㄧ [鸂鶒] (—chì) 古书上指像鸳鸯的一种水鸟。

鼷 xī ㄒㄧ [鼷鼠]小家鼠。

悉 xī ㄒㄧ ❶知道:获～.熟～此事.❷尽,全:～心.～数捐献.～听尊便.

窸 xī ㄒㄧ [窸窣] (—sū) 拟声词,细小的摩擦声。

蟋 xī Tl [蟋蟀](-shuài) 北方俗叫"蛐蛐儿"。一类有害的昆虫,身体黑褐色,雄的好斗,两翅摩擦能发声。

翕 xī Tl ❶合:～动.～张. ❷和顺。

[翕忽]迅速的样子。

噏 xī Tl 同"吸"。

歙 ⊖ xī Tl 吸气。
⊜ shè 见433页。

犀 xī Tl ❶犀牛,哺乳动物,形状略似牛,全身几乎没有毛,皮粗厚多皱纹。角生在鼻子上,印度一带产的只有一只角,非洲产的有两只角,前后排列。角坚硬。❷坚固:～利(锐利).

[木犀](-xi)桂花。

樨 xī Tl [木樨]同"木犀",即桂花。

锡 xī Tl ❶一种金属元素,符号 Sn,银白色,有光泽,质软,富延展性,在空气中不易起变化。❷赏赐。

[锡伯族](-bó-)我国少数民族,参看附表。

袒 ⊖ xī Tl 敞开或脱去上衣,露出身体的一部分(⑱袒-)。
⊜ tì 见477页。

熙 xī Tl ❶光明。❷和乐(叠):众人～～.❸古同"嬉"。

[熙攘](-rǎng)形容人来人往,非常热闹:熙熙攘攘.

僖 xī Tl 快乐。

嘻 xī Tl 喜笑的样子或声音(叠):笑～～.～皮笑脸.

嬉 xī Tl 游戏,玩耍。

熹 xī Tl 光明。[熹微]日光微明。

嶲 xī Tl [越嶲]地名,在四川省。今作"越西"。

膝 xī Tl 大腿和小腿相连的关节的前部。(图见476页"体")

羲 xī Tl 姓。

曦 xī Tl 阳光:晨～.

爔 xī Tl 同"曦"。

醯 xī Tl ❶醋。❷酰(xiān)的旧称。

巇 xī Tl [险巇]形容山险.⑨道路艰难。

习(習) xí Tĺ ❶学过后再温熟,反复地学使熟练:自～.复～.～字.

~作.❷对某事熟悉:~兵(熟于军事).❸常常地:~见.~闻.❸习惯,长期重复地做,逐渐养成的不自觉的行为:积~.铲除不良~气.恶~.

嶲 xí Tǐ [嶲峨](-é)山名,在云南省玉溪。

鳛 xí Tǐ ❶古书上指泥鳅。❷鳛水,地名,在贵州省。今作"习水"。

席(❶*蓆) xí Tǐ ❶(-子、-儿)用草或苇子等编成的东西,通常用来铺(pū)床或炕。❷座位:出~(到场).缺~(不到场).人~.❸特指议会中的席位,表示当选的人数。❹酒席,成桌的饭菜:摆了两桌~.

觋 xí Tǐ 男巫。

袭(襲) xí Tǐ ❶袭击,趁敌人不备给以攻击:夜~.空~.❷照样做,照样继续下去:因~.沿~.世~.❸量词,用于成套的衣服:衣一~.

媳 xí Tǐ 儿媳,儿子的妻子。[媳妇]儿子的妻子。[媳妇儿](-fur)1.妻子:兄弟~~.2.已婚的年轻妇女。

隰 xí Tǐ ❶低湿的地方。❷新开垦的田地。

檄 xí Tǐ 檄文,古代用于征召或声讨等的文书。

洗 ⊖ xǐ Tǐ ❶用水去掉污垢(鱼-涤):~衣服.~脸.[洗礼]1.基督教接受人入教时所举行的一种仪式。2.指经受的锻炼和考验:战斗的~~.[洗手]比喻盗贼等不再偷抢。❷清除干净:清~.❸冲洗,照相的显影定影:~相片.❹洗雪:~冤.❺如水洗一样抢光,杀光:~城.~劫一空.❻掺和整理:~牌.

⊜ xiǎn 见521页。

铣 ⊖ xǐ Tǐ 用一种能旋转的多刃刀具切削金属工件:~床.~刀.

⊜ xiǎn 见521页。

枲 xǐ Tǐ 大麻的雄株,只开花,不结果实。

玺(璽) xǐ Tǐ 印,自秦朝以后专指皇帝的印。

徙 xǐ Tǐ 迁移(鱼迁-)。

蓰 xǐ Tǐ 五倍:倍~(数倍).

屣 xǐ Tǐ 鞋。

喜 xǐ Tǐ ❶高兴,快乐(鱼-欢、欢-):~出望外.❷可庆贺的,特指关于结婚的:要节约办～事.❸妇女怀孕叫"有喜".❹爱好:～闻乐见.❺适于:海带～荤.植物一般都～光.

禧 xǐ Tǐ ❶(旧读 xī)福,吉祥。❷喜庆:新～.

镐 xǐ Tǐ 一种人造的放射性元素,符号 Sg。

蟢 xǐ Tǐ 蟢子(也作"喜子"),又叫"喜蛛"或"蟏蛸"。一种长腿的小蜘蛛。

葸 xǐ Tǐ 害怕,畏惧:畏～不前.

戏(戲、*戲) ⊖ xì Tì ❶玩耍:集体游～.不要当作儿～.❷嘲弄,开玩笑:～言.❸戏剧,也指杂技:看～.唱～.听～.马～.皮影～.
⊜ hū 见 187 页。

饩(餼) xì Tì ❶古代祭祀或馈赠用的牲畜。❷赠送(谷物、饲料、牲畜等)。

系(❸❺係、❸❹❻繫) ⊖ xì Tì ❶有连属关系的:～统.一～列的事实.水～.世～.❷高等学校中按学科分的教学单位:中文～.化学～.❸关联:干～.❹联结,拴:～马.⊜牵挂:～念.[联系]联络,接

头:时常和他～～.❺是:确～实情.❻把人或东西捆住往上提或向下送:从房上把东西～下来.❼地层系统分类的第三级,在"界"之下,是在地质年代"纪"的时间内形成的地层:第四～.侏罗～.寒武～.
⊜ jì 见 212 页。

屃(屓)** xì Tì 见 26 页"赑"字条"赑屃"(bì—)。

细 xì Tì ❶跟"粗"相对.1.颗粒小的:～沙.～末.2.长条东西直径小的:～竹竿.～铅丝.3.工料精致的:江西～瓷.这块布真～.4.声音小:嗓音～.5.周密:胆大心～.精打～算.深耕～作.❷俭朴:他过日子很～.❸细小的,不重要的:～节.

盻 xì Tì 怒视:瞋目～之.

咥 ⊖ xì Tì 大笑。
⊜ dié 见 99 页。

郤 xì Tì ❶同"隙"。❷姓。

绤 xì Tì 粗葛布。

阋(鬩) xì Tì 争吵。[阋墙]弟兄们在家里互相争吵。喻内部不和。

舄 xì Tì ❶鞋。❷同"潟"。

潟 xì Tì 咸水浸渍的土地：～卤(盐碱地).

隙 xì Tì ❶裂缝：墙～.门～.⑯1.感情上的裂痕：嫌～.2.空(kòng)子,机会：乘～.❷空(kòng),没有东西的：～地.

禊 xì Tì 古代春秋两季在水边举行的除去所谓不祥的祭祀。

潝 xì Tì 水急流的声音。

呷 xiā Tìㄚ 小口儿地喝：～茶.～一口酒.

虾(蝦) ㊀ xiā Tìㄚ 节肢动物,身上有壳,腹部有很多环节。生活在水里,种类很多,可以吃。
㊁ há 见173页.

瞎 xiā Tìㄚ ❶眼睛看不见东西。❷胡乱,没来由：～忙.～说八道.❸〈方〉乱：把线弄～了.❹〈方〉农作物子粒不饱满：～穗.～高粱.

匣 xiá Tìㄚ (一子、一儿)收藏东西的器具,通常指小型的,有盖可以开合。[话匣子]1.留声机的俗称。2.指话多的人(含讽刺义)。

狎 xiá Tìㄚ 亲近而态度不庄重：～昵.～侮.

柙 xiá Tìㄚ 关猛兽的木笼。也指押解犯人的囚笼或囚车。

侠(俠) xiá Tìㄚ 旧称依仗个人力量帮助被欺侮者的人或行为：武～.～客.～义.～骨.～肝义胆.

峡(峽) xiá Tìㄚ 两山夹水的地方：三～.[地峡]海洋中连接两块陆地的狭窄陆地：马来半岛有克拉～～.[海峡]两块陆地之间连接两片海洋的狭窄水道：台湾～～.

狭(狹、*陜) xiá Tìㄚ 窄,不宽阔(⑱一窄、一隘)：地方太～.～隘的地方保护主义.～路相逢(指仇敌相遇).

硖(硤) xiá Tìㄚ [硖石]地名,在浙江省海宁。

遐 xiá Tìㄚ ❶远：～迩(远近).～方.～想.❷长久：～龄(高龄).

瑕 xiá Tìㄚ 玉上面的斑点。⑯缺点(⑱一疵)：～瑜互见.纯洁无～.

暇 xiá ㄒㄧㄚˊ 空(kòng)闲,没有事的时候:得～.无～.自顾不～(连自己都顾不过来).

霞 xiá ㄒㄧㄚˊ 因受日光斜照而呈现红、橙、黄等颜色的云:朝(zhāo)～.晚～.

辖(❶＊＊鎋、❶＊＊舝) xiá ㄒㄧㄚˊ ❶大车轴头上穿着的小铁棍,可使轮不脱落.(图见315页"轮")❷管理(圈管一):直～.统～.

黠 xiá ㄒㄧㄚˊ 聪明而狡猾:狡～.慧～.

下 xià ㄒㄧㄚˋ ❶位置在低处的,跟"上"相对:～面.楼～.山～.⑰1.次序靠后的:～篇.～卷.～月.2.级别低的:～级服从上级.谦辞:正中(zhòng)～怀.3.质量低的:～品.～策.❷由高处到低处:～山.～楼.⑰1.进去:～狱.～水.2.离开:～班.～课.往……去:～乡.～江南.4.投送,颁布:～书.～令.5.向下面:～达.权力～放.6.降落:～雨.～雪.❸方面,方位:两～里都同意.向四～一看.❹减除.1.卸掉:～货.2.除去:～火.～泥.❺用:～工夫.❻攻克,攻陷:连～数城.攻～

❼退让:各不相～.❽用在名词后.1.表示在里面:言～.意～.都～(京城之内).2.表示当某个时节:年～.节～.❾用在动词后。1.表示关系:培养(之)～.指导(之)～.鼓舞～.2.表示动作的完成或结果:打～基础.准备～材料.3.跟"来"、"去"连用表示趋向或继续:滑～去.慢慢停～来.念～去.❿(一子、一儿)量词,指动作的次数:打十～.把轮子转两～子.⓫(动物)生产:猫～小猫了.鸡～蛋.⓬少于(某数):不～三百人.

吓(嚇) ㊀ xià ㄒㄧㄚˋ 使害怕:困难～不倒英雄汉.[吓唬](-hu)使人害怕,威胁:你别～～人.

㊁ hè 见181页.

夏 xià ㄒㄧㄚˋ ❶四季中的第二季,气候最热.❷华夏,中国的古名.❸夏朝,传说是禹(一说启)建立的(约公元前2070—公元前1600年).[夏历]农历,旧历,这种历法的基本部分是夏朝创始的.

厦(＊廈) ㊀ xià ㄒㄧㄚˋ [厦门]地名,在福建省.

㊁ shà 见424页.

唬 ㊀ xià ㄒㄧㄚˋ 同"吓"。
㊁ hǔ 见 189 页。

罅 xià ㄒㄧㄚˋ 裂缝。

仙(*僊) xiān ㄒㄧㄢ 神话中称有特殊能力,可以长生不死的人。

氙 xiān ㄒㄧㄢ 一种化学元素,在通常条件下为气体,符号 Xe,无色无臭无味,不易跟其他元素化合。空气中只含有极少量的氙。把氙装入真空管中通电,能发蓝色的光。

籼(*秈) xiān ㄒㄧㄢ 籼稻,水稻的一种,米粒细而长。

先 xiān ㄒㄧㄢ ❶时间在前的,次序在前的:占~.首~.抢~一步.争~恐后.[先进]水平高,成绩好,走在前头,值得推广和学习的。[先生](—sheng)1.老师。2.对一般人的敬称。3.称医生。[先天]人或某些动物的胚胎时期:~~不足.❷祖先,上代:~人.~辈.❸对死去的人的尊称:革命~烈.

酰 xiān ㄒㄧㄢ 酰基,通式可以用 R·CO—表示的原子团。

纤(纖) ㊀ xiān ㄒㄧㄢ 细小。[纤尘]细小的灰尘:~~不染.[纤维]细长像丝的物质。一般分成两大类:天然纤维,如棉、麻、羊毛、石棉等;合成纤维是用高分子化合物制成的,如锦纶、维尼纶等。[光纤]光导纤维。一种能够传导光信号的纤维状光学材料。
㊁ qiàn 见 392 页。

跹(躚) xiān ㄒㄧㄢ 见 373 页"蹁"字条"蹁跹"(pián—)。

忺 xiān ㄒㄧㄢ 高兴,适意。

掀 xiān ㄒㄧㄢ 揭起,打开:~锅盖.~帘子.⑨发动,兴起:~起生产热潮.

锨(**枚、**杴) xiān ㄒㄧㄢ 铲东西用的一种工具,用钢铁或木头制成板状的头,后面安把儿:木~.铁~.

祆 xiān ㄒㄧㄢ [祆教]拜火教,公元前 6 世纪波斯人琐罗亚斯德所创立,崇拜火,南北朝时传入我国。

莶(薟) xiān ㄒㄧㄢ 见 512 页"豨"字条"豨莶"(xī—)。

铦 xiān ㄒㄧㄢ ❶古代一种兵器。❷锋利。

鲜 ⊖ xiān ㄒㄧㄢ ❶新的,不陈的,不干枯的(働新—):～果.～花.～肉.～血.❷滋味美好:这汤真～.❸有光彩的:～红的旗帜.颜色十分～艳.❹新鲜的食物:尝～.❺姓.
[鲜卑族](—bēi)我国古代北方民族。
⊜ xiǎn 见 521 页。

暹 xiān ㄒㄧㄢ [暹罗]泰国的旧称。

闲(❶❷❸*閒) xián ㄒㄧㄢ ❶没有事情做(働—暇):没有～工夫.働放着,不使用:～房.机器别～着.❷没有事情做的时候:农～.忙里偷～.❸与正事无关的:～谈.～人免进.
[闲话]与正事无关的话,背后不负责的议论:讲别人的～～.❹栅栏。❺防御:防～.
"閒"又 jiān 见 218 页"间";又 jiàn 见 221 页"间"。

娴(*嫻) xián ㄒㄧㄢ ❶熟练(働—熟):～于辞令.技术～熟.❷文雅:～静.～雅.

痫(癇) xián ㄒㄧㄢ 癫痫,俗叫"羊痫风"或"羊角风"。一种时犯时愈的暂时性大脑机能紊乱的病症。病发时突然昏倒,口吐泡沫,手足疼挛。

鹇(鷳) xián ㄒㄧㄢ 白鹇,鸟名。尾巴长,雄的背为白色,有黑纹,腹部黑蓝色,雌的全身棕绿色。

贤(賢) xián ㄒㄧㄢ ❶有道德的,有才能的或有道德的有才能的人:～明.选～与能.❷敬辞,用于平辈或晚辈:～弟.～侄。

弦(*絃) xián ㄒㄧㄢ ❶弓上发箭的绳状物。❷月亮半圆:上～.下～.❸数学名词.1.连接圆周上任意两点的线段。2.直角三角形中对着直角的边。❹(—ㄦ)乐器上发声的线。[弦子](—zi)[三弦]弦乐器。❺钟表等的发条:表～断了.

舷 xián ㄒㄧㄢ 船、飞机等的左右两侧。

挦(撏) xián ㄒㄧㄢ 扯,拔(毛发):～鸡毛.

咸(❷鹹) xián ㄒㄧㄢ ❶全,都:少长～集.～知其不可.❷像盐的味道，含盐分多的，跟“淡”相对。

涎 xián ㄒㄧㄢˊ 口水：流～．垂～三尺（喻羡慕，想得到）．

衔（❷*啣） xián ㄒㄧㄢˊ ❶马嚼子。❷用嘴含，用嘴叼：燕子～泥．㊀1.心里怀着：～恨．2.奉，接受：～命．［衔接］互相连接。❸（一儿）职务和级别的名号：职～．军～．

嫌 xián ㄒㄧㄢˊ ❶嫌疑，可疑之点：避～．❷厌恶（wù），不满意：讨人～．这种布很结实，就是～太厚．❸怨恨：前～．夙无仇～．

狝（獮） xiǎn ㄒㄧㄢˇ 古代指秋天打猎。

冼 xiǎn ㄒㄧㄢˇ 姓。

洗 ㊁ xiǎn ㄒㄧㄢˇ 同“冼”。
㊀ xǐ 见 515 页。

铣 ㊀ xiǎn ㄒㄧㄢˇ 有光泽的金属。［铣铁］铸铁，生铁，质脆，适于铸造器物。
㊁ xǐ 见 515 页。

筅（**箲） xiǎn ㄒㄧㄢˇ 〈方〉筅帚，炊帚，用竹子等做成的刷锅、碗的用具。

跣 xiǎn ㄒㄧㄢˇ 光着脚：～足．

显（顯） xiǎn ㄒㄧㄢˇ ❶露在外面容易看出来：～而易见．这个道理是很～然的．❷表现，露出：～示．～微镜．没有高山，不～平地．❸有名声、地位、权势的：～贵．～宦．❹敬辞（称先人）：～考．～妣．

险（險） xiǎn ㄒㄧㄢˇ ❶可能遭受的灾难（㊃危一）：冒～．保～．脱～．❷可能发生灾难的：～症．～境．好～．❸要隘，不易通过的地方：天～．❹存心狠毒：阴～．～诈．❺几乎，差一点：～遭不幸．～些掉在河里．

猃（獫、**玁） xiǎn ㄒㄧㄢˇ 古指长（cháng）嘴的狗。
［猃狁］（－yǔn）我国古代北方的民族，战国后称匈奴。

蚬 xiǎn ㄒㄧㄢˇ 一种软体动物，介壳形状像心脏，有环状纹。生在淡水软泥里。肉可吃，壳可入药。

鲜（*尠、*尟） ㊁ xiǎn ㄒㄧㄢˇ 少：～见．～有．
㊀ xiān 见 520 页。

藓 xiǎn ㄒㄧㄢˇ 隐花植物的一类，茎叶很小，没有真根，生在阴湿的地方。

X

爝 xiǎn ㄒㄧㄢˇ 火,野火。[兵燹]指战乱所造成的焚烧毁坏等灾害。

櫶 xiǎn ㄒㄧㄢˇ 常绿乔木,叶呈椭圆卵形,花白色,果实椭圆形,木材坚实细致,是我国珍贵的树种。也叫"蚬木"。

见(見) ㊀ xiàn ㄒㄧㄢˋ 同"现❶"。
㊀ jiàn 见221页。

苋 xiàn ㄒㄧㄢˋ 苋菜,一年生草本植物,开绿白色小花,茎叶都可以吃。

岘 xiàn ㄒㄧㄢˋ 岘山,山名,在湖北省。

现 xiàn ㄒㄧㄢˋ ❶显露:出~.~了原形。[现象]事物的表面状态。[实现]成为事实或使成为事实:又一个五年计划~~了。~~理想。❷现在,目前:~况.~代化工业.㊁当时:~趸~卖.~成的。❸实有的,当时就有的:~金.~钱买~货。

县(縣) xiàn ㄒㄧㄢˋ 行政区划单位,由直辖市、地级市、自治州等领导。
〈古〉又同"悬"(xuán)。

限 xiàn ㄒㄧㄢˋ ❶指定的范围:给你三天~.❷限制(范围):~三天完工.作文不~字数.[限制]规定范围,不许超过。❸〈古〉门槛:门~.户~.

线(綫、△*線) xiàn ㄒㄧㄢˋ ❶用丝、金属、棉或麻等制成的细长的东西:棉~.电~.毛~.喻细小的:一~希望.[线索]喻事物发展的脉络或据以解决问题的头绪:那件事情有了~~.❷几何学上指只有长度而无宽度和厚度的图形:直~.曲~.❸像线的东西:光~.紫外~.航~.京广~.战~.生命~.❹边缘交界处:防~.国境~.

宪(憲) xiàn ㄒㄧㄢˋ ❶法令:~章.❷指宪法:立~.[宪法]国家的根本法。具有最高的法律效力,是其他立法工作的根据。通常规定一个国家的社会制度、国家制度、国家机构和公民的基本权利和义务等。

陷 xiàn ㄒㄧㄢˋ ❶掉进,坠入,沉下:~到泥里去了.地~下去了.[陷阱]为捉野兽或敌人而挖的坑。喻害人的阴谋。❷凹进:两眼深~.❸设计害人:~害.诬~.❹被攻破,被占领:失~.~落.❺缺点:缺~.

馅 xiàn ㄒㄧㄢˋ（一子、一儿）包在面食、点心等食品里面的肉、菜、糖等东西：饺子～儿.

羡 xiàn ㄒㄧㄢˋ ❶羡慕，因喜爱而希望得到。❷多余的：～余.

线（線） xiàn ㄒㄧㄢˋ ❶旧同"线"。❷姓.

腺 xiàn ㄒㄧㄢˋ 生物体内由腺细胞组成的能分泌某些化学物质的组织：汗～.泪～.蜜～.

锡 xiàn ㄒㄧㄢˋ 金属线。

献（獻） xiàn ㄒㄧㄢˋ 恭敬庄严地送给：～花.～礼.把青春～给祖国.❺表现出来：～技.～殷勤.

霰 xiàn ㄒㄧㄢˋ 水蒸气在高空中遇到冷空气凝结成的小冰粒，在下雪花以前往往先下霰。

XIANG ㄒㄧㄤ

乡（鄉） xiāng ㄒㄧㄤ ❶城市外的区域：他下～了.城～交流.❷自己生长的地方或祖籍：故～.还～.同～.背井离～.[老乡]生长在同一地方的人。❸行政区划单位，由县或区等领导。

芗（薌） xiāng ㄒㄧㄤ ❶古书上指用以调味的香草。❷同"香"。

相 ㊀ xiāng ㄒㄧㄤ ❶交互，动作由双方来（圈互一）：～助.～亲～爱.言行符.㊁动作由一方来而有一定对象的，常加在动词前面：～信.好言～劝.[相当] 1.对等，等于：年纪～～. 2.副词，有一定程度的：这首诗写得～～好.[相对]依靠一定条件而存在，随着一定条件而变化的，跟"绝对"相对。❷看：～中.左～右看.
㊁ xiàng 见 525 页。

厢（＊廂） xiāng ㄒㄧㄤ ❶厢房，在正房前面两旁的房屋：东～房.西～.㊁边，方面：这～.两～.❷靠近城的地区：城～.关～.❸包厢，戏院里特设的单间座位。❹车厢，车里容纳人或东西的地方。

湘 xiāng ㄒㄧㄤ ❶湘江，源出广西壮族自治区，流至湖南省入洞庭湖。❷湖南省的别称。

缃 xiāng ㄒㄧㄤ 浅黄色。

箱 xiāng ㄒㄧㄤ ❶（一子）收藏衣物的方形器具，通常是上面有盖扣住。❷像箱子的东西:信～.风～.❸同"厢❹".

香 xiāng Tl尢 ❶气味好闻,跟"臭"相对:～花.⊕1.舒服:睡得～.吃得真～.2.受欢迎:这种货物在农村～得很.❷味道好:饭～.❸称一些天然有香味的东西:檀～.特指用香料做成的细条:线～.蚊～.

襄 xiāng Tl尢 帮助:～办.～理.

骧 xiāng Tl尢 马抬着头快跑。

瓖 xiāng Tl尢 同"镶"。

镶 xiāng Tl尢 把东西嵌进去或在外围加边:～牙.在衣服上～一道红边.金～玉嵌.

详 xiáng Tl尢 ❶细密,完备(⊕－细):～谈.～解.不知～情.❷清楚地知道:内容不～.❸说明,细说:余容再～.内～.❹(仪态)从容稳重:神态安～.举止～雅.

庠 xiáng Tl尢 庠序,古代的乡学,也泛指学校。

祥 xiáng Tl尢 ❶吉利(⊕吉－):～瑞.不～.⊕和善,友善:慈～.神情～和.❷

指吉凶的预兆(迷信)。

降 ㊀ xiáng Tl尢 ❶投降,归顺:宁死不～.❷降服,使驯服:～龙伏虎.
㊁ jiàng 见225页。

翔 xiáng Tl尢 盘旋地飞而不扇动翅膀:滑～.
[翔实][详实]详细而确实。

享 xiǎng Tl尢 享受,受用:～福.久～盛誉.资源共～.

响(響) xiǎng Tl尢 ❶(－儿)声音:听不见～儿了.❷发出声音:大炮～了.钟～了.一声不～.❸响亮,声音高,声音大:这个铃真～.声音～亮.❹回声:如～斯应(喻反应的迅速).[响应](－yìng)回声相应。⊕用言语、行动表示赞同:～～祖国的号召.

饷(*餉) xiǎng Tl尢 ❶过去指军警的薪给(jǐ):领～.关～.❷用酒食等款待.

蚃(蠁) xiǎng Tl尢 知声虫。也叫"地蛹"。

飨(饗) xiǎng Tl尢 ❶用酒食款待:以～读者(喻满足读者的需要).❷同"享"。

想 xiǎng Tl尢 ❶动脑筋,思索:我～出一个办法来了.㉇1.推测,认为:我～他不会来了.我～这么做才好.2.希望,打算:他～去学习.要～学习好,就得努力.❷怀念,惦记:～家.时常～着前方的战士.

鲞(**鯗) xiǎng Tlㅊ 剖开晾干的鱼.

向(❶❹❻嚮、❻*曏) xiàng Tlㅊ ❶对着,朝着:这间房子～东.[向导]引路的人.❷介词,表示动作的方向:～前看.～雷锋同志学习.❸方向:我转(zhuàn)～(认错了方向)了.㉇意志所趋:志～.意～.❹近,临:～晚.～晓雨停.❺偏袒,袒护:偏～.❻从前:～日.～者.㉇从开始到现在:本处～无此人.[向来][一向]副词,从来,从很早到现在:他～～不喝酒.

项 xiàng Tlㅊ ❶颈的后部.❷事物的种类或条目:事～.～目.义～.强.㉇钱,经费(⑱款—):用～.进～.欠～.❸量词,用于分项目的事物:两～任务.三大纪律八～注意.❹代数中不用加号、减号连接的单式,如 $4a^2b$,ax^3。

巷 ㊀ xiàng Tlㅊ 较窄的街道:大街小～.

㊁ hàng 见 177 页.

相 ㊀ xiàng Tlㅊ ❶(一儿)样子,容貌(⑱—貌):长(zhǎng)得很喜～(xiang).狼狈～.照～.❷察看:～马.～机行事.人不可以貌～.❸辅助,也指辅佐的人,古代特指最高级的官:宰～.❹姓.
[相声](—sheng)曲艺的一种,以说、学、逗、唱,引人发笑为特色,盛行于华北地区.

㊁ xiāng 见 523 页.

象 xiàng Tlㅊ ❶哺乳动物,多产在印度、非洲等热带地方.鼻子圆筒形,可以伸卷.多有一对特长的门牙,突出唇外.❷形状,样子(⑱形—):景～.万～更新.[象征]用具体的东西表现事物的某种意义,例如鸽子象征和平.

像 xiàng Tlㅊ ❶相似:他很～他母亲.[好像]似乎,仿佛:我～～见过他.❷比照人物做成的图形:画～.塑～.❸比如,比方:～这样的事是值得注意的.

橡 xiàng Tlㅊ ❶橡树,就是栎树.[橡子]橡树的果实.❷橡胶树,原产巴西,我国南方也有,树的乳状汁液可制橡胶.[橡胶]用橡胶树一类植物的乳汁制成的胶质.

用途很广。[橡皮]1.经过硫化的橡胶。2.能擦去铅笔等痕迹的橡胶制品。

蟓 xiàng ㄒㄧㄤ "蚕"的古名。

X

XIAO ㄒㄧㄠ

肖 ㊀ xiāo ㄒㄧㄠ "萧"(姓)俗作"肖"。
㊁ xiào 见 528 页。

削 ㊀ xiāo ㄒㄧㄠ 用刀平着或斜着去掉外面的一层:~铅笔.把梨皮~掉.
㊁ xuē 见 543 页。

逍 xiāo ㄒㄧㄠ [逍遥](一yáo)自由自在,无拘无束:~~自在.

消 xiāo ㄒㄧㄠ ❶溶化,散失:冰~.烟~火灭.[消化]胃肠等器官把食物变成可以吸收的养料.⑯理解、吸收所学的知识.❷灭掉,除去(⑯一灭):~毒.~炎.~灭敌人.[消费]为了满足生产、生活的需要而消耗物质财富.[消极]起反面作用的,不求进取的,跟"积极"相对:~~因素.~~态度.[消息]音信,新闻.❸消遣,把时间度过去:~夜.~夏.❹〈方〉需要:不~说.

宵 xiāo ㄒㄧㄠ 夜:通~.[元宵]1.元宵节,夏历正月十五日晚上.2.一种江米(糯米)面做成的球形有馅食品,多在元宵节吃。

绡 xiāo ㄒㄧㄠ 生丝。又指用生丝织的东西。

硝 xiāo ㄒㄧㄠ ❶矿物名。1.硝石,一种无色或白色晶体,成分是硝酸钾或硝酸钠,是氮肥的主要原料。2.芒硝,一种无色透明的晶体,成分是硫酸钠,可做泻剂和制取钠。❷用芒硝加黄米面等处理毛皮,使皮板儿柔软:~一块皮子.

销 xiāo ㄒㄧㄠ ❶熔化金属。[销毁]毁灭,常指烧掉。❷去掉:~假(jià).报~.撤~.❸卖出(货物):一天~了不少的货.供~合作社.脱~.❹开支,花费:花~.开~.❺(一子)机器上像钉子的零件。[插销]1.连通电路的一种装置:电灯~~.2.关锁门窗的一种装置。❻把机器上的销子或门窗上的插销推上。

蛸 ㊀ xiāo ㄒㄧㄠ [螵蛸](piāo一)螳螂的卵块。
㊁ shāo 见 430 页。

霄 xiāo ㄒㄧㄠ ❶云(⑯云一)。❷天空:重(chóng)

～.九～.～壤(喻相去很远).

魈 xiāo ㄒㄧㄠ [山魈] 1.猴的一种,尾巴很短,脸蓝色,鼻子红色,嘴上有白须,全身毛黑褐色,腹部白色。多群居,吃小鸟、野鼠等。2.传说中山里的鬼怪。

枭(梟) xiāo ㄒㄧㄠ ❶即鸮。❷勇健(常有不驯顺的意思):～将.～雄.❸魁首,首领:毒～.❹〈古〉悬挂(砍下的人头):～首.～示.

枵 xiāo ㄒㄧㄠ ❶空虚:～腹从公.❷布的丝缕稀而薄:～薄.

鸮 xiāo ㄒㄧㄠ 猫头鹰一类的鸟。

哓(嘵) xiāo ㄒㄧㄠ [哓哓]因为害怕而乱嚷乱叫的声音。

骁(驍) xiāo ㄒㄧㄠ ❶好马.❷勇健(⑱一勇):～将.

虓 xiāo ㄒㄧㄠ 猛虎怒吼。

猇 xiāo ㄒㄧㄠ 同"虓"。

萧(蕭) xiāo ㄒㄧㄠ 冷落、没有生气的样子:～然.～瑟.～索.[萧条]寂寞冷落.⑱不兴旺。

[萧萧]拟声词,马叫声或风声。

潇(瀟) xiāo ㄒㄧㄠ 水清而深。[潇洒](-sǎ)行动举止自然大方,不呆板,不拘束。

蟏(蠨) xiāo ㄒㄧㄠ [蟏蛸](-shāo)蟢子.参看516页"蟢"。

箫(簫) xiāo ㄒㄧㄠ 管乐器。古代的"排箫"是许多管子排在一起的,后世用一根管子做成,竖着吹的叫"洞箫"。

翛 xiāo ㄒㄧㄠ 〈古〉无拘无束,自由自在:～然.[翛翛]羽毛败坏的样子。

嚣 xiāo ㄒㄧㄠ 喧哗:叫～.[嚣张]放肆,邪恶势力上升:气焰～～.

洨 xiáo ㄒㄧㄠ 洨河,水名,在河北省西南部。

崤 xiáo ㄒㄧㄠ 崤山,山名,在河南省西部。也叫"崤陵"。

淆(*殽) xiáo ㄒㄧㄠ 混淆,错杂,混乱:混～不清.

小 xiǎo ㄒㄧㄠ ❶跟"大"相对。1.面积少的,体积占空间少的,容量少的:～山.地方～.2.数量少的:数目～.一

~半.3.程度浅的:学问~.~学.4.声音低的:~声说话.5.年幼,排行最末的:他比你~.他是我的~弟弟.6.年幼的人:一家老~.7.谦辞:~弟.~店.[小看]轻视,看不起:别~~人.[小说]描写人物故事的一种文学作品.❷时间短:~坐.~住.❸稍微:牛刀~试.❹略微少于,将近:这里离石家庄有~三百里.

晓(曉) xiǎo ㄒㄧㄠˇ ❶天刚亮的时候:~行夜宿.鸡鸣报~.❷晓得,知道,懂得:家喻户~.❸使人知道:~以利害.

筱(＊＊篠) xiǎo ㄒㄧㄠˇ ❶小竹子。❷同"小",多用于人名。

孝 xiào ㄒㄧㄠˋ ❶指尊敬、奉养父母。❷指居丧的礼俗:守~.❸丧服:戴~.

哮 xiào ㄒㄧㄠˋ 吼叫:咆~.[哮喘]呼吸急促困难的症状.

肖 ㊀ xiào ㄒㄧㄠˋ 像,相似:子~其父.[肖像]画像,相片. ㊁ xiāo 见526页。

笑(＊咲) xiào ㄒㄧㄠˋ ❶露出愉快的表情,发出欢喜的声音:逗~.眉开眼~.啼~皆非.[笑话](一

huɑ)1.(——儿)能使人发笑的话或事。2.轻视,讥讽:别~~人.❷讥笑,嘲笑:见~.耻~.别嘲~人.

校 ㊀ xiào ㄒㄧㄠˋ ❶学校。❷军衔名,在尉和将之间。 ㊁ jiào 见229页。

效(❶＊傚、❸＊効) xiào ㄒㄧㄠˋ ❶模仿(圈—法,仿—):上行下~.❷效验,功用,成果:这药吃了很见~.~果良好.无~.[效率]1.物理学上指有用的功在总功中所占的百分比.2.单位时间内所完成的工作量:生产~~.工作~~.❸尽,献出:~力.~劳.

啸(嘯) xiào ㄒㄧㄠˋ ❶撮口作声,打口哨:长~一声,山鸣谷应.❷动物拉长声音叫:虎~.猿~.❸自然界发出的或飞机、子弹等飞掠而过的声音:海~.子弹尖~着掠过头上.飞机尖~着飞向高空.

敩(敩) xiào ㄒㄧㄠˋ 教导,使觉悟。

些 xiē ㄒㄧㄝ ❶量词,表示不定的数量:有~工人.炉

子里要添～煤.看～书.长(zhǎng)～见识.❷跟"好"、"这么"连用表示很多:好～人.这么～天.制造出这么～个机器.❸用在形容词后表示比较的程度:病轻～了.学习认真～,了解就深刻～.[些微]略微.

搋 xiē Tㄧㄝ 捶,打.特指把钉、橛等捶打到其他东西里面去:在墙上～钉子.把桌子～一～.

楔 xiē Tㄧㄝ (一儿)填充器物的空隙使其牢固的木橛、木片等:这个板凳腿活动了,加个～儿吧.[楔子](一zi)1.义同"楔".2.杂剧里加在第一折前头或插在两折之间的小段,小说的引子.

歇 xiē Tㄧㄝ ❶休息:坐下～一会儿.❷停止:～工.～业.[歇枝]果树在一定年限内停止结果或结果很少.❸〈方〉很短的一段时间,一会儿:过了一～.
[歇斯底里](外)即癔(yì)病.⛤情绪激动,举止失常.

蝎(*蠍) xiē Tㄧㄝ (一子)一种节肢动物,卵胎生.下腭长成钳子的样子,胸脚四对,后腹狭长,末端有毒钩,用来防敌和捕虫,

干制后可入药。

叶 ⊖ xié Tㄧㄝ 和洽,合:～韵.
⊜ yè 见 562 页。

协(協) xié Tㄧㄝ ❶共同合作,辅助:～商问题.～办.～查.[协会]为促进某种共同事业的发展而组成的群众团体:对外友好～.❷调和,和谐:～调.～和.

胁(脅、*脇) xié Tㄧㄝ ❶从腋下到腰的部分:～下.❷逼迫恐吓(hè):威～.～制.[胁从]被胁迫而随从别人做坏事.❸收敛:～肩谄笑(谄媚人的丑态).

邪 ⊖ xié Tㄧㄝ ❶不正当:歪风～气.改～归正.㋑奇怪,不正常:～门.一股～劲.❷中医指引起疾病的环境因素:风～.寒～.㊀迷信的人指鬼神给予的灾祸:驱～.
⊜ yé 见 561 页。

挟(挾) xié Tㄧㄝ ❶夹在胳膊底下:～山跨海逞英雄.❷倚仗势力或抓住人的弱点强迫使服从:要(yāo)～.～制.❸心里怀着(怨恨等):～嫌.～恨.

斜 xié Tㄧㄝ 不正,跟平面或直线既不平行也不垂直

的：～坡.纸裁～了.～对过.

偕 xié ㄒㄧㄝ （旧读 jiē）共同，在一块：～老.～行.～同贵宾参观.

谐 xié ㄒㄧㄝ ❶和，配合得适当（圉和－）：音调和～.❷诙谐，滑稽：～谈.亦庄亦～.

絜 xié ㄒㄧㄝ 量度物体周围的长度。

〈古〉又同"洁"(jié).

颉 ⊖ xié ㄒㄧㄝ ❶鸟往上飞．[颉颃]（－háng）1.鸟向上向下飞．2.不相上下：他的书法与名家相～～．圀对抗：～～作用．❷姓。

⊜ jié 见 232 页。

撷 xié ㄒㄧㄝ ❶摘下，取下．❷用衣襟兜东西。

缬 xié ㄒㄧㄝ 有花纹的丝织品。

携(＊攜、＊擕) xié ㄒㄧㄝ 带（圉－带）：～眷．～带武器．[携手]手拉着手．喻合作。

鞋(＊鞵) xié ㄒㄧㄝ 穿在脚上走路时着地的东西：皮～．拖～．旅游～.

勰 xié ㄒㄧㄝ 和谐，协调．多用于人名.刘勰，南朝人。

写(寫) xié ㄒㄧㄝ ❶用笔在纸或其他东西上做字：～字．～对联．❷写作：～诗．～文章．❸描写：～景．～情．❹绘画：～生。

血 ⊖ xié ㄒㄧㄝ 义同"血⊖"，用于口语．多单用，如"流了点儿血"．也用于口语常用词，如"鸡血"、"血块子"。

⊜ xuè 见 544 页。

炧(＊＊焍) xié ㄒㄧㄝ 蜡烛烧剩下的部分。

泄(＊洩) xié ㄒㄧㄝ ❶液体、气体排出：～洪道．喻丧失希望、勇气：～气．～劲．❷透露：～漏秘密．～底(泄露内幕)．❸发泄：～恨．～私愤。

绁(＊紲) xié ㄒㄧㄝ ❶绳索．❷系，拴。

渫 xié ㄒㄧㄝ ❶除去．❷泄，疏通。

泻(瀉) xié ㄒㄧㄝ ❶液体很快地流下：一～千里．❷拉稀屎：～肚.

契(＊＊偰) ⊖ xié ㄒㄧㄝ 商朝的祖先，传说是舜的臣.

⊖ qì 见 387 页。

卨(卨、＊＊离) xié ㄒㄧㄝ 用于人

名。万俟卨(mòqí一),宋朝人。

卸 xiè Tl世 ❶把东西去掉或拿下来:～货.～车.大拆大～.❷解除:～责.～任.推～.

屑 xiè Tl世 碎末:煤～.竹头木～.[琐屑]细小的事情.

[不屑]认为事物轻微而不肯做或不接受:他～～于做这件事.

楔 xiè Tl世 [楔石]一种矿物,多呈褐色或绿色,有光泽,是提炼钛的原料.

械 xiè Tl世 ❶器物,家伙:机～.器～.❷武器:缴～.～斗.❸刑具.

亵(褻) xiè Tl世 ❶轻慢,亲近而不庄重:～渎.❷指贴身的衣服:～衣.❸淫秽:猥～.

谢 xiè Tl世 ❶表示感激(叠):～～你!❷道歉或认错:～罪.❸辞去,拒绝:～绝参观.❹凋落,衰退:花～了.新陈代～.

塮 xiè Tl世〈方〉猪羊等家畜圈里积下的粪便.

榭 xiè Tl世 台上的屋子:水～.

解 ㊂ xiè Tl世 ❶明白,懂得:～不开这个理.❷姓.❸解县,旧县名,在山西省.
㊀ jiě 见233页.
㊁ jiè 见235页.

薢 xiè Tl世 [薢茩](一hòu)菱.

獬 xiè Tl世 [獬豸](一zhì)传说中的异兽名.

邂 xiè Tl世 [邂逅](一hòu)没约会而遇到.

廨 xiè Tl世 古代通称官署:官～.公～.

澥 xiè Tl世 ❶糊状物或胶状物由稠变稀:糨糊～了.❷加水使糊状物或胶状物变稀:粥太稠,加点儿水～一～.❸渤澥,古代海的别称,也指渤海.

懈 xiè Tl世 松懈,不紧张(叠一怠):始终不～.

蟹(*蠏) xiè Tl世 螃蟹,节肢动物,种类很多,水陆两栖,全身有甲壳.前面的一对脚长(zhǎng)成钳状,叫螯.横着走.腹部分节,俗叫脐,雄的尖脐,雌的团脐.

薤 xiè Tl世 多年生草本植物,叶细长,开紫色小花.鳞茎和嫩叶可以吃.也叫"藠头(jiàotou)".

瀣 xiè Tl世 见177页"沆"字条"沆瀣"(hàng一).

燮

躞

xiè ㄒㄧㄝˋ 谐和,调和。

xiè ㄒㄧㄝˋ 见 100 页"蹀"字条"蹀躞"(dié—)。

XIN ㄒㄧㄣ

心 xīn ㄒㄧㄣ ❶心脏,人和高等动物体内推动血液循环的器官。(图见 600 页"脏")[心腹] 喻 1. 最要紧的:~~之患. 2. 亲信的人.[心胸] 喻气量:~~宽大. ❷习惯上也指思想器官和思想感情等:~思.~得.用~.~情.开~(快乐).伤~.谈~.全~全意.[心理]1.思想、感情、感觉等活动过程的总称.2.想法,思想情况:这是一般人的~~.[小心]留神,谨慎:~~火烛(谨慎防火).一路多加~~.❸中央,在中间的地位或部分:掌~.江~.圆~.[中心]1.心❸.2.主要部分:政治~~.文化~~.~任务.~~环节.❹星宿名,二十八宿之一.也叫"商".

芯 ㊀ xīn ㄒㄧㄣ 去皮的灯心草:灯~.

㊁ xìn 见 533 页。

辛 xīn ㄒㄧㄣ ❶辣。❷劳苦,艰难:~勤. ❸悲伤:~酸。❹天干的第八位,用作顺序的第八。

莘 ㊀ xīn ㄒㄧㄣ 古指细辛,一种草本植物,花暗紫色,根细,有辣味,可入药。[莘庄]地名,在上海市。

㊁ shēn 见 434 页。

锌 xīn ㄒㄧㄣ 一种金属元素,符号 Zn,旧称"亚铅",蓝白色,质脆。可制锌版,涂在铁上可防生锈。氧化锌(俗叫"锌白")是一种重要的白色颜料。

新 xīn ㄒㄧㄣ ❶跟"旧"相对。1. 刚有的或刚经验到的:~办法.万象更~.~事物.2. 没有用过的:~笔.~房子.3. 性质上改变得更好的,使变成新的:~社会.~文艺.粉刷一~.[自新]改掉以往的过错,使思想行为向好的方面发展。❷新近,刚才:这枝钢笔是我~买的.他是~来的.❸称结婚时的人或物:~郎.~房。

薪 xīn ㄒㄧㄣ 柴火:杯水车~.[薪水][薪金]工资。

忻 xīn ㄒㄧㄣ ❶同"欣"。❷忻州,地名,在山西省。

昕 xīn ㄒㄧㄣ 太阳将要出来的时候。

欣 xīn ㄒㄧㄣ 快乐,喜欢:欢~鼓舞.~然前往.[欣赏]用喜爱的心情来领会其中的意味。[欣欣]1.高兴的样子:～～然有喜色.2.草木生机旺盛的样子:～～向荣.

䜣 xīn ㄒㄧㄣ 同"欣"。

焮 xīn ㄒㄧㄣ xìn ㄒㄧㄣ (又)烧,灼.

歆 xīn ㄒㄧㄣ 喜爱,羡慕:～羡.

馨 xīn ㄒㄧㄣ 散布很远的香气:～香.芳～.

鑫 xīn ㄒㄧㄣ 财富兴盛。商店字号、人名常用的字。

镡 xín ㄒㄧㄣ ❶古代剑柄的顶端部分。❷古代兵器,似剑而小。

囟(****顖**) xìn ㄒㄧㄣ 囟门,囟脑门,又叫"顶门"。婴儿头顶骨未合缝的地方。

芯 ㊀ xìn ㄒㄧㄣ ❶(一子)装在器物中心的捻子或消息儿,如蜡烛的捻子、爆竹的引线等。❷(一子)蛇的舌头。
㊁ xīn 见532页。

信 xìn ㄒㄧㄣ ❶诚实,不欺骗:～用.失～.❷信任,不怀疑,认为可靠:～赖.这话我不～.㊂信仰,崇奉:～徒.❸(一儿)消息:报～.喜～儿.

[信号]传达消息、命令、报告等的记号:放～～枪.❹函件(㊤书一):给他写封～.❺随便:～步.～口开河(随便乱说).❻信石,砒霜.❼同"芯㊀"。
〈古〉又同"伸"(shēn)。

衅(**釁**) xìn ㄒㄧㄣ ❶古代用牲畜的血涂器物的缝隙:～钟.～鼓.❷缝隙,争端:挑～.寻～.

焮 xìn ㄒㄧㄣ (又)见533页xīn。

XING ㄒㄧㄥ

兴(**興**) ㊀ xīng ㄒㄧㄥ ❶举办,发动:～工.～利除弊.～修水利.❷起来:夙～夜寐(早起晚睡).闻风～起.❸旺盛(㊤一盛、一旺)。[兴奋]精神振作或激动.❹流行,盛行:时～.❺准许:不～胡闹.❻〈方〉或许:他～来,～不来.❼姓.
㊁ xìng 见535页。

星 xīng ㄒㄧㄥ ❶天空中发光的或反射光的天体,如太阳、地球、北斗星等。通常指夜间天空中闪烁发光的天体:人造地球卫～.～罗棋布.月明～稀.㊤称有名的演员、运动员等:明～.球～.歌～.❷(一子、一儿)细碎或细小的东西:～火燎原.火～儿.唾沫～子.❸星宿名,二十八宿之一.

猩 xīng Tㄥ 猩猩,哺乳动物,形状略似人,毛赤褐色或黑色,前肢长,无尾。吃野果。产于苏门答腊等地。[猩红热]一种急性传染病,病原体是一种溶血性链球菌,症状是头痛、寒热、发红疹,口部周围苍白,舌如草莓。小儿容易感染。

惺 xīng Tㄥ 醒悟。[惺惺]1.清醒,聪明。2.聪明的人:～～惜～～(喻指同类的人互相怜惜).[假惺惺]虚情假意的样子。
[惺忪](*惺松)1.苏醒。2.刚睡醒尚未清醒。

腥 xīng Tㄥ ❶腥气,像鱼的气味:血～.～膻(shān).❷鱼、肉一类的食品:荤～.

骍 xīng Tㄥ 赤色的马或牛。

箵 xīng Tㄥ 见301页"笭"字条"笭箵"(líng—).

刑 xíng Tㄥ ❶刑罚,对犯人各种处罚的总称:死～.徒～.缓～.❷特指对犯人的体罚,如拷打、折磨等:受

～.动～.

邢 xíng Tㄥ 姓。

形 xíng Tㄥ ❶样子:三角～.地～.～式.～象.[形成]逐渐发展成为(某种事物、状况或局面等):爱护公物已～～一种风气.[形势]1.地理上指地势的高低,山、水的样子。2.事物发展的状况:国际～～.❷体,实体:～体.无～.～影不离.❸表现:喜怒不～于色.[形容]1.面容:～～枯槁.2.对事物的样子、性质加以描述。[形容词]表示事物的特征、性质、状态的词,如大、小、好、坏、快、慢等。❹对照,比较:相～之下.相～见绌(chù).

型 xíng Tㄥ ❶铸造器物用的模子。❷样式:新～.小～汽车。

钘 xíng Tㄥ 古代盛酒器。又用于人名。

硎 xíng Tㄥ ❶磨刀石。❷磨制。

铏 xíng Tㄥ 古代盛羹的器具。

行 ⊖ xíng Tㄥ ❶走:日～千里.步～.[行书]汉字的一种字体,形体和笔势介于草书和楷书之间。❷出外时

用的:～装.～箧(qiè).[行李](—li)出外时所带的包裹、箱子等.[行头](—tou)演戏时穿戴的衣物.[一行]一组(指同行的人).❷流通,传递:～销.通～全国.发～报刊、书籍.❸流动性的,临时性的:～灶.～商.～营.❹进行:另～通知.即～查处.❺实做,办:～礼.举～.实～.❻(旧读xìng)足以表明品质的举止行动:言～.品～.德～.操～.罪～.❼可以:不学习不～.❽能干:你真～.❾将要:～将毕业.❿乐府和古诗的一种体裁.⓫姓.

⊜ háng 见 176 页.

饧(餳) xíng ㄒㄧㄥˊ ❶糖稀.❷糖块、面团等变软:刚和(huó)好的面～一会儿好擀.❸精神不振,眼睛半睁半闭:眼睛发～.

陉(陘) xíng ㄒㄧㄥˊ 山脉中断的地方.

荥(滎) ⊖ xíng ㄒㄧㄥˊ [荥阳]地名,在河南省.

⊜ yíng 见 575 页.

省 ⊖ xǐng ㄒㄧㄥˇ ❶检查自己:反～.❷知觉:不～人事.❸省悟,觉悟:猛～前非.❹看望,问候(父母、尊长):～亲.

⊜ shěng 见 437 页.

醒 xǐng ㄒㄧㄥˇ ❶睡完或还没睡着(zháo).❷头脑由迷糊而清楚(逾—悟):清～.惊～.[醒目][醒眼]鲜明,清楚,引人注意的:这一行字印得很～～.❸酒醉之后恢复常态:水果可以～酒.

擤(擤**)** xǐng ㄒㄧㄥˇ 捏住鼻子,用气排出鼻涕:～鼻涕.

兴(興) ⊖ xìng ㄒㄧㄥˋ 兴趣,对事物喜爱的情绪:游～.助～.～高采烈.[高兴]愉快,喜欢.

⊜ xīng 见 533 页.

杏 xìng ㄒㄧㄥˋ 杏树,落叶乔木,春天开花,白色或淡红色.果实叫杏儿或杏子,酸甜,可吃.核中的仁叫杏仁,甜的可吃,苦的供药用.

幸(❺*倖) xìng ㄒㄧㄥˋ ❶意外地得到成功或免去灾害:～免于难(nàn).[幸亏][幸而]副词,多亏:～～你来了.❷幸福,幸运:荣～.❸高兴:庆～.欣～.❹希望:～勿推却.❺旧指宠爱:宠～.得～.❻旧指封建帝王到达某地:巡～.

悻 xìng ㄒㄧㄥˋ [悻悻]怨恨,怒:～～而去.

婞 xìng ㄒㄧㄥˋ 倔强,固执。

性 xìng ㄒㄧㄥˋ ❶性质,人或事物的本身所具有的能力、作用等:碱～.弹(tán)～.向日～.药～.斗争～.[性命]生命.[性子](-zi)脾气:他的～～很急.[个性][性格]个人的思想、行动上的特点。❷男女或雌雄的特质:～别.男～.女～.～器官.～教育.❸在思想、感情等方面的表现:党～.组织纪律～.

姓 xìng ㄒㄧㄥˋ 表明家族系统的字:～名.

荇(**莕) xìng ㄒㄧㄥˋ 荇菜,水生植物,叶浮在水面上,夏天开花,黄色,可入药。

XIONG ㄒㄩㄥ

凶(❸-❺*兇) xiōng ㄒㄩㄥ ❶不幸的,与"吉"相对:～事(丧事).吉～.❷庄稼收成不好:～年.❸恶,暴(叠一恶,一暴):～狠.穷～极恶.❹关于杀伤的:～手.行～.❺厉害,过甚:你闹得太～了.雨来得很～.

匈 xiōng ㄒㄩㄥ 古同"胸"。[匈奴]我国古代北方的民族。

讻(**詾) xiōng ㄒㄩㄥ 争辩。[讻讻]喧扰,纷扰。

汹(*洶) xiōng ㄒㄩㄥ 水向上翻腾。[汹汹]1.形容水声或争吵声.2.形容声势很大:来势～～.[汹涌](-yǒng)水势很大,向上涌:波涛～～.

胸(*胷) xiōng ㄒㄩㄥ 胸膛,身体前面颈下腹上的部分。(图见476页"体")[胸襟]❷气量,抱负。

兄 xiōng ㄒㄩㄥ 哥哥:～嫂.敬辞:老～.仁～.某某～.[兄弟]1.兄和弟的统称:～～三人.❷有亲密关系的:～～国家.2.(-di)弟弟。

芎 xiōng ㄒㄩㄥ [芎䓖](-qióng)多年生草本植物,叶子像芹菜,秋天开花,白色,全草有香气,地下茎可入药。也叫"川芎"。

雄 xióng ㄒㄩㄥ ❶公的,阳性的,跟"雌"相对:～鸡.～蕊.❷强有力的:～师.～辩.❸宏伟,有气魄的:～心.～伟.❹强有力的人或国家:英～.两～不并立.战国七～.

熊 xióng ㄒㄩㄥ ❶哺乳动物,种类很多,体大,尾短,能直立行走,也能攀登树木。[熊猫]也叫"大熊猫"、"猫熊"。哺乳动物,体肥胖,形状像熊而略小,尾短,眼周、耳、前后肢和肩部黑色,其余均为白色。毛密而有光泽,耐寒。喜食竹叶、竹笋。生活在我国西南地区,是我国特有的珍贵动物。❷〈方〉斥责:～了他一顿.❸〈方〉怯懦,没有能力:这人真～,一上场就败了下来.

[熊熊]形容火势旺盛.

诇 xiòng ㄒㄩㄥˋ 刺探.

敻 xiòng ㄒㄩㄥˋ 远,辽阔:～古.

XIU　ㄒㄧㄡ

休 xiū ㄒㄧㄡ ❶歇息:～假.～养.❷停止:～业.～学.～会.争论不～.⑨完结(多指失败或死亡).❸旧社会丈夫把妻子赶回母家,断绝夫妻关系:～书.～妻.❹副词,不要,别:～想.～要这样性急.❺吉庆,美善:～咎(吉凶).～戚(喜和忧)相关.

咻 xiū ㄒㄧㄡ 吵,乱说话.[咻咻]拟声词.1.形容喘气的声音.2.形容某些动物的叫声:小鸭～～地叫着.

庥 xiū ㄒㄧㄡ 庇荫,保护.

鸺 xiū ㄒㄧㄡ 见58页"鸱"字条"鸱鸺"(chī—)、304页"鹠"字条"鸺鹠"(—liú).

貅 xiū ㄒㄧㄡ 见371页"貔"字条"貔貅"(pí—).

髹(**髤) xiū ㄒㄧㄡ 把漆涂在器物上.

修(△*脩) xiū ㄒㄧㄡ ❶使完美或恢复完美:～饰.～理.～辞.～车.❷建造:～铁道.～桥.❸著作,撰写:～书.～史.❹钻研学习,研究:～业.自～.❺长(cháng)(⑨—长):茂林～竹.

脩 xiū ㄒㄧㄡ ❶干肉.[束脩]一束干肉.⑯旧时指送给老师的薪金.❷同"修".

羞 xiū ㄒㄧㄡ ❶感到耻辱(⑯—耻):～与为伍.❷难为情,害臊:害～.～得脸通红.⑨使难为情:你别～我.❸同"馐".

馐 xiū ㄒㄧㄡ 美味的食品,也作"羞":珍～.

朽 xiǔ ㄒㄧㄡˇ ❶腐烂,多指木头(⑯腐—):～木.[不

朽](精神、功业等)不磨灭:永垂～～.❷衰老:老～.

宿 ㊁ xiǔ ㄒㄧㄡˇ 夜:住了一～.谈了半～.
　㊀ sù 见 459 页.
　㊂ xiù 见 538 页.

潃 xiǔ ㄒㄧㄡˇ 泔水.

秀 xiù ㄒㄧㄡˋ ❶植物吐穗开花,多指庄稼:高粱～穗了.六月六看谷～.❷特别优异的(㪍优—):～异.～挺.[秀才](—cai)封建时代科举初考合格的人.泛指书生。❸聪明,灵巧:内～.心～.❹美丽(㪍—丽):眉清目～.山明水～.祖国的河山分外～美.[秀气](—qi)1.清秀:小姑娘很～～.2.(器物)灵巧轻便:这个东西做得很～～.

绣(＊繡) xiù ㄒㄧㄡˋ ❶用丝线等在绸、布上缀成花纹或文字:～花.～字.❷绣成的物品:湘～.苏～.

琇 xiù ㄒㄧㄡˋ 像玉的石头。

锈(＊鏽) xiù ㄒㄧㄡˋ ❶金属表面所生的氧化物:铁～.铜～.这把刀子长(zhǎng)～了.❷生锈:门上的锁～住了.

岫 xiù ㄒㄧㄡˋ ❶山洞。❷山。

袖 xiù ㄒㄧㄡˋ ❶(一子、一儿)衣服套在胳膊上的部分.(图见 563 页"衣")[袖珍]小型的:～～字典.～～收录机.❷藏在袖子里:～着手.～手旁观.

臭 ㊀ xiù ㄒㄧㄡˋ ❶气味:空气是无色无～的.❷同"嗅".
　㊁ chòu 见 63 页.

嗅 xiù ㄒㄧㄡˋ 闻,用鼻子辨别气味:～觉.

溴 xiù ㄒㄧㄡˋ 一种非金属元素,符号 Br,赤褐色的液体,性质很毒,能侵蚀皮肤和黏膜。可制染料、照相底版、镇静剂等。

宿 ㊂ xiù ㄒㄧㄡˋ 我国古代的天文学家把天上某些星的集合体叫作宿:星～.二十八～.
　㊀ sù 见 459 页.
　㊁ xiǔ 见 538 页.

XU ㄒㄩ

圩 ㊀ xū ㄒㄩ 闽粤等地区称集市.古书里作"虚".
　㊁ wéi 见 500 页.

吁 ㊀ xū ㄒㄩ ❶叹息:长～短叹.❷文言叹词,表示惊疑:～,是何言欤!

㋁ yù 见 587 页。

盱 xū ㄒㄩ 睁开眼向上看。
[盱眙] (－yí) 地名,在
江苏省。

戌 xū ㄒㄩ ❶地支的第十一
位。❷戌时,指晚上七点
到九点。

砉 ㋐ xū ㄒㄩ 皮骨相离声。
㋑ huā 见 191 页。

须(❸❹**鬚**) xū ㄒㄩ ❶必
须,必得(děi)
应当:这事～亲自动手.务～
注意.必～努力。❷等待。❸
胡子(圈胡－)。❹像胡须的
东西:触～.花～.～根。
[须臾](－yú) 片刻,一会儿。

媭 xū ㄒㄩ 古代楚国人对姐
姐的称呼。

胥 xū ㄒㄩ ❶古代的小官:
～吏.[钞胥]管誊写的小
吏。圈代人抄写书的人。❷
全,都:民～然矣.万事～备。

谞 xū ㄒㄩ ❶才智。❷谋
划。

顼 xū ㄒㄩ 见 638 页"颛"字
条"颛顼"(zhuān－)。

虚 xū ㄒㄩ ❶空(圈空－):
弹不～发.座无～席.[虚
心]不自满,不骄傲:～～使
人进步,骄傲使人落后。❷不

真实的,跟"实"相对:～名.～
荣.～张声势.[虚词]意义比
较抽象,有帮助造句作用的词
(跟"实词"相对),如介词、连
词等。❸心里怯懦:做贼心
～.❹衰弱:身体～弱.他身子
太～了。❺徒然,白白地:～度
年华.不～此行。❻指政治思
想、方针、政策等方面的道理:
务～.以～带实。❼星宿名,二
十八宿之一。

墟 xū ㄒㄩ ❶有人住过而现
在已经荒废的地方:废
～.殷～.[墟里][墟落]村落。
❷〈方〉集市,同"圩㋑"。

嘘 ㋐ xū ㄒㄩ ❶从嘴里慢
慢地吐气,呵气。❷叹
气:仰天而～。❸火或汽的热
力熏炙:小心别～着手.把馒
头放在锅里～一～。
[嘘唏]同"歔欷"。
㋑ shī 见 439 页。

歔 xū ㄒㄩ [歔欷](－xī)
哭泣时抽噎。

欻 ㋐ xū ㄒㄩ 忽然:风雨～
至。
㋑ chuā 见 66 页。

需 xū ㄒㄩ ❶需要,必得用:
～款.按～分配。❷必用
的财物:军～。

繻 xū ㄒㄩ ❶彩色的丝织
品。❷古代一种用帛制

的通行证。

魆 xū ㄒㄩ 暗:黑～～.

徐 xú ㄒㄩˊ 缓,慢慢地(叠):～步.清风～来.火车～～开动了.

许 xǔ ㄒㄩˇ ❶应允,认可(逾允一、准一):特～.不～.㊀承认其优点:赞～.推～.～为佳作.❷预先答应给予:我～给他一本书.以身～国.❸或者,可能:也～.或～.他下午～来.❹处,地方:先生不知何～人也.❺表示约数:少～(少量).年三十～(三十岁左右).❻这样:如～.[许多]1.这样多,这么多.2.很多.[许久]1.时间这么长.2.时间很长.

浒 ㊀ xǔ ㄒㄩˇ [浒墅关]地名,在江苏省苏州.[浒浦]地名,在江苏省常熟.
㊁ hǔ 见 190 页.

诩 xǔ ㄒㄩˇ 说大话,夸张:自～.

栩 xǔ ㄒㄩˇ [栩栩]形容生动的样子:～～如生.

姁 xǔ ㄒㄩˇ (叠)安乐,和悦.

湑 ㊀ xǔ ㄒㄩˇ ❶滤过的酒.㊁清.❷茂盛.
㊁ xù 见 541 页.

糈 xǔ ㄒㄩˇ ❶粮食.❷古代祭神用的精米。

醑 xǔ ㄒㄩˇ ❶美酒.❷醑剂(挥发性药物的醇溶液)的简称:樟脑～.氯仿～.

旭 xù ㄒㄩˋ 光明,早晨太阳才出来的样子。[旭日]才出来的太阳。

序 xù ㄒㄩˋ ❶次第(逾次一):顺～.工～.前后有～.❷排列次第:～齿(按年龄排次序).❸在正式内容之前的:～文.～曲.～幕.特指序文:写一篇～.❹庠序,古代的学校。

叙(*敍、*敘) xù ㄒㄩˋ ❶述说(逾一述):～旧.～家常.❷记述:～事.记～.❸同"序❶❷❸"。

溆 xù ㄒㄩˋ 水边.[溆浦]地名,在湖南省。

洫 xù ㄒㄩˋ 田间的水道、沟渠。

恤(*卹、*賉) xù ㄒㄩˋ ❶对别人表同情,怜悯:体～.❷救济:～金.抚～.❸忧虑。

畜 ㊀ xù ㄒㄩˋ 饲养:～产.～牧业.
㊁ chù 见 65 页.

蓄 xù ㄒㄩˋ 积聚,储藏(逾储一):～财.㊀1.保存:～

电池.~洪.养精~锐.2.心里存着:~意已久.

酗 xù ㄒㄩˋ 撒酒疯:~酒(没有节制地喝酒).

勖(＊勗) xù ㄒㄩˋ 勉励(働—勉).

绪 xù ㄒㄩˋ ❶丝的头.働开端:千头万~.[绪论]著作开头叙述内容要点的部分.❷前人留下的事业:续未竟之~.❸指心情、思想等:思~.情~.❹残余:~余.

续(續) xù ㄒㄩˋ ❶连接,接下去(働继—):~假(jià).~编.~家谱.❷在原有的上面再加:把茶~上.炉子该~煤了.[手续]办事的程序。

絮 xù ㄒㄩˋ ❶棉絮,棉花的纤维:被~.吐~.❷像棉絮的东西:柳~.芦~.❸在衣物里铺棉花:~被子.~棉袄.❹连续重复,惹人厌烦:~烦.[絮叨](—dao)说话啰唆。

湑 ㊀ xù ㄒㄩˋ 湑水河,水名,在陕西省汉中.
㊀ xǔ 见 540 页.

婿(＊壻) xù ㄒㄩˋ ❶夫婿,丈夫。❷女婿,女儿的丈夫。

煦(＊＊昫) xù ㄒㄩˋ 温暖:春风和~.

蓿 xu・ㄒㄩ 见 345 页"苜"字条"苜蓿"(mù—)。

XUAN ㄒㄩㄢ

轩 xuān ㄒㄩㄢ ❶古代的一种有围棚而前顶较高的车。[轩昂]1.高扬,高举.2.气度不凡:气宇~~.[轩轾](—zhì)车前高后低叫轩,前低后高叫轾.働高低优劣:不分~~.❷有窗的长廊或小室。

宣 xuān ㄒㄩㄢ ❶发表,公开说出:~誓.心照不~.[宣传]说明讲解,使大家相信并跟着行动:热情~~好人好事.❷疏通:~泄.❸指宣纸,安徽省宣城等地产的一种高级纸张,吸墨均匀,能长期存放:生~.虎皮~.

揎 xuān ㄒㄩㄢ 捋(luō)起袖子露出胳膊:~拳揎袖.

萱(＊蕿) xuān ㄒㄩㄢ 萱草,多年生草本植物,叶细长,花红黄色。

喧(＊誼) xuān ㄒㄩㄢ 大声说话,声音大而杂乱(働—哗):~闹.锣鼓~天.

瑄 xuān ㄒㄩㄢ 古代祭天用的璧。

暄 xuān ㄒㄩㄢ ❶太阳的温暖。[寒暄] 🌐见面时谈天气冷暖之类的应酬话:彼此～～了几句。❷松散,松软:～土.馒头又大又～.

煊 xuān ㄒㄩㄢ 同"暄❶"。

谖 xuān ㄒㄩㄢ ❶欺诈,欺骗。❷忘记。

儇 xuān ㄒㄩㄢ 轻薄而有点儿小聪明。

翾 xuān ㄒㄩㄢ 飞翔。

禤 xuān ㄒㄩㄢ 姓。

玄 xuán ㄒㄩㄢ ❶深奥不容易理解的:～理.～妙.❷虚伪,不真实,不可靠:那话太～了,不能信.[玄虚] 1. 不真实。2. 欺骗的手段:故弄～～.❸黑色:～狐.～青(深黑色).

痃 xuán ㄒㄩㄢ [横痃]由下疳引起的腹股沟淋巴结肿胀、发炎的症状。

悬(懸) xuán ㄒㄩㄢ ❶挂,吊在空中:～灯结彩. 🌐没有着落,没有结束:～案.那件事还～着呢.[悬念] 1. 挂念。2. 欣赏戏剧、电影或其他文艺作品时,对故事发展和人物命运的关切心情。❷凭空设想:～拟.～揣.❸距离远:～隔.～殊.❹〈方〉危险:真～! 差点儿掉下去.

旋 ㊀ xuán ㄒㄩㄢ ❶旋转,转动:螺～.回～.❷回,归:～里.凯～.❸不久:～即离去.❹姓。

㊁ xuàn 见 543 页。

漩 xuán ㄒㄩㄢ (一儿)水流旋转的圆窝。

璇(＊璿) xuán ㄒㄩㄢ 美玉。[璇玑](一jī) 古代天文仪器。

选(選) xuǎn ㄒㄩㄢ ❶挑拣,择(歯挑一、一择):～种(zhǒng).[选举]多数人推举认为合适的人担任代表或负责人:～～代表.❷被选中了的人或物:人～.❸被选出来编在一起的作品:文～.诗～.

晅 xuǎn ㄒㄩㄢ ❶日光。❷光明。❸晒干。

烜 xuǎn ㄒㄩㄢ ❶火盛。❷光明。[烜赫]声威昭著。❸晒干。

癣 xuǎn ㄒㄩㄢ 由真菌引起的皮肤病,有头癣、体癣、甲癣(灰指甲)等多种,患处常发痒。

券 ㊀ xuàn ㄒㄩㄢˋ 拱券,门窗、桥梁等建筑成弧形的部分。

㊁ quàn 见 408 页。

泫 xuàn ㄒㄩㄢˋ 水珠下滴:～然流涕.

炫(❷**＊衒**) xuàn ㄒㄩㄢˋ ❶光明照耀:～目.❷夸耀。[炫耀]1.照耀.2.夸耀.

眩 xuàn ㄒㄩㄢˋ ❶眼睛昏花看不清楚:头晕目～.❷迷惑,迷乱:～于名利.

铉 xuàn ㄒㄩㄢˋ 横贯鼎耳以扛(gāng)鼎的器具。

绚 xuàn ㄒㄩㄢˋ 有文彩的,色彩华丽:～烂.～丽.

旋(❸❹**镟**) ㊀ xuàn ㄒㄩㄢˋ ❶旋转的:～风.❷临时(做):～吃～做.❸(一子)温酒的器具.❹用车床或刀子转(zhuàn)着圈地削:用车床～零件.[旋床]把金属或木料切削成圆形或球形的机器。也叫"车床"。

㊁ xuán 见 542 页。

碹 xuàn ㄒㄩㄢˋ 同"碹".

渲 xuàn ㄒㄩㄢˋ 中国画的一种画法,把水墨淋在纸上再擦得浓淡适宜。[渲染]用水墨或淡的色彩涂抹画面。

㊌夸大地形容。

楦(＊**楥**) xuàn ㄒㄩㄢˋ ❶(一子、一头)做鞋用的模型。❷拿东西把物体中空的部分填满使物体鼓起来:用鞋楦子～鞋.把这个猫皮～起来.

碹 xuàn ㄒㄩㄢˋ ❶桥梁、涵洞等工程建筑的弧形部分。也作"券(xuàn)"。❷用砖、石等筑成弧形。

XUE ㄒㄩㄝ

削 ㊀ xuē ㄒㄩㄝ 义同"削㊀",用于一些复合词:～除.～减.～弱.剥～.

㊁ xiāo 见 526 页。

靴(＊**鞾**) xuē ㄒㄩㄝ (一子)有长筒的鞋:马～.皮～.雨～.

薛 xuē ㄒㄩㄝ 周代诸侯国名,在今山东省滕州、薛城一带。

穴 xué ㄒㄩㄝ ❶窟窿,洞:不入虎～,焉得虎子?～居野处.❷墓穴:坟地里有五个～.❸穴位,人体或某些动物体可以进行针灸的部位,多为神经末梢密集或较粗的神经纤维经过的地方,也叫"穴道":太阳～.

茓 xué ㄒㄩㄝ （一子）做囤用的狭而长的席，通常是用秫秸篾或芦苇编成的。也作"踅"。

岕（嶨）xué ㄒㄩㄝ ［岕口］地名，在浙江省文成。

学（學、**斈）xué ㄒㄩㄝ ❶学习：活到老，～到老.［学生］1.在校学习的人。2.向前辈学习的人。3.对前辈谦称自己.［学徒］在工厂或商店里学习技能的人。❷模仿：他～赵体字，～得很像。❸学问，学到的知识：饱～.博～多能.［学士］1.学位名，在硕士之下。2.古代官名.［学术］比较专门而有系统的学问。❹分门别类的有系统的知识：哲～.物理～.语言～.❺学校：中～.大～.上～.

莺（鷽）xué ㄒㄩㄝ 鸟名。小型鸣禽，体形似雀，头部黑色，背青灰色。吃昆虫、果实等。

踅 xué ㄒㄩㄝ ❶折回，旋转：～来～去.这群鸟飞向东去又～回来落在树上了.［踅摸］（－mo）〈方〉寻找：到处～～旧书.❷同"茓"。

噱 ⊖ xué ㄒㄩㄝ 〈方〉笑：发～.［噱头］逗笑的话或举动。

⊜ jué 见253页。

雪 xuě ㄒㄩㄝ ❶冷天天空落下的白色结晶体，是空气中的水蒸气冷至零摄氏度以下凝结而成的：～花.冰天～地.❷洗去，除去：～耻.～恨.

鳕 xuě ㄒㄩㄝ 鳕鱼，鱼名，又叫"大头鱼"。下颌有一条须，肝脏含有大量的维生素A和D，是制鱼肝油的重要原料。

血 ⊖ xuè ㄒㄩㄝ ❶血液，人或高等动物体内的一种红色液体（由红细胞、白细胞、血小板和血浆组成），周身循环，分配养分给各组织，同时把废物带到排泄器官内：～压.～泊（pō）.出～.❷同一祖先的：～统.～族.❸比喻刚强热烈：～性.（读 xuè 时用于复音词及成语。如"贫血"、"呕心沥血"等。）

⊜ xiě 见530页。

谑 xuè ㄒㄩㄝ 开玩笑：戏～.谐～.

XUN ㄒㄩㄣ

勋（*勳）xūn ㄒㄩㄣ ❶特殊功劳（⊕功一）：～章.屡建奇～.❷勋

章:授～.

埙(*壎) xūn ㄒㄩㄣ 古代用陶土烧制的一种吹奏乐器。

熏(❶*燻) ㊀ xūn ㄒㄩㄣ ❶气味或烟气接触物品:～豆腐.～肉.把墙～黑了.用茉莉花～茶叶. ❷气味刺激人:臭气～人. ❸和暖:～风.

㊁ xùn 见 546 页。

薰 xūn ㄒㄩㄣ ❶薰草,古书上说的一种香草。㊂花草的香气。❷同"熏㊀❶".

獯 xūn ㄒㄩㄣ [獯鬻](－yù)我国古代北方民族,战国后称匈奴。

曛 xūn ㄒㄩㄣ 日没(mò)时的余光:～黄(黄昏).

醺 xūn ㄒㄩㄣ 醉。[醺醺]醉的样子:喝得醉～～的.

窨 ㊀ xūn ㄒㄩㄣ 同"熏",用于窨茶叶。把茉莉花等放在茶叶中,使茶叶染上花的香味。

㊁ yìn 见 574 页。

旬 xún ㄒㄩㄣ ❶十天叫一旬,一个月有三旬,分称上旬、中旬、下旬。❷指十岁:三～上下年纪.年过六～.

郇 ㊀ xún ㄒㄩㄣ ❶周代诸侯国名,在今山西省临猗西南。❷姓。

㊁ huán 见 194 页。

询 xún ㄒㄩㄣ 问,征求意见(⨁－问):探～.查～.

荀 xún ㄒㄩㄣ 姓。

峋 xún ㄒㄩㄣ 见 299 页"嶙"字条"嶙峋"(lín－)。

洵 xún ㄒㄩㄣ 诚然,实在:～属可敬.

恂 xún ㄒㄩㄣ ❶诚信,信实。❷恐惧。

珣 xún ㄒㄩㄣ 一种玉。

栒 xún ㄒㄩㄣ [栒邑]地名,在陕西省。今作"旬邑"。

寻(尋) xún ㄒㄩㄣ ❶找,搜求(⨁－找、－觅):～人.～求真理.[寻思](－si)想,考虑.[寻死]自杀或企图自杀。❷古代的长度单位,八尺为寻。[寻常]㊂平常,素常:这不是～～的事情.

荨(蕁) ㊀ xún ㄒㄩㄣ [荨麻疹]一种过敏性皮疹,俗叫"风疹疙瘩"。

㊁ qián 见 390 页。

㗊(噚) xún ㄒㄩㄣ 也读作 yīngxún。英美制计量水深的单位，1㗊是6英尺，合 1.828 米。现写作"英寻"。

浔(潯) xún ㄒㄩㄣ ❶水边：江～.❷江西省九江市的别称。

鲟(鱘、**鱏) xún ㄒㄩㄣ 鲟鱼，鱼名。身体呈纺锤形，背部和腹部有大片硬鳞，其余各部无鳞，为珍稀动物。

纠 xún ㄒㄩㄣ 圆绦子。

巡(*巡) xún ㄒㄩㄣ ❶往来查看：～夜.～哨.[巡回]按一定路线到各处：～～医疗队.～～演出.❷量词，遍（用于给全座斟酒）：酒过三～.

循 xún ㄒㄩㄣ 遵守，依照：～规蹈矩.～序渐进.有所遵～.[循环]周而复始地运动：血液～～.～～演出.

训 xùn ㄒㄩㄣ ❶教导，教诲：接受教～.～练.❷可以作为法则的话：遗～.不足为～.❸解释词的意义：～诂.

驯 xùn ㄒㄩㄣ 驯服，顺从，服从人的指使：～顺.～良.～马.～养野兽.

讯 xùn ㄒㄩㄣ ❶问。特指法庭中的审问：审～.❷消息，音信：通～.新华社～.

汛 xùn ㄒㄩㄣ 江河定期的涨水：防～.秋～.桃花～.

迅 xùn ㄒㄩㄣ 快（叠—速）：～跑.～猛.～雷不及掩耳.

徇(*狥) xùn ㄒㄩㄣ ❶依从，曲从：～私舞弊.❷同"殉❶"。

殉 xùn ㄒㄩㄣ ❶为达到某种目的而牺牲性命：～国（为国捐躯）.～难(nàn).❷古代逼迫活人陪着死人埋葬，也指用偶人或器物随葬：～葬.

逊(遜) xùn ㄒㄩㄣ ❶退避，退让：～位（让出帝王的位子）.❷谦让，恭顺：出言不～.❸不及，差：稍～一筹.

浚(*濬) ⊖ xùn ㄒㄩㄣ 浚县，在河南省。
⊖ jùn 见 254 页。

巽 xùn ㄒㄩㄣ 八卦之一，符号是☴。代表风。

噀(**潠) xùn ㄒㄩㄣ 喷水。

熏 ⊖ xùn ㄒㄩㄣ〈方〉（煤气）使人窒息中毒：炉子

安上烟筒,就不至于~着了.
㊁ xūn 见 545 页。

蕈 xùn ㄒㄩㄣˋ 生长在树林里或草地上的某些菌类,形状略像伞,种类很多,无毒的可以吃:松~.香~.

Y丨

YA 丨丫

丫(❶*椏、❶*枒) yā 丨丫 ❶上端分杈的东西:~杈.树~巴.❷[丫头](—tou)㊀1.女孩子.2.旧时称供人役使的女孩子。

压(壓) ㊀yā 丨丫 ❶从上面加重力:~住.~碎.㊆搁置不动:积~资金.❷用威力制服,镇服:镇~.~制.㊅胜过,超过:~倒一切.技~群芳.❸抑制,控制:~咳嗽.~住气.~不住火.❹逼近:~境.太阳~树梢.❺赌博时在某一门上下注.
㊁ yà 见 549 页。

呀 ㊀yā 丨丫 ❶叹词,表示惊疑:~,这怎么办!❷拟声词:门~的一声开了.
㊁ ya 见 549 页。

鸦(*鵶) yā 丨丫 乌鸦,鸟名,种类很多,身体黑色,嘴大,翼长:~雀无声(喻寂静).
[鸦片](—piàn)俗叫"大烟".由罂粟的果实提制出来的一种毒品,内含吗啡等,能镇痛安眠,医药上可作麻醉药.久用成瘾,为害很大.

押 yā 丨丫 ❶在文书契约上所签的名字或所画的符号:画~.签~.❷把财物交给人作担保:~金.❸拘留:看~.~起来.❹跟随看管:~车.~运货物.

鸭 yā 丨丫 (—子)水鸟名.通常指家鸭,嘴扁腿短,趾间有蹼,善游泳,不能高飞.

垭(埡) yā 丨丫 yà 丨丫(又)〈方〉两山之间的狭窄地方.多用于地名:黄桷(jué)~(在重庆市).

哑(啞) ㊀yā 丨丫 同"呀"(yā).[哑哑]拟声词,乌鸦叫声或小儿学语声.
㊁ yǎ 见 548 页。

牙 yá 丨丫 ❶牙齿,人和动物嘴里咀嚼食物的器官.❷(—子)像牙齿形状的东西:抽屉~子.❸旧社会介绍买卖从中取利的人(㊤—侩):~

行(háng).

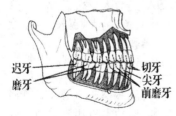

人的牙

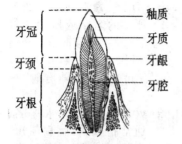

牙的纵切面结构

伢 yá Ｉㄚˊ 〈方〉(-子、-儿)
小孩子。

芽 yá Ｉㄚˊ ❶(-儿)植物的
幼体,可以发育成茎、叶
或花的那一部分:豆～儿. 麦
子发～儿了.～茶.[萌芽]喻
事情的开端。❷像芽的东西:
肉～. 银～(银矿苗).

岈 yá Ｉㄚˊ 见46页"嵖"字条
"嵖岈山"(chá－－)。

玡(**瑘) yá Ｉㄚˊ [琅
玡](láng－)
1.山名,在安徽省滁州。2.山
名,在山东省胶南。

钘 yá Ｉㄚˊ 化学元素,镱的
旧称。

蚜 yá Ｉㄚˊ 蚜虫,俗叫"腻
虫"。能分泌一种甜液,
所以又叫"蜜虫"。绿色,也有
棕色带紫红色的。生在豆类、
棉花、菜类、稻、麦等的幼苗
上,吸食嫩芽的汁液,害处很
大。

崖(**嵑、**厓) yá Ｉㄚˊ
(旧读 yái)高地或山石陡立的
侧面:山～.悬～勒马(喻到
了危险的地步赶紧回头)。

涯 yá Ｉㄚˊ 水边。⑪边际,极
限:天～海角.一望无～.

睚 yá Ｉㄚˊ 眼角。[睚眦]
(－zì)发怒瞪眼。⑪小的
怨恨:～～必报.

衙 yá Ｉㄚˊ 衙门,旧时指官
署:官～.

哑(啞) ㊀ yǎ Ｉㄚˇ ❶由于
生理缺陷或疾病
而不能说话:聋～.～口无言
(喻无话可说).[哑巴](－ba)
1.同"哑❶"。2.指不能说话
的人。❷嗓子干涩发音困难
或不清楚:嗓子喊～了. ❸无
声的:～剧.～铃(一种运动器
械).❹(旧读 è)笑声:～然失
笑(不由自主地笑出声来).

㊀ yā 见 547 页。

痖(瘂) yǎ lǐ 同"哑"(yǎ)。

雅 yǎ lǐ ❶正规的,标准的:～声(指诗歌).～言. ❷高尚不俗,美好大方:～致.～观. ❸敬辞:～鉴.～教(jiào). ❹平素,素来:～善鼓琴. ❺极,甚:～以为美.～不欲为. ❻交往:无一日之～. ❼周代朝廷上的乐歌,《诗经》中诗篇的一类,分为大雅和小雅。

轧 ㊀ yà lǐ ❶圆轴或轮子等压在东西上面转:把马路～平了.～棉花.～花机. ❷排挤:倾～. ❸姓。
㊁ zhá 见 606 页。
㊂ gá 见 141 页。

亚(亞) yà lǐ ❶次,次一等的:～军.～热带. ❷指亚洲,世界七大洲之一。

垭(埡) yà lǐ 〈又〉见 547 页 yā。

掗(掗) yà lǐ 〈方〉硬把东西送给或卖给别人。

娅(婭) yà lǐ 连襟。

氩(氬) yà lǐ 一种化学元素,在通常条件下为气体,符号 Ar,无色无臭,不易跟其他元素化合。可用来放入电灯泡或真空管中。

压(壓) ㊀ yà lǐ [压根儿]副词,根本,从来(多用于否定句):我～～没去过那个地方。
㊁ yā 见 547 页。

讶 yà lǐ 惊奇,奇怪:十分惊～。

迓 yà lǐ 迎接(叠迎—):～之于门.未曾迎～。

研 yà lǐ 碾压。[研光]用卵形或弧形的石块碾压或摩擦皮革、布帛等使紧实而光亮。

揠 yà lǐ 拔:～苗助长(zhǎng)(喻欲求速成反而做坏)。

猰(**猰) yà lǐ [猰㺄](—yǔ)古代传说中的一种凶兽。

呀 ㊀ ya ·lǐ 助词,"啊"受前一字韵母 a、e、i、o、ü 收音的影响而发生的变音:大家快来～! 你怎么不学一学～? 这个瓜～,甜得很!
㊁ yā 见 547 页。

YAN 1ㄢ

咽 ㊀ yān lㄢ 咽头,食物和气体的共同通道,位于鼻腔、口腔和喉腔的后方,通常混称咽喉。

　　㊁ yàn 见 554 页。

　　㊂ yè 见 562 页。

胭(＊臙) yān ㄧㄢ [胭脂] (－zhi) 一种红色颜料,化妆用品。

烟(＊煙、❺❻＊菸) yān ㄧㄢ ❶(－儿)物质燃烧时所产生的混有残余颗粒的气体:冒～.～筒.[烟火]1.道教指熟食:不食人间～～(现喻脱离现实).2.在火药中掺上锶、钡等金属盐类制成的一种燃放的东西,燃烧时发出灿烂的火花或呈现种种景物,供人观赏。[烟幕弹]能放出大量烟雾的炸弹,供军事上做掩护用。㊹用来掩盖真相或本意的言论或行为。❷(－子)烟气中间杂有碳素的微细颗粒,这些颗粒附着在其他物体上凝结成的黑灰:松～.锅～子.❸像烟的东西:过眼云～.～霞.❹烟气刺激(眼睛):一屋子烟,～眼睛.❺烟草,一年生草本植物,叶大有茸毛,可以制香烟和农业上的杀虫剂等。❻烟草制成品:香～.旱～.请勿吸～.❼指鸦片:～土.

恹(懕、＊＊懨) yān ㄧㄢ [恹恹]有病而衰弱无力、精神不振的样子。

殷 ㊀ yān ㄧㄢ 黑红色:～红.朱～.

　　㊀ yīn 见 572 页。

焉 yān ㄧㄢ 〈古〉❶跟介词"于"加代词"是"相当:心不在～.罪莫大～.❷乃,才:必知疾之所自起,～能攻之.❸表示疑问,怎么,哪儿:～能如此? 其子～往? ❹助词:因以为号～.有厚望～.

鄢 yān ㄧㄢ [鄢陵]地名,在河南省。

嫣 yān ㄧㄢ 美好,鲜艳:～然一笑.姹紫～红.

阏 yān ㄧㄢ [阏氏] (－zhī)汉代匈奴称君主的正妻。

崦 yān ㄧㄢ [崦嵫] (－zī) 1.山名,在甘肃省。2.古代指太阳落山的地方:日薄～～.

阉 yān ㄧㄢ ❶阉割,割去生殖腺:～鸡.～猪.❷封建时代的宦官,太监。

淹(❶＊＊洊、❶△＊＊潃) yān ㄧㄢ ❶浸没(mò):被水～了.❷皮肤被汗液浸渍。❸广:～博.

"渰"又 yǎn 见 553 页。

腌(*醃) ㊀ yān |ㄢ 用盐等浸渍食品：～肉.～咸菜.

㊁ ā 见 1 页。

湮 ㊀ yān |ㄢ 埋没（㊬—没）：有的古迹已经～没了.

㊁ yīn 见 572 页。

燕 ㊀ yān |ㄢ ❶周代诸侯国名，在今河北省北部和辽宁省南部。❷姓。

㊁ yàn 见 555 页。

延 yán |ㄢ ❶引长：～长.～年.蔓(màn)～.❷展缓，推迟：～期.遇雨顺～.迟～.❸引进，请：～师.～聘.～医.

埏 ㊀ yán |ㄢ ❶大地的边沿。❷墓道。

㊁ shān 见 426 页。

蜒 yán |ㄢ 见 581 页"蚰"字条"蚰蜒"(yóuyan)、495 页"蜿"字条"蜿蜒"(wān—)。

筵 yán |ㄢ ❶竹席。❷酒席：喜～.

闫 yán |ㄢ 姓。

芫 ㊀ yán |ㄢ [芫荽](—sui) 俗叫"香菜"，又叫"胡荽"(—suī)。一年生或二年生草本植物，花白色。果实球形，有香气，可以制药和香料。茎、叶可以吃。

㊁ yuán 见 591 页。

严(嚴) yán |ㄢ ❶紧密，没有空隙：把罐子盖～了.房上的草都长(zhǎng)～了.❷认真，不放松：规矩～.～厉.～格.～办.㊧指父亲：家～.[严肃]郑重，庄重：态度很～～.❸厉害的，高度的：～冬.～寒.[严重]紧急，重大：事态～～.～～的错误.

言 yán |ㄢ ❶话（㊬语—）：发～.格～.名～.谣～.有～在先.一～为定.一～以蔽之.❷说（㊬—语）：知无不～.❸汉语的字：五～诗.七～绝句.洋洋万～.

阽 yán |ㄢ （又）见 97 页 diàn。

妍 yán |ㄢ 美丽：百花争～.

研 yán |ㄢ ❶细磨：～药.～墨.❷研究，深入地探求：钻～.～求.
〈古〉又同"砚"(yàn)。

岩(*巖、*嵒) yán |ㄢ ❶高峻的山崖。❷岩石，构成地

Y

壳的石头:沉积～.火成～.

炎 yán ㄧㄢˊ ❶热(㊀一热):～夏.～暑.～凉.❷炎症,身体的某部位发生红、肿、热、痛、痒的现象:发～.脑～.皮～.❸指炎帝,传说中的我国上古帝王:～黄子孙.

沿 yán ㄧㄢˊ ❶顺着(道路、江河的边):～路.～江.铁路～线.❷按照以往的规矩、式样等:～袭.积习相～.[沿革]事物发展和变化的历程。❸(一儿)边(㊀边一):炕～儿.缸～儿.盆～儿.河～儿.井～儿.❹在衣服等物的边上再加一条边:～鞋口.～个边.

铅 ㊁ yán ㄧㄢˊ [铅山]地名,在江西省。

㊀ qiān 见 390 页。

盐(鹽) yán ㄧㄢˊ ❶食盐,又叫"咸盐"。化学成分是氯化钠,有海盐、池盐、井盐、岩盐等。❷盐类,化学上指酸类中的氢根被金属元素置换而成的化合物。

阎 yán ㄧㄢˊ ❶里巷的门。❷姓。

颜 yán ㄧㄢˊ ❶颜面,脸面:无～见人.喜笑～开.❷颜色,色彩:～料.五～六色.

檐(*簷) yán ㄧㄢˊ ❶(一儿)房顶伸出的边沿:房～儿.前～.❷(一儿)覆盖物的边沿或伸出部分:帽～儿.

奄 yǎn ㄧㄢˇ ❶覆盖。❷忽然,突然:～忽.

[奄奄]气息微弱:～～一息(快断气).

〈古〉又同"阉"(yān)。

掩(**揜) yǎn ㄧㄢˇ ❶遮蔽,遮盖(㊀一盖、遮一):～鼻.不～饰自己的错误.[掩护]1.用炮火等压住敌方火力,或利用自然条件的掩蔽,以便进行军事上的活动。2.采取某种方式暗中保护。❷关,合:把门～上.～卷.❸门窗箱柜等关闭时夹住东西:关门～住手了.❹乘其不备(进行袭击):～杀.～取.

罨 yǎn ㄧㄢˇ ❶覆盖,掩盖:冷～法.热～法(医疗的方法).❷捕鱼或捕鸟的网。

兖 yǎn ㄧㄢˇ [兖州]地名,在山东省。

龑(龑) yǎn ㄧㄢˇ 人名,五代时南汉刘龑为自己名字造的字。

俨(儼) yǎn ㄧㄢˇ 恭敬,庄严。㊉很像真的,活像:～如白昼.[俨然]1.庄严:望之～～.2.整齐:屋舍～

~.3.很像真的:这孩子说起话来~~是个大人.

衍 yǎn l弓 ❶延长,展开:推~.❷多余的(指文字):~文(书籍中因缮写、刻版、排版错误而多出来的字句).

弇 yǎn l弓 覆盖,遮蔽.

渰 ⊖ yǎn l弓 云兴起的样子。
⊜ yān 见550页"淹".

剡 ⊖ yǎn l弓〈古〉❶尖,锐利。❷削,刮.
⊜ shàn 见427页.

琰 yǎn l弓 美玉.

扊 yǎn l弓[扊扅](-yí)门闩.

厣(厴) yǎn l弓 螺类介壳口圆片状的盖.蟹腹下面的薄壳有时也称"厣".

魇(魘) yǎn l弓 做可怕的梦,梦中觉得有什么东西压住不能动弹(tan).

黡(黶) yǎn l弓 黑色的痣.

郾 yǎn l弓[郾城]地名,在河南省.

偃 yǎn l弓 ❶仰面倒下,放倒:~卧.~旗息鼓.❷停止:~武修文.

蝘 yǎn l弓 古书上指蝉一类的昆虫.
[蝘蜓](-tíng)古书上指壁虎.

眼 yǎn l弓 ❶眼睛,视觉器官.[眼光]见识,对事物的看法:把~~放远点.❷(-儿)孔洞,窟窿:炮~.耳朵~儿.针~儿.❸(-儿)关节,要点:节骨~儿.字~.❹戏曲中的节拍:一板三~.

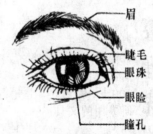

人的眼睛

演 yǎn l弓 ❶把技艺当众表现出来:~剧.~奏.~唱.❷根据一件事理推广、发挥:~说.~义.[演绎]由普遍到特殊的推演过程.❸演习,依照一定程式练习:~武.算习题.❹不断变化:~变.~进.~化.

缤 yǎn l弓 延长.

巘(巚) yǎn l弓〈古〉山峰,山顶:绝~

(极高的山顶).

甗 yǎn l 古代蒸煮用的炊具,陶制或青铜制。

鼹(*鼹) yǎn l 鼹鼠,俗叫"地排(pǎi)子"。一种哺乳动物,毛黑褐色,眼小,趾有钩爪,善掘土,生活在土中。

厌(厭) yàn l ❶嫌恶,憎恶(叠—恶):讨~.~弃.❷满足:贪得无~.

餍(饜) yàn l 吃饱。引满足。

赈 yàn l [赈口]地名,在浙江省富阳。

砚 yàn l 砚台,写毛笔字研墨用的文具。

咽(*嚥) ⊜ yàn l 使嘴里的食物等通过咽喉到食道里去:细嚼慢~.狼吞虎~.[咽气]人死时断气。
⊖ yān 见549页。
⊜ yè 见562页。

唁 yàn l 吊丧,对遭遇丧事的人表示慰问(叠吊—):~电(吊丧的电报).

彦 yàn l 古指有才学、德行的人。

谚 yàn l 谚语,社会上流传的固定语句,用简单通俗的话反映出某种经验和道理:农~.古~.

艳(艷、**艶、*豔) yàn l ❶鲜艳,色彩鲜明:~丽.~阳天.❷旧时指关于爱情方面的:~情.~史.
[艳羡]非常羡慕。

滟(灔、**灎) yàn l [滟滪堆](—yùduī)长江瞿塘峡口的巨石,为便利长江航运,1958年将它炸除。

晏 yàn l ❶晚,迟:~起.❷同"宴❹"。

鷃(**鴳) yàn l 鷃雀(què),古书中说的小鸟。

宴(*醼) yàn l ❶用酒饭招待:~客.❷聚会在一起吃酒饭:~会.❸酒席:设~.❹安乐:~安鸩(zhèn)毒(贪图享受等于喝毒酒自杀).

堰 yàn l 挡水的低坝:塘~.围~.

验(驗、*驇) yàn l ❶检查,察看:~血.~收.❷有效果:屡试屡~.

雁(*鴈) yàn l 大雁,鸟名。多指鸿

雁,羽毛褐色,腹部白色,嘴扁平,腿短,群居在水边,飞时排列成行。是候鸟。

赝(*贋) yàn l丨ㄢ 假的,伪造的:~品.

焰(*燄) yàn l丨ㄢ 火苗,火~.[气焰]气势:~~万丈.

焱 yàn l丨ㄢ 火焰。

酽(釅) yàn l丨ㄢ 浓,味厚:这碗茶太~.

谳(讞) yàn l丨ㄢ 审判定罪:定~.

燕(❶*鷰) ㊀ yàn l丨ㄢ ❶(一子)鸟名。翅膀很长,尾巴像张开的剪刀,背部黑色,肚皮白色,常在人家屋内或屋檐下用泥做巢居住,捕食虫。是候鸟。❷古书里有时用作"宴":~居.~好.~乐.

㊁ yān 见 551 页。

讌 yàn l丨ㄢ ❶相聚叙谈。❷同"宴❶❷❸"。

央 yāng 丨ㄤ ❶中心:大厅中~.❷恳求(鱼—求):只好~人去找.~告了半天,他还是不去.❸尽,完了:夜未~.

泱 yāng 丨ㄤ 深广,弘大(叠):河水~~.~~大国.

殃 yāng 丨ㄤ ❶祸害(鱼灾—):遭~.城门失火,~及池鱼(喻牵连受害).❷损害:祸国~民.

鸯 yāng 丨ㄤ 见 590 页"鸳"字条"鸳鸯"(yuān—)。

秧 yāng 丨ㄤ ❶(一儿)植物的幼苗:树~儿.茄子~.特指稻苗:插~.[秧歌](—ge)我国民间歌舞的一种。❷某些植物的茎:瓜~.豆~.❸(一子)某些初生的小动物:鱼~子.猪~子.❹〈方〉栽植,畜养:~几棵树.他~了一池鱼.

鞅 ㊀ yāng 丨ㄤ 古代用马拉车时套在马颈上的皮子。

㊁ yàng 见 557 页。

扬(扬、❷*颺、❶-❸*敭) yáng 丨ㄤ ❶高举,向上:~帆.~手.趾高气~(骄傲的样子).[扬弃]事物在发展过程中,一面把积极因素提升到更高阶段,一面把消极因素抛弃。[扬扬]得意的样子。[扬汤止沸(fèi)]比喻办法不彻底。❷在空中飘动:飘~.飞

~. ❸向上播撒：~场(cháng). ❹传布（⑯宣—）：~名.赞~.颂~.

[扬长而去]大模大样地离去。

炀(瑒) yáng l尢 玉名。

杨(楊) yáng l尢 杨树，落叶乔木，有白杨、大叶杨、小叶杨等多种，有的木材可做器物。

旸(暘) yáng l尢 ❶太阳出来。❷晴天。

炀(煬) yáng l尢 ❶熔化金属。❷火旺。

钖(鍚) yáng l尢 古代马额上的一种装饰。

疡(瘍) yáng l尢 ❶疮。❷溃烂：胃溃~.

羊 yáng l尢 哺乳动物。常见的有山羊、绵羊等家畜。毛、皮、骨、角都可作工业上的原料，肉和乳供食用。黄羊、藏羚羊等为国家保护动物。
〈古〉又同"祥"（xiáng）。

佯 yáng l尢 假装：~攻.~作不知。

垟 yáng l尢 〈方〉田地。多用于地名：翁~（在浙江省乐清）.

徉 yáng l尢 见51页"徜"字条"徜徉"（cháng—）。

洋 yáng l尢 ❶比海更大的水域：海~.太平~.❷广大，多（叠）：~溢.~~大观.❸外国的：~为中用.❹现代化的：土~结合.❺洋钱，银元。

烊 ㊀ yáng l尢 熔化金属。㊁〈方〉溶化：糖~了.
㊁ yàng 见557页。

蛘 yáng l尢 〈方〉生在米里的一种小黑甲虫。

阳(陽) yáng l尢 ❶明亮。❷跟"阴"相对。1.阳性，男性的。2.太阳：~历.~光. 3.带正电的：~电.~极. 4.山的南面，水的北面（多用于地名）：衡~（地名，在湖南省衡山之南）.洛~（地名，在河南省洛河之北）. 5.外露的，明显的：~沟.~奉阴违. 6.凸出的：~文图章. 7.关于活人的（迷信）：~间. ❸男性生殖器。❹古同"佯"。

仰 yǎng l尢 ❶脸向上，跟"俯"相对：~起头来.天大笑.人~马翻.❷敬慕：久~.信~.敬~.❸依赖（⑯—赖）：~人鼻息（喻依赖人，看人的脸色行事）.❹旧时公文用语，上行文中用在"恳、祈、请"等之前，表示尊敬；下行文中表命令，如"仰即遵照"（指示下属机关遵照公文内容办事)。

养(養) yǎng l尢 ❶抚育，供给生活品(叠—育)：～家.抚～子女. ❷饲养(动物)，培植(花草)：～鸡.～鱼.～花. ❸生育：～了个儿子. ❹(非血亲)抚养的：～女.～父. ❺使身心得到滋补和休息：～精神.～精蓄锐.～病.休～. ㊀保护修补：～路. ❻培养：他～成了劳动习惯. ❼(品德学业等)良好的积累：修～.涵～.教～.学～. ❽扶持，帮助：以农～牧，以牧促农.

氧 yǎng l尢 一种化学元素，在通常条件下为气体，符号 O，无色、无味、无臭，比空气重. 能帮助燃烧，是动植物呼吸所必需的气体.

痒(癢) yǎng l尢 皮肤或黏膜受刺激需要抓挠的一种感觉(叠)：蚊子咬得身上直～～.痛～相关. [技痒]极想把自己的技能显出来.

瀁 yǎng l尢 见 197 页"滉"字条"滉瀁"(huàng—).

怏 yàng l尢 不服气，不满意：～～不乐.～然不悦.

鞅 ㊀ yàng l尢 牛鞅，牛拉东西时架在脖子上的器具.

㊀ yāng 见 555 页.

样(樣) yàng l尢 ❶(—子、—儿)形状：模～.这～.不像～儿. ❷(—儿)量词，种类：两～儿菜.四～儿果品.～～儿都行. ❸(—子、—儿)做标准的东西：～品.货～.～本.

恙 yàng l尢 病：偶染微～.安然无～(没受损伤或没发生意外).

烊 ㊀ yàng l尢 [打烊]〈方〉商店晚上关门停止营业.
㊀ yáng 见 556 页.

漾 yàng l尢 形容水长(cháng).

漾 yàng l尢 ❶水面微微动荡. ❷液体溢出来：～奶.～酸水.汤太满都～出来了.

么 ㊀ yāo 幺 同"幺".
㊀ me 见 327 页.
㊂ ma 见 321 页.

幺 yāo 幺 ❶〈方〉小，排行最末的：～叔.～妹儿. ❷数目"一"的另一个说法(用于电话号码等).

吆(＊＊吙) yāo 幺 [吆喝](—he)

喊叫,用于叫卖东西、赶牲口等。

夭(❷*妖) yāo lㄠ ❶茂盛(叠):桃之～～.❷未成年的人死去:～亡.～折.

妖 yāo lㄠ ❶神话、传说中称有妖术而害人的东西:～魔鬼怪.⑨邪恶,荒诞,迷惑人的:～术.～风.～言惑众.❷装束、神态不正派:～里～气.❸媚,艳丽:～娆.

约 ⊖ yāo lㄠ 用秤称:你～～有多重?
⊜ yuē 见593页。

要 ⊖ yāo lㄠ ❶求.[要求]提出具体事项,希望实现:～～大家认真学习.～～入党.❷强求,有所仗恃而强硬要求:～挟(xié).❸古同"邀"、"腰".❹姓。
⊜ yào 见560页。

腰 yāo lㄠ ❶胯上胁下的部分,在身体的中部.(图见476页"体")[腰子]肾脏.❷裤、裙等围在腰上的部分:裤～.❸事物的中段,中间:山～.❹中间狭小像腰部的地势:土～.海～.

邀 yāo lㄠ ❶约请:～他来谈谈.特～代表.❷求得:～赏.～准.❸阻留:中途～截.

爻 yáo lㄠ (旧读 xiáo)组成八卦中每一个卦的长短横道,如"—"、"--"。

肴(*餚) yáo lㄠ (旧读 xiáo)做熟的鱼肉等:佳～.酒～.

尧(堯) yáo lㄠ 传说中上古帝王名。

侥(僥) ⊖ yáo lㄠ 见227页"僬"字条"僬侥"(jiāo—)。
⊜ jiǎo 见228页。

峣(嶢) yáo lㄠ [岧峣](tiáo—)山高。

垚 yáo lㄠ 高。多用于人名。

轺 yáo lㄠ 轺车,古代的一种轻便的小马车。

姚 yáo lㄠ 姓。

珧 yáo lㄠ 江珧,又叫"玉珧"。一种生活在海里的软体动物,壳三角形,肉柱叫江珧柱,干制后又称干贝,是珍贵的海味品。

铫 ⊖ yáo lㄠ ❶古代一种大锄。❷姓。
⊜ diào 见99页。

陶 ⊖ yáo lㄠ [皋陶](gāo—)传说中上古人名。

⊖ táo 见 472 页。

窑(***窯**、***窰**) yáo l幺 ❶烧砖、瓦、陶瓷等物的建筑物。❷为采煤而凿的洞:煤~.❸窑洞,在土坡上特为住人挖成的洞。❹(一子)旧指妓院。

谣 yáo l幺 ❶歌谣,随口唱出、没有伴奏的韵语:民~.童~.❷谣言,凭空捏造的不可信的话:造~.辟~.

摇 yáo l幺 摆动(叠—摆—晃):~头.~船.[摇曳](一yè)摇摆动荡。[动摇]变动,不坚定:思想~~.

徭(****傜**) yáo l幺 徭役,古时统治者强制人民承担的无偿劳动。

遥 yáo l幺 远(叠)(叠—远):~望.路~知马力.~~相对.[遥感]利用现代电子、光学仪器远距离探测、识别研究对象。[遥控]通过有线或无线装置控制一定距离以外的机器、仪器、武器、家用电器等。

瑶 yáo l幺 美玉。喻美好:~函.
[瑶族]我国少数民族,参看附表。

飖 yáo l幺 [飘飖]旧同"飘摇"。参看 374 页"飘"(piāo)。

鳐 ⊖ yáo l幺 同"徭"。
⊜ yóu 见 582 页。
⊜ zhòu 见 633 页。

鳐 yáo l幺 鱼名。身体扁平,略呈圆形或菱形,有的种类有一对能发电的器官,生活在海中。

杳 yǎo l幺 无影无声:~无音信.音容已~.

咬(***齩**、****齩**) yǎo l幺 ❶上下牙对住,压碎或夹住东西:~了一口馒头.❷钳子等夹住或螺丝齿轮等卡住:螺丝勩(yì)了,~不住扣.❸受责问或审讯时拉扯上不相关的人:不许乱~好人.❹狗叫:鸡叫狗~.❺读字音:这个字我~不准.

舀 yǎo l幺 用瓢、勺等取东西(多指流质):~水.~汤.[舀子](一zi)舀取液体的器具。

窅 yǎo l幺 眼睛眍进去。喻深远。

窈 yǎo l幺 ❶深远。❷昏暗。❸美好。[窈窕](一tiǎo) 1.形容女子文静而美好。2.(宫室、山水)深远曲折。

疟(**瘧**) ⊖ yào l幺 疟子,疟(nüè)疾。

㊁ nüè 见 359 页。

药（**藥**）yào 丨ㄠ ❶可以治病的东西。❷有一定作用的化学物品：火～．焊～．杀虫～．❸用药物医治：不可救～．❹毒死：～老鼠．

要 ㊀ yào 丨ㄠ ❶索取，希望得到：我～这一本书．㈡作为己有，保留：这东西他还～呢．［要强］好胜心强，不愿落后。❷重大，值得重视的：～事．～点．［要紧］［紧要］急切重要。❸重大的值得重视的东西：纲～．提～．❹应该，必须：～努力学习．❺将要，将：我们～去学习了．❻连词，要是，若，如果：明天～下雨，我就不去了．他～来了，你就交给他．❼请求，叫：他～我给他买本书．

㊁ yāo 见 558 页。

钥（**鑰**）㊀ yào 丨ㄠ ［钥匙］（－shi）开锁的东西。

㊁ yuè 见 593 页。

靿 yào 丨ㄠ 靴筒、袜筒：高～靴子．

鹞 yào 丨ㄠ （－子）鹞鹰，一种凶猛的鸟，样子像鹰，比鹰小，背灰褐色，腹白色，捕食鼠、兔和小鸟。［纸鹞］风筝。

曜 yào 丨ㄠ ❶照耀。❷日、月、星都称"曜"，一个星期的七天用日、月、火、水、木、金、土七个星名排列，因此星期几也叫什么"曜日"，如"日曜日"是星期日，"土曜日"是星期六。

耀（＊燿）yào 丨ㄠ ❶光线强烈地照射（⑱照一）：～眼．❷显扬，显示出来：～武扬威．❸光荣：荣～．

耶 ㊀ yē 丨ㄝ 用于译音，如耶路撒冷。

㊁ yé 见 561 页。

倻 yē 丨ㄝ ［伽倻琴］（jiā－－）朝鲜族弦乐器。

椰 yē 丨ㄝ 椰子树，常绿乔木，产在热带，树干（gàn）很高。果实叫椰子，中有汁，可做饮料。果肉可以吃，也可榨油，果皮纤维可结网。树干可做建筑材料。

［枣椰］也叫"海枣"。常绿乔木，果实叫椰枣，味甜。产于伊拉克等地。

掖 ㊀ yē 丨ㄝ 把东西塞在衣袋或夹缝里：把钱～在兜里．把书～在书包里．

暍 ⊖ yē 见 562 页。
㊁ yè 中暑,伤暑。

噎 yē 食物堵住食道:吃得太快,～住了.因～废食(喻因为偶然出毛病而停止正常的活动).⑪用话顶撞人,使对方说不出话来:别～人.

邪 ⊖ yé ❶见 342 页"莫"字条"莫邪".❷古同"耶⊖❶".
㊁ xié 见 529 页。

铘 yé 见 343 页"镆"字条"镆铘"(mò—)。

爷(爺) yé ❶父亲:～娘.❷祖父(叠):～～奶奶.❸对长辈或年长男子的敬称:张大～(ye).李～.❹旧时对官僚、财主等的称呼:老～.少～.❺迷信的人对神的称呼:土地～.财神～.

耶 ⊖ yé 〈古〉❶助词,表示疑问:是～非～? ❷同"爷"。
㊁ yē 见 560 页。

揶 yé [揶揄](—yú)要笑,嘲弄。

也 yě ❶副词.1. 表示同样、并行等意义:你去,我～去.～好,～不好. 2. 跟"再"、"一点"、"连"等连用表示语气的加强(多用在否定句里):再～不敢闹了.这话一点～不错.连一个人影～没找到. 3.(跟前文的"虽然、即使"连用)表示转折或让步:我虽然没仔细读过这本书,～略知内容梗概.即使天下雨,我～要出门. 4. 表示委婉语气:我看～只好如此了.节目倒～不错.❷文言助词.1.用在句末,表示判断语气:环滁皆山～.2.表示疑问或感叹语气:何～? 何为不去～? 是何言～? 3.用在句中,表示停顿:向～不怒而今～怒,何也?

冶 yě ❶熔炼(金属):～炼.～金.❷装饰、打扮得过分艳丽(含贬义):～容.妖～.

野(*埜) yě ❶郊外,村外:～营.～地.[野战军]适应广大区域机动作战的正规军.[分野]划分的范围,界限.❷指不当政的地位:朝～.下～.在～.❸不讲情理,没有礼貌,蛮横:撒～.粗～.❹不驯顺,狂妄非分:狼子～心(狂妄狠毒的用心).❺不受约束或难于约束:～性.这孩子心都玩～了.❻不是人所驯养或培植的(动物或植物):～兽.～草.

Y

业(業) yè ㄜ ❶事业,事情,所从事的工作.1.国民经济中的部门:农~.工~.渔~.交通事~.2.职业,工作岗位:就~.3.学业,学习的功课:毕~.❷从事某种工作:~农.~商.❸产业,财产:~主.❹已经(叠一已):~经公布.❺梵语"羯磨"的意译,有造作之义。佛教称人的行为、言语、思念为业,分别叫作身业、口业、意业,合称三业,有善恶之分,一般均指恶业。

邺(鄴) yè ㄜ 古地名,在今河北省临漳西,河南省安阳北。

叶(葉) ⊖ yè ㄜ ❶(一子、一儿)植物的营养器官之一,多呈片状、绿色,长在茎上:树~.菜~.❷像叶子的:铜~.铁~.❸同"页"。❹较长时期的分段:20世纪中~.❺姓。
⊜ xié 见529页。

页(頁、**箓) yè ㄜ ❶篇,张(指书、画、纸等):活~.[网页]可以在互联网上进行信息查询的信息页.[主页]可以在互联网上进行信息查询的起始网页.❷量词,我国旧指书本中的一张纸,现多指书本一张纸的一面。

曳(**抴) yè ㄜ 拖拉,牵引:~光弹.弃甲~兵.

拽 ⊖ yè ㄜ 同"曳"。
⊖ zhuài 见638页。
⊜ zhuāi 见638页。

夜(*亱) yè ㄜ 从天黑到天亮的一段时间,跟"日"、"昼"相对:日日~~.白天黑~.昼~不停.

掖 ⊖ yè ㄜ ❶用手扶着别人的胳膊.[奖掖]奖励,提拔.❷掖县,旧县名,今莱州,在山东省。
⊖ yē 见560页。

液 yè ㄜ 液体,能流动、有一定体积而没有一定形状的物质:血~.溶~.[液晶]一种同时具有液体的流动性和晶体的光学特性的有机化合物,在现代的仪器、设备中应用广泛。

腋 yè ㄜ ❶夹(gā)肢窝,上肢同肩膀相连处靠里凹入的部分.❷其他生物体上跟腋类似的部分:~芽.

咽 ⊜ yè ㄜ 呜咽,哽咽,悲哀得说不出话来。
⊖ yān 见549页。
⊜ yàn 见554页。

晔(曄) yè 丨世 同"烨"。

烨(燁、*爗) yè 丨世 火光很盛的样子。

谒 yè 丨世 拜见：～见.拜～.

饁 yè 丨世 往田里送饭。

靥(靨) yè 丨世 酒窝儿，嘴两旁的小圆窝儿：脸上露出笑～.

YI 丨

一 yī 丨 ❶数目字，最小的正整数。❷纯，专：～心～意.[一定]1.特定：～～的政治路线.2.相当的：取得～～的成绩.3.副词，必定：～～按期完成.❸满，全：～屋子人.～冬.～生.❹相同：～样.大小不～.❺另外的：番茄～名西红柿.❻放在重叠的动词中间，表示稍微，轻微：看～看.听～听.❼与"就"呼应.1.表示两事时间紧接：天～亮他就起来.2.表示每逢：～想起祖国建设的突飞猛进，就觉着自己的努力太不够了.❽起加强语气的作用：～至于此.～何怒.～何悲.❾旧时乐谱记

音符号的一个，相当于简谱中的低音"7"。

伊 yī 丨 ❶代词，彼，他，她。❷文言助词：下车～始.[伊斯兰教]宗教名。公元 7 世纪初阿拉伯人穆罕默德所创。

咿(*吚) yī 丨 [咿呀](－yā)拟声词，小孩子学话的声音，摇桨的声音。[咿唔](－wú)读书的声音。

洢 yī 丨 ❶洢水，水名，在湖南省益阳，资水支流。❷古水名，即今伊河，在河南省洛阳。

衣 ⊖ yī 丨 ❶衣服（fu），衣裳（shang）。❷披在或包在物体外面的东西：炮～.糖～炮弹.❸姓。
⊜ yì 见 568 页。

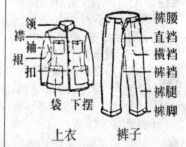
上衣　裤子

依 yī 丨 ❶靠，仰赖（@－靠）：相～为命.～靠群众.❷介词，按照（@－照）：

~次前进.~我看,你最好不去.❸顺从,答应:不~不饶.[依依]1.形容留恋,不忍分离:~~不舍.2.柔软的东西摇动的样子:杨柳~~.

铱 yī丨一种金属元素,符号Ir,银白色,熔点高,质硬而脆.合金可做坩埚、自来水笔尖等。

医(醫、**毉) yī丨❶医生,治病的人:中~.西~.军~.❷医学,增进健康、预防和治疗疾病的科学:中~.西~.学~.❸治病(⑱—疗、—治):有病早~.~疗器械.

瑿 yī丨古书上指鸥。

繄 yī丨文言助词,惟:~我独无.

祎(禕) yī丨美好。多用于人名。

猗 yī丨文言助词,用如"兮":河水清且涟~.

椅 ⊖ yī丨又叫"山桐子".落叶乔木,夏天开花,黄色,结小红果,木材可以制器物。
⊖ yǐ见567页。

漪 yī丨水波纹:清~.~澜.

揖 yī丨拱手礼:作~.

壹(**弌) yī丨"一"字的大写。

噫 yī丨文言叹词.[噫嘻](－xī)文言叹词,表示悲痛或叹息。

黟 yī丨黟县,在安徽省。

匜 yí丨〈古〉❶一种洗手用的器具。❷一种盛(chéng)酒的器具。

仪(儀) yí丨❶人的容貌、举止:~表.~容.威~.❷仪式,按程序进行的礼节:司~.❸礼物:贺~.谢~.❹仪器,供测量、绘图、实验等用的有一定准则的器具:浑天~.地动~.

圯 yí丨桥。

夷 yí丨❶我国古代称东部的民族.❷旧指外国或外国的.❸平.1.平安:化险为~.2.平坦.❹弄平:~为平地.❺消灭:~灭.

荑 ⊖ yí丨割去田地里的野草。
⊖ tí见475页。

咦 yí丨叹词,表示惊讶:~!这是怎么回事?

姨 yí丨❶姨母,母亲的姊妹.❷(－子)妻的姊妹:大~子.小~子.

胰 yí 胰腺,人和动物的腺体之一,能分泌胰液,帮助消化,还分泌一种激素(胰岛素),起调节糖类代谢作用。旧称"膵(cuì)脏"。[胰子]肥皂:香～～.药～～.

痍 yí 伤,创伤:疮～满目(喻到处是灾祸景象).

沂 yí 沂河,源出山东省,至江苏省入海。

诒 yí 传给:～训.

饴 yí ❶糖浆,糖稀:甘之如～.❷饴糖,一种糖果:高粱～.

怡 yí 和悦,愉快:心旷神～.～然自得.

贻 yí ❶赠给。❷遗留:～害.～笑大方.

眙 yí 见539页"盱"字条"盱眙"(xū—).

迤(**地) ㊀ yí 见498页"逶"字条"逶迤"(wēi—)。

㊁ yǐ 见567页。

椸(**簃) yí 衣架。

宜 yí ❶适合,适当(㊀适—):你做这样的工作很相～.❷应该,应当:不～如此.不～操之过急.❸当然,无怪:～其无往而不利也!

廙 yí 见553页"厣"字条"厣廙"(yǎn—)。

移(*迻) yí ❶挪动(㊀迁—):～植.愚公～山.转～阵地.[移录]抄录,过录。[移译]翻译。❷改变,变动:～风易俗.坚定不～.

簃 yí 楼阁旁边的小屋。

宧 yí 古代称屋子里的东北角。

颐 yí ❶面颊,腮:解～(开颜而笑).❷休养,保养:～神.～养天年.

蛇 ㊀ yí 见498页"委"字条"委蛇"(wēi—)。

㊁ shé 见432页。

遗 ㊀ yí ❶丢失(㊀—失):～失钢笔一枝.❷漏掉(㊀—漏):～忘.❸丢失的东西,漏掉的部分:路不拾～.补～.❹余,留:不～余力.～憾.特指死人留下的:～嘱.～像.[遗传]生物体的构造和生理机能由上一代传给下一代。❺不自觉地排泄粪便或精液:～尿.～精.

㊁ wèi 见503页。

疑 yí ❶不信,因不信而猜度(duó)(㊀—惑):可～.半信半～.～不能决.你不必～心.❷不能解决的,不能断定的:～问.～案.～义.存～(对怀疑的问题暂不做决定).

嶷 yí　ㄧˊ [九嶷]山名,在湖南省宁远。

彝(＊＊彜) yí　ㄧˊ ❶古代盛酒的器具。又古代宗庙常用的祭器的总称:～器.鼎～.❷常,常规,法度:～训.～宪.

[彝族]我国少数民族,参看附表。

乙 yǐ　ㄧˇ ❶天干的第二位,用作顺序的第二。❷旧时乐谱记音符号的一个,相当于简谱的"7"。❸画乙字形的符号,作用有二:1.古时没有标点符号,遇有大的段落用墨笔勾一个乙符号,形似乙字;2.遇有颠倒、遗漏的文字用乙符号改正过来或把遗漏的字勾进去。

钇 yǐ　ㄧˇ 一种金属元素,符号Y,暗灰色,有金属光泽。可制特种玻璃和合金。

已 yǐ　ㄧˇ ❶止,罢了:学不可以～.如此而～.❷已经,已然,表过去:时间～过.❸后来,过了一会儿,不多时:～忽不见.❹太,过:其细～甚.❺古同"以❸":～上.～下.自汉

～后.

以 yǐ　ㄧˇ ❶介词。1.用,拿,把,将:～少胜多.晓之～利害.～身作则.～理论为行动的指南.～劳动为光荣.[以为]心里想,认为:意～～未足.我～～应该这样做.2.依,顺,按照:众人～次就座.～时启闭.3.因,由于:不～失败自馁,不～成功自满.4.在,于(指时日):中华人民共和国～1949年10月1日宣告成立.❷连词。1.表示目的关系:大力发展生产,～提高人民生活水平.2.表示并列关系,跟"而"用法相同:其责己也重～周,其待人也轻～约.❸放在方位词前表明时间、地位、方向或数量的界限:水平～上.五岭～南,古称百粤.十天后交货.三日～内完成任务.

苡 yǐ　ㄧˇ 见570页"薏"字条"薏苡"(yì－)。

尾 ⊜ yǐ　ㄧˇ (－儿)❶马尾(wěi)上的长毛:马～罗.❷蟋蟀等尾部的针状物:三～儿(雌蟋蟀).

⊝ wěi 见501页。

矣 yǐ　ㄧˇ 文言助词。1.直陈语气,与"了⊝❷"相当:艰难险阻,备尝之～.2.感叹语气:大～哉.3.命令语气:往

～,毋多言!

苢 yǐ 丨 见135页"茉"字条"茉苢"(fú-)。

迤(**䢞地**) ㊀ yǐ 丨 ❶地势斜着延长。❷延伸,向(专指方向地位):天安门～东(向东一带)。[迤逦](-lǐ)曲折连绵:沿着蜿蜒的山势～～而行。㊁ yí 见565页。

酏 yǐ 丨 酏剂,含有糖和挥发油或另含有主要药物的酒精溶液的制剂。

蚁(蟻、**螘**) yǐ 丨 蚂蚁,昆虫名。多在地下做窝成群住着,种类很多。

舣(艤、**檥**) yǐ 丨 停船靠岸。

倚 yǐ 丨 ❶靠着:～门。❷仗恃:～势欺人。❸偏,歪:不偏不～。

椅 ㊀ yǐ 丨 (-子)有靠背的坐具。㊁ yī 见564页。

旖 yǐ 丨 [旖旎](-nǐ)柔和美丽:风光～～。

踦 yǐ 丨 抵住。

扆 yǐ 丨 古代一种屏风。

乂 yì 丨 治理,安定。

刈 yì 丨 割(草或谷类):～除杂草。

艾 ㊁ yì 丨 治理。[自怨自艾]本义是悔恨自己的错误,自己改正。现在只指悔恨。㊀ ài 见3页。

弋 yì 丨 用带着绳子的箭来射鸟:～凫与雁。

杙 yì 丨 小木桩。

亿(億) yì 丨 数目,一万万。旧时也指十万。

忆(憶) yì 丨 ❶回想,想念:回～。～苦思甜。～故人。❷记得:记～力。

义(義) yì 丨 ❶公正合宜的道理或举动(④正一):见～勇为。～不容辞。㊉指合乎正义或公益的:～举。[义务]1.应尽的责任。2.不受报酬的:～～劳动。❷感情的联系:朋友的情～。❸意义,意思,人对事物认识到的内容:定～。字～。歧～。❹指认作亲属的:～父。～子。㊉人工制造的(人体的部分):～齿(镶上的牙)。～肢(配上的上肢或下肢)。

议（議）yì ㄧˋ ❶表明意见的言论（ఴ-论）：提～.建～.无异～.❷商议,讨论：会～.～定.

艺（藝）yì ㄧˋ ❶才能,技能（ఴ技-）：手～.～高人胆大.[艺术]1.用形象来反映现实但比现实更有典型性的社会意识形态,包括音乐、舞蹈、美术、雕塑、文学、曲艺、戏剧、电影等.2.指富有创造性的方式、方法：领导～～.❷限度：贪贿无～.

呓（囈、＊＊讛）yì ㄧˋ 梦话：梦～.～语.

仡 ㊀yì ㄧˋ [仡仡]❶强壮勇敢.❷高大.
㊁gē 见148页.

屹 yì ㄧˋ 山势高耸.ఴ坚定不可动摇：～立.～然不动.

亦 yì ㄧˋ 副词,也（表示同样）,也是：反之～然.～步～趋（喻自己没有主张,跟着别人走）.

弈 yì ㄧˋ ❶古代称围棋.❷下棋：对～.

奕 yì ㄧˋ ❶大.❷美丽.[奕奕]精神焕发的样子：神采～～.

衣 ㊀yì ㄧˋ 穿：～布衣.解衣（yī）～我.

㊁yī 见563页.

裔 yì ㄧˋ ❶后裔,后代子孙.❷边,边远的地方：四～.

异（＊異）yì ㄧˋ ❶不同的：没有～议.～口同声.❷分开：离～.分居～爨（cuàn）.❸另外的,别的：～日.～地.❹特别的：～味.奇才～能.❺奇怪：惊～.深以为～.

抑 yì ㄧˋ ❶压,压制：～制.～扬.～强扶弱.[抑郁]忧闷.❷文言连词.1.表选择,还是：求之欤,～与之欤？2.表转折,只是.3.表递进,而且：非惟天时,～亦人谋也.

邑 yì ㄧˋ ❶都城,城市：通都大～.❷县.

挹 yì ㄧˋ ❶舀,把液体盛出来.[挹注]ఴ从有余的地方取出来,以补不足.❷拉.

浥 yì ㄧˋ 沾湿.

悒 yì ㄧˋ 愁闷,不安（叠）：～～不乐.

佚 yì ㄧˋ 同"逸❷❸".

泆 yì ㄧˋ ❶放纵.❷同"溢".

轶 yì ㄧˋ ❶超过：～群（比一般的强）.～材（突出的才

干).❷散失：～事(史书没有记载的事).

昳 ⊖ yì [昳丽]美丽：形貌～～.
⊖ dié 见99页.

役 yì ❶战事：淮海战～.❷指需要出劳力的事：劳～.❸服兵役：现～.预备～.❹使唤(叠-使)：奴～.❺旧日称被役使的人：杂～.

疫 yì 瘟疫,流行性急性传染病的总称：～情.防～.鼠～.

毅 yì 果决,志向坚定而不动摇：刚～.～力.～然决然.

译(譯) yì 把一种语言文字依照原义改变成另一种语言文字：翻～.～文.

峄(嶧) yì 峄县,旧县名,在山东省.1960年撤销,划归枣庄市.

怿(懌) yì 欢喜。

驿(驛) yì 旧日传递政府文书的人中途休息的地方：～站.

绎(繹) yì 寻究,理出头绪：寻～.演～.

易 yì ❶容易,不费力：通俗～懂.轻而～举.❷平

和：平～近人.❸改变：移风～俗.❹交易,交换：以物～物.❺轻视。❻芟治草木：～其田畴.

埸 yì ❶田界。❷边境：疆～.

蜴 yì 见513页"蜥"字条"蜥蜴"(xī-).

佾 yì 古时乐舞的行列。

诣 yì 到。特指到尊长那里去：～前请教.[造诣]学问或技术所达到的程度：他对于医学～～很深.

狋 yì [林狋]就是猞猁(shēlì)。

羿 yì 后羿,传说是夏代有穷国的君主,善于射箭。

翊 yì 辅佐,帮助：～戴(辅佐拥戴).

翌 yì 明天,明年：～日.～年.～晨.

翳 yì ❶遮盖：树林荫～.❷(-子)眼角膜上所生障蔽视线的白斑。

翼 yì ❶翅膀或像翅膀的东西：鸟～.蝉～.机～.❷左右两侧中的一侧：侧～.左～.右～.❸帮助,辅佐.❹星宿名,二十八宿之一。

益 yì ❶增加：进～.延年～寿.❷利,有好处的

(㊒利一):～处.～虫.良师～友.❸更:日～壮大.多多～善.

嗌 ㊀ yì l ㄧˋ 咽喉。
㊁ ài 见 4 页。

溢 yì l ㄧˋ ❶充满而流出来:河水四～.～美(喻过分夸奖).㊀超出:～出此数.❷古同"镒"。

缢 yì l ㄧˋ 用绳子勒死:～杀.自～.

镒 yì l ㄧˋ 古代重量单位,合古代的二十两,一说是二十四两。

鹢 yì l ㄧˋ ❶水鸟名。❷船头画有鹢的船,后泛指船。

螠 yì l ㄧˋ 无脊椎动物,雌雄异体,身体呈圆筒状,不分节,有少数刚毛,生活在海底泥沙中。

谊 yì l ㄧˋ 交情:友～.深情厚～.

勚 yì l ㄧˋ ❶劳苦。❷器物逐渐磨损,失去棱角、锋芒等:螺丝扣～了.

逸 yì l ㄧˋ ❶跑,逃跑。❷散失(㊒亡一):～书(已经散失的古书).❸安闲,安乐(㊒安一):不能一劳永～.劳～结合.❹超过一般:～群绝伦.

意 yì l ㄧˋ ❶意思,心思:来～.词不达～.[意见]见

解,对事物的看法.❷心愿,愿望:中(zhòng)～.任～.好～.❸料想:～外.出其不～.

薏 yì l ㄧˋ [薏苡](一yǐ)多年生草本植物,茎叶略似高粱,果实椭圆形,坚硬而光滑,种仁白色,叫薏仁米,可以吃,又可入药。

臆(****肊**) yì l ㄧˋ ❶胸:胸～(心里的话或想法).❷主观的,缺乏客观证据的:～见.～说.～造.～测.～断.

镱 yì l ㄧˋ 一种金属元素,符号 Yb,银白色,质软.用来制特种合金,也用作激光材料等。

癔 yì l ㄧˋ [癔病]一种神经官能症,患者发病时喜怒无常,感觉过敏,严重时手足或全身痉挛,说胡话,可出现似昏迷状态.此病多由心理上剧烈的矛盾所引起.也叫"歇斯底里"。

肄 yì l ㄧˋ 学习:～业(指没有毕业或尚未毕业).

艺 yì l ㄧˋ 种植:树～五谷.～菊.

廙 yì l ㄧˋ 恭敬。

瘗(**瘞**) yì l ㄧˋ 掩埋,埋葬。

鹝 yì l丶 古书中说的一种水鸟。

熠 yì l丶 光耀，鲜明（叠）：光彩～～.

殪 yì l丶 ❶死。❷杀死。

懿 yì l丶 美，好（多指德、行）：～行.～德.

劓 yì l丶 古代的一种割掉鼻子的酷刑。

燚 yì l丶 人名用字。

YIN l与

因 yīn l与 ❶原因，缘故，事物发生前已具备的条件：事出有～.内～.外～.❷介词，因为，由于：会议～故改期.～病缺席.❸连词，连接分句，表示因果关系：～雾气太重，高速路暂时关闭.[因为]连词，表示因果关系：～～今天下雨，我没有出门.❹沿袭（圈—袭）：陈陈相～.[因循]1.守旧，不改变：～～守旧.～～成规.2.拖沓(tà)：～～误事.❺凭借，根据：～势利导.～陋就简.～地制宜.

茵 yīn l与 古代车子上的席、垫。⑨铺(pū)的东西：～褥.绿草如～.

洇 yīn l与 液体接触纸张等向周围渗透散开：这种纸写起来有些～.

姻(*婣) yīn l与 ❶婚姻：联～.～缘.❷姻亲，由婚姻关系而结成的亲戚。古代专指婿家。

骃 yīn l与 浅黑带白色的杂毛马。

氤 yīn l与 [氤氲]（－yūn）烟云弥漫。

铟 yīn l与 一种金属元素，符号 In，银白色，能拉成细丝。可做低熔点的合金.

裀 yīn l与 ❶夹衣服。❷垫子，褥子。

阴(陰，*隂) yīn l与 ❶黑暗。❷云彩遮住太阳或月、星：天～了。❸跟"阳"相对。1.阴性，女性的。2.太阴，月亮：～历.3.带负电的：～电.～极.4.水的南面，山的北面（多用于地名）：江～（地名，在江苏省长江之南）.蒙～（地名，在山东省蒙山之北）.5.暗，不露出来的：～沟.6.凹下的：～文图章.7.关于人死后的或鬼魂的（迷信）：～宅.～间.❹（－儿）光线被东西遮住所成的影：树～儿.背～.❺背面：碑～.❻诡诈，不光明：～谋诡计.[阴险]表面和善而内心险恶。❼生殖器。

音 yīn Ｉㄣ ❶声（⊛声一）：口～.扩～器.❷消息:佳～.～信.

喑(*瘖) yīn Ｉㄣ ❶哑,不能说话:～哑.❷沉默不语,又指动物不鸣叫:～默.万马齐～.

愔 yīn Ｉㄣ [愔愔]1.形容安静和悦。2.形容沉默寡言。

殷(❷*慇) ⊖ yīn Ｉㄣ ❶深厚,丰盛:情意甚～.～切的期望.[殷实]富足,富裕:家道～～.❷[殷勤]周到,尽心:做事很～～.～～招待.❸殷朝,商朝的后期,由盘庚起称殷(公元前1300—公元前1046年)。❹姓。
⊜ yān 见550页。

溵 yīn Ｉㄣ [溵溜](—liù)地名,在天津市蓟县。

堙(*陻) yīn Ｉㄣ ❶堵塞.❷土山。

闉 yīn Ｉㄣ ❶古代城门外的曲城。❷堵塞。

洇 ⊖ yīn Ｉㄣ 同“洇”。
⊜ yān 见551页。

禋 yīn Ｉㄣ ❶古祭祀名,指祭天。❷泛指祭祀。

吟(*唫) yín Ｉㄣ ❶唱,声调抑扬地念:～诗.❷诗歌的一种:梁甫～.❸呻吟,叹息。

垠 yín Ｉㄣ 边,岸,界限:一望无～的麦田.

银 yín Ｉㄣ ❶一种金属元素,符号 Ag,白色有光泽。质柔软,富延展性,是热和电的良导体,在空气中不易氧化。可以制货币、器皿、电器设备、感光材料等。❷(一子)旧时用银铸成块的一种货币。[银行]办理存款、放款、汇兑等业务的机构。❸像银的颜色:～白色.～燕(喻白色的飞机).～河(天河).

龈 ⊖ yín Ｉㄣ 牙龈,牙床子,牙根上的肉。
⊜ kěn 见263页。

狺 yín Ｉㄣ [狺狺]狗叫的声音。

訚 yín Ｉㄣ (叠)和颜悦色地进行辩论。

崟(**嶔) yín Ｉㄣ 见398页“嵚”字条“嵚崟”(qīn—)。

淫(❷*婬) yín Ｉㄣ ❶过多,过甚:～威.～雨.❷在男女关系上态度或行为不正当的。❸放纵:骄奢～逸.❹迷惑,使昏乱:富贵不能～.

霪 yín ｜ㄣ [霪雨]连绵不断下得过量的雨。现作"淫雨".

寅 yín ｜ㄣ ❶地支的第三位。❷寅时,指夜里三点到五点。

夤 yín ｜ㄣ ❶深:～夜. ❷恭敬.
[夤缘]攀缘上升。⑩拉拢关系,向上巴结.

龂(断) yín ｜ㄣ ❶同"龈"(yín)。❷(叠)争辩的样子。

鄞 yín ｜ㄣ 鄞州,在浙江省宁波.

蟫 yín ｜ㄣ 古书上指衣鱼,一种咬衣服、书籍的小虫。也叫"蠹鱼".

嚚 yín ｜ㄣ ❶愚蠢而顽固。❷奸诈.

尹 yǐn ｜ㄣ 旧时官名:令～.府～.道～.

引 yǐn ｜ㄣ ❶领,招来(⑲导):～路.～火.抛砖～玉.⑪古时文体名,跟"序"差不多.[引子](—zi) 1.乐曲、戏剧开始的一段. 2.中医称主药以外的副药:这剂药用姜做～～.❷拉,伸:～弓.～领(伸脖子).[引申]字、词由原义产生他义.❸用来做证据、凭借或理由:～书.～证.

～以为荣.❹诱发,惹:一句俏皮话,～得大家哄堂大笑.❺退却:～退.～避.❻市制长度单位,1引是10丈.❼古代柩车的绳索:发～(出殡).

吲 yǐn ｜ㄣ [吲哚](—duǒ)有机化合物,分子式C_8H_7N,无色或淡黄色,片状结晶,溶于热水、醇、醚。供香料和化学试剂。

蚓 yǐn ｜ㄣ 指蚯(qiū)蚓。参看402页"蚯"字条"蚯蚓".

饮 ⊖ yǐn ｜ㄣ ❶喝:～水思源.❷可喝的东西:冷～.❸含忍:～恨.
⊖ yìn 见 574 页。

隐(隱) yǐn ｜ㄣ ❶藏匿,不显露(⑱—藏):～蔽.～痛.～患.❷指隐秘的事:难言之～.

瘾(癮) yǐn ｜ㄣ 特别深的嗜好(shìhào):烟～.看书看上～啦.

缢 yǐn ｜ㄣ 〈方〉绗(háng):～棉袄.中间～一行.

印 yìn ｜ㄣ ❶图章,戳记:盖～.钢～.信～.～把(bà)子(也比喻政权).❷(—子、—儿)痕迹:脚～儿.烙～.❸留下痕迹。特指把文字或图画等留在纸上或器物上:～书.翻～.排～.[印刷]把文字图画等制成版,加油墨印在纸上,可以连续印出很多的复制品。印刷术是我国古代四大发明之一。[印象]外界事物反映在头脑中所留下的形象。❹合:～证(互相证明).心心相～.

茚 yìn ㄧㄣ 有机化合物,分子式C_9H_8,无色液体,容易产生聚合反应。是制造合成树脂的原料。

鲇 yìn ㄧㄣ 鲇鱼,鱼名。身体细长,圆柱形,头小,前半身扁平,背上有吸盘,可以吸在大鱼或船底上。生活在海洋中,肉可以吃。

饮 ⊖ yìn ㄧㄣ 给牲畜水喝:～马.～牛.
⊜ yǐn 见 573 页。

荫(蔭、❷❸*廕) yìn ㄧㄣ ❶不见日光,又凉又潮:这屋子很～.❷封建时代帝王给功臣的子孙读书或做官的特权:封妻～子.❸保佑,庇护。

胤 yìn ㄧㄣ 后代。

窨 ⊖ yìn ㄧㄣ 地窖子,地下室。
⊜ xūn 见 545 页。

慭(憖) yìn ㄧㄣ〈古〉❶宁愿。❷损伤。

[慭慭]谨慎的样子。

应(應) ⊖ yīng ㄧㄥ ❶该,当(圙—当、—该):～有尽有.❷答应,应承(圙—许、—允):我喊他喊不～.～他十天之内完工.❸姓。
⊜ yìng 见 577 页。

英 yīng ㄧㄥ ❶花:落～.❷才能出众:～俊.又指才能出众的人:群～大会.[英明]有远见卓识。[英雄]1.为人民利益英勇斗争而有功绩的人。2.英武过人的人。❸指英国。

瑛 yīng ㄧㄥ ❶似玉的美石。❷玉的光彩。

莺(鶯、*鸎) yīng ㄧㄥ 鸟名。身体小,褐色,嘴短而尖,叫的声音清脆。吃昆虫,是益鸟。[黄莺]即黄鹂(lí)。

婴 yīng ㄧㄥ ❶婴儿,才生下来的小孩儿。❷触,缠绕:～疾(得病).

撄 yīng ㄧㄥ ❶接触,触犯:～其锋.～怒.❷扰乱,纠缠.

嘤 yīng l∠ 拟声词,鸟叫的声音(叠)。

缨 yīng l∠ ❶(一子、一儿)用线、绳等做的装饰品:帽~子. 红~枪. ❷(一子、一儿)像缨的东西:萝卜~子. 芥菜~儿. ❸带子,绳子:长~.

璎 yīng l∠ 似玉的美石。[璎珞](一luò)古代一种用珠玉穿成的戴在颈项上的装饰品。

樱 yīng l∠ 樱花,落叶乔木,开鲜艳的淡红花。木材坚硬致密,可做器具。[樱桃]樱桃树,樱的变种,开淡红或白色的小花。果实也叫樱桃,成熟时为红色,可以吃。

鹦 yīng l∠ [鹦鹉](一wǔ)鸟名,也叫"鹦哥"。羽毛颜色美丽,嘴弯似鹰,舌圆而柔软,能模仿人说话的声音。产在热带、亚热带。

罂(*罌) yīng l∠ 大腹小口的瓶子。[罂粟]二年生草本植物,花有红、紫、白等色。果实球形,未成熟时有白浆,是制鸦片的原料。

膺 yīng l∠ ❶胸:义愤填~. ❷承受,当:~选. 荣~劳动英雄称号。❸伐,打击:

~惩.

鹰 yīng l∠ 鸟名。嘴弯曲而锐,四趾有钩爪。性猛,食肉。种类很多,常见的有苍鹰、鸢(yuān)等。

迎 yíng l∠ ❶迎接,接:欢~.[迎合]为了讨好,使自己的言行符合别人的心意。❷向着:~面. ~头赶上.

茔(塋) yíng l∠ 坟墓,坟地:~地.

荥(滎) ㊀ yíng l∠ [荥经]地名,在四川省。
㊁ xíng 见 535 页。

荧(熒) yíng l∠ ❶微弱的光亮。[荧光]物理学上称某些物质受光或其他射线照射时所发出的可见光:~~屏. ~~灯. ❷眼光迷乱。[荧惑]迷惑。

莹(瑩) yíng l∠ ❶光洁像玉的石头。❷光洁,透明:晶~.

萤(螢) yíng l∠ 萤火虫,一种能发光的昆虫,黄褐色,尾部有发光器。

营(營) yíng l∠ ❶军队驻扎的地方:军~. 安~扎寨. 露(lù)~. ❷军队的编制单位,是连的上一级.❸筹划管理(龆经—):～业.～造防风林.❹谋求:～生.～救.[营养]1.生物由食物内吸取养料或通过光合作用制造养料供养身体.2.养分,养料:番茄、豆腐富于～～.

萦(縈) yíng ㅣㄥˊ 缠绕:～怀(挂心).琐事～身.

溁(濚) yíng ㅣㄥˊ [溁湾]地名,在湖南省长沙。

鎣(鎣) yíng ㅣㄥˊ [华鎣]山名,在四川省东南和重庆市交界处。

滢(瀅) yíng ㅣㄥˊ 清澈。

瑩(瑩) yíng ㅣㄥˊ 用于人名。

濴(濴) yíng ㅣㄥˊ [濴洄]水流回旋。

盈 yíng ㅣㄥˊ ❶充满:恶贯满～.热泪～眶.❷多余(龆—余):～利.

楹 yíng ㅣㄥˊ ❶堂屋前部的柱子:～联.❷量词,旧时房屋一间叫一楹。

蝇(蠅) yíng ㅣㄥˊ (—子)苍蝇,幼虫叫蛆.能传染痢疾等疾病,害处很大。

嬴 yíng ㅣㄥˊ 姓。

瀛 yíng ㅣㄥˊ 大海:～寰(五洲四海).

籯(籯)** yíng ㅣㄥˊ ❶箱笼之类的器具.❷筷笼子。

赢 yíng ㅣㄥˊ ❶余利,赚钱.❷胜:那个篮球队～了.～了三个球.⑨因成功获得:～得全场欢呼喝(hè)彩.

郢 yǐng ㅣㄥˇ 郢都,楚国的都城,在今湖北省荆州。

颍 yǐng ㅣㄥˇ 颍河,发源于河南省登封,东南流至安徽省注入淮河。

颖 yǐng ㅣㄥˇ ❶禾的末端.植物学上指某些禾本科植物小穗基部的苞片.❷东西末端的尖锐部分:短～羊毫笔.锥处囊中,～脱而出.⑩才能出众:聪～.～悟.[新颖]新奇,与一般的不同:花样～～.

影 yǐng ㅣㄥˇ ❶(—子、—儿)物体挡住光线时所形成的四周有光中间无光的形象.⑩不真切的形象或印象:这件事在我脑子里没有一点～子了.[影壁]门内或门外作为遮挡视线或装饰用的短墙.[影响]一件事物对其他事物发生作用,也指所发生的作用.❷

描摹:～宋本.❸形象,图像:摄～.造～.留～.剪～.[影印]用照相方法制版印刷.❹指电影:～评.

瘿 yǐng 1̌Z ❶生在脖子上的一种囊状的瘤子.多指甲状腺肿.❷虫瘿的简称,受害虫侵害植物组织发生变化而形成的瘤状物.

应(應) ⊖ yìng 1̌Z ❶回答或随声相和:～声虫.山鸣谷～.呼～.[反应]1.化学上指物质发生化学变化,产生性质和成分与原来不同的新物质.也叫"化学反应".2.人及动植物有机体受到刺激而发生的活动和变化.3.回响,反响.❷应付,对待:～战.随机～变.～接不暇.[供应]供给.❸适合,配合(龜适一):～时.得心～手.❹接受,答应:～承.～征.～邀.有求必～.
⊖ yīng 见 574 页.

映 yìng 1̌Z 照射而显出:影子倒～在水里.放～电影.夕阳把湖水～得通红.[反映]反照.龜1.把客观事物的实质表现出来:文艺作品要～～现实生活.2.向上级转达:及时～～群众的意见.

硬 yìng 1̌Z ❶物体组织紧密,性质坚固,跟"软"相对:～煤.～木.[硬件]1.构成计算机的各个元件、部件和固定装置.是计算机系统的组成部分.2.借指生产、科研、经营等过程中的机器设备、物质材料等.❷刚强有力:欺软怕～.龜1.坚强,不屈服(龜强一):～汉子.态度很～.2.强横(hèng):～抢.生拉～拽.❸固执(多指不顾实际的):～不承认.他干(gàn)不了～干(gàn).❹能力强,质量好:～手.货～.❺勉强:这苦日子,他～熬过来了.

媵 yìng 1̌Z〈古〉❶陪送出嫁.❷随嫁的人.❸妾.

YO 1̄Z

哟 ⊖ yō 1̄Z 同"唷".
⊜ yo 见 577 页.

唷 yō 1̄Z 叹词,表示惊讶或疑问:～,这是怎么了?

哟 ⊖ yo・1̄Z 助词.1.用在句末或句中停顿处:大家齐用力～! 话剧～,京戏～,他都很喜欢.2.歌词中作衬字:呼儿嗨～!
⊖ yō 见 577 页.

YONG　ㄩㄥ

佣(傭)　㊀ yōng ㄩㄥ ❶被人雇用：～工.❷受雇用的人：女～.
㊁ yòng 见579页。

拥(擁)　yōng ㄩㄥ ❶抱(㊧—抱).❷围着：～被而眠.前呼后～.❸拥护：一致～戴.～军优属.[拥护]忠诚爱戴,竭力支持：～～改革开放.❹聚到一块儿：～挤.一～而入.❺持有：～有.～兵百万.

痈(癰)　yōng ㄩㄥ 一种毒疮,多生在脖子上或背部,常表现为大片块状化脓性炎症,表面疮口很多,疼痛异常。

邕　yōng ㄩㄥ ❶邕江,水名,在广西壮族自治区.❷广西壮族自治区南宁的别称。

灉　yōng ㄩㄥ 灉水,水名,在江西省。

庸　yōng ㄩㄥ ❶平常,不高明的(㊧平—)：～言.～俗.❷用：毋～讳言.❸岂,怎么：～可弃乎?

鄘　yōng ㄩㄥ 周代诸侯国名,在今河南省卫辉一带。

墉(**墉)　yōng ㄩㄥ ❶城墙。❷高墙。

慵　yōng ㄩㄥ 困倦,懒。

镛　yōng ㄩㄥ 大钟,古时的一种乐器。

鱅　yōng ㄩㄥ 鱅鱼,鱼名。生活在淡水中,头很大。也叫"胖头鱼"。

雍(*雝)　yōng ㄩㄥ 和谐。[雍容]文雅大方,从容不迫的样子。

壅　yōng ㄩㄥ ❶堵塞(sè)(㊧—塞)：水道～塞.❷把土或肥料培在植物根上。

臃　yōng ㄩㄥ [臃肿](—zhǒng)过于肥胖,以致动作不灵便.喻1.衣服穿得太多.2.机构太庞大,妨碍工作。

饔　yōng ㄩㄥ ❶熟食。❷早饭。

喁　㊀ yóng ㄩㄥ 鱼口向上,露出水面。[喁喁]喻众人景仰归向的样子。
㊁ yú 见585页。

颙　yóng ㄩㄥ ❶大头。⑤大。❷仰慕：～望.

永　yǒng ㄩㄥ ❶长：江之～矣.❷长久,久远(㊧一久、一远):～不掉队.～远牢记历史的教训.

咏(＊詠) yǒng ㄩㄥ ❶声调抑扬地念,唱(簉歌一、吟一)。❷用诗词等来叙述:～梅.～雪.

泳 yǒng ㄩㄥ 在水里游动(簉游一):仰～.蛙～.

甬 yǒng ㄩㄥ 浙江省宁波的别称。
[甬道]1.院落中用砖石砌成的路.也叫"甬路"。2.走廊,过道.

俑 yǒng ㄩㄥ 古时殉葬用的木制或陶制的偶人。

勇 yǒng ㄩㄥ ❶有胆量,敢干(gàn):～敢.英～.很有～气.奋～前进.簉不畏避,不推诿:～于承认错误.❷清朝称战争时期临时招募,不在平时编制之内的兵:散兵游～.

涌(＊湧) yǒng ㄩㄥ ❶水或云气冒出:～泉.泪如泉～.风起云～.❷像水涌般地出现:许多人从里面～出来.往事～上心头.

愹(＊㦷) yǒng ㄩㄥ 见456页"怂"字条"怂愹"(sǒng—)。

蛹 yǒng ㄩㄥ 某些昆虫从幼虫过渡到成虫时的一种形态,在这个期间,不食不动,外皮变厚,身体缩短:蚕～.

踊(踴) yǒng ㄩㄥ 跳,跳跃。[踊跃]1.跳跃:～～欢呼.2.争先恐后:～～发言.

鲬 yǒng ㄩㄥ 鱼名。身体长形,扁而平,黄褐色,有黑色斑点,无鳔。生活在海洋中。

用 yòng ㄩㄥ ❶使用,使人、物发挥其功能:～电.～拖拉机耕田.不同的矛盾要～不同的方法来解决.公～电话.～笔写字.❷进饭食:～茶.～饭.❸费用,花费的钱财:家～.零～.❹物质使用的效果(簉功一、效一):有～之材.❺需要(多用于否定或反问):不～说.还～你操心吗?❻因:～此.～特函达.

佣 ㊀ yòng ㄩㄥ 佣金,佣钱,买卖东西时给介绍人的钱.
㊁ yōng 见578页.

优(優) yōu ㄧㄡ ❶美好的,跟"劣"相对:～等.品质～良.❷充足,宽裕:生活～裕.❸优待:拥军～

属.❹古代指演剧的人(⊕俳
一、一伶)。

[优柔]1.从容。2.犹豫不决:
～～寡断.

忧(憂) yōu lㄡ ❶发愁
(⊕-愁):杞人
～天(喻过虑).❷使人忧愁的
事:高枕无～.

攸 yōu lㄡ 所:责有～归.性
命～关.

悠 yōu lㄡ ❶长久(⊕-
久):历史～久.[悠悠]
1.闲适,自由自在:白云～～.
2.忧郁:～～我思.3.长久,遥
远:～～岁月.❷闲适,闲散:
～闲.～然.❸在空中摆动:站
在秋千上来回～.❹稳住,控
制:～着点劲.

呦 yōu lㄡ 叹词,表示惊异:
～,你怎么也来了? ～,
碗怎么破了!

[呦呦]鹿叫声:～～鹿鸣.

幽 yōu lㄡ ❶形容地方很僻
静、光线暗:～谷.～林.
～室.⊕隐藏,不公开的:～
居.～会.❷使人感觉沉静、安
闲的:～香.～美.～雅.❸幽
禁,把人关起来不让跟外人接
触.❹指阴间:～灵.～明(阳
间)永隔.❺幽州,古地名,相
当于今河北省北部和辽宁省
南部:～燕(yān).

[幽默](外)有趣或可笑而意味
深长:～～画.

麀 yōu lㄡ 古书上指母鹿。

耰 yōu lㄡ ❶古代弄碎土块
使田地平坦的农具。❷
用耰使土覆盖种子。

尤(**尢) yóu lㄡ ❶特
异的,突出
的:拔其～.❷尤其,更,格外:
～甚.～妙.❸过失:勿效～
(不要学着做坏事).❹怨恨,
归咎:怨天～人.

犹(猶) yóu lㄡ ❶如同:
虽死～生.战士
的意志～如钢铁.❷还(hái),
尚且:记忆～新.话～未了.困
兽～斗.

[犹豫](-yù)迟疑不决。

疣(**肬) yóu lㄡ 一种
皮肤病,俗叫
"瘊子".病原体是一种病毒,
症状是皮肤上出现黄褐色的
小疙瘩,不痛也不痒.[赘疣]
喻多余而无用的东西。

莸(蕕) yóu lㄡ ❶古书
上说的一种有臭
味的草:薰～不同器(喻好人
和坏人搞不到一起).❷落叶
小灌木,花蓝色,供观赏。

鱿 yóu lㄡ 鱿鱼,又叫"柔
鱼","枪乌贼"的俗称。

生活在海洋中的一种软体动物,头像乌贼,尾端呈菱形,体白色,有淡褐色斑点。肉可吃。

由 yóu l又 ❶经过:必～之路.观其所～.❷原因(⑧原一):情～.理～.❸顺随,听从:～着性子.～不得自己.❹介词。1.自,从:～哪儿来? ～上到下. 2.凭借:～此可知. 3.归(某人去做):这事～你安排.[由于]1.介词,表示原因:这项任务～～大家的努力才圆满完成了. 2.连词,跟"所以"、"因而"等呼应,表示因果关系:～～天气炎热,因而用电量猛增.

邮(郵) yóu l又 ❶邮递,由国家专设的机构传递信件:～信.❷有关邮务的:～票.～费.～局.

油 yóu l又 ❶动植物体内所含的脂肪物质:猪～.花生～.❷各种碳氢化合物的混合物,一般不溶于水,容易燃烧:煤～.汽～.❸用油涂抹:用桐油一～就好了.❹被油弄脏:衣服～了一大片.❺狡猾(⑧一滑):～腔滑调.这个人太～.

[油然]1.充盛地:天～～作云,沛然下雨. 2.(思想感情)自然而然地产生:敬慕之情～～而生.

柚 ㊀ yóu l又 [柚木]落叶乔木,叶大,对生,花白色或蓝色。木材坚硬耐久,用来造船、车等。

㊁ yòu 见 583 页。

铀 yóu l又 一种放射性元素,符号 U,银白色,质地坚硬,能蜕变。把铀熔合在钢中做成铀钢,非常坚硬,可以制造机器。铀是产生原子能的重要元素。

蚰 yóu l又 [蚰蜒](-yan)像蜈蚣,比蜈蚣略小,体短而稍扁,足细长,触角长,多栖息阴湿处。

鲉 yóu l又 鱼名。体侧扁,头部有许多棘状突起,生活在海洋中。

莜 yóu l又 [莜麦]一年生草本植物,花绿色,叶细长。茎叶可做牧草,子实可以吃。也作"油麦"。

游(❷❹❺*遊) yóu l又 ❶人或动物在水里行动(⑧一泳):～水.～鱼可数.❷不固定:～资.～牧.～击战.[游移]主意不定.❸河流的一段:上～.下～.❹游逛,观赏:～玩.～人.～园.旅～.春～.❺交游,交往。❻同"蟉"(yóu)。

蝣 yóu l又 见136页"蜉"字条"蜉蝣"(fú—)。

輶 yóu l又 ❶古代一种轻便的车。❷轻。

猷 yóu l又 计谋,打算:鸿~(宏伟的计划).

蝤 ㊀ yóu l又 [蝤蛑](—móu)又叫"梭子蟹"。生活在海里的一种螃蟹,甲壳略呈梭形,肉可以吃。
㊁ qiú 见404页。

繇 ㊀ yóu l又 古书里同"由❹1.2."。
㊁ yáo 见559页。
㊂ zhòu 见633页。

圝 yóu l又 (—子)捕鸟时用来引诱同类鸟的鸟,也作"游":鸟~子.

友 yǒu l又 ❶朋友:好~.战~.网~.⑤有友好关系的:~军.~邦.❷相好,互相亲爱:~爱.~好往来.

有 ㊀ yǒu l又 ❶跟"无"相对。1.表所属:他~一本书.我没~时间.2.表存在:那里~十来个人.~困难.~办法.~意见.3.表示发生或出现:~病了.形势~了新的发展.4.表示估量或比较:水~一丈多深.他~他哥哥那么高了.5.表示大,多:~学问.~

经验.[有的是]有很多,多得很.❷用在某些动词前面表示客气:~劳.~请.❸跟"某"相近:~一天晚上.~人不赞成.❹用在"人、时候、地方"前面,表示一部分:~人性子急,~人性子慢.❺古汉语词头:~夏.~周.
㊁ yòu 见583页。

铕 yǒu l又 一种金属元素,符号Eu。可制彩色显像管中的荧光粉。

酉 yǒu l又 ❶地支的第十位。❷酉时,指下午五点到七点。

卣 yǒu l又 古代一种盛酒的器皿。

羑 yǒu l又 [羑里]古地名,在今河南省汤阴。

莠 yǒu l又 (—子)狗尾草,一年生草本植物,样子很像谷子。⑤品质坏的,不好的人:良~不齐.

牖 yǒu l又 窗户。

黝 yǒu l又 黑色:一张~黑的脸.

又 yòu l又 副词。❶重复,连续,指相同的:他~立功了.今天~下雨了.❷表示加重语气,更进一层:他~不傻.你~不是不会.❸表示平列关系:～高～大.～多～快.～好～省.我～高兴,～着急.❹再加上,还有:十～五年.一～二分之一.❺表示某种范围之外另有补充:穿上了棉袄～加了一件皮背心.❻表示转折:刚还想说什么,可～把它忘了.

右 yòu ❶面向南时靠西的一边,跟"左"相对:～手.～边.⑱西方(以面向南为准):江～.山～.❷政治思想上属于保守的或反动的:～倾.❸古以右为上,品质等级高的称右:无出其～.❹崇尚,重视:～文.❺古同"佑".

佑 yòu 辅助,保护:～助.～护.庇～.

祐 yòu 保祐,迷信的人指神帮助.

幼 yòu ❶年纪小,初出生的,跟"老"相对:～儿.～虫.～苗.[幼稚]年纪小的.⑲知识见解浅薄、缺乏经验的:思想～～.❷小孩儿:扶老携～.～有所养.

蚴 yòu 绦虫、血吸虫等的幼体:毛～.尾～.

有 ㊀ yòu 古同"又❹".
㊀ yǒu 见582页.

侑 yòu 在筵席旁助兴,劝人吃喝:～食.

囿 yòu ❶养动物的园子:鹿～.❷局限,被限制:～于成见.

宥 yòu ❶宽容,饶恕,原谅:～我.请原～.❷帮助.

狖 yòu 古书上说的一种猴。

柚 ㊀ yòu 常绿乔木,种类很多。果实叫柚子,也叫文旦,比橘子大,多汁,味酸甜。
㊀ yóu 见581页。

釉 yòu (一子)以石英、长石、硼砂、黏土等为原料制成的东西,涂在瓷器、陶器外面,烧制后发出玻璃光泽,可增加陶瓷的机械强度和绝缘性能。

鼬 yòu [黄鼬]哺乳动物,俗叫"黄鼠狼"。毛黄褐色,遇见敌人能由肛门附近分泌臭气自卫,常捕食田鼠。

诱 yòu (旧读 yǒu) ❶劝导,教导:循循善～.❷引诱,使用手段引人:～敌.利～.

YU ㄩ

迂 yū ㄩ ❶曲折,绕远:～回前进.❷言行、见解陈旧不合时宜（龅—腐）：～论.
～见.

纡 yū ㄩ ❶弯曲,绕弯. ❷〈古〉系,结：～金佩紫(指地位显贵).

於 ㊀ yū ㄩ 姓.
㊁ yú 见585页.
㊂ wū 见507页.

淤 yū ㄩ ❶水里泥沙沉积：～了好些泥. ❷河沟中沉积的泥沙：河～.沟～. ❸同"瘀".

瘀 yū ㄩ 血液凝滞：～血.

于 yú ㄩ ❶介词.1. 在：写～北京.生～1949年.2. 对于,对：～人民有益.忠～祖国.勇～负责.3. 给：勿诿过～人.光荣归～党.取之于民,用之～民.4. 自,由：出～自愿.取之～民,用之于民.5. 向：问道～盲.6. 在形容词后,表示比较,跟"过"的意思相同：霜叶红～二月花.人民的利益高～一切.7. 在动词后,表示被动：见笑～大方.[于是]连词,表示两件事前后紧接：他听完报告,～～就回去了. ❷姓.

盂 yú ㄩ 一种盛液体的器皿：痰～.漱口～.

竽 yú ㄩ 古代管乐器,像现在的笙.[滥竽充数]一个不会吹竽的人混在乐队里充数.龅没有真本领,占着工作岗位.

与（與） ㊂ yú ㄩ 同"欤".
㊀ yǔ 见586页.
㊁ yù 见587页.

玙（璵） yú ㄩ 玙璠(fán)美玉.也说"璠玙".

欤（歟） yú ㄩ 文言助词. ❶表示疑问语气：在齐～? 在鲁～? ❷表示感叹语气：论者之言,一似管窥虎～!

予 ㊀ yú ㄩ 文言代词,我.
㊁ yǔ 见586页.

妤 yú ㄩ 见233页"婕"字条"婕妤"(jié—).

余（❶-❸餘） yú ㄩ ❶剩下来的,多出来的（龅剩—）：～粮.～兴(xìng).业～.不遗～力. ❷十、百、千等整数或度量单位后面的零头：十～人.三百～米.两吨～. ❸后：兴奋之～,高歌一曲. ❹文言代词,我.

馀（餘） yú ㄩ 同"余❶❷❸".("餘"简化为"余",用"余"意义可能混淆时,用"馀".如文言句"馀年无多".)

狳 yú ㄩ 见403页"犰"字条"犰狳"(qiú—).

畬 ㊀ yú ㄩ 开垦过两年的地。

㊁ shē 见 431 页。

艅 yú ㄩ [艅艎](-huáng) 古代一种大船。

臾 yú ㄩ [须臾]片刻,一会儿。

谀 yú ㄩ 谄媚,奉承:～辞.

萸 yú ㄩ 见 634 页"茱"字条"茱萸"(zhū-)。

腴 yú ㄩ ❶肥,胖:丰～.❷肥沃:土地膏～.

鱼(魚) yú ㄩ 脊椎动物的一类,生活在水中,通常体侧扁,大都有鳞和鳍,用鳃呼吸,体温随外界温度而变化,种类很多。大部分可供食用或制造鱼胶。

渔 yú ㄩ ❶捕鱼:～船.～业.❷谋取不应得的东西:～利.

於 ㊀ yú ㄩ 同"于❶"。

㊁ yū 见 584 页。

㊂ wū 见 507 页。

禺 yú ㄩ ❶古书上说的一种猴。❷见 363 页"番"字条"番禺"(pān-)。

隅 yú ㄩ ❶角落:城～.[隅反]⑩因此知彼,能够类推,举一反三。[向隅]对着屋子的一个角落,喻得不到机会而失望。❷靠边的地方:海～.

喁 ㊀yú ㄩ [喁喁]形容低声细语:～～私语.

㊁ yóng 见 578 页。

嵎 yú ㄩ ❶山弯曲的地方。❷同"隅"。

愚 yú ㄩ ❶傻,笨(⊕-蠢):～人.～昧无知.⑪使愚蠢。❷谦辞:～见.❸愚弄,欺骗:为人所～.

髃 yú ㄩ 肩髃,针灸穴位名。

舁 yú ㄩ 〈古〉共同抬东西。

俞 ㊀ yú ㄩ ❶文言叹词,表示允许。❷姓。

㊁ shù 见 449 页。

揄 yú ㄩ 拉,引。[揄扬]称赞。

嵛 yú ㄩ [昆嵛]山名,在山东省东部。

逾(❶*踰) yú ㄩ ❶越过,超过:～期.❷更,越发:～甚.

渝 yú ㄩ ❶变(多指感情或态度):始终不～.❷重庆市的别称:成～铁路.

愉 yú ㄩ 喜欢,快乐(⊕-快):轻松～快.～悦.

瑜 yú ㄩˊ ❶美玉。❷玉石的光彩。⑩优点:瑕(xiá)不掩~.

榆 yú ㄩˊ 榆树,落叶乔木,三四月开小花。果实外面有膜质的翅,叫榆荚或榆钱。木材坚固,可以制器物。

觎 yú ㄩˊ 见 213 页"觊"字条"觊觎"(jì—)。

窬(❷*踰) yú ㄩˊ ❶门边小洞。❷从墙上爬过去:穿~之盗(穿墙和爬墙的贼).

蝓 yú ㄩˊ 见 273 页"蛞"字条"蛞蝓"(kuò—)。

娱 yú ㄩˊ 快乐或使人快乐(⑯—乐):文~活动.自~.

虞 yú ㄩˊ ❶预料:以备不~.❷忧虑:无~.❸欺骗:尔~我诈(互相欺骗).❹周代诸侯国名,在今山西省平陆东北。

雩 yú ㄩˊ 古代求雨的一种祭祀。

舆 yú ㄩˊ ❶车中载人载物的部分。❷车:舍~登舟.[肩舆]轿子。❸众人:~论.[舆情]群众的意见和态度:洞察~~.❹地,疆域:~地.方~.~图.

歟 yú ㄩˊ 同"渔❶"。

与(與) ⊖ yǔ ㄩˇ ❶介词,跟:~疾病作斗争.~虎谋皮。❷连词,和:批评~自我批评.父亲~母亲都来.❸给:赠~.交~本人.~人方便.❹交往,交好:此人易~.相~.~国(相交好的国家).❺赞助:~人为善(原指赞助人学好,后多指善意助人).
[与其]连词,常跟"宁"、"宁可"、"不如"、"不若"等连用,表示比较:~~坐车,不如坐船.
⊜ yù 见 587 页。
⊜ yú 见 584 页。

屿(嶼) yǔ ㄩˇ (旧读 xù)小岛(⑯岛—)。

予 ⊖ yǔ ㄩˇ 给予:授~奖状.~以协助.~以处分.
⊖ yú 见 584 页。

伛(傴) yǔ ㄩˇ 驼背:~人.~偻(lǔ).

宇 yǔ ㄩˇ ❶屋檐.⑩房屋:庙~.[眉宇]⑯仪表,风度。❷上下四方,所有的空间:~内.[宇宙]1.同"宇❷".2.指所有的空间和时间。❸地层系统分类的最高一级,在"界"之上,是在地质年代"宙"的时间内形成的地层：显生～.元古～.太古～.

羽 yǔ ㄩ ❶羽毛，鸟的毛：～翼.⑩翅膀：振～高飞. ❷古代五音"宫、商、角、徵(zhǐ)、羽"之一.

雨 ㊀ yǔ ㄩ 空气中的水蒸气上到到天空中遇冷凝成云，再遇冷聚集成大水点落下来就是雨.

㊁ yù 见 588 页.

俣 yǔ ㄩ 大.

禹 yǔ ㄩ 传说中的古代部落联盟首领，曾治平洪水.

瑀 yǔ ㄩ 像玉的石头.

语 ㊀ yǔ ㄩ ❶话(⊕一言)：成～.～文.外国～. ❷谚语或古语：～云. ❸代替语言的动作或方式：手～.旗～. ❹说：不言不～.默默不～.

㊁ yù 见 588 页.

囹 yǔ ㄩ 见 301 页"图"字条"图囹"(líng—).

敔 yǔ ㄩ 古代一种打击乐器，击敔使演奏停止.

龃 yǔ ㄩ 见 247 页"龃"字条"龃龉"(jǔ—).

圉 yǔ ㄩ 养马的地方，也指养马的人.

庾 yǔ ㄩ ❶露天的谷仓. [大庾岭]山名，在江西、广东两省交界的地方. ❷姓.

瘐 yǔ ㄩ 瘐死，旧时称囚犯因受刑、冻饿、生病而死在监狱里.

㺄 (**㺄**) yǔ ㄩ 见 549 页"獠"字条"獠㺄"(yà—).

窳 yǔ ㄩ 恶劣，坏：～劣.～败(败坏).

与(與) ㊀ yù ㄩ 参与，参加：～会.～闻此事(参与并且得知此事的内情).

㊀ yǔ 见 586 页.

㊂ yú 见 584 页.

玉 yù ㄩ ❶矿物的一种，质细而坚硬，有光泽，略透明，可雕琢成簪环等装饰品. ❷喻洁白或美丽：～颜.亭亭～立. ❸敬辞：～言.～体.敬候～音.

钰 yù ㄩ 宝物.

驭 yù ㄩ ❶驾驭(车马)：～车.～马.～手. ❷统率，控制：～下无方.

芋 yù ㄩ 芋头，多年生草本植物，叶子略呈卵形，地下茎可以吃.

吁(籲) ㊀ yù ㄩ 为某种要求而呼喊：～请.大声呼～.

聿 ⊖xū 见538页.
yù ㄩ 文言助词,用在一句话的开头.

谷 ⊖yù ㄩ [吐谷浑](tǔ-hún)我国古代西部民族名.
⊜gǔ 见159页.

峪 yù ㄩ 山谷.

浴 yù ㄩ 洗澡:～室.沐～.

欲(❶*慾) yù ㄩ ❶欲望,想得到某种东西或想达到某种目的的要求:食～.求知～.❷想要,希望:～盖弥彰(想要掩饰反而弄得更显明了).❸需要:胆～大而心～细.❹将要,在动词前,表示动作就要开始:摇摇～坠.山雨～来风满楼.

鹆 yù ㄩ 见405页"鸲"字条"鸲鹆"(qú-).

裕 yù ㄩ ❶丰富,宽绰:生活富～.家里很宽～.时间不充～.❷使富足:富国～民.
[裕固族]我国少数民族,参看附表.

饫 yù ㄩ 饱.

妪(嫗) yù ㄩ 年老的女人.

雨 ⊖yù ㄩ 下(雨雪):～雪.
⊜yǔ 见587页.

郁(❶❷鬱) yù ㄩ ❶草木茂盛(叠):～～葱葱.❷忧愁,愁闷(④忧-)(叠):～～不乐.❸有文采(叠):文采～～.❹形容香气浓:馥(fù)～.

育 yù ㄩ ❶生养(④生-):生儿～女.积极提倡计划生～.❷养活:～婴.～蚕.～林.❸教育:德～.智～.体～.

堉 yù ㄩ 〈古〉肥沃的土地.

淯 yù ㄩ 淯河,水名,在河南省栾川.

昱 yù ㄩ ❶日光.❷光明.

煜 yù ㄩ 照耀.

狱(獄) yù ㄩ ❶监禁罪犯的地方(④监-).❷官司,罪案:冤～.文字～.

语 ⊖yù ㄩ 告诉:不以～人.
⊜yǔ 见587页.

彧 yù ㄩ 有文采.

域 yù ㄩ ❶在一定疆界内的地方:～外.❷泛指某种范围:音～.

阈 yù ㄩˋ ❶门槛。❷界限:视~.

梂 yù ㄩˋ 古书上说的一种树。

蜮(**魆) yù ㄩˋ 传说中一种害人的动物:鬼~(喻阴险的人).

预 yù ㄩˋ ❶预先,事前:~备.~见.~防.~约.❷加入到里面去:干~.

蓣 yù ㄩˋ 见 448 页"薯"字条"薯蓣"(shǔ—).

澦 yù ㄩˋ 见 554 页"滪"字条"滟滪堆"(yàn——).

豫 yù ㄩˋ ❶欢喜,快乐:面有不~之色.❷同"预❶".❸安闲,舒适:忧劳兴国,逸亡身.❹河南省的别称.

谕 yù ㄩˋ ❶告诉,使人知道(旧指上级对下级或长辈对晚辈):面~.手~.上~.❷〈古〉同"喻".

喻 yù ㄩˋ ❶比方(函比—):我给你打个比~.❷明白,了解:不言而~.家~户晓.❸说明,使人了解:~之以理.

愈(❸*癒、❸*瘉) yù ㄩˋ ❶更,越:~来~好.~甚.❷贤,好:孰~(哪个好)?❸病好了(函痊—):病~.

尉 ㊀ yù ㄩˋ [尉迟]复姓。[尉犁]地名,在新疆维吾尔自治区。
㊁ wèi 见 503 页。

蔚 ㊀ yù ㄩˋ ❶蔚县,在河北省。❷姓。
㊁ wèi 见 503 页。

熨 ㊀ yù ㄩˋ [熨帖][熨贴](—tiē) 1.妥帖舒服。2.〈方〉(事情)完全办妥。
㊁ yùn 见 597 页。

遇 yù ㄩˋ ❶相逢,会面,碰到:~雨.百年不~.不期而~.❷机会:际~.佳~.❸对待,款待:可善~之.

寓(*庽) yù ㄩˋ ❶居住:~所.暂~友人家.❷住的地方:张~.公~.❸寄托,含蓄在内:~言.~意深刻.[寓目]过目,看。

御(❹禦) yù ㄩˋ ❶驾驶(车马):~车.~者(赶车的人).❷称与皇帝有关的:~用.❸封建社会指上级对下级的管理,使用:~下.❹抵挡:防~.~敌.~寒.

矞 yù ㄩˋ 矞云,象征祥瑞的彩云。

潏 yù ㄩˋ 水涌出。

遹 yù ㄩˋ 遵循。多用于人名。

Y

燏 yù ㄩˋ 火光。多用于人名。

鹬 yù ㄩˋ 鸟名。羽毛茶褐色,嘴、腿都很长,趾间无蹼,常在水边或田野中捕吃小鱼、小虫和贝类。[鹬蚌相争,渔翁得利]喻两败俱伤,便宜了第三者。

誉(譽) yù ㄩˋ ❶名誉,名声:荣～.特指好的名声:～满中外.❷称赞(圃称—):～不绝口.

毓 yù ㄩˋ 同"育"。多用于人名。

燠 yù ㄩˋ 暖,热:～热(闷热).寒～失时.

鬻 yù ㄩˋ 卖:～文为生.卖官～爵.

YUAN　ㄩㄢ

鸢 yuān ㄩㄢ 鸟名,即老鹰。身体褐色,常捕食蛇、鼠、兔等。[纸鸢]风筝。

眢 yuān ㄩㄢ 眼睛枯陷,失明。圀干枯:～井.

鸳 yuān ㄩㄢ [鸳鸯](—yāng)水鸟名。羽毛颜色美丽,形状像凫(fú),但比凫小,雌雄常在一起。文学上用来比喻夫妻。

鹓 yuān ㄩㄢ [鹓鶵](—chú)古代传说中的一种像凤凰的鸟。

箢 yuān ㄩㄢ 箢箕,用竹篾等编成的盛东西的器具。

冤(*寃) yuān ㄩㄢ ❶冤枉,屈枉:鸣～.伸～.❷仇恨(圃—仇):～家.～孽.❸欺骗:不许～人.❹上当,不合算:白跑一趟,真～.

渊(淵) yuān ㄩㄢ 深水,潭:鱼跃于～.喻深:～博(学识深而广).

蜎 yuān ㄩㄢ 古书上指孑孓。

元 yuán ㄩㄢ ❶开始,第一(圃—始):～旦.～月.～年.[元素]在化学上,具有相同核电荷数的同一类原子的总称。现在已知的元素有112种。[元音]发音的时候,从肺里出来的气使声带颤动,在口腔的通路上不受阻碍而发出的声音,也叫"母音"。拼音字母 a、o、u 等都是元音。❷为首的:～首.～帅.～勋.❸构成一个整体的:单～.～件.❹朝代名(公元 1271—1368 年)。公元 1206 年,蒙古孛儿只斤•铁木真称成吉思汗.1271 年,国号改为元.1279

年灭南宋。❺同"圆❹"。

芫 ㊀ yuán ㄩㄢ 芫花,落叶灌木,开紫色小花,有毒,花蕾可入药。

㊁ yán 见551页。

园(園) yuán ㄩㄢ ❶(一子、一儿)种植菜蔬花果的地方。[园地]1.菜园、花园、果园等的统称。2.比喻活动的范围:艺术～～.❷(一儿)供人游玩或娱乐的地方:公～.动物～.

沅 yuán ㄩㄢ 沅江,发源于贵州省,东北流至湖南省注入洞庭湖。

鼋(鼇) yuán ㄩㄢ 即鳖。

员 ㊀ yuán ㄩㄢ ❶指工作或学习的人:学～.演～.❷指团体组织中的成员:党～.团～.会～.❸量词,用于武将等:一～大将.❹周围:幅～(指疆域).

㊁ yún 见595页。

㊂ yùn 见596页。

圆 yuán ㄩㄢ ❶圆形,从它的中心点到周边任何一点的距离都相等。❷像球的形状:滚～.滴溜儿～.❸完备,周全:结果很～满.❹使之周全(多指掩饰矛盾):自～其说.～谎.❹我国的本位货币

单位。也作"元"。

垣 yuán ㄩㄢ ❶墙,矮墙:断瓦颓～.❷城:省～(省城).

爰 yuán ㄩㄢ ❶于是:～书其事以告.❷何处,哪里:～其适归?

援 yuán ㄩㄢ ❶引,牵(鍂一引)。❷帮助,救助(鍂一助):孤立无～.支～前线.❸引用:～例.

湲 yuán ㄩㄢ 见48页"潺"字条"潺湲"(chán一)。

媛 ㊀ yuán ㄩㄢ [婵媛]1.(姿态)美好。2.牵连,相连。

㊁ yuàn 见592页。

袁 yuán ㄩㄢ 姓。

猿(*猨) yuán ㄩㄢ 猴一类的动物,颊下没有囊,没有尾巴,猩猩、大猩猩、长臂猿等都是。

辕 yuán ㄩㄢ ❶车辕子,车前驾牲畜的部分。❷辕门,旧时称军营的门。鍂旧时军政大官的衙门。

原 yuán ㄩㄢ ❶最初的,开始的(鍂一始):～稿.～创.鍂没有经过加工的:～油.～煤.[原子]构成元素的最小粒子。❷原来,本来:这话～

不错.～打算去请他.放还～处.❸谅解,宽容(叠—谅):情有可～.不可～谅的错误.❹宽广平坦的地方:～野.平高～.大草～.❺同"塬".

塬 yuán ㄩㄢ 我国西北部黄土高原地区因流水冲刷而形成的高地,四边陡,顶上平。

源 yuán ㄩㄢ ❶水流所从出的地方:泉～.河～.[源源]继续不断:～～而来.❷事物的根由,来路:来～.货～.肥～.

嫄 yuán ㄩㄢ 用于人名。姜嫄,传说是周朝祖先后稷的母亲。

螈 yuán ㄩㄢ 见415页"蝾"字条"蝾螈"(róng—)。

羱 yuán ㄩㄢ 羱羊,即北山羊。似家畜山羊而大,生活在高山地带,吃草本植物。

缘 yuán ㄩㄢ ❶因由,原因(叠—故、—由):无～无故.没有～由.❷过去宿命论者指人与人的遇合或结成关系的原因:姻～.有～相见.❸沿,顺着:～流而上.～木求鱼(喻必然得不到).❹边(叠边—).❺因为:～何至此?

橼 yuán ㄩㄢ 见247页"枸"字条"枸橼"(jǔ—)。

圜 ⊖ yuán ㄩㄢ 同"圆"。
⊖ huán 见194页。

远(遠) yuǎn ㄩㄢ ❶跟"近"相对。1.距离长:路～.住得～.2.时间长(叠永—、长—):作长～打算.❷不亲密,不接近:～亲.敬而～之.❸(差别)大:差得～.❹深远:言近旨～.

苑 yuàn ㄩㄢ ❶养禽兽植林木的地方,旧时多指帝王的园林:鹿～.❷(学术、文艺)荟萃之处:文～.艺～奇葩.

怨 yuàn ㄩㄢ ❶仇恨(叠—恨).❷不满意,责备:毫无～言.任劳任～.这事不能～他.[怨不得]怪不得。

院 yuàn ㄩㄢ ❶(—子、—儿)围墙里房屋四周的空地.❷某些机关和公共场所的名称:法～.医～.戏～.❸专指学院:高等～校.

垸 yuàn ㄩㄢ〈方〉(—子)湖南省、湖北省在江湖地带挡水用的堤圩(wéi)。

掾 yuàn ㄩㄢ 古代官署属员的通称。

媛 ⊖ yuàn ㄩㄢ 美女。
⊖ yuán 见591页。

瑗 yuàn ㄩㄢ 大孔的璧。

愿(❶-❸願) yuàn ㄩㄢˋ ❶乐意:甘心情～.自觉自～.❷希望(圖-望):生平之～.如～以偿.❸迷信的人对神佛许下的酬谢:许～.还～.❹恭谨.

YUE ㄩㄝ

曰 yuē ㄩㄝ ❶说:荀子～.其谁～不然? ❷叫作:名之～农民学校.

约 ㊀ yuē ㄩㄝ ❶拘束,限制(圖-束).❷共同议定的要遵守的条款:条～.立～.爱国公～.❸预先说定:预～.和他～好了.❹请:～他来.特～记者.❺算术上指用公因数去除分子和分母使分数简化:5/10可以～成1/2. ❻俭省:节～.❼简单,简要:简～.由博返～.❽大约,大概,不十分确定的:～计.～数.大～有五十人.

㊁ yāo 见558页。

玃 yuē ㄩㄝ 尺度,标准.

彠(彠) yuē ㄩㄝ 尺度.

哕(噦) yuě ㄩㄝ 呕吐:刚吃完药,都～出来了.[干哕](gānyuě)要吐

而吐不出东西来.

月 yuè ㄩㄝ ❶月亮,地球的卫星,本身不发光,它的光是反射太阳的光.[月食](*月蚀)地球在日、月中间成一条直线,遮住太阳照到月亮上的光.❷计时单位,一年分十二个月.[月子](-zi)指妇女生产后一个月以内的时间:坐～～.❸形状像月亮的,圆的:～饼.～琴.❹按月出现或完成的:～经.～刊.～票.～报表.
[月氏](-zhī)我国古代西部民族名.

刖(**跀) yuè ㄩㄝ 古代的一种酷刑,把脚砍掉.

玥 yuè ㄩㄝ 古代传说中的一种神珠.

钥(鑰) ㊀ yuè ㄩㄝ 锁.[锁钥]圖 1.重要关键.2.边防要地:北门～～.

㊁ yào 见560页。

乐(樂) ㊀ yuè ㄩㄝ ❶音乐:奏～.[乐清]地名,在浙江省.❷姓.

㊁ lè 见281页。

栎(櫟) ㊀ yuè ㄩㄝ [栎阳]古地名,在今陕西省临潼.

㊀ lì 见 290 页。

岳(❶*嶽) yuè ㄩㄝ ❶高大的山。[五岳]我国五座名山，即东岳泰山，西岳华山，南岳衡山，北岳恒山，中岳嵩山。❷称妻的父母或妻的叔伯：～父.叔～.

说 ㊂ yuè ㄩㄝ 古同"悦"。

㊀ shuō 见 452 页。

㊁ shuì 见 452 页。

阅 yuè ㄩㄝ ❶看，察看（ ❀ 一览）：～报.传～.检～军队。❷经历，经过：～历.～世.

悦 yuè ㄩㄝ ❶高兴，愉快（❀喜一）：和颜～色.心～诚服。❷使愉快：～耳.赏心～目.

钺(**戉) yuè ㄩㄝ 古代兵器名，像斧，比斧大些。

越 yuè ㄩㄝ ❶度过，超出。1.度过阻碍：爬山～岭. 2.不按照一般的次序，超出范围：～级.～权.～俎(zǔ)代庖(páo)(喻越职做别人应做的事). 3.经过：～冬.❷扬起，昂扬：声音清～.❸副词，越……越……，表示程度加深：～快～好.～跑～有劲儿.我们的队伍～战～强.天气～来～暖和.[越发]副词，更加：今年的收成～～好了.❹抢夺：杀人～货.❺周代诸侯国名，在今浙江省东部，后扩展到浙江省北部、江苏全省、安徽省南部及山东省南部。后来用作浙江省东部的别称：～剧.

樾 yuè ㄩㄝ 树阴凉儿。

跃(躍) yuè ㄩㄝ 跳（ ❀ 跳一）：飞～.龙腾虎～(喻生气勃勃、威武雄壮的姿态).～～欲试.[跃进]1.跳着前进。2.极快地前进：向前～～.

粤 yuè ㄩㄝ 广东省的别称。[两粤]指广东省和广西壮族自治区。

鸑(鸑) yuè ㄩㄝ [鸑鷟](—zhuó) 古书上指一种水鸟。

龠 yuè ㄩㄝ ❶古代管乐器。❷古代容量单位，两龠是一合(gě)。

瀹 yuè ㄩㄝ ❶煮：～茗(烹茶).❷疏导(河道)：～济(jǐ)漯(tà).

籥 yuè ㄩㄝ 同"龠❶"。

籰(**篗) yuè ㄩㄝ 〈方〉(—子)绕丝、纱等的工具。

YUN ㄩㄣ

晕 ⊖ yūn ㄩㄣ 昏迷:～倒.
～过去了.⑤头脑不清:
头～.～头转向.

⊜ yùn 见596页.

氲 yūn ㄩㄣ 见571页"氤"
字条"氤氲"(yīn—).

贇 yūn ㄩㄣ 美好.多用于
人名.

云(❸雲) yún ㄩㄣ ❶
说:诗～.人～
亦～.❷文言助词,句首句中
句末都用:～谁之思? 岁～暮
矣.盖记时也～.❸水蒸气上
升遇冷凝聚成微小的水点成
团地在空中飘浮叫"云":～
彩.～消雾散.～集(喻许多人
或事物聚集在一起).

芸(❷蕓) yún ㄩㄣ ❶芸
香,多年生草本
植物,花黄色,花、叶、茎有特
殊气味,可入药.❷芸薹(tái),
又叫"油菜".二年生草本植
物,花黄色,种子可榨油.
[芸芸]形容众多:～～众生.

沄(❷澐) yún ㄩㄣ ❶[沄
沄]形容水流
动.❷大波浪.

纭 yún ㄩㄣ [纷纭](fēn—)
(言论、事情等)多而杂

乱:众说～～.

耘 yún ㄩㄣ 除草:～田.春
耕夏～.

匀 yún ㄩㄣ ❶平均,使平均
(靊均一):颜色涂得不
～.这两份儿多少不均,～一
～吧.❷从中抽出一部分给别
人或做他用:把你买的纸～给
我一些.先～出两间房来给新
来的同志.

昀 yún ㄩㄣ 日光.多用于
人名.

畇 yún ㄩㄣ 田地平坦整齐
的样子(叠).

筠 ⊖ yún ㄩㄣ ❶竹皮.❷
竹子.
⊜ jūn 见253页.

鋆 yún ㄩㄣ (在人名中也读
jūn)金子.

员 ⊖ yún ㄩㄣ 用于人名.
伍员(即伍子胥),春秋时
人.
⊖ yuán 见591页.
⊜ yùn 见596页.

郧 yún ㄩㄣ 郧县,地名,在
湖北省.

涢 yún ㄩㄣ 涢水,水名,在
湖北省北部.

篔 yún ㄩㄣ [篔筜](—
dāng)生长在水边的大
竹子.

允 yǔn ㄩㄣ ❶答应，认可（鿃一许）：～诺．应～．不～．❷公平得当（dàng）：公～．

狁 yǔn ㄩㄣ 见521页"猃"字条"猃狁"（xiǎn—）。

陨 yǔn ㄩㄣ 坠落：～石．

殒 yǔn ㄩㄣ 死亡：～命．

孕 yùn ㄩㄣ ❶怀胎：～妇．～期．～育．❷胎，身孕：有～．怀～．

运（運） yùn ㄩㄣ ❶旋转，循序移动：日月～行．[运动]1.物理学上指物体的位置连续不断地变化的现象．2.哲学上指物质的存在形式和根本属性．3.各种锻炼身体的活动，如体操、游泳等．4.政治、文化、生产等方面开展的有组织的群众性活动：五四～～．增产节约～～．5.（—dong）为求达到某种目的而钻营奔走．[运作]（组织、机构等）进行工作；开展活动：正常～～．～～方式很多．❷搬送（鿃一输）：～货．客～．陆～．❸运用，灵活使用：～笔．～思．～筹．❹指人的遭遇．特指迷信的人所说的命中注定的遭遇：幸～．走好～．

酝（醞） yùn ㄩㄣ 酿酒，也指酒：佳～（好酒）．[酝酿]（—niàng）造酒材料加工后的发酵过程．喻事前考虑或磋商使条件成熟：表决前要进行～～．

员 ㊂ yùn ㄩㄣ 姓．
㊀ yuán 见591页．
㊁ yún 见595页．

郓 yùn ㄩㄣ [郓城]地名，在山东省．

恽 yùn ㄩㄣ 姓．

晕 ㊀ yùn ㄩㄣ ❶日光或月光通过云层时因折射作用而在太阳或月亮周围形成的光圈：日～．月～而风．❷头发昏：一坐船就～．
㊁ yūn 见595页．

愠 yùn ㄩㄣ 怒，怨恨：面有～色．

缊 yùn ㄩㄣ ❶新旧混合的丝绵：～袍．❷碎麻．

韫（韞） yùn ㄩㄣ 藏，收藏：～椟而藏诸（收在柜子里藏起来吗）？石～玉而山辉．

蕴 yùn ㄩㄣ ❶包含，储藏（鿃一藏）：我国石油～藏量很大．❷事理的深奥之处：底～．精～．

Z

韵(*韻) yùn ㄩㄣ ❶语音名词。1.韵母,字音中声母、声调以外部分,包括介音在内,如"堂"(táng)的韵母是 ang,"皇"(huáng)的韵母是 uang。2.字音中声母、介音、声调以外的部分,如"堂皇"(táng-huáng)都是 ang 韵。又如 an、ian、uan、üan 是四个韵母,同是 an 韵:～文.押～.叶(xié)～.❷有节奏的声音:琴～悠扬.❸风致,情趣:风～.～味.神～.

熨 ⊖ yùn ㄩㄣ 用烙铁、熨斗把衣布等烫平。[熨斗](-dǒu)加热后用来烫平衣服的金属器具。
⊖ yù 见 589 页。

Z ㄗ

ZA ㄗㄚ

扎(*紮、*紥) ⊜ zā ㄗㄚ ❶捆,缠束:～辫子.～腿.❷把儿,捆儿:一～线.
⊖ zhā 见 605 页。
⊜ zhá 见 606 页。

匝(*帀) zā ㄗㄚ ❶周绕树三～.❷满,环绕:柳阴～地.

咂 zā ㄗㄚ ❶舌尖与腭接触发声:～嘴.❷吸,呷:～一口酒.❸仔细辨别:～滋味.

拶 ⊖ zā ㄗㄚ 逼迫。
⊖ zǎn 见 599 页。

杂(雜、*襍) zá ㄗㄚ ❶多种多样的,不单纯的:～色.～事.～技表演.人多手～.[杂志]把许多文章集在一起印行的期刊。❷掺杂,混合:夹～.❸正项或正式以外的:～费.～牌儿军.

砸 zá ㄗㄚ ❶打,捣:～钉子.～地基.❷打坏,打破:碗～了.～碎铁锁链.❸〈转〉失败:这件事搞～了.

咋(**喒) ⊖ zǎ ㄗㄚ〈方〉代词,怎,怎么:～好.～办.
⊖ zé 见 603 页。
⊜ zhā 见 605 页。

臜 za·ㄗㄚ 见 1 页"腌"字条"腌臜"(ā—)。

ZAI ㄗㄞ

灾(*災、*烖) zāi ㄗㄞ ❶水、

Z

火、荒旱等所造成的祸害:战胜～害.旱～.❷个人的不幸遭遇:飞～.招～惹祸.

甾 zāi ㄗㄞ 有机化合物的一类,广泛存在于动植物体内.胆固醇和许多种激素都属于甾类化合物.在医药上应用很广.

哉 zāi ㄗㄞ 文言助词.1.表疑问或反问语气:有何难～? 岂有他～? 2.表感叹语气:呜呼哀～! 诚～斯言!

栽 zāi ㄗㄞ ❶种植:～菜.～树.⑤安上,插上:～绒.～赃.❷(一子)秧子,可以移植的植物幼苗:桃～.树子.❸跌倒:～跟头.～了一跤.

仔 ㊀zǎi ㄗㄞ〈方〉同"崽".
㊁ zǐ 见 646 页。
㊂ zī 见 643 页。

载 ㊀zǎi ㄗㄞ ❶年:一年半～.❷记在书报上(⑱记一):历史记～.登～.刊～.转～.
㊁zài 见 599 页。

宰 zǎi ㄗㄞ ❶杀牲畜(⑱一杀、屠一):～猪.～鸡.⑪向买东西或接受服务的人索取高价:挨～.～人.❷主管,主持:主～.～制.❸古代官名:太～.[宰相]古代辅佐君王掌管国家大事的最高的官.

崽 zǎi ㄗㄞ ❶〈方〉小孩子.❷(一子、一儿)幼小的动物.

再 zài ㄗㄞ ❶两次,第二次:一而～,～而三.❷第二次出现,重复发生:良辰难～.青春不～.❸副词.1.表示又一次:～版.～接～厉.一错～错.[再三]副词,不止一次地,一次又一次地:～～考虑.2.表示事情或行为重复,继续,多指未然(与"又"不同):明天～来.雨不会～下了.3.用在两个动词之间,表示动作的先后关系:吃完饭～去学习.把材料整理好了～动笔写.4.更,更加:～好没有了.～大一点就好了.5.表示另外有所补充:～则.盘里放着葡萄、鸭梨,～就是苹果.

在 zài ㄗㄞ ❶存在:革命者青春常～.人～阵地～.❷存在于某地点:书～桌子上呢.我今天晚上～家.⑤留在,处在:～职.❸在于,关系于某方面,指出着重点:事～人为.学习进步,主要～自己努力.[在乎]1.同"在❸".2.(一hu)关心注意:满不～～.❹副词,正在,表示动作的进行:会议～进行.我～看报.❺介词,

Z

表示事情的时间、地点、情形、范围等：～晚上读书．～礼堂开会．～这种条件之下．❻"在"和"所"连用，表示强调：～所不辞．～所不计．～所难免．

载 ⊖ zài ㄗㄞ ❶用交通工具装：装～．～货．～重汽车．满～而归．❷充满：怨声～道．风雨～途．❸载……载……，用在动词前，表示两个动作同时进行：～歌～舞．❹姓．

⊜ zǎi 见598页．

ZAN ㄗㄢ

糌 zān ㄗㄢ [糌粑] (—ba) 青稞麦炒熟后磨成的面，是藏族的主食．

簪 zān ㄗㄢ ❶ (—子、—儿) 用来绾 (wǎn) 住头发的一种首饰，古时也用它把帽子别在头发上．❷插，戴：～花．

咱 (＊喒、＊偺) zán ㄗㄢ 代词．❶我：～不懂他的话．❷咱们：～穷人都翻身了．[咱们] "我"的多数，跟"我们"不同，包括听话的人在内：同志，你别客气，～～军民是一家嘛！

拶 ⊖ zǎn ㄗㄢ 压紧．[拶指] 旧时用拶子夹手指的酷刑．[拶子] 旧时夹手指的刑具．

⊖ zā 见597页．

昝 zǎn ㄗㄢ 姓．

噆 zǎn ㄗㄢ ❶叮，衔．❷咬．

攒 (＊＊儹) ⊖ zǎn ㄗㄢ 积聚，积蓄 (叠积—)：～粪．～钱．

⊜ cuán 见75页．

趱 zǎn ㄗㄢ ❶赶，快走：～路．紧～了一程．❷催促，催逼：～马向前．

暂 (＊蹔) zàn ㄗㄢ ❶时间短，跟"久"相对：短～．❷副词，暂时：～停．～行条例．会议～不举行．

錾 zàn ㄗㄢ ❶ (—子) 凿石头的小凿子．❷在金石上雕刻：～花．～字．

赞 (＊賛、❷❸＊讚) zàn ㄗㄢ ❶帮助：～助．[赞成] 1.表示同意：大家都～～他的意见．2.助人成功．❷夸奖，称扬 (叠—许、—扬、称—)：～不绝口．❸旧时文体的一种：像～．小～．

瓒 zàn ㄗㄢ 古代祭祀时用的一种像勺的玉器．

ZANG　ㄗㄤ

赃（臟、**贜） zāng ㄗㄤ 赃物，贪污受贿或偷盗所得的财物：追～．退～．

脏（髒） ㊀ zāng ㄗㄤ 不干净：衣服～了．把～东西清除出去．
㊁ zàng 见 600 页．

zāng ㄗㄤ 母羊。

牂

臧 zāng ㄗㄤ 善，好。[臧否]（－pǐ）褒贬，评论，说好说坏：～～人物．

驵 zǎng ㄗㄤ 好马，壮马。[驵侩]（－kuài）马侩，进行牲畜交易的中间人，也泛指经纪人。

脏（臟） ㊀ zàng ㄗㄤ 身体内部器官的总称：内～．五～六腑．
㊁ zāng 见 600 页．

奘 ㊀ zàng ㄗㄤ ❶壮大，多用于人名．玄奘，唐代一个和尚的名字．❷〈方〉说话粗鲁，态度生硬。
㊁ zhuǎng 见 640 页．

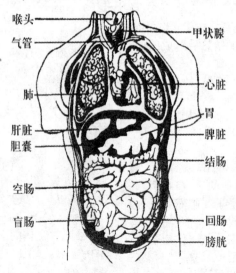

喉头　气管　肺　肝脏　胆囊　空肠　盲肠

甲状腺　心脏　胃　脾脏　结肠　回肠　膀胱

人体内脏

葬 zàng ㄗㄤ 掩埋死人,泛指处理死者遗体:埋~.火~.[葬送]⑩断送,毁灭:~~前程.~~幸福.

藏 ㊀ zàng ㄗㄤ ❶储放东西的地方:宝~.❷佛教、道教经典的总称:大~经.道~.[三藏]佛教经典,包括"经"、"律"、"论"三部分,总称三藏.唐玄奘(zàng)号三藏法师.❸西藏自治区的简称.[藏族]我国少数民族,参看附表.

㊁ cáng 见43页.

ZAO ㄗㄠ

遭 zāo ㄗㄠ ❶遇见,碰到(⑪—遇):~灾.~难.~殃.❷(—儿)量词.1.圈儿,周:用绳子多绕两~.我去转了一~.2.回,次:一~生,两~熟.

糟 zāo ㄗㄠ ❶做酒剩下的渣子.[糟粕]⑩无价值的东西:取其精华,去其~~.❷用酒或酒糟腌制食品:~鱼.~豆腐.❸腐烂,朽烂:木头~了.布~了.❹坏:事情~了.[糟蹋][糟踏](—ta)作践,不爱惜:不许~~粮食.

凿(鑿) záo ㄗㄠ ❶(—子)挖槽或穿孔用的工具.❷穿孔,挖掘:~个眼.~井.[穿凿]对于讲不通的道理,牵强附会,以求其通.❸〈古〉器物上的孔,是容纳柄(ruì)的.❹明确,真实(叠)(⑪确—):证据确~.言之~~.

早 zǎo ㄗㄠ ❶太阳出来的时候(⑪—晨):一大~就开会去了.~饭.~操.❷时间靠前,在一定时间以前:~起~睡身体好.那是很~的事了.我~就预备好了.开车还~着呢.

枣(棗) zǎo ㄗㄠ 枣树,落叶亚乔木,枝有刺,开小黄花,果实叫枣子或枣儿,椭圆形,熟时红色,可以吃.[黑枣儿]黑枣树,落叶乔木,跟柿树同属一科,果实叫黑枣儿,可以吃.

蚤 zǎo ㄗㄠ ❶虼蚤(gè-zao),跳蚤,昆虫名,赤褐色,善跳跃,寄生在人畜的身体上,吸血液,能传染鼠疫等疾病.❷古同"早".

澡 zǎo ㄗㄠ 洗澡,沐浴,洗全身:~盆.~堂.

璪 zǎo ㄗㄠ ❶古代刻在玉上或画在衣裳上的水藻

花纹。❷古代垂在冕上穿玉的五彩丝绦。

藻 zǎo ㄗㄠˇ ❶隐花植物的一大类,没有真正的根、茎、叶的分化,有叶绿素,可以自己制造养料。种类很多,大部生活在海水和淡水里。❷华丽的文辞:～饰.辞～.[藻井]我国传统建筑中的一种顶棚形式,一般呈方形、多边形或圆形的凹面,上有各种花纹、雕刻和彩画。

皂(*皁) zào ㄗㄠˋ ❶黑色:～鞋.不分～白(喻不问是非).❷差役:～隶.❸皂角,即皂荚。落叶乔木,枝上有刺,结的长荚也叫皂角或皂荚,可供洗衣去污用。❹有洗涤去污作用的日用化工制品:肥～.香～.药～.

唣(*唕) zào ㄗㄠˋ [啰唣]吵闹。

灶(竈) zào ㄗㄠˋ 用土坯、砖或金属等制成的生火做饭的设备:～台.垒个～.煤气～.

造 zào ㄗㄠˋ ❶制作,做(働制一):～船.～林.⑨瞎编:～谣.捏～.❷成就:～诣(yì).❸培养:深～.❹到,去:～访.登峰～极.❺相对两方

面的人,法院里指诉讼的两方:两～.甲～.乙～.❻〈方〉稻子等作物从播种到收割一次叫一造:一年两～.
[造次]仓卒,匆促:～～之间.⑨鲁莽,草率:不敢～～.

慥 zào ㄗㄠˋ (叠)忠厚诚实的样子。

簉 zào ㄗㄠˋ 副,附属的。

噪(❷*譟) zào ㄗㄠˋ ❶许多鸟或虫子乱叫:鹊～.蝉～.⑨声音杂乱:～音.❷许多人大声吵嚷:聒～.鼓～而进.❸(名声)广为传扬:名～一时.

燥 zào ㄗㄠˋ 干(働干一):～热.天气干～.

躁 zào ㄗㄠˋ 急躁,性急,不冷静:性情暴～.戒骄戒～.

则 zé ㄗㄜˊ ❶模范:以身作～.❷规则,制度,规程:办事细～.[法则]事物之间内在的必然的联系。也叫"规律"。[四则]算术里指加、减、乘、除四种方法。❸效法:～先烈之言行.❹连词。1.表示因果关系,就,便:兼听～明,

偏信～暗.2.表示转折,却:今
～不然.3.表示两件事在时间
上前后相承:预备铃一响,～
学生陆续走进教室.❺副词,
表示肯定的判断,就是:此～
余之罪也.❻用在一、二、三等
数字后,列举原因或理由:一
～房子太小,二～参加的人太
多,以致室内拥挤不堪.❼跟
"做"义相近,宋、元、明小说戏
剧里常用:～甚(做什么).不
～声.❽量词,用于成文的条
数:试题三～.新闻两～.随笔
一～.

责 zé ㄗㄜˊ ❶责任,分(fèn)
内应做的事:我们要对人
民负～.尽～.爱护公物,人人
有～.❷要求:求全～备.～己
严于～人.[责成]要求某人负
责办好:这个问题已～～专人
研究解决.❸指摘过失,责备:
～罚.斥～.❹责问,质问,诘
(jié)问.❺旧指为惩罚而打:
鞭～.杖～.
　〈古〉又同"债"(zhài).

啧 zé ㄗㄜˊ 争辩:～有烦言
(很多人说不满意的话).
[啧啧]1.形容咂嘴或说话
声:～～称羡.人言～～.2.鸟
鸣声。

帻 zé ㄗㄜˊ 古代的一种头
巾。

箦 zé ㄗㄜˊ 床席。

赜 zé ㄗㄜˊ 深奥:探～索隐.

咋 ⊖ zé ㄗㄜˊ ❶大声呼叫。
❷咬,啃.[咋舌]形容因
惊讶、害怕而说不出话来。
　⊜ zǎ 见597页。
　⊜ zhā 见605页。

迮 zé ㄗㄜˊ ❶〈古〉狭窄:～
狭.❷姓.

笮 ⊖ zé ㄗㄜˊ 姓。
　⊖ zuó 见652页。

舴 zé ㄗㄜˊ [舴艋](—měng)
小船。

择(擇) ⊖ zé ㄗㄜˊ 挑拣,
挑选(圉选—):
不～手段.～善而从.～友.～
业.
　⊖ zhái 见608页。

泽(澤) zé ㄗㄜˊ ❶水积
聚的地方:大～.
水乡～国.❷光泽,金属或其
他物体发出的光亮:色～鲜
明.❸湿:润～.❹恩惠:恩
～.

仄 zè ㄗㄜˋ ❶倾斜.[仄声]
古汉语里上声、去声、入
声的总称.❷狭窄.❸心里
不安:歉～.

Z

昃 zè ㄗㄜˋ 太阳偏西。

侧 〇 zè ㄗㄜˋ 同"仄"。[侧声]同"仄声"。
〇 cè 见 44 页。
〇 zhāi 见 607 页。

ZEI　ㄗㄟ

贼 zéi ㄗㄟ ❶偷东西的人，盗匪。⑨严重危害人民和国家的坏人：奸～.卖国～.❷伤害。❸邪的，不正派的：～眼.～头～脑.❹〈方〉狡猾：老鼠真～.❺〈方〉很,非常：～冷.～亮。

鲗 zéi ㄗㄟ 乌鲗，乌贼，又叫"墨鱼"或"墨斗鱼"。软体动物，有墨囊，遇危险放出黑色液体逃走,生活在海中。肉可吃。黑色液体叫鲗墨,可制颜料。

ZEN　ㄗㄣ

怎 zěn ㄗㄣˇ 如何：～样？～办？[怎么]（—me）代词，询问性质、状态、方式、原因等：你～～也知道了？这是～～回事？"难"字～～写？

谮 zèn ㄗㄣˋ 说坏话诬陷别人：～言.～害.～毁.

ZENG　ㄗㄥ

曾 〇 zēng ㄗㄥ ❶重（chóng）,用来指与自己中间隔着两代的亲属：～祖.～孙.❷古同"增"。❸姓。
〇 céng 见 45 页。

增 zēng ㄗㄥ 加多,添（⑲—加）：为国～光.～产节约.[增殖]繁殖：～～耕牛.⑨大量地增添：～～财富.

憎 zēng ㄗㄥ 厌恶（wù）,嫌,跟"爱"相对（⑲—恶）:爱～分明.

缯 〇 zēng ㄗㄥ 古代丝织品的总称。
〇 zèng 见 604 页。

罾 zēng ㄗㄥ 一种用竹竿或木棍做支架的方形渔网。

矰 zēng ㄗㄥ 古代射鸟用的一种拴着丝绳的箭。

综 〇 zèng ㄗㄥˋ 织布机上使经线交错着上下分开以便梭子通过的装置。
〇 zōng 见 647 页。

锃 zèng ㄗㄥˋ 器物等经过擦磨或整理后闪光耀眼：～亮.～光.

缯 〇 zèng ㄗㄥˋ 〈方〉捆,扎:把那根裂了的棍子～起来.

Z

○ zēng 见 604 页。

赠 zèng ㄗㄥ 把东西无代价地送给别人：～品．～阅.

甑 zèng ㄗㄥ（旧读 jìng）❶古代蒸饭的一种瓦器。现在称蒸饭用的木制桶状物。❷蒸馏或使物体分解用的器皿：曲颈～.

ZHA ㄓㄚ

扎（❶❷＊劄、❷＊紥、❷＊紮）○ zhā ㄓㄚ ❶刺：～针．～花（刺绣）．❷驻扎：～营．❸钻：～猛子（游泳时头朝下钻入水中）.[扎煞]（－sha）同"挓挲".

○ zhá 见 606 页。

○ zā 见 597 页。

"劄"又 zhá 见 606 页"札".

吒 ○ zhā ㄓㄚ 用于神话中的人名，如金吒、木吒。

○ zhà 见 607 页"咤".

挓 zhā ㄓㄚ [挓挲]（－sha）张开：～～着手.

咋 ○ zhā ㄓㄚ [咋呼]（－hu）〈方〉1.吆喝。2.炫耀。

○ zé 见 603 页。

○ zǎ 见 597 页。

哳 zhā ㄓㄚ 见 613 页"啁"字条"啁哳"（zhāo－）。

查（＊查） ○ zhā ㄓㄚ ❶同"楂○"。❷姓.

○ chá 见 46 页。

揸（＊＊搲、＊＊戲） zhā ㄓㄚ ❶用手指撮东西。❷把手指伸张开。

喳 ○ zhā ㄓㄚ [喳喳]拟声词：唧唧～～．喜鹊～～叫.

○ chā 见 45 页。

渣 zhā ㄓㄚ（一子、一儿）提出精华或汁液后剩下的东西（遰一滓）：豆腐～．囫碎屑：点心～儿.

楂（＊＊樝） ○ zhā ㄓㄚ [山楂]（＊山查）落叶乔木，开白花。果实也叫山楂，红色有白点，味酸，可以吃，也可入药。

○ chá 见 46 页。

奓 ○ zhā ㄓㄚ 奓山，地名，在湖北省武汉.

○ zhà 见 607 页。

齇（＊＊皻） zhā ㄓㄚ 鼻子上长的红色小疮，就是酒糟鼻上的红癍。

Z

扎 ㊀ zhá ㄓㄚˊ ［扎挣］（－zheng）〈方〉勉强支持。

㊁ zhā 见 605 页。

㊂ zā 见 597 页。

札（❶❸ ＊劄） zhá ㄓㄚˊ ❶古代写字用的木片。［札记］读书时摘记的要点和心得。❷信件（⑱信一、书一）：手～．来～．❸（－子）旧时的一种公文。

"劄"又 zhā 见 605 页"扎"。

轧 ㊀ zhá ㄓㄚˊ 义同"轧㊀"，用于轧辊、轧钢、轧钢机等。［轧钢］把钢坯压成一定形状的钢材。［轧辊］（－gǔn）轧钢机中最主要的、直接完成轧制工作的部件。

㊀ yà 见 549 页。

㊁ gá 见 141 页。

闸（△＊牐） zhá ㄓㄚˊ ❶拦住水流的建筑物，可以随时开关：～口．河里有一道～．❷把水截住。❸使机械减速或停止运行的设备：电～．自行车～．

炸（＊＊煠） ㊀ zhá ㄓㄚˊ 把食物放在煮沸的油或水里弄熟：～糕．～鱼．把菠菜～一～．

㊀ zhà 见 607 页。

铡 zhá ㄓㄚˊ ❶铡刀，一种切草或切其他东西的器具。❷用铡刀切：～草．

喋 ㊀zhá ㄓㄚˊ 见424页"唼"字条"唼喋"（shà－）。

㊀ dié 见 99 页。

牐 zhá ㄓㄚˊ ❶古时防守城门的用具。❷同"闸"。

拃 zhǎ ㄓㄚˇ ❶张开大拇指和中指量长度。❷张开大拇指和中指两端的距离：两～宽．

苲 zhǎ ㄓㄚˇ 苲草，指金鱼藻等水生植物。

砟 zhǎ ㄓㄚˇ （－子）某些坚硬成块的东西：煤～子．炉灰～子．

鲊 zhǎ ㄓㄚˇ 一种用盐和红曲（调制食品的材料）腌（yān）的鱼。

眨 zhǎ ㄓㄚˇ （－巴）眼睛很快地一闭一开：眼睛直～巴．一～眼（时间极短）就看不见了．

鲝 zhǎ ㄓㄚˇ ❶同"鲊"。❷［鲝草滩］地名，在四川省乐山。

乍 zhà ㄓㄚˋ ❶忽然：～冷～热．❷刚刚：新来～到．❸张开：～翅．

诈 zhà ㄓㄚˋ ❶假装：～死．❷使手段诓（kuāng）骗

Z

（逆欺－）：～财. 你不必拿话
～我. [诈语] 骗人的话。

柞 ㊀ zhà ㄓㄚˋ [柞水] 地名,
在陕西省。
㊁ zuò 见653页。

炸 ㊀ zhà ㄓㄚˋ ❶突然破裂
（逆爆－）：～弹. 玻璃杯
～了. ❷用炸药、炸弹爆破：
碉堡. ❸发怒：他一听就～了.
❹因受惊而四处逃散：～市.
～窝.
㊁ zhá 见606页。

痄 zhà ㄓㄚˋ [痄腮] （－sai）
一种传染病, 又叫"流行
性腮腺炎". 耳朵下面肿胀疼
痛, 病原体是一种滤过性病
毒。

蚱 zhà ㄓㄚˋ [蚱蜢] （－měng）
一种有害的昆虫, 身体绿
色或褐色, 触角短, 吃稻叶等,
不能远飞。

榨（❷*搾） zhà ㄓㄚˋ ❶压
出物体里液
汁的器具：油～. 酒～. ❷用
力压出：～油. 压～. ～汁机.

栅（*柵） ㊀ zhà ㄓㄚˋ 栅
栏, 用竹、木、铁
条等做成的阻拦物：篱笆～.
铁～栏.
㊁ shān 见426页。

奓 ㊀ zhà ㄓㄚˋ 张开：头发～
着. 这件衣服下面太～
了.
㊁ zhā 见605页。

磲 zhà ㄓㄚˋ [大水磲] 地名,
在甘肃省景泰.

吒（△*咤） zhà ㄓㄚˋ 生气
时对人大声
嚷.
"咤"又 zhā 见605页。

蛇 zhà ㄓㄚˋ〈方〉海蜇。

溠 zhà ㄓㄚˋ 溠水, 水名, 在
湖北省随州.

蜡（**褚） ㊀ zhà ㄓㄚˋ
古代年终的
一种祭祀名.
㊁ là 见274页。

霅 zhà ㄓㄚˋ 霅溪, 水名, 在
浙江省.

ZHAI ㄓㄞ

侧 ㊀ zhāi ㄓㄞ [侧棱] （－
leng）向一边倾斜：～～
着身子睡觉. [侧歪]（－wai）
倾斜：车在山坡上～～着走.
㊁ cè 见44页。
㊂ zè 见604页。

斋（齋） zhāi ㄓㄞ ❶书房
或校舍：书～. 第
一～. ❷祭祀前整洁身心, 以
示虔诚：～戒. ㊂佛教、道教等
教徒吃的素食：吃～. ❸舍饭

给僧人:～僧.

摘 zhāi ㄓㄞ ❶采下,拿下:～瓜.～梨.～帽子.❷选取:～要.～记.[指摘]指出缺点。❸借:东～西借.

宅 zhái ㄓㄞ 住所:住～.深～大院.

择(擇) ㊀zhái ㄓㄞ 义同"择㊀",用于口语:～菜.～席(换个地方就睡不安稳).
㊁zé 见603页。

翟 ㊀zhái ㄓㄞ 姓。
㊁dí 见93页。

窄 zhǎi ㄓㄞ ❶狭,不宽,宽度小,跟"宽"相对(遥—狭、狭—):路太～.地方太狭～.⑱气量小,心胸不开阔:他的心眼儿太～.❷生活不宽裕:以前的日子很～,现在可好了.

鉹 zhǎi ㄓㄞ (一儿)器物残缺损坏的痕迹,水果伤损的痕迹:碗上有块～儿.苹果没～儿.

债 zhài ㄓㄞ 所欠下的钱财:还～.公～.

寨(*砦) zhài ㄓㄞ ❶防守用的栅栏。[鹿寨]军事上常用的一种障碍物,古代多用削尖的竹木,现多用铁蒺藜等做成。❷旧

时军营:安营扎～.❸村子:村村～～.

撍 zhài ㄓㄞ 〈方〉缝纫方法,把衣服上附加的物件缝上:～纽扣儿.～花边.

瘵 zhài ㄓㄞ 病,多指痨病。

占 ㊀zhān ㄓㄢ 古代用龟甲、蓍(shī)草等,后世用铜钱或牙牌等判断吉凶:～卦.～课.
㊁zhàn 见609页。

沾(❶*霑) zhān ㄓㄢ ❶浸湿:泪流～襟.汗出～背.❷因接触而附着(zhuó)上:～水.⑱1.染上:～染了坏习气.2.凭借某种关系而得到好处:～光.❸稍微碰上或接触上:～边儿.脚不～地.
[沾沾自喜]形容自己觉得很好而得意的样子。

毡(氈、*氊) zhān ㄓㄢ (一子)用兽毛研成的片状物,可做防寒用品和工业上的垫衬材料:炕～.～靴.油毛～.

粘 ㊀zhān ㄓㄢ ❶黏的东西互相连接或附着在别的

东西上:几块糖都～在一起了.不～锅.❷用胶水或糨糊等把一种东西胶合在另一种东西上:～贴标语.

⊖ nián 见 353 页。

旃 zhān ㄓㄢ 〈古〉❶助词,等于"之焉"两字连用的意义:勉～.❷同"毡".

詹 zhān ㄓㄢ 姓.

谵 zhān ㄓㄢ 多说话.特指病中说胡话:～语.～妄.

瞻 zhān ㄓㄢ 往上或往前看:～仰.高～远瞩.

邅 zhān ㄓㄢ ❶难走.❷转变方向:～彼南道兮.

鹯 zhān ㄓㄢ 古书中说的一种猛禽,似鹞(yào)鹰。

鳣 zhān ㄓㄢ 古书上指鳇(huáng)鱼。

〈古〉又同"鳝"(shàn)。

斩 zhǎn ㄓㄢ 砍断:～首.～草除根.～钉截铁.

崭 zhǎn ㄓㄢ ❶高峻,突出:～露头角.❷非常,极:～新(簇新).

䁖 zhǎn ㄓㄢ 〈方〉眼皮开合,眨眼。

颭 zhǎn ㄓㄢ 风吹物体使颤动。

盏(盞) zhǎn ㄓㄢ ❶小杯子:酒～.茶～.

❷量词,用于灯:一～灯.

展 zhǎn ㄓㄢ ❶张开,舒张开:～翅.～望未来.～开激烈斗争.[展览]把物品陈列起来让人参观。❷施展:一筹莫～.❸放宽:～缓.～期.～限.

搌 zhǎn ㄓㄢ 轻轻地擦抹:～布.用药棉花～一～.

辗 zhǎn ㄓㄢ [辗转](*展转)(—zhuǎn)翻来覆去地来回转动:～～反侧.喻经过曲折,间接:～～传说.

黵 zhǎn ㄓㄢ 弄脏,染上污点:墨水把纸～了.这种布颜色暗,禁(jīn)～(脏了不容易看出来).

占(*佔) ⊖ zhàn ㄓㄢ ❶据有,用强力取得(喻—据):～领.攻～敌军据点.❷处于某种地位或情势:～上风.～优势.优等生～多数.

⊖ zhān 见 608 页。

战(戰) zhàn ㄓㄢ ❶战争,通常指打仗(喻—斗):宣～.～时.百～百胜.[战略]1.指导战争全局的计划和策略.2.比喻决定全局的策略.[战术]进行战斗的原则和方法.喻解决局部问题的方法.[战役]战争

Z

的一个段落。为实现一定的战略目的,在一定的方向上和一定的时间内进行的一系列战斗的总和:淮海～～.[战争]就是打仗,它是政治的继续,是民族和民族、国家和国家、阶级和阶级、政治集团和政治集团之间互相斗争的最高形式。❷发抖:～栗(害怕发抖).打冷～.寒～.

站 zhàn 坐坐 ❶立:～岗.中国人民～起来了.❷停:不怕慢,就怕～.❸为乘客上下或货物装卸而设的停留的地方:车～.起点～.❹分支办事处:工作～.保健～.

栈(棧) zhàn 坐坐 ❶储存货物或供旅客住宿的房屋:货～.客～.❷养牲畜的竹木棚或栅栏:马～.
[栈道]古代在悬崖峭壁上凿孔架木桩,铺上木板而成的道路。

绽 zhàn 坐坐 裂开:破～.鞋开～了.

湛 zhàn 坐坐 ❶深:精～的演技.❷清澈:清～.

颤 ㊀ zhàn 坐坐 同"战❷".
㊁ chàn 见50页.

蘸 zhàn 坐坐 在汁液或粉末里沾一下就拿出来:～墨水.～酱.

ZHANG　坐尢

张(張) zhāng 坐尢 ❶展开,打开:～嘴.～弓搭箭.纲举目～.～牙舞爪.㊀1.扩大,夸大:虚～声势.～大其词.2.放纵,无拘束:乖～.嚣(xiāo)～.[张皇]1.扩大.2.慌忙失措.[张罗](—luo)各方面照料,四处想办法:～～事.[开张]开始营业.❷铺排陈设:～灯结彩.❸看,望:东～西望.❹量词:一～弓.两～纸.❺星宿名,二十八宿之一.

章 zhāng 坐尢 ❶诗歌文辞的段落:乐(yuè)～.篇～结构.第一～.❷奏章,臣子呈给皇帝的意见书.❸章程,法规:简～.党～.规～制度.㊀1.条理:杂乱无～.2.条目:约法三～.❹戳记:图～.盖～.❺佩带在身上的标志:徽～.袖～.

鄣 zhāng 坐尢 周朝国名,在今山东省东平东。

獐(*麞) zhāng 坐尢 (—子)又叫河麂(jǐ),牙獐.是一种小型的鹿,头上无角,雄的犬齿发达,形成獠牙,露出嘴外。

彰 zhāng ㄓㄤ ❶明显,显著:欲盖弥～.相得益～.❷表彰:～善瘅(dàn)恶.

漳 zhāng ㄓㄤ 漳河,发源于山西省,流至河北省入卫河。

嫜 zhāng ㄓㄤ [姑嫜]古时女子称丈夫的母亲和父亲。

璋 zhāng ㄓㄤ 一种玉器,形状像半个圭。

樟 zhāng ㄓㄤ 樟树,常绿乔木。木质坚固细致,有香气,做成箱柜,可以防蠹虫。[樟脑]把樟树的根、茎、枝、叶蒸馏制成的白色结晶体,可做防腐驱虫剂,又可用来制造强心剂等。

蟑 zhāng ㄓㄤ [蟑螂](－láng)一大类有害的昆虫,黑褐色,有光泽,常咬坏衣物、偷吃食物,能发臭气。也叫"蜚蠊"(fěilián)。

长(長) ⊖ zhǎng ㄓㄤ ❶生,发育:～疮.庄稼～得很旺.❷增加:～见识.在实践中增～才干.❸排行中第一的:～兄.～孙.[长子]1.排行第一的儿子.2.地名,在山西省.❹辈分高或年纪大的:师～.～者.～辈.敬辞:学～.❺主持人,机关、团体等单位的负责人:部～.校～.

⊜ cháng 见 50 页。

涨(漲) ⊖ zhǎng ㄓㄤ ❶水量增加,水面高起来:水～船高.河里～水了.❷价格提高:～钱.～价.

⊜ zhàng 见 612 页。

仉 zhǎng ㄓㄤ 姓。

掌 zhǎng ㄓㄤ ❶巴掌,手心,握拳时指尖触着的一面:鼓～.㉄脚的底面:脚～子.熊～.❷用巴掌打:～嘴.❸把握,主持,主管:～印.～舵.～管档案.～权.[掌故]关于古代人物、典章、制度等的故事。[掌握]把握,拿稳:～政策.～～原则.❹(－儿)鞋底前后钉或缀上的皮子等:钉两块～儿.❺马蹄铁,钉在马、驴、骡子等蹄子底下的铁:马～.❻同"礃"。

礃 zhǎng ㄓㄤ [礃子]煤矿里掘进和采煤的工作面。也作"掌子"。

丈 zhàng ㄓㄤ ❶市制长度单位,1 丈是 10 尺,约合 3.33 米。❷测量长度、面积:～量.～地.❸对成年或老年男子的尊称:老～.[丈夫]1.成年男子的通称。2.(－fu)

Z

妇女的配偶，跟“妻子”相对。[丈人]1.旧称老年男子。2.(—ren)称妻子的父亲。

仗 zhàng ㄓㄤˋ ❶古代兵器的总称：兵～．仪～．㊕战争：胜～．败～．[打仗]交战，发生战事。❷凭借，依靠（㊀倚—、—恃）：～着大家的力量．～势欺人．❸拿着（兵器）：～剑．

杖 zhàng ㄓㄤˋ ❶拐杖，扶着走路的棍子：手～．❷泛指棍棒：擀面～．

帐（帳） zhàng ㄓㄤˋ ❶（—子）用布或其他材料做成的帷幕：蚊～．圆顶～子．营～．～篷．❷同“账”。

账（賬） zhàng ㄓㄤˋ ❶关于银钱财物出入的记载：记～．流水～．❷指记载银钱财物出入的本子或单子：一本～．一篇～．❸债务：欠～．不认～（喻不承认自己做的事）．

胀（脹） zhàng ㄓㄤˋ ❶膨胀，体积变大：热～冷缩．❷身体内壁受到压迫而产生不舒服的感觉：肚子～．肿～．

涨（漲） ㊁ zhàng ㄓㄤˋ ❶体积增大：豆子泡～了．❷弥漫：烟尘～天．❸多出来：～出十块钱．❹头部充血：头昏脑～．他气得～红了脸．

㊀ zhǎng 见611页。

障 zhàng ㄓㄤˋ ❶阻隔。[障碍]阻挡进行的事物：扫除～～．❷用作遮蔽、防卫的东西：风～．屏～．

嶂 zhàng ㄓㄤˋ 形势高险像屏障的山峰：层峦叠～．

幛 zhàng ㄓㄤˋ （—子）上面题有词句的整幅绸布，用作庆贺或吊唁的礼物。

瘴 zhàng ㄓㄤˋ 瘴气，热带山林中的湿热空气。

ZHAO ㄓㄠ

钊 zhāo ㄓㄠ 勉励。多用于人名。

招 zhāo ㄓㄠ ❶打手势叫人来：用手一～他就来了．[招待]应接宾客。[招呼]（—hu）1.召唤：有人～～你．2.照料，扶助：～～老人．❷用公开的方式使人来：～集．～生．～兵买马．～商引资．㊄1.惹起：～事．～笑．别～他．2.引来：～蚂蚁．❸承认自己的罪状：不打自～．❹武术上的动作。㊖计策，办法：花～儿．绝～儿．

昭 zhāo ㄓㄠ ❶明显,显著:罪恶～彰.～然若揭.❷表明,显示:以～信守.[昭昭]1.光明,明亮:日月～～.2.明辨事理:使人～～.

嘲 ㊀ zhāo ㄓㄠ [嘲哳][嘲哳](-zhā)形容声音杂乱细碎. ㊁ zhōu 见632页.

着 ㊂ zhāo ㄓㄠ ❶(-儿)下棋时下一子或走一步叫一着.㊫计策,办法:你出个高～儿.我没～儿了.❷〈方〉放,搁进去:～点儿盐.❸〈方〉用于应答,表示同意:～,你说得真对. ㊀ zhuó 见643页. ㊁ zháo 见613页. ㊃ zhe 见616页.

朝 ㊀ zhāo ㄓㄠ 早晨:只争～夕.～思暮想.㊩日天:今～.[朝气]㊫向上发展的气概:～～蓬勃. ㊁ cháo 见53页.

嘲 ㊀ zhāo ㄓㄠ [嘲哳](-zhā) 同"嘲哳". ㊁ cháo 见53页.

着 ㊀ zháo ㄓㄠ ❶接触,挨上:上不～天,下不～地.❷感受,受到:～慌.～凉.急.❸燃烧,也指灯发光:～火.柴火～了.天黑了,路灯都

～了.❹入睡,睡着:躺下就了.❺用在动词后表示达到目的或有结果:猜～了.打～了. ㊀ zhuó 见643页. ㊁ zhāo 见613页. ㊃ zhe 见616页.

爪 ㊀ zhǎo ㄓㄠ ❶指甲或趾甲:手～.❷鸟兽的脚指:鹰～.[爪牙]㊫党羽,狗腿子. ㊁ zhuǎ 见638页.

找 zhǎo ㄓㄠ ❶寻求,想要得到或见到:～东西.～事做.丢了不好～.～麻烦.～人.～经理.❷退回,补还:～钱.～零.

沼 zhǎo ㄓㄠ 池子(㊩池一).[沼气]有机物在地下隔绝空气的条件下分解而产生的气体,可以燃烧.多产生于池沼,也产生于煤矿井、石油井中.主要成分是甲烷.[沼泽]因湖泊淤浅等而形成的水草茂密的泥泞地带.

召 ㊀ zhào ㄓㄠ ❶呼唤,招呼:号～.～见.～唤.集.～开会议.❷傣族姓. ㊁ shào 见431页.

诏 zhào ㄓㄠ ❶告诉.❷皇帝所发的命令.

照(❶*炤) zhào ㄓㄠ ❶光线射在物

体上:拿灯～一～.阳光普～. ❷对着镜子或其他反光的东西看自己或其他人物的影像:～镜子.❸照相,摄影:天安门前～张相.❹画像或相片:小～.❺照管,看顾:请你～应一下.[照料]关心,料理:病人需要～～.❻查对,对比:比～.对～.参～.❼凭证:护～.牌～.❽知晓:心～不宣.❾通告,通知:知～.请关～他一声,我明天来.[照会]外交上用以表明立场、达成协议或通知事项的公文.❿介词.1.对着,向着:～敌人开枪.～着这个方向走.2.按照,依照:～计划执行.～他的意思办.⓫副词,表示按原样或某种标准做:～抄.～办.

兆 zhào ㄓㄠˋ ❶古代占验吉凶时灼龟甲所成的裂纹(迷信).❷预兆:征～.佳～.❸预示:瑞雪～丰年.❹数目:1.百万.2.古代指万亿.❺法定计量单位中十进倍数单位词头之一,表示 10^6,符号 M.

赵(趙) zhào ㄓㄠˋ 战国国名,在今河北省南部和山西省中部、北部一带.

笊 zhào ㄓㄠˋ [笊篱](—li)用竹篾、柳条、铅丝等编成的一种用具,可以在汤水里捞东西。

棹(*櫂) zhào ㄓㄠˋ 划船的一种工具,形状和桨差不多。⑨1.船.2.〈方〉划(船)。

罩 zhào ㄓㄠˋ ❶(一子、一儿)覆盖物体的东西:口～.灯～子.❷扣盖,覆盖:把菜～起来.❸穿在其他衣服外面的单衣:外～.～衣.袍～儿.❹养鸡用的竹笼子.❺捕鱼用的竹器,圆筒形,无顶无底,下略大,上略小。

肇(肇)** zhào ㄓㄠˋ ❶开始:～端.❷发生:～祸(闯祸).～事.

曌 zhào ㄓㄠˋ 同"照"。唐朝女皇帝武则天为自己名字造的字。

ZHE　ㄓㄜ

折 ㊂ zhē ㄓㄜ 翻转,倒腾:～跟头.用两个碗把开水～一～就凉了.

　㊀ zhé 见 615 页.
　㊃ shé 见 432 页.

蜇 ㊀ zhē ㄓㄜ ❶有毒腺的虫子刺人或牲畜:被蝎子～了.❷某些东西刺激皮肤或器官使感觉不适:切洋葱～眼

Z

睛.

㊀ zhé 见 615 页。

遮 zhē 坐さ 掩盖,掩蔽,挡:
～丑.～人耳目.乌云～
不住太阳的光辉.

螫 ㊀ zhē 坐さ 同"蜇㊀
❶",用于口语。
㊁ shì 见 444 页。

折(④-⑥△攔) ㊀ zhé 坐さ
❶断,弄
断:禁止攀～花木.⑩幼年死
亡:夭～.[折磨](—mó)使
在肉体或精神上受痛苦:解放
前劳动人民受尽了～～.❷损
失:损兵～将.❸弯转,屈曲:
～腰.转～点.㋱返转,回转:
走到半路又～回来了.[折中]
(*折衷)对不同意见采取调和
态度.❹叠(㳟一叠):～衣
服.～尺.❺(一子、一儿)用纸
折叠起来的本子:存～.❻杂
剧一本分四折,一折相当于现
代戏曲的一场.❼心服:～
服.心～.❽折扣,按成数减
少:打～扣.九～.❾抵作,对
换,以此代彼:～账.～变(变
卖).❿汉字的一种笔形(一):
"买"字的第一笔是～.
㊁ shé 见 432 页。
㊂ zhē 见 614 页。

哲(*喆) zhé 坐さ ❶有
智慧:～人.[哲

学]社会意识形态之一,它研
究自然界、社会和思维的普遍
规律,是关于自然知识和社会
知识的概括和总结,是关于世
界观的理论.❷聪明智慧的
人:先～.
注:"喆"多用于人名。

晢(**晣) zhé 坐さ 明
亮。

蜇 ㊀ zhé 坐さ 海蜇,在海
里生活的一种腔肠动物,
形状像张开的伞,可供食用。
㊁ zhē 见 614 页。

箬 zhé 坐さ 〈方〉(一子)一
种粗的竹席。

辄(*輒) zhé 坐さ 总是,
就:每至此,～
觉心旷神怡.所言～听.动～
得咎.

蛰(蟄) zhé 坐さ 动物冬
眠,藏起来不食
不动:～伏.入～.～虫.

詟(讋) zhé 坐さ 〈古〉恐
惧。

谪(*讁) zhé 坐さ ❶谴
责,责罚.❷封
建时代特指贬官。

摺 zhé 坐さ 同"折㊀❹—
❻"。

磔 zhé 坐さ ❶分裂肢体,古
代的一种酷刑.❷汉字
的笔画,即捺(nà)。

Z

辙 zhé ㄓㄜˊ 车辙,车轮轧的痕迹。⇒1.(—儿)车行的一定路线:岔(qiāng)～儿.顺～儿.2.歌词、戏曲、杂曲所押的韵:合～.十三～.3.〈方〉办法:没～了.

者 zhě ㄓㄜˇ ❶助词,用在形容词、动词或词组后,指人或事物:学～.读～.作～.强～.符合标准～.❷助词,表示语气停顿:陈胜～,阳城人也.云～,水汽蒸腾而成.❸代词,这,此(多用在古诗词中):～回.～番.～边走.❹用在"二、三、数"等数词后,指上文所说的几件事:二～必居其一.三～缺一不可.

锗 zhě ㄓㄜˇ 一种金属元素,符号Ge,银灰色,质脆,有光泽。是重要的半导体材料,主要用来制造半导体晶体管。

赭 zhě ㄓㄜˇ 红褐色:～石(矿物名,可做颜料).

褶(****襵**) zhě ㄓㄜˇ (—子、—儿)❶衣服折叠而形成的印痕:百～裙.❷泛指折皱的部分:衣服上净是～子.这张纸有好多～子.

这(**這**) ⊝zhè ㄓㄜˋ ❶代词,此,指较近的时间、地方或事物,跟"那"相对:～里.～些.～个.～是英汉词典.[这么](—me)代词,如此:～～办就好了.❷这时候,指说话的同时:我～就走.

⊜ zhèi 见617页。

柘 zhè ㄓㄜˋ 柘树,落叶灌木或小乔木,叶子卵形或椭圆形,前端有浅裂,可以喂蚕。柘木可以提取黄色染料,为柘黄。

浙(***渐**) zhè ㄓㄜˋ ❶浙江,古水名,又叫"浙江"、"之江"、"曲江",即今钱塘江,是浙江省第一大河流。❷指浙江省。

蔗 zhè ㄓㄜˋ 甘蔗,多年生草本植物。茎有节,含甜汁很多,可以吃,也可制糖。

嗻 zhè ㄓㄜˋ 叹词,旧时表示答应,"是"的意思。

鹧 zhè ㄓㄜˋ [鹧鸪](—gū)鸟名,背部和腹部黑白两色相杂,头顶棕色,脚黄色。吃谷粒、昆虫、蚯蚓等。

蟅 zhè ㄓㄜˋ 蟅虫,即土鳖。体扁,棕黑色,雄的有翅,雌的无翅。雌的干制后可入药。

着 ⊜ zhe ·ㄓㄜ 助词。❶在动词后。1. 表示动作正进行:走～.等～.开～会呢.
2.表示状态的持续:桌上放～
一本书.墙上挂～一幅画.❷
表示程度深,常跟"呢"(ne)连
用:好～呢.这小孩儿精～呢!
❸用在动词或表示程度的形
容词后表示祈使:你听～.步
子大～点儿.❹加在某些动词
后,使变成介词:顺～.照～.
沿～.朝～.

㊀ zhuó 见 643 页。
㊁ zháo 见 613 页。
㊂ zhāo 见 613 页。

ZHEI 　ㄓㄟ

这(這) ㊀ zhèi ㄓㄟ "这
(zhè)一"的合
音,但指数量时不限于一:～
个.～些.～年.～三年.
㊀ zhè 见 616 页。

ZHEN 　ㄓㄣ

贞 zhēn ㄓㄣ (旧读 zhēng)
❶坚定,有节操:忠～.坚
～不屈.❷旧礼教中指女子不
改嫁或不失身:～女.❸占,
卜,问卦:～卜.

侦 zhēn ㄓㄣ (旧读 zhēng)
探听,暗中察看:～探.～
查案件.～察机.

帧 zhēn ㄓㄣ (旧读 zhèng)
量词,幅(用于字画、照片
等):一～彩画.[装帧]书画等
物的装潢设计。

浈 zhēn ㄓㄣ (旧读 zhēng)
浈江,水名,在广东省北
部。

桢 zhēn ㄓㄣ (旧读 zhēng)
❶坚硬的木头。❷古代
打土墙时所立的木柱。[桢
干](—gàn)⑩能胜重任的
人才。

祯 zhēn ㄓㄣ (旧读 zhēng)
吉祥。

针(*鍼) zhēn ㄓㄣ ❶缝
织衣物引线用
的一种细长的工具。[针对]
对准:～～着工作中的缺点,
提出改进的办法.❷细长像针
形的东西:大头～.松～.钟表
上有时～、分～和秒～.[指南
针]我国古代发明的一种利用
磁石制成的指示方向的仪器。
❸用针扎治病:～灸.[针刺麻
醉]用针刺入人体的某些穴
位,使人的某些部位暂时失去
知觉,用以代替麻醉剂.❹西
医注射用的器具:～头.❺针
剂:打～.防疫～.

珍(*珎) zhēn ㄓㄣ ❶宝
贝,宝贵的东
西:奇～异宝.❷贵重的,宝贵

Z

的:～禽异兽.❸重视,看重:世人～之.～惜.～视.

胗 zhēn ㄓㄣ 鸟类的胃:鸡～肝儿.

真 zhēn ㄓㄣ ❶真实,跟客观事物相符合,跟"假"相对:～相大白.千～万确.传～.[真理]正确反映客观世界发展规律的思想.[天真]1.心地单纯,性格很直率.2.头脑简单,容易被假象迷惑:这种想法太～～.❷副词,确实,的确:～好.～高兴.❸清楚,显明:字太小,看不～.听得很～.❹真书(楷书):～草隶篆.❺本性,本原:返朴归～.

砧(＊碪) zhēn ㄓㄣ 捶、砸或切东西的时候,垫在底下的器具:铁～.～板.[砧木]嫁接植物时把接穗接在另一个植物体上,这个植物体叫砧木。

榛 zhēn ㄓㄣ ❶(叠)草木茂盛:其叶～～.❷同"榛❷":深～(荆棘丛).

獉 zhēn ㄓㄣ 同"榛❸":～狉(pī)(指草木丛杂,野兽出没).

溱 ㊀ zhēn ㄓㄣ 溱头河,水名,在河南省驻马店.今作"臻头河"。
㊁ qín 见 399 页。

榛 zhēn ㄓㄣ ❶落叶灌木或小乔木,花黄褐色.果实叫榛子,果皮很坚硬,果仁可以吃.❷泛指丛生的荆棘:～莽.❸草木丛杂(叠):草木～～.

臻 zhēn ㄓㄣ 到,达到:日～完善.

斟 zhēn ㄓㄣ 往杯子里倒(酒或茶):～酒.～茶.给我～上碗水.[斟酌](—zhuó)㊀度(duó)量,考虑:请你～～办理.

椹 ㊀ zhēn ㄓㄣ 同"砧"。
㊁ shèn 见 436 页。

甄 zhēn ㄓㄣ 审查:～别.～拔人才.

箴 zhēn ㄓㄣ ❶同"针❶".❷劝告,劝诫:～言.❸一种文体,以告诫规劝为主。

诊 zhěn ㄓㄣ 医生为断定病症而察看病人身体内部外部的情况:～断.～脉.门～.出～.

轸 zhěn ㄓㄣ ❶古代车后的横木.❷悲痛:～悼.～怀(痛念).～恤(怜悯).❸星宿名,二十八宿之一。

畛 zhěn ㄓㄣ 田地间的小路.㊊界限:不分～域.

疹 zhěn ㄓㄣ 病人皮肤上起的小疙瘩,通常是红色,

Z

小的像针尖,大的像豆粒,多由皮肤表层发炎浸润而起:湿~.[疹子](-zi)麻疹.

袗 zhěn ㄓㄣ ❶单衣。❷(衣服)华美。

枕 zhěn ㄓㄣ ❶枕头,躺着时垫在头下的东西.[枕木]铁路路基上承受铁轨的横木。❷躺着的时候把头放在枕头或器物上:~着枕头.~戈待旦.

缜 zhěn ㄓㄣ 周密,细致(圈-密):~密的思考.

稹 zhěn ㄓㄣ 同"缜"。

鬒(**＊＊顤**) zhěn ㄓㄣ 头发浓密而黑:~发.

圳(**＊＊甽**) zhèn ㄓㄣ〈方〉田边水沟.多用于地名:深~(在广东省).

阵 zhèn ㄓㄣ ❶军队作战时布置的局势:~线.严~以待.一字长蛇~.⑨战场:~亡.[阵营]两军交战对立的阵势.⑯利益和斗争目标相同的集团:革命~~.❷量词,表示事情或动作经过的段落:刮了一~风.⑯(-子)一段时间:这一~子工作正忙.

纼 zhèn ㄓㄣ〈方〉拴牛、马等的绳索。

鸩(❷❸△ **＊酖**) zhèn ㄓㄣ ❶传说中的一种毒鸟,把它的羽毛泡在酒里,喝了可以毒死人.❷用鸩的羽毛泡成的毒酒:饮~止渴(喻满足一时需要,不顾后果).❸用毒酒害人.

"酖"又 dān 见 83 页.

振 zhèn ㄓㄣ ❶摇动,挥动:~笔直书.~铃.~臂高呼.❷奋起,兴起:~兴.~作精神一~.❸救:~乏绝.❹振动:共~.谐~.

赈 zhèn ㄓㄣ 赈济,救济:~灾.以工代~.也作"振".

震 zhèn ㄓㄣ ❶迅速或剧烈地颤动:地~.~耳.❷惊恐或情绪过分激动:~惊.~怒.❸八卦之一,符号是☳,代表雷.

朕 zhèn ㄓㄣ ❶我,我的,由秦始皇时起专用作皇帝自称.❷预兆.

瑱 zhèn ㄓㄣ 古时戴在耳垂上的玉.

镇 zhèn ㄓㄣ ❶压:~尺.❷镇压:~反(镇压反革命).❸安定:~静.~定.❹把饮料等同冰或冷水放在一起使凉:冰~汽水.❺行政区划单位,一般由县一级领导:城~居民.乡~企业.❻较大的集市。❼时常：十年～相随.

ZHENG 业ㄥ

丁 ⊖ zhēng 业ㄥ [丁丁]拟
声词，形容伐木、弹琴等
声音。
⊖ dīng 见 100 页。

正 ⊖ zhēng 业ㄥ 正月，夏
历一年的第一个月：新
～.
⊖ zhèng 见 621 页。

征(❸－❻△徵) zhēng 业ㄥ
❶远行：～
帆(远行的船).踏上～途.❷
用武力制裁：出～.～讨.[征
服]用力制服：～～自然.❸由
国家召集或收用：应(yìng)～
入伍.～税.❹寻求，希望得到
(圈—求)：～稿.～求群众意
见.❺证明，证验：有实物可
～.❻现象，迹象：特～.～兆.
"徵"又 zhǐ 见 626 页。

怔 zhēng 业ㄥ [怔忡]（－
chōng)中医所称的一种
虚弱病，患者感到心脏跳动得
很厉害。[怔忪]（－zhōng)
惊惧。

钲 ⊖ zhēng 业ㄥ 古代的一
种打击乐器，用铜做成，
在行军时敲打。
⊖ zhèng 见 622 页。

症(癥) ⊖ zhēng 业ㄥ
[症结]腹内结块
的病。喻事情难解决的关键
所在。
⊖ zhèng 见 622 页。

争 zhēng 业ㄥ ❶力求获得，
互不相让：～夺.～先恐
后.❷争执：意气之～.～论.
❸〈方〉差，欠.❹怎么，如何
(多用在古诗词曲中)：～不.
～知.～奈.

挣 ⊖ zhēng 业ㄥ [挣扎]
（－zhá)尽力支撑或摆
脱：垂死～～.
⊖ zhèng 见 622 页。

峥 zhēng 业ㄥ [峥嵘]（－
róng) 1.高峻，突出：山
势～～. 2.不平常：～～岁月.

狰 zhēng 业ㄥ [狰狞]（－
níng)样子凶恶：面目～～.

睁 zhēng 业ㄥ 张开眼睛。

铮 zhēng 业ㄥ 拟声词，金属
相击的声音(叠)。

筝 zhēng 业ㄥ 古代弦乐器。
[风筝]（－zheng)玩具
的一种，用竹篾做架，糊上纸，
牵线放在空中，可以飞得很
高。装上弓弦或哨子，迎着风
能发声。

烝 zhēng 业ㄥ ❶众多：～
民.❷古代冬祭名。❸古

同"蒸"。

蒸 zhēng ㄓㄥ ❶热气上升：～发.～气.[蒸蒸]像气一样向上升：～～日上.❷利用水蒸气的热力使食物变熟或变热：～馒头.

拯 zhěng ㄓㄥ 援救，救助（❀一救）：～民于水火之中.

整 zhěng ㄓㄥ ❶整齐，有秩序，不乱：～洁.仪容不～.❷不残缺，完全的，跟"零"相对（❀完—）：完～无缺.～套的书.忙了一～天.[整数]算术上指不带分数、小数的数或不是分数、小数的数。一般指没有零头的数目.❸整理，整顿：～装待发.～风.[整合]调整，重组，使和谐一致.❀修理，搞，弄：桌子坏了～一～.～旧如新.❹使吃苦头：不要随便～人.

正 ㈠ zhèng ㄓㄥ ❶不偏，不斜：～午.～中.～南北.❀1.合于法则、规矩的：～派.～当.～楷.2.图形的各个边和各个角都相等的：～方形.[正经]（—jing）1.端庄，正派：～～人.～～话.2.正当：～～事.❷副词，恰：你来得～好.时钟～打十二下.❸副词，表示动作在进行中：现

在～开着会.我～出门，他来了.❹改去偏差或错误（❀改—）：～误.给他～音.❺纯，不杂(指色、味)：～黄.～色.～味.❻表示相对的两面的积极的一面。1.跟"反"相对：～面.～比.2.跟"负"相对：～电.～极.～数.3.跟"副"相对：～本.～册.❼姓.

㈡ zhēng 见 620 页.

证（證） zhèng ㄓㄥ ❶用人物、事实来表明或断定：～明.～几何题.[公证]被授以权力的机关根据当事人的申请，证明法律行为或有法律意义的文书和事实的合法性、真实性.[认证]证明产品达到某种质量标准的合格评定：国际～～.～～书.[听证]1.法院为公正执法公开听取当事人的说明与证词.2.立法机关为保障法律、法规的合法性和合理性，直接听取各方面的意见.3.行政机关为实施行政决定公开听取公众意见和质询.❷凭据，帮助断定事理或情况的东西：～据.工作～.

政 zhèng ㄓㄥ ❶政治：～党.～纲.参～.[政治]阶级、政党、社会集团、个人在国家生活和国际关系方面的活

动。是经济的集中表现。[政府]国家权力机关的执行机关,即国家行政机关。[政体]国家政权的构成形式。我国的政体是人民代表大会制。[政权]1.指国家权力,即统治阶级实行阶级统治的权力。2.指政权机关,即国家机关。是行使国家权力,管理国家事务的机关。包括国家权力机关、国家行政机关、审判机关、检察机关和军队等。[政策]国家、政党为了达到一定的目的,根据自己的政治路线,结合当前情况和历史条件制定的一切实际行动的准则。❷国家某一部门主管的业务:财~.民~.邮~.❸指集体的事务:家~.校~.

钲 ⊖ zhèng ㄓㄥ 化学元素,镄(fèi)的旧称。
⊖ zhēng 见 620 页。

症(**證) ⊖ zhèng ㄓㄥ 病:~候.霍乱~.急~.不治之~.对~下药.
⊖ zhēng 见 620 页。

郑(鄭) zhèng ㄓㄥ 周代诸侯国名,在今河南省新郑一带。
[郑重](-zhòng)审慎,严肃:~~其事.

诤 zhèng ㄓㄥ 谏,照直说出人的过错,叫人改正:谏~.~言.[诤友]能直言规劝的朋友。

挣 ⊖ zhèng ㄓㄥ ❶用力支撑或摆脱:~脱.~开.[挣揣](-chuài)挣扎。[挣命]为保全性命而挣扎。❷出力量而取得报酬:~钱.
⊖ zhēng 见 620 页。

睁 zhèng ㄓㄥ [睁闯](-chuài)同"挣揣"(多见于元曲)。

ZHI　ㄓ

之 zhī ㄓ ❶助词。1.表示修饰关系,在形容词、名词或数量词后:光荣~家.淮河~南.百万~师.三分~一.百万年(~)前.三天(~)后.(例子中加括号的表示有时可省略不用。)2.表示领有、连属等关系,在名词或代词后:人民~勤劳.余~生活.3.置于主谓结构之间,使其变成偏正结构:大道~行也,天下为公.❷代词,代替人或事物,限于作宾语:爱~重~.取~不尽.偶一为~.❸代词,虚指:久而久~.❹文言代词,这,这个:~子于归.❺往,到:由京

~沪.尔将何~?

芝 zhī ㄓ ❶灵芝,长在枯树上的一种蕈,菌盖赤褐色,有光泽,可入药。古代以为瑞草。❷古书上指白芷:~兰.

支 zhī ㄓ ❶撑持,支持:把帐篷~起来.㊗受得住:乐不可~.[支援]支持,援助:~~灾区.互相~~.❷领款或付款:他已经~了工资.把工资~给他.❸用话敷衍,使人离开:把他们都~出去.[支配]指挥,调度:人员由你~~.❹分支的,附属于总体的:~流.~店.[支离]1.残缺不完整:~~破碎.2.散乱不集中:言语~~.❺量词。1.用于队伍、歌曲或杆形的东西等:一~军队.一~曲子.一~笔.2.各种纤维纺成的纱(如棉纱)粗细程度的计算单位,纱愈细,支数愈多,质量愈好.❻地支,历法中用的"子、丑、寅、卯、辰、巳、午、未、申、酉、戌、亥"十二个字.

[支吾]用话搪塞、应付,说话含混躲闪:~~其词.一味~~.

吱 ㊀ zhī ㄓ 拟声词(叠):车轮~~地响.

㊁ zī 见644页.

枝 zhī ㄓ ❶(一子、一儿)由植物的主干上分出来的茎条:树~.柳~.节外生~(喻多生事端).[枝节]㊋1.由一事件引起的其他问题:这事又有了~~了.2.细碎的,不重要的:~~问题.❷量词。1.用于带枝子的花朵:一~杏花.2.用于杆状物:一~铅笔.

肢 zhī ㄓ 手、脚、胳膊、腿的统称:四~.断~再植.

氏 ㊀ zhī ㄓ 见550页"阏"字条"阏氏"(yān—)、593页"月"字条"月氏"(yuè—).

㊁ shì 见441页.

泜 zhī ㄓ 泜河,水名,在河北省邢台.

胝 zhī ㄓ 见373页"胼"字条"胼胝"(pián—).

祗 zhī ㄓ 恭敬:~仰.~候光临.

只(隻) ㊀ zhī ㄓ ❶量词:一~鸡.两~手.❷单独的,极少的:~身(一个人).片纸~字.[只眼]㊋特别见解:独具~~.

㊁ zhǐ 见625页.

织(織) zhī ㄓ 用丝、麻、棉纱、毛线等编成布或衣物等:~布.~毛衣.~席.

卮（＊巵） zhī ㄓ 古代盛（chéng）酒的器皿。

栀（＊梔） zhī ㄓ 栀子树，常绿灌木，夏季开花，白色，很香。果实叫栀子，叶、花、果、根都可入药。

汁 zhī ㄓ 含有某种物质的液体：墨～．橘～．

知 zhī ㄓ ❶知道，晓得，明了：～无不言．人贵有自～之明．[知觉]随着感觉而产生的反映客观物体或现象的心理过程。❷使知道：通～．～照．❸知识，学识，学问：求～．无～．❹主管：～县（主管县里的事务，旧时指县长）．～府．❺彼此相互了解而情谊深厚的人：新～．

〈古〉又同"智"（zhì）。

枳 zhī ㄓ [槟枳]（bīn—）越南地名。今作"槟知"。

蜘 zhī ㄓ [蜘蛛]（—zhū）见634页"蛛"。

脂 zhī ㄓ ❶动物体内或油料植物种子内的油质（鱼—肪、—膏）。❷胭脂：～粉．

稙 zhī ㄓ 庄稼种得较早或熟得较早：～谷子．白玉米～（熟得早）．

执（執） zhī ㄓ ❶拿着，掌握：～笔．～政．❐固执，坚持（意见）：～意要去．～迷不悟．[争执]争论中各执己见，不肯相让。❷行，施行：～法．～礼甚恭．[执行]依据规定的原则、办法办事。❸凭单：回～．收～．[执照]由机关发给的正式凭证。❹捕捉，逮捕。

絷（縶） zhí ㄓ ❶拴，捆。❷拘捕，拘禁。❸马缰绳。

直 zhí ㄓ ❶不弯曲：～线．～立．❐公正合理：是非曲～．～理～气壮．[直接]事物的关系不必要经过第三者而发生，跟"间接"相对。❷使直，把弯曲的伸开：～起腰来．❸爽快，坦率（鱼—爽）：～言．心～口快．❹副词。1.径直，一直：～通北京．～达客车。2.一个劲儿地，连续不断：～哭．逗得大家～笑．❺竖，跟"横"相对。❻汉字自上往下写的笔形（丨）。❼古同"值"。

值 zhí ㄓ ❶价格，价钱：两物之～相等。❷物和价相当：～一百元．❐值得，有意义或有价值：不～一提．❸数学上指依照数学式演算所得结果。❹遇到：相～．正～新春佳节．❐当，轮到：～日．～班．

埴 zhí ㄓ 黏土.

植 zhí ㄓ ❶栽种（働种—）：～树.种～五谷.[植物]谷类、花草、树木等的统称。❷戳住，立住：～其杖于门侧.

殖 ㊀zhí ㄓ 生息，滋生（働生—）：繁～.[殖民地]被帝国主义国家剥夺了政治、经济的独立权力，并受它控制和掠夺的国家或地区。
㊁shi 见 444 页。

侄（＊姪）zhí ㄓ 弟兄的儿子，同辈亲友的儿子。

职（職）zhí ㄓ ❶职务，分（fèn）内应做的事：尽～.❷职位，执行事务所处的一定的地位：调（diào）～.兼～.[职员]机关、企业、学校、团体里担任行政或业务工作的人员，也省称"职"：～工.❸旧时公文用语，下属对上司的自称：～奉命前往.❹由于：～是之故.～此.❺掌管.

跖（＊蹠）zhí ㄓ ❶脚面上接近脚趾的部分：～骨.❷脚掌.

摭 zhí ㄓ 摘取，拾取：～拾.

踯（躑）zhí ㄓ [踯躅]（—zhú）徘徊不进：～～街头.

蹢 ㊀zhí ㄓ [蹢躅]（—zhú）同"踯躅"。
㊁dí 见 93 页。

止 zhǐ ㄓ ❶停住不动（働停—）：～步.血流不～.学无～境.❷拦阻，使停住：制～.～血.～痛.❸截止：报名日期自 6 月 20 日起至 7 月 1 日～.❹仅，只：不～一回.

址（＊阯）zhǐ ㄓ 地址，地基，地点：旧～.住～.

芷 zhǐ ㄓ 白芷，多年生草本植物，夏天开花，白色。根可入药。

沚 zhǐ ㄓ 水中的小块陆地。

祉 zhǐ ㄓ 福。

趾 zhǐ ㄓ ❶脚：～高气扬（得意忘形的样子）.❷脚指头：～骨.鸭的脚～中间有蹼.

只（衹、△＊祇） ㊀zhǐ ㄓ 副词。❶表示限于某个范围：～知其一，不知其二.万事俱备，～欠东风.❷唯一，仅有：家里～我一个人.[只是]1.连词，但

Z

是:我很想看戏,～～没时间. 2.副词,就是:人家问他,他～～不开口. 3.仅仅是:对抗～～矛盾斗争的一种形式.

㊁ zhī 见 623 页。

"祇"又 qí 见 384 页。

枳 zhǐ 虫 落叶灌木或小乔木,通称"枸橘". 小枝多硬刺,叶为三小叶的复叶,果实球形,果实及叶可入药。[枳壳]中药上指枳、香橼等成熟的果实。[枳实]中药上指枳、香橼等幼小的果实。

轵 zhǐ 虫 古代指车轴的末端。

咫 zhǐ 虫 古代指八寸。[咫尺]㊀距离很近:远在天边,近在～～.

痣 zhǐ 虫 殴伤。

旨(❶**＊恉**) zhǐ 虫 ❶意义,目的(㊀意一):要～.～趣(目的和意义).主～明确.执行党和人民的意～.❷封建时代称帝王的命令:圣～.❸美味:～酒.

指 zhǐ 虫 ❶手指头:食～.首屈一～.屈～可数.("脚趾"也写作"脚指")❷一个手指头的宽度叫一指:下了四～雨.❸用尖端对着:用手一～.时针～着十二点.❹点

明,告知:～导.～出他的错误.[指示]上级对下级做有关原则和方法的说明,也指所做的说明。❺仰仗,倚靠:不应～着别人生活.单～着一个人是不能把事情做好的.❻直立起来:令人发(fà)～.❼向,意思上针对:直～武夷山下.他是～你说的.

酯 zhǐ 虫 有机化合物的一类,通式 R—COO—R′. 脂肪的主要成分就是几种高级的酯。

抵 zhǐ 虫 侧手击。[抵掌]击掌(表示高兴):～～而谈.("抵"与"抵"(dǐ)形音义都不同。)

纸(＊帋) zhǐ 虫 ❶纸张,多用植物纤维制成.造纸是我国四大发明之一,起源很早,东汉时蔡伦曾加以改进.❷量词:一～公文.

黹 zhǐ 虫 缝纫、刺绣等针线活:针～.

徵 ㊀ zhǐ 虫 古代五音"宫、商、角、徵、羽"之一。

㊁ zhēng 见 620 页"征"。

至 zhì 虫 ❶到:由南～北.～今未忘.[至于]1.表示可能达到某种程度:他还不～～不知道.2.介词,表示另

Z

提一事：～～个人得失，他根本不考虑．[以至]连词，一直到：自城市～～农村，爱国卫生运动普遍展开．❷最好的：～宝．～理名言．❸极，最：～尊．～少．～高无上．

屋

zhì ㄓ 见 632 页"盩"字条"盩厔"(zhōu—)．

郅

zhì ㄓ 最，极．

桎

zhì ㄓ 古代拘束犯人两脚的刑具．[桎梏](—gù)脚镣和手铐，喻束缚人或事物的东西．

轾

zhì ㄓ 见 541 页"轩"字条"轩轾"(xuān—)．

致(❹缴)

zhì ㄓ ❶给予，送给：～函．～敬．⑪(力量、意志等)集中于某个方面：～力于学业．专心～志．[致命]可使丧失生命：～～伤．[致意]向人表示问候的意思．❷招引，使达到：～病．～富．学以～用．[以致]连词，因而：由于没注意克服小缺点，～～犯了严重错误．❸样子，情趣：景～．别～．风～．兴～．雅～．错落有～．[大致]大概，大体情形：～～已结束．～～不差．[一致]一样，没有分歧：行动～～．全体～～通过．❹细密，精细(⑪细—)：

他做事很细～．这东西做得真精～．

铚

zhì ㄓ ❶古代一种短的镰刀．❷割禾穗．❸古地名，在今安徽省宿州西南．

窒

zhì ㄓ 阻塞不通：～息(呼吸被阻停止)．

蛭

zhì ㄓ ❶一类环节动物，俗称"蚂蟥"．大都吸其他动物的血或体液，生活在水里或山上，有的在医学上用来吸血治病．❷肝蛭，肝脏里的一种寄生虫，通常由螺蛳和鱼等传到人体内．

膣

zhì ㄓ 阴道，女性生殖器的一部分．

志(❷❸❹*誌)

zhì ㄓ ❶意向，要有所作为的决心：立～．～同道合．有～者事竟成．[意志]为了达到既定目的而自觉地努力的心理过程．❷记在心里：永～不忘．⑪表示不忘：～喜．～哀．❸记载的文字：杂～．地理～．❹记号：标～．❺〈方〉称轻重，量长短多少：用秤～～．拿碗～～．

梽

zhì ㄓ [梽木山]地名，在湖南省邵阳．

痣

zhì ㄓ 皮肤上生的斑痕，有青、红、褐等色，也有突起的．

Z

豸　zhì ㄓ 古书上指没有脚的虫子。[虫豸]旧时对虫子的通称。

忮　zhì ㄓ 害,嫉妒。

识(識)　㊀ zhì ㄓ ❶记住:博闻强～. ❷标志,记号:款～.
㊁ shí 见 440 页。

帜(幟)　zhì ㄓ 旗子(働旗一):独树一～.胜利的旗～.

帙(*袠)　zhì ㄓ ❶包书的布套子。 ❷量词,用于装套的线装书。

秩　zhì ㄓ ❶秩序,有条理,不混乱的情况:社会～序良好。 ❷十年:七～寿辰. ❸旧时指俸禄,也指官的品级:厚～.

制(❹製)　zhì ㄓ ❶规定,订立:～定计划. ❷限定,约束,管束:～止. ～裁.限～. ❸制度,法度,法则:民主集中～.全日～学校.[制服]依照规定样式做的衣服。 ❹造,作(働一造):猪皮～革. ～版. ～图表.

质(質)　zhì ㄓ ❶本体,本性:物～. 流～.铁～.问题的实～.[质量]1.产品或工作的优劣程度:提高～～. 2.物理学上指物体所含物质的量。过去习惯上称为重量。[质子]原子核内带有正电的粒子,如氢原子核。[本质]与"现象"相对,指事物的内在联系,是这一事物和其他事物相区别的根本属性。它是由事物内部矛盾所规定的。 ❷朴实(働一朴)。 ❸依据事实来问明或辨别是非:～问. ～疑. ～之高明. ❹抵押,抵押品。

锧(鑕)　zhì ㄓ ❶〈古〉砧板。 ❷铡刀座。[斧锧]斩人的刑具。

踬(躓)　zhì ㄓ 被东西绊倒:颠～. ㊁事情不顺利。

炙　zhì ㄓ ❶烤。[亲炙]直接得到某人的教诲或传授。 ❷烤熟的肉:脍(kuài)～人口(喻诗文等受人欢迎)。

治　zhì ㄓ ❶管理,处理(働一理):～国. ～丧(sāng).自～.[统治]1.凭借政权来控制、管理国家或地区。2.占绝对优势,支配别的事物。 ❷整理,治理:～山. ～水. ～淮工程。 ❸惩办(働惩一):～罪.处(chǔ)～. ❹医疗:～病.不～之症. ㊄消灭农作物的病虫害:～蝗. ～蚜虫. ❺从事研究：～学．❻社会治理有序，与"乱"相对：～世．天下大～．[治安]社会的秩序．❼旧称地方政府所在地：省～．县～．

栉（櫛）zhì ㄓ ❶梳子和篦子的总称：～比（像梳子齿那样挨着）．❷梳头：～风沐雨（喻辛苦勤劳）．

峙 ㊀ zhì ㄓ 直立，耸立：两峰相～．
㊁ shì 见 443 页．

庤 zhì ㄓ 储备。

畤 zhì ㄓ 古时祭天、地、五帝的固定处所。

痔 zhì ㄓ 痔疮，一种肛管疾病。因直肠静脉曲张、瘀血而形成。

陟 zhì ㄓ 登高，上升：～山．

骘 zhì ㄓ 排定：评～高低．

贽（贄）zhì ㄓ 古时初次拜见人时所送的礼物：～见．～敬．

挚（摯）zhì ㄓ 亲密，诚恳（働真一）：～友．

鸷（鷙）zhì ㄓ 鸷鸟，凶猛的鸟，如鹰、雕等。働凶猛：勇～．

掷（擲）zhì ㄓ 扔，投，抛：～铁饼．～手榴弹．

智 zhì ㄓ 聪明，智慧，见识：不经一事，不长（zhǎng）一～．[智慧]对事物能迅速、灵活、正确地理解和解决的能力。

滞（滯）zhì ㄓ 凝积，积留，不流通：停～．～销（销路不畅）．沾～（拘泥）．

彘 zhì ㄓ〈古〉猪。

置（*寘）zhì ㄓ ❶放，搁，摆：～于桌上．～之不理．～若罔闻．❷设立，装设：装～电话．❸购买：～了一些家具．～了一身衣裳．

雉 zhì ㄓ ❶鸟名，通称"野鸡"。雄的羽毛很美，尾长。雌的淡黄褐色，尾较短。善走，不能久飞。❷古代城墙长三丈高一丈叫一雉。

稚（*稺）zhì ㄓ 幼小：～子．～气．幼～．

滍 zhì ㄓ 滍水，古水名，在河南省平顶山市。现称沙河。[滍阳]地名，在河南省平顶山市。

疐（**疐）zhì ㄓ ❶遇到障碍．❷跌倒：跋前～后（比喻进退两难）．

瘈 ㊀ zhì ㄓ 疯狂（特指狗）。
㊁ chì 见 61 页。

觯(觶) zhì ㄓ 古时饮酒用的器皿。

ZHONG ㄓㄨㄥ

中 ⊖ zhōng ㄓㄨㄥ ❶和四方、上下或两端距离同等的地位:～心.路～.[中人]为双方介绍买卖、调解纠纷等并做见证的人。[中央]1.中心的地方。2.政党、国家等的最高领导机构:党～～.[人中]人的上唇正中凹下的地方。❷在一定的范围内,里面:空～.房～.水～.❸性质、等级在两端之间的:～等.～学.⊛不偏不倚:～庸.适～.[中子]构成原子核的一种不带电荷的微粒。❹用在动词后,表示动作正在进行:在研究～.在印刷～.前进～.发展～.❺指中国:古今～外.～文.❻适于,合于:～看.～听.[中用]有用,有能力。❼〈方〉成,行,好:～不～? ～.

⊜ zhòng 见 631 页。

忠 zhōng ㄓㄨㄥ 赤诚无私,诚心尽力:～诚.～言.告.～于人民.～于祖国.

盅 zhōng ㄓㄨㄥ 没有把儿的小杯子:酒～.茶～.

钟(❶-❸鐘、❹❺鍾) zhōng ㄓㄨㄥ ❶金属制成的响器,中空,敲时发声:警～.❷计时的器具:座～.闹～.❸指钟点,时间:两点～.三个～头.❹杯子。❺集中,专一:～情.

衷 zhōng ㄓㄨㄥ 内心:由～之言.苦～.～心拥护.

怔 ⊖ zhōng ㄓㄨㄥ [怔忪](zhēng—)惊惧。

⊜ sōng 见 455 页。

终 zhōng ㄓㄨㄥ ❶末了(liǎo),完了:～点.年～.⊛人死:临～.❷到底,总归:～将成功.～必奏效.❸从开始到末了:～日.～年.～生.～身.

螽 zhōng ㄓㄨㄥ 螽斯,一类昆虫,身体绿色或褐色,善跳跃,有的危害农作物。雄的前翅有发声器,颤动翅膀能发声。

肿(腫) zhǒng ㄓㄨㄥ 皮肉浮胀:他的手冻～了.

种(種) ⊖ zhǒng ㄓㄨㄥ ❶(一子、一儿)植物果实中能长(zhǎng)成新植物的部分:选～.撒～.泛指生物传代的东西:配～.优良品～.[有种]有胆量或有骨气。❷人种,具有共同起源和共同遗传特征的人群:黄～.白～.～族.❸事物的类别:～类.工～.军～.剧～.语～.❹生物的分类单位之一,在"属"之下,其下还可分出"亚种"、"变种"。❺量词,表示种类,用于人和任何事物:两～面料.各～东西.

㊁zhòng 见 631 页。

㊂chóng 见 61 页。

冢(*塚) zhǒng ㄓㄨㄥˇ 坟墓:衣冠～.

踵 zhǒng ㄓㄨㄥˇ ❶脚后跟:继～而至.摩肩接～。❷走到:～门相告.～谢.❸追随,继续:～至.

中 ㊀zhòng ㄓㄨㄥˋ ❶正对上,恰好合上:～的(dì).～肯.～要害.❷感受,受到:～毒.～暑.～弹(dàn).

㊀zhōng 见 630 页。

仲 zhòng ㄓㄨㄥˋ ❶兄弟排行常用伯、仲、叔、季为次序,仲是老二:～兄.❷在当中的:～冬(冬季第二月).～裁(居间调停,裁判).

种(種) ㊂zhòng ㄓㄨㄥˋ 种植,把种子或幼苗等埋在泥土里使生长:～庄稼.～瓜得瓜,～豆得豆.

㊀zhǒng 见 630 页。

㊂chóng 见 61 页。

众(衆) zhòng ㄓㄨㄥˋ ❶许多:～人.～志成城(喻团结力量大).寡不敌～.❷许多人:从群～中来,到群～中去.大～.观～.

重 ㊀zhòng ㄓㄨㄥˋ ❶分量较大,跟"轻"相对:铁很～.～于泰山.[重工业]主要制造生产资料的工业,如冶金、电力、机械制造等工业。[重力]物理学上称地球对物体的吸引力。也叫"地心吸引力"。[重心]1.物体重量的集中作用点,不论物体的位置如何改变,物体的各部都围绕着这一点保持平衡。2.事物的主要部分。❷程度深:色～.～病.～伤.❸价格高:金收买.❹数量多:眉毛～.工作很～.❺主要,要紧:～镇.军事～地.～任.❻认为重要:～视.～男轻女是错误的.❼敬重,尊重,尊敬:人皆～之.❼言行不轻率:慎～.

㊁chóng 见 62 页。

舟 zhōu ㄓㄨ 船:轻～.一叶扁(piān)～.

Z

侜（**譸） zhōu ㄓㄡ 欺诳。[侜张]作伪，欺骗：～～为幻.

辀 zhōu ㄓㄡ 车辕。

鸼 zhōu ㄓㄡ 见160页"鹘"字条"鹘鸼"(gǔ—)。

州 zhōu ㄓㄡ ❶旧时的一种行政区划。多用于地名，如杭州，柳州。❷一种民族自治行政区划单位。

洲 zhōu ㄓㄡ ❶水中的陆地：沙～.❷大陆：亚～.地球上有七大～.

诌（謅） zhōu ㄓㄡ 随口编：胡～.瞎～.

周（❶-❺*週） zhōu ㄓㄡ ❶周围，圈子：圆～.环绕地球一～.学校四～都种着树。❷环绕，绕一圈：～而复始.[周旋]1.打交道.2.交际，应酬：与客人～～.❸时期的一轮.特指一个星期。❹普遍，全面：众所～知.～身.❺完备：～到.计划很～密.❻给，接济：～济.～急.❼朝代名.1.周武王姬发所建立(公元前1046—公元前256年).2.北朝之一，宇文觉取代西魏称帝，国号周(公元557—581年)，史称北周.3.五代之一，郭威所建

立(公元951—960年)，史称后周.

啁 ㊀ zhōu ㄓㄡ [啁啾](—jiū)拟声词，鸟叫的声音。
㊁ zhāo 见613页.

赒 zhōu ㄓㄡ 接济：～恤.

粥 zhōu ㄓㄡ 用米、面等煮成的比较稠的半流质食品。
〈古〉又同"鬻"(yù).

盩 zhōu ㄓㄡ [盩厔](—zhì)地名，在陕西省。今作"周至".

妯 zhóu ㄓㄡ [妯娌](—li)兄和弟的妻子的合称：她们俩(liǎ)是～～.

轴 ㊀ zhóu ㄓㄡ ❶穿在轮子中间的圆柱形物件。(图见315页"轮")❷(—儿)用来缠绕东西的像车轴的器物：线～儿.画～.❸量词：一～儿线.❸把平面或立体分成对称部分的直线。
㊁ zhòu 见633页.

肘 zhǒu ㄓㄡ 上臂与前臂相接处向外凸起的部分。(图见476页"体")[肘子]指作食品的猪腿上半部。

帚（*箒） zhǒu ㄓㄡ 扫除尘土、垃圾的用

具。

纣 zhòu ㄓㄡˋ ❶牲口的后鞧(qiū)：～棍(系在驴马等尾下的横木)。❷古人名,殷朝末代君主。

荮 zhòu ㄓㄡˋ ❶用草包裹。❷量词,碗碟等用草绳束为一捆叫一荮。

酎 zhòu ㄓㄡˋ 醇酒。

㑇(㑇) zhòu ㄓㄡˋ 乖巧,伶俐,漂亮(元曲中常用)。

㤢(懰) zhòu ㄓㄡˋ 〈方〉性情固执,不易劝说。

绉(縐) zhòu ㄓㄡˋ 一种有皱纹的丝织品。

皱(皺) zhòu ㄓㄡˋ ❶脸上起的褶纹。⑤物体上的褶纹：～纹。❷使生褶纹：～眉头.

咒(＊呪) zhòu ㄓㄡˋ ❶某些宗教或巫术中的密语：～语。❷说希望人不顺利的话：～骂.

宙 zhòu ㄓㄡˋ ❶古往今来,指所有的时间。❷地质年代分期的最高一级,在"代"之上：显生～.元古～.太古～.

轴 ㊀ zhòu ㄓㄡˋ ［(大)轴子］一次戏曲演出的节目中排在最末的一出戏：压～～(倒数第二出戏).
　　㊁ zhóu 见 632 页.

胄 zhòu ㄓㄡˋ ❶盔,古代作战时戴的帽子。❷古代指帝王或贵族的后代。

噣 zhòu ㄓㄡˋ 鸟嘴。

昼(晝) zhòu ㄓㄡˋ 白天：～夜不停.

甃 zhòu ㄓㄡˋ ❶井壁。❷用砖砌。

繇 ㊁ zhòu ㄓㄡˋ 古时占卜的文辞。
　　㊀ yóu 见 582 页.
　　㊂ yáo 见 559 页.

骤(驟) zhòu ㄓㄡˋ ❶快跑(叠驰一)。❷急,疾速,突然：暴风～雨.天气～冷.狂风～起.

籀 zhòu ㄓㄡˋ ❶籀文,古代的一种字体,即大篆,相传是周宣王时太史籀所造。❷阅读：～绎.～读.

碡 zhou・ㄓㄡˋ 见305页"碌"字条"碌碡"(liù—).

朱(❷硃) zhū ㄓㄨ ❶大红色。❷朱砂,即辰砂,矿物名。化学成

Z

分是硫化汞,颜色鲜红,是提炼汞的重要原料,又可做颜料或药材。

邾 zhū ㄓㄨ 周代诸侯国名,后改称"邹"。

侏 zhū ㄓㄨ [侏儒]身量特别矮小的人。

诛 zhū ㄓㄨ ❶把罪人杀死:～戮.伏～.罪不容～.❷责罚:口～笔伐.

茱 zhū ㄓㄨ [茱萸](－yú)植物名.1.山茱萸,落叶小乔木,开小黄花。果实椭圆形,红色,味酸,可入药.2.吴茱萸,落叶乔木,开黄白色小花。果实红色,可入药.3.食茱萸,落叶乔木,开淡绿色花。果实味苦,可入药。

洙 zhū ㄓㄨ 洙水河,在山东省西南部。

珠 zhū ㄓㄨ ❶(－子)珍珠(也作"真珠"),淡水里的三角帆蚌和海水里的马氏珍珠贝等因沙粒窜入壳内,受到刺激而分泌珍珠质,逐层包起来形成的圆粒,有光泽,可入药,又可做装饰品:～宝.夜明～.❷(－儿)像珠子的东西:眼～儿.水～儿.[珠算]用算盘计算的方法。

株 zhū ㄓㄨ ❶露出地面的树根:守～待兔(比喻妄想不劳而得,也比喻拘泥不知变通).[株连]指一人犯罪牵连到许多人。❷棵儿,植物体:植～.病～.[株距]种树或种庄稼时,同一行中相邻的两棵植株之间的距离。❸量词,用于植物:一～桃树.

铢 zhū ㄓㄨ 古代重量单位,二十四铢等于旧制一两:锱～.～积寸累(lěi)(喻一点一滴地积累).

蛛 zhū ㄓㄨ 蜘蛛,节肢动物,俗叫"蛛蛛".有足四对,腹部下方有丝腺开口,能分泌黏液,织网粘捕昆虫作食料,种类很多:～网.～丝马迹(喻线索).

诸 zhū ㄓㄨ ❶众,许多:～位.～子百家.❷"之于"或"之乎"二字的合音:付～实施.藏～名山.公～社会.有～?

猪(＊豬) zhū ㄓㄨ 一种家畜,体肥多肉,肉可吃,皮和鬃是工业原料,粪是很好的肥料。

槠 zhū ㄓㄨ 常绿乔木,初夏开花,黄绿色。木材坚硬,可做器具。

潴(＊＊瀦) zhū ㄓㄨ ❶(水)积聚.❷水停聚的地方。

Z

橥(**櫫) zhū 业ㄨ 拴牲口的小木桩。

术 ⊖ zhú 业ㄨ 植物名。1. 白术,多年生草本植物,秋天开紫花。根状茎有香气,可入药。2. 苍术,多年生草本植物,秋天开白花,根状茎有香气,可入药。

　　⊜ shù 见448页。

竹 zhú 业ㄨ (—子)常绿多年生植物,茎节明显,节间多空,质地坚硬,可做器物,又可做建筑材料:茂林修~.~苞松茂.

竺 zhú 业ㄨ 姓。
[天竺]印度的古称。

逐 zhú 业ㄨ ❶追赶:~鹿.~臭之夫.❷赶走,强迫离开(鲨驱—):~客令.追亡~北.追~残敌.❸依照先后次序,一一挨着:~日.~步进行.~字讲解.~渐提高.

瘃 zhú 业ㄨ 古书上指冻疮。

烛(燭) zhú 业ㄨ ❶蜡烛,用线绳或苇子做中心,周围包上蜡油,点着取亮的东西。❷照亮,照见:火光~天.⑨明察:洞~其奸.

蠋 zhú 业ㄨ 蝴蝶、蛾子等的幼虫。

躅 zhú 业ㄨ ❶足迹。❷见625页"踯"字条"踯躅"(zhí—)。

舳 zhú 业ㄨ [舳舻](—lú)船尾和船头,也指首尾相接的船只:~~千里.

主 zhǔ 业ㄨ ❶主人。1. 权力或财物的所有者:人民是国家的~人.物~.2. 接待客人的人,跟"宾、客"相对:宾~.东道~.3. 事件中的当事人:事~.失~.[主观]1. 属于自我意识方面的,跟"客观"相对:人类意识属于~~,物质世界属于客观.2. 不依据客观事物,单凭自己的偏见的:他的意见太~~了.3. 属于自身方面的:~~努力.[主权]一个国家的独立自主的权力。❷旧社会占有奴隶或雇用仆役的人:奴隶~.~仆.❸主张,决定:~见.婚姻自~.[主席]1. 开会时主持会议的人。2. 某些国家、国家机关、党派、团体等的领导人。[主义]1. 人们对于自然界、社会以及学术、文艺等问题所持的有系统的理论与主张:马克思~~.达尔文~~.现实~~.2. 思想作风:革命乐观~~.[主张]对事物的意见或认为应当如何处理:我们~~组织专门

小组来研究这个问题.心里有
~~.❹最重要的,最基本的:
~力.以预防为~,治疗为辅.
[主顾]商店称买货的人.❺
主持,负主要责任:~办.~
讲.❻预示:早霞~雨,晚霞~
晴.❼对事情的定见:六神无
~.心里没~.

拄　zhǔ ㄓㄨˇ 用手扶着杖或棍
支持身体的平衡:~拐
棍.

渚　zhǔ ㄓㄨˇ 水中间的小块陆
地.

煮(*煑)　zhǔ ㄓㄨˇ 把东西
放在水里,用火
把水烧开:~面.~饭.病人的
碗筷餐后要~一下.

褚　㊀ zhǔ ㄓㄨˇ ❶在衣服里
铺丝绵.❷囊,口袋.
㊁ chǔ 见 65 页.

属(屬)　㊀ zhǔ ㄓㄨˇ ❶连
缀:~文.前后相
~.❷(意念)集中在一点:
意.~望.❸古同"嘱".
㊁ shǔ 见 448 页.

嘱(囑)　zhǔ ㄓㄨˇ 托付:以
事相~.遗~.
[嘱咐]告诫:母亲~~他好好
学习.

瞩(矚)　zhǔ ㄓㄨˇ 注视:~
目.~望.高瞻远
~.

麈　zhǔ ㄓㄨˇ 古书上指鹿一类
的动物,尾巴可以当作拂
尘.

伫(*佇、*竚)　zhù ㄓㄨˋ 长时间
站着:~候.

苎(△苧)　zhù ㄓㄨˋ 苎麻,
多年生草本植
物,茎皮含纤维质很多,劈成
细丝,可以做绳子,又可织夏
布.
"苧"又 níng 见 356 页.

纻(紵)　zhù ㄓㄨˋ ❶同
"苎".❷苎麻织
成的布.

贮(貯)　zhù ㄓㄨˋ 储存(墨
一存、一藏).

助　zhù ㄓㄨˋ 帮(墨帮一),协
助:互~.~理.~我一臂
之力.[助词]不能独立使用,
只能依附在别的词、词组或句
子上表示一定语法意义的词,
如"的"、"了"、"吗"等.

住　zhù ㄓㄨˋ ❶长期居留或
暂时歇息:~了一夜.他
家在这里~了好几代.我家
在城外.❷停,止:~手.雨~
了.❸用作动词的补语.1.表
示稳当或牢固:站~.把~方
向盘.2.表示停顿或静止:把
他问~了.3.表示力量够得上
(跟"得"或"不"连用):禁得

~.支持不~.

注(❸-❺*註) zhù ㄓㄨˋ ❶灌进去:~入.~射.大雨如~.❷集中在一点:~视.~意.引人~目.精神贯~.❸用文字来解释词句:下边~了两行小注.~解一篇文章.❹解释词、句所用的文字:加~.附~.❺记载,登记:~册.~销.❻赌博时所押的财物:下~.孤~一掷(喻拿出所有的力量希望最后侥幸成功).

驻 zhù ㄓㄨˋ ❶(车马等)停止:~足.❷停留在一个地方:~军.~外使节.

柱 zhù ㄓㄨˋ ❶(一子)支撑屋顶的构件,多用木、石等制成.❷像柱子的东西:水~.花~.水银~.

炷 zhù ㄓㄨˋ ❶灯心。❷烧。❸量词,用于线香:一~香.

硅 zhù ㄓㄨˋ [石硅]地名,在重庆市。今作"石柱"。

疰 zhù ㄓㄨˋ [疰夏]1.中医指夏季长期发烧的病,患者多为小儿,多由排汗机能发生障碍引起。2.〈方〉苦夏。

蛀 zhù ㄓㄨˋ ❶蛀虫,咬木器、谷物或衣物的小虫。❷虫子咬坏:这块木头被虫~

杼 zhù ㄓㄨˋ 织布机上的筘(kòu)。古代也指梭。

祝 zhù ㄓㄨˋ ❶削,断绝:~发为僧。❷衷心地表示对人对事的美好愿望:~身体健康.

著 ㊀ zhù ㄓㄨˋ ❶显明,显出(叠显一、昭一):卓~.~名.颇~成效.❷写文章,写书:~书立说.❸著作,写出来的文章或书:名~.大~.译~.
[土著]1.世代居住在一定的地方。2.世居本地的人。
㊁ zhuó 见643页。

翥 zhù ㄓㄨˋ 鸟向上飞:龙翔凤~.

箸(*筯) zhù ㄓㄨˋ 筷子。

铸(鑄) zhù ㄓㄨˋ 把金属熔化后倒在模子里制成器物:~一口铁锅.~成大错(喻造成大错误).[铸铁]又叫"铣(xiǎn)铁",是由铁矿砂最初炼出来的铁。含碳量在2.0%以上,质脆,易熔化,多用来铸造器物。

筑(❶築) zhù ㄓㄨˋ ❶建造,修盖(叠建一):~路.~堤.建~楼房.❷古代弦乐器,像琴,有十三根

Z

弦。❸（旧读 zhú）贵州省贵阳的别称。

ZHUA ㄓㄨㄚ

抓 zhuā ㄓㄨㄚ ❶用指或爪挠（náo）：～耳挠腮. ❷用手或爪拿取：老鹰～小鸡.～一把米. ⑤ 1. 捉捕：～贼. 2.把握住，不放过：～工夫.～紧时间. ❸着力办理：～农业.～工作.～重点. ❹引人注意：这个演员一出场就～住了观众.

挝（撾） ⊖ zhuā ㄓㄨㄚ 打，敲打。
⊜ wō 见 506 页。

髽 zhuā ㄓㄨㄚ ［髽髻］（－ji）［髽鬏］（－ jiu）女孩子梳在头两旁的发结。

爪 ⊖ zhuǎ ㄓㄨㄚˇ ❶（－子、－儿）禽兽的脚（多指有尖甲的）：鸡～子.狗～儿. ❷（－儿）像爪的东西：这个锅有三个～儿。
⊜ zhǎo 见 613 页。

ZHUAI ㄓㄨㄞ

拽 ⊖ zhuāi ㄓㄨㄞ ❶用力扔：～了吧，没用了.把球～过来. ❷〈方〉胳膊有毛病，

动转不灵。
⊜ zhuài 见 638 页。
⊜ yè 见 562 页。

踹 zhuǎi ㄓㄨㄞˇ 走路像鸭子似的摇摆：走路一～一～的.

拽 ⊖ zhuài ㄓㄨㄞ（＊＊搜）拉，拖，牵引：～不动.把门～上.生拉硬～.
⊜ zhuāi 见 638 页。
⊜ yè 见 562 页。

ZHUAN ㄓㄨㄢ

专（專、＊耑） zhuān ㄓㄨㄢ ❶单纯，独一，集中在一件事上：～心.～卖.～修科.［专家］学术技能有专长的人。 ❷独自掌握或享有：～权.～政. ❸姓。
"耑"又 duān 见 108 页"端"。

胊（膞） zhuān ㄓㄨㄢ〈方〉鸟类的胃：鸡～.

砖（磚、＊甎） zhuān ㄓㄨㄢ ❶用土坯烧成的建筑材料。 ❷像砖的东西：茶～.冰～（一种冷食）.煤～.

颛 zhuān ㄓㄨㄢ ❶愚昧。 ❷同"专"。
［颛顼］（－xū）传说中上古帝

王名。

转(轉) ㊀ zhuǎn ㄓㄨㄢˇ ❶旋动,改换方向或情势:～身.运～.向左～.～眼之间.情况好～.❷不直接地,中间再经过别人或别的地方:～送.～达.

㊁ zhuàn 见 639 页。

传(傳) ㊀ zhuàn ㄓㄨㄢˋ ❶旧时一般指解说儒家经书的文字.❷记载.特指记载某人一生事迹的文字:小～.别～.外～.❸叙述历史故事的作品:《儿女英雄～》.《水浒～》.

㊁ chuán 见 67 页。

转(轉) ㊁ zhuàn ㄓㄨㄢˋ ❶旋转,绕着圈儿动,围绕着中心运动:轮子～得很快.❷绕着某物移动,打转:～圈子.～来～去.❸量词,绕几圈儿叫绕几转.

㊀ zhuǎn 见 639 页。

啭(囀) zhuàn ㄓㄨㄢˋ 鸟婉转地叫:莺啼鸟～.

赚 ㊀ zhuàn ㄓㄨㄢˋ ❶做买卖得利:～钱.❷做买卖得的利:～儿.～头.❸占便宜:这回去香山真～,又得吃又得玩.

㊁ zuàn 见 651 页。

撰(*譔) zhuàn ㄓㄨㄢˋ 写文章,著书:～文.～稿.

馔 zhuàn ㄓㄨㄢˋ 饮食,吃喝:盛～.设～招待.

篆 zhuàn ㄓㄨㄢˋ ❶篆字,古代的一种字体,有大篆、小篆。❷书写篆字:～额.❸印章:摄～(暂代某官).

ZHUANG ㄓㄨㄤ

妆(妝、*粧) zhuāng ㄓㄨㄤ ❶修饰,打扮.特指妇女的装饰。❷演员的衣装服饰:卸～.❸出嫁女子的陪送衣物:送～.嫁～.

庄(莊) zhuāng ㄓㄨㄤ ❶村落,田舍(叠村一).❷商店的一种名称:布～.饭～.茶～.❸封建社会里君主、贵族等所占有的成片土地:皇～.～园.❹庄家,打牌时每一局的主持人.❺严肃,端重(叠一严、一重):～严的五星红旗.

桩(樁) zhuāng ㄓㄨㄤ ❶(一子)一头插入地里的木棍或石柱:打～.牲口～子.桥～.❷量词,用于事件:一～事.

Z

装（裝） zhuāng 业ㄨㄤ ❶穿着的衣物（叠服一）：军～．春～．泳～．特指演员演出时的打扮：上～．卸～．[行装]出行时带的衣物。❷打扮，用服饰使人改变原来的外貌（叠一扮）。[装饰]1.加上一些附属的东西使美观：～～房间．2.事物的修饰点缀。[化装]改变装束。❸故意做作，假作：～听不见．～模作样。❹安置，安放，通常指放到器物里面去：～电灯．车～箱．⑤把零件或部件安在一起构成整体：～配．～了一架机器。[装备]1.生产上或军事上必需的东西：工业～～．军事～～．2.配备：学校正在～～多媒体教室。❺对书籍、字画加以修整或修整成的式样：～订．精～．线～书。

奘 ㊀ zhuǎng 业ㄨㄤ 粗大：这棵树很～．

㊁ zàng 见 600 页。

壮（壯） zhuàng 业ㄨㄤ ❶健壮，有力（叠强一）：～士．年轻力～．庄稼长得很～．[壮年]习惯指人三四十岁的时期。❷雄伟，有气魄：～观．～志凌云。❸增加勇气或力量：～一～胆子。

[壮族]我国少数民族,参看附表。

状（狀） zhuàng 业ㄨㄤ ❶形态（叠形一、一态）：奇形怪～．❷事情表现出来的情形（叠一况）：病～．生活～况．❸陈述或描摹：写情～物．风景奇丽,殆不可～．❹叙述事件的文字：行～（指死者传略）．诉～．⑤褒奖、委任等的凭证：奖～．委任～．

僮 ㊀ zhuàng 业ㄨㄤ 我国少数民族壮族的"壮"字旧作"僮"。

㊁ tóng 见 485 页。

撞 zhuàng 业ㄨㄤ ❶击打：～钟．❷碰：别让汽车～了．⑤无意中遇到：让我～见了．❸莽撞地行动,闯：横冲直～．

幢 ㊀ zhuàng 业ㄨㄤ 〈方〉量词,用于房子：一～楼。

㊁ chuáng 见 68 页。

戆 ㊀ zhuàng 业ㄨㄤ 刚直：性情～直。

㊁ gàng 见 146 页。

ZHUI　业ㄨㄟ

隹 zhuī 业ㄨㄟ 短尾巴的鸟。

骓 zhuī 业ㄨㄟ 青白杂色的马。

椎 ⊖ zhuī ㄓㄨㄟ 椎骨,脊椎骨,构成高等动物背部中央骨柱的短骨:颈～.胸～。
⊜ chuí 见 69 页。

锥 zhuī ㄓㄨㄟ ❶(—子)一头尖锐,可以扎窟窿的工具:针～.无立～之地(喻赤贫).❷像锥子的东西:改～.❸用锥子形的工具钻:用锥子～个眼儿.

追 zhuī ㄓㄨㄟ ❶赶,紧跟着(叠—逐):～随.～击敌人.急起直～.他走得太快,我～不上他.❷追溯过去,补做过去的事:～念.～悼.～认.～加预算.～肥.❸竭力探求,寻求:～问.～根.这件事不必再～了.～求真理.

坠(墜) zhuì ㄓㄨㄟ ❶落,掉下:～马.摇摇欲～.❷往下沉:船锚往下～.❸(—儿)系在器物上垂着的东西:扇～.表～.[坠子]1.耳朵上的一种装饰品.也叫"耳坠子""耳坠儿".2.流行于河南、山东的一种曲艺.

缀 zhuì ㄓㄨㄟ ❶缝:把这个扣子～上.补～.❷连接:～字成文.❸装饰:点～.

醊 zhuì ㄓㄨㄟ 祭奠.

惴 zhuì ㄓㄨㄟ 又忧愁,又恐惧:～～不安.

缒 zhuì ㄓㄨㄟ 用绳子拴住人、物从上往下送:工人们从楼顶上把空桶～下来.

腄 zhuì ㄓㄨㄟ 脚肿。

赘 zhuì ㄓㄨㄟ ❶多余的,多而无用的:～述.～疣.❷男子到女家结婚并成为女家的家庭成员叫入赘,女家招女婿叫招赘:～婿.

ZHUN ㄓㄨㄣ

屯 ⊖ zhūn ㄓㄨㄣ 困难。[屯邅](—zhān)同"迍邅"。
⊖ tún 见 491 页。

迍 zhūn ㄓㄨㄣ [迍邅](—zhān) 1.迟迟不前.2.处在困难中,十分不得志。

肫 zhūn ㄓㄨㄣ ❶〈方〉鸟类的胃:鸡～.鸭～.❷恳切,真挚(叠):～～.～笃.

窀 zhūn ㄓㄨㄣ [窀穸](—xī)墓穴.

谆 zhūn ㄓㄨㄣ 恳切。[谆谆]恳切,不厌倦地:～～告诫.～～教导.

衠 zhūn ㄓㄨㄣ 〈方〉纯粹,纯.

Z

准（❷-❿準）zhǔn ㄓㄨㄣˇ ❶允许,许可:批~.不~他来.❷依照,依据:~此办理.❸定平直的东西:水~.~绳.❹标准,法则,可以作为依据的:~则.以此为~.❺同"埻".❻正确(逾-确):瞄~.❼副词,一定,确实:我~来.~能完成任务.❽鼻子:隆~(高鼻子).❾(-儿)把握:心里没~儿.❿和某类事物差不多的:~平原.

埻 zhǔn ㄓㄨㄣˇ 箭靶上的中心。

ZHUO　ㄓㄨㄛ

拙 zhuō ㄓㄨㄛ 笨,不灵巧(逾-笨):~嘴笨舌.手~.弄巧成~.勤能补~.谦辞:~作.~见.

捉 zhuō ㄓㄨㄛ ❶抓,逮:~老鼠.~蝗虫.捕风~影.[捉弄]玩弄,戏弄.❷握:~刀.~笔.

桌（*槕）zhuō ㄓㄨㄛ ❶(-子、-儿)一种日用家具,上面可以放东西:书~.饭~.八仙~.❷量词:一~酒席.这些人可以坐三~.

倬 zhuō ㄓㄨㄛ ❶显著。❷大。

焯 ⊖ zhuō ㄓㄨㄛ 显明,明白。
⊜ chāo 见52页。

棁 zhuō ㄓㄨㄛ 梁上的短柱。

涿 zhuō ㄓㄨㄛ 涿州,地名,在河北省。

镯 zhuō ㄓㄨㄛ 〈方〉❶锄钩,刨地的镐(gǎo).❷用小镐刨:~高粱.~玉米.

灼 zhuó ㄓㄨㄛ ❶烧,炙:~伤.心如火~.❷明白,透彻:真知~见.

酌 zhuó ㄓㄨㄛ ❶斟酒:自~自饮.劒酒饭:便~.❷度量,考虑(逾-量):~办.~情处理.

茁 zhuó ㄓㄨㄛ 植物才生长出来的样子。[茁壮]1.壮盛:庄稼长得~~.2.壮健:牛羊~~.

卓 zhuó ㄓㄨㄛ ❶高而直:~立.❷高明,高超,杰出,不平凡:~见.~越的成绩.[卓绝]超过寻常,没有能比的:坚苦~~.

斫（*斲）zhuó ㄓㄨㄛ 砍削:~伐树木.~轮老手(喻经验多的人).[斫丧](-sàng)摧残,伤

Z

害,特指因沉溺酒色以致伤害身体。

浊(濁) zhuó ㄓㄨㄛˊ ❶水不清,不干净,跟"清"相对(龊浑一)。❷混乱:～世(旧时用以形容混乱的时代).❸(声音)低沉粗重:～音.～声～气.❹浊音,发音时声带颤动的音。

镯(镯**鋜)** zhuó ㄓㄨㄛˊ (一子)套在腕子上的环形装饰品。

涿 zhuó ㄓㄨㄛˊ 淋,使湿:让雨～了.

诼 zhuó ㄓㄨㄛˊ 造谣毁谤。

啄 zhuó ㄓㄨㄛˊ 鸟类用嘴叩击并夹住东西:鸡～米.～木鸟.

琢 ㈠ zhuó ㄓㄨㄛˊ 雕刻玉石,使成器物:精雕细～. [琢磨] 1. 雕刻和打磨(玉石). 2. 加工使精美(指文章等)。
㈡ zuó 见 652 页。

椓 zhuó ㄓㄨㄛˊ ❶击。❷古代宫刑,割去男性的生殖器。

著 ㈠ zhuó ㄓㄨㄛˊ 附着,穿着。后作"着"(zhuó)。
㈡ zhù 见 637 页。

着 ㈠ zhuó ㄓㄨㄛˊ ❶穿(衣):～衣. ❷接触,挨

上:附～.～陆.不～边际.❸使接触别的事物,使附着在别的物体上:～眼.～手.～色.不～痕迹.❹着落:寻找无～. [着落](一 luò)下落,来源:遗失的东西有了～～了.这笔费用还没有～～.❺派遣:～人前来办理.❻公文用语,表示命令的语气:～即施行.
㈢ zháo 见 613 页。
㈢ zhāo 见 613 页。
㈣ zhe 见 616 页。

禚 zhuó ㄓㄨㄛˊ 姓。

鷟 zhuó ㄓㄨㄛˊ 见594页"鸑"字条"鸑鷟"(yuè一)。

缴 ㈠ zhuó ㄓㄨㄛˊ 系在箭上的绳。
㈠ jiǎo 见 228 页。

擢 zhuó ㄓㄨㄛˊ ❶拔:～发(fà)难数(喻罪恶多得像头发那样数不清).❷提拔:～用.

濯 zhuó ㄓㄨㄛˊ 洗:～足.

ZI ㄗ

仔 ㈢ zī ㄗ [仔肩]所担负的职务,责任。
㈢ zǐ 见 646 页。
㈢ zǎi 见 598 页。

Z

孖 ㊀ zī ㄗ 双生子。
㊁ mā 见 319 页。

孜 zī ㄗ [孜孜]勤勉,不懈怠:～～不倦.

吱 ㊀ zī ㄗ 同"嗞"。
㊁ zhī 见 623 页。

呲 zī ㄗ 同"龇"。

赀(貲) zī ㄗ ❶计量(多用于否定):所费不～.不可～计.❷同"资❶"。

觜 ㊀ zī ㄗ 觜宿,二十八宿之一。
㊁ zuǐ 见 651 页。

訾 ㊀ zī ㄗ 姓。
㊁ zǐ 见 646 页。

龇 zī ㄗ 张开嘴露出牙:～牙咧嘴。

髭 zī ㄗ 嘴上边的胡子:～须皆白.

咨 zī ㄗ ❶跟别人商议,询问(⨉－询):有所～询.❷咨文,旧时用于同级机关的一种公文。

姿 zī ㄗ ❶容貌:～容.丰～.❷形态,样子(⨉－态、－势):雄～.跳舞的～势.

资(❶△*貲) zī ㄗ ❶财物,钱财:～源.投～.⨉钱,费用:车～.[资金]1.国民经济中物资的货币表现。2.经营工商

业的本钱。[资料]1.生产、生活中必需的东西。2.用作依据的材料:统计～～.[工资]作为劳动报酬按期付给劳动者的货币或实物。❷供给:～助.以～参考.❸智慧能力:天～聪明.[资质]人的素质;智力。⨉泛指从事某种工作或活动所应具备的条件、资格、能力等:管理～～.设计～～.～～等级.❹资历,指出身、经历:论～排辈.[资格]从事某种活动应有的条件。

谘 zī ㄗ 同"咨❶"。

粢 zī ㄗ 古代供祭祀用的谷类。

趑 zī ㄗ [趑趄](－jū)❶行走困难。❷犹豫不前:～～不前.

兹(**茲) ㊀ zī ㄗ ❶这,这个:～日.～理易明.❷现在:～订于明日开全体职工大会.❸〈古〉年:今～.来～.
㊁ cí 见 71 页。

嗞 zī ㄗ (－儿)拟声词(叠):老鼠～的一声跑了.小鸟～～地叫.

嵫 zī ㄗ 见 550 页"崦"字条"崦嵫"(yān－)。

Z

孳 zī ㄗ 滋生,繁殖:～生得很快.

滋 zī ㄗ ❶生出,长:～芽.～事.～蔓.❷益,增益,加多:～益.～补.[滋润]润泽,湿润,使不干枯.[滋味]味道.[滋养]补益身体.❸喷射:水管往外～水.

镃 zī ㄗ 镃基,古代的锄头。

菑 zī ㄗ ❶已经开垦了一年的田地。❷除草。❸茂盛的草:～榛秽聚.〈古〉又同"灾"(zāi)。

淄 zī ㄗ 淄河,水名,在山东省中部。

缁 zī ㄗ 黑色:～衣.

辎 zī ㄗ 辎车,有帷子的车。[辎重](－zhòng)行军时携带的器械、粮草、材料等。

锱 zī ㄗ 古代重量单位,六铢等于一锱,四锱等于一两。[锱铢](－zhū)⑩琐碎的事或极少的钱:～～必较.

鲻 zī ㄗ 鲻鱼,鱼名。背部青灰色,腹部白色,嘴宽而短。有的生活在海水和河水交界处,肉味美。

鼒 zī ㄗ 上端收敛而口小的鼎。

子 zǐ ㄗ ❶古代指儿女,现在专指儿子。[子弟]后辈人,年轻人。❷对人的称呼。1.一般的人:男～.女～.2.旧称某种行(háng)业的人:士～.舟～.3.古代指著书立说,代表一个流派的人:荀～.诸～百家.4.古代图书四部(经、史、子、集)分类法中的第三类:～部.～书.5.古代对对方的敬称,同现代汉语中代词"你"用法一样:～试为之.以～之矛,攻～之盾.6.古代称老师:～墨子.[子虚]⑱虚无的,不实在的:事属～～.❸(一儿)植物的种子:菜～.莲～.桐～.瓜～儿.结～.❹(一儿)动物的卵:鱼～.鸡～儿.蚕～.下～儿.❺幼小的:～鸡.～姜.❻派生的,附属的:～金.～公司.[子音]见137页"辅"字条"辅音".❼地支的第一位。❽子时,指夜里十一点到一点。[子夜]深夜。❾我国古代五等爵位(公、侯、伯、子、男)的第四等。❿(zi)名词词尾。1.加在名词性语素后:孩～.珠～.桌～.椅～.2.加在形容词或动词性语素后:胖～.拐～.瞎～.乱～.垫～.⓫(zi)个别量词词尾:一档～事.敲了两下～门.

仔 ㊀ zǐ ㄗˇ 幼小的(多指家畜、家禽):～鸡.～猪.[仔密]衣物等质地紧密:袜子织得十分～～.[仔细] 1. 周密,细致:～～研究.～～考虑. 2. 俭省:日子过得～～. 3. 当心,注意:路很滑,～～点儿.
㊁ zǎi 见598页。
㊂ zī 见643页。

籽 zǐ ㄗˇ 培土。

籽 zǐ ㄗˇ 同"子❸"。

姊 zǐ ㄗˇ 姐姐。[姊妹] 1. 姐姐和妹妹:她们一共～～三个. 2. 同辈女朋友间亲热的称呼。

秭 zǐ ㄗˇ 古代数目,指一万亿,也指十亿或千亿等。[秭归]地名,在湖北省。

第 zǐ ㄗˇ 竹子编的床席:床～.

茈 ㊀ zǐ ㄗˇ 茈草,即紫草,多年生草本植物。叶椭圆形或长卵形,开白色小花,根皮紫色。根可入药,又可作紫色染料。
㊁ cí 见71页。

紫 zǐ ㄗˇ 蓝、红合成的颜色。

訾 ㊀ zǐ ㄗˇ 说别人的坏话,诋毁:不苟～议.
㊁ zī 见644页。

梓 zǐ ㄗˇ ❶梓树,落叶乔木,开浅黄色花,木材可供建筑及制造器物用。[梓里][桑梓]故乡。❷雕版,把木头刻成印书的版:付～.～行.

滓 zǐ ㄗˇ 渣子,沉淀物:渣～.

自 zì ㄗˋ ❶自己,己身,本人:～给～足.独立～主.～力更生.～动.[自个儿](*自各儿)(—gěr)〈方〉代词,自己。[自然] 1. 一切天然存在的东西:大～～.～～景物. 2. 不勉强:～～而然.功到～～成.他笑得很～～. 3. 当然,没有疑问:学习不认真,～～就要落后.[自由] 1. 人们在法律规定的范围内,随意安排自己活动的权利. 2. 哲学上指人们在实践中认识了客观规律,并能有意识地运用它来改造世界. 3. 不受拘束和限制:～～活动.～～发言.[自在](—zai)满意,舒服:要勇挑重担,不图个人～～.逍遥～～.❷介词,从,由(遥—从):～古到今.～天津到北京.❸自然,当然:～当努力.～不待言.～属无碍.公道～

在人心.久别重逢,~有许多话要讲.

字 zì ㄗ ❶文字,用来记录语言的符号:汉~.~眼儿.~体.常用~.[字典]注明文字的音义,列举词语说明用法的工具书.[字符]表示数据和信息的字母、数字及各种符号.[字母]表语音的符号:拼音~~.拉丁~~.❷字音:咬~清楚.~正腔圆.❸字体:篆~.柳~.❹书法作品:~画.❺根据人名中的字义另取的别名叫"字",也叫"表字",现在多称"号":岳飞~鹏举.❻字据,合同,契约:立~为凭.❼旧时称女子许嫁:待~闺中.

牸 zì ㄗ 雌性的牲畜:~牛.

恣 zì ㄗ ❶放纵,无拘束:~意.~情.❷〈方〉舒服:你看,你睡得多~.

眦(*眥) zì ㄗ 上下眼睑的接合处,靠近鼻子的叫内眦,靠近两鬓的叫外眦.

胔 zì ㄗ ❶带腐肉的尸骨.❷腐烂的肉.

渍 zì ㄗ ❶浸,沤:~麻.❷地面的积水:~水.防洪排~.❸油、泥等积在上面难

以除去:烟袋里~了很多油子.手表的轮子~住了.

裁 zì ㄗ 切成的大块肉.

枞(樅) ⊖ zōng ㄗㄨㄥ [枞阳]地名,在安徽省.
⊖ cōng 见 73 页.

宗 zōng ㄗㄨㄥ ❶旧指宗庙,祖庙.[祖宗]先人.❷家族,同一家族的:同~.~兄.[宗法]封建社会以家族为中心,按血统远近区别亲疏的制度:破除~~观念.❸宗派,派别:禅(chán)~.北~山水画.❹宗旨,主要的目的和意图:开~明义第一章.万变不离其~.❺尊奉,向往:~仰.❻量词,件,批:一~事.大货物.❼西藏地区旧行政区划单位,大致相当于县.

综 ⊖ zōng ㄗㄨㄥ 总合:错~(纵横交错).[综合]1.把各个独立而互相关联的事物或现象进行分析归纳整理.2.不同种类、不同性质的事物组合在一起:~~利用.~~大学.
⊖ zèng 见 604 页.

Z

棕(*椶) zōng ㄗㄨㄥ 指棕榈(lú)树或棕毛。[棕榈]常绿乔木,叶鞘上的毛叫棕毛,可以打绳、制刷子等。叶子可以做扇子。木材可以制器物。

腙 zōng ㄗㄨㄥ 有机化合物的一类,通式

$$R \atop R' {\Large>} C = N - NH_2$$,是羰基与肼缩合而成的化合物。

踪(*蹤) zōng ㄗㄨㄥ 人或动物走过留下的脚印(逾—迹):~影.追~.失~.

鬃(*騣、*騌) zōng ㄗㄨㄥ 马、猪等兽类颈上的长毛,可制刷、帚等。

总(總、**縂) zǒng ㄗㄨㄥ ❶聚合,聚集在一起:~在一起算.~共三万.~起来说.[总结]把一段工作过程中的经验教训分析、研究,归纳出结论:要认真~~经验.❷概括全部的,主要的,为首的:~纲.~司令.❸副词,经常,一直:为什么~是来晚?~不肯听.❹副词,一定,无论如何:这件事~是要办的.明天他~该回来了.

偬(*傯) zǒng ㄗㄨㄥ 见264页"倥"字条"倥偬"(kǒng—)。

纵(縱) zòng ㄗㄨㄥ ❶放:~虎归山.❷放任,不加拘束:~目四望.~情歌唱.❸身体猛然向前或向上:~身一跳.一~身就过去了.❹连词,即使:~有千山万水,也拦不住不畏艰险的勘探队员.❺(旧读 zōng)竖,直,南北的方向,跟"横"相对:~线.排成~队.~横各十里.~剖面.❻〈方〉起皱纹:这张纸都~了,怎么用来写字?衣服压~了.

疭(瘲) zòng ㄗㄨㄥ 见61页"瘛"字条"瘛疭"(chì—)。

粽(*糉) zòng ㄗㄨㄥ 粽子,用箬叶或苇叶裹糯米做成的多角形的食品。也叫"角黍"。

豵 zòng ㄗㄨㄥ 〈方〉公猪。

ZOU ㄗㄡ

邹(鄒) zōu ㄗㄡ 周代诸侯国名,在今山东省邹城东南。

Z

驺(騶) zōu ㄗㄡ 驺从,封建时代贵族官僚出门时所带的骑马的侍从。

诹 zōu ㄗㄡ 在一起商量事情:～吉(商订好日子).咨～(询问政事).

陬 zōu ㄗㄡ 隅,角落。

缫 zōu ㄗㄡ 青赤色。

鲰 zōu ㄗㄡ 小鱼。[鲰生]古代称小子,小人。

鄹(**郰) zōu ㄗㄡ ❶古地名,在今山东省曲阜东南。❷古国名,即"邹"。

走 zǒu ㄗㄡ ❶走路,步行:～得快.小孩子会～路了.⑤1.往来:～亲戚.2.移动,挪动:～棋.钟不～了.3.往来运送:～信.～货.❷离去:他刚～.我明天要～了.❸通过,由:咱们～这个门出去吧.❹经过:这笔钱不～账了.❺透漏出,越过范围:～漏消息.～气.说话～了嘴.❻失去原样:衣服～样子了.茶叶～味了.❼古代指跑(圈奔—):～马看花.[走狗]善跑的猎狗.⑧受人豢养而帮助作恶的人。

奏 zòu ㄗㄡ ❶演奏,依照曲调吹弹乐器:～乐.提琴独～.伴～.❷封建时代臣子对皇帝进言或上书:上～.❸呈现,做出:～效.～功.

揍 zòu ㄗㄡ ❶打人。❷〈方〉打碎:小心别把玻璃～了.

租 zū ㄗㄨ ❶出代价暂用别人的东西:～房.～家具.[租界]帝国主义者强迫被侵略国家在通商都市以"租借"名义划给他们直接统治的地区.❷出租:～给人.～出去.[出租]收取一定的代价,让别人暂时使用房地器物等.❸出租所收取的钱或实物:房～.收～.❹田赋:～税.

菹(**葅) zū ㄗㄨ ❶酸菜。❷多水草的沼泽地带。[菹草]多年生水草,可做饲料。❸切碎(肉、菜)。

足 zú ㄗㄨ ❶脚:～迹.画蛇添～.⑤器物下部的支撑部分:鼎～.❷满,充分,够量(圈充—):～数.心满意～.丰衣～食.⑨副词.1.尽情地,尽量地:～玩了一天.2.完全:他～可以担任翻译工作.两天～能完成任务.❸值得:微不

~道.

卒 ⊖ zú ㄗㄨ ❶古时指兵：小～.～士.❷旧称差役：走～.狱～.❸死亡：生～年月.❹完毕，终了：～业.❺究竟，终于：～胜敌军.

⊜ cù 见 74 页。

崒(**崪) zú ㄗㄨ 险峻。

族 zú ㄗㄨ ❶民族：汉～.回～.各～人民.❷聚居而有血统关系的人群的统称：宗～.家～.❸事物有共同属性的一大类：水～.芳香～.❹有共同特点的某类人：上班～.追星～.❹灭族，古代的一种残酷刑法，一人有罪把全家或包括母家、妻家的人都杀死。

镞 zú ㄗㄨ 同"镞"，箭头，特指石制的箭头。

镞 zú ㄗㄨ 箭镞，箭头。

诅 zǔ ㄗㄨ ❶迷信的人求神加祸于别人。[诅咒]咒骂，说希望人不顺利的话。❷盟誓。

阻 zǔ ㄗㄨ 拦挡(❀—挡)：～止.通行无～.山川险～.

组 zǔ ㄗㄨ ❶结合，构成：～成一队.改～.[组织]1.有目的、有系统、有秩序地结合起来：～～群众.2.按照一定的政治目的、任务和系统建立起来的集体：党团～～.3.有机体中由形状、性质和作用相同的若干细胞结合而成的单位：神经～～.～～疗法.❷由若干人员结合成的单位：学习小～.❸合成一组的(文学艺术作品)：～诗.～画.❹量词，用于成组的事物：一～照片.

俎 zǔ ㄗㄨ ❶古代祭祀时放祭品的器物。❷切肉或菜时垫在下面的砧(zhēn)板：刀～.

祖 zǔ ㄗㄨ ❶父亲的上一辈：～父.❺先代：～宗.始～.[祖国]对自己国家的亲切称呼。❷对跟祖父同辈的人的称呼：外～父.外～母.伯～.❸某种事业或流派的开创者：鼻～.不祧之～.开山～师.

钻(鑽) ⊖ zuān ㄗㄨㄢ ❶用锥状的物体在另一物体上转动穿孔：～个眼儿.地质～探.❺进入：～山洞.～到水里.～空(kòng)子.[钻营]指攀附权势取得个人好处。❷钻研，仔细深入研

Z

究：～书本.他肯～,学得快.

⊖ zuàn 见 651 页。

蹽 zuān ㄗㄨㄢ 向上或向前冲。

缵 zuǎn ㄗㄨㄢ 继承。

纂 zuǎn ㄗㄨㄢ ❶编纂,搜集材料编书：～修. ❷（一儿）妇女梳在头后边的发髻。

钻（鑽） ⊖ zuàn ㄗㄨㄢ ❶穿孔洞的用具：～床.电～.风～. ❷钻石,即金刚石,硬度很高：～戒.十七～的手表. ❸义同"钻⊖❶".

⊖ zuān 见 650 页。

赚 ⊖ zuàn ㄗㄨㄢ 骗：～人.

⊖ zhuàn 见 639 页。

攥 zuàn ㄗㄨㄢ 用手握住：手里～着一把斧子.

ZUI　ㄗㄨㄟ

咀 ⊖ zuǐ ㄗㄨㄟ "嘴"俗作"咀"。

⊖ jǔ 见 247 页。

觜 ⊖ zuǐ ㄗㄨㄟ 同"嘴"。

⊖ zī 见 644 页。

嘴 zuǐ ㄗㄨㄟ ❶口,人和动物吃东西、发声音的器官. ❷（一子、一儿）形状或作用像嘴的东西：山～.壶～儿. ❸指说话：别多～.

最 zuì ㄗㄨㄟ ❶副词,极,无比的：～大.～好.～要紧. ❷上（大）功：殿～（指小功绩和大功绩）. ❸居首位的,没有比得上的：中华之～.世界之～.以此为～.

蕞 zuì ㄗㄨㄟ 小的样子：～尔小国.

晬 zuì ㄗㄨㄟ 婴儿周岁。

醉 zuì ㄗㄨㄟ ❶喝酒过多,神志不清：他喝～了. ❷沉迷,过分地爱好：～心文学. ❸用酒泡制（食品）：～蟹.～虾.～枣.

罪（＊辠） zuì ㄗㄨㄟ ❶犯法的行为：犯～.⑪过失：不应该归～于人. ❷刑罚：判～.死～. ❸苦难,痛苦：受～. ❹把罪过归到某人身上：～己.

檇（＊＊欈） zuì ㄗㄨㄟ ［檇李］1.一种李子,果皮鲜红,浆多味甜。2.古地名,在今浙江省嘉兴一带。

ZUN　ㄗㄨㄣ

尊 zūn ㄗㄨㄣ ❶地位或辈分高：～卑.～亲.～长

(zhǎng).敬辞:～姓.～著.～府.[令尊]对对方父亲的尊称。❷敬重:～师爱徒.❸量词:一～佛像.一～大炮.❹同"樽"。

遵 zūn ㄗㄨㄣ 依照,按照:～守纪律.～循着有中国特色的社会主义道路前进.

樽(*罇) zūn ㄗㄨㄣ 古代的盛酒器具。

鳟 zūn ㄗㄨㄣ 鳟鱼,体银白色,背略带黑色,肉可以吃。

撙 zǔn ㄗㄨㄣ 撙节,从全部财物里节省下一部分。

ZUO ㄗㄨㄛ

作 ㊀ zuō ㄗㄨㄛ 作坊(fang),旧时手工业制造或加工的地方:油漆～.洗衣～.

㊁ zuò 见 652 页。

嘬 ㊀ zuō ㄗㄨㄛ 聚缩嘴唇吸取:小孩～奶.

㊁ chuài 见 66 页。

昨 zuó ㄗㄨㄛ ❶昨天,今天的前一天:～夜.❷泛指过去:觉今是而～非.

笮(**筰) ㊀ zuó ㄗㄨㄛ 用竹子做成的索。[笮桥]用竹索编成的

桥。

㊁ zé 见 603 页。

捽 zuó ㄗㄨㄛ 〈方〉揪:～他的头发.

琢 ㊀ zuó ㄗㄨㄛ [琢磨](—mo)反复思索、考虑:这个问题我～～了很久.你～～一下,是不是这个理儿.

㊁ zhuó 见 643 页。

左 zuǒ ㄗㄨㄛ ❶面向南时靠东的一边,跟"右"相对:～手.⑱东方(以面向南为准):山～.江～.[左右]1.上下:三十岁～～.2.横竖,反正:～～是要去的,你还是早点去吧.3.身边跟从的人.4.支配,操纵:～～局势.❷政治思想上属于较激进的或进步的:～派.～翼.❸斜,偏,错:～脾气.越说越～.你想了.～道旁门.❹相反:彼此意见相～.

佐 zuǒ ㄗㄨㄛ(旧读 zuò)❶辅佐,帮助:～理.❷辅助别人的人:僚～.[佐证](*左证)证据。

撮 ㊀ zuǒ ㄗㄨㄛ(—子、—儿)量词,用于成丛的毛发:剪下一～子头发.

㊁ cuō 见 77 页。

作 ㊀ zuò ㄗㄨㄛ ❶起,兴起:振～精神.锣鼓大～.

日出而～.一鼓～气.[作用]功能,使事物发生变化的力量:起～～.带头～～.❷劳作,制造:深耕细～.操～.❸写作:～文.～画.～曲.吟诗～赋.❹作品,指文学、艺术方面的创作:佳～.杰～.❺进行某种活动:～乱.～报告.向不良倾向～斗争.[作风]人们在工作或行动中表现出来的态度和风格。

㊀ zuō 见 652 页。

阼 zuò ㄗㄨㄛˋ 大堂前东面的台阶。

岝 zuò ㄗㄨㄛˋ [岝山]地名,在山东省昌邑。

怍 zuò ㄗㄨㄛˋ 惭愧(㊂愧—)。

柞 ㊀ zuò ㄗㄨㄛˋ 柞树,即栎树:～蚕.～丝(柞蚕吐的丝).参看 290 页"栎"(lì)。

㊁ zhà 见 607 页。

胙 zuò ㄗㄨㄛˋ 古代祭祀时供的肉。

祚 zuò ㄗㄨㄛˋ ❶福:门衰～薄.❷皇帝的地位:卒践帝～.

酢 ㊀ zuò ㄗㄨㄛˋ 客人用酒回敬主人。

㊁ cù 见 74 页。

坐 zuò ㄗㄨㄛˋ ❶臀部放在椅子等物体上以支持身体:席地而～.～在凳子上.❹1.乘,搭:～车.～船.2.坐落:房屋～北朝南.❷物体向后施压力:房子往后～了.这枪～力很小.❸把锅、壶等放在炉火上:～锅.～水.❹因:～此解职.❺旧指定罪:连～.反～.❻植物结实:～果.～瓜.❹形成(疾病):打那以后就～下了病.❼自然而然:孤蓬自振,惊沙～飞.❽同"座❶"。

唑 zuò ㄗㄨㄛˋ 见 420 页"噻"字条"噻唑"(sāi—)。

座 zuò ㄗㄨㄛˋ ❶(—儿)座位:人～.～无虚席.[座右铭]写出来放在座位旁边的格言.泛指警戒、激励自己的话.敬辞,旧时称高级长官:军～.处～.❷(—子、—儿)托着器物的东西:钟～儿.星座:天琴～.❹量词:一～山.三～楼.

做 zuò ㄗㄨㄛˋ ❶干,进行工作或活动:～活.～工.买卖.❷写作:～诗.～文章.❸制造:～制服.甘蔗能～糖.❹当,为(wéi):～父母的.～革命事业接班人.❺装,扮:～样子.～好～歹.[做作]故意装出某种表情或神态.❻举行:～生日.❼用为:芦苇可以～造纸原料.

常用标点符号用法简表 *

一　基本定义

句子:前后都有停顿,并带有一定的句调,表示相对完整意义的语言单位。

陈述句:用来说明事实的句子。

祈使句:用来要求听话人做某件事情的句子。

疑问句:用来提出问题的句子。

感叹句:用来抒发某种强烈感情的句子。

复句、分句:意思上有密切联系的小句子组织在一起构成一个大句子。这样的大句子叫复句,复句中的每个小句子叫分句。

词语:词和短语(词组)。词,即最小的能独立运用的语言单位。短语,即由两个或两个以上的词按一定的语法规则组成的表达一定意义的语言单位,也叫词组。

二　用法简表

名称	符号	用法说明	举　例
句号①	。	1.用于陈述句的末尾。	北京是中华人民共和国的首都。
		2.用于语气舒缓的祈使句末尾。	请您稍等一下。
问号	？	1.用于疑问句的末尾。	他叫什么名字？

*　本表参考了中华人民共和国国家标准《标点符号用法》。

附　录

汉语拼音方案

一　字母表

字母	Aa	Bb	Cc	Dd	Ee	Ff	Gg
名称	ㄚ	ㄅㄝ	ㄘㄝ	ㄉㄝ	ㄜ	ㄝㄈ	ㄍㄝ
	Hh	Ii	Jj	Kk	Ll	Mm	Nn
	ㄏㄚ	ㄧ	ㄐㄧㄝ	ㄎㄝ	ㄝㄌ	ㄝㄇ	ㄋㄝ
	Oo	Pp	Qq	Rr	Ss	Tt	
	ㄛ	ㄆㄝ	ㄑㄧㄡ	ㄚㄦ	ㄝㄙ	ㄊㄝ	
	Uu	Vv	Ww	Xx	Yy	Zz	
	ㄨ	ㄞ	ㄨㄚ	ㄒㄧ	ㄧㄚ	ㄗㄝ	

v 只用来拼写外来语、少数民族语言和方言。

字母的手写体依照拉丁字母的一般书写习惯。

二　声母表

b	p	m	f	d	t	n	l
ㄅ玻	ㄆ坡	ㄇ摸	ㄈ佛	ㄉ得	ㄊ特	ㄋ讷	ㄌ勒

g	k	h		j	q	x
ㄍ哥	ㄎ科	ㄏ喝		ㄐ基	ㄑ欺	ㄒ希

zh	ch	sh	r	z	c	s
ㄓ知	ㄔ蚩	ㄕ诗	ㄖ日	ㄗ资	ㄘ雌	ㄙ思

在给汉字注音的时候,为了使拼式简短,zh ch sh 可以省作 ẑ ĉ ŝ。

三　韵母表

	i 衣	u 乌	ü 迂
a Y 啊	ia lY 呀	ua XY 蛙	
o ʊ 喔		uo Xʊ 窝	
e ㄜ 鹅	ie l世 耶		üe ㄩ世 约
ai ㄞ 哀		uai Xㄞ 歪	
ei ㄟ 欸		uei Xㄟ 威	
ao ㄠ 熬	iao lㄠ 腰		
ou ㄡ 欧	iou lㄡ 忧		
an ㄢ 安	ian lㄢ 烟	uan Xㄢ 弯	üan ㄩㄢ 冤
en ㄣ 恩	in lㄣ 因	uen Xㄣ 温	ün ㄩㄣ 晕
ang ㄤ 昂	iang lㄤ 央	uang Xㄤ 汪	
eng ㄥ 亨的韵母	ing lㄥ 英	ueng Xㄥ 翁	
ong (Xㄥ) 轰的韵母	iong ㄩㄥ 雍		

（1）"知、蚩、诗、日、资、雌、思"等字的韵母用 i。

（2）韵母儿写成 er，用做韵尾的时候写成 r。

（3）韵母ㄝ单用的时候写成 ê。

（4）i 行的韵母，前面没有声母的时候，写成 yi（衣），（呀），ye（耶），yao（腰），you（忧），yan（烟），（因），yang（央），ying（英），yong（雍）。

u 行的韵母，前面没有声母的时候，写成 wu（乌），（蛙），wo（窝），wai（歪），wei（威），wan（弯），（温），wang（汪），weng（翁）。

ü 行的韵母，前面没有声母的时候，写成 yu（迂），（约），yuan（冤），yun（晕）。ü 上两点省略。

ü 行的韵母跟声母 j，q，x 拼的时候，写成 ju（居），（区），xu（虚），ü 上两点也省略；但是跟声母 l 的时候，仍然写成 lü（吕），nü（女）。

（5）iou，uei，uen 前面加声母的时候，写成 iu，ui，u，如 niu（牛），gui（归），lun（论）。

（6）在给汉字注音的时候，为了使拼式简短，ng 可以ŋ。

四　声调符号

阴平	阳平	上声	去声
－	ˊ	ˇ	ˋ

声调符号标在音节的主要母音上，轻声不标。例如：

妈 mā	麻 má	马 mǎ	骂 mà	吗 ma
（阴平）	（阳平）	（上声）	（去声）	（轻声）

五　隔音符号

a，o，e 开头的音节连接在其他音节后面的时候，如的界限发生混淆，用隔音符号（'）隔开，例如：pi'ao（皮袄

名称	符号	用法说明	举例
问号	？	2.用于反问句的末尾。	难道你还不了解我吗？
叹号	！	1.用于感叹句的末尾。	为祖国的繁荣昌盛而奋斗！
		2.用于语气强烈的祈使句末尾。	停止射击！
		3.用于语气强烈的反问句末尾。	我哪里比得上他呀！
逗号	，	1.句子内部主语与谓语之间如需停顿,用逗号。	我们看得见的星星,绝大多数是恒星。
		2.句子内部动词与宾语之间如需停顿,用逗号。	应该看到,科学需要一个人贡献出毕生的精力。
		3.句子内部状语后边如需停顿,用逗号。	对于这个城市,他并不陌生。
		4.复句内各分句之间的停顿,除了有时要用分号外,都要用逗号。	据说苏州园林有一百多处,我到过的不过十多处。

名称	符号	用法说明	举例
顿号	、	用于句子内部并列词语之间的停顿。	正方形是四边相等、四角均为直角的四边形。
分号②	；	1.用于复句内部并列分句之间的停顿。	语言，人们用来抒情达意；文字，人们用来记言记事。
		2.用于分行列举的各项之间。	中华人民共和国的行政区域划分如下： （一）全国分为省、自治区、直辖市； （二）省、自治区分为自治州、县、自治县、市； （三）县、自治县分为乡、民族乡、镇。
冒号	：	1.用于称呼语后边，表示提起下文。	同志们，朋友们：现在开会了……
		2.用于"说、想、是、证明、宣布、指出、透露、例如、如下"等词语后边，表示提起下文。	他十分惊讶地说："啊，原来是你！"

名称	符号	用法说明	举　　例
冒号	:	3.用于总说性话语的后边,表示引起下文的分说。	北京紫禁城有四座城门:午门、神武门、东华门和西华门。
		4.用于需要解释的词语后边,表示引出解释或说明。	外文图书展销会 日期:10 月 20 日至 11 月 10 日 时间:上午 8 时至下午 4 时 地点:北京朝阳区工体东路 16 号 主办单位:中国图书进出口总公司
		5.用于总括性话语的前边,以总结上文。	张华考上了北京大学;李萍进了中等技术学校;我在百货公司当售货员:我们都有光明的前途。
引号③	"　" '　'	1.用于行文中直接引用的部分。	"满招损,谦受益"这句格言,流传到今天至少有两千年了。
		2.用于需要着重论述的对象。	古人对于写文章有个基本要求,叫作"有物有序"。"有物"就是要有内容,"有序"就是要有条理。

名称	符号	用 法 说 明	举　例
引号	" " ' '	3.用于具有特殊含义的词语。	这样的"聪明人"还是少一点好。
		4.引号里面还要用引号时，外面一层用双引号，里面一层用单引号。	他站起来问："老师，'有条不紊'的'紊'是什么意思?"
括号④	( )	用于行文中注释性的部分。注释句子中某些词语的，括注紧贴在被注释词语之后；注释整个句子的，括注放在句末标点之后。	(1)中国猿人（全名为"中国猿人北京种"，或简称"北京人"）在我国的发现，是对古人类学的一个重大贡献。 (2)写研究性文章跟文学创作不同，不能摊开稿纸搞"即兴"。（其实文学创作也要有素养才能有"即兴"。）
破折号	——	1.用于行文中解释说明的部分。	迈进金黄色的大门，穿过宽阔的风门厅和衣帽厅，就到了大会堂建筑的枢纽部分——中央大厅。

名称	符号	用法说明	举　例
破折号	——	2.用于话题突然转变。	"今天好热啊！——你什么时候去上海?"张强对刚刚进门的小王说。
		3.用于声音延长的拟声词后面。	"鸣——"火车开动了。
		4.用于事项列举分承的各项之前。	根据研究对象的不同,环境物理学分为以下五个分支学科： ——环境声学； ——环境光学； ——环境热学； ——环境电磁学； ——环境空气动力学。
省略号⑤	……	1.用于引文的省略。	她轻轻地哼起了《摇篮曲》:"月儿明,风儿静,树叶儿遮窗棂啊……"
		2.用于列举的省略。	在广州的花市上,牡丹、吊钟、水仙、梅花、菊花、山茶、墨兰……春秋冬三季的鲜花都挤在一起啦!

名称	符号	用法说明	举　例
省略号	……	3.用于话语中间,表示说话断断续续。	"我……对不起……大家,我……没有……完成……任务。"
着重号	·	用于要求读者特别注意的字、词、句的下面。	事业是干出来的,不是吹出来的。
连接号⑥	—	1.两个相关的名词构成一个意义单位,中间用连接号。	我国秦岭—淮河以北地区属于温带季风气候区,夏季高温多雨,冬季寒冷干燥。
		2.相关的时间、地点或数目之间用连接号,表示起止。	鲁迅(1881—1936)原名周树人,字豫才,浙江绍兴人。
		3.相关的字母、阿拉伯数字等之间,用连接号,表示产品型号。	在太平洋地区,除了已建成投入使用的HAW—4和TPC—3海底光缆之外,又有TPC—4海底光缆投入运营。
		4.几个相关的项目表示递进式发展,中间用连接号。	人类的发展可以分为古猿—猿人—古人—新人这四个阶段。

名称	符号	用法说明	举　　例
间隔号	·	1.用于外国人和某些少数民族人名内各部分的分界。	列奥纳多·达·芬奇 爱新觉罗·努尔哈赤
		2.用于书名与篇(章、卷)名之间的分界。	《中国大百科全书·物理学》 《三国志·蜀书·诸葛亮传》
书名号	《　》 〈　〉	用于书名、篇名、报纸名、刊物名等。	(1)《红楼梦》的作者是曹雪芹。 (2)课文里有一篇鲁迅的《从百草园到三味书屋》。 (3)他的文章在《人民日报》上发表了。 (4)桌上放着一本《中国语文》。 (5)《〈中国工人〉发刊词》发表于1940年2月7日。
专名号⑦	——	用于人名、地名、朝代名等专名下面。	司马相如者，汉蜀郡成都人也，字长卿

附注：① 句号还有一种形式，即一个小圆点"．"，一般在科技文献中使用。

② 非并列关系(如转折关系、因果关系等)的多重复句,第一层的前后两部分之间,也用分号。

③ 直行文稿引号改用双引号"﹃﹄"和单引号"﹁﹂"。

④ 此外还有方括号"[ ]"、六角括号"〔 〕"和方头括号"【 】"。

⑤ 如果是整段文章或诗行的省略,可以使用十二个小圆点来表示。

⑥ 连接号另外还有三种形式,即长横"——"(占两个字的位置)、半字线"-"(占半个字的位置)和浪纹"~"(占一个字的位置)。

⑦ 专名号只用在古籍或某些文史著作里面。为了跟专名号配合,这类著作里的书名号可以用浪线"﹏﹏﹏"。

我国历史朝代公元对照简表

夏		约前 2070—前 1600
商		前 1600—前 1046
周	西周	前 1046—前 771
	东周 　春秋时代 　战国时代①	前 770—前 256 前 770—前 476 前 475—前 221
秦		前 221—前 206
汉	西汉②	前 206—公元 23
	东汉	25—220
三　国	魏	220—265
	蜀	221—263
	吴	222—280
西　晋		265—316
东晋 十六国	东晋	317—420
	十六国③	304—439

南北朝	南朝	宋	420—479
		齐	479—502
		梁	502—557
		陈	557—589
	北朝	北魏	386—534
		东魏	534—550
		北齐	550—577
		西魏	535—556
		北周	557—581
隋			581—618
唐			618—907
五代十国	后梁		907—923
	后唐		923—936
	后晋		936—947
	后汉		947—950
	后周		951—960
	十国④		902—979

宋	北宋	960—1127
	南宋	1127—1279
辽		916—1125⑤
西夏		1038—1227
金		1115—1234
元		1271—1368⑥
明		1368—1644
清		1644—1911
中华民国		1912—1949

中华人民共和国 1949 年 10 月 1 日成立

附注：① 这时期，主要有秦、魏、韩、赵、楚、燕、齐等国。

② 包括王莽建立的"新"王朝（公元 8 年—23 年）。王莽时期，爆发大规模的农民起义，建立了农民政权。公元 23 年，新莽王朝灭亡。公元 25 年，东汉王朝建立。

③ 这时期，在我国北方和巴蜀，先后存在过一些封建割据政权，其中有：汉（前赵）、成（成汉）、前凉、后赵（魏）、前燕、前秦、后燕、后秦、西秦、后凉、南凉、南燕、西凉、北凉、北燕、夏等国，历史上叫作"十六国"。

④ 这时期，除后梁、后唐、后晋、后汉、后周外，还先后存在过一些封建割据政权，其中有：吴、前蜀、吴越、楚、闽、南汉、荆南（南平）、后蜀、南唐、北汉等国，历史上叫作"十国"。

⑤ 辽建国于公元 907 年,国号契丹,916 年始建年号,938 年(一说 947 年)改国号为辽,983 年复称契丹,1066 年仍称辽。

⑥ 铁木真于公元 1206 年建国;公元 1271 年忽必烈定国号为元,1279 年灭南宋。

我国少数民族简表

我国是统一的多民族的社会主义国家,由 56 个民族组成。除汉族外,有 55 个少数民族,约占全国总人口的 8%。

民 族 名 称	主 要 分 布 地 区
蒙 古 族	内蒙古、辽宁、新疆、黑龙江、吉林、青海、甘肃、河北、河南等地。
回 族	宁夏、甘肃、河南、新疆、青海、云南、河北、山东、安徽、辽宁、北京、内蒙古、天津、黑龙江、陕西、吉林、江苏、贵州等地。
藏 族	西藏及四川、青海、甘肃、云南等地。
维 吾 尔 族	新疆。
苗 族	贵州、云南、湖南、重庆、广西、四川、海南、湖北等地。
彝〔yí〕族	云南、四川、贵州、广西等地。
壮 族	广西及云南、广东、贵州、湖南等地。
布 依 族	贵州。
朝 鲜 族	吉林、黑龙江、辽宁等地。
满 族	辽宁及黑龙江、吉林、河北、内蒙古、北京等地。
侗〔dòng〕族	贵州、湖南、广西等地。

民　族　名　称	主　要　分　布　地　区
瑶　　　　　族	广西、湖南、云南、广东、贵州等地。
白　　　　　族	云南、贵州、湖南等地。
土　家　　族	湖北、湖南、重庆等地。
哈　尼　　族	云南。
哈　萨　克　族	新疆、甘肃、青海等地。
傣〔dǎi〕　族	云南。
黎　　　　　族	海南。
傈僳〔lìsù〕族	云南、四川等地。
佤〔wǎ〕　族	云南。
畲〔shē〕　族	福建、浙江、江西、广东等地。
高　山　　族	台湾及福建。
拉　祜〔hù〕族	云南。
水　　　　　族	贵州、广西。
东　乡　　族	甘肃、新疆。
纳　西　　族	云南、四川。
景　颇　　族	云南。
柯尔克孜族	新疆、黑龙江。

民 族 名 称	主 要 分 布 地 区
土　　　族	青海、甘肃。
达斡〔wò〕尔族	内蒙古、黑龙江、新疆等地。
仫佬〔mùlǎo〕族	广西。
羌〔qiāng〕族	四川。
布　朗　族	云南。
撒　拉　族	青海、甘肃等地。
毛　南　族	广西。
仡佬〔gēlǎo〕族	贵州、广西。
锡　伯　族	辽宁、新疆、吉林、黑龙江等地。
阿　昌　族	云南。
塔吉克族	新疆。
普　米　族	云南。
怒　　　族	云南。
乌孜别克族	新疆。
俄罗斯族	新疆、黑龙江。
鄂温克族	内蒙古和黑龙江。
德　昂　族	云南。

民　族　名　称	主　要　分　布　地　区
保　安　族	甘肃。
裕　固　族	甘肃。
京　　　族	广西。
塔　塔　尔　族	新疆。
独　龙　族	云南。
鄂　伦　春族	内蒙古和黑龙江。
赫　哲　族	黑龙江。
门　巴　族	西藏。
珞〔luò〕巴族	西藏。
基　诺　族	云南。

我国各省、直辖市、自治区及省会（或首府）名称表

（按汉语拼音字母顺序排列）

省、市、自治区名	简称（或别称）	省会（或首府）名	省、市、自治区名	简称（或别称）	省会（或首府）名
安徽	（皖）	合肥	内蒙古	蒙	呼和浩特
北京	京		宁夏	宁	银川
重庆	（渝）		青海	青	西宁
福建	（闽）	福州	山东	（鲁）	济南
甘肃	甘（陇）	兰州	山西	（晋）	太原
广东	（粤）	广州	陕西	陕（秦）	西安
广西	（桂）	南宁	上海	（沪）（申）	
贵州	贵（黔）	贵阳	四川	川（蜀）	成都
海南	（琼）	海口	台湾	台	台北
河北	（冀）	石家庄	天津	津	
河南	（豫）	郑州	西藏	藏	拉萨
黑龙江	黑	哈尔滨	新疆	新	乌鲁木齐
湖北	（鄂）	武汉	云南	云（滇）	昆明
湖南	（湘）	长沙	浙江	浙	杭州
吉林	吉	长春			
江苏	苏	南京	香港（特别行政区）	港	
江西	（赣）	南昌	澳门（特别行政区）	澳	
辽宁	辽	沈阳			

世界各国和地区面积、人口、首都(或首府)一览表 *

国家或地区	面积 (平方公里)	人口 (单位:千人)	首都(或首府)
	亚	**洲**	
中国	约 9 600 000	1 344 760①	北京
蒙古	1 566 500	2 594	乌兰巴托
朝鲜	123 000	22 928	平壤
韩国	99 600	48 544	首尔
日本	377 915	127 720	东京
老挝	236 800	5 800	万象
越南	329 556	84 110	河内
柬埔寨	181 035	14 000	金边
缅甸	676 581	55 400	内比都
泰国	513 115	62 830	曼谷
马来西亚	330 257	26 640	吉隆坡
新加坡	699	3 608	新加坡
文莱	5 765	383	斯里巴加湾市
菲律宾	299 700	88 468	大马尼拉市
印度尼西亚	1 904 443	215 000	雅加达

---

* 本资料主要依据 2007/2008《世界知识年鉴》(世界知识出版社,2008)整理。

东帝汶	14 874	976	帝力
尼泊尔	147 181	26 420	加德满都
不丹	38 000	630	廷布
孟加拉国	147 570	147 400	达卡
印度	约 2 980 000	1 112 000	新德里
斯里兰卡	65 610	19 880	科伦坡
马尔代夫	298	299	马累
巴基斯坦	796 095	155 000	伊斯兰堡
阿富汗	647 500	28 500	喀布尔
伊朗	1 636 000	70 049	德黑兰
科威特	17 818	3 050	科威特城
沙特阿拉伯	2 250 000	24 600	利雅得
巴林	706.5	725	麦纳麦
卡塔尔	11 521	838	多哈
阿拉伯联合酋长国	83 600	4 100	阿布扎比
阿曼	309 500	2 800	马斯喀特
也门	555 000	21 600	萨那
伊拉克	441 839	29 400	巴格达
叙利亚	185 180	19 500	大马士革
黎巴嫩	10 452	4 000	贝鲁特
约旦	89 340	5 907	安曼
巴勒斯坦	11 500	10 100	耶路撒冷
以色列	15 200	7 150	特拉维夫
土耳其	783 600	74 300	安卡拉
乌兹别克斯坦	447 400	26 700	塔什干
哈萨克斯坦	2 724 900	15 219	阿斯塔纳

吉尔吉斯斯坦	198 500	5 194	比什凯克
塔吉克斯坦	143 100	7 029	杜尚别
亚美尼亚	29 800	3 223	埃里温
土库曼斯坦	491 200	6 836	阿什哈巴德
阿塞拜疆	86 600	8 533	巴库
格鲁吉亚	69 700	4 401	第比利斯

欧　洲

冰岛	103 000	308	雷克雅未克
法罗群岛(丹)	1 399	48	托尔斯港
丹麦	43 096	5 450	哥本哈根
挪威②	385 155	4 680	奥斯陆
瑞典	449 964	9 110	斯德哥尔摩
芬兰	338 417	5 277	赫尔辛基
俄罗斯联邦	17 075 400	142 200	莫斯科
乌克兰	603 700	46 615	基辅
白俄罗斯	207 600	9 714	明斯克
摩尔多瓦	33 800	3 581	基希讷乌
立陶宛	65 300	3 385	维尔纽斯
爱沙尼亚	45 277	1 361	塔林
拉脱维亚	64 589	2 281	里加
波兰	312 685	38 157	华沙
捷克	78 866	10 230	布拉格
匈牙利	93 030	10 060	布达佩斯
德国	357 092	82 348	柏林
奥地利	83 871	8 292	维也纳
列支敦士登	160	35	瓦杜兹

瑞士	41 284	7 507	伯尔尼
荷兰	41 528	16 356	阿姆斯特丹
比利时	30 528	10 511	布鲁塞尔
卢森堡	2 586	460	卢森堡市
英国	244 100	60 209	伦敦
直布罗陀(英)	6.5	28	
爱尔兰	70 282	4 240	都柏林
法国	551 602	63 400	巴黎
摩纳哥	1.95	34	摩纳哥
安道尔	468	77	安道尔城
西班牙	505 925	44 395	马德里
葡萄牙	91 906	10 570	里斯本
意大利	301 333	58 460	罗马
梵蒂冈	0.44	1.4	梵蒂冈城
圣马力诺	61.19	30	圣马力诺
马耳他	316	404	瓦莱塔
克罗地亚	56 594	4 437	萨格勒布
斯洛伐克	49 035	5 387	布拉迪斯拉发
斯洛文尼亚	20 273	2 001	卢布尔雅那
波斯尼亚和黑塞哥维那,简称波黑	51 209	4 450	萨拉热窝
马其顿	25 713	2 020	斯科普里
塞尔维亚	88 300	9 900	贝尔格莱德
黑山	13 800	620	波德戈里察
罗马尼亚	238 391	21 610	布加勒斯特
保加利亚	111 002	7 679	索非亚
阿尔巴尼亚	28 748	3 135	地拉那

| 希腊 | 131 957 | 11 040 | 雅典 |
| 塞浦路斯 | 9 251 | 854 | 尼科西亚 |

非　洲

埃及	1 001 450	73 670	开罗
利比亚	1 760 000	5 670	的黎波里
突尼斯	162 155	10 010	突尼斯
阿尔及利亚	2 381 741	33 800	阿尔及尔
摩洛哥	459 000	30 050	拉巴特
西撒哈拉	266 000	270	阿尤恩
毛里塔尼亚	1 030 000	3 080	努瓦克肖特
塞内加尔	196 722	11 900	达喀尔
冈比亚	10 380	1 500	班珠尔
马里	1 241 238	12 770	巴马科
布基纳法索	274 200	13 700	瓦加杜古
佛得角	4 033	487	普拉亚
几内亚比绍	36 125	1 590	比绍
几内亚	245 857	9 560	科纳克里
塞拉利昂	72 326	5 700	弗里敦
利比里亚	111 370	3 480	蒙罗维亚
科特迪瓦	322 463	18 470	亚穆苏克罗③
加纳	238 537	22 000	阿克拉
多哥	56 785	6 150	洛美
贝宁	112 622	8 700	波多诺伏
尼日尔	1 267 000	11 400	尼亚美
尼日利亚	923 768	144 000	阿布贾
喀麦隆	475 650	16 600	雅温得

赤道几内亚	28 051	1 014	马拉博
乍得	1 284 000	10 100	恩贾梅纳
中非	622 984	4 000	班吉
苏丹	2 505 800	35 392	喀土穆
埃塞俄比亚	1 103 600	77 400	亚的斯亚贝巴
吉布提	23 200	793	吉布提市
索马里	637 660	10 400	摩加迪沙
肯尼亚	582 646	35 100	内罗毕
乌干达	241 038	27 350	坎帕拉
坦桑尼亚	945 087	37 000	达累斯萨拉姆
卢旺达	26 338	9 000	基加利
布隆迪	27 834	7 600	布琼布拉
刚果(金)	2 344 885	59 300	金沙萨
刚果(布)	342 000	3 860	布拉柴维尔
加蓬	267 667	1 400	利伯维尔
圣多美和普林西比	1 001	152	圣多美
安哥拉	1 246 700	15 900	罗安达
赞比亚	752 614	11 290	卢萨卡
马拉维	118 484	12 900	利隆圭
莫桑比克	801 600	20 200	马普托
科摩罗	2 236	780	莫罗尼
马达加斯加	590 750	18 600	塔那那利佛
塞舌尔	455.39	85	维多利亚
毛里求斯	2 040	1 257	路易港
留尼汪(法)	2 512	785	圣但尼
津巴布韦	390 000	13 100	哈拉雷

博茨瓦纳	581 730	1 800	哈博罗内
纳米比亚	824 269	2 030	温得和克
南非	1 219 090	47 400	比勒陀利亚④
斯威士兰	17 364	1 000	姆巴巴内
莱索托	30 344	2 350	马塞卢
圣赫勒拿(英)⑤	122	4	詹姆斯敦
厄立特里亚	124 320	4 560	阿斯马拉
法属南部领地	7 796	⑥	
英属印度洋领地	60	⑦	

大 洋 洲

澳大利亚	7 692 000	20 812	堪培拉
新西兰	270 534	4 166	惠灵顿
巴布亚新几内亚	462 840	6 300	莫尔斯比港
所罗门群岛	27 540	487	霍尼亚拉
瓦努阿图	12 190	221	维拉港
新喀里多尼亚(法)	18 575	264	努美阿
斐济	18 333	854	苏瓦
基里巴斯	811	93.7	塔拉瓦
瑙鲁	21.1	13	亚伦区⑧
密克罗尼西亚	705	110	帕利基尔
马绍尔群岛	181.3	59	马朱罗
北马里亚纳群岛⑨	477	82	塞班岛
关岛(美)	541	171	阿加尼亚
图瓦卢	26	9.7	富纳富提
瓦利斯和富图纳(法)	274	16	马塔乌图
萨摩亚	2 934	185	阿皮亚

美属萨摩亚⑩	199	57.8	帕果帕果
纽埃(新)	260	1.5	阿洛菲
诺福克岛	34.6	2.5	金斯敦
帕劳	458	20.6	梅莱凯奥克州
托克劳(新)	12.2	1.6	⑪
库克群岛(新)	240	19.5	阿瓦鲁阿
汤加	747	101	努库阿洛法
法属波利尼西亚	4 167	260	帕皮提
皮特凯恩群岛(英)	47	0.048	亚当斯敦
赫德岛和麦克唐纳群岛	412	⑫	
科科斯(基林)群岛(澳)	14	0.629	西岛
美国本土外小岛屿⑬			
圣诞岛(澳)	135	1.5	

北 美 洲

格陵兰(丹)	2 166 000	56.9	努克,前称戈特霍布
加拿大	9 984 670	31 613	渥太华
圣皮埃尔和密克隆群岛(法)	242	7	圣皮埃尔市
美国	9 629 091	300 000	华盛顿哥伦比亚特区
百慕大(英)	53.3	66.2	汉密尔顿
墨西哥	1 964 375	103 200	墨西哥城
危地马拉	108 889	13 000	危地马拉城
伯利兹	22 966	299.8	贝尔莫潘
萨尔瓦多	20 720	7 000	圣萨尔瓦多市

洪都拉斯	112 492	7 200	特古西加尔巴
尼加拉瓜	121 400	5 850	马那瓜
哥斯达黎加	51 100	4 400	圣何塞
巴拿马	75 517	3 228	巴拿马城
巴哈马	13 939	327	拿骚
特克斯和凯科斯 群岛(英)	430	21.7	科伯恩城
古巴	110 860	11 240	哈瓦那
开曼群岛(英)	259	46.6	乔治敦
牙买加	10 991	2 700	金斯敦
海地	27 797	8 500	太子港
多米尼加	48 734	9 195	圣多明各
波多黎各(美)	8 870	3 927	圣胡安
美属维尔京群岛	346	108	夏洛特·阿马里
英属维尔京群岛	153	23.5	罗德城
圣基茨和尼维斯	267	43	巴斯特尔
安圭拉(英)	96	13.7	瓦利
安提瓜和巴布达	441.6	82	圣约翰
蒙特塞拉特(英)	102	9.5	普利茅斯
瓜德罗普(法)	1 780	453	巴斯特尔
多米尼克	751	76.6	罗索
马提尼克(法)	1 100	436	法兰西堡
圣卢西亚	616	167	卡斯特里
圣文森特和格林纳丁斯	389	118	金斯敦
巴巴多斯	431	270	布里奇顿
格林纳达	344	90	圣乔治
特立尼达和多巴哥	5 128	1 300	西班牙港

荷属安的列斯	800	223	威廉斯塔德
阿鲁巴(荷)	193	100	奥拉涅斯塔德

南　美　洲

哥伦比亚	1 141 748	42 090	波哥大
委内瑞拉	916 700	26 900	加拉加斯
圭亚那	214 969	751	乔治敦
苏里南	163 820⑭	453	帕拉马里博
法属圭亚那	91 000	203	卡宴
厄瓜多尔	256 370	12 600	基多
秘鲁	1 285 216	27 220	利马
巴西	8 514 900	186 770	巴西利亚
玻利维亚	1 098 581	9 427	苏克雷⑮
智利	756 626	16 093	圣地亚哥
阿根廷	2 780 400	36 260	布宜诺斯艾利斯
巴拉圭	406 800	6 200	亚松森
乌拉圭	176 000	3 430	蒙得维的亚
马尔维纳斯群岛⑯	12 173	2.5	斯坦利港
南乔治亚和南桑德韦奇群岛(英)	3 903		

附注：① 其中:祖国大陆31个省、自治区、直辖市(不包括福建省的金门、马祖等岛屿)的人口共 131 448 万人。香港特别行政区人口为 690 万人。澳门特别行政区人口为 51 万人。台湾省和福建省的金门、马祖等岛屿人口为 2 287 万人。

② 包括斯瓦尔巴群岛、扬马延岛等属地。

③ 政治首都亚穆苏克罗,经济首都阿比让。

④ 行政首都比勒陀利亚,立法首都开普敦,司法首都布隆方丹。

⑤ 阿森松岛、特里斯坦—达库尼亚群岛为属岛。

⑥ 领地无常住人口,每年约有包括科学考察人员在内的200人定期来此居住。

⑦ 领地无常住人口。2004 年约 4 000 名英美军事人员和民间承包商驻扎该地。

⑧ 不设首都,行政管理中心在亚伦区。

⑨ 拥有美国联邦领土地位。

⑩ 又称东萨摩亚。

⑪ 随首席部长办公室轮流设于三个环礁岛。

⑫ 无常住人口,为澳大利亚海外领地。

⑬ 包括太平洋上的贝克岛、豪兰岛、贾维斯岛、约翰斯顿岛、金曼礁、中途岛、巴尔米拉环礁、威克岛及加勒比海上的纳瓦萨岛。

⑭ 包括同圭亚那有争议的 17 000 平方公里。

⑮ 苏克雷为法定首都,政府、议会所在地在拉巴斯。

⑯ 英国称福克兰群岛。

计量单位简表

一 法定计量单位表

长　　度

名　称	纳米	微米	毫米	厘米	分米	米	千米(公里)
符　号	nm	μm	mm	cm	dm	m	km
等　数		1 000 纳米	1 000 微米	10 毫米	10 厘米	10 分米	1 000 米

面　　积

名　称	平方毫米	平方厘米	平方分米	平方米	平方千米(平方公里)
符　号	mm^2	cm^2	dm^2	m^2	km^2
等　数		100 平方毫米	100 平方厘米	100 平方分米	1 000 000 平方米

体　　积

名　称	立方毫米	立方厘米	立方分米	立方米
符　号	mm^3	cm^3	dm^3	m^3
等　数		1 000 立方毫米	1 000 立方厘米	1 000 立方分米

容　　积(容量)

名　称	毫升	厘升	分升	升
符　号	mL, ml	cL, cl	dL, dl	L, l
等　数		10 毫升	10 厘升	10 分升

质　　量(重量)

名　称	纳克	微克	毫克	厘克	分克	克	千克(公斤)	吨
符　号	ng	μg	mg	cg	dg	g	kg	t
等　数		1 000 纳克	1 000 微克	10 毫克	10 厘克	10 分克	1 000 克	1 000 千克(公斤)

二　市制计量单位表

长　　度

名　称	毫	厘	分	寸	尺 (市尺)	丈	里 (市里)
等　数		10毫	10厘	10分	10寸	10尺	150丈

面　　积

名　称	平方毫	平方厘	平方分	平方寸	平方尺	平方丈	平方里
等　数		100 平方毫	100 平方厘	100 平方分	100 平方寸	100 平方尺	22 500 平方丈

地　　积

名　　称	毫	厘	分	亩	顷
等　　数		10毫	10厘	10分	100亩

质　量(重量)

名称	丝	毫	厘	分	钱	两	斤	担
等数		10丝	10毫	10厘	10分	10钱	10两	100斤

容　积(容量)

名　称	撮	勺	合	升	斗	石
等　数		10撮	10勺	10合	10升	10斗

三　计量单位比较表

长度比较表

1 千米(公里)＝2 市里＝0.621 英里＝0.540 海里 1 米(公尺)＝3 市尺＝3.281 英尺 1 海里＝1.852 千米(公里)＝3.704 市里＝1.150 英里
1 市里＝150 丈＝0.5 千米(公里)＝0.311 英里＝0.270 海里 1 市尺＝10 市寸＝0.333 米＝1.094 英尺
1 英里＝1.609 千米(公里)＝3.219 市里＝0.869 海里 1 英尺＝12 英寸＝0.305 米＝0.914 市尺

面积比较表

1 平方千米(平方公里)＝100 公顷＝4 平方市里＝0.386 平方英里 1 平方米＝1 平米＝9 平方市尺＝10.764 平方英尺
1 市顷＝100 市亩＝6.6667 公顷 1 市亩＝10 市分＝60 平方市丈＝6.6667 公亩＝666.67 平方米
1 公顷＝10 000 平方米＝100 公亩＝15 市亩 1 公亩＝100 平方米＝0.15 市亩

质量(重量)比较表

1 千克(公斤)＝2 市斤＝2.205 磅
1 市斤＝10 市两＝0.5 千克(公斤)＝1.102 磅
1 磅＝16 盎司＝0.454 千克(公斤)＝0.907 市斤

容积(容量)比较表

1 升(公制)＝1 公升＝1 立升＝1 市升＝0.220 加仑(英制) 1 毫升＝1 西西＝0.001 升(公制)
1 加仑(英制)＝4.546 升＝4.546 市升

地质年代简表

宙	代	纪	符号	同位素年龄（单位:百万年）		生物发展的阶段
				开始时间（距今）	持续时间	
显生宙 PH	新生代 Kz	第四纪	Q	1.6	1.6	人类出现。
		新近纪	N	23	21.4	动植物都接近现代。
		古近纪	E	65	42	哺乳动物迅速繁衍，被子植物繁盛。
	中生代 Mz	白垩纪	K	135	70	被子植物大量出现，爬行类后期急剧减少。
		侏罗纪	J	205	70	裸子植物繁盛，鸟类出现。
		三叠纪	T	250	45	哺乳动物出现，恐龙大量繁衍。
	古生代 Pz	二叠纪	P	290	40	松柏类开始发展。
		石炭纪	C	355	65	爬行动物出现。
		泥盆纪	D	410	55	裸子植物出现，昆虫和两栖动物出现。
		志留纪	S	438	28	蕨类植物出现，鱼类出现。
		奥陶纪	O	510	72	藻类广泛发育，海生无脊椎动物繁盛。
		寒武纪	Є	570	60	海生无脊椎动物门类大量增加。
元古宙 PT				2 500	1 930	蓝藻和细菌开始繁盛，无脊椎动物出现。
太古宙 AR				4 000	1 500	细菌和藻类出现。

节 气 表

春	**立　春** 2月3—5日交节	**雨　水** 2月18—20日交节	**惊　蛰** 3月5—7日交节
季	**春　分** 3月20—22日交节	**清　明** 4月4—6日交节	**谷　雨** 4月19—21日交节
夏	**立　夏** 5月5—7日交节	**小　满** 5月20—22日交节	**芒　种** 6月5—7日交节
季	**夏　至** 6月21—22日交节	**小　暑** 7月6—8日交节	**大　暑** 7月22—24日交节
秋	**立　秋** 8月7—9日交节	**处　暑** 8月22—24日交节	**白　露** 9月7—9日交节
季	**秋　分** 9月22—24日交节	**寒　露** 10月8—9日交节	**霜　降** 10月23—24日交节
冬	**立　冬** 11月7—8日交节	**小　雪** 11月22—23日交节	**大　雪** 12月6—8日交节
季	**冬　至** 12月21—23日交节	**小　寒** 1月5—7日交节	**大　寒** 1月20—21日交节

二 十 四 节 气 歌

春雨惊春清谷天，　夏满芒夏暑相连，
秋处露秋寒霜降，　冬雪雪冬小大寒。
每月两节不变更，　最多相差一两天，
上半年来六、廿一，　下半年是八、廿三。

图书在版编目(CIP)数据

新华字典(大字本)/—10 版.—北京:商务印书馆,
2004

ISBN 978 - 7 - 100 - 04006 - 8

Ⅰ.新... Ⅱ.商... Ⅲ.汉语—字典 Ⅳ.H163

中国版本图书馆 CIP 数据核字(2003)第 104562 号

XĪNHUÁ ZÌDIĂN

新 华 字 典

第 10 版

大 字 本

—附四角号码检字表—

商 务 印 书 馆 出 版

(北京王府井大街36号 邮政编码100710)

商 务 印 书 馆 发 行

(北京王府井大街36号 邮政编码100710)

北京市白帆印务有限公司印刷

ISBN 978 - 7 - 100 - 04006 - 8

1957 年 6 月第 1 版　　　开本 787×1092　1/32
1998 年 5 月第 9 版　　　字数 730 千
2004 年 1 月第 10 版(大字本)　印张 28¼
2010 年 4 月北京第 24 次印刷　印数 51 000 册

定价: 38.00 元

附　录
汉语拼音方案
一　字母表

字母	Aa	Bb	Cc	Dd	Ee	Ff	Gg
名称	ㄚ	ㄅㄝ	ㄘㄝ	ㄉㄝ	ㄜ	ㄝㄈ	ㄍㄝ
	Hh	Ii	Jj	Kk	Ll	Mm	Nn
	ㄏㄚ	ㄧ	ㄐㄧㄝ	ㄎㄝ	ㄝㄌ	ㄝㄇ	ㄋㄝ
	Oo	Pp	Qq	Rr	Ss	Tt	
	ㄛ	ㄆㄝ	ㄑㄧㄡ	ㄚㄦ	ㄝㄙ	ㄊㄝ	
	Uu	Vv	Ww	Xx	Yy	Zz	
	ㄨ	ㄪㄝ	ㄨㄚ	ㄒㄧ	ㄧㄚ	ㄗㄝ	

v 只用来拼写外来语、少数民族语言和方言。
字母的手写体依照拉丁字母的一般书写习惯。

二　声母表

b	p	m	f	d	t	n	l
ㄅ玻	ㄆ坡	ㄇ摸	ㄈ佛	ㄉ得	ㄊ特	ㄋ讷	ㄌ勒

g	k	h		j	q	x
ㄍ哥	ㄎ科	ㄏ喝		ㄐ基	ㄑ欺	ㄒ希

zh	ch	sh	r	z	c	s
ㄓ知	ㄔ蚩	ㄕ诗	ㄖ日	ㄗ资	ㄘ雌	ㄙ思

　　在给汉字注音的时候，为了使拼式简短，zh ch sh 可以省作 ẑ ĉ ŝ 。

三　韵母表

	i 丨　　衣	u ㄨ　　乌	ü ㄩ　　迂
a ㄚ　　啊	ia 丨ㄚ　呀	ua ㄨㄚ　蛙	
o ㄛ　　喔		uo ㄨㄛ　窝	
e ㄜ　　鹅	ie 丨ㄝ　耶		üe ㄩㄝ　约
ai ㄞ　　哀		uai ㄨㄞ　歪	
ei ㄟ　　欸		uei ㄨㄟ　威	
ao ㄠ　　熬	iao 丨ㄠ　腰		
ou ㄡ　　欧	iou 丨ㄡ　忧		
an ㄢ　　安	ian 丨ㄢ　烟	uan ㄨㄢ　弯	üan ㄩㄢ　冤
en ㄣ　　恩	in 丨ㄣ　因	uen ㄨㄣ　温	ün ㄩㄣ　晕
ang ㄤ　　昂	iang 丨ㄤ　央	uang ㄨㄤ　汪	
eng ㄥ　亨的韵母	ing 丨ㄥ　英	ueng ㄨㄥ　翁	
ong （ㄨㄥ）轰的韵母	iong ㄩㄥ　雍		

(1)"知、蚩、诗、日、资、雌、思"等字的韵母用 i。

(2)韵母ㄦ写成 er,用做韵尾的时候写成 r。

(3)韵母ㄝ单用的时候写成 ê。

(4) i行的韵母,前面没有声母的时候,写成 yi(衣),ya
(呀),ye(耶),yao(腰),you(忧),yan(烟),yin
(因),yang(央),ying(英),yong(雍)。

　　u行的韵母,前面没有声母的时候,写成 wu(乌),wa
(蛙),wo(窝),wai(歪),wei(威),wan(弯),wen
(温),wang(汪),weng(翁)。

　　ü行的韵母,前面没有声母的时候,写成 yu(迂),yue
(约),yuan(冤),yun(晕)。ü上两点省略。

　　ü行的韵母跟声母 j,q,x 拼的时候,写成 ju(居),qu
(区),xu(虚),ü上两点也省略;但是跟声母 l,n 拼
的时候,仍然写成 lü(吕),nü(女)。

(5) iou,uei,uen 前面加声母的时候,写成 iu,ui,un。例
如 niu(牛),gui(归),lun(论)。

(6) 在给汉字注音的时候,为了使拼式简短,ng 可以省作
ŋ。

四　声调符号

阴平	阳平	上声	去声
-	´	ˇ	`

声调符号标在音节的主要母音上,轻声不标。例如:

妈 mā	麻 má	马 mǎ	骂 mà	吗 ma
(阴平)	(阳平)	(上声)	(去声)	(轻声)

五　隔音符号

　　a,o,e 开头的音节连接在其他音节后面的时候,如果音节
的界限发生混淆,用隔音符号(')隔开,例如:pi'ao(皮袄)。

常用标点符号用法简表 *

一　基本定义

句子:前后都有停顿,并带有一定的句调,表示相对完整意义的语言单位。

陈述句:用来说明事实的句子。

祈使句:用来要求听话人做某件事情的句子。

疑问句:用来提出问题的句子。

感叹句:用来抒发某种强烈感情的句子。

复句、分句:意思上有密切联系的小句子组织在一起构成一个大句子。这样的大句子叫复句,复句中的每个小句子叫分句。

词语:词和短语(词组)。词,即最小的能独立运用的语言单位。短语,即由两个或两个以上的词按一定的语法规则组成的表达一定意义的语言单位,也叫词组。

二　用法简表

名称	符号	用法说明	举　例
句号①	。	1.用于陈述句的末尾。	北京是中华人民共和国的首都。
		2.用于语气舒缓的祈使句末尾。	请您稍等一下。
问号	？	1.用于疑问句的末尾。	他叫什么名字？

---

* 本表参考了中华人民共和国国家标准《标点符号用法》。